税务人员／纳税人必备工具书

ZENGZHISHUIZHENGCEFAGUIFENLEIHUIBIANYUJIEDU

增值税政策法规
分类汇编与解读 （2019年版）

隗福宾◎编

立信会计出版社
LIXIN ACCOUNTING PUBLISHING HOUSE

图书在版编目(CIP)数据

增值税政策法规分类汇编与解读/隗福宾编. —上海：
立信会计出版社,2017.11
ISBN 978 - 7 - 5429 - 5599 - 9

Ⅰ.①增…　Ⅱ.①隗…　Ⅲ.①增值税—税收
政策—汇编—中国 ②增值税—税法—汇编—中国
Ⅳ.①F812.422 ②D922.229.9

中国版本图书馆 CIP 数据核字(2017)第 250874 号

策划编辑　　张巧玲
责任编辑　　张巧玲
封面设计　　南房间

增值税政策法规分类汇编与解读

出版发行	立信会计出版社			
地　　址	上海市中山西路 2230 号	邮政编码	200235	
电　　话	(021)64411389	传　　真	(021)64411325	
网　　址	www.lixinaph.com	电子邮箱	lixinaph2019@126.com	
网上书店	http://lixin.jd.com		http://lxkjcbs.tmall.com	
经　　销	各地新华书店			
印　　刷	河北鑫兆源印刷有限公司			
开　　本	787 毫米×1092 毫米	1/16		
印　　张	62.25			
字　　数	1593 千字			
版　　次	2017 年 11 月第 1 版			
印　　次	2019 年 6 月第 3 次			
书　　号	ISBN 978 - 7 - 5429 - 5599 - 9/F			
定　　价	179.00 元			

如有印订差错,请与本社联系调换

第 2 次重印修改说明

2018 年 5 月《增值税政策法规分类汇编与解读》进行了第 1 次重印修改,时隔 1 年以后,增值税政策又发生了很大变化,为了与最新政策变化保持同步,本次重印根据截止日期是 2019 年 5 月 31 日的增值税政策,对该书的内容主要进行了如下修改:

一、根据《国家税务总局关于修改部分税收规范性文件的公告》(国家税务总局公告 2018 年第 31 号)和《财政部 税务总局 海关总署关于深化增值税改革有关政策的公告》(财政部 国家税务总局 海关总署公告 2019 年第 39 号)等文件规定,本次重印对 89 个文件进行了修改。

二、本次重印收录了国家税务总局货物和劳务税司编写的深化增值税改革视频培训讲义、深化增值税改革 100 问和深化增值税改革即问即答 100 问等权威业务解答。

三、本次修改重印后,该书包括政策性文件 565 个,文件解读 135 个。其中:删除文件 18 个,增加文件 32 个;删除文件解读 6 个,增加文件解读 10 个。

隗福宾

2019 年 6 月 3 日

第 1 次重印修改说明

2017 年 11 月《增值税政策法规分类汇编与解读》出版，该书面世以来，受到广大读者朋友的广泛好评，称该书是最好的增值税政策工具书。本着尽可能与最新政策变化保持同步的原则，本次重印对该书的内容主要进行了如下修改：

一、将最新修改的《中华人民共和国增值税暂行条例》（2017 年 11 月 19 日，国务院令第 691 号）编入本书，删除了原《中华人民共和国增值税暂行条例》（2008 年 11 月 10 日，国务院令第 538 号）；增加了《〈中华人民共和国增值税暂行条例〉条款修改前后对照表》，删除了原书的《〈增值税暂行条例〉与〈增值税暂行条例实施细则〉对照表》。

二、将原截至 2017 年 10 月 31 日的文件更新至 2018 年 5 月 15 日，新增加文件 26 个，删除失效或废止的文件 11 个，修改后全部有效和部分有效的文件共 551 个；新增加文件解读 14 个，删除文件解读 2 个，修改后的文件解读共 131 个。

三、由于新增文件对原有政策的影响，本次重印修改将涉及的部分条款废止或失效的文件都逐一做了注释。

魏福宾

2018 年 5 月 18 日

前　言

在世界各国开征的不尽相同但数量众多的税种之中，增值税由于具有显著的中性特征，有利于发挥市场在资源配置中的决定性作用，而被170个左右的国家广泛采用，并被公认为是最能体现增长友好型的税种。

我国增值税的改革历程，始终与改革开放的进程和关键节点紧密契合，恰如我国唐代著名诗人杜甫在《春夜喜雨》一诗中所描绘的"好雨知时节，当春乃发生"。1979年，改革开放之初，就在部分城市、行业试行增值税制度；1994年，推进社会主义市场经济建设之际，即将增值税征税范围扩大到所有货物；2009年，有效应对国际金融危机之时，全面推进了增值税由生产型向消费型转变，将机器设备纳入了抵扣范围；特别是2012年以来，在中国加快转变经济发展方式、促进产业结构优化升级的关键时期，适应供给侧结构性改革的要求，决策层从战略高度作出了有序推进营业税改征增值税的重大部署，到2016年5月得以全面平稳推开，基本建成了在世界范围内具有先导意义的现代增值税制度。

伴随着增值税在我国的改革历程，从1993年12月开始到2017年10月，我国相继出台增值税政策和管理方面的文件1 530多个，其中：全文失效的增值税文件1 000多个，全文有效和部分有效的增值税文件530多个。无论是税务干部，还是纳税人都迫切需要全面掌握增值税政策，而全面掌握增值税政策的前提就是要有一本科学分类，对文件内容部分作废进行标注的增值税政策法规汇编，有鉴于此，编者倾十年之心血，对24年来的增值税政策文件进行了全面梳理，编写完成了《增值税政策法规分类汇编与解读》一书，该书是我国目前内容最完整、分类最科学、废止文件标注最精准、政策解读最权威的增值税政策法规汇编。

本书主要是依靠政策性，把握规律性，突出实用性，能够让税务干部和纳税人，在学习和应用中快捷、方便地掌握增值税业务的精髓。其特点如下：

一是内容齐全,有利于把握政策依据。本书全面收集了1994年实行新税制以后,截至2017年10月31日,国务院、财政部和国家税务总局发布的全文有效和部分有效的增值税方面文件536个,其中:营改增最新政策文件67个。

二是分类规范,有利于把握政策要点。本书共包括六部分内容,第一部分基本政策法规,第二部分营改增最新政策,第三部分营改增前政策法规,第四部分增值税税收优惠,第五部分特殊行业政策法规,第六部分增值税征收管理。全书对每部分内容又细分若干项,同一问题的全部政策规定网罗殆尽,检索查阅一目了然,易如反掌。

三是体例准确,有利于把握政策变化。本书收集的文件均包括文件的全称、发文日期和文件字号,并将同一功能的文件按照先旧后新的顺序依次排列。对存在部分失效的文件,均在该文件的失效条文后面以注释的形式标明废止或失效的日期及依据,对全文失效或废止的文件没有收录。如所依据的政策法规发生调整变化的,按最新的政策执行。

四是权威解读,有利于把握政策实质。本书收集的文件凡是国家税务总局办公厅解读的,本书均将解读内容全部编入本书,全书共收集政策解读119个。

学习增值税政策,必须从阅读政策原文开始。《增值税政策法规分类汇编与解读》是增值税政策法规的字典,只要掌握了查阅的方法,遇到问题很快就会找到政策原文,各种问题迎刃而解。

由于编者水平有限,书中难免有疏漏或不妥之处,敬请广大读者批评指正。

隗福宾

2017年11月8日

目 录 ‖

第一部分 基本政策法规

1. 中华人民共和国增值税暂行条例
   （2017 年 11 月 19 日　　国务院令第 691 号）……………………… 1
   国务院法制办 财政部 国家税务总局负责人就《国务院关于废止〈中华人民共和国营业税暂行条例〉和修改〈中华人民共和国增值税暂行条例〉的决定》答记者问 ……… 5
   《中华人民共和国增值税暂行条例》条款修改前后对照表 ……………… 6
2. 中华人民共和国增值税暂行条例实施细则
   （2008 年 12 月 18 日　　财政部 国家税务总局令第 50 号）…………… 10
3. 财政部 国家税务总局关于修改《中华人民共和国增值税暂行条例实施细则》和《中华人民共和国营业税暂行条例实施细则》的决定
   （2011 年 10 月 28 日　　财政部令第 65 号）…………………………… 15
   关于修改《中华人民共和国增值税暂行条例实施细则》和《中华人民共和国营业税暂行条例实施细则》的决定 ……………………………… 15
4. 财政部 国家税务总局关于全面推开营业税改征增值税试点的通知
   （2016 年 3 月 23 日　　财税〔2016〕36 号）…………………………… 16
   财政部税政司 国家税务总局货物和劳务税司负责人就全面推开营改增试点答记者问 ……………………………………………………………………… 63
5. 财政部 税务总局关于简并增值税税率有关政策的通知
   （2017 年 4 月 28 日　　财税〔2017〕37 号）…………………………… 66
6. 财政部 税务总局关于调整增值税税率的通知
   （2018 年 4 月 4 日　　财税〔2018〕32 号）…………………………… 80
   国家税务总局 2018 年第二季度政策解读现场实录（解读财税〔2018〕32 号）……… 82
7. 财政部 税务总局关于统一增值税小规模纳税人标准的通知
   （2018 年 4 月 4 日　　财税〔2018〕33 号）…………………………… 84
   国家税务总局 2018 年第二季度政策解读现场实录
   （解读财税〔2018〕33 号和国家税务总局公告 2018 年第 18 号）………… 84
8. 国家税务总局关于统一小规模纳税人标准等若干增值税问题的公告
   （2018 年 4 月 20 日　　国家税务总局公告 2018 年第 18 号）………… 89
   国家税务总局办公厅关于《国家税务总局关于统一小规模纳税人标准等若干增值税问题的公告》的解读 ……………………………………………… 92

9. 财政部 税务总局关于2018年退还部分行业增值税留抵税额有关税收政策的通知

 (2018年6月27日　财税〔2018〕70号) ·················· 94

10. 财政部 税务总局 海关总署关于深化增值税改革有关政策的公告

 (2019年3月20日　财政部 税务总局 海关总署公告2019年第39号)·········· 96

11. 国家税务总局关于深化增值税改革有关事项的公告

 (2019年3月21日　国家税务总局公告2019年第14号) ·············· 99

 国家税务总局办公厅关于《国家税务总局关于深化增值税改革有关事项的公告》的

 解读 ··· 101

 关于降低增值税税率及扩大抵扣范围

 (深化增值税改革视频培训讲义之一,撰稿:货物和劳务税司增值税一处) ········ 102

 关于加计抵减政策和试行留抵退税制度

 (深化增值税改革视频培训讲义之二,撰稿:货物和劳务税司增值税二处) ········ 105

 关于出口退税率和离境退税物品退税率调整

 (深化增值税改革视频培训讲义之三,撰稿:货物和劳务税司出口退税管理处) ····· 110

 关于增值税发票开具和开票软件升级

 (深化增值税改革视频培训讲义之四,撰稿:货物和劳务税司增值税三处) ········ 112

 关于增值税纳税申报

 (深化增值税改革视频培训讲义之五,撰稿:货物和劳务税司增值税四处) ········ 114

 深化增值税改革100问——深化增值税改革培训材料

 (国家税务总局 货物和劳务税司,2019年3月25日) ··············· 117

 深化增值税改革即问即答100问

 国家税务总局纳税服务司 ······························· 129

12. 国家税务总局关于办理增值税期末留抵税额退税有关事项的公告

 (2019年4月30日　国家税务总局公告2019年第20号) ············· 149

 国家税务总局办公厅关于《国家税务总局关于办理增值税期

 末留抵税额退税有关事项的公告》的解读 ····················· 154

13. 财政部 国家税务总局关于印发《营业税改征增值税试点方案》的通知

 (2011年11月16日　财税〔2011〕110号) ·················· 155

第二部分　营改增最新政策

一、综合政策规定 ··································· 157

14. 财政部 国家税务总局关于营业税改征增值税试点若干政策的通知

 (2016年3月23日　财税〔2016〕39号) ···················· 157

15. 财政部 国家税务总局关于营改增后契税房产税 土地增值税 个人所得税计税依据

 问题的通知

 (2016年4月25日　财税〔2016〕43号) ···················· 160

16. 财政部 国家税务总局关于进一步明确全面推开营改增试点有关劳务派遣服务、收

 费公路通行费抵扣等政策的通知

 (2016年4月30日　财税〔2016〕47号) ···················· 160

17. 国家税务总局关于发布《营业税改征增值税跨境应税行为增值税免税管理办法
（试行）》的公告

（2016 年 5 月 6 日　　国家税务总局公告 2016 年第 29 号）······················ 162

国家税务总局办公厅关于《国家税务总局关于发布〈营业税改征增值税跨境应税行
为增值税免税管理办法（试行）〉的公告》的解读 ······························ 169

18. 国家税务总局关于跨境应税行为免税备案等增值税问题的公告

（2017 年 8 月 14 日　　国家税务总局公告 2017 年第 30 号）······················ 170

国家税务总局办公厅关于《国家税务总局关于跨境应税行为免税备案等增值税问
题的公告》的解读 ··· 170

19. 财政部　国家税务总局关于进一步明确全面推开营改增试点有关再保险　不动
产租赁和非学历教育等政策的通知

（2016 年 6 月 18 日　　财税〔2016〕68 号）································· 171

20. 财政部　国家税务总局关于纳税人异地预缴增值税有关城市维护建设税和教育费附
加政策问题的通知

（2016 年 7 月 23 日　　财税〔2016〕74 号）································· 172

21. 财政部　国家税务总局关于部分营业税和增值税政策到期延续问题的通知

（2016 年 7 月 25 日　　财税〔2016〕83 号）································· 173

22. 财政部　国家税务总局关于收费公路通行费增值税抵扣有关问题的通知

（2016 年 8 月 3 日　　财税〔2016〕86 号）································· 173

23. 财政部　国家税务总局关于明确金融　房地产开发　教育辅助服务等增值税政策的通知

（2016 年 12 月 21 日　　财税〔2016〕140 号）······························ 174

财政部税政司　国家税务总局货物和劳务税司关于财税〔2016〕140 号文件部分条款
的政策解读 ··· 176

24. 财政部　税务总局关于租入固定资产进项税额抵扣等增值税政策的通知

（2017 年 12 月 25 日　　财税〔2017〕90 号）······························ 177

25. 财政部　税务总局关于明确养老机构免征增值税等政策的通知

（2019 年 2 月 2 日　　财税〔2019〕20 号）································· 180

二、综合征管规定 ··· 180

26. 国家税务总局关于全面推开营业税改征增值税试点有关税收征收管理事项的公告

（2016 年 4 月 19 日　　国家税务总局公告 2016 年第 23 号）······················ 180

国家税务总局办公厅关于《国家税务总局关于全面推开营业税改征增值税试点有关
税收征收管理事项的公告》的解读 ··· 185

27. 国家税务总局关于明确营改增试点若干征管问题的公告

（2016 年 4 月 26 日　　国家税务总局公告 2016 年第 26 号）······················ 188

国家税务总局办公厅关于《国家税务总局关于明确营改增试点若干征管问题的公告》
的解读 ··· 189

28. 国家税务总局关于明确营业税改征增值税有关征管问题的通知

（2016 年 4 月 26 日　　税总函〔2016〕181 号）······························ 190

29. 国家税务总局关于进一步加强营改增后国税、地税发票管理衔接工作的通知

（2016 年 5 月 5 日　　税总函〔2016〕192 号）······························ 191

30. 国家税务总局关于营改增试点若干征管问题的公告

(2016 年 8 月 18 日　国家税务总局公告 2016 年第 53 号)······ 192

国家税务总局办公厅关于《国家税务总局关于营改增试点若干征管问题的公告》的解读 ······ 195

31. 国家税务总局关于在境外提供建筑服务等有关问题的公告

(2016 年 11 月 4 日　国家税务总局公告 2016 年第 69 号)······ 196

国家税务总局办公厅关于《国家税务总局关于在境外提供建筑服务等有关问题的公告》的解读 ······ 197

32. 国家税务总局关于土地价款扣除时间等增值税征管问题的公告

(2016 年 12 月 24 日　国家税务总局公告 2016 年第 86 号)······ 198

国家税务总局办公厅关于《国家税务总局关于土地价款扣除时间等增值税征管问题的公告》的解读 ······ 199

33. 国家税务总局关于进一步明确营改增有关征管问题的公告

(2017 年 4 月 20 日　国家税务总局公告 2017 年第 11 号)······ 200

国家税务总局办公厅关于《国家税务总局关于进一步明确营改增有关征管问题的公告》的解读 ······ 202

34. 国家税务总局关于优化《外出经营活动税收管理证明》相关制度和办理程序的意见

(2016 年 7 月 6 日　税总发〔2016〕106 号)······ 203

35. 国家税务总局关于营业税改征增值税试点期间有关增值税问题的公告

(2015 年 12 月 22 日　国家税务总局公告 2015 年第 90 号)······ 206

国家税务总局办公厅关于《国家税务总局关于营业税改征增值税试点期间有关增值税问题的公告》的解读 ······ 207

36. 国家税务总局关于改进征管优化服务进一步做好全面推开营改增试点工作的通知

(2016 年 11 月 21 日　税总发〔2016〕165 号)······ 208

37. 国家税务总局关于进一步优化营改增纳税服务工作的通知

(2016 年 5 月 25 日　税总发〔2016〕75 号)······ 210

38. 国家税务总局关于明确中外合作办学等若干增值税征管问题的公告

(2018 年 7 月 25 日　国家税务总局公告 2018 年第 42 号)······ 212

国家税务总局关于《国家税务总局关于明确中外合作办学等若干增值税征管问题的公告》的解读 ······ 214

三、行业规定 ······ 216

(一) 建筑业 ······ 216

39. 国家税务总局关于发布《纳税人跨县(市、区)提供建筑服务增值税征收管理暂行办法》的公告

(2016 年 3 月 31 日　国家税务总局公告 2016 年第 17 号)······ 216

国家税务总局办公厅关于《国家税务总局关于〈纳税人跨县(市、区)提供建筑服务增值税征收管理暂行办法〉的公告》的解读 ······ 218

40. 财政部　国家税务总局关于建筑服务等营改增试点政策的通知

(2017 年 7 月 11 日　财税〔2017〕58 号)······ 219

41. 国家税务总局关于简化建筑服务增值税简易计税方法备案事项的公告
（2017 年 11 月 26 日　国家税务总局公告 2017 年第 43 号）…………… 220
国家税务总局办公厅关于《国家税务总局关于简化建筑服务增值税简易计税方法备案事项的公告》的解读 ……………………………………… 221
（二）房地产业 ……………………………………………………………… 222
42. 国家税务总局关于发布《房地产开发企业销售自行开发的房地产项目增值税征收管理暂行办法》的公告
（2016 年 3 月 31 日　国家税务总局公告 2016 年第 18 号）…………… 222
国家税务总局办公厅关于《国家税务总局关于〈房地产开发企业销售自行开发的房地产项目增值税征收管理暂行办法〉的公告》的解读 …………… 226
43. 国家税务总局关于营改增后土地增值税若干征管规定的公告
（2016 年 11 月 10 日　国家税务总局公告 2016 年第 70 号）………… 227
（三）金融业 ……………………………………………………………… 228
44. 财政部　国家税务总局关于进一步明确全面推开营改增试点金融业有关政策的通知
（2016 年 4 月 29 日　财税〔2016〕46 号）……………………………… 228
45. 财政部　国家税务总局关于金融机构同业往来等增值税政策的补充通知
（2016 年 6 月 30 日　财税〔2016〕70 号）……………………………… 230
46. 财政部　国家税务总局关于资管产品增值税政策有关问题的补充通知
（2017 年 1 月 6 日　财税〔2017〕2 号）………………………………… 231
47. 财政部　国家税务总局关于资管产品增值税有关问题的通知
（2017 年 6 月 30 日　财税〔2017〕56 号）……………………………… 232
48. 财政部　国家税务总局关于小额贷款公司有关税收政策的通知
（2017 年 6 月 9 日　财税〔2017〕48 号）……………………………… 232
49. 财政部　国家税务总局关于延续支持农村金融发展有关税收政策的通知
（2017 年 6 月 9 日　财税〔2017〕44 号）……………………………… 233
（四）转让、租赁不动产 ………………………………………………… 234
50. 国家税务总局关于发布《纳税人转让不动产增值税征收管理暂行办法》的公告
（2016 年 3 月 31 日　国家税务总局公告 2016 年第 14 号）…………… 234
国家税务总局办公厅关于《国家税务总局关于发布〈纳税人转让不动产增值税征收管理暂行办法〉公告》的解读 …………………………………… 236
51. 国家税务总局关于发布《纳税人提供不动产经营租赁服务增值税征收管理暂行办法》的公告
（2016 年 3 月 31 日　国家税务总局公告 2016 年第 16 号）…………… 237
国家税务总局办公厅关于《国家税务总局关于〈纳税人提供不动产经营租赁服务增值税征收管理暂行办法〉的公告》的解读 …………………… 239
52. 国家税务总局关于纳税人销售其取得的不动产办理产权过户手续使用的增值税发票联次问题的通知
（2016 年 5 月 2 日　税总函〔2016〕190 号）…………………………… 240
53. 国家税务总局关于纳税人转让不动产缴纳增值税差额扣除有关问题的公告
（2016 年 11 月 24 日　国家税务总局公告 2016 年第 73 号）………… 240

国家税务总局办公厅关于《国家税务总局关于纳税人转让不动产缴纳增值税差额扣除有关问题的公告》的解读 ·········· 241

54. 国家税务总局关于个人转让住房享受税收优惠政策判定购房时间问题的公告

（2017 年 3 月 17 日　国家税务总局公告 2017 年第 8 号）·········· 241

国家税务总局办公厅关于《国家税务总局关于个人转让住房享受税收优惠政策判定购房时间问题的公告》的解读 ·········· 241

（五）生活服务业 ·········· 242

55. 国家税务总局关于部分地区开展住宿业增值税小规模纳税人自开增值税专用发票试点工作有关事项的公告

（2016 年 7 月 6 日　国家税务总局公告 2016 年第 44 号）·········· 242

国家税务总局办公厅关于《国家税务总局关于部分地区开展住宿业增值税小规模纳税人自开增值税专用发票试点工作有关事项的公告》的解读 ·········· 243

56. 国家税务总局关于个人保险代理人税收征管有关问题的公告

（2016 年 7 月 7 日　国家税务总局公告 2016 年第 45 号）·········· 244

国家税务总局办公厅关于《国家税务总局关于个人保险代理人税收征管有关问题的公告》的解读 ·········· 245

57. 国家税务总局关于物业管理服务中收取的自来水水费增值税问题的公告

（2016 年 8 月 19 日　国家税务总局公告 2016 年第 54 号）·········· 246

国家税务总局办公厅关于《国家税务总局关于物业管理服务中收取的自来水水费增值税问题的公告》的解读 ·········· 246

（六）电信 ·········· 246

58. 国家税务总局关于发布《电信企业增值税征收管理暂行办法》的公告

（2014 年 5 月 14 日　国家税务总局公告 2014 年第 26 号）·········· 246

电信企业增值税征收管理暂行办法 ·········· 247

国家税务总局办公厅关于《国家税务总局关于发布〈电信企业增值税征收管理暂行办法〉的公告》的解读 ·········· 249

（七）邮政业 ·········· 249

59. 国家税务总局关于发布《邮政企业增值税征收管理暂行办法》的公告

（2014 年 1 月 20 日　国家税务总局公告 2014 年第 5 号）·········· 249

国家税务总局办公厅关于《国家税务总局关于发布〈邮政企业增值税征收管理暂行办法〉的公告》的解读 ·········· 251

（八）铁路运输业 ·········· 252

60. 国家税务总局关于铁路运输和邮政业营业税改征增值税发票及税控系统使用问题的公告

（2013 年 12 月 18 日　国家税务总局公告 2013 年第 76 号）·········· 252

国家税务总局办公厅关于《国家税务总局关于铁路运输和邮政业营业税改征增值税发票及税控系统使用问题的公告》的解读 ·········· 253

61. 财政部　国家税务总局关于铁路运输企业汇总缴纳增值税的通知

（2013 年 12 月 30 日　财税〔2013〕111 号）·········· 254

62. 国家税务总局关于发布《铁路运输企业增值税征收管理暂行办法》的公告

（2014 年 1 月 20 日　　国家税务总局公告 2014 年第 6 号） ·············· 255

国家税务总局办公厅关于《国家税务总局关于发布〈铁路运输企业增值税征收管理暂

行办法〉的公告》的解读 ··· 257

63. 财政部　国家税务总局关于铁路运输企业汇总缴纳增值税的补充通知

（2014 年 8 月 5 日　　财税〔2014〕54 号） ································· 257

64. 财政部　税务总局关于调整铁路和航空运输企业汇总缴纳增值税总分机构名单的通知

（2019 年 1 月 2 日　　财税〔2019〕1 号） ································· 258

（九）航空运输业 ·· 259

65. 财政部　国家税务总局关于部分航空运输企业总分机构增值税计算缴纳问题的通知

（2013 年 10 月 24 日　　财税〔2013〕86 号） ··························· 259

66. 国家税务总局关于发布《航空运输企业增值税征收管理暂行办法》的公告

（2013 年 11 月 28 日　　国家税务总局公告 2013 年第 68 号） ········· 259

国家税务总局办公厅关于《国家税务总局发布〈航空运输企业增值税征收管理暂行办

法〉的公告》的解读 ··· 261

67. 国家税务总局关于部分航空运输企业总分机构增值税计算缴纳问题的公告

（2014 年 9 月 28 日　　国家税务总局公告 2014 年第 55 号） ········· 262

国家税务总局办公厅关于《国家税务总局关于部分航空运输企业总分机构增值税计算

缴纳问题的公告》的解读 ··· 262

四、文化事业建设费 ·· 263

68. 财政部　国家税务总局关于营业税改征增值税试点有关文化事业建设费政策及征

收管理问题的通知

（2016 年 3 月 28 日　　财税〔2016〕25 号） ··························· 263

69. 财政部　国家税务总局关于营业税改征增值税试点有关文化事业建设费政策及征收管

理问题的补充通知

（2016 年 5 月 13 日　　财税〔2016〕60 号） ··························· 265

70. 国家税务总局关于营业税改征增值税试点有关文化事业建设费登记与申报事项的公告

（2013 年 11 月 11 日　　国家税务总局公告 2013 年第 64 号） ········· 265

国家税务总局办公厅关于《国家税务总局关于营业税改征增值税试点有关文化事业建

设费登记与申报事项的公告》的解读 ··· 266

第三部分　营改增前政策法规

一、综合政策规定 ·· 267

71. 国家税务总局关于印发《增值税部分货物征税范围注释》的通知

（1993 年 12 月 25 日　　国税发〔1993〕151 号） ······················ 267

72. 国家税务总局关于增值税若干具体问题的规定

（1993 年 12 月 28 日　　国税发〔1993〕154 号） ······················ 271

73. 财政部　国家税务总局关于增值税、营业税若干政策规定的通知

（1994 年 5 月 5 日　　财税字〔1994〕第 026 号） ······················ 272

74. 国家税务总局关于增值税若干征收问题的通知

　　（1994 年 5 月 7 日　　国税发〔1994〕122 号）·········· 274

75. 国家税务总局关于增值税几个业务问题的通知

　　（1994 年 8 月 19 日　　国税发〔1994〕186 号）·········· 275

76. 财政部　国家税务总局关于增值税几个税收政策问题的通知

　　（1994 年 10 月 18 日　　财税〔1994〕60 号）·········· 276

77. 国家税务总局关于明确流转税、资源税法规中"主管税务机关、征收机关"名称问题
的通知

　　（1994 年 12 月 24 日　　国税发〔1994〕232 号）·········· 277

78. 国家税务总局关于印发《增值税问题解答（之一）》的通知

　　（1995 年 6 月 2 日　　国税函发〔1995〕288 号）·········· 277

79. 国家税务总局关于加强增值税征收管理若干问题的通知

　　（1995 年 10 月 18 日　　国税发〔1995〕192 号）·········· 282

80. 国家税务总局关于增值税若干征管问题的通知

　　（1996 年 9 月 9 日　　国税发〔1996〕155 号）·········· 283

81. 财政部　国家税务总局关于增值税若干政策的通知

　　（2005 年 11 月 28 日　　财税〔2005〕165 号）·········· 284

82. 财政部　国家税务总局关于增值税纳税人放弃免税权有关问题的通知

　　（2007 年 9 月 5 日　　财税〔2007〕127 号）·········· 286

83. 国家税务总局关于折扣额抵减增值税应税销售额问题通知

　　（2010 年 2 月 8 日　　国税函〔2010〕56 号）·········· 287

84. 国家税务总局关于增值税纳税义务发生时间有关问题的公告

　　（2011 年 7 月 15 日　　国家税务总局公告 2011 年第 40 号）·········· 287

85. 财政部　国家税务总局关于防范税收风险若干增值税政策的通知

　　（2013 年 12 月 27 日　　财税〔2013〕12 号）·········· 287

二、增值税转型 ·········· 289

86. 财政部　国家税务总局关于全国实施增值税转型改革若干问题的通知

　　（2008 年 12 月 19 日　财税〔2008〕170 号）·········· 289

87. 财政部　国家税务总局关于部分货物适用增值税低税率和简易办法征收增值税政策的
通知

　　（2009 年 1 月 19 日　　财税〔2009〕9 号）·········· 291

88. 国家税务总局关于增值税简易征收政策有关管理问题的通知

　　（2009 年 2 月 25 日　　国税函〔2009〕90 号）·········· 293

89. 国家税务总局关于纳税人转让土地使用权或者销售不动产同时一并销售附着于土地
或者不动产上的固定资产有关税收问题的公告

　　（2011 年 8 月 17 日　　国家税务总局公告 2011 年第 47 号）·········· 294

90. 国家税务总局关于一般纳税人销售自己使用过的固定资产增值税有关问题的公告

　　（2012 年 1 月 6 日　　国家税务总局公告 2012 年第 1 号）·········· 295

91. 国家税务总局关于药品经营企业销售生物制品有关增值税问题的公告

　　（2012 年 5 月 28 日　　国家税务总局公告 2012 年第 20 号）·········· 295

92. 财政部 国家税务总局关于简并增值税征收率政策的通知

（2014 年 6 月 13 日 财税〔2014〕57 号） ·· 296

93. 国家税务总局关于简并增值税征收率有关问题的公告

（2014 年 6 月 27 日 国家税务总局公告 2014 年第 36 号） ················ 296

国家税务总局办公厅关于《国家税务总局关于简并增值税征收率有关问题的公告》的

解读 ·· 297

94. 国家税务总局关于兽用药品经营企业销售兽用生物制品有关增值税问题的公告

（2016 年 2 月 4 日 国家税务总局公告 2016 年第 8 号） ···················· 297

国家税务总局办公厅关于《国家税务总局关于兽用药品经营企业销售兽用生物制品有

关增值税问题的公告》的解读 ·· 298

95. 财政部 海关总署 国家税务总局 国家药品监督管理局关于抗癌药品增值税政

策的通知

（2018 年 4 月 27 日 财税〔2018〕47 号） ·································· 298

三、增值税特殊规定 ··· 302

96. 财政部 国家税务总局关于对铁路工附业单位恢复征收增值税问题的通知

（1996 年 5 月 30 日 财税字〔1996〕35 号） ································ 302

97. 国家税务总局关于农牧业救灾柴油征收增值税问题的批复

（1996 年 10 月 28 日 国税函发〔1996〕612 号） ···························· 302

98. 国家税务总局关于编码中心条形码制作收入征税问题的批复

（1997 年 12 月 11 日 国税函〔1997〕606 号） ····························· 303

99. 国家税务总局关于专利技术转让过程中销售设备征收增值税问题的批复

（1998 年 7 月 18 日 国税函〔1998〕361 号） ······························ 303

100. 国家税务总局关于罚没的竹木变价收入是否征收增值税问题的批复

（1998 年 8 月 11 日 国税函〔1998〕460 号） ····························· 303

101. 国家税务总局关于卫生防疫站调拨生物制品及药械征收增值税的批复

（1999 年 4 月 19 日 国税函〔1999〕191 号） ····························· 304

102. 国家税务总局关于外国企业来华参展后销售展品有关税务处理问题的批复

（1999 年 4 月 26 日 国税函〔1999〕207 号） ····························· 304

103. 国家税务总局关于融资租赁业务征收流转税问题的通知

（2000 年 7 月 7 日 国税函〔2000〕514 号） ······························ 305

104. 国家税务总局关于融资租赁业务征收流转税问题的补充通知

（2000 年 11 月 15 日 国税函〔2000〕909 号） ··························· 305

105. 国家税务总局关于受托种植植物、饲养动物征收流转税问题的通知

（2007 年 2 月 15 日 国税发〔2007〕17 号） ······························ 305

106. 国家税务总局关于水利工程水费征收流转税问题的批复

（2007 年 4 月 29 日 国税函〔2007〕461 号） ····························· 306

107. 国家税务总局关于林木销售和管护征收流转税问题的通知

（2008 年 2 月 27 日 国税函〔2008〕212 号） ····························· 306

108. 国家税务总局关于停止执行中国远洋运输（集团）总公司增值税优惠政策的通知

（2009 年 3 月 4 日 国税函〔2009〕100 号） ······························ 306

109. 国家税务总局关于融资性售后回租业务中承租方出售资产行为有关税收问题的公告

　　（2010 年 9 月 8 日　　国家税务总局公告 2010 年第 13 号）·············· 306

110. 国家税务总局关于纳税人资产重组有关增值税问题的公告

　　（2011 年 2 月 18 日　　国家税务总局公告 2011 年第 13 号）·············· 307

111. 国家税务总局关于二手车经营业务有关增值税问题的公告

　　（2012 年 6 月 1 日　　国家税务总局公告 2012 年第 23 号）·············· 307

　　国家税务总局办公厅关于《国家税务总局关于二手车经营业务有关增值税问题的公告》的解读 ·············· 308

112. 国家税务总局关于纳税人资产重组增值税留抵税额处理有关问题的公告

　　（2012 年 12 月 13 日 国家税务总局公告 2012 年第 55 号）·············· 308

　　国家税务总局办公厅关于《国家税务总局关于纳税人资产重组增值税留抵税额处理有关问题的公告》的解读 ·············· 309

113. 国家税务总局关于中央财政补贴增值税有关问题的公告

　　（2013 年 1 月 8 日　　国家税务总局公告 2013 年第 3 号）·············· 310

　　国家税务总局办公厅关于《国家税务总局关于中央财政补贴增值税有关问题的公告》的解读 ·············· 310

114. 国家税务总局关于直销企业增值税销售额确定有关问题的公告

　　（2013 年 1 月 17 日 国家税务总局公告 2013 年第 5 号）·············· 311

　　国家税务总局办公厅关于《国家税务总局关于直销企业增值税销售额确定有关问题的公告》的解读 ·············· 311

115. 国家税务总局关于纳税人资产重组有关增值税问题的公告

　　（2013 年 11 月 19 日 国家税务总局公告 2013 年第 66 号）·············· 311

　　国家税务总局办公厅关于《国家税务总局关于纳税人资产重组有关增值税问题的公告》的解读 ·············· 312

116. 财政部　国家税务总局关于外国驻华使（领）馆及其馆员在华购买货物和服务增值税退税政策的通知

　　（2016 年 4 月 29 日　　财税〔2016〕51 号）·············· 312

117. 国家税务总局　外交部关于发布《外国驻华使（领）馆及其馆员在华购买货物和服务增值税退税管理办法》的公告

　　（2016 年 8 月 31 日　　国家税务总局公告 2016 年第 58 号）·············· 313

　　国家税务总局办公厅关于《国家税务总局　外交部关于发布〈外国驻华使（领）馆及其馆员在华购买货物和服务退还增值税管理办法〉的公告》的解读 ·············· 316

118. 财政部　国家税务总局关于外国驻华使（领）馆及其馆员在华购买货物和服务增值税退税政策有关问题的补充通知

　　（2017 年 9 月 29 日　　财税〔2017〕74 号）·············· 317

119. 国家税务总局　外交部关于外国驻华使（领）馆及其馆员在华购买货物和服务增值税退税管理有关问题的公告

　　（2017 年 10 月 31 日　　国家税务总局　外交部 2017 年第 39 号）·············· 317

　　国家税务总局办公厅关于《国家税务总局　外交部关于外国驻华使（领）馆及其馆员在华购买货物和服务增值税退税管理有关问题的公告》的解读 ·············· 317

四、销项税额的具体规定 ·· 318

(一)价外费用 ··· 318

120. 国家税务总局关于原油管理费征收增值税问题的通知

　　(1996 年 6 月 26 日　国税发〔1996〕111 号) ····················· 318

121. 国家税务总局关于铁路支线维护费征收增值税问题的通知

　　(1996 年 9 月 24 日　国税函〔1996〕561 号) ····················· 318

122. 国家税务总局关于对山西省煤焦管理站收取的价差、量差及各种价外费用征收增值
　　税问题的批复

　　(1996 年 10 月 15 日　国税函〔1996〕589 号) ···················· 319

123. 国家税务总局关于认定"两费"增值税纳税主体问题的批复

　　(1999 年 5 月 11 日　国税函〔1999〕252 号) ····················· 319

124. 国家税务总局关于生产企业从外贸企业取得出口退税款是否征收增值税问题的批复

　　(1999 年 5 月 28 日　国税函〔1999〕352 号) ····················· 319

125. 国家税务总局关于燃气公司有关流转税问题的批复

　　(2000 年 8 月 11 日　国税函〔2000〕616 号) ····················· 320

126. 国家税务总局关于对福建雪津啤酒有限公司收取经营保证金征收增值税问题的批复

　　(2004 年 3 月 30 日　国税函〔2004〕416 号) ····················· 320

127. 国家税务总局关于取消包装物押金逾期期限审批后有关问题的通知

　　(2004 年 6 月 25 日　国税函〔2004〕827 号) ····················· 320

128. 国家税务总局关于燃油电厂取得发电补贴有关增值税政策的通知

　　(2006 年 12 月 19 日　国税函〔2006〕1235 号) ··················· 321

129. 国家税务总局关于四川省机场集团有限公司向驻场单位转供水电气征税问题的批复

　　(2009 年 9 月 22 日　国税函〔2009〕537 号) ····················· 321

(二)混合销售与兼营 ·· 321

130. 国家税务总局关于厦门邮电纵横股份有限公司销售传呼机、移动电话征收增值
　　税问题的批复

　　(1997 年 9 月 5 日　国税函发〔1997〕504 号) ···················· 321

131. 国家税务总局关于中国移动有限公司内地子公司业务销售附带赠送行为征收流转税
　　问题的通知

　　(2006 年 12 月 28 日　国税函〔2006〕1278 号) ··················· 322

132. 国家税务总局关于餐饮公司送餐业务有关税收问题的批复

　　(2009 年 6 月 6 日　国税函〔2009〕233 号) ······················ 322

133. 国家税务总局关于纳税人销售自产货物并同时提供建筑业劳务有关税收问题的公告

　　(2011 年 3 月 25 日　国家税务总局公告 2011 年第 23 号) ········ 322

134. 国家税务总局关于纳税人为其他单位和个人开采矿产资源提供劳务有关货物和劳务
　　税问题的公告

　　(2011 年 11 月 7 日　国家税务总局公告 2011 年第 56 号) ········ 323

135. 国家税务总局关于旅店业和饮食业纳税人销售食品有关税收问题的公告

　　(2011 年 11 月 24 日　国家税务总局公告 2011 年第 62 号) ······· 323

136. 国家税务总局关于旅店业和饮食业纳税人销售非现场消费食品增值税有关问题的公告

　　(2013 年 4 月 22 日　国家税务总局公告 2013 年第 17 号) ········ 324

国家税务总局办公厅关于《国家税务总局关于旅店业和饮食业纳税人销售非现场消费食品增值税有关问题的公告》的解读 ·········· 324

（三）平销返利 ·········· 324

137. 国家税务总局关于平销行为征收增值税问题的通知
（1997 年 10 月 31 日　国税发〔1997〕167 号）·········· 324

138. 国家税务总局关于增值税一般纳税人平销行为征收增值税问题的批复
（2001 年 4 月 5 日　　国税函〔2001〕247 号）·········· 325

139. 国家税务总局关于商业企业向货物供应方收取的部分费用征收流转税问题的通知
（2004 年 10 月 13 日　国税发〔2004〕136 号）·········· 325

（四）视同销售 ·········· 326

140. 国家税务总局关于企业所属机构间移送货物征收增值税问题的通知
（1998 年 8 月 26 日　国税发〔1998〕137 号）·········· 326

141. 国家税务总局关于企业所属机构间移送货物征收增值税问题的补充通知
（1998 年 12 月 3 日　　国税函〔1998〕718 号）·········· 326

142. 国家税务总局关于建安企业所属单位生产沥青混凝土征收增值税问题的批复
（2000 年 10 月 12 日　国税函〔2000〕790 号）·········· 328

143. 国家税务总局关于纳税人无偿赠送粉煤灰征收增值税问题的公告
（2011 年 5 月 19 日　国家税务总局公告 2011 年第 32 号）·········· 328

144. 国家税务总局关于纳税人无偿赠送煤矸石征收增值税问题的公告
（2013 年 12 月 3 日　　国家税务总局公告 2013 年第 70 号）·········· 328
国家税务总局办公厅关于《国家税务总局关于纳税人无偿赠送煤矸石征收增值税问题的公告》的解读 ·········· 328

145. 财政部　国家税务总局关于创新药后续免费使用有关增值税政策的通知
（2015 年 1 月 26 日　财税〔2015〕4 号）·········· 329

五、进项税额的具体规定 ·········· 329

146. 国家税务总局关于易货贸易进口环节减征的增值税税款抵扣问题的通知
（1996 年 9 月 16 日　国税函〔1996〕550 号）·········· 329

147. 国家税务总局关于分摊不得抵扣进项税额时免税项目销售额如何确定问题的批复
（1997 年 9 月 24 日　　国税函〔1997〕529 号）·········· 330

148. 国家税务总局关于企业破产、倒闭、解散、停业后增值税留抵税额处理问题的批复
（1998 年 7 月 15 日　　国税函〔1998〕429 号）·········· 330

149. 国家税务总局关于增值税一般纳税人恢复抵扣进项税额资格后有关问题的批复
（2000 年 8 月 2 日　　国税函〔2000〕584 号）·········· 330

150. 国家税务总局关于出版物广告收入有关增值税问题的通知
（2000 年 11 月 17 日　国税发〔2000〕188 号）·········· 331

151. 国家税务总局关于增值税一般纳税人期货交易进项税额抵扣问题的通知
（2002 年 4 月 29 日　　国税发〔2002〕45 号）·········· 331

152. 国家税务总局关于银行承兑汇票背书行为有关问题的批复
（2002 年 6 月 10 日　　国税函〔2002〕525 号）·········· 332

153. 国家税务总局关于企业改制中资产评估减值发生的流动资产损失进项税额抵扣问题
的批复
(2002 年 12 月 20 日　国税函〔2002〕1103 号) ·············· 332

154. 财政部　国家税务总局关于推广税控收款机有关税收政策的通知
(2004 年 11 月 9 日　财税〔2004〕167 号) ·············· 332

155. 国家税务总局关于增值税一般纳税人取得的账外经营部分防伪税控增值税专用发票
进项税额抵扣问题的批复
(2005 年 8 月 3 日　国税函〔2005〕763 号) ·············· 333

156. 国家税务总局关于供电企业收取的免税农村电网维护费有关增值税问题的通知
(2005 年 8 月 5 日　国税函〔2005〕778 号) ·············· 333

157. 国家税务总局关于诺基亚公司实行统一结算方式增值税进项税额抵扣问题的批复
(2006 年 12 月 15 日　国税函〔2006〕1211 号) ·············· 334

158. 国家税务总局关于纳税人进口货物增值税进项税额抵扣有关问题的通知
(2007 年 3 月 22 日　国税函〔2007〕350 号) ·············· 334

159. 财政部　国家税务总局关于固定资产进项税额抵扣问题的通知
(2009 年 9 月 9 日　财税〔2009〕113 号) ·············· 335

160. 国家税务总局关于项目运营方利用信托资金融资过程中增值税进项税额抵扣问题
的公告
(2010 年 8 月 9 日　国家税务总局公告 2010 年第 8 号) ·············· 335

161. 财政部　国家税务总局关于收购烟叶支付的价外补贴进项税额抵扣问题的通知
(2011 年 3 月 2 日　财税〔2011〕21 号) ·············· 335

162. 财政部　国家税务总局关于暂停部分玉米深加工企业购进玉米增值税抵扣政策的通知
(2011 年 4 月 19 日　财税〔2011〕34 号) ·············· 336

163. 国家税务总局关于纳税人既享受增值税即征即退　先征后退政策又享受免抵退税政
策有关问题的公告
(2011 年 12 月 1 日　国家税务总局公告 2011 年第 69 号) ·············· 336

164. 财政部　国家税务总局关于在部分行业试行农产品增值税进项税额核定扣除办法
的通知
(2012 年 4 月 6 日　财税〔2012〕38 号) ·············· 337

165. 国家税务总局关于在部分行业试行农产品增值税进项税额核定扣除办法有关问题
的公告
(2012 年 7 月 17 日　国家税务总局公告 2012 年第 35 号) ·············· 341
国家税务总局办公厅关于《国家税务总局关于在部分行业试行农产品增值税进项
税额核定扣除办法有关问题的公告》的解读 ·············· 345

166. 财政部　国家税务总局关于扩大农产品增值税进项税额核定扣除试点行业范围
的通知
(2013 年 8 月 28 日　财税〔2013〕57 号) ·············· 345

167. 国家税务总局关于输水管道有关增值税问题的批复
(2013 年 11 月 25 日　税总函〔2013〕642 号) ·············· 345

168. 国家税务总局关于纳税人认定或登记为一般纳税人前进项税额抵扣问题的公告
(2015 年 8 月 19 日　国家税务总局公告 2015 年第 59 号) ·············· 346

国家税务总局办公厅关于《国家税务总局关于纳税人认定或登记为一般纳税人前进项税额抵扣问题的公告》的解读 ················· 346

169. 财政部 国家税务总局关于煤炭采掘企业增值税进项税额抵扣有关事项的通知
（2015 年 11 月 2 日 财税〔2015〕117 号） ················· 347

六、税率的具体规定 ················· 347

（一）9%的税率 ················· 347

170. 财政部 国家税务总局关于印发《农业产品征税范围注释》的通知
（1995 年 6 月 15 日 财税字〔1995〕52 号） ················· 347

171. 国家税务总局关于《农业产品征税范围注释》执行日期的通知
（1995 年 9 月 14 日 国税明电〔1995〕044 号） ················· 351

172. 国家税务总局关于茴油、毛橄子油适用增值税税率的批复
（2003 年 4 月 18 日 国税函〔2003〕426 号） ················· 351

173. 国家税务总局关于农户手工编织的竹制和竹芒藤柳坯具征收增值税问题的批复
（2005 年 1 月 18 日 国税函〔2005〕56 号） ················· 351

174. 国家税务总局关于由石油伴生气加工压缩成的石油液化气适用增值税税率的通知
（2005 年 5 月 18 日 国税发〔2005〕83 号） ················· 352

175. 国家税务总局关于中小学课本配套产品适用增值税税率的批复
（2006 年 8 月 15 日 国税函〔2006〕770 号） ················· 352

176. 国家税务总局关于挂面适用增值税税率问题的通知
（2008 年 12 月 8 日 国税函〔2008〕1007 号） ················· 353

177. 国家税务总局关于核桃油适用税率问题的批复
（2009 年 8 月 21 日 国税函〔2009〕455 号） ················· 353

178. 国家税务总局关于人工合成牛胚胎适用增值税税率问题的通知
（2010 年 3 月 4 日 国税函〔2010〕97 号） ················· 353

179. 国家税务总局关于橄榄油适用税率问题的批复
（2010 年 4 月 8 日 国税函〔2010〕144 号） ················· 354

180. 国家税务总局关于干姜 姜黄增值税适用税率问题的公告
（2010 年 8 月 19 日 国家税务总局公告 2010 年第 9 号） ················· 354

181. 国家税务总局关于制种行业增值税有关问题的公告
（2010 年 10 月 25 日 国家税务总局公告 2010 年第 17 号） ················· 355

182. 国家税务总局关于花椒油增值税适用税率问题的公告
（2011 年 6 月 2 日 国家税务总局公告 2011 年第 33 号） ················· 355

183. 国家税务总局关于部分液体乳增值税适用税率的公告
（2011 年 7 月 6 日 国家税务总局公告 2011 年第 38 号） ················· 355

184. 国家税务总局关于部分产品增值税适用税率问题的公告
（2012 年 3 月 16 日 国家税务总局公告 2012 年第 10 号） ················· 356

185. 国家税务总局关于卷帘机适用增值税税率问题的公告
（2012 年 6 月 29 日 国家税务总局公告 2012 年第 29 号） ················· 357
国家税务总局办公厅关于《国家税务总局关于卷帘机适用增值税税率问题的公告》的解读 ················· 357

186. 国家税务总局关于纳税人采取"公司＋农户"经营模式销售畜禽有关增值税问题
的公告
(2013 年 2 月 6 日　国家税务总局公告 2013 年第 8 号) …………………… 358
国家税务总局办公厅关于《国家税务总局关于纳税人采取"公司＋农户"经营模式销
售畜禽有关增值税问题的公告》的解读 …………………………………………… 358

187. 国家税务总局关于承印境外图书增值税适用税率问题的公告
(2013 年 2 月 22 日　国家税务总局公告 2013 年第 10 号) ………………… 359
国家税务总局办公厅关于《国家税务总局关于承印境外图书增值税适用税率问题的
公告》的解读 ……………………………………………………………………… 359

188. 国家税务总局关于动物骨粒适用增值税税率的公告
(2013 年 12 月 3 日　国家税务总局公告 2013 年第 71 号) ………………… 360
国家税务总局办公厅关于《国家税务总局关于动物骨粒适用增值税税率的公告》的
解读 ………………………………………………………………………………… 360

189. 国家税务总局关于杏仁油　葡萄籽油增值税适用税率问题的公告
(2014 年 4 月 11 日　国家税务总局公告 2014 年第 22 号) ………………… 361
国家税务总局办公厅关于《国家税务总局关于杏仁油　葡萄籽油增值税适用税率
问题的公告》的解读 ……………………………………………………………… 361

190. 国家税务总局关于牡丹籽油增值税适用税率问题的公告
(2014 年 12 月 31 日 国家税务总局公告 2014 年第 75 号) ………………… 362
国家税务总局办公厅关于《国家税务总局关于牡丹籽油增值税适用税率问题的公告》
的解读 ……………………………………………………………………………… 362

191. 国家税务总局关于动物尸体降解处理机　蔬菜清洗机增值税适用税率问题的公告
(2015 年 10 月 15 日 国家税务总局公告 2015 年第 72 号) ………………… 363
国家税务总局办公厅关于《国家税务总局关于动物尸体降解处理机　蔬菜清洗机增
值税适用税率问题的公告》的解读 ……………………………………………… 363

(二) 13%的税率 …………………………………………………………………… 364

192. 国家税务总局关于洗净毛征收增值税问题的批复
(1996 年 10 月 29 日 国税函〔1996〕609 号) ………………………………… 364

193. 国家税务总局关于淀粉的增值税适用税率问题的批复
(1996 年 12 月 31 日　国税函发〔1996〕744 号) …………………………… 364

194. 国家税务总局关于抛秧盘增值税适用税率问题的批复
(1998 年 9 月 11 日　　国税函〔1998〕536 号) ……………………………… 364

195. 国家税务总局关于工业燃气适用税率问题的批复
(1999 年 5 月 25 日　　国税函〔1999〕第 343 号) ………………………… 365

196. 国家税务总局关于增值税若干税收政策问题的批复
(2001 年 4 月 5 日　　国税函〔2001〕248 号) ……………………………… 365

197. 国家税务总局关于天然二氧化碳适用增值税税率的批复
(2003 年 12 月 10 日　国税函〔2003〕1324 号) ……………………………… 366

198. 国家税务总局关于血液制品增值税政策的批复
(2004 年 3 月 8 日　　国税函〔2004〕335 号) ……………………………… 366

199. 国家税务总局关于水洗猪鬃征收增值税问题的批复

（2006 年 8 月 15 日　　国税函〔2006〕773 号）‥‥‥‥‥‥‥‥‥‥‥‥ 367

200. 财政部　国家税务总局关于明确硝酸铵适用增值税税率的通知

（2007 年 1 月 10 日　　财税〔2007〕7 号）‥‥‥‥‥‥‥‥‥‥‥‥‥‥ 367

201. 国家税务总局关于粉煤灰（渣）征收增值税问题的批复

（2007 年 2 月 5 日　　国税函〔2007〕158 号）‥‥‥‥‥‥‥‥‥‥‥‥ 367

202. 国家税务总局关于桶装饮用水生产企业征收增值税问题的批复

（2008 年 11 月 24 日　　国税函〔2008〕953 号）‥‥‥‥‥‥‥‥‥‥‥ 368

203. 财政部　国家税务总局关于金属矿、非金属矿采选产品增值税税率的通知

（2008 年 12 月 19 日　　财税〔2008〕171 号）‥‥‥‥‥‥‥‥‥‥‥‥ 368

204. 国家税务总局关于麦芽适用税率问题的批复

（2009 年 4 月 7 日　　国税函〔2009〕177 号）‥‥‥‥‥‥‥‥‥‥‥‥ 369

205. 国家税务总局关于复合胶适用增值税税率问题的批复

（2009 年 8 月 21 日　　国税函〔2009〕453 号）‥‥‥‥‥‥‥‥‥‥‥ 369

206. 国家税务总局关于供应非临床用血增值税政策问题的批复

（2009 年 8 月 24 日　　国税函〔2009〕456 号）‥‥‥‥‥‥‥‥‥‥‥ 370

207. 国家税务总局关于人发适用增值税税率问题的批复

（2009 年 10 月 28 日　　国税函〔2009〕625 号）‥‥‥‥‥‥‥‥‥‥‥ 370

208. 国家税务总局关于肉桂油　桉油　香茅油增值税适用税率问题的公告

（2010 年 7 月 27 日　　国家税务总局公告 2010 年第 5 号）‥‥‥‥‥‥ 371

209. 国家税务总局关于皂脚适用增值税税率问题的公告

（2011 年 3 月 16 日　　国家税务总局公告 2011 年第 20 号）‥‥‥‥‥ 371

210. 国家税务总局关于环氧大豆油氢化植物油增值税适用税率问题的公告

（2011 年 7 月 25 日　　国家税务总局公告 2011 年第 43 号）‥‥‥‥‥ 371

211. 国家税务总局关于部分玉米深加工产品增值税税率问题的公告

（2012 年 3 月 27 日　　国家税务总局公告 2012 年第 11 号）‥‥‥‥‥ 372

第四部分　增值税税收优惠

一、减免税政策代码目录 ‥‥‥‥‥‥‥‥‥‥‥‥‥‥‥‥‥‥‥‥‥‥‥‥‥‥‥ 373

212. 国家税务总局关于发布《减免税政策代码目录》的公告

（2015 年 10 月 29 日 国家税务总局公告 2015 年第 73 号）‥‥‥‥‥‥ 373

国家税务总局办公厅关于《国家税务总局关于发布〈减免税政策代码目录〉的公告》的

政策解读 ‥‥‥‥‥‥‥‥‥‥‥‥‥‥‥‥‥‥‥‥‥‥‥‥‥‥‥‥‥‥ 373

213. 国家税务总局关于明确部分增值税优惠政策审批事项取消后有关管理事项的公告

（2015 年 5 月 19 日 国家税务总局公告 2015 年第 38 号）‥‥‥‥‥‥‥ 374

214. 国家税务总局减免税政策代码表

（2019 年 5 月 9 日　　国家税务总局减免税政策代码表〔增值税部分〕）‥‥ 375

二、改善民生 ‥‥‥‥‥‥‥‥‥‥‥‥‥‥‥‥‥‥‥‥‥‥‥‥‥‥‥‥‥‥‥‥ 408

（一）提高居民收入 ‥‥‥‥‥‥‥‥‥‥‥‥‥‥‥‥‥‥‥‥‥‥‥‥‥‥‥‥ 408

215. 财政部　国家税务总局关于免征蔬菜流通环节增值税有关问题的通知

（2011 年 12 月 31 日 财税〔2011〕137 号）‥‥‥‥‥‥‥‥‥‥‥‥‥‥ 408

216. 财政部 国家税务总局关于免征部分鲜活肉蛋产品流通环节增值税政策的通知

（2012 年 9 月 27 日 财税〔2012〕75 号）·· 415

（二）救灾及重建 ··· 415

217. 财政部 国家税务总局关于粮食企业增值税征免问题的通知

（1999 年 6 月 29 日 财税字〔1999〕198 号）·································· 415

218. 国家税务总局关于国有粮食购销企业销售粮食免征增值税审批事项取消后有关管理
事项的公告

（2015 年 5 月 22 日 国家税务总局公告 2015 年第 42 号）·················· 417

（三）社会保障 ··· 418

219. 国家税务总局 民政部 中国残疾人联合会关于促进残疾人就业税收优惠政策
征管办法的通知

（2007 年 6 月 15 日 国税发〔2007〕67 号）·································· 418

220. 国家税务总局关于安置残疾人单位是否可以同时享受多项增值税优惠政策问题的公告

（2011 年 11 月 18 日 国家税务总局公告 2011 年第 61 号）·················· 421

221. 国家税务总局关于促进残疾人就业增值税优惠政策有关问题的公告

（2013 年 12 月 13 日 国家税务总局公告 2013 年第 73 号）·················· 421

国家税务总局办公厅关于《国家税务总局关于促进残疾人就业增值税优惠政策有关
问题的公告》的解读 ·································· 421

222. 国家税务总局关于促进残疾人就业税收优惠政策有关问题的公告

（2013 年 12 月 30 日 国家税务总局公告 2013 年第 78 号）·················· 422

国家税务总局办公厅关于《国家税务总局关于促进残疾人就业税收优惠政策有关问
题的公告》的解读 ·································· 422

223. 国家税务总局关于促进残疾人就业税收优惠政策相关问题的公告

（2015 年 7 月 31 日 国家税务总局公告 2015 年第 55 号）·················· 423

国家税务总局办公厅关于《国家税务总局关于促进残疾人就业税收优惠政策相关问
题的公告》的解读 ·································· 423

224. 财政部 国家税务总局关于促进残疾人就业增值税优惠政策的通知

（2016 年 5 月 5 日 财税〔2016〕52 号）·································· 424

225. 国家税务总局关于发布《促进残疾人就业增值税优惠政策管理办法》的公告

（2016 年 5 月 27 日 国家税务总局公告 2016 年第 33 号）·················· 426

国家税务总局办公厅关于《国家税务总局关于发布〈促进残疾人就业增值税优惠政策
管理办法〉的公告》的解读 ·································· 428

226. 国家税务总局关于民政福利企业税收优惠政策适用问题的批复

（2016 年 11 月 15 日 税总函〔2016〕609 号）·································· 429

227. 财政部 税务总局 民政部关于继续实施扶持自主就业退役士兵创业就业有关税收
政策的通知

（2017 年 6 月 12 日 财税〔2017〕46 号）·································· 429

228. 财政部 税务总局 人力资源社会保障部 国务院扶贫办关于进一步支持和促进重点
群体创业就业有关税收政策的通知

（2019 年 2 月 2 日 财税〔2019〕22 号）·································· 431

229. 国家税务总局　人力资源社会保障部　国务院扶贫办　教育部关于实施支持和促进重点群体创业就业有关税收政策具体操作问题的公告

　　（2019 年 2 月 26 日　　国家税务总局公告 2019 年第 10 号）……………………… 432

　　国家税务总局办公厅关于《国家税务总局　人力资源社会保障部　国务院扶贫办　教育部关于实施支持和促进重点群体创业就业有关税收政策具体操作问题的公告》的解读 ………………………………………………………………………………… 435

（四）其他税收优惠 ………………………………………………………………………… 436

230. 财政部　国家税务总局关于继续执行边销茶增值税政策的通知

　　（2011 年 12 月 7 日　　财税〔2011〕89 号）…………………………………………… 436

231. 财政部　国家税务总局关于免征储备大豆增值税政策的通知

　　（2014 年 5 月 8 日　　财税〔2014〕38 号）……………………………………………… 437

232. 财政部　国家税务总局关于延长边销茶增值税政策执行期限的通知

　　（2016 年 7 月 25 日　　财税〔2016〕73 号）…………………………………………… 437

233. 财政部　税务总局关于公共租赁住房税收优惠政策的公告

　　（2019 年 4 月 15 日　　财政部　国家税务总局公告 2019 年第 61 号）…………… 437

三、鼓励高新技术 ……………………………………………………………………………… 438

（一）科技发展 …………………………………………………………………………………… 438

234. 财政部　国家税务总局关于贯彻落实《中共中央　国务院关于加强技术创新，发展高科技，实现产业化的决定》有关税收问题的通知

　　（1999 年 11 月 2 日　　财税字〔1999〕273 号）……………………………………… 438

235. 国家税务总局关于北京爱立信移动通信有限公司转让软件使用权征收增值税问题的批复

　　（2000 年 3 月 23 日　　国税函〔2000〕209 号）……………………………………… 441

236. 国家税务总局关于增值税一般纳税人销售软件产品向购买方收取的培训费等费用享受增值税即征即退政策的批复

　　（2004 年 5 月 12 日　　国税函〔2004〕553 号）……………………………………… 441

237. 财政部　国家税务总局关于继续执行光伏发电增值税政策的通知

　　（2016 年 7 月 25 日　　财税〔2016〕81 号）…………………………………………… 442

238. 财政部　国家税务总局关于科技企业孵化器税收政策的通知

　　（2016 年 8 月 11 日　　财税〔2016〕89 号）…………………………………………… 442

239. 财政部　国家税务总局关于国家大学科技园税收政策的通知

　　（2016 年 9 月 5 日　　财税〔2016〕98 号）……………………………………………… 443

（二）自主创新 …………………………………………………………………………………… 444

240. 财政部　国家税务总局关于软件产品增值税政策的通知

　　（2011 年 10 月 13 日　财税〔2011〕100 号）………………………………………… 444

四、促进区域发展 ……………………………………………………………………………… 446

241. 财政部　海关总署　国家税务总局关于横琴　平潭开发有关增值税和消费税政策的通知

　　（2014 年 6 月 11 日　　财税〔2014〕51 号）…………………………………………… 446

五、促进小微企业发展 ………………………………………………………………………… 449

242. 财政部　国家税务总局关于暂免征收部分小微企业增值税和营业税的通知

　　（2013 年 7 月 29 日　　财税〔2013〕52 号）…………………………………………… 449

243. 国家税务总局关于暂免征收部分小微企业增值税和营业税政策有关问题的公告

（2013 年 8 月 21 日　国家税务总局公告 2013 年第 49 号）·············· 449

国家税务总局办公厅关于《国家税务总局关于暂免征收部分小微企业增值税和营业

税有关问题的公告》的解读 ·················· 450

244. 财政部　国家税务总局关于进一步支持小微企业增值税和营业税政策的通知

（2014 年 9 月 25 日　财税〔2014〕71 号）·················· 451

245. 国家税务总局关于小微企业免征增值税和营业税有关问题的公告

（2014 年 10 月 11 日　国家税务总局公告 2014 年第 57 号）·········· 451

国家税务总局办公厅关于《国家税务总局关于小微企业免征增值税和营业税有关

问题的公告》的解读 ·················· 451

246. 财政部　国家税务总局关于继续执行小微企业增值税和营业税政策的通知

（2015 年 8 月 27 日　财税〔2015〕96 号）·················· 452

247. 财政部　国家税务总局关于延续小微企业增值税政策的通知

（2017 年 10 月 20 日　财税〔2017〕76 号）·················· 452

248. 财政部　税务总局关于支持小微企业融资有关税收政策的通知

（2017 年 10 月 26 日　财税〔2017〕77 号）·················· 453

249. 国家税务总局关于小微企业免征增值税有关问题的公告

（2017 年 12 月 27 日　国家税务总局公告 2017 年第 52 号）·········· 453

国家税务总局办公厅关于《国家税务总局关于小微企业免征增值税有关问题的公告》

的解读 ·················· 454

250. 财政部　税务总局关于实施小微企业普惠性税收减免政策的通知

（2019 年 1 月 17 日　财税〔2019〕13 号）·················· 454

251. 国家税务总局关于小规模纳税人免征增值税政策有关征管问题的公告

（2019 年 1 月 19 日　国家税务总局公告 2019 年第 4 号）·········· 455

国家税务总局办公厅关于《国家税务总局关于小规模纳税人

免征增值税政策有关征管问题的公告》的解读 ·················· 456

六、转制升级 ·················· 459

（一）企业发展 ·················· 459

252. 财政部　国家税务总局关于中国邮政集团公司邮政速递物流业务重组改制有关

税收问题的通知

（2011 年 12 月 8 日　财税〔2011〕116 号）·················· 459

253. 财政部　国家税务总局关于中国邮政储蓄银行改制上市有关税收政策的通知

（2013 年 9 月 12 日　财税〔2013〕53 号）·················· 459

（二）其他 ·················· 460

254. 财政部　国家税务总局关于中国联合网络通信集团有限公司转让 CDMA 网及

其用户资产企业合并资产整合过程中涉及的增值税营业税印花税和土地增值

税政策问题的通知

（2011 年 3 月 10 日　财税〔2011〕13 号）·················· 460

七、节能环保 ·· 461

（一）环境保护 ·· 461

255. 国家税务总局关于退耕还林还草补助粮免征增值税问题的通知

（2001 年 11 月 26 日 国税发〔2001〕131 号） ·· 461

（二）资源综合利用 ·· 462

256. 财政部 国家税务总局关于污水处理费有关增值税政策的通知

（2001 年 6 月 19 日 财税〔2001〕97 号） ··· 462

257. 国家发展改革委员会 财政部 国家税务总局关于印发《国家鼓励的资源综合利用认

定管理办法》的通知

（2006 年 9 月 7 日 发改环资〔2006〕1864 号） ····································· 462

258. 国家税务总局关于安徽淮南舜岳水泥有限责任公司水泥熟料产品适用增值税政策问

题的批复

（2008 年 12 月 3 日 国税函〔2008〕996 号） ······································· 466

259. 财政部 国家税务总局关于促进节能服务产业发展增值税营业税和企业所得税政策

问题的通知

（2010 年 12 月 30 日 财税〔2010〕110 号） ·· 466

260. 财政部 国家税务总局关于印发《资源综合利用产品和劳务增值税优惠目录》的通知

（2015 年 6 月 12 日 财税〔2015〕78 号） ·· 468

261. 财政部 国家税务总局关于新型墙体材料增值税政策的通知

（2015 年 6 月 12 日 财税〔2015〕73 号） ·· 475

262. 财政部 国家税务总局关于风力发电增值税政策的通知

（2015 年 6 月 12 日 财税〔2015〕74 号） ·· 476

263. 财政部 国家税务总局关于供热企业增值税 房产税 城镇土地使用税优惠政策的通知

（2016 年 8 月 24 日 财税〔2016〕94 号） ·· 477

264. 财政部 税务总局关于延续供热企业增值税、房产税、城镇土地使用税优惠政策的通知

（2019 年 4 月 3 日 财税〔2019〕38 号） ·· 478

265. 财政部 国家税务总局关于加快煤层气抽采有关税收政策问题的通知

（2007 年 2 月 7 日 财税〔2007〕16 号） ·· 479

（三）电力建设 ·· 480

266. 财政部 国家税务总局关于大型水电企业增值税政策的通知

（2014 年 2 月 12 日 财税〔2014〕10 号） ·· 480

八、支持金融资本市场 ·· 480

（一）金融市场 ·· 480

267. 财政部 国家税务总局关于被撤销金融机构有关税收政策问题的通知

（2003 年 7 月 3 日 财税〔2003〕141 号） ·· 480

268. 财政部 海关总署 国家税务总局关于调整钻石及上海钻石交易所有关税收政策的通知

（2006 年 6 月 7 日 财税〔2006〕65 号） ·· 481

269. 财政部 国家税务总局关于黄金期货交易有关税收政策的通知

（2008 年 1 月 29 日 财税〔2008〕5 号） ·· 482

270. 财政部 国家税务总局关于上海期货交易所开展期货保税交割业务有关增值税问题
的通知
(2010 年 12 月 2 日 财税〔2010〕108 号) ·················· 483

271. 财政部 国家税务总局关于原油和铁矿石期货保税交割业务增值税政策的通知
(2015 年 4 月 8 日 财税〔2015〕35 号) ·················· 483

272. 国家税务总局关于上海国际能源交易中心原油期货保税交割业务增值税管理问题
的公告
(2017 年 7 月 28 日 国家税务总局公告 2017 年第 29 号) ·············· 484
国家税务总局办公厅关于《国家税务总局关于上海国际能源交易中心原油期货保税
交割业务增值税管理问题的公告》的解读 ·················· 485

273. 国家税务总局关于大连商品交易所铁矿石期货保税交割业务增值税管理问题
的公告
(2018 年 4 月 20 日 国家税务总局公告 2018 年第 19 号) ·············· 486
国家税务总局办公厅关于《国家税务总局关于大连商品交易所铁矿石期货保税交割
业务增值税管理问题的公告》的解读 ·················· 487

274. 财政部 税务总局关于境外机构投资境内债券市场企业所得税、增值税政策的通知
(2018 年 11 月 7 日 财税〔2018〕108 号) ·················· 487

(二)资本市场 ·················· 487

275. 财政部 国家税务总局关于中国信达等 4 家金融资产管理公司税收政策问题
的通知
(2001 年 2 月 20 日 财税〔2001〕10 号) ·················· 487

276. 财政部 国家税务总局关于 4 家资产管理公司接收资本金项下的资产在办理过户时
有关税收政策问题的通知
(2003 年 2 月 21 日 财税〔2003〕21 号) ·················· 488

277. 财政部 国家税务总局关于中国东方资产管理公司处置港澳国际(集团)有限公司有
关资产税收政策问题的通知
(2003 年 11 月 10 日 财税〔2003〕212 号) ·················· 489

278. 财政部 国家税务总局关于熊猫普制金币免征增值税政策的通知
(2012 年 12 月 28 口 财税〔2012〕97 号) ·················· 491

279. 财政部 国家税务总局关于中国信达资产管理股份有限公司等 4 家金融资产管理公
司有关税收政策问题的通知
(2013 年 8 月 18 日 财税〔2013〕56 号) ·················· 491

280. 国家税务总局关于发布《熊猫普制金币免征增值税管理办法(试行)》的公告
(2013 年 2 月 5 日 国家税务总局公告 2013 年第 6 号) ·············· 492
国家税务总局办公厅关于《国家税务总局关于发布〈熊猫普制金币免征增值税管理
办法(试行)〉的公告》的解读 ·················· 494

281. 国家税务总局关于公布符合条件的销售熊猫普制金币纳税人名单(第二批)的公告
(2013 年 8 月 21 日 国家税务总局公告 2013 年第 48 号) ·············· 494
国家税务总局办公厅关于《公布符合条件的销售熊猫普制金币纳税人名单(第二批)
的公告》的解读 ·················· 494

282. 国家税务总局关于公布符合条件的销售熊猫普制金币纳税人名单(第三批)暨不符合条件的纳税人退出名单的公告

(2014 年 8 月 4 日　国家税务总局公告 2014 年第 47 号) ······ 495

国家税务总局办公厅《国家税务总局关于公布符合条件的销售熊猫普制金币纳税人名单(第三批)暨不符合条件的纳税人退出名单公告》的解读 ······ 495

283. 国家税务总局关于公布符合条件的销售熊猫普制金币纳税人名单(第四批)的公告

(2015 年 4 月 15 日　国家税务总局公告 2015 年第 24 号) ······ 495

284. 国家税务总局关于公布符合条件的销售熊猫普制金币纳税人名单(第五批)的公告

(2015 年 11 月 13 日　国家税务总局公告 2015 年第 78 号) ······ 496

国家税务总局办公厅关于《国家税务总局关于公布符合条件的销售熊猫普制金币纳税人名单(第五批)的公告》的解读 ······ 496

285. 国家税务总局关于公布符合条件的销售熊猫普制金币纳税人名单(第六批)的公告

(2016 年 6 月 12 日　国家税务总局公告 2016 年第 36 号) ······ 496

国家税务总局办公厅关于《国家税务总局关于公布符合条件的销售熊猫普制金币纳税人名单(第六批)的公告》的解读 ······ 497

286. 国家税务总局关于公布符合条件的销售熊猫普制金币纳税人名单(第七批)的公告

(2016 年 12 月 13 日 国家税务总局公告 2016 年第 83 号) ······ 497

国家税务总局办公厅关于《国家税务总局关于公布符合条件的销售熊猫普制金币纳税人名单(第七批)的公告》的解读 ······ 497

287. 国家税务总局关于公布符合条件的销售熊猫普制金币纳税人名单(第九批)暨不符合条件的纳税人退出名单(第三批)的公告

(2018 年 2 月 5 日　国家税务总局公告 2018 年第 10 号) ······ 498

288. 国家税务总局关于公布符合条件的销售熊猫普制金币纳税人名单(第十批)暨不符合条件的纳税人退出名单(第四批)的公告

(2018 年 6 月 22 日　国家税务总局公告 2018 年第 34 号) ······ 498

国家税务总局办公厅关于《国家税务总局关于公布符合条件的销售熊猫普制金币纳税人名单(第十批)暨不符合条件的纳税人退出名单(第四批)的公告》的解读 ······ 499

九、支持三农 ······ 499

(一)肥料 ······ 499

289. 财政部　国家税务总局关于有机肥产品免征增值税的通知

(2008 年 4 月 29 日　财税〔2008〕56 号) ······ 499

290. 国家税务总局关于明确有机肥产品执行标准的公告

(2015 年 12 月 1 日　国家税务总局公告 2015 年第 86 号) ······ 500

国家税务总局办公厅关于《国家税务总局关于明确有机肥产品执行标准的公告》的解读 ······ 501

(二)饲料 ······ 501

291. 国家税务总局关于饲料用赖氨酸征收增值税问题的批复

(1997 年 1 月 31 日　国税函〔1997〕69 号) ······ 501

292. 国家税务总局关于正大康地(深圳)有限公司生产经营饲料添加剂预混料应否免征增值税问题的批复

(1997 年 7 月 21 日　国税函发〔1997〕424 号) ······ 501

293. 国家税务总局关于修订"饲料"注释及加强饲料征免增值税管理问题的通知

    (1999 年 3 月 8 日 国税发〔1999〕39 号) ·················· 502

294. 财政部 国家税务总局关于饲料产品免征增值税问题的通知

    (2001 年 7 月 12 日 财税〔2001〕121 号) ·················· 502

295. 财政部 国家税务总局关于豆粕等粕类产品征免增值税政策的通知

    (2001 年 8 月 7 日 财税〔2001〕30 号) ·················· 503

296. 国家税务总局关于宠物饲料征收增值税问题的批复

    (2002 年 9 月 12 日 国税函〔2002〕812 号) ·················· 504

297. 国家税务总局关于饲用鱼油产品免征增值税的批复

    (2003 年 12 月 29 日 国税函〔2003〕1395 号) ·················· 504

298. 国家税务总局关于取消饲料产品免征增值税审批程序后加强后续管理的通知

    (2004 年 7 月 7 日 国税函〔2004〕884 号) ·················· 504

299. 国家税务总局关于矿物质微量元素舔砖免征增值税问题的批复

    (2005 年 11 月 30 日 国税函〔2005〕1127 号) ·················· 505

300. 国家税务总局关于饲料级磷酸二氢钙产品增值税政策问题的通知

    (2007 年 1 月 8 日 国税函〔2007〕10 号) ·················· 505

301. 国家税务总局关于部分饲料产品征免增值税政策问题的批复

    (2009 年 6 月 15 日 国税函〔2009〕324 号) ·················· 505

302. 国家税务总局关于粕类产品征免增值税问题的通知

    (2010 年 2 月 20 日 国税函〔2010〕75 号) ·················· 506

303. 国家税务总局关于精料补充料免征增值税问题的公告

    (2013 年 8 月 7 日 国家税务总局公告 2013 年第 46 号) ·················· 506

    国家税务总局办公厅关于《国家税务总局关于精料补充料免征增值税问题的公告》的

    解读 ·················· 506

（三）农村建设 ·················· 507

304. 财政部 国家税务总局关于免征农村电网维护费增值税问题的通知

    (1998 年 3 月 5 日 财税字〔1998〕47 号) ·················· 507

305. 财政部 国家税务总局关于若干农业生产资料征免增值税政策的通知

    (2001 年 7 月 20 日 财税〔2001〕113 号) ·················· 507

306. 财政部 国家税务局关于不带动力的手扶拖拉机和三轮农用运输车增值税政策的通知

    (2002 年 1 月 1 日 财税〔2002〕89 号) ·················· 508

307. 国家税务总局关于不带动力的手扶拖拉机和三轮农用运输车适用 13％税率执行时间

    的批复

    (2003 年 10 月 9 日 国税函〔2003〕1118 号) ·················· 508

308. 财政部 国家税务总局关于农民专业合作社有关税收政策的通知

    (2008 年 6 月 24 日 财税〔2008〕81 号) ·················· 509

309. 国家税务总局关于农用挖掘机 养鸡设备系列养猪设备系列产品增值税适用税率问

    题的公告

    (2014 年 2 月 27 日 国家税务总局公告 2014 年第 12 号) ·················· 509

    国家税务总局办公厅关于《国家税务总局关于农用挖掘机 养鸡设备系列养猪设备

    系列产品增值税适用税率问题的公告》的解读 ·················· 510

310. 财政部 税务总局 国务院扶贫办关于扶贫货物捐赠免征增值税政策的公告

（2019 年 4 月 10 日 财政部 税务总局 国务院扶贫办公告 2019 年第 55 号）…… 510

311. 财政部 国家税务总局关于继续实行农村饮水安全工程税收优惠政策的公告

（2019 年 4 月 15 日 财政部 税务总局公告 2019 年第 67 号）………… 511

（四）其他 ……………………………………………………………………… 512

312. 财政部 国家税务总局关于免征滴灌带和滴灌管产品增值税的通知

（2007 年 5 月 30 日 财税〔2007〕83 号）…………………………………… 512

十、支持文化教育体育 ……………………………………………………… 513

（一）教育 ……………………………………………………………………… 513

313. 财政部 国家税务总局关于继续执行高校学生公寓和食堂有关税收政策的通知

（2016 年 7 月 25 日 财税〔2016〕82 号）…………………………………… 513

（二）文化 ……………………………………………………………………… 513

314. 财政部 国家税务总局关于中国图书进出口总公司销售给科研教学单位的进口

书刊资料免征增值税问题的通知

（1997 年 3 月 27 日 财税〔1997〕66 号）…………………………………… 513

315. 财政部 国家税务总局关于中国教育图书进出口公司销售

给高等学校教育科研单位和北京图书馆的进口图书报刊资料免征增值税问题的通知

（1998 年 4 月 7 日 财税字〔1998〕67 号）………………………………… 514

316. 财政部 国家税务总局关于中国国际图书贸易总公司销售给高等学校教育科研单位

和北京图书馆的进口图书报刊资料免征增值税问题的通知

（1998 年 4 月 13 日 财税字〔1998〕68 号）………………………………… 514

317. 财政部 国家税务总局关于北京中科进出口公司销售给高等学校科研单位和北京图

书馆的进口图书报刊资料免征增值税问题的通知

（1998 年 4 月 13 日 财税字〔1998〕69 号）………………………………… 514

318. 财政部 国家税务总局关于中国经济图书进出口公司中国出版对外贸易总公司销售

给大专院校和科研单位的进口书刊资料免征增值税的通知

（1999 年 9 月 29 日 财税字〔1999〕255 号）……………………………… 515

319. 财政部 国家税务总局关于北京中科进出口公司进口图书资料免征增值税问题的通知

（2001 年 5 月 27 日 财税〔2001〕92 号）…………………………………… 515

320. 国家税务总局关于新闻产品征收流转税问题的通知

（2001 年 9 月 13 日 国税发〔2001〕105 号）……………………………… 515

321. 财政部 国家税务总局关于教育税收政策的通知

（2004 年 2 月 5 日 财税〔2004〕39 号）…………………………………… 516

322. 财政部 国家税务总局关于中国科技资料进出口总公司销售进口图书享受免征国内

销售环节增值税政策的通知

（2004 年 3 月 30 日 财税〔2004〕69 号）…………………………………… 518

323. 财政部 国家税务总局关于印刷少数民族文字出版物增值税政策的通知

（2005 年 4 月 4 日 财税〔2005〕48 号）…………………………………… 518

324. 财政部 国家税务总局关于扶持动漫产业发展有关税收政策问题的通知

（2009 年 7 月 17 日 财税〔2009〕65 号）…………………………………… 518

325. 财政部　税务总局关于延续动漫产业增值税政策的通知

（2018 年 4 月 19 日　财税〔2018〕38 号）••••••••••••••••••• 519

326. 国家税务总局关于中国科技资料进出口总公司迁移后享受增值税优惠政策问题的通知

（2013 年 12 月 24 日　税总函〔2013〕731 号）••••••••••••••• 520

327. 财政部　国家税务总局关于延续宣传文化增值税和营业税优惠政策的通知

（2013 年 12 月 25 日　财税〔2013〕87 号）•••••••••••••••••• 520

328. 财政部　国家发展改革委　国土资源部　住房和城乡建设部　中国人民银行　国家

税务总局　新闻出版广电总局关于支持电影发展若干经济政策的通知

（2014 年 5 月 31 日　财教〔2014〕56 号）••••••••••••••••••• 522

329. 财政部　国家税务总局　海关总署关于北京 2022 年冬奥会和冬残奥会税收政策的通知

（2017 年 7 月 12 日　财税〔2017〕60 号）••••••••••••••••••• 524

330. 财政部　税务总局关于延续宣传文化增值税优惠政策的通知

（2018 年 6 月 5 日　财税〔2018〕53 号）•••••••••••••••••••• 526

331. 科技部办公厅关于转发《财政部　税务总局关于延续宣传文化增值税优惠政策的通

知》的通知

（2018 年 8 月 9 日　国科办政〔2018〕56 号）•••••••••••••••• 533

332. 财政部　税务总局关于继续实施支持文化企业发展增值税政策的通知

（2019 年 2 月 13 日　财税〔2019〕17 号）••••••••••••••••••• 534

333. 财政部　税务总局　中央宣传部关于继续实施文化体制改革中经营性文化事业单位

转制为企业若干税收政策的通知

（2019 年 2 月 16 日　财税〔2019〕16 号）••••••••••••••••••• 535

十一、支持其他各项社会事业 ••••••••••••••••••••••••••••••••••••••• 536

（一）飞机制造 ••• 536

334. 财政部　国家税务总局关于国产支线飞机免征增值税的通知

（2000 年 4 月 2 日　财税字〔2000〕51 号）•••••••••••••••••• 536

335. 财政部　国家税务总局关于飞机维修增值税问题的通知

（2000 年 10 月 12 日　财税〔2000〕102 号）•••••••••••••••••• 537

336. 财政部　国家税务总局关于农五飞机适用国产支线飞机免征增值税政策的通知

（2002 年 6 月 27 日　财税〔2002〕97 号）••••••••••••••••••• 537

337. 财政部　国家税务总局关于大型客机和新支线飞机增值税政策的通知

（2016 年 12 月 15 日　财税〔2016〕141 号）•••••••••••••••••• 537

（二）交通运输 ••• 538

338. 财政部　国家税务总局关于铁路货车修理免征增值税的通知

（2001 年 4 月 3 日　财税〔2001〕54 号）•••••••••••••••••••• 538

339. 国家税务总局关于中国北方机车车辆工业集团公司所属企业的铁路货车修理业务免

征增值税的通知

（2001 年 11 月 26 日　国税函〔2001〕862 号）•••••••••••••••• 538

340. 国家税务总局关于中国南方机车车辆工业集团公司所属企业的铁路货车修理业务免

征增值税的通知

（2001 年 12 月 28 日　国税函〔2001〕1006 号）••••••••••••••• 538

（三）医疗卫生 ·· 538

341. 财政部　国家税务总局关于血站有关税收问题的通知

（1999 年 10 月 13 日　财税字〔1999〕264 号）·················· 538

342. 财政部　国家税务总局关于医疗卫生机构有关税收政策的通知

（2000 年 7 月 10 日　　财税〔2000〕42 号）····················· 539

343. 财政部　国家税务总局关于延续免征国产抗艾滋病病毒药品增值税政策的通知

（2016 年 9 月 1 日　　财税〔2016〕97 号）······················· 540

344. 财政部　海关总署　税务总局　药监局关于罕见病药品增值税政策的通知

（2019 年 2 月 20 日　　财税〔2019〕24 号）····················· 541

（四）无偿援助 ·· 542

345. 财政部　国家税务总局　外经贸部关于外国政府和国际组织无偿援助项目在华采
购物资免征增值税问题的通知

（2002 年 1 月 11 日　财税〔2002〕2 号）························· 542

346. 财政部　国家税务总局关于外国政府和国际组织无偿援助项目在华采购物资免征增值
税的补充通知

（2005 年 1 月 21 日　　财税〔2005〕13 号）····················· 544

（五）公安司法建设 ·· 545

347. 财政部　国家税务总局关于公安、司法部门所属单位征免增值税问题的通知

（1994 年 5 月 31 日　财税字〔1994〕029 号）·················· 545

（六）国防建设 ·· 545

348. 财政部　国家税务总局关于军队、军工系统所属单位征收流转税、资源税问题的通知

（1994 年 4 月 22 日　财税字〔1994〕011 号）·················· 545

349. 国家税务总局关于军队物资供应机构征收增值税有关问题的通知

（1994 年 5 月 7 日　　国税发〔1994〕121 号）·················· 547

350. 国家税务总局关于军队物资供应机构征收增值税有关问题的补充通知

（1994 年 5 月 25 日　　国税发〔1994〕129 号）················· 547

351. 财政部　国家税务总局关于军队系统所属企业征收增值税问题的通知

（1997 年 11 月 26 日　财税字〔1997〕135 号）················· 548

352. 财政部　国家税务总局关于兰州真空设备有限责任公司军工产品免征增值税问题的批复

（2002 年 7 月 31 日　　财税〔2002〕113 号）··················· 548

353. 国家税务总局关于军队保障性企业移交后有关增值税问题的通知

（2003 年 8 月 27 日　　国税发〔2003〕104 号）················· 548

354. 财政部　国家税务总局关于军工企业股份制改造有关增值税政策问题的通知

（2008 年 1 月 21 日　　财税〔2007〕172 号）··················· 549

（七）支持黄金生产经营 ·· 549

355. 财政部　国家税务总局关于黄金税收政策问题的通知

（2002 年 9 月 12 日　财税〔2002〕142 号）····················· 549

356. 财政部　国家税务总局关于铂金及其制品税收政策的通知

（2003 年 4 月 28 日　　财税〔2003〕86 号）····················· 550

357. 国家税务总局关于纳税人销售伴生金有关增值税问题的公告

（2011 年 2 月 24 日　国家税务总局公告 2011 年第 8 号）…………………… 551

（八）鼓励科技研发 …………………………………………………………………… 551

358. 财政部　国家税务总局关于停止集成电路增值税退税政策的通知

（2004 年 10 月 25 日　财税〔2004〕174 号）…………………………………… 551

359. 财政部　国家税务总局关于退还集成电路企业采购设备增值税期末留抵税额的通知

（2011 年 11 月 14 日　财税〔2011〕107 号）…………………………………… 552

360. 财政部　商务部　国家税务总局关于继续执行研发机构采购设备增值税政策的通知

（2016 年 11 月 16 日　财税〔2016〕121 号）…………………………………… 553

361. 国家税务总局关于发布《研发机构采购国产设备增值税退税管理办法》的公告

（2017 年 3 月 14 日　国家税务总局公告 2017 年第 5 号）……………………… 558

（九）其他税收优惠 …………………………………………………………………… 560

362. 财政部　国家税务总局关于罚没物品征免增值税问题的通知

（1995 年 1 月 1 日　财税字〔1995〕69 号）…………………………………… 560

363. 国家税务总局关于拍卖行取得的拍卖收入征收增值税、营业税有关问题的通知

（1999 年 3 月 11 日　国税发〔1999〕40 号）…………………………………… 561

364. 财政部　海关总署　国家税务总局关于外国政府贷款和国际金融组织贷款项目进口设备增值税政策的通知

（2009 年 11 月 16 日　财关税〔2009〕63 号）………………………………… 561

365. 财政部　国家税务总局关于增值税税控系统专用设备和技术维护费用抵减增值税税额有关政策的通知

（2012 年 2 月 7 日　财税〔2012〕15 号）……………………………………… 562

366. 国家税务总局关于国际货物运输代理服务有关增值税问题的公告

（2014 年 7 月 4 日　国家税务总局公告 2014 年第 42 号）…………………… 563

国家税务总局办公厅关于《国家税务总局关于国际货物运输代理服务有关增值税问题的公告》的解读 …………………………………………………………… 563

367. 财政部　国家税务总局关于继续执行新疆国际大巴扎项目增值税政策的通知

（2017 年 4 月 28 日　财税〔2017〕36 号）…………………………………… 564

368. 财政部　税务总局　证监会关于创新企业境内发行存托凭证试点阶段有关税收政策的公告

（2019 年 4 月 3 日　财政部　国家税务总局　证监会公告 2019 年第 52 号）……… 564

第五部分　特殊行业政策法规

一、油气田企业与加油站 …………………………………………………………… 566

369. 国家税务总局关于中外合作开采石油资源缴纳增值税有关问题的通知

（1994 年 4 月 28 日　国税发〔1994〕114 号）………………………………… 566

370. 国家税务总局关于加油站一律按照增值税一般纳税人征税的通知

（2001 年 12 月 3 日　国税函〔2001〕882 号）………………………………… 567

371. 成品油零售加油站增值税征收管理办法

（2002 年 4 月 2 日　国家税务总局令第 2 号）………………………………… 567

372. 国家税务总局关于进一步加强加油站增值税征收管理有关问题的通知

（2003 年 11 月 26 日　国税发〔2003〕142 号）…………………… 569

373. 财政部　国家税务总局关于印发《油气田企业增值税管理办法》的通知

（2009 年 1 月 19 日　财税〔2009〕8 号）………………………… 569

374. 财政部　国家税务总局关于油气田企业增值税问题的补充通知

（2009 年 7 月 9 日　财税〔2009〕97 号）………………………… 574

375. 国家税务总局关于油气田企业开发煤层气页岩气增值税有关问题的公告

（2013 年 5 月 30 日　国家税务总局公告 2013 年第 27 号）……… 575

国家税务总局办公厅关于《国家税务总局关于油气田企业开发煤层气、页岩气增值税

有关问题的公告》的解读 ……………………………………… 575

376. 财政部　国家税务总局关于调整中外合作海上油（气）田开采企业名单的通知

（2017 年 1 月 23 日　财税〔2017〕10 号）………………………… 575

二、贵金属与期货交易 …………………………………………………… 576

377. 国家税务总局关于下发《货物期货征收增值税具体办法》的通知

（1994 年 11 月 9 日　国税发〔1994〕244 号）…………………… 576

378. 财政部　国家税务总局关于金银首饰等货物征收增值税问题的通知

（1996 年 9 月 14 日　财税字〔1996〕74 号）…………………… 576

379. 国家税务总局关于白银生产环节征收增值税的通知

（1999 年 12 月 31 日　国税发〔2000〕51 号）…………………… 577

380. 国家税务总局关于印发《黄金交易增值税征收管理办法》的通知

（2002 年 10 月 28 日　国税发明电〔2002〕47 号）……………… 577

381. 国家税务总局关于金融机构开展个人实物黄金交易业务增值税有关问题的通知

（2005 年 11 月 7 日　国税发〔2005〕178 号）…………………… 579

382. 国家税务总局关于增值税一般纳税人期货交易有关增值税问题的通知

（2005 年 11 月 9 日　国税函〔2005〕1060 号）………………… 580

383. 国家税务总局关于印发《钻石交易增值税征收管理办法》的通知

（2006 年 8 月 28 日　国税发〔2006〕131 号）…………………… 581

384. 国家税务总局关于纳税人加工和销售珠宝玉石征收增值税问题的批复

（2007 年 12 月 23 日　国税函〔2007〕1286 号）………………… 582

385. 国家税务总局关于印发《上海期货交易所黄金期货交易增值税征收管理办法》的通知

（2008 年 5 月 4 日　国税发〔2008〕46 号）……………………… 582

386. 国家税务总局关于金融机构销售贵金属增值税有关问题的公告

（2013 年 3 月 15 日　国家税务总局公告 2013 年第 13 号）……… 584

国家税务总局办公厅关于《国家税务总局关于金融机构销售贵金属增值税有关问题

的公告》的解读 ………………………………………………… 585

三、电力产品 …………………………………………………………… 585

387. 国家税务总局关于电力公司过网费收入征收增值税问题的批复

（2004 年 5 月 19 日　国税函〔2004〕607 号）…………………… 585

388. 电力产品增值税征收管理办法

（2004 年 12 月 22 日　国家税务总局令第 10 号）………………… 586

389. 国家税务总局关于供电企业收取并网服务费征收增值税问题的批复

  (2009 年 11 月 19 日 国税函〔2009〕641 号) ················· 588

390. 国家税务总局关于国家电网公司购买分布式光伏发电项目电力产品发票开具等有关问题的公告

  (2014 年 6 月 3 日 国家税务总局公告 2014 年第 32 号) ·········· 589

  国家税务总局办公厅关于《国家税务总局关于国家电网公司购买分布式光伏发电项目电力产品发票开具等有关问题的公告》的解读 ·········· 589

391. 国家税务总局关于国网冀北电力有限公司增值税有关问题的批复

  (2015 年 5 月 26 日 税总函〔2015〕283 号) ················· 590

四、化肥和农药 ·· 590

392. 财政部 海关总署 国家税务总局关于农药税收政策的通知

  (2003 年 9 月 23 日 财税〔2003〕186 号) ·················· 590

393. 财政部 海关总署 国家税务总局关于对化肥恢复征收增值税政策的通知

  (2015 年 8 月 10 日 财税〔2015〕90 号) ··················· 591

394. 财政部 国家税务总局关于对化肥恢复征收增值税政策的补充通知

  (2015 年 8 月 28 日 财税〔2015〕97 号) ··················· 591

395. 国家税务总局关于化肥恢复征收增值税后库存化肥有关税收管理事项的公告

  (2015 年 9 月 15 日 国家税务总局公告 2015 年第 64 号) ········· 592

  国家税务总局办公厅关于《国家税务总局关于化肥恢复征收增值税后库存化肥有关税收管理事项的公告》的解读 ·················· 592

第六部分 征 收 管 理

一、发票管理 ·· 594

（一）基本政策法规 ·· 594

396. 中华人民共和国发票管理办法

  (2010 年 12 月 20 日 国务院令第 587 号) ·················· 594

397. 中华人民共和国发票管理办法实施细则

  (2011 年 2 月 14 日 国家税务总局令第 25 号) ··············· 599

398. 网络发票管理办法

  (2013 年 2 月 25 日 国家税务总局令第 30 号) ··············· 602

399. 国家税务总局关于发票专用章式样有关问题的公告

  (2011 年 1 月 21 日 国家税务总局公告 2011 年第 7 号) ········· 603

400. 国家税务总局关于取消发票工本费有关问题的通知

  (2012 年 12 月 27 日 国税函〔2012〕608 号) ················ 604

（二）印制发票的特殊规定 ·· 604

401. 国家税务总局关于税控发票印制使用管理有关问题的通知

  (2005 年 4 月 18 日 国税发〔2005〕65 号) ················· 604

402. 国家税务总局关于加强普通发票集中印制管理的通知

  (2006 年 5 月 8 日 国税函〔2006〕431 号) ················· 608

403. 国家税务总局关于加强公路、内河货物运输业统一发票和机动车销售统一发票印制
管理有关问题的通知
(2006 年 12 月 27 日　国税函〔2006〕1268 号) ……………………………………… 609

404. 国家税务总局关于增值税普通发票印制供应有关事项的公告
(2013 年 9 月 9 日　国家税务总局公告 2013 年第 51 号) …………………………… 610
国家税务总局办公厅关于《国家税务总局关于增值税普通发票印制供应有关事项的
公告》的解读 ………………………………………………………………………………… 614

405. 国家税务总局关于使用印有本单位名称的增值税普通发票(卷票)有关问题的公告
(2017 年 4 月 14 日　国家税务总局公告 2017 年第 9 号) …………………………… 614
国家税务总局办公厅关于《国家税务总局关于使用印有本单位名称的增值税普通发
票(卷票)有关问题的公告》的解读 ……………………………………………………… 615

406. 国家税务总局关于调整增值税专用发票防伪措施有关事项的公告
(2019 年 2 月 3 日　国家税务总局公告 2019 年第 9 号) …………………………… 615
国家税务总局办公厅关于《国家税务总局关于调整增值税专用发票防伪措施有关事
项的公告》的解读 ………………………………………………………………………… 616

(三) 增值税发票申领 ………………………………………………………………………… 617

407. 国家税务总局关于发票核定和最高开票限额审批有关问题的批复
(2007 年 8 月 24 日　国税函〔2007〕868 号) ………………………………………… 617

408. 国家税务总局关于下放增值税专用发票最高开票限额审批权限的通知
(2007 年 8 月 28 日　国税函〔2007〕918 号) ………………………………………… 617

409. 国家税务总局关于简化增值税发票领用和使用程序有关问题的公告
(2014 年 3 月 24 日　国家税务总局公告 2014 年第 19 号) ………………………… 618
国家税务总局办公厅关于《国家税务总局关于简化增值税发票领用和使用程序有关
问题的公告》的解读 ……………………………………………………………………… 619

410. 国家税务总局关于全面推行增值税发票网上申领有关问题的通知
(2016 年 11 月 30 日　税总函〔2016〕638 号) ……………………………………… 621

411. 国家税务总局关于新办纳税人首次申领增值税发票有关事项的公告
(2018 年 6 月 11 日　国家税务总局公告 2018 年第 29 号) ………………………… 622
国家税务总局办公厅关于《国家税务总局关于新办纳税人首次申领增值税发票有关
事项的公告》的解读 ……………………………………………………………………… 622

412. 国家税务总局关于进一步做好纳税人增值税发票领用等工作的通知
(2019 年 2 月 26 日　税总函〔2019〕64 号) ………………………………………… 623

(四) 增值税普通发票 ……………………………………………………………………… 625

413. 国家税务总局关于统一全国普通发票分类代码和发票号码的通知
(2004 年 4 月 28 日　国税函〔2004〕521 号) ………………………………………… 625

414. 国家税务总局关于统一二手车销售发票式样问题的通知
(2005 年 7 月 5 日　国税函〔2005〕693 号) ………………………………………… 627

415. 国家税务总局关于启用增值税普通发票有关问题的通知
(2005 年 8 月 19 日　国税发明电〔2005〕34 号) …………………………………… 628

416. 国家税务总局关于普通发票真伪鉴定问题的通知

(2008 年 11 月 21 日　国税函〔2008〕948 号) ················· 629

417. 国家税务总局关于二手车经销企业发票使用有关问题的公告

(2013 年 10 月 9 日　国家税务总局公告 2013 年第 60 号) ········· 629

国家税务总局办公厅关于《国家税务总局关于二手车经销企业发票使用有关问题的

公告》的解读 ································· 629

418. 国家税务总局关于调整增值税普通发票防伪措施有关事项的公告

(2016 年 11 月 2 日　国家税务总局公告 2016 年第 68 号) ········· 630

国家税务总局办公厅关于《国家税务总局关于调整增值税普通发票防伪措施有关事

项的公告》的解读 ······························· 631

419. 国家税务总局关于启用增值税普通发票(卷票)有关事项的公告

(2016 年 12 月 13 日 国家税务总局公告 2016 年第 82 号) ········· 631

国家税务总局办公厅关于《国家税务总局关于启用增值税普通发票(卷票)有关事项

的公告》的解读 ······························· 633

420. 国家税务总局关于进一步做好增值税电子普通发票推行工作的指导意见

(2017 年 3 月 21 日　税总发〔2017〕31 号) ··············· 633

421. 国家税务总局关于做好增值税电子普通发票推行所需税控设备管理工作的通知

(2017 年 6 月 21 日　税总函〔2017〕232 号) ·············· 635

422. 国家税务总局关于增值税普通发票管理有关事项的公告

(2017 年 12 月 5 日　国家税务总局公告 2017 年第 44 号) ········· 636

国家税务总局办公厅关于《国家税务总局关于增值税

普通发票管理有关事项的公告》的解读 ·················· 636

423. 国家税务总局关于增值税电子普通发票使用有关事项的公告

(2018 年 7 月 23 日　国家税务总局公告 2018 年第 41 号) ········· 637

国家税务总局关于《国家税务总局关于增值税电子普通发票使用有关事项的公告》

的解读 ···································· 638

(五) 免征货物发票管理 ····························· 639

424. 国家税务总局关于国有粮食购销企业开具粮食销售发票有关问题的通知

(1999 年 7 月 19 日　国税明电〔1999〕10 号) ·············· 639

425. 国家税务总局关于加强国有粮食购销企业增值税管理有关问题的通知

(1999 年 8 月 18 日　国税函〔1999〕560 号) ·············· 639

426. 国家税务总局关于粮食企业增值税管理问题的补充通知

(1999 年 12 月 3 日　国税函〔1999〕829 号) ·············· 639

427. 国家税务总局关于政府储备食用植物油销售业务开具增值税专用发票问题的通知

(2002 年 6 月 10 日　国税函〔2002〕531 号) ·············· 640

428. 国家税务总局关于债转股企业实物投资免征增值税政策有关问题的批复

(2003 年 12 月 29 日　国税函〔2003〕1394 号) ············· 640

429. 国家税务总局关于加强免征增值税货物专用发票管理的通知

(2005 年 8 月 8 日　国税函〔2005〕780 号) ·············· 640

430. 国家税务总局关于纳税人销售国家临时存储粮食发票开具有关问题的批复

（2017 年 10 月 9 日　税总函〔2017〕422 号）……………………………… 641

（六）扣税凭证抵扣规定　………………………………………………………… 641

431. 国家税务总局关于增值税一般纳税人取得防伪税控系统开具的增值税专用发票

进项税额抵扣问题的通知

（2003 年 2 月 14 日　国税发〔2003〕17 号）…………………………………… 641

432. 国家税务总局关于调整增值税扣税凭证抵扣期限有关问题的通知

（2009 年 11 月 9 日　国税函〔2009〕617 号）………………………………… 642

433. 国家税务总局关于增值税一般纳税人抗震救灾期间增值税扣税凭证认证稽核有关问

题的通知

（2010 年 5 月 4 日　国税函〔2010〕173 号）…………………………………… 643

434. 国家税务总局关于进一步优化增值税、消费税有关涉税事项办理程序的公告

（2017 年 10 月 13 日　国家税务总局公告 2017 年第 36 号）………………… 644

国家税务总局办公厅关于《国家税务总局关于进一步

优化增值税、消费税有关涉税事项办理程序的公告》的解读 ………………… 647

435. 国家税务总局关于废止逾期增值税扣税凭证一律不得抵扣规定的公告

（2011 年 9 月 14 日　国家税务总局公告 2011 年第 49 号）………………… 647

436. 国家税务总局关于未按期申报抵扣增值税扣税凭证有关问题的公告

（2011 年 12 月 29 日　国家税务总局公告 2011 年第 78 号）………………… 648

（七）增值税发票使用　………………………………………………………… 651

437. 国家税务总局关于增值税专用发票使用与管理有关问题的通知

（1995 年 3 月 13 日　国税发〔1995〕047 号）………………………………… 651

438. 国家税务总局关于固定业户临时外出经营有关增值税专用发票管理问题的通知

（1995 年 5 月 16 日　国税发〔1995〕87 号）…………………………………… 652

439. 国家税务总局关于填开增值税专用发票有关问题的通知

（1996 年 9 月 18 日　国税发〔1996〕166 号）………………………………… 652

440. 国家税务总局关于印发《国家税务总局关于推行增值税防伪税控系统的通告》的通知

（2000 年 11 月 21 日　国税发〔2000〕191 号）………………………………… 653

441. 国家税务总局关于认真做好增值税专用发票发售、填开管理等有关问题的通知

（2003 年 7 月 2 日　国税函〔2003〕785 号）…………………………………… 654

442. 国家税务总局关于取消防伪税控企业资格认定的通知

（2004 年 6 月 25 日　国税函〔2004〕823 号）………………………………… 655

443. 国家税务总局关于修订《增值税专用发票使用规定》的通知

（2006 年 10 月 17 日　国税发〔2006〕156 号）………………………………… 655

444. 国家税务总局关于纳税人折扣折让行为开具红字增值税专用发票问题的通知

（2006 年 12 月 29 日　国税函〔2006〕1279 号）……………………………… 661

445. 国家税务总局关于红字增值税专用发票通知单管理系统推行工作的通知

（2008 年 8 月 25 日　国税函〔2008〕761 号）………………………………… 662

446. 国家税务总局关于启用货物运输业增值税专用发票的公告

（2011 年 12 月 15 日　国家税务总局公告 2011 年第 74 号）………………… 663

447. 国家税务总局关于外贸企业使用增值税专用发票办理出口退税有关问题的公告
（2012 年 6 月 1 日　国家税务总局公告 2012 年第 22 号）……………………… 664
国家税务总局办公厅关于《国家税务总局关于外贸企业使用增值税专用发票办理出口
退税有关问题的公告》的解读 …………………………………………………… 665

448. 国家税务总局关于在全国开展营业税改征增值税试点有关征收管理问题的公告
（2013 年 7 月 10 日　国家税务总局公告 2013 年第 39 号）…………………… 666
国家税务总局办公厅关于《国家税务总局关于在全国开展营业税改征增值税试点有
关征收管理问题的公告》的解读 ………………………………………………… 669

449. 国家税务总局关于成品油生产企业开具的增值税发票纳入防伪税控系统汉字防
伪项目管理的公告
（2013 年 12 月 27 日 国家税务总局公告 2013 年第 79 号）………………… 671
国家税务总局办公厅关于《国家税务总局关于成品油生产企业开具的增值税发票纳
入防伪税控系统汉字防伪项目管理的公告》的解读 …………………………… 672

450. 国家税务总局关于发布增值税发票税控开票软件数据接口规范的公告
（2014 年 3 月 14 日　国家税务总局公告 2014 年第 17 号）………………… 673
国家税务总局办公厅关于《国家税务总局关于发布增值税发票税控开票软件数据接
口规范的公告》的解读 …………………………………………………………… 673

451. 国家税务总局关于成品油经销企业开具的增值税发票纳入防伪税控系统汉字防
伪版管理的公告
（2014 年 6 月 6 日　国家税务总局公告 2014 年第 33 号）…………………… 674
国家税务总局办公厅关于《国家税务总局关于成品油经销企业开具的增值税发票纳
入防伪税控系统汉字防伪版管理的公告》的解读 ……………………………… 674

452. 国家税务总局关于启用新版增值税发票有关问题的公告
（2014 年 7 月 8 日　国家税务总局公告 2014 年第 43 号）…………………… 675
国家税务总局办公厅关于《国家税务总局关于启用新版增值税发票有关问题的公告》
的解读 ……………………………………………………………………………… 677

453. 国家税务总局关于停止发售金税卡、IC 卡等税控专用设备有关问题的公告
（2014 年 7 月 9 日　国家税务总局公告 2014 年第 44 号）…………………… 678
国家税务总局办公厅关于《国家税务总局关于停止发售金税卡、IC 卡等税控专用设备
有关问题的公告》的解读 ………………………………………………………… 678

454. 国家税务总局关于增值税税控系统打通整合试运行期间红字货物运输业增值税
专用发票开具有关问题的通知
（2014 年 9 月 25 日　税总函〔2014〕468 号）………………………………… 679

455. 国家税务总局关于推行增值税发票系统升级版有关问题的公告
（2014 年 12 月 29 日　国家税务总局公告 2014 年第 73 号）………………… 680
国家税务总局办公厅关于《国家税务总局关于推行增值税发票系统升级版有关问题
的公告》的解读 …………………………………………………………………… 682

456. 国家税务总局关于全面推行增值税发票系统升级版工作有关问题的通知
（2015 年 3 月 30 日　税总发〔2015〕42 号）………………………………… 684

457. 国家税务总局关于全面推行增值税发票系统升级版有关问题的公告

（2015 年 3 月 30 日　国家税务总局公告 2015 年第 19 号）…………………… 688

国家税务总局办公厅关于《国家税务总局关于全面推行增值税发票系统升级版有关问题的公告》的解读 ……………………………………………………… 691

458. 国家税务总局关于再次明确不得将不达增值税起征点的小规模纳税人纳入增值税发票系统升级版推行范围的通知

（2015 年 4 月 14 日　税总函〔2015〕199 号）…………………………………… 693

国家税务总局办公厅关于《国家税务总局关于不达增值税起征点的小规模纳税人暂不纳入增值税发票系统升级版推行范围的公告》的解读 ………………… 694

459. 国家税务总局关于发布增值税发票系统升级版与电子发票系统数据接口规范的公告

（2015 年 7 月 20 日　国家税务总局公告 2015 年第 53 号）…………………… 694

国家税务总局办公厅关于《国家税务总局关于发布增值税发票系统升级版与电子发票系统数据接口规范的公告》的解读 ……………………………………… 695

460. 国家税务总局关于推行通过增值税电子发票系统开具的增值税电子普通发票有关问题的公告

（2015 年 11 月 26 日 国家税务总局公告 2015 年第 84 号）…………………… 695

国家税务总局办公厅关于《国家税务总局关于推行通过增值税电子发票系统开具的增值税电子普通发票有关问题的公告》的解读 ………………………… 697

461. 国家税务总局关于停止使用货物运输业增值税专用发票有关问题的公告

（2015 年 12 月 31 日 国家税务总局公告 2015 年第 99 号）…………………… 698

国家税务总局办公厅关于《国家税务总局关于停止使用货物运输业增值税专用发票有关问题的公告》的解读 …………………………………………………… 698

462. 国家税务总局关于红字增值税发票开具有关问题的公告

（2016 年 7 月 20 日　国家税务总局公告 2016 年第 47 号）…………………… 699

国家税务总局办公厅关于《国家税务总局关于红字增值税发票开具有关问题的公告》的解读 ……………………………………………………………………… 700

463. 国家税务总局关于保险机构代收车船税开具增值税发票问题的公告

（2016 年 8 月 7 日　　国家税务总局公告 2016 年第 51 号）…………………… 701

国家税务总局办公厅关于《国家税务总局关于保险机构代收车船税开具增值税发票问题的公告》的解读 …………………………………………………… 702

464. 国家税务总局货物和劳务税司关于做好增值税发票使用宣传辅导有关工作的通知

（2017 年 4 月 21 日　税总货便函〔2017〕127 号）…………………………… 702

465. 国家税务总局关于增值税发票开具有关问题的公告

（2017 年 5 月 19 日　　国家税务总局公告 2017 年第 16 号）………………… 717

国家税务总局办公厅关于《国家税务总局关于增值税发票开具有关问题的公告》的解读 ……………………………………………………………………… 718

466. 国家税务总局关于增值税发票管理若干事项的公告

（2017 年 12 月 18 日 国家税务总局公告 2017 年第 45 号）…………………… 718

国家税务总局办公厅关于《国家税务总局关于增值税发票管理若干事项的公告》的

解读 ·· 719

467. 国家税务总局货物和劳务税司有关负责人就推行商品和服务税收分类编码简称

有关问题答问

（2018 年 1 月 9 日　国家税务总局货物和劳务税司 ·································· 720

468. 交通运输部　国家税务总局关于收费公路通行费增值税电子普通发票开具等有关事

项的公告

（2017 年 12 月 25 日　交通运输部　国家税务总局公告 2017 年第 66 号） ·········· 721

469. 国家税务总局关于水资源费改税后城镇公共供水企业增值税发票开具问题的公告

（2017 年 12 月 25 日　国家税务总局公告 2017 年第 47 号） ···················· 723

国家税务总局办公厅关于《国家税务总局关于水资源费改税后城镇公共供水企业

增值税发票开具问题的公告》的解读 ··· 723

470. 国家税务总局关于稀土企业等汉字防伪项目企业开具增值税发票有关问题的

公告

（2019 年 3 月 18 日　国家税务总局公告 2019 年第 13 号） ···················· 724

国家税务总局办公厅关于《国家税务总局关于稀土企业等纳入汉字防伪项目管理

企业开具增值税发票有关问题的公告》的解读 ··· 725

471. 国家税务总局关于扩大小规模纳税人自行开具增值税专用发票试点范围等事项

的公告

（2019 年 2 月 3 日　国家税务总局公告 2019 年第 8 号） ························· 725

国家税务总局办公厅关于《国家税务总局关于扩大小规模纳税人自行开具增值税

专用发票试点范围等事项的公告》的解读 ··· 726

（八）机动车销售统一发票 ·· 727

472. 国家税务总局关于使用新版机动车销售统一发票有关问题的通知

（2006 年 5 月 22 日　国税函〔2006〕479 号） ·································· 727

473. 国家税务总局关于《机动车销售统一发票》注册登记联加盖开票单位印章问题的通知

（2006 年 8 月 28 日　国税函〔2006〕813 号） ···································· 729

474. 国家税务总局关于推行机动车销售统一发票税控系统有关工作的紧急通知

（2008 年 12 月 15 日　国税发〔2008〕117 号） ·································· 730

475. 国家税务总局关于调整机动车销售统一发票票面内容的公告

（2014 年 5 月 16 日　国家税务总局公告 2014 年第 27 号） ···················· 731

国家税务总局办公厅关于发布《国家税务总局关于调整机动车销售统一发票票面

内容的公告》的解读 ··· 732

（九）农产品收购发票 ·· 733

476. 国家税务总局关于加强农产品增值税抵扣管理有关问题的通知

（2005 年 5 月 27 日　国税函〔2005〕545 号） ···································· 733

（十）废旧物资发票 ·· 734

477. 国家税务总局关于废旧物资发票抵扣增值税有关事项的公告

（2008 年 12 月 31 日 国家税务总局公告 2008 年第 1 号） ·················· 734

(十一)海关进口增值税抵扣 ·· 734

478. 国家税务总局关于加强进口环节增值税专用缴款书抵扣税款管理的通知

（1996 年 2 月 14 日　国税发〔1996〕32 号）·························· 734

479. 国家税务总局关于增值税一般纳税人取得海关进口增值税专用缴款书抵扣进项税

额问题的通知

（2004 年 11 月 11 日　国税发〔2004〕148 号）······················ 735

480. 国家税务总局关于加强增值税其他抵扣凭证数据采集传输管理有关问题的通知

（2006 年 12 月 22 日　国税函〔2006〕1244 号）···················· 735

481. 国家税务总局　海关总署关于实行海关进口增值税专用缴款书"先比对后抵扣"管理

办法有关问题的公告

（2013 年 6 月 14 日　国家税务总局　海关总署公告 2013 年第 31 号）···· 736

国家税务总局办公厅关于《国家税务总局　海关总署关于实行海关进口增值税专用

缴款书"先比对后抵扣"管理办法有关问题的公告》的解读············· 738

482. 国家税务总局　海关总署关于实行海关进口增值税专用缴款书"先比对后抵扣"

管理办法有关事项的通知

（2013 年 8 月 6 日　税总发〔2013〕76 号）························ 740

483. 国家税务总局关于加强海关进口增值税抵扣管理的公告

（2017 年 2 月 13 日　国家税务总局公告 2017 年第 3 号）············ 741

国家税务总局办公厅关于《国家税务总局关于加强海关进口增值税抵扣管理的公告》

的解读 ··· 741

(十二)代开增值税发票 ·· 742

484. 国家税务总局关于取消小规模企业销售货物或应税劳务由税务所代开增值税专

用发票审批后有关问题的通知

（2004 年 7 月 14 日　国税函〔2004〕895 号）······················ 742

485. 国家税务总局关于印发《税务机关代开增值税专用发票管理办法（试行）》的通知

（2004 年 12 月 22 日　国税发〔2004〕153 号）···················· 743

486. 国家税务总局关于加强税务机关代开增值税专用发票管理问题的通知

（2004 年 12 月 22 日　国税函〔2004〕1404 号）··················· 745

487. 国家税务总局关于纳税人申请代开增值税发票办理流程的公告

（2016 年 8 月 31 日　国家税务总局公告 2016 年第 59 号）··········· 746

国家税务总局办公厅关于《国家税务总局关于纳税人申请代开增值税发票办理流程

的公告》的解读 ··· 747

488. 国家税务总局关于发布《货物运输业小规模纳税人申请代开增值税专用发票管

理办法》的公告

（2017 年 12 月 29 日 国家税务总局公告 2017 年第 55 号）··········· 748

国家税务总局办公厅关于《国家税务总局关于发布〈货物运输业小规模纳税人申

请代开增值税专用发票管理办法〉的公告》的解读··················· 751

489. 国家税务总局关于开展互联网物流平台企业代开增值税专用发票试点工作的通知

（2017 年 12 月 29 日 税总函〔2017〕579 号）····················· 752

（十三）抵扣凭证审核与协查 ·· 753

490. 国家税务总局关于印发《增值税专用发票抵扣联信息企业采集方式管理规定》
的通知

（2003 年 6 月 19 日　国税发〔2003〕71 号）·································· 753

491. 国家税务总局关于增值税专用发票和其他抵扣凭证审核检查有关问题的通知

（2004 年 9 月 19 日　国税发〔2004〕119 号）······························· 754

492. 国家税务总局关于增值税专用发票和其他抵扣凭证审核检查有关问题的补充通知

（2005 年 1 月 10 日　国税发〔2005〕6 号）································· 757

493. 国家税务总局关于增值税抵扣凭证审核检查有关问题的批复

（2005 年 5 月 24 日　国税函〔2005〕495 号）······························· 761

494. 国家税务总局关于金税工程增值税征管信息系统发现的涉嫌违规增值税专用发票
处理问题的通知

（2006 年 10 月 13 日　国税函〔2006〕969 号）····························· 762

495. 国家税务总局关于认证稽核系统涉嫌违规公路内河货物运输业发票处理有关问题的通知

（2007 年 6 月 27 日　国税函〔2007〕722 号）······························· 763

496. 国家税务总局关于印发《增值税专用发票审核检查操作规程（试行）》的通知

（2008 年 3 月 26 日　国税发〔2008〕33 号）································· 764

497. 国家税务总局关于印发《税收违法案件发票协查管理办法（试行）》的通知

（2013 年 6 月 19 日　税总发〔2013〕66 号）································· 767

498. 国家税务总局关于加强增值税发票数据应用防范税收风险的指导意见

（2015 年 10 月 14 日　税总发〔2015〕122 号）····························· 771

（十四）一机多票 ··· 773

499. 国家税务总局关于印发《国家税务总局关于推行增值税防伪税控一机多票系统
的公告》的通知

（2006 年 5 月 19 日　国税发〔2006〕79 号）································· 773

500. 国家税务总局关于加强防伪税控一机多票系统开具增值税普通发票管理有关问题
的通知

（2007 年 5 月 21 日　国税函〔2007〕507 号）······························· 775

（十五）失控发票管理 ··· 775

501. 国家税务总局关于建立增值税失控发票快速反应机制的通知

（2004 年 9 月 23 日　国税发〔2004〕123 号）······························· 775

502. 国家税务总局关于失控增值税专用发票处理的批复

（2008 年 6 月 19 日　国税函〔2008〕607 号）······························· 777

503. 国家税务总局关于销货方已经申报并缴纳税款的失控增值税专用发票办理出口退税
问题的批复

（2008 年 12 月 8 日　国税函〔2008〕1009 号）····························· 778

504. 国家税务总局关于走逃（失联）企业开具增值税专用发票认定处理有关问题的公告

（2016 年 12 月 1 日　国家税务总局公告 2016 年第 76 号）··················· 778

国家税务总局办公厅关于《国家税务总局关于走逃（失联）企业开具增值税专用发票
认定处理有关问题的公告》的解读 ····································· 779

（十六）发票违法处理 ·· 779

505. 国家税务总局转发《最高人民法院关于适用
〈全国人民代表大会常务委员会关于惩治虚开、伪造和非法出售增值税专用发票
犯罪的决定〉的若干问题的解释》的通知
（1996 年 11 月 15 日 国税发〔1996〕210 号） ·················· 779

506. 国家税务总局关于纳税人取得虚开的增值税专用发票处理问题的通知
（1997 年 8 月 8 日 国税发〔1997〕134 号） ·················· 782

507. 国家税务总局关于《国家税务总局关于纳税人取得虚开的增值税专用发票处理问题
的通知》的补充通知
（2000 年 11 月 6 日 国税发〔2000〕182 号） ·················· 782

508. 国家税务总局关于纳税人善意取得虚开的增值税专用发票处理问题的通知
（2000 年 11 月 16 日 国税发〔2000〕187 号） ·················· 783

509. 国家税务总局关于严厉打击虚开增值税专用发票等涉税违法行为的紧急通知
（2004 年 4 月 30 日 国税函〔2004〕536 号） ·················· 783

510. 国家税务总局关于增值税抵扣凭证加盖"已抵扣"印章行为定性问题的批复
（2004 年 11 月 12 日 国税函〔2004〕1263 号） ·················· 784

511. 国家税务总局关于纳税人善意取得虚开增值税专用发票已抵扣税款加收滞纳金问题
的批复
（2007 年 12 月 12 日 国税函〔2007〕1240 号） ·················· 784

512. 国家税务总局关于纳税人虚开增值税专用发票征补税款问题的公告
（2012 年 7 月 9 日 国家税务总局公告 2012 年第 33 号） ·················· 785
国家税务总局办公厅关于《国家税务总局关于纳税人虚开增值税专用发票征补税款
问题的公告》的解读 ·················· 785

513. 国家税务总局关于纳税人对外开具增值税专用发票有关问题的公告
（2014 年 7 月 2 日 国家税务总局公告 2014 年第 39 号） ·················· 786
国家税务总局办公厅关于《国家税务总局关于纳税人对外开具增值税专用发票有关
问题的公告》的解读 ·················· 786

514. 国家税务总局关于被盗、丢失增值税专用发票有关问题的公告
（2016 年 7 月 28 日 国家税务总局公告 2016 年第 50 号） ·················· 787
国家税务总局办公厅关于《国家税务总局关于被盗、丢失增值税专用发票有关问题
的公告》的解读 ·················· 787

（十七）增值税发票查询确认 ·· 787

515. 国家税务总局关于优化完善增值税发票查询平台功能有关事项的公告
（2016 年 5 月 27 日 国家税务总局公告 2016 年第 32 号） ·················· 787
国家税务总局办公厅关于《国家税务总局关于优化完善增值税发票查询平台功能有
关事项的公告》的解读 ·················· 788

516. 国家税务总局关于优化完善增值税发票选择确认平台功能及系统维护有关事项
的公告
（2016 年 8 月 29 日 国家税务总局公告 2016 年第 57 号） ·················· 788

国家税务总局办公厅关于《国家税务总局关于优化完善增值税发票选择确认平台功能及系统维护有关事项的公告》的解读 ·········· 789

517. 国家税务总局关于按照纳税信用等级对增值税发票使用实行分类管理有关事项的公告

（2016 年 11 月 17 日 国家税务总局公告 2016 年第 71 号）·········· 789

国家税务总局办公厅关于《国家税务总局关于按照纳税信用等级对增值税发票使用实行分类管理有关事项的公告》的解读 ·········· 789

518. 国家税务总局关于启用全国增值税发票查验平台的公告

（2016 年 12 月 23 日 国家税务总局公告 2016 年第 87 号）·········· 790

国家税务总局办公厅关于《国家税务总局关于启用全国增值税发票查验平台的公告》的解读 ·········· 790

（十八）增值税税控系统 ·········· 791

519. 国家税务总局关于印发《增值税税控系统服务单位监督管理办法》的通知

（2015 年 10 月 9 日 税总发〔2015〕118 号）·········· 791

520. 国家税务总局关于进一步做好营改增税控装置安装服务和监督管理工作有关问题的通知

（2016 年 4 月 19 日 税总函〔2016〕170 号）·········· 795

521. 国家税务总局关于发布增值税发票税控开票软件数据接口规范的公告

（2016 年 4 月 25 日 国家税务总局公告 2016 年第 25 号）·········· 796

国家税务总局办公厅关于《国家税务总局关于发布增值税发票税控开票软件数据接口规范的公告》的解读 ·········· 797

522. 国家税务总局关于加强增值税税控系统管理有关问题的通知

（2016 年 7 月 19 日 税总函〔2016〕368 号）·········· 797

523. 国家发展改革委关于降低增值税税控系统产品及维护服务价格等有关问题的通知

（2017 年 7 月 2 日 发改价格〔2017〕1243 号）·········· 798

二、一般纳税人管理 ·········· 799

524. 国家税务总局关于严禁对增值税一般纳税人实行定率征收增值税问题的通知

（1998 年 10 月 21 日 国税发〔1998〕183 号）·········· 799

525. 增值税一般纳税人登记管理办法

（2017 年 12 月 29 日 国家税务总局令第 43 号）·········· 799

国家税务总局办公厅关于《国家税务总局关于增值税一般纳税人登记管理办法》的解读 ·········· 802

526. 国家税务总局关于增值税一般纳税人登记管理若干事项的公告

（2018 年 1 月 29 日 国家税务总局公告 2018 年第 6 号）·········· 804

国家税务总局办公厅关于《国家税务总局关于增值税一般纳税人登记管理若干事项的公告》的解读 ·········· 805

527. 国家税务总局关于新认定增值税一般纳税人使用增值税防伪税控系统有关问题的通知

（2010 年 3 月 31 日 国税函〔2010〕126 号）·········· 805

528. 国家税务总局关于印发《增值税一般纳税人纳税辅导期管理办法》的通知

（2010 年 4 月 7 日 国税发〔2010〕40 号）·········· 806

529. 国家税务总局关于一般纳税人迁移有关增值税问题的公告
　　（2011 年 12 月 9 日　国家税务总局公告 2011 年第 71 号）…………… 809

530. 国家税务总局　财政部　海关总署关于开展赋予海关特殊监管区域企业增值税一般
　　纳税人资格试点的公告
　　（2016 年 10 月 14 日　国家税务总局　财政部　海关总署公告 2016 年第 65 号）…… 810
　　国家税务总局办公厅关于《国家税务总局　财政部　海关总署关于开展赋予海关特殊
　　监管区域企业增值税一般纳税人资格试点的公告》的解读………………… 811

531. 国家税务总局　财政部　海关总署关于扩大赋予海关特殊监管区域企业增值税
　　一般纳税人资格试点的公告
　　（2018 年 1 月 12 日　国家税务总局　财政部　海关总署公告 2018 年第 5 号）… 812
　　国家税务总局办公厅关于《国家税务总局　财政部　海关总署关于扩大赋予海关特殊
　　监管区域企业增值税一般纳税人资格试点的公告》的解读 ………………… 813

三、纳税申报管理 ……………………………………………………………… 814

532. 国家税务总局关于重新修订《增值税一般纳税人纳税申报办法》的通知
　　（2003 年 5 月 13 日　国税发〔2003〕53 号）………………………………… 814

533. 国家税务总局关于进一步做好增值税纳税申报"一窗式"管理工作的通知
　　（2003 年 8 月 19 日　国税函〔2003〕962 号）………………………………… 816

534. 国家税务总局关于合理简并纳税人申报缴税次数的公告
　　（2016 年 2 月 1 日　国家税务总局公告 2016 年第 6 号）………………… 818
　　国家税务总局办公厅关于《国家税务总局关于合理简并纳税人申报缴税次数的公告》
　　的解读 ………………………………………………………………………… 819

535. 国家税务总局关于全面推开营业税改征增值税试点后增值税纳税申报有关事项
　　的公告
　　（2016 年 3 月 31 日　国家税务总局公告 2016 年第 13 号）……………… 819
　　国家税务总局办公厅关于《国家税务总局关于全面推开营业税改征增值税试点后增
　　值税纳税申报有关事项的公告》的解读 …………………………………… 848

536. 国家税务总局关于调整增值税纳税申报有关事项的公告
　　（2016 年 5 月 5 日　国家税务总局公告 2016 年第 27 号）……………… 849
　　国家税务总局办公厅关于《国家税务总局关于调整增值税纳税申报有关事项的公告》
　　的解读 ………………………………………………………………………… 854

537. 国家税务总局关于调整增值税一般纳税人留抵税额申报口径的公告
　　（2016 年 12 月 1 日　国家税务总局公告 2016 年第 75 号）……………… 854
　　国家税务总局办公厅关于《国家税务总局关于调整增值税一般纳税人留抵税额申报
　　口径的公告》的解读 ………………………………………………………… 855

538. 国家税务总局关于印发《增值税纳税申报比对管理操作规程（试行）》的通知
　　（2017 年 10 月 30 日　税总发〔2017〕124 号）…………………………… 855

539. 国家税务总局关于《增值税纳税申报比对管理操作规程（试行）》执行有关事项的通知
　　（2018 年 2 月 27 日　税总函〔2018〕94 号）……………………………… 858

540. 国家税务总局关于调整增值税纳税申报有关事项的公告
　　（2017 年 12 月 29 日　国家税务总局公告 2017 年第 53 号）…………… 858

国家税务总局办公厅关于《国家税务总局关于调整增值税纳税申报有关事项的公告》的解读 ································ 858

541. 国家税务总局关于调整增值税纳税申报有关事项的公告
（2019 年 3 月 21 日　国家税务总局公告 2019 年第 15 号）············ 858

国家税务总局办公厅关于《国家税务总局关于调整增值税纳税申报有关事项的公告》的解读 ································ 878

四、纳税地点 ·· 879

542. 国家税务总局关于国家物资储备局系统销售储备物资统一缴纳增值税问题的通知
（1994 年 4 月 13 日　国税发〔1994〕90 号 ···················· 879

543. 财政部　国家税务总局关于连锁经营企业增值税纳税地点问题的通知
（1997 年 11 月 11 日　财税〔1997〕97 号）···················· 880

544. 国家税务总局关于纳税人以资金结算网络方式收取货款增值税纳税地点问题的通知
（2002 年 9 月 3 日　国税函〔2002〕802 号）··················· 880

545. 财政部　国家税务总局关于固定业户总分支机构增值税汇总纳税有关政策的通知
（2012 年 1 月 16 日　财税〔2012〕9 号）······················ 881

546. 财政部　国家税务总局关于重新印发《总分机构试点纳税人增值税计算缴纳暂行办法》的通知
（2013 年 10 月 24 日　财税〔2013〕74 号）···················· 881

五、纳税评估及日常检查 ·· 882

547. 国家税务总局关于印发《增值税日常稽查办法》的通知
（1998 年 3 月 26 日　国税发〔1998〕044 号）·················· 882

548. 国家税务总局关于印发增值税纳税评估部分方法及行业纳税评估指标的通知
（2005 年 12 月 20 日　国税函〔2005〕1205 号）················ 886

549. 国家税务总局关于机动车辆生产企业和经销企业增值税纳税评估有关问题的通知
（2006 年 6 月 6 日　国税函〔2006〕546 号 ···················· 910

550. 国家税务总局关于印发部分行业增值税纳税评估指标参数的通知
（2008 年 6 月 30 日　国税函〔2008〕647 号）·················· 912

551. 国家税务总局关于调整增值税即征即退优惠政策管理措施有关问题的公告
（2011 年 11 月 14 日　国家税务总局公告 2011 年第 60 号 ········ 928

六、进项留抵税额抵减增值税欠税 ·· 929

552. 国家税务总局关于增值税一般纳税人用进项留抵税额抵减增值税欠税问题的通知
（2004 年 8 月 30 日　国税发〔2004〕112 号）·················· 929

553. 国家税务总局关于增值税进项留抵税额抵减增值税欠税有关处理事项的通知
（2004 年 10 月 29 日　国税函〔2004〕1197 号）················ 930

554. 国家税务总局关于增值税一般纳税人将增值税进项留抵税额抵减查补税款欠税问题的批复
（2005 年 2 月 24 日　国税函〔2005〕169 号）·················· 931

555. 国家税务总局关于纳税人固定资产进项税额抵减欠税后滞纳金处理问题的批复
（2008 年 7 月 25 日　国税函〔2008〕703 号）·················· 931

七、增值税偷税认定 ·· 931

556. 国家税务总局关于增值税一般纳税人发生偷税行为如何确定偷税数额和补税罚
款的通知

（1998 年 5 月 12 日　国税发〔1998〕66 号） ···················· 931

557. 国家税务总局关于修改《国家税务总局关于增值税一般纳税人发生偷税行为如何确
定偷税数额和补税罚款的通知》的通知

（1999 年 11 月 12 日　国税函〔1999〕739 号） ·················· 932

558. 国家税务总局关于西宁国美电器有限公司涉税案件处理问题的批复

（2013 年 4 月 9 日　税总函〔2013〕159 号） ·················· 933

559. 国家税务总局关于增值税规范性文件有效性问题的批复

（2015 年 3 月 20 日　税总函〔2015〕161 号） ················· 933

560. 国家税务总局关于界定超标准小规模纳税人偷税数额的批复

（2015 年 6 月 11 日　税总函〔2015〕311 号） ················· 933

八、增值税会计处理 ·· 934

561. 财政部关于印发《增值税会计处理规定》的通知

（2016 年 12 月 3 日　财会〔2016〕22 号） ···················· 934

财政部会计司制度二处关于《增值税会计处理规定》有关问题的解读 ··········· 940

财政部会计司关于《关于深化增值税改革有关政策的公告》适用《增值税会计处
理规定》有关问题的解读 ·· 941

九、增值税预算管理 ·· 941

562. 财政部　中国人民银行　国家税务总局关于营业税改征增值税试点有关预算管
理问题的通知

（2013 年 6 月 28 日　财预〔2013〕275 号） ·················· 941

563. 财政部　国家税务总局　中国人民银行关于铁路运输和邮政业纳入营业税改征增值税
试点有关预算管理问题的通知

（2013 年 12 月 25 日　财预〔2013〕442 号） ················· 943

564. 国务院关于印发全面推开营改增试点后调整中央与地方增值税收入划分过渡方案
的通知

（2016 年 4 月 29 日　国发〔2016〕26 号） ···················· 945

565. 国务院关于实行中央对地方增值税定额返还的通知

（2016 年 12 月 11 日　国发〔2016〕71 号） ·················· 946

第一部分 ‖ 基本政策法规

 中华人民共和国增值税暂行条例

2017 年 11 月 19 日　国务院令第 691 号

〔1993 年 12 月 13 日中华人民共和国国务院令第 134 号公布；2008 年 11 月 5 日国务院第 34 次常务会议修订通过，发布国务院令第 538 号公布；根据 2016 年 2 月 6 日《国务院关于修改部分行政法规的决定》（国务院令第 666 号）第一次修订；根据 2017 年 11 月 19 日《国务院关于废止〈中华人民共和国营业税暂行条例〉和修改〈中华人民共和国增值税暂行条例〉的决定》（国务院令第 691 号）第二次修订。〕

第一条　在中华人民共和国境内销售货物或者加工、修理修配劳务（以下简称劳务），销售服务、无形资产、不动产以及进口货物的单位和个人，为增值税的纳税人，应当依照本条例缴纳增值税。

第二条　增值税税率：

（一）纳税人销售货物、劳务、有形动产租赁服务或者进口货物，除本条第二项、第四项、第五项另有规定外，税率为17％。

（二）纳税人销售交通运输、邮政、基础电信、建筑、不动产租赁服务，销售不动产，转让土地使用权，销售或者进口下列货物，税率为11％：

1. 粮食等农产品、食用植物油、食用盐；

2. 自来水、暖气、冷气、热水、煤气、石油液化气、天然气、二甲醚、沼气、居民用煤炭制品；

3. 图书、报纸、杂志、音像制品、电子出版物；

4. 饲料、化肥、农药、农机、农膜；

5. 国务院规定的其他货物。

（三）纳税人销售服务、无形资产，除本条第一项、第二项、第五项另有规定外，税率为6％。

（四）纳税人出口货物，税率为零；但是，国务院另有规定的除外。

（五）境内单位和个人跨境销售国务院规定范围内的服务、无形资产，税率为零。

税率的调整，由国务院决定。

注释 1：根据《财政部　税务总局关于调整增值税税率的通知》（2018 年 4 月 4 日，财税〔2018〕32 号）第一条规定，自 2018 年 5 月 1 日起，纳税人发生增值税应税销售行为或者进口货物，原适用17％和11％税率的，税率分别调整为16％和10％。

注释 2：根据《财政部　税务总局　海关总署关于深化增值税改革有关政策的公告》（2019 年 3 月 20 日，财政部　国家税务总局　海关总署公告 2019 年第 39 号）第一条规定，自 2019 年 4 月 1 日起,增值税一般纳税人(以下称纳税人)发生增值税应税销售行为或者进口货物,原适用16%税率的,税率调整为13%;原适用10%税率的,税率调整为9%。

第三条 纳税人兼营不同税率的项目,应当分别核算不同税率项目的销售额;未分别核算销售额的,从高适用税率。

第四条 除本条例第十一条规定外,纳税人销售货物、劳务、服务、无形资产、不动产(以下统称应税销售行为),应纳税额为当期销项税额抵扣当期进项税额后的余额。应纳税额计算公式:

$$应纳税额=当期销项税额-当期进项税额$$

当期销项税额小于当期进项税额不足抵扣时,其不足部分可以结转下期继续抵扣。

第五条 纳税人发生应税销售行为,按照销售额和本条例第二条规定的税率计算收取的增值税额,为销项税额。销项税额计算公式:

$$销项税额=销售额×税率$$

第六条 销售额为纳税人发生应税销售行为收取的全部价款和价外费用,但是不包括收取的销项税额。

销售额以人民币计算。纳税人以人民币以外的货币结算销售额的,应当折合成人民币计算。

第七条 纳税人发生应税销售行为的价格明显偏低并无正当理由的,由主管税务机关核定其销售额。

第八条 纳税人购进货物、劳务、服务、无形资产、不动产支付或者负担的增值税额,为进项税额。

下列进项税额准予从销项税额中抵扣:

(一) 从销售方取得的增值税专用发票上注明的增值税额。

(二) 从海关取得的海关进口增值税专用缴款书上注明的增值税额。

(三) 购进农产品,除取得增值税专用发票或者海关进口增值税专用缴款书外,按照农产品收购发票或者销售发票上注明的农产品买价和11%的扣除率计算的进项税额,国务院另有规定的除外。进项税额计算公式:

$$进项税额=买价×扣除率$$

注释1:根据财税〔2018〕32号文件第二条规定,自2018年5月1日,纳税人购进农产品,原适用11%扣除率的,扣除率调整为10%。

注释2:根据财税〔2018〕32号文件第三条规定,自2018年5月1日,纳税人购进用于生产销售或委托加工16%税率货物的农产品,按照12%的扣除率计算进项税额。

注释3:根据《财政部 税务总局 海关总署关于深化增值税改革有关政策的公告》(2019年3月20日,财政部 国家税务总局 海关总署公告2019年第39号)第二条规定,自2019年4月1日起,纳税人购进农产品,原适用10%扣除率的,扣除率调整为9%。纳税人购进用于生产或者委托加工13%税率货物的农产品,按照10%的扣除率计算进项税额。

注释4:根据《财政部 税务总局 海关总署关于深化增值税改革有关政策的公告》(2019年3月20日,财政部 国家税务总局 海关总署公告2019年第39号)第六条第(一)项规定,自2019年4月1日起,纳税人购进国内旅客运输服务,其进项税额允许从销项税额中抵扣。

"(一)纳税人未取得增值税专用发票的,暂按照以下规定确定进项税额:

1. 取得增值税电子普通发票的,为发票上注明的税额;

2. 取得注明旅客身份信息的航空运输电子客票行程单的,为按照下列公式计算进项税额:

$$航空旅客运输进项税额=(票价+燃油附加费)\div(1+9\%)\times9\%$$

3. 取得注明旅客身份信息的铁路车票的,为按照下列公式计算的进项税额:

$$铁路旅客运输进项税额=票面金额\div(1+9\%)\times9\%$$

4. 取得注明旅客身份信息的公路、水路等其他客票的,按照下列公式计算进项税额:

$$公路、水路等其他旅客运输进项税额=票面金额\div(1+3\%)\times3\%"$$

(四)自境外单位或者个人购进劳务、服务、无形资产或者境内的不动产,从税务机关或者扣缴义务人取得的代扣代缴税款的完税凭证上注明的增值税额。

准予抵扣的项目和扣除率的调整,由国务院决定。

第九条 纳税人购进货物、劳务、服务、无形资产、不动产,取得的增值税扣税凭证不符合法律、行政法规或者国务院税务主管部门有关规定的,其进项税额不得从销项税额中抵扣。

第十条 下列项目的进项税额不得从销项税额中抵扣:

(一)用于简易计税方法计税项目、免征增值税项目、集体福利或者个人消费的购进货物、劳务、服务、无形资产和不动产;

(二)非正常损失的购进货物,以及相关的劳务和交通运输服务;

(三)非正常损失的在产品、产成品所耗用的购进货物(不包括固定资产)、劳务和交通运输服务;

(四)国务院规定的其他项目。

第十一条 小规模纳税人发生应税销售行为,实行按照销售额和征收率计算应纳税额的简易办法,并不得抵扣进项税额。应纳税额计算公式:

$$应纳税额=销售额\times征收率$$

小规模纳税人的标准由国务院财政、税务主管部门规定。

第十二条 小规模纳税人增值税征收率为3%,国务院另有规定的除外。

第十三条 小规模纳税人以外的纳税人应当向主管税务机关办理登记。具体登记办法由国务院税务主管部门制定。

小规模纳税人会计核算健全,能够提供准确税务资料的,可以向主管税务机关办理登记,不作为小规模纳税人,依照本条例有关规定计算应纳税额。

第十四条 纳税人进口货物,按照组成计税价格和本条例第二条规定的税率计算应纳税额。组成计税价格和应纳税额计算公式:

$$组成计税价格=关税完税价格+关税+消费税$$
$$应纳税额=组成计税价格\times税率$$

第十五条 下列项目免征增值税:

(一)农业生产者销售的自产农产品;

(二)避孕药品和用具;

(三)古旧图书;

(四)直接用于科学研究、科学试验和教学的进口仪器、设备;

(五)外国政府、国际组织无偿援助的进口物资和设备;

（六）由残疾人的组织直接进口供残疾人专用的物品；

（七）销售的自己使用过的物品。

除前款规定外，增值税的免税、减税项目由国务院规定。任何地区、部门均不得规定免税、减税项目。

第十六条 纳税人兼营免税、减税项目的，应当分别核算免税、减税项目的销售额；未分别核算销售额的，不得免税、减税。

第十七条 纳税人销售额未达到国务院财政、税务主管部门规定的增值税起征点的，免征增值税；达到起征点的，依照本条例规定全额计算缴纳增值税。

第十八条 中华人民共和国境外的单位或者个人在境内销售劳务，在境内未设有经营机构的，以其境内代理人为扣缴义务人；在境内没有代理人的，以购买方为扣缴义务人。

第十九条 增值税纳税义务发生时间：

（一）发生应税销售行为，为收讫销售款项或者取得索取销售款项凭据的当天；先开具发票的，为开具发票的当天。

（二）进口货物，为报关进口的当天。

增值税扣缴义务发生时间为纳税人增值税纳税义务发生的当天。

第二十条 增值税由税务机关征收，进口货物的增值税由海关代征。

个人携带或者邮寄进境自用物品的增值税，连同关税一并计征。具体办法由国务院关税税则委员会会同有关部门制定。

第二十一条 纳税人发生应税销售行为，应当向索取增值税专用发票的购买方开具增值税专用发票，并在增值税专用发票上分别注明销售额和销项税额。

属于下列情形之一的，不得开具增值税专用发票：

（一）应税销售行为的购买方为消费者个人的；

（二）发生应税销售行为适用免税规定的。

第二十二条 增值税纳税地点：

（一）固定业户应当向其机构所在地的主管税务机关申报纳税。总机构和分支机构不在同一县（市）的，应当分别向各自所在地的主管税务机关申报纳税；经国务院财政、税务主管部门或者其授权的财政、税务机关批准，可以由总机构汇总向总机构所在地的主管税务机关申报纳税。

（二）固定业户到外县（市）销售货物或者劳务，应当向其机构所在地的主管税务机关报告外出经营事项，并向其机构所在地的主管税务机关申报纳税；未报告的，应当向销售地或者劳务发生地的主管税务机关申报纳税；未向销售地或者劳务发生地的主管税务机关申报纳税的，由其机构所在地的主管税务机关补征税款。

（三）非固定业户销售货物或者劳务，应当向销售地或者劳务发生地的主管税务机关申报纳税；未向销售地或者劳务发生地的主管税务机关申报纳税的，由其机构所在地或者居住地的主管税务机关补征税款。

（四）进口货物，应当向报关地海关申报纳税。

扣缴义务人应当向其机构所在地或者居住地的主管税务机关申报缴纳其扣缴的税款。

第二十三条 增值税的纳税期限分别为1日、3日、5日、10日、15日、1个月或者1个季度。纳税人的具体纳税期限，由主管税务机关根据纳税人应纳税额的大小分别核定；不能按照固定期限纳税的，可以按次纳税。

纳税人以1个月或者1个季度为1个纳税期的，自期满之日起15日内申报纳税；以1日、

3 日、5 日、10 日或者 15 日为 1 个纳税期的，自期满之日起 5 日内预缴税款，于次月 1 日起 15 日内申报纳税并结清上月应纳税款。

扣缴义务人解缴税款的期限，依照前两款规定执行。

第二十四条 纳税人进口货物，应当自海关填发海关进口增值税专用缴款书之日起 15 日内缴纳税款。

第二十五条 纳税人出口货物适用退（免）税规定的，应当向海关办理出口手续，凭出口报关单等有关凭证，在规定的出口退（免）税申报期内按月向主管税务机关申报办理该项出口货物的退（免）税；境内单位和个人跨境销售服务和无形资产适用退（免）税规定的，应当按期向主管税务机关申报办理退（免）税。具体办法由国务院财政、税务主管部门制定。

出口货物办理退税后发生退货或者退关的，纳税人应当依法补缴已退的税款。

第二十六条 增值税的征收管理，依照《中华人民共和国税收征收管理法》及本条例有关规定执行。

第二十七条 纳税人缴纳增值税的有关事项，国务院或者国务院财政、税务主管部门经国务院同意另有规定的，依照其规定。

第二十八条 本条例自 2009 年 1 月 1 日起施行。

国务院法制办 财政部 国家税务总局负责人就《国务院关于废止〈中华人民共和国营业税暂行条例〉和修改〈中华人民共和国增值税暂行条例〉的决定》答记者问

2017 年 11 月 19 日，国务院总理李克强签署国务院令，公布《国务院关于废止〈中华人民共和国营业税暂行条例〉和修改〈中华人民共和国增值税暂行条例〉的决定》（以下简称《决定》），自公布之日起施行。日前，国务院法制办、财政部和国家税务总局负责人就《决定》有关问题回答了记者的提问。

问：废止《中华人民共和国营业税暂行条例》和修改《中华人民共和国增值税暂行条例》的背景是什么？

答：《中华人民共和国营业税暂行条例》（以下简称营业税暂行条例）和《中华人民共和国增值税暂行条例》（以下简称增值税暂行条例）是国务院 1993 年制定的。按照党中央、国务院的部署，2012 年启动营业税改征增值税（以下简称营改增）试点，2016 年 5 月 1 日全面推开。营改增是推进供给侧结构性改革的重大举措，是近年来我国实施的减税规模最大的改革措施，也是本届政府推进财税体制改革的重头戏，对于推动构建统一简洁税制和消除重复征税、有效减轻企业和群众负担、拉长产业链条、扩大税基，落实创新驱动发展战略，促进新动能成长和产业升级，带动增加就业，起到了一举多得的重要作用，既为当前经济增长提供了有力支撑，也为今后持续发展增添了强劲动力。全面推开营改增试点后，原来实行营业税的服务业领域已统一征收增值税，实质上全面取消了实施 60 多年的营业税，营业税暂行条例实际已停止执行。为依法确定和巩固营改增试点成果，进一步稳定各方面预期，国务院决定废止营业税暂行条例，同时对增值税暂行条例作相应修改。

问：对增值税暂行条例具体作了哪些主要修改？

答：主要有四个方面：

一是将实行营改增的纳税人，即销售服务、无形资产、不动产的单位和个人明确规定为增值税的纳税人。这样修改后，增值税纳税人的范围是：在中国境内销售货物或者加工、修理修配劳务，销售服务、无形资产、不动产以及进口货物的单位和个人。同时，对增值税暂行条例关于销售额、应纳税额、销项税额、进项税额、小规模纳税人等条款中涉及征税范围的表述相应作了调整。

二是在增值税暂行条例规定的税率中相应增加销售服务、无形资产、不动产的税率，并根据已实施的简并增值税税率改革将销售或者进口粮食、食用植物油、自来水、图书、饲料等货物的税率由13％调整为11％。

三是对准予从销项税额中抵扣的进项税额以及不得抵扣的进项税额作了相应调整。

四是为保证增值税暂行条例与营改增有关规定以及今后出台的改革措施相衔接，规定纳税人缴纳增值税的有关事项，国务院或者国务院财政、税务主管部门经国务院同意另有规定的，依照其规定。

问：《决定》施行后，现行的有关营改增的过渡性政策是否还继续执行？

答：此次修改增值税暂行条例，目的是为了将营改增试点主要成果法定化，没有增加新的政策措施。《决定》施行后，现行的有关营改增的过渡性政策继续执行。

问：增值税暂行条例修改后，是否还要制定增值税法？

答：按照落实税收法定原则的要求，现行有关税收的暂行条例都要逐步上升为法律。在修订后的增值税暂行条例施行过程中，有关部门将进一步完善各项政策措施，总结实践经验，根据改革进程，积极研究起草增值税法。

《中华人民共和国增值税暂行条例》条款修改前后对照表

《中华人民共和国增值税暂行条例》修改前全文（阴影部分为修改或者删除的内容）	《中华人民共和国增值税暂行条例》修改后全文（黑体为修改或者增加的内容）
（1993年12月13日中华人民共和国国务院令第134号公布 2008年11月5日国务院第34次常务会议修订通过 根据2016年2月6日《国务院关于修改部分行政法规的决定》第一次修订）	（根据2017年11月19日《国务院关于废止〈中华人民共和国营业税暂行条例〉和修改〈中华人民共和国增值税暂行条例〉的决定》第二次修订）
第一条 在中华人民共和国境内销售货物或者提供加工、修理修配劳务以及进口货物的单位和个人，为增值税的纳税人，应当依照本条例缴纳增值税。	第一条 在中华人民共和国境内销售货物或者加工、**修理修配劳务（以下简称劳务）、销售服务、无形资产、不动产以及进口货物的单位和个人**，增值税的纳税人，应当依照本条例缴纳增值税。
第二条 增值税税率： （一）纳税人销售或者进口货物，除本条第（二）项、第（三）项规定外，税率为17％。 （二）纳税人销售或者进口下列货物，税率为13％： 1. 粮食、食用植物油； 2. 自来水、暖气、冷气、热水、煤气、石油液化气、天然气、沼气、居民用煤炭制品； 3. 图书、报纸、杂志； 4. 饲料、化肥、农药、农机、农膜； 5. 国务院规定的其他货物。 （三）纳税人出口货物，税率为零；但是，国务院另有规定的除外。 （四）纳税人提供加工、修理修配劳务（以下称应税劳务），税率为17％。 税率的调整，由国务院决定。	第二条 增值税税率： （一）纳税人销售货物、劳务、有形动产租赁服务或者进口货物，除本条第二项、第四项、第五项另有规定外，税率为17％。 （二）纳税人销售交通运输、邮政、基础电信、建筑、不动产租赁服务，销售不动产，转让土地使用权，销售或者进口下列货物，税率为11％： 1. 粮食等农产品、食用植物油、食用盐； 2. 自来水、暖气、冷气、热水、煤气、石油液化气、天然气、二甲醚、沼气、居民用煤炭制品； 3. 图书、报纸、杂志、音像制品、电子出版物； 4. 饲料、化肥、农药、农机、农膜； 5. 国务院规定的其他货物。 （三）纳税人销售服务、无形资产，除本条第一项、第二项、第五项另有规定外，税率为6％。 （四）纳税人出口货物，税率为零；但是，国务院另有规定的除外。 （五）境内单位和个人跨境销售国务院规定范围内的服务、无形资产，税率为零。 税率的调整，由国务院决定。

（续表）

《中华人民共和国增值税暂行条例》修改前全文（阴影部分为修改或者删除的内容）	《中华人民共和国增值税暂行条例》修改后全文（黑体为修改或者增加的内容）
第三条 纳税人兼营不同税率的货物或者应税劳务，应当分别核算不同税率货物或者应税劳务的销售额；未分别核算销售额的，从高适用税率。	**第三条** 纳税人兼营不同税率的**项目**，应当分别核算不同税率**项目**的销售额；未分别核算销售额的，从高适用税率。
第四条 除本条例第十一条规定外，纳税人销售货物或者提供应税劳务（以下简称销售货物或者应税劳务），应纳税额为当期销项税额抵扣当期进项税额后的余额。应纳税额计算公式： 　　应纳税额＝当期销项税额－当期进项税额 　　当期销项税额小于当期进项税额不足抵扣时，其不足部分可以结转下期继续抵扣。	**第四条** 除本条例第十一条规定外，纳税人**销售货物、劳务、服务、无形资产、不动产（以下统称应税销售行为）**，应纳税额为当期销项税额抵扣当期进项税额后的余额。应纳税额计算公式： 　　应纳税额＝当期销项税额－当期进项税额 　　当期销项税额小于当期进项税额不足抵扣时，其不足部分可以结转下期继续抵扣。
第五条 纳税人销售货物或者应税劳务，按照销售额和本条例第二条规定的税率计算并向购买方收取的增值税额，为销项税额。销项税额计算公式： 　　销项税额＝销售额×税率	**第五条** 纳税人**发生应税销售行为**，按照销售额和本条例第二条规定的税率计算收取的增值税额，为销项税额。销项税额计算公式： 　　销项税额＝销售额×税率
第六条 销售额为纳税人销售货物或者应税劳务向购买方收取的全部价款和价外费用，但是不包括收取的销项税额。 　　销售额以人民币计算。纳税人以人民币以外的货币结算销售额的，应当折合成人民币计算。	**第六条** 销售额为纳税人**发生应税销售行为**收取的全部价款和价外费用，但是不包括收取的销项税额。 　　销售额以人民币计算。纳税人以人民币以外的货币结算销售额的，应当折合成人民币计算。
第七条 纳税人销售货物或者应税劳务的价格明显偏低并无正当理由的，由主管税务机关核定其销售额。	**第七条** 纳税人**发生应税销售行为**的价格明显偏低并无正当理由的，由主管税务机关核定其销售额。
第八条 纳税人购进货物或者接受应税劳务（以下简称购进货物或者应税劳务）支付或者负担的增值税额，为进项税额。 　　下列进项税额准予从销项税额中抵扣： 　　（一）从销售方取得的增值税专用发票上注明的增值税额。 　　（二）从海关取得的海关进口增值税专用缴款书上注明的增值税额。 　　（三）购进农产品，除取得增值税专用发票或者海关进口增值税专用缴款书外，按照农产品收购发票或者销售发票上注明的农产品买价和13%的扣除率计算的进项税额。进项税额计算公式： 　　进项税额＝买价×扣除率 　　（四）购进或者销售货物以及在生产经营过程中支付运输费用的，按照运输费用结算单据上注明的运输费用金额和7%的扣除率计算的进项税额。进项税额计算公式： 　　进项税额＝运输费用金额×扣除率 　　准予抵扣的项目和扣除率的调整，由国务院决定。	**第八条** 纳税人购进货物、**劳务、服务、无形资产、不动产**支付或者负担的增值税额，为进项税额。 　　下列进项税额准予从销项税额中抵扣： 　　（一）从销售方取得的增值税专用发票上注明的增值税额。 　　（二）从海关取得的海关进口增值税专用缴款书上注明的增值税额。 　　（三）购进农产品，除取得增值税专用发票或者海关进口增值税专用缴款书外，按照农产品收购发票或者销售发票上注明的农产品买价和**11%的扣除率计算的进项税额，国务院另有规定的除外**。进项税额计算公式： 　　进项税额＝买价×扣除率 　　**（四）自境外单位或者个人购进劳务、服务、无形资产或者境内的不动产，从税务机关或者扣缴义务人取得的代扣代缴税款的完税凭证上注明的增值税额。** 　　准予抵扣的项目和扣除率的调整，由国务院决定。
第九条 纳税人购进货物或者应税劳务，取得的增值税扣税凭证不符合法律、行政法规或者国务院税务主管部门有关规定的，其进项税额不得从销项税额中抵扣。	**第九条** 纳税人购进货物、**劳务、服务、无形资产、不动产**，取得的增值税扣税凭证不符合法律、行政法规或者国务院税务主管部门有关规定的，其进项税额不得从销项税额中抵扣。

（续表）

《中华人民共和国增值税暂行条例》修改前全文（阴影部分为修改或者删除的内容）	《中华人民共和国增值税暂行条例》修改后全文（黑体为修改或者增加的内容）
第十条 下列项目的进项税额不得从销项税额中抵扣： （一）用于非增值税应税项目、免征增值税项目、集体福利或者个人消费的购进货物或者应税劳务； （二）非正常损失的购进货物及相关的应税劳务； （三）非正常损失的在产品、产成品所耗用的购进货物或者应税劳务； （四）国务院财政、税务主管部门规定的纳税人自用消费品； （五）本条第（一）项至第（四）项规定的货物的运输费用和销售免税货物的运输费用。	**第十条** 下列项目的进项税额不得从销项税额中抵扣： （一）用于**简易计税方法计税**项目、免征增值税项目、集体福利或者个人消费的购进货物、**劳务、服务、无形资产和不动产**； （二）非正常损失的购进货物，**以及相关的劳务和交通运输服务**； （三）非正常损失的在产品、产成品所耗用的**购进货物（不包括固定资产）、劳务和交通运输服务**； （四）**国务院规定的其他项目。**
第十一条 小规模纳税人销售货物或者应税劳务，实行按照销售额和征收率计算应纳税额的简易办法，并不得抵扣进项税额。应纳税额计算公式： 应纳税额＝销售额×征收率 小规模纳税人的标准由国务院财政、税务主管部门规定。	**第十一条** 小规模纳税人**发生应税销售行为**，实行按照销售额和征收率计算应纳税额的简易办法，并不得抵扣进项税额。应纳税额计算公式： 应纳税额＝销售额×征收率 小规模纳税人的标准由国务院财政、税务主管部门规定。
第十二条 小规模纳税人增值税征收率为3%。征收率的调整，由国务院决定。	**第十二条** 小规模纳税人增值税征收率为3%，**国务院另有规定的除外。**
第十三条 小规模纳税人以外的纳税人应当向主管税务机关办理登记。具体登记办法由国务院税务主管部门制定。 小规模纳税人会计核算健全，能够提供准确税务资料的，可以向主管税务机关办理登记，不作为小规模纳税人，依照本条例有关规定计算应纳税额。	**第十三条** 小规模纳税人以外的纳税人应当向主管税务机关办理登记。具体登记办法由国务院税务主管部门制定。 小规模纳税人会计核算健全，能够提供准确税务资料的，可以向主管税务机关办理登记，不作为小规模纳税人，依照本条例有关规定计算应纳税额。
第十四条 纳税人进口货物，按照组成计税价格和本条例第二条规定的税率计算应纳税额。组成计税价格和应纳税额计算公式： 组成计税价格＝关税完税价格＋关税＋消费税 应纳税额＝组成计税价格×税率	**第十四条** 纳税人进口货物，按照组成计税价格和本条例第二条规定的税率计算应纳税额。组成计税价格和应纳税额计算公式： 组成计税价格＝关税完税价格＋关税＋消费税 应纳税额＝组成计税价格×税率
第十五条 下列项目免征增值税： （一）农业生产者销售的自产农产品； （二）避孕药品和用具； （三）古旧图书； （四）直接用于科学研究、科学试验和教学的进口仪器、设备； （五）外国政府、国际组织无偿援助的进口物资和设备； （六）由残疾人的组织直接进口供残疾人专用的物品； （七）销售的自己使用过的物品。 除前款规定外，增值税的免税、减税项目由国务院规定。任何地区、部门均不得规定免税、减税项目。	**第十五条** 下列项目免征增值税： （一）农业生产者销售的自产农产品； （二）避孕药品和用具； （三）古旧图书； （四）直接用于科学研究、科学试验和教学的进口仪器、设备； （五）外国政府、国际组织无偿援助的进口物资和设备； （六）由残疾人的组织直接进口供残疾人专用的物品； （七）销售的自己使用过的物品。 除前款规定外，增值税的免税、减税项目由国务院规定。任何地区、部门均不得规定免税、减税项目。
第十六条 纳税人兼营免税、减税项目的，应当分别核算免税、减税项目的销售额；未分别核算销售额的，不得免税、减税。	**第十六条** 纳税人兼营免税、减税项目的，应当分别核算免税、减税项目的销售额；未分别核算销售额的，不得免税、减税。
第十七条 纳税人销售额未达到国务院财政、税务主管部门规定的增值税起征点的，免征增值税；达到起征点的，依照本条例规定全额计算缴纳增值税。	**第十七条** 纳税人销售额未达到国务院财政、税务主管部门规定的增值税起征点的，免征增值税；达到起征点的，依照本条例规定全额计算缴纳增值税。

（续表）

《中华人民共和国增值税暂行条例》修改前全文 （阴影部分为修改或者删除的内容）	《中华人民共和国增值税暂行条例》修改后全文 （黑体为修改或者增加的内容）
第十八条 中华人民共和国境外的单位或者个人在境内提供应税劳务，在境内未设有经营机构的，以其境内代理人为扣缴义务人；在境内没有代理人的，以购买方为扣缴义务人。	**第十八条** 中华人民共和国境外的单位或者个人在境内**销售劳务**，在境内未设有经营机构的，以其境内代理人为扣缴义务人；在境内没有代理人的，以购买方为扣缴义务人。
第十九条 增值税纳税义务发生时间： （一）销售货物或者应税劳务，为收讫销售款项或者取得索取销售款项凭据的当天；先开具发票的，为开具发票的当天。 （二）进口货物，为报关进口的当天。 增值税扣缴义务发生时间为纳税人增值税纳税义务发生的当天。	**第十九条** 增值税纳税义务发生时间： （一）**发生应税销售行为**，为收讫销售款项或者取得索取销售款项凭据的当天；先开具发票的，为开具发票的当天。 （二）进口货物，为报关进口的当天。 增值税扣缴义务发生时间为纳税人增值税纳税义务发生的当天。
第二十条 增值税由税务机关征收，进口货物的增值税由海关代征。 个人携带或者邮寄进境自用物品的增值税，连同关税一并计征。具体办法由国务院关税税则委员会会同有关部门制定。	**第二十条** 增值税由税务机关征收，进口货物的增值税由海关代征。 个人携带或者邮寄进境自用物品的增值税，连同关税一并计征。具体办法由国务院关税税则委员会会同有关部门制定。
第二十一条 纳税人销售货物或者应税劳务，应当向索取增值税专用发票的购买方开具增值税专用发票，并在增值税专用发票上分别注明销售额和销项税额。 属于下列情形之一的，不得开具增值税专用发票： （一）向消费者个人销售货物或者应税劳务的； （二）销售货物或者应税劳务适用免税规定的； （三）小规模纳税人销售货物或者应税劳务的。	**第二十一条** 纳税人**发生应税销售行为**，应当向索取增值税专用发票的购买方开具增值税专用发票，并在增值税专用发票上分别注明销售额和销项税额。 属于下列情形之一的，不得开具增值税专用发票： **（一）应税销售行为的购买方为消费者个人的；** **（二）发生应税销售行为适用免税规定的。**
第二十二条 增值税纳税地点： （一）固定业户应当向其机构所在地的主管税务机关申报纳税。总机构和分支机构不在同一县（市）的，应当分别向各自所在地的主管税务机关申报纳税；经国务院财政、税务主管部门或者其授权的财政、税务机关批准，可以由总机构汇总向总机构所在地的主管税务机关申报纳税。 （二）固定业户到外县（市）销售货物或者应税劳务，应当向其机构所在地的主管税务机关申请开具外出经营活动税收管理证明，并向其机构所在地的主管税务机关申报纳税；未开具证明的，应当向销售地或者劳务发生地的主管税务机关申报纳税；未向销售地或者劳务发生地的主管税务机关申报纳税的，由其机构所在地的主管税务机关补征税款。 （三）非固定业户销售货物或者应税劳务，应当向销售地或者劳务发生地的主管税务机关申报纳税；未向销售地或者劳务发生地的主管税务机关申报纳税的，由其机构所在地或者居住地的主管税务机关补征税款。 （四）进口货物，应当向报关地海关申报纳税。 扣缴义务人应当向其机构所在地或者居住地的主管税务机关申报缴纳其扣缴的税款。	**第二十二条** 增值税纳税地点： （一）固定业户应当向其机构所在地的主管税务机关申报纳税。总机构和分支机构不在同一县（市）的，应当分别向各自所在地的主管税务机关申报纳税；经国务院财政、税务主管部门或者其授权的财政、税务机关批准，可以由总机构汇总向总机构所在地的主管税务机关申报纳税。 （二）固定业户到外县（市）销售货物或者劳务，应当向其机构所在地的主管税务机关**报告外出经营事项**，并向其机构所在地的主管税务机关申报纳税；**未报告的**，应当向销售地或者劳务发生地的主管税务机关申报纳税；未向销售地或者劳务发生地的主管税务机关申报纳税的，由其机构所在地的主管税务机关补征税款。 （二）非固定业户**销售货物或者劳务**，应当向销售地或者劳务发生地的主管税务机关申报纳税；未向销售地或者劳务发生地的主管税务机关申报纳税的，由其机构所在地或者居住地的主管税务机关补征税款。 （四）进口货物，应当向报关地海关申报纳税。 扣缴义务人应当向其机构所在地或者居住地的主管税务机关申报缴纳其扣缴的税款。
第二十三条 增值税的纳税期限分别为1日、3日、5日、10日、15日、1个月或者1个季度。纳税人的具体纳税期限，由主管税务机关根据纳税人应纳税额的大小分别核定；不能按照固定期限纳税的，可以按次纳税。 纳税人以1个月或者1个季度为1个纳税期的，自期满之日起15日内申报纳税；以1日、3日、5日、10日或者15日为1个纳税期的，自期满之日起5日内预缴税款，于次月1日起15日内申报纳税并结清上月应纳税款。 扣缴义务人解缴税款的期限，依照前两款规定执行。	**第二十三条** 增值税的纳税期限分别为1日、3日、5日、10日、15日、1个月或者1个季度。纳税人的具体纳税期限，由主管税务机关根据纳税人应纳税额的大小分别核定；不能按照固定期限纳税的，可以按次纳税。 纳税人以1个月或者1个季度为1个纳税期的，自期满之日起15日内申报纳税；以1日、3日、5日、10日或者15日为1个纳税期的，自期满之日起5日内预缴税款，于次月1日起15日内申报纳税并结清上月应纳税款。 扣缴义务人解缴税款的期限，依照前两款规定执行。

（续表）

《中华人民共和国增值税暂行条例》修改前全文 （阴影部分为修改或者删除的内容）	《中华人民共和国增值税暂行条例》修改后全文 （黑体为修改或者增加的内容）
第二十四条　纳税人进口货物,应当自海关填发海关进口增值税专用缴款书之日起 15 日内缴纳税款。	第二十四条　纳税人进口货物,应当自海关填发海关进口增值税专用缴款书之日起 15 日内缴纳税款。
第二十五条　纳税人出口货物适用退（免）税规定的,应当向海关办理出口手续,凭出口报关单等有关凭证,在规定的出口退（免）税申报期内按月向主管税务机关申报办理该项出口货物的退（免）税。具体办法由国务院财政、税务主管部门制定。 出口货物办理退税后发生退货或者退关的,纳税人应当依法补缴已退的税款。	第二十五条　纳税人出口货物适用退（免）税规定的,应当向海关办理出口手续,凭出口报关单等有关凭证,在规定的出口退（免）税申报期内按月向主管税务机关申报办理该项出口货物的退（免）税；**境内单位和个人跨境销售服务和无形资产适用退（免）税规定的,应当按期向主管税务机关申报办理退（免）税。**具体办法由国务院财政、税务主管部门制定。 出口货物办理退税后发生退货或者退关的,纳税人应当依法补缴已退的税款。
第二十六条　增值税的征收管理,依照《中华人民共和国税收征收管理法》及本条例有关规定执行。	第二十六条　增值税的征收管理,依照《中华人民共和国税收征收管理法》及本条例有关规定执行。
	第二十七条　**纳税人缴纳增值税的有关事项,国务院或者国务院财政、税务主管部门经国务院同意另有规定的,依照其规定。**
第二十七条　本条例自 2009 年 1 月 1 日起施行。	第二十八条　本条例自 2009 年 1 月 1 日起施行。

中华人民共和国增值税暂行条例实施细则

2008 年 12 月 18 日　财政部　国家税务总局令第 50 号

第一条　根据《中华人民共和国增值税暂行条例》（以下简称条例）,制定本细则。

第二条　条例第一条所称货物,是指有形动产,包括电力、热力、气体在内。

条例第一条所称加工,是指受托加工货物,即委托方提供原料及主要材料,受托方按照委托方的要求,制造货物并收取加工费的业务。

条例第一条所称修理修配,是指受托对损伤和丧失功能的货物进行修复,使其恢复原状和功能的业务。

第三条　条例第一条所称销售货物,是指有偿转让货物的所有权。

条例第一条所称提供加工、修理修配劳务（以下称应税劳务）,是指有偿提供加工、修理修配劳务。单位或者个体工商户聘用的员工为本单位或者雇主提供加工、修理修配劳务,不包括在内。

本细则所称有偿,是指从购买方取得货币、货物或者其他经济利益。

第四条　单位或者个体工商户的下列行为,视同销售货物:

（一）将货物交付其他单位或者个人代销;

（二）销售代销货物;

（三）设有两个以上机构并实行统一核算的纳税人,将货物从一个机构移送其他机构用于销售,但相关机构设在同一县（市）的除外;

（四）将自产或者委托加工的货物用于非增值税应税项目;

（五）将自产、委托加工的货物用于集体福利或者个人消费;

（六）将自产、委托加工或者购进的货物作为投资,提供给其他单位或者个体工商户;

（七）将自产、委托加工或者购进的货物分配给股东或者投资者；

（八）将自产、委托加工或者购进的货物无偿赠送其他单位或者个人。

第五条　一项销售行为如果既涉及货物又涉及非增值税应税劳务，为混合销售行为。除本细则第六条的规定外，从事货物的生产、批发或者零售的企业、企业性单位和个体工商户的混合销售行为，视为销售货物，应当缴纳增值税；其他单位和个人的混合销售行为，视为销售非增值税应税劳务，不缴纳增值税。

本条第一款所称非增值税应税劳务，是指属于应缴营业税的交通运输业、建筑业、金融保险业、邮电通信业、文化体育业、娱乐业、服务业税目征收范围的劳务。

本条第一款所称从事货物的生产、批发或者零售的企业、企业性单位和个体工商户，包括以从事货物的生产、批发或者零售为主，并兼营非增值税应税劳务的单位和个体工商户在内。

第六条　纳税人的下列混合销售行为，应当分别核算货物的销售额和非增值税应税劳务的营业额，并根据其销售货物的销售额计算缴纳增值税，非增值税应税劳务的营业额不缴纳增值税；未分别核算的，由主管税务机关核定其货物的销售额：

（一）销售自产货物并同时提供建筑业劳务的行为；

（二）财政部、国家税务总局规定的其他情形。

第七条　纳税人兼营非增值税应税项目的，应分别核算货物或者应税劳务的销售额和非增值税应税项目的营业额；未分别核算的，由主管税务机关核定货物或者应税劳务的销售额。

第八条　条例第一条所称在中华人民共和国境内（以下简称境内）销售货物或者提供加工、修理修配劳务，是指：

（一）销售货物的起运地或者所在地在境内；

（二）提供的应税劳务发生在境内。

第九条　条例第一条所称单位，是指企业、行政单位、事业单位、军事单位、社会团体及其他单位。

条例第一条所称个人，是指个体工商户和其他个人。

第十条　单位租赁或者承包给其他单位或者个人经营的，以承租人或者承包人为纳税人。

第十一条　小规模纳税人以外的纳税人（以下称一般纳税人）因销售货物退回或者折让而退还给购买方的增值税额，应从发生销售货物退回或者折让当期的销项税额中扣减；因购进货物退出或者折让而收回的增值税额，应从发生购进货物退出或者折让当期的进项税额中扣减。

一般纳税人销售货物或者应税劳务，开具增值税专用发票后，发生销售货物退回或者折让、开票有误等情形，应按国家税务总局的规定开具红字增值税专用发票。未按规定开具红字增值税专用发票的，增值税额不得从销项税额中扣减。

第十二条　条例第六条第一款所称价外费用，包括价外向购买方收取的手续费、补贴、基金、集资费、返还利润、奖励费、违约金、滞纳金、延期付款利息、赔偿金、代收款项、代垫款项、包装费、包装物租金、储备费、优质费、运输装卸费以及其他各种性质的价外收费。但下列项目不包括在内：

（一）受托加工应征消费税的消费品所代收代缴的消费税；

（二）同时符合以下条件的代垫运输费用：

1. 承运部门的运输费用发票开具给购买方的；

2. 纳税人将该项发票转交给购买方的。

（三）同时符合以下条件代为收取的政府性基金或者行政事业性收费：

1. 由国务院或者财政部批准设立的政府性基金,由国务院或者省级人民政府及其财政、价格主管部门批准设立的行政事业性收费;

2. 收取时开具省级以上财政部门印制的财政票据;

3. 所收款项全额上缴财政。

(四)销售货物的同时代办保险等而向购买方收取的保险费,以及向购买方收取的代购买方缴纳的车辆购置税、车辆牌照费。

第十三条　混合销售行为依照本细则第五条规定应当缴纳增值税的,其销售额为货物的销售额与非增值税应税劳务营业额的合计。

第十四条　一般纳税人销售货物或者应税劳务,采用销售额和销项税额合并定价方法的,按下列公式计算销售额:

$$销售额=含税销售额÷(1+税率)$$

第十五条　纳税人按人民币以外的货币结算销售额的,其销售额的人民币折合率可以选择销售额发生的当天或者当月 1 日的人民币汇率中间价。纳税人应在事先确定采用何种折合率,确定后 1 年内不得变更。

第十六条　纳税人有条例第七条所称价格明显偏低并无正当理由或者有本细则第四条所列视同销售货物行为而无销售额者,按下列顺序确定销售额:

(一)按纳税人最近时期同类货物的平均销售价格确定;

(二)按其他纳税人最近时期同类货物的平均销售价格确定;

(三)按组成计税价格确定。组成计税价格的公式为:

$$组成计税价格=成本×(1+成本利润率)$$

属于应征消费税的货物,其组成计税价格中应加计消费税额。

公式中的成本是指:销售自产货物的为实际生产成本,销售外购货物的为实际采购成本。公式中的成本利润率由国家税务总局确定。

第十七条　条例第八条第二款第(三)项所称买价,包括纳税人购进农产品在农产品收购发票或者销售发票上注明的价款和按规定缴纳的烟叶税。

第十八条　条例第八条第二款第(四)项所称运输费用金额,是指运输费用结算单据上注明的运输费用(包括铁路临管线及铁路专线运输费用)、建设基金,不包括装卸费、保险费等其他杂费。

第十九条　条例第九条所称增值税扣税凭证,是指增值税专用发票、海关进口增值税专用缴款书、农产品收购发票和农产品销售发票以及运输费用结算单据。

第二十条　混合销售行为依照本细则第五条规定应当缴纳增值税的,该混合销售行为所涉及的非增值税应税劳务所用购进货物的进项税额,符合条例第八条规定的,准予从销项税额中抵扣。

第二十一条　条例第十条第(一)项所称购进货物,不包括既用于增值税应税项目(不含免征增值税项目)也用于非增值税应税项目、免征增值税(以下简称免税)项目、集体福利或者个人消费的固定资产。

前款所称固定资产,是指使用期限超过 12 个月的机器、机械、运输工具以及其他与生产经营有关的设备、工具、器具等。

第二十二条　条例第十条第(一)项所称个人消费包括纳税人的交际应酬消费。

第二十三条　条例第十条第(一)项和本细则所称非增值税应税项目,是指提供非增值税应税劳务、转让无形资产、销售不动产和不动产在建工程。

前款所称不动产是指不能移动或者移动后会引起性质、形状改变的财产,包括建筑物、构筑物和其他土地附着物。

纳税人新建、改建、扩建、修缮、装饰不动产,均属于不动产在建工程。

第二十四条 条例第十条第(二)项所称非正常损失,是指因管理不善造成被盗、丢失、霉烂变质的损失。

第二十五条 纳税人自用的应征消费税的摩托车、汽车、游艇,其进项税额不得从销项税额中抵扣。

第二十六条 一般纳税人兼营免税项目或者非增值税应税劳务而无法划分不得抵扣的进项税额的,按下列公式计算不得抵扣的进项税额:

$$\text{不得抵扣的进项税额} = \text{当月无法划分的全部进项税额} \times \text{当月免税项目销售额、非增值税应税劳务营业额合计} \div \text{当月全部销售额、营业额合计}$$

第二十七条 已抵扣进项税额的购进货物或者应税劳务,发生条例第十条规定的情形的(免税项目、非增值税应税劳务除外),应当将该项购进货物或者应税劳务的进项税额从当期的进项税额中扣减;无法确定该项进项税额的,按当期实际成本计算应扣减的进项税额。

第二十八条 条例第十一条所称小规模纳税人的标准为:

(一)从事货物生产或者提供应税劳务的纳税人,以及以从事货物生产或者提供应税劳务为主,并兼营货物批发或者零售的纳税人,年应征增值税销售额(以下简称应税销售额)在50万元以下(含本数,下同)的;

(二)除本条第一款第(一)项规定以外的纳税人,年应税销售额在80万元以下的。

本条第一款所称以从事货物生产或者提供应税劳务为主,是指纳税人的年货物生产或者提供应税劳务的销售额占年应税销售额的比重在50%以上。

注释1:根据《财政部 税务总局关于统一增值税小规模纳税人标准的通知》(2018年4月4日,财税〔2018〕33号)第一条规定,自2018年5月1日,增值税小规模纳税人标准为年应征增值税销售额500万元及以下。

注释2:根据《财政部 税务总局关于统一增值税小规模纳税人标准的通知》(2018年4月4日,财税〔2018〕33号)第二条规定,自2018年5月1日起,按照《中华人民共和国增值税暂行条例实施细则》第二十八条规定已登记为增值税一般纳税人的单位和个人,在2018年12月31日前,可转登记为小规模纳税人,其未抵扣的进项税额作转出处理。

第二十九条 年应税销售额超过小规模纳税人标准的其他个人按小规模纳税人纳税;非企业性单位、不经常发生应税行为的企业可选择按小规模纳税人纳税。

第三十条 小规模纳税人的销售额不包括其应纳税额。

小规模纳税人销售货物或者应税劳务采用销售额和应纳税额合并定价方法的,按下列公式计算销售额:

$$销售额 = 含税销售额 \div (1 + 征收率)$$

第三十一条 小规模纳税人因销售货物退回或者折让退还给购买方的销售额,应从发生销售货物退回或者折让当期的销售额中扣减。

第三十二条 条例第十三条和本细则所称会计核算健全,是指能够按照国家统一的会计制度规定设置账簿,根据合法、有效凭证核算。

第三十三条 除国家税务总局另有规定外,纳税人一经认定为一般纳税人后,不得转为小规模纳税人。

第三十四条 有下列情形之一者,应按销售额依照增值税税率计算应纳税额,不得抵扣进项税额,也不得使用增值税专用发票:

(一)一般纳税人会计核算不健全,或者不能够提供准确税务资料的;

(二)除本细则第二十九条规定外,纳税人销售额超过小规模纳税人标准,未申请办理一般纳税人认定手续的。

第三十五条 条例第十五条规定的部分免税项目的范围,限定如下:

(一)第一款第(一)项所称农业,是指种植业、养殖业、林业、牧业、水产业。

农业生产者,包括从事农业生产的单位和个人。

农产品,是指初级农产品,具体范围由财政部、国家税务总局确定。

(二)第一款第(三)项所称古旧图书,是指向社会收购的古书和旧书。

(三)第一款第(七)项所称自己使用过的物品,是指其他个人自己使用过的物品。

第三十六条 纳税人销售货物或者应税劳务适用免税规定的,可以放弃免税,依照条例的规定缴纳增值税。放弃免税后,36个月内不得再申请免税。

第三十七条 增值税起征点的适用范围限于个人。

增值税起征点的幅度规定如下:

(一)销售货物的,为月销售额2 000~5 000元;

(二)销售应税劳务的,为月销售额1 500~3 000元;

(三)按次纳税的,为每次(日)销售额150~200元。

前款所称销售额,是指本细则第三十条第一款所称小规模纳税人的销售额。

省、自治区、直辖市财政厅(局)和国家税务局应在规定的幅度内,根据实际情况确定本地区适用的起征点,并报财政部、国家税务总局备案。

注释:根据《关于修改〈中华人民共和国增值税暂行条例实施细则〉和〈中华人民共和国营业税暂行条例实施细则〉的决定》(2011年10月28日,财政部令第65号)规定,自2011年11月1日起,本细则第三十七条第二款修改为:"增值税起征点的幅度规定如下:(一)销售货物的,为月销售额5 000~20 000元;(二)销售应税劳务的,为月销售额5 000~20 000元;(三)按次纳税的,为每次(日)销售额300~500元。"

第三十八条 条例第十九条第一款第(一)项规定的收讫销售款项或者取得索取销售款项凭据的当天,按销售结算方式的不同,具体为:

(一)采取直接收款方式销售货物,不论货物是否发出,均为收到销售款或者取得索取销售款凭据的当天;

(二)采取托收承付和委托银行收款方式销售货物,为发出货物并办妥托收手续的当天;

(三)采取赊销和分期收款方式销售货物,为书面合同约定的收款日期的当天,无书面合同的或者书面合同没有约定收款日期的,为货物发出的当天;

(四)采取预收货款方式销售货物,为货物发出的当天,但生产销售生产工期超过12个月的大型机械设备、船舶、飞机等货物,为收到预收款或者书面合同约定的收款日期的当天;

(五)委托其他纳税人代销货物,为收到代销单位的代销清单或者收到全部或者部分货

款的当天,未收到代销清单及货款的,为发出代销货物满 180 天的当天;

(六) 销售应税劳务,为提供劳务同时收讫销售款或者取得索取销售款的凭据的当天;

(七) 纳税人发生本细则第四条第(三)项至第(八)项所列视同销售货物行为,为货物移送的当天。

第三十九条 条例第二十三条以 1 个季度为纳税期限的规定仅适用于小规模纳税人。小规模纳税人的具体纳税期限,由主管税务机关根据其应纳税额的大小分别核定。

第四十条 本细则自 2009 年 1 月 1 日起施行。

财政部 国家税务总局
关于修改《中华人民共和国增值税暂行条例实施细则》和
《中华人民共和国营业税暂行条例实施细则》的决定

2011 年 10 月 28 日 财政部令第 65 号

《关于修改〈中华人民共和国增值税暂行条例实施细则〉和〈中华人民共和国营业税暂行条例实施细则〉的决定》已经财政部、国家税务总局审议通过,现予公布,自 2011 年 11 月 1 日起施行。

关于修改《中华人民共和国增值税暂行条例实施细则》
和《中华人民共和国营业税暂行条例实施细则》的决定

为了贯彻落实国务院关于支持小型和微型企业发展的要求,财政部、国家税务总局决定对《中华人民共和国增值税暂行条例实施细则》和《中华人民共和国营业税暂行条例实施细则》的部分条款予以修改。

一、将《中华人民共和国增值税暂行条例实施细则》第三十七条第二款修改为:"增值税起征点的幅度规定如下:

(一) 销售货物的,为月销售额 5 000～20 000 元;

(二) 销售应税劳务的,为月销售额 5 000～20 000 元;

(三) 按次纳税的,为每次(日)销售额 300～500 元。"

二、将《中华人民共和国营业税暂行条例实施细则》第二十三条第三款修改为:"营业税起征点的幅度规定如下:

(一) 按期纳税的,为月营业额 5 000～20 000 元;

(二) 按次纳税的,为每次(日)营业额 300～500 元。"

本决定自 2011 年 11 月 1 日起施行。

《中华人民共和国增值税暂行条例实施细则》和《中华人民共和国营业税暂行条例实施细则》根据本决定作相应修改,重新公布。

附件:

中华人民共和国增值税暂行条例实施细则(略)

中华人民共和国营业税暂行条例实施细则(略)

财政部　国家税务总局关于全面推开营业税改征增值税试点的通知

2016 年 3 月 23 日　财税〔2016〕36 号

各省、自治区、直辖市、计划单列市财政厅（局）、国家税务局、地方税务局，新疆生产建设兵团财务局：

经国务院批准，自 2016 年 5 月 1 日起，在全国范围内全面推开营业税改征增值税（以下称营改增）试点，建筑业、房地产业、金融业、生活服务业等全部营业税纳税人，纳入试点范围，由缴纳营业税改为缴纳增值税。现将《营业税改征增值税试点实施办法》《营业税改征增值税试点有关事项的规定》《营业税改征增值税试点过渡政策的规定》和《跨境应税行为适用增值税零税率和免税政策的规定》印发你们，请遵照执行。

本通知附件规定的内容，除另有规定执行时间外，自 2016 年 5 月 1 日起执行。《财政部　国家税务总局关于将铁路运输和邮政业纳入营业税改征增值税试点的通知》（财税〔2013〕106 号）、《财政部　国家税务总局关于铁路运输和邮政业营业税改征增值税试点有关政策的补充通知》（财税〔2013〕121 号）、《财政部　国家税务总局关于将电信业纳入营业税改征增值税试点的通知》（财税〔2014〕43 号）、《财政部　国家税务总局关于国际水路运输增值税零税率政策的补充通知》（财税〔2014〕50 号）和《财政部　国家税务总局关于影视等出口服务适用增值税零税率政策的通知》（财税〔2015〕118 号），除另有规定的条款外，相应废止。

各地要高度重视营改增试点工作，切实加强试点工作的组织领导，周密安排，明确责任，采取各种有效措施，做好试点前的各项准备以及试点过程中的监测分析和宣传解释等工作，确保改革的平稳、有序、顺利进行。遇到问题请及时向财政部和国家税务总局反映。

附件：1. 营业税改征增值税试点实施办法
　　　2. 营业税改征增值税试点有关事项的规定
　　　3. 营业税改征增值税试点过渡政策的规定
　　　4. 跨境应税行为适用增值税零税率和免税政策的规定

附件 1

营业税改征增值税试点实施办法

第一章　纳税人和扣缴义务人

第一条　在中华人民共和国境内（以下称境内）销售服务、无形资产或者不动产（以下称应税行为）的单位和个人，为增值税纳税人，应当按照本办法缴纳增值税，不缴纳营业税。

单位，是指企业、行政单位、事业单位、军事单位、社会团体及其他单位。

个人，是指个体工商户和其他个人。

第二条　单位以承包、承租、挂靠方式经营的，承包人、承租人、挂靠人（以下统称承包人）以发包人、出租人、被挂靠人（以下统称发包人）名义对外经营并由发包人承担相关法律责任的，以该发包人为纳税人。否则，以承包人为纳税人。

第三条　纳税人分为一般纳税人和小规模纳税人。

应税行为的年应征增值税销售额（以下称应税销售额）超过财政部和国家税务总局规定

标准的纳税人为一般纳税人，未超过规定标准的纳税人为小规模纳税人。

年应税销售额超过规定标准的其他个人不属于一般纳税人。年应税销售额超过规定标准但不经常发生应税行为的单位和个体工商户可选择按照小规模纳税人纳税。

第四条　年应税销售额未超过规定标准的纳税人，会计核算健全，能够提供准确税务资料的，可以向主管税务机关办理一般纳税人资格登记，成为一般纳税人。

会计核算健全，是指能够按照国家统一的会计制度规定设置账簿，根据合法、有效凭证核算。

第五条　符合一般纳税人条件的纳税人应当向主管税务机关办理一般纳税人资格登记。具体登记办法由国家税务总局制定。

除国家税务总局另有规定外，一经登记为一般纳税人后，不得转为小规模纳税人。

第六条　中华人民共和国境外（以下称境外）单位或者个人在境内发生应税行为，在境内未设有经营机构的，以购买方为增值税扣缴义务人。财政部和国家税务总局另有规定的除外。

第七条　两个或者两个以上的纳税人，经财政部和国家税务总局批准可以视为一个纳税人合并纳税。具体办法由财政部和国家税务总局另行制定。

注释：根据《财政部　国家税务总局关于建筑服务等营改增试点政策的通知》（2017年7月11日，财税〔2017〕58号）第六条规定，本条规定自2017年7月1日起废止。

第八条　纳税人应当按照国家统一的会计制度进行增值税会计核算。

第二章　征税范围

第九条　应税行为的具体范围，按照本办法所附的《销售服务、无形资产、不动产注释》执行。

第十条　销售服务、无形资产或者不动产，是指有偿提供服务、有偿转让无形资产或者不动产，但属于下列非经营活动的情形除外：

（一）行政单位收取的同时满足以下条件的政府性基金或者行政事业性收费。

1. 由国务院或者财政部批准设立的政府性基金，由国务院或者省级人民政府及其财政、价格主管部门批准设立的行政事业性收费；

2. 收取时开具省级以上（含省级）财政部门监（印）制的财政票据；

3. 所收款项全额上缴财政。

（二）单位或者个体工商户聘用的员工为本单位或者雇主提供取得工资的服务。

（三）单位或者个体工商户为聘用的员工提供服务。

（四）财政部和国家税务总局规定的其他情形。

第十一条　有偿，是指取得货币、货物或者其他经济利益。

第十二条　在境内销售服务、无形资产或者不动产，是指：

（一）服务（租赁不动产除外）或者无形资产（自然资源使用权除外）的销售方或者购买方在境内；

（二）所销售或者租赁的不动产在境内；

（三）所销售自然资源使用权的自然资源在境内；

（四）财政部和国家税务总局规定的其他情形。

第十三条 下列情形不属于在境内销售服务或者无形资产：

（一）境外单位或者个人向境内单位或者个人销售完全在境外发生的服务。

（二）境外单位或者个人向境内单位或者个人销售完全在境外使用的无形资产。

（三）境外单位或者个人向境内单位或者个人出租完全在境外使用的有形动产。

（四）财政部和国家税务总局规定的其他情形。

注释：《国家税务总局关于营改增试点若干征管问题的公告》（2016 年 8 月 18 日，国家税务总局公告 2016 年第 53 号）第一条规定："境外单位或者个人发生的下列行为不属于在境内销售服务或者无形资产：

（一）为出境的函件、包裹在境外提供的邮政服务、收派服务；

（二）向境内单位或者个人提供的工程施工地点在境外的建筑服务、工程监理服务；

（三）向境内单位或者个人提供的工程、矿产资源在境外的工程勘察勘探服务；

（四）向境内单位或者个人提供的会议展览地点在境外的会议展览服务。"

第十四条 下列情形视同销售服务、无形资产或者不动产：

（一）单位或者个体工商户向其他单位或者个人无偿提供服务，但用于公益事业或者以社会公众为对象的除外。

（二）单位或者个人向其他单位或者个人无偿转让无形资产或者不动产，但用于公益事业或者以社会公众为对象的除外。

（三）财政部和国家税务总局规定的其他情形。

注释：根据《国家税务总局关于土地价款扣除时间等增值税征管问题的公告》（2016 年 12 月 24 日，国家税务总局公告 2016 年第 86 号）第七条规定："纳税人出租不动产，租赁合同中约定免租期的，不属于《营业税改征增值税试点实施办法》（财税〔2016〕36 号文件印发）第十四条规定的视同销售服务。"

第三章 税率和征收率

第十五条 增值税税率：

（一）纳税人发生应税行为，除本条第（二）项、第（三）项、第（四）项规定外，税率为 6％。

（二）提供交通运输、邮政、基础电信、建筑、不动产租赁服务，销售不动产，转让土地使用权，税率为 11％。

注释 1：根据《财政部 税务总局关于调整增值税税率的通知》（2018 年 4 月 4 日，财税〔2018〕32 号）第一条规定，自 2018 年 5 月 1 日起，纳税人发生增值税应税销售行为或者进口货物，原适用 11％税率的，税率调整为 10％。

注释 2：根据《财政部 税务总局 海关总署关于深化增值税改革有关政策的公告》（2019 年 3 月 20 日，财政部 国家税务总局 海关总署公告 2019 年第 39 号）第一条规定，自 2019 年 4 月 1 日起，增值税一般纳税人发生增值税应税销售行为或者进口货物，原适用 10％税率的，税率调整为 9％。

（三）提供有形动产租赁服务，税率为 17％。

注释 1：根据《财政部 税务总局关于调整增值税税率的通知》（2018 年 4 月 4 日，财税〔2018〕32 号）第一条规定，自 2018 年 5 月 1 日起，纳税人发生增值税应税销售行为或者进口货物，原适用

17%税率的,税率调整为16%。

注释2:根据《财政部 税务总局 海关总署关于深化增值税改革有关政策的公告》(2019年3月20日,财政部 国家税务总局 海关总署公告2019年第39号)第一条规定,自2019年4月1日起,增值税一般纳税人发生增值税应税销售行为或者进口货物,原适用16%税率的,税率调整为13%。

(四)境内单位和个人发生的跨境应税行为,税率为零。具体范围由财政部和国家税务总局另行规定。

第十六条 增值税征收率为3%,财政部和国家税务总局另有规定的除外。

第四章 应纳税额的计算

第一节 一般性规定

第十七条 增值税的计税方法,包括一般计税方法和简易计税方法。

第十八条 一般纳税人发生应税行为适用一般计税方法计税。

一般纳税人发生财政部和国家税务总局规定的特定应税行为,可以选择适用简易计税方法计税,但一经选择,36个月内不得变更。

第十九条 小规模纳税人发生应税行为适用简易计税方法计税。

第二十条 境外单位或者个人在境内发生应税行为,在境内未设有经营机构的,扣缴义务人按照下列公式计算应扣缴税额:

$$应扣缴税额＝购买方支付的价款÷(1＋税率)×税率$$

第二节 一般计税方法

第二十一条 一般计税方法的应纳税额,是指当期销项税额抵扣当期进项税额后的余额。应纳税额计算公式:

$$应纳税额＝当期销项税额－当期进项税额$$

当期销项税额小于当期进项税额不足抵扣时,其不足部分可以结转下期继续抵扣。

第二十二条 销项税额,是指纳税人发生应税行为按照销售额和增值税税率计算并收取的增值税额。销项税额计算公式:

$$销项税额＝销售额×税率$$

第二十三条 一般计税方法的销售额不包括销项税额,纳税人采用销售额和销项税额合并定价方法的,按照下列公式计算销售额:

$$销售额＝含税销售额÷(1＋税率)$$

第二十四条 进项税额,是指纳税人购进货物、加工修理修配劳务、服务、无形资产或者不动产,支付或者负担的增值税额。

第二十五条 下列进项税额准予从销项税额中抵扣:

(一)从销售方取得的增值税专用发票(含税控机动车销售统一发票,下同)上注明的增值税额。

(二)从海关取得的海关进口增值税专用缴款书上注明的增值税额。

（三）购进农产品，除取得增值税专用发票或者海关进口增值税专用缴款书外，按照农产品收购发票或者销售发票上注明的农产品买价和13％的扣除率计算的进项税额。计算公式为：

$$进项税额＝买价×扣除率$$

买价，是指纳税人购进农产品在农产品收购发票或者销售发票上注明的价款和按照规定缴纳的烟叶税。

购进农产品，按照《农产品增值税进项税额核定扣除试点实施办法》抵扣进项税额的除外。

注释1：财税〔2017〕37号文件第二条第（一）、（二）、（四）、（五）、（六）项规定："纳税人购进农产品，按下列规定抵扣进项税额：

（一）除本条第（二）项规定外，纳税人购进农产品，取得一般纳税人开具的增值税专用发票或海关进口增值税专用缴款书的，以增值税专用发票或海关进口增值税专用缴款书上注明的增值税额为进项税额；从按照简易计税方法依照3％征收率计算缴纳增值税的小规模纳税人取得增值税专用发票的，以增值税专用发票上注明的金额和11％的扣除率计算进项税额；取得（开具）农产品销售发票或收购发票的，以农产品销售发票或收购发票上注明的农产品买价和11％的扣除率计算进项税额。

（二）营业税改征增值税试点期间，纳税人购进用于生产销售或委托受托加工17％税率货物的农产品维持原扣除力度不变。

（四）纳税人从批发、零售环节购进适用免征增值税政策的蔬菜、部分鲜活肉蛋而取得的普通发票，不得作为计算抵扣进项税额的凭证。

（五）纳税人购进农产品既用于生产销售或委托受托加工17％税率货物又用于生产销售其他货物服务的，应当分别核算用于生产销售或委托受托加工17％税率货物和其他货物服务的农产品进项税额。未分别核算的，统一以增值税专用发票或海关进口增值税专用缴款书上注明的增值税额为进项税额，或以农产品收购发票或销售发票上注明的农产品买价和11％的扣除率计算进项税额。

（六）《中华人民共和国增值税暂行条例》第八条第二款第（三）项和本通知所称销售发票，是指农业生产者销售自产农产品适用免征增值税政策而开具的普通发票。"上述规定自2017年7月1日起执行。

注释2：根据财税〔2018〕32号文件第二条规定，自2018年5月1日，纳税人购进农产品，原适用11％扣除率的，扣除率调整为10％。

注释3：根据财税〔2018〕32号文件第三条规定，自2018年5月1日，纳税人购进用于生产销售或委托加工16％税率货物的农产品，按照12％的扣除率计算进项税额。

注释4：根据《财政部　税务总局　海关总署关于深化增值税改革有关政策的公告》（2019年3月20日，财政部　国家税务总局　海关总署公告2019年第39号）第二条规定，自2019年4月1日起，纳税人购进农产品，原适用10％扣除率的，扣除率调整为9％。

（四）从境外单位或者个人购进服务、无形资产或者不动产，自税务机关或者扣缴义务人取得的解缴税款的完税凭证上注明的增值税额。

第二十六条　纳税人取得的增值税扣税凭证不符合法律、行政法规或者国家税务总局有关规定的,其进项税额不得从销项税额中抵扣。

增值税扣税凭证,是指增值税专用发票、海关进口增值税专用缴款书、农产品收购发票、农产品销售发票和完税凭证。

纳税人凭完税凭证抵扣进项税额的,应当具备书面合同、付款证明和境外单位的对账单或者发票。资料不全的,其进项税额不得从销项税额中抵扣。

注释: 财税〔2017〕37号文件第二条第(六)项规定:"《中华人民共和国增值税暂行条例》第八条第二款第(三)项和本通知所称销售发票,是指农业生产者销售自产农产品适用免征增值税政策而开具的普通发票。"

第二十七条　下列项目的进项税额不得从销项税额中抵扣:

(一)用于简易计税方法计税项目、免征增值税项目、集体福利或者个人消费的购进货物、加工修理修配劳务、服务、无形资产和不动产。其中涉及的固定资产、无形资产、不动产,仅指专用于上述项目的固定资产、无形资产(不包括其他权益性无形资产)、不动产。

纳税人的交际应酬消费属于个人消费。

(二)非正常损失的购进货物,以及相关的加工修理修配劳务和交通运输服务。

(三)非正常损失的在产品、产成品所耗用的购进货物(不包括固定资产)、加工修理修配劳务和交通运输服务。

(四)非正常损失的不动产,以及该不动产所耗用的购进货物、设计服务和建筑服务。

(五)非正常损失的不动产在建工程所耗用的购进货物、设计服务和建筑服务。

纳税人新建、改建、扩建、修缮、装饰不动产,均属于不动产在建工程。

(六)购进的旅客运输服务、贷款服务、餐饮服务、居民日常服务和娱乐服务。

注释1: 财税〔2016〕36号文件附件2《营业税改征增值税试点有关事项的规定》第二条第一款第5项中规定:"纳税人接受贷款服务向贷款方支付的与该笔贷款直接相关的投融资顾问费、手续费、咨询费等费用,其进项税额不得从销项税额中抵扣。"

注释2: 根据《财政部　税务总局　海关总署关于深化增值税改革有关政策的公告》(2019年3月20日,财政部　国家税务总局　海关总署公告2019年第39号)第六条规定"六、纳税人购进国内旅客运输服务,其进项税额允许从销项税额中抵扣。

(一)纳税人未取得增值税专用发票的,暂按照以下规定确定进项税额:

1. 取得增值税电子普通发票的,为发票上注明的税额;

2. 取得注明旅客身份信息的航空运输电子客票行程单的,为按照下列公式计算进项税额:

$$航空旅客运输进项税额＝(票价＋燃油附加费)÷(1＋9\%)×9\%$$

3. 取得注明旅客身份信息的铁路车票的,为按照下列公式计算的进项税额:

$$铁路旅客运输进项税额＝票面金额÷(1＋9\%)×9\%$$

4. 取得注明旅客身份信息的公路、水路等其他客票的,按照下列公式计算进项税额:

$$公路、水路等其他旅客运输进项税额＝票面金额÷(1＋3\%)×3\%$$

(二)《营业税改征增值税试点实施办法》(财税〔2016〕36号印发)第二十七条第(六)项和《营业税改征增值税试点有关事项的规定》(财税〔2016〕36号印发)第二条第(一)项第5点中'购进的旅客运输服务、贷款服务、餐饮服务、居民日常服务和娱乐服务'修改为'购进的贷款服务、餐饮服务、居民日常服务和娱乐服务'。"

上述规定从 2019 年 4 月 1 日起执行。

（七）财政部和国家税务总局规定的其他情形。

本条第（四）项、第（五）项所称货物，是指构成不动产实体的材料和设备，包括建筑装饰材料和给排水、采暖、卫生、通风、照明、通讯、煤气、消防、中央空调、电梯、电气、智能化楼宇设备及配套设施。

第二十八条 不动产、无形资产的具体范围，按照本办法所附的《销售服务、无形资产或者不动产注释》执行。

固定资产，是指使用期限超过 12 个月的机器、机械、运输工具以及其他与生产经营有关的设备、工具、器具等有形动产。

非正常损失，是指因管理不善造成货物被盗、丢失、霉烂变质，以及因违反法律法规造成货物或者不动产被依法没收、销毁、拆除的情形。

第二十九条 适用一般计税方法的纳税人，兼营简易计税方法计税项目、免征增值税项目而无法划分不得抵扣的进项税额，按照下列公式计算不得抵扣的进项税额：

$$\begin{array}{l}\text{不得抵扣的} \\ \text{进项税额}\end{array} = \begin{array}{l}\text{当期无法划分的} \\ \text{全部进项税额}\end{array} \times \left(\begin{array}{l}\text{当期简易计税方法} \\ \text{计税项目销售额}\end{array} + \begin{array}{l}\text{免征增值税} \\ \text{项目销售额}\end{array} \right) \div \begin{array}{l}\text{当期全部} \\ \text{销售额}\end{array}$$

主管税务机关可以按照上述公式依据年度数据对不得抵扣的进项税额进行清算。

第三十条 已抵扣进项税额的购进货物（不含固定资产）、劳务、服务，发生本办法第二十七条规定情形（简易计税方法计税项目、免征增值税项目除外）的，应当将该进项税额从当期进项税额中扣减；无法确定该进项税额的，按照当期实际成本计算应扣减的进项税额。

第三十一条 已抵扣进项税额的固定资产、无形资产或者不动产，发生本办法第二十七条规定情形的，按照下列公式计算不得抵扣的进项税额：

$$\text{不得抵扣的进项税额} = \text{固定资产、无形资产或者不动产净值} \times \text{适用税率}$$

固定资产、无形资产或者不动产净值，是指纳税人根据财务会计制度计提折旧或摊销后的余额。

第三十二条 纳税人适用一般计税方法计税的，因销售折让、中止或者退回而退还给购买方的增值税额，应当从当期的销项税额中扣减；因销售折让、中止或者退回而收回的增值税额，应当从当期的进项税额中扣减。

第三十三条 有下列情形之一者，应当按照销售额和增值税税率计算应纳税额，不得抵扣进项税额，也不得使用增值税专用发票：

（一）一般纳税人会计核算不健全，或者不能够提供准确税务资料的。

（二）应当办理一般纳税人资格登记而未办理的。

第三节 简易计税方法

第三十四条 简易计税方法的应纳税额，是指按照销售额和增值税征收率计算的增值税额，不得抵扣进项税额。应纳税额计算公式：

$$\text{应纳税额} = \text{销售额} \times \text{征收率}$$

第三十五条 简易计税方法的销售额不包括其应纳税额，纳税人采用销售额和应纳税额合并定价方法的，按照下列公式计算销售额：

销售额＝含税销售额÷(1＋征收率)

第三十六条　纳税人适用简易计税方法计税的,因销售折让、中止或者退回而退还给购买方的销售额,应当从当期销售额中扣减。扣减当期销售额后仍有余额造成多缴的税款,可以从以后的应纳税额中扣减。

第四节　销售额的确定

第三十七条　销售额,是指纳税人发生应税行为取得的全部价款和价外费用,财政部和国家税务总局另有规定的除外。

价外费用,是指价外收取的各种性质的收费,但不包括以下项目:

(一) 代为收取并符合本办法第十条规定的政府性基金或者行政事业性收费。

(二) 以委托方名义开具发票代委托方收取的款项。

第三十八条　销售额以人民币计算。

纳税人按照人民币以外的货币结算销售额的,应当折合成人民币计算,折合率可以选择销售额发生的当天或者当月 1 日的人民币汇率中间价。纳税人应当在事先确定采用何种折合率,确定后 12 个月内不得变更。

第三十九条　纳税人兼营销售货物、劳务、服务、无形资产或者不动产,适用不同税率或者征收率的,应当分别核算适用不同税率或者征收率的销售额;未分别核算的,从高适用税率。

第四十条　一项销售行为如果既涉及服务又涉及货物,为混合销售。从事货物的生产、批发或者零售的单位和个体工商户的混合销售行为,按照销售货物缴纳增值税;其他单位和个体工商户的混合销售行为,按照销售服务缴纳增值税。

本条所称从事货物的生产、批发或者零售的单位和个体工商户,包括以从事货物的生产、批发或者零售为主,并兼营销售服务的单位和个体工商户在内。

注释1:《国家税务总局关于进一步明确营改增有关征管问题的公告》(2017 年 4 月 20 日,国家税务总局公告 2017 年第 11 号)第一条规定:"纳税人销售活动板房、机器设备、钢结构件等自产货物的同时提供建筑、安装服务,不属于《营业税改征增值税试点实施办法》(财税〔2016〕36 号文件印发)第四十条规定的混合销售,应分别核算货物和建筑服务的销售额,分别适用不同的税率或者征收率。"

注释2:《国家税务总局关于明确中外合作办学等若干增值税征管问题的公告》(2018 年 7 月 25 日,国家税务总局公告 2018 年第 42 号)第六条第一款和第二款规定:"一般纳税人销售自产机器设备的同时提供安装服务,应分别核算机器设备和安装服务的销售额,安装服务可以按照甲供工程选择适用简易计税方法计税。

一般纳税人销售外购机器设备的同时提供安装服务,如果已经按照兼营的有关规定,分别核算机器设备和安装服务的销售额,安装服务可以按照甲供工程选择适用简易计税方法计税。"

第四十一条　纳税人兼营免税、减税项目的,应当分别核算免税、减税项目的销售额;未分别核算的,不得免税、减税。

第四十二条　纳税人发生应税行为,开具增值税专用发票后,发生开票有误或者销售折让、中止、退回等情形的,应当按照国家税务总局的规定开具红字增值税专用发票;未按照规定开具红字增值税专用发票的,不得按照本办法第三十二条和第三十六条的规定扣减销项税额或者销售额。

第四十三条　纳税人发生应税行为,将价款和折扣额在同一张发票上分别注明的,以折扣后的价款为销售额;未在同一张发票上分别注明的,以价款为销售额,不得扣减折扣额。

第四十四条 纳税人发生应税行为价格明显偏低或者偏高且不具有合理商业目的的,或者发生本办法第十四条所列行为而无销售额的,主管税务机关有权按照下列顺序确定销售额:

(一)按照纳税人最近时期销售同类服务、无形资产或者不动产的平均价格确定。

(二)按照其他纳税人最近时期销售同类服务、无形资产或者不动产的平均价格确定。

(三)按照组成计税价格确定。组成计税价格的公式为:

$$组成计税价格＝成本×(1＋成本利润率)$$

成本利润率由国家税务总局确定。

不具有合理商业目的,是指以谋取税收利益为主要目的,通过人为安排,减少、免除、推迟缴纳增值税税款,或者增加退还增值税税款。

第五章 纳税义务、扣缴义务发生时间和纳税地点

第四十五条 增值税纳税义务、扣缴义务发生时间为:

(一)纳税人发生应税行为并收讫销售款项或者取得索取销售款项凭据的当天;先开具发票的,为开具发票的当天。

收讫销售款项,是指纳税人销售服务、无形资产、不动产过程中或者完成后收到款项。

取得索取销售款项凭据的当天,是指书面合同确定的付款日期;未签订书面合同或者书面合同未确定付款日期的,为服务、无形资产转让完成的当天或者不动产权属变更的当天。

注释:《国家税务总局关于营改增试点若干征管问题的公告》(2016 年 8 月 18 日,国家税务总局公告 2016 年第 53 号)第六条规定:"银行提供贷款服务按期计收利息的,结息日当日计收的全部利息收入,均应计入结息日所属期的销售额,按照现行规定计算缴纳增值税。"

(二)纳税人提供建筑服务、租赁服务采取预收款方式的,其纳税义务发生时间为收到预收款的当天。

注释1:《国家税务总局关于在境外提供建筑服务等有关问题的公告》(2016 年 11 月 4 日,国家税务总局公告 2016 年第 69 号)第四条规定:"纳税人提供建筑服务,被工程发包方从应支付的工程款中扣押的质押金、保证金,未开具发票的,以纳税人实际收到质押金、保证金的当天为纳税义务发生时间。"

注释2:根据《财政部 国家税务总局关于建筑服务等营改增试点政策的通知》(2017 年 7 月 11 日,财税〔2017〕58 号)第二条规定,自 2017 年 7 月 1 日起,本文第四十五条第(二)项修改为"纳税人提供租赁服务采取预收款方式的,其纳税义务发生时间为收到预收款的当天"。

(三)纳税人从事金融商品转让的,为金融商品所有权转移的当天。

(四)纳税人发生本办法第十四条规定情形的,其纳税义务发生时间为服务、无形资产转让完成的当天或者不动产权属变更的当天。

(五)增值税扣缴义务发生时间为纳税人增值税纳税义务发生的当天。

第四十六条 增值税纳税地点为:

(一)固定业户应当向其机构所在地或者居住地主管税务机关申报纳税。总机构和分支机构不在同一县(市)的,应当分别向各自所在地的主管税务机关申报纳税;经财政部和国家税务总局或者其授权的财政和税务机关批准,可以由总机构汇总向总机构所在地的主管税务

机关申报纳税。

注释：《国家税务总局关于全面推开营业税改征增值税试点有关税收征收管理事项的公告》（2016 年 4 月 19 日，国家税务总局公告 2016 年第 23 号）第六条第（一）项规定："原以地市一级机构汇总缴纳营业税的金融机构，营改增后继续以地市一级机构汇总缴纳增值税。

同一省（自治区、直辖市、计划单列市）范围内的金融机构，经省（自治区、直辖市、计划单列市）国家税务局和财政厅（局）批准，可以由总机构汇总向总机构所在地的主管国税机关申报缴纳增值税。"

（二）非固定业户应当向应税行为发生地主管税务机关申报纳税；未申报纳税的，由其机构所在地或者居住地主管税务机关补征税款。

（三）其他个人提供建筑服务，销售或者租赁不动产，转让自然资源使用权，应向建筑服务发生地、不动产所在地、自然资源所在地主管税务机关申报纳税。

（四）扣缴义务人应当向其机构所在地或者居住地主管税务机关申报缴纳扣缴的税款。

第四十七条 增值税的纳税期限分别为 1 日、3 日、5 日、10 日、15 日、1 个月或者 1 个季度。纳税人的具体纳税期限，由主管税务机关根据纳税人应纳税额的大小分别核定。以 1 个季度为纳税期限的规定适用于小规模纳税人、银行、财务公司、信托投资公司、信用社，以及财政部和国家税务总局规定的其他纳税人。不能按照固定期限纳税的，可以按次纳税。

纳税人以 1 个月或者 1 个季度为 1 个纳税期的，自期满之日起 15 日内申报纳税；以 1 日、3 日、5 日、10 日或者 15 日为 1 个纳税期的，自期满之日起 5 日内预缴税款，于次月 1 日起 15 日内申报纳税并结清上月应纳税款。

扣缴义务人解缴税款的期限，按照前两款规定执行。

注释：《国家税务总局关于营改增试点若干征管问题的公告》（2016 年 8 月 18 日，国家税务总局公告 2016 年第 53 号）第七条规定："按照《中华人民共和国增值税暂行条例》《营业税改征增值税试点实施办法》《中华人民共和国消费税暂行条例》及相关文件规定，以 1 个季度为纳税期限的增值税纳税人，其取得的全部增值税应税收入、消费税应税收入，均可以 1 个季度为纳税期限。"

第六章　税收减免的处理

第四十八条 纳税人发生应税行为适用免税、减税规定的，可以放弃免税、减税，依照本办法的规定缴纳增值税。放弃免税、减税后，36 个月内不得再申请免税、减税。

纳税人发生应税行为同时适用免税和零税率规定的，纳税人可以选择适用免税或者零税率。

第四十九条 个人发生应税行为的销售额未达到增值税起征点的，免征增值税；达到起征点的，全额计算缴纳增值税。

增值税起征点不适用于登记为一般纳税人的个体工商户。

第五十条 增值税起征点幅度如下：

（一）按期纳税的，为月销售额 5 000～20 000 元（含本数）。

（二）按次纳税的，为每次（日）销售额 300～500 元（含本数）。

起征点的调整由财政部和国家税务总局规定。省、自治区、直辖市财政厅（局）和国家税务局应当在规定的幅度内，根据实际情况确定本地区适用的起征点，并报财政部和国家税务总局备案。

对增值税小规模纳税人中月销售额未达到 2 万元的企业或非企业性单位，免征增值税。

2017 年 12 月 31 日前，对月销售额 2 万元（含本数）至 3 万元的增值税小规模纳税人，免征增值税。

注释1:《国家税务总局关于全面推开营业税改征增值税试点有关税收征收管理事项的公告》（2016年4月19日，国家税务总局公告2016年第23号）第六条第（二）项、第（三）项、第（四）项规定：

"（二）增值税小规模纳税人应分别核算销售货物，提供加工、修理修配劳务的销售额，和销售服务、无形资产的销售额。增值税小规模纳税人销售货物，提供加工、修理修配劳务月销售额不超过3万元（按季纳税9万元），销售服务、无形资产月销售额不超过3万元（按季纳税9万元）的，自2016年5月1日起至2017年12月31日，可分别享受小微企业暂免征收增值税优惠政策。

（三）按季纳税申报的增值税小规模纳税人，实际经营期不足一个季度的，以实际经营月份计算当期可享受小微企业免征增值税政策的销售额度。

按照本公告第一条第（三）项规定，按季纳税的试点增值税小规模纳税人，2016年7月纳税申报时，申报的2016年5月、6月增值税应税销售额中，销售货物，提供加工、修理修配劳务的销售额不超过6万元，销售服务、无形资产的销售额不超过6万元的，可分别享受小微企业暂免征收增值税优惠政策。

（四）其他个人采取预收款形式出租不动产，取得的预收租金收入，可在预收款对应的租赁期内平均分摊，分摊后的月租金收入不超过3万元的，可享受小微企业免征增值税优惠政策。"

注释2:《国家税务总局关于明确营改增试点若干征管问题的公告》（2016年4月26日，国家税务总局公告2016年第26号）第三条规定："按照现行规定，适用增值税差额征收政策的增值税小规模纳税人，以差额前的销售额确定是否可以享受3万元（按季纳税9万元）以下免征增值税政策。"

注释3:《国家税务总局关于营改增试点若干征管问题的公告》（2016年8月18日，国家税务总局公告2016年第53号）第二条规定："其他个人采取一次性收取租金的形式出租不动产，取得的租金收入可在租金对应的租赁期内平均分摊，分摊后的月租金收入不超过3万元的，可享受小微企业免征增值税优惠政策。"

注释4:《财政部 税务总局关于实施小微企业普惠性税收减免政策的通知》（2019年1月17日 财税〔2019〕13号）第一条规定："对月销售额10万元以下（含本数）的增值税小规模纳税人，免征增值税。"

注释5:《国家税务总局关于小规模纳税人免征增值税政策有关征管问题的公告》（2019年1月19日，国家税务总局公告2019年第4号）第一条至第四条规定："一、小规模纳税人发生增值税应税销售行为，合计月销售额未超过10万元（以1个季度为1个纳税期的，季度销售额未超过30万元，下同）的，免征增值税。

小规模纳税人发生增值税应税销售行为，合计月销售额超过10万元，但扣除本期发生的销售不动产的销售额后未超过10万元的，其销售货物、劳务、服务、无形资产取得的销售额免征增值税。

"二、适用增值税差额征税政策的小规模纳税人，以差额后的销售额确定是否可以享受本公告规定的免征增值税政策。

《增值税纳税申报表（小规模纳税人适用）》中的'免税销售额'相关栏次，填写差额后的销售额。

"三、按固定期限纳税的小规模纳税人可以选择以1个月或1个季度为纳税期限，一经选择，一个会计年度内不得变更。

"四、《中华人民共和国增值税暂行条例实施细则》第九条所称的其他个人,采取一次性收取租金形式出租不动产取得的租金收入,可在对应的租赁期内平均分摊,分摊后的月租金收入未超过10万元的,免征增值税。"

第七章　征　收　管　理

第五十一条　营业税改征的增值税,由国家税务局负责征收。纳税人销售取得的不动产和其他个人出租不动产的增值税,国家税务局暂委托地方税务局代为征收。

第五十二条　纳税人发生适用零税率的应税行为,应当按期向主管税务机关申报办理退(免)税,具体办法由财政部和国家税务总局制定。

第五十三条　纳税人发生应税行为,应当向索取增值税专用发票的购买方开具增值税专用发票,并在增值税专用发票上分别注明销售额和销项税额。

属于下列情形之一的,不得开具增值税专用发票:

(一)向消费者个人销售服务、无形资产或者不动产。

(二)适用免征增值税规定的应税行为。

第五十四条　小规模纳税人发生应税行为,购买方索取增值税专用发票的,可以向主管税务机关申请代开。

第五十五条　纳税人增值税的征收管理,按照本办法和《中华人民共和国税收征收管理法》及现行增值税征收管理有关规定执行。

附:销售服务、无形资产、不动产注释

附

销售服务、无形资产、不动产注释

一、销售服务

销售服务,是指提供交通运输服务、邮政服务、电信服务、建筑服务、金融服务、现代服务、生活服务。

(一)交通运输服务。

交通运输服务,是指利用运输工具将货物或者旅客送达目的地,使其空间位置得到转移的业务活动。包括陆路运输服务、水路运输服务、航空运输服务和管道运输服务。

1. 陆路运输服务。

陆路运输服务,是指通过陆路(地上或者地下)运送货物或者旅客的运输业务活动,包括铁路运输服务和其他陆路运输服务。

(1)铁路运输服务,是指通过铁路运送货物或者旅客的运输业务活动。

(2)其他陆路运输服务,是指铁路运输以外的陆路运输业务活动。包括公路运输、缆车运输、索道运输、地铁运输、城市轻轨运输等。

出租车公司向使用本公司自有出租车的出租车司机收取的管理费用,按照陆路运输服务缴纳增值税。

2. 水路运输服务。

水路运输服务,是指通过江、河、湖、川等天然、人工水道或者海洋航道运送货物或者旅客的运输业务活动。

水路运输的程租、期租业务,属于水路运输服务。

程租业务,是指运输企业为租船人完成某一特定航次的运输任务并收取租赁费的业务。

期租业务,是指运输企业将配备有操作人员的船舶承租给他人使用一定期限,承租期内听候承租方调遣,不论是否经营,均按天向承租方收取租赁费,发生的固定费用均由船东负担的业务。

3. 航空运输服务。

航空运输服务,是指通过空中航线运送货物或者旅客的运输业务活动。

航空运输的湿租业务,属于航空运输服务。

湿租业务,是指航空运输企业将配备有机组人员的飞机承租给他人使用一定期限,承租期内听候承租方调遣,不论是否经营,均按一定标准向承租方收取租赁费,发生的固定费用均由承租方承担的业务。

航天运输服务,按照航空运输服务缴纳增值税。

航天运输服务,是指利用火箭等载体将卫星、空间探测器等空间飞行器发射到空间轨道的业务活动。

4. 管道运输服务。

管道运输服务,是指通过管道设施输送气体、液体、固体物质的运输业务活动。

无运输工具承运业务,按照交通运输服务缴纳增值税。

无运输工具承运业务,是指经营者以承运人身份与托运人签订运输服务合同,收取运费并承担承运人责任,然后委托实际承运人完成运输服务的经营活动。

注释:《国家税务总局关于跨境应税行为免税备案等增值税问题的公告》(2017 年 8 月 14 日,国家税务总局公告 2017 年第 30 号)第二条规定:"纳税人以承运人身份与托运人签订运输服务合同,收取运费并承担承运人责任,然后委托实际承运人完成全部或部分运输服务时,自行采购并交给实际承运人使用的成品油和支付的道路、桥、闸通行费,同时符合下列条件的,其进项税额准予从销项税额中抵扣:

(一)成品油和道路、桥、闸通行费,应用于纳税人委托实际承运人完成的运输服务;

(二)取得的增值税扣税凭证符合现行规定。"

(二)邮政服务。

邮政服务,是指中国邮政集团公司及其所属邮政企业提供邮件寄递、邮政汇兑和机要通信等邮政基本服务的业务活动。包括邮政普遍服务、邮政特殊服务和其他邮政服务。

1. 邮政普遍服务。

邮政普遍服务,是指函件、包裹等邮件寄递,以及邮票发行、报刊发行和邮政汇兑等业务活动。

函件,是指信函、印刷品、邮资封片卡、无名址函件和邮政小包等。

包裹,是指按照封装上的名址递送给特定个人或者单位的独立封装的物品,其重量不超过五十千克,任何一边的尺寸不超过一百五十厘米,长、宽、高合计不超过三百厘米。

2. 邮政特殊服务。

邮政特殊服务,是指义务兵平常信函、机要通信、盲人读物和革命烈士遗物的寄递等业务活动。

3. 其他邮政服务。

其他邮政服务,是指邮册等邮品销售、邮政代理等业务活动。

（三）电信服务。

电信服务,是指利用有线、无线的电磁系统或者光电系统等各种通信网络资源,提供语音通话服务,传送、发射、接收或者应用图像、短信等电子数据和信息的业务活动。包括基础电信服务和增值电信服务。

1. 基础电信服务。

基础电信服务,是指利用固网、移动网、卫星、互联网,提供语音通话服务的业务活动,以及出租或者出售带宽、波长等网络元素的业务活动。

2. 增值电信服务。

增值电信服务,是指利用固网、移动网、卫星、互联网、有线电视网络,提供短信和彩信服务、电子数据和信息的传输及应用服务、互联网接入服务等业务活动。

卫星电视信号落地转接服务,按照增值电信服务缴纳增值税。

（四）建筑服务。

建筑服务,是指各类建筑物、构筑物及其附属设施的建造、修缮、装饰,线路、管道、设备、设施等的安装以及其他工程作业的业务活动。包括工程服务、安装服务、修缮服务、装饰服务和其他建筑服务。

1. 工程服务。

工程服务,是指新建、改建各种建筑物、构筑物的工程作业,包括与建筑物相连的各种设备或者支柱、操作平台的安装或者装设工程作业,以及各种窑炉和金属结构工程作业。

2. 安装服务。

安装服务,是指生产设备、动力设备、起重设备、运输设备、传动设备、医疗实验设备以及其他各种设备、设施的装配、安置工程作业,包括与被安装设备相连的工作台、梯子、栏杆的装设工程作业,以及被安装设备的绝缘、防腐、保温、油漆等工程作业。

固定电话、有线电视、宽带、水、电、燃气、暖气等经营者向用户收取的安装费、初装费、开户费、扩容费以及类似收费,按照安装服务缴纳增值税。

注释:《财政部　国家税务总局关于明确金融、房地产开发、教育辅助服务等增值税政策的通知》(2016 年 12 月 21 日,财税〔2016〕140 号)第十六条规定:"纳税人将建筑施工设备出租给他人使用并配备操作人员的,按照'建筑服务'缴纳增值税。"

3. 修缮服务。

修缮服务,是指对建筑物、构筑物进行修补、加固、养护、改善,使之恢复原来的使用价值或者延长其使用期限的工程作业。

4. 装饰服务。

装饰服务,是指对建筑物、构筑物进行修饰装修,使之美观或者具有特定用途的工程作业。

注释:财税〔2016〕140 号文件第十五条规定:"物业服务企业为业主提供的装修服务,按照'建筑服务'缴纳增值税。"

其他建筑服务,是指上列工程作业之外的各种工程作业服务,如钻井(打井)、拆除建筑物或者构筑物、平整土地、园林绿化、疏浚(不包括航道疏浚)、建筑物平移、搭脚手架、爆破、矿山穿孔、表面附着物(包括岩层、土层、沙层等)剥离和清理等工程作业。

（五）金融服务。

金融服务，是指经营金融保险的业务活动。包括贷款服务、直接收费金融服务、保险服务和金融商品转让。

1. 贷款服务。

贷款，是指将资金贷与他人使用而取得利息收入的业务活动。

各种占用、拆借资金取得的收入，包括金融商品持有期间(含到期)利息(保本收益、报酬、资金占用费、补偿金等)收入、信用卡透支利息收入、买入返售金融商品利息收入、融资融券收取的利息收入，以及融资性售后回租、押汇、罚息、票据贴现、转贷等业务取得的利息及利息性质的收入，按照贷款服务缴纳增值税。

融资性售后回租，是指承租方以融资为目的，将资产出售给从事融资性售后回租业务的企业后，从事融资性售后回租业务的企业将该资产出租给承租方的业务活动。

以货币资金投资收取的固定利润或者保底利润，按照贷款服务缴纳增值税。

注释： 财税〔2016〕140 号文件第一条规定："一、《销售服务、无形资产、不动产注释》(财税〔2016〕36 号)第一条第(五)项第 1 点所称'保本收益、报酬、资金占用费、补偿金'，是指合同中明确承诺到期本金可全部收回的投资收益。金融商品持有期间(含到期)取得的非保本的上述收益，不属于利息或利息性质的收入，不征收增值税。"

2. 直接收费金融服务。

直接收费金融服务，是指为货币资金融通及其他金融业务提供相关服务并且收取费用的业务活动。包括提供货币兑换、账户管理、电子银行、信用卡、信用证、财务担保、资产管理、信托管理、基金管理、金融交易场所(平台)管理、资金结算、资金清算、金融支付等服务。

3. 保险服务。

保险服务，是指投保人根据合同约定，向保险人支付保险费，保险人对于合同约定的可能发生的事故因其发生所造成的财产损失承担赔偿保险金责任，或者当被保险人死亡、伤残、疾病或者达到合同约定的年龄、期限等条件时承担给付保险金责任的商业保险行为。包括人身保险服务和财产保险服务。

人身保险服务，是指以人的寿命和身体为保险标的的保险业务活动。

财产保险服务，是指以财产及其有关利益为保险标的的保险业务活动。

4. 金融商品转让。

金融商品转让，是指转让外汇、有价证券、非货物期货和其他金融商品所有权的业务活动。

其他金融商品转让包括基金、信托、理财产品等各类资产管理产品和各种金融衍生品的转让。

注释： 财税〔2016〕140 号文件第二条规定："纳税人购入基金、信托、理财产品等各类资产管理产品持有至到期，不属于《销售服务、无形资产、不动产注释》(财税〔2016〕36 号)第一条第(五)项第 4 点所称的金融商品转让。"

（六）现代服务。

现代服务，是指围绕制造业、文化产业、现代物流产业等提供技术性、知识性服务的业务活动。包括研发和技术服务、信息技术服务、文化创意服务、物流辅助服务、租赁服务、鉴证咨询服务、广播影视服务、商务辅助服务和其他现代服务。

1. 研发和技术服务。

研发和技术服务,包括研发服务、合同能源管理服务、工程勘察勘探服务、专业技术服务。

(1)研发服务,也称技术开发服务,是指就新技术、新产品、新工艺或者新材料及其系统进行研究与试验开发的业务活动。

(2)合同能源管理服务,是指节能服务公司与用能单位以契约形式约定节能目标,节能服务公司提供必要的服务,用能单位以节能效果支付节能服务公司投入及其合理报酬的业务活动。

(3)工程勘察勘探服务,是指在采矿、工程施工前后,对地形、地质构造、地下资源蕴藏情况进行实地调查的业务活动。

(4)专业技术服务,是指气象服务、地震服务、海洋服务、测绘服务、城市规划、环境与生态监测服务等专项技术服务。

2. 信息技术服务。

信息技术服务,是指利用计算机、通信网络等技术对信息进行生产、收集、处理、加工、存储、运输、检索和利用,并提供信息服务的业务活动。包括软件服务、电路设计及测试服务、信息系统服务、业务流程管理服务和信息系统增值服务。

(1)软件服务,是指提供软件开发服务、软件维护服务、软件测试服务的业务活动。

(2)电路设计及测试服务,是指提供集成电路和电子电路产品设计、测试及相关技术支持服务的业务活动。

(3)信息系统服务,是指提供信息系统集成、网络管理、网站内容维护、桌面管理与维护、信息系统应用、基础信息技术管理平台整合、信息技术基础设施管理、数据中心、托管中心、信息安全服务、在线杀毒、虚拟主机等业务活动。包括网站对非自有的网络游戏提供的网络运营服务。

(4)业务流程管理服务,是指依托信息技术提供的人力资源管理、财务经济管理、审计管理、税务管理、物流信息管理、经营信息管理和呼叫中心等服务的活动。

(5)信息系统增值服务,是指利用信息系统资源为用户附加提供的信息技术服务。包括数据处理、分析和整合、数据库管理、数据备份、数据存储、容灾服务、电子商务平台等。

3. 文化创意服务。

文化创意服务,包括设计服务、知识产权服务、广告服务和会议展览服务。

(1)设计服务,是指把计划、规划、设想通过文字、语言、图画、声音、视觉等形式传递出来的业务活动。包括工业设计、内部管理设计、业务运作设计、供应链设计、造型设计、服装设计、环境设计、平面设计、包装设计、动漫设计、网游设计、展示设计、网站设计、机械设计、工程设计、广告设计、创意策划、文印晒图等。

(2)知识产权服务,是指处理知识产权事务的业务活动。包括对专利、商标、著作权、软件、集成电路布图设计的登记、鉴定、评估、认证、检索服务。

(3)广告服务,是指利用图书、报纸、杂志、广播、电视、电影、幻灯、路牌、招贴、橱窗、霓虹灯、灯箱、互联网等各种形式为客户的商品、经营服务项目、文体节目或者通告、声明等委托事项进行宣传和提供相关服务的业务活动。包括广告代理和广告的发布、播映、宣传、展示等。

(4)会议展览服务,是指为商品流通、促销、展示、经贸洽谈、民间交流、企业沟通、国际往来等举办或者组织安排的各类展览和会议的业务活动。

注释：财税〔2016〕140号文件第十条规定："宾馆、旅馆、旅社、度假村和其他经营性住宿场所提供会议场地及配套服务的活动,按照'会议展览服务'缴纳增值税。"

4. 物流辅助服务。

物流辅助服务,包括航空服务、港口码头服务、货运客运场站服务、打捞救助服务、装卸搬运服务、仓储服务和收派服务。

(1)航空服务,包括航空地面服务和通用航空服务。

航空地面服务,是指航空公司、飞机场、民航管理局、航站等向在境内航行或者在境内机场停留的境内外飞机或者其他飞行器提供的导航等劳务性地面服务的业务活动。包括旅客安全检查服务、停机坪管理服务、机场候机厅管理服务、飞机清洗消毒服务、空中飞行管理服务、飞机起降服务、飞行通讯服务、地面信号服务、飞机安全服务、飞机跑道管理服务、空中交通管理服务等。

通用航空服务,是指为专业工作提供飞行服务的业务活动,包括航空摄影、航空培训、航空测量、航空勘探、航空护林、航空吊挂播洒、航空降雨、航空气象探测、航空海洋监测、航空科学实验等。

(2)港口码头服务,是指港务船舶调度服务、船舶通讯服务、航道管理服务、航道疏浚服务、灯塔管理服务、航标管理服务、船舶引航服务、理货服务、系解缆服务、停泊和移泊服务、海上船舶溢油清除服务、水上交通管理服务、船只专业清洗消毒检测服务和防止船只漏油服务等为船只提供服务的业务活动。

港口设施经营人收取的港口设施保安费按照港口码头服务缴纳增值税。

(3)货运客运场站服务,是指货运客运场站提供货物配载服务、运输组织服务、中转换乘服务、车辆调度服务、票务服务、货物打包整理、铁路线路使用服务、加挂铁路客车服务、铁路行包专列发送服务、铁路到达和中转服务、铁路车辆编解服务、车辆挂运服务、铁路接触网服务、铁路机车牵引服务等业务活动。

(4)打捞救助服务,是指提供船舶人员救助、船舶财产救助、水上救助和沉船沉物打捞服务的业务活动。

(5)装卸搬运服务,是指使用装卸搬运工具或者人力、畜力将货物在运输工具之间、装卸现场之间或者运输工具与装卸现场之间进行装卸和搬运的业务活动。

(6)仓储服务,是指利用仓库、货场或者其他场所代客贮放、保管货物的业务活动。

(7)收派服务,是指接受寄件人委托,在承诺的时限内完成函件和包裹的收件、分拣、派送服务的业务活动。

收件服务,是指从寄件人收取函件和包裹,并运送到服务提供方同城的集散中心的业务活动。

分拣服务,是指服务提供方在其集散中心对函件和包裹进行归类、分发的业务活动。

派送服务,是指服务提供方从其集散中心将函件和包裹送达同城的收件人的业务活动。

5. 租赁服务。

租赁服务,包括融资租赁服务和经营租赁服务。

(1)融资租赁服务,是指具有融资性质和所有权转移特点的租赁活动。即出租人根据承租人所要求的规格、型号、性能等条件购入有形动产或者不动产租赁给承租人,合同期内租赁物所有权属于出租人,承租人只拥有使用权,合同期满付清租金后,承租人有权按照残值购入租赁物,以拥有其所有权。不论出租人是否将租赁物销售给承租人,均属于融资租赁。

按照标的物的不同,融资租赁服务可分为有形动产融资租赁服务和不动产融资租赁服务。

融资性售后回租不按照本税目缴纳增值税。

(2) 经营租赁服务,是指在约定时间内将有形动产或者不动产转让他人使用且租赁物所有权不变更的业务活动。

按照标的物的不同,经营租赁服务可分为有形动产经营租赁服务和不动产经营租赁服务。

注释:《财政部 国家税务总局关于进一步明确全面推开营改增试点有关劳务派遣服务、收费公路通行费抵扣等政策的通知》(2016 年 4 月 30 日,财税〔2016〕47 号)第三条第(二)款第一项规定:"纳税人以经营租赁方式将土地出租给他人使用,按照不动产经营租赁服务缴纳增值税。"

将建筑物、构筑物等不动产或者飞机、车辆等有形动产的广告位出租给其他单位或者个人用于发布广告,按照经营租赁服务缴纳增值税。

车辆停放服务、道路通行服务(包括过路费、过桥费、过闸费等)等按照不动产经营租赁服务缴纳增值税。

水路运输的光租业务、航空运输的干租业务,属于经营租赁。

光租业务,是指运输企业将船舶在约定的时间内出租给他人使用,不配备操作人员,不承担运输过程中发生的各项费用,只收取固定租赁费的业务活动。

干租业务,是指航空运输企业将飞机在约定的时间内出租给他人使用,不配备机组人员,不承担运输过程中发生的各项费用,只收取固定租赁费的业务活动。

6. 鉴证咨询服务。

鉴证咨询服务,包括认证服务、鉴证服务和咨询服务。

(1) 认证服务,是指具有专业资质的单位利用检测、检验、计量等技术,证明产品、服务、管理体系符合相关技术规范、相关技术规范的强制性要求或者标准的业务活动。

(2) 鉴证服务,是指具有专业资质的单位受托对相关事项进行鉴证,发表具有证明力的意见的业务活动。包括会计鉴证、税务鉴证、法律鉴证、职业技能鉴定、工程造价鉴证、工程监理、资产评估、环境评估、房地产土地评估、建筑图纸审核、医疗事故鉴定等。

(3) 咨询服务,是指提供信息、建议、策划、顾问等服务的活动。包括金融、软件、技术、财务、税收、法律、内部管理、业务运作、流程管理、健康等方面的咨询。

翻译服务和市场调查服务按照咨询服务缴纳增值税。

7. 广播影视服务。

广播影视服务,包括广播影视节目(作品)的制作服务、发行服务和播映(含放映,下同)服务。

(1) 广播影视节目(作品)制作服务,是指进行专题(特别节目)、专栏、综艺、体育、动画片、广播剧、电视剧、电影等广播影视节目和作品制作的服务。具体包括与广播影视节目和作品相关的策划、采编、拍摄、录音、音视频文字图片素材制作、场景布置、后期的剪辑、翻译(编译)、字幕制作、片头、片尾、片花制作、特效制作、影片修复、编目和确权等业务活动。

(2) 广播影视节目(作品)发行服务,是指以分账、买断、委托等方式,向影院、电台、电视台、网站等单位和个人发行广播影视节目(作品)以及转让体育赛事等活动的报道及播映权的业务活动。

(3) 广播影视节目(作品)播映服务,是指在影院、剧院、录像厅及其他场所播映广播影视节目(作品),以及通过电台、电视台、卫星通信、互联网、有线电视等无线或者有线装置播映广播影视节目(作品)的业务活动。

8. 商务辅助服务。

商务辅助服务,包括企业管理服务、经纪代理服务、人力资源服务、安全保护服务。

(1) 企业管理服务,是指提供总部管理、投资与资产管理、市场管理、物业管理、日常综合管理等服务的业务活动。

(2) 经纪代理服务,是指各类经纪、中介、代理服务。包括金融代理、知识产权代理、货物运输代理、代理报关、法律代理、房地产中介、职业中介、婚姻中介、代理记账、拍卖等。

货物运输代理服务,是指接受货物收货人、发货人、船舶所有人、船舶承租人或者船舶经营人的委托,以委托人的名义,为委托人办理货物运输、装卸、仓储和船舶进出港口、引航、靠泊等相关手续的业务活动。

代理报关服务,是指接受进出口货物的收、发货人委托,代为办理报关手续的业务活动。

(3) 人力资源服务,是指提供公共就业、劳务派遣、人才委托招聘、劳动力外包等服务的业务活动。

(4) 安全保护服务,是指提供保护人身安全和财产安全,维护社会治安等的业务活动。包括场所住宅保安、特种保安、安全系统监控以及其他安保服务。

注释: 财税〔2016〕140号文件第十四条规定:"纳税人提供武装守护押运服务,按照'安全保护服务'缴纳增值税。"

9. 其他现代服务。

其他现代服务,是指除研发和技术服务、信息技术服务、文化创意服务、物流辅助服务、租赁服务、鉴证咨询服务、广播影视服务和商务辅助服务以外的现代服务。

注释1:《国家税务总局关于进一步明确营改增有关征管问题的公告》(2017年4月20日,国家税务总局公告2017年第11号)第四条第二款规定:"纳税人对安装运行后的电梯提供的维护保养服务,按照'其他现代服务'缴纳增值税。"

注释2:《国家税务总局关于明确中外合作办学等若干增值税征管问题的公告》(2018年7月25日,国家税务总局公告2018年第42号)第六条第三款规定:"纳税人对安装运行后的机器设备提供的维护保养服务,按照'其他现代服务'缴纳增值税。"

(七) 生活服务。

生活服务,是指为满足城乡居民日常生活需求提供的各类服务活动。包括文化体育服务、教育医疗服务、旅游娱乐服务、餐饮住宿服务、居民日常服务和其他生活服务。

1. 文化体育服务。

文化体育服务,包括文化服务和体育服务。

(1) 文化服务,是指为满足社会公众文化生活需求提供的各种服务。包括:文艺创作、文艺表演、文化比赛,图书馆的图书和资料借阅,档案馆的档案管理,文物及非物质遗产保护,组织举办宗教活动、科技活动、文化活动,提供游览场所。

(2) 体育服务,是指组织举办体育比赛、体育表演、体育活动,以及提供体育训练、体育指导、体育管理的业务活动。

注释: 财税〔2016〕140号文件第十一条规定:"纳税人在游览场所经营索道、摆渡车、电瓶车、游船等取得的收入,按照'文化体育服务'缴纳增值税。"

2. 教育医疗服务。

教育医疗服务,包括教育服务和医疗服务。

(1) 教育服务,是指提供学历教育服务、非学历教育服务、教育辅助服务的业务活动。

学历教育服务,是指根据教育行政管理部门确定或者认可的招生和教学计划组织教学,并颁发相应学历证书的业务活动。包括初等教育、初级中等教育、高级中等教育、高等教育等。

非学历教育服务,包括学前教育、各类培训、演讲、讲座、报告会等。

教育辅助服务,包括教育测评、考试、招生等服务。

(2) 医疗服务,是指提供医学检查、诊断、治疗、康复、预防、保健、接生、计划生育、防疫服务等方面的服务,以及与这些服务有关的提供药品、医用材料器具、救护车、病房住宿和伙食的业务。

3. 旅游娱乐服务。

旅游娱乐服务,包括旅游服务和娱乐服务。

(1) 旅游服务,是指根据旅游者的要求,组织安排交通、游览、住宿、餐饮、购物、文娱、商务等服务的业务活动。

(2) 娱乐服务,是指为娱乐活动同时提供场所和服务的业务。

具体包括:歌厅、舞厅、夜总会、酒吧、台球、高尔夫球、保龄球、游艺(包括射击、狩猎、跑马、游戏机、蹦极、卡丁车、热气球、动力伞、射箭、飞镖)。

4. 餐饮住宿服务。

餐饮住宿服务,包括餐饮服务和住宿服务。

(1) 餐饮服务,是指通过同时提供饮食和饮食场所的方式为消费者提供饮食消费服务的业务活动。

注释: 财税〔2016〕140 号文件第九条规定:"提供餐饮服务的纳税人销售的外卖食品,按照'餐饮服务'缴纳增值税。"

(2) 住宿服务,是指提供住宿场所及配套服务等的活动。包括宾馆、旅馆、旅社、度假村和其他经营性住宿场所提供的住宿服务。

注释:《国家税务总局关于在境外提供建筑服务等有关问题的公告》(2016 年 11 月 4 日,国家税务总局公告 2016 年第 69 号)第五条规定:"纳税人以长(短)租形式出租酒店式公寓并提供配套服务的,按照住宿服务缴纳增值税。"

5. 居民日常服务。

居民日常服务,是指主要为满足居民个人及其家庭日常生活需求提供的服务,包括市容市政管理、家政、婚庆、养老、殡葬、照料和护理、救助救济、美容美发、按摩、桑拿、氧吧、足疗、沐浴、洗染、摄影扩印等服务。

6. 其他生活服务。

其他生活服务,是指除文化体育服务、教育医疗服务、旅游娱乐服务、餐饮住宿服务和居民日常服务之外的生活服务。

二、销售无形资产

销售无形资产,是指转让无形资产所有权或者使用权的业务活动。无形资产,是指不具实物形态,但能带来经济利益的资产,包括技术、商标、著作权、商誉、自然资源使用权和其他权益性无形资产。

技术,包括专利技术和非专利技术。

自然资源使用权,包括土地使用权、海域使用权、探矿权、采矿权、取水权和其他自然资源使用权。

其他权益性无形资产,包括基础设施资产经营权、公共事业特许权、配额、经营权(包括特许经营权、连锁经营权、其他经营权)、经销权、分销权、代理权、会员权、席位权、网络游戏虚拟道具、域名、名称权、肖像权、冠名权、转会费等。

三、销售不动产

销售不动产,是指转让不动产所有权的业务活动。不动产,是指不能移动或者移动后会引起性质、形状改变的财产,包括建筑物、构筑物等。

建筑物,包括住宅、商业营业用房、办公楼等可供居住、工作或者进行其他活动的建造物。

构筑物,包括道路、桥梁、隧道、水坝等建造物。

转让建筑物有限产权或者永久使用权的,转让在建的建筑物或者构筑物所有权的,以及在转让建筑物或者构筑物时一并转让其所占土地的使用权的,按照销售不动产缴纳增值税。

附件2
营业税改征增值税试点有关事项的规定

一、营改增试点期间,试点纳税人[指按照《营业税改征增值税试点实施办法》(以下称《试点实施办法》)缴纳增值税的纳税人]有关政策

(一)兼营。

试点纳税人销售货物、加工修理修配劳务、服务、无形资产或者不动产适用不同税率或者征收率的,应当分别核算适用不同税率或者征收率的销售额,未分别核算销售额的,按照以下方法适用税率或者征收率:

1. 兼有不同税率的销售货物、加工修理修配劳务、服务、无形资产或者不动产,从高适用税率。

2. 兼有不同征收率的销售货物、加工修理修配劳务、服务、无形资产或者不动产,从高适用征收率。

3. 兼有不同税率和征收率的销售货物、加工修理修配劳务、服务、无形资产或者不动产,从高适用税率。

(二)不征收增值税项目。

1. 根据国家指令无偿提供的铁路运输服务、航空运输服务,属于《试点实施办法》第十四条规定的用于公益事业的服务。

2. 存款利息。

3. 被保险人获得的保险赔付。

4. 房地产主管部门或者其指定机构、公积金管理中心、开发企业以及物业管理单位代收的住宅专项维修资金。

5. 在资产重组过程中,通过合并、分立、出售、置换等方式,将全部或者部分实物资产以及与其相关联的债权、负债和劳动力一并转让给其他单位和个人,其中涉及的不动产、土地使

用权转让行为。

注释：《财政部　国家税务总局关于进一步明确全面推开营改增试点有关再保险不动产租赁和非学历教育等政策的通知》（2016 年 6 月 18 日，财税〔2016〕68 号）第五条规定："各党派、共青团、工会、妇联、中科协、青联、台联、侨联收取党费、团费、会费，以及政府间国际组织收取会费，属于非经营活动，不征收增值税。"

（三）销售额。

1. 贷款服务，以提供贷款服务取得的全部利息及利息性质的收入为销售额。

2. 直接收费金融服务，以提供直接收费金融服务收取的手续费、佣金、酬金、管理费、服务费、经手费、开户费、过户费、结算费、转托管费等各类费用为销售额。

3. 金融商品转让，按照卖出价扣除买入价后的余额为销售额。

转让金融商品出现的正负差，按盈亏相抵后的余额为销售额。若相抵后出现负差，可结转下一纳税期与下期转让金融商品销售额相抵，但年末时仍出现负差的，不得转入下一个会计年度。

注释：财税〔2016〕140 号文件第五条规定："纳税人 2016 年 1～4 月份转让金融商品出现的负差，可结转下一纳税期，与 2016 年 5～12 月份转让金融商品销售额相抵。"

金融商品的买入价，可以选择按照加权平均法或者移动加权平均法进行核算，选择后 36 个月内不得变更。

注释：《国家税务总局关于营改增试点若干征管问题的公告》（2016 年 8 月 18 日，国家税务总局公告 2016 年第 53 号）第五条规定："单位将其持有的限售股在解禁流通后对外转让的，按照以下规定确定买入价：

（一）上市公司实施股权分置改革时，在股票复牌之前形成的原非流通股股份，以及股票复牌首日至解禁日期间由上述股份孳生的送、转股，以该上市公司完成股权分置改革后股票复牌首日的开盘价为买入价。

（二）公司首次公开发行股票并上市形成的限售股，以及上市首日至解禁日期间由上述股份孳生的送、转股，以该上市公司股票首次公开发行(ipo)的发行价为买入价。

（三）因上市公司实施重大资产重组形成的限售股，以及股票复牌首日至解禁日期间由上述股份孳生的送、转股，以该上市公司因重大资产重组股票停牌前一交易日的收盘价为买入价。"

金融商品转让，不得开具增值税专用发票。

4. 经纪代理服务，以取得的全部价款和价外费用，扣除向委托方收取并代为支付的政府性基金或者行政事业性收费后的余额为销售额。向委托方收取的政府性基金或者行政事业性收费，不得开具增值税专用发票。

注释 1：《国家税务总局关于在境外提供建筑服务等有关问题的公告》（2016 年 11 月 4 日，国家税务总局公告 2016 年第 69 号）第八条规定："纳税人代理进口按规定免征进口增值税的货物，其销售额不包括向委托方收取并代为支付的货款。向委托方收取并代为支付的款项，不得开具增值税专用发票，可以开具增值税普通发票。"

注释 2：财税〔2016〕47 号文件第三条第一款第一项规定："纳税人提供人力资源外包服务，按照经纪代理服务缴纳增值税，其销售额不包括受客户单位委托为向客户单位员工发放的工资和代理缴纳的社会保险、住房公积金。向委托方收取并代为发放的工资和代理缴纳的社会保险、住房公积金,不得开具增值税专用发票,可以开具普通发票。"

5. 融资租赁和融资性售后回租业务。

注释:财税〔2016〕140 号文件第六条规定:"《财政部 国家税务总局关于全面推开营业税改征增值税试点的通知》(财税〔2016〕36 号)所称'人民银行、银监会或者商务部批准'、'商务部授权的省级商务主管部门和国家经济技术开发区批准'从事融资租赁业务(含融资性售后回租业务)的试点纳税人(含试点纳税人中的一般纳税人),包括经上述部门备案从事融资租赁业务的试点纳税人。"

(1) 经人民银行、银监会或者商务部批准从事融资租赁业务的试点纳税人,提供融资租赁服务,以取得的全部价款和价外费用,扣除支付的借款利息(包括外汇借款和人民币借款利息)、发行债券利息和车辆购置税后的余额为销售额。

(2) 经人民银行、银监会或者商务部批准从事融资租赁业务的试点纳税人,提供融资性售后回租服务,以取得的全部价款和价外费用(不含本金),扣除对外支付的借款利息(包括外汇借款和人民币借款利息)、发行债券利息后的余额作为销售额。

(3) 试点纳税人根据 2016 年 4 月 30 日前签订的有形动产融资性售后回租合同,在合同到期前提供的有形动产融资性售后回租服务,可继续按照有形动产融资租赁服务缴纳增值税。

继续按照有形动产融资租赁服务缴纳增值税的试点纳税人,经人民银行、银监会或者商务部批准从事融资租赁业务的,根据 2016 年 4 月 30 日前签订的有形动产融资性售后回租合同,在合同到期前提供的有形动产融资性售后回租服务,可以选择以下方法之一计算销售额:

① 以向承租方收取的全部价款和价外费用,扣除向承租方收取的价款本金,以及对外支付的借款利息(包括外汇借款和人民币借款利息)、发行债券利息后的余额为销售额。

纳税人提供有形动产融资性售后回租服务,计算当期销售额时可以扣除的价款本金,为书面合同约定的当期应当收取的本金。无书面合同或者书面合同没有约定的,为当期实际收取的本金。

试点纳税人提供有形动产融资性售后回租服务,向承租方收取的有形动产价款本金,不得开具增值税专用发票,可以开具普通发票。

② 以向承租方收取的全部价款和价外费用,扣除支付的借款利息(包括外汇借款和人民币借款利息)、发行债券利息后的余额为销售额。

(4) 经商务部授权的省级商务主管部门和国家经济技术开发区批准的从事融资租赁业务的试点纳税人,2016 年 5 月 1 日后实收资本达到 1.7 亿元的,从达到标准的当月起按照上述第(1)、(2)、(3)点规定执行;2016 年 5 月 1 日后实收资本未达到 1.7 亿元但注册资本达到 1.7 亿元的,在 2016 年 7 月 31 日前仍可按照上述第(1)、(2)、(3)点规定执行,2016 年 8 月 1 日后开展的融资租赁业务和融资性售后回租业务不得按照上述第(1)、(2)、(3)点规定执行。

6. 航空运输企业的销售额,不包括代收的机场建设费和代售其他航空运输企业客票而代收转付的价款。

7. 试点纳税人中的一般纳税人(以下称一般纳税人)提供客运场站服务,以其取得的全部价款和价外费用,扣除支付给承运方运费后的余额为销售额。

8. 试点纳税人提供旅游服务,可以选择以取得的全部价款和价外费用,扣除向旅游服务购买方收取并支付给其他单位或者个人的住宿费、餐饮费、交通费、签证费、门票费和支付给其他接团旅游企业的旅游费用后的余额为销售额。

选择上述办法计算销售额的试点纳税人,向旅游服务购买方收取并支付的上述费用,不得开具增值税专用发票,可以开具普通发票。

注释:《国家税务总局关于在境外提供建筑服务等有关问题的公告》(2016 年 11 月 4 日,国家税务总局公告 2016 年第 69 号)第九条规定:"纳税人提供旅游服务,将火车票、飞机票等交通费发票原件交付给旅游服务购买方而无法收回的,以交通费发票复印件作为差额扣除凭证。"

9. 试点纳税人提供建筑服务适用简易计税方法的,以取得的全部价款和价外费用扣除支付的分包款后的余额为销售额。

10. 房地产开发企业中的一般纳税人销售其开发的房地产项目(选择简易计税方法的房地产老项目除外),以取得的全部价款和价外费用,扣除受让土地时向政府部门支付的土地价款后的余额为销售额。

房地产老项目,是指《建筑工程施工许可证》注明的合同开工日期在 2016 年 4 月 30 日前的房地产项目。

注释:财税〔2016〕140 号文件第七条规定:"《营业税改征增值税试点有关事项的规定》(财税〔2016〕36 号)第一条第(三)项第 10 点中'向政府部门支付的土地价款',包括土地受让人向政府部门支付的征地和拆迁补偿费用、土地前期开发费用和土地出让收益等。

房地产开发企业中的一般纳税人销售其开发的房地产项目(选择简易计税方法的房地产老项目除外),在取得土地时向其他单位或个人支付的拆迁补偿费用也允许在计算销售额时扣除。纳税人按上述规定扣除拆迁补偿费用时,应提供拆迁协议、拆迁双方支付和取得拆迁补偿费用凭证等能够证明拆迁补偿费用真实性的材料。"

11. 试点纳税人按照上述 4~10 款的规定从全部价款和价外费用中扣除的价款,应当取得符合法律、行政法规和国家税务总局规定的有效凭证。否则,不得扣除。

上述凭证是指:

(1) 支付给境内单位或者个人的款项,以发票为合法有效凭证。

(2) 支付给境外单位或者个人的款项,以该单位或者个人的签收单据为合法有效凭证,税务机关对签收单据有疑义的,可以要求其提供境外公证机构的确认证明。

(3) 缴纳的税款,以完税凭证为合法有效凭证。

(4) 扣除的政府性基金、行政事业性收费或者向政府支付的土地价款,以省级以上(含省级)财政部门监(印)制的财政票据为合法有效凭证。

(5) 国家税务总局规定的其他凭证。

纳税人取得的上述凭证属于增值税扣税凭证的,其进项税额不得从销项税额中抵扣。

注释 1:财税〔2016〕47 号文件第一条规定:"劳务派遣服务政策

一般纳税人提供劳务派遣服务,可以按照《财政部　国家税务总局关于全面推开营业税改征增值税试点的通知》(财税〔2016〕36 号)的有关规定,以取得的全部价款和价外费用为销售额,按照一般计税方法计算缴纳增值税;也可以选择差额纳税,以取得的全部价款和价外费用,扣除代用工单位支付给劳务派遣员工的工资、福利和为其办理社会保险及住房公积金后的余额为销售额,按照简易计税方法依 5% 的征收率计算缴纳增值税。

小规模纳税人提供劳务派遣服务,可以按照《财政部　国家税务总局关于全面推开营业税改征增值税试点的通知》(财税〔2016〕36 号)的有关规定,以取得的全部价款和价外费用为销售额,按照简易计税方法依3%的征收率计算缴纳增值税;也可以选择差额纳税,以取得的全部价款和价外费用,扣除代用工单位支付给劳务派遣员工的工资、福利和为其办理社会保险及住房公积金后的余额为销售额,按照简易计税方法依5%的征收率计算缴纳增值税。

选择差额纳税的纳税人,向用工单位收取用于支付给劳务派遣员工工资、福利和为其办理社会保险及住房公积金的费用,不得开具增值税专用发票,可以开具普通发票。

劳务派遣服务,是指劳务派遣公司为了满足用工单位对于各类灵活用工的需求,将员工派遣至用工单位,接受用工单位管理并为其工作的服务。"

注释2:《财政部 国家税务总局关于进一步明确全面推开营改增试点有关再保险不动产租赁和非学历教育等政策的通知》(2016年6月18日,财税〔2016〕68号)第四条规定:"纳税人提供安全保护服务,比照劳务派遣服务政策执行。"

注释3:《国家税务总局关于在境外提供建筑服务等有关问题的公告》(2016年11月4日,国家税务总局公告2016年第69号)第六条规定:"境外单位通过教育部考试中心及其直属单位在境内开展考试,教育部考试中心及其直属单位应以取得的考试费收入扣除支付给境外单位考试费后的余额为销售额,按提供'教育辅助服务'缴纳增值税;就代为收取并支付给境外单位的考试费统一扣缴增值税。教育部考试中心及其直属单位代为收取并支付给境外单位的考试费,不得开具增值税专用发票,可以开具增值税普通发票。"

注释4:《国家税务总局关于在境外提供建筑服务等有关问题的公告》(2016年11月4日,国家税务总局公告2016年第69号)第七条规定:"纳税人提供签证代理服务,以取得的全部价款和价外费用,扣除向服务接受方收取并代为支付给外交部和外国驻华使(领)馆的签证费、认证费后的余额为销售额。向服务接受方收取并代为支付的签证费、认证费,不得开具增值税专用发票,可以开具增值税普通发票。"

注释5:财税〔2016〕140号文件第八条规定:"房地产开发企业(包括多个房地产开发企业组成的联合体)受让土地向政府部门支付土地价款后,设立项目公司对该受让土地进行开发,同时符合下列条件的,可由项目公司按规定扣除房地产开发企业向政府部门支付的土地价款。

(一)房地产开发企业、项目公司、政府部门三方签订变更协议或补充合同,将土地受让人变更为项目公司;

(二)政府部门出让土地的用途、规划等条件不变的情况下,签署变更协议或补充合同时,土地价款总额不变;

(三)项目公司的全部股权由受让土地的房地产开发企业持有。"

注释6:《国家税务总局关于土地价款扣除时间等增值税征管问题的公告》(2016年12月24日,国家税务总局公告2016年第86号)第一条规定:"房地产开发企业向政府部门支付的土地价款,以及向其他单位或个人支付的拆迁补偿费用,按照财税〔2016〕140号文件第七、八条规定,允许在计算销售额时扣除但未扣除的,从2016年12月份(税款所属期)起按照现行规定计算扣除。"

(四)进项税额。

1.适用一般计税方法的试点纳税人,2016年5月1日后取得并在会计制度上按固定资产核算的不动产或者2016年5月1日后取得的不动产在建工程,其进项税额应自取得之日起分2年从销项税额中抵扣,第一年抵扣比例为60%,第二年抵扣比例为40%。

取得不动产,包括以直接购买、接受捐赠、接受投资入股、自建以及抵债等各种形式取得不动产,不包括房地产开发企业自行开发的房地产项目。

融资租入的不动产以及在施工现场修建的临时建筑物、构筑物，其进项税额不适用上述分2年抵扣的规定。

注释：《财政部 税务总局 海关总署关于深化增值税改革有关政策的公告》（2019年3月20日，财政部 国家税务总局 海关总署公告2019年第39号）第五条规定："自2019年4月1日起，《营业税改征增值税试点有关事项的规定》（财税〔2016〕36号印发）第一条第（四）项第1点、第二条第（一）项第1点停止执行，纳税人取得不动产或者不动产在建工程的进项税额不再分2年抵扣。此前按照上述规定尚未抵扣完毕的待抵扣进项税额，可自2019年4月税款所属期起从销项税额中抵扣。"

2. 按照《试点实施办法》第二十七条第（一）项规定不得抵扣且未抵扣进项税额的固定资产、无形资产、不动产，发生用途改变，用于允许抵扣进项税额的应税项目，可在用途改变的次月按照下列公式计算可以抵扣的进项税额：

可以抵扣的进项税额＝固定资产、无形资产、不动产净值/（1＋适用税率）×适用税率

上述可以抵扣的进项税额应取得合法有效的增值税扣税凭证。

注释1：《财政部 国家税务总局关于收费公路通行费增值税抵扣有关问题的通知》（财税〔2016〕86号）第一条规定："增值税一般纳税人支付的道路、桥、闸通行费，暂凭取得的通行费发票（不含财政票据，下同）上注明的收费金额按照下列公式计算可抵扣的进项税额：

高速公路通行费可抵扣进项税额＝高速公路通行费发票上注明的金额÷（1＋3%）×3%。

一级公路、二级公路、桥、闸通行费可抵扣进项税额＝一级公路、二级公路、桥、闸通行费发票上注明的金额÷（1＋5%）×5%。

通行费，是指有关单位依法或者依规设立并收取的过路、过桥和过闸费用。"

注释2：《国家税务总局关于明确营改增试点若干征管问题的公告》（2016年4月26日，国家税务总局公告2016年第26号）第一条规定："餐饮行业增值税一般纳税人购进农业生产者自产农产品，可以使用国税机关监制的农产品收购发票，按照现行规定计算抵扣进项税额。

有条件的地区，应积极在餐饮行业推行农产品进项税额核定扣除办法，按照《财政部 国家税务总局关于在部分行业试行农产品增值税进项税额核定扣除办法的通知》（财税〔2012〕38号）有关规定计算抵扣进项税额。"

3. 纳税人接受贷款服务向贷款方支付的与该笔贷款直接相关的投融资顾问费、手续费、咨询费等费用，其进项税额不得从销项税额中抵扣。

（五）一般纳税人资格登记。

《试点实施办法》第三条规定的年应税销售额标准为500万元（含本数）。财政部和国家税务总局可以对年应税销售额标准进行调整。

（六）计税方法。

一般纳税人发生下列应税行为可以选择适用简易计税方法计税：

1. 公共交通运输服务。

公共交通运输服务，包括轮客渡、公交客运、地铁、城市轻轨、出租车、长途客运、班车。

班车，是指按固定路线、固定时间运营并在固定站点停靠的运送旅客的陆路运输服务。

2. 经认定的动漫企业为开发动漫产品提供的动漫脚本编撰、形象设计、背景设计、动画设计、分镜、动画制作、摄制、描线、上色、画面合成、配音、配乐、音效合成、剪辑、字幕制作、压

缩转码(面向网络动漫、手机动漫格式适配)服务,以及在境内转让动漫版权(包括动漫品牌、形象或者内容的授权及再授权)。

动漫企业和自主开发、生产动漫产品的认定标准和认定程序,按照《文化部 财政部 国家税务总局关于印发〈动漫企业认定管理办法(试行)〉的通知》(文市发〔2008〕51号)的规定执行。

3. 电影放映服务、仓储服务、装卸搬运服务、收派服务和文化体育服务。

4. 以纳入营改增试点之日前取得的有形动产为标的物提供的经营租赁服务。

5. 在纳入营改增试点之日前签订的尚未执行完毕的有形动产租赁合同。

注释1:《财政部 国家税务总局关于进一步明确全面推开营改增试点金融业有关政策的通知》(2016年4月29日,财税〔2016〕46号)第三条规定:"农村信用社、村镇银行、农村资金互助社、由银行业机构全资发起设立的贷款公司、法人机构在县(县级市、区、旗)及县以下地区的农村合作银行和农村商业银行提供金融服务收入,可以选择适用简易计税方法按照3%的征收率计算缴纳增值税。

村镇银行,是指经中国银行业监督管理委员会依据有关法律、法规批准,由境内外金融机构、境内非金融机构企业法人、境内自然人出资,在农村地区设立的主要为当地农民、农业和农村经济发展提供金融服务的银行业金融机构。

农村资金互助社,是指经银行业监督管理机构批准,由乡(镇)、行政村农民和农村小企业自愿入股组成,为社员提供存款、贷款、结算等业务的社区互助性银行业金融机构。

由银行业机构全资发起设立的贷款公司,是指经中国银行业监督管理委员会依据有关法律、法规批准,由境内商业银行或农村合作银行在农村地区设立的专门为县域农民、农业和农村经济发展提供贷款服务的非银行业金融机构。

县(县级市、区、旗),不包括直辖市和地级市所辖城区。"

注释2:财税〔2016〕46号文件第四条规定:"对中国农业银行纳入'三农金融事业部'改革试点的各省、自治区、直辖市、计划单列市分行下辖的县域支行和新疆生产建设兵团分行下辖的县域支行(也称县事业部),提供农户贷款、农村企业和农村各类组织贷款(具体贷款业务清单见附件)取得的利息收入,可以选择适用简易计税方法按照3%的征收率计算缴纳增值税。

农户贷款,是指金融机构发放给农户的贷款,但不包括按照《过渡政策的规定》第一条第(十九)项规定的免征增值税的农户小额贷款。

农户,是指《过渡政策的规定》第一条第(十九)项所称的农户。

农村企业和农村各类组织贷款,是指金融机构发放给注册在农村地区的企业及各类组织的贷款。"

注释3:《财政部 国家税务总局关于进一步明确全面推开营改增试点有关劳务派遣服务、收费公路通行费抵扣等政策的通知》(2016年4月30日,财税〔2016〕47号)第一条规定:"一、劳务派遣服务政策

一般纳税人提供劳务派遣服务,可以按照《财政部 国家税务总局关于全面推开营业税改征增值税试点的通知》(财税〔2016〕36号)的有关规定,以取得的全部价款和价外费用为销售额,按照一般计税方法计算缴纳增值税;也可以选择差额纳税,以取得的全部价款和价外费用,扣除代用工单位支付给劳务派遣员工的工资、福利和为其办理社会保险及住房公积金后的余额为销售额,按照简易计税方法依5%的征收率计算缴纳增值税。

小规模纳税人提供劳务派遣服务,可以按照《财政部 国家税务总局关于全面推开营业税改征增值税试点的通知》(财税〔2016〕36号)的有关规定,以取得的全部价款和价外费用为销售额,按

照简易计税方法依3%的征收率计算缴纳增值税;也可以选择差额纳税,以取得的全部价款和价外费用,扣除代用工单位支付给劳务派遣员工的工资、福利和为其办理社会保险及住房公积金后的余额为销售额,按照简易计税方法依5%的征收率计算缴纳增值税。

选择差额纳税的纳税人,向用工单位收取用于支付给劳务派遣员工工资、福利和为其办理社会保险及住房公积金的费用,不得开具增值税专用发票,可以开具普通发票。

劳务派遣服务,是指劳务派遣公司为了满足用工单位对于各类灵活用工的需求,将员工派遣至用工单位,接受用工单位管理并为其工作的服务。"

注释4:《财政部　国家税务总局关于进一步明确全面推开营改增试点有关再保险不动产租赁和非学历教育等政策的通知》(2016年6月18日,财税〔2016〕68号)第三条规定:"一般纳税人提供非学历教育服务,可以选择适用简易计税方法按照3%征收率计算应纳税额。"

注释5:《国家税务总局关于物业管理服务中收取的自来水水费增值税问题的公告》(2016年8月19日,国家税务总局公告2016年第54号)规定:"提供物业管理服务的纳税人,向服务接受方收取的自来水水费,以扣除其对外支付的自来水水费后的余额为销售额,按照简易计税方法依3%的征收率计算缴纳增值税。"

注释6:财税〔2016〕140号文件第十二条规定:"非企业性单位中的一般纳税人提供的研发和技术服务、信息技术服务、鉴证咨询服务,以及销售技术、著作权等无形资产,可以选择简易计税方法按照3%征收率计算缴纳增值税。

非企业性单位中的一般纳税人提供《营业税改征增值税试点过渡政策的规定》(财税〔2016〕36号)第一条第(二十六)项中的'技术转让、技术开发和与之相关的技术咨询、技术服务',可以参照上述规定,选择简易计税方法按照3%征收率计算缴纳增值税。"

注释7:财税〔2016〕140号文件第十三条规定:"一般纳税人提供教育辅助服务,可以选择简易计税方法按照3%征收率计算缴纳增值税。"

注释8:财税〔2016〕47号文件第三条第一款规定:"纳税人提供人力资源外包服务,按照经纪代理服务缴纳增值税,其销售额不包括受客户单位委托代为向客户单位员工发放的工资和代理缴纳的社会保险、住房公积金。向委托方收取并代为发放的工资和代理缴纳的社会保险、住房公积金,不得开具增值税专用发票,可以开具普通发票。

一般纳税人提供人力资源外包服务,可以选择适用简易计税方法,按照5%的征收率计算缴纳增值税。"

(七)建筑服务。

1. 一般纳税人以清包工方式提供的建筑服务,可以选择适用简易计税方法计税。

以清包工方式提供建筑服务,是指施工方不采购建筑工程所需的材料或只采购辅助材料,并收取人工费、管理费或者其他费用的建筑服务。

2. 一般纳税人为甲供工程提供的建筑服务,可以选择适用简易计税方法计税。

甲供工程,是指全部或部分设备、材料、动力由工程发包方自行采购的建筑工程。

3. 一般纳税人为建筑工程老项目提供的建筑服务,可以选择适用简易计税方法计税。

建筑工程老项目,是指:

(1)《建筑工程施工许可证》注明的合同开工日期在2016年4月30日前的建筑工程项目;

(2) 未取得《建筑工程施工许可证》的,建筑工程承包合同注明的开工日期在2016年4月30日前的建筑工程项目。

4. 一般纳税人跨县(市)提供建筑服务,适用一般计税方法计税的,应以取得的全部价款和价外费用为销售额计算应纳税额。纳税人应以取得的全部价款和价外费用扣除支付的分包款后的余额,按照2%的预征率在建筑服务发生地预缴税款后,向机构所在地主管税务机关进行纳税申报。

5. 一般纳税人跨县(市)提供建筑服务,选择适用简易计税方法计税的,应以取得的全部价款和价外费用扣除支付的分包款后的余额为销售额,按照3%的征收率计算应纳税额。纳税人应按照上述计税方法在建筑服务发生地预缴税款后,向机构所在地主管税务机关进行纳税申报。

6. 试点纳税人中的小规模纳税人(以下称小规模纳税人)跨县(市)提供建筑服务,应以取得的全部价款和价外费用扣除支付的分包款后的余额为销售额,按照3%的征收率计算应纳税额。纳税人应按照上述计税方法在建筑服务发生地预缴税款后,向机构所在地主管税务机关进行纳税申报。

注释1:《国家税务总局关于进一步明确营改增有关征管问题的公告》(2017年4月20日,国家税务总局公告2017年第11号)第四条第一款规定:"一般纳税人销售电梯的同时提供安装服务,其安装服务可以按照甲供工程选择适用简易计税方法计税。"

注释2:《财政部 国家税务总局关于建筑服务等营改增试点政策的通知》(2017年7月11日,财税〔2017〕58号)第一条规定:"建筑工程总承包单位为房屋建筑的地基与基础、主体结构提供工程服务,建设单位自行采购全部或部分钢材、混凝土、砌体材料、预制构件的,适用简易计税方法计税。

地基与基础、主体结构的范围,按照《建筑工程施工质量验收统一标准》(GB 50300—2013)附录b《建筑工程的分部工程、分项工程划分》中的'地基与基础''主体结构'分部工程的范围执行。"

注释3:《财政部 国家税务总局关于建筑服务等营改增试点政策的通知》(2017年7月11日,财税〔2017〕58号)第三条规定:"纳税人提供建筑服务取得预收款,应在收到预收款时,以取得的预收款扣除支付的分包款后的余额,按照本条第三款规定的预征率预缴增值税。

按照现行规定应在建筑服务发生地预缴增值税的项目,纳税人收到预收款时在建筑服务发生地预缴增值税。按照现行规定无需在建筑服务发生地预缴增值税的项目,纳税人收到预收款时在机构所在地预缴增值税。

适用一般计税方法计税的项目预征率为2%,适用简易计税方法计税的项目预征率为3%。"

(八)销售不动产。

1. 一般纳税人销售其2016年4月30日前取得(不含自建)的不动产,可以选择适用简易计税方法,以取得的全部价款和价外费用减去该项不动产购置原价或者取得不动产时的作价后的余额为销售额,按照5%的征收率计算应纳税额。纳税人应按照上述计税方法在不动产所在地预缴税款后,向机构所在地主管税务机关进行纳税申报。

2. 一般纳税人销售其2016年4月30日前自建的不动产,可以选择适用简易计税方法,以取得的全部价款和价外费用为销售额,按照5%的征收率计算应纳税额。纳税人应按照上述计税方法在不动产所在地预缴税款后,向机构所在地主管税务机关进行纳税申报。

3. 一般纳税人销售其2016年5月1日后取得(不含自建)的不动产,应适用一般计税方法,以取得的全部价款和价外费用为销售额计算应纳税额。纳税人应以取得的全部价款和价外费用减去该项不动产购置原价或者取得不动产时的作价后的余额,按照5%的预征率在不动产所在地预缴税款后,向机构所在地主管税务机关进行纳税申报。

4. 一般纳税人销售其 2016 年 5 月 1 日后自建的不动产,应适用一般计税方法,以取得的全部价款和价外费用为销售额计算应纳税额。纳税人应以取得的全部价款和价外费用,按照 5% 的预征率在不动产所在地预缴税款后,向机构所在地主管税务机关进行纳税申报。

5. 小规模纳税人销售其取得(不含自建)的不动产(不含个体工商户销售购买的住房和其他个人销售不动产),应以取得的全部价款和价外费用减去该项不动产购置原价或者取得不动产时的作价后的余额为销售额,按照 5% 的征收率计算应纳税额。纳税人应按照上述计税方法在不动产所在地预缴税款后,向机构所在地主管税务机关进行纳税申报。

6. 小规模纳税人销售其自建的不动产,应以取得的全部价款和价外费用为销售额,按照 5% 的征收率计算应纳税额。纳税人应按照上述计税方法在不动产所在地预缴税款后,向机构所在地主管税务机关进行纳税申报。

7. 房地产开发企业中的一般纳税人,销售自行开发的房地产老项目,可以选择适用简易计税方法按照 5% 的征收率计税。

8. 房地产开发企业中的小规模纳税人,销售自行开发的房地产项目,按照 5% 的征收率计税。

9. 房地产开发企业采取预收款方式销售所开发的房地产项目,在收到预收款时按照 3% 的预征率预缴增值税。

10. 个体工商户销售购买的住房,应按照附件 3《营业税改征增值税试点过渡政策的规定》第五条的规定征免增值税。纳税人应按照上述计税方法在不动产所在地预缴税款后,向机构所在地主管税务机关进行纳税申报。

11. 其他个人销售其取得(不含自建)的不动产(不含其购买的住房),应以取得的全部价款和价外费用减去该项不动产购置原价或者取得不动产时的作价后的余额为销售额,按照 5% 的征收率计算应纳税额。

注释 1:《财政部　国家税务总局关于进一步明确全面推开营改增试点有关劳务派遣服务、收费公路通行费抵扣等政策的通知》(2016 年 4 月 30 日,财税〔2016〕47 号)第三条第(二)款第二项规定:"纳税人转让 2016 年 4 月 30 日前取得的土地使用权,可以选择适用简易计税方法,以取得的全部价款和价外费用减去取得该土地使用权的原价后的余额为销售额,按照 5% 的征收率计算缴纳增值税。"

注释 2:财税〔2016〕47 号文件第三条第(三)款规定:"一般纳税人 2016 年 4 月 30 日前签订的不动产融资租赁合同,或以 2016 年 4 月 30 日前取得的不动产提供的融资租赁服务,可以选择适用简易计税方法,按照 5% 的征收率计算缴纳增值税。"

(九)不动产经营租赁服务。

1. 一般纳税人出租其 2016 年 4 月 30 日前取得的不动产,可以选择适用简易计税方法,按照 5% 的征收率计算应纳税额。纳税人出租其 2016 年 4 月 30 日前取得的与机构所在地不在同一县(市)的不动产,应按照上述计税方法在不动产所在地预缴税款后,向机构所在地主管税务机关进行纳税申报。

注释 1:财税〔2016〕47 号文件第三条第(二)款规定:"纳税人以经营租赁方式将土地出租给他人使用,按照不动产经营租赁服务缴纳增值税。

纳税人转让 2016 年 4 月 30 日前取得的土地使用权,可以选择适用简易计税方法,以取得的全部价款和价外费用减去取得该土地使用权的原价后的余额为销售额,按照5%的征收率计算缴纳增值税。"

注释2:财税〔2016〕47号文件第三条第(三)款规定:"一般纳税人2016年4月30日前签订的不动产融资租赁合同,或以2016年4月30日前取得的不动产提供的融资租赁服务,可以选择适用简易计税方法,按照5%的征收率计算缴纳增值税。"

2. 公路经营企业中的一般纳税人收取试点前开工的高速公路的车辆通行费,可以选择适用简易计税方法,减按3%的征收率计算应纳税额。

试点前开工的高速公路,是指相关施工许可证明上注明的合同开工日期在2016年4月30日前的高速公路。

3. 一般纳税人出租其2016年5月1日后取得的、与机构所在地不在同一县(市)的不动产,应按照3%的预征率在不动产所在地预缴税款后,向机构所在地主管税务机关进行纳税申报。

4. 小规模纳税人出租其取得的不动产(不含个人出租住房),应按照5%的征收率计算应纳税额。纳税人出租与机构所在地不在同一县(市)的不动产,应按照上述计税方法在不动产所在地预缴税款后,向机构所在地主管税务机关进行纳税申报。

5. 其他个人出租其取得的不动产(不含住房),应按照5%的征收率计算应纳税额。

6. 个人出租住房,应按照5%的征收率减按1.5%计算应纳税额。

(十)一般纳税人销售其2016年4月30日前取得的不动产(不含自建),适用一般计税方法计税的,以取得的全部价款和价外费用为销售额计算应纳税额。上述纳税人应以取得的全部价款和价外费用减去该项不动产购置原价或者取得不动产时的作价后的余额,按照5%的预征率在不动产所在地预缴税款后,向机构所在地主管税务机关进行纳税申报。

房地产开发企业中的一般纳税人销售房地产老项目,以及一般纳税人出租其2016年4月30日前取得的不动产,适用一般计税方法计税的,应以取得的全部价款和价外费用,按照3%的预征率在不动产所在地预缴税款后,向机构所在地主管税务机关进行纳税申报。

一般纳税人销售其2016年4月30日前自建的不动产,适用一般计税方法计税的,应以取得的全部价款和价外费用为销售额计算应纳税额。纳税人应以取得的全部价款和价外费用,按照5%的预征率在不动产所在地预缴税款后,向机构所在地主管税务机关进行纳税申报。

(十一)一般纳税人跨省(自治区、直辖市或者计划单列市)提供建筑服务或者销售、出租取得的与机构所在地不在同一省(自治区、直辖市或者计划单列市)的不动产,在机构所在地申报纳税时,计算的应纳税额小于已预缴税额,且差额较大的,由国家税务总局通知建筑服务发生地或者不动产所在地省级税务机关,在一定时期内暂停预缴增值税。

(十二)纳税地点。

属于固定业户的试点纳税人,总分支机构不在同一县(市),但在同一省(自治区、直辖市、计划单列市)范围内的,经省(自治区、直辖市、计划单列市)财政厅(局)和国家税务局批准,可以由总机构汇总向总机构所在地的主管税务机关申报缴纳增值税。

(十三)试点前发生的业务。

1. 试点纳税人发生应税行为,按照国家有关营业税政策规定差额征收营业税的,因取得的全部价款和价外费用不足以抵减允许扣除项目金额,截至纳入营改增试点之日前尚未扣除的部分,不得在计算试点纳税人增值税应税销售额时抵减,应当向原主管地税机关申请退还营业税。

2. 试点纳税人发生应税行为,在纳入营改增试点之日前已缴纳营业税,营改增试点后因发生退款减除营业额的,应当向原主管地税机关申请退还已缴纳的营业税。

3. 试点纳税人纳入营改增试点之日前发生的应税行为,因税收检查等原因需要补缴税款的,应按照营业税政策规定补缴营业税。

(十四)销售使用过的固定资产。

一般纳税人销售自己使用过的、纳入营改增试点之日前取得的固定资产,按照现行旧货相关增值税政策执行。

使用过的固定资产,是指纳税人符合《试点实施办法》第二十八条规定并根据财务会计制度已经计提折旧的固定资产。

(十五)扣缴增值税适用税率。

境内的购买方为境外单位和个人扣缴增值税的,按照适用税率扣缴增值税。

(十六)其他规定。

1. 试点纳税人销售电信服务时,附带赠送用户识别卡、电信终端等货物或者电信服务的,应将其取得的全部价款和价外费用进行分别核算,按各自适用的税率计算缴纳增值税。

2. 油气田企业发生应税行为,适用《试点实施办法》规定的增值税税率,不再适用《财政部 国家税务总局关于印发〈油气田企业增值税管理办法〉的通知》(财税〔2009〕8 号)规定的增值税税率。

二、原增值税纳税人〔指按照《中华人民共和国增值税暂行条例》(国务院令第 538 号)(以下称《增值税暂行条例》)缴纳增值税的纳税人〕有关政策

(一)进项税额。

1. 原增值税一般纳税人购进服务、无形资产或者不动产,取得的增值税专用发票上注明的增值税额为进项税额,准予从销项税额中抵扣。

2016 年 5 月 1 日后取得并在会计制度上按固定资产核算的不动产或者 2016 年 5 月 1 日后取得的不动产在建工程,其进项税额应自取得之日起分 2 年从销项税额中抵扣,第一年抵扣比例为 60%,第二年抵扣比例为 40%。

融资租入的不动产以及在施工现场修建的临时建筑物、构筑物,其进项税额不适用上述分 2 年抵扣的规定。

注释:《财政部 税务总局 海关总署关于深化增值税改革有关政策的公告》(2019 年 3 月 20日,财政部 国家税务总局 海关总署公告 2019 年第 39 号)第五条规定:"自 2019 年 4 月 1 日起,《营业税改征增值税试点有关事项的规定》(财税〔2016〕36 号印发)第一条第(四)项第 1 点、第二条第(一)项第 1 点停止执行,纳税人取得不动产或者不动产在建工程的进项税额不再分 2 年抵扣。此前按照上述规定尚未抵扣完毕的待抵扣进项税额,可自 2019 年 4 月税款所属期起从销项税额中抵扣。"

2. 原增值税一般纳税人自用的应征消费税的摩托车、汽车、游艇,其进项税额准予从销项税额中抵扣。

3. 原增值税一般纳税人从境外单位或者个人购进服务、无形资产或者不动产,按照规定应当扣缴增值税的,准予从销项税额中抵扣的进项税额为自税务机关或者扣缴义务人取得的解缴税款的完税凭证上注明的增值税额。

纳税人凭完税凭证抵扣进项税额的,应当具备书面合同、付款证明和境外单位的对账单或者发票。资料不全的,其进项税额不得从销项税额中抵扣。

4. 原增值税一般纳税人购进货物或者接受加工修理修配劳务,用于《销售服务、无形资产或者不动产注释》所列项目的,不属于《增值税暂行条例》第十条所称的用于非增值税应税项目,其进项税额准予从销项税额中抵扣。

5. 原增值税一般纳税人购进服务、无形资产或者不动产,下列项目的进项税额不得从销项税额中抵扣:

(1) 用于简易计税方法计税项目、免征增值税项目、集体福利或者个人消费。其中涉及的无形资产、不动产,仅指专用于上述项目的无形资产(不包括其他权益性无形资产)、不动产。

纳税人的交际应酬消费属于个人消费。

(2) 非正常损失的购进货物,以及相关的加工修理修配劳务和交通运输服务。

(3) 非正常损失的在产品、产成品所耗用的购进货物(不包括固定资产)、加工修理修配劳务和交通运输服务。

(4) 非正常损失的不动产,以及该不动产所耗用的购进货物、设计服务和建筑服务。

(5) 非正常损失的不动产在建工程所耗用的购进货物、设计服务和建筑服务。

纳税人新建、改建、扩建、修缮、装饰不动产,均属于不动产在建工程。

(6) 购进的旅客运输服务、贷款服务、餐饮服务、居民日常服务和娱乐服务。

(7) 财政部和国家税务总局规定的其他情形。

上述第(4)点、第(5)点所称货物,是指构成不动产实体的材料和设备,包括建筑装饰材料和给排水、采暖、卫生、通风、照明、通讯、煤气、消防、中央空调、电梯、电气、智能化楼宇设备及配套设施。

纳税人接受贷款服务向贷款方支付的与该笔贷款直接相关的投融资顾问费、手续费、咨询费等费用,其进项税额不得从销项税额中抵扣。

6. 已抵扣进项税额的购进服务,发生上述第 5 点规定情形(简易计税方法计税项目、免征增值税项目除外)的,应当将该进项税额从当期进项税额中扣减;无法确定该进项税额的,按照当期实际成本计算应扣减的进项税额。

7. 已抵扣进项税额的无形资产或者不动产,发生上述第 5 点规定情形的,按照下列公式计算不得抵扣的进项税额:

$$不得抵扣的进项税额 = 无形资产或者不动产净值 \times 适用税率$$

8. 按照《增值税暂行条例》第十条和上述第 5 点不得抵扣且未抵扣进项税额的固定资产、无形资产、不动产,发生用途改变,用于允许抵扣进项税额的应税项目,可在用途改变的次月按照下列公式,依据合法有效的增值税扣税凭证,计算可以抵扣的进项税额:

$$可以抵扣的进项税额 = 固定资产、无形资产、不动产净值/(1 + 适用税率) \times 适用税率$$

上述可以抵扣的进项税额应取得合法有效的增值税扣税凭证。

(二)增值税期末留抵税额。

原增值税一般纳税人兼有销售服务、无形资产或者不动产的,截止到纳入营改增试点之日前的增值税期末留抵税额,不得从销售服务、无形资产或者不动产的销项税额中抵扣。

注释:《国家税务总局关于调整增值税一般纳税人留抵税额申报口径的公告》(2016年12月1日,国家税务总局公告2016年第75号)文件第一至三条规定:

"一、《国家税务总局关于全面推开营业税改征增值税试点后增值税纳税申报有关事项的公告》(国家税务总局公告2016年第13号)附件1《增值税纳税申报表(一般纳税人适用)》(以下称'申报表主表')第13栏'上期留抵税额''一般项目'列'本年累计'和第20栏'期末留抵税额''一般项目'列'本年累计'栏次停止使用,不再填报数据。

二、本公告发布前,申报表主表第20栏'期末留抵税额''一般项目'列'本年累计'中有余额的增值税一般纳税人,在本公告发布之日起的第一个纳税申报期,将余额一次性转入第13栏'上期留抵税额''一般项目'列'本月数'中。

三、本公告自2016年12月1日起施行。"

(三)混合销售。

一项销售行为如果既涉及货物又涉及服务,为混合销售。从事货物的生产、批发或者零售的单位和个体工商户的混合销售行为,按照销售货物缴纳增值税;其他单位和个体工商户的混合销售行为,按照销售服务缴纳增值税。

上述从事货物的生产、批发或者零售的单位和个体工商户,包括以从事货物的生产、批发或者零售为主,并兼营销售服务的单位和个体工商户在内。

附件3
营业税改征增值税试点过渡政策的规定

一、下列项目免征增值税

(一)托儿所、幼儿园提供的保育和教育服务。

托儿所、幼儿园,是指经县级以上教育部门审批成立、取得办园许可证的实施0~6岁学前教育的机构,包括公办和民办的托儿所、幼儿园、学前班、幼儿班、保育院、幼儿院。

公办托儿所、幼儿园免征增值税的收入是指,在省级财政部门和价格主管部门审核报省级人民政府批准的收费标准以内收取的教育费、保育费。

民办托儿所、幼儿园免征增值税的收入是指,在报经当地有关部门备案并公示的收费标准范围内收取的教育费、保育费。

超过规定收费标准的收费,以开办实验班、特色班和兴趣班等为由另外收取的费用以及与幼儿入园挂钩的赞助费、支教费等超过规定范围的收入,不属于免征增值税的收入。

(二)养老机构提供的养老服务。

养老机构,是指依照民政部《养老机构设立许可办法》(民政部令第48号)设立并依法办理登记的为老年人提供集中居住和照料服务的各类养老机构;养老服务,是指上述养老机构按照民政部《养老机构管理办法》(民政部令第49号)的规定,为收住的老年人提供的生活照料、康复护理、精神慰藉、文化娱乐等服务。

(三)残疾人福利机构提供的育养服务。

(四)婚姻介绍服务。

(五)殡葬服务。

殡葬服务,是指收费标准由各地价格主管部门会同有关部门核定,或者实行政府指导价管理的遗体接运(含抬尸、消毒)、遗体整容、遗体防腐、存放(含冷藏)、火化、骨灰寄存、吊唁设施设备租赁、墓穴租赁及管理等服务。

（六）残疾人员本人为社会提供的服务。

（七）医疗机构提供的医疗服务。

医疗机构，是指依据国务院《医疗机构管理条例》（国务院令第149号）及卫生部《医疗机构管理条例实施细则》（卫生部令第35号）的规定，经登记取得《医疗机构执业许可证》的机构，以及军队、武警部队各级各类医疗机构。具体包括：各级各类医院、门诊部（所）、社区卫生服务中心（站）、急救中心（站）、城乡卫生院、护理院（所）、疗养院、临床检验中心，各级政府及有关部门举办的卫生防疫站（疾病控制中心）、各种专科疾病防治站（所），各级政府举办的妇幼保健所（站）、母婴保健机构、儿童保健机构，各级政府举办的血站（血液中心）等医疗机构。

本项所称的医疗服务，是指医疗机构按照不高于地（市）级以上价格主管部门会同同级卫生主管部门及其他相关部门制定的医疗服务指导价格（包括政府指导价和按照规定由供需双方协商确定的价格等）为就医者提供《全国医疗服务价格项目规范》所列的各项服务，以及医疗机构向社会提供卫生防疫、卫生检疫的服务。

（八）从事学历教育的学校提供的教育服务。

1. 学历教育，是指受教育者经过国家教育考试或者国家规定的其他入学方式，进入国家有关部门批准的学校或者其他教育机构学习，获得国家承认的学历证书的教育形式。具体包括：

（1）初等教育：普通小学、成人小学。

（2）初级中等教育：普通初中、职业初中、成人初中。

（3）高级中等教育：普通高中、成人高中和中等职业学校（包括普通中专、成人中专、职业高中、技工学校）。

（4）高等教育：普通本专科、成人本专科、网络本专科、研究生（博士、硕士）、高等教育自学考试、高等教育学历文凭考试。

2. 从事学历教育的学校，是指：

（1）普通学校。

（2）经地（市）级以上人民政府或者同级政府的教育行政部门批准成立、国家承认其学员学历的各类学校。

（3）经省级及以上人力资源社会保障行政部门批准成立的技工学校、高级技工学校。

（4）经省级人民政府批准成立的技师学院。

上述学校均包括符合规定的从事学历教育的民办学校，但不包括职业培训机构等国家不承认学历的教育机构。

3. 提供教育服务免征增值税的收入，是指对列入规定招生计划的在籍学生提供学历教育服务取得的收入，具体包括：经有关部门审核批准并按规定标准收取的学费、住宿费、课本费、作业本费、考试报名费收入，以及学校食堂提供餐饮服务取得的伙食费收入。除此之外的收入，包括学校以各种名义收取的赞助费、择校费等，不属于免征增值税的范围。

学校食堂是指依照《学校食堂与学生集体用餐卫生管理规定》（教育部令第14号）管理的学校食堂。

（九）学生勤工俭学提供的服务。

（十）农业机耕、排灌、病虫害防治、植物保护、农牧保险以及相关技术培训业务，家禽、牲畜、水生动物的配种和疾病防治。

农业机耕,是指在农业、林业、牧业中使用农业机械进行耕作(包括耕耘、种植、收割、脱粒、植物保护等)的业务;排灌,是指对农田进行灌溉或者排涝的业务;病虫害防治,是指从事农业、林业、牧业、渔业的病虫害测报和防治的业务;农牧保险,是指为种植业、养殖业、牧业种植和饲养的动植物提供保险的业务;相关技术培训,是指与农业机耕、排灌、病虫害防治、植物保护业务相关以及为使农民获得农牧保险知识的技术培训业务;家禽、牲畜、水生动物的配种和疾病防治业务的免税范围,包括与该项服务有关的提供药品和医疗用具的业务。

(十一)纪念馆、博物馆、文化馆、文物保护单位管理机构、美术馆、展览馆、书画院、图书馆在自己的场所提供文化体育服务取得的第一道门票收入。

(十二)寺院、宫观、清真寺和教堂举办文化、宗教活动的门票收入。

(十三)行政单位之外的其他单位收取的符合《试点实施办法》第十条规定条件的政府性基金和行政事业性收费。

(十四)个人转让著作权。

(十五)个人销售自建自用住房。

(十六)2018年12月31日前,公共租赁住房经营管理单位出租公共租赁住房。

公共租赁住房,是指纳入省、自治区、直辖市、计划单列市人民政府及新疆生产建设兵团批准的公共租赁住房发展规划和年度计划,并按照《关于加快发展公共租赁住房的指导意见》(建保〔2010〕87号)和市、县人民政府制定的具体管理办法进行管理的公共租赁住房。

(十七)台湾航运公司、航空公司从事海峡两岸海上直航、空中直航业务在大陆取得的运输收入。

台湾航运公司,是指取得交通运输部颁发的"台湾海峡两岸间水路运输许可证"且该许可证上注明的公司登记地址在台湾的航运公司。

台湾航空公司,是指取得中国民用航空局颁发的"经营许可"或者依据《海峡两岸空运协议》和《海峡两岸空运补充协议》规定,批准经营两岸旅客、货物和邮件不定期(包机)运输业务,且公司登记地址在台湾的航空公司。

(十八)纳税人提供的直接或者间接国际货物运输代理服务。

1. 纳税人提供直接或者间接国际货物运输代理服务,向委托方收取的全部国际货物运输代理服务收入,以及向国际运输承运人支付的国际运输费用,必须通过金融机构进行结算。

2. 纳税人为大陆与香港、澳门、台湾地区之间的货物运输提供的货物运输代理服务参照国际货物运输代理服务有关规定执行。

3. 委托方索取发票的,纳税人应当就国际货物运输代理服务收入向委托方全额开具增值税普通发票。

(十九)以下利息收入。

1. 2016年12月31日前,金融机构农户小额贷款。

小额贷款,是指单笔且该农户贷款余额总额在10万元(含本数)以下的贷款。

所称农户,是指长期(一年以上)居住在乡镇(不包括城关镇)行政管理区域内的住户,还包括长期居住在城关镇所辖行政村范围内的住户和户口不在本地而在本地居住一年以上的住户,国有农场的职工和农村个体工商户。位于乡镇(不包括城关镇)行政管理区域内和在城关镇所辖行政村范围内的国有经济的机关、团体、学校、企事业单位的集体户;有本地户口,但举家外出谋生一年以上的住户,无论是否保留承包耕地均不属于农户。农户以户为统计单位,既可以从事农业生产经营,也可以从事非农业生产经营。农户贷款的判定应以贷款发放时的承贷主体是否属于农户为准。

2. 国家助学贷款。

3. 国债、地方政府债。

4. 人民银行对金融机构的贷款。

5. 住房公积金管理中心用住房公积金在指定的委托银行发放的个人住房贷款。

6. 外汇管理部门在从事国家外汇储备经营过程中,委托金融机构发放的外汇贷款。

7. 统借统还业务中,企业集团或企业集团中的核心企业以及集团所属财务公司按不高于支付给金融机构的借款利率水平或者支付的债券票面利率水平,向企业集团或者集团内下属单位收取的利息。

统借方向资金使用单位收取的利息,高于支付给金融机构借款利率水平或者支付的债券票面利率水平的,应全额缴纳增值税。

统借统还业务,是指:

(1)企业集团或者企业集团中的核心企业向金融机构借款或对外发行债券取得资金后,将所借资金分拨给下属单位(包括独立核算单位和非独立核算单位,下同),并向下属单位收取用于归还金融机构或债券购买方本息的业务。

(2)企业集团向金融机构借款或对外发行债券取得资金后,由集团所属财务公司与企业集团或者集团内下属单位签订统借统还贷款合同并分拨资金,并向企业集团或者集团内下属单位收取本息,再转付企业集团,由企业集团统一归还金融机构或债券购买方的业务。

(二十)被撤销金融机构以货物、不动产、无形资产、有价证券、票据等财产清偿债务。

被撤销金融机构,是指经人民银行、银监会依法决定撤销的金融机构及其分设于各地的分支机构,包括被依法撤销的商业银行、信托投资公司、财务公司、金融租赁公司、城市信用社和农村信用社。除另有规定外,被撤销金融机构所属、附属企业,不享受被撤销金融机构增值税免税政策。

(二十一)保险公司开办的一年期以上人身保险产品取得的保费收入。

一年期以上人身保险,是指保险期间为一年期及以上返还本利的人寿保险、养老年金保险,以及保险期间为一年期及以上的健康保险。

人寿保险,是指以人的寿命为保险标的的人身保险。

养老年金保险,是指以养老保障为目的,以被保险人生存为给付保险金条件,并按约定的时间间隔分期给付生存保险金的人身保险。养老年金保险应当同时符合下列条件:

1. 保险合同约定给付被保险人生存保险金的年龄不得小于国家规定的退休年龄。

2. 相邻两次给付的时间间隔不得超过一年。

健康保险,是指以因健康原因导致损失为给付保险金条件的人身保险。

上述免税政策实行备案管理,具体备案管理办法按照《国家税务总局关于一年期以上返还性人身保险产品免征营业税审批事项取消后有关管理问题的公告》(国家税务总局公告2015年第65号)规定执行。

注释:《财政部 国家税务总局关于进一步明确全面推开营改增试点金融业有关政策的通知》(2016年4月29日,财税〔2016〕46号)第二条规定:"《过渡政策的规定》第一条第(二十一)项中,享受免征增值税的一年期及以上返还本利的人身保险包括其他年金保险,其他年金保险是指养老年金以外的年金保险。"

(二十二) 下列金融商品转让收入。

1. 合格境外投资者(QFII)委托境内公司在我国从事证券买卖业务。

2. 香港市场投资者(包括单位和个人)通过沪港通买卖上海证券交易所上市a股。

3. 对香港市场投资者(包括单位和个人)通过基金互认买卖内地基金份额。

4. 证券投资基金(封闭式证券投资基金,开放式证券投资基金)管理人运用基金买卖股票、债券。

5. 个人从事金融商品转让业务。

注释:《财政部 国家税务总局关于金融机构同业往来等增值税政策的补充通知》(2016年6月30日,财税〔2016〕70号)第四条第一款规定:"人民币合格境外投资者(RQFII)委托境内公司在我国从事证券买卖业务,以及经人民银行认可的境外机构投资银行间本币市场取得的收入属于《过渡政策的规定》第一条第(二十二)款所称的金融商品转让收入。"

(二十三) 金融同业往来利息收入。

1. 金融机构与人民银行所发生的资金往来业务。包括人民银行对一般金融机构贷款,以及人民银行对商业银行的再贴现等。

注释1:《财政部 国家税务总局关于进一步明确全面推开营改增试点金融业有关政策的通知》(2016年4月29日,财税〔2016〕46号)第一条规定:"金融机构开展下列业务取得的利息收入,属于《营业税改征增值税试点过渡政策的规定》(财税〔2016〕36号,以下简称《过渡政策的规定》)第一条第(二十三)项所称的金融同业往来利息收入:

(一) 质押式买入返售金融商品。

质押式买入返售金融商品,是指交易双方进行的以债券等金融商品为权利质押的一种短期资金融通业务。

(二) 持有政策性金融债券。

政策性金融债券,是指开发性、政策性金融机构发行的债券。"

注释2:《财政部 国家税务总局关于金融机构同业往来等增值税政策的补充通知》(2016年6月30日,财税〔2016〕70号)第一条规定:"金融机构开展下列业务取得的利息收入,属于《营业税改征增值税试点过渡政策的规定》(财税〔2016〕36号,以下简称《过渡政策的规定》)第一条第(二十三)项所称的金融同业往来利息收入:

(一) 同业存款。

同业存款,是指金融机构之间开展的同业资金存入与存出业务,其中资金存入方仅为具有吸收存款资格的金融机构。

(二) 同业借款。

同业借款,是指法律法规赋予此项业务范围的金融机构开展的同业资金借出和借入业务。此条款所称'法律法规赋予此项业务范围的金融机构'主要是指农村信用社之间以及在金融机构营业执照列示的业务范围中有反映为'向金融机构借款'业务的金融机构。

(三) 同业代付。

同业代付,是指商业银行(受托方)接受金融机构(委托方)的委托向企业客户付款,委托方在约定还款日偿还代付款项本息的资金融通行为。

(四) 买断式买入返售金融商品。

买断式买入返售金融商品,是指金融商品持有人(正回购方)将债券等金融商品卖给债券购买方(逆回购方)的同时,交易双方约定在未来某一日期,正回购方再以约定价格从逆回购方买回相等数量同种债券等金融商品的交易行为。

(五)持有金融债券。

金融债券,是指依法在中华人民共和国境内设立的金融机构法人在全国银行间和交易所债券市场发行的、按约定还本付息的有价证券。

(六)同业存单。

同业存单,是指银行业存款类金融机构法人在全国银行间市场上发行的记账式定期存款凭证。"

注释3: 财税〔2016〕70号文件第二条规定:"商业银行购买央行票据、与央行开展货币掉期和货币互存等业务属于《过渡政策的规定》第一条第(二十三)款第1项所称的金融机构与人民银行所发生的资金往来业务。"

2. 银行联行往来业务。同一银行系统内部不同行、处之间所发生的资金账务往来业务。

注释: 财税〔2016〕70号文件第三条规定:"境内银行与其境外的总机构、母公司之间,以及境内银行与其境外的分支机构、全资子公司之间的资金往来业务属于《过渡政策的规定》第一条第(二十三)款第2项所称的银行联行往来业务。"

3. 金融机构间的资金往来业务。是指经人民银行批准,进入全国银行间同业拆借市场的金融机构之间通过全国统一的同业拆借网络进行的短期(一年以下含一年)无担保资金融通行为。

4. 金融机构之间开展的转贴现业务。

注释1: 根据《财政部 国家税务总局关于建筑服务等营改增试点政策的通知》(2017年7月11日,财税〔2017〕58号)第六条规定,《营业税改征增值税试点过渡政策的规定》(财税〔2016〕36号)第一条第(二十三)项第4点自2018年1月1日起废止。

注释2: 财税〔2017〕58号文件第五条规定:"自2018年1月1日起,金融机构开展贴现、转贴现业务,以其实际持有票据期间取得的利息收入作为贷款服务销售额计算缴纳增值税。此前贴现机构已就贴现利息收入全额缴纳增值税的票据,转贴现机构转贴现利息收入继续免征增值税。"

金融机构是指:

(1)银行:包括人民银行、商业银行、政策性银行。

(2)信用合作社。

(3)证券公司。

(4)金融租赁公司、证券基金管理公司、财务公司、信托投资公司、证券投资基金。

(5)保险公司。

(6)其他经人民银行、银监会、证监会、保监会批准成立且经营金融保险业务的机构等。

(二十四)同时符合下列条件的担保机构从事中小企业信用担保或者再担保业务取得的收入(不含信用评级、咨询、培训等收入)3年内免征增值税:

1. 已取得监管部门颁发的融资性担保机构经营许可证,依法登记注册为企(事)业法人,实收资本超过2000万元。

2. 平均年担保费率不超过银行同期贷款基准利率的50%。平均年担保费率=本期担保费收入/(期初担保余额+本期增加担保金额)×100%。

3. 连续合规经营 2 年以上,资金主要用于担保业务,具备健全的内部管理制度和为中小企业提供担保的能力,经营业绩突出,对受保项目具有完善的事前评估、事中监控、事后追偿与处置机制。

4. 为中小企业提供的累计担保贷款额占其两年累计担保业务总额的 80% 以上,单笔 800万元以下的累计担保贷款额占其累计担保业务总额的 50% 以上。

5. 对单个受保企业提供的担保余额不超过担保机构实收资本总额的 10%,且平均单笔担保责任金额最多不超过 3 000 万元人民币。

6. 担保责任余额不低于其净资产的 3 倍,且代偿率不超过 2%。

担保机构免征增值税政策采取备案管理方式。符合条件的担保机构应到所在地县(市)主管税务机关和同级中小企业管理部门履行规定的备案手续,自完成备案手续之日起,享受 3 年免征增值税政策。3 年免税期满后,符合条件的担保机构可按规定程序办理备案手续后继续享受该项政策。

具体备案管理办法按照《国家税务总局关于中小企业信用担保机构免征营业税审批事项取消后有关管理问题的公告》(国家税务总局公告 2015 年第 69 号)规定执行,其中税务机关的备案管理部门统一调整为县(市)级国家税务局。

(二十五)国家商品储备管理单位及其直属企业承担商品储备任务,从中央或者地方财政取得的利息补贴收入和价差补贴收入。

国家商品储备管理单位及其直属企业,是指接受中央、省、市、县四级政府有关部门(或者政府指定管理单位)委托,承担粮(含大豆)、食用油、棉、糖、肉、盐(限于中央储备)等 6 种商品储备任务,并按有关政策收储、销售上述 6 种储备商品,取得财政储备经费或者补贴的商品储备企业。利息补贴收入,是指国家商品储备管理单位及其直属企业因承担上述商品储备任务从金融机构贷款,并从中央或者地方财政取得的用于偿还贷款利息的贴息收入。价差补贴收入包括销售价差补贴收入和轮换价差补贴收入。销售价差补贴收入,是指按照中央或者地方政府指令销售上述储备商品时,由于销售收入小于库存成本而从中央或者地方财政获得的全额价差补贴收入。轮换价差补贴收入,是指根据要求定期组织政策性储备商品轮换而从中央或者地方财政取得的商品新陈品质价差补贴收入。

(二十六)纳税人提供技术转让、技术开发和与之相关的技术咨询、技术服务。

1. 技术转让、技术开发,是指《销售服务、无形资产、不动产注释》中"转让技术""研发服务"范围内的业务活动。技术咨询,是指就特定技术项目提供可行性论证、技术预测、专题技术调查、分析评价报告等业务活动。

与技术转让、技术开发相关的技术咨询、技术服务,是指转让方(或者受托方)根据技术转让或者开发合同的规定,为帮助受让方(或者委托方)掌握所转让(或者委托开发)的技术,而提供的技术咨询、技术服务业务,且这部分技术咨询、技术服务的价款与技术转让或者技术开发的价款应当在同一张发票上开具。

2. 备案程序。试点纳税人申请免征增值税时,须持技术转让、开发的书面合同,到纳税人所在地省级科技主管部门进行认定,并持有关的书面合同和科技主管部门审核意见证明文件报主管税务机关备查。

(二十七)同时符合下列条件的合同能源管理服务:

1. 节能服务公司实施合同能源管理项目相关技术,应当符合国家质量监督检验检疫总局和国家标准化管理委员会发布的《合同能源管理技术通则》(GB/T 24915—2010)规定的技术要求。

2. 节能服务公司与用能企业签订节能效益分享型合同,其合同格式和内容,符合《中华人民共和国合同法》和《合同能源管理技术通则》(GB/T 24915—2010)等规定。

(二十八) 2017 年 12 月 31 日前,科普单位的门票收入,以及县级及以上党政部门和科协开展科普活动的门票收入。

科普单位,是指科技馆、自然博物馆,对公众开放的天文馆(站、台)、气象台(站)、地震台(站),以及高等院校、科研机构对公众开放的科普基地。

科普活动,是指利用各种传媒以浅显的、让公众易于理解、接受和参与的方式,向普通大众介绍自然科学和社会科学知识,推广科学技术的应用,倡导科学方法,传播科学思想,弘扬科学精神的活动。

(二十九) 政府举办的从事学历教育的高等、中等和初等学校(不含下属单位),举办进修班、培训班取得的全部归该学校所有的收入。

全部归该学校所有,是指举办进修班、培训班取得的全部收入进入该学校统一账户,并纳入预算全额上缴财政专户管理,同时由该学校对有关票据进行统一管理和开具。

举办进修班、培训班取得的收入进入该学校下属部门自行开设账户的,不予免征增值税。

(三十) 政府举办的职业学校设立的主要为在校学生提供实习场所、并由学校出资自办、由学校负责经营管理、经营收入归学校所有的企业,从事《销售服务、无形资产或者不动产注释》中"现代服务"(不含融资租赁服务、广告服务和其他现代服务)、"生活服务"(不含文化体育服务、其他生活服务和桑拿、氧吧)业务活动取得的收入。

(三十一) 家政服务企业由员工制家政服务员提供家政服务取得的收入。

家政服务企业,是指在企业营业执照的规定经营范围中包括家政服务内容的企业。

员工制家政服务员,是指同时符合下列 3 个条件的家政服务员:

1. 依法与家政服务企业签订半年及半年以上的劳动合同或者服务协议,且在该企业实际上岗工作。

2. 家政服务企业为其按月足额缴纳了企业所在地人民政府根据国家政策规定的基本养老保险、基本医疗保险、工伤保险、失业保险等社会保险。对已享受新型农村养老保险和新型农村合作医疗等社会保险或者下岗职工原单位继续为其缴纳社会保险的家政服务员,如果本人书面提出不再缴纳企业所在地人民政府根据国家政策规定的相应的社会保险,并出具其所在乡镇或者原单位开具的已缴纳相关保险的证明,可视同家政服务企业已为其按月足额缴纳了相应的社会保险。

3. 家政服务企业通过金融机构向其实际支付不低于企业所在地适用的经省级人民政府批准的最低工资标准的工资。

(三十二) 福利彩票、体育彩票的发行收入。

(三十三) 军队空余房产租赁收入。

(三十四) 为了配合国家住房制度改革,企业、行政事业单位按房改成本价、标准价出售住房取得的收入。

(三十五) 将土地使用权转让给农业生产者用于农业生产。

注释:《财政部 国家税务总局关于建筑服务等营改增试点政策的通知》(2017 年 7 月 11 日,财税〔2017〕58 号)第四条规定:"纳税人采取转包、出租、互换、转让、入股等方式将承包地流转给农业生产者用于农业生产,免征增值税。"

（三十六）涉及家庭财产分割的个人无偿转让不动产、土地使用权。

家庭财产分割，包括下列情形：离婚财产分割；无偿赠与配偶、父母、子女、祖父母、外祖父母、孙子女、外孙子女、兄弟姐妹；无偿赠与对其承担直接抚养或者赡养义务的抚养人或者赡养人；房屋产权所有人死亡，法定继承人、遗嘱继承人或者受遗赠人依法取得房屋产权。

（三十七）土地所有者出让土地使用权和土地使用者将土地使用权归还给土地所有者。

（三十八）县级以上地方人民政府或自然资源行政主管部门出让、转让或收回自然资源使用权（不含土地使用权）。

（三十九）随军家属就业。

1. 为安置随军家属就业而新开办的企业，自领取税务登记证之日起，其提供的应税服务3年内免征增值税。

享受税收优惠政策的企业，随军家属必须占企业总人数的60%（含）以上，并有军（含）以上政治和后勤机关出具的证明。

2. 从事个体经营的随军家属，自办理税务登记事项之日起，其提供的应税服务3年内免征增值税。

随军家属必须有师以上政治机关出具的可以表明其身份的证明。

按照上述规定，每一名随军家属可以享受一次免税政策。

（四十）军队转业干部就业。

1. 从事个体经营的军队转业干部，自领取税务登记证之日起，其提供的应税服务3年内免征增值税。

2. 为安置自主择业的军队转业干部就业而新开办的企业，凡安置自主择业的军队转业干部占企业总人数60%（含）以上的，自领取税务登记证之日起，其提供的应税服务3年内免征增值税。

二、增值税即征即退

（一）一般纳税人提供管道运输服务，对其增值税实际税负超过3%的部分实行增值税即征即退政策。

（二）经人民银行、银监会或者商务部批准从事融资租赁业务的试点纳税人中的一般纳税人，提供有形动产融资租赁服务和有形动产融资性售后回租服务，对其增值税实际税负超过3%的部分实行增值税即征即退政策。商务部授权的省级商务主管部门和国家经济技术开发区批准的从事融资租赁业务和融资性售后回租业务的试点纳税人中的一般纳税人，2016年5月1日后实收资本达到1.7亿元的，从达到标准的当月起按照上述规定执行；2016年5月1日后实收资本未达到1.7亿元但注册资本达到1.7亿元的，在2016年7月31日前仍可按照上述规定执行，2016年8月1日后开展的有形动产融资租赁业务和有形动产融资性售后回租业务不得按照上述规定执行。

（三）本规定所称增值税实际税负，是指纳税人当期提供应税服务实际缴纳的增值税额占纳税人当期提供应税服务取得的全部价款和价外费用的比例。

三、扣减增值税规定

（一）退役士兵创业就业。

1. 对自主就业退役士兵从事个体经营的，在3年内按每户每年8 000元为限额依次扣减其当年实际应缴纳的增值税、城市维护建设税、教育费附加、地方教育附加和个人所得税。限额标准最高可上浮 20％,各省、自治区、直辖市人民政府可根据本地区实际情况在此幅度内确定具体限额标准,并报财政部和国家税务总局备案。

纳税人年度应缴纳税款小于上述扣减限额的,以其实际缴纳的税款为限;大于上述扣减限额的,应以上述扣减限额为限。纳税人的实际经营期不足一年的,应当以实际月份换算其减免税限额。换算公式为:

$$减免税限额＝年度减免税限额÷12×实际经营月数$$

纳税人在享受税收优惠政策的当月,持《中国人民解放军义务兵退出现役证》或《中国人民解放军士官退出现役证》以及税务机关要求的相关材料向主管税务机关备案。

2. 对商贸企业、服务型企业、劳动就业服务企业中的加工型企业和街道社区具有加工性质的小型企业实体,在新增加的岗位中,当年新招用自主就业退役士兵,与其签订 1 年以上期限劳动合同并依法缴纳社会保险费的,在 3 年内按实际招用人数予以定额依次扣减增值税、城市维护建设税、教育费附加、地方教育附加和企业所得税优惠。定额标准为每人每年 4 000元,最高可上浮 50％,各省、自治区、直辖市人民政府可根据本地区实际情况在此幅度内确定具体定额标准,并报财政部和国家税务总局备案。

本条所称服务型企业是指从事《销售服务、无形资产、不动产注释》中“不动产租赁服务”“商务辅助服务”(不含货物运输代理和代理报关服务)、“生活服务”(不含文化体育服务)范围内业务活动的企业以及按照《民办非企业单位登记管理暂行条例》(国务院令第 251 号)登记成立的民办非企业单位。

纳税人按企业招用人数和签订的劳动合同时间核定企业减免税总额,在核定减免税总额内每月依次扣减增值税、城市维护建设税、教育费附加和地方教育附加。纳税人实际应缴纳的增值税、城市维护建设税、教育费附加和地方教育附加小于核定减免税总额的,以实际应缴纳的增值税、城市维护建设税、教育费附加和地方教育附加为限;实际应缴纳的增值税、城市维护建设税、教育费附加和地方教育附加大于核定减免税总额的,以核定减免税总额为限。

纳税年度终了,如果企业实际减免的增值税、城市维护建设税、教育费附加和地方教育附加小于核定的减免税总额,企业在企业所得税汇算清缴时扣减企业所得税。当年扣减不足的,不再结转以后年度扣减。

计算公式为:

$$企业减免税总额 ＝ \sum 每名自主就业退役士兵本年度在本企业工作月份 ÷12× 定额标准$$

企业自招用自主就业退役士兵的次月起享受税收优惠政策,并于享受税收优惠政策的当月,持下列材料向主管税务机关备案:

(1) 新招用自主就业退役士兵的《中国人民解放军义务兵退出现役证》或《中国人民解放军士官退出现役证》。

(2) 企业与新招用自主就业退役士兵签订的劳动合同(副本),企业为职工缴纳的社会保险费记录。

(3) 自主就业退役士兵本年度在企业工作时间表。

(4) 主管税务机关要求的其他相关材料。

3. 上述所称自主就业退役士兵是指依照《退役士兵安置条例》(国务院、中央军委令第 608 号)的规定退出现役并按自主就业方式安置的退役士兵。

4. 上述税收优惠政策的执行期限为 2016 年 5 月 1 日至 2016 年 12 月 31 日,纳税人在 2016 年 12 月 31 日未享受满 3 年的,可继续享受至 3 年期满为止。

按照《财政部 国家税务总局 民政部关于调整完善扶持自主就业退役士兵创业就业有关税收政策的通知》(财税〔2014〕42 号)规定享受营业税优惠政策的纳税人,自 2016 年 5 月 1 日起按照上述规定享受增值税优惠政策,在 2016 年 12 月 31 日未享受满 3 年的,可继续享受至 3 年期满为止。

《财政部 国家税务总局关于将铁路运输和邮政业纳入营业税改征增值税试点的通知》(财税〔2013〕106 号)附件 3 第一条第(十二)项城镇退役士兵就业免征增值税政策,自 2014 年 7 月 1 日起停止执行。在 2014 年 6 月 30 日未享受满 3 年的,可继续享受至 3 年期满为止。

(二)重点群体创业就业。

1. 对持《就业创业证》(注明"自主创业税收政策"或"毕业年度内自主创业税收政策")或 2015 年 1 月 27 日前取得的《就业失业登记证》(注明"自主创业税收政策"或附着《高校毕业生自主创业证》)的人员从事个体经营的,在 3 年内按每户每年 8 000 元为限额依次扣减其当年实际应缴纳的增值税、城市维护建设税、教育费附加、地方教育附加和个人所得税。限额标准最高可上浮 20%,各省、自治区、直辖市人民政府可根据本地区实际情况在此幅度内确定具体限额标准,并报财政部和国家税务总局备案。

对持《就业创业证》(注明"自主创业税收政策"或"毕业年度内自主创业税收政策")或《就业失业登记证》(注明"自主创业税收政策"或附着《高校毕业生自主创业证》)的人员从事个体经营的,在 3 年内按每户每年 9 600 元的限额依次扣减增值税、城市维护建设税、教育费附加、地方教育附加、河道工程修建维护管理费和个人所得税。

纳税人年度应缴纳税款小于上述扣减限额的,以其实际缴纳的税款为限;大于上述扣减限额的,应以上述扣减限额为限。

上述人员是指:

(1)在人力资源社会保障部门公共就业服务机构登记失业半年以上的人员。

(2)零就业家庭、享受城市居民最低生活保障家庭劳动年龄内的登记失业人员。

(3)毕业年度内高校毕业生。高校毕业生是指实施高等学历教育的普通高等学校、成人高等学校毕业的学生;毕业年度是指毕业所在自然年,即 1 月 1 日至 12 月 31 日。

2. 对商贸企业、服务型企业、劳动就业服务企业中的加工型企业和街道社区具有加工性质的小型企业实体,在新增加的岗位中,当年新招用在人力资源社会保障部门公共就业服务机构登记失业半年以上且持《就业创业证》或 2015 年 1 月 27 日前取得的《就业失业登记证》(注明"企业吸纳税收政策")人员,与其签订 1 年以上期限劳动合同并依法缴纳社会保险费的,在 3 年内按实际招用人数予以定额依次扣减增值税、城市维护建设税、教育费附加、地方教育附加和企业所得税优惠。定额标准为每人每年 4 000 元,最高可上浮 30%,各省、自治区、直辖市人民政府可根据本地区实际情况在此幅度内确定具体定额标准,并报财政部和国家税务总局备案。

按上述标准计算的税收扣减额应在企业当年实际应缴纳的增值税、城市维护建设税、教育费附加、地方教育附加和企业所得税税额中扣减,当年扣减不足的,不得结转下年使用。

本条所称服务型企业是指从事《销售服务、无形资产、不动产注释》中"不动产租赁服务"、

"商务辅助服务"(不含货物运输代理和代理报关服务)、"生活服务"(不含文化体育服务)范围内业务活动的企业以及按照《民办非企业单位登记管理暂行条例》(国务院令第251号)登记成立的民办非企业单位。

3. 享受上述优惠政策的人员按以下规定申领《就业创业证》:

(1) 按照《就业服务与就业管理规定》(劳动和社会保障部令第28号)第六十三条的规定,在法定劳动年龄内,有劳动能力,有就业要求,处于无业状态的城镇常住人员,在公共就业服务机构进行失业登记,申领《就业创业证》。其中,农村进城务工人员和其他非本地户籍人员在常住地稳定就业满6个月的,失业后可以在常住地登记。

(2) 零就业家庭凭社区出具的证明,城镇低保家庭凭低保证明,在公共就业服务机构登记失业,申领《就业创业证》。

(3) 毕业年度内高校毕业生在校期间凭学生证向公共就业服务机构按规定申领《就业创业证》,或委托所在高校就业指导中心向公共就业服务机构按规定代为其申领《就业创业证》;毕业年度内高校毕业生离校后直接向公共就业服务机构按规定申领《就业创业证》。

(4) 上述人员申领相关凭证后,由就业和创业地人力资源社会保障部门对人员范围、就业失业状态、已享受政策情况进行核实,在《就业创业证》上注明"自主创业税收政策""毕业年度内自主创业税收政策"或"企业吸纳税收政策"字样,同时符合自主创业和企业吸纳税收政策条件的,可同时加注;主管税务机关在《就业创业证》上加盖戳记,注明减免税所属时间。

4. 上述税收优惠政策的执行期限为2016年5月1日至2016年12月31日,纳税人在2016年12月31日未享受满3年的,可继续享受至3年期满为止。

按照《财政部 国家税务总局 人力资源社会保障部关于继续实施支持和促进重点群体创业就业有关税收政策的通知》(财税〔2014〕39号)规定享受营业税优惠政策的纳税人,自2016年5月1日起按照上述规定享受增值税优惠政策,在2016年12月31日未享受满3年的,可继续享受至3年期满为止。

《财政部 国家税务总局关于将铁路运输和邮政业纳入营业税改征增值税试点的通知》(财税〔2013〕106号)附件3第一条第(十三)项失业人员就业增值税优惠政策,自2014年1月1日起停止执行。在2013年12月31日未享受满3年的,可继续享受至3年期满为止。

四、金融企业发放贷款后,自结息日起90天内发生的应收未收利息按现行规定缴纳增值税,自结息日起90天后发生的应收未收利息暂不缴纳增值税,待实际收到利息时按规定缴纳增值税。

上述所称金融企业,是指银行(包括国有、集体、股份制、合资、外资银行以及其他所有制形式的银行)、城市信用社、农村信用社、信托投资公司、财务公司。

注释:财税〔2016〕140号文件第三条规定:"三、证券公司、保险公司、金融租赁公司、证券基金管理公司、证券投资基金以及其他经人民银行、银监会、证监会、保监会批准成立且经营金融保险业务的机构发放贷款后,自结息日起90天内发生的应收未收利息按现行规定缴纳增值税,自结息日起90天后发生的应收未收利息暂不缴纳增值税,待实际收到利息时按规定缴纳增值税。"

五、个人将购买不足2年的住房对外销售的,按照5%的征收率全额缴纳增值税;个人将购买2年以上(含2年)的住房对外销售的,免征增值税。上述政策适用于北京市、上海市、广州市和深圳市之外的地区。

个人将购买不足2年的住房对外销售的,按照5%的征收率全额缴纳增值税;个人将购买2年以上(含2年)的非普通住房对外销售的,以销售收入减去购买住房价款后的差额按照5%的征收率缴纳增值税;个人将购买2年以上(含2年)的普通住房对外销售的,免征增值税。上述政策仅适用于北京市、上海市、广州市和深圳市。

办理免税的具体程序、购买房屋的时间、开具发票、非购买形式取得住房行为及其他相关税收管理规定,按照《国务院办公厅转发建设部等部门关于做好稳定住房价格工作意见的通知》(国办发〔2005〕26号)、《国家税务总局 财政部 建设部关于加强房地产税收管理的通知》(国税发〔2005〕89号)和《国家税务总局关于房地产税收政策执行中几个具体问题的通知》(国税发〔2005〕172号)的有关规定执行。

六、上述增值税优惠政策除已规定期限的项目和第五条政策外,其他均在营改增试点期间执行。如果试点纳税人在纳入营改增试点之日前已经按照有关政策规定享受了营业税税收优惠,在剩余税收优惠政策期限内,按照本规定享受有关增值税优惠。

附件4
跨境应税行为适用增值税零税率和免税政策的规定

一、中华人民共和国境内(以下称境内)的单位和个人销售的下列服务和无形资产,适用增值税零税率:

(一)国际运输服务。

国际运输服务,是指:

1. 在境内载运旅客或者货物出境。

2. 在境外载运旅客或者货物入境。

3. 在境外载运旅客或者货物。

(二)航天运输服务。

(三)向境外单位提供的完全在境外消费的下列服务:

1. 研发服务。

2. 合同能源管理服务。

3. 设计服务。

4. 广播影视节目(作品)的制作和发行服务。

5. 软件服务。

6. 电路设计及测试服务。

7. 信息系统服务。

8. 业务流程管理服务。

9. 离岸服务外包业务。

离岸服务外包业务,包括信息技术外包服务(ITO)、技术性业务流程外包服务(BPO)、技术性知识流程外包服务(KPO),其所涉及的具体业务活动,按照《销售服务、无形资产、不动产注释》相对应的业务活动执行。

10. 转让技术。

(四)财政部和国家税务总局规定的其他服务。

二、境内的单位和个人销售的下列服务和无形资产免征增值税,但财政部和国家税务总局规定适用增值税零税率的除外：

（一）下列服务：

1. 工程项目在境外的建筑服务。

注释：《国家税务总局关于在境外提供建筑服务等有关问题的公告》（2016 年 11 月 4 日，国家税务总局公告 2016 年第 69 号）第一条规定："境内的单位和个人为施工地点在境外的工程项目提供建筑服务，按照《国家税务总局关于发布〈营业税改征增值税跨境应税行为增值税免税管理办法（试行）〉的公告》（国家税务总局公告 2016 年第 29 号）第八条规定办理免税备案手续时，凡与发包方签订的建筑合同注明施工地点在境外的，可不再提供工程项目在境外的其他证明材料。"

2. 工程项目在境外的工程监理服务。

3. 工程、矿产资源在境外的工程勘察勘探服务。

4. 会议展览地点在境外的会议展览服务。

5. 存储地点在境外的仓储服务。

6. 标的物在境外使用的有形动产租赁服务。

7. 在境外提供的广播影视节目（作品）的播映服务。

8. 在境外提供的文化体育服务、教育医疗服务、旅游服务。

注释：《国家税务总局关于在境外提供建筑服务等有关问题的公告》（2016 年 11 月 4 日，国家税务总局公告 2016 年第 69 号）第二条规定："境内的单位和个人在境外提供旅游服务，按照国家税务总局公告 2016 年第 29 号第八条规定办理免税备案手续时，以下列材料之一作为服务地点在境外的证明材料：

（一）旅游服务提供方派业务人员随同出境的，出境业务人员的出境证件首页及出境记录页复印件。

出境业务人员超过 2 人的，只需提供其中 2 人的出境证件复印件。

（二）旅游服务购买方的出境证件首页及出境记录页复印件。

旅游服务购买方超过 2 人的，只需提供其中 2 人的出境证件复印件。"

（二）为出口货物提供的邮政服务、收派服务、保险服务。

为出口货物提供的保险服务，包括出口货物保险和出口信用保险。

（三）向境外单位提供的完全在境外消费的下列服务和无形资产：

1. 电信服务。

2. 知识产权服务。

3. 物流辅助服务（仓储服务、收派服务除外）。

4. 鉴证咨询服务。

5. 专业技术服务。

6. 商务辅助服务。

7. 广告投放地在境外的广告服务。

8. 无形资产。

（四）以无运输工具承运方式提供的国际运输服务。

（五）为境外单位之间的货币资金融通及其他金融业务提供的直接收费金融服务，且该服务与境内的货物、无形资产和不动产无关。

（六）财政部和国家税务总局规定的其他服务。

三、按照国家有关规定应取得相关资质的国际运输服务项目，纳税人取得相关资质的，适用增值税零税率政策，未取得的，适用增值税免税政策。

境内的单位或个人提供程租服务，如果租赁的交通工具用于国际运输服务和港澳台运输服务，由出租方按规定申请适用增值税零税率。

境内的单位和个人向境内单位或个人提供期租、湿租服务，如果承租方利用租赁的交通工具向其他单位或个人提供国际运输服务和港澳台运输服务，由承租方适用增值税零税率。境内的单位或个人向境外单位或个人提供期租、湿租服务，由出租方适用增值税零税率。

境内单位和个人以无运输工具承运方式提供的国际运输服务，由境内实际承运人适用增值税零税率；无运输工具承运业务的经营者适用增值税免税政策。

四、境内的单位和个人提供适用增值税零税率的服务或者无形资产，如果属于适用简易计税方法的，实行免征增值税办法。如果属于适用增值税一般计税方法的，生产企业实行免抵退税办法，外贸企业外购服务或者无形资产出口实行免退税办法，外贸企业直接将服务或自行研发的无形资产出口，视同生产企业连同其出口货物统一实行免抵退税办法。

服务和无形资产的退税率为其按照《试点实施办法》第十五条第（一）至（三）项规定适用的增值税税率。实行退（免）税办法的服务和无形资产，如果主管税务机关认定出口价格偏高的，有权按照核定的出口价格计算退（免）税，核定的出口价格低于外贸企业购进价格的，低于部分对应的进项税额不予退税，转入成本。

五、境内的单位和个人销售适用增值税零税率的服务或无形资产的，可以放弃适用增值税零税率，选择免税或按规定缴纳增值税。放弃适用增值税零税率后，36个月内不得再申请适用增值税零税率。

六、境内的单位和个人销售适用增值税零税率的服务或无形资产，按月向主管退税的税务机关申报办理增值税退（免）税手续。具体管理办法由国家税务总局商财政部另行制定。

七、本规定所称完全在境外消费，是指：

（一）服务的实际接受方在境外，且与境内的货物和不动产无关。

（二）无形资产完全在境外使用，且与境内的货物和不动产无关。

（三）财政部和国家税务总局规定的其他情形。

八、境内单位和个人发生的与香港、澳门、台湾有关的应税行为，除本文另有规定外，参照上述规定执行。

九、2016年4月30日前签订的合同，符合《财政部 国家税务总局关于将铁路运输和邮政业纳入营业税改征增值税试点的通知》（财税〔2013〕106号）附件4和《财政部 国家税务总局关于影视等出口服务适用增值税零税率政策的通知》（财税〔2015〕118号）规定的零税率或者免税政策条件的，在合同到期前可以继续享受零税率或者免税政策。

财政部税政司 国家税务总局货物和劳务税司
负责人就全面推开营改增试点答记者问

3月18日，国务院常务会议审议通过了全面推开营改增试点方案，明确自2016年5月1日起，全面推开营改增试点，将建筑业、房地产业、金融业、生活服务业纳入试点范围。财政部税政司、国家税务总局货物和劳务税司负责人就全面推开营改增试点有关问题回答了记者提问。

一、全面推开营改增试点,有哪些新的措施和改革内容?

答:全面推开营改增试点,基本内容是实行"双扩"。一是扩大试点行业范围。将建筑业、房地产业、金融业、生活服务业4个行业纳入营改增试点范围,自此,现行营业税纳税人全部改征增值税。其中,建筑业和房地产业适用11%税率,金融业和生活服务业适用6%税率。这些新增试点行业,涉及纳税人近1 000万户,是前期营改增试点纳税人总户数的近1.7倍;年营业税规模约1.9万亿元,占原营业税总收入的比例约80%。二是将不动产纳入抵扣范围。继上一轮增值税转型改革将企业购进机器设备纳入抵扣范围之后,本次改革又将不动产纳入抵扣范围,无论是制造业、商业等原增值税纳税人,还是营改增试点纳税人,都可抵扣新增不动产所含增值税。根据国务院常务会议审议通过的全面推开营改增试点方案,财政部会同税务总局正在抓紧起草全面推开营改增试点的政策文件和配套操作办法,将于近期发布。

二、全面推开营改增试点的意义?

答:营改增作为深化财税体制改革的重头戏和供给侧结构性改革的重要举措,前期试点已经取得了积极成效,全面推开营改增试点,覆盖面更广,意义更大。

一是实现了增值税对货物和服务的全覆盖,基本消除了重复征税,打通了增值税抵扣链条,促进了社会分工协作,有力地支持了服务业发展和制造业转型升级。二是将不动产纳入抵扣范围,比较完整地实现了规范的消费型增值税制度,有利于扩大企业投资,增强企业经营活力。三是进一步减轻企业税负,是财税领域打出"降成本"组合拳的重要一招,用短期财政收入的"减"换取持续发展势能的"增",为经济保持中高速增长、迈向中高端水平打下坚实基础。四是创造了更加公平、中性的税收环境,有效释放市场在经济活动中的作用和活力,在推动产业转型、结构优化、消费升级、创新创业和深化供给侧结构性改革等方面将发挥重要的促进作用。

三、营改增试点已经实施4年多,请介绍一下试点运行情况?

答:为进一步深化税制改革,解决增值税和营业税并存导致的重复征税问题,2011年10月,国务院决定开展营改增试点,逐步将征收营业税的行业改为征收增值税。2012年1月1日起,率先在上海实施了交通运输业和部分现代服务业营改增试点。2012年9月1日至2012年12月1日,交通运输业和部分现代服务业营改增试点由上海市分4批次扩大至北京市、江苏省、安徽省、福建省(含厦门市)、广东省(含深圳市)、天津市、浙江省(含宁波市)、湖北省等8省(直辖市);2013年8月1日起,交通运输业和部分现代服务业营改增试点推向全国,同时将广播影视服务纳入试点范围;2014年1月1日起,铁路运输业和邮政业在全国范围实施营改增试点;2014年6月1日起,电信业在全国范围实施营改增试点。至此,营改增试点已覆盖"3+7"个行业,即交通运输业、邮政业、电信业3个大类行业和研发技术、信息技术、文化创意、物流辅助、有形动产租赁、鉴证咨询、广播影视7个现代服务业。

在国务院的统一部署下,改革试点工作平稳有序推进,试点纳税人的会计核算、纳税申报、税款缴纳正常有序进行,税务机关纳税服务、税收征管、风险防控等各项工作落实到位,征纳双方已经基本适应了新税制的各项要求,营改增前期试点行业已经从税制转换阶段过渡到常态运行阶段。针对试点过程中部分企业税负暂时上升问题,财政部和国家税务总局通过加强政策解读、出台过渡政策等方式予以妥善解决。总的看,前期试点工作进展顺利,反映良好,基本实现了规范税制、减轻税负、促进发展、带动改革的预期目标。据统计,截至2015年底,全国营改增试点纳税人共计592万户,其中一般纳税人113万户,小规模纳税人479万户;累计实现减税6 412亿元,其中,试点纳税人因税制转换减税3 133亿元,原增值税纳税人因增加抵扣减税3 279亿元。

营改增试点从制度上缓解了货物和服务税制不统一和重复征税的问题,贯通了服务业内部和二三产业之间的抵扣链条,减轻了企业税负,激发了企业活力,促进了社会分工协作,有力地支持了服务业发展和制造业转型升级,提升了货物贸易和服务贸易出口竞争力,是推进经济结构转型升级的重要举措。

四、李克强总理在政府工作报告中提出,全面实施营改增,要确保所有行业税负只减不增,请问将采取哪些措施落实总理提出的要求?

答:营改增试点从制度上基本消除货物和服务税制不统一、重复征税的问题,有效减轻企业税负。从前期试点情况看,截至 2015 年底,营改增累计实现减税 6 412 亿元,无论是试点纳税人还是原增值税纳税人,都实现了较大规模的减税,这充分证明营改增的制度框架体现了总体减税的要求。

3 月 5 日李克强总理在《政府工作报告》中提出,5 月 1 日起,全面实施营改增,并承诺确保所有行业税负只减不增。全面实施营改增,是我国实施积极财政政策的重要着力点。当前实体经济较为困难,为了进一步减轻企业负担,在设计全面推开营改增试点方案时,按照改革和稳增长两兼顾、两促进的原则,作出妥善安排。一是一次性将建筑业、房地产业、金融业、生活服务业全部纳入试点范围;二是将新增不动产所含增值税全部纳入抵扣范围。同时,明确新增试点行业的原营业税优惠政策原则上予以延续,对老合同、老项目以及特定行业采取过渡性措施,确保全面推开营改增试点后,总体上实现所有行业全面减税、绝大部分企业税负有不同程度降低的政策效果。

五、营改增试点全面推开后,对前期试点行业和原增值税纳税人税负有何影响?

答:将营改增试点范围扩大到建筑业、房地产业、金融业、生活服务业,并将所有企业新增不动产所含增值税纳入抵扣范围后,各类企业购买或租入上述项目所支付的增值税都可以抵扣。特别是将不动产纳入抵扣范围,减税规模较大,受益面较广,通过外购、租入、自建等方式新增不动产的企业都将因此获益,前期试点纳税人总体税负会因此下降。同时,原增值税纳税人可抵扣项目范围较前期试点进一步扩大,总体税负也会相应下降。

六、全面推开营改增试点后,增值税立法有何考虑?

答:全面推开营改增试点,将实现增值税对货物和服务的全覆盖;不动产纳入抵扣范围,实现向比较完整的消费型增值税制度的转型。我们将密切跟踪试点情况,及时总结试点经验,进一步完善增值税制度,同时,按照中央要求和全国人大部署,抓紧启动增值税立法程序,尽快将增值税暂行条例上升为法律。

七、目前距离 5 月 1 日已不足 2 个月时间,请问财税部门对下一步工作有何打算? 如何帮助企业尽快做好试点准备工作?

答:目前,距全面推开营改增试点已不足 2 个月时间,建筑业、房地产业、金融业、生活服务业 4 个行业涉及近 1 000 万户纳税人,试点准备的时间紧、任务重。为了确保试点的如期顺利推进,帮助纳税人尽快做好试点准备、平稳实现税制转换,财税部门已作部署安排,重点做好以下工作:

一是抓紧准备营改增的政策文件和配套操作办法,尽快公布。

二是充分利用广播、电视、报刊、网络等媒体媒介,做好包括政策解读、操作实务、服务措施和热点难点等在内的宣讲工作,及时回应社会关切和纳税人诉求,为改革顺利推进营造良好的舆论环境。

三是国税、地税部门早日对接,建立联席工作制度,及时办理纳税人档案交接手续。切实做到无缝衔接、平滑过渡、按时办结,交接过程中不给纳税人增加不必要的负担。

四是税务部门分批次做好对试点纳税人的培训辅导以及税控器具的发放、安装,确保试点纳税人懂政策、能开票、会申报,帮助试点纳税人适应新税制、遵从新税制、获益新税制。

五是税务部门进一步优化纳税服务,科学布局办税服务大厅,充分考虑试点纳税人各种诉求和工作量,增设服务窗口,开设绿色通道,给纳税人提供更便利高效的办税服务。

 财政部　税务总局关于简并增值税税率有关政策的通知

2017 年 4 月 28 日　财税〔2017〕37 号

各省、自治区、直辖市、计划单列市财政厅(局)、国家税务局、地方税务局,新疆生产建设兵团财务局:

自 2017 年 7 月 1 日起,简并增值税税率结构,取消 13% 的增值税税率。现将有关政策通知如下:

一、纳税人销售或者进口下列货物,税率为 11%:

农产品(含粮食)、自来水、暖气、石油液化气、天然气、食用植物油、冷气、热水、煤气、居民用煤炭制品、食用盐、农机、饲料、农药、农膜、化肥、沼气、二甲醚、图书、报纸、杂志、音像制品、电子出版物。

上述货物的具体范围见本通知附件 1。

注释 1:根据《财政部　税务总局关于调整增值税税率的通知》(2018 年 4 月 4 日,财税〔2018〕32 号)第一条规定,自 2018 年 5 月 1 日起,纳税人发生增值税应税销售行为或者进口货物,原适用 11% 税率的,税率调整为 10%。

注释 2:根据《财政部　税务总局　海关总署关于深化增值税改革有关政策的公告》(2019 年 3 月 20 日,财政部　国家税务总局　海关总署公告 2019 年第 39 号)第一条规定,自 2019 年 4 月 1 日起,增值税一般纳税人发生增值税应税销售行为或者进口货物,原适用 10% 税率的,税率调整为 9%。

二、纳税人购进农产品,按下列规定抵扣进项税额:

(一)除本条第(二)项规定外,纳税人购进农产品,取得一般纳税人开具的增值税专用发票或海关进口增值税专用缴款书的,以增值税专用发票或海关进口增值税专用缴款书上注明的增值税额为进项税额;从按照简易计税方法依照 3% 征收率计算缴纳增值税的小规模纳税人取得增值税专用发票的,以增值税专用发票上注明的金额和 11% 的扣除率计算进项税额;取得(开具)农产品销售发票或收购发票的,以农产品销售发票或收购发票上注明的农产品买价和 11% 的扣除率计算进项税额。

注释 1:根据财税〔2018〕32 号文件第二条规定,自 2018 年 5 月 1 日,纳税人购进农产品,原适用 11% 扣除率的,扣除率调整为 10%。

注释 2:根据《财政部　税务总局　海关总署关于深化增值税改革有关政策的公告》(2019 年 3 月 20 日,财政部　国家税务总局　海关总署公告 2019 年第 39 号)第二条规定,自 2019 年 4 月 1 日起,纳税人购进农产品,原适用 10% 扣除率的,扣除率调整为 9%。

(二)营业税改征增值税试点期间,纳税人购进用于生产销售或委托受托加工 17% 税率货物的农产品维持原扣除力度不变。

注释1：根据财税〔2018〕32号文件第三条规定，自2018年5月1日，纳税人购进用于生产销售或委托加工16%税率货物的农产品，按照12%的扣除率计算进项税额。

注释2：根据《财政部 税务总局 海关总署关于深化增值税改革有关政策的公告》（2019年3月20日，财政部 国家税务总局 海关总署公告2019年第39号）第二条规定，自2019年4月1日起，纳税人购进用于生产或者委托加工13%税率货物的农产品，按照10%的扣除率计算进项税额。

（三）继续推进农产品增值税进项税额核定扣除试点，纳税人购进农产品进项税额已实行核定扣除的，仍按照《财政部 国家税务总局关于在部分行业试行农产品增值税进项税额核定扣除办法的通知》（财税〔2012〕38号）、《财政部 国家税务总局关于扩大农产品增值税进项税额核定扣除试点行业范围的通知》（财税〔2013〕57号）执行。其中，《农产品增值税进项税额核定扣除试点实施办法》（财税〔2012〕38号印发）第四条第（二）项规定的扣除率调整为11%；第（三）项规定的扣除率调整为按本条第（一）项、第（二）项规定执行。

注释1：根据财税〔2018〕32号文件第二条规定，自2018年5月1日，纳税人购进农产品，原适用11%扣除率的，扣除率调整为10%。

注释2：根据《财政部 税务总局 海关总署关于深化增值税改革有关政策的公告》（2019年3月20日，财政部 国家税务总局 海关总署公告2019年第39号）第二条规定，自2019年4月1日起，纳税人购进农产品，原适用10%扣除率的，扣除率调整为9%。

（四）纳税人从批发、零售环节购进适用免征增值税政策的蔬菜、部分鲜活肉蛋而取得的普通发票，不得作为计算抵扣进项税额的凭证。

（五）纳税人购进农产品既用于生产销售或委托受托加工17%税率货物又用于生产销售其他货物服务的，应当分别核算用于生产销售或委托受托加工17%税率货物和其他货物服务的农产品进项税额。未分别核算的，统一以增值税专用发票或海关进口增值税专用缴款书上注明的增值税额为进项税额，或以农产品收购发票或销售发票上注明的农产品买价和11%的扣除率计算进项税额。

（六）《中华人民共和国增值税暂行条例》第八条第二款第（三）项和本通知所称销售发票，是指农业生产者销售自产农产品适用免征增值税政策而开具的普通发票。

三、本通知附件2所列货物的出口退税率调整为11%。出口货物适用的出口退税率，以出口货物报关单上注明的出口日期界定。

注释1：根据财税〔2018〕32号文件第四条规定，自2018年5月1日起，原适用11%税率且出口退税率为11%的出口货物、跨境应税行为，出口退税率调整至10%。

注释2：根据《财政部 税务总局 海关总署关于深化增值税改革有关政策的公告》（2019年3月20日，财政部 国家税务总局 海关总署公告2019年第39号）第三条第一款规定："原适用16%税率且出口退税率为16%的出口货物劳务，出口退税率调整为13%；原适用10%税率且出口退税率为10%的出口货物、跨境应税行为，出口退税率调整为9%。"

外贸企业2017年8月31日前出口本通知附件2所列货物，购进时已按13%税率征收增值税的，执行13%出口退税率；购进时已按11%税率征收增值税的，执行11%出口退税率。生产企业2017年8月31日前出口本通知附件2所列货物，执行13%出口退税率。出口货物的时间,按照出口货物报关单上注明的出口日期执行。

注释1:根据财税〔2018〕32号文件第五条规定,自2018年5月1日起,原适用11%税率且出口退税率为11%的出口货物、跨境应税行为,出口退税率调整至10%,外贸企业2018年7月31日前出口的第四条所涉货物、销售的第四条所涉跨境应税行为,购进时已按调整前税率征收增值税的,执行调整前的出口退税率;购进时已按调整后税率征收增值税的,执行调整后的出口退税率。生产企业2018年7月31日前出口的第四条所涉货物、销售的第四条所涉跨境应税行为,执行调整前的出口退税率。

调整出口货物退税率的执行时间及出口货物的时间,以出口货物报关单上注明的出口日期为准,调整跨境应税行为退税率的执行时间及销售跨境应税行为的时间,以出口发票的开具日期为准。

注释2:《财政部 税务总局 海关总署关于深化增值税改革有关政策的公告》(2019年3月20日,财政部 国家税务总局 海关总署公告2019年第39号)第三条第二款和第三款规定:"2019年6月30日前(含2019年4月1日前),纳税人出口前款所涉货物劳务、发生前款所涉跨境应税行为,适用增值税免退税办法的,购进时已按调整前税率征收增值税的,执行调整前的出口退税率,购进时已按调整后税率征收增值税的,执行调整后的出口退税率;适用增值税免抵退税办法的,执行调整前的出口退税率,在计算免抵退税时,适用税率低于出口退税率的,适用税率与出口退税率之差视为零参与免抵退税计算。

出口退税率的执行时间及出口货物劳务、发生跨境应税行为的时间,按照以下规定执行:报关出口的货物劳务(保税区及经保税区出口除外),以海关出口报关单上注明的出口日期为准;非报关出口的货物劳务、跨境应税行为,以出口发票或普通发票的开具时间为准;保税区及经保税区出口的货物,以货物离境时海关出具的出境货物备案清单上注明的出口日期为准。"

四、本通知自2017年7月1日起执行。此前有关规定与本通知规定的增值税税率、扣除率、相关货物具体范围不一致的,以本通知为准。《财政部 国家税务总局关于免征部分鲜活肉蛋产品流通环节增值税政策的通知》(财税〔2012〕75号)第三条同时废止。

五、各地要高度重视简并增值税税率工作,切实加强组织领导,周密安排,明确责任。做好实施前的各项准备以及实施过程中的监测分析、宣传解释等工作,确保简并增值税税率平稳、有序推进。遇到问题请及时向财政部和税务总局反映。

附件1
适用11%增值税税率货物范围注释

一、农产品

农产品,是指种植业、养殖业、林业、牧业、水产业生产的各种植物、动物的初级产品。具体征税范围暂继续按照《财政部 国家税务总局关于印发〈农业产品征税范围注释〉的通知》(财税字〔1995〕52号)及现行相关规定执行,并包括挂面、干姜、姜黄、玉米胚芽、动物骨粒、按照《食品安全国家标准—巴氏杀菌乳》(GB 19645—2010)生产的巴氏杀菌乳、按照《食品安全国家标准—灭菌乳》(GB 25190—2010)生产的灭菌乳。

二、食用植物油、自来水、暖气、冷气、热水、煤气、石油液化气、天然气、沼气、居民用煤炭制品、图书、报纸、杂志、化肥、农药、农机、农膜

上述货物的具体征税范围暂继续按照《国家税务总局关于印发〈增值税部分货物征税范

围注释〉的通知》(国税发〔1993〕151号)及现行相关规定执行,并包括棕榈油、棉籽油、茴油、毛椰子油、核桃油、橄榄油、花椒油、杏仁油、葡萄籽油、牡丹籽油、由石油伴生气加工压缩而成的石油液化气、西气东输项目上游中外合作开采天然气、中小学课本配套产品(包括各种纸制品或图片)、国内印刷企业承印的经新闻出版主管部门批准印刷且采用国际标准书号编序的境外图书、农用水泵、农用柴油机、不带动力的手扶拖拉机、三轮农用运输车、密集型烤房设备、频振式杀虫灯、自动虫情测报灯、粘虫板、卷帘机、农用挖掘机、养鸡设备系列、养猪设备系列产品、动物尸体降解处理机、蔬菜清洗机。

三、饲料

饲料,是指用于动物饲养的产品或其加工品。具体征税范围按照《国家税务总局关于修订"饲料"注释及加强饲料征免增值税管理问题的通知》(国税发〔1999〕39号)执行,并包括豆粕、宠物饲料、饲用鱼油、矿物质微量元素舔砖、饲料级磷酸二氢钙产品。

四、音像制品

音像制品,是指正式出版的录有内容的录音带、录像带、唱片、激光唱盘和激光视盘。

五、电子出版物

电子出版物,是指以数字代码方式,使用计算机应用程序,将图文声像等内容信息编辑加工后存储在具有确定的物理形态的磁、光、电等介质上,通过内嵌在计算机、手机、电子阅读设备、电子显示设备、数字音/视频播放设备、电子游戏机、导航仪以及其他具有类似功能的设备上读取使用,具有交互功能,用以表达思想、普及知识和积累文化的大众传播媒体。载体形态和格式主要包括只读光盘(CD只读光盘CD-ROM、交互式光盘CD-I、照片光盘Photo-CD、高密度只读光盘DVD-ROM、蓝光只读光盘HD-DVD ROM和BD ROM)、一次写入式光盘(一次写入CD光盘CD-R、一次写入高密度光盘DVD-R、一次写入蓝光光盘HD-DVD/R, BD-R)、可擦写光盘(可擦写CD光盘CD-RW、可擦写高密度光盘DVD-RW、可擦写蓝光光盘HDDVD-RW和BD-RW、磁光盘MO)、软磁盘(FD)、硬磁盘(HD)、集成电路卡(CF卡、MD卡、SM卡、MMC卡、RR-MMC卡、MS卡、SD卡、XD卡、T-FLASH卡、记忆棒)和各种存储芯片。

六、二甲醚

二甲醚,是指化学分子式为CH_3OCH_3,常温常压下为具有轻微醚香味,易燃、无毒、无腐蚀性的气体。

七、食用盐

食用盐,是指符合《食用盐》(GB/T 5461—2016)和《食用盐卫生标准》(GB 2721—2003)两项国家标准的食用盐。

附件2

出口退税率调整产品清单

序号	商品代码	商品名称	备注
1	0201300090	其他鲜或冷藏的去骨牛肉	
2	0202300090	其他冻藏的去骨牛肉	
3	02032900102	分割野猪肉	

（续表）

序号	商品代码	商品名称	备注
4	02032900902	分割猪肉	
5	02044300	冻的其他去骨绵羊肉	
6	02045000	鲜、冷、冻的山羊肉	
7	02071311	鲜或冷的带骨鸡块	
8	02071319	鲜或冷的其他鸡块	
9	02071321	鲜或冷的鸡翼(不包括翼尖)	
10	02071411	冻的带骨鸡块	
11	02071419	冻的其他鸡块	
12	02071421	冻的鸡翼(不包括翼尖)	
13	02072600002	分割火鸡块	
14	02072700002	分割火鸡块	
15	02074400002	分割鸭块	
16	02074500002	分割鸭块	
17	02075400002	分割鹅块	
18	02075500002	分割鹅块	
19	02076000002	分割珍珠鸡块	
20	02081010002	分割家兔肉	
21	02081020002	分割家兔肉	
22	03031100	冻红大麻哈鱼	
23	03031200	冻其他大麻哈鱼	
24	03031300	冻大西洋鲑鱼及多瑙哲罗鱼	
25	03031400	冻鳟鱼	
26	03031900	冻其他鲑科鱼	
27	03032300	冻罗非鱼	
28	03032400	冻鲶鱼	
29	03032500	冻鲤科鱼	
30	03032600	冻鳗鱼	
31	03032900	冻尼罗河鲈鱼及黑鱼	
32	03033110	冻格陵兰庸鲽鱼	
33	03033190	冻庸鲽鱼	
34	03033200	冻鲽鱼	
35	03033300	冻鳎鱼	
36	03033400	冻大菱鲆	
37	03033900	其他冻比目鱼	
38	03034100	冻长鳍金枪鱼	
39	03034200	冻黄鳍金枪鱼	
40	03034300	冻鲣鱼或狐鲣	

（续表）

序号	商品代码	商品名称	备注
41	03034400	冻大眼金枪鱼,但鱼肝及鱼卵除外	
42	03034510	冻大西洋蓝鳍金枪鱼	
43	03034520	冻太平洋蓝鳍金枪鱼	
44	03034600	冻南方蓝鳍金枪鱼,但鱼肝及鱼卵除外	
45	03034900	其他冻金枪鱼,但鱼肝及鱼卵除外	
46	03035100	冻鲱鱼(大西洋鲱鱼、太平洋鲱鱼),但鱼肝及鱼卵除外	
47	03035300	冻沙丁鱼、小沙丁鱼属、黍鲱或西鲱	
48	03035400	冻鲭鱼	
49	03035500	冻对称竹荚鱼、新西兰竹荚鱼及竹荚鱼	
50	03035600	冻军曹鱼	
51	03035700	冻剑鱼	
52	03035900	冻印度鲭(羽鳃鲐属)、马鲛鱼(马鲛鱼属)、鲹属、银鲳(鲳属)、秋刀鱼、圆鲹(圆鲹属)、毛鳞鱼、鲔鱼、狐鲣(狐鲣属)、枪鱼、旗鱼、四鳍旗鱼(旗鱼科)	
53	03036300	冻鳕鱼(大西洋鳕鱼、格陵兰鳕鱼、太平洋鳕鱼)	
54	03036400	冻黑线鳕鱼	
55	03036500	冻绿青鳕鱼	
56	03036600	冻狗鳕鱼	
57	03036700	冻狭鳕鱼	
58	03036800	冻蓝鳕鱼	
59	03036900	其他冻鳕鱼	
60	0303810090	冻其他鲨鱼(但子目 0303.91 至 0303.99 的可食用鱼杂碎除外:)	
61	03038200	冻魟鱼及鳐鱼	
62	03038300	冻南极犬牙鱼	
63	03038400	冻尖吻鲈鱼	
64	03038910	冻带鱼	
65	03038920	冻黄鱼	
66	03038930	冻鲳鱼	
67	0303899001	其他冻鲈鱼(但子目 0303.91 至 0303.99 的可食用鱼杂碎除外:)	
68	0303899020	冻平鲉属(但子目 0303.91 至 0303.99 的可食用鱼杂碎除外:)	
69	0303899030	冻鲬鲉属(叶鳍鲉属)(但子目 0303.91 至 0303.99 的可食用鱼杂碎除外:)	
70	0303899090	其他未列名冻鱼(但子目 0303.91 至 0303.99 的可食用鱼杂碎除外:)	
71	0303910090	其他冻鱼肝、鱼卵及鱼精	
72	0303920090	其他冻鲨鱼翅	
73	0303990020	冻的大菱鲆、比目鱼、鲱鱼、鲭鱼、鲳鱼、带鱼、尼罗河鲈鱼、尖吻鲈鱼、其他鲈鱼的可食用其他鱼杂碎	
74	0303990090	其他冻可食用其他鱼杂碎	
75	03046100	冻罗非鱼等鱼鱼片	
76	03046211	冻斑点叉尾鮰鱼片	

序号	商品代码	商品名称	备注
77	03046219	冻其他叉尾鮰鱼片	
78	03046290	冻其他鲶鱼片	
79	03046300	冻尼罗河鲈鱼片	
80	03046900	冻鲤科鱼、鳗鱼、黑鱼片	
81	03047100	鳕鱼(大西洋鳕鱼、格陵兰鳕鱼、太平洋鳕鱼)	
82	03047200	冻黑线鳕鱼片	
83	03047300	冻绿青鳕鱼片	
84	03047400	冻狗鳕鱼片	
85	03047500	冻狭鳕鱼片	
86	03047900	冻其他鳕鱼片	
87	03048100	冻大麻哈鱼、大西洋鲑鱼及多瑙哲罗鱼片	
88	03048200	冻鳟鱼片	
89	03048300	冻比目鱼片	
90	03048400	冻剑鱼片	
91	03048500	冻南极犬牙鱼片	
92	03048600	冻鲱鱼片	
93	03048700	冻金枪鱼、鲣鱼或狐鲣(鲣)片	
94	0304880090	冻的其他鲨鱼、魟鱼及鳐鱼的鱼片	
95	0304890090	冻的其他鱼片	
96	03049100	冻的剑鱼肉	
97	03049200	冻的南极犬牙鱼肉	
98	03049300	冻罗非鱼等鱼鱼肉	
99	03049400	冻狭鳕鱼肉	
100	03049500	冻犀鳕科等鳕科鱼肉	
101	0304960090	冻的其他鲨鱼肉(不论是否绞碎)	
102	0304970090	冻的其他魟鱼及鳐鱼的鱼肉(不论是否绞碎)	
103	0304990090	其他冻鱼肉(不论是否绞碎)	
104	03051000001	原按13%征税的供人食用的鱼粉及团粒	
105	03052000901	原按13%征税的其他干、熏、盐制的鱼肝、鱼卵及鱼精	
106	03053100101	干、盐腌或盐渍的花鳗鲡鱼片〔熏制的除外〕	原按13%征税的
107	03053100201	干、盐腌或盐渍的欧洲鳗鲡鱼片〔熏制的除外〕	原按13%征税的
108	03053100901	原按13%征税的干、盐腌或盐渍的罗非鱼(口孵非鲫属)、鲶鱼〔(鱼芒)鲶属、鲶属、胡鲶属、真鮰属〕、鲤科鱼(鲤属、鲫属、草鱼、鲢属、鲮属、青鱼、卡特拉鲃、野鲮属、哈氏纹唇鱼、何氏细须鲃、鲂属)、鳗鱼(鳗鲡属)、尼罗河鲈鱼(尼罗尖吻鲈)及黑鱼(鳢属)的鱼片	
109	03053200001	干、盐腌或盐渍的犀鳕科、多丝真鳕科、鳕科、长尾鳕科、黑鳕科、无须鳕科、深海鳕科及南极鳕科的鱼片〔熏制的除外〕	原按13%征税的
110	03053900901	其他干、盐腌或盐渍的鱼片〔熏制的除外〕	原按13%征税的
111	03054110	熏大西洋鲑鱼,食用杂碎除外	
112	03054120	熏鲱鱼,食用杂碎除外	

（续表）

序号	商品代码	商品名称	备注
113	03054200	熏鲱鱼，食用杂碎除外	
114	03054300	熏鳟鱼，食用杂碎除外	
115	03054400	熏罗非鱼等鱼，食用杂碎除外	
116	0305490090	其他熏鱼及鱼片（食用杂碎除外）	
117	03055100	干鳕鱼（大西洋鳕鱼、格陵兰鳕鱼、太平洋鳕鱼）	
118	03055200	干罗非鱼、鲶鱼、鲤科鱼、鳗鱼、尼罗河鲈鱼（尼罗尖吻鲈）及黑鱼	
119	03055300	干犀鳕鱼科、多丝真鳕鱼、鳕科、长尾鳕科、黑鳕科、无须鳕科、深海鳕科及南极鳕科鱼，鳕鱼（大西洋鳕鱼、格陵兰鳕鱼、太平洋鳕鱼）除外	
120	03055400	干鲱鱼（大西洋鲱鱼、太平洋鲱鱼）、鳀鱼（鳀属）、沙丁鱼（沙丁鱼、沙瑙鱼属）、小沙丁鱼属、黍鲱鱼或西鲱、鲭鱼［大西洋鲭、澳洲鲭（鲐）、日本鲭（鲐）］、印度鲭（羽鳃鲐属）、马鲛鱼（马鲛鱼属）、对称竹荚鱼、新西兰竹荚鱼及竹荚鱼（竹荚鱼属）、鲹鱼（鲹属）、军曹鱼、银鲳（鲳属）、秋刀鱼、圆鲹（圆鲹属）、多春鱼（毛鳞鱼）、剑鱼、鲔鱼、狐鲣（狐鲣属）、枪鱼、旗鱼、四鳍旗鱼（旗鱼科）	
121	03055910	干海马、干海龙	
122	0305599090	其他干鱼，食用杂碎除外（不论是否盐腌，但熏制的除外）	
123	03056100	盐腌及盐渍的鲱鱼，食用杂碎除外	
124	03056200	鳕鱼（大西洋鳕鱼、格陵兰鳕鱼、太平洋鳕鱼）	
125	03056300	盐腌及盐渍的鳀鱼，食用杂碎除外	
126	03056400	盐腌及盐渍的罗非鱼等鱼，食用杂碎除外	
127	03056910	盐腌及盐渍的带鱼，食用杂碎除外	
128	03056920	盐腌及盐渍的黄鱼，食用杂碎除外	
129	03056930	盐腌及盐渍的鲳鱼，食用杂碎除外	
130	0305699090	盐腌及盐渍的其他鱼，食用杂碎除外（干或熏制的除外）	
131	0305710090	其他鲨鱼鱼翅（不论是否干制、盐腌、盐渍和熏制）	
132	0305720090	其他鱼的鱼头、鱼尾、鱼鳔（不论是否干制、盐腌、盐渍和熏制）	
133	0305790090	其他可食用鱼杂碎（不论是否干制、盐腌、盐渍和熏制）	
134	03061100	岩礁虾和其他龙虾（真龙虾属、龙虾属、岩龙虾属）	
135	03061200	螯龙虾（螯龙虾属）	
136	03061410	冻梭子蟹	
137	03061490	其他冻蟹	
138	03061500	冻挪威海螯虾	
139	03061611	冻冷水小虾虾仁	
140	03061612	冻北方长额虾虾仁	原按13%征税的
141	03061619	冻其他冷水小虾	
142	03061621	冻冷水对虾虾仁	
143	03061629	冻其他冷水对虾	
144	03061711	冻小虾虾仁	
145	03061719	冻其他小虾	
146	03061721	冻对虾虾仁	

序号	商品代码	商品名称	备注
147	03061729	冻其他对虾	
148	03061911	冻淡水小龙虾仁	
149	03061919	冻带壳淡水小龙虾	
150	03061990	其他冻甲壳动物	
151	03063110	活鲜冷的岩礁虾和其他龙虾（真龙虾属、龙虾属、岩龙虾属）种苗	
152	03063190	活鲜冷的其他岩礁虾和其他龙虾（真龙虾属、龙虾属、岩龙虾属）	
153	03063210	活鲜冷的鳌龙虾（鳌龙虾属）种苗	
154	03063290	活鲜冷的其他鳌龙虾（鳌龙虾属）	
155	03063310	活鲜冷的蟹种苗	
156	03063391	活鲜冷的中华绒毛蟹（大闸蟹）	
157	03063392	活鲜冷的梭子蟹	
158	03063399	活鲜冷的其他蟹	
159	03063410	活鲜冷的挪威海鳌虾种苗	
160	03063490	活鲜冷的其他挪威海鳌虾	
161	03063510	活鲜冷的冷水小虾及对虾种苗	
162	03063520	活鲜冷的冷水对虾	
163	03063590	活鲜冷的其他冷水小虾及对虾	
164	03063610	活鲜冷的其他小虾及对虾种苗	
165	03063620	活鲜冷的对虾	
166	03063690	活鲜冷的其他小虾及对虾	
167	03063910	活鲜冷的其他食用甲壳动物种苗	
168	03063990	其他带壳或去壳的活鲜冷的甲壳动物	
169	03069100	其他的岩礁虾和其他龙虾（真龙虾属、龙虾属、岩龙虾属）	
170	03069200	其他鳌龙虾	
171	03069310	其他中华绒鳌蟹	
172	03069320	其他梭子蟹	
173	03069390	其他蟹	
174	03069400001	原按13％征税的干、盐腌或盐渍的挪威海鳌虾	
175	03069510	其他冷水小虾及对虾	
176	03069590	其他小虾及对虾	
177	03069900001	原按13％征税的其他甲壳动物	
178	03072200	冻扇贝	
179	03072900	其他扇贝	
180	03073200	冻贻贝	
181	03073900	其他干、盐制的贻贝	
182	03074310	冻墨鱼（乌贼属、巨粒僧头乌贼、耳乌贼属）及鱿鱼（柔鱼属、枪乌贼属、双柔鱼属、拟乌贼属）	

（续表）

序号	商品代码	商品名称	备注
183	03074390	其他冻墨鱼及鱿鱼	
184	03074910	其他墨鱼（乌贼属、巨粒僧头乌贼、耳乌贼属）及鱿鱼（柔鱼属、枪乌贼属、双柔鱼属、拟乌贼属）	
185	03074990001	原按 13％征税的其他干、盐制的墨鱼及鱿鱼	
186	03075200	冻章鱼	
187	03075900	其他干、盐制的章鱼	
188	03077200	冻的蛤、乌蛤及舟贝	
189	03077900101	原按 13％征税的干、盐制的砗磲	
190	03077900201	原按 13％征税的干、盐制的粗饰蚶	
191	03077900901	原按 13％征税的干、盐制其他蛤、乌蛤及舟贝（蚶科、北极蛤科、鸟蛤科、斧蛤科、缝栖蛤科、蛤蜊科、中带蛤科、海鳊科、双带蛤科、截蛏科、竹蛏科、帘蛤科）	
192	03078300	冻鲍鱼	
193	03078400	冻凤螺	
194	03078700	干、盐腌或盐渍的鲍鱼	
195	03078800001	原按 13％征税的干、盐腌或盐渍的凤螺（凤螺属）	
196	0307920020	冻的蚬属	
197	0307920090	其他冻的软体动物	
198	03079900201	原按 13％征税的干、盐腌或盐渍蚬属	
199	03079900901	原按 13％征税的其他干、盐腌或盐渍软体动物	
200	03081200	冻海参	
201	03081900	干、盐腌或盐渍的海参	
202	03082200	冻海胆	
203	03082900101	原按 13％征税的干、盐制食用海胆纲	
204	03082900901	原按 13％征税的其他干、盐制海胆	
205	03083090001	原按 13％征税的冻、干、盐制海蜇（海蜇属）	
206	03089090901	原按 13％征税的其他冻、干、盐制水生无脊椎动物，包括供人食用的水生无脊椎动物粉、团粒	
207	05040011	整个或切块的盐渍猪肠衣（猪大肠头除外）	
208	05040012	整个或切块的盐渍绵羊肠衣	
209	05040013	整个或切块的盐渍山羊肠衣	
210	05040014	整个或切块的盐渍猪大肠头	
211	05040019	整个或切块的其他动物肠衣	
212	11010000	小麦或混合麦的细粉	
213	11031100	小麦粗粒及粗粉	
214	11032010	小麦团粒	
215	11081200	玉米淀粉	原按 13％征税的
216	23031000	制造淀粉过程中的残渣及类似品	
217	23040010	提炼豆油所得的油渣饼（豆饼）	

（续表）

序号	商品代码	商品名称	备注
218	23040090	提炼豆油所得的其他固体残渣	
219	23061000	棉子油渣饼及固体残渣	
220	23062000	亚麻籽油渣饼及固体残渣	
221	23063000	葵花籽油渣饼及固体残渣	
222	23064100	低芥子酸的油菜籽油渣饼及固体残渣	
223	23064900	油菜籽油渣饼及固体残渣	
224	23065000	椰子或干椰肉油渣饼及固体残渣	
225	2306600090	其他棕榈果或其他棕榈仁油渣饼及固体残渣（品目 2304 或 2305 以外提炼植物油脂所得的）	
226	23069000002	原按 13％征税的其他油渣饼及固体残渣	
227	23091010	零售包装的狗食或猫食罐头	
228	23091090	零售包装的其他狗食或猫食	
229	23099010001	原按 13％征税的制成的饲料添加剂	
230	23099090002	原按 13％征税的其他配制的动物饲料	
231	25010011	食用盐	
232	29051990	其他饱和一元醇	原按 13％征税的
233	29091910	甲醚	
234	29091990111	原按 13％征税的八氯二丙醚	
235	29091990121	原按 13％征税的二氯异丙醚	
236	29091990901	原按 13％征税的其他无环醚及其卤化等衍生物	
237	29109000	三节环环氧化物,环氧醇(酚、醚)及其卤化、磺化、硝化、或亚硝化的衍生物	原按 13％征税的
238	2915390011	三氯杀虫酯	原按 13％征税的
239	2915390013	特乐酯	原按 13％征税的
240	2915390015	信铃酯	原按 13％征税的
241	2915390016	种衣酯	原按 13％征税的
242	29189900	其他含有其他附加含氧基羧酸及其酸酐(酰卤化物,过氧化物和过氧酸及它们的衍生物)	原按 13％征税的
243	29214990	其他芳香单胺及衍生物及它们的盐	原按 13％征税的
244	2922199010	增产胺	原按 13％征税的
245	2922199020	克仑特罗	原按 13％征税的
246	2922199031	醋美沙朵、阿醋美沙朵、阿法美沙朵(以及它们的盐)	原按 13％征税的
247	2922199032	倍醋美沙多、倍他美沙多(以及它们的盐)	原按 13％征税的
248	2922199033	地美沙多、地美庚醇、诺美沙多(以及它们的盐)	原按 13％征税的
249	2922199090	其他氨基醇及其醚、酯和它们的盐(但含有一种以上含氧基的除外)	原按 13％征税的
250	29242500	甲草胺(iso)	原按 13％征税的
251	29242990	其他环酰胺(包括环氨基甲酸酯)	原按 13％征税的
252	2931900029	田安	原按 13％征税的
253	2932209012	赤霉酸	原按 13％征税的

（续表）

序号	商品代码	商品名称	备注
254	2932209014	丁香菌酯	原按13%征税的
255	2932209015	甲氨基阿维菌素苯甲酸盐	原按13%征税的
256	2932209016	阿维菌素	原按13%征税的
257	2932999011	克百威	原按13%征税的
258	2932999012	二氧威,恶虫威,丙硫克百威等(包括丁硫克百威,呋线威)	原按13%征税的
259	2932999013	因毒磷,敌恶磷,碳氯灵	原按13%征税的
260	2932999014	增效特,增效砜,增效醚,增效酯等(包括增效环,增效散)	原按13%征税的
261	2932999015	吡喃灵,吡喃隆,乙氧呋草黄等(包括呋草黄,氟草肟)	原按13%征税的
262	2932999016	避蚊酮,苯虫醚,鱼藤酮	原按13%征税的
263	2932999017	调呋酸,芸苔素内酯	原按13%征税的
264	2932999054	3,4-亚甲二氧基甲卡西酮（3，4-methylenedioxy-n-methylcathinone；cas 号：186028-79-5）	原按13%征税的
265	2932999099	其他仅含氧杂原子的杂环化合物	原按13%征税的
266	29331990	其他结构上有非稠合吡唑环化合物(不论是否氢化)	原按13%征税的
267	29332900	其他结构上有非稠合咪唑环化合物(不论是否氢化)	原按13%征税的
268	29333990	其他结构上有非稠合吡啶环化合物(不论是否氢化)	原按13%征税的
269	29334900	其他含喹啉或异喹啉环系的化合物(但未经进一步稠合)	原按13%征税的
270	29335990	其他结构上有嘧啶环或哌嗪环的化合物(不论是否氢化)	原按13%征税的
271	29339900	其他仅含氮杂原子的杂环化合物	原按13%征税的
272	2934200019	苯噻菌酯	原按13%征税的
273	29349990	其他杂环化合物	原按13%征税的
274	30019090991	原按13%征税的其他未列名的人体或动物制品	
275	49011000002	单张的书籍、小册子及类似印刷品	原按13%征税的
276	49019100002	字典、百科全书	原按13%征税的
277	49019900002	其他书籍、小册子及类似的印刷品	原按13%征税的
278	49021000	每周至少出版四次的报纸、杂志	原按13%征税的
279	49029000	其他报纸、杂志及期刊	原按13%征税的
280	49030000002	儿童图画书、绘画或涂色书	原按13%征税的
281	49040000002	乐谱原稿或印本	原按13%征税的
282	49059100002	成册的各种印刷的地图及类似图表	原按13%征税的
283	49059900002	其他各种印刷的地图及类似图表	原按13%征税的
284	52010000	未梳的棉花	
285	52029900	其他废棉	
286	52030000	已梳的棉花	
287	84082090101	油缸数在3缸以下(含),功率＜132.39 kw 拖拉机用柴油机	原按13%征税的
288	84089091	功率≤14 kw 其他用柴油发动机	
289	84089092201	油缸数在3缸以下(含),14＜功率＜132.39 kw 的农业用柴油机	原按13%征税的

序号	商品代码	商品名称	备注
290	8413501010	农业用气动往复式排液泵	
291	8413502010	农业用电动往复式排液泵	
292	8413503101	农业用柱塞泵	
293	8413503901	其他农业用液压往复式排液泵	
294	8413509010	其他农用往复式排液泵	
295	8413602101	农业用电动齿轮泵(回转式排液泵)	
296	8413602201	农业用回转式液压油泵(输入转速＞2 000 r/min,输入功率＞190 kw,最大流量＞2 * 280 L/min)	
297	8413602210	其他农业用液压齿轮泵(回转式排液泵)	
298	8413602901	其他农业用齿轮泵(回转式排液泵)	
299	8413603101	农业用电动叶片泵(回转式排液泵)	
300	8413603201	农业用液压叶片泵(回转式排液泵)	
301	8413603901	其他农业用叶片泵(回转式排液泵)	
302	8413604001	农业用螺杆泵(回转式排液泵)	
303	8413605001	农业用径向柱塞泵(回转式排液泵)	
304	8413606001	农业用轴向柱塞泵(回转式排液泵)	
305	8413609010	农业用其他回转式排液泵	
306	8413701010	农业用其他离心泵(转速在10 000转/分及以上)	
307	8413709110	农业用电动潜油泵及潜水电泵(转速在10 000转/分以下)	
308	8413709910	其他农业用离心泵(转速在10 000转/分以下)	
309	8413810010	农业用其他液体泵	
310	84193100	农产品干燥器	
311	84224000001	农业用的棉花打包机	原按13%征税的
312	84244100	农业或园艺用便携式喷雾器	
313	84244900	其他农业或园艺用喷雾器	
314	84248200	其他农业或园艺用液体或粉末的喷射、散布机械器具	
315	84249090001	原按13%征税的其他喷雾器具及喷气机等用的零件	
316	84292010001	农用的原按13%征税的平地机,功率＞235.36 kw	
317	84292090001	农用的其他平地机	原按13%征税的
318	84321000	犁	
319	84322100	圆盘耙	
320	84322900	其他耙、松土机等耕作机械	
321	84323111	免耕谷物播种机	
322	84323119	其他免耕直接播种机	
323	84323121	免耕马铃薯种植机	
324	84323129	其他免耕直接种植机	
325	84323131	免耕水稻插秧机	
326	84323139	其他免耕直接移植机	
327	84323911	其他谷物播种机	

（续表）

序号	商品代码	商品名称	备注
328	84323919	其他播种机	
329	84323921	其他马铃薯种植机	
330	84323929	其他种植机	
331	84323931	其他水稻插秧机	
332	84323939	其他移植机	
333	84324100	粪肥施肥机	
334	84324200	化肥施肥机	
335	84328090001	未列名农、林业用整地或耕作机械	原按13%征税的
336	84332000	其他割草机	
337	84333000	其他干草切割、翻晒机器	
338	84334000	草料打包机	
339	84335100	联合收割机	
340	84335200	其他脱粒机	
341	84335300	根茎或块茎收获机	
342	84335910	甘蔗收获机	
343	84335920	棉花采摘机	
344	84335990	其他收割机	
345	84336010	蛋类清洁、分选、分级机器	
346	84336090	水果或其他农产品的清洁、分选、分级机器	
347	84341000	挤奶机	
348	84361000	动物饲料配制机	
349	84362100	家禽孵卵器及育雏器	
350	84362900	家禽饲养用机器	
351	84368000011	原按13%征税的青储饲料切割上料机	
352	84368000021	原按13%征税的自走式饲料搅拌投喂车	
353	84368000901	原按13%征税的农、林业等用的其他机器	
354	84371010001	原按13%征税的光学色差颗粒选别机(色选机)	
355	84371090	其他种子、谷物或干豆的清洁、分选或分级机	
356	84378000	谷物磨粉业加工机器	
357	85232120001	原按13%征税的已录制的磁条卡	
358	85232919001	音像制品和电子出版物	原按13%征税的
359	85232928001	原按13%征税的重放声音或图像信息的磁带	
360	85232929001	原按13%征税的已录制的其他磁带	
361	85232990001	原按13%征税的其他磁性媒体	
362	85234910001	原按13%征税的仅用于重放声音信息的已录制光学媒体	
363	85234920001	原按13%征税的用于重放声音、图像以外信息的光学媒体〔品目8471所列机器用,已录制〕	
364	85234990001	原按13%征税的其他已录制光学媒体	
365	85235120001	原按13%征税的已录制的固态非易失性存储器件	

（续表）

序号	商品代码	商品名称	备注
366	85235290001	音像制品和电子出版物智能卡	原按13％征税的
367	85235920001	原按13％征税的其他已录制的半导体媒体	
368	85238011001	原按13％征税的已录制唱片	
369	85238019001	原按13％征税的其他唱片	
370	85238029001	原按13％征税的其他税号84.71所列机器用其他媒体	
371	85238099001	原按13％征税的其他媒体	
372	87011000	手扶拖拉机	
373	87013000101	原按13％征税的农用履带式拖拉机	
374	87013000901	原按13％征税的农用履带式牵引车	
375	87019110001	原按13％征税的农用其他发动机功率不超过18千瓦的拖拉机	
376	87019190001	原按13％征税的农用其他发动机功率不超过18千瓦的牵引车	
377	87019210001	原按13％征税的农用其他发动机功率超过18千瓦但不超过37千瓦的拖拉机	
378	87019290001	原按13％征税的农用其他发动机功率超过18千瓦但不超过37千瓦的牵引车	
379	87019310001	原按13％征税的农用其他发动机功率超过37千瓦但不超过75千瓦的拖拉机	
380	87019390001	原按13％征税的农用其他发动机功率超过37千瓦但不超过75千瓦的牵引车	
381	87019410101	原按13％征税的农用发动机功率超过110千瓦但不超过130千瓦的轮式拖拉机	
382	87019410901	原按13％征税的农用发动机功率超过75千瓦但不超过130千瓦的其他拖拉机	
383	87019490001	原按13％征税的农用其他发动机功率超过75千瓦但不超过130千瓦的牵引车	
384	87019510101	原按13％征税的农用发动机功率超过130千瓦的轮式拖拉机	
385	87019510901	原按13％征税的农用发动机功率超过130千瓦的其他拖拉机	
386	87019590001	原按13％征税的农用其他发动机功率超过130千瓦的牵引车	
387	87162000001	农用自装或自卸式挂车及半挂车	原按13％征税的
388	89020090001	非机动捕鱼船	原按13％征税的
389	98010090001	原按13％征税的其他未分类商品	

财政部　税务总局关于调整增值税税率的通知

2018年4月4日　财税〔2018〕32号

各省、自治区、直辖市、计划单列市财政厅（局）、国家税务局、地方税务局，新疆生产建设兵团财政局：

　　为完善增值税制度，现将调整增值税税率有关政策通知如下：

　　一、纳税人发生增值税应税销售行为或者进口货物，原适用17％和11％税率的，税率分别调整为 16％、10％。

注释：根据《财政部　税务总局　海关总署关于深化增值税改革有关政策的公告》（2019 年 3 月 20 日，财政部　国家税务总局　海关总署公告 2019 年第 39 号）第一条规定，自 2019 年 4 月 1 日起，增值税一般纳税人发生增值税应税销售行为或者进口货物，原适用 16％税率的，税率调整为 13％；原适用 10％税率的，税率调整为 9％。

二、纳税人购进农产品，原适用 11％扣除率的，扣除率调整为 10％。

三、纳税人购进用于生产销售或委托加工 16％税率货物的农产品，按照 12％的扣除率计算进项税额。

注释：根据《财政部　税务总局　海关总署关于深化增值税改革有关政策的公告》（2019 年 3 月 20 日，财政部　国家税务总局　海关总署公告 2019 年第 39 号）第二条规定，自 2019 年 4 月 1 日起，纳税人购进农产品，原适用 10％扣除率的，扣除率调整为 9％。纳税人购进用于生产或者委托加工 13％税率货物的农产品，按照 10％的扣除率计算进项税额。

四、原适用 17％税率且出口退税率为 17％的出口货物，出口退税率调整至 16％。原适用 11％税率且出口退税率为 11％的出口货物、跨境应税行为，出口退税率调整至 10％。

注释：根据《财政部　税务总局　海关总署关于深化增值税改革有关政策的公告》（2019 年 3 月 20 日，财政部　国家税务总局　海关总署公告 2019 年第 39 号）第三条第一款规定："原适用 16％税率且出口退税率为 16％的出口货物劳务，出口退税率调整为 13％；原适用 10％税率且出口退税率为 10％的出口货物、跨境应税行为，出口退税率调整为 9％。"

五、外贸企业 2018 年 7 月 31 日前出口的第四条所涉货物、销售的第四条所涉跨境应税行为，购进时已按调整前税率征收增值税的，执行调整前的出口退税率；购进时已按调整后税率征收增值税的，执行调整后的出口退税率。生产企业 2018 年 7 月 31 日前出口的第四条所涉货物、销售的第四条所涉跨境应税行为，执行调整前的出口退税率。

调整出口货物退税率的执行时间及出口货物的时间，以出口货物报关单上注明的出口日期为准，调整跨境应税行为退税率的执行时间及销售跨境应税行为的时间，以出口发票的开具日期为准。

注释：《财政部　税务总局　海关总署关于深化增值税改革有关政策的公告》（2019 年 3 月 20 日，财政部　国家税务总局　海关总署公告 2019 年第 39 号）第三条第二款和第三款规定："2019 年 6 月 30 日前（含 2019 年 4 月 1 日前），纳税人出口前款所涉货物劳务、发生前款所涉跨境应税行为，适用增值税免退税办法的，购进时已按调整前税率征收增值税的，执行调整前的出口退税率，购进时已按调整后税率征收增值税的，执行调整后的出口退税率；适用增值税免抵退税办法的，执行调整前的出口退税率，在计算免抵退税时，适用税率低于出口退税率的，适用税率与出口退税率之差视为零参与免抵退税计算。

出口退税率的执行时间及出口货物劳务、发生跨境应税行为的时间，按照以下规定执行：报关出口的货物劳务（保税区及经保税区出口除外），以海关出口报关单上注明的出口日期为准；非报关出口的货物劳务、跨境应税行为，以出口发票或普通发票的开具时间为准；保税区及经保税区出口的货物，以货物离境时海关出具的出境货物备案清单上注明的出口日期为准。"

六、本通知自 2018 年 5 月 1 日起执行。此前有关规定与本通知规定的增值税税率、扣除率、出口退税率不一致的，以本通知为准。

七、各地要高度重视增值税税率调整工作,做好实施前的各项准备以及实施过程中的监测分析、宣传解释等工作,确保增值税税率调整工作平稳、有序推进。如遇问题,请及时上报财政部和税务总局。

国家税务总局2018年第二季度政策解读现场实录(解读财税〔2018〕32号)

[林枫]

为了贯彻落实国务院常务会议精神,税务总局会同财政部联合下发了32号、33号两份财税字文件,近期税务总局又另外配套发布了17号、18号两份公告。下面我重点解读一下这几个政策出台的背景,以及在实施过程中应注意的事项。[2018-04-27 08:33]

[林枫]

一、关于调整增值税税率问题

大家可能比较关心,为什么这次下调了17%和11%这两档税率,而没有调6%的税率。我先来介绍一下设计税率调整方案时的考虑。

我们知道,增值税税率的调整,涉及行业间利益的深刻调整,因此必须要慎重。总局和财政部经过反复斟酌平衡,几轮测算,在若干预研的改革方案中,从兼顾各行业税负水平、兼顾减税与保持财政收支平衡等多种因素考虑,确定了此次税率调整的方案。具体来讲,主要考虑了以下因素:[2018-04-27 08:36]

[林枫]

第一,将本次税率调整,作为贯彻落实党中央、国务院振兴壮大实体经济、助推我国经济高质量发展的战略举措。

第二,兼顾减税与保持财政收支平衡。

第三,聚焦减税重点,补一补"短板"。前期,全面推开营改增试点,适用17%、11%税率的行业减税规模相对较少,因此,本轮税率调整方案,将减税方向侧重放在了原增值税行业,以及交通运输、建筑等适用11%税率的行业,这其中也有补一补减税"短板"的意思。[2018-04-27 08:38]

[林枫]

那么,在适用税率调整政策时都有哪些需要注意的事项呢?我会从四个方面来进行介绍。

第一,怎么理解"从5月1日起"调整税率。

所谓"从5月1日起",指的是纳税义务发生时间。凡是纳税义务发生时间在5月1日之前的,一律适用原来17%、11%的税率纳税,按照原税率开具发票;相反,凡是纳税义务发生时间在5月1日之后的,则适用调整后的16%、10%的新税率纳税,按照新税率开具发票。

第二,税率调整前后发票如何衔接。

按照上面确定的原则,纳税人在税率调整前已经按照原税率开具发票的业务,在5月1日以后,如果发生销售折让、中止或者退回的,纳税人按照原适用税率开具红字发票;如果因为开票有误需要重新开具发票的,先按照原适用税率开具红字发票,然后再重新开具正确的蓝字发票。纳税人在税率调整前没有开具发票的业务,如果需要补开发票,也应当按照原适用税率补开。

需要提醒大家的是,税控开票软件的税率栏次,默认显示的是调整后的税率,纳税人发生

上述情况,需要手工选择原适用税率开具发票。[2018-04-27 08:40]

[林枫]

第三,购进农产品如何抵扣进项税。

此次税率调整后,纳税人购进农产品抵扣如何变化,大家比较关注。财税32号文件中,有两条对此作出规定,一条是普遍性规定,伴随税率调整,纳税人购进农产品扣除率同步从11%调整为10%。还有一条是特殊规定,明确纳税人购进用于生产销售或委托加工16%税率货物的农产品,按照12%的扣除率计算进项税额。也就是说,税率调整前,购进农产品可以按照11%、13%扣除,税率调整后,按照10%、12%扣除。总体来说,农产品抵扣问题,总的思路和精神还是参考去年简并税率下发的财税〔2017〕37号文件执行。这里我想就12%扣除率相关问题作几点说明:[2018-04-27 08:42]

[林枫]

1. 为什么农产品深加工企业购进农产品按照12%扣除?

本次税率调整,农产品扣除率仍是政策设计时需要考虑的一个问题。2017年7月,增值税税率实施"四并三"改革,农产品税率下调后,为了解决农产品深加工企业可能出现的税负上升问题,给予这部分企业维持扣除力度不变的过渡措施,也就是在11%扣除率的基础上加计了2个点,按照13%扣除率计算进项税额,征扣税率差保持在4个百分点(销项17%,进项13%)。

此次税率调整,农产品深加工企业产成品适用税率由17%下调至16%,我们总体考虑是征税率下调,退税率、扣除率均应同步下调,这样有利于下一步规范增值税制度,减少税收风险。因此将其扣除率也同步下调一个点,确定为12%。和税率调整前相比,农产品深加工企业购进农产品加计扣除的力度是一样的,只是在10%的基础上加计2个百分点。

2. 12%扣除率的适用范围,这里我要再次强调,仅限于纳税人生产16%税率货物购进的农产品,农产品流通企业或者产成品适用税率是10%的企业,不在加计扣除政策范围内,要按照10%扣除率计算进项税额。[2018-04-27 08:44]

[林枫]

3. 纳税人购进农产品取得什么凭证可以按照12%扣除?

我给大家归纳了一下,可以享受加计扣除政策的票据有三种类型:一是农产品收购发票或者销售发票,这里的销售发票必须是农业生产者销售自产农产品适用免税政策开具的普通发票;二是取得一般纳税人开具的增值税专用发票或海关进口增值税专用缴款书;三是从按照3%征收率缴纳增值税的小规模纳税人处取得的增值税专用发票。需要说明的是,取得批发零售环节纳税人销售免税农产品开具的免税发票,以及小规模纳税人开具的增值税普通发票,均不得计算抵扣进项税额。

4. 农产品核定扣除的纳税人,扣除率是否也要按照12%计算抵扣进项税额?核定扣除的纳税人购进农产品,仍按照核定扣除管理办法规定,以销定进,扣除率为销售货物的适用税率。[2018-04-27 08:45]

[林枫]

第四,申报表如何填写。

为配合税率调整政策的落实,同时兼顾政策实施后的效应分析工作,税务总局本着尽量不做大的调整的原则,在维持原申报表基本结构和栏次不变的前提下,对《增值税纳税申报表附列资料(一)》(本期销售情况明细)和《增值税纳税申报表附列资料(三)》(服务、不动产和无形资产扣除项目明细)个别栏次的填报内容进行了调整。

一方面,是将申报表中原来的 17％项目、11％项目的栏次名称相应修改为 16％栏次、10％栏次,停用"13％税率"的相关栏次。另一方面,考虑到纳税人可能会出现申报以前所属期税款的情形,相关文件明确,纳税人申报适用 17％、11％的原税率应税项目时,按照申报表调整前后的对应关系,分别填写在相关栏次中。简单来说,从 6 月份申报期开始,纳税人如果要申报 17％、11％的应税项目,可以分别填写在 16％项目、10％项目的相关栏次内。[2018-04-27 08:47]

 财政部　税务总局关于统一增值税小规模纳税人标准的通知

2018 年 4 月 4 日　财税〔2018〕33 号

各省、自治区、直辖市、计划单列市财政厅(局)、国家税务局、地方税务局,新疆生产建设兵团财政局:

为完善增值税制度,进一步支持中小微企业发展,现将统一增值税小规模纳税人标准有关事项通知如下:

一、增值税小规模纳税人标准为年应征增值税销售额 500 万元及以下。

二、按照《中华人民共和国增值税暂行条例实施细则》第二十八条规定已登记为增值税一般纳税人的单位和个人,在 2018 年 12 月 31 日前,可转登记为小规模纳税人,其未抵扣的进项税额作转出处理。

三、本通知自 2018 年 5 月 1 日起执行。

国家税务总局 2018 年第二季度政策解读现场实录(解读财税〔2018〕33 号和国家税务总局公告 2018 年第 18 号)

[林枫]

二、关于统一小规模纳税人标准问题

对于这个问题,我会做两项内容的介绍:

第一项内容是从高统一小规模纳税人年销售额标准的考虑。

第一,简化税制。目前三档小规模纳税人标准,制度设计过于复杂。在三次产业融合发展的大背景下,纳税人混业经营越来越普遍,行业属性越来越模糊,谁应该执行 50 万元的标准、谁又应该执行 80 万元、500 万元的标准,实际执行中划分较为困难,容易引发税企争议。因此,从简化和优化税制的角度出发,有必要对现行的三档标准加以整合。

第二,进一步支持小微企业发展。从增值税的税收实践来看,给予纳税人尤其是规模较小的纳税人一定的选择权,由纳税人自主选择成为一般纳税人或小规模纳税人,是一项纳税人非常欢迎的政策。通过将小规模纳税人标准统一提高到 500 万元,并在今年年底之前,允许已经按较低标准登记为一般纳税人的企业转登记为小规模纳税人,可以让更多的小微企业享受简易计税带来的办税便利和减税红利,从而进一步激发市场活力。[2018-04-27 08:50]

[林枫]

第二项内容是统一小规模纳税人标准需要注意的事项。

第一,哪些一般纳税人可以转登记为小规模纳税人。

大家应该已经注意到,18号公告第一条对可以转登记为小规模纳税人的条件进行了界定,只有两个条件同时满足,才可以转登记为小规模纳税人。

条件一,只有根据《增值税暂行条例》第十三条和《增值税暂行条例实施细则》第二十八条的有关规定登记的一般纳税人,可以转登记为小规模纳税人。《增值税暂行条例》第十三条规定的是,年应税销售额超过规定标准的小规模纳税人,应当办理一般纳税人登记;没超过规定标准的,如果会计核算健全,能够提供准确税务资料,也可以办理一般纳税人登记。《增值税暂行条例实施细则》第二十八条规定的是,工业50万元、商业80万元的小规模纳税人标准。两个条款联系起来理解,也就意味着按照工业50万元、商业80万元的标准登记的一般纳税人,包括强制登记和自愿登记的一般纳税人,都可以转登记为小规模纳税人。从另一个角度来理解,此次允许转登记的,不包括按照500万元的标准登记为一般纳税人的营改增企业。[2018-04-27 08:51]

【林枫】

条件二,转登记日前连续12个月(以1个月为1个纳税期,下同)或者连续4个季度(以1个季度为1个纳税期,下同)累计应税销售额没有超过500万元。

再强调一遍,只有上述两个条件同时满足的一般纳税人,才可以转登为小规模纳税人。同时,只有2018年5月1日以前就已经登记的一般纳税人,才可以转登记为小规模纳税人,5月1日以后新登记的一般纳税人,并不符合第一个条件的规定,不属于可转登记的范围。[2018-04-27 08:53]

【林枫】

第二,纳税人什么时候可以转登记。

符合转登记条件的纳税人,是否由一般纳税人转登记为小规模纳税人,是由纳税人自主选择的,转登记的程序也是由纳税人发起的。但是,大家要注意,此项政策的执行时间是2018年5月1日,停止时间是2018年12月31日。也就是说,符合条件的一般纳税人如果需要转登记为小规模纳税人,在2018年5月1日到12月31日,这8个月的期间里,都可以到主管税务机关办理转登记手续。换言之,5月1日前和12月31日后,不可以办理转登记手续。[2018-04-27 08:54]

【林枫】

第三,转登记后从什么时候开始按照简易计税方法纳税。

18号公告规定,一般纳税人转登记为小规模纳税人后,自转登记日的下期起,按照简易计税方法计算缴纳增值税;转登记日当期仍按照一般纳税人的有关规定计算缴纳增值税。理解本条规定,重点在"下期""当期"。

所谓"下期""当期",指的都是税款所属期,这是《增值税暂行条例》中的基本概念,不用过多解释。但是,由于有按月和按季两种纳税期限,本条在实际执行中可能就会遇到几种不同的情况,应该按照本条规定的基本原则分别处理。[2018-04-27 08:57]

【林枫】

第一种情况是,原来按月纳税,转登记后继续按月纳税。这种情况非常简单,转登记日的当月,仍按照一般纳税人的规定纳税,从次月起改为简易计税。

第二种情况是,原来按月纳税,转登记后改为按季纳税。由于大多数地区对小规模纳税人实行按季纳税,因此这种情况可能会非常多。对此,转登记日的当月,仍应该按照一般纳税人的规定纳税,从转登日的次月起,改为简易计税,按季缴纳。比如,转登记日的所属月份为7

月份,纳税人在 7 月仍按照一般纳税人的规定纳税,从 8 月起,改为简易计税,按季缴纳,8～9 月份实现的税款,在 10 月申报期申报缴纳。[2018-04-27 08:57]

[林枫]

第三种情况是,原来按季纳税,转登记后继续按季纳税。这与第一种情况一样,转登记日的当季,仍按照一般纳税人的规定纳税,从下一个季度起改为简易计税。

第四种情况是,原来按季纳税,转登记后改为按月纳税。这种情况我们判断基本不会出现。如果有,在转登记日的当季,仍按照一般纳税人的规定纳税,从下一个季度的首月起改为按月简易计税。[2018-04-27 08:57]

[林枫]

第四,未抵扣的进项税额如何处理。

近些年来,增值税的管理都是尽量扩大一般纳税人的队伍,包括《增值税暂行条例实施细则》在内的相关政策规定,都不允许一般纳税人再转为小规模纳税人。此次统一小规模纳税人标准,并允许已经按较低标准登记的一般纳税人转登记为小规模纳税人,可以说是一项全新的政策,没有可借鉴的成熟做法,许多新的问题需要研究处理,其中,转登记纳税人未抵扣的进项税就是其中的重点。

通常情况下,大家可能认为,未抵扣的进项税应该做进项税转出处理,直接调增企业的成本费用。这样做虽然简单,但是存在较多的问题。一是,未抵扣的进项税是企业的权益,转入成本费用也就意味着不能再进行抵扣,对企业不利。二是,转登记纳税人在今后可能还会对转登记前的业务进行调整,包括退货、折扣等,也包括稽查补税、自查补税等,都需要将未抵扣的进项税纳入计算,以更大程度地维护纳税人的权益。三是,一些出口企业还需要将未抵扣的进项税申请退税。因此,继续核算未抵扣的进项税是有必要的。[2018-04-27 09:02]

[林枫]

如何核算未抵扣的进项税,有几种方案可供选择。比如,可以要求纳税人设立台账进行管理,按月报送税务机关;也可以调整申报表,增加相关栏次要求纳税人按月填报。但是这两种方案都会增加纳税人的核算负担,不是最优的选择。经过反复斟酌研究,我们最终确定,转登记纳税人尚未申报抵扣的进项税,以及转登记日当期的期末留抵税额,记入"应交税费——待抵扣进项税额"科目核算,这样做,既可满足需要,又简便易行,不增加纳税人负担。

需要提醒大家的是,随着转登记纳税人对转登记前的业务进行调整,未抵扣的进项税将是一个动态变化的数据,纳税人应准确核算,税务机关也应做好辅导,重点关注,共同防范涉税风险。具体规定在 18 号公告中已经写明,这里就不再重复了。[2018-04-27 09:03]

[林枫]

第五,转登记纳税人如何调整转登记前的业务。

纳税人转登记之后,已经成为小规模纳税人,需要按照小规模纳税人的相关规定进行涉税核算。但是,其在一般纳税人期间发生的销售或者购进业务,有可能因为销售折让、中止或者退回,需要进行调整。这种情况下,如果要求转登记纳税人在按照小规模纳税人申报的同时,再填报一张一般纳税人申报表,将会极大增加纳税人核算的复杂性。因此,18 号公告规定,转登记纳税人发生上述业务,应按照一般计税方法,调整一般纳税人期间最后一期的销项税额、进项税额、应纳税额。

需要特别强调的是,调整一般纳税人期间最后一期的销项税额、进项税额和应纳税额,并不是要求纳税人重新核算最后一期的涉税数据并填报一般纳税人申报表。纳税人根据业务的实际情况,对一般纳税人期间最后一期的销项税额、进项税额和应纳税额进行调整后,和原来的申报结果相比,可能会产生少缴税款,也可能会产生多缴税款,都不需要重新填报一般纳税人申报表,而是并入销售折让、中止或者退回当期的应纳税额中处理,在小规模纳税人申报表中填列。这一点需要大家注意。[2018-04-27 09:04]

[林枫]

第六,转登记纳税人如何开具发票。

转登记纳税人在发票开具方面,也有一些特殊情况需要处理,18号公告都有相应的规定,我在这里再帮助大家梳理一下:

首先,转登记纳税人自转登记日的下期起,发生增值税应税销售行为,应当按照征收率开具增值税发票。

其次,为了解决纳税人开具专用发票方面的实际需要,给纳税人提供更多便利,对于在一般纳税人期间已经领用税控装置并进行了票种核定的转登记纳税人,在转登记后可以继续自行开具专用发票,不受税务总局目前已经推行的小规模纳税人自开专用发票试点行业的限制。

再次,转登记纳税人在一般纳税人期间发生的增值税应税销售行为,需要开具红字发票、换开发票、补开发票的,一律按照原来适用的税率或者征收率开具。[2018-04-27 09:06]

[林枫]

第七,转登记纳税人是否永远属于小规模纳税人。

此次在统一小规模纳税人标准的同时,允许已经按较低标准登记的一般纳税人转登记为小规模纳税人,是给予纳税人充分的选择权,纳税人可以根据自身的实际情况,自行选择适宜的计税方式缴纳增值税。但是,这并不意味着此类纳税人在转登记后永远属于小规模纳税人。按照《增值税暂行条例》及其实施细则的相关规定,转登记纳税人今后如果年应税销售额超过财政部和税务总局规定的小规模纳税人标准,就应当登记为一般纳税人,而且,转登记纳税人按规定再次登记为一般纳税人后,也不能再转登记为小规模纳税人。[2018-04-27 09:07]

[林枫]

感谢林司长的解读。下面进入提问环节。请来到现场的纳税人和基层同志提问。首先请这位同志。提问前请先介绍一下自己。谢谢![2018-04-27 09:13]

[现场观众]

谢谢,我是来自北京……国际教育科技有限公司的……。我们是一家商贸企业,之前并没有达到一年80万元的销售额标准,但为了方便开票,我们自愿选择登记成了一般纳税人。请问林司长,像我们公司这种情况,这次能否转登记成小规模纳税人?[2018-04-27 09:13]

[林枫]

感谢提问。此前自愿选择登记为一般纳税人的工商企业,属于本次可转登记为小规模纳税人的范围。当然,如果要进行转登记,还要看应税销售额的情况,也就是说还要看你们公司在申请转登记前连续12个月的应税销售额是否超过了500万,如果未超过500万,就可以按规定的程序申请转登记为小规模纳税人。[2018-04-27 09:16]

[罗天舒]

请继续提问。请这位举手的同志提问。[2018-04-27 09:16]

[现场观众]

大家好！我是来自中国……建设股份有限公司的……，我们关注到，总局发布的18号公告第九条规定了，在增值税税率调整前未开具增值税发票需要补开增值税发票的，应当按照原适用税率补开。那么我想请问林司长，我们有一些建筑服务是简易计税项目，在税率调整后如果补开发票，也是要按照11％的税率补开吗？[2018-04-27 09：16]

[林枫]

谢谢您的提问。18号公告第九条里面关于补开发票的规定，主要是针对受税率调整影响的事项，未受税率调整的该怎么补开还怎么补开。具体到你刚才说的这个情况，在税率调整前，已经按照11％税率计税的建筑服务，如果在税率调整后需要补开发票，应该按照11％的税率补开发票，如果是简易计税的建筑服务，并未受此次税率调整的影响，如果需要补开发票，无论何时，还是按照简易计税项目的征收率进行补开。[2018-04-27 09：17]

[罗天舒]

请继续提问。请工作人员把话筒递给那位同志。[2018-04-27 09：17]

[现场观众]

大家好！我是来自浙江省杭州市滨江区国家税务局的方顺清，请问林司长，按季纳税的一般纳税人在季度中期申请转登记为小规模纳税人，具体应该什么时候开始按照小规模纳税人申报纳税？[2018-04-27 09：17]

[林枫]

谢谢，在基层一线确实会遇到这样的情况。一般纳税人转登记为小规模纳税人后，自转登记日的下期起，按照简易计税方法计算缴纳增值税。这里的"下期"是税款所属期的概念。对于按季纳税的情况，下面我举个例子来说明一下，比如纳税人在5月份申请转登记为小规模纳税人，由于是按季纳税，因此，这个纳税人在二季度，也就是4～6月份，仍应按照一般纳税人的身份计税，并在7月申报期最后一次以一般纳税人的身份进行纳税申报。自7月1日开始，其身份转为小规模纳税人，并开始按照简易计税方法计算缴纳增值税。[2018-04-27 09：19]

[罗天舒]

谢谢林司长的解读和回答。

[罗天舒]

谢谢王司长的讲解和回答。在刚才各位讲解人解读的同时，12366在线直播平台收到了网友们发来的关于税收政策方面的不少问题，感谢广大网友对解读视频会的关注，我们已经将这些提问反馈给相关司局的讲解人，请他们在现场予以回应。对于现场无法回应的问题，交由相关司会后研究答复。下面进入第三项主题，请各位讲解人解答网友的提问。

首先是关于增值税方面的问题。这位网友提问说：我们是一家建筑企业，我们之前签的一些建筑合同工期都好几年，之前都是分期收款，也都是按照11％的税率开了发票，请问5月1日以后再收款和开发票是按11％开还是10％开？

这是关于增值税政策的问题，请林司长解答。[2018-04-27 10：25]

[林枫]

谢谢这位网友的提问。税率的适用是与纳税义务发生时间完全一致的，发票的开具也一样。有些建筑合同可能会跨越 5 月 1 日税率调整这一时间点,但是,不影响纳税义务发生的确定。即纳税义务发生在 5 月 1 日前的,按照原税率计税并开票;纳税义务发生在 5 月 1 日以后的,按照调整后的税率计税并开票。因此,你单位如果是在 5 月 1 日以后提供的建筑服务,即便合同是在 5 月 1 日前签订的,也应该按照 10% 的税率计税并按照 10% 的税率开具发票。[2018-04-27 10:27]

[罗天舒]

谢谢。下面这位网友的提问很简短,他问:加油站可不可以转登记为小规模纳税人?这是关于增值税小规模纳税人的问题,有请林司长解答。[2018-04-27 10:28]

[林枫]

谢谢这位网友的提问。为加强对加油站的增值税征收管理,《成品油零售加油站增值税征收管理办法》(国家税务总局令第 2 号)、《国家税务总局关于加油站一律按照增值税一般纳税人征税的通知》(国税函〔2001〕882 号)明确要求,从事成品油销售的加油站,无论其年应税销售额是否超过小规模纳税人标准,一律登记为一般纳税人,按增值税一般纳税人征税。因此,本次统一小规模纳税人标准改革中,成品油零售加油站仍不可转登记为小规模纳税人。[2018-04-27 10:29]

国家税务总局关于统一小规模纳税人标准等若干增值税问题的公告

2018 年 4 月 20 日 国家税务总局公告 2018 年第 18 号

现将统一小规模纳税人标准等若干增值税问题公告如下:

一、同时符合以下条件的一般纳税人,可选择按照《财政部 税务总局关于统一增值税小规模纳税人标准的通知》(财税〔2018〕33 号)第二条的规定,转登记为小规模纳税人,或选择继续作为一般纳税人:

(一) 根据《中华人民共和国增值税暂行条例》第十三条和《中华人民共和国增值税暂行条例实施细则》第二十八条的有关规定,登记为一般纳税人。

(二) 转登记日前连续 12 个月(以 1 个月为 1 个纳税期,下同)或者连续 4 个季度(以 1 个季度为 1 个纳税期,下同)累计应征增值税销售额(以下称应税销售额)未超过 500 万元。

转登记日前经营期不满 12 个月或者 4 个季度的,按照月(季度)平均应税销售额估算上款规定的累计应税销售额。

应税销售额的具体范围,按照《增值税一般纳税人登记管理办法》(国家税务总局令第 43 号)和《国家税务总局关于增值税一般纳税人登记管理若干事项的公告》(国家税务总局公告 2018 年第 6 号)的有关规定执行。

注释:《国家税务总局关于小规模纳税人免征增值税政策有关征管问题的公告》(2019 年 1 月 19 日,国家税务总局公告 2019 年第 4 号)第五条规定:"五、转登记日前连续 12 个月(以 1 个月为 1 个纳税期)或者连续 4 个季度(以 1 个季度为 1 个纳税期)累计销售额未超过 500 万元的一般纳税人,在 2019 年 12 月 31 日前,可选择转登记为小规模纳税人。

一般纳税人转登记为小规模纳税人的其他事宜,按照《国家税务总局关于统一小规模纳税人标准等若干增值税问题的公告》(国家税务总局公告 2018 年第 18 号)、《国家税务总局关于统一小规模纳税人标准有关出口退(免)税问题的公告》(国家税务总局公告 2018 年第 20 号)的相关规定执行。"

二、符合本公告第一条规定的纳税人，向主管税务机关填报《一般纳税人转为小规模纳税人登记表》（表样见附件），并提供税务登记证件；已实行实名办税的纳税人，无需提供税务登记证件。主管税务机关根据下列情况分别作出处理：

（一）纳税人填报内容与税务登记、纳税申报信息一致的，主管税务机关当场办理。

（二）纳税人填报内容与税务登记、纳税申报信息不一致，或者不符合填列要求的，主管税务机关应当场告知纳税人需要补正的内容。

三、一般纳税人转登记为小规模纳税人（以下称转登记纳税人）后，自转登记日的下期起，按照简易计税方法计算缴纳增值税；转登记日当期仍按照一般纳税人的有关规定计算缴纳增值税。

四、转登记纳税人尚未申报抵扣的进项税额以及转登记日当期的期末留抵税额，计入"应交税费——待抵扣进项税额"核算。

尚未申报抵扣的进项税额计入"应交税费——待抵扣进项税额"时：

（一）转登记日当期已经取得的增值税专用发票、机动车销售统一发票、收费公路通行费增值税电子普通发票，应当已经通过增值税发票选择确认平台进行选择确认或认证后稽核比对相符；经稽核比对异常的，应当按照现行规定进行核查处理。已经取得的海关进口增值税专用缴款书，经稽核比对相符的，应当自行下载《海关进口增值税专用缴款书稽核结果通知书》；经稽核比对异常的，应当按照现行规定进行核查处理。

（二）转登记日当期尚未取得的增值税专用发票、机动车销售统一发票、收费公路通行费增值税电子普通发票，转登记纳税人在取得上述发票以后，应当持税控设备，由主管税务机关通过增值税发票选择确认平台（税务局端）为其办理选择确认。尚未取得的海关进口增值税专用缴款书，转登记纳税人在取得以后，经稽核比对相符的，应当由主管税务机关通过稽核系统为其下载《海关进口增值税专用缴款书稽核结果通知书》；经稽核比对异常的，应当按照现行规定进行核查处理。

五、转登记纳税人在一般纳税人期间销售或者购进的货物、劳务、服务、无形资产、不动产，自转登记日的下期起发生销售折让、中止或者退回的，调整转登记日当期的销项税额、进项税额和应纳税额。

（一）调整后的应纳税额小于转登记日当期申报的应纳税额形成的多缴税款，从发生销售折让、中止或者退回当期的应纳税额中抵减；不足抵减的，结转下期继续抵减。

（二）调整后的应纳税额大于转登记日当期申报的应纳税额形成的少缴税款，从"应交税费——待抵扣进项税额"中抵减；抵减后仍有余额的，计入发生销售折让、中止或者退回当期的应纳税额一并申报缴纳。

转登记纳税人因税务稽查、补充申报等原因，需要对一般纳税人期间的销项税额、进项税额和应纳税额进行调整的，按照上述规定处理。

转登记纳税人应准确核算"应交税费——待抵扣进项税额"的变动情况。

六、转登记纳税人可以继续使用现有税控设备开具增值税发票，不需要缴销税控设备和增值税发票。

转登记纳税人自转登记日的下期起，发生增值税应税销售行为，应当按照征收率开具增值税发票；转登记日前已作增值税专用发票票种核定的，继续通过增值税发票管理系统自行开具增值税专用发票；销售其取得的不动产，需要开具增值税专用发票的，应当按照有关规定向税务机关申请代开。

七、转登记纳税人在一般纳税人期间发生的增值税应税销售行为,未开具增值税发票需要补开的,应当按照原适用税率或者征收率补开增值税发票;发生销售折让、中止或者退回等情形,需要开具红字发票的,按照原蓝字发票记载的内容开具红字发票;开票有误需要重新开具的,先按照原蓝字发票记载的内容开具红字发票后,再重新开具正确的蓝字发票。

转登记纳税人发生上述行为,需要按照原适用税率开具增值税发票的,应当在互联网连接状态下开具。按照有关规定不使用网络办税的特定纳税人,可以通过离线方式开具增值税发票。

八、自转登记日的下期起连续不超过 12 个月或者连续不超过 4 个季度的经营期内,转登记纳税人应税销售额超过财政部、国家税务总局规定的小规模纳税人标准的,应当按照《增值税一般纳税人登记管理办法》(国家税务总局令第 43 号)的有关规定,向主管税务机关办理一般纳税人登记。

转登记纳税人按规定再次登记为一般纳税人后,不得再转登记为小规模纳税人。

九、一般纳税人在增值税税率调整前已按原适用税率开具的增值税发票,发生销售折让、中止或者退回等情形需要开具红字发票的,按照原适用税率开具红字发票;开票有误需要重新开具的,先按照原适用税率开具红字发票后,再重新开具正确的蓝字发票。

一般纳税人在增值税税率调整前未开具增值税发票的增值税应税销售行为,需要补开增值税发票的,应当按照原适用税率补开。

增值税发票税控开票软件税率栏次默认显示调整后税率,一般纳税人发生上述行为可以手工选择原适用税率开具增值税发票。

十、国家税务总局在增值税发票管理系统中更新了《商品和服务税收分类编码表》,纳税人应当按照更新后的《商品和服务税收分类编码表》开具增值税发票。

转登记纳税人和一般纳税人应当及时完成增值税发票税控开票软件升级、税控设备变更发行和自身业务系统调整。

十一、本公告自 2018 年 5 月 1 日起施行。《国家税务总局关于增值税一般纳税人登记管理若干事项的公告》(国家税务总局公告 2018 年第 6 号)第七条同时废止。

特此公告。

附件:一般纳税人转为小规模纳税人登记表

附件
一般纳税人转为小规模纳税人登记表

纳税人名称			纳税人识别号 (统一社会信用代码)		
法定代表人 (负责人、业主)		身份证件种类		联系 电话	
		身份证件号码			
办税人员		身份证件种类		联系 电话	
		身份证件号码			
原登记为一般纳税人的生效时间:　　年　　月　　日					

（续表）

是否为出口企业： 是（ ） 否（ ）	
经营期超过(含)12 个月或者 4 个季度纳税人填写：	
年应税销售额	
经营期不足 12 个月或者 4 个季度纳税人填写：	
累计应税销售额	预估年应税销售额
转为小规模纳税人生效之日： 年 月 1 日	
纳税人(代理人)承诺： 此登记表所填信息是真实、可靠、完整的,纳税人身份转换为自愿进行,已了解相关税收规定并办理完毕相关事项。 法定代表人(签字) 年 月 日	
以下由税务机关填写	
税务 机关 受理 情况	受理人： 受理税务机关(章) 年 月 日

填表说明

1. 经营期超过(含)12 个月或者 4 个季度纳税人的年应税销售额,是指本公告第一条所述转登记纳税人在转登记日前连续 12 个月或者连续 4 个季度累计应税销售额。

2. 以 1 个月为 1 个纳税期的纳税人,如果转登记日前经营期不足 12 个月,其预估年应税销售额＝转登记日前累计应税销售额/转登记日前实际经营的月份 * 12；以 1 个季度为 1 个纳税期的纳税人,如果转登记日前经营期不足 4 个季度,其预估年应税销售额＝转登记日前累计应税销售额/转登记日前实际经营的季度数 * 4。

3. "转为小规模纳税人生效之日",是指一般纳税人转为小规模纳税人后,转登记日下期首日。

4. 本表一式二份,主管税务机关和纳税人各留存一份。

国家税务总局办公厅关于《国家税务总局关于统一小规模纳税人标准等若干增值税问题的公告》的解读

按照深化增值税改革后续工作安排,结合《财政部 税务总局关于调整增值税税率的通知》(财税〔2018〕32 号)、《财政部 税务总局关于统一增值税小规模纳税人标准的通知》(财税〔2018〕33 号),针对政策调整涉及的征管操作问题,税务总局发布了《国家税务总局关于统一小规模纳税人标准等若干增值税问题的公告》(以下简称《公告》),现将《公告》的主要内容解读如下：

一、关于一般纳税人转为小规模纳税人的条件

《公告》第一条规定,一般纳税人转登记为小规模纳税人,应同时符合以下两个条件：一是按照《增值税暂行条例》和《增值税暂行条例实施细则》的有关规定,已登记为一般纳税人；二是转登记日前连续 12 个月(按月申报纳税人)或连续 4 个季度(按季申报纳税人)累计应税销售额未超过 500 万元。如果纳税人在转登记日前的经营期尚不满 12 个月或 4 个季度,则按

照月(或季度)平均销售额估算 12 个月或 4 个季度的累计销售额。

需要明确的是,纳税人是否由一般纳税人转为小规模纳税人,由其自主选择,符合上述规定的纳税人,在 2018 年 5 月 1 日之后仍可继续作为一般纳税人。

二、关于纳税人转登记的办理程序

转登记的程序由纳税人发起。《公告》第二条规定,纳税人应正确、完整填写本公告所附《一般纳税人转为小规模纳税人登记表》,并提供税务登记证件[根据《国家税务总局关于取消一批涉税事项和报送资料的通知》(税总函〔2017〕403 号)的有关规定,已实行实名办税的纳税人,无需提供税务登记证件],由主管税务机关核对相关信息,符合条件的当即完成转登记;如果税务机关认为纳税人不符合相关条件,应当场告知纳税人需要补正的内容。

三、关于转登记前后计税方法的衔接

《公告》第三条规定,纳税人转登记后,自转登记下期起(按季申报纳税人自下一季度开始;按月申报纳税人自下月开始),按照小规模纳税人适用简易计税方法计税;转登记当期,仍按照一般纳税人的有关规定计税。

四、关于转登记纳税人尚未申报抵扣或留抵进项税额的处理

《公告》第四条规定,转登记纳税人尚未申报抵扣的进项税额,以及转登记日当期的期末留抵税额,暂挂账处理,统一记入"应交税费——待抵扣进项税额"科目中核算。尚未申报抵扣的进项税额记入"应交税费——待抵扣进项税额"科目时:

(一)转登记日当期已经取得的增值税专用发票、机动车销售统一发票、收费公路通行费增值税电子普通发票,应当已经通过增值税发票选择确认平台进行选择确认或认证后稽核比对相符;经稽核比对异常的,应当按照现行规定进行核查处理。已经取得的海关进口增值税专用缴款书,经稽核比对相符的,应当自行下载《海关进口增值税专用缴款书稽核结果通知书》;经稽核比对异常的,应当按照现行规定进行核查处理。

(二)转登记日当期尚未取得的增值税专用发票、机动车销售统一发票、收费公路通行费增值税电子普通发票,转登记纳税人在取得以后应当持税控设备,由主管税务机关通过增值税发票选择确认平台(税务局端)为其办理选择确认。尚未取得的海关进口增值税专用缴款书,转登记纳税人在取得以后,经稽核比对相符的,应当由主管税务机关通过稽核系统为其下载《海关进口增值税专用缴款书稽核结果通知书》;经稽核比对异常的,应当按照现行规定进行核查处理。

五、关于转登记纳税人在一般纳税人期间销售和购进业务在转登记后发生销售折让、中止或者退回的处理

转登记纳税人作为一般纳税人经营期间的销售或者购进业务,在转登记后发生销售折让、中止或者退回的,应按照一般计税方法进行调整。因此《公告》第五条规定,纳税人发生上述情形的,应调整一般纳税人期间最后一期销项税额、进项税额、应纳税额。

(一)调整后的应纳税额小于转登记日当期申报的应纳税额形成的多缴税款,从发生销售折让、中止或者退回当期的应纳税额中抵减;不足抵减的,结转下期继续抵减。

(二)调整后的应纳税额大于转登记日当期申报的应纳税额形成的少缴税款,从"应交税费—待抵扣进项税额"中抵减;抵减后仍有余额的,计入发生销售折让、中止或者退回当期的应纳税额一并申报缴纳。

六、关于转登记纳税人增值税发票开具问题

为了给纳税人开具增值税发票提供便利,《公告》第六条规定,纳税人在转登记后可以使用现有税控设备继续开具增值税发票。转登记纳税人除了可以开具增值税普通发票外,在转登记日前已做增值税专用发票票种核定的,还可以继续通过增值税发票管理系统自行开具增值税专用发票。

《公告》第七条规定,转登记纳税人在一般纳税人期间发生的增值税应税销售行为,未开具增值税发票需要补开的,应当按照原适用税率或者征收率补开增值税发票;发生销售折让、中止或者退回等情形,需要开具红字发票的,按照原蓝字发票记载的内容开具红字发票;开票有误需要重新开具的,先按照原蓝字发票记载的内容开具红字发票后,再重新开具正确的蓝字发票。

七、关于再次登记为一般纳税人的条件

《公告》第八条规定,转登记为小规模纳税人后,如纳税人连续 12 个月或者 4 个季度的销售额超过 500 万元,则应按照规定,再次登记为一般纳税人。

八、关于税率调整后一般纳税人的开票处理

《公告》第九条明确,增值税税率调整后,一般纳税人在税率调整前已按原税率开具发票的业务,如发生销售折让、中止、退回或开票有误的,按原适用税率开具红字发票。

一般纳税人在增值税税率调整前未开具增值税发票的,增值税应税销售行为应当按照原适用税率补开。

财政部　税务总局关于 2018 年退还部分行业增值税留抵税额有关税收政策的通知

2018 年 6 月 27 日　财税〔2018〕70 号

各省、自治区、直辖市、计划单列市财政厅(局),国家税务总局各省、自治区、直辖市、计划单列市税务局,新疆生产建设兵团财政局:

为助力经济高质量发展,2018 年对部分行业增值税期末留抵税额予以退还。现将有关事项通知如下:

一、退还期末留抵税额的行业企业范围

退还增值税期末留抵税额的行业包括装备制造等先进制造业、研发等现代服务业和电网企业,具体范围如下:

(一)装备制造等先进制造业和研发等现代服务业。

按照国民经济行业分类,装备制造等先进制造业和研发等现代服务业包括专用设备制造业、研究和试验发展等 18 个大类行业,详见附件《2018 年退还增值税期末留抵税额行业目录》。纳税人所属行业根据税务登记的国民经济行业确定,并优先选择以下范围内的纳税人:

1.《中国制造 2025》明确的新一代信息技术、高档数控机床和机器人、航空航天装备、海洋工程装备及高技术船舶、先进轨道交通装备、节能与新能源汽车、电力装备、农业机械装备、新材料、生物医药及高性能医疗器械等 10 个重点领域。

2. 高新技术企业、技术先进型服务企业和科技型中小企业。

(二)电网企业

取得电力业务许可证(输电类、供电类)的全部电网企业。

二、退还期末留抵税额的纳税人条件

退还期末留抵税额纳税人的纳税信用等级为 a 级或 b 级。

三、退还期末留抵税额的计算

纳税人向主管税务机关申请退还期末留抵税额,当期退还的期末留抵税额,以纳税人申请退税上期的期末留抵税额和退还比例计算,并以纳税人 2017 年底期末留抵税额为上限。具体如下:

(一)可退还的期末留抵税额＝纳税人申请退税上期的期末留抵税额×退还比例

退还比例按下列方法计算:

1. 2014 年 12 月 31 日前(含)办理税务登记的纳税人,退还比例为 2015 年、2016 年和 2017 年三个年度已抵扣的增值税专用发票、海关进口增值税专用缴款书、解缴税款完税凭证注明的增值税额占同期全部已抵扣进项税额的比重。

2. 2015 年 1 月 1 日后(含)办理税务登记的纳税人,退还比例为实际经营期间内已抵扣的增值税专用发票、海关进口增值税专用缴款书、解缴税款完税凭证注明的增值税额占同期全部已抵扣进项税额的比重。

(二)当可退还的期末留抵税额不超过 2017 年底期末留抵税额时,当期退还的期末留抵税额为可退还的期末留抵税额。当可退还的期末留抵税额超过 2017 年底期末留抵税额时,当期退还的期末留抵税额为 2017 年底期末留抵税额。

四、工作要求

(一)各省(包括自治区、直辖市、计划单列市,下同)财政和税务部门要根据财政部和税务总局确定的各省 2018 年装备制造等先进制造业、研发等现代服务业退还期末留抵税额规模,顺应国家宏观政策导向,兼顾不同规模、类型企业,确定本省退还期末留抵税额的纳税人,于 2018 年 8 月 31 日前将纳税人名单及拟退税金额报财政部和税务总局备案。

各省 2018 年装备制造等先进制造业、研发等现代服务业退还期末留抵税额规模由财政部和税务总局另行通知。各省电网企业的期末留抵税额,按本通知规定计算当期退还的期末留抵税额,据实退还。

(二)各省财政和税务部门务必高度重视此项工作,周密筹划、统筹推进,实施过程中应加强监测分析,做好宣传解释等工作,确保退还期末留抵税额平稳、有序推进,于 2018 年 9 月 30 日前完成退还期末留抵税额工作。

(三)2018 年 10 月 31 日前,各省财政和税务部门报送退还期末留抵税额工作总结,包括完成情况、工作方法、成效、建议等。政策执行过程中遇到重大问题及时向财政部和税务总局报告。

附件
2018 年退还增值税期末留抵税额行业目录

序号	行业名称(按国民经济行业分类统计)	序号	行业名称(按国民经济行业分类统计)
1	化学原料和化学制品制造业	6	通用设备制造业
2	医药制造业	7	专用设备制造业
3	化学纤维制造业	8	汽车制造业
4	非金属矿物制品业	9	铁路、船舶、航空航天和其他运输设备制造业
5	金属制品业	10	电气机械和器材制造业

（续表）

序号	行业名称（按国民经济行业分类统计）	序号	行业名称（按国民经济行业分类统计）
11	计算机、通信和其他电子设备制造业	15	研究和试验发展
12	仪器仪表制造业	16	专业技术服务业
13	互联网和相关服务	17	科技推广和应用服务业
14	软件和信息技术服务业	18	生态保护和环境治理业

 10 财政部 税务总局 海关总署关于深化增值税改革有关政策的公告

2019 年 3 月 20 日　财政部　税务总局　海关总署公告 2019 年第 39 号

为贯彻落实党中央、国务院决策部署，推进增值税实质性减税，现将 2019 年增值税改革有关事项公告如下：

一、增值税一般纳税人（以下称纳税人）发生增值税应税销售行为或者进口货物，原适用 16％税率的，税率调整为 13％；原适用 10％税率的，税率调整为 9％。

二、纳税人购进农产品，原适用 10％扣除率的，扣除率调整为 9％。纳税人购进用于生产或者委托加工 13％税率货物的农产品，按照 10％的扣除率计算进项税额。

三、原适用 16％税率且出口退税率为 16％的出口货物劳务，出口退税率调整为 13％；原适用 10％税率且出口退税率为 10％的出口货物、跨境应税行为，出口退税率调整为 9％。

2019 年 6 月 30 日前（含 2019 年 4 月 1 日前），纳税人出口前款所涉货物劳务、发生前款所涉跨境应税行为，适用增值税免退税办法的，购进时已按调整前税率征收增值税的，执行调整前的出口退税率，购进时已按调整后税率征收增值税的，执行调整后的出口退税率；适用增值税免抵退税办法的，执行调整前的出口退税率，在计算免抵退税时，适用税率低于出口退税率的，适用税率与出口退税率之差视为零参与免抵退税计算。

出口退税率的执行时间及出口货物劳务、发生跨境应税行为的时间，按照以下规定执行：报关出口的货物劳务（保税区及经保税区出口除外），以海关出口报关单上注明的出口日期为准；非报关出口的货物劳务、跨境应税行为，以出口发票或普通发票的开具时间为准；保税区及经保税区出口的货物，以货物离境时海关出具的出境货物备案清单上注明的出口日期为准。

四、适用 13％税率的境外旅客购物离境退税物品，退税率为 11％；适用 9％税率的境外旅客购物离境退税物品，退税率为 8％。

2019 年 6 月 30 日前，按调整前税率征收增值税的，执行调整前的退税率；按调整后税率征收增值税的，执行调整后的退税率。

退税率的执行时间，以退税物品增值税普通发票的开具日期为准。

五、自 2019 年 4 月 1 日起，《营业税改征增值税试点有关事项的规定》（财税〔2016〕36 号印发）第一条第（四）项第 1 点、第二条第（一）项第 1 点停止执行，纳税人取得不动产或者不动产在建工程的进项税额不再分 2 年抵扣。此前按照上述规定尚未抵扣完毕的待抵扣进项税额，可自 2019 年 4 月税款所属期起从销项税额中抵扣。

六、纳税人购进国内旅客运输服务，其进项税额允许从销项税额中抵扣。

（一）纳税人未取得增值税专用发票的，暂按照以下规定确定进项税额：

1. 取得增值税电子普通发票的,为发票上注明的税额;

2. 取得注明旅客身份信息的航空运输电子客票行程单的,为按照下列公式计算进项税额:

$$航空旅客运输进项税额＝(票价＋燃油附加费)÷(1＋9\%)×9\%$$

3. 取得注明旅客身份信息的铁路车票的,为按照下列公式计算的进项税额:

$$铁路旅客运输进项税额＝票面金额÷(1＋9\%)×9\%$$

4. 取得注明旅客身份信息的公路、水路等其他客票的,按照下列公式计算进项税额:

$$公路、水路等其他旅客运输进项税额＝票面金额÷(1＋3\%)×3\%$$

(二)《营业税改征增值税试点实施办法》(财税〔2016〕36号印发)第二十七条第(六)项和《营业税改征增值税试点有关事项的规定》(财税〔2016〕36号印发)第二条第(一)项第5点中"购进的旅客运输服务、贷款服务、餐饮服务、居民日常服务和娱乐服务"修改为"购进的贷款服务、餐饮服务、居民日常服务和娱乐服务"。

七、自2019年4月1日至2021年12月31日,允许生产、生活性服务业纳税人按照当期可抵扣进项税额加计10%,抵减应纳税额(以下称加计抵减政策)。

(一)本公告所称生产、生活性服务业纳税人,是指提供邮政服务、电信服务、现代服务、生活服务(以下称四项服务)取得的销售额占全部销售额的比重超过50%的纳税人。四项服务的具体范围按照《销售服务、无形资产、不动产注释》(财税〔2016〕36号印发)执行。

2019年3月31日前设立的纳税人,自2018年4月至2019年3月期间的销售额(经营期不满12个月的,按照实际经营期的销售额)符合上述规定条件的,自2019年4月1日起适用加计抵减政策。

2019年4月1日后设立的纳税人,自设立之日起3个月的销售额符合上述规定条件的,自登记为一般纳税人之日起适用加计抵减政策。

纳税人确定适用加计抵减政策后,当年内不再调整,以后年度是否适用,根据上年度销售额计算确定。

纳税人可计提但未计提的加计抵减额,可在确定适用加计抵减政策当期一并计提。

(二)纳税人应按照当期可抵扣进项税额的10%计提当期加计抵减额。按照现行规定不得从销项税额中抵扣的进项税额,不得计提加计抵减额;已计提加计抵减额的进项税额,按规定作进项税额转出的,应在进项税额转出当期,相应调减加计抵减额。计算公式如下:

$$当期计提加计抵减额 ＝ 当期可抵扣进项税额×10\%$$

$$当期可抵减加计抵减额 ＝ 上期末加计抵减额余额 ＋ 当期计提加计抵减额 － 当期调减加计抵减额$$

(三)纳税人应按照现行规定计算一般计税方法下的应纳税额(以下称抵减前的应纳税额)后,区分以下情形加计抵减:

1. 抵减前的应纳税额等于零的,当期可抵减加计抵减额全部结转下期抵减;

2. 抵减前的应纳税额大于零,且大于当期可抵减加计抵减额的,当期可抵减加计抵减额全额从抵减前的应纳税额中抵减;

3. 抵减前的应纳税额大于零,且小于或等于当期可抵减加计抵减额的,以当期可抵减加计抵减额抵减应纳税额至零。未抵减完的当期可抵减加计抵减额,结转下期继续抵减。

（四）纳税人出口货物劳务、发生跨境应税行为不适用加计抵减政策，其对应的进项税额不得计提加计抵减额。

纳税人兼营出口货物劳务、发生跨境应税行为且无法划分不得计提加计抵减额的进项税额，按照以下公式计算：

$$\text{不得计提加计抵减额的进项税额} = \text{当期无法划分的全部进项税额} \times \text{当期出口货物劳务和发生跨境应税行为的销售额} \div \text{当期全部销售额}$$

（五）纳税人应单独核算加计抵减额的计提、抵减、调减、结余等变动情况。骗取适用加计抵减政策或虚增加计抵减额的，按照《中华人民共和国税收征收管理法》等有关规定处理。

（六）加计抵减政策执行到期后，纳税人不再计提加计抵减额，结余的加计抵减额停止抵减。

八、自 2019 年 4 月 1 日起，试行增值税期末留抵税额退税制度。

（一）同时符合以下条件的纳税人，可以向主管税务机关申请退还增量留抵税额：

1. 自 2019 年 4 月税款所属期起，连续六个月（按季纳税的，连续两个季度）增量留抵税额均大于零，且第六个月增量留抵税额不低于 50 万元；

2. 纳税信用等级为 A 级或者 B 级；

3. 申请退税前 36 个月未发生骗取留抵退税、出口退税或虚开增值税专用发票情形的；

4. 申请退税前 36 个月未因偷税被税务机关处罚两次及以上的；

5. 自 2019 年 4 月 1 日起未享受即征即退、先征后返（退）政策的。

（二）本公告所称增量留抵税额，是指与 2019 年 3 月底相比新增加的期末留抵税额。

（三）纳税人当期允许退还的增量留抵税额，按照以下公式计算：

$$\text{允许退还的增量留抵税额} = \text{增量留抵税额} \times \text{进项构成比例} \times 60\%$$

进项构成比例，为 2019 年 4 月至申请退税前一税款所属期内已抵扣的增值税专用发票（含税控机动车销售统一发票）、海关进口增值税专用缴款书、解缴税款完税凭证注明的增值税额占同期全部已抵扣进项税额的比重。

（四）纳税人应在增值税纳税申报期内，向主管税务机关申请退还留抵税额。

（五）纳税人出口货物劳务、发生跨境应税行为，适用免抵退税办法的，办理免抵退税后，仍符合本公告规定条件的，可以申请退还留抵税额；适用免退税办法的，相关进项税额不得用于退还留抵税额。

（六）纳税人取得退还的留抵税额后，应相应调减当期留抵税额。按照本条规定再次满足退税条件的，可以继续向主管税务机关申请退还留抵税额，但本条第（一）项第 1 点规定的连续期间，不得重复计算。

（七）以虚增进项、虚假申报或其他欺骗手段，骗取留抵退税款的，由税务机关追缴其骗取的退税款，并按照《中华人民共和国税收征收管理法》等有关规定处理。

（八）退还的增量留抵税额中央、地方分担机制另行通知。

九、本公告自 2019 年 4 月 1 日起执行。

特此公告。

国家税务总局关于深化增值税改革有关事项的公告

2019 年 3 月 21 日　　国家税务总局公告 2019 年第 14 号

现将深化增值税改革有关事项公告如下：

一、增值税一般纳税人(以下称纳税人)在增值税税率调整前已按原 16%、10% 适用税率开具的增值税发票，发生销售折让、中止或者退回等情形需要开具红字发票的，按照原适用税率开具红字发票；开票有误需要重新开具的，先按照原适用税率开具红字发票后，再重新开具正确的蓝字发票。

二、纳税人在增值税税率调整前未开具增值税发票的增值税应税销售行为，需要补开增值税发票的，应当按照原适用税率补开。

三、增值税发票税控开票软件税率栏次默认显示调整后税率，纳税人发生本公告第一条、第二条所列情形的，可以手工选择原适用税率开具增值税发票。

四、税务总局在增值税发票税控开票软件中更新了《商品和服务税收分类编码表》，纳税人应当按照更新后的《商品和服务税收分类编码表》开具增值税发票。

五、纳税人应当及时完成增值税发票税控开票软件升级和自身业务系统调整。

六、已抵扣进项税额的不动产，发生非正常损失，或者改变用途，专用于简易计税方法计税项目、免征增值税项目、集体福利或者个人消费的，按照下列公式计算不得抵扣的进项税额，并从当期进项税额中扣减：

$$不得抵扣的进项税额 = 已抵扣进项税额 \times 不动产净值率$$

$$不动产净值率 = (不动产净值 \div 不动产原值) \times 100\%$$

七、按照规定不得抵扣进项税额的不动产，发生用途改变，用于允许抵扣进项税额项目的，按照下列公式在改变用途的次月计算可抵扣进项税额。

$$可抵扣进项税额 = 增值税扣税凭证注明或计算的进项税额 \times 不动产净值率$$

八、按照《财政部 税务总局 海关总署关于深化增值税改革有关政策的公告》(财政部 税务总局 海关总署公告 2019 年第 39 号)规定，适用加计抵减政策的生产、生活性服务业纳税人，应在年度首次确认适用加计抵减政策时，通过电子税务局(或前往办税服务厅)提交《适用加计抵减政策的声明》(见附件)。适用加计抵减政策的纳税人，同时兼营邮政服务、电信服务、现代服务、生活服务的，应按照四项服务中收入占比最高的业务在《适用加计抵减政策的声明》中勾选确定所属行业。

九、本公告自 2019 年 4 月 1 日起施行。《不动产进项税额分期抵扣暂行办法》(国家税务总局公告 2016 年第 15 号发布)同时废止。

附件：适用加计抵减政策的声明

附件

适用加计抵减政策的声明

纳税人名称：＿＿＿＿＿＿＿＿

纳税人识别号(统一社会信用代码)：＿＿＿＿＿＿＿＿

本纳税人符合《财政部 税务总局 海关总署关于深化增值税改革有关政策的公告》(财政部 税务总局 海

关总署公告 2019 年第 39 号)规定,确定适用加计抵减政策。行业属于(请从下表勾选,只能选择其一):

行业	选项
邮政服务业	
电信服务业	—
其中:1. 基础电信业	
2. 增值电信业	
现代服务业	—
其中:1. 研发和技术服务业	
2. 信息技术服务业	
3. 文化创意服务业	
4. 物流辅助服务	
5. 有形动产租赁服务业	
6. 鉴证咨询服务业	
7. 广播影视服务	
生活服务业	—
其中:1. 文化艺术业	
2. 体育业	
3. 教育	
4. 卫生	
5. 旅游业	
6. 娱乐业	
7. 餐饮业	
8. 住宿业	
9. 居民服务业	
10. 社会工作	
11. 公共设施管理业	
12. 不动产出租	
13. 商务服务业	
14. 专业技术服务业	
15. 代理业	
16. 其他生活服务业	

　　本纳税人用于判断是否符合加计抵减政策条件的销售额占比计算期为　　年　月至　年　月,此期间提供邮政服务、电信服务、现代服务、生活服务销售额合计　　　　元,全部销售额　　　　元,占比为　　　%。

　　以上声明根据实际经营情况作出,我确定它是真实的、准确的、完整的。

　　　　　　　　　　　　　　　　　　　　　　　　年　月　日
　　　　　　　　　　　　　　　　　　　　　　　　(纳税人签章)

国家税务总局办公厅关于《国家税务总局关于深化增值税改革有关事项的公告》的解读

一、公告出台背景

《财政部 税务总局 海关总署关于深化增值税改革有关政策的公告》（财政部 税务总局 海关总署公告 2019 年第 39 号,以下简称 39 号公告）出台后,纳税人开具发票衔接、不动产一次性抵扣、适用加计抵减政策所需填报资料等问题,需要进一步明确,因此出台该公告。

二、2019 年 4 月 1 日降低增值税税率政策实施后,纳税人发生销售折让、中止或者退回等情形的,如何开具红字发票及蓝字发票?

本公告第一条明确,增值税一般纳税人在增值税税率调整前已按原 16%、10% 适用税率开具的增值税发票,发生销售折让、中止或者退回等情形需要开具红字发票的,按照原适用税率开具红字发票;开票有误需要重新开具的,先按照原适用税率开具红字发票后,再重新开具正确的蓝字发票。

需要说明的是,如纳税人此前已按原 17%、11% 适用税率开具了增值税发票,发生销售折让、中止或者退回等情形需要开具红字发票的,应按照《国家税务总局关于统一小规模纳税人标准等若干增值税问题的公告》（国家税务总局公告 2018 年第 18 号,以下简称 18 号公告）相关规定执行。

三、2019 年 4 月 1 日降低增值税税率政策实施后,纳税人需要补开增值税发票的,如何处理?

本公告第二条明确,纳税人在增值税税率调整前未开具增值税发票的增值税应税销售行为,需要补开增值税发票的,应当按照原 16%、10% 适用税率补开。

需要说明的是,如果纳税人还存在 2018 年税率调整前未开具增值税发票的应税销售行为,需要补开增值税发票的,可根据 18 号公告相关规定,按照原 17%、11% 适用税率补开。

四、自 2019 年 4 月 1 日起,纳税人购入不动产,持有期间用途发生改变的,进项税额应如何处理?

本公告第六条明确,已抵扣进项税额的不动产,发生非正常损失,或者改变用途,专用于简易计税方法计税项目、免征增值税项目、集体福利或者个人消费的,按照下列公式计算不得抵扣的进项税额,并从当期进项税额中扣减:

$$不得抵扣的进项税额 = 已抵扣进项税额 \times 不动产净值率$$
$$不动产净值率 = （不动产净值 \div 不动产原值）\times 100\%$$

本公告第七条明确,按照规定不得抵扣进项税额的不动产,发生用途改变,用于允许抵扣进项税额项目的,按照下列公式在改变用途的次月计算可抵扣进项税额。

$$可抵扣进项税额 = 增值税扣税凭证注明或计算的进项税额 \times 不动产净值率$$

五、此次税率调整,适用加计抵减政策的纳税人,需要提供什么资料?

本公告第八条明确,按照 39 号公告规定,适用加计抵减政策的生产、生活性服务业纳税人,应在年度首次确认适用加计抵减政策时,通过电子税务局(或前往办税服务厅)提交《适用加计抵减政策的声明》。适用加计抵减政策的纳税人,同时兼营邮政服务、电信服务、现代服务、生活服务的,应按照四项服务中收入占比最高的业务在《适用加计抵减政策的声明》中勾选确定所属行业。

需要说明的是,按照39号公告规定,纳税人确定适用加计抵减政策,以后年度是否继续适用,需要根据上年度销售额计算确定。已经提交《适用加计抵减政策的声明》并享受加计抵减政策的纳税人,在2020年、2021年,是否继续适用,应分别根据其2019年、2020年销售额确定,如果符合规定,需再次提交《适用加计抵减政策的声明》。

关于降低增值税税率及扩大抵扣范围
(深化增值税改革视频培训讲义之一,撰稿:货物和劳务税司增值税一处)

一、关于降低增值税税率

2019年3月5日,李总理在《政府工作报告》中宣布:实施深化增值税改革,将制造业等行业现行16%的税率降至13%,将交通运输业、建筑业等行业现行10%的税率降至9%,保持6%一档的税率不变。

为落实党中央、国务院关于深化增值税改革的决策部署,《财政部 税务总局 海关总署关于深化增值税改革有关政策的公告》(财政部 税务总局 海关总署公告2019年第39号,以下简称财税39号公告)第一条明确规定:增值税一般纳税人发生增值税应税销售行为或者进口货物,原适用16%税率的,税率调整为13%;原适用10%税率的,税率调整为9%。

需要重点讲解的问题有以下四点:

(一)按照纳税义务发生时间来确定适用税率

此次税率调整已属近年来的第三次,还需强调的仍是税率的适用时间问题:是适用原税率还是适用新税率,要按照纳税义务发生时间来确定。拿最高档税率举个例子,纳税义务发生时间在4月1日前的,就按照16%税率开票交税,若纳税义务发生时间在4月1日以后,就按照13%税率开票交税。

纳税义务发生时间的规定,主要有:《中华人民共和国增值税暂行条例》第十九条、《中华人民共和国增值税暂行条例实施细则》第三十八条、《营业税改征增值税试点实施办法》第四十五条等等。其基本规定是,纳税人发生增值税应税销售行为,纳税义务发生时间为收讫销售款项或者取得索取销售款项凭据的当天。

【例】 一家商贸企业,2019年3月签订货物销售合同,合同约定3月20日发货,3月25日收款。实际上,纳税人按照合同约定3月20日发货后,3月25日取得了货款收款凭证,但到4月5日才实际收到货款。按照规定,该纳税人取得索取销售款项凭据的当天是3月25日,纳税义务发生时间在4月1日之前,应适用原税率。

再以此例延伸,如纳税人并没有签订合同,实际业务就是3月20日发货,4月5日收到货款。政策规定,采取直接收款方式销售货物的,不论货物是否发出,纳税义务发生时间为收到销售款或者取得索取销售款项凭据的当天。则按照规定,该例中,纳税人4月5日收到货款,纳税义务发生时间在4月1日之后,应适用新的税率。

(二)开具增值税发票衔接问题

《国家税务总局关于深化增值税改革有关事项的公告》(国家税务总局公告2019年第14号,以下简称14号公告)第一条明确规定,增值税一般纳税人已按原16%、10%适用税率开具的增值税发票,发生销售折让、中止或者退回等情形需要开具红字发票的,按照原适用税率开具红字发票;开票有误需要重新开具的,先按照原适用税率开具红字发票后,再重新开具正确的蓝字发票。

第二条明确规定,纳税人在增值税税率调整前未开具增值税发票的增值税应税销售行为,需要补开增值税发票的,应当按照原适用税率补开。

上述规定与去年税率调整时出台的《国家税务总局关于统一小规模纳税人标准等若干增值税问题的公告》(国家税务总局公告2018年第18号)内容一致。从技术角度考虑,将这部分内容在14号公告中再予明确。

需要强调的是:按照上述规定,如果纳税人确实有补开发票需要(比如之前已经按照规定缴纳了税款,但没有开具发票,或者发生开票有误,需要重新换开的),可以开具原来的17%、16%、11%、10%税率的发票!并不是4月1日之后只能开具新税率的发票。

二、农产品抵扣率的调整

自2017年起连续三年,农产品适用税率实现三连降,从13%税率下调至9%,每次税率下调,农产品扣除率也相应进行了调整。和以前一样,此次财税39号公告也明确了两方面内容:一是普遍性规定,伴随税率调整,纳税人购进农产品,扣除率同步从10%调整为9%。二是特殊规定,考虑到农产品深加工行业的特殊性,对于纳税人购进用于生产或委托加工13%税率货物的农产品,允许其按照10%的扣除率计算进项税额。现就10%扣除率相关问题作几点说明:

(一)关于10%扣除率的适用范围问题

按照规定,10%扣除率仅限于纳税人生产或者委托加工13%税率货物所购进的农产品。另外,按照核定扣除管理办法规定,适用核定扣除政策的纳税人购进的农产品,扣除率为销售货物的适用税率。

(二)纳税人按照10%扣除需要取得什么凭证

可以享受农产品加计扣除政策的票据有三种类型:一是农产品收购发票或者销售发票,且必须是农业生产者销售自产农产品适用免税政策开具的普通发票;二是取得一般纳税人开具的增值税专用发票或海关进口增值税专用缴款书;三是从按照3%征收率缴纳增值税的小规模纳税人处取得的增值税专用发票。需要说明的是,取得批发零售环节纳税人销售免税农产品开具的免税发票,以及小规模纳税人开具的增值税普通发票,均不得计算抵扣进项税额。

(三)纳税人在什么时间加计农产品的进项税额

与2017年"四并二"改革时一样,纳税人在购进农产品时,应按照农产品抵扣的一般规定,按照9%计算抵扣进项税额。在领用农产品环节,如果农产品用于生产或者委托加工13%税率货物,则再加计1%进项税额。比如,5月份购进一批农产品,购进时按照9%计算抵扣进项税额;6月份领用时,确定用于生产13%税率货物,则在6月份再加计1%进项税额。

三、不动产两年抵扣政策改为一次性抵扣

(一)财税39号公告的规定

不动产一次性抵扣的政策,主要包括两方面内容:一是,今年4月1日后购入的不动产,纳税人可在购进当期,一次性予以抵扣。二是,今年4月1日前购入的不动产,还没有抵扣的进项税额的40%部分,从2019年4月所属期开始,允许全部从销项税额中抵扣。

需要强调的是:一是,"自2019年4月税款所属期起从销项税额中抵扣",一般情况下,纳税人从自身税款缴纳、资金占用角度考虑,在4月所属期就应该将待抵扣部分转入进项税额。但是,如果发生个别纳税人4月以后要求转入的,也是允许的。二是,纳税人将待抵扣的不动产进项税额转入抵扣时,需要一次性全部转入。

（二）14 号公告的规定

按照规定,已经抵扣进项税额的不动产,发生用途改变或者非正常损失,需要做进项税额转出;未抵扣进项税额的不动产,用途改变后用于允许抵扣进项税额项目的,需要做进项税额转入。不动产进项税额如何转进、转出,《不动产进项税额分期抵扣暂行办法》（国家税务总局公告 2016 年第 15 号发布,以下简称 15 号公告）对其进行了细化规定。

不动产改为一次性抵扣后,原分两年抵扣的 15 号公告相应废止。但不动产发生用途改变等情形,进项税额转进、转出的规定,还应继续保留。因此,在 14 号公告中,我们对相关规定进行了延续。具体来讲,就是两项:

一是,已抵扣进项税额的不动产,如果发生非正常损失,或者改变用途,专用于简易计税方法计税项目、免征增值税项目、集体福利或者个人消费的,按照公式计算不得抵扣的进项税额,并从当期进项税额中扣减;

二是,按照规定不得抵扣进项税额的不动产,发生用途改变,用于允许抵扣进项税额项目的,按照公式在改变用途的次月计算可抵扣进项税额。

需要提醒大家注意两点:一是,不动产进项税额转进转出,都是按照不动产净值率计算,不动产净值率是不动产净值与不动产原值的比,不动产净值、原值与企业会计核算应保持一致。二是,不动产发生用途改变,进项税额转进转出的时间有所不同。需要转出的,是在发生的当期转出;需要转入的,是在发生的下期转入。

思考:请对照 14 号公告的规定,和《营业税改征增值税试点有关事项的规定》（财税〔2016〕36 号）文件不动产抵扣的相关条款,比较一下,为什么说 14 号公告的规定更为严密、更具有可操作性?

四、将旅客运输服务纳入抵扣范围

为便于实际征管操作,财税 39 号公告区分不同的运输方式设置不同的扣税凭证和可抵扣进项的计算方法。和其他进项税抵扣一样,旅客运输最基本的扣税凭证还是增值税专用发票。因此,如果纳税人相应取得了增值税专用发票,直接凭专票抵扣。在未取得专票的情况下,需要分以下情况来分别处理:

第一种情况,是凭电子普票据实抵扣。也就是说,如果纳税人取得增值税电子普通发票,可以直接凭发票上注明的税额进行抵扣。据了解,部分航空公司已经开始推行了电子普票。

第二种情况,航空和铁路凭客票按 9% 税率抵扣。考虑到航空和铁路客运已全部采取实名制购票,客票样式也都是全国统一的,航空运输是电子客票行程单,铁路运输是铁路车票,而且航空、铁路旅客运输企业集约化程度高,规模大,基本上都是按照一般计税方法计税的,因此,针对航空和铁路这类征管基础好、风险相对低且可抵扣进项税确定的,以客票上注明的价款按照 9% 税率计算抵扣。

第三种情况,其他客运按 3% 计算抵扣。除航空、铁路客票以外,包括公路、水路在内的其他旅客运输,客票式样种类繁多、样式不统一,也基本没有集中统一的客票电子信息。从我们了解的情况看,目前仅有一小部分客票已采取实名购票并可以从客票上获取旅客身份信息。更重要的一点是,以公路、水路运输单位,既有一般纳税人,又有小规模纳税人,一般纳税人中还有一部分提供公共运输服务可以选择简易计税。

因此,受票方仅凭拿到的客票,无法得知开票方如何交的税,自己可以扣多少。在这种现实情况下,为防范风险,先对其他客运统一暂按 3% 抵扣,待下一步将相关客运票证纳入增值税发票管理系统之后,再实现凭增值税发票据实抵扣。

在这项政策的执行过程中,有几个问题需要提醒大家注意:

第一,只有国内旅客运输服务才可以抵扣进项税。国际运输适用零税率或免税,上环节运输企业提供的国际运输未缴纳增值税,也就不存在下环节进项抵扣的问题。

第二,除增值税专用发票和电子普通发票外,其他的旅客运输扣税凭证,都必须是注明旅客身份信息的票证才可以计算抵扣进项税,纳税人手写无效。

第三,航空运输的电子客票行程单上的价款是分项列示的,包括票价、燃油附加费和民航发展基金。因民航发展基金属于政府性基金,不计入航空企业的销售收入。因此计算抵扣的基础是票价加燃油附加费。

第四,除扣税凭证和进项税计算方法的特殊规定外,对于旅客运输的进项税抵扣原则,需要符合现行增值税进项抵扣的基本规定。比如用于免税、简易计税的不得抵扣;用于集体福利、个人消费、非正常损失等情形的不得抵扣等等。

第五,与本单位建立了合法用工关系的个人发生的旅客运输费用,属于可以抵扣的范围。对于劳务派遣的用工形式,劳务派遣人员发生的旅客运输费用,应由用工单位抵扣进项税额,而不是劳务派遣单位抵扣。

关于加计抵减政策和试行留抵退税制度

（深化增值税改革视频培训讲义之二,撰稿:货物和劳务税司增值税二处）

关于加计抵减政策和试行留抵退税制度这两项政策的具体内容,在总局和财政部、海关总署联合下发的财政部　税务总局　海关总署公告 2019 年第 39 号（以下简称 39 号公告）中都有明确的规定。

其中,加计抵减政策,是为配合增值税税率下调出台的一项全新的优惠措施;今年实施的留抵退税,则是迈开了在我国试行规范化、常态化留抵退税制度的第一步。由于这两项政策的关注度比较高,相关的政策知识点也比较多,为便于大家更好的理解和把握政策口径,现就政策的核心要点以及近期大家反馈的一些热点、疑点和难点问题,进行重点解读。

一、关于加计抵减政策

加计抵减,简单来说,就是允许特定纳税人按照当期可抵扣进项税额的 10% 计算出一个抵减额,专用于抵减纳税人一般计税方法计算的应纳税额。

（一）关于加计抵减政策的适用主体

按照 39 号公告的规定,判断适用加计抵减政策的具体标准是,以邮政服务、电信服务、现代服务和生活服务（以下称四项服务）销售额占纳税人全部销售额的比重是否超过 50% 来确定,如果四项服务销售额占比超过 50%,则可以适用加计抵减政策。在执行过程中,需要大家注意几个问题:

第一,加计抵减政策只适用于一般纳税人。小规模纳税人即使四项服务销售额占比超过 50%,也不能适用加计抵减政策;

第二,四项服务销售额是指四项服务销售额的合计数;

第三,关于销售额占比的计算区间,应对今年 4 月 1 日之前和 4 月 1 日之后设立的新老纳税人分别处理。4 月 1 日前成立的纳税人,以 2018 年 4 月至 2019 年 3 月之间四项服务销售额比重是否超过 50% 判断,经营期不满 12 个月的,以实际经营期的销售额计算;4 月 1

以后成立的纳税人,由于成立当期暂无销售额,无法直接以销售额判断。

因此,成立后的前3个月暂不适用加计抵减政策,待满3个月,再以这3个月的销售额比重是否超过50%判断,如超过50%,可以自第4个月开始适用加计抵减政策,此前未计提加计抵减额的3个月,可按规定补充计提加计抵减额。

需要注意的是,虽然加计抵减政策只适用于一般纳税人,但在确定主营业务时参与计算的销售额,不仅指纳税人在登记为一般纳税人以后的销售额,其在小规模纳税人期间的销售额也是可以参与计算的。

举例说明:某纳税人于2018年1月成立,2018年9月登记为一般纳税人,在计算四项服务销售额占比时,自2018年4月开始计算。还有一种情况,某些新成立的纳税人,可能成立后的前3个月未开展生产经营,如果前3个月的销售额均为0,则在当年内自纳税人形成销售额的当月起往后计算3个月来判断当年是否适用加计抵减政策。

第四,加计抵减政策按年适用、按年动态调整。一旦确定适用与否,当年不再调整。到了下一年度,纳税人需要以上年度四项服务销售额占比来重新确定该年度能否适用。这里的年度是指会计年度,而不是连续12个月的概念。

第五,考虑到加计抵减政策是一项全新的优惠政策,纳税人还需要有一个逐步适应的过程。因此,如果纳税人满足加计抵减条件,但因各种原因并未及时计提加计抵减额,允许纳税人在此后补充计提,补充计提的加计抵减额不再追溯抵减和调整前期的应纳税额,但可抵减以后期间的应纳税额。

加计抵减政策本质上属于税收优惠,应由纳税人自主判断、自主申报、自主享受。这样可以保证纳税人及时享受政策红利,避免因户数多、审核时间长而造成政策延迟落地。同时,为帮助纳税人准确适用加计抵减政策,对于申请享受加计抵减政策的纳税人,需要就适用政策做出声明,并在年度首次确认适用时,提交《适用加计抵减政策的声明》(以下称《声明》),完成《声明》后,即可自主申报适用加计抵减政策。《声明》的内容主要包括:

(1)纳税人名称和纳税人识别号;

(2)纳税人需要自行判断并勾选其所属行业。如果兼营四项服务,应按照四项服务中收入占比最高的业务进行勾选。

举例说明:某纳税人2018年4月至2019年3月期间的全部销售额中,货物占比45%,信息技术服务占比30%,代理服务占比25%。由于信息技术服务和代理服务的销售额占全部销售额的比重为55%,因此,该纳税人可在2019年适用加计抵减政策;同时,由于信息技术服务销售额占比最高,因此,纳税人在《声明》中应勾选"信息技术服务业"相应栏次。

(3)《声明》还包括纳税人判断适用加计抵减政策的销售额计算区间,以及相对应的销售额和占比。

由于加计抵减政策是按年适用的,因此,2019年提交《声明》并享受加计抵减政策的纳税人,如果在以后年度仍可适用的话,需要按年度再次提交新的《声明》,并在完成新的《声明》后,享受当年的加计抵减政策。需要注意的是,并未要求纳税人必须在每个年度的第一个申报期就提交《声明》,纳税人可以补充提交《声明》,并适用加计抵减政策。

(二)关于加计抵减政策的计算

39号公告中列出了具体的计算公式,需要注意的是:

第一,加计抵减额不是进项税额。加计抵减额必须与进项税额分开核算,这两个概念一定不能混淆。这样处理的目的是,维持进项税额的正常核算,进而实现留抵税额真实准确,以免造成多退出口退税和留抵退税。

第二,加计抵减政策仅适用于国内环节,这也是遵循了 WTO 公平贸易原则,防止引发出口补贴的质疑而做出的政策安排。因此,关于计提加计抵减额的基础,也就是计算公式中的"当期可抵扣进项税额",是剔除出口业务对应的进项税额的。

总的来看,只要是在国内环节,可计算加计的进项税额,既不限于接受四项服务取得的进项税额,也不限于提供四项服务对应的进项税额,只要纳税人按照一般规定正常可以抵扣的进项税额,包括农产品加计抵扣的进项税额、不动产一次性抵扣后结转的此前尚未抵扣的40%部分进项税额、旅客运输计算抵扣的进项税额等等,都是可以计算加计的。

但是,如果纳税人既有内销业务,又有出口业务,则出口业务对应的进项税额都不能计提加计抵减额。需要特别说明的是,目前,既有适用退税政策的出口货物服务,也有适用征税政策的出口货物服务,在计提加计抵减额时,无论是退税的还是征税的出口货物服务,对应的进项税额都不能计提加计抵减额。

具体的操作原则是,出口和内销的进项税额能够分开核算的,出口直接对应的进项税额不得加计;对于出口与内销无法划分的进项税额,则应按照 39 号公告中的计算公式,以出口和内销的销售额比例分劈进项税额,出口对应的进项税额部分不得加计抵减。

第三,纳税人抵扣的进项税额,都相应计提了加计抵减额。同理,如果发生进项税额转出,那么,在进项税额转出的同时,此前相应计提的加计抵减额也要同步调减。

第四,加计抵减额独立于进项税额和留抵税额,且随着纳税人逐期计提、调减、抵减、结转等相应发生变动,因此,享受加计抵减政策的纳税人需要准确核算加计抵减额的变动情况。

(三)关于加计抵减额的抵减方法

首先强调一个基本原则,加计抵减额只能用于抵减一般计税方法计算的应纳税额。加计抵减额抵减应纳税额需要分两步:

第一步,纳税人先按照一般规定,以销项税额减去进项税额的余额算出一般计税方法下的应纳税额。

第二步,区分不同情形分别处理:第一种情形,如果第一步计算出的应纳税额为 0,则当期无需再抵减,所有的加计抵减额可以直接结转到下期抵减。

第二种情形,如果第一步计算出的应纳税额大于 0,则当期可以进行抵减。在抵减时,需要将应纳税额和可抵减加计抵减额比大小。如果应纳税额比当期可抵减加计抵减额大,所有的当期可抵减加计抵减额在当期全部抵减完毕,纳税人以抵减后的余额计算缴纳增值税;如果应纳税额比当期可抵减加计抵减额小,当期应纳税额被抵减至 0,未抵减完的加计抵减额余额,可以结转下期继续抵减。

【例】 某服务业一般纳税人,适用加计抵减政策。2019 年 6 月,一般计税项目销项税额为 120 万元,进项税额 100 万元,上期留抵税额 10 万元,上期结转的加计抵减额余额 5 万元;简易计税项目销售额 100 万元(不含税价),征收率 3%。此外无其他涉税事项。该纳税人当期应如何计算缴纳增值税呢?

【解析】

一般计税项目:抵减前的应纳税额=120−100−10=10(万元)

当期可抵减加计抵减额=100×10%+5=15(万元)

抵减后的应纳税额=10−10=0(万元)

加计抵减额余额=15−10=5(万元)

简易计税项目：应纳税额＝100×3％＝3(万元)

应纳税额合计：

一般计税项目应纳税额＋简易计税项目应纳税额＝0＋3＝3(万元)

(四)关于加计抵减政策执行期限问题

加计抵减政策作为一项阶段性税收优惠，执行期限为 2019 年 4 月 1 日至 2021 年 12 月 31 日。政策执行到期后，纳税人不再计提加计抵减额，结余的加计抵减额停止抵减。这里的"加计抵减政策执行到期"指的是 2021 年 12 月 31 日。也就是说，只要是在 2021 年底前，纳税人结余的加计抵减额是可以连续抵减的。

【例】 某一般纳税人 2019 年适用加计抵减政策，截至 2019 年底，加计抵减额余额为 10 万元。如果 2020 年不再适用加计抵减政策，则 2020 年该纳税人不得再计提加计抵减额，但是，2019 年未抵减完的 10 万元，是允许该一般纳税人在 2020 至 2021 年度继续抵减的。

这一原则也体现在一般纳税人转小规模纳税人的情形。

【例】 某适用加计抵减政策的纳税人 2019 年 7 月从一般纳税人转为小规模纳税人，转登记前加计抵减额余额为 10 万元。转成小规模纳税人后，由于小规模纳税人不适用加计抵减政策，因此，10 万元余额不得用于抵减小规模纳税人期间的应纳税额。2019 年 11 月，该纳税人又登记为一般纳税人，自纳税人再次登记成为一般纳税人之日起，此前未抵减完的 10 万元可继续抵减其按一般计税方法计算的应纳税额。

二、关于试行期末留抵退税制度

留抵税额，是纳税人已缴纳但未抵扣完的进项税额。我国过去一直实行留抵税额结转下期抵扣制度，仅对出口货物服务对应的进项税额，实行出口退税。从国际上来看，留抵退税是主流做法。在建立普遍留抵退税制度的国家，基本没有单独的出口退税，对出口企业采取的是出口免税，其进项税额统一通过留抵退税制度来解决。

近年来，随着营改增的全面推开，进项抵扣范围不断扩大，纳税人的留抵税额呈现总量越来越大、涉及纳税人越来越多的显著特点。随着深化增值税改革的推进，我国营商环境的日益改善，各界对留抵退税制度化的呼声也越来越大，期望越来越高。

虽然在此之前，我们在个别领域试行了留抵退税，2018 年在部分行业实施了一次性的留抵退税，但总的来看，并没有将留抵退税作为一种常态化、规范化的制度确立下来。按照党中央、国务院关于在我国逐步建立留抵退税制度的重要决策部署，我们会同财政部制定了试行留抵退税制度的具体方案，具体见 39 号公告第八条。现就几个重点问题进行解读：

(一)关于退税条件

如果纳税人同时满足 39 号公告中规定的 5 项条件，则可以申请留抵退税。其中，第一项条件是，自 2019 年 4 月税款所属期起，连续 6 个月有增量留抵税额，并且第 6 个月的增量留抵税额不低于 50 万元。关于这一条件的设定，我们充分借鉴了国外的退税经验，相当于设置了一个退税门槛。理解这一条件，需要注意几个问题：

第一，将纳税人 2019 年 3 月底的留抵税额时点数固定设为存量留抵，纳税人每个月的增量留抵，都是和 2019 年 3 月底的留抵比新增加的留抵税额。

第二，由于今年的改革措施是从 4 月 1 号开始的，为避免引起歧义，39 号公告中规定的"从 4 月税款所属期起连续六个月"的具体含义，是只能从 4 月开始往后算 6 个月，而不能往前倒算。

也就是说，最早满足连续 6 个月的情形，是今年 4 月至 9 月的连续 6 个月。还有一点需要注意的是,连续 6 个月并不一定从今年 4 月开始算,纳税人可以从 4 月以后的任何一个月开始计算连续六个月,比如 5 月到 10 月,6 月到 11 月等等。

第三,前面说到的都是按月纳税的纳税人,按季纳税的纳税人执行口径也一样,只不过计算区间不是连续六个月,而是连续两个季度。

除了退税门槛这一条件外,为了鼓励纳税人诚信纳税和防范退税风险,我们还设置了另外 4 个退税条件:一是将退税主体限定在纳税信用等级为 A 级和 B 级的纳税人,这也是 2018 年留抵退税条件的延续;二是纳税人在申请退税前 36 个月内不能有骗取留抵退税、出口退税或虚开增值税专用发票行为;三是不能因偷税被税务机关处罚两次及以上;四是 2019 年 4 月 1 日以后没有享受过即征即退、先征后返或先征后退政策的纳税人,才可以申请留抵退税。相关条件中对违反税收法律法规的纳税人不予退税,也是惩恶扬善的体现。需要注意的是,出于防范退税风险的考虑,未享受过即征即退、先征后返或先征后退政策的这项条件是按照纳税主体而不是按照即征即退项目来限制的。也就是说,只要享受过这些优惠政策的纳税人,其一般项目的留抵也是不允许退税的。

（二）关于退税额计算

退税额的计算公式是:允许退还的增量留抵税额＝增量留抵税额×进项构成比例×60%。

在增量留抵税额的基础上,首先,需要考虑进项构成比例。这与 2018 年一次性留抵退税计算退税额的原则是一致的,取数区间是以 2019 年 4 月 1 日起至申请退税前这一段时间内已抵扣的专用发票、海关进口增值税专用缴款书和完税凭证三种票对应进项占全部进项的比重来计算。然后,在此基础上叠加了一个 60% 的退还比例。

（三）关于退税程序问题

1. 申请退税的时间

纳税人满足退税条件后,应在纳税申报期内,向主管税务机关申请退还留抵税额。由于设置了连续 6 个月增量留抵的条件,因此,今年 10 月将是符合退税条件的纳税人提出退税申请的首个期间。要求纳税人在纳税申报期内提出退税申请,一方面,是考虑了留抵退税申请和增值税纳税申报的衔接,这样可以简并纳税人跑税务局的次数,减轻纳税人负担;另一方面,也是考虑到和出口退税制度的衔接问题。

2. 留抵退税和出口退税的衔接

当纳税人既有内销业务,又有出口业务时,出口退税和留抵退税制度需要进行有效衔接。具体来说,对于适用免抵退税办法的生产企业,办理退税的顺序是,先办理出口业务的免抵退税,待免抵退税完成后,还有期末留抵税额且符合留抵退税条件的,可以再申请办理留抵退税。

如果是适用免退税办法的外贸企业,由于其进项税额要求内销和出口分别核算,出口退税退的是出口货物的进项税额。因此,应将这类纳税人的出口和内销分开处理,其出口业务对应的所有进项税额均不得用于留抵退税;内销业务的留抵税额如果符合留抵退税条件,可就其内销业务按规定申请留抵退税。

3. 退税后续操作

纳税人取得退税款后,应及时调减留抵税额,否则,会造成重复退税。在完成退税后,如果纳税人要再次申请留抵退税,连续 6 个月计算区间,是不能和上一次申请退税的计算区间重复的。

【例】 某企业 2019 年 3 月底存量留抵 50 万元,4 月~9 月的留抵税额分别为 60、55、80、70、90 和 100 万元,4 月~9 月全部凭增值税专用发票抵扣进项。由于纳税人连续 6 个月都有增量留抵税额,且 9 月增量留抵税额为 50 万元。如果该企业也同时满足其他四项退税条件,则在 10 月份纳税申报期时可向主管税务机关申请退还留抵税额 30 万元(50×100%×60%)。

如果该企业 10 月收到了 30 万元退税款,则该企业 10 月的留抵税额就应从 100 万元调减为 70 万元(100−30=70)。此后,纳税人可将 10 月份作为起始月,再往后连续计算 6 个月来看增量留抵税额的情况,如再次满足退税条件,可继续按规定申请留抵退税。

目前,总局正在着手制定全国统一的留抵退税操作规程,拟建立明确的工作流程和岗位制约机制,对留抵退税流程以及后续管理等作出规范,通过税收征管系统,实现纳税人退税申请、受理、审核、退税额确认、退库等留抵退税全流程后台监控。待具体的留抵退税操作规程下发后,我们再给大家具体讲解。

关于出口退税率和离境退税物品退税率调整

(深化增值税改革视频培训讲义之三,撰稿:货物和劳务税司出口退税管理处)

一、关于出口退税率的调整

(一)出口退税率调整的内容

目前,我国针对出口货物劳务、发生跨境应税行为(以下称出口货物服务)设定的退税率有两种:一种是退税率与适用税率一致的;另一种是退税率小于适用税率的。此次深化增值税改革中同步调整出口退税率,仅涉及征退税率一致的出口货物服务。对于原退税率小于适用税率的,此次不作调整出口退税率。

根据今年的深化增值税改革方案,自 4 月 1 日起,增值税税率 16% 的下调为 13%、10% 的下调为 9%。配合增值税税率调整,自今年 4 月 1 日起,原征税率和退税率均为 16% 的出口货物服务,退税率调整为 13%;原征税率和退税率均为 10% 的出口货物服务,退税率调整为 9%。这里所说的"4 月 1 日"指的是货物服务的出口时间,并非出口企业在国内采购货物取得的增值税专用发票的开具时间。

(二)过渡政策

在此次出口退税率下调中,为保障企业的合法权益,针对退税率调整前,出口企业已经按原 16%(10%)税率购进的货物服务,我们设置了 3 个月的过渡政策。

下面具体讲一下过渡政策。首先强调一下,过渡政策是针对此次调整出口退税率的出口货物服务,对于此次不调整出口退税率的货物服务,不涉及过渡政策问题。过渡政策区分不同的退税方式而不同:

2019 年 6 月 30 日前(含 4 月 1 日前)出口适用增值税免退税办法的货物服务(原征退税率均为 16% 或 10% 的),购进时已按调整前的 16%(10%)税率征收增值税的,继续按照 16%(10%)的退税率退税;购进时按调整后的 13%(9%)税率征收增值税的,执行 13%(9%)的退税率。

自 2019 年 7 月 1 日起,出口上述货物服务,购进时已按 16%、13% 税率征收增值税的,执行 13% 的退税率;购进时已按 10%、9% 税率征收增值税的,执行 9% 的退税率。

2019 年 6 月 30 日前(含 4 月 1 日前)出口适用增值税免抵退税办法的货物服务(原征退

税率均为16％或10％的），继续执行16％（10％）的退税率。这里要说明一下，按照这个过渡政策，在过渡期内，生产企业可能出现购入13％（9％）税率的货物，出口时适用16％（10％）的退税率，按照有关计算公式计算免抵退税额时，适用税率减去退税率的差为负数的，要视为零来参与计算免抵退税额。自2019年7月1日起，出口上述货物服务，执行调整后的13％（9％）的退税率。

这里要单独说明一下的是，39号公告第三条第二款在表述过渡期政策时，在"2019年6月30日前"之后有个"（含4月1日前）"。

按照这一规定，如果一家外贸企业4月1日前报关出口了一批适用税率16％（10％）的货物，4月1日之后取得13％（9％）的增值税专用发票，应按照13％（9％）的退税率办理退税，取得16％（10％）的增值税专用发票，应执行16％（10％）的退税率。如果一家生产企业4月1日前报关出口了一批适用税率16％（10％）的货物，应执行16％（10％）的退税率。

（三）退税率执行时间和出口时间的确定

出口退税率的执行时间应按照下列原则确认：一是报关出口（不含保税区出口）的，以海关出口报关单上注明的出口日期为准；二是保税区及经保税区出口的，以离境时海关出具的出境货物备案清单上注明的出口日期为准；三是非报关出口的，以出口发票或普通发票的开具时间为准。

货物服务的出口时间，也按照上述原则确定。

（四）案例

【案例1】 外贸企业A于2019年3月15日购进一批货物，取得国内供货企业为其开具的税率为16％的增值税专用发票；4月15日，又购进一批货物，取得国内供货企业为其开具的税率为13％的增值税专用发票；4月30日，A将上述两批货物出口，出口货物报关单上注明的出口日期为4月30日。对于这种情况，应如何确定两批出口货物退税率？

【答1】 3月15日购进的出口货物，已按调整前16％的税率征收增值税，应执行调整前16％的退税率。

4月15日购进的出口货物，按照调整后13％的税率征收增值税，应执行调整后13％的退税率。

【案例2】 生产企业A于2019年3月15日购进一批原材料，取得国内供货企业为其开具的税率为16％的增值税专用发票；4月15日，又购进一批原材料，取得国内供货企业为其开具的税率为13％的增值税专用发票；上述两批原材料均用于生产某种出口货物。4月30日，A将该货物出口，出口货物报关单上注明的出口日期为4月30日。对于这种情况，应如何确定出口货物退税率？

【答2】 应统一按照调整前16％的退税率计算退税额。

二、关于离境退税物品退税率调整

（一）离境退税物品退税率调整的内容

2015年，为促进旅游业发展，国务院决定在全国符合条件的地区实施境外旅客购物离境退税政策。截至目前，实施离境退税政策的省（市）已经有26个。为贯彻落实国务院决定，财政部和国家税务总局分别发布了相关政策文件和管理办法，其中规定，适用税率为17％和13％的退税物品，离境退税的退税率统一为11％。

2017年和2018年，增值税税率进行了两次调整，退税物品的适用税率从17％和13％分别调整到16％和10％，但是，离境退税物品的退税率未做调整，仍然统一为11％。

根据今年的深化增值税改革方案,增值税税率由 16% 和 10% 分别调整为 13% 和 9%。为配合税率调整,我们相应调整了离境退税物品的退税率,针对适用税率为 9% 的物品,增加了 8% 的退税率,其他物品,仍维持 11% 的退税率。

也就是说,自 2019 年 4 月 1 日起,将退税物品的退税率由原 11% 一档调整为 11% 和 8% 两档,适用税率为 13% 的退税物品,退税率为 11%;适用税率为 9% 的退税物品,退税率为 8%。

(二)过渡政策

为了最大限度保证境外旅客权益,退税率调整设置了 3 个月的过渡期。过渡期内,境外旅客购买的退税物品,如果已经按照调整前税率征收增值税的,仍然按照调整前 11% 的退税率计算退税。

具体来说,境外旅客购买退税物品,如果取得的增值税普通发票是 2019 年 6 月 30 日前(含)开具的,发票上注明税率为 16%、13% 和 10% 的,退税率均为 11%;发票上注明的税率为 9% 的,退税率为 8%。如果取得的增值税普通发票是 2019 年 7 月 1 日以后(含)开具的,发票上注明税率为 16%、13% 的,执行 11% 的退税率;发票上注明的税率为 10%、9% 的,执行 8% 的退税率。

需要说明的是,根据《国家税务总局关于深化增值税改革有关事项的公告》(国家税务总局公告 2019 年第 14 号)的规定,如果退税商店在增值税税率调整前发生的销售,未开具增值税发票,在 4 月 1 日后需要补开的,应按照原适用税率 16% 或者 10% 补开。因此,4 月 1 日后还可能会有退税商店开具 16% 或者 10% 的增值税普通发票。

(三)退税率的执行时间

离境退税物品退税率的执行时间,以境外旅客购买退税物品取得的增值税普通发票开具日期为准。

(四)案例

【案例】 某境外旅客 3 月 20 日到我国游玩,3 月 21 日在北京某退税商店购买了一只皮箱和一批中药饮片,取得了退税商店当天为其开具的增值税普通发票及相应退税申请单,发票上注明皮箱税率 16%、中药饮片税率 10%。4 月 21 日又购买了一批中药饮片,取得发票上注明的税率为 9%。4 月 25 日,该境外旅客从北京首都机场离境。在为该旅客办理离境退税时,应如何计算确定其退税额?

【答】 该旅客 3 月 21 日购买的皮箱和中药饮片,应统一按照 11% 的退税率计算退税额,4 月 21 日购买的中药饮片,应按照 8% 的退税率计算退税额。

关于增值税发票开具和开票软件升级
(深化增值税改革视频培训讲义之四,撰稿:货物和劳务税司增值税三处)

3 月 21 日,税务总局制发《关于深化增值税改革有关事项的公告》(国家税务总局公告 2019 年第 14 号,以下称 14 号公告)。14 号公告前五条回应了纳税人关于增值税发票开具和开票软件升级两个方面的关切。公告第一条至第三条,对发票红冲补开操作进行了明确;公告第四条和第五条,对开票软件升级工作提出了要求。现就相关内容解读如下:

一、关于发票红冲和补开的规定

(一)关于 14 号公告第一条的说明

增值税一般纳税人（以下称纳税人）在增值税税率调整前已按原 16％、10％ 适用税率开具的增值税发票，发生销售折让、中止或者退回等情形需要开具红字发票的，按照原适用税率开具红字发票；开票有误需要重新开具的，先按照原适用税率开具红字发票后，再重新开具正确的蓝字发票。

需要说明的是，如果纳税人此前已按原 17％、11％ 适用税率开具了增值税发票，发生销售折让、中止或者退回等情形需要开具红字发票的，应按照《国家税务总局关于统一小规模纳税人标准等若干增值税问题的公告》（国家税务总局公告 2018 年第 18 号，以下称 18 号公告）相关规定执行。

简单来说，纳税人在开具红字发票时，原来发票按什么税率开具，红字发票就按什么税率开具。

（二）关于 14 号公告第二条的说明

纳税人在增值税税率调整前未开具增值税发票的增值税应税销售行为，需要补开增值税发票的，应当按照原适用税率补开。

需要说明的是，如果纳税人还存在 2018 年税率调整前未开具增值税发票的应税销售行为，需要补开增值税发票的，可根据 18 号公告相关规定，按照原 17％、11％ 适用税率补开。

（三）关于 14 号公告第三条的说明

增值税发票税控开票软件税率栏次默认显示调整后税率，纳税人发生本公告第一条、第二条所列情形的，可以手工选择原适用税率开具增值税发票。

需要说明的是，各地税务机关要对纳税人发票开具情况进行动态监控和分析研判。在 4 月 1 日之前，要重点监控纳税人错用新税率开具发票的情况。

例如，纳税人因对政策理解有误，错误开具 13％ 税率的发票，各地税务机关要及时予以纠正。在 4 月 1 日之后，要重点监控纳税人错用旧税率开具发票的情况。对于大量开具原适用税率发票或者大量红冲、作废原适用税率发票等情形，及时分析研判，开展有针对性的服务和管理工作。

二、关于开票软件升级的要求

（一）关于 14 号公告第四条的说明

税务总局在增值税发票税控开票软件中更新了《商品和服务税收分类编码表》，纳税人应当按照更新后的《商品和服务税收分类编码表》开具增值税发票。

针对此次税率调整情况，税务总局对《商品和服务税收分类编码表》中的对应税率进行了配套调整。纳税人在完成税控开票软件升级时，能够同步完成《商品和服务税收分类编码表》更新操作。

税控开票软件对新版《商品和服务税收分类编码表》的启用时点进行了控制。4 月 1 日零时前，纳税人只能按照此次改革调整前的税率开具发票；4 月 1 日零时后，纳税人才可以按照调整后的税率开具发票。

（二）关于 14 号公告第五条的说明

纳税人应当及时完成增值税发票税控开票软件升级和自身业务系统调整。

此次深化增值税改革，包括"开好票""报好税""算好账""服好务""完善好"等攻坚战役。"开好票"是各项改革措施落地生效的重要前提，为便于各地税务机关准确掌握开票软件升级工作口径，税务总局于 3 月 24 日发布了《关于税控开票软件升级工作有关事项的通知》（税总货便函〔2019〕51 号），进一步明确了升级范围、升级方式和升级要求。各地税务机关要严格按照通知要求，做好开票软件升级工作。

关于增值税纳税申报

（深化增值税改革视频培训讲义之五，撰稿：货物和劳务税司增值税四处）

为落实深化增值税改革工作，进一步优化纳税服务，减轻纳税人负担，按照"满足政策实施需要，方便信息系统实现"的原则，对增值税一般纳税人申报表及其附列资料进行了适当调整。

一、申报表调整变化主要内容

（一）增值税申报表主表栏次维持不变，仅对第19栏"应纳税额"的填写口径进行了调整。适用加计抵减政策的纳税人，若当期有可从应纳税额中抵减的加计抵减额，以抵减后的应纳税额进行填报。具体公式如下：

主表第19栏"一般项目"列"本月数"＝第11栏"销项税额""一般项目"列"本月数"－第18栏"实际抵扣税额""一般项目"列"本月数"－"实际抵减额"。

主表第19栏"即征即退项目"列"本月数"＝第11栏"销项税额""即征即退项目"列"本月数"－第18栏"实际抵扣税额""即征即退项目"列"本月数"－"实际抵减额"。

其他纳税人仍按表中公式"19＝11－18"填写。

（二）将原《增值税纳税申报表附列资料（一）》中的第1栏、第2栏项目名称分别调整为"13％税率的货物及加工修理修配劳务"和"13％税率的服务、不动产和无形资产"；删除第3栏"13％税率"；第4a栏、第4b栏序号分别调整为第3栏、第4栏，项目名称分别调整为"9％税率的货物及加工修理修配劳务"和"9％税率的服务、不动产和无形资产"。

（三）将原《增值税纳税申报表附列资料（三）》中的第1栏、第2栏项目名称分别调整为"13％税率的项目"和"9％税率的项目"。

（四）将原《增值税纳税申报表附列资料（二）》（以下简称《附列资料（二）》）中的第10栏项目名称调整为"（四）本期用于抵扣的旅客运输服务扣税凭证"；第12栏"当期申报抵扣进项税额合计"计算公式调整为"12＝1＋4＋11"。

（五）在原《增值税纳税申报表附列资料（四）》（以下简称《附列资料（四）》）表式内容中，增加加计抵减相关栏次。新增部分表式如下：

（六）废止原《增值税纳税申报表附列资料（五）》和《营改增税负分析测算明细表》。纳税人自2019年5月1日起无需填报上述两张附表。

二、适用加计抵减政策声明

适用加计抵减政策的生产、生活性服务业纳税人，应在年度首次确认适用加计抵减政策时，通过电子税务局（或前往办税服务厅）提交《适用加计抵减政策的声明》（以下简称《声明》）。提交声明基本流程如下：

（一）填写《声明》的提示功能（该功能仅限电子税务局）

当纳税人进入增值税申报界面时，系统将提示纳税人加计抵减政策具体规定，并告知纳税人如果符合政策规定条件，可以通过填写《适用加计抵减政策的声明》，来确认适用加计抵减政策。该提示功能每年至少提示一次，即2019年5月、2020年2月和2021年2月征期，纳税人首次进入申报模块时，系统自动弹出提示信息。在其他征期月份，纳税人可以通过勾选"不再提示"标识，屏蔽该提示信息。

（二）系统初步判断纳税人是否可以填写《声明》

在纳税人填写《声明》之前,系统先根据以下规则对纳税人是否可以填写《声明》进行初步判断。

1. 2019 年 3 月 31 日之前设立的纳税人,属于一般纳税人的,可以填写《声明》。

2. 2019 年 4 月 1 日后设立的纳税人,经营期满 3 个月,且为一般纳税人的,可以填写《声明》。

3. 小规模纳税人及经营期不足 3 个月的纳税人不得填写。

【例】 2019 年 4 月 20 日设立的一般纳税人,在 2019 年 6 月 30 日前,不能填写《声明》。7 月 1 日以后,可以填写《声明》。

(三)确定适用政策年度及有效期起止

1. 确定适用政策年度

纳税人在填写《声明》时,需先选择适用政策年度。纳税人可选年度为 2019 年、2020 年、2021 年,且每次只能选择一个年度。可选年度应满足以下要求:

(1)不晚于当前年度;

(2)不早于一般纳税人有效期起的年度;

(3)年度内实际经营月份大于 2 个月;

(4)同一年度不重复提交。

2. 系统自动计算适用政策有效期起止

系统根据纳税人选择的适用政策年度和相关条件,来自动判断并显示适用政策有效期起和有效期止。有效期起止根据以下规则计算:

(1)有效期起一般应为 2019 年 4 月 1 日或 2020、2021 年的 1 月 1 日。其中在适用政策年度内新设立的纳税人,有效期起不应早于一般纳税人有效期起。

(2)有效期止一般应为适用政策年度的 12 月 31 日。

(3)年末新设立纳税人,跨年确认适用加计抵减政策时,适用政策有效期起与一般纳税人有效期起一致,可能早于适用政策年度的 1 月 1 日,这时有效期长度可能超过 12 个月,最长不会超过 14 个月。

【例】 纳税人 2019 年 2 月设立,一般纳税人有效期起为 2019 年 2 月 1 日,选择适用政策年度为 2019 年,则适用政策有效期起止为 2019 年 4 月 1 日至 2019 年 12 月 31 日。

【例】 纳税人 2019 年 5 月设立,一般纳税人有效期起为 2019 年 6 月 1 日,选择适用政策年度为 2019 年,则适用政策有效期起止为 2019 年 6 月 1 日至 2019 年 12 月 31 日。

【例】 纳税人 2019 年 11 月设立,一般纳税人有效期起为 2019 年 11 月 1 日,适用政策年度不能选择 2019 年。当选择适用政策年度为 2020 年时,适用政策有效期起止为 2019 年 11 月 1 日至 2020 年 12 月 31 日。

(四)纳税人选择所属行业

所属行业由纳税人自行选择,纳税人只能选择其中一个行业(或小行业),所选行业有下一级小行业的,需选择至最末一级行业。

(五)纳税人填写销售额计算相关信息

1. 系统可自动计算填写计算期起和计算期止,同时允许纳税人修改。

2. 纳税人自行填写邮政服务、电信服务、现代服务、生活服务销售额合计××元,全部销售额××元,四项服务销售额占比由系统自动计算。

(六)提交确认

纳税人完成相关信息填写后,可以点"提交",相关信息通过校验后,系统根据已填写的信息生成《适用加计抵减政策的声明》,由纳税人进行确认,纳税人提交后不能再修改。

(七)税务机关维护功能

税务机关可以在核心征管系统中对纳税人适用加计抵减政策信息进行维护,可维护的项目包括:适用政策有效期起和有效期止,纳税人所属行业。税务机关可以作废纳税人《声明》记录,可以查询到纳税人提交的相关信息和历史维护信息。

三、加计抵减的申报方法及案例

适用加计抵减政策的生产、生活性服务业纳税人,当期按照规定可计提、调减、抵减的加计抵减额,在申报时填写在申报表《附列资料(四)》加计抵减相关栏次。

【例】 某企业适用加计抵减政策,2019年4月税款所属期可抵扣进项税额合计10万元,按政策规定当期可加计抵减的税额为1万元,应填写在申报表《附列资料(四)》第2列"本期发生额"中。

情形一:若当期"期初余额"和"本期调减额"均为0元,且当期申报表主表第19栏原计算的应纳税额(主表第11栏-第18栏)为2万元,则"本期实际抵减额"为1万元,"期末余额"为0元。

情形二:若当期"期初余额"和"本期调减额"均为0元,但当期申报表主表第19栏原计算的应纳税额(主表第11栏-第18栏)为0.8万元,则"本期实际抵减额"为0.8万元,"期末余额"为0.2万元,申报表主表第19栏填写0元。

情形三:若2019年5月税款所属期,纳税人发生进项税额转出2万元,且未发生可抵扣进项税额,当期"期初余额"为0元,"本期调减额"为0.2万元,"本期可抵减额"经计算为-0.2万元,则当期申报表主表第19栏按照计算公式"19=11-18"填写,"本期实际抵减额"为0元,"期末余额"为-0.2万元。

四、《附列资料(二)》填报注意事项

(一)不动产一次性抵扣填报

自2019年4月1日起,纳税人取得不动产或者不动产在建工程的进项税额可一次性抵扣,申报时填写在申报表《附列资料(二)》中相应栏次。

截至2019年3月税款所属期,原《增值税纳税申报表附列资料(五)》第6栏"期末待抵扣不动产进项税额"的期末余额,可以自2019年4月税款所属期起结转填入申报表《附列资料(二)》第8b栏"其他"。

(二)旅客运输服务填报

纳税人购进国内旅客运输服务,取得增值税专用发票的,按规定可抵扣的进项税额在申报时填写在申报表《附列资料(二)》专用发票相应栏次中。

纳税人购进国内旅客运输服务,未取得增值税专用发票的,以增值税电子普通发票注明的税额,或凭注明旅客身份信息的航空、铁路、公路、水路等票据,按政策规定计算的可抵扣进项税额,填写在申报表《附列资料(二)》第8b栏"其他"中申报抵扣。

(三)务必准确填报第9栏和第10栏

为做好深化增值税改革相关政策效应的统计分析工作,申报表《附列资料(二)》中第9栏"(三)本期用于购建不动产的扣税凭证"、第10栏"(四)本期用于抵扣的旅客运输服务扣税凭证",分别专用于不动产一次性抵扣、旅客运输服务两项政策效应的统计分析。请各地税务机关务必做好对纳税人填报辅导工作,确保上述两栏次填报数据准确。

五、《附列资料(四)》填报注意事项

(一)对应税款所属期,纳税人在系统中具有有效期内声明时,可填报《附列资料(四)》"二、加计抵减情况"相关栏次。

(二)不能填报的纳税人,若需要填写,则系统提示:如果符合加计抵减政策条件,请先提交《适用加计抵减政策的声明》。

(三)小规模纳税人不得填写《附列资料(四)》"二、加计抵减情况"相关栏次。

六、申报比对规则调整

(一)新增票表比对规则

针对加计抵减政策,系统新增了加计抵减台账,以控制《附列资料(四)》中当期可计提的加计抵减额。

1. 比对规则

本期申报表《附列资料(四)》第8行"本期发生额"列≤本期申报表《附列资料(二)》第12栏"税额"×10%+《加计抵减台账》上期第6栏"期末可计提额"。

2. 加计抵减台账

系统对已经确认适用加计抵减政策的纳税人,逐户建立台账,并自动提取、计算纳税人在适用加计抵减政策标识有效期内的相关数据,台账格式如下。

第1栏税款所属期:取纳税人在适用加计抵减政策标识期内有效申报记录的税款所属期;

第2栏进项税额本月数:取纳税人对应税款所属期,有效申报记录中《附列资料(二)》第12栏"税额"数据;

第3栏进项税额累计数:为截至当期税款所属期,累计发生的进项税额;

第4栏已计提额本月数:取纳税人对应税款所属期,有效申报记录中《附列资料(四)》第8行第2栏"本期发生额"数据;

第5栏已计提额累计数:为截至当期税款所属期,累计发生的计提额;

第6栏期末可计提额:为纳税人截至当期税款所属期期末的可计提额,计算公式为6=3×10%−5。

(二)《附列资料(二)》参数型票表比对规则

待抵扣的不动产进项税额,一次性转入《附列资料(二)》第8b栏"其他"中,各省税务局要注意对相应申报比对规则的参数进行检查,以防纳税人在转入不动产待抵扣进项税额时,集中出现比对不符。

深化增值税改革100问——深化增值税改革培训材料

(国家税务总局 货物和劳务税司,2019年3月25日)

1. 自4月1日起,增值税税率有哪些调整?

答:为实施更大规模减税,深化增值税改革,2019年4月1日起,将制造业等行业现行16%的税率降至13%,将交通运输业、建筑业等行业现行10%的税率降至9%;保持6%一档的税率不变。

2. 自4月1日起,适用9%税率的增值税应税行为包括哪些?

答:自2019年4月1日起,增值税一般纳税人销售交通运输、邮政、基础电信、建筑、不动

产租赁服务,销售不动产,转让土地使用权,销售或者进口下列货物,税率为9%:

——粮食等农产品、食用植物油、食用盐;

——自来水、暖气、冷气、热水、煤气、石油液化气、天然气、二甲醚、沼气、居民用煤炭制品;

——图书、报纸、杂志、音像制品、电子出版物;

——饲料、化肥、农药、农机、农膜;

——国务院规定的其他货物。

3. 适用 6% 税率的增值税应税行为包括哪些?

答:增值税一般纳税人销售增值电信服务、金融服务、现代服务(租赁服务除外)、生活服务、无形资产(不含土地使用权),税率为 6%。

4. 此次深化增值税改革,对增值税一般纳税人购进农产品,原适用 10% 扣除率的是否有调整?

答:有调整。深化增值税改革有关政策公告规定,对增值税一般纳税人购进农产品,原适用 10% 扣除率的,扣除率调整为 9%。

5. 对增值税一般纳税人购进用于生产或者委托加工 13% 税率货物的农产品,能否按 10% 扣除率计算进项税额?

答:可以。对增值税一般纳税人购进用于生产或者委托加工 13% 税率货物的农产品,按照 10% 扣除率计算进项税额。

6. 增值税一般纳税人购进农产品(未采用农产品增值税进项税额核定扣除试点实施办法,下同),可凭哪几种增值税扣税凭证抵扣进项税额?

答:增值税一般纳税人购进农产品,可凭增值税专用发票、海关进口增值税专用缴款书、农产品收购发票或销售发票抵扣进项税额。

7. 增值税一般纳税人购进农产品,取得流通环节小规模纳税人开具的增值税普通发票,能否用于计算可抵扣进项税额?

答:增值税一般纳税人购进农产品,取得流通环节小规模纳税人开具的增值税普通发票,不得计算抵扣进项税额。

8. 增值税一般纳税人(农产品深加工企业除外)购进农产品,从小规模纳税人取得增值税专用发票的,如何计算进项税额?

答:增值税一般纳税人购进农产品,从按照简易计税方法依照 3% 征收率计算缴纳增值税的小规模纳税人取得增值税专用发票的,以增值税专用发票上注明的金额和 9% 的扣除率计算进项税额。

9. 增值税一般纳税人(农产品深加工企业除外)购进农产品,取得(开具)农产品销售发票或收购发票的,如何计算进项税额?

答:增值税一般纳税人购进农产品,取得(开具)农产品销售发票或收购发票的,以农产品销售发票或收购发票上注明的农产品买价和 9% 的扣除率计算进项税额。

10. 增值税一般纳税人从批发、零售环节购进适用免征增值税政策的蔬菜而取得的普通发票,能否作为计算抵扣进项税额的凭证?

答:增值税一般纳税人从批发、零售环节购进适用免征增值税政策的蔬菜而取得的普通发票,不得作为计算抵扣进项税额的凭证。

11. 生活服务业纳税人同时兼营农产品深加工,能否同时适用农产品加计扣除以及加计抵减政策？

答：按照《财政部 税务总局 海关总署关于深化增值税改革有关政策的公告》（财政部 税务总局 海关总署公告 2019 年第 39 号）的规定，提供生活服务的销售额占全部销售额的比重超过 50% 的纳税人，可以适用加计抵减政策。该纳税人如果同时兼营农产品深加工业务，其购进用于生产或者委托加工 13% 税率货物的农产品，可按照 10% 扣除率计算进项税额，并可同时适用加计抵减政策。

12. 适用一般计税方法的纳税人，在 2019 年 4 月 1 日以后，其适用的扣除率需要进行调整吗？

答：《农产品增值税进项税额核定扣除试点实施办法》（财税〔2012〕38 号）明确规定，农产品核定扣除办法规定的扣除率为销售货物的适用税率。如果纳税人生产的货物适用税率由 16% 调整为 13%，则其扣除率也应由 16% 调整为 13%；如果纳税人生产的货物适用税率由 10% 调整为 9%，则其扣除率也应由 10% 调整为 9%。

13. 增值税一般纳税人购进农产品既用于生产销售或委托受托加工 13% 税率货物又用于生产销售其他货物服务的，是否需要分别核算？

答：需要分别核算。未分别核算的，统一以增值税专用发票或海关进口增值税专用缴款书上注明的增值税额为进项税额，或以农产品收购发票或销售发票上注明的农产品买价和 9% 的扣除率计算进项税额。

14. 我单位 2019 年 1 月购入一层写字楼，取得增值税专用发票，当前尚有购入写字楼的不动产进项税额 40% 未抵扣，我单位能否在 2019 年 4 月所属期抵扣剩余的 30%，在 5 月所属期抵扣剩余的 10%？

答：不可以。纳税人在 2019 年 3 月 31 日前尚未抵扣的不动产进项税额的 40%，自 2019 年 4 月所属期起，只能一次性转入进项税额进行抵扣。

15. 我单位 2019 年 4 月购入一层写字楼，取得增值税专用发票，购入写字楼的不动产进项税额还需要分两年抵扣吗？

答：不需要，自 2019 年 4 月 1 日起，增值税一般纳税人取得不动产的进项税额不再分两年抵扣，而是在购进不动产的当期一次性抵扣进项税额。

16. 我单位 2018 年 6 月购入一层写字楼，取得增值税专用发票，购入写字楼的不动产进项税额在 2018 年 7 月申报抵扣了 60%，在今年哪个月份就能够申报抵扣剩下的 40%？

答：尚未抵扣完毕的待抵扣进项税额，可自 2019 年 4 月税款所属期起从销项税额中抵扣。

17. 我单位 2019 年 1 月购入一层写字楼，取得增值税专用发票，当前尚有购入写字楼的不动产进项税额 40% 未抵扣，我单位能否在 2019 年 8 月申报抵扣剩下的 40% 不动产进项税额。

答：可以，尚未抵扣完毕的待抵扣进项税额，可自 2019 年 4 月税款所属期起，增值税一般纳税人自行选择申报月份从销项税额中抵扣。

18. 我单位 2019 年 4 月对原有厂房进行修缮改造，增加不动产原值超过 50%，为本次修缮购进的材料、设备、中央空调等进项税额，还需要分两年抵扣吗？

答：不需要，自 2019 年 4 月 1 日起，增值税一般纳税人取得不动产的进项税额不再分两年抵扣。

19. 增值税一般纳税人购进国内旅客运输服务，能否抵扣进项税额？

答:可以。自 2019 年 4 月 1 日起,增值税一般纳税人购进国内旅客运输服务,其进项税额允许从销项税额中抵扣。

20. 增值税一般纳税人购进国际旅客运输服务,能否抵扣进项税额?

答:不能。纳税人提供国际旅客运输服务,适用增值税零税率或免税政策。相应地,购买国际旅客运输服务不能抵扣进项税额。

21. 是否只有注明旅客身份信息的客票,才能作为进项税抵扣凭证?

答:是的。按照《财政部 税务总局 海关总署关于深化增值税改革有关政策的公告》(财政部 税务总局 海关总署公告 2019 年第 39 号)的规定,目前暂允许注明旅客身份信息的航空运输电子客票行程单、铁路车票、公路和水路等其他客票,作为进项税抵扣凭证。

22. 增值税一般纳税人购进国内旅客运输服务,可以作为进项税额抵扣的凭证有哪些种类?

答:增值税一般纳税人购进国内旅客运输服务,可以作为进项税额抵扣的凭证有:增值税专用发票、增值税电子普通发票,注明旅客身份信息的航空运输电子客票行程单、铁路车票以及公路、水路等其他客票。

23. 增值税一般纳税人购进国内旅客运输服务取得增值税电子普通发票的,如何计算进项税额?

答:增值税一般纳税人购进国内旅客运输服务取得增值税电子普通发票的,进项税额为发票上注明的税额。

24. 增值税一般纳税人购进国内旅客运输服务取得航空运输电子客票行程单的,如何计算进项税额?

答:取得注明旅客身份信息的航空运输电子客票行程单的,按照下列公式计算进项税额:

$$航空旅客运输进项税额 = (票价 + 燃油附加费) \div (1 + 9\%) \times 9\%$$

25. 增值税一般纳税人购进国内旅客运输服务取得铁路车票的,如何计算进项税额?

答:取得注明旅客身份信息的铁路车票的,按照下列公式计算进项税额:

$$铁路旅客运输进项税额 = 票面金额 \div (1 + 9\%) \times 9\%$$

26. 增值税一般纳税人购进国内旅客运输服务取得公路、水路等客票的,如何计算进项税额?

答:取得注明旅客身份信息的公路、水路等客票的,按照下列公式计算进项税额:

$$公路、水路旅客运输进项税额 = 票面金额 \div (1 + 3\%) \times 3\%$$

27. 本次深化增值税改革新出台了增值税加计抵减政策,其具体内容是什么?

答:符合条件的从事生产、生活服务业一般纳税人按照当期可抵扣进项税额加计 10%,用于抵减应纳税额。

28. 增值税加计抵减政策执行期限是什么?

答:增值税加计抵减政策执行期限是 2019 年 4 月 1 日至 2021 年 12 月 31 日,这里的执行期限是指税款所属期。

29. 增值税加计抵减政策所称的生产、生活服务业纳税人是指哪些纳税人?

答:增值税加计抵减政策中所称的生产、生活服务业纳税人,是指提供邮政服务、电信服务、现代服务、生活服务取得的销售额占全部销售额的比重超过 50% 的纳税人。

30. 增值税加计抵减政策所称的邮政服务、电信服务、现代服务、生活服务具体范围是指什么？

答：邮政服务、电信服务、现代服务、生活服务具体范围，按照《销售服务、无形资产、不动产注释》(财税〔2016〕36 号印发)执行。

邮政服务，是指中国邮政集团公司及其所属邮政企业提供邮件寄递、邮政汇兑和机要通信等邮政基本服务的业务活动。包括邮政普遍服务、邮政特殊服务和其他邮政服务。

电信服务，是指利用有线、无线的电磁系统或者光电系统等各种通信网络资源，提供语音通话服务，传送、发射、接收或者应用图像、短信等电子数据和信息的业务活动。包括基础电信服务和增值电信服务。

现代服务，是指围绕制造业、文化产业、现代物流产业等提供技术性、知识性服务的业务活动。包括研发和技术服务、信息技术服务、文化创意服务、物流辅助服务、租赁服务、鉴证咨询服务、广播影视服务、商务辅助服务和其他现代服务。

生活服务，是指为满足城乡居民日常生活需求提供的各类服务活动。包括文化体育服务、教育医疗服务、旅游娱乐服务、餐饮住宿服务、居民日常服务和其他生活服务。

31. 纳税人提供邮政服务、电信服务、现代服务、生活服务取得的销售额占全部销售额的比重应当如何计算？

答：2019 年 3 月 31 日前设立的纳税人，其销售额比重按 2018 年 4 月至 2019 年 3 月期间的累计销售额进行计算；实际经营期不满 12 个月的，按实际经营期的累计销售额计算。

2019 年 4 月 1 日后设立的纳税人，其销售额比重按照设立之日起 3 个月的累计销售额进行计算。

32. 纳税人兼有四项服务中多项应税行为的，其销售额比重应当如何计算？

答：纳税人兼有四项服务中多项应税行为的，其四项服务中多项应税行为的当期销售额应当合并计算，然后再除以纳税人当期全部的销售额，以此计算销售额的比重。

33. 提供邮政服务、电信服务、现代服务、生活服务取得的销售额占全部销售额的比重超过 50% 的增值税小规模纳税人，可以享受增值税加计抵减政策吗？

答：不可以，加计抵减政策是按照一般纳税人当期可抵扣的进项税额的 10% 计算的，只有增值税一般纳税人才可以享受增值税加计抵减政策。

34. 增值税加计抵减政策规定："纳税人确定适用加计抵减政策后，当年内不再调整"，具体是指什么？

答：是指增值税一般纳税人确定适用加计抵减政策后，一个自然年度内不再调整。下一个自然年度，再按照上一年的实际情况重新计算确定是否适用加计抵减政策。

35. 增值税加计抵减政策规定："纳税人可计提但未计提的加计抵减额，可在确定适用加计抵减政策当期一并计提"，请举例说明如何适用该规定。

答：举例而言，新设立的符合条件的纳税人可能会存在这种情况，如某纳税人 2019 年 4 月设立，2019 年 5 月登记为一般纳税人，2019 年 6 月若符合条件，可以确定适用加计抵减政策，6 月份一并计提 5—6 月份的加计抵减额。

36. 按照现行规定不得从销项税额中抵扣的进项税额，是否可以计提加计抵减额？

答：不可以，只有当期可抵扣进项税额才能计提加计抵减额。

37. 已计提加计抵减额的进项税额，按规定作进项税额转出的，在计提加计抵减额时如何处理？

答:已计提加计抵减额的进项税额,如果发生了进项税额转出,则纳税人应在进项税额转出当期,相应调减加计抵减额。

38. 增值税加计抵减额的计算公式是什么?

答:当期计提加计抵减额＝当期可抵扣进项税额×10%

当期可抵减加计抵减额 ＝ 上期末加计抵减额余额＋当期计提加计抵减额－当期调减加计抵减额

39. 增值税一般纳税人有简易计税方法的应纳税额,其简易计税方法的应纳税额可以抵减加计抵减额吗?

答:增值税一般纳税人有简易计税方法的应纳税额,不可以从加计抵减额中抵减。加计抵减额只可以抵减一般计税方法下的应纳税额。

40. 增值税一般纳税人按规定计提的当期加计抵减额,应当如何抵减应纳税额?

答:增值税一般纳税人当期应纳税额大于零时,就可以用加计抵减额抵减当期应纳税额,当期未抵减完的,结转下期继续抵减。

41. 增值税一般纳税人如果当期应纳税额等于零,则当期可抵减加计抵减额如何处理?

答:增值税一般纳税人如果当期应纳税额等于零,则当期计提的加计抵减额全部结转下期继续抵减。

42. 符合条件的增值税一般纳税人出口货物劳务、发生跨境应税行为是否适用加计抵减政策?

答:增值税一般纳税人出口货物劳务、发生跨境应税行为不适用加计抵减政策,其对应的进项税额也不能计提加计抵减额。

43. 增值税一般纳税人兼营出口货物劳务、发生跨境应税行为且无法划分不得计提加计抵减额的进项税额,应当如何处理?

答:不得计提加计抵减额的进项税额＝当期无法划分的全部进项税额×当期出口货物劳务和发生跨境应税行为的销售额÷当期全部销售额

44. 加计抵减政策执行到期后,增值税一般纳税人结余未抵减完的加计抵减额如何处理?

答:加计抵减政策执行到期后,增值税一般纳税人结余的加计抵减额停止抵减。

45. 假设 A 公司是一家研发企业,于 2019 年 4 月新设立,但是 4～7 月未开展生产经营,销售额均为 0,自 8 月起才有销售额,那么 A 公司该从什么时候开始计算销售额判断是否适用加计抵减政策?

答:《财政部 税务总局 海关总署关于深化增值税改革有关政策的公告》(财政部 税务总局 海关总署公告 2019 年第 39 号)规定,2019 年 4 月 1 日后设立的纳税人,根据自设立之日起 3 个月的销售额判断当年是否适用加计抵减政策。如果纳税人前 3 个月的销售额均为 0,则应自该纳税人形成销售额的当月起计算 3 个月来判断是否适用加计抵减政策。因此,A 公司应根据 2019 年 8 至 10 月的销售额判断当年是否适用加计抵减政策。

46. 如果某公司 2019 年适用加计抵减政策,且截至 2019 年底还有 20 万元的加计抵减额余额尚未抵减完。2020 年该公司因经营业务调整不再适用加计抵减政策,那么这 20 万元的加计抵减额余额如何处理?

答:该公司 2020 年不再适用加计抵减政策,则 2020 年该公司不得再计提加计抵减额。但是,其 2019 年未抵减完的 20 万元,是可以在 2020 年至 2021 年度继续抵减的。

47. 与 2018 年相比,这次留抵退税还区分行业吗? 是否所有行业都可以申请留抵退税?

答:这次留抵退税,是全面试行留抵退税制度,不再区分行业,只要增值税一般纳税人符合规定的条件,都可以申请退还增值税增量留抵税额。

48. 什么是增量留抵? 为什么只对增量部分给予退税?

答:增量留抵税额,是指与 2019 年 3 月底相比新增加的期末留抵税额。对增量部分给予退税,一方面是基于鼓励企业扩大再生产的考虑,另一方面是基于财政可承受能力的考虑,若一次性将存量和增量的留抵税额全部退税,财政短期内不可承受。因而这次只对增量部分实施留抵退税,存量部分视情况逐步消化。

49. 2019 年 4 月 1 日以后新设立的纳税人,如何计算增量留抵税额?

答:《财政部 税务总局 海关总署关于深化增值税改革有关政策的公告》(财政部 税务总局 海关总署公告 2019 年第 39 号)规定,增量留抵税额是指与 2019 年 3 月底相比新增加的期末留抵税额。2019 年 4 月 1 日以后新设立的纳税人,2019 年 3 月底的留抵税额为 0,因此其增量留抵税额即当期的期末留抵税额。

50. 申请留抵退税的条件是什么?

答:一共有五个条件。一是从 2019 年 4 月税款所属期起,连续 6 个月增量留抵税额均大于零,且第六个月增量留抵税额不低于 50 万元;二是纳税信用等级为 A 级或者 B 级;三是申请退税前 36 个月未发生骗取留抵退税、出口退税或者虚开增值税专用发票情形的;四是申请退税前 36 个月未因偷税被税务机关处罚两次及以上;五是自 2019 年 4 月 1 日起未享受即征即退或先征后返(退)政策。

51. 为什么要设定连续六个月增量留抵税额大于零,且第六个月增量留抵税额不低于 50 万元的退税条件?

答:这主要是基于退税效率和成本效益的考虑,连续六个月增量留抵税额大于零,说明增值税一般纳税人常态化存在留抵税额,单靠自身生产经营难以在短期内消化,因而有必要给予退税;不低于 50 万元,是给退税数额设置门槛,低于这个标准给予退税,会影响行政效率,也会增加纳税人的办税负担。

52. 纳税信用等级为 M 级的新办增值税一般纳税人是否可以申请留抵退税?

答:退税要求的条件之一是纳税信用等级为 A 级或者 B 级,纳税信用等级为 M 级的纳税人不符合《财政部 税务总局 海关总署关于深化增值税改革有关政策的公告》(财政部 税务总局 海关总署公告 2019 年第 39 号)规定的申请退还增量留抵税额的条件。

53. 为什么要限定申请退税前 36 个月未因偷税被税务机关处罚两次及以上?

答:《中华人民共和国刑法》第二百零一条第四款规定:"有第一款行为,经税务机关依法下达追缴通知后,补缴应纳税款,缴纳滞纳金,已受行政处罚的,不予追究刑事责任。但是,五年内因逃避缴纳税款受过刑事处罚或者被税务机关给予二次以上行政处罚的除外",也就是说偷税行为"首罚不刑""两罚入刑",留抵退税按照刑法标准做了规范。

54. 退税计算方面,进项构成比例是什么意思? 应该如何计算?

答:进项构成比例,是指 2019 年 4 月至申请退税前一税款所属期内已抵扣的增值税专用发票(含税控机动车销售统一发票)、海关进口增值税专用缴款书、解缴税款完税凭证注明的增值税额占同期全部已抵扣进项税额的比重。计算时,需要将上述发票汇总后计算所占的比重。

55. 退税流程方面,为什么必须要在申报期内提出申请?

答：留抵税额是个时点数，会随着增值税一般纳税人每一期的申报情况发生变化，因而提交留抵退税申请必须在申报期完成，以免对退税数额计算和后续核算产生影响。

56. 申请留抵退税的增值税一般纳税人，若同时发生出口货物劳务、发生跨境应税行为，应如何申请退税？

答：增值税一般纳税人出口货物劳务、发生跨境应税行为，适用免抵退税办法的，办理免抵退税后，仍符合留抵退税规定条件的，可以申请退还留抵税额，也就是说要按照"先免抵退税，后留抵退税"的原则进行判断；同时，适用免退税办法的，相关进项税额不得用于退还留抵税额。

57. 增值税一般纳税人取得退还的留抵税额后，应如何进行核算？

答：增值税一般纳税人取得退还的留抵税额后，应相应调减当期留抵税额，并在申报表和会计核算中予以反映。

58. 增值税一般纳税人取得退还的留抵税额后，若当期又产生新的留抵，是否可以继续申请退税？

答：增值税一般纳税人取得退还的留抵税额后，又产生新的留抵，要重新按照退税资格条件进行判断。特别要注意的是，"连续六个月增量留抵税额均大于零"的条件中"连续六个月"是不可重复计算的，即此前已申请退税"连续六个月"的计算期间，不能再次计算，也就是纳税人一个会计年度中，申请退税最多两次。

59. 加计抵减额可以申请留抵退税吗？

答：加计抵减政策属于税收优惠，按照纳税人可抵扣的进项税额的10%计算，用于抵减纳税人的应纳税额。但加计抵减额并不是纳税人的进项税额，从加计抵减额的形成机制来看，加计抵减不会形成留抵税额，因而也不能申请留抵退税。

60. 增值税一般纳税人购进旅客运输服务未取得增值税专用发票，计算抵扣所形成的留抵税额可以申请退税吗？

答：从设计原理看，留抵退税对应的发票应为增值税专用发票（含税控机动车销售统一发票）、海关进口增值税专用缴款书以及解缴税款完税凭证，也就是说旅客运输服务计算抵扣的部分并不在退税的范围之内，但由于退税采用公式计算，因而上述进项税额并非直接排除在留抵退税的范围之外，而是通过增加分母比重的形式进行了排除。

61. 营改增一般纳税人转登记日前连续12个月（以1个月为1个纳税期）或者连续4个季度（以1个季度为1个纳税期）累计销售额未超过500万元的，在2019年12月31日前，是否可选择转登记为小规模纳税人？

答：可选择转登记为小规模纳税人。

62. 我可以采取哪种方式升级税控开票软件？

答：为便利纳税人及时升级税控开票软件，税务机关提供了多种渠道供纳税人选择。一是在线升级，纳税人只要在互联网连接状态下登录税控开票软件，系统会自动提示升级，只要根据提示即可完成升级操作；二是自行下载升级，纳税人可以在税务机关或者税控服务单位的官方网站上自行下载开票软件升级包；三是点对点辅导升级，如果纳税人属于不具备互联网连接条件的特定纳税人或者在线升级过程中遇到问题，可以主动联系税控服务单位享受点对点升级辅导服务。

63. 我完成税控开票软件升级后，可以立即开具调整后税率的增值税发票吗？

答：纳税人完成税控开票软件升级后，在4月1日之后才能选择调整后税率开具增值税发票。

64. 我是增值税一般纳税人,2019 年 3 月份发生增值税销售行为,但尚未开具增值税发票,请问我在 4 月 1 日后如需补开发票,应当按照调整前税率还是调整后税率开具发票?

答:一般纳税人在增值税税率调整前未开具增值税发票的增值税应税销售行为,需要在 4 月 1 日之后补开增值税发票的,应当按照原适用税率补开。

65. 我是增值税一般纳税人,2019 年 3 月底发生增值税销售行为,并开具增值税专用发票。4 月 3 日,购买方告知,需要将货物退回,此时,我方尚未将增值税专用发票交付给购买方。请问我应当如何开具发票?

答:一般纳税人在增值税税率调整前已按原适用税率开具的增值税发票,因发生销售折让、中止或者退回等情形需要开具红字发票的,如果购买方尚未用于申报抵扣,销售方可以在购买方将发票联及抵扣联退回后,在增值税发票管理系统中填开并上传《开具红字增值税专用发票信息表》,并按照调整前税率开具红字发票。

66. 我是一名可以享受加计抵减政策的鉴证咨询业一般纳税人,请问在 4 月 1 日后,我认证进项增值税专用发票的操作流程有没有变化?

答:没有任何变化,您可以按照现有流程扫描认证纸质发票或者在增值税发票选择确认平台进行勾选确认。

67. 我单位取得了一张票面税率栏次填写错误的增值税普通发票,应该如何处理?

答:按照《中华人民共和国发票管理办法》规定,"不符合规定的发票,不得作为财务报销凭证,任何单位和个人有权拒收"。因此,您可将已取得的发票联次退回销售方,并要求销售方重新为您开具正确的发票。

68. 我在完成税控开票软件升级后,可以立即开具调整后税率的增值税发票吗?

答:增值税发票税控开票软件对调整后税率的启用时点进行了自动控制。4 月 1 日零时前,纳税人只能选择调整前的税率开具发票;4 月 1 日零时后,才可以选择调整后的税率开具发票。

69. 我是一名增值税一般纳税人,2019 年 3 月份在销售适用 16% 税率货物时,错误选择 13% 税率开具了增值税发票。请问,我应当如何处理?

答:您应当及时在税控开票软件中作废发票或按规定开具红字发票后,重新按照正确税率开具发票。

70. 我是一名通过第三方电子发票平台开具增值税电子普通发票的纳税人,请问我应当如何确保 4 月 1 日后开具调整后税率的发票?

答:您应当及时联系第三方电子发票平台服务提供商或平台开发商对电子发票开具系统进行升级完善,确保 4 月 1 日起能够按照调整后税率开具增值税电子普通发票。

71. 2019 年 4 月 1 日后,按照原适用税率补开发票的,怎么进行申报?

答:申报表调整后,纳税人申报适用 16%、11% 等原增值税税率应税项目时,按照申报表调整前后的对应关系,分别填写相关栏次。

72. 纳税人符合加计抵减政策条件,是否需要办理什么手续?

答:按照《财政部 税务总局 海关总署关于深化增值税改革有关政策的公告》(财政部 税务总局 海关总署公告 2019 年第 39 号)规定,适用加计抵减政策的生产、生活服务业纳税人,应在年度首次确认适用加计抵减政策时,通过电子税务局(或前往办税服务厅)提交《适用加计抵减政策的声明》。

73. 适用加计抵减政策的纳税人,怎么申报加计抵减额?

答:适用加计抵减政策的生产、生活服务业纳税人,当期按照规定可计提、调减、抵减的加计抵减额,在申报时填写在《增值税纳税申报表附列资料(四)》"二、加计抵减情况"相关栏次。

74. 纳税人当期按照规定调减加计抵减额,形成了负数怎么申报?

答:适用加计抵减政策的生产、生活服务业纳税人,当期发生了进项税额转出,按规定调减加计抵减额后,形成的可抵减额负数,应填写在《增值税纳税申报表附列资料(四)》"二、加计抵减情况"第4列"本期可抵减额"中,通过表中公式运算,可抵减额负数计入当期"期末余额"栏中。

75. 不动产实行一次性抵扣政策后,截至2019年3月税款所属期待抵扣不动产进项税额,怎样进行申报?

答:按照规定,截至2019年3月税款所属期,《增值税纳税申报表附列资料(五)》第6栏"期末待抵扣不动产进项税额"的期末余额,可以自2019年4月税款所属期结转填入《增值税纳税申报表附列资料(二)》第8b栏"其他"中。

76. 纳税人购进国内旅客运输服务,取得增值税专用发票,按规定可抵扣的进项税额怎么申报?

答:纳税人购进国内旅客运输服务,取得增值税专用发票,按规定可抵扣的进项税额,在申报时填写在《增值税纳税申报表附列资料(二)》"(一)认证相符的增值税专用发票"对应栏次中。

77. 纳税人购进国内旅客运输服务,取得增值税电子普通发票或注明旅客身份信息的航空、铁路等票据,按规定可抵扣的进项税额怎么申报?

答:纳税人购进国内旅客运输服务,取得增值税电子普通发票或注明旅客身份信息的航空、铁路等票据,按规定可抵扣的进项税额,在申报时填写在《增值税纳税申报表附列资料(二)》第8b栏"其他"中。

78. 2019年5月1日起,增值税一般纳税人在办理纳税申报时,需要填报哪几张表?

答:为进一步优化纳税服务,减轻纳税人负担,税务总局对增值税一般纳税人申报资料进行了简化,自2019年5月1日起,一般纳税人在办理纳税申报时,只需要填报"一主表四附表",即申报表主表和附列资料(一)、(二)、(三)、(四),《增值税纳税申报表附列资料(五)》、《营改增税负分析测算明细表》不再需要填报。

79. 适用加计抵减政策的纳税人,以前税款所属期可计提但未计提的加计抵减额,怎样进行申报?

答:适用加计抵减政策的生产、生活服务业纳税人,可计提但未计提的加计抵减额,可在确定适用加计抵减政策当期一并计提,在申报时填写在《增值税纳税申报表附列资料(四)》"二、加计抵减情况"第2列"本期发生额"中。

80. 此次深化增值税改革,出口退税率做了哪些调整?

答:16%、10%两档增值税税率下调后,出口退税率也做了相应调整,即原适用16%税率且出口退税率为16%的出口货物劳务,出口退税率调整为13%;原适用10%税率且出口退税率为10%的出口货物、跨境应税行为,出口退税率调整为9%。除上述调整外,其他退税率保持不变。

81. 调整后的出口退税率什么时间开始执行?是否设置了过渡期?

答:出口退税率调整自 2019 年 4 月 1 日起执行。为给出口企业消化前期购进的货物、原材料等库存留出时间,此次出口退税率调整设置了 3 个月的过渡期,即 2019 年 6 月 30 日前,企业出口货物劳务、发生跨境应税行为,可根据具体的情形适用相应的过渡期规定,过渡期后再统一按调整后的退税率执行。

82. 某货物原增值税适用税率为 16%、出口退税率为 13%,4 月 1 日后退税率会调整吗?

答:本次改革,除"原适用 16% 税率且出口退税率为 16% 的出口货物劳务"及"原适用 10% 税率且出口退税率为 10% 的出口货物、跨境应税行为"外,其他货物劳务、跨境应税行为的出口退税率保持不变。因此,原"增值税适用税率为 16%、出口退税率为 13%"的货物,改革后适用税率降至 13%,出口退税率仍保持 13% 不变。

83. 适用增值税免退税办法的出口企业,在 2019 年 6 月 30 日前出口涉及退税率调整的货物劳务,以及发生涉及退税率调整的跨境应税行为,出口退税率如何适用?

答:适用增值税免退税办法的出口企业,在 2019 年 6 月 30 日前(含 2019 年 4 月 1 日前)出口涉及退税率调整的货物劳务,以及发生涉及退税率调整的跨境应税行为,购进时已按调整前税率征收增值税的,执行调整前的出口退税率;购进时已按调整后税率征收增值税的,执行调整后的出口退税率。

84. 适用增值税免抵退税办法的出口企业,在 2019 年 6 月 30 日前出口涉及退税率调整的货物劳务,以及发生涉及退税率调整的跨境应税行为,适用什么出口退税率?

答:适用增值税免抵退税办法的出口企业,在 2019 年 6 月 30 日前出口涉及退税率调整的货物劳务,以及发生涉及退税率调整的跨境应税行为,执行调整前的出口退税率。

85. 某外贸企业在 2019 年 4 月 1 日前购进一批原征 16% 退 16% 的货物,但在 2019 年 6 月 30 日后才报关出口,适用什么出口退税率?

答:2019 年 6 月 30 日后,统一执行调整后的出口退税率,因此,该批出口货物适用 13% 的退税率。

86. 外贸企业在 4 月 1 日前将涉及退税率调整的货物报关出口,4 月 1 日后取得按调整后税率开具的购进货物增值税专用发票,适用什么出口退税率?

答:外贸企业在 4 月 1 日前报关出口的货物,4 月 1 日后取得按调整后开具的购进货物增值税专用发票,在办理退税时,适用调整后的退税率。

87. 此次出口退税率调整后,退税率有几个档次?

答:本次出口退税率调整后,退税率档次由改革前的 16%、13%、10%、6%、0% 调整为 13%、10%、9%、6%、0%,仍保持五档。

88. 过渡期内适用增值税免抵退税办法的企业出口货物劳务、发生跨境应税行为,怎么解决在计算免抵退时出现的适用税率小于出口退税率的问题?

答:过渡期内适用免抵退税办法的企业出口货物劳务、发生跨境应税行为,在计算免抵退税时,适用税率低于出口退税率的,适用税率与出口退税率之差视为零参与免抵退税计算。

89. 调整出口退税率的执行时间按什么确定?

答:调整出口退税率的执行时间及出口货物劳务、发生跨境应税行为的时间按以下规定执行:报关出口的货物劳务(保税区及经保税区出口除外),以海关出口报关单上注明的出口日期为准;非报关出口的货物劳务、跨境应税行为,以出口发票或普通发票的开具时间为准;保税区及经保税区出口的货物,以货物离境时海关出具的出境货物备案清单上注明的出口日期为准。

90. 什么是离境退税政策?

答:离境退税政策,是指境外旅客在离境口岸离境时,对其在退税商店购买的退税物品退还增值税的政策。

这里的"境外旅客",是指在我国境内连续居住不超过 183 天的外国人和港澳台同胞。"离境口岸",是指实施离境退税政策的地区正式对外开放并设有退税代理机构的口岸,包括航空口岸、水运口岸和陆地口岸。"退税物品",是指由境外旅客本人在退税商店购买且符合退税条件的个人物品,但不包括下列物品:(1)《中华人民共和国禁止、限制进出境物品表》所列的禁止、限制出境物品;(2)退税商店销售的适用增值税免税政策的物品;(3)财政部、海关总署、国家税务总局规定的其他物品。

91. 哪些地区可以实施离境退税政策?

答:全国符合条件的地区,经财政部、海关总署、税务总局备案后,均可实施离境退税政策。截至目前,实施离境退税政策的地区共有 26 个,包括北京、上海、天津、安徽、福建、四川、厦门、辽宁、青岛、深圳、江苏、云南、陕西、广东、黑龙江、山东、新疆、河南、宁夏、湖南、甘肃、海南、重庆、河北、广西、江西。

92. 拟实施离境退税政策的地区需符合哪些条件?

答:实施离境退税政策的地区需符合以下条件:(1)该地区省级人民政府同意实施离境退税政策,提交实施方案,自行负担必要的费用支出,并为海关、税务监管提供相关条件;(2)该地区能够建立有效的部门联合工作机制,在省级人民政府统一领导下,由财政部门会同海关、税务等有关部门共同协调推进,确保本地区工作平稳有序开展;(3)使用国家税务总局商海关总署确定的跨部门、跨地区的互联互通的离境退税信息管理系统;(4)符合财政部、海关总署和国家税务总局要求的其他条件。

93. 拟实施离境退税政策的地区如何向财政部、海关总署、税务总局备案?

答:符合上述条件的地区,应由省级人民政府将包括拟实施日期、离境口岸、退税代理机构、办理退税场所、退税手续费负担机制、退税商店选择情况和离境退税信息管理系统试运行等情况的离境退税政策实施方案报财政部、海关总署和国家税务总局备案,备案后该地区即可实施离境退税政策。

94. 境外旅客购物申请离境退税需符合哪些条件?

答:(1)同一境外旅客同一日在同一退税商店购买的退税物品金额达到 500 元人民币;(2)退税物品尚未启用或消费;(3)离境日距退税物品购买日不超过 90 天;(四)所购退税物品由境外旅客本人随身携带或随行托运出境。

95. 境外旅客如何申请办理离境退税?

答:境外旅客购物离境退税的办理流程可分为旅客购物申请开单开票、海关验核确认、代理机构审核退税三个环节。

具体来说:(1)旅客购物申请开单开票:境外旅客在退税商店购买退税物品后,需要申请退税的,应当向退税商店索取境外旅客购物离境退税申请单和销售发票。(2)海关验核确认:境外旅客在离境口岸离境时,应当主动持退税物品、退税申请单、退税物品销售发票向海关申报并接受海关监管。海关验核无误后,在境外旅客购物离境退税申请单上签章。(3)代理机构审核退税:境外旅客凭护照等本人有效身份证件、海关验核签章的退税申请单、退税物品销售发票向设在办理境外旅客离境手续的离境口岸隔离区内的退税代理机构申请办理退税。退税代理机构对相关信息审核无误后,为境外旅客办理退税。

96. 2019 年深化增值税改革中,离境退税政策做了哪些调整?

答:根据今年深化增值税改革方案,增值税税率由 16% 和 10% 分别调整为 13% 和 9%。为配合税率调整,离境退税物品的退税率相应调整,针对适用税率为 9% 的物品,增加了 8% 的退税率,其他物品,仍维持 11% 的退税率。也就是说,自 2019 年 4 月 1 日起,将退税物品的退税率由原 11% 一档调整为 11% 和 8% 两档,适用税率为 13% 的退税物品,退税率为 11%;适用税率为 9% 的退税物品,退税率为 8%。同时,为了最大限度保证境外旅客权益,退税率调整设置了 3 个月的过渡期。过渡期内,境外旅客购买的退税物品,如果已经按照调整前税率征收增值税的,仍然按照调整前 11% 的退税率计算退税。

97. 如何确定本次离境退税物品退税率调整的执行时间?

答:退税物品退税率执行时间,以境外旅客购买退税物品取得的增值税普通发票开具日期为准。

98. 某境外旅客 3 月 20 日到我国游玩,3 月 21 日在北京某退税商店购买了一只皮箱,取得了退税商店当天为其开具的增值税普通发票及相应退税申请单,发票上注明皮箱税率 16%。4 月 25 日,该境外旅客离境,在为该旅客办理离境退税时,应使用哪档退税率计算皮箱退税额?

答:应按照 11% 的退税率计算。

99. 某境外旅客 3 月 20 日到我国游玩,3 月 21 日在北京某退税商店购买了一批中药饮片,取得了退税商店当天为其开具的增值税普通发票及相应退税申请单,发票上注明税率 10%。4 月 25 日,该境外旅客离境,在为该旅客办理离境退税时,应使用哪档退税率计算中药饮片退税额?

答:按照过渡期内,境外旅客购买的退税物品,如果已经按照调整前税率征收增值税的,仍然执行调整前退税率的原则,应使用 11% 的退税率计算中药饮片的退税额。

100. 此次深化增值税改革中,增值税期末留抵退税涉及的城市维护建设税、教育费附加和地方教育附加如何计算?

答:此次深化增值税改革涉及增值税期末留抵退税也适用《财政部 税务总局关于增值税期末留抵退税有关城市维护建设税 教育费附加和地方教育附加政策的通知》(财税〔2018〕80 号)规定,即对实行增值税期末留抵退税的纳税人,允许其从城市维护建设税、教育费附加和地方教育附加的计税(征)依据中扣除退还的增值税税额。

深化增值税改革即问即答 100 问
国家税务总局纳税服务司

1. 生产、生活性服务业纳税人是指提供邮政服务、电信服务、现代服务、生活服务(以下称四项服务)取得的销售额占全部销售额的比重超过 50% 的纳税人。纳税人在计算销售额占比时,是否应剔除出口销售额?

答:在计算销售占比时,不需要剔除出口销售额。例如某纳税人在计算销售额占比的时间段内,国内货物销售额为 100 万元,出口研发服务销售额为 20 万元,国内四项服务销售额 90 万元,应按照(20+90)/(20+90+100)来进行计算占比。因该纳税人四项服务销售额占全部销售额的比重超过 50%,按照规定,可以享受加计抵减政策。但需要说明的是,按照 39 号公告规定,纳税人出口货物劳务、发生跨境应税行为不适用加计抵减政策,其对应的进项税额不得计提加计抵减额。

2. 生产、生活性服务业纳税人是指提供四项服务取得的销售额占全部销售额的比重超过50％的纳税人。如果纳税人享受差额计税政策，纳税人应该以差额前的全部价款和价外费用参与计算，还是以差额后的销售额参与计算？

答：应按照差额后的销售额参与计算。例如，某纳税人提供服务，按照规定可以享受差额计税政策，以差额后的销售额计算缴纳增值税。该纳税人在计算销售额占比时，货物销售额为2万元，提供四项服务差额前的全部价款和价外费用共20万元，差额后的销售额为4万元。则应按照4/(2＋4)来进行计算占比。因该纳税人四项服务销售额占全部销售额的比重超过50％，按照规定，可以享受加计抵减政策。

3. 生产、生活性服务业纳税人是指提供四项服务取得的销售额占全部销售额的比重超过50％的纳税人，请问这里50％含不含本数？

答：这里的"比重超过50％"不含本数。也就是说，四项服务取得的销售额占全部销售额的比重小于或者正好等于50％的纳税人，不属于生产、生活性服务业纳税人，不能享受加计抵减政策。

4. 某纳税人在2019年3月31日前设立，但纳税人一直到3月31日均无销售收入，如何判断该纳税人能否享受加计抵减政策？

答：对2019年3月31日前设立、但尚未取得销售收入的纳税人，以其今后首次取得销售收入起连续三个月的销售情况进行判断。假设某纳税人2019年1月设立，但在2019年5月才取得第一笔收入，其5月取得货物销售额30万元，6月销售额为零，7月提供四项服务销售额100万元。在该例中，应按纳税人5月至7月的销售额情况进行判断，即以100/(100＋30)计算。因该纳税人四项服务销售额占全部销售额的比重超过50％，按照规定，可以享受加计抵减政策。

5. 某纳税人在2019年4月1日以后设立，但设立后三个月内，仅其中一个月有销售收入，如何判断该纳税人能否享受加计抵减政策？

答：按照现行规定，2019年4月1日后设立的纳税人，按照自设立之日起3个月的销售额计算判断销售额占比。假设某纳税人2019年5月设立，但其5月、7月均无销售额，其6月四项服务销售额为100万，货物销售额为30万元。在该例中，应按照5至7月累计销售情况进行判断，即以100/(100＋30)计算。因该纳税人四项服务销售额占全部销售额的比重超过50％，按照规定，可以享受加计抵减政策。

6. 某纳税人在2019年4月1日以后设立，但设立后三个月内均无销售收入。如何判断该纳税人能否享受加计抵减政策？

答：2019年4月1日后设立的纳税人，自设立之日起3个月的销售额全部为零的，以其取得销售额起三个月的销售情况进行判断。假设某纳税人2019年5月设立，但其5月、6月、7月均无销售额，其8月四项服务销售额为100万，9月销售额为零，10月货物销售额为30万元。在该例中，应按照8至10月累计销售情况进行判断，即以100/(100＋30)计算。因该纳税人四项服务销售额占全部销售额的比重超过50％，按照规定，可以享受加计抵减政策。

7. 适用加计抵减政策的纳税人，如何在增值税纳税申报表的主表上体现加计抵减额？

答：为落实加计抵减政策，一般纳税人加计抵减额体现在主表第19栏"应纳税额"。对适用加计抵减政策的纳税人，主表第19栏"应纳税额"栏按以下公式填写。

本栏"一般项目"列"本月数"＝第11栏"销项税额""一般项目"列"本月数"－第18栏"实

际抵扣税额""一般项目"列"本月数"－"实际抵减额"

本栏"即征即退项目"列"本月数"＝第11栏"销项税额""即征即退项目"列"本月数"－第18栏"实际抵扣税额""即征即退项目"列"本月数"－"实际抵减额"

"实际抵减额"是指按照规定可从本期适用一般计税方法计算的应纳税额中抵减的加计抵减额,分别对应《附列资料(四)》第6行"一般项目加计抵减额计算"、第7行"即征即退项目加计抵减额计算"的"本期实际抵减额"列。

8. 某外贸企业在2019年3月25日报关出口了一批货物(征退税率均为16%),出口货物报关单上注明的出口日期为3月25日。该企业4月5日取得国内供货企业为其开具的税率为13%的增值税专用发票。请问该批出口货物适用什么退税率?

答:按照现行政策规定,2019年6月30日前(含2019年4月1日前),纳税人出口适用增值税免退税办法的货物,购进时已按调整前税率征收增值税的,执行调整前的出口退税率,购进时已按调整后税率征收增值税的,执行调整后的出口退税率。该企业4月5日取得国内供货企业为其开具的税率为13%的增值税专用发票,按照上述规定,应适用13%的退税率。

9. 退税物品退税率的执行时间,是以增值税普通发票的开具日期为准,还是以离境退税申请单的开单日期为准?

答:退税物品退税率的执行时间,以增值税普通发票的开具日期为准。

10. 增值税一般纳税人在增值税税率调整前已按原16%、10%适用税率开具的增值税发票,发现开票有误的,应如何处理?

答:增值税一般纳税人在增值税税率调整前已按原16%、10%适用税率开具的增值税发票,发现开票有误需要重新开具的,先按照原适用税率开具红字发票后,再重新开具正确的蓝字发票。

11. 我公司位于北京,某员工3月28日乘高铁出差至山东,4月2日返程,取得了注明该员工身份信息、乘车日期分别为3月28日和4月2日的两张高铁车票。请问我公司可以将上述旅客运输费用纳入抵扣吗?

答:《财政部 税务总局 海关总署关于深化增值税改革有关政策的公告》(财政部 税务总局 海关总署公告2019年第39号,以下简称39号公告)规定,自4月1日起,增值税一般纳税人购进国内旅客运输服务,其进项税额允许从销项税额中抵扣。因此,你公司取得的4月2日高铁车票,可计算抵扣进项税额,3月28日的高铁车票则不能计算抵扣。

12. 我公司因员工出差计划取消,支付给航空代理公司退票费,并取得了6%税率的增值税专用发票。请问,我公司可以抵扣该笔进项税额吗?

答:按照现行政策规定,航空代理公司收取的退票费,属于现代服务业的征税范围,应按照6%税率计算缴纳增值税。你公司因公务支付的退票费,属于可抵扣的进项税范围,其增值税专用发票上注明的税额,可以从销项税额中抵扣。

13. 请问纳税人为非雇员(如客户、邀请讲课专家等存在业务合作关系的人员)支付的旅客运输费用,能否抵扣进项税额?

答:39号公告规定,增值税一般纳税人购进国内旅客运输服务,其进项税额允许从销项税额中抵扣。这里指的是与本单位建立了合法用工关系的雇员,所发生的国内旅客运输费用允许抵扣其进项税额。纳税人如果为非雇员支付的旅客运输费用,不能纳入抵扣范围。需要注意的是,上述允许抵扣的进项税额,应用于生产经营所需,如属于集体福利或个人消费,其进项税额不得从销项税额中抵扣。

14. 纳税人 2019 年 3 月 31 日前购进农产品已按 10% 扣除率扣除,2019 年 4 月领用时用于生产或委托加工 13% 税率的货物,能否加计抵扣? 如果能,可加计扣除比例是 2% 还是 1%?

答:2019 年 4 月 1 日以后,纳税人领用农产品用于生产或委托加工 13% 税率的货物,统一按照 1% 加计抵扣,不再区分所购进农产品是在 4 月 1 日前还是 4 月 1 日后。

15. 总局网站发布的《2019 最新增值税税率表》中,关于一般纳税人"符合条件的不动产融资租赁"可以适用简易计税方法,具体指的是什么条件?

答:《财政部 国家税务总局关于进一步明确全面推开营改增试点有关劳务派遣服务、收费公路通行费抵扣等政策的通知》(财税〔2016〕47 号)规定,一般纳税人 2016 年 4 月 30 日前签订的不动产融资租赁合同,或以 2016 年 4 月 30 日前取得的不动产提供的融资租赁服务,可以选择适用简易计税方法,按照 5% 的征收率计算缴纳增值税。《2019 最新增值税税率表》中所称"符合条件的一般纳税人"是指上述规定的情形。

16. 某外贸企业于 2019 年 3 月 15 日购进一批货物(原征退税率均为 16%),取得税率 16% 的增值税专用发票。4 月 15 日,又购进一批货物,取得税率为 13% 的增值税专用发票。7 月 15 日,该企业将上述货物出口,出口货物报关单上注明的出口日期为 7 月 15 日。该批出口货物适用什么退税率?

答:根据 39 号公告规定,自 2019 年 4 月 1 日起,原适用 16% 税率且出口退税率为 16% 的出口货物,出口退税率调整为 13%。2019 年 6 月 30 日前(含 2019 年 4 月 1 日前),纳税人出口上述货物,适用增值税免退税办法的,购进时已按调整前税率征收增值税的,执行调整前的出口退税率,购进时已按调整后税率征收增值税的,执行调整后的出口退税率。按照上述规定,因该批货物出口日期在 6 月 30 日之后,过渡期已经结束,应统一适用 13% 的退税率。

17. 如果某公司在 2019 年 4 月确认适用加计抵减政策,当月销售咨询服务,涉及销项税额 30 万元(税率 6%),当月可抵扣的进项税额为 25 万元,那么 4 月加计抵减额和应纳税额应当如何计算?

答:按照《关于调整增值税纳税申报有关事项的公告》(国家税务总局公告 2019 年第 15 号),依据加计抵减额计算公式和一般纳税人申报表填写说明,纳税人在 4 月的加计抵减额和应纳税额计算如下:

《增值税纳税申报表附列资料(四)》(以下称《附列资料(四)》)"二、加计抵减情况""本期发生额"＝当期可抵扣进项税额×10%＝25×10%＝2.5(万元)。

《附列资料(四)》"二、加计抵减情况""本期可抵减额"＝"期初余额"＋"本期发生额"－"本期调减额"＝0＋2.5－0＝2.5(万元)。

由于主表第 11 栏"销项税额"－第 18 栏"实际抵扣税额"＝30－25＝5(万元)>《附列资料(四)》"二、加计抵减情况""本期可抵减额",所以《附列资料(四)》"二、加计抵减情况""本期实际抵减额"＝"本期可抵减额"＝2.5 万元。

主表第 19 栏"应纳税额"＝第 11 栏"销项税额"－第 18 栏"实际抵扣税额"－《附列资料(四)》"二、加计抵减情况""本期实际抵减额"＝30－25－2.5＝2.5(万元)。

以上各栏次均为"一般项目"列"本月数"。

18. 纳税人因前期购买不动产尚未抵扣完毕的待抵扣进项税额,在 2019 年 4 月 1 日以后转入抵扣时,是否可以计算加计抵减额?

答:按照 39 号公告规定,纳税人取得不动产尚未抵扣完毕的待抵扣进项税额,可自 2019

年4月税款所属期起从销项税额中抵扣。对于该部分进项税额,适用加计抵减政策的纳税人,可在转入抵扣的当期,计算加计抵减额。

19. 某单位取得的长途客运手撕客票能否抵扣进项税额?

答:按照39号公告规定,一般纳税人购进国内旅客运输服务,除取得增值税专用发票和增值税电子普通发票外,需凭注明旅客身份信息的航空运输电子客票行程单、铁路车票以及公路、水路等其他客票抵扣进项税额,未注明旅客身份信息的其他票证(手写无效),暂不允许作为扣税凭证。因此纳税人不能凭长途客运手撕票抵扣进项税额。

20. 公司2018年10月购进不动产抵扣了进项税额的60%部分,尚未抵扣完毕的40%部分,2019年4月1日以后可以分几个月进行抵扣吗?

答:不可以。按照39号公告规定,纳税人在2019年3月31日前尚未抵扣的不动产进项税额的40%部分,自2019年4月所属期起,只能一次性转入进项税额进行抵扣。

21. 某纳税人于2019年5月10日新办并登记为一般纳税人,5至7月提供邮政服务、电信服务、现代服务、生活服务(以下称四项服务)的销售额占全部销售额的比重未超过50%,但是6—8月的比重超过50%,能否适用加计抵减政策?

答:《财政部 税务总局 海关总署关于深化增值税改革有关政策的公告》(财政部 税务总局 海关总署公告2019年第39号,以下简称39号公告)规定,2019年4月1日后设立的纳税人,自设立之日起3个月的销售额符合规定条件的,自登记为一般纳税人之日起适用加计抵减政策。上例中,纳税人设立起3个月(5至7月)的四项服务销售额比重不符合公告条件,不能适用加计抵减政策。

需要说明的是,上例中的纳税人2019年内不能适用加计抵减政策;2020年可以根据上一年的实际情况重新确认可否享受这个政策。

22. 生产、生活性服务业纳税人,是指提供邮政服务、电信服务、现代服务、生活服务取得的销售额占全部销售额的比重超过50%的纳税人。纳税人在计算销售额占比时,是否应剔除免税销售额?

答:在计算销售占比时,不需要剔除免税销售额。一般纳税人四项服务销售额占全部销售额的比重超过50%,按照39号公告规定,可以享受加计抵减政策。

23. 2019年4月1日后,纳税人为享受加计抵减政策,在生产、生活性服务业计算四项服务销售额占全部销售额的比重时,是否应包括稽查查补销售额或纳税评估调整销售额?

答:39号公告规定,一般纳税人四项服务销售额占全部销售额的比重超过50%的,可以享受加计抵减政策。在计算四项服务销售占比时,销售额中包括申报销售额、稽查查补销售额、纳税评估销售额。

24. 我公司2018年自建的厂房,尚有40%待抵扣进项税额,2019年4月1日以后一次性转入进项税额抵扣。这部分进项税额是否可以作为增量留抵税额,在满足条件以后申请留抵退税?

答:39号公告规定,符合规定条件尚未抵扣完毕的待抵扣进项税额,可自2019年4月税款所属期起从销项税额中抵扣。2019年4月1日以后一次性转入的待抵扣部分的不动产进项税额,在当期形成留抵税额的,可用于计算增量留抵税额。你公司如符合留抵退税条件的,可以向主管税务机关申请退还增量留抵税额。

25. 自2019年4月1日起,纳税人购进国内旅客运输服务的进项税额允许抵扣。请问取得增值税电子普通发票,以及注明旅客身份信息的航空运输电子客票行程单、铁路车票、公路、水路等其他客票,其抵扣期限是多久?

答:自 2019 年 4 月 1 日起,纳税人购进国内旅客运输服务的进项税额允许抵扣。现行政策未对除增值税专用发票以外的国内旅客运输服务凭证设定抵扣期限。

26. 2019 年 4 月 1 日后,纳税人购进国内旅客运输服务,取得增值税普通发票(非增值税电子普通发票的),进项税额是否允许从销项税额中抵扣?

答:39 公告规定,允许抵扣进项税额的国内旅客运输服务凭证,除增值税专用发票外,只限于增值税电子普通发票,和注明旅客身份信息的航空运输电子客票行程单、铁路车票、公路、水路等其他客票。不包括增值税普通发票。

27. 某纳税人截至 2019 年 3 月税款所属期,《附列资料(五)》第 6 栏"期末待抵扣不动产进项税额"的期末余额为 30 万元。2019 年 4 月税款所属期,纳税人拟将待抵扣的不动产进项税额进行申报抵扣,应如何填写增值税纳税申报表?

答:39 号公告规定,自 2019 年 4 月 1 日起,纳税人取得不动产或者不动产在建工程的进项税额不再分 2 年抵扣。此前按照规定尚未抵扣完毕的待抵扣进项税额,可自 2019 年 4 月税款所属期起从销项税额中抵扣。上例中纳税人可在 2019 年 4 月(税款所属期)《附列资料(二)》第 8b 栏"其他""税额"列填写 300000 元,同时按照表中所列计算公式计入第 4 栏"其他扣税凭证"。需要注意的是,由于这笔不动产进项税额是前期结转产生的,因此不应计入本表第 9 栏"(三)本期用于购建不动产的扣税凭证"中。

28. 某境外旅客"五一"期间来我国游玩,5 月 10 日在北京某退税商店购买了一套茶具,取得退税商店当天为其开具的增值税普通发票及退税申请单,发票注明金额 1000 元,税率 13%,税额 130 元,价税合计 1130 元。该旅客 5 月 20 日离境时海关验核、退税机关审核均无问题。在不考虑退税代理机构手续费的情况下,该旅客可获得的退税额多少?

答:该旅客购买茶具可获得的退税额为 124.3 元。

按照离境退税物品退税额的计算公式,应退增值税额应为退税物品销售发票金额(含增值税)与退税率的乘积。其中,"退税物品销售发票金额(含增值税)",即为增值税普通发票上的价税合计额,是计算退税物品退税额的依据,在本例中为 1130 元。关于"退税率",按照 39 号公告的规定,本例中旅客购买茶具取得的增值税普通发票开具日期为 5 月 20 日,发票注明税率 13%,退税率应为 11%,因此该旅客购买茶具可获得的应退税额 = 1130 * 11% = 124.3 元。

29. 增值税一般纳税人在 2019 年 4 月 1 日增值税税率调整前已按原 16%、10% 适用税率开具了增值税专用发票。如发生销货退回、开票有误、应税服务中止等情形,购买方未用于申报抵扣并已将发票联及抵扣联退回,销售方开具红字发票应如何操作?

答:销售方开具了专用发票,购买方未用于申报抵扣并将发票联及抵扣联退回的,销售方按如下流程开具增值税红字专用发票:

(1) 销售方在增值税发票管理系统中填开并上传《开具红字增值税专用发票信息表》(以下简称《信息表》)。销售方填开《信息表》时应填写相对应的蓝字专用发票信息。

(2) 主管税务机关通过网络接收纳税人上传的《信息表》,系统自动校验通过后,生成带有"红字发票信息表编号"的《信息表》,并将信息同步至纳税人端系统中。

(3) 销售方凭税务机关系统校验通过的《信息表》开具红字专用发票,在系统中以销项负数开具。红字专用发票应与《信息表》一一对应。

(4) 纳税人也可凭《信息表》电子信息或纸质资料到税务机关对《信息表》内容进行系统

校验。

30. 办理增值税期末留抵税额退税需要符合什么条件?

答:39公告规定,同时符合以下条件的纳税人,可以向主管税务机关申请退还增量留抵税额:

1. 自2019年4月税款所属期起,连续6个月(按季纳税的,连续两个季度)增量留抵税额均大于零,且第六个月增量留抵税额不低于50万元;

2. 纳税信用等级为A级或者B级;

3. 申请退税前36个月未发生骗取留抵退税、出口退税或虚开增值税专用发票情形的;

4. 申请退税前36个月未因偷税被税务机关处罚两次及以上的;

5. 自2019年4月1日起未享受即征即退、先征后返(退)政策的。

31. A公司是2018年1月设立的纳税人,2018年9月登记为一般纳税人。A公司应以什么期间的销售额来判断是否适用加计抵减政策?是仅计算登记为一般纳税人以后的销售额吗?

答:《财政部 税务总局 海关总署关于深化增值税改革有关政策的公告》(财政部 税务总局 海关总署公告2019年第39号,以下简称39号公告)第七条规定,提供邮政服务、电信服务、现代服务、生活服务(以下统称四项服务)取得的销售额占全部销售额的比重超过50%的一般纳税人,自2019年4月1日至2021年12月31日,允许按照当期可抵扣进项税额加计10%,抵减应纳税额(统称加计抵减政策)。2019年3月31日前设立的纳税人,以2018年4月至2019年3月期间的销售额判断是否适用加计抵减政策。

按照上述规定,在计算四项服务销售额占比时,一般纳税人在属于小规模纳税人期间的销售额也需要参与计算。因此,A公司应按照自2018年4月至2019年3月期间的销售额来计算四项服务销售额占比。

32. 可以适用简易计税方法计税的一般纳税人,在计算四项服务销售额占比时,是否应包括简易计税方法的销售额?

答:39号公告第七条第(一)项规定,一般纳税人四项服务销售额占全部销售额的比重超过50%的,可以适用加计抵减政策。按照增值税暂行条例和营改增试点实施办法的规定,销售额是指纳税人发生应税行为取得的全部价款和价外费用,包括按照一般计税方法计税的销售额和按照简易计税方法计税的销售额。因此,在计算四项服务销售额占比时,纳税人选择适用简易计税方法计税的销售额应包括在内。

33. 请问适用加计抵减政策的纳税人,其2019年4月的期末留抵税额,能否在5月税款所属期按照10%计算加计抵减额?

答:按照39号公告第七条第(二)项规定,纳税人应按照当期可抵扣进项税额的10%计提当期加计抵减额。在2019年5月税款所属期计算加计抵减额时,4月的增值税期末留抵税额,不属于当期可抵扣进项税额,不能加计10%计算加计抵减额。

34. B公司是适用加计抵减政策的纳税人,2019年4月因发行债券支付20万元的贷款利息,其对应的进项税额能否加计10%计算加计抵减额?

答:39号公告第七条第(二)项规定,按照现行规定不得从销项税额中抵扣的进项税额,不得加计10%计算加计抵减额。《营业税改征增值税试点实施办法》(财税〔2016〕36号印发)第二十七条第(六)项规定,纳税人购进贷款服务的进项税额不得从销项税额中抵扣。因此,B公司20万元贷款利息支出对应的进项税额不能加计10%计算加计抵减额。

35. 适用加计抵减政策的纳税人,抵减前的应纳税额等于零的,当期可抵减加计抵减额会不会影响期末留抵税额?

答:39 号公告第七条第(三)项规定,适用加计抵减政策的纳税人,抵减前的应纳税额等于零的,当期可抵减加计抵减额全部结转下期抵减。因此,加计抵减额不会对期末留抵税额造成影响。

36. 兼营四项服务的一般纳税人,在计算四项服务销售额占比是否符合加计抵减政策条件时,是其中某一项服务销售额占比必须超过 50%,还是四项服务合计销售额占比超过 50%?

答:39 号公告第七条第(一)项规定,一般纳税人四项服务销售额占全部销售额的比重超过 50%的,可以适用加计抵减政策。这里的"四项服务销售额",是指四项服务销售额的合计数。因此兼营四项服务的纳税人,应以四项服务合计销售额占全部销售额的比重是否超过 50%,判断其是否可以适用加计抵减政策。

37. C 公司准备购买 20 张"上海—三亚"往返机票,用于奖励公司优秀员工团队。请问购票支出对应的进项税额,C 公司能否从销项税额中抵扣?

答:按照《营业税改征增值税试点实施办法》(财税〔2016〕36 号印发)第二十七条第(一)项规定,纳税人购买货物、加工修理修配劳务、服务、无形资产和不动产,用于集体福利或者个人消费项目的进项税额不得从销项税额中抵扣。甲公司用于奖励员工的 20 张机票,属于集体福利项目,对应的进项税额不得从销项税额中抵扣。

38. D 公司 2018 年 9 月购入一栋写字楼,按照原来的税收政策规定,不动产进项税额的 40%应于 2019 年 9 月抵扣。2019 年 4 月 1 日增值税新政实施后,40%部分是否只能在 2019 年 4 月税款所属期抵扣?

答:39 号公告第五条规定,纳税人取得不动产或不动产在建工程尚未抵扣完毕的待抵扣进项税额,可自 2019 年 4 月税款所属期起从销项税额中抵扣。2018 年 9 月购入写字楼,按照规定尚未抵扣完毕的待抵扣进项税额,D 公司既可以在 2019 年 4 月税款所属期一次性抵扣,也可以在 2019 年 4 月之后的任意税款所属期进行抵扣。

39. 某增值税一般纳税人已在 2019 年 2 月就一笔销售收入申报并缴纳税款。2019 年 4 月,该纳税人根据客户要求就该笔销售收入补开增值税专用发票(税率 16%)。纳税人应当如何填写增值税纳税申报表?

答:按照《国家税务总局关于调整增值税纳税申报有关事项的公告》(国家税务总局公告 2019 年第 15 号)规定,纳税人 2019 年 4 月补开原 16%税率的增值税专用发票,在纳税申报时应当按照申报表调整前后的对应关系,将金额、税额填入 4 月税款所属期的《增值税纳税申报表附列资料(一)》第 1 行"13%税率的货物及加工修理修配劳务""开具增值税专用发票"相关列次。同时,由于原适用 16%税率的销售额已经在前期按照未开具发票收入申报纳税,本期应当在《增值税纳税申报表附列资料(一)》第 1 行"13%税率的货物及加工修理修配劳务""未开具发票"相关列次填写相应负数进行冲减。

40. E 公司向境外提供电路设计及测试服务,2019 年 4 月 1 日增值税改革前适用税率和退税率均为 6%。2019 年 4 月 1 日增值税改革后该公司对外提供电路设计及测试服务的退税率会调整吗?

答:39 号公告第三条规定,原适用 16%税率且出口退税率为 16%的出口货物劳务,出口退税率调整为 13%;原适用 10%税率且出口退税率为 10%的出口货物、跨境应税行为,出口退税率调整为9%;其他退税率未作调整。2019年4月1日增值税改革前,E公司对外提供电路设计及测试服务适用税率及退税率为6%,2019年4月1日增值税改革后适用税率及退税率仍为6%,退税率不作调整。

41. 请问适用加计抵减政策的纳税人,是否只有四项服务对应的进项税额允许加计抵减?

答:《财政部 税务总局 海关总署关于深化增值税改革有关政策的公告》(财政部 税务总局 海关总署公告2019年第39号,以下简称39号公告)第七条规定,自2019年4月1日至2021年12月31日,允许生产、生活性服务业纳税人按照当期可抵扣进项税额加计10%,抵减应纳税额(以下称加计抵减政策)。生产、生活性服务业纳税人,是指提供邮政服务、电信服务、现代服务、生活服务(以下称四项服务)取得的销售额占全部销售额的比重超过50%的纳税人。

根据上述规定,适用加计抵减政策的纳税人,当期可抵扣进项税额均可以加计10%抵减应纳税额,不仅限于提供四项服务对应的进项税额。需要注意的是,根据39号公告第七条第(四)项规定,纳税人出口货物劳务、发生跨境应税行为不适用加计抵减政策,其对应的进项税额不得计提加计抵减额。

42. 税收政策规定,纳税人购进用于生产13%税率货物的农产品,按照10%的扣除率计算进项税额。我公司未纳入农产品增值税进项税额核定扣除试点,主要生产13%税率货物,请问2019年4月1日后购进的农产品,能否在农产品购入环节直接抵扣10%进项税额?

答:不能在购入环节直接抵扣10%进项税额。根据现行增值税政策规定,2019年4月1日后,纳税人购进农产品,在购入当期,应遵从农产品抵扣的一般规定,按照9%计算抵扣进项税额。如果购进农产品用于生产或者委托加工13%税率货物,则在生产领用当期,再加计抵扣1个百分点。

43. 我公司未纳入农产品增值税进项税额核定扣除试点,从小规模纳税人处购进农产品取得的增值税专用发票,用于生产13%税率的货物,请问可以按10%的扣除率计算进项税额吗?

答:可以。39号公告第二条规定,纳税人购进用于生产或者委托加工13%税率货物的农产品,按照10%的扣除率计算进项税额。你公司从小规模纳税人购进农产品取得的3%征收率的增值税专用发票,用于生产13%税率的货物,符合上述规定的,可以根据规定程序,按照10%的扣除率计算抵扣进项税额。

44. 我公司适用农产品增值税进项税额核定扣除办法,请问2019年4月1日以后,购进农产品适用的扣除率是多少?

答:《农产品增值税进项税额核定扣除试点实施办法》(财税〔2012〕38号印发)规定,农产品增值税进项税额扣除率为销售货物的适用税率。39号公告第一条规定,增值税一般纳税人发生增值税应税销售行为或者进口货物,原适用16%税率的,税率调整为13%;原适用10%税率的,税率调整为9%。上述规定自2019年4月1日起执行。因此,2019年4月1日以后,如果你公司销售的货物适用增值税税率为13%,则对应的扣除率为13%;如果销售的货物适用增值税税率为9%,则扣除率为9%。

45. 我公司是增值税一般纳税人,购进的农产品既用于生产13%税率的货物又用于生产销售其他货物服务,目前未分别核算。请问可以按照10%的扣除率计算进项税额吗?

答:不可以。按照《财政部 税务总局关于简并增值税税率有关政策的通知》(财税〔2017〕

37号)规定的原则,纳税人购进农产品既用于生产13%税率货物又用于生产销售其他货物服务的,需要分别核算。未分别核算的,统一以增值税专用发票或海关进口增值税专用缴款书上注明的增值税额为进项税额,或以农产品收购发票或销售发票上注明的农产品买价和9%的扣除率计算进项税额。

46. 请问39号公告中的几项政策执行期限是一样的吗?

答:39号公告明确,调整增值税税率等多项深化增值税改革的政策自2019年4月1日起实施。除生产、生活性服务业纳税人适用加计抵减政策执行至2021年12月31日外,其他政策没有执行期限。

47. 生活服务具体包括哪些?

答:39号公告第七条第(一)项规定,包括生活服务在内的四项服务的具体范围按照《销售服务、无形资产、不动产注释》(财税〔2016〕36号印发,以下简称注释)执行。按照注释的规定,生活服务是指为满足城乡居民日常生活需求提供的各类服务活动。包括文化体育服务、教育医疗服务、旅游娱乐服务、餐饮住宿服务、居民日常服务和其他生活服务。

48. 请问前期计提加计抵减额的进项税额,发生进项税额转出的,应在什么时间调整加计扣减额?

答:按照39号公告第七条第(二)项规定,已计提加计抵减额的进项税额,如果发生了进项税额转出,纳税人应在进项税额转出当期,相应调减加计抵减额。

49. 我公司既从事国内贸易也兼营出口劳务,其他条件均符合适用加计抵减政策的要求,但无法划分国内业务和出口业务的进项税额。请问我公司能否适用加计抵减政策?

答:39号公告第七条第(四)项规定,纳税人兼营出口货物劳务、发生跨境应税行为且无法划分不得计提加计抵减额的进项税额,按照以下公式计算不得计提加计抵减额的进项税额。

$$\text{不得计提加计抵减额的进项税额} = \text{当期无法划分的全部进项税额} \times \frac{\text{当期出口货物劳务和发生跨境应税行为的销售额}}{\text{当期全部销售额}}$$

因此,如果你公司符合适用加计抵减政策的条件,但无法划分国内业务和出口业务的进项税额,你公司仍适用加计抵减政策,但应按上述规定计算不得计提加计抵减额的进项税额。

50. 某纳税人为增值税一般纳税人,2019年4月发生以前月份有形动产租赁服务中止,开具红字增值税专用发票(税率16%),金额10万元,税额1.6万元,应当如何填写增值税纳税申报表?

答:纳税人2019年4月开具原16%税率的红字增值税专用发票,在纳税申报时应当按照申报表调整前后的对应关系,将红字冲减的金额、税额计入4月税款所属期的《增值税纳税申报表附列资料(一)》第1行"13%税率的服务、不动产和无形资产""开具增值税专用发票"对应列次。

51. 我公司2019年3月份购入一间厂房,当月取得增值税专用发票并在增值税发票选择确认平台勾选确认。请问办理3月税款所属期申报时,该厂房的进项税额可以一次性抵扣吗?

答:不可以。《财政部 税务总局 海关总署关于深化增值税改革有关政策的公告》(财政部 税务总局 海关总署公告2019年第39号,以下简称39号公告)第五条规定,自2019年4月1日起,纳税人取得不动产或者不动产在建工程的进项税额不再分2年抵扣。此前按照规定尚未抵扣完毕的待抵扣进项税额,可自2019年4月税款所属期起从销项税额中抵扣。

你公司 3 月份购入的不动产,属于 2019 年 4 月 1 日前购入,应在 3 月税款所属期抵扣 60% 进项税额,余下的 40% 进项税额自 4 月税款所属期起将抵扣完毕。

52. 加计抵减政策执行至 2021 年 12 月 31 日,请问该政策到期前纳税人注销时结余的加计抵减额如何处理?

答:39 号公告第七条第(六)项规定,加计抵减政策执行到期后,纳税人不再计提加计抵减额,结余的加计抵减额停止抵减。加计抵减政策执行到期前纳税人注销,结余的加计抵减额同样适用上述规定,不再进行相应处理。需要说明的是,此处加计抵减额的结余,包括正数也包括负数。

53. 纳税人购进国内旅客运输服务是否可以抵扣进项税额?如何抵扣?

答:39 号公告第六条规定,纳税人购进国内旅客运输服务,其进项税额允许从销项税额中抵扣。纳税人取得增值税专用发票的,以发票上注明的税额为进项税额。纳税人未取得增值税专用发票的,暂按照以下规定确定进项税额:

1. 取得增值税电子普通发票的,为发票上注明的税额;

2. 取得注明旅客身份信息的航空运输电子客票行程单的,为按照下列公式计算进项税额:

$$航空旅客运输进项税额＝(票价＋燃油附加费)÷(1＋9\%)×9\%$$

3. 取得注明旅客身份信息的铁路车票的,为按照下列公式计算的进项税额:

$$铁路旅客运输进项税额＝票面金额÷(1＋9\%)×9\%$$

4. 取得注明旅客身份信息的公路、水路等其他客票的,按照下列公式计算进项税额:

$$公路、水路等其他旅客运输进项税额＝票面金额÷(1＋3\%)×3\%$$

54. A 公司 2019 年 4 月 1 日后取得原 16%、10% 税率的增值税专用发票是否可以抵扣?

答:根据《国家税务总局关于深化增值税改革有关事项的公告》(国家税务总局公告 2019 年第 14 号)第一条、第二条规定,增值税一般纳税人在增值税税率调整前已按原 16%、10% 适用税率开具的增值税发票,发生销售折让、中止或者退回等情形需要开具红字发票的,按照原适用税率开具红字发票;开票有误需要重新开具的,先按照原适用税率开具红字发票后,再重新开具正确的蓝字发票。纳税人在增值税税率调整前未开具增值税发票的增值税应税销售行为,需要补开增值税发票的,应当按照原适用税率补开。

购入方纳税人 4 月 1 日后取得原 16%、10% 税率的增值税专用发票,可以按现行规定抵扣进项税额。

55. 我公司从事航道疏浚,是否属于提供四项服务的范围?

答:按照《销售服务、无形资产、不动产注释》(财税〔2016〕36 号印发)规定,航道疏浚属于"物流辅助服务—港头码头服务",属于 39 号公告所称邮政服务、电信服务、现代服务、生活服务四项服务的现代服务范围。

56. 纳税人 2019 年 3 月 31 日前开具了增值税专用发票,4 月 1 日后因销售折让、中止或者退回等情形需要开具红字发票的,具体应如何处理?

答:该例中纳税人因销售折让、中止或者退回等情形需要开具红字发票的应分别按以下情形处理:

(一)销售方开具专用发票尚未交付购买方,以及购买方尚未用于申报抵扣并将发票联和抵扣联退回的,由销售方按规定在增值税发票管理系统中填开并上传《开具红字增值税专用发票信息表》,并按照调整前税率开具红字发票。

(二)购买方取得专用发票已用于申报抵扣,或者购买方取得专用发票尚未申报抵扣、但发票联或抵扣联无法退回的,由购买方按规定在增值税发票管理系统中填开并上传《开具红字增值税专用发票信息表》;销售方根据购买方开具的《开具红字增值税专用发票信息表》按照调整前税率开具红字发票。

57.《财政部 海关总署 税务总局 药监局关于罕见病药品增值税政策的通知》(财税〔2019〕24号)规定,自2019年3月1日起,增值税一般纳税人生产销售和批发、零售罕见病药品,可选择按照简易办法依照3％征收率计算缴纳增值税。纳税人经营多种罕见病药品,在选择简易计税时,是需要对多种药品同时选择简易计税,还是可以对其中某种罕见病药品选择简易计税?

答:为充分保障纳税人权益,使纳税人能根据自身经营情况作出最优选择,当纳税人同时经营多种罕见病药品时,可以只对其中某一个或多个产品选择简易计税。如某药品企业同时生产A、B两种罕见病药品,经过计算,企业对A药品选择简易计税较为有利,但B药品适用一般计税办法税负更低,则企业可以仅对A药品选择简易计税。

58. 适用《财政部 海关总署 税务总局 药监局关于罕见病药品增值税政策的通知》(财税〔2019〕24号)政策的罕见病药品清单今后会进行调整吗?

答:《财政部 海关总署 税务总局 国家药品监督管理局关于罕见病药品增值税政策的通知》(财税〔2019〕24号)第四条规定,罕见病药品是指经国家药品监督管理部门批准注册的罕见病药品制剂及原料药。罕见病药品范围实行动态调整,由财政部、海关总署、税务总局、药监局根据变化情况适时明确。未来随着人们对罕见病的认知加深,以及对罕见病药品的加速研发和审批上市,罕见病对症药品将逐步增加。为此,国家相关部门将根据情况适时对罕见病药品实行动态调整。

59. 某境外旅客4月1日来我国游玩,假定该旅客5月20日在北京某退税商店购买了一套蚕丝睡衣,取得退税商店当天为其开具的增值税普通发票及退税申请单。该旅客拟于7月10日从上海离境,其在北京购买的蚕丝睡衣能否在上海办理离境退税?

答:该旅客在北京购买的蚕丝睡衣可以在上海办理离境退税。按照离境退税政策,境外旅客在全国任意退税商店购物后,从已实施离境退税政策的任意地区离境口岸离境,只要符合退税申请条件的,均可办理离境退税。在本例中,北京、上海均为已实施离境退税政策的地区。因此,该旅客离境时,其在北京购买的蚕丝睡衣,可以在上海离境口岸办理离境退税。

60. 某纳税人2019年4月购进不动产,取得增值税专用发票并已认证,发票上注明“金额1 000万元、税率9％、税额90万元”,应当如何填写增值税纳税申报表?

答:39号公告第五条规定,自2019年4月1日起,纳税人取得不动产或者不动产在建工程的进项税额不再分2年抵扣。该纳税人在办理2019年4月税款所属期纳税申报时,应将购入不动产取得的增值税专用发票份数,以及专用发票上注明的金额、税额填入《增值税纳税申报表附列资料(二)》第2行“其中:本期认证相符且本期申报抵扣”的对应栏次;同时,还需将上述内容填入本表第9行“(三)本期用于购建不动产的扣税凭证”的对应栏次。

61. 纳税人计算四项服务销售额占全部销售额的比重来确定是否适用加计抵减政策时,全部销售额除一般项目外,是否包括即征即退项目的销售额?

答:《财政部 税务总局 海关总署关于深化增值税改革有关政策的公告》(财政部 税务总

局 海关总署公告 2019 年第 39 号,以下简称 39 号公告)第七条第一项规定,生产、生活性服务业纳税人,是指提供邮政服务、电信服务、现代服务、生活服务取得的销售额占全部销售额的比重超过 50% 的纳税人。计算全部销售额时,既包括一般项目的销售额,也包括即征即退项目的销售额。

62. 我公司符合加计抵减政策,2019 年 4 月 1 日以后取得了原 16%、10% 税率的增值税专用发票,其进项税额是否可以计算加计抵减额?

答:39 号公告第七条第二项规定,纳税人应按照当期可抵扣进项税额的 10% 计提当期加计抵减额,按照现行规定不得从销项税额中抵扣的进项税额,不得计提加计抵减额。你公司如果符合加计抵减政策,2019 年 4 月 1 日以后取得 16%、10% 税率的增值税专用发票,只要符合进项税额抵扣规定,就可以参与计算加计抵减额。

需要提醒的是,纳税人出口货物劳务、发生跨境应税行为不适用加计抵减政策,其对应的进项税额不得计提加计抵减额。

63. 假设 A 企业 2019 年 11 月成立,2019 年 11 月至 2020 年 1 月四项服务销售额占比超过 50%。请问 A 企业能享受加计抵减政策吗?

答:39 号公告第七条规定,2019 年 4 月 1 日后设立的纳税人,自设立之日起 3 个月的销售额符合规定条件的,自登记为一般纳税人之日起适用加计抵减政策。A 企业 2019 年 11 月至 2020 年 1 月的四项服务销售额占比超过 50%,可以享受加计抵减政策。

64. 2019 年 3 月我公司由一般纳税人转登记为小规模纳税人时,尚有未抵扣完的留抵税额,请问如何处理?

答:根据《国家税务总局关于统一小规模纳税人标准等若干增值税问题的公告》(国家税务总局公告 2018 年第 18 号)第四条规定,转登记纳税人尚未申报抵扣的进项税额以及转登记日当期的期末留抵税额,计入"应交税费—待抵扣进项税额"核算。

65. 总局即问即答中明确,稽查查补销售额和纳税评估调整销售额参与计算四项服务的比重。如果某企业 2019 年 10 月份被查补(评估)出所属期 2018 年 10 月的销售额 100 万,该 100 万是否可以作为 2019 年 10 月份的销售额参与计算四项服务销售额的占比?

答:稽查查补销售额和纳税评估调整销售额应作为查补税款申报当月(或当季)的销售额参与计算四项服务销售额的比重。该例中,企业在 2019 年 10 月份被查补(评估)的 100 万应作为申报查补(评估)税款当月的销售额参与四项服务销售额的计算。

66. 甲公司是乙公司在境外的全资子公司,甲公司无偿借款给乙公司,请问乙公司需要代扣代缴增值税吗?

答:《财政部 税务总局关于明确养老机构免征增值税等政策的通知》(财税〔2019〕20 号)第三条规定,自 2019 年 2 月 1 日至 2020 年 12 月 31 日,对企业集团内单位(含企业集团)之间的资金无偿借贷行为,免征增值税。按照上述规定,乙公司不需代扣代缴增值税。

67. 小规模纳税人免税标准从 3 万元调整到 10 万元后,住宿业、工业及信息传输软件和信息技术服务业等小规模纳税人,月销售额是否需要达到 10 万才能自开增值税专用发票?

答:根据《国家税务总局关于扩大小规模纳税人自行开具增值税专用发票试点范围等事项的公告》(国家税务总局公告 2019 年第 8 号)第一条和《关于〈国家税务总局关于扩大小规模纳税人自行开具增值税专用发票试点范围等事项的公告〉的解读》第二条规定,为了进一步便利小微企业开具增值税专用发票,纳入自开专票试点的行业中的所有小规模纳税人,均可以自愿使用增值税发票管理系统自行开具增值税专用发票,不受月销售额标准的限制。也就是说，月销售额未超过 10 万元(含本数,以 1 个季度为 1 个纳税期的,季度销售额未超过 30 万元)的试点行业小规模纳税人,发生增值税应税行为,需要开具增值税专用发票的,可以选择使用增值税发票管理系统按照有关规定自行开具增值税专用发票。

68. 2019 年 4 月 9 日起进境物品进口税率做了哪些调整?

答:根据《国务院关税税则委员会关于调整进境物品进口税有关问题的通知》(税委会〔2019〕17 号),自 2019 年 4 月 9 日起,将进境物品进口税税目 1、税目 2 的税率分别调降为 13%、20%;将税目 1"药品"注释修改为"对国家规定减按 3% 征收进口环节增值税的进口药品,按照货物税率征税"。

69. 某境外旅客于 2019 年 1 月 1 日来到我国。当日,该旅客在宁夏某退税商店购买了一批枸杞,取得退税商店当天开具的增值税普通发票及退税申请单,发票注明税率 10%,价税合计 550 元。3 月 15 日,该旅客从宁夏前往北京,当日在北京某退税商店购买了一件羊绒衫,取得退税商店当天开具的增值税普通发票及退税申请单,发票注明税率 16%,价税合计 1 160 元。2019 年 4 月 11 日,该旅客从上海离境。请问(1)该旅客从上海离境时,是否可以申请离境退税?(2)如果可以申请离境退税,退税物品的退税额是多少?

答:(1) 该旅客购买的羊绒衫可以申请办理离境退税。按照《财政部关于实施境外旅客购物离境退税政策的公告》(中华人民共和国财政部公告 2015 年第 3 号)的规定,境外旅客在退税商店购买的退税物品,从已实施离境退税政策的其他地区离境,符合退税申请条件的,可以申请办理离境退税。境外旅客申请办理离境退税,需满足"离境日距退税物品购买日不超过 90 天"的条件。按照上述规定,本例中旅客从上海(已实施离境退税政策的地区)离境时,其自宁夏购买的枸杞,因离境日距离购买日已超过 90 天,不能申请办理离境退税;其自北京购买的羊绒衫可以申请办理离境退税。

(2) 如经审核无误,在不考虑退税代理机构手续费的情况下,该旅客可获得的退税额为 127.6 元。按照 39 号公告的规定,2019 年 4 月 1 日起,适用 13% 税率的境外旅客购物离境退税物品,退税率为 11%。2019 年 6 月 30 日前,按调整前税率征收增值税的,执行调整前的退税率。按照上述规定,本例中该旅客可取得的退税额=羊绒衫的销售发票金额(含增值税)×退税率=1 160×11%=127.6(元)。

70. 某纳税人 2019 年 4 月购进国内旅客运输服务。取得注明旅客身份信息的航空运输电子客票行程单 1 张,注明的票价 2 700 元,民航发展基金 50 元,燃油附加费 120 元。请问该纳税人应当如何填写增值税纳税申报表?

答:按照政策规定,纳税人购进国内旅客运输服务未取得增值税专用发票的,需根据取得的凭证类型,分别计算进项税额。其中取得注明旅客身份信息的航空运输电子客票行程单的,按照下列公式计算进项税额:

$$航空旅客运输进项税额=(票价+燃油附加费)÷(1+9\%)×9\%$$

需要注意民航发展基金不作为计算进项税额的基数。

因此,该纳税人在办理 2019 年 4 月税款所属期纳税申报时,应当将按照上述公式计算的航空旅客运输进项税额 232.84 元,填入《增值税纳税申报表附列资料(二)》第 8b 栏"其他""税额"列,第 8b 栏"其他""份数"列填写 1 份,"金额"列填写 2587.16 元。同时,还需将上述内容填入本表第 10 行"(四)本期用于抵扣的旅客运输服务"。

71. 假设 A 企业 2019 年 11 月成立,2019 年 11 月至 2020 年 1 月四项服务销售额占比超

过50%。请问,为判断2021年是否能享受加计抵减政策,计算2020年四项服务销售额占比时,2020年1月份的销售额是否参与计算?

答:《财政部 税务总局 海关总署关于深化增值税改革有关政策的公告》(财政部 税务总局 海关总署公告2019年第39号,以下简称"39号公告")第七条规定,2019年4月1日后设立的纳税人,自设立之日起3个月的销售额符合上述规定条件的,自登记为一般纳税人之日起适用加计抵减政策;纳税人确定适用加计抵减政策后,当年内不再调整,以后年度是否适用,根据上年度销售额计算确定。该例中,为判断2021年是否能享受加计抵减政策时,2020年1月份的销售额应参与计算2020年四项服务销售额的占比。

72. 假设某公司2019年已适用加计抵减政策,但由于2019年四项服务销售额占比未达标,2020年不再享受加计抵减政策。请问,该公司2019年已计提加计抵减额的进项税额在2020年发生进项税额转出时,需要纳税人在2020年继续核算加计抵减额的变动情况吗?

答:39号公告第七条规定,加计抵减政策执行到期后,纳税人不再计提加计抵减额,结余的加计抵减额停止抵减。因此在政策到期前,纳税人应核算加计抵减额的变动情况。该例中,如果纳税人2019年有结余的加计抵减额可以在2020年继续抵减;已计提加计抵减额的进项税额在2020年发生进项税额转出时,应相应调减加计抵减额。

73. 适用加计抵减政策的纳税人,应在年度首次确定适用加计抵减政策时,提交《适用加计抵减政策的声明》,请问手续怎么办理?

答:《国家税务总局关于深化增值税改革有关事项的公告》(国家税务总局公告2019年第14号)第八条规定,适用加计抵减政策的生产、生活性服务业纳税人,应在年度首次确认适用加计抵减政策时,通过电子税务局(或前往办税服务厅)提交《适用加计抵减政策的声明》。

纳税人通过电子税务局提交声明时,系统将自动显示《适用加计抵减政策的声明》,纳税人选择政策适用年度和所属行业,录入计算期内四项服务的销售额和总销售额后,信息系统将帮助纳税人自动填写其他内容。纳税人在确认相关信息准确无误后,即可提交声明。纳税人到办税服务厅提交声明时,税务部门会提供免填单服务,纳税人只要将上述4项信息告知窗口工作人员,工作人员会预填好声明内容,交由纳税人确认,如果信息准确无误,纳税人盖章后即可提交。税务部门将在4月底前完成相关系统功能改造,待系统升级后纳税人就可以通过上述两种途径提交声明。

74. A公司2019年4月1日成立并登记为一般纳税人。2019年4月至2020年2月取得了进项税额但销售收入为0。2020年3月至5月发生销售行为,且四项服务销售额占比超过50%。请问该纳税人2019年和2020年是否适用加计抵减政策?如果适用,可否补提2019年的加计抵减额?

答:39号公告第七条规定,2019年4月1日后设立的纳税人,自设立之日起3个月的销售额符合相关规定条件的,自登记为一般纳税人之日起适用加计抵减政策。如果纳税人成立后一直未取得销售收入,以其首次取得销售收入起连续三个月的销售情况进行判断。该例中,2020年3至5月的四项服务销售额占比超过50%,2020年可以享受加计抵减政策。39号公告规定"纳税人可计提但未计提的加计抵减额,可在确定适用加计抵减政策当期一并计提。",A公司自2019年4月1日登记为一般纳税人之日可计提但未计提的加计抵减额可以补提。

75. 我公司是按季申报的小规模纳税人,2019年4月在异地从事建筑工程,4月份收入12.8万元,请问当月是否需要在异地预缴增值税?

答:根据《国家税务总局关于小规模纳税人免征增值税政策有关征管问题的公告》(国家税务总局公告2019年第4号)第一条和第六条规定,小规模纳税人发生增值税应税销售行为,合计月销售额未超过10万元(以1个季度为1个纳税期的,季度销售额未超过30万元,下同)的,免征增值税。按照现行规定应当预缴增值税税款的小规模纳税人,凡在预缴地实现的月销售额未超过10万元的,当期无需预缴税款。你公司是按季申报的小规模企业,4月份收入没有超过30万元,当月不需在工程所在地预缴增值税。

如果你公司4至6月在工程所在地的建筑工程收入超过30万元,应按建筑工程收入全额预缴增值税;如果4至6月未超过30万元,仍不需在工程所在地预缴增值税。

76. D公司2019年2月从一般纳税人转登记为小规模纳税人后,2019年5月份发生一笔2018年12月份的退货,请问如何计算应纳税额?

答:《国家税务总局关于统一小规模纳税人标准等若干增值税问题的公告》(国家税务总局公告2018年第18号)第五条规定,转登记纳税人在一般纳税人期间销售或者购进的货物、劳务、服务、无形资产、不动产,自转登记日的下期起发生销售折让、中止或者退回的,调整转登记日当期的销项税额、进项税额和应纳税额。如调整后的应纳税额小于转登记日当期申报的应纳税额形成的多缴税款,从发生销售折让、中止或者退回当期的应纳税额中抵减;不足抵减的,结转下期继续抵减;如调整后的应纳税额大于转登记日当期申报的应纳税额形成的少缴税款,从"应交税费——待抵扣进项税额"中抵减;抵减后仍有余额的,计入发生销售折让、中止或者退回当期的应纳税额一并申报缴纳。

D公司5月份确认退货时,应调整2019年2月税款所属期的申报表,重新计算应纳税额,与原2月份的应纳税额比较,比较结果根据上述规定处理。

77. 某境外旅客2019年4月1日来我国游玩。2019年4月3日,该旅客在北京A退税商店购买了一件羊绒衫,取得退税商店当天为其开具的增值税普通发票及退税申请单,发票注明税率13%,价税合计1130元;同日,在B退税商店购买了一批中药饮片,取得退税商店当天为其开具的增值税普通发票及退税申请单,发票注明税率9%,价税合计218元。4月8日,该旅客从北京前往上海,次日从上海离境。请问(1)该旅客从上海离境时,是否可以申请离境退税?(2)如果可以申请离境退税,退税物品的退税额是多少?

答:(1)该旅客购买的羊绒衫可以申请离境退税。按照《财政部关于实施境外旅客购物离境退税政策的公告》(中华人民共和国财政部公告2015年第3号)的规定,境外旅客在退税商店购买的退税物品,从已实施离境退税政策的其他地区离境,符合退税申请条件的,可以申请办理离境退税。境外旅客同一日在同一退税商店购买的退税物品金额达到500元人民币的,方能申请离境退税。按照上述规定,本例中旅客从上海(已实施离境退税政策的地区)离境时,其自北京购买的羊绒衫,可以申请离境退税;购买的中药饮片不能申请离境退税

(2)如经审核无误,在不考虑退税代理机构手续费的情况下,该旅客可获得的退税额为124.3元。按照《财政部 税务总局 海关总署关于深化增值税改革有关政策的公告》(财政部 税务总局 海关总署公告2019年第39号)的规定,2019年4月1日起,适用13%税率的境外旅客购物离境退税物品,退税率为11%。因此,本例中该旅客可取得的应退税额=退税物品销售发票金额(含增值税)×退税率=1130×11%=124.3(元)。

78. 自2019年4月9日起,进境物品进口税调整的范围和幅度?

答:自2019年4月9日起,进境物品进口税调整包含食品、饮料、药品、纺织品、电器等与人民群众生活密切相关的商品,主要是涵盖在进口税税目的税目1和税目2中,这两个税目

的进口税税率分别由之前的 15% 调到 13%、25% 调到 20%，降幅分别为 13.33% 和 20%。

上述进口税率调整主要侧重食品、药品等基本消费品，适当降低这些商品的进口税率，能给国内消费者提供更多携带应税物品消费的选择，提高人们的健康水平，丰富人们的基本生活。

79. 我公司是小规模纳税人，2019 年 3 月份销售收入 9 万元，当月因代开增值税专用发票 1 万元缴纳税款 300 元，4 月份发生退货，请问如何处理？

答：《国家税务总局关于小规模纳税人免征增值税政策有关征管问题的公告》（国家税务总局公告 2019 年第 4 号）第八条规定，小规模纳税人月销售额未超过 10 万元的，当期因开具增值税专用发票已经缴纳的税款，在增值税专用发票全部联次追回或者按规定开具红字专用发票后，可以向主管税务机关申请退还。

80. 请问增值税发票选择确认平台可以勾选哪些增值税发票？

答：根据《国家税务总局关于扩大小规模纳税人自行开具增值税专用发票试点范围等事项的公告》（国家税务总局公告 2019 年第 8 号）第二条规定，一般纳税人取得的增值税专用发票、机动车销售统一发票、收费公路通行费增值税电子普通发票，可以使用增值税发票选择确认平台查询、选择用于申报抵扣、出口退税或者代办退税的增值税发票信息。

81. 《财政部 税务总局 海关总署关于深化增值税改革有关政策的公告》提到，纳税人可计提但未计提的加计抵减额，可在确定适用加计抵减政策当期一并计提，请问补提时是逐月调整申报表，还是一次性在当期计提？

答：《财政部 税务总局 海关总署关于深化增值税改革有关政策的公告》（财政部 税务总局 海关总署公告 2019 年第 39 号，以下简称 39 号公告）第七条规定，纳税人可计提但未计提的加计抵减额，可在确定适用加计抵减政策当期一并计提。为简化核算，纳税人应在确定适用加计抵减政策的当期一次性将可计提但未计提的加计抵减额一并计提，不再调整以前的申报表。

82. 我公司是小规模纳税人，提供四项服务的销售额占全部销售额的比重超过 50%，请问可以适用加计抵减政策吗？

答：不可以。39 号公告中所称生产、生活性服务业纳税人，是指提供邮政服务、电信服务、现代服务、生活服务取得的销售额占全部销售额的比重超过 50% 的纳税人。公告中的纳税人指增值税一般纳税人，加计抵减政策是按照一般纳税人当期可抵扣的进项税额的 10% 计算加计抵减额，只有增值税一般纳税人才可以适用加计抵减政策。

83. 按规定可以享受加计抵减政策的纳税人，2019 年 4 月 1 日后认证增值税专用发票的操作流程是否发生了改变？

答：没有改变。享受加计抵减政策的一般纳税人，可以按照现有流程在增值税发票选择确认平台进行勾选确认或者扫描认证纸质发票。

84. B公司 2019 年 3 月从一般纳税人转登记为小规模纳税人后，2019 年 5 月份收到当年 2 月份购进原材料的增值税专用发票，请问如何处理？

答：《国家税务总局关于统一小规模纳税人标准等若干增值税问题的公告》（国家税务总局公告 2018 年第 18 号）第四条规定，转登记纳税人尚未申报抵扣的进项税额以及转登记日当期的期末留抵税额，计入"应交税费——待抵扣进项税额"核算。转登记日当期尚未取得的增值税专用发票、机动车销售统一发票、收费公路通行费增值税电子普通发票，转登记纳税人在取得上述发票以后，应当持税控设备，由主管税务机关通过增值税发票选择确认平台（税务局端)为其办理选择确认。

该例中 B 公司在主管税务机关为其办理进项税额选择确认后,应将该笔购进原材料的进项税额计入"应交税费——待抵扣进项税额"。

85. 请问四项服务中的现代服务具体包括哪些?

答:39 号公告规定,四项服务的具体范围按照《销售服务、无形资产、不动产注释》(财税〔2016〕36 号印发,下称注释)执行。按照注释,现代服务是指围绕制造业、文化产业、现代物流产业等提供技术性、知识性服务的业务活动。包括研发和技术服务、信息技术服务、文化创意服务、物流辅助服务、租赁服务、鉴证咨询服务、广播影视服务、商务辅助服务和其他现代服务。

86. 2019 年可选择转登记为小规模纳税人的范围是什么?

答:《国家税务总局关于小规模纳税人免征增值税政策有关征管问题的公告》(国家税务总局公告 2019 年第 4 号)第五条规定,转登记日前连续 12 个月(以 1 个月为 1 个纳税期)或者连续 4 个季度(以 1 个季度为 1 个纳税期)累计销售额未超过 500 万元的一般纳税人,在 2019 年 12 月 31 日前,可选择转登记为小规模纳税人。

87. 我公司是一般纳税人,准备转登记为小规模纳税人。请问转登记为小规模纳税人之后,是否还可以自行开具增值税专用发票?

答:《国家税务总局关于统一小规模纳税人标准等若干增值税问题的公告》(国家税务总局公告 2018 年第 18 号)第六条规定,转登记纳税人,可以继续使用现有税控设备开具增值税发票,不需要缴销税控设备和增值税发票。

转登记纳税人自转登记日的下期起,发生增值税应税销售行为,应当按照征收率开具增值税发票;转登记日前已作增值税专用发票票种核定的,继续通过增值税发票管理系统自行开具增值税专用发票;销售其取得的不动产,需要开具增值税专用发票的,应当按照有关规定向税务机关申请代开。

88. 某境外旅客于 2019 年 4 月 1 日来到我国。当日,该旅客在江西某退税商店购买了一件瓷器,取得退税商店当天开具的增值税普通发票及退税申请单,发票注明税率 13%,价税合计 565 元。2019 年 4 月 5 日,该旅客从江西离境。经审核,在不考虑退税代理机构手续费的情况下,该旅客可获得退税额 62.15 元。请问退税代理机构能否根据旅客意愿采用现金方式为旅客办理退税?

答:可以。按照《境外旅客购物离境退税管理办法(试行)》(国家税务总局公告 2015 年第 41 号发布,国家税务总局公告 2018 年第 31 号修订)的规定,退税支付方式包括现金和银行转账两种。退税金额未超过 10 000 元人民币的,根据境外旅客选择,退税代理机构采用现金退税或银行转账方式退税。按照上述规定,本例中退税代理机构可以根据旅客意愿采用现金方式办理退税。

89. 退税商店在为境外旅客开具《离境退税申请单》时,需要在离境退税管理信息系统中采集哪些信息?

答:按照《境外旅客购物离境退税管理办法(试行)》(国家税务总局公告 2015 年第 41 号发布,国家税务总局公告 2018 年第 31 号修订)的规定,退税商店开具《离境退税申请单》时,要核对境外旅客有效身份证件,同时在离境退税管理信息系统中采集以下信息:一是境外旅客有效身份证件信息以及其上标注或能够采集的最后入境日期;二是境外旅客购买的退税物品信息以及对应的增值税普通发票号码。

90. 我公司出口载客电梯(海关税则号 84281010),原适用税率和出口退税率均为 16%,请问本次深化增值税改革对我公司有何影响?

答:按照 39 号公告规定,改革后该商品的适用税率下调为 13%,出口退税率也同步下调为 13%,对于该商品而言,改革前的适用税率和出口退税率是一致的,均为 16%;改革的适用税率和出口退税率也是一致的,均为 13%。

91. 某纳税人从事汽车租赁业务,深化增值税改革后,请问该纳税人能适用加计抵减政策吗?

答:《财政部 税务总局 海关总署关于深化增值税改革有关政策的公告》(财政部 税务总局 海关总署公告 2019 年第 39 号,以下简称 39 号公告)第七条规定,生产、生活性服务业纳税人,是指提供邮政服务、电信服务、现代服务、生活服务(以下称四项服务)取得的销售额占全部销售额的比重超过 50%的纳税人。四项服务的具体范围按照《销售服务、无形资产、不动产注释》(财税〔2016〕36 号印发)执行。汽车租赁业务,属于注释中的现代服务。如果该纳税人四项服务销售额的占比符合条件,则可以适用加计抵减政策。

92. 某纳税人适用加计抵减政策,已提交《适用加计抵减政策的声明》。该纳税人 2019 年 6 月加计抵减额的期初余额为 10 000 元,一般项目可计提加计抵减额 50 000 元,由于 4 月份已计提加计抵减额的进项税额发生转出,当期需要调减一般项目加计抵减额 70 000 元。请问纳税人在办理 2019 年 6 月税款所属期纳税申报时,应当如何填写增值税纳税申报表附列资料四?

答:纳税人在办理 2019 年 6 月税款所属期纳税申报时,应根据当期加计抵减情况,填写增值税纳税申报表《附列资料(四)》第 6 行"一般项目加计抵减额计算"相关列次。其中,"期初余额"列填写 10 000 元,当期计提的加计抵减额 50 000 元应填入"本期发生额"列中,当期调减的加计抵减额 70 000 元应填入"本期调减额"列中。本行其他列次按照计算规则填写,即"本期可抵减额"列应填入-10 000 元,"本期实际抵减额"列应填入 0 元,"期末余额"列应填入-10 000 元。

93. 为提醒网上申报的纳税人及时提交《适用加计抵减政策的声明》,请问税务机关对信息系统做了哪些设置?

答:适用加计抵减政策的生产、生活性服务业纳税人,应在年度首次确认适用加计抵减政策时提交《适用加计抵减政策的声明》。为提醒纳税人,当纳税人进入增值税申报界面时,系统将提示纳税人加计抵减政策具体规定,并告知纳税人如果符合政策规定条件,可以通过填写《适用加计抵减政策的声明》,来确认适用加计抵减政策。该提示功能每年至少提示一次,即 2019 年 5 月、2020 年 2 月和 2021 年 2 月征期,纳税人首次进入申报模块时,系统自动弹出提示信息。在其他征期月份,纳税人可以通过勾选"不再提示"标识,屏蔽该提示信息。

94. 某纳税人适用加计抵减政策,2019 年 6 月其在某酒店召开产品推广会,取得酒店开具的住宿费、餐费和场地租赁费三张专用发票,请问三项费用的进项税额都可以计算加计抵减额吗?

答:39 号公告规定第七条规定,适用加计抵减政策的纳税人,应按照当期可抵扣进项税额的 10%计提当期加计抵减额。按照现行规定不得从销项税额中抵扣的进项税额,不得计提加计抵减额。《营业税改征增值税试点实施办法》(财税〔2016〕36 号印发)第二十七条规定,餐饮服务的进项税额不得从销项税额中抵扣。该例中,纳税人取得住宿费和场地租赁费的专用发票上注明的进项税额可以计提加计抵减额,取得餐费的专用发票上注明的税额不得从销项税额中抵扣,也不得计提加计抵减额。

95. 我公司高管是外籍人员,其因公出差,取得注明护照信息的国内铁路车票,我公司可以抵扣该笔旅客运输费用的进项税额吗?

答:39 号公告第六条规定,纳税人购进国内旅客运输服务,取得注明旅客身份信息的铁路车票的,其进项税额允许从销项税额中抵扣。你公司高管取得的注明护照信息的铁路车票,按照规定可以抵扣进项税额。

96. 提供国内旅客运输服务的航空企业在收取票款时一并代收的民航发展基金,应如何开具增值税电子普通发票?

答:《商品和服务税收分类编码表》中,不征税项目类别下编码 6130000000000000000 为"代收民航发展基金"。航空公司在提供国内旅客运输服务时代收的民航发展基金,可以选择该编码开具增值税电子普通发票。

97. 我公司为商务服务业的小规模纳税人,已选择自行开具增值税专用发票。请问我公司是否可以就商务服务业务取得的销售额,向税务机关申请代开增值税专用发票吗?

答:按照《国家税务总局关于扩大小规模纳税人自行开具增值税专用发票试点范围等事项的公告》(国家税务总局公告 2019 年第 8 号)第一条和《关于〈国家税务总局关于扩大小规模纳税人自行开具增值税专用发票试点范围等事项的公告〉的解读》第二条,纳入小规模纳税人自行开具增值税专用发票试点范围的小规模纳税人可以选择使用增值税发票管理系统自行开具增值税专用发票,或者向税务机关申请代开。选择自行开具增值税专用发票的小规模纳税人,税务机关不再为其代开。你公司已选择自行开具增值税专用发票,就不能再向税务机关申请代开增值税专用发票。

98. 我公司是租赁和商务服务业小规模纳税人,已选择自行开具增值税专用发票,请问我公司销售不动产应如何开具增值税专用发票?

答:《国家税务总局关于扩大小规模纳税人自行开具增值税专用发票试点范围等事项的公告》(国家税务总局公告 2019 年第 8 号)明确,纳入小规模纳税人自行开具增值税专用发票试点范围的小规模纳税人,已选择自行开具增值税专用发票的,销售其取得的不动产,需要开具增值税专用发票的,仍应当按照有关规定向税务机关申请代开。

99. 某境外旅客 2019 年 4 月 1 日来我国游玩。4 月 3 日,该旅客在北京某退税商店购买了一件旗袍,取得退税商店当天为其开具的增值税普通发票和退税申请单,发票注明税率 13%,价税合计 4 520 元。4 月 5 日,该旅客将旗袍作为礼物送给了中国好友。2019 年 4 月 6 日该旅客从北京离境。请问该旅客是否可以就其购买的旗袍申请办理离境退税?

答:不可以。按照《财政部关于实施境外旅客购物离境退税政策的公告》(中华人民共和国财政部公告 2015 年第 3 号)的规定,境外旅客购买的退税物品由境外旅客本人随身携带或随行托运出境,是境外旅客申请离境退税的必要条件。本例中该旅客已将购买的旗袍赠予中国好友,未由旅客本人随身携带或随行托运出境,因此该旅客不能就其购买的旗袍申请离境退税。

100. 某境外旅客 2019 年 3 月 30 日来我国游玩。3 月 31 日,该旅客在江苏某退税商店购买了一把团扇,取得退税商店当天为其开具的增值税普通发票和退税申请单,发票注明税率 16%,价税合计 1 160 元。4 月 2 日,该旅客在江苏某退税商店购买了两个苏绣枕套,取得退税商店当天为其开具的增值税普通发票和退税申请单,发票注明税率 13%,价税合计 2 260 元。2019 年 4 月 5 日该旅客从江苏离境。如经审核无误,在不考虑退税代理机构手续费的情况下,该旅客可获得的退税额是多少?

答:该旅客可获得的退税额为 376.2 元。39 号公告第四条规定,2019 年 4 月 1 日起,适用 13% 税率的境外旅客购物离境退税物品,退税率为 11%。2019 年 6 月 30 日前,按调整前 16% 税率征收增值税的,执行调整前的 11% 退税率。因此,本例中该旅客可取得的应退税额 = 团扇销售发票金额(含增值税)×退税率 + 苏绣枕套销售发票金额(含增值税)×退税率 = 1 160×11% + 2 260×11% = 376.2(元)。

国家税务总局关于办理增值税期末留抵税额退税有关事项的公告

2019 年 4 月 30 日　　国家税务总局公告 2019 年第 20 号

《财政部 税务总局 海关总署关于深化增值税改革有关政策的公告》(财政部 税务总局 海关总署公告 2019 年第 39 号)规定,自 2019 年 4 月 1 日起,试行增值税期末留抵税额退税(以下称留抵退税)制度。为方便纳税人办理留抵退税业务,现将有关事项公告如下:

一、同时符合以下条件(以下称符合留抵退税条件)的纳税人,可以向主管税务机关申请退还增量留抵税额:

(一) 自 2019 年 4 月税款所属期起,连续六个月(按季纳税的,连续两个季度)增量留抵税额均大于零,且第六个月增量留抵税额不低于 50 万元;

(二) 纳税信用等级为 A 级或者 B 级;

(三) 申请退税前 36 个月未发生骗取留抵退税、出口退税或虚开增值税专用发票情形的;

(四) 申请退税前 36 个月未因偷税被税务机关处罚两次及以上的;

(五) 自 2019 年 4 月 1 日起未享受即征即退、先征后返(退)政策的。

增量留抵税额,是指与 2019 年 3 月底相比新增加的期末留抵税额。

二、纳税人当期允许退还的增量留抵税额,按照以下公式计算:

$$允许退还的增量留抵税额 = 增量留抵税额 \times 进项构成比例 \times 60\%$$

进项构成比例,为 2019 年 4 月至申请退税前一税款所属期内已抵扣的增值税专用发票(含税控机动车销售统一发票)、海关进口增值税专用缴款书、解缴税款完税凭证注明的增值税额占同期全部已抵扣进项税额的比重。

三、纳税人申请办理留抵退税,应于符合留抵退税条件的次月起,在增值税纳税申报期(以下称申报期)内,完成本期增值税纳税申报后,通过电子税务局或办税服务厅提交《退(抵)税申请表》(见附件)。

四、纳税人出口货物劳务、发生跨境应税行为,适用免抵退税办法的,可以在同一申报期内,既申报免抵退税又申请办理留抵退税。

五、申请办理留抵退税的纳税人,出口货物劳务、跨境应税行为适用免抵退税办法的,应当按期申报免抵退税。当期可申报免抵退税的出口销售额为零的,应办理免抵退税零申报。

六、纳税人既申报免抵退税又申请办理留抵退税的,税务机关应先办理免抵退税。办理免抵退税后,纳税人仍符合留抵退税条件的,再办理留抵退税。

七、税务机关按照"窗口受理、内部流转、限时办结、窗口出件"的原则办理留抵退税。

税务机关对纳税人是否符合留抵退税条件、当期允许退还的增量留抵税额等进行审核确认,并将审核结果告知纳税人。

八、纳税人符合留抵退税条件且不存在本公告第十二条所列情形的,税务机关应自受理留抵退税申请之日起 10 个工作日内完成审核,并向纳税人出具准予留抵退税的《税务事项通知书》。

纳税人发生本公告第九条第二项所列情形的,上述 10 个工作日,自免抵退税应退税额核准之日起计算。

九、纳税人在办理留抵退税期间发生下列情形的,按照以下规定确定允许退还的增量留抵税额:

(一)因纳税申报、稽查查补和评估调整等原因,造成期末留抵税额发生变化的,按最近一期《增值税纳税申报表(一般纳税人适用)》期末留抵税额确定允许退还的增量留抵税额。

(二)纳税人在同一申报期既申报免抵退税又申请办理留抵退税的,或者在纳税人申请办理留抵退税时存在尚未经税务机关核准的免抵退税应退税额的,应待税务机关核准免抵退税应退税额后,按最近一期《增值税纳税申报表(一般纳税人适用)》期末留抵税额,扣减税务机关核准的免抵退税应退税额后的余额确定允许退还的增量留抵税额。

税务机关核准的免抵退税应退税额,是指税务机关当期已核准,但纳税人尚未在《增值税纳税申报表(一般纳税人适用)》第 15 栏"免、抵、退应退税额"中填报的免抵退税应退税额。

(三)纳税人既有增值税欠税,又有期末留抵税额的,按最近一期《增值税纳税申报表(一般纳税人适用)》期末留抵税额,抵减增值税欠税后的余额确定允许退还的增量留抵税额。

十、在纳税人办理增值税纳税申报和免抵退税申报后、税务机关核准其免抵退税应退税额前,核准其前期留抵退税的,以最近一期《增值税纳税申报表(一般纳税人适用)》期末留抵税额,扣减税务机关核准的留抵退税额后的余额,计算当期免抵退税应退税额和免抵税额。

税务机关核准的留抵退税额,是指税务机关当期已核准,但纳税人尚未在《增值税纳税申报表附列资料(二)(本期进项税额明细)》第 22 栏"上期留抵税额退税"填报的留抵退税额。

十一、纳税人不符合留抵退税条件的,不予留抵退税。税务机关应自受理留抵退税申请之日起 10 个工作日内完成审核,并向纳税人出具不予留抵退税的《税务事项通知书》。

十二、税务机关在办理留抵退税期间,发现符合留抵退税条件的纳税人存在以下情形,暂停为其办理留抵退税:

(一)存在增值税涉税风险疑点的。

(二)被税务稽查立案且未结案的。

(三)增值税申报比对异常未处理的。

(四)取得增值税异常扣税凭证未处理的。

(五)国家税务总局规定的其他情形。

十三、本公告第十二条列举的增值税涉税风险疑点等情形已排除,且相关事项处理完毕后,按以下规定办理:

(一)纳税人仍符合留抵退税条件的,税务机关继续为其办理留抵退税,并自增值税涉税风险疑点等情形排除且相关事项处理完毕之日起 5 个工作日内完成审核,向纳税人出具准予留抵退税的《税务事项通知书》。

(二)纳税人不再符合留抵退税条件的,不予留抵退税。税务机关应自增值税涉税风险疑点等情形排除且相关事项处理完毕之日起 5 个工作日内完成审核,向纳税人出具不予留抵退税的《税务事项通知书》。

税务机关对发现的增值税涉税风险疑点进行排查的具体处理时间,由各省(自治区、直辖市和计划单列市)税务局确定。

十四、税务机关对增值税涉税风险疑点进行排查时,发现纳税人涉嫌骗取出口退税、虚开增值税专用发票等增值税重大税收违法行为的,终止为其办理留抵退税,并自作出终止办理留抵退税决定之日起5个工作日内,向纳税人出具终止办理留抵退税的《税务事项通知书》。

税务机关对纳税人涉嫌增值税重大税收违法行为核查处理完毕后,纳税人仍符合留抵退税条件的,可按照本公告的规定重新申请办理留抵退税。

十五、纳税人应在收到税务机关准予留抵退税的《税务事项通知书》当期,以税务机关核准的允许退还的增量留抵税额冲减期末留抵税额,并在办理增值税纳税申报时,相应填写《增值税纳税申报表附列资料(二)(本期进项税额明细)》第22栏"上期留抵税额退税"。

十六、纳税人以虚增进项、虚假申报或其他欺骗手段骗取留抵退税的,由税务机关追缴其骗取的退税款,并按照《中华人民共和国税收征收管理法》等有关规定处理。

十七、本公告自2019年5月1日起施行。

特此公告。

附件:退(抵)税申请表

附件

退(抵)税申请表

金额单位:元,至角分

申请人名称		纳税人□　扣缴义务人□		
纳税人名称		统一社会信用代码 (纳税人识别号)		
联系人姓名		联系电话		
申请退税类型		汇算结算退税□　　误收退税□　　留抵退税□		
一、汇算结算、误收税款退税				
	税种	品目名称	税款所属时期	税票号码	实缴金额
原完税情况					
	合计(小写)				
申请退税金额(小写)					
二、留抵退税					
申请退税前36个月未发生骗取留抵退税、出口退税或虚开增值税专用发票情形				是□　否□	
申请退税前36个月未因偷税被税务机关处罚两次及以上				是□　否□	
自2019年4月1日起未享受即征即退、先征后返(退)政策				是□　否□	
出口货物劳务、发生跨境应税行为,适用免抵退税办法				是□　否□	
连续六个月(按季纳税的,连续两个季度)增量留抵税额均大于零的起止时间				年　　月至 年　　月	

（续表）

本期已申报免抵退税应退税额	
2019 年 4 月至申请退税前一税款所属期已抵扣的增值税专用发票（含税控机动车销售统一发票）注明的增值税额	
2019 年 4 月至申请退税前一税款所属期已抵扣的海关进口增值税专用缴款书注明的增值税额	
2019 年 4 月至申请退税前一税款所属期已抵扣的解缴税款完税凭证注明的增值税额	
2019 年 4 月至申请退税前一税款所属期全部已抵扣的进项税额	
本期申请退还的增量留抵税额	

退税申请理由	经办人： （公章） 年 月 日	
授权声明	如果你已委托代理人申请，请填写下列资料： 　为代理相关税务事宜，现授权 （地址） 　为本纳税人的代理申请人，任何与本申请有关的往来文件，都可寄于此人。 　授权人签章：	申请人声明	本申请表是根据国家税收法律法规及相关规定填写的，我确定它是真实的、可靠的、完整的。 　申请人签章：

以下由税务机关填写		
受理情况	受理人： 年 月 日	
核实部门意见： 退还方式：退库□　　抵扣欠税□ 退税类型：汇算结算退税□ 误收退税□ 留抵退税□ 退税发起方式：纳税人自行申请□ 税务机关发现并通知□ 退（抵）税金额： 经办人：　　　负责人： 　　　　年　月　日	税务机关负责人意见： 签字 年　　　月　　　日（公章）	

《退（抵）税申请表》填表说明

一、本表适用于办理汇算结算、误收税款退税、留抵退税。

二、纳税人退税账户与原缴税账户不一致的，须另行提交资料，并经税务机关确认。

三、本表一式四联，纳税人一联、税务机关三联。

四、申请人名称：填写纳税人或扣缴义务人名称。如申请留抵退税，应填写纳税人名称。

五、申请人身份：选择"纳税人"或"扣缴义务人"。如申请留抵退税，应选择"纳税人"。

六、纳税人名称：填写税务登记证所载纳税人的全称。

七、统一社会信用代码（纳税人识别号）：填写纳税人统一社会信用代码或税务机关统一核发的税务登记证号码。

八、联系人名称：填写联系人姓名。

九、联系电话：填写联系人固定电话号码或手机号码。

十、申请退税类型：选择"汇算结算退税""误收退税"或"留抵退税"。

十一、原完税情况:填写与汇算结算和误收税款退税相关信息。分税种、品目名称、税款所属时期、税票号码、实缴金额等项目,填写申请办理退税的已入库信息,上述信息应与完税费(缴款)凭证复印件、完税费(缴款)凭证原件或完税电子信息一致。

十二、申请退税金额:填写与汇算结算和误收税款退税相关的申请退(抵)税的金额,应小于等于原完税情况实缴金额合计。

十三、申请退税前 36 个月未发生骗取留抵退税、出口退税或虚开增值税专用发票情形,申请退税前 36 个月未因偷税被税务机关处罚两次及以上,自 2019 年 4 月 1 日起未享受即征即退、先征后返(退)政策,出口货物劳务、发生跨境应税行为,适用免抵退税办法:根据实际情况,选择"是"或"否"。

十四、连续六个月(按季纳税的,连续两个季度)增量留抵税额均大于零的起止时间:填写纳税人自 2019 年 4 月税款所属期起,连续六个月(按季纳税的,连续两个季度)增量留抵税额均大于零,且第六个月增量留抵税额不低于 50 万元的起止时间。

十五、本期已申报免抵退税应退税额:填写享受免抵退税政策的纳税人本期申请退还的免抵退税额。

十六、2019 年 4 月至申请退税前一税款所属期已抵扣的增值税专用发票(含税控机动车销售统一发票)注明的增值税额:填写纳税人对应属期抵扣的增值税专用发票(含税控机动车销售统一发票)注明的增值税额;纳税人取得不动产或者不动产在建工程的进项税额不再分 2 年抵扣后一次性转入的进项税额,视同取得增值税专用发票抵扣的进项税额,也填入本项。

十七、2019 年 4 月至申请退税前一税款所属期已抵扣的海关进口增值税专用缴款书注明的增值税额:填写纳税人对应属期抵扣的海关进口增值税专用缴款书注明的增值税额。

十八、2019 年 4 月至申请退税前一税款所属期已抵扣的解缴税款完税凭证注明的增值税额:填写纳税人对应属期抵扣的解缴税款完税凭证注明的增值税额。

十九、2019 年 4 月至申请退税前一税款所属期全部已抵扣的进项税额:填写纳税人对应属期全部已抵扣进项税额。

二十、本期申请退还的增量留抵税额:填写纳税人按照增量留抵税额×进项构成比例×60%计算后的本期申请退还的增量留抵税额。

$$进项构成比例＝[2019 年 4 月至申请退税前一税款所属期已抵扣的增值税专用发票(含税控机动车销售统一发票)注明的增值税额＋2019 年 4 月至申请退税前一税款所属期已抵扣的海关进口增值税专用缴款书注明的增值税额＋2019 年 4 月至申请退税前一税款所属期已抵扣的解缴税款完税凭证注明的增值税额]÷2019 年 4 月至申请退税前一税款所属期全部已抵扣的进项税额$$

二十一、退税申请理由:简要概述退税申请理由,如果本次退税账户与原缴税账户不一致,需在此说明,并须另行提交资料,经税务机关登记确认。

二十二、受理情况:填写核对接受纳税人、扣缴义务人资料的情况。

二十三、退还方式:申请汇算结算或误收税款退税的,退还方式可以单选或多选,对于有欠税的纳税人,一般情况应选择"抵扣欠税",对于选择"抵扣欠税"情况,可以取消该选择,将全部申请退税的金额,以"退库"方式办理。

申请留抵退税的,可同时选择"退库"和"抵扣欠税"。如果纳税人既有增值税欠税,又有期末留抵税额,按照《国家税务总局关于办理增值税期末留抵税额退税有关事项的公告》(国家税务总局公告 2019 年第 20 号)第九条第三项规定,以最近一期增值税纳税申报表期末留抵税额,抵减增值税欠税后的余额确定允许退还的增量留抵税额。

二十四、退税类型:税务机关依据纳税人申请事项,选择"汇算结算退税""误收退税"或"留抵退税"。

二十五、退税发起方式:纳税人申请汇算结算或误收税款退税的,税务机关选择"纳税人自行申请"或"税务机关发现并通知";纳税人申请留抵退税的,税务机关选择"纳税人自行申请"。

二十六、退(抵)税金额:填写税务机关核准后的退(抵)税额。

国家税务总局办公厅关于《国家税务总局关于办理增值税期末留抵税额退税有关事项的公告》的解读

一、《公告》出台的背景

《财政部 税务总局 海关总署关于深化增值税改革有关政策的公告》（财政部 税务总局 海关总署公告 2019 年第 39 号,以下称 39 号公告）出台后,为方便纳税人办理留抵退税业务,税务总局制发了《国家税务总局关于办理增值税期末留抵税额退税有关事项的公告》（以下称《公告》）,就留抵退税政策实施过程中涉及的相关征管事项进一步予以明确。

二、符合什么条件的纳税人可以向主管税务机关申请留抵退税?

同时符合以下条件的纳税人,可以向主管税务机关申请退还增量留抵税额:

（一）自 2019 年 4 月税款所属期起,连续六个月（按季纳税的,连续两个季度）增量留抵税额均大于零,且第六个月增量留抵税额不低于 50 万元;

（二）纳税信用等级为 A 级或者 B 级;

（三）申请退税前 36 个月未发生骗取留抵退税、出口退税或虚开增值税专用发票情形的;

（四）申请退税前 36 个月未因偷税被税务机关处罚两次及以上的;

（五）自 2019 年 4 月 1 日起未享受即征即退、先征后返（退）政策的。

增量留抵税额,是指与 2019 年 3 月底相比新增加的期末留抵税额。

三、允许退还的增量留抵税额如何计算?

纳税人当期允许退还的增量留抵税额,按照以下公式计算:

$$允许退还的增量留抵税额＝增量留抵税额×进项构成比例×60\%$$

进项构成比例,为 2019 年 4 月至申请退税前一税款所属期内已抵扣的增值税专用发票（含税控机动车销售统一发票）、海关进口增值税专用缴款书、解缴税款完税凭证注明的增值税额占同期全部已抵扣进项税额的比重。

四、纳税人如何向税务机关申请办理留抵退税?

《公告》明确,纳税人申请办理留抵退税,应在符合条件的次月起,在申报期内完成本期申报后,通过电子税务局或办税服务厅提交《退（抵）税申请表》,并对如何填写该表进行了详细说明。

此外,《公告》明确了留抵退税申请和出口退税申报的衔接问题,即纳税人适用免抵退税办法的,可以在同一申报期内,既申报免抵退税又申请留抵退税;当期可申报免抵退税的出口销售额为零的,应办理免抵退税零申报。

五、税务机关是否需要对纳税人进行审核确认? 如何审核?

在办理留抵退税过程中,税务机关对纳税人是否符合留抵退税条件、当期可退还增量留抵税额等进行审核确认,并区分不同情形进行处理:

1. 准予办理留抵退税。对于符合退税条件,且不存在公告所列情形的,税务机关应在一定期限内完成审核,并向纳税人出具准予留抵退税的《税务事项通知书》。

2. 暂停（终止）办理留抵退税。对于符合退税条件,但纳税人存在增值税涉税风险疑点,或存在未处理的相关涉税事项等情形的,明确先暂停为其办理留抵退税。

（1）如果风险疑点排除且相关事项处理完毕,仍符合留抵退税条件的,税务机关继续为

其办理留抵退税;

（2）如果风险疑点排除且相关事项处理完毕后，不再符合留抵退税条件的，税务机关不予办理留抵退税;

（3）如果在进行风险排查时，发现纳税人涉嫌增值税重大税收违法的，终止为其办理留抵退税。在税务机关对纳税人涉嫌增值税重大税收违法问题核实处理完毕后，纳税人仍符合留抵退税条件的，可重新申请办理留抵退税。

3.不予办理留抵退税。经税务机关审核，对不符合留抵退税条件的纳税人，不予办理留抵退税，并向纳税人出具不予留抵退税的《税务事项通知书》。

六、在税务机关准予留抵退税后，纳税人应如何进行相关税务处理？

《公告》明确，纳税人应在收到税务机关准予留抵退税的《税务事项通知书》当期，按照税务机关核准的允许退还的增量留抵税额，冲减期末留抵税额，并在办理增值税纳税申报时，相应填写《增值税纳税申报表附列资料（二）（本期进项税额明细）》第22栏"上期留抵税额退税"。

七、如果发现纳税人骗取留抵退税，如何追责？

纳税人以虚增进项、虚假申报或其他欺骗手段，骗取留抵退税的，由税务机关追缴其骗取的退税款，并按照《中华人民共和国税收征收管理法》等有关规定处理。

 财政部　国家税务总局关于印发《营业税改征增值税试点方案》的通知

2011年11月16日　财税〔2011〕110号

各省、自治区、直辖市、计划单列市财政厅（局）、国家税务局、地方税务局，新疆生产建设兵团财务局：

《营业税改征增值税试点方案》已经国务院同意，现印发你们，请遵照执行。

附件：营业税改征增值税试点方案

附件

营业税改征增值税试点方案

根据党的十七届五中全会精神，按照《中华人民共和国国民经济和社会发展第十二个五年规划纲要》确定的税制改革目标和2011年《政府工作报告》的要求，制定本方案。

一、指导思想和基本原则

（一）指导思想。

建立健全有利于科学发展的税收制度，促进经济结构调整，支持现代服务业发展。

（二）基本原则。

1.统筹设计、分步实施。正确处理改革、发展、稳定的关系，统筹兼顾经济社会发展要求，结合全面推行改革需要和当前实际，科学设计，稳步推进。

2.规范税制、合理负担。在保证增值税规范运行的前提下，根据财政承受能力和不同行业发展特点，合理设置税制要素，改革试点行业总体税负不增加或略有下降，基本消除重复征税。

3.全面协调、平稳过渡。妥善处理试点前后增值税与营业税政策的衔接、试点纳税人与非试点纳税人税制的协调,建立健全适应第三产业发展的增值税管理体系,确保改革试点有序运行。

二、改革试点的主要内容

(一)改革试点的范围与时间。

1. 试点地区。综合考虑服务业发展状况、财政承受能力、征管基础条件等因素,先期选择经济辐射效应明显、改革示范作用较强的地区开展试点。

2. 试点行业。试点地区先在交通运输业、部分现代服务业等生产性服务业开展试点,逐步推广至其他行业。条件成熟时,可选择部分行业在全国范围内进行全行业试点。

3. 试点时间。2012 年 1 月 1 日开始试点,并根据情况及时完善方案,择机扩大试点范围。

(二)改革试点的主要税制安排。

1. 税率。在现行增值税 17% 标准税率和 13% 低税率基础上,新增 11% 和 6% 两档低税率。租赁有形动产等适用 17% 税率,交通运输业、建筑业等适用 11% 税率,其他部分现代服务业适用 6% 税率。

2. 计税方式。交通运输业、建筑业、邮电通信业、现代服务业、文化体育业、销售不动产和转让无形资产,原则上适用增值税一般计税方法。金融保险业和生活性服务业,原则上适用增值税简易计税方法。

3. 计税依据。纳税人计税依据原则上为发生应税交易取得的全部收入。对一些存在大量代收转付或代垫资金的行业,其代收代垫金额可予以合理扣除。

4. 服务贸易进出口。服务贸易进口在国内环节征收增值税,出口实行零税率或免税制度。

(三)改革试点期间过渡性政策安排。

1. 税收收入归属。试点期间保持现行财政体制基本稳定,原归属试点地区的营业税收入,改征增值税后收入仍归属试点地区,税款分别入库。因试点产生的财政减收,按现行财政体制由中央和地方分别负担。

2. 税收优惠政策过渡。国家给予试点行业的原营业税优惠政策可以延续,但对于通过改革能够解决重复征税问题的,予以取消。试点期间针对具体情况采取适当的过渡政策。

3. 跨地区税种协调。试点纳税人以机构所在地作为增值税纳税地点,其在异地缴纳的营业税,允许在计算缴纳增值税时抵减。非试点纳税人在试点地区从事经营活动的,继续按照现行营业税有关规定申报缴纳营业税。

4. 增值税抵扣政策的衔接。现有增值税纳税人向试点纳税人购买服务取得的增值税专用发票,可按现行规定抵扣进项税额。

三、组织实施

(一)财政部和国家税务总局根据本方案制定具体实施办法、相关政策和预算管理及缴库规定,做好政策宣传和解释工作。经国务院同意,选择确定试点地区和行业。

(二)营业税改征的增值税,由国家税务局负责征管。国家税务总局负责制定改革试点的征管办法,扩展增值税管理信息系统和税收征管信息系统,设计并统一印制货物运输业增值税专用发票,全面做好相关征管准备和实施工作。

第二部分 ‖ 营改增最新政策

一、综合政策规定

 财政部 国家税务总局关于营业税改征增值税试点若干政策的通知

2016 年 3 月 23 日　财税〔2016〕39 号

各省、自治区、直辖市、计划单列市财政厅（局）、国家税务局、地方税务局，新疆生产建设兵团财务局：

现将营业税改征增值税试点若干政策明确如下：

一、中国移动通信集团公司、中国联合网络通信集团有限公司、中国电信集团公司及其成员单位通过手机短信公益特服号为公益性机构（名单见附件 1）接受捐款，以其取得的全部价款和价外费用，扣除支付给公益性机构捐款后的余额为销售额。其接受的捐款，不得开具增值税专用发票。

二、中国证券登记结算公司的销售额，不包括以下资金项目：按规定提取的证券结算风险基金；代收代付的证券公司资金交收违约垫付资金利息；结算过程中代收代付的资金交收违约罚息。

三、中国农业发展银行总行及其各分支机构提供涉农贷款（具体涉农贷款业务清单见附件 2）取得的利息收入，可以选择适用简易计税方法按照 3% 的征收率计算缴纳增值税。

四、中国海洋石油总公司及所属单位海上自营油田开采的原油、天然气，停止按实物征收增值税，改为按照《增值税暂行条例》及其实施细则缴纳增值税。

五、美国 ABS 船级社在非营利宗旨不变、中国船级社在美国享受同等免税待遇的前提下，在中国境内提供的船检服务免征增值税。

六、青藏铁路公司提供的铁路运输服务免征增值税。

七、中国邮政集团公司及其所属邮政企业提供的邮政普遍服务和邮政特殊服务，免征增值税。

八、2016 年 12 月 31 日前，中和农信项目管理有限公司和中国扶贫基金会举办的农户自立服务社（中心）以及中和农信项目管理有限公司独资成立的小额贷款公司从事农户小额贷款取得的利息收入，免征增值税。

所称小额贷款，是指单笔且该农户贷款余额总额在 10 万元（含）以下的贷款。

所称农户,是指长期(一年以上)居住在乡镇(不包括城关镇)行政管理区域内的住户,还包括长期居住在城关镇所辖行政村范围内的住户和户口不在本地而在本地居住一年以上的住户,国有农场的职工和农村个体工商户。位于乡镇(不包括城关镇)行政管理区域内和在城关镇所辖行政村范围内的国有经济的机关、团体、学校、企事业单位的集体户;有本地户口,但举家外出谋生一年以上的住户,无论是否保留承包耕地均不属于农户。农户以户为统计单位,既可以从事农业生产经营,也可以从事非农业生产经营。农户贷款的判定应以贷款发放时的承贷主体是否属于农户为准。

九、中国信达资产管理股份有限公司、中国华融资产管理股份有限公司、中国长城资产管理公司和中国东方资产管理公司及各自经批准分设于各地的分支机构(以下称资产公司),在收购、承接和处置剩余政策性剥离不良资产和改制银行剥离不良资产过程中开展的以下业务,免征增值税:

(一)接受相关国有银行的不良债权,借款方以货物、不动产、无形资产、有价证券和票据等抵充贷款本息的,资产公司销售、转让该货物、不动产、无形资产、有价证券、票据以及利用该货物、不动产从事的融资租赁业务。

(二)接受相关国有银行的不良债权取得的利息。

(三)资产公司所属的投资咨询类公司,为本公司收购、承接、处置不良资产而提供的资产、项目评估和审计服务。

中国长城资产管理公司和中国东方资产管理公司如经国务院批准改制后,继承其权利、义务的主体及其分支机构处置剩余政策性剥离不良资产和改制银行剥离不良资产,比照上述政策执行。

上述政策性剥离不良资产,是指资产公司按照国务院规定的范围和额度,以账面价值进行收购的相关国有银行的不良资产。

上述改制银行剥离不良资产,是指资产公司按照《中国银行和中国建设银行改制过程中可疑类贷款处置管理办法》(财金〔2004〕53号)、《中国工商银行改制过程中可疑类贷款处置管理办法》(银发〔2005〕148号)规定及中国交通银行股份制改造时国务院确定的不良资产的范围和额度收购的不良资产。

上述处置不良资产,是指资产公司按照有关法律、行政法规,为使不良资产的价值得到实现而采取的债权转移的措施,具体包括运用出售、置换、资产重组、债转股、证券化等方法对贷款及其抵押品进行处置。

资产公司(含中国长城资产管理公司和中国东方资产管理公司如经国务院批准改制后继承其权利、义务的主体)除收购、承接、处置本通知规定的政策性剥离不良资产和改制银行剥离不良资产业务外,从事其他经营业务应一律依法纳税。

除另有规定者外,资产公司所属、附属企业,不得享受资产公司免征增值税的政策。

十、全国社会保障基金理事会、全国社会保障基金投资管理人运用全国社会保障基金买卖证券投资基金、股票、债券取得的金融商品转让收入,免征增值税。

十一、对下列国际航运保险业务免征增值税:

1. 注册在上海、天津的保险企业从事国际航运保险业务。

2. 注册在深圳市的保险企业向注册在前海深港现代服务业合作区的企业提供国际航运保险业务。

3. 注册在平潭的保险企业向注册在平潭的企业提供国际航运保险业务。

上述政策除已规定期限的外,其他均在营业税改征增值税试点期间执行。

本通知自 2016 年 5 月 1 日起执行。

附件:1. 手机短信公益特服号及公益性机构名单

   2. 中国农业发展银行实行增值税简易征收的涉农贷款业务清单

附件 1

手机短信公益特服号及公益性机构名单

单位名称	公益机构名称	特服号码
中国移动通信集团公司	中国红十字会	10699993
中国联合网络通信有限公司	中国红十字会	10699993
中国移动通信集团公司	中华环境保护基金会	10660888
中国移动通信集团公司	中国儿童少年基金会	10699958
中国移动通信集团公司	中华健康快车基金会	10699995
中国移动通信集团公司	中国绿化基金会	10699969
中国联合网络通信有限公司	中国绿化基金会	10699969
中国电信股份有限公司	中国绿化基金会	10699969
中国移动通信集团公司	中国社会工作协会	10699919
中国联合网络通信有限公司	中国社会工作协会	10699919
中国电信股份有限公司	中国社会工作协会	10699919
中国移动通信集团公司	中国青少年发展基金会	10699966
中国移动通信集团公司	中国扶贫基金会	10699999
中国联合网络通信有限公司	中国扶贫基金会	10699999
中国移动通信集团公司	中国华侨公益基金会	10699996
中国联合网络通信有限公司	中国华侨公益基金会	10699996
中国电信股份有限公司	中国华侨公益基金会	10699996
中国移动通信集团公司	中国夕三女发展基金会	10699988
中国移动通信集团公司	中国红十字基金会	10699990
中国联合网络通信有限公司	中国红十字基金会	10699990
中国电信股份有限公司	中国红十字基金会	10699990
中国移动通信集团公司	中国宋庆龄基金会	10699998
中国联合网络通信有限公司	中国宋庆龄基金会	10600008
中国电信股份有限公司	中国宋庆龄基金会	10699998

附件 2

中国农业发展银行实行增值税简易征收的涉农贷款业务清单

  一、粮食、棉花、油料、食糖、猪肉、化肥、羊毛等重要农产品(含农副产品)收储、调控、购销贷款。

  二、农业农村基础设施建设、水利建设贷款。

  三、农村土地流转和规模化经营贷款。

  四、农民集中住房建设、农村人居环境建设、涉农棚户区改造贷款。

  五、农村流通体系建设贷款。

六、农业生产资料、技术改造、科技贷款。

七、农业综合开发贷款。

八、农业产业化龙头企业贷款。

九、农产品(含农副产品)仓储设施贷款。

十、县域城镇建设贷款(房地产业、城市基础设施建设贷款除外)。

十一、易地扶贫搬迁、贫困地区基础设施建设、贫困地区特色产业发展等其他专项扶贫贷款。

十二、农业小企业贷款。

财政部 国家税务总局关于营改增后契税 房产税 土地增值税 个人所得税计税依据问题的通知

2016 年 4 月 25 日 财税〔2016〕43 号

各省、自治区、直辖市、计划单列市财政厅(局)、地方税务局,西藏、宁夏、青海省(自治区)国家税务局,新疆生产建设兵团财务局:

经研究,现将营业税改征增值税后契税、房产税、土地增值税、个人所得税计税依据有关问题明确如下:

一、计征契税的成交价格不含增值税。

二、房产出租的,计征房产税的租金收入不含增值税。

三、土地增值税纳税人转让房地产取得的收入为不含增值税收入。

《中华人民共和国土地增值税暂行条例》等规定的土地增值税扣除项目涉及的增值税进项税额,允许在销项税额中计算抵扣的,不计入扣除项目,不允许在销项税额中计算抵扣的,可以计入扣除项目。

四、个人转让房屋的个人所得税应税收入不含增值税,其取得房屋时所支付价款中包含的增值税计入财产原值,计算转让所得时可扣除的税费不包括本次转让缴纳的增值税。

个人出租房屋的个人所得税应税收入不含增值税,计算房屋出租所得可扣除的税费不包括本次出租缴纳的增值税。个人转租房屋的,其向房屋出租方支付的租金及增值税额,在计算转租所得时予以扣除。

五、免征增值税的,确定计税依据时,成交价格、租金收入、转让房地产取得的收入不扣减增值税额。

六、在计征上述税种时,税务机关核定的计税价格或收入不含增值税。

本通知自 2016 年 5 月 1 日起执行。

财政部 国家税务总局关于进一步明确全面推开营改增试点 有关劳务派遣服务、收费公路通行费抵扣等政策的通知

2016 年 4 月 30 日 财税〔2016〕47 号

各省、自治区、直辖市、计划单列市财政厅(局)、国家税务局、地方税务局,新疆生产建设兵团财务局:

经研究,现将营改增试点期间劳务派遣服务等政策补充通知如下:

一、劳务派遣服务政策

一般纳税人提供劳务派遣服务,可以按照《财政部 国家税务总局关于全面推开营业税改征增值税试点的通知》(财税〔2016〕36号)的有关规定,以取得的全部价款和价外费用为销售额,按照一般计税方法计算缴纳增值税;也可以选择差额纳税,以取得的全部价款和价外费用,扣除代用工单位支付给劳务派遣员工的工资、福利和为其办理社会保险及住房公积金后的余额为销售额,按照简易计税方法依5%的征收率计算缴纳增值税。

小规模纳税人提供劳务派遣服务,可以按照《财政部 国家税务总局关于全面推开营业税改征增值税试点的通知》(财税〔2016〕36号)的有关规定,以取得的全部价款和价外费用为销售额,按照简易计税方法依3%的征收率计算缴纳增值税;也可以选择差额纳税,以取得的全部价款和价外费用,扣除代用工单位支付给劳务派遣员工的工资、福利和为其办理社会保险及住房公积金后的余额为销售额,按照简易计税方法依5%的征收率计算缴纳增值税。

选择差额纳税的纳税人,向用工单位收取用于支付给劳务派遣员工工资、福利和为其办理社会保险及住房公积金的费用,不得开具增值税专用发票,可以开具普通发票。

劳务派遣服务,是指劳务派遣公司为了满足用工单位对于各类灵活用工的需求,将员工派遣至用工单位,接受用工单位管理并为其工作的服务。

二、收费公路通行费抵扣及征收政策

(一)2016年5月1日至7月31日,一般纳税人支付的道路、桥、闸通行费,暂凭取得的通行费发票(不含财政票据,下同)上注明的收费金额按照下列公式计算可抵扣的进项税额:

$$高速公路通行费可抵扣进项税额 = 高速公路通行费发票上注明的金额 \div (1+3\%) \times 3\%$$

$$一级公路、二级公路、桥、闸通行费可抵扣进项税额 = 一级公路、二级公路、桥、闸通行费发票上注明的金额 \div (1+5\%) \times 5\%$$

通行费,是指有关单位依法或者依规设立并收取的过路、过桥和过闸费用。

(二)一般纳税人收取试点前开工的一级公路、二级公路、桥、闸通行费,可以选择适用简易计税方法,按照5%的征收率计算缴纳增值税。

试点前开工,是指相关施工许可证注明的合同开工日期在2016年4月30日前。

三、其他政策

(一)纳税人提供人力资源外包服务,按照经纪代理服务缴纳增值税,其销售额不包括受客户单位委托代为向客户单位员工发放的工资和代理缴纳的社会保险、住房公积金。向委托方收取并代为发放的工资和代理缴纳的社会保险、住房公积金,不得开具增值税专用发票,可以开具普通发票。

一般纳税人提供人力资源外包服务,可以选择适用简易计税方法,按照5%的征收率计算缴纳增值税。

(二)纳税人以经营租赁方式将土地出租给他人使用,按照不动产经营租赁服务缴纳增值税。

纳税人转让2016年4月30日前取得的土地使用权,可以选择适用简易计税方法,以取得的全部价款和价外费用减去取得该土地使用权的原价后的余额为销售额,按照5%的征收率计算缴纳增值税。

(三)一般纳税人2016年4月30日前签订的不动产融资租赁合同,或以2016年4月30日前取得的不动产提供的融资租赁服务,可以选择适用简易计税方法,按照5%的征收率计算缴纳增值税。

（四）一般纳税人提供管道运输服务和有形动产融资租赁服务,按照《营业税改征增值税试点过渡政策的规定》(财税〔2013〕106号)第二条有关规定适用的增值税实际税负超过3%部分即征即退政策,在2016年1月1日至4月30日期间继续执行。

四、本通知规定的内容,除另有规定执行时间外,自2016年5月1日起执行。

国家税务总局关于发布《营业税改征增值税跨境应税行为增值税免税管理办法(试行)》的公告

2016年5月6日　国家税务总局公告2016年第29号

国家税务总局制定了《营业税改征增值税跨境应税行为增值税免税管理办法(试行)》,现予以公布,自2016年5月1日起施行。《国家税务总局关于重新发布〈营业税改征增值税跨境应税服务增值税免税管理办法(试行)〉的公告》(国家税务总局公告2014年第49号)同时废止。

特此公告。

附件:1.跨境应税行为免税备案表

2.放弃适用增值税零税率声明

注释1:《国家税务总局关于跨境应税行为免税备案等增值税问题的公告》(2017年8月14日,国家税务总局公告2017年第30号)第一条规定:"纳税人发生跨境应税行为,按照《国家税务总局关于发布〈营业税改征增值税跨境应税行为增值税免税管理办法(试行)〉的公告》(国家税务总局公告2016年第29号)的规定办理免税备案手续后发生的相同跨境应税行为,不再办理备案手续。纳税人应当完整保存相关免税证明材料备查。纳税人在税务机关后续管理中不能提供上述材料的,不得享受相关免税政策,对已享受的减免税款应予补缴,并依照《中华人民共和国税收征收管理法》的有关规定处理。"

注释2:《国家税务总局关于在境外提供建筑服务等有关问题的公告》(2016年11月4日,国家税务总局公告2016年第69号)第三条规定:"享受国际运输服务免征增值税政策的境外单位和个人,到主管税务机关办理免税备案时,提交的备案资料包括:

（一）关于纳税人基本情况和业务介绍的说明;

（二）依据的税收协定或国际运输协定复印件。"

营业税改征增值税跨境应税行为增值税免税管理办法(试行)

第一条　中华人民共和国境内(以下简称境内)的单位和个人(以下称纳税人)发生跨境应税行为,适用本办法。

第二条　下列跨境应税行为免征增值税:

（一）工程项目在境外的建筑服务。

工程总承包方和工程分包方为施工地点在境外的工程项目提供的建筑服务,均属于工程项目在境外的建筑服务。

（二）工程项目在境外的工程监理服务。

（三）工程、矿产资源在境外的工程勘察勘探服务。

（四）会议展览地点在境外的会议展览服务。

为客户参加在境外举办的会议、展览而提供的组织安排服务，属于会议展览地点在境外的会议展览服务。

（五）存储地点在境外的仓储服务。

（六）标的物在境外使用的有形动产租赁服务。

（七）在境外提供的广播影视节目（作品）的播映服务。

在境外提供的广播影视节目（作品）播映服务，是指在境外的影院、剧院、录像厅及其他场所播映广播影视节目（作品）。

通过境内的电台、电视台、卫星通信、互联网、有线电视等无线或者有线装置向境外播映广播影视节目（作品），不属于在境外提供的广播影视节目（作品）播映服务。

（八）在境外提供的文化体育服务、教育医疗服务、旅游服务。

在境外提供的文化体育服务和教育医疗服务，是指纳税人在境外现场提供的文化体育服务和教育医疗服务。

为参加在境外举办的科技活动、文化活动、文化演出、文化比赛、体育比赛、体育表演、体育活动而提供的组织安排服务，属于在境外提供的文化体育服务。

通过境内的电台、电视台、卫星通信、互联网、有线电视等媒体向境外单位或个人提供的文化体育服务或教育医疗服务，不属于在境外提供的文化体育服务、教育医疗服务。

（九）为出口货物提供的邮政服务、收派服务、保险服务。

1. 为出口货物提供的邮政服务，是指：

（1）寄递函件、包裹等邮件出境。

（2）向境外发行邮票。

（3）出口邮册等邮品。

2. 为出口货物提供的收派服务，是指为出境的函件、包裹提供的收件、分拣、派送服务。

纳税人为出口货物提供收派服务，免税销售额为其向寄件人收取的全部价款和价外费用。

3. 为出口货物提供的保险服务，包括出口货物保险和出口信用保险。

（十）向境外单位销售的完全在境外消费的电信服务。

纳税人向境外单位或者个人提供的电信服务，通过境外电信单位结算费用的，服务接受方为境外电信单位，属于完全在境外消费的电信服务。

（十一）向境外单位销售的完全在境外消费的知识产权服务。

服务实际接受方为境内单位或者个人的知识产权服务，不属于完全在境外消费的知识产权服务。

（十二）向境外单位销售的完全在境外消费的物流辅助服务（仓储服务、收派服务除外）。

境外单位从事国际运输和港澳台运输业务经停我国机场、码头、车站、领空、内河、海域时，纳税人向其提供的航空地面服务、港口码头服务、货运客运站场服务、打捞救助服务、装卸搬运服务，属于完全在境外消费的物流辅助服务。

（十三）向境外单位销售的完全在境外消费的鉴证咨询服务。

下列情形不属于完全在境外消费的鉴证咨询服务：

1. 服务的实际接受方为境内单位或者个人。

2. 对境内的货物或不动产进行的认证服务、鉴证服务和咨询服务。

（十四）向境外单位销售的完全在境外消费的专业技术服务。

下列情形不属于完全在境外消费的专业技术服务：

1. 服务的实际接受方为境内单位或者个人。

2. 对境内的天气情况、地震情况、海洋情况、环境和生态情况进行的气象服务、地震服务、海洋服务、环境和生态监测服务。

3. 为境内的地形地貌、地质构造、水文、矿藏等进行的测绘服务。

4. 为境内的城、乡、镇提供的城市规划服务。

（十五）向境外单位销售的完全在境外消费的商务辅助服务。

1. 纳税人向境外单位提供的代理报关服务和货物运输代理服务，属于完全在境外消费的代理报关服务和货物运输代理服务。

2. 纳税人向境外单位提供的外派海员服务，属于完全在境外消费的人力资源服务。外派海员服务，是指境内单位派出属于本单位员工的海员，为境外单位在境外提供的船舶驾驶和船舶管理等服务。

3. 纳税人以对外劳务合作方式，向境外单位提供的完全在境外发生的人力资源服务，属于完全在境外消费的人力资源服务。对外劳务合作，是指境内单位与境外单位签订劳务合作合同，按照合同约定组织和协助中国公民赴境外工作的活动。

4. 下列情形不属于完全在境外消费的商务辅助服务：

（1）服务的实际接受方为境内单位或者个人。

（2）对境内不动产的投资与资产管理服务、物业管理服务、房地产中介服务。

（3）拍卖境内货物或不动产过程中提供的经纪代理服务。

（4）为境内货物或不动产的物权纠纷提供的法律代理服务。

（5）为境内货物或不动产提供的安全保护服务。

（十六）向境外单位销售的广告投放地在境外的广告服务。

广告投放地在境外的广告服务，是指为在境外发布的广告提供的广告服务。

（十七）向境外单位销售的完全在境外消费的无形资产（技术除外）。

下列情形不属于向境外单位销售的完全在境外消费的无形资产：

1. 无形资产未完全在境外使用。

2. 所转让的自然资源使用权与境内自然资源相关。

3. 所转让的基础设施资产经营权、公共事业特许权与境内货物或不动产相关。

4. 向境外单位转让在境内销售货物、应税劳务、服务、无形资产或不动产的配额、经营权、经销权、分销权、代理权。

（十八）为境外单位之间的货币资金融通及其他金融业务提供的直接收费金融服务，且该服务与境内的货物、无形资产和不动产无关。

为境外单位之间、境外单位和个人之间的外币、人民币资金往来提供的资金清算、资金结算、金融支付、账户管理服务，属于为境外单位之间的货币资金融通及其他金融业务提供的直接收费金融服务。

（十九）属于以下情形的国际运输服务：

1. 以无运输工具承运方式提供的国际运输服务。

2. 以水路运输方式提供国际运输服务但未取得《国际船舶运输经营许可证》的。

3. 以公路运输方式提供国际运输服务但未取得《道路运输经营许可证》或者《国际汽车

运输行车许可证》，或者《道路运输经营许可证》的经营范围未包括"国际运输"的。

4. 以航空运输方式提供国际运输服务但未取得《公共航空运输企业经营许可证》，或者其经营范围未包括"国际航空客货邮运输业务"的。

5. 以航空运输方式提供国际运输服务但未持有《通用航空经营许可证》，或者其经营范围未包括"公务飞行"的。

（二十）符合零税率政策但适用简易计税方法或声明放弃适用零税率选择免税的下列应税行为：

1. 国际运输服务。

2. 航天运输服务。

3. 向境外单位提供的完全在境外消费的下列服务：

（1）研发服务；

（2）合同能源管理服务；

（3）设计服务；

（4）广播影视节目（作品）的制作和发行服务；

（5）软件服务；

（6）电路设计及测试服务；

（7）信息系统服务；

（8）业务流程管理服务；

（9）离岸服务外包业务。

4. 向境外单位转让完全在境外消费的技术。

第三条 纳税人向国内海关特殊监管区域内的单位或者个人销售服务、无形资产，不属于跨境应税行为，应照章征收增值税。

第四条 2016 年 4 月 30 日前签订的合同，符合《财政部 国家税务总局关于将铁路运输和邮政业纳入营业税改征增值税试点的通知》（财税〔2013〕106 号）附件 4 和《财政部 国家税务总局关于影视等出口服务适用增值税零税率政策的通知》（财税〔2015〕118 号）规定的免税政策条件的，在合同到期前可以继续享受免税政策。

第五条 纳税人发生本办法第二条所列跨境应税行为，除第（九）项、第（二十）项外，必须签订跨境销售服务或无形资产书面合同。否则，不予免征增值税。

纳税人向外国航空运输企业提供空中飞行管理服务，以中国民用航空局下发的航班计划或者中国民用航空局清算中心临时来华飞行记录，为跨境销售服务书面合同。

纳税人向外国航空运输企业提供物流辅助服务（除空中飞行管理服务外），与经中国民用航空局批准设立的外国航空运输企业常驻代表机构签订的书面合同，属于与服务接受方签订跨境销售服务书面合同。外国航空运输企业临时来华飞行，未签订跨境服务书面合同的，以中国民用航空局清算中心临时来华飞行记录为跨境销售服务书面合同。

施工地点在境外的工程项目，工程分包方应提供工程项目在境外的证明、与发包方签订的建筑合同原件及复印件等资料，作为跨境销售服务书面合同。

第六条 纳税人向境外单位销售服务或无形资产，按本办法规定免征增值税的，该项销售服务或无形资产的全部收入应从境外取得，否则，不予免征增值税。

下列情形视同从境外取得收入：

（一）纳税人向外国航空运输企业提供物流辅助服务，从中国民用航空局清算中心、中国航空结算有限责任公司或者经中国民用航空局批准设立的外国航空运输企业常驻代表机构取得的收入。

（二）纳税人与境外关联单位发生跨境应税行为，从境内第三方结算公司取得的收入。上述所称第三方结算公司，是指承担跨国企业集团内部成员单位资金集中运营管理职能的资金结算公司，包括财务公司、资金池、资金结算中心等。

（三）纳税人向外国船舶运输企业提供物流辅助服务，通过外国船舶运输企业指定的境内代理公司结算取得的收入。

（四）国家税务总局规定的其他情形。

第七条　纳税人发生跨境应税行为免征增值税的，应单独核算跨境应税行为的销售额，准确计算不得抵扣的进项税额，其免税收入不得开具增值税专用发票。

纳税人为出口货物提供收派服务，按照下列公式计算不得抵扣的进项税额：

$$\text{不得抵扣的进项税额} = \text{当期无法划分的全部进项税额} \times \left(\frac{\text{当期简易计税方法计税项目销售额} + \text{免征增值税项目销售额} - \text{为出口货物提供收派服务支付给境外合作方的费用}}{\text{当期全部销售额}} \right)$$

第八条　纳税人发生免征增值税跨境应税行为，除提供第二条第（二十）项所列服务外，应在首次享受免税的纳税申报期内或在各省、自治区、直辖市和计划单列市<u>国家税务局</u>规定的申报征期后的其他期限内，到主管税务机关办理跨境应税行为免税备案手续，同时提交以下备案材料：

（一）《跨境应税行为免税备案表》（附件1）；

（二）本办法第五条规定的跨境销售服务或无形资产的合同原件及复印件；

（三）提供本办法第二条第（一）项至第（八）项和第（十六）项服务，应提交服务地点在境外的证明材料原件及复印件；

（四）提供本办法第二条规定的国际运输服务，应提交实际发生相关业务的证明材料；

（五）向境外单位销售服务或无形资产，应提交服务或无形资产购买方的机构所在地在境外的证明材料；

（六）国家税务总局规定的其他资料。

注释：根据《国家税务总局关于公布全文失效废止和部分条款失效废止的税收规范性文件目录的公告》（2018年6月15日，国家税务总局公告2018年第33号）规定，自2018年6月15日起，本文第八条中的"国家税务局"修改为"税务局"。

第九条　纳税人发生第二条第（二十）项所列应税行为的，应在首次享受免税的纳税申报期内或在各省、自治区、直辖市和计划单列市<u>国家税务局</u>规定的申报征期后的其他期限内，到主管税务机关办理跨境应税行为免税备案手续，同时提交以下备案材料：

（一）已向办理增值税免抵退税或免退税的主管税务机关备案的《放弃适用增值税零税率声明》（附件2）；

（二）该项应税行为享受零税率到主管税务机关办理增值税免抵退税或免退税申报时需报送的材料和原始凭证。

注释：根据国家税务总局公告2018年第33号规定，自2018年6月15日起，本文第九条中"国家税务局"修改为"税务局"。

第十条　按照本办法第八条规定提交备案的跨境销售服务或无形资产合同原件为外文

的,应提供中文翻译件并由法定代表人(负责人)签字或者单位盖章。

纳税人无法提供本办法第八条规定的境外资料原件的,可只提供复印件,注明"复印件与原件一致"字样,并由法定代表人(负责人)签字或者单位盖章;境外资料原件为外文的,应提供中文翻译件并由法定代表人(负责人)签字或者单位盖章。

主管税务机关对提交的境外证明材料有明显疑义的,可以要求纳税人提供境外公证部门出具的证明材料。

第十一条 纳税人办理跨境应税行为免税备案手续时,主管税务机关应当根据以下情况分别做出处理:

(一)备案材料存在错误的,应当告知并允许纳税人更正。

(二)备案材料不齐全或者不符合规定形式的,应当场一次性告知纳税人补正。

(三)备案材料齐全、符合规定形式的,或者纳税人按照税务机关的要求提交全部补正备案材料的,应当受理纳税人的备案,并将有关资料原件退还纳税人。

(四)按照税务机关的要求补正后的备案材料仍不符合本办法第八、九、十条规定的,应当对纳税人的本次跨境应税行为免税备案不予受理,并将所有报送材料退还纳税人。

第十二条 主管税务机关受理或者不予受理纳税人跨境应税行为免税备案,应当出具加盖本机关专用印章和注明日期的书面凭证。

第十三条 原签订的跨境销售服务或无形资产合同发生变更,或者跨境销售服务或无形资产的有关情况发生变化,变化后仍属于本办法第二条规定的免税范围的,纳税人应向主管税务机关重新办理跨境应税行为免税备案手续。

第十四条 纳税人应当完整保存本办法第八、九、十条要求的各项材料。纳税人在税务机关后续管理中不能提供上述材料的,不得享受本办法规定的免税政策,对已享受的减免税款应予补缴,并依照《中华人民共和国税收征收管理法》的有关规定处理。

第十五条 纳税人发生跨境应税行为享受免税的,应当按规定进行纳税申报。纳税人享受免税到期或实际经营情况不再符合本办法规定的免税条件的,应当停止享受免税,并按照规定申报纳税。

第十六条 纳税人发生实际经营情况不符合本办法规定的免税条件、采用欺骗手段获取免税、或者享受减免税条件发生变化未及时向税务机关报告,以及未按照本办法规定履行相关程序自行减免税的,税务机关依照《中华人民共和国税收征收管理法》有关规定予以处理。

第十七条 税务机关应高度重视跨境应税行为增值税免税管理工作,针对纳税人的备案材料,采取案头分析、日常检查、重点稽查等方式,加强对纳税人业务真实性的核实,发现问题的,按照现行有关规定处理。

第十八条 纳税人发生的与香港、澳门、台湾有关的应税行为,参照本办法执行。

第十九条 本办法自 2016 年 5 月 1 日起施行。此前,纳税人发生符合本办法第四条规定的免税跨境应税行为,已办理免税备案手续的,不再重新办理免税备案手续。纳税人发生符合本办法第二条和第四条规定的免税跨境应税行为,未办理免税备案手续但已进行免税申报的,按照本办法规定补办备案手续;未进行免税申报的,按照本办法规定办理跨境服务备案手续后,可以申请退还已缴税款或者抵减以后的应纳税额;已开具增值税专用发票的,应将全部联次追回后方可办理跨境应税行为免税备案手续。

附件 1

跨境应税行为免税备案表

纳税人名称(公章)		
纳税人识别号/统一社会信用代码		
跨境应税行为名称		
购买服务或无形资产的单位名称		
购买服务或无形资产单位的机构所在地(国家/地区)	服务实际接受方及其机构所在地(国家/地区)	
服务发生地(国家/地区)	无形资产使用地(国家/地区)	
合同名称及编号		
合同注明的跨境服务/无形资产价款或计价标准		
合同约定付款日期		
本次提交的备案材料	1.	
	2.	
	3.	
	4.	
	5.	
	6.	
	7.	
	8.	
	9.	
	10.	
纳税人声明	我承诺此备案表所填内容及备案材料是真实、可靠、完整的。 法定代表人签章: 　年　　月　　日	

注:本表一式两份,填报单位及主管税务机关各一份。

填表说明

1. "服务发生地"栏次,由提供符合《营业税改征增值税跨境应税行为增值税免税管理办法(试行)》第二条第(一)至(八)款和第(十六)款规定服务的纳税人填写。

2. "服务实际接受方及其机构所在地(国家/地区)"栏次,由向境外单位提供完全在境外消费的服务的纳税人填写。

3. "无形资产使用地(国家/地区)"栏次,由向境外单位转让完全在境外消费的无形资产的纳税人填写。

以下由税务机关填写:

受理人:　　　　　受理日期:　年　月　　日　　　　　主管税务机关盖章:

附件 2

放弃适用增值税零税率声明

纳税人识别号/统一社会信用代码:

企业海关代码:

纳税人名称：

国家税务局：

本纳税人自次月 1 日起 36 个月内，自愿申请放弃所提供的增值税零税率应税服务适用增值税零税率政策，放弃期间内所提供的增值税零税率应税服务，本纳税人选择。

本纳税人已了解财政部、国家税务总局关于放弃适用增值税零税率应税服务退（免）税的有关规定。

法定代表人（签字）

纳税人（公章）

声明日期：

提示：按照规定，纳税人选择放弃所提供的增值税零税率应税服务适用增值税零税率政策后，所提供的增值税零税率应税服务适用免税或按规定缴纳增值税。应将选择填写在横线之中。

注释：根据国家税务总局公告 2018 年第 33 号规定，自 2018 年 6 月 15 日起，本文附件2《放弃适用增值税零税率声明》中的"国家税务局"修改为"税务局"。

国家税务总局办公厅关于《国家税务总局关于发布〈营业税改征增值税跨境应税行为增值税免税管理办法(试行)〉的公告》的解读

一、发布《营业税改征增值税跨境应税行为增值税免税管理办法(试行)》(以下简称《办法》)的背景是什么?

自 2016 年 5 月 1 日起，在全国范围内全面推开营业税改征增值税（以下称营改增）试点，建筑业、房地产业、金融业、生活服务业等全部营业税纳税人纳入试点范围，由缴纳营业税改为缴纳增值税。《财政部 国家税务总局关于全面推开营业税改征增值税试点的通知》（财税〔2016〕36 号）印发的《跨境应税行为适用增值税零税率和免税政策的规定》明确了新纳入营改增试点行业的跨境免税政策，规范了此前已纳入试点的跨境服务范围。

为加强免税跨境应税行为的税收管理，便于纳税人办理跨境应税行为免税备案手续，税务总局根据《跨境应税行为适用增值税零税率和免税政策的规定》和《营业税改征增值税跨境应税服务增值税免税管理办法（试行）》（国家税务总局公告 2014 年第 49 号，以下称《原办法》），在充分征求基层税务机关意见和部分纳税人意见的基础上，形成了《办法》。

二、与《原办法》相比,新发布的《办法》主要做了哪些方面的修订和完善?

与《原办法》相比，《办法》进行了以下修订和完善：

一是结合营改增试点行业推进情况，在免税跨境应税行为类别中增加了新纳入试点的建筑服务、金融服务、生活服务等，并明确了上述应税行为享受跨境免税政策的具体内涵和执行口径。

二是根据《跨境应税行为适用增值税零税率和免税政策的规定》的规定，进一步规范、细化了此前已纳入营改增试点的跨境服务的免税政策执行口径。

三是根据《税收减免管理办法》（国家税务总局公告 2015 年第 43 号发布），进一步规范了跨境应税行为免税备案的流程，明晰了税企的责任义务。

四是对于符合零税率政策但适用简易计税方法或声明放弃适用零税率选择免税的跨境

应税行为,在免税管理上与零税率退(免)税管理办法相衔接,要求纳税人提供放弃适用零税率选择免税的声明等免税备案材料。

 国家税务总局关于跨境应税行为免税备案等增值税问题的公告

2017 年 8 月 14 日　国家税务总局公告 2017 年第 30 号

现将跨境应税行为免税备案等增值税问题公告如下:

一、纳税人发生跨境应税行为,按照《国家税务总局关于发布〈营业税改征增值税跨境应税行为增值税免税管理办法(试行)〉的公告》(国家税务总局公告 2016 年第 29 号)的规定办理免税备案手续后发生的相同跨境应税行为,不再办理备案手续。纳税人应当完整保存相关免税证明材料备查。纳税人在税务机关后续管理中不能提供上述材料的,不得享受相关免税政策,对已享受的减免税款应予补缴,并依照《中华人民共和国税收征收管理法》的有关规定处理。

二、纳税人以承运人身份与托运人签订运输服务合同,收取运费并承担承运人责任,然后委托实际承运人完成全部或部分运输服务时,自行采购并交给实际承运人使用的成品油和支付的道路、桥、闸通行费,同时符合下列条件的,其进项税额准予从销项税额中抵扣:

(一)成品油和道路、桥、闸通行费,应用于纳税人委托实际承运人完成的运输服务;

(二)取得的增值税扣税凭证符合现行规定。

三、其他个人委托房屋中介、住房租赁企业等单位出租不动产,需要向承租方开具增值税发票的,可以由受托单位代其向主管地税机关按规定申请代开增值税发票。

注释:根据国家税务总局公告 2018 年第 33 号规定,自 2018 年 6 月 15 日起,本文第三条中"地税机关"修改为"税务机关"。

四、自 2018 年 1 月 1 日起,金融机构开展贴现、转贴现业务需要就贴现利息开具发票的,由贴现机构按照票据贴现利息全额向贴现人开具增值税普通发票,转贴现机构按照转贴现利息全额向贴现机构开具增值税普通发票。

五、本公告除第四条外,自 2017 年 9 月 1 日起施行,此前已发生未处理的事项,按照本公告规定执行。

特此公告。

国家税务总局办公厅关于《国家税务总局关于跨境应税行为免税备案等增值税问题的公告》的解读

在营改增试点运行过程中,各方陆续反映了一些政策执行中出现的操作问题有待统一和明确。为此,税务总局制定了《关于跨境应税行为免税备案等增值税问题的公告》,明确了以下四个方面的问题:

一是关于跨境应税行为免税备案的问题。

明确了纳税人发生的跨境应税行为在按照规定办理免税备案手续后,对相同业务无需再办理备案手续,只需将有关免税证明材料留存备查即可。

二是关于交通运输业进项税抵扣的问题。

明确了纳税人以承运人身份与托运人签订运输服务合同,收取运费并承担承运人责任,并委托实际承运人完成全部或部分运输服务时,自行采购并交给实际承运人使用的,用于委托实际承运人完成的运输服务的成品油和支付的道路、桥、闸通行费,如相应取得合法有效的增值税扣税凭证,可按照现行规定抵扣进项税额。

三是关于个人代开增值税发票的问题。

为方便对外出租不动产的其他个人(自然人)及时向承租方开具发票,提高承租方取得增值税发票的比例,同时减轻租赁双方负担,公告明确个人可委托房屋中介、住房租赁企业等单位代其向主管地税机关按规定申请代开增值税发票。

四是关于贴现、转贴现业务发票开具的问题。

自 2018 年 1 月 1 日起,金融机构开展贴现、转贴现业务,均以其实际持有票据期间取得的利息收入计算缴纳增值税。在上述政策变化后,为满足贴现人全额索票的需求,明确贴现人在申请首次贴现索取发票时,贴现机构应按照票据贴现利息全额向贴现人开具增值税普通发票,转贴现机构按照转贴现利息全额向贴现机构开具增值税普通发票。

 财政部　国家税务总局关于进一步明确全面推开营改增试点有关再保险　不动产租赁和非学历教育等政策的通知

2016 年 6 月 18 日　财税〔2016〕68 号

各省、自治区、直辖市、计划单列市财政厅(局)、国家税务局、地方税务局,新疆生产建设兵团财务局:

经研究,现将营改增试点期间有关再保险、不动产租赁和非学历教育等政策补充通知如下:

一、再保险服务

(一)境内保险公司向境外保险公司提供的完全在境外消费的再保险服务,免征增值税。

(二)试点纳税人提供再保险服务(境内保险公司向境外保险公司提供的再保险服务除外),实行与原保险服务一致的增值税政策。再保险合同对应多个原保险合同的,所有原保险合同均适用免征增值税政策时,该再保险合同适用免征增值税政策。否则,该再保险合同应按规定缴纳增值税。

原保险服务,是指保险分出方与投保人之间直接签订保险合同而建立保险关系的业务活动。

二、不动产经营租赁服务

1. 房地产开发企业中的一般纳税人,出租自行开发的房地产老项目,可以选择适用简易计税方法,按照5%的征收率计算应纳税额。纳税人出租自行开发的房地产老项目与其机构所在地不在同一县(市)的,应按照上述计税方法在不动产所在地预缴税款后,向机构所在地主管税务机关进行纳税申报。

房地产开发企业中的一般纳税人,出租其2016年5月1日后自行开发的与机构所在地不在同一县(市)的房地产项目,应按照3%预征率在不动产所在地预缴税款后,向机构所在地主管税务机关进行纳税申报。

2. 房地产开发企业中的小规模纳税人,出租自行开发的房地产项目,按照5%的征收率计算应纳税额。纳税人出租自行开发的房地产项目与其机构所在地不在同一县(市)的,应按照上述计税方法在不动产所在地预缴税款后,向机构所在地主管税务机关进行纳税申报。

三、一般纳税人提供非学历教育服务,可以选择适用简易计税方法按照3%征收率计算应纳税额。

四、纳税人提供安全保护服务,比照劳务派遣服务政策执行。

注释:《财政部 国家税务总局关于进一步明确全面推开营改增试点有关劳务派遣服务、收费公路通行费抵扣等政策的通知》(2016年4月30日,财税〔2016〕47号)第一条规定:"一、劳务派遣服务政策

一般纳税人提供劳务派遣服务,可以按照《财政部 国家税务总局关于全面推开营业税改征增值税试点的通知》(财税〔2016〕36号)的有关规定,以取得的全部价款和价外费用为销售额,按照一般计税方法计算缴纳增值税;也可以选择差额纳税,以取得的全部价款和价外费用,扣除代用工单位支付给劳务派遣员工的工资、福利和为其办理社会保险及住房公积金后的余额为销售额,按照简易计税方法依5%的征收率计算缴纳增值税。

小规模纳税人提供劳务派遣服务,可以按照《财政部 国家税务总局关于全面推开营业税改征增值税试点的通知》(财税〔2016〕36号)的有关规定,以取得的全部价款和价外费用为销售额,按照简易计税方法依3%的征收率计算缴纳增值税;也可以选择差额纳税,以取得的全部价款和价外费用,扣除代用工单位支付给劳务派遣员工的工资、福利和为其办理社会保险及住房公积金后的余额为销售额,按照简易计税方法依5%的征收率计算缴纳增值税。

选择差额纳税的纳税人,向用工单位收取用于支付给劳务派遣员工工资、福利和为其办理社会保险及住房公积金的费用,不得开具增值税专用发票,可以开具普通发票。

劳务派遣服务,是指劳务派遣公司为了满足用工单位对于各类灵活用工的需求,将员工派遣至用工单位,接受用工单位管理并为其工作的服务。"

五、各党派、共青团、工会、妇联、中科协、青联、台联、侨联收取党费、团费、会费,以及政府间国际组织收取会费,属于非经营活动,不征收增值税。

六、本通知自2016年5月1日起执行。

财政部 国家税务总局关于纳税人异地预缴增值税有关城市维护建设税和教育费附加政策问题的通知

2016年7月23日 财税〔2016〕74号

各省、自治区、直辖市、计划单列市财政厅(局)、国家税务局、地方税务局,新疆生产建设兵团财务局:

根据全面推开"营改增"试点后增值税政策调整情况,现就纳税人异地预缴增值税涉及的城市维护建设税和教育费附加政策执行问题通知如下:

一、纳税人跨地区提供建筑服务、销售和出租不动产的,应在建筑服务发生地、不动产所在地预缴增值税时,以预缴增值税税额为计税依据,并按预缴增值税所在地的城市维护建设税适用税率和教育费附加征收率就地计算缴纳城市维护建设税和教育费附加。

二、预缴增值税的纳税人在其机构所在地申报缴纳增值税时,以其实际缴纳的增值税税额为计税依据,并按机构所在地的城市维护建设税适用税率和教育费附加征收率就地计算缴

纳城市维护建设税和教育费附加。

三、本通知自 2016 年 5 月 1 日起执行。

 财政部 国家税务总局关于部分营业税和增值税政策到期延续问题的通知

2016 年 7 月 25 日 财税〔2016〕83 号

各省、自治区、直辖市、计划单列市财政厅(局)、国家税务局、地方税务局,新疆生产建设兵团财务局:

经国务院批准,现对继续执行农村金融、三农事业部涉农贷款、邮政代办金融保险和新疆国际大巴扎项目有关税收政策通知如下:

一、《财政部 国家税务总局关于农村金融有关税收政策的通知》(财税〔2010〕4 号)第三条规定的"对农村信用社、村镇银行、农村资金互助社、由银行业机构全资发起设立的贷款公司、法人机构所在地在县(含县级市、区、旗)及县以下地区的农村合作银行和农村商业银行的金融保险业收入减按 3‰ 的税率征收营业税"政策的执行期限延长至 2016 年 4 月 30 日。

二、《财政部 国家税务总局关于中国农业银行三农金融事业部涉农贷款营业税优惠政策的通知》(财税〔2015〕67 号)的执行期限延长至 2016 年 4 月 30 日。

三、自 2016 年 1 月 1 日起,中国邮政集团公司及其所属邮政企业为金融机构代办金融保险业务取得的代理收入,在营改增试点期间免征增值税。

四、自 2016 年 1 月 1 日至 2016 年 4 月 30 日,新疆国际大巴扎物业服务有限公司和新疆国际大巴扎文化旅游产业有限公司从事与新疆国际大巴扎项目有关的营业税应税业务,免征营业税;自 2016 年 5 月 1 日至 2016 年 12 月 31 日,对上述营改增应税业务,免征增值税。

注释:《财政部 国家税务总局关于继续执行新疆国际大巴扎项目增值税政策的通知》(2017 年 4 月 28 日,财税〔2017〕36 号)规定:"自 2017 年 1 月 1 日至 2019 年 12 月 31 日,对新疆国际大巴扎物业服务有限公司和新疆国际大巴扎文化旅游产业有限公司从事与新疆国际大巴扎项目有关的营改增应税行为取得的收入,免征增值税。"

五、文到之日前,已征的按本通知规定应予免征的营业税,予以退还;已征的应予免征的增值税,可抵减纳税人以后月份应缴纳的增值税或予以退还。

 财政部 国家税务总局关于收费公路通行费增值税抵扣有关问题的通知

2016 年 8 月 3 日 财税〔2016〕86 号

各省、自治区、直辖市、计划单列市财政厅(局)、国家税务局、地方税务局,新疆生产建设兵团财务局:

为保证营业税改征增值税试点的平稳运行,现将收费公路通行费增值税抵扣有关问题通知如下:

一、增值税一般纳税人支付的道路、桥、闸通行费,暂凭取得的通行费发票(不含财政票据,下同)上注明的收费金额按照下列公式计算可抵扣的进项税额:

高速公路通行费可抵扣进项税额＝高速公路通行费发票上注明的金额÷(1+3%)×3%

$$\frac{一级公路、二级公路、桥、闸}{通行费可抵扣进项税额}=\frac{一级公路、二级公路、桥、闸}{通行费发票上注明的金额}÷(1+5\%)×5\%$$

通行费,是指有关单位依法或者依规设立并收取的过路、过桥和过闸费用。

二、本通知自 2016 年 8 月 1 日起执行,停止执行时间另行通知。

注释: 根据《财政部 税务总局关于租入固定资产进项税额抵扣等增值税政策的通知》(2017 年 12 月 25 日,财税〔2017〕90 号)规定,本文自 2018 年 1 月 1 日起停止执行。

财政部 国家税务总局关于明确金融 房地产开发 教育辅助服务等增值税政策的通知

2016 年 12 月 21 日 财税〔2016〕140 号

各省、自治区、直辖市、计划单列市财政厅(局)、国家税务局,地方税务局,新疆生产建设兵团财务局:

现将营改增试点期间有关金融、房地产开发、教育辅助服务等政策补充通知如下:

一、《销售服务、无形资产、不动产注释》(财税〔2016〕36 号)第一条第(五)项第 1 点所称"保本收益、报酬、资金占用费、补偿金",是指合同中明确承诺到期本金可全部收回的投资收益。金融商品持有期间(含到期)取得的非保本的上述收益,不属于利息或利息性质的收入,不征收增值税。

二、纳税人购入基金、信托、理财产品等各类资产管理产品持有至到期,不属于《销售服务、无形资产、不动产注释》(财税〔2016〕36 号)第一条第(五)项第 4 点所称的金融商品转让。

三、证券公司、保险公司、金融租赁公司、证券基金管理公司、证券投资基金以及其他经人民银行、银监会、证监会、保监会批准成立且经营金融保险业务的机构发放贷款后,自结息日起 90 天内发生的应收未收利息按现行规定缴纳增值税,自结息日起 90 天后发生的应收未收利息暂不缴纳增值税,待实际收到利息时按规定缴纳增值税。

四、资管产品运营过程中发生的增值税应税行为,以资管产品管理人为增值税纳税人。

注释 1:《财政部 国家税务总局关于资管产品增值税政策有关问题的补充通知》(2017 年 1 月 6 日,财税〔2017〕2 号)规定:"对资管产品在 2017 年 7 月 1 日前运营过程中发生的增值税应税行为,未缴纳增值税的,不再缴纳;已缴纳增值税的,已纳税额从资管产品管理人以后月份的增值税应纳税额中抵减。

资管产品运营过程中发生增值税应税行为的具体征收管理办法,由国家税务总局另行制定。"

注释 2:《财政部 国家税务总局关于资管产品增值税有关问题的通知》(2017 年 6 月 30 日,财税〔2017〕56 号)规定:

"一、资管产品管理人(以下称管理人)运营资管产品过程中发生的增值税应税行为(以下称资管产品运营业务),暂适用简易计税方法,按照 3% 的征收率缴纳增值税。

资管产品管理人,包括银行、信托公司、公募基金管理公司及其子公司、证券公司及其子公司、期货公司及其子公司、私募基金管理人、保险资产管理公司、专业保险资产管理机构、养老保险公司。

资管产品,包括银行理财产品、资金信托(包括集合资金信托、单一资金信托)、财产权信托、公开募集证券投资基金、特定客户资产管理计划、集合资产管理计划、定向资产管理计划、私募投资基金、债权投资计划、股权投资计划、股债结合型投资计划、资产支持计划、组合类保险资产管理产品、养老保障管理产品。

财政部和税务总局规定的其他资管产品管理人及资管产品。

二、管理人接受投资者委托或信托对受托资产提供的管理服务以及管理人发生的除本通知第一条规定的其他增值税应税行为（以下称其他业务），按照现行规定缴纳增值税。

三、管理人应分别核算资管产品运营业务和其他业务的销售额和增值税应纳税额。未分别核算的，资管产品运营业务不得适用本通知第一条规定。

四、管理人可选择分别或汇总核算资管产品运营业务销售额和增值税应纳税额。

五、管理人应按照规定的纳税期限，汇总申报缴纳资管产品运营业务和其他业务增值税。

六、本通知自 2018 年 1 月 1 日起施行。

对资管产品在 2018 年 1 月 1 日前运营过程中发生的增值税应税行为，未缴纳增值税的，不再缴纳；已缴纳增值税的，已纳税额从资管产品管理人以后月份的增值税应纳税额中抵减。"

注释3：《财政部　税务总局关于租入固定资产进项税额抵扣等增值税政策的通知》（2017 年12 月 25 日，财税〔2017〕90 号）第五条规定："根据《财政部　税务总局关于资管产品增值税有关问题的通知》（财税〔2017〕56 号）有关规定，自 2018 年 1 月 1 日起，资管产品管理人运营资管产品提供的贷款服务、发生的部分金融商品转让业务，按照以下规定确定销售额：

（一）提供贷款服务，以 2018 年 1 月 1 日起产生的利息及利息性质的收入为销售额；

（二）转让 2017 年 12 月 31 日前取得的股票（不包括限售股）、债券、基金、非货物期货，可以选择按照实际买入价计算销售额，或者以 2017 年最后一个交易日的股票收盘价（2017 年最后一个交易日处于停牌期间的股票，为停牌前最后一个交易日收盘价）、债券估值（中债金融估值中心有限公司或中证指数有限公司提供的债券估值）、基金份额净值、非货物期货结算价格作为买入价计算销售额。"

五、纳税人 2016 年 1～4 月份转让金融商品出现的负差，可结转下一纳税期，与 2016 年5～12 月份转让金融商品销售额相抵。

六、《财政部　国家税务总局关于全面推开营业税改征增值税试点的通知》（财税〔2016〕36 号）所称"人民银行、银监会或者商务部批准""商务部授权的省级商务主管部门和国家经济技术开发区批准"从事融资租赁业务（含融资性售后回租业务）的试点纳税人（含试点纳税人中的一般纳税人），包括经上述部门备案从事融资租赁业务的试点纳税人。

七、《营业税改征增值税试点有关事项的规定》（财税〔2016〕36 号）第一条第（三）项第 10点中"向政府部门支付的土地价款"，包括土地受让人向政府部门支付的征地和拆迁补偿费用、土地前期开发费用和土地出让收益等。

房地产开发企业中的一般纳税人销售其开发的房地产项目（选择简易计税方法的房地产老项目除外），在取得土地时向其他单位或个人支付的拆迁补偿费用也允许在计算销售额时扣除。纳税人按上述规定扣除拆迁补偿费用时，应提供拆迁协议、拆迁双方支付和取得拆迁补偿费用凭证等能够证明拆迁补偿费用真实性的材料。

八、房地产开发企业（包括多个房地产开发企业组成的联合体）受让土地向政府部门支付土地价款后，设立项目公司对该受让土地进行开发，同时符合下列条件的，可由项目公司按规定扣除房地产开发企业向政府部门支付的土地价款。

（一）房地产开发企业、项目公司、政府部门三方签订变更协议或补充合同，将土地受让人变更为项目公司；

（二）政府部门出让土地的用途、规划等条件不变的情况下，签署变更协议或补充合同时，土地价款总额不变；

（三）项目公司的全部股权由受让土地的房地产开发企业持有。

九、提供餐饮服务的纳税人销售的外卖食品，按照"餐饮服务"缴纳增值税。

十、宾馆、旅馆、旅社、度假村和其他经营性住宿场所提供会议场地及配套服务的活动，按照"会议展览服务"缴纳增值税。

十一、纳税人在游览场所经营索道、摆渡车、电瓶车、游船等取得的收入，按照"文化体育服务"缴纳增值税。

十二、非企业性单位中的一般纳税人提供的研发和技术服务、信息技术服务、鉴证咨询服务，以及销售技术、著作权等无形资产，可以选择简易计税方法按照 3% 征收率计算缴纳增值税。

非企业性单位中的一般纳税人提供《营业税改征增值税试点过渡政策的规定》（财税〔2016〕36 号）第一条第（二十六）项中的"技术转让、技术开发和与之相关的技术咨询、技术服务"，可以参照上述规定，选择简易计税方法按照 3% 征收率计算缴纳增值税。

十三、一般纳税人提供教育辅助服务，可以选择简易计税方法按照 3% 征收率计算缴纳增值税。

十四、纳税人提供武装守护押运服务，按照"安全保护服务"缴纳增值税。

十五、物业服务企业为业主提供的装修服务，按照"建筑服务"缴纳增值税。

十六、纳税人将建筑施工设备出租给他人使用并配备操作人员的，按照"建筑服务"缴纳增值税。

十七、自 2017 年 1 月 1 日起，生产企业销售自产的海洋工程结构物，或者融资租赁企业及其设立的项目子公司、金融租赁公司及其设立的项目子公司购买并以融资租赁方式出租的国内生产企业生产的海洋工程结构物，应按规定缴纳增值税，不再适用《财政部国家税务总局关于出口货物劳务增值税和消费税政策的通知》（财税〔2012〕39 号）或者《财政部国家税务总局关于在全国开展融资租赁货物出口退税政策试点的通知》（财税〔2014〕62 号）规定的增值税出口退税政策，但购买方或者承租方为按实物征收增值税的中外合作油（气）田开采企业的除外。

2017 年 1 月 1 日前签订的海洋工程结构物销售合同或者融资租赁合同，在合同到期前，可继续按现行相关出口退税政策执行。

十八、本通知除第十七条规定的政策外，其他均自 2016 年 5 月 1 日起执行。此前已征的应予免征或不征的增值税，可抵减纳税人以后月份应缴纳的增值税。

财政部税政司 国家税务总局货物和劳务税司
关于财税〔2016〕140 号文件部分条款的政策解读

为进一步完善全面推开营改增试点相关政策，2016 年 12 月 25 日，财政部、国家税务总局联合印发了《关于明确金融 房地产开发 教育辅助服务等增值税政策的通知》（财税〔2016〕140 号），现就有关内容解读如下：

一、关于第三条中金融机构"发放贷款"业务范围的解读

《营业税改征增值税试点过渡政策的规定》(财税〔2016〕36号文件印发)中明确,"金融企业发放贷款后,自结息日起90天内发生的应收未收利息按现行规定缴纳增值税,自结息日起90天后发生的应收未收利息暂不缴纳增值税,待实际收到利息时按规定缴纳增值税"。财税〔2016〕140号文件第三条中,将逾期90天应收未收利息暂不征税政策,扩大到证券公司、保险公司等所有金融机构。以上两条政策中的"发放贷款"业务,是指纳税人提供的贷款服务,具体按《销售服务、无形资产、不动产注释》(财税〔2016〕36号文件印发)中"贷款服务"税目注释的范围掌握。

二、关于第四条"资管产品运营过程中发生的增值税应税行为,以资管产品管理人为增值税纳税人"的解读

本条政策主要界定了运营资管产品的纳税主体,明确了资管产品运营过程中发生的增值税应税行为,应以资管产品管理人为纳税主体,并照章缴纳增值税。

资管产品,是资产管理类产品的简称,比较常见的包括基金公司发行的基金产品、信托公司的信托计划、银行提供的投资理财产品等。简单说,资产管理的实质就是受人之托,代人理财。各类资管产品中,受投资人委托管理资管产品的基金公司、信托公司、银行等就是资管产品的管理人。

原营业税税制下,对资管类产品如何缴纳营业税问题,《财政部　国家税务总局关于信贷资产证券化有关税收政策问题的通知》(财税〔2006〕5号)已有明确规定。增值税和营业税一样,均是针对应税行为征收的间接税,营改增后,资管产品的征税机制并未发生变化。具体到资管产品管理人,其在以自己名义运营资管产品资产的过程中,可能发生多种增值税应税行为。例如,因管理资管产品而固定收取的管理费(服务费),应按照"直接收费金融服务"缴纳增值税;运用资管产品资产发放贷款取得利息收入,应按照"贷款服务"缴纳增值税;运用资管产品资产进行投资等,则应根据取得收益的性质,判断其是否发生增值税应税行为,并应按现行规定缴纳增值税。

三、关于第九条"提供餐饮服务的纳税人销售的外卖食品,按照'餐饮服务'缴纳增值税"的解读

本条政策明确,餐饮企业销售的外卖食品,与堂食适用同样的增值税政策,统一按照提供餐饮服务缴纳增值税。以上"外卖食品",仅指该餐饮企业参与了生产、加工过程的食品。对于餐饮企业将外购的酒水、农产品等货物,未进行后续加工而直接与外卖食品一同销售的,应根据该货物的适用税率,按照兼营的有关规定计算缴纳增值税。

财政部　税务总局关于租入固定资产进项税额抵扣等增值税政策的通知

2017年12月25日　财税〔2017〕90号

各省、自治区、直辖市、计划单列市财政厅(局)、国家税务局、地方税务局,新疆生产建设兵团财务局:

现将租入固定资产进项税额抵扣等增值税政策通知如下:

一、自2018年1月1日起,纳税人租入固定资产、不动产,既用于一般计税方法计税项目,又用于简易计税方法计税项目、免征增值税项目、集体福利或者个人消费的,其进项税额准予从销项税额中全额抵扣。

二、自2018年1月1日起,纳税人已售票但客户逾期未消费取得的运输逾期票证收入,按照"交通运输服务"缴纳增值税。纳税人为客户办理退票而向客户收取的退票费、手续费等收入,按照"其他现代服务"缴纳增值税。

三、自2018年1月1日起,航空运输销售代理企业提供境外航段机票代理服务,以取得的全部价款和价外费用,扣除向客户收取并支付给其他单位或者个人的境外航段机票结算款和相关费用后的余额为销售额。其中,支付给境内单位或者个人的款项,以发票或行程单为合法有效凭证;支付给境外单位或者个人的款项,以签收单据为合法有效凭证,税务机关对签收单据有疑义的,可以要求其提供境外公证机构的确认证明。

航空运输销售代理企业,是指根据《航空运输销售代理资质认可办法》取得中国航空运输协会颁发的"航空运输销售代理业务资质认可证书",接受中国航空运输企业或通航中国的外国航空运输企业委托,依照双方签订的委托销售代理合同提供代理服务的企业。

四、自2016年5月1日至2017年6月30日,纳税人采取转包、出租、互换、转让、入股等方式将承包地流转给农业生产者用于农业生产,免征增值税。本通知下发前已征的增值税,可抵减以后月份应缴纳的增值税,或办理退税。

五、根据《财政部 税务总局关于资管产品增值税有关问题的通知》(财税〔2017〕56号)有关规定,自2018年1月1日起,资管产品管理人运营资管产品提供的贷款服务、发生的部分金融商品转让业务,按照以下规定确定销售额:

(一)提供贷款服务,以2018年1月1日起产生的利息及利息性质的收入为销售额;

(二)转让2017年12月31日前取得的股票(不包括限售股)、债券、基金、非货物期货,可以选择按照实际买入价计算销售额,或者以2017年最后一个交易日的股票收盘价(2017年最后一个交易日处于停牌期间的股票,为停牌前最后一个交易日收盘价)、债券估值(中债金融估值中心有限公司或中证指数有限公司提供的债券估值)、基金份额净值、非货物期货结算价格作为买入价计算销售额。

六、自2018年1月1日至2019年12月31日,纳税人为农户、小型企业、微型企业及个体工商户借款、发行债券提供融资担保取得的担保费收入,以及为上述融资担保(以下称"原担保")提供再担保取得的再担保费收入,免征增值税。再担保合同对应多个原担保合同的,原担保合同应全部适用免征增值税政策。否则,再担保合同应按规定缴纳增值税。

纳税人应将相关免税证明材料留存备查,单独核算符合免税条件的融资担保费和再担保费收入,按现行规定向主管税务机关办理纳税申报;未单独核算的,不得免征增值税。

农户,是指长期(一年以上)居住在乡镇(不包括城关镇)行政管理区域内的住户,还包括长期居住在城关镇所辖行政村范围内的住户和户口不在本地而在本地居住一年以上的住户,国有农场的职工。位于乡镇(不包括城关镇)行政管理区域内和在城关镇所辖行政村范围内的国有经济的机关、团体、学校、企事业单位的集体户;有本地户口,但举家外出谋生一年以上的住户,无论是否保留承包耕地均不属于农户。农户以户为统计单位,既可以从事农业生产经营,也可以从事非农业生产经营。农户担保、再担保的判定应以原担保生效时的被担保人是否属于农户为准。

小型企业、微型企业,是指符合《中小企业划型标准规定》(工信部联企业〔2011〕300号)的小型企业和微型企业。其中,资产总额和从业人员指标均以原担保生效时的实际状态确定;营业收入指标以原担保生效前 12 个自然月的累计数确定,不满 12 个自然月的,按照以下公式计算:

$$营业收入(年)=企业实际存续期间营业收入/企业实际存续月数×12$$

《财政部　税务总局关于全面推开营业税改征增值税试点的通知》(财税〔2016〕36 号)附件 3《营业税改征增值税试点过渡政策的规定》第一条第(二十四)款规定的中小企业信用担保增值税免税政策自 2018 年 1 月 1 日起停止执行。纳税人享受中小企业信用担保增值税免税政策在 2017 年 12 月 31 日前未满 3 年的,可以继续享受至 3 年期满为止。

七、自 2018 年 1 月 1 日起,纳税人支付的道路、桥、闸通行费,按照以下规定抵扣进项税额:

(一) 纳税人支付的道路通行费,按照收费公路通行费增值税电子普通发票上注明的增值税额抵扣进项税额。

注释:《交通运输部　国家税务总局关于收费公路通行费增值税电子普通发票开具等有关事项的公告》(2017 年 12 月 25 日,交通运输部　国家税务总局公告 2017 年第 66 号)明确了收费公路通行费增值税电子普通发票开具等事项。

2018 年 1 月 1 日至 6 月 30 日,纳税人支付的高速公路通行费,如暂未能取得收费公路通行费增值税电子普通发票,可凭取得的通行费发票(不含财政票据,下同)上注明的收费金额按照下列公式计算可抵扣的进项税额:

$$高速公路通行费可抵扣进项税额=高速公路通行费发票上注明的金额÷(1+3\%)×3\%$$

2018 年 1 月 1 日至 12 月 31 日,纳税人支付的一级、二级公路通行费,如暂未能取得收费公路通行费增值税电子普通发票,可凭取得的通行费发票上注明的收费金额按照下列公式计算可抵扣进项税额:

$$一级、二级公路通行费可抵扣进项税额=一级、二级公路通行费发票上注明的金额÷(1+5\%)×5\%$$

(二) 纳税人支付的桥、闸通行费,暂凭取得的通行费发票上注明的收费金额按照下列公式计算可抵扣的进项税额:

$$桥、闸通行费可抵扣进项税额=桥、闸通行费发票上注明的金额÷(1+5\%)×5\%$$

(三) 本通知所称通行费,是指有关单位依法或者依规设立并收取的过路、过桥和过闸费用。

《财政部 国家税务总局关于收费公路通行费增值税抵扣有关问题的通知》(财税〔2016〕86 号)自 2018 年 1 月 1 日起停止执行。

八、自 2016 年 5 月 1 日起,社会团体收取的会费,免征增值税。本通知下发前已征的增值税,可抵减以后月份应缴纳的增值税,或办理退税。

社会团体,是指依照国家有关法律法规设立或登记并取得《社会团体法人登记证书》的非营利法人。会费,是指社会团体在国家法律法规、政策许可的范围内,依照社团章程的规定,收取的个人会员、单位会员和团体会员的会费。

社会团体开展经营服务性活动取得的其他收入,一律照章缴纳增值税。

财政部 税务总局关于明确养老机构免征增值税等政策的通知

2019 年 2 月 2 日 财税〔2019〕20 号

各省、自治区、直辖市、计划单列市财政厅(局),国家税务总局各省、自治区、直辖市、计划单列市税务局,新疆生产建设兵团财政局:

现将养老机构免征增值税等政策通知如下:

一、《营业税改征增值税试点过渡政策的规定》(财税〔2016〕36 号印发)第一条第(二)项中的养老机构,包括依照《中华人民共和国老年人权益保障法》依法办理登记,并向民政部门备案的为老年人提供集中居住和照料服务的各类养老机构。

二、自 2019 年 2 月 1 日至 2020 年 12 月 31 日,医疗机构接受其他医疗机构委托,按照不高于地(市)级以上价格主管部门会同同级卫生主管部门及其他相关部门制定的医疗服务指导价格(包括政府指导价和按照规定由供需双方协商确定的价格等),提供《全国医疗服务价格项目规范》所列的各项服务,可适用《营业税改征增值税试点过渡政策的规定》(财税〔2016〕36 号印发)第一条第(七)项规定的免征增值税政策。

三、自 2019 年 2 月 1 日至 2020 年 12 月 31 日,对企业集团内单位(含企业集团)之间的资金无偿借贷行为,免征增值税。

四、保险公司开办一年期以上返还性人身保险产品,按照以下规定执行:

(一)保险公司开办一年期以上返还性人身保险产品,在保险监管部门出具备案回执或批复文件前依法取得的保费收入,属于《财政部、国家税务总局关于一年期以上返还性人身保险产品营业税免税政策的通知》(财税〔2015〕86 号)第一条、《营业税改征增值税试点过渡政策的规定》(财税〔2016〕36 号印发)第一条第(二十一)项规定的保费收入。

(二)保险公司符合财税〔2015〕86 号第一条、第二条规定免税条件,且未列入财政部、税务总局发布的免征营业税名单的,可向主管税务机关办理备案手续。

(三)保险公司开办一年期以上返还性人身保险产品,在列入财政部和税务总局发布的免征营业税名单或办理免税备案手续后,此前已缴纳营业税中尚未抵减或退还的部分,可抵减以后月份应缴纳的增值税。

五、本通知自发布之日起执行。此前已发生未处理的事项,按本通知规定执行。

二、综合征管规定

 国家税务总局关于全面推开营业税改征增值税试点
有关税收征收管理事项的公告

2016 年 4 月 19 日 国家税务总局公告 2016 年第 23 号

为保障全面推开营业税改征增值税(以下简称营改增)试点工作顺利实施,现将有关税收征收管理事项公告如下：

一、纳税申报期

（一）2016年5月1日新纳入营改增试点范围的纳税人（以下简称试点纳税人），2016年6月份增值税纳税申报期延长至2016年6月27日。

（二）根据工作实际情况，省、自治区、直辖市和计划单列市国家税务局（以下简称省国税局）可以适当延长2015年度企业所得税汇算清缴时间，但最长不得超过2016年6月30日。

（三）实行按季申报的原营业税纳税人，2016年5月申报期内，向主管地税机关申报税款所属期为4月份的营业税；2016年7月申报期内，向主管国税机关申报税款所属期为5、6月份的增值税。

二、增值税一般纳税人资格登记

（一）试点纳税人应按照本公告规定办理增值税一般纳税人资格登记。

（二）除本公告第二条第（三）项规定的情形外，营改增试点实施前（以下简称试点实施前）销售服务、无形资产或者不动产（以下简称应税行为）的年应税销售额超过500万元的试点纳税人，应向主管国税机关办理增值税一般纳税人资格登记手续。

试点纳税人试点实施前的应税行为年应税销售额按以下公式换算：

$$应税行为年应税销售额 = 连续不超过12个月应税行为营业额合计 \div (1+3\%)$$

按照现行营业税规定差额征收营业税的试点纳税人，其应税行为营业额按未扣除之前的营业额计算。

试点实施前，试点纳税人偶然发生的转让不动产的营业额，不计入应税行为年应税销售额。

（三）试点实施前已取得增值税一般纳税人资格并兼有应税行为的试点纳税人，不需要重新办理增值税一般纳税人资格登记手续，由主管国税机关制作、送达《税务事项通知书》，告知纳税人。

（四）试点实施前应税行为年应税销售额未超过500万元的试点纳税人，会计核算健全，能够提供准确税务资料的，也可以向主管国税机关办理增值税一般纳税人资格登记。

（五）试点实施前，试点纳税人增值税一般纳税人资格登记可由省国税局按照本公告及相关规定采取预登记措施。

（六）试点实施后，符合条件的试点纳税人应当按照《增值税一般纳税人资格认定管理办法》（国家税务总局令第22号）、《国家税务总局关于调整增值税一般纳税人管理有关事项的公告》（国家税务总局公告2015年第18号）及相关规定，办理增值税一般纳税人资格登记。按照营改增有关规定，应税行为有扣除项目的试点纳税人，其应税行为年应税销售额按未扣除之前的销售额计算。

增值税小规模纳税人偶然发生的转让不动产的销售额，不计入应税行为年应税销售额。

（七）试点纳税人兼有销售货物、提供加工修理修配劳务和应税行为的，应税货物及劳务销售额与应税行为销售额分别计算，分别适用增值税一般纳税人资格登记标准。

兼有销售货物、提供加工修理修配劳务和应税行为，年应税销售额超过财政部 国家税务总局规定标准且不经常发生销售货物、提供加工修理修配劳务和应税行为的单位和个体工商户可选择按照小规模纳税人纳税。

（八）试点纳税人在办理增值税一般纳税人资格登记后，发生增值税偷税、骗取出口退税和虚开增值税扣税凭证等行为的,主管国税机关可以对其实行 6 个月的纳税辅导期管理。

注释:根据《国家税务总局关于增值税一般纳税人登记管理若干事项的公告》(2018 年 1 月 29 日,国家税务总局公告 2018 年第 6 号)规定,本条自 2018 年 2 月 1 日起废止。

三、发票使用

(一)增值税一般纳税人销售货物、提供加工修理修配劳务和应税行为,使用增值税发票管理新系统(以下简称新系统)开具增值税专用发票、增值税普通发票、机动车销售统一发票、增值税电子普通发票。

(二)增值税小规模纳税人销售货物、提供加工修理修配劳务月销售额超过 3 万元(按季纳税 9 万元),或者销售服务、无形资产月销售额超过 3 万元(按季纳税 9 万元),使用新系统开具增值税普通发票、机动车销售统一发票、增值税电子普通发票。

注释:根据《国家税务总局关于小规模纳税人免征增值税政策有关征管问题的公告》(2019 年 1 月 19 日,国家税务总局公告 2019 年第 4 号)第十一条规定,本文第三条第二项自 2019 年 1 月 1 日起废止。

(三)增值税普通发票(卷式)启用前,纳税人可通过新系统使用国税机关发放的现有卷式发票。

注释:根据《国家税务总局关于修改部分税收规范性文件的公告》(2018 年 6 月 15 日,国家税务总局公告 2018 年第 31 号)规定,自 2018 年 6 月 15 日起,本文第三条第三项删除。

(四)门票、过路(过桥)费发票、定额发票、客运发票和二手车销售统一发票继续使用。

(五)采取汇总纳税的金融机构,省、自治区所辖地市以下分支机构可以使用地市级机构统一领取的增值税专用发票、增值税普通发票、增值税电子普通发票;直辖市、计划单列市所辖区县及以下分支机构可以使用直辖市、计划单列市机构统一领取的增值税专用发票、增值税普通发票、增值税电子普通发票。

(六)国税机关、地税机关使用新系统代开增值税专用发票和增值税普通发票。代开增值税专用发票使用六联票,代开增值税普通发票使用五联票。

注释:根据《国家税务总局关于修改部分税收规范性文件的公告》(2018 年 6 月 15 日,国家税务总局公告 2018 年第 31 号)规定,自 2018 年 6 月 15 日起,本文第三条第六项中的"国税机关、地税机关"修改为"税务机关"。

(七)自 2016 年 5 月 1 日起,地税机关不再向试点纳税人发放发票。试点纳税人已领取地税机关印制的发票以及印有本单位名称的发票,可继续使用至 2016 年 6 月 30 日,特殊情况经省国税局确定,可适当延长使用期限,最迟不超过 2016 年 8 月 31 日。

纳税人在地税机关已申报营业税未开具发票,2016 年 5 月 1 日以后需要补开发票的,可于 2016 年 12 月 31 日前开具增值税普通发票(税务总局另有规定的除外)。

注释:根据《国家税务总局关于修改部分税收规范性文件的公告》(2018 年 6 月 15 日,国家税务总局公告 2018 年第 31 号)规定,自 2018 年 6 月 15 日起,本文第三条第七项删除。

四、增值税发票开具

(一)税务总局编写了《商品和服务税收分类与编码(试行)》(以下简称编码,见附件),并在新系统中增加了编码相关功能。自 2016 年 5 月 1 日起,纳入新系统推行范围的试点纳税人及新办增值税纳税人,应使用新系统选择相应的编码开具增值税发票。北京市、上海市、江苏省和广东省已使用编码的纳税人,应于 5 月 1 日前完成开票软件升级。5 月 1 日前已使用新系统的纳税人,应于 8 月 1 日前完成开票软件升级。

(二) 按照现行政策规定适用差额征税办法缴纳增值税,且不得全额开具增值税发票的(财政部、税务总局另有规定的除外),纳税人自行开具或者税务机关代开增值税发票时,通过新系统中差额征税开票功能,录入含税销售额(或含税评估额)和扣除额,系统自动计算税额和不含税金额,备注栏自动打印"差额征税"字样,发票开具不应与其他应税行为混开。

(三) 提供建筑服务,纳税人自行开具或者税务机关代开增值税发票时,应在发票的备注栏注明建筑服务发生地县(市、区)名称及项目名称。

(四) 销售不动产,纳税人自行开具或者税务机关代开增值税发票时,应在发票"货物或应税劳务、服务名称"栏填写不动产名称及房屋产权证书号码(无房屋产权证书的可不填写),"单位"栏填写面积单位,备注栏注明不动产的详细地址。

(五) 出租不动产,纳税人自行开具或者税务机关代开增值税发票时,应在备注栏注明不动产的详细地址。

(六) 个人出租住房适用优惠政策减按 1.5% 征收,纳税人自行开具或者税务机关代开增值税发票时,通过新系统中征收率减按 1.5% 征收开票功能,录入含税销售额,系统自动计算税额和不含税金额,发票开具不应与其他应税行为混开。

(七) 税务机关代开增值税发票时,"销售方开户行及账号"栏填写税收完税凭证字轨及号码或系统税票号码(免税代开增值税普通发票可不填写)。

(八) 国税机关为跨县(市、区)提供不动产经营租赁服务、建筑服务的小规模纳税人(不包括其他个人),代开增值税发票时,在发票备注栏中自动打印"YD"字样。

注释: 根据《国家税务总局关于修改部分税收规范性文件的公告》(2018 年 6 月 15 日,国家税务总局公告 2018 年第 31 号)规定,自 2018 年 6 月 15 日起,本文第四条第八款中的"国税机关"修改为"税务机关"。

五、扩大取消增值税发票认证的纳税人范围

(一) 纳税信用 B 级增值税一般纳税人取得销售方使用新系统开具的增值税发票(包括增值税专用发票、货物运输业增值税专用发票、机动车销售统一发票,下同),可以不再进行扫描认证,登录本省增值税发票查询平台,查询、选择用于申报抵扣或者出口退税的增值税发票信息,未查询到对应发票信息的,仍可进行扫描认证。

(二) 2016 年 5 月 1 日新纳入营改增试点的增值税一般纳税人,2016 年 5 月至 7 月期间不需进行增值税发票认证,登录本省增值税发票查询平台,查询、选择用于申报抵扣或者出口退税的增值税发票信息,未查询到对应发票信息的,可进行扫描认证。2016 年 8 月起按照纳税信用级别分别适用发票认证的有关规定。

六、其他纳税事项

(一) 原以地市一级机构汇总缴纳营业税的金融机构,营改增后继续以地市一级机构汇总缴纳增值税。

同一省(自治区、直辖市、计划单列市)范围内的金融机构,经省(自治区、直辖市、计划单列市)国家税务局和财政厅(局)批准,可以由总机构汇总向总机构所在地的主管国税机关申报缴纳增值税。

注释：根据《国家税务总局关于修改部分税收规范性文件的公告》（2018 年 6 月 15 日，国家税务总局公告 2018 年第 31 号）规定，自 2018 年 6 月 15 日起，本文第六条第一款中的"国家税务局"修改为"税务局"，"国税机关"修改为"税务机关"。

（二）增值税小规模纳税人应分别核算销售货物，提供加工、修理修配劳务的销售额，和销售服务、无形资产的销售额。增值税小规模纳税人销售货物，提供加工、修理修配劳务月销售额不超过 3 万元（按季纳税 9 万元），销售服务、无形资产月销售额不超过 3 万元（按季纳税 9 万元）的，自 2016 年 5 月 1 日起至 2017 年 12 月 31 日，可分别享受小微企业暂免征收增值税优惠政策。

注释 1：《财政部　税务总局关于延续小微企业增值税政策的通知》（2017 年 10 月 20 日，财税〔2017〕76 号）规定："为支持小微企业发展，自 2018 年 1 月 1 日至 2020 年 12 月 31 日，继续对月销售额 2 万元（含本数）至 3 万元的增值税小规模纳税人，免征增值税。"

注释 2：《国家税务总局关于小微企业免征增值税有关问题的公告》（2017 年 12 月 27 日，国家税务总局公告 2017 年第 52 号）规定："增值税小规模纳税人应分别核算销售货物或者加工、修理修配劳务的销售额和销售服务、无形资产的销售额。增值税小规模纳税人销售货物或者加工、修理修配劳务月销售额不超过 3 万元（按季纳税 9 万元），销售服务、无形资产月销售额不超过 3 万元（按季纳税 9 万元）的，自 2018 年 1 月 1 日起至 2020 年 12 月 31 日，可分别享受小微企业暂免征收增值税优惠政策。"

注释 3：《财政部　税务总局关于实施小微企业普惠性税收减免政策的通知》（2019 年 1 月 17 日，财税〔2019〕13 号）第一条规定："对月销售额 10 万元以下（含本数）的增值税小规模纳税人，免征增值税。"本条规定执行期限为 2019 年 1 月 1 日至 2021 年 12 月 31 日。《财政部　税务总局关于延续小微企业增值税政策的通知》（财税〔2017〕76 号）同时废止。

注释 4：《国家税务总局关于小规模纳税人免征增值税政策有关征管问题的公告》（2019 年 1 月 19 日，国家税务总局公告 2019 年第 4 号）第一条至第四条规定：

"一、小规模纳税人发生增值税应税销售行为，合计月销售额未超过 10 万元（以 1 个季度为 1 个纳税期的，季度销售额未超过 30 万元，下同）的，免征增值税。

小规模纳税人发生增值税应税销售行为，合计月销售额超过 10 万元，但扣除本期发生的销售不动产的销售额后未超过 10 万元的，其销售货物、劳务、服务、无形资产取得的销售额免征增值税。

二、适用增值税差额征税政策的小规模纳税人，以差额后的销售额确定是否可以享受本公告规定的免征增值税政策。

《增值税纳税申报表（小规模纳税人适用）》中的'免税销售额'相关栏次，填写差额后的销售额。

三、按固定期限纳税的小规模纳税人可以选择以 1 个月或 1 个季度为纳税期限，一经选择，一个会计年度内不得变更。

四、《中华人民共和国增值税暂行条例实施细则》第九条所称的其他个人，采取一次性收取租金形式出租不动产取得的租金收入，可在对应的租赁期内平均分摊，分摊后的月租金收入未超过 10 万元的，免征增值税。"

（三）按季纳税申报的增值税小规模纳税人，实际经营期不足一个季度的，以实际经营月份计算当期可享受小微企业免征增值税政策的销售额度。

按照本公告第一条第(三)项规定,按季纳税的试点增值税小规模纳税人,2016年7月纳税申报时,申报的2016年5月、6月增值税应税销售额中,销售货物,提供加工、修理修配劳务的销售额不超过6万元,销售服务、无形资产的销售额不超过6万元的,可分别享受小微企业暂免征收增值税优惠政策。

(四)其他个人采取预收款形式出租不动产,取得的预收租金收入,可在预收款对应的租赁期内平均分摊,分摊后的月租金收入不超过3万元的,可享受小微企业免征增值税优惠政策。

注释:根据《国家税务总局关于小规模纳税人免征增值税政策有关征管问题的公告》(2019年1月19日,国家税务总局公告2019年第4号)第十一条规定,本文第六条第四项自2019年1月1日起废止。

七、本公告自2016年5月1日起施行,《国家税务总局关于使用新版不动产销售统一发票和新版建筑业统一发票有关问题的通知》(国税发〔2006〕173号)、《国家税务总局关于营业税改征增值税试点增值税一般纳税人资格认定有关事项的公告》(国家税务总局公告2013年第75号)、《国家税务总局关于开展商品和服务税收分类与编码试点工作的通知》(税总函〔2016〕56号)同时废止。

特此公告。

附件:商品和服务税收分类与编码(试行)(电子件)(略)

注释1:《国家税务总局关于营改增试点若干征管问题的公告》(2016年8月18日,国家税务总局公告2016年第53号)规定,对本文附件《商品和服务税收分类与编码(试行)》中的分类编码做了调整,纳税人应将增值税税控开票软件升级到最新版本(v2.0.11),自2016年9月1日开始施行。

注释2:根据《国家税务总局关于增值税发票管理若干事项的公告》(2017年12月18日,国家税务总局公告2017年第45号)规定,本公告附件《商品和服务税收分类与编码(试行)》自2018年1月1日起废止。

国家税务总局办公厅关于《国家税务总局关于全面推开营业税改征增值税试点有关税收征收管理事项的公告》的解读

一、发布本公告的背景是什么?

为认真落实《深化国税、地税征管体制改革方案》有关要求,进一步优化纳税服务,保障全国范围全面推开营业税改征增值税(以下简称营改增)试点工作的顺利实施,税务总局发布公告,对全面推开营业税改征增值税试点有关税收征收管理事项进行明确。

二、纳税申报期有何特别规定?

为确保营改增试点纳税人(以下简称试点纳税人)能够顺利完成首期申报,2016年6月份增值税纳税申报期延长至2016年6月27日。据工作实际情况,省国税局可以适当延长2015年度企业所得税汇算清缴时间,但最长不得超过2016年6月30日。

三、增值税一般纳税人资格登记有何规定?

(一)试点实施前后"应税行为年应税销售额"的确定

试点纳税人试点实施前的应税行为年应税销售额按以下公式换算：应税行为年应税销售额＝连续不超过12个月应税行为营业额合计÷（1＋3％）。按照现行营业税规定差额征收营业税的试点纳税人，其应税行为营业额按未扣除之前的营业额计算。

试点实施后，按规定在确定应税行为销售额时，按照有关规定允许其从取得的全部价款和价外费用中扣除价款的，其应税行为年应税销售额按未扣除之前的销售额计算。

（二）增值税一般纳税人资格登记程序

1. 试点实施前已取得增值税一般纳税人资格并兼有应税行为的试点纳税人，不需要重新办理增值税一般纳税人登记手续，由主管税务机关制作、送达《税务事项通知书》，告知纳税人。

2. 试点实施前应税行为年应税销售额未超过500万元的试点纳税人，会计核算健全，能够提供准确税务资料的，也可以向主管税务机关办理增值税一般纳税人资格登记。

3. 考虑到在试点实施前，各级税务机关需要做大量前期准备工作，需办理增值税一般纳税人登记的试点纳税人也较为集中，为确保全面推开营改增试点工作的顺利实施，"公告"规定由省国税局（包括省、自治区、直辖市和计划单列市国家税务局）结合工作需要，在试点实施前按照本公告及相关规定采取预登记措施。在试点实施之后，增值税一般纳税人资格登记应按照《增值税一般纳税人资格认定管理办法》（国家税务总局令第22号）、《国家税务总局关于调整增值税一般纳税人管理有关事项的公告》（国家税务总局公告2015年第18号）及相关规定执行。

（三）相关政策规定的适用

1. 年应税销售额标准的适用

试点纳税人兼有销售货物、提供加工修理修配劳务以及应税行为的，应税货物及劳务销售额与应税行为销售额应分别计算，分别适用增值税一般纳税人资格登记标准。

2. 纳税人选择按照小规模纳税人纳税的政策适用

增值税暂行条例及其实施细则和营业税改征增值税试点实施办法中，分别对销售货物及提供加工修理修配劳务的纳税人和提供应税行为的试点纳税人，选择按照小规模纳税人纳税的适用条件进行了规定，但都未明确兼有销售货物、提供加工修理修配劳务以及应税行为的纳税人如何适用相关政策，公告对此进行了补充，即：兼有销售货物、提供加工修理修配劳务以及应税行为，年应税销售额超过财政部、国家税务总局规定标准且不经常发生销售货物、提供加工修理修配劳务以及应税行为的单位和个体工商户可选择按照小规模纳税人纳税。

四、发票使用有何规定？

（一）增值税一般纳税人销售货物、提供加工修理修配劳务和应税行为，使用增值税发票管理新系统（以下简称新系统）开具增值税专用发票、增值税普通发票、机动车销售统一发票、增值税电子普通发票。

（二）增值税小规模纳税人销售货物、提供加工修理修配劳务月销售额超过3万元（按季纳税9万元），或者销售服务、无形资产月销售额超过3万元（按季纳税9万元），使用新系统开具增值税普通发票、机动车销售统一发票、增值税电子普通发票。

（三）增值税普通发票（卷式）启用前，纳税人可通过新系统使用国税机关发放的现有卷式发票。

（四）门票、过路（过桥）费发票、定额发票、客运发票和二手车销售统一发票继续使用。

（五）采取汇总纳税的金融机构，省、自治区所辖地市以下分支机构可以使用地市级机构统一领取的增值税专用发票、增值税普通发票、增值税电子普通发票；直辖市、计划单列市所辖区县及以下分支机构可以使用直辖市、计划单列市机构统一领取的增值税专用发票、增值税普通发票、增值税电子普通发票。

（六）国税机关、地税机关使用新系统代开增值税专用发票和增值税普通发票。代开增值税专用发票使用六联票,代开增值税普通发票使用五联票。

（七）自 2016 年 5 月 1 日起,地税机关不再向试点纳税人发放发票。试点纳税人已领取地税机关印制的发票以及印有本单位名称的发票,可继续使用至 2016 年 6 月 30 日,特殊情况经省国税局确定,可适当延长使用期限,最迟不超过 2016 年 8 月 31 日。

纳税人在地税机关已申报营业税未开具发票,2016 年 5 月 1 日以后需要补开发票的,可于 2016 年 12 月 31 日前开具增值税普通发票,税务总局另有规定的除外,如《国家税务总局关于发布〈房地产开发企业销售自行开发的房地产项目增值税征收管理暂行办法〉的公告》（国家税务总局公告 2016 年第 18 号）规定:小规模纳税人销售自行开发的房地产项目,其 2016 年 4 月 30 日前收取并已向主管地税机关申报缴纳营业税的预收款,未开具营业税发票的,可以开具增值税普通发票,不得申请代开增值税专用发票。本条规定并无开具增值税普通发票的时间限制。

五、增值税发票开具有何规定?

（一）税务总局编写了《商品和服务税收分类与编码(试行)》（以下简称编码,见附件）,并在新系统中增加了编码相关功能。自 2016 年 5 月 1 日起,纳入新系统推行范围的试点纳税人及新办增值税纳税人,应使用新系统选择相应的编码开具增值税发票。北京市、上海市、江苏省和广东省已使用编码的纳税人,应于 5 月 1 日前完成开票软件升级。5 月 1 日前已使用新系统的纳税人,应于 8 月 1 日前完成开票软件升级。

（二）按照现行政策规定适用差额征税办法缴纳增值税,且不得全额开具增值税发票的（财政部、税务总局另有规定的除外）,纳税人自行开具或者税务机关代开增值税发票时,通过新系统中差额征税开票功能,录入含税销售额（或含税评估额）和扣除额,系统自动计算税额和不含税金额,备注栏自动打印"差额征税"字样,发票开具不应与其他应税行为混开。

《财政部 国家税务总局关于全面推开营业税改征增值税试点的通知》（财税〔2016〕36 号）附件 2《营业税改征增值税试点有关事项的规定》规定:试点纳税人提供有形动产融资性售后回租服务,向承租方收取的有形动产价款本金,不得开具增值税专用发票,可以开具普通发票。试点纳税人提供旅游服务,可以选择以取得的全部价款和价外费用,扣除向旅游服务购买方收取并支付给其他单位或者个人的住宿费、餐饮费、交通费、签证费、门票费和支付给其他接团旅游企业的旅游费用后的余额为销售额。选择上述办法计算销售额的试点纳税人,向旅游服务购买方收取并支付的上述费用,不得开具增值税专用发票,可以开具普通发票。

（三）提供建筑服务,纳税人自行开具或者税务机关代开增值税发票时,应在发票的备注栏注明建筑服务发生地县（市、区）名称及项目名称。

（四）销售不动产,纳税人自行开具或者税务机关代开增值税发票时,应在发票"货物或应税劳务、服务名称"栏填写不动产名称及房屋产权证书号码（无房屋产权证书的可不填写）,"单位"栏填写面积单位,备注栏注明不动产的详细地址。

（五）出租不动产,纳税人自行开具或者税务机关代开增值税发票时,应在备注栏注明不动产的详细地址。

（六）个人出租住房适用优惠政策减按 1.5% 征收,纳税人自行开具或者税务机关代开增值税发票时,通过新系统中征收率减按 1.5% 征收开票功能,录入含税销售额,系统自动计算税额和不含税金额,发票开具不应与其他应税行为混开。

(七)税务机关代开增值税发票时,"销售方开户行及账号"栏填写税收完税凭证字轨及号码或系统税票号码(免税代开增值税普通发票可不填写)。系统税票号码是指税收征管系统自动赋予的税票号码。

(八)国税机关为跨县(市、区)提供不动产经营租赁服务、建筑服务的小规模纳税人(不包括其他个人),代开增值税发票时,在发票备注栏中自动打印"YD"字样。

六、扩大取消增值税发票认证的纳税人范围是什么?营改增试点纳税人是否需要认证发票?

(一)为认真落实《深化国税、地税征管体制改革方案》有关要求,进一步优化纳税服务,完善税收分类管理,税务总局决定自 2016 年 3 月 1 日起对纳税信用 A 级增值税一般纳税人取消增值税发票认证(包括增值税专用发票、货物运输业增值税专用发票、机动车销售统一发票,下同)。为保障营改增顺利实施,税务总局决定将取消发票认证的纳税人范围,扩大到纳税信用 B 级增值税一般纳税人。

(二)2016 年 5 月 1 日新纳入营改增试点的增值税一般纳税人,2016 年 5 月至 7 月期间不需增值税发票认证,登录本省增值税发票查询平台,查询、选择用于申报抵扣或者出口退税的增值税发票信息,未查询到对应发票信息的,可进行扫描认证。2016 年 8 月起按照纳税信用级别分别适用发票认证的有关规定。

七、金融机构纳税事项有何规定?

原以地市一级机构汇总缴纳营业税的金融机构,营改增后继续以地市一级机构汇总缴纳增值税。

同一省(自治区、直辖市、计划单列市)范围内的金融机构,经省(自治区、直辖市、计划单列市)国家税务局和财政厅(局)批准,可以由总机构汇总向总机构所在地的主管国税机关申报缴纳增值税。

八、原兼营增值税、营业税业务享受小微企业优惠政策的纳税人,如何享受小微企业增值税优惠政策?

增值税小规模纳税人应分别核算销售货物,提供加工、修理修配劳务的销售额,和销售服务、无形资产的销售额。增值税小规模纳税人销售货物,提供加工、修理修配劳务月销售额不超过 3 万元(按季纳税 9 万元),销售服务、无形资产月销售额不超过 3 万元(按季纳税 9 万元)的,自 2016 年 5 月 1 日起至 2017 年 12 月 31 日,可分别享受小微企业暂免征收增值税优惠政策。

国家税务总局关于明确营改增试点若干征管问题的公告

2016 年 4 月 26 日   国家税务总局公告 2016 年第 26 号

为确保全面推开营改增试点顺利实施,现将若干税收征管问题公告如下:

一、餐饮行业增值税一般纳税人购进农业生产者自产农产品,可以使用国税机关监制的农产品收购发票,按照现行规定计算抵扣进项税额。

有条件的地区,应积极在餐饮行业推行农产品进项税额核定扣除办法,按照《财政部 国家税务总局关于在部分行业试行农产品增值税进项税额核定扣除办法的通知》(财税〔2012〕38 号)有关规定计算抵扣进项税额。

注释:根据国家税务总局公告 2018 年第 33 号规定,自 2018 年 6 月 15 日起,本文第一条第一款中的"国税机关"修改为"税务机关"。

二、个人转让住房,在 2016 年 4 月 30 日前已签订转让合同,2016 年 5 月 1 日以后办理产权变更事项的,应缴纳增值税,不缴纳营业税。

三、按照现行规定,适用增值税差额征收政策的增值税小规模纳税人,以差额前的销售额确定是否可以享受 3 万元(按季纳税 9 万元)以下免征增值税政策。

注释 1:《国家税务总局关于小规模纳税人免征增值税政策有关征管问题的公告》(2019 年 1 月 19 日,国家税务总局公告 2019 年第 4 号)第二条规定:"适用增值税差额征税政策的小规模纳税人,以差额后的销售额确定是否可以享受本公告规定的免征增值税政策。

《增值税纳税申报表(小规模纳税人适用)》中的'免税销售额'相关栏次,填写差额后的销售额。"

注释 2:《国家税务总局关于小规模纳税人免征增值税政策有关征管问题的公告》(2019 年 1 月 19 日,国家税务总局公告 2019 年第 4 号)第十一条规定,本文第三条规定自 2019 年 1 月 1 日起废止。

四、营改增后,门票、过路(过桥)费发票属于予以保留的票种,自 2016 年 5 月 1 日起,由国税机关监制管理。原地税机关监制的上述两类发票,可以沿用至 2016 年 6 月 30 日。

注释:根据国家税务总局公告 2018 年第 33 号规定,自 2018 年 6 月 15 日起,本文第四条修改为"营改增后,门票、过路(过桥)费发票属于予以保留的票种,由税务机关监制管理。"

本公告自 2016 年 5 月 1 日起施行。

特此公告。

国家税务总局办公厅关于《国家税务总局关于明确营改增试点若干征管问题的公告》的解读

一、下发公告的背景

《财政部 国家税务总局关于全面推开营业税改征增值税试点的通知》(财税〔2016〕36 号)以及《国家税务总局关于全面推开营业税改征增值税试点有关税收征收管理事项的公告》(国家税务总局公告 2016 年第 23 号)下发以后,各地陆续反映一些需进一步予以明确的问题。经研究,税务总局制定了《国家税务总局关于明确营改增试点若干征管问题的公告》,就有关问题予以明确。

二、公告明确的内容

(一)明确了餐饮行业增值税一般纳税人购进农业生产者自产农产品可凭农产品收购发票计算抵扣进项税额。

(二)明确个人转让住房,在 2016 年 5 月 1 日以后办理产权变更事项的,应缴纳增值税,不缴纳营业税。

(三)明确了享受销售额 3 万元(按季纳税 9 万元)以下免征增值税政策的执行口径。

(四)明确了门票、过路(过桥)费发票属于营改增后予以保留的票种,且给予原地税机关监制的上述两类发票使用过渡期。

28 国家税务总局关于明确营业税改征增值税有关征管问题的通知

2016 年 4 月 26 日　税总函〔2016〕181 号

各省、自治区、直辖市和计划单列市国家税务局、地方税务局：

为确保营业税改征增值税（以下简称营改增）后国税机关、地税机关有关工作的顺利衔接，方便纳税人办税，税务总局近期下发了一系列政策文件。结合各地反馈的意见和建议，现对其中涉及征管制度、风险管理以及信息系统运行维护要求等方面的问题进一步明确如下：

一、关于明确委托代征相关职责问题

由于营改增后纳税人销售其取得的不动产和其他个人出租不动产涉及大量自然人纳税人的申报缴税工作，税务总局专门发文决定该项业务由国税机关委托地税机关代征税款和代开增值税发票。

根据《国家税务总局关于营业税改征增值税委托地税机关代征税款和代开增值税发票的公告》（国家税务总局公告 2016 年第 19 号）和《国家税务总局关于营业税改征增值税委托地税局代征税款和代开增值税发票的通知》（税总函〔2016〕145 号）规定，对于涉及信息系统改造以及增值税发票使用管理之外的事项，地税机关均应延续之前的工作方式，全面负责营改增后纳税人销售其取得的不动产和其他个人出租不动产增值税的纳税申报受理、计税价格评估、税款征收、税收优惠备案、发票代开等有关事项，负责办理征缴、退库业务，使用地税机关税收票证，负责收入对账、会计核算、汇总上报等工作，并负责对纳税人的税收违法行为进行调查和处理。

二、关于确定不动产交易计税依据问题

当前在不动产交易税收征管中，地税机关依据政府认可的第三方做出的市场评估价格，建立二手房评估系统，判断纳税人申报的成交价格是否明显偏低，杜绝"阴阳"合同，堵塞征管漏洞。营改增后，税务机关在核定计税价格工作中，应继续沿用原二手房评估系统。当纳税人申报的不动产交易成交价格明显偏低时，应首先利用二手房评估系统核定计税价格，在双方有争议无法协调时，再参照第三方中介做出的市场评估价格进行确定。

三、关于非正常户交接有关问题

营改增后，针对原营业税纳税人的清欠税款和非正常户处理问题，国税机关、地税机关应进一步加强合作，及时做好营改增纳税人相关资料的交接工作。地税机关需将非正常户的历史数据信息完整移交国税机关。国税机关对于地税机关移交的非正常户，暂不做税种认定工作。没有欠税且没有未缴销发票的非正常户在恢复经营时，由国税机关负责解除其非正常状态。有欠税或有未缴销发票的非正常户，由地税机关负责解除其非正常状态，处理完毕后再打包移交国税机关。

四、关于营改增各级税务机关信息系统运行维护职责划分问题

信息系统的运行和维护总体分工原则是：税务总局负责信息系统的开发和优化；省税务机关负责信息系统的运用和操作，并保障系统运行效率。具体分工如下：

（一）税务总局职责

一是对于金税三期工程应用软件问题，税务总局负责及时解决，并负责统一安排金税三期工程上线地区的委托代征、代开发票系统信息共享有关工作。

二是进行业务督导。2016 年 4 月 28 日起，税务总局负责派遣业务、技术人员赴部分地区

现场督导,督促各地落实有关要求,了解信息系统运行情况,对督导过程中发现的问题记录在案,并及时将解决方案发布全国共享。

（二）省税务机关职责

一是做好信息系统运行工作。省税务机关负责针对营改增相关信息系统,建立跨系统、全业务范围的软件测试、模拟运行以及正式运行的闭环管理机制。负责将网络基础设施、系统环境、数据匹配、岗责权限、应用系统性能、安全机制、用户终端环境、后台监测等环节纳入闭环管理,确保信息系统功能正常、性能稳定、安全可靠。要建立责任制,每个环节安排专人负责,确保责任到人、责任到岗。各地税务机关主要领导负总责,分管领导和相关处（科）室按分工负责。信息系统运行出现问题,要快速定位、快速解决、快速应急。工作不力或者敷衍塞责者要明确追责。

二是建立值班制度。自 2016 年 4 月 28 日起,省税务机关要派遣业务、技术人员,同时组织软件开发单位人员,按照闭环管理制度,进行分岗位的专人值班。尤其对征管、开票、网上办税（包括自助终端）、税库银等关键系统,要安排业务技术骨干值班,同时安排领导带班。值班制度应覆盖前台业务大厅和后台运行监控等范围。

三是做好系统测试工作。各省税务机关应认真做好集成环境下的测试和模拟测试工作,应将各类隐患提前排除。针对实际运行中可能出现的问题,应提前准备,制定相关预案和应急方案,以便出现问题后能够及时解决。

四是建立国税机关、地税机关协同工作机制。自 2016 年 4 月 28 日起,国税机关应派遣业务、技术骨干到地税机关进行指导和帮助,及时发现、解决办理委托代征、代开发票业务过程中出现的业务问题、技术问题或者管理问题,共同确保纳税人缴税、代开发票业务顺利开展。

国家税务总局关于进一步加强营改增后国税、地税发票管理衔接工作的通知

2016 年 5 月 5 日 税总函〔2016〕192 号

各省、自治区、直辖市和计划单列市国家税务局、地方税务局:

据反映,目前仍有个别地税机关印制发票并准备向纳税人提供。对此,税务总局已责令进行调查。为确保全面推开营改增试点后新旧税制平稳转换,做好国税、地税机关发票管理工作的顺利衔接,现将有关问题通知如下:

一、关于地税存量发票的管理问题

根据《国家税务总局关于全面推开营业税改征增值税试点有关税收征收管理事项的公告》（国家税务总局公告 2016 年第 23 号）以及《国家税务总局关于明确营改增试点若干征管问题的公告》（国家税务总局公告 2016 年第 26 号）规定,2016 年 5 月 1 日起,地税机关不再向试点纳税人发放发票。各地地税机关不得再印制发票,已印制尚未发放的发票,应做好登记、造册、封存、销毁等工作,并将销毁发票的种类、代码、号码等信息通报国税机关。

二、关于地税机关已发放发票的使用期限问题

2016 年 4 月 30 日之前纳税人已领取地税机关印制的发票以及印有本单位名称的发票,可使用至 2016 年 6 月 30 日。国家税务总局公告 2016 年第 23 号第三条第七项所称"特殊情

况"是指享受免征增值税政策的纳税人(如医院、博物馆等)使用的印有本单位名称的发票。

三、关于地税机关已发放发票的缴销问题

国税、地税机关应共同做好地税已发放发票情况的清分核对工作。

纳税人已开具发票的验票及空白发票的缴销工作,由主管国税机关负责办理,地税机关应积极做好协同配合工作。

初次在国税机关领用发票的纳税人,须缴销地税机关已发放的发票后,方可领用;凡在国税机关已领用发票的纳税人,地税机关已发放的发票一律缴销。

四、关于有奖发票的衔接问题

实行有奖发票的地区,国税、地税机关要积极向当地政府汇报,已发放的有奖发票要予以兑现,确保平稳过渡。要按照当地政府的要求,做好下一步有奖发票的相关工作。

五、关于地税机关已发放发票的风险监控工作

各地税务机关应加强已发放地税发票的管理,采取措施堵塞漏洞,重点做好地税机关已发放发票与税款信息的核对工作。对逾期未缴销地税发票的纳税人,应通知其尽快办理缴销手续,未按期缴销的可按《中华人民共和国发票管理办法》有关规定予以处罚。

各省税务机关应对本通知相关工作的落实情况进行督导。税务总局将适时开展督导检查。

本通知涉及纳税人的事项,由各省税务机关根据实际情况进行公告。

国家税务总局关于营改增试点若干征管问题的公告

2016 年 8 月 18 日　国家税务总局公告 2016 年第 53 号

根据《财政部　国家税务总局关于全面推开营业税改征增值税试点的通知》(财税〔2016〕36 号),现将营改增试点有关征管问题公告如下:

一、境外单位或者个人发生的下列行为不属于在境内销售服务或者无形资产:

(一)为出境的函件、包裹在境外提供的邮政服务、收派服务;

(二)向境内单位或者个人提供的工程施工地点在境外的建筑服务、工程监理服务;

(三)向境内单位或者个人提供的工程、矿产资源在境外的工程勘察勘探服务;

(四)向境内单位或者个人提供的会议展览地点在境外的会议展览服务。

二、其他个人采取一次性收取租金的形式出租不动产,取得的租金收入可在租金对应的租赁期内平均分摊,分摊后的月租金收入不超过 3 万元的,可享受小微企业免征增值税优惠政策。

注释 1:根据《国家税务总局关于小规模纳税人免征增值税政策有关征管问题的公告》(2019年 1 月 19 日,国家税务总局公告 2019 年第 4 号)第四条规:"《中华人民共和国增值税暂行条例实施细则》第九条所称的其他个人,采取一次性收取租金形式出租不动产取得的租金收入,可在对应的租赁期内平均分摊,分摊后的月租金收入未超过 10 万元的,免征增值税。"

注释 2:根据《国家税务总局关于小规模纳税人免征增值税政策有关征管问题的公告》(2019年 1 月 19 日,国家税务总局公告 2019 年第 4 号)第十一条规定,本文第二条自 2019 年 1 月 1 日起废止。

三、单用途商业预付卡(以下简称"单用途卡")业务按照以下规定执行:

（一）单用途卡发卡企业或者售卡企业（以下统称"售卡方"）销售单用途卡，或者接受单用途卡持卡人充值取得的预收资金，不缴纳增值税。售卡方可按照本公告第九条的规定，向购卡人、充值人开具增值税普通发票，不得开具增值税专用发票。

单用途卡，是指发卡企业按照国家有关规定发行的，仅限于在本企业、本企业所属集团或者同一品牌特许经营体系内兑付货物或者服务的预付凭证。

发卡企业，是指按照国家有关规定发行单用途卡的企业。售卡企业，是指集团发卡企业或者品牌发卡企业指定的，承担单用途卡销售、充值、挂失、换卡、退卡等相关业务的本集团或同一品牌特许经营体系内的企业。

（二）售卡方因发行或者销售单用途卡并办理相关资金收付结算业务取得的手续费、结算费、服务费、管理费等收入，应按照现行规定缴纳增值税。

（三）持卡人使用单用途卡购买货物或服务时，货物或者服务的销售方应按照现行规定缴纳增值税，且不得向持卡人开具增值税发票。

（四）销售方与售卡方不是同一个纳税人的，销售方在收到售卡方结算的销售款时，应向售卡方开具增值税普通发票，并在备注栏注明"收到预付卡结算款"，不得开具增值税专用发票。

售卡方从销售方取得的增值税普通发票，作为其销售单用途卡或接受单用途卡充值取得预收资金不缴纳增值税的凭证，留存备查。

四、支付机构预付卡（以下称"多用途卡"）业务按照以下规定执行：

（一）支付机构销售多用途卡取得的等值人民币资金，或者接受多用途卡持卡人充值取得的充值资金，不缴纳增值税。支付机构可按照本公告第九条的规定，向购卡人、充值人开具增值税普通发票，不得开具增值税专用发票。

支付机构，是指取得中国人民银行核发的《支付业务许可证》，获准办理"预付卡发行与受理"业务的发卡机构和获准办理"预付卡受理"业务的受理机构。

多用途卡，是指发卡机构以特定载体和形式发行的，可在发卡机构之外购买货物或服务的预付价值。

（二）支付机构因发行或者受理多用途卡并办理相关资金收付结算业务取得的手续费、结算费、服务费、管理费等收入，应按照现行规定缴纳增值税。

（三）持卡人使用多用途卡，向与支付机构签署合作协议的特约商户购买货物或服务，特约商户应按照现行规定缴纳增值税，且不得向持卡人开具增值税发票。

（四）特约商户收到支付机构结算的销售款时，应向支付机构开具增值税普通发票，并在备注栏注明"收到预付卡结算款"，不得开具增值税专用发票。

支付机构从特约商户取得的增值税普通发票，作为其销售多用途卡或接受多用途卡充值取得预收资金不缴纳增值税的凭证，留存备查。

五、单位将其持有的限售股在解禁流通后对外转让的，按照以下规定确定买入价：

（一）上市公司实施股权分置改革时，在股票复牌之前形成的原非流通股股份，以及股票复牌首日至解禁日期间由上述股份孳生的送、转股，以该上市公司完成股权分置改革后股票复牌首日的开盘价为买入价。

（二）公司首次公开发行股票并上市形成的限售股，以及上市首日至解禁日期间由上述股份孳生的送、转股，以该上市公司股票首次公开发行（IPO）的发行价为买入价。

（三）因上市公司实施重大资产重组形成的限售股，以及股票复牌首日至解禁日期间由上述股份挛生的送、转股,以该上市公司因重大资产重组股票停牌前一交易日的收盘价为买入价。

六、银行提供贷款服务按期计收利息的,结息日当日计收的全部利息收入,均应计入结息日所属期的销售额,按照现行规定计算缴纳增值税。

七、按照《中华人民共和国增值税暂行条例》《营业税改征增值税试点实施办法》《中华人民共和国消费税暂行条例》及相关文件规定,以1个季度为纳税期限的增值税纳税人,其取得的全部增值税应税收入、消费税应税收入,均可以1个季度为纳税期限。

八、《纳税人跨县(市、区)提供建筑服务增值税征收管理暂行办法》(国家税务总局公告2016年第17号发布)第七条规定调整为:

纳税人跨县(市、区)提供建筑服务,在向建筑服务发生地主管国税机关预缴税款时,需填报《增值税预缴税款表》,并出示以下资料:

(一) 与发包方签订的建筑合同复印件(加盖纳税人公章);

(二) 与分包方签订的分包合同复印件(加盖纳税人公章);

(三) 从分包方取得的发票复印件(加盖纳税人公章)。

注释:根据《国家税务总局关于修改部分税收规范性文件的公告》(2018年6月15日,国家税务总局公告2018年第31号)规定,自2018年6月15日起,本文第八条中的"国税机关"修改为"税务机关"。

九、《国家税务总局关于全面推开营业税改征增值税试点有关税收征收管理事项的公告》(国家税务总局公告2016年第23号)附件《商品和服务税收分类与编码(试行)》中的分类编码调整以下内容,纳税人应将增值税税控开票软件升级到最新版本(V2.0.11):

(一) 3010203"水路运输期租业务"下分设301020301"水路旅客运输期租业务"和301020302"水路货物运输期租业务";3010204"水路运输程租业务"下设301020401"水路旅客运输程租业务"和301020402"水路货物运输程租业务";301030103"航空运输湿租业务"下设30103010301"航空旅客运输湿租业务"和30103010302"航空货物运输湿租业务"。

(二) 30105"无运输工具承运业务"下新增3010502"无运输工具承运陆路运输业务"、3010503"无运输工具承运水路运输服务"、3010504"无运输工具承运航空运输服务"、3010505"无运输工具承运管道运输服务"和3010506"无运输工具承运联运运输服务"。

停用编码3010501"无船承运"。

(三) 301"交通运输服务"下新增30106"联运服务",用于利用多种运输工具载运旅客、货物的业务活动。

30106"联运服务"下新增3010601"旅客联运服务"和3010602"货物联运服务"。

(四) 30199"其他运输服务"下新增3019901"其他旅客运输服务"和3019902"其他货物运输服务"。

(五) 30401"研发和技术服务"下新增3040105"专业技术服务"。

停止使用编码304010403"专业技术服务"。

(六) 304050202"不动产经营租赁"下新增30405020204"商业营业用房经营租赁服务"。

(七) 3040801"企业管理服务"下新增304080101"物业管理服务"和304080199"其他企业管理服务"。

(八) 3040802"经纪代理服务"下新增304080204"人力资源外包服务"。

（九）3040803"人力资源服务"下新增304080301"劳务派遣服务"和304080399"其他人力资源服务"。

（十）30601"贷款服务"下新增3060110"客户贷款"，用于向企业、个人等客户发放贷款以及票据贴现的情况；3060110"客户贷款"下新增306011001"企业贷款"、306011002"个人贷款"、306011003"票据贴现"。

（十一）增加6"未发生销售行为的不征税项目"，用于纳税人收取款项但未发生销售货物、应税劳务、服务、无形资产或不动产的情形。

"未发生销售行为的不征税项目"下设601"预付卡销售和充值"、602"销售自行开发的房地产项目预收款"、603"已申报缴纳营业税未开票补开票"。

使用"未发生销售行为的不征税项目"编码，发票税率栏应填写"不征税"，不得开具增值税专用发票。

十、本公告自2016年9月1日起施行，此前已发生未处理的事项，按照本公告规定执行。2016年5月1日前，纳税人发生本公告第二、五、六条规定的应税行为，此前未处理的，比照本公告规定缴纳营业税。

特此公告。

国家税务总局办公厅关于《国家税务总局关于营改增试点若干征管问题的公告》的解读

一、公告发布的背景

自2016年5月1日全面推开营改增以来，我们从纳税人、行业主管部门、行业协会以及税务机关等多渠道，陆续接到一些需要进一步予以明确的问题。税务总局制定了《国家税务总局关于营改增试点若干征管问题的公告》，就有关问题予以明确。

二、公告明确的内容

（一）不属于在境内销售服务或无形资产的若干情形

将境外单位和个人向境内销售的完全在境外发生的服务、完全在境外使用的无形资产，排除在征税范围之外，明确了不属于在境内销售服务或无形资产的若干情形。

（二）其他个人出租不动产适用小微企业免税政策口径

明确了其他个人采取预收款形式出租不动产，对一次性收取多月的租金，可在对应的租赁期内平均分摊并判断是否超过3万元，适用小微企业免税政策。

（三）关于预付卡增值税问题

明确了单用途预付卡和多用途预付卡业务各环节发票使用等操作问题。

（四）关于限售股转让的销售额确定问题

明确了单位转让其持有的限售股，如何确定买入价的问题。

（五）关于贷款服务的纳税义务发生时间问题

纳税人提供贷款服务，一般按月或按季结息。公告明确了纳税人结息日确认的利息收入如何确定增值税纳税义务发生时间问题。

（六）关于增值税纳税期限问题

明确了纳税人销售货物或服务，按规定有一项增值税应税行为可以按季纳税的，其兼营的其他增值税应税行为、消费税应税行为,均可一并按季纳税。

(七)关于调整建筑服务预缴税款提供资料的问题

调整异地提供建筑服务预缴税款时需要的资料清单,明确纳税人办理预缴手续时,不再需要提供合同原件,只需出示加盖公章的合同复印件即可。

(八)关于细化和完善《商品和服务税收分类与编码》

为便于纳税人开票,对《商品和服务税收分类与编码》进行了细化和完善:一是按照营改增行业税负分析的细分行业类别,进一步细分了部分服务的分类与编码;二是新增了"未发生销售行为的不征税项目"编码。

 ## 国家税务总局关于在境外提供建筑服务等有关问题的公告

2016 年 11 月 4 日　国家税务总局公告 2016 年第 69 号

为进一步推进全面营改增试点平稳运行,现将在境外提供建筑服务等有关征管问题公告如下:

一、境内的单位和个人为施工地点在境外的工程项目提供建筑服务,按照《国家税务总局关于发布〈营业税改征增值税跨境应税行为增值税免税管理办法(试行)〉的公告》(国家税务总局公告 2016 年第 29 号)第八条规定办理免税备案手续时,凡与发包方签订的建筑合同注明施工地点在境外的,可不再提供工程项目在境外的其他证明材料。

二、境内的单位和个人在境外提供旅游服务,按照国家税务总局公告 2016 年第 29 号第八条规定办理免税备案手续时,以下列材料之一作为服务地点在境外的证明材料:

(一)旅游服务提供方派业务人员随同出境的,出境业务人员的出境证件首页及出境记录页复印件。

出境业务人员超过 2 人的,只需提供其中 2 人的出境证件复印件。

(二)旅游服务购买方的出境证件首页及出境记录页复印件。

旅游服务购买方超过 2 人的,只需提供其中 2 人的出境证件复印件。

三、享受国际运输服务免征增值税政策的境外单位和个人,到主管税务机关办理免税备案时,提交的备案资料包括:

(一)关于纳税人基本情况和业务介绍的说明;

(二)依据的税收协定或国际运输协定复印件。

四、纳税人提供建筑服务,被工程发包方从应支付的工程款中扣押的质押金、保证金,未开具发票的,以纳税人实际收到质押金、保证金的当天为纳税义务发生时间。

五、纳税人以长(短)租形式出租酒店式公寓并提供配套服务的,按照住宿服务缴纳增值税。

六、境外单位通过教育部考试中心及其直属单位在境内开展考试,教育部考试中心及其直属单位应以取得的考试费收入扣除支付给境外单位考试费后的余额为销售额,按提供"教育辅助服务"缴纳增值税;就代为收取并支付给境外单位的考试费统一扣缴增值税。教育部考试中心及其直属单位代为收取并支付给境外单位的考试费,不得开具增值税专用发票,可以开具增值税普通发票。

七、纳税人提供签证代理服务,以取得的全部价款和价外费用,扣除向服务接受方收取并代为支付给外交部和外国驻华使(领)馆的签证费、认证费后的余额为销售额。向服务接受方收取并代为支付的签证费、认证费,不得开具增值税专用发票,可以开具增值税普通发票。

八、纳税人代理进口按规定免征进口增值税的货物,其销售额不包括向委托方收取并代为支付的货款。向委托方收取并代为支付的款项,不得开具增值税专用发票,可以开具增值税普通发票。

九、纳税人提供旅游服务,将火车票、飞机票等交通费发票原件交付给旅游服务购买方而无法收回的,以交通费发票复印件作为差额扣除凭证。

十、全面开展住宿业小规模纳税人自行开具增值税专用发票试点。月销售额超过3万元(或季销售额超过9万元)的住宿业小规模纳税人提供住宿服务、销售货物或发生其他应税行为,需要开具增值税专用发票的,可以通过增值税发票管理新系统自行开具,主管国税机关不再为其代开。

住宿业小规模纳税人销售其取得的不动产,需要开具增值税专用发票的,仍须向地税机关申请代开。

住宿业小规模纳税人自行开具增值税专用发票应缴纳的税款,应在规定的纳税申报期内,向主管税务机关申报纳税。在填写增值税纳税申报表时,应将当期开具专用发票的销售额,按照3%和5%的征收率,分别填写在《增值税纳税申报表》(小规模纳税人适用)第2栏和第5栏"税务机关代开的增值税专用发票不含税销售额"的"本期数"相应栏次中。

注释1:根据《国家税务总局关于修改部分税收规范性文件的公告》(2018年6月15日,国家税务总局公告2018年第31号)规定,自2018年6月15日起,本文第十条中的"国税机关"和"地税机关"修改为"税务机关"。

注释2:根据《国家税务总局关于扩大小规模纳税人自行开具增值税专用发票试点范围等事项的公告》(2019年2月3日,国家税务总局公告2019年第8号)第三条规定,本文第十条自2019年3月1日起废止。

十一、本公告自发布之日起施行,此前已发生未处理的事项,按照本公告规定执行。《国家税务总局关于部分地区开展住宿业增值税小规模纳税人自开增值税专用发票试点工作有关事项的公告》(国家税务总局公告2016年第44号)同时废止。

特此公告。

国家税务总局办公厅关于《国家税务总局关于在境外提供建筑服务等有关问题的公告》的解读

一、公告发布的背景

当前,全面推开营改增试点进入全面改进阶段,为进一步明晰征管规定,简化办税流程,确保改革试点平稳运行,纳税人充分享受改革红利,税务总局制定了《国家税务总局关于在境外提供建筑服务等有关问题的公告》,就有关问题予以明确。

二、公告明确的内容

(一)简化或明确需提供的证明材料

简化境内的单位和个人为施工地点在境外的工程项目提供建筑服务,或者在境外提供旅游服务申请免征增值税时所需提供的项目在境外或者服务地点在境外的证明材料。

明确境外单位和个人享受国际运输服务免征增值税需提交的备案资料。

(二)明确部分政策的执行口径

1. 明确纳税人提供建筑服务,被发包方从工程款中扣押的质押金、保证金,未开具发票的,按照实际收到的日期确认纳税义务发生时间。

2. 明确纳税人无论以长租或短租形式出租酒店式公寓,同时提供配套服务的,按照住宿服务缴纳增值税。

3. 明确境外单位通过教育部考试中心及其直属单位在境内开展考试,教育部考试中心及其直属单位应以取得的考试费收入扣除支付给境外单位考试费后的余额为销售额,按提供"教育辅助服务"缴纳增值税,同时扣缴境外单位的增值税。代为收取并支付给境外单位的考试费,不得开具增值税专用发票,可以开具增值税普通发票。

4. 明确纳税人提供签证代理服务,销售额为取得的全部价款和价外费用,扣除向服务接受方收取并代为支付给外交部和外国驻华使(领)馆的签证费、认证费后的余额。向服务接受方收取并代为支付的签证费、认证费,不得开具增值税专用发票,可以开具增值税普通发票。

5. 明确纳税人代理进口免征进口环节增值税的货物,其销售额不包括向委托方收取并代为支付的货款。向委托方收取并代为支付的货款,不得开具增值税专用发票,可以开具增值税普通发票。

6. 明确纳税人提供旅游服务,对于无法收回的火车票、飞机票等交通费发票原件,可以交通费发票复印件作为差额扣除凭证。

(三)进一步扩大住宿业小规模纳税人自行开具增值税专用发票试点范围。

为保障全面推开营改增试点工作顺利实施,方便纳税人发票使用,税务总局于2016年7月发布《国家税务总局关于部分地区开展住宿业增值税小规模纳税人自开增值税专用发票试点工作有关事项的公告》(国家税务总局公告2016年第44号),自2016年8月1日起在部分地区开展住宿业增值税小规模纳税人自开专用发票试点工作,试点范围为全国91个城市月销售额超过3万元(或季销售额超过9万元)的住宿业增值税小规模纳税人。试点3个月以来整体情况平稳顺利,税务总局决定将试点范围由91个城市扩大至全国。

国家税务总局关于土地价款扣除时间等增值税征管问题的公告

2016年12月24日　国家税务总局公告2016年第86号

为细化落实《财政部　国家税务总局关于明确金融　房地产开发　教育辅助服务等增值税政策的通知》(财税〔2016〕140号)和进一步明确营改增试点运行中反映的操作问题,现将有关事项公告如下:

一、房地产开发企业向政府部门支付的土地价款,以及向其他单位或个人支付的拆迁补偿费用,按照财税〔2016〕140号文件第七、八条规定,允许在计算销售额时扣除但未扣除的,从2016年12月份(税款所属期)起按照现行规定计算扣除。

二、财税〔2016〕140号文件第九、十、十一、十四、十五、十六条明确的税目适用问题,按以下方式处理:

(一)不涉及税率适用问题的不调整申报;

(二)纳税人原适用的税率高于财税〔2016〕140号文件所明确税目对应税率的,多申报的销项税额可以抵减以后月份的销项税额;

(三)纳税人原适用的税率低于财税〔2016〕140号文件所明确税目对应税率的,不调整申报,并从2016年12月份(税款所属期)起按照财税〔2016〕140号文件执行。

纳税人已就相关业务向购买方开具增值税专用发票的,应将增值税专用发票收回并重新开具;无法收回的不再调整。

三、财税〔2016〕140 号文件第十八条规定的"此前已征的应予免征或不征的增值税,可抵减纳税人以后月份应缴纳的增值税",按以下方式处理:

(一)应予免征或不征增值税业务已按照一般计税方法缴纳增值税的,以该业务对应的销项税额抵减以后月份的销项税额,同时按照现行规定计算不得从销项税额中抵扣的进项税额;

(二)应予免征或不征增值税业务已按照简易计税方法缴纳增值税的,以该业务对应的增值税应纳税额抵减以后月份的增值税应纳税额。

纳税人已就应予免征或不征增值税业务向购买方开具增值税专用发票的,应将增值税专用发票收回后方可享受免征或不征增值税政策。

四、保险公司开展共保业务时,按照以下规定开具增值税发票:

(一)主承保人与投保人签订保险合同并全额收取保费,然后再与其他共保人签订共保协议并支付共保保费的,由主承保人向投保人全额开具发票,其他共保人向主承保人开具发票;

(二)主承保人和其他共保人共同与投保人签订保险合同并分别收取保费的,由主承保人和其他共保人分别就各自获得的保费收入向投保人开具发票。

五、《国家税务总局关于发布〈房地产开发企业销售自行开发的房地产项目增值税征收管理暂行办法〉的公告》(国家税务总局公告 2016 年第 18 号)第五条中,"当期销售房地产项目建筑面积""房地产项目可供销售建筑面积",是指计容积率地上建筑面积,不包括地下车位建筑面积。

六、纳税人办理无偿赠与或受赠不动产免征增值税的手续,按照《国家税务总局关于进一步简化和规范个人无偿赠与或受赠不动产免征营业税、个人所得税所需证明资料的公告》(国家税务总局公告 2015 年第 75 号,以下称《公告》)的规定执行。《公告》第一条第(四)项第2 目"经公证的能够证明有权继承或接受遗赠的证明资料原件及复印件",修改为"有权继承或接受遗赠的证明资料原件及复印件"。

七、纳税人出租不动产,租赁合同中约定免租期的,不属于《营业税改征增值税试点实施办法》(财税〔2016〕36 号文件印发)第十四条规定的视同销售服务。

本公告自发布之日(2016 年 12 月 24 日)起施行。

特此公告。

国家税务总局办公厅关于《国家税务总局关于土地价款扣除时间等增值税征管问题的公告》的解读

近日,财政部和国家税务总局联合下发了《财政部 国家税务总局关于明确金融 房地产开发 教育辅助服务等增值税政策的通知》(财税〔2016〕140 号),其执行日期与发布日期之间存在一些操作上的衔接问题需要解决。另外,营改增试点运行过程中各方还反映了一些执行中出现的征管问题有待明确。为此,税务总局制定了《国家税务总局关于土地价款扣除时间等增值税问题的公告》(以下称《公告》),就有关问题予以明确。

《公告》明确了七个方面的问题。

一是为避免对以前的申报结果进行调整，《公告》明确，房地产开发企业向政府部门支付的土地价款，以及向其他单位或个人支付的拆迁补偿费用，按照财税〔2016〕140号文件允许在计算销售额时扣除但未扣除的，从2016年12月份（税款所属期）起按照现行规定计算扣除。

二是财税〔2016〕140号文件新明确的税目适用问题，涉及纳税人前后实际适用税率的变化，《公告》明确了不同情形的处理方式。

三是财税〔2016〕140号文件明确的免税或不征税项目，如果纳税人此前已经申报纳税，《公告》明确了抵减以后月份应缴纳增值税的具体处理方式。

四是对于保险公司开展共保业务发票开具问题，《公告》明确，共保业务中，如果由主承保人与投保人签订保险合同并全额收取保费，然后再与其他共保人签订共保协议并向其支付共保保费，则应由主承保人向投保人全额开具发票，其他共保人向主承保人开具发票；如果主承保人和其他共保人共同与投保人签订保险合同且分别收取保费，则主承保人和其他共保人应就各自获得的保费收入分别向投保人开具发票。

五是明确了房地产开发企业在计算可抵扣土地价款时，地下车库面积不纳入"建筑面积"进行计算。

六是为减轻纳税人负担，《公告》明确，纳税人继承或接受遗赠房屋产权，在办理免征增值税手续时不再要求提供经公证的证明资料。

七是关于纳税人出租不动产，租赁合同中约定免租期的，免租期是否需要视同销售缴纳增值税问题。厂房、写字楼或者商铺的租赁业务中，承租方在租赁后，都需要进行装饰装修，占用大量时间，为此承租方往往要求出租方在租赁合同中约定一定的免租期优惠。租赁合同中约定免租期，是以满足一定租赁期限为前提的，并不是"无偿"赠送，《公告》明确，这种情形不属于视同销售服务。

填写增值税纳税申报表时，应将当期开具专用发票的销售额，按照3%和5%的征收率，分别填写在《增值税纳税申报表》（小规模纳税人适用）第2栏和第5栏"税务机关代开的增值税专用发票不含税销售额"的"本期数"相应栏次中。

注释：根据《国家税务总局关于扩大小规模纳税人自行开具增值税专用发票试点范围等事项的公告》（2019年2月3日，国家税务总局公告2019年第8号）第三条规定，本文第十条自2019年3月1日起废止。

 ## 国家税务总局关于进一步明确营改增有关征管问题的公告

2017年4月20日　国家税务总局公告2017年第11号

为进一步明确营改增试点运行中反映的有关征管问题，现将有关事项公告如下：

一、纳税人销售活动板房、机器设备、钢结构件等自产货物的同时提供建筑、安装服务，不属于《营业税改征增值税试点实施办法》（财税〔2016〕36号文件印发）第四十条规定的混合销售，应分别核算货物和建筑服务的销售额，分别适用不同的税率或者征收率。

二、建筑企业与发包方签订建筑合同后，以内部授权或者三方协议等方式，授权集团内其他纳税人（以下称"第三方"）为发包方提供建筑服务，并由第三方直接与发包方结算工程款的，由第三方缴纳增值税并向发包方开具增值税发票，与发包方签订建筑合同的建筑企业不缴纳增值税。发包方可凭实际提供建筑服务的纳税人开具的增值税专用发票抵扣进项税额。

三、纳税人在同一地级行政区范围内跨县（市、区）提供建筑服务,不适用《纳税人跨县（市、区）提供建筑服务增值税征收管理暂行办法》（国家税务总局公告2016年第17号印发）。

四、一般纳税人销售电梯的同时提供安装服务,其安装服务可以按照甲供工程选择适用简易计税方法计税。

纳税人对安装运行后的电梯提供的维护保养服务,按照"其他现代服务"缴纳增值税。

五、纳税人提供植物养护服务,按照"其他生活服务"缴纳增值税。

六、发卡机构、清算机构和收单机构提供银行卡跨机构资金清算服务,按照以下规定执行:

（一）发卡机构以其向收单机构收取的发卡行服务费为销售额,并按照此销售额向清算机构开具增值税发票。

（二）清算机构以其向发卡机构、收单机构收取的网络服务费为销售额,并按照发卡机构支付的网络服务费向发卡机构开具增值税发票,按照收单机构支付的网络服务费向收单机构开具增值税发票。

清算机构从发卡机构取得的增值税发票上记载的发卡行服务费,一并计入清算机构的销售额,并由清算机构按照此销售额向收单机构开具增值税发票。

（三）收单机构以其向商户收取的收单服务费为销售额,并按照此销售额向商户开具增值税发票。

七、纳税人2016年5月1日前发生的营业税涉税业务,需要补开发票的,可于2017年12月31日前开具增值税普通发票（税务总局另有规定的除外）。

注释1:根据《国家税务总局关于发布〈房地产开发企业销售自行开发的房地产项目增值税征收管理暂行办法〉的公告》（2016年3月31日,国家税务总局公告2016年第18号）第十七条和第二十四条规定,房地产开发企业销售自行开发的房地产项目,2016年4月30日前收取并已向主管地税机关申报缴纳营业税的预收款,未开具营业税发票的,可以开具增值税普通发票,不得开具或申请代开增值税专用发票,无开具增值税普通发票的时间限制。

注释2:《国家税务总局关于明确中外合作办学等若干增值税征管问题的公告》（2018年7月25日,国家税务总局公告2018年第42号）第七条规定:"纳税人2016年5月1日前发生的营业税涉税业务,包括已经申报缴纳营业税或补缴营业税的业务,需要补开发票的,可以开具增值税普通发票。纳税人应完整保留相关资料备查。"

八、实行实名办税的地区,已由税务机关现场采集法定代表人（业主、负责人）实名信息的纳税人,申请增值税专用发票最高开票限额不超过十万元的,主管国税机关应自受理申请之日起2个工作日内办结,有条件的主管国税机关即时办结。即时办结的,直接出具和送达《准予税务行政许可决定书》,不再出具《税务行政许可受理通知书》。

九、自2017年6月1日起,将建筑业纳入增值税小规模纳税人自行开具增值税专用发票试点范围。月销售额超过3万元（或季销售额超过9万元）的建筑业增值税小规模纳税人（以下称"自开发票试点纳税人"）提供建筑服务、销售货物或发生其他增值税应税行为,需要开具增值税专用发票的,通过增值税发票管理新系统自行开具。

自开发票试点纳税人销售其取得的不动产,需要开具增值税专用发票的,仍须向地税机关申请代开。

自开发票试点纳税人所开具的增值税专用发票应缴纳的税款,应在规定的纳税申报期内,向主管国税机关申报纳税。在填写增值税纳税申报表时,应将当期开具增值税专用发票的销售额,按照 3％和 5％的征收率,分别填写在《增值税纳税申报表》(小规模纳税人适用)第 2 栏和第 5 栏"税务机关代开的增值税专用发票不含税销售额"的"本期数"相应栏次中。

注释:根据《国家税务总局关于扩大小规模纳税人自行开具增值税专用发票试点范围等事项的公告》(2019 年 2 月 3 日,国家税务总局公告 2019 年第 8 号)第三条规定,本文第九条自 2019 年 3 月 1 日起废止。

十、自 2017 年 7 月 1 日起,增值税一般纳税人取得的 2017 年 7 月 1 日及以后开具的增值税专用发票和机动车销售统一发票,应自开具之日起 360 日内认证或登录增值税发票选择确认平台进行确认,并在规定的纳税申报期内,向主管国税机关申报抵扣进项税额。

增值税一般纳税人取得的 2017 年 7 月 1 日及以后开具的海关进口增值税专用缴款书,应自开具之日起 360 日内向主管国税机关报送《海关完税凭证抵扣清单》,申请稽核比对。

纳税人取得的 2017 年 6 月 30 日前开具的增值税扣税凭证,仍按《国家税务总局关于调整增值税扣税凭证抵扣期限有关问题的通知》(国税函〔2009〕617 号)执行。

除本公告第九条和第十条以外,其他条款自 2017 年 5 月 1 日起施行。此前已发生未处理的事项,按照本公告规定执行。

特此公告。

国家税务总局办公厅关于《国家税务总局关于进一步明确营改增有关征管问题的公告》的解读

在营改增试点运行过程中,各方陆续反映了一些政策执行中出现的操作问题有待统一和明确。为此,税务总局制定了《国家税务总局关于进一步明确营改增有关征管问题的公告》,明确了十个方面的问题:

一是纳税人销售活动板房、机器设备、钢结构件等自产货物的同时提供建筑、安装服务,明确不属于混合销售,应分别核算货物和建筑服务的销售额,分别适用不同的税率或者征收率。

二是明确了建筑企业签订建筑合同后以内部授权或者三方协议等方式,授权其集团内其他单位提供建筑服务的,在业务流、资金流、发票流"三流"不完全一致的情况下,如何计算缴纳增值税并开具发票。

三是明确了纳税人在同一地级行政区范围内跨县(市、区)提供建筑服务的,不实行《纳税人跨县(市、区)提供建筑服务增值税征收管理暂行办法》中异地预征的征管模式。

四是明确甲方无论是自行采购电梯交给电梯企业(一般纳税人,下同)安装,还是从电梯企业采购电梯并由其安装,电梯企业提供的安装服务均可以按照甲供工程选择适用简易计税方法计税。同时,对电梯进行日常清洁、润滑等保养服务,应按现代服务适用 6％的税率计税。

五是统一政策口径,明确了纳税人提供的植物养护服务,按照"其他生活服务"缴纳增值税。

六是明确了银行卡跨机构资金清算业务中各涉税主体如何计算缴纳增值税以及发票开具等问题。

以典型的 POS 机刷卡消费为例(注:相关费用金额均为假设),消费者(持卡人)在商场用银行卡刷卡 1 000 元购买了一台咖啡机,要实现货款从消费者的银行卡账户划转至商户账户,商户需要与收单机构(在商户安装刷卡终端设备的单位)签订服务协议,并向其支付服务费。

除收单机构外,此过程中还需要清算机构(中国银联)和发卡机构(消费者所持银行卡的开卡行)提供相关服务并同时收取服务费。涉及的资金流为:(1) 刷卡后,消费者所持银行卡的发卡机构从其卡账户中扣除咖啡机全款 1 000 元;(2) 发卡机构就这笔业务收取发卡行服务费 6 元,并需向清算机构支付网络服务费 1 元,因此,发卡机构扣除自己实际获得的 5 元(6-1=5)后,将货款余额 995 元(1 000-5=995)转入清算机构;(3) 清算机构扣减自己应分别向收单机构和发卡机构收取的网络服务费(各 1 元)后,将剩余款项 993 元(995-1-1=993)转入收单机构;(4) 收单机构扣减自己实际获得的收单服务费 3 元,将剩余款项转入商户;(5) 最终,商户获得咖啡机销售款,并支付了 10 元手续费,最终收到 990 元。

在上述业务中,发卡机构应以 6 元为销售额,并向清算机构开具 6 元增值税发票,同时,可向清算机构索取 1 元增值税发票用于进项税抵扣;清算机构应以 8 元为销售额,并向发卡机构开具 1 元增值税发票,向收单机构开具 7 元增值税发票,同时,可向发卡机构索取 6 元增值税发票用于进项税抵扣;收单机构应向商户开具 10 元增值税发票,并可向清算机构索取 7 元增值税发票用于进项税抵扣。

七是为回应纳税人诉求,明确在符合规定的前提下,将纳税人补开增值税发票的时间延长至 2017 年 12 月 31 日。纳税人 2016 年 5 月 1 日前发生的营业税涉税业务,需要补开发票的,可于 2017 年 12 月 31 日前开具增值税普通发票(税务总局另有规定的除外)。需要补开发票的情形主要有:

(一) 已申报营业税,未开具发票的;

(二) 已申报营业税,已开具发票,发生销售退回或折让、开票有误、应税服务中止等情形,需要开具红字发票或重新开具发票的;

(三) 已补缴营业税税款,未开具发票的。

八是进一步优化纳税服务,缩短办理增值税专用发票最高开票限额的审批时限。实行实名办税的地区,已由税务机关现场采集法定代表人(业主、负责人)实名信息的纳税人,申请增值税专用发票最高开票限额不超过十万元的,主管国税机关由受理申请之日起 20 个工作日内办结提速至 2 个工作日内办结,有条件的主管国税机关即时办结。

九是将建筑业纳入增值税小规模纳税人自行开具增值税专用发票试点范围。

十是将现行增值税专用发票、机动车销售统一发票以及海关进口增值税专用缴款书的认证、确认或申请稽核比对的时限由 180 日放宽至 360 日。

国家税务总局关于优化《外出经营活动税收管理证明》相关制度和办理程序的意见

2016 年 7 月 6 日 税总发〔2016〕106 号

注释:根据《国家税务总局关于创新跨区域涉税事项报验管理制度的通知》(2017 年 9 月 15 日,税总发〔2017〕103 号)规定,对创新跨区域涉税事项报验管理制度,优化办理流程等有关事项作出规定,将"外出经营活动税收管理"更名为"跨区域涉税事项报验管理"。自 2017 年 9 月 30 日起试行,2017 年 10 月 30 日起正式实施。

各省、自治区、直辖市和计划单列市国家税务局、地方税务局:

为切实做好税源管理工作,减轻基层税务机关和纳税人的办税负担,提高税收征管效率,

现就优化《外出经营活动税收管理证明》(见附件 1,以下简称《外管证》)相关制度和办理程序提出如下意见:

一、正确认识《外管证》在当前税收管理中的意义

外出经营税收管理是现行税收征管的一项基本制度,是税收征管法实施细则和增值税暂行条例规定的法定事项。《外管证》作为纳税人主管税务机关与经营地税务机关管理权限界定和管理职责衔接的依据与纽带,对维持现行税收属地入库原则、防止漏征漏管和重复征收具有重要作用,是税务机关传统且行之有效的管理手段,当前情况下仍须坚持,但应结合税收信息化建设与国税、地税合作水平的提升,创新管理制度,优化办理程序,减轻纳税人和基层税务机关负担。其存废问题需根据相关法律法规制度和征管体制机制改革情况,综合评估论证后统筹考虑。

二、创新《外管证》管理制度

(一)改进《外管证》开具范围界定。纳税人跨省税务机关管辖区域(以下简称跨省)经营的,应按本规定开具《外管证》;纳税人在省税务机关管辖区域内跨县(市)经营的,是否开具《外管证》由省税务机关自行确定。

(二)探索外出经营税收管理信息化。省税务机关管辖区域内跨县(市)经营需要开具《外管证》的,税务机关应积极推进网上办税服务厅建设,受理纳税人的网上申请,为其开具电子《外管证》;通过网络及时向经营地税务机关推送相关信息。在此前提下,探索取消电子《外管证》纸质打印和经营地报验登记。

(三)延长建筑安装行业纳税人《外管证》有效期限。《外管证》有效期限一般不超过 180 天,但建筑安装行业纳税人项目合同期限超过 180 天的,按照合同期限确定有效期限。

三、优化《外管证》办理程序

(一)《外管证》的开具

1. "一地一证"。从事生产、经营的纳税人跨省从事生产、经营活动的,应当在外出生产经营之前,到机构所在地主管税务机关开具《外管证》。税务机关按照"一地一证"的原则,发放《外管证》。

2. 简化资料报送。一般情况下,纳税人办理《外管证》时只需提供税务登记证件副本或者加盖纳税人印章的副本首页复印件(实行实名办税的纳税人,可不提供上述证件);从事建筑安装的纳税人另需提供外出经营合同(原件或复印件,没有合同或合同内容不全的,提供外出经营活动情况说明)。

3. 即时办理。纳税人提交资料齐全、符合法定形式的,税务机关应即时开具《外管证》(可使用业务专用章)。

(二)《外管证》的报验登记

1. 纳税人应当自《外管证》签发之日起 30 日内,持《外管证》向经营地税务机关报验登记,并接受经营地税务机关的管理。纳税人以《外管证》上注明的纳税人识别号,在经营地税务机关办理税务事项。

2. 报验登记时应提供《外管证》,建筑安装行业纳税人另需提供外出经营合同复印件或外出经营活动情况说明。

3. 营改增之前地税机关开具的《外管证》仍在有效期限内的,国税机关应予以受理,进行报验登记。

(三)《外管证》的核销

1. 纳税人外出经营活动结束,应当向经营地税务机关填报《外出经营活动情况申报表》

（见附件2），并结清税款。

2. 经营地税务机关核对资料，发现纳税人存在欠缴税款、多缴（包括预缴、应退未退）税款等未办结事项的，及时制发《税务事项通知书》，通知纳税人办理。纳税人不存在未办结事项的，经营地税务机关核销报验登记，在《外管证》上签署意见（可使用业务专用章）。

四、其他事项

异地不动产转让和租赁业务不适用外出经营活动税收管理相关制度规定。

附件：1. 外出经营活动税收管理证明
　　　 2. 外出经营活动情况申报表

附件1

外出经营活动税收管理证明

_____税外证〔　〕　号

纳税人名称			纳税人识别号		
法定代表人（负责人）		身份证件名称		身份证件号码	
联系人		联系电话			
外出经营地		外出经营地行政区划码			
登记注册类型		经营方式			
外出经营活动情况					
货物或服务名称	外出经营地点	合同有效期限			合同金额
		年　月　日至　年　月　日			
		年　月　日至　年　月　日			
合同对方企业名称		合同对方纳税人识别号			

机构所在地主管税务机关

经办人：　　　　　　　　　　　　负责人：
税务机关（签章）
　　　　　　　　　　　　　　　　　　　　　　　　　年　月　日

税务机关联系电话：
事项告知：纳税人应当在《外出经营活动税收管理证明》（以下简称《外管证》）有效期届满后10日内，持《外管证》回原税务登记地税务机关办理《外管证》
缴销手续。

证明有效日期	自　年　月　日起至　年　月　日				
以下由外出经营地税务机关填写					
货物或服务名称	预缴征收率（2%或3%）	预缴税款金额	代开发票金额	代开发票名称	代开发票代码	代开发票号码
合计金额						

外出经营地税务机关意见：

经办人：　　　　　　　　　负责人：　　　　　　　　税务机关（签章）
　年　月　日　　　　　　　　　年　月　日　　　　　　　　　年　月　日

附件 2

外出经营活动情况申报表

纳税人名称			纳税人识别号			
外出经营活动税收管理证明号码						
证明有效期	自　年　月　日到　年　月　日					
实际经营期间	自　年　月　日到　年　月　日					
到达时间			报验时间			
经营地点			货物存放地点			
货物（服务）名称	预缴税款征收率（2%或3%）	已预缴税款金额	实际合同金额		开具发票金额（含自开和代开）	应补预缴税款金额
合计金额						

申请单位：	税务机关意见：
经办人：　　法定代表人（负责人）： 年 月 日　　　　　　年 月 日 　　　　　申请单位（签章） 　　　　　年 月 日	经办人：　　　　　　负责人： 年 月 日　　　　　　年 月 日 　　　　税务机关（签章） 　　　　年 月 日

表单说明

1. 本表依据《中华人民共和国税收征收管理法实施细则》第二十一条、《税务登记管理办法》第三十五条设置。

2. 本表适用于外出经营活动的纳税人在经营活动结束后向外出经营地税务机关申报时使用。

3. 外出经营活动税收管理证明号码：纳税人税务登记地税务机关开具的外出经营活动税收管理证明号码。

4. 到达时间：纳税人到达外出经营地的时间。

5. 报验时间：纳税人向外出经营地税务机关报验的时间。

6. 经营地点：外出经营地的具体地点，要明确填到区、街及街道号。

7. 货物存放地点：外出经营货物的具体存放地点，要明确填到区、街及街道号。

35 国家税务总局关于营业税改征增值税试点期间有关增值税问题的公告

2015 年 12 月 22 日　国家税务总局公告 2015 年第 90 号

为统一政策执行口径，现将营业税改征增值税试点期间有关增值税问题公告如下：

一、蜂窝数字移动通信用塔（杆），属于《固定资产分类与代码》（GB/T 14885—1994）中的"其他通讯设备"（代码 699），其增值税进项税额可以按照现行规定从销项税额中抵扣。

二、纳税人销售自己使用过的固定资产,适用简易办法依照3％征收率减按2％征收增值税政策的,可以放弃减税,按照简易办法依照3％征收率缴纳增值税,并可以开具增值税专用发票。

三、纳税人提供有形动产融资性售后回租服务,计算当期销售额时可以扣除的有形动产价款本金,为书面合同约定的当期应当收取的本金。无书面合同或者书面合同没有约定的,为当期实际收取的本金。

四、提供有形动产融资租赁服务的纳税人,以保理方式将融资租赁合同项下未到期应收租金的债权转让给银行等金融机构,不改变其与承租方之间的融资租赁关系,应继续按照现行规定缴纳增值税,并向承租方开具发票。

五、纳税人通过蜂窝数字移动通信用塔(杆)及配套设施,为电信企业提供的基站天线、馈线及设备环境控制、动环监控、防雷消防、运行维护等塔类站址管理业务,按照"信息技术基础设施管理服务"缴纳增值税。

纳税人通过楼宇、隧道等室内通信分布系统,为电信企业提供的语音通话和移动互联网等无线信号室分系统传输服务,分别按照基础电信服务和增值电信服务缴纳增值税。

本公告自2016年2月1日起施行,此前未处理的事项,按本公告规定执行。

特此公告。

国家税务总局办公厅关于《国家税务总局关于营业税改征增值税试点期间有关增值税问题的公告》的解读

近期,部分地区反映,在营改增试点期间,一些增值税政策执行不尽一致,希望予以明确。根据《中华人民共和国增值税暂行条例》及其实施细则、《营业税改征增值税试点实施办法》以及现行增值税相关政策规定,税务总局发布了《国家税务总局关于营业税改征增值税试点期间有关增值税问题的公告》(以下简称《公告》),以统一政策口径。

《公告》明确了五个方面的内容:

一是蜂窝数字移动通信用塔(杆)抵扣问题。明确电信企业使用的蜂窝数字移动通信塔(杆),属于《固定资产分类与代码》(GB/T 14885—1994)中"通信设备——其他通讯设备"(代码699)。

二是对纳税人销售自己使用过的固定资产,现行政策规定适用简易办法依照3％征收率减按2％征收增值税的,可以放弃享受优惠政策,适用简易办法依照3％征收率缴纳增值税,并可以开具增值税专用发票。

三是对融资性售后回租业务,明确了从销售额中扣除向承租方收取的有形动产价款本金的处理方式。

四是鉴于融资租赁保理业务的本质是融资租赁公司向银行进行融资的行为,明确保理业务模式下,融资租赁公司与承租方之间的融资租赁服务关系并未解除,应当继续按照现行规定缴纳增值税。

五是明确蜂窝数字移动通信铁塔经营业务,应根据业务内容按照现行规定分别适用不同的税目缴纳增值税。

国家税务总局关于改进征管优化服务进一步做好全面推开营改增试点工作的通知

2016 年 11 月 21 日　税总发〔2016〕165 号

各省、自治区、直辖市和计划单列市国家税务局、地方税务局：

当前，全面推开营改增试点进入全面改进阶段。为引导纳税人更加及时充分地享受营改增政策红利，更好解决基层税务机关和纳税人反映的方便办税操作问题，进一步确保所有行业税负只减不增，现就改进税收征管、优化纳税服务提出 20 条措施，以深入推动全面推开营改增试点平稳有序顺畅运行，现就有关事项通知如下：

一、简化证明提供，优化营商环境

（一）简化境外建筑服务证明材料。境内单位和个人为施工地点在境外的工程项目提供建筑服务办理免征增值税备案手续时，凡与发包方签订的建筑合同注明施工地点在境外的，可不再提供工程项目在境外的其他证明材料。

（二）简化国际运输服务优惠的备案资料。享受国际运输服务免征增值税政策的境外单位和个人，在向主管税务机关办理免税备案时，仅提供"纳税人基本情况和业务介绍的说明"和"依据的税收协定或国际运输协定复印件"即可办理。

（三）简化跨境应税行为证明材料。境内单位和个人在境外提供旅游服务办理免征增值税备案手续时，以下列材料之一作为服务地点在境外的证明材料：一是旅游服务提供方派业务人员随同出境的，出境业务人员的出境证件首页及出境记录页复印件。出境业务人员超过 2 人的，只需提供其中 2 人的出境证件复印件。二是旅游服务购买方的出境证件首页及出境记录页复印件。旅游服务购买方超过 2 人的，只需提供其中 2 人的出境证件复印件。

（四）简化发票代开业务资料报送。除销售取得的不动产和其他个人出租不动产代开增值税发票业务外，纳税人申请代开增值税普通发票不再需要提供付款方相关书面确认证明；申请代开增值税专用发票或增值税普通发票时统一填写《代开增值税发票缴纳税款申报单》。

二、改进办税流程，减轻纳税人负担

（五）扩大取消增值税发票认证的纳税人范围。将取消增值税发票认证的纳税人范围由纳税信用 A 级、B 级的增值税一般纳税人扩大到纳税信用 C 级的增值税一般纳税人。对 2016 年 5 月 1 日新纳入营改增试点、尚未进行纳税信用评级的增值税一般纳税人，2017 年 4 月 30 日前不需进行增值税发票认证，可登录本省增值税发票选择确认平台，查询、选择、确认用于申报抵扣或者出口退税的增值税发票信息，如未查询到对应发票信息的，可进行扫描认证。

（六）扩大自开专用发票试点范围。全面开展住宿业增值税小规模纳税人自开增值税专用发票试点，由原 91 个城市扩大至全国。

三、完善税收管理，提升办税质效

（七）明确建筑服务质押金、保证金纳税义务发生时间。对于纳税人提供建筑服务，被工程发包方从应支付的工程款中扣押的质押金、保证金，未开具发票的，以纳税人实际收到质押金、保证金的当天为纳税义务发生时间。

（八）明确签证代理服务计税依据。纳税人提供签证代理服务，在计算应税收入时可以扣除向服务接受方收取并代为支付给外交部和外国驻华使（领）馆的签证费、认证费。

（九）改进差额扣除凭证管理。纳税人提供旅游服务,将火车票、飞机票等交通费发票原件交付给旅游服务购买方而无法收回的,可凭交通费发票复印件作为差额扣除凭证。

（十）推进外出经营管理电子化。省税务机关管辖区域内跨县(市)从事生产经营的纳税人需要开具《外出经营活动税收管理证明》(以下简称《外管证》)的,税务机关应积极推进网上办税服务厅建设,受理纳税人的网上申请,为其开具电子《外管证》并通过网络及时向经营地税务机关推送相关信息,在此前提下探索取消电子《外管证》纸质打印和经营地报验登记。对跨省从事生产经营的纳税人,加快推进外出经营管理电子化,逐步实现《外管证》开具、信息传递和后续管理的电子化。

四、优化纳税服务,拓展便利化办税渠道

（十一）推进发票领用"网上申领、线下配送"。各省国税机关应在有条件的地区积极推行"网上申领、线下配送",使纳税人可以通过网上申领发票,选择线下配送或自行领取等方式取得纸质发票,最大限度方便纳税人。

（十二）实施发票代开"网上办理、线下开具"。鼓励各地积极推行增值税发票代开网上办理,纳税人可以通过网上办税平台、手机 APP 或微信等渠道提交发票代开资料,经核对通过并扣缴税款后,到办税服务厅窗口或自助代开设备直接开具发票,减少办税服务厅现场等候时间,有效提高发票代开效率。

（十三）创新申报填写辅导方式。开发辅导纳税人填写申报表的软件系统,纳税人填写基础性数据后,由软件进行数据审核、逻辑计算、分类填写,有效辅导纳税人快捷准确填写申报表,提升申报质量。

（十四）设置简事易办快速窗口。在办税服务厅设立简事易办快速窗口,合理整合专业化窗口和综合业务窗口资源,减少纳税人办理单一简办涉税事项排队等候时间。

（十五）实行领导值班巡查式管理。落实领导值班制度,值班领导实时巡查办税服务厅工作情况,及时发现存在问题并协调处理,确保纳税人业务有人办、咨询有人答、疑难有人解。

（十六）设立税控设备发行专用窗口。各县(市、区)国税机关应在办税服务厅设立税控设备发行专用窗口,方便纳税人办理税控设备的初始发行和变更发行业务。

（十七）强化导税岗位辅导功能。加强办税服务厅导税管理,合理配备导税人员,建立业务快速处理机制,在导税环节处理纳税人不需要前台人员操作的简单办税事项;完善问询式导税,主动与等候办税的纳税人沟通,对相关资料进行辅导,使纳税人可以到窗即办,减少纳税人无效等待时间。

（十八）合作设置 24 小时自助办税区。有条件的地区,要积极倡导与银行开展合作,充分利用银行网格化网点,在银行自助服务区配置 24 小时自助办税服务设备,办理自助申报、自助发票领用、自助发票代开等业务。

五、激励诚信纳税,共建诚信社会

（十九）扩大"银税互动"范围。积极扩大"银税互动"受惠面,稳步将"银税互动"受惠群体由纳税信用 A 级企业扩大到纳税信用 B 级企业和出口退(免)税管理类别为一类的出口企业。

（二十）简并发票领用次数。纳税信用 A 级和 B 级的纳税人可一次分别领取不超过 3 个月和 2 个月的增值税发票用量。以上两类纳税人生产经营情况发生变化需要调整增值税发票用量,手续齐全的,按照规定即时办理。

37 国家税务总局关于进一步优化营改增纳税服务工作的通知

2016 年 5 月 25 日　税总发〔2016〕75 号

各省、自治区、直辖市和计划单列市国家税务局、地方税务局：

自 3 月 5 日营改增工作开展以来，通过各级税务机关的共同努力，各地办税服务厅秩序井然，开票系统运行正常，全面推开营改增试点取得了良好开局。为再接再厉打好全面推开营改增试点第二阶段战役，确保营改增纳税人顺利申报，现就进一步优化营改增纳税服务工作通知如下：

一、强化纳税申报的宣传培训

6 月份，营改增纳税人将迎来首个纳税申报期。针对部分纳税人初次填报增值税申报表、不熟悉申报流程的实际问题，各地税务机关要强化对纳税申报的辅导培训，提前制作各类申报表填写样表、辅导填报"二维码"等，通过网站、手机 APP 等方式主动推送给营改增纳税人，帮助其熟练掌握申报表的填报。同时要根据税收政策的调整，及时做好"二维码"的更新工作。

二、做好纳税申报的现场和上门辅导

要在办税服务厅组建辅导队、增设预审岗，强化现场辅导和现场审核，帮助纳税人正确填报增值税申报表。要组织税收管理员和业务骨干主动深入重点企业，尤其是对样本企业进行上门辅导，通过"一对一""面对面"的方式帮助纳税人正确填写增值税申报表或者辅导其进行网上申报，确保在 6 月 10 日前所有样本企业完成好申报。

三、确保减免税优惠政策不折不扣落实

各地税务机关要对营改增试点纳税人减免税申报、备案等工作进行重点辅导，确保纳税人全面、准确申报，确保减免税政策不折不扣得以落实。

四、做好取消增值税发票认证的宣传工作

纳入营改增试点的增值税一般纳税人暂不需要进行增值税发票认证，纳税信用 A 级、B 级增值税一般纳税人取得销售方使用新系统开具的增值税发票，也可以不再进行扫描认证。各地国税机关要通过制作简便易懂的宣传资料、操作视频等，加大对取消增值税发票认证的宣传，帮助纳税人熟练掌握登录勾选方法，使取消认证这一便利措施落到实处，真正减少办税环节，减轻征纳双方办税负担。

五、积极引导营改增纳税人网上申报

各地税务机关要针对此次全面推开营改增试点涉及纳税人数量众多、业态差异大的实际情况，根据纳税人办税的不同习惯、不同方式，在尊重纳税人意愿的基础上，积极向纳税人提供网上办税、自助办税、移动办税等多元化办税方式。

六、设置办税服务厅首次申报专窗

各地国税机关要结合本地营改增纳税人数量和办税服务厅实际，在办税服务厅合理设置营改增纳税人专窗和专用通道，方便首次进行申报的营改增纳税人顺畅办理申报业务，避免纳税人因对办税流程及办税场所不熟悉而影响申报。

七、错峰预约纳税人申报

各地国税机关要对需到办税服务厅办理申报的纳税人进行科学预判，根据纳税人财务核算状况，合理划分申报时段，分批量主动预约纳税人，引导纳税人错峰申报，缓解申报高峰压力。特别要注意避免申报期最后几天办税服务厅过度拥挤现象的发生。

八、帮助纳税人合理选择办税地点

各地税务机关要充分发挥同城通办给纳税人办税带来的便利,建立办税服务厅等候状况实时发布机制,让纳税人通过官方网站、手机 APP、微信、短信等多种渠道,实时了解各办税服务厅的等候状况,合理选择办税服务厅进行办税,避免因纳税人过度集中而造成办税不畅、效率不高等问题。

九、探索建设国税地税"一窗式"服务

各地国税机关、地税机关要加强沟通、密切协作,采取互设窗口、共建办税服务厅、共驻政务中心的方式,整合办税服务资源。已经实现联合办税的,要根据窗口业务量变化,适时调整业务办理窗口和服务人员数量,最大限度发挥好窗口资源的整体效能,缩短纳税人办税等候时间。各地税务机关要积极探索推进"全职能一窗式"办税服务,缓解办税服务厅窗口压力。

十、进驻窗口实现全流程办结

对进驻政务中心的税务窗口,要完善进驻职能、充分授权到位。积极争取当地政府的支持,通过增设窗口、增配人员等方式配齐配足窗口职能,努力达到规范化全职能办税服务厅的标准。在此基础上,按照"窗口受理、内部流转、限时办结、窗口出件"工作要求,确保同一事项能够全流程办结,不得以需要税务机关内部其他部门签字盖章为由,让纳税人往返于政务中心和税务机关。要采取多种方式向纳税人做好"三证合一"的宣传解释工作,重点讲明按照"三证合一"的有关规定,工商部门办理完毕后,工商、税务的登记事宜即已完成,不需要再到税务窗口办理税务登记手续。各地税务机关要强化督导落实,及时对进驻政务中心税务窗口的服务情况开展督导和检查,树立税务部门良好形象。

十一、确保服务制度和兜底责任落到实处

一线窗口单位要切实落实好首问责任、限时办结、延时服务、绿色通道、流动导税、领导值班等服务制度及兜底责任,确保纳税人业务有人办、咨询有人答、疑难有人解。6月份申报期内,各地税务机关领导要亲临一线,坐镇办税服务厅统筹指挥协调,及时处理纳税服务工作中出现的问题和突发事件。

十二、提高 12366 热线咨询质效

针对营改增纳税人业务咨询量日益增加的实际,各地 12366 中心要进一步充实营改增咨询专线力量,增配设备、增加人员、科学排班、加强现场管理、严格质量监控,确保 12366 纳税服务热线畅通。同时,加大对坐席人员的培训力度,强化对答复准确率和服务规范性的考核测评,确保做到答复问题口径一致,内容规范准确。

十三、建立疑难问题解答机制

各地税务机关要建立疑难问题解答机制,定期收集整理疑难问题和热点问题,送交业务部门研究确定答复口径,及时维护进 12366 税收知识库并推送至办税服务厅咨询岗,确保咨询答复及时精准。

十四、切实做好不动产交易代征、代开的导税服务工作

针对二手房交易和个人出租不动产增值税代征工作业务流程相对复杂且涉及自然人的实际情况,各地税务机关要加强导税力量的配备,在各代征场所设立导税人员,全程做好导税服务,维护好办税秩序,确保不动产交易申报工作顺利有序开展。同时,要通过办税服务厅、税务网站、官方微信等渠道,主动做好相关税收政策的宣传和纳税辅导。

十五、发挥各自优势做好纳税服务

各地国税机关、地税机关要切实发挥各自业务优势,进一步密切合作,加强沟通交流,

共享涉税信息,共同解决营改增纳税人提出的疑难问题。要落实好首问责任制,纳税人无论到国税局、地税局办理涉税事项或寻求涉税帮助时,负责接洽的税务机关要全程负责涉税业务的指引、协调等工作。不能因合作不到位而造成纳税人在国税局、地税局之间"往返跑"。

十六、建立先收后办机制

各地税务机关要在突发事件发生的第一时间,立即启动应急预案。对因系统故障、停电等因素不能正常工作时,各办税服务厅可先行收取纳税人资料,并延时加班办理,办结后主动通知纳税人前来办理后续事项。

十七、强化对技术服务单位监管

各地国税机关要加强对税控系统服务单位的监督管理,督促其不断提高服务质量,满足纳税人对操作培训和技术服务的要求。对出现服务不到位、违规搭售设备、软件或乱收费等问题的服务单位,责令其立即纠正并限期整改。严格按照《增值税税控系统服务单位监督管理办法》执行,切实维护纳税人合法权益。

十八、加强增值税发票开具工作的宣传辅导

各地税务机关要认真做好增值税发票开具方面的政策宣传,消除社会上对增值税发票开具方面的误解。增值税纳税人购买货物、劳务、服务、无形资产或不动产,索取增值税专用发票时,须向销售方提供购买方名称(不得为自然人)、纳税人识别号、地址电话、开户行及账号信息,不需要提供营业执照、税务登记证、组织机构代码证、开户许可证、增值税一般纳税人登记表等相关证件或其他证明材料。个人消费者购买货物、劳务、服务、无形资产或不动产,索取增值税普通发票时,不需要向销售方提供纳税人识别号、地址电话、开户行及账号信息,也不需要提供相关证件或其他证明材料。

十九、严肃查处借营改增之名损害纳税人利益的行为

针对个别企业假借营改增之名刻意曲解政策、趁机涨价谋取不当利益的情况,各地税务机关要做好营改增政策的宣传解读工作,确保每个企业、每个纳税人都能充分了解营改增政策。对借营改增之名提价、违反价格诚信、涉嫌价格欺诈、联合串通涨价等违法违规行为,要主动向地方党委政府进行汇报,积极配合相关部门,加大监管力度,及时查处纠正。

二十、畅通投诉渠道维护纳税人权益

拓宽纳税人诉求表达渠道,畅通 12366 热线、税务网站、微信平台等多渠道投诉响应机制。进一步压缩投诉响应时间,提高投诉办理效率。当场投诉的,即时处理;事后投诉的,提速至 3 个工作日内办结,切实维护纳税人权益。

各地税务机关要高度重视,加强督导检查,对纳税服务工作落实不力的要严肃追责。税务总局将对各地的落实情况开展明察暗访。各地要于 2016 年 6 月 10 日前,将本通知的贯彻落实情况及改进建议报税务总局(纳税服务司)。

国家税务总局关于明确中外合作办学等若干增值税征管问题的公告

2018 年 7 月 25 日　国家税务总局公告 2018 年第 42 号

现将中外合作办学等增值税征管问题公告如下:

一、境外教育机构与境内从事学历教育的学校开展中外合作办学,提供学历教育服务取得的收入免征增值税。中外合作办学,是指中外教育机构按照《中华人民共和国中外合作办学条例》(国务院令第 372 号)的有关规定,合作举办的以中国公民为主要招生对象的教育教学活动。上述"学历教育""从事学历教育的学校""提供学历教育服务取得的收入"的范围,按照《营业税改征增值税试点过渡政策的规定》(财税〔2016〕36 号文件附件 3)第一条第(八)项的有关规定执行。

二、航空运输销售代理企业提供境内机票代理服务,以取得的全部价款和价外费用,扣除向客户收取并支付给航空运输企业或其他航空运输销售代理企业的境内机票净结算款和相关费用后的余额为销售额。其中,支付给航空运输企业的款项,以国际航空运输协会(iata)开账与结算计划(bsp)对账单或航空运输企业的签收单据为合法有效凭证;支付给其他航空运输销售代理企业的款项,以代理企业间的签收单据为合法有效凭证。航空运输销售代理企业就取得的全部价款和价外费用,向购买方开具行程单,或开具增值税普通发票。

三、纳税人通过省级土地行政主管部门设立的交易平台转让补充耕地指标,按照销售无形资产缴纳增值税,税率为 6%。本公告所称补充耕地指标,是指根据《中华人民共和国土地管理法》及国务院土地行政主管部门《耕地占补平衡考核办法》的有关要求,经省级土地行政主管部门确认,用于耕地占补平衡的指标。

四、上市公司因实施重大资产重组形成的限售股,以及股票复牌首日至解禁日期间由上述股份孳生的送、转股,因重大资产重组停牌的,按照《国家税务总局关于营改增试点若干征管问题的公告》(国家税务总局公告 2016 年第 53 号)第五条第(三)项的规定确定买入价;在重大资产重组前已经暂停上市的,以上市公司完成资产重组后股票恢复上市首日的开盘价为买入价。

五、拍卖行受托拍卖取得的手续费或佣金收入,按照"经纪代理服务"缴纳增值税。《国家税务总局关于拍卖行取得的拍卖收入征收增值税、营业税有关问题的通知》(国税发〔1999〕40 号)停止执行。

六、一般纳税人销售自产机器设备的同时提供安装服务,应分别核算机器设备和安装服务的销售额,安装服务可以按照甲供工程选择适用简易计税方法计税。

一般纳税人销售外购机器设备的同时提供安装服务,如果已经按照兼营的有关规定,分别核算机器设备和安装服务的销售额,安装服务可以按照甲供工程选择适用简易计税方法计税。

纳税人对安装运行后的机器设备提供的维护保养服务,按照"其他现代服务"缴纳增值税。

七、纳税人 2016 年 5 月 1 日前发生的营业税涉税业务,包括已经申报缴纳营业税或补缴营业税的业务,需要补开发票的,可以开具增值税普通发票。纳税人应完整保留相关资料备查。

本公告自发布之日起施行,《国家税务总局关于简并增值税征收率有关问题的公告》(国家税务总局公告 2014 年第 36 号)第二条和《国家税务总局关于进一步明确营改增有关征管问题的公告》(国家税务总局公告 2017 年第 11 号)第四条同时废止。此前已发生未处理的事项,按照本公告的规定执行。2016 年 5 月 1 日前,纳税人发生本公告第四条规定的应税行为,已缴纳营业税的,不再调整,未缴纳营业税的,比照本公告规定缴纳营业税。

特此公告。

国家税务总局关于《国家税务总局关于明确中外合作办学等若干增值税征管问题的公告》的解读

近期我局接到各方反映的一些增值税征管操作问题。为统一政策口径,便于纳税人执行,税务总局发布了《国家税务总局关于明确中外合作办学等若干增值税征管问题的公告》(以下称"《公告》"),对相关问题进行了明确。现就《公告》的主要内容解读如下:

一、关于中外合作办学提供教育服务取得的收入免征增值税政策

目前的营改增政策规定,从事学历教育的学校提供的教育服务免征增值税。近接部分学校反映,境外教育机构与境内学校开展中外合作办学过程中,境外教育机构自境内学校取得的收入,是否可享受增值税免税政策,现行规定不明确。本次《公告》中明确,境外教育机构与境内从事学历教育的学校开展中外合作办学过程中,提供学历教育服务取得的收入,也可同样享受免征增值税政策。

二、关于航空运输销售代理企业提供境内机票代理服务差额计税政策

(一)境内机票代理服务的销售额

航空运输销售代理企业提供境内机票代理服务,以取得的全部价款和价外费用,扣除向客户收取并支付给航空运输企业或其他航空运输销售代理企业的境内机票净结算款和相关费用后的余额为销售额。

(二)合法有效的扣除凭证

按照不同类型的企业,可分为两种情形的扣除凭证。

1. 支付给航空运输企业的款项,扣除凭证包括下列两项之一:

(1)国际航空运输协会(iata)开账与结算计划(bsp)对账单;

(2)航空运输企业的签收单据。

2. 支付给其他航空运输销售代理企业的款项,以代理企业间的签收单据为合法有效凭证。

(三)发票的种类及金额

航空运输销售代理企业就取得的全部价款和价外费用,向购买方开具行程单,或开具增值税普通发票。

三、关于纳税人通过省级土地行政主管部门设立的交易平台转让补充耕地指标增值税政策

目前,我国实行占用耕地补偿制度,即非农业建设占用多少耕地,就应补充多少数量和质量相当的耕地,根据《土地管理法》和《耕地占补平衡考核办法》等法律法规要求,各省、自治区、直辖市(以下统称"各省")应确保本行政区域内的耕地总量不减少。由于经济发展水平差异和土地资源分布不均衡,不同市县对耕地占用的需求也各不相同。为确保耕地总量不减少,优化土地资源配置,各省陆续出台管理办法,实现了补充耕地指标的跨市县转让。补充耕地指标,实质上是一种占用耕地进行建设开发的权益,纳税人发生的转让补充耕地指标行为,应按照销售无形资产税目缴纳增值税。为统一表述,《公告》采用了"补充耕地指标"这一名称,各省出台的管理办法中采用的其他名称,只要与"补充耕地指标"实质相同,均可适用本条政策规定。

四、关于因重大资产重组形成的限售股买入价的确定问题

税务总局 2016 年第 53 号公告中,按照限售股的形成原因分别明确了限售股买入价的确定原则。其中,因重大资产重组形成的限售股,以该上市公司因重大资产重组股票停牌前一交易日的收盘价为买入价计算销售额。近接地方反映,存在一些特殊情况,即上市公司在重大资产重组前已处于非正常上市状态,比如因业绩未达标等原因已被交易所暂停上市,因此不存在因重大资产重组而实施停牌。

针对上述情况,本次《公告》中明确,上市公司因实施重大资产重组形成的限售股,因重大资产重组停牌的,按照 2016 年 53 号公告第五条第(三)项的规定,以该上市公司因重大资产重组股票停牌前一交易日的收盘价为买入价;在重大资产重组前已经暂停上市的,以上市公司完成资产重组后股票恢复上市首日的开盘价为买入价。

五、关于拍卖行适用的增值税政策问题

1999 年税务总局发布了《关于拍卖行取得的拍卖收入征收增值税、营业税有关问题的通知》(国税发〔1999〕40 号),对拍卖行受托拍卖增值税应税货物,向买方收取的全部价款和价外费用,应当按照 4%(2014 年 7 月 1 日后调整为 3%)的征收率征收增值税;对拍卖行向委托方收取的手续费征收营业税。

2016 年全面推开营改增以后,对拍卖行取得的手续费收入,已由缴纳营业税改为缴纳增值税。结合政策调整变化情况,本次《公告》中明确,停止执行国税发〔1999〕40 号文件,对拍卖行受托拍卖取得的手续费或佣金收入,按照"经纪代理服务"缴纳增值税。

六、关于纳税人销售机器设备同时提供安装服务,安装服务的计税方法及后续机器设备维护保养服务的适用税率问题

纳税人销售机器设备同时提供安装服务,包括以下两种情形:

(一)纳税人销售自产机器设备的同时提供安装服务

按照现行规定,这种情况下纳税人应分别核算机器设备和安装服务的销售额。机器设备销售给甲方后,又交给机器设备销售企业负责安装,可以将此机器设备视为"甲供"的机器设备,机器设备销售企业提供的安装服务也可视为为甲供工程提供的安装服务,可以选择适用简易计税方法计税。

(二)纳税人销售外购机器设备的同时提供安装服务

这种情形下又分两种情况。一是纳税人未分别核算机器设备和安装服务的销售额,那么应按照混合销售的有关规定,确定其适用税目和税率。二是纳税人已按照兼营的有关规定,分别核算机器设备和安装服务的销售额,同样可以将此机器设备视为"甲供"的机器设备,将纳税人提供的安装服务视为为甲供工程提供的安装服务,选择适用简易计税方法计税。

另外,本次《公告》中还明确,纳税人对安装运行后的机器设备提供的维护保养服务,按照"其他现代服务"缴纳增值税。

七、关于试点前发生的营业税业务补开增值税发票问题

为保障全面推开营改增试点工作顺利实施,2017 年 4 月总局发布《关于进一步明确营改增有关征管问题的公告》(国家税务总局公告 2017 年第 11 号),规定"纳税人 2016 年 5 月 1 日前发生的营业税涉税业务,需要补开发票的,可于 2017 年 12 月 31 日前开具增值税普通发票(税务总局另有规定的除外)"。

政策到期后,基层税务机关及部分纳税人反映,因销售周期长、实际业务发生变化等原因仍然需要补开发票。为了形成帮助纳税人解决问题的长效机制,本次《公告》中明确,对纳税

人2016年5月1日前发生的营业税涉税业务,包括已经申报缴纳营业税或补缴营业税的业务,需要补开发票的,可开具增值税普通发票,且不再规定纳税人可以开具增值税普通发票的时限,同时规定纳税人应完整保留相关资料备查。

三、行 业 规 定

（一）建筑业

国家税务总局关于发布《纳税人跨县(市、区)提供建筑服务增值税征收管理暂行办法》的公告

2016年3月31日　国家税务总局公告2016年第17号

国家税务总局制定了《跨县(市、区)提供建筑服务增值税征收管理暂行办法》,现予以公布,自2016年5月1日起施行。

特此公告。

注释:根据《国家税务总局关于修改部分税收规范性文件的公告》(2018年6月15日,国家税务总局公告2018年第31号)规定,本文全文中"国税机关""国家税务局"的内容修改为"税务机关""税务局"。

纳税人跨县(市、区)提供建筑服务增值税征收管理暂行办法

第一条　根据《财政部　国家税务总局关于全面推开营业税改征增值税试点的通知》(财税〔2016〕36号)及现行增值税有关规定,制定本办法。

第二条　本办法所称跨县(市、区)提供建筑服务,是指单位和个体工商户(以下简称纳税人)在其机构所在地以外的县(市、区)提供建筑服务。

纳税人在同一直辖市、计划单列市范围内跨县(市、区)提供建筑服务的,由直辖市、计划单列市国家税务局决定是否适用本办法。

其他个人跨县(市、区)提供建筑服务,不适用本办法。

第三条　纳税人跨县(市、区)提供建筑服务,应按照财税〔2016〕36号文件规定的纳税义务发生时间和计税方法,向建筑服务发生地主管国税机关预缴税款,向机构所在地主管国税机关申报纳税。

《建筑工程施工许可证》未注明合同开工日期,但建筑工程承包合同注明的开工日期在2016年4月30日前的建筑工程项目,属于财税〔2016〕36号文件规定的可以选择简易计税方法计税的建筑工程老项目。

第四条　纳税人跨县(市、区)提供建筑服务,按照以下规定预缴税款:

(一)一般纳税人跨县(市、区)提供建筑服务,适用一般计税方法计税的,以取得的全部价款和价外费用扣除支付的分包款后的余额,按照2%的预征率计算应预缴税款。

（二）一般纳税人跨县（市、区）提供建筑服务,选择适用简易计税方法计税的,以取得的全部价款和价外费用扣除支付的分包款后的余额,按照3%的征收率计算应预缴税款。

（三）小规模纳税人跨县（市、区）提供建筑服务,以取得的全部价款和价外费用扣除支付的分包款后的余额,按照3%的征收率计算应预缴税款。

第五条　纳税人跨县（市、区）提供建筑服务,按照以下公式计算应预缴税款:

（一）适用一般计税方法计税的,

$$应预缴税款＝(全部价款和价外费用－支付的分包款)÷(1＋\underline{11\%})×2\%$$

注释1: 根据《财政部　税务总局关于调整增值税税率的通知》(2018年4月4日,财税〔2018〕32号)第一条规定,自2018年5月1日起,纳税人发生增值税应税销售行为,原适用11%税率的,税率调整为10%。

注释2: 根据《财政部　税务总局　海关总署关于深化增值税改革有关政策的公告》(2019年3月20日,财政部　国家税务总局　海关总署公告2019年第39号)第一条规定,自2019年4月1日起,增值税一般纳税人发生增值税应税销售行为或者进口货物,原适用10%税率的,税率调整为9%。

（二）适用简易计税方法计税的,

$$应预缴税款＝(全部价款和价外费用－支付的分包款)÷(1＋3\%)×3\%$$

纳税人取得的全部价款和价外费用扣除支付的分包款后的余额为负数的,可结转下次预缴税款时继续扣除。

纳税人应按照工程项目分别计算应预缴税款,分别预缴。

注释:《财政部　国家税务总局关于建筑服务等营改增试点政策的通知》(2017年7月11日,财税〔2017〕58号)第三条规定:"纳税人提供建筑服务取得预收款,应在收到预收款时,以取得的预收款扣除支付的分包款后的余额,按照本条第三款规定的预征率预缴增值税。

按照现行规定应在建筑服务发生地预缴增值税的项目,纳税人收到预收款时在建筑服务发生地预缴增值税。按照现行规定无需在建筑服务发生地预缴增值税的项目,纳税人收到预收款时在机构所在地预缴增值税。

适用一般计税方法计税的项目预征率为2%,适用简易计税方法计税的项目预征率为3%。"

第六条　纳税人按照上述规定从取得的全部价款和价外费用中扣除支付的分包款,应当取得符合法律、行政法规和国家税务总局规定的合法有效凭证,否则不得扣除。

上述凭证是指:

（一）从分包方取得的2016年4月30日前开具的建筑业营业税发票。

上述建筑业营业税发票在2016年6月30日前可作为预缴税款的扣除凭证。

（二）从分包方取得的2016年5月1日后开具的,备注栏注明建筑服务发生地所在县（市、区）、项目名称的增值税发票。

（三）国家税务总局规定的其他凭证。

第七条　纳税人跨县（市、区）提供建筑服务,在向建筑服务发生地主管国税机关预缴税款时,需提交以下资料:

（一）《增值税预缴税款表》;

（二）与发包方签订的建筑合同原件及复印件;

（三）与分包方签订的分包合同原件及复印件；

（四）从分包方取得的发票原件及复印件。

注释：根据《国家税务总局关于营改增试点若干征管问题的公告》（2016年8月18日，国家税务总局公告2016年第53号）第八条规定，本条自2016年9月1日起调整为：

纳税人跨县（市、区）提供建筑服务，在向建筑服务发生地主管国税机关预缴税款时，需填报《增值税预缴税款表》，并出示以下资料：

（一）与发包方签订的建筑合同复印件（加盖纳税人公章）；

（二）与分包方签订的分包合同复印件（加盖纳税人公章）；

（三）从分包方取得的发票复印件（加盖纳税人公章）。

第八条　纳税人跨县（市、区）提供建筑服务，向建筑服务发生地主管国税机关预缴的增值税税款，可以在当期增值税应纳税额中抵减，抵减不完的，结转下期继续抵减。

纳税人以预缴税款抵减应纳税额，应以完税凭证作为合法有效凭证。

第九条　小规模纳税人跨县（市、区）提供建筑服务，不能自行开具增值税发票的，可向建筑服务发生地主管国税机关按照其取得的全部价款和价外费用申请代开增值税发票。

第十条　对跨县（市、区）提供的建筑服务，纳税人应自行建立预缴税款台账，区分不同县（市、区）和项目逐笔登记全部收入、支付的分包款、已扣除的分包款、扣除分包款的发票号码、已预缴税款以及预缴税款的完税凭证号码等相关内容，留存备查。

第十一条　纳税人跨县（市、区）提供建筑服务预缴税款时间，按照财税〔2016〕36号文件规定的纳税义务发生时间和纳税期限执行。

第十二条　纳税人跨县（市、区）提供建筑服务，按照本办法应向建筑服务发生地主管国税机关预缴税款而自应当预缴之月起超过6个月没有预缴税款的，由机构所在地主管国税机关按照《中华人民共和国税收征收管理法》及相关规定进行处理。

纳税人跨县（市、区）提供建筑服务，未按照本办法缴纳税款的，由机构所在地主管国税机关按照《中华人民共和国税收征收管理法》及相关规定进行处理。

国家税务总局办公厅关于《国家税务总局关于〈纳税人跨县（市、区）提供建筑服务增值税征收管理暂行办法〉的公告》的解读

一、背景和目的

经国务院批准，自2016年5月1日起，在全国范围内全面推开营业税改征增值税试点，建筑业、房地产业、金融业、生活服务业等全部营业税纳税人，由缴纳营业税改为缴纳增值税。为统一营改增后纳税人跨县（市、区）提供建筑服务的征收管理，根据《财政部　国家税务总局关于全面推开营业税改征增值税试点的通知》（财税〔2016〕36号）及现行增值税有关规定，国家税务总局制定了《纳税人跨县（市、区）提供建筑服务增值税征收管理暂行办法》。

二、适用范围

单位和个体工商户在其机构所在地以外的县（市、区）提供建筑服务，适用本办法。在同一直辖市、计划单列市范围内跨县（市、区）提供建筑服务的，由直辖市、计划单列市国家税务局决定是否适用本办法。

其他个人提供建筑服务在建筑服务发生地申报纳税，不适用本办法。

三、主要内容

（一）纳税人跨县（市、区）提供建筑服务，应按规定向建筑服务发生地主管国税机关预缴税款，向机构所在地主管国税机关申报纳税。

（二）区分增值税一般纳税人跨县（市、区）提供建筑服务，适用一般计税方法和选择适用简易计税方法，以及小规模纳税人跨县（市、区）提供建筑服务三种情况，明确了预缴税款的相关规定。

（三）明确了纳税人跨县（市、区）提供建筑服务，预缴税款的计算公式、扣除支付的分包款的合法有效凭证、预缴税款时应提交的资料、自行建立预缴税款台账等问题。

（四）明确小规模纳税人跨县（市、区）提供建筑服务，不能自行开具增值税发票的，可向建筑服务发生地主管国税机关按照其取得的全部价款和价外费用申请代开增值税发票。

（五）明确纳税人跨县（市、区）提供建筑服务预缴税款时间按照《通知》规定的纳税义务发生时间和纳税期限执行。

财政部 国家税务总局关于建筑服务等营改增试点政策的通知

2017 年 7 月 11 日 财税〔2017〕58 号

各省、自治区、直辖市、计划单列市财政厅（局）、国家税务局、地方税务局，新疆生产建设兵团财务局：

现将营改增试点期间建筑服务等政策补充通知如下：

一、建筑工程总承包单位为房屋建筑的地基与基础、主体结构提供工程服务，建设单位自行采购全部或部分钢材、混凝土、砌体材料、预制构件的，适用简易计税方法计税。

地基与基础、主体结构的范围，按照《建筑工程施工质量验收统一标准》（GB 50300—2013）附录 B《建筑工程的分部工程、分项工程划分》中的"地基与基础""主体结构"分部工程的范围执行。

二、《营业税改征增值税试点实施办法》（财税〔2016〕36 号印发）第四十五条第（二）项修改为"纳税人提供租赁服务采取预收款方式的，其纳税义务发生时间为收到预收款的当天"。

三、纳税人提供建筑服务取得预收款，应在收到预收款时，以取得的预收款扣除支付的分包款后的余额，按照本条第三款规定的预征率预缴增值税。

按照现行规定应在建筑服务发生地预缴增值税的项目，纳税人收到预收款时在建筑服务发生地预缴增值税。按照现行规定无需在建筑服务发生地预缴增值税的项目，纳税人收到预收款时在机构所在地预缴增值税。

适用一般计税方法计税的项目预征率为 2%，适用简易计税方法计税的项目预征率为 3%。

四、纳税人采取转包、出租、互换、转让、入股等方式将承包地流转给农业生产者用于农业生产，免征增值税。

五、自 2018 年 1 月 1 日起，金融机构开展贴现、转贴现业务，以其实际持有票据期间取得的利息收入作为贷款服务销售额计算缴纳增值税。此前贴现机构已就贴现利息收入全额缴纳增值税的票据，转贴现机构转贴现利息收入继续免征增值税。

注释：《国家税务总局关于跨境应税行为免税备案等增值税问题的公告》（2017 年 8 月 14 日，国家税务总局公告 2017 年第 30 号）第四条规定："自 2018 年 1 月 1 日起，金融机构开展贴现、转贴现业务需要就贴现利息开具发票的,由贴现机构按照票据贴现利息全额向贴现人开具增值税普通发票,转贴现机构按照转贴现利息全额向贴现机构开具增值税普通发票。"

六、本通知除第五条外,自2017年7月1日起执行。《营业税改征增值税试点实施办法》(财税〔2016〕36号印发)第七条自2017年7月1日起废止。《营业税改征增值税试点过渡政策的规定》(财税〔2016〕36号印发)第一条第(二十三)项第4点自2018年1月1日起废止。

注释:《建筑工程施工质量验收统一标准》(GB 50300—2013)附录B《建筑工程的分部工程、分项工程划分》中的"地基与基础""主体结构"分部工程的范围如下表:

序号	分部工程	子分部工程	分项工程
1	地基与基础	土方工程	土方开挖,土方回填,场地平整
		基坑支护	排桩,重力式挡土墙,型钢水泥土搅拌墙,土钉墙与复合土钉墙,地下连续墙,沉井与沉箱,钢或混凝土支撑,锚杆,降水与排水
		地基处理	灰土地基、砂和砂石地基、土工合成材料地基,粉煤灰地基,强夯地基,注浆地基,预压地基,振冲地基,高压喷射注浆地基,水泥土搅拌桩地基,土和灰土挤密桩地基,水泥粉煤灰碎石桩地基,夯实水泥土桩地基,砂桩地基
		桩基础	先张法预应力管桩,混凝土预制桩,钢桩,混凝土灌注桩
		地下防水	防水混凝土,水泥砂浆防水层,卷材防水层,涂料防水层,塑料防水板防水层,金属板防水层,膨润土防水材料防水层;细部构造,锚喷支护,地下连续墙,盾构隧道,沉井,逆筑结构;渗排水、盲沟排水,隧道排水,坑道排水,塑料排水板排水;预注浆、后注浆,结构裂缝注浆
		混凝土基础	模板,钢筋,混凝土,后浇带混凝土,混凝土结构缝处理
		砌体基础	砖砌体,混凝土小型空心砌块砌体,石砌体,配筋砌体
		型钢、钢管混凝土基础	型钢、钢管焊接与螺栓连接,型钢、钢管与钢筋连接,浇筑混凝土
		钢结构基础	钢结构制作,钢结构安装,钢结构涂装
2	主体结构	混凝土结构	模板,钢筋,混凝土,预应力、现浇结构,装配式结构
		砌体结构	砖砌体,混凝土小型空心砌块砌体,石砌体,配筋砌体,填充墙砌体
		钢结构	钢结构焊接,紧固件连接,钢零部件加工,钢构件组装及预拼装,单层钢结构安装,多层及高层钢结构安装,空间格构钢结构制作,空间格构钢结构安装,压型金属板,防腐涂料涂装,防火涂料涂装,天沟安装,雨棚安装
		型钢、钢管混凝土结构	型钢、钢管现场拼装,柱脚锚固,构件安装,焊接、螺栓连接,钢筋骨架安装,型钢、钢管与钢筋连接,浇筑混凝土
		轻钢结构	钢结构制作,钢结构安装,墙面压型板,屋面压型板
		索膜结构	膜支撑构件制作,膜支撑构件安装,索安装,膜单元及附件制作,膜单元及附件安装
		铝合金结构	铝合金焊接,紧固件连接,铝合金零部件加工,铝合金构件组装,铝合金构件预拼装,单层及多层铝合金结构安装,空间格构铝合金结构安装,铝合金压型板,防腐处理,防火隔热
		木结构	方木和原木结构,胶合木结构,轻型木结构,木结构防护

41 **国家税务总局关于简化建筑服务增值税简易计税方法备案事项的公告**

2017年11月26日　国家税务总局公告2017年第43号

为进一步深化税务系统"放管服"改革,简化办税流程,根据《国家税务总局关于进一步深化税务系统"放管服"改革 优化税收环境的若干意见》（税总发〔2017〕101号）要求，现就建筑服务增值税简易计税方法备案事项公告如下：

一、增值税一般纳税人（以下称"纳税人"）提供建筑服务，按规定适用或选择适用简易计税方法计税的，实行一次备案制。

二、纳税人应在按简易计税方法首次办理纳税申报前，向机构所在地主管国税机关办理备案手续，并提交以下资料：

（一）为建筑工程老项目提供的建筑服务，办理备案手续时应提交《建筑工程施工许可证》（复印件）或建筑工程承包合同（复印件）；

（二）为甲供工程提供的建筑服务、以清包工方式提供的建筑服务，办理备案手续时应提交建筑工程承包合同（复印件）。

注释：根据《国家税务总局关于修改部分税收规范性文件的公告》（2018年6月15日，国家税务总局公告2018年第31号）规定，本文第二条中的"国税机关"修改为"税务机关"。

三、纳税人备案后提供其他适用或选择适用简易计税方法的建筑服务，不再备案。纳税人应按照本公告第二条规定的资料范围，完整保留其他适用或选择适用简易计税方法建筑服务的资料备查，否则该建筑服务不得适用简易计税方法计税。

税务机关在后续管理中发现纳税人不能提供相关资料的，对少缴的税款应予追缴，并依照《中华人民共和国税收征收管理法》及其实施细则的有关规定处理。

四、纳税人跨县（市）提供建筑服务适用或选择适用简易计税方法计税的，应按上述规定向机构所在地主管国税机关备案，建筑服务发生地主管国税机关无需备案。

注释：根据《国家税务总局关于修改部分税收规范性文件的公告》（2018年6月15日，国家税务总局公告2018年第31号）规定，本文第四条中的"国税机关"修改为"税务机关"。

五、本公告自2018年1月1日起施行。

特此公告。

国家税务总局办公厅关于《国家税务总局关于简化建筑服务增值税简易计税方法备案事项的公告》的解读

一、公告出台背景

《营业税改征增值税试点有关事项的规定》（财税〔2016〕36号文件附件2）规定，一般纳税人提供的建筑服务，可以选择适用增值税简易计税方法计税的情形有三种：为建筑工程老项目提供的建筑服务、为甲供工程提供的建筑服务和以清包工方式提供的建筑服务。另外，《财政部 税务总局关于建筑服务等营改增试点政策的通知》（财税〔2017〕58号）规定，建筑工程总承包单位为房屋建筑的地基与基础、主体结构提供工程服务，建设单位自行采购全部或部分钢材、混凝土、砌体材料、预制构件的，适用简易计税方法计税。

为了深化"放管服"改革，优化税收服务，切实减轻纳税人负担，2017年9月，税务总局印发《关于进一步深化税务系统"放管服"改革优化税收环境的若干意见》（税总发〔2017〕101号），将"简化建筑业企业选择简易计税备案事项"列为进一步深化简政放权的一项任务，限时改进落实。据此，制定了本公告。

二、公告主要内容

（一）明确了一般纳税人提供的建筑服务无论适用还是选择适用简易计税方法，均实行一次备案制。纳税人只需在按简易计税方法首次办理纳税申报前，向机构所在地主管国税机关办理备案手续，备案后提供其他适用或选择适用简易计税方法的建筑服务，不再备案。

（二）明确了纳税人办理备案手续及留存备查所需资料的范围。为建筑工程老项目提供的建筑服务，办理备案手续及留存备查的资料为《建筑工程施工许可证》（复印件）或建筑工程承包合同（复印件）；为甲供工程提供的建筑服务、以清包工方式提供的建筑服务，办理备案手续及留存备查的资料为建筑工程承包合同（复印件）。

（三）明确了税务机关实施后续管理的原则。税务机关在后续管理中发现纳税人不能提供相关资料的，对少缴的税款应予追缴，并依照《中华人民共和国税收征收管理法》及其实施细则的有关规定处理。

（四）明确了跨县（市）提供建筑服务时受理简易计税方法备案的税务机关。纳税人跨县（市）提供建筑服务适用或选择适用简易计税方法计税的，应向机构所在地主管国税机关备案，建筑服务发生地主管国税机关无需备案。

三、公告执行时间

本公告自 2018 年 1 月 1 日起施行。

（二）房地产业

 国家税务总局关于发布《房地产开发企业销售自行开发的房地产项目增值税征收管理暂行办法》的公告

2016 年 3 月 31 日　国家税务总局公告 2016 年第 18 号

国家税务总局制定了《房地产开发企业销售自行开发的房地产项目增值税征收管理暂行办法》，现予以公布，自 2016 年 5 月 1 日起施行。

特此公告。

注释：根据《国家税务总局关于修改部分税收规范性文件的公告》（2018 年 6 月 15 日，国家税务总局公告 2018 年第 31 号）规定，将本文涉及与机构名称变动的第十二、十四、十五、二十一、二十二、二十三、二十八条中的"国税机关"和"地税机关"全部修改为"税务机关"。

房地产开发企业销售自行开发的房地产项目增值税征收管理暂行办法

第一章　适用范围

第一条　根据《财政部　国家税务总局关于全面推开营业税改征增值税试点的通知》（财税〔2016〕36 号）及现行增值税有关规定，制定本办法。

第二条　房地产开发企业销售自行开发的房地产项目，适用本办法。

自行开发，是指在依法取得土地使用权的土地上进行基础设施和房屋建设。

第三条 房地产开发企业以接盘等形式购入未完工的房地产项目继续开发后,以自己的名义立项销售的,属于本办法规定的销售自行开发的房地产项目。

第二章 一般纳税人征收管理

第一节 销 售 额

第四条 房地产开发企业中的一般纳税人(以下简称一般纳税人)销售自行开发的房地产项目,适用一般计税方法计税,按照取得的全部价款和价外费用,扣除当期销售房地产项目对应的土地价款后的余额计算销售额。销售额的计算公式如下:

$$销售额=(全部价款和价外费用-当期允许扣除的土地价款)\div(1+\underline{11\%})$$

注释1:根据《财政部 税务总局关于调整增值税税率的通知》(2018年4月4日,财税〔2018〕32号)第一条规定,自2018年5月1日起,纳税人发生增值税应税销售行为,原适用11%税率的,税率调整为10%。

注释2:根据《财政部 税务总局 海关总署关于深化增值税改革有关政策的公告》(2019年3月20日,财政部 国家税务总局 海关总署公告2019年第39号)规定,自2019年4月1日起,纳税人发生增值税应税销售行为或者进口货物,原适用10%税率的,税率调整为9%。

第五条 当期允许扣除的土地价款按照以下公式计算:

$$当期允许扣除的土地价款=\left(当期销售房地产项目建筑面积\div房地产项目可供销售建筑面积\right)\times支付的土地价款$$

当期销售房地产项目建筑面积,是指当期进行纳税申报的增值税销售额对应的建筑面积。

房地产项目可供销售建筑面积,是指房地产项目可以出售的总建筑面积,不包括销售房地产项目时未单独作价结算的配套公共设施的建筑面积。

支付的土地价款,是指向政府、土地管理部门或受政府委托收取土地价款的单位直接支付的土地价款。

注释1:《国家税务总局关于土地价款扣除时间等增值税征管问题的公告》(2016年12月24日,国家税务总局公告2016年第86号)第五条规定:"《国家税务总局关于发布〈房地产开发企业销售自行开发的房地产项目增值税征收管理暂行办法〉的公告》(国家税务总局公告2016年第18号)第五条中,'当期销售房地产项目建筑面积''房地产项目可供销售建筑面积',是指计容积率地上建筑面积,不包括地下车位建筑面积。"

注释2:《财政部 国家税务总局关于明确金融、房地产开发、教育辅助服务等增值税政策的通知》(2016年12月21日,财税〔2016〕140号)第七条规定:"《营业税改征增值税试点有关事项的规定》(财税〔2016〕36号)第一条第(三)项第10点中'向政府部门支付的土地价款',包括土地受让人向政府部门支付的征地和拆迁补偿费用、土地前期开发费用和土地出让收益等。

房地产开发企业中的一般纳税人销售其开发的房地产项目(选择简易计税方法的房地产老项目除外),在取得土地时向其他单位或个人支付的拆迁补偿费用也允许在计算销售额时扣除。纳税人按上述规定扣除拆迁补偿费用时,应提供拆迁协议、拆迁双方支付和取得拆迁补偿费用凭证等能够证明拆迁补偿费用真实性的材料。"

注释3:《财政部 国家税务总局关于明确金融、房地产开发、教育辅助服务等增值税政策的通知》(2016 年 12 月 21 日,财税〔2016〕140 号)第八条规定:"房地产开发企业(包括多个房地产开发企业组成的联合体)受让土地向政府部门支付土地价款后,设立项目公司对该受让土地进行开发,同时符合下列条件的,可由项目公司按规定扣除房地产开发企业向政府部门支付的土地价款。

(一)房地产开发企业、项目公司、政府部门三方签订变更协议或补充合同,将土地受让人变更为项目公司;

(二)政府部门出让土地的用途、规划等条件不变的情况下,签署变更协议或补充合同时,土地价款总额不变;

(三)项目公司的全部股权由受让土地的房地产开发企业持有。"

第六条 在计算销售额时从全部价款和价外费用中扣除土地价款,应当取得省级以上(含省级)财政部门监(印)制的财政票据。

第七条 一般纳税人应建立台账登记土地价款的扣除情况,扣除的土地价款不得超过纳税人实际支付的土地价款。

第八条 一般纳税人销售自行开发的房地产老项目,可以选择适用简易计税方法按照5%的征收率计税。一经选择简易计税方法计税的,36 个月内不得变更为一般计税方法计税。

房地产老项目,是指:

(一)《建筑工程施工许可证》注明的合同开工日期在 2016 年 4 月 30 日前的房地产项目;

(二)《建筑工程施工许可证》未注明合同开工日期或者未取得《建筑工程施工许可证》但建筑工程承包合同注明的开工日期在 2016 年 4 月 30 日前的建筑工程项目。

第九条 一般纳税人销售自行开发的房地产老项目适用简易计税方法计税的,以取得的全部价款和价外费用为销售额,不得扣除对应的土地价款。

第二节 预缴税款

第十条 一般纳税人采取预收款方式销售自行开发的房地产项目,应在收到预收款时按照 3%的预征率预缴增值税。

第十一条 应预缴税款按照以下公式计算:

$$应预缴税款＝预收款÷(1+适用税率或征收率)×3\%$$

适用一般计税方法计税的,按照11%的适用税率计算;适用简易计税方法计税的,按照5%的征收率计算。

注释:根据《财政部 税务总局关于调整增值税率的通知》(2018 年 4 月 4 日,财税〔2018〕32号)第一条规定,自 2018 年 5 月 1 日起,原适用 11%税率的,税率调整为 10%。

第十二条 一般纳税人应在取得预收款的次月纳税申报期向主管国税机关预缴税款。

第三节 进项税额

第十三条 一般纳税人销售自行开发的房地产项目,兼有一般计税方法计税、简易计税方法计税、免征增值税的房地产项目而无法划分不得抵扣的进项税额的,应以《建筑工程施工许可证》注明的"建设规模"为依据进行划分。

$$\frac{不得抵扣的}{进项税额}＝\frac{当期无法划分的}{全部进项税额}×\left(\frac{简易计税、免税房地产}{项目建设规模}÷\frac{房地产项目}{总建设规模}\right)$$

第四节 纳税申报

第十四条 一般纳税人销售自行开发的房地产项目适用一般计税方法计税的,应按照

《营业税改征增值税试点实施办法》(财税〔2016〕36 号文件印发,以下简称《试点实施办法》)第四十五条规定的纳税义务发生时间,以当期销售额和 11% 的适用税率计算当期应纳税额,抵减已预缴税款后,向主管国税机关申报纳税。未抵减完的预缴税款可以结转下期继续抵减。

注释 1:根据《财政部　税务总局关于调整增值税税率的通知》(2018 年 4 月 4 日,财税〔2018〕32 号)第一条规定,自 2018 年 5 月 1 日起,纳税人发生增值税应税销售行为,原适用 11% 税率的,税率调整为 10%。

注释 2:根据《财政部　税务总局　海关总署关于深化增值税改革有关政策的公告》(2019 年 3 月 20 日,财政部　国家税务总局　海关总署公告 2019 年第 39 号)规定,自 2019 年 4 月 1 日起,纳税人发生增值税应税销售行为或者进口货物,原适用 10% 税率的,税率调整为 9%。

第十五条　一般纳税人销售自行开发的房地产项目适用简易计税方法计税的,应按照《试点实施办法》第四十五条规定的纳税义务发生时间,以当期销售额和 5% 的征收率计算当期应纳税额,抵减已预缴税款后,向主管国税机关申报纳税。未抵减完的预缴税款可以结转下期继续抵减。

第五节　发票开具

第十六条　一般纳税人销售自行开发的房地产项目,自行开具增值税发票。

第十七条　一般纳税人销售自行开发的房地产项目,其 2016 年 4 月 30 日前收取并已向主管地税机关申报缴纳营业税的预收款,未开具营业税发票的,可以开具增值税普通发票,不得开具增值税专用发票。

第十八条　一般纳税人向其他个人销售自行开发的房地产项目,不得开具增值税专用发票。

第三章　小规模纳税人征收管理

第一节　预缴税款

第十九条　房地产开发企业中的小规模纳税人(以下简称小规模纳税人)采取预收款方式销售自行开发的房地产项目,应在收到预收款时按照 3% 的预征率预缴增值税。

第二十条　应预缴税款按照以下公式计算:

$$应预缴税款 = 预收款 \div (1 + 5\%) \times 3\%$$

第二十一条　小规模纳税人应在取得预收款的次月纳税申报期或主管国税机关核定的纳税期限向主管国税机关预缴税款。

第二节　纳税申报

第二十二条　小规模纳税人销售自行开发的房地产项目,应按照《试点实施办法》第四十五条规定的纳税义务发生时间,以当期销售额和 5% 的征收率计算当期应纳税额,抵减已预缴税款后,向主管国税机关申报纳税。未抵减完的预缴税款可以结转下期继续抵减。

第三节　发票开具

第二十三条　小规模纳税人销售自行开发的房地产项目,自行开具增值税普通发票。购买方需要增值税专用发票的,小规模纳税人向主管国税机关申请代开。

第二十四条　小规模纳税人销售自行开发的房地产项目,其 2016 年 4 月 30 日前收取并已向主管地税机关申报缴纳营业税的预收款,未开具营业税发票的,可以开具增值税普通发票,不得申请代开增值税专用发票。

　　第二十五条　小规模纳税人向其他个人销售自行开发的房地产项目,不得申请代开增值税专用发票。

第四章　其　他　事　项

　　第二十六条　房地产开发企业销售自行开发的房地产项目,按照本办法规定预缴税款时,应填报《增值税预缴税款表》。

　　第二十七条　房地产开发企业以预缴税款抵减应纳税额,应以完税凭证作为合法有效凭证。

　　第二十八条　房地产开发企业销售自行开发的房地产项目,未按本办法规定预缴或缴纳税款的,由主管国税机关按照《中华人民共和国税收征收管理法》及相关规定进行处理。

国家税务总局办公厅关于《国家税务总局关于〈房地产开发企业销售自行开发的房地产项目增值税征收管理暂行办法〉的公告》的解读

一、背景和目的

　　经国务院批准,自 2016 年 5 月 1 日起,在全国范围内全面推开营业税改征增值税(以下称营改增)试点,金融、建筑、房地产和生活服务业等全部营业税纳税人纳入营改增试点。为便于征纳双方执行,根据《财政部　国家税务总局关于全面推开营业税改征增值税试点的通知》(财税〔2016〕36 号)及现行增值税有关规定,国家税务总局发布了《房地产开发企业销售自行开发的房地产项目增值税征收管理暂行办法》,以明确房地产开发企业销售自行开发的房地产项目如何征收管理的相关问题。

二、适用范围

　　房地产开发企业销售自行开发的房地产项目,以及房地产开发企业以接盘等形式购入未完工的房地产项目继续开发后、以自己的名义立项销售的,适用本办法。

三、主要内容

（一）一般纳税人

　　1. 一般纳税人销售自行开发的房地产项目,适用一般计税方法计税,按照取得的全部价款和价外费用,扣除当期销售房地产项目对应的土地价款后的余额计算销售额。办法明确了如何计算当期允许扣除的土地价款及相关管理要求。

　　2. 一般纳税人销售自行开发的房地产老项目适用简易计税方法计税的,以取得的全部价款和价外费用为销售额,不得扣除对应的土地价款。

　　3. 一般纳税人采取预收款方式销售自行开发的房地产项目,应在收到预收款时按照 3% 的预征率预缴增值税。办法明确了如何计算应预缴税款。

　　4. 一般纳税人销售自行开发的房地产项目,应按照规定的纳税义务发生时间,以当期销售额和适用税率或征收率计算当期应纳税额,抵减已预缴税款后,向主管国税机关申报纳税。未抵减完的预缴税款可以结转下期继续抵减。

　　5. 办法还明确了一般纳税人如何开具发票等具体征管问题。

（二）小规模纳税人

1. 小规模纳税人采取预收款方式销售自行开发的房地产项目,应在收到预收款时按照3％的预征率预缴增值税。办法进一步明确了如何计算应预缴税款。

2. 小规模纳税人销售自行开发的房地产项目,应按规定的纳税义务发生时间,以当期销售额和5％的征收率计算当期应纳税额,抵减已预缴税款后,向主管国税机关申报纳税。未抵减完的预缴税款可以结转下期继续抵减。

3. 办法还明确了小规模纳税人如何开具发票等具体税收征管问题。

 国家税务总局关于营改增后土地增值税若干征管规定的公告

2016 年 11 月 10 日　国家税务总局公告 2016 年第 70 号

为进一步做好营改增后土地增值税征收管理工作,根据《中华人民共和国土地增值税暂行条例》及其实施细则、《财政部 国家税务总局关于营改增后契税 房产税 土地增值税 个人所得税计税依据问题的通知》(财税〔2016〕43 号)等规定,现就土地增值税若干征管问题明确如下:

一、关于营改增后土地增值税应税收入确认问题

营改增后,纳税人转让房地产的土地增值税应税收入不含增值税。适用增值税一般计税方法的纳税人,其转让房地产的土地增值税应税收入不含增值税销项税额;适用简易计税方法的纳税人,其转让房地产的土地增值税应税收入不含增值税应纳税额。

为方便纳税人,简化土地增值税预征税款计算,房地产开发企业采取预收款方式销售自行开发的房地产项目的,可按照以下方法计算土地增值税预征计征依据:

$$土地增值税预征的计征依据＝预收款－应预缴增值税税款$$

二、关于营改增后视同销售房地产的土地增值税应税收入确认问题

纳税人将开发产品用于职工福利、奖励、对外投资、分配给股东或投资人、抵偿债务、换取其他单位和个人的非货币性资产等,发生所有权转移时应视同销售房地产,其收入应按照《国家税务总局关于房地产开发企业土地增值税清算管理有关问题的通知》(国税发〔2006〕187号)第三条规定执行。纳税人安置回迁户,其拆迁安置用房应税收入和扣除项目的确认,应按照《国家税务总局关于土地增值税清算有关问题的通知》(国税函〔2010〕220 号)第六条规定执行。

三、关于与转让房地产有关的税金扣除问题

(一)营改增后,计算土地增值税增值额的扣除项目中"与转让房地产有关的税金"不包括增值税。

(二)营改增后,房地产开发企业实际缴纳的城市维护建设税(以下简称"城建税")、教育费附加,凡能够按清算项目准确计算的,允许据实扣除。凡不能按清算项目准确计算的,则按该清算项目预缴增值税时实际缴纳的城建税、教育费附加扣除。

其他转让房地产行为的城建税、教育费附加扣除比照上述规定执行。

四、关于营改增前后土地增值税清算的计算问题

房地产开发企业在营改增后进行房地产开发项目土地增值税清算时,按以下方法确定相关金额:

(一)土地增值税应税收入＝营改增前转让房地产取得的收入＋营改增后转让房地产取

得的不含增值税收入

（二）与转让房地产有关的税金＝营改增前实际缴纳的营业税、城建税、教育费附加＋营改增后允许扣除的城建税、教育费附加

五、关于营改增后建筑安装工程费支出的发票确认问题

营改增后，土地增值税纳税人接受建筑安装服务取得的增值税发票，应按照《国家税务总局关于全面推开营业税改征增值税试点有关税收征收管理事项的公告》（国家税务总局公告2016年第23号）规定，在发票的备注栏注明建筑服务发生地县（市、区）名称及项目名称，否则不得计入土地增值税扣除项目金额。

六、关于旧房转让时的扣除计算问题

营改增后，纳税人转让旧房及建筑物，凡不能取得评估价格，但能提供购房发票的，《中华人民共和国土地增值税暂行条例》第六条第一、三项规定的扣除项目的金额按照下列方法计算：

（一）提供的购房凭据为营改增前取得的营业税发票的，按照发票所载金额（不扣减营业税）并从购买年度起至转让年度止每年加计5％计算。

（二）提供的购房凭据为营改增后取得的增值税普通发票的，按照发票所载价税合计金额从购买年度起至转让年度止每年加计5％计算。

（三）提供的购房发票为营改增后取得的增值税专用发票的，按照发票所载不含增值税金额加上不允许抵扣的增值税进项税额之和，并从购买年度起至转让年度止每年加计5％计算。

本公告自公布之日起施行。

特此公告。

（三）金融业

财政部　国家税务总局关于进一步明确全面推开
营改增试点金融业有关政策的通知

2016年4月29日　财税〔2016〕46号

各省、自治区、直辖市、计划单列市财政厅（局）、国家税务局、地方税务局，新疆生产建设兵团财务局：

经研究，现将营改增试点期间有关金融业政策补充通知如下：

一、金融机构开展下列业务取得的利息收入，属于《营业税改征增值税试点过渡政策的规定》（财税〔2016〕36号，以下简称《过渡政策的规定》）第一条第（二十三）项所称的金融同业往来利息收入：

（一）质押式买入返售金融商品。

质押式买入返售金融商品，是指交易双方进行的以债券等金融商品为权利质押的一种短期资金融通业务。

（二）持有政策性金融债券。

政策性金融债券，是指开发性、政策性金融机构发行的债券。

二、《过渡政策的规定》第一条第（二十一）项中，享受免征增值税的一年期及以上返还本

利的人身保险包括其他年金保险,其他年金保险是指养老年金以外的年金保险。

三、农村信用社、村镇银行、农村资金互助社、由银行业机构全资发起设立的贷款公司、法人机构在县(县级市、区、旗)及县以下地区的农村合作银行和农村商业银行提供金融服务收入,可以选择适用简易计税方法按照 3% 的征收率计算缴纳增值税。

村镇银行,是指经中国银行业监督管理委员会依据有关法律、法规批准,由境内外金融机构、境内非金融机构企业法人、境内自然人出资,在农村地区设立的主要为当地农民、农业和农村经济发展提供金融服务的银行业金融机构。

农村资金互助社,是指经银行业监督管理机构批准,由乡(镇)、行政村农民和农村小企业自愿入股组成,为社员提供存款、贷款、结算等业务的社区互助性银行业金融机构。

由银行业机构全资发起设立的贷款公司,是指经中国银行业监督管理委员会依据有关法律、法规批准,由境内商业银行或农村合作银行在农村地区设立的专门为县域农民、农业和农村经济发展提供贷款服务的非银行业金融机构。

县(县级市、区、旗),不包括直辖市和地级市所辖城区。

四、对中国农业银行纳入"三农金融事业部"改革试点的各省、自治区、直辖市、计划单列市分行下辖的县域支行和新疆生产建设兵团分行下辖的县域支行(也称县事业部),提供农户贷款、农村企业和农村各类组织贷款(具体贷款业务清单见附件)取得的利息收入,可以选择适用简易计税方法按照 3% 的征收率计算缴纳增值税。

农户贷款,是指金融机构发放给农户的贷款,但不包括按照《过渡政策的规定》第一条第(十九)项规定的免征增值税的农户小额贷款。

农户,是指《过渡政策的规定》第一条第(十九)项所称的农户。

农村企业和农村各类组织贷款,是指金融机构发放给注册在农村地区的企业及各类组织的贷款。

五、本通知自 2016 年 5 月 1 日起执行。

附件
享受增值税优惠的涉农贷款业务清单

1. 法人农业贷款
2. 法人林业贷款
3. 法人畜牧业贷款
4. 法人渔业贷款
5. 法人农林牧渔服务业贷款
6. 法人其他涉农贷款(煤炭、烟草、采矿业、房地产业、城市基础设施建设和其他类的法人涉农贷款除外)
7. 小型农田水利设施贷款
8. 大型灌区改造
9. 中低产田改造
10. 防涝抗旱减灾体系建设
11. 农产品加工贷款
12. 农业生产资料制造贷款

13. 农业物资流通贷款

14. 农副产品流通贷款

15. 农产品出口贷款

16. 农业科技贷款

17. 农业综合生产能力建设

18. 农田水利设施建设

19. 农产品流通设施建设

20. 其他农业生产性基础设施建设

21. 农村饮水安全工程

22. 农村公路建设

23. 农村能源建设

24. 农村沼气建设

25. 其他农村生活基础设施建设

26. 农村教育设施建设

27. 农村卫生设施建设

28. 农村文化体育设施建设

29. 林业和生态环境建设

30. 个人农业贷款

31. 个人林业贷款

32. 个人畜牧业贷款

33. 个人渔业贷款

34. 个人农林牧渔服务业贷款

35. 农户其他生产经营贷款

36. 农户助学贷款

37. 农户医疗贷款

38. 农户住房贷款

39. 农户其他消费贷款

 财政部　国家税务总局关于金融机构同业往来等增值税政策的补充通知

2016 年 6 月 30 日　财税〔2016〕70 号

各省、自治区、直辖市、计划单列市财政厅(局)、国家税务局、地方税务局,新疆生产建设兵团财务局:

经研究,现将营改增试点期间有关金融业政策补充通知如下:

一、金融机构开展下列业务取得的利息收入,属于《营业税改征增值税试点过渡政策的规定》(财税〔2016〕36 号,以下简称《过渡政策的规定》)第一条第(二十三)项所称的金融同业往来利息收入:

(一)同业存款。

同业存款,是指金融机构之间开展的同业资金存入与存出业务,其中资金存入方仅为具有吸收存款资格的金融机构。

（二）同业借款。

同业借款,是指法律法规赋予此项业务范围的金融机构开展的同业资金借出和借入业务。此条款所称"法律法规赋予此项业务范围的金融机构"主要是指农村信用社之间以及在金融机构营业执照列示的业务范围中有反映为"向金融机构借款"业务的金融机构。

（三）同业代付。

同业代付,是指商业银行(受托方)接受金融机构(委托方)的委托向企业客户付款,委托方在约定还款日偿还代付款项本息的资金融通行为。

（四）买断式买入返售金融商品。

买断式买入返售金融商品,是指金融商品持有人(正回购方)将债券等金融商品卖给债券购买方(逆回购方)的同时,交易双方约定在未来某一日期,正回购方再以约定价格从逆回购方买回相等数量同种债券等金融商品的交易行为。

（五）持有金融债券。

金融债券,是指依法在中华人民共和国境内设立的金融机构法人在全国银行间和交易所债券市场发行的、按约定还本付息的有价证券。

（六）同业存单。

同业存单,是指银行业存款类金融机构法人在全国银行间市场上发行的记账式定期存款凭证。

二、商业银行购买央行票据、与央行开展货币掉期和货币互存等业务属于《过渡政策的规定》第一条第(二十三)款第1项所称的金融机构与人民银行所发生的资金往来业务。

三、境内银行与其境外的总机构、母公司之间,以及境内银行与其境外的分支机构、全资子公司之间的资金往来业务属于《过渡政策的规定》第一条第(二十三)款第2项所称的银行联行往来业务。

四、人民币合格境外投资者(RQFII)委托境内公司在我国从事证券买卖业务,以及经人民银行认可的境外机构投资银行间本币市场取得的收入属于《过渡政策的规定》第一条第(二十二)款所称的金融商品转让收入。

银行间本币市场包括货币市场、债券市场以及衍生品市场。

五、本通知自2016年5月1日起执行。

46 财政部 国家税务总局关于资管产品增值税政策有关问题的补充通知

2017年1月6日 财税〔2017〕2号

各省、自治区、直辖市、计划单列市财政厅(局)、国家税务局,地方税务局,新疆生产建设兵团财务局:

现就《财政部 国家税务总局关于明确金融 房地产开发 教育辅助服务等增值税政策的通知》(财税〔2016〕140号)第四条规定的"资管产品运营过程中发生的增值税应税行为,以资管产品管理人为增值税纳税人"问题补充通知如下:

2017年7月1日(含)以后,资管产品运营过程中发生的增值税应税行为,以资管产品管理人为增值税纳税人,按照现行规定缴纳增值税。

对资管产品在2017年7月1日前运营过程中发生的增值税应税行为,未缴纳增值税的,不再缴纳;已缴纳增值税的,已纳税额从资管产品管理人以后月份的增值税应纳税额中抵减。

资管产品运营过程中发生增值税应税行为的具体征收管理办法,由国家税务总局另行制定。

 财政部　国家税务总局关于资管产品增值税有关问题的通知

2017 年 6 月 30 日　财税〔2017〕56 号

各省、自治区、直辖市、计划单列市财政厅(局)、国家税务局、地方税务局,新疆生产建设兵团财务局:

现将资管产品增值税有关问题通知如下:

一、资管产品管理人(以下称管理人)运营资管产品过程中发生的增值税应税行为(以下称资管产品运营业务),暂适用简易计税方法,按照 3% 的征收率缴纳增值税。

资管产品管理人,包括银行、信托公司、公募基金管理公司及其子公司、证券公司及其子公司、期货公司及其子公司、私募基金管理人、保险资产管理公司、专业保险资产管理机构、养老保险公司。

资管产品,包括银行理财产品、资金信托(包括集合资金信托、单一资金信托)、财产权信托、公开募集证券投资基金、特定客户资产管理计划、集合资产管理计划、定向资产管理计划、私募投资基金、债权投资计划、股权投资计划、股债结合型投资计划、资产支持计划、组合类保险资产管理产品、养老保障管理产品。

财政部和税务总局规定的其他资管产品管理人及资管产品。

二、管理人接受投资者委托或信托对受托资产提供的管理服务以及管理人发生的除本通知第一条规定的其他增值税应税行为(以下称其他业务),按照现行规定缴纳增值税。

三、管理人应分别核算资管产品运营业务和其他业务的销售额和增值税应纳税额。未分别核算的,资管产品运营业务不得适用本通知第一条规定。

四、管理人可选择分别或汇总核算资管产品运营业务销售额和增值税应纳税额。

五、管理人应按照规定的纳税期限,汇总申报缴纳资管产品运营业务和其他业务增值税。

六、本通知自 2018 年 1 月 1 日起施行。

对资管产品在 2018 年 1 月 1 日前运营过程中发生的增值税应税行为,未缴纳增值税的,不再缴纳;已缴纳增值税的,已纳税额从资管产品管理人以后月份的增值税应纳税额中抵减。

 财政部　国家税务总局关于小额贷款公司有关税收政策的通知

2017 年 6 月 9 日　财税〔2017〕48 号

各省、自治区、直辖市、计划单列市财政厅(局)、国家税务局、地方税务局,新疆生产建设兵团财务局:

为引导小额贷款公司在"三农"、小微企业等方面发挥积极作用,更好地服务实体经济发展,现将小额贷款公司有关税收政策通知如下:

一、自 2017 年 1 月 1 日至 2019 年 12 月 31 日,对经省级金融管理部门(金融办、局等)批准成立的小额贷款公司取得的农户小额贷款利息收入,免征增值税。

二、自 2017 年 1 月 1 日至 2019 年 12 月 31 日，对经省级金融管理部门（金融办、局等）批准成立的小额贷款公司取得的农户小额贷款利息收入，在计算应纳税所得额时，按 90％ 计入收入总额。

三、自 2017 年 1 月 1 日至 2019 年 12 月 31 日，对经省级金融管理部门（金融办、局等）批准成立的小额贷款公司按年末贷款余额的 1％ 计提的贷款损失准备金准予在企业所得税税前扣除。具体政策口径按照《财政部 国家税务总局关于金融企业贷款损失准备金企业所得税税前扣除有关政策的通知》（财税〔2015〕9 号）执行。

四、本通知所称农户，是指长期（一年以上）居住在乡镇（不包括城关镇）行政管理区域内的住户，还包括长期居住在城关镇所辖行政村范围内的住户和户口不在本地而在本地居住一年以上的住户，国有农场的职工和农村个体工商户。位于乡镇（不包括城关镇）行政管理区域内和在城关镇所辖行政村范围内的国有经济的机关、团体、学校、企事业单位的集体户；有本地户口，但举家外出谋生一年以上的住户，无论是否保留承包耕地均不属于农户。农户以户为统计单位，既可以从事农业生产经营，也可以从事非农业生产经营。农户贷款的判定应以贷款发放时的承贷主体是否属于农户为准。

本通知所称小额贷款，是指单笔且该农户贷款余额总额在 10 万元（含本数）以下的贷款。

五、2017 年 1 月 1 日至本通知印发之日前已征的应予免征的增值税，可抵减纳税人以后月份应缴纳的增值税或予以退还。

财政部 国家税务总局关于延续支持农村金融发展有关税收政策的通知

2017 年 6 月 9 日 财税〔2017〕44 号

各省、自治区、直辖市、计划单列市财政厅（局）、国家税务局、地方税务局，新疆生产建设兵团财务局：

为继续支持农村金融发展，现就农村金融有关税收政策通知如下：

一、自 2017 年 1 月 1 日至 2019 年 12 月 31 日，对金融机构农户小额贷款的利息收入，免征增值税。

二、自 2017 年 1 月 1 日至 2019 年 12 月 31 日，对金融机构农户小额贷款的利息收入，在计算应纳税所得额时，按 90％ 计入收入总额。

三、自 2017 年 1 月 1 日至 2019 年 12 月 31 日，对保险公司为种植业、养殖业提供保险业务取得的保费收入，在计算应纳税所得额时，按 90％ 计入收入总额。

四、本通知所称农户，是指长期（一年以上）居住在乡镇（不包括城关镇）行政管理区域内的住户，还包括长期居住在城关镇所辖行政村范围内的住户和户口不在本地而在本地居住一年以上的住户，国有农场的职工和农村个体工商户。位于乡镇（不包括城关镇）行政管理区域内和在城关镇所辖行政村范围内的国有经济的机关、团体、学校、企事业单位的集体户；有本地户口，但举家外出谋生一年以上的住户，无论是否保留承包耕地均不属于农户。农户以户为统计单位，既可以从事农业生产经营，也可以从事非农业生产经营。农户贷款的判定应以贷款发放时的承贷主体是否属于农户为准。

本通知所称小额贷款，是指单笔且该农户贷款余额总额在 10 万元（含本数）以下的贷款。

本通知所称保费收入,是指原保险保费收入加上分保费收入减去分出保费后的余额。

五、金融机构应对符合条件的农户小额贷款利息收入进行单独核算,不能单独核算的不得适用本通知第一条、第二条规定的优惠政策。

六、本通知印发之日前已征的增值税,可抵减纳税人以后月份应缴纳的增值税或予以退还。

（四）转让、租赁不动产

国家税务总局关于发布《纳税人转让不动产增值税征收管理暂行办法》的公告

2016 年 3 月 31 日　国家税务总局公告 2016 年第 14 号

国家税务总局制定了《纳税人转让不动产增值税征收管理暂行办法》,现予以公布,自 2016 年 5 月 1 日起施行。

特此公告。

纳税人转让不动产增值税征收管理暂行办法

注释:根据《国家税务总局关于修改部分税收规范性文件的公告》(2018 年 6 月 15 日,国家税务总局公告 2018 年第 31 号)规定,自 2018 年 6 月 15 日起,本文全文中的"国税机关"和"地税机关"均修改为"税务机关"。

第一条　根据《财政部　国家税务总局关于全面推开营业税改征增值税试点的通知》(财税〔2016〕36 号)及现行增值税有关规定,制定本办法。

第二条　纳税人转让其取得的不动产,适用本办法。

本办法所称取得的不动产,包括以直接购买、接受捐赠、接受投资入股、自建以及抵债等各种形式取得的不动产。

房地产开发企业销售自行开发的房地产项目不适用本办法。

第三条　一般纳税人转让其取得的不动产,按照以下规定缴纳增值税:

(一)一般纳税人转让其 2016 年 4 月 30 日前取得(不含自建)的不动产,可以选择适用简易计税方法计税,以取得的全部价款和价外费用扣除不动产购置原价或者取得不动产时的作价后的余额为销售额,按照 5% 的征收率计算应纳税额。纳税人应按照上述计税方法向不动产所在地主管地税机关预缴税款,向机构所在地主管国税机关申报纳税。

(二)一般纳税人转让其 2016 年 4 月 30 日前自建的不动产,可以选择适用简易计税方法计税,以取得的全部价款和价外费用为销售额,按照 5% 的征收率计算应纳税额。纳税人应按照上述计税方法向不动产所在地主管地税机关预缴税款,向机构所在地主管国税机关申报纳税。

(三)一般纳税人转让其 2016 年 4 月 30 日前取得(不含自建)的不动产,选择适用一般计税方法计税的,以取得的全部价款和价外费用为销售额计算应纳税额。纳税人应以取得的全部价款和价外费用扣除不动产购置原价或者取得不动产时的作价后的余额,按照 5% 的预征率向不动产所在地主管地税机关预缴税款,向机构所在地主管国税机关申报纳税。

(四)一般纳税人转让其 2016 年 4 月 30 日前自建的不动产,选择适用一般计税方法计税的,以取得的全部价款和价外费用为销售额计算应纳税额。纳税人应以取得的全部价款和价外费用,按照 5% 的预征率向不动产所在地主管地税机关预缴税款,向机构所在地主管国税机关申报纳税。

(五)一般纳税人转让其 2016 年 5 月 1 日后取得(不含自建)的不动产,适用一般计税方法,以取得的全部价款和价外费用为销售额计算应纳税额。纳税人应以取得的全部价款和价外费用扣除不动产购置原价或者取得不动产时的作价后的余额,按照 5% 的预征率向不动产所在地主管地税机关预缴税款,向机构所在地主管国税机关申报纳税。

(六)一般纳税人转让其 2016 年 5 月 1 日后自建的不动产,适用一般计税方法,以取得的全部价款和价外费用为销售额计算应纳税额。纳税人应以取得的全部价款和价外费用,按照 5% 的预征率向不动产所在地主管地税机关预缴税款,向机构所在地主管国税机关申报纳税。

第四条 小规模纳税人转让其取得的不动产,除个人转让其购买的住房外,按照以下规定缴纳增值税:

(一)小规模纳税人转让其取得(不含自建)的不动产,以取得的全部价款和价外费用扣除不动产购置原价或者取得不动产时的作价后的余额为销售额,按照 5% 的征收率计算应纳税额。

(二)小规模纳税人转让其自建的不动产,以取得的全部价款和价外费用为销售额,按照 5% 的征收率计算应纳税额。

除其他个人之外的小规模纳税人,应按照本条规定的计税方法向不动产所在地主管地税机关预缴税款,向机构所在地主管国税机关申报纳税;其他个人按照本条规定的计税方法向不动产所在地主管地税机关申报纳税。

第五条 个人转让其购买的住房,按照以下规定缴纳增值税:

(一)个人转让其购买的住房,按照有关规定全额缴纳增值税的,以取得的全部价款和价外费用为销售额,按照 5% 的征收率计算应纳税额。

(二)个人转让其购买的住房,按照有关规定差额缴纳增值税的,以取得的全部价款和价外费用扣除购买住房价款后的余额为销售额,按照 5% 的征收率计算应纳税额。

个体工商户应按照本条规定的计税方法向住房所在地主管地税机关预缴税款,向机构所在地主管国税机关申报纳税;其他个人应按照本条规定的计税方法向住房所在地主管地税机关申报纳税。

第六条 其他个人以外的纳税人转让其取得的不动产,区分以下情形计算应向不动产所在地主管地税机关预缴的税款:

(一)以转让不动产取得的全部价款和价外费用作为预缴税款计算依据的,计算公式为:

$$应预缴税款 = 全部价款和价外费用 \div (1 + 5\%) \times 5\%$$

(二)以转让不动产取得的全部价款和价外费用扣除不动产购置原价或者取得不动产时的作价后的余额作为预缴税款计算依据的,计算公式为:

$$应预缴税款 = (全部价款和价外费用 - 不动产购置原价或者取得不动产时的作价) \div (1 + 5\%) \times 5\%$$

第七条 其他个人转让其取得的不动产,按照本办法第六条规定的计算方法计算应纳税额并向不动产所在地主管地税机关申报纳税。

第八条 纳税人按规定从取得的全部价款和价外费用中扣除不动产购置原价或者取得不动产时的作价的,应当取得符合法律、行政法规和国家税务总局规定的合法有效凭证。否则,不得扣除。

上述凭证是指:

(一)税务部门监制的发票。

(二)法院判决书、裁定书、调解书,以及仲裁裁决书、公证债权文书。

(三)国家税务总局规定的其他凭证。

第九条 纳税人转让其取得的不动产,向不动产所在地主管地税机关预缴的增值税税款,可以在当期增值税应纳税额中抵减,抵减不完的,结转下期继续抵减。

纳税人以预缴税款抵减应纳税额,应以完税凭证作为合法有效凭证。

第十条 小规模纳税人转让其取得的不动产,不能自行开具增值税发票的,可向不动产所在地主管地税机关申请代开。

第十一条 纳税人向其他个人转让其取得的不动产,不得开具或申请代开增值税专用发票。

第十二条 纳税人转让不动产,按照本办法规定应向不动产所在地主管地税机关预缴税款而自应当预缴之月起超过 6 个月没有预缴税款的,由机构所在地主管国税机关按照《中华人民共和国税收征收管理法》及相关规定进行处理。

纳税人转让不动产,未按照本办法规定缴纳税款的,由主管税务机关按照《中华人民共和国税收征收管理法》及相关规定进行处理。

国家税务总局办公厅关于《国家税务总局关于发布〈纳税人转让不动产增值税征收管理暂行办法〉公告》的解读

一、背景和目的

经国务院批准,自 2016 年 5 月 1 日起,在全国范围内全面推开营业税改征增值税(以下称营改增)试点,金融、建筑、房地产和生活服务业等全部营业税纳税人纳入营改增试点。为便于征纳双方执行,根据《财政部 国家税务总局关于全面推开营业税改征增值税试点的通知》(财税〔2016〕36 号)及现行增值税有关规定,国家税务总局制定出台了《纳税人转让不动产增值税征收管理暂行办法》(以下简称《暂行办法》),对纳税人转让其取得的不动产的税收征管问题进行了明确。

二、适用范围

本办法适用于纳税人转让自己以直接购买、接受捐赠、接受投资入股、自建以及抵债等各种形式取得的不动产,不包括房地产开发企业销售自行开发的房地产项目。

三、主要内容

(一)政策要求:按照不动产的取得时间、纳税人类别、不动产类型,分别对纳税人转让其取得的不动产如何在不动产所在地预缴、如何在机构所在地申报纳税,作了进一步细化和明确。

(二)扣减税款的凭证要求:纳税人按规定以全部价款和价外费用扣除不动产价款后的

余额为销售额或计算预缴税款的依据的,其允许扣除的价款应当取得符合法律、行政法规和国家税务总局规定的合法有效凭证。上述凭证包括税务部门监制的发票,法院判决书、裁定书、调解书,以及仲裁裁决书、公证债权文书等。

(三)发票问题:小规模纳税人转让其取得的不动产,不能自行开具增值税发票的,可向不动产所在地主管地税机关申请代开。纳税人向其他个人转让其取得的不动产,不得开具或申请代开增值税专用发票。

(四)其他问题:《暂行办法》还明确了纳税人销售不动产的税款计算、增值税发票开具以及纳税申报等具体税收征管问题。

 ## 国家税务总局关于发布《纳税人提供不动产经营租赁服务增值税征收管理暂行办法》的公告

2016 年 3 月 31 日　国家税务总局公告 2016 年第 16 号

国家税务总局制定了《纳税人提供不动产经营租赁服务增值税征收管理暂行办法》,现予以公布,自 2016 年 5 月 1 日起施行。

特此公告。

纳税人提供不动产经营租赁服务增值税征收管理暂行办法

注释:根据《国家税务总局关于修改部分税收规范性文件的公告》(2018 年 6 月 15 日,国家税务总局公告 2018 年第 31 号)规定,自 2018 年 6 月 15 日起,本文全文中的"国税机关""地税机关"和"国家税务局"的内容均修改为"税务机关"。

第一条　根据《财政部　国家税务总局关于全面推开营业税改征增值税试点的通知》(财税〔2016〕36 号)及现行增值税有关规定,制定本办法。

第二条　纳税人以经营租赁方式出租其取得的不动产(以下简称出租不动产),适用本办法。

取得的不动产,包括以直接购买、接受捐赠、接受投资入股、自建以及抵债等各种形式取得的不动产。

纳税人提供道路通行服务不适用本办法。

第三条　一般纳税人出租不动产,按照以下规定缴纳增值税:

(一)一般纳税人出租其 2016 年 4 月 30 日前取得的不动产,可以选择适用简易计税方法,按照 5% 的征收率计算应纳税额。

不动产所在地与机构所在地不在同一县(市、区)的,纳税人应按照上述计税方法向不动产所在地主管国税机关预缴税款,向机构所在地主管国税机关申报纳税。

不动产所在地与机构所在地在同一县(市、区)的,纳税人向机构所在地主管国税机关申报纳税。

(二)一般纳税人出租其 2016 年 5 月 1 日后取得的不动产,适用一般计税方法计税。

不动产所在地与机构所在地不在同一县(市、区)的,纳税人应按照 3% 的预征率向不动产所在地主管国税机关预缴税款,向机构所在地主管国税机关申报纳税。

不动产所在地与机构所在地在同一县(市、区)的,纳税人应向机构所在地主管国税机关申报纳税。

一般纳税人出租其 2016 年 4 月 30 日前取得的不动产适用一般计税方法计税的,按照上述规定执行。

第四条 小规模纳税人出租不动产,按照以下规定缴纳增值税:

(一) 单位和个体工商户出租不动产(不含个体工商户出租住房),按照 5% 的征收率计算应纳税额。个体工商户出租住房,按照 5% 的征收率减按 1.5% 计算应纳税额。

不动产所在地与机构所在地不在同一县(市、区)的,纳税人应按照上述计税方法向不动产所在地主管国税机关预缴税款,向机构所在地主管国税机关申报纳税。

不动产所在地与机构所在地在同一县(市、区)的,纳税人应向机构所在地主管国税机关申报纳税。

(二) 其他个人出租不动产(不含住房),按照 5% 的征收率计算应纳税额,向不动产所在地主管地税机关申报纳税。其他个人出租住房,按照 5% 的征收率减按 1.5% 计算应纳税额,向不动产所在地主管地税机关申报纳税。

注释1:《国家税务总局关于营改增试点若干征管问题的公告》(2016 年 8 月 18 日,国家税务总局公告 2016 年第 53 号)规定:"其他个人采取一次性收取租金的形式出租不动产,取得的租金收入可在租金对应的租赁期内平均分摊,分摊后的月租金收入不超过 3 万元的,可享受小微企业免征增值税优惠政策。"

注释2:《国家税务总局关于小规模纳税人免征增值税政策有关征管问题的公告》(2019 年 1 月 19 日,国家税务总局公告 2019 年第 4 号)第四条规定:"《中华人民共和国增值税暂行条例实施细则》第九条所称的其他个人,采取一次性收取租金形式出租不动产取得的租金收入,可在对应的租赁期内平均分摊,分摊后的月租金收入未超过 10 万元的,免征增值税。"此规定自 2019 年 1 月 1 日起执行。

第五条 纳税人出租的不动产所在地与其机构所在地在同一直辖市或计划单列市但不在同一县(市、区)的,由直辖市或计划单列市国家税务局决定是否在不动产所在地预缴税款。

第六条 纳税人出租不动产,按照本办法规定需要预缴税款的,应在取得租金的次月纳税申报期或不动产所在地主管国税机关核定的纳税期限预缴税款。

第七条 预缴税款的计算

(一) 纳税人出租不动产适用一般计税方法计税的,按照以下公式计算应预缴税款:

$$应预缴税款 = 含税销售额 \div (1 + 11\%) \times 3\%$$

注释1:根据《财政部 税务总局关于调整增值税税率的通知》(2018 年 4 月 4 日,财税〔2018〕32 号)第一条规定,自 2018 年 5 月 1 日起,纳税人发生增值税应税销售行为,原适用 11% 税率的,税率调整为 10%。

注释2:根据《财政部 税务总局 海关总署关于深化增值税改革有关政策的公告》(2019 年 3 月 20 日,财政部、国家税务总局、海关总署公告 2019 年第 39 号)规定,自 2019 年 4 月 1 日起,纳税人发生增值税应税销售行为或者进口货物,原适用 10% 税率的,税率调整为 9%。

(二) 纳税人出租不动产适用简易计税方法计税的,除个人出租住房外,按照以下公式计算应预缴税款:

$$应预缴税款 = 含税销售额 \div (1 + 5\%) \times 5\%$$

(三) 个体工商户出租住房,按照以下公式计算应预缴税款:

$$应预缴税款＝含税销售额÷(1＋5\%)×1.5\%$$

第八条　其他个人出租不动产,按照以下公式计算应纳税款:

(一) 出租住房:

$$应纳税款＝含税销售额÷(1＋5\%)×1.5\%$$

(二) 出租非住房:

$$应纳税款＝含税销售额÷(1＋5\%)×5\%$$

第九条　单位和个体工商户出租不动产,按照本办法规定向不动产所在地主管国税机关预缴税款时,应填写《增值税预缴税款表》。

第十条　单位和个体工商户出租不动产,向不动产所在地主管国税机关预缴的增值税款,可以在当期增值税应纳税额中抵减,抵减不完的,结转下期继续抵减。

纳税人以预缴税款抵减应纳税额,应以完税凭证作为合法有效凭证。

第十一条　小规模纳税人中的单位和个体工商户出租不动产,不能自行开具增值税发票的,可向不动产所在地主管国税机关申请代开增值税发票。

其他个人出租不动产,可向不动产所在地主管地税机关申请代开增值税发票。

第十二条　纳税人向其他个人出租不动产,不得开具或申请代开增值税专用发票。

第十三条　纳税人出租不动产,按照本办法规定应向不动产所在地主管国税机关预缴税款而自应当预缴之月起超过6个月没有预缴税款的,由机构所在地主管国税机关按照《中华人民共和国税收征收管理法》及相关规定进行处理。

纳税人出租不动产,未按照本办法规定缴纳税款的,由主管税务机关按照《中华人民共和国税收征收管理法》及相关规定进行处理。

国家税务总局办公厅关于《国家税务总局关于〈纳税人提供不动产经营租赁服务增值税征收管理暂行办法〉的公告》的解读

一、背景和目的

经国务院批准,自2016年5月1日起,在全国范围内全面推开营业税改征增值税试点,建筑业、房地产业、金融业、生活服务业等全部营业税纳税人,由缴纳营业税改为缴纳增值税。根据《财政部　国家税务总局关于全面推开营业税改征增值税试点的通知》(财税〔2016〕36号)和现行增值税有关规定,国家税务总局发布了《纳税人提供不动产经营租赁服务增值税征收管理暂行办法》,明确纳税人提供不动产经营租赁服务增值税征收管理问题。

二、适用范围

纳税人以经营租赁方式出租其取得的不动产,适用本办法。纳税人提供道路通行服务不适用本办法。

三、主要内容

(一)细化政策要求:按照不动产的取得时间、纳税人类别、不动产地点等,分别对纳税人以经营租赁方式出租不动产如何预缴税款、如何申报纳税,作了进一步细化明确。

(二)明确了纳税人应预缴税款的计算公式:按照纳税人适用的计税方法、不动产类型等,明确了如何计算应预缴税款。

(三)明确已预缴税款抵减及凭证要求:单位和个体工商户出租不动产,在不动产所在地主管国税机关预缴的增值税款,允许在当期增值税应纳税额中抵减,抵减不完的,结转下期继续抵减。纳税人以预缴税款抵减应纳税额,应以完税凭证作为依据。

(四)明确了其他个人出租不动产应纳税额的计算及申报缴纳问题:区分住房和非住房,明确了其他个人出租不动产应纳税款的计算公式,并明确其他个人出租不动产,应向不动产所在地地税机关申报缴纳增值税。

(五)明确了发票问题:小规模纳税人中的单位和个体工商户出租不动产,不能自行开具增值税发票的,可向不动产所在地主管国税机关申请代开增值税发票。其他个人出租不动产,可向不动产所在地主管地税机关申请代开增值税发票。

国家税务总局关于纳税人销售其取得的不动产办理产权过户手续使用的增值税发票联次问题的通知

2016 年 5 月 2 日　税总函〔2016〕190 号

各省、自治区、直辖市和计划单列市国家税务局、地方税务局:

近接部分地区反映,需要明确营改增后纳税人销售其取得的不动产,办理产权过户手续使用的增值税发票联次问题。经研究,现将有关问题通知如下:

纳税人销售其取得的不动产,自行开具或者税务机关代开增值税发票时,使用六联增值税专用发票或者五联增值税普通发票。纳税人办理产权过户手续需要使用发票的,可以使用增值税专用发票第六联或者增值税普通发票第三联。

国家税务总局关于纳税人转让不动产缴纳增值税差额扣除有关问题的公告

2016 年 11 月 24 日　国家税务总局公告 2016 年第 73 号

现将纳税人转让不动产缴纳增值税差额扣除有关问题公告如下:

一、纳税人转让不动产,按照有关规定差额缴纳增值税的,如因丢失等原因无法提供取得不动产时的发票,可向税务机关提供其他能证明契税计税金额的完税凭证等资料,进行差额扣除。

二、纳税人以契税计税金额进行差额扣除的,按照下列公式计算增值税应纳税额:

(一)2016 年 4 月 30 日及以前缴纳契税的

$$增值税应纳税额=[全部交易价格(含增值税)-契税计税金额(含营业税)]\div(1+5\%)\times5\%$$

(二)2016 年 5 月 1 日及以后缴纳契税的

$$增值税应纳税额=[全部交易价格(含增值税)\div(1+5\%)-契税计税金额(不含增值税)]\times5\%$$

三、纳税人同时保留取得不动产时的发票和其他能证明契税计税金额的完税凭证等资料的,应当凭发票进行差额扣除。

本公告自发布之日起施行。此前已发生未处理的事项,按照本公告的规定执行。

特此公告。

国家税务总局办公厅关于《国家税务总局关于纳税人转让不动产缴纳增值税差额扣除有关问题的公告》的解读

《国家税务总局关于发布〈纳税人转让不动产增值税征收管理暂行办法〉的公告》(国家税务总局公告 2016 年第 14 号)第八条规定,纳税人按规定从取得的全部价款和价外费用中扣除不动产购置原价或者取得不动产时的作价的,应当取得符合法律、行政法规和国家税务总局规定的合法有效凭证。否则,不得扣除。上述凭证是指:(一)税务部门监制的发票。(二)法院判决书、裁定书、调解书,以及仲裁裁决书、公证债权文书。(三)国家税务总局规定的其他凭证。

在实际执行中,部分纳税人由于丢失等原因无法提供取得不动产时的发票,但可以提供其他能证明契税计税金额的完税凭证等资料。为此,本公告明确了如下事项:

(一)纳税人转让不动产,按照有关规定差额缴纳增值税的,如因丢失等原因无法提供取得不动产时的发票,可向税务机关提供其他能证明契税计税金额的完税凭证等资料,进行差额扣除。

(二)纳税人以契税计税金额进行差额扣除的,应当按公告所列公式计算增值税应纳税额。

(三)纳税人同时保留取得不动产时的发票和其他能证明契税计税金额的完税凭证等资料的,应当凭发票进行差额扣除。

国家税务总局关于个人转让住房享受税收优惠政策判定购房时间问题的公告

2017 年 3 月 17 日　国家税务总局公告 2017 年第 8 号

近接部分地区反映,个人因产权纠纷等原因未能及时获取房屋所有权证书,向法院、仲裁机构申请裁定后,取得人民法院、仲裁委员会的房屋所有权证裁定书的时间,可否确认为个人取得房屋所有权证书时间。针对上述反映,现对个人转让住房享受税收优惠政策判定购房时间公告如下:

个人转让住房,因产权纠纷等原因未能及时取得房屋所有权证书(包括不动产权证书,下同),对于人民法院、仲裁委员会出具的法律文书确认个人购买住房的,法律文书的生效日期视同房屋所有权证书的注明时间,据以确定纳税人是否享受税收优惠政策。

本公告自 2017 年 4 月 1 日起施行。此前尚未进行税收处理的,按本公告规定执行。

特此公告。

国家税务总局办公厅关于《国家税务总局关于个人转让住房享受税收优惠政策判定购房时间问题的公告》的解读

近日,税务总局印发《关于个人转让住房享受税收优惠政策判定购房时间问题的公告》(以下简称"公告"),现解读如下:

一、本公告有关背景

现行税收政策规定,个人对外销售购买二年以上(含二年)的住房减免增值税(营改增前为营业税),自用五年以上的家庭唯一住房免征个人所得税。

2005年以来,税务总局实施房地产税收一体化管理,买卖双方办理房屋产权过户手续时,税务机关以契税为抓手,"先税后证",统一抓好各税种管理。上述各项税收减免政策的落实,都需要判定个人房屋的购房时间。目前,所有与住房交易有关的税种对购房时间都采取统一的判断标准:按照契税完税证明和房屋产权证书(包括不动产权证书,下同)的注明日期两项标准"孰先"原则判断。这一判断标准对于组织税收收入、落实房地产税收优惠政策、加强房地产税收管理起到了积极作用。

近接部分省市反映,有的纳税人购买房屋后,因产权纠纷等原因未能及时取得房屋产权证书。纳税人在拟转让房屋之前,曾经人民法院、仲裁委员会等部门裁定对其对房屋具有所有权,或者确认个人的购房行为。上述部门出具的法律文书证明性强、可信度高,有利于维护纳税人合法权益,可以用于完善现行购房时间判定标准。

二、本公告主要内容

个人所转让住房,因产权纠纷等原因未能及时取得房屋所有权证书(包括不动产权证书,下同),对于人民法院、仲裁委员会出具的法律文书确认个人购买住房的,法律文书的生效日期视同房屋所有权证书的注明时间,据以确定纳税人是否享受税收优惠政策。

本公告自印发之日起施行。此前尚未进行税收处理的,按本公告规定执行。

(五)生活服务业

 国家税务总局关于部分地区开展住宿业增值税小规模纳税人自开增值税专用发票试点工作有关事项的公告

2016年7月6日 国家税务总局公告2016年第44号

为保障全面推开营改增试点工作顺利实施,方便纳税人发票使用,税务总局决定,在部分地区开展住宿业增值税小规模纳税人自行开具增值税专用发票(以下简称专用发票)试点工作。现将有关事项公告如下:

一、试点范围

试点范围限于全国91个城市(名单见附件)月销售额超过3万元(或季销售额超过9万元)的住宿业增值税小规模纳税人(以下称试点纳税人)。

二、试点内容

(一)试点纳税人提供住宿服务、销售货物或发生其他应税行为,需要开具专用发票的,可以通过增值税发票管理新系统自行开具,主管国税机关不再为其代开。

试点纳税人销售其取得的不动产,需要开具专用发票的,仍须向地税机关申请代开。

(二)主管税务机关为试点纳税人核定的单份专用发票最高开票限额不超过一万元。

(三)试点纳税人所开具的专用发票应缴纳的税款,应在规定的纳税申报期内,向主管税务机关申报纳税。在填写增值税纳税申报表时,应将当期开具专用发票的销售额,按照3%和5%的征收率,分别填写在《增值税纳税申报表》(小规模纳税人适用)第2栏和第5栏"税务机关代开的增值税专用发票不含税销售额"的"本期数"相应栏次中。

三、有关要求

主管税务机关要加强对试点纳税人的培训辅导,保障纳税人正确开具专用发票,同时要强化风险防控,加强数据分析比对,认真总结试点经验。

试点纳税人应严格按照专用发票管理有关规定领用、保管、开具专用发票。

本公告自 2016 年 8 月 1 日起施行。

特此公告。

附件:试点城市名单

附件

试点城市名单

东部城市			中部城市		西部城市	
北 京	温 州	惠 州	太 原	南 阳	呼和浩特	银 川
天 津	绍 兴	中 山	大 同	武 汉	包 头	乌鲁木齐
石家庄	金 华	海 口	长 春	宜 昌	南 宁	拉 萨
唐 山	福 州	三 亚	吉 林	襄 阳	桂 林	
秦皇岛	厦 门		哈尔滨	长 沙	北 海	
沈 阳	泉 州		齐齐哈尔	株 洲	重 庆	
大 连	济 南		大 庆	岳 阳	成 都	
本 溪	青 岛		牡丹江	常 德	泸 州	
丹 东	淄 博		合 肥		绵 阳	
锦 州	烟 台		芜 湖		南 充	
上 海	潍 坊		蚌 埠		贵 阳	
南 京	泰 安		安 庆		遵 义	
无 锡	广 州		宣 城		昆 明	
徐 州	韶 关		南 昌		大 理	
常 州	深 圳		九 江		西 安	
苏 州	汕 头		赣 州		宝 鸡	
扬 州	佛 山		郑 州		兰 州	
杭 州	江 门		洛 阳		天 水	
宁 波	湛 江		平顶山		西 宁	

国家税务总局办公厅关于《国家税务总局关于部分地区开展住宿业增值税小规模纳税人自开增值税专用发票试点工作有关事项的公告》的解读

一、发布本公告的背景是什么?

增值税小规模纳税人实行简易计税,现行政策规定小规模纳税人不得自行开具增值税专用发票(以下简称专用发票)。2016 年 5 月 1 日起在全国范围推开营改增试点以来,国税办税大厅为小规模纳税人代开专用发票业务量激增,加之往返办税大厅给代开发票的纳税人造成了极大的不便,有必要研究解决小规模纳税人开具专用发票问题。由于允许小规模纳税人自开专用发票是对现行政策的突破,而且对税务机关的税收管理提出了更高的要求,因此需要选择部分小规模纳税人先行试点积累经验。鉴于营改增后一般纳税人取得住宿服务的专用发票可以抵扣税款,住宿业小规模纳税人具有全天开具发票的需求,往返税务机关代开专用发票十分不便,而且住宿业纳税人有固定经营场所,税务总局决定自 2016 年 8 月 1 日起,在部分地区开展住宿业增值税小规模纳税人自开专用发票试点工作,待总结试点情况后再考虑扩大试点范围。

二、哪些纳税人纳入试点范围?

试点范围限于全国 91 个城市月销售额超过 3 万元(或季销售额超过 9 万元)的住宿业增值税小规模纳税人(以下称试点纳税人)。

三、试点的主要内容是什么?

(一)自 2016 年 8 月 1 日起,试点纳税人提供住宿服务、销售货物或者发生其他应税行为,可以通过增值税发票管理新系统自行开具专用发票,不再需要去国税办税大厅代开专用发票。但是如果试点纳税人销售其取得的不动产,需要开具专用发票的,则必须向地税局申请代开。

(二)专用发票实行最高开票限额管理。主管税务机关为试点纳税人核定的单份专用发票最高开票限额不超过一万元,即单份专用发票可开具的最高不含税金额为 9 999.99 元。

(三)试点纳税人开具专用发票后应缴纳税款,在规定的纳税申报期内,连同其他应税收入一并向主管税务机关申报纳税。试点纳税人在填写增值税纳税申报表时,应将当期开具专用发票的销售额,按照 3% 和 5% 的征收率,分别填写在《增值税纳税申报表》(小规模纳税人适用)第 2 栏和第 5 栏"税务机关代开的增值税专用发票不含税销售额"的"本期数"相应栏次中。

四、试点工作有什么要求?

主管税务机关要加强对试点纳税人的培训辅导,保障纳税人正确开具专用发票,同时要强化风险防控,加强数据分析比对,认真总结试点经验。

试点纳税人应严格按照专用发票管理有关规定领用、开具、保管专用发票。

国家税务总局关于个人保险代理人税收征管有关问题的公告

2016 年 7 月 7 日   国家税务总局公告 2016 年第 45 号

现将个人保险代理人为保险企业提供保险代理服务税收征管有关问题公告如下:

注释:根据《国家税务总局关于修改部分税收规范性文件的公告》(2018 年 6 月 15 日,国家税务总局公告 2018 年第 31 号)规定,自 2018 年 6 月 15 日起,本文第三条、第四条和第五条中的"国税机关"修改为"税务机关"。

一、个人保险代理人为保险企业提供保险代理服务应当缴纳的增值税和城市维护建设税、教育费附加、地方教育附加,税务机关可以根据《国家税务总局关于发布〈委托代征管理办法〉的公告》(国家税务总局公告 2013 年第 24 号)的有关规定,委托保险企业代征。

个人保险代理人为保险企业提供保险代理服务应当缴纳的个人所得税,由保险企业按照现行规定依法代扣代缴。

二、个人保险代理人以其取得的佣金、奖励和劳务费等相关收入(以下简称"佣金收入",不含增值税)减去地方税费附加及展业成本,按照规定计算个人所得税。

展业成本,为佣金收入减去地方税费附加余额的 40%。

三、接受税务机关委托代征税款的保险企业,向个人保险代理人支付佣金费用后,可代个人保险代理人统一向主管国税机关申请汇总代开增值税普通发票或增值税专用发票。

四、保险企业代个人保险代理人申请汇总代开增值税发票时,应向主管国税机关出具个人保险代理人的姓名、身份证号码、联系方式、付款时间、付款金额、代征税款的详细清单。

保险企业应将个人保险代理人的详细信息,作为代开增值税发票的清单,随发票入账。

五、主管国税机关为个人保险代理人汇总代开增值税发票时,应在备注栏内注明"个人保险代理人汇总代开"字样。

六、本公告所称个人保险代理人,是指根据保险企业的委托,在保险企业授权范围内代为办理保险业务的自然人,不包括个体工商户。

七、证券经纪人、信用卡和旅游等行业的个人代理人比照上述规定执行。信用卡、旅游等行业的个人代理人计算个人所得税时,不执行本公告第二条有关展业成本的规定。

个人保险代理人和证券经纪人其他个人所得税问题,按照《国家税务总局关于保险营销员取得佣金收入征免个人所得税问题的通知》(国税函〔2006〕454 号)、《国家税务总局关于证券经纪人佣金收入征收个人所得税问题的公告》(国家税务总局公告 2012 年第 45 号)执行。

本公告自发布之日起施行。

特此公告。

国家税务总局办公厅关于《国家税务总局关于个人保险代理人税收征管有关问题的公告》的解读

一、公告出台的背景

《财政部 国家税务总局关于个人提供非有形商品推销、代理等服务活动取得收入征收营业税和个人所得税有关问题的通知》(财税字〔1997〕103 号)规定:对非企业雇员提供保险等非有形产品推销、代理等服务活动取得的佣金、奖励和劳务费等名目的收入计算征收营业税。非雇员从聘用的企业取得收入的,该企业即为雇员或非雇员应纳税款的扣缴义务人,应按照有关规定按期向主管税务机关申报并代扣代缴税款。

营改增试点全面推开后,上述规定涉及的应税行为已纳入营改增范围,为配合政策调整,国家税务总局出台了《国家税务总局关于个人保险代理人税收征管有关问题的公告》,就有关问题予以明确。

二、公告明确的内容

(一)明确个人保险代理人为保险企业提供保险代理服务应当缴纳的增值税和城市维护建设税、教育费附加、地方教育附加,税务机关可以委托保险企业代征;个人保险代理人为保险企业提供保险代理服务应当缴纳的个人所得税,由保险企业按照现行规定依法代扣代缴。

(二)明确个人保险代理人以其取得的佣金收入减去地方税费附加及展业成本,按照规定计算个人所得税。

(三)明确保险企业可代个人保险代理人统一向主管国税机关申请汇总代开增值税发票。

(四)明确保险企业代个人保险代理人申请代开增值税发票时,应向主管国税机关出具详细清单。

(五)明确主管国税机关为个人保险代理人汇总代开增值税发票时,应在备注栏内注明

"个人保险代理人汇总代开"字样。

（六）明确证券经纪人、信用卡和旅游等行业的个人代理人比照公告规定执行。信用卡、旅游等行业的个人代理人计算个人所得税时，不执行公告中有关展业成本的规定。

（七）明确个人保险代理人和证券经纪人其他个人所得税问题，按照《国家税务总局关于保险营销员取得佣金收入征免个人所得税问题的通知》（国税函〔2006〕454 号）、《国家税务总局关于证券经纪人佣金收入征收个人所得税问题的公告》（国家税务总局公告 2012 年第 45 号）执行。

 **国家税务总局关于物业管理服务中收取的
自来水水费增值税问题的公告**

2016 年 8 月 19 日　国家税务总局公告 2016 年第 54 号

现将物业管理服务中收取的自来水水费增值税有关问题公告如下：

提供物业管理服务的纳税人，向服务接收方收取的自来水水费，以扣除其对外支付的自来水水费后的余额为销售额，按照简易计税办法依 3％的征收率计算缴纳增值税。

本公告自发布之日起施行，2016 年 5 月 1 日以后已发生并处理的事项，不再做调整；未处理的，按本公告规定执行。

特此公告。

国家税务总局办公厅关于《国家税务总局关于物业管理服务中
收取的自来水水费增值税问题的公告》的解读

一、有关背景

2016 年 5 月 1 日全面推开营改增以来，我们陆续接到各地税务机关和纳税人反映，物业公司提供物业服务时代收水费，若按适用税率征收增值税可能导致税负上升，为稳定营改增后物业公司税负水平，经研究，我们制发公告，对于物业公司收取的自来水水费给予一定的特殊政策安排。

二、主要内容

提供物业管理服务的纳税人，向服务接受方收取的自来水水费，以扣除纳税人支付的自来水水费后的余额为销售额，按照简易计税方法依 3％的征收率计算缴纳增值税。同时，纳税人可以按 3％向服务接受方开具增值税专用发票。

（六）电信

 国家税务总局关于发布《电信企业增值税征收管理暂行办法》的公告

2014 年 5 月 14 日　国家税务总局公告 2014 年第 26 号

为明确营业税改征增值税后电信企业总分机构缴纳增值税问题，国家税务总局制定了

《电信企业增值税征收管理暂行办法》,现予以发布,自 2014 年 6 月 1 日起施行。

本办法所称的电信企业总机构 2014 年 6 月所属期的增值税应纳税额,与 2014 年第三季度合并为一个申报期汇总申报。

特此公告。

附件:1. 各省、自治区、直辖市和计划单列市电信企业名单(略)

2. 电信企业分支机构增值税汇总纳税信息传递单(略)

电信企业增值税征收管理暂行办法

第一条 为规范营业税改征增值税后电信企业增值税征收管理,根据《中华人民共和国增值税暂行条例》(以下简称增值税条例)、《营业税改征增值税试点实施办法》(以下简称试点实施办法)及现行增值税有关规定,制定本办法。

电信企业,是指中国电信集团公司、中国移动通信集团公司、中国联合网络通信集团有限公司所属提供电信服务的企业。

第二条 经省、自治区、直辖市或者计划单列市财政厅(局)和国家税务局批准,可以汇总申报缴纳增值税的电信企业,适用本办法。

注释:根据《国家税务总局关于修改部分税收规范性文件的公告》(2018 年 6 月 15 日,国家税务总局公告 2018 年第 31 号)规定,自 2018 年 6 月 15 日起,本文第二条中的"国家税务局"修改为"税务局"。

第三条 各省、自治区、直辖市和计划单列市电信企业(以下简称总机构,具体名单见附件 1)应当汇总计算总机构及其所属电信企业(以下简称分支机构)提供电信服务及其他应税服务的增值税应纳税额,抵减分支机构提供电信服务及其他应税服务已缴纳(包括预缴和查补,下同)的增值税额后,向主管税务机关申报纳税。

总机构发生除电信服务及其他应税服务以外的增值税应税行为,按照增值税条例及相关规定就地申报纳税。

第四条 总机构汇总的销售额,为总机构及其分支机构提供电信服务及其他应税服务的销售额。

第五条 总机构汇总的销项税额,按照本办法第四条规定的销售额和增值税适用税率计算。

第六条 总机构汇总的进项税额,是指总机构及其分支机构提供电信服务及其他应税服务而购进货物、接受加工修理修配劳务和应税服务,支付或者负担的增值税额。

总机构及其分支机构取得的与电信服务及其他应税服务相关的固定资产、专利技术、非专利技术、商誉、商标、著作权、有形动产租赁的进项税额,由总机构汇总缴纳增值税时抵扣。

总机构及其分支机构用于电信服务及其他应税服务以外的进项税额不得汇总。

第七条 总机构及其分支机构用于提供电信服务及其他应税服务的进项税额与不得汇总的进项税额无法准确划分的,按照试点实施办法第二十六条确定的原则执行。

第八条 分支机构提供电信服务及其他应税服务,按照销售额和预征率计算应预缴税额,按月向主管税务机关申报纳税,不得抵扣进项税额。计算公式为:

$$应预缴税额＝(销售额＋预收款)×预征率$$

销售额为分支机构对外（包括向电信服务及其他应税服务接受方和本总机构、分支机构外的其他电信企业）提供电信服务及其他应税服务取得的收入；预收款为分支机构以销售电信充值卡（储值卡）、预存话费等方式收取的预收性质的款项。

销售额不包括免税项目的销售额；预收款不包括免税项目的预收款。

分支机构发生除电信服务及其他应税服务以外的增值税应税行为，按照增值税条例及相关规定就地申报纳税。

第九条 分支机构应按月将提供电信服务及其他应税服务的销售额、预收款、进项税额和已缴纳增值税额归集汇总，填写《电信企业分支机构增值税汇总纳税信息传递单》（见附件2），报送主管税务机关签章确认后，于次月 10 日前传递给总机构。

汇总的销售额包括免税项目的销售额。

汇总的进项税额包括用于免税项目的进项税额。

第十条 总机构的纳税期限为一个季度。

第十一条 总机构应当依据《电信企业分支机构增值税汇总纳税信息传递单》，汇总计算当期提供电信服务及其他应税服务的应纳税额，抵减分支机构提供电信服务及其他应税服务当期已缴纳的增值税额后，向主管税务机关申报纳税。抵减不完的，可以结转下期继续抵减。计算公式为：

总机构当期汇总应纳税额＝当期汇总销项税额－当期汇总的允许抵扣的进项税额

总机构当期应补（退）税额＝总机构当期汇总应纳税额－分支机构当期已缴纳税额

第十二条 总机构及其分支机构，一律由主管税务机关认定为增值税一般纳税人。

第十三条 总机构应当在开具增值税专用发票的次月申报期结束前向主管税务机关报税。

总机构及其分支机构取得的增值税扣税凭证，应当按照有关规定到主管税务机关办理认证或者申请稽核比对。

总机构汇总的允许抵扣的进项税额，应当在季度终了后的第一个申报期内申报抵扣。

第十四条 分支机构的预征率由省、自治区、直辖市或者计划单列市<u>国家税务局</u>商同级财政部门确定。

注释： 根据《国家税务总局关于修改部分税收规范性文件的公告》（2018 年 6 月 15 日，国家税务总局公告 2018 年第 31 号）规定，自 2018 年 6 月 15 日起，本文第十四条中的"国家税务局"修改为"税务局"。

第十五条 电信企业通过手机短信公益特服号为公益机构接受捐款提供服务，如果捐款人索取增值税专用发票的，应按照捐款人支付的全部价款和价外费用，扣除支付给公益性机构捐款后的余额开具增值税专用发票。

第十六条 总机构和分支机构所在地主管税务机关应定期或不定期对其纳税情况进行检查。

分支机构提供电信服务及其他应税服务申报不实的，由其主管税务机关按适用税率全额补征增值税。

第十七条 电信企业普通发票的适用暂由各省、自治区、直辖市和计划单列市<u>国家税务局</u>确定。

各省、自治区分支机构可以使用上级分支机构统一领取的增值税专用发票和普通发票；

各直辖市、计划单列市分支机构可以使用总机构统一领取的增值税专用发票和普通发票。

总机构"一窗式"比对内容中,不含分支机构按照本办法第八条规定就地申报纳税的专用发票销项金额和税额。

注释:根据《国家税务总局关于修改部分税收规范性文件的公告》(2018年6月15日,国家税务总局公告2018年第31号)规定,自2018年6月15日起,本文第十七条中的"国家税务局"修改为"税务局"。

第十八条 总机构及其分支机构的其他增值税涉税事项,按照增值税条例、试点实施办法及相关规定执行。

**国家税务总局办公厅关于《国家税务总局关于发布
〈电信企业增值税征收管理暂行办法〉的公告》的解读**

一、制定《电信企业增值税征收管理暂行办法》的背景

经国务院批准,自2014年6月1日起,电信业实行营业税改征增值税试点。为规范营改增后电信企业增值税征收管理,根据《中华人民共和国增值税暂行条例》《营业税改征增值税试点实施办法》及现行增值税有关规定,我们制定出台了《电信企业增值税征收管理暂行办法》(以下简称《办法》),以明确电信企业的汇总纳税问题。

二、《办法》的适用范围

《办法》明确,经各省、自治区、直辖市和计划单列市财政部门和国家税务局批准,可以汇总申报缴纳增值税的电信企业,适用本办法。电信企业,是指中国电信集团公司、中国移动通信集团公司、中国联合网络通信集团有限公司所属提供电信业服务的企业。

三、预征率确定问题

各省电信企业业务量有多有少,盈利能力也存在较大差异,为保证预征率的设定符合各省实际情况,《办法》规定,电信企业分支机构的预征率由各省、自治区、直辖市和计划单列市国税局商同级财政部门确定。

四、《办法》的其他主要内容

除了对电信企业增值税计算缴纳问题进行细化之外,《办法》主要明确了总分机构一般纳税人认定、分支机构税款缴纳情况如何传递、总分机构纳税期限,以及发票开具等具体税收征管问题。

(七) 邮政业

 国家税务总局关于发布《邮政企业增值税征收管理暂行办法》的公告

2014年1月20日 国家税务总局公告2014年第5号

为明确营业税改征增值税后邮政企业总分机构缴纳增值税问题,国家税务总局制定了《邮政企业增值税征收管理暂行办法》,现予以发布,自2014年1月1日起施行。

特此公告。

附件:邮政企业分支机构增值税汇总纳税信息传递单(略)

邮政企业增值税征收管理暂行办法

第一条 为规范营业税改征增值税后邮政企业增值税征收管理,根据《中华人民共和国增值税暂行条例》(以下称增值税条例)、《营业税改征增值税试点实施办法》(以下称试点实施办法)及现行增值税有关规定,制定本办法。

邮政企业,是指中国邮政集团公司所属提供邮政服务的企业。

第二条 经省、自治区、直辖市或者计划单列市财政厅(局)和国家税务局批准,可以汇总申报缴纳增值税的邮政企业,适用本办法。

注释: 根据《国家税务总局关于修改部分税收规范性文件的公告》(2018年6月15日,国家税务总局公告2018年第31号)规定,自2018年6月15日起,本文第二条中的"国家税务局"修改为"税务局"。

第三条 各省、自治区、直辖市和计划单列市邮政企业(以下称总机构)应当汇总计算总机构及其所属邮政企业(以下称分支机构)提供邮政服务的增值税应纳税额,抵减分支机构提供邮政服务已缴纳(包括预缴和查补,下同)的增值税额后,向主管税务机关申报纳税。

总机构发生除邮政服务以外的增值税应税行为,按照增值税条例、试点实施办法及相关规定就地申报纳税。

第四条 总机构汇总的销售额,为总机构及其分支机构提供邮政服务的销售额。

第五条 总机构汇总的销项税额,按照本办法第四条规定的销售额和增值税适用税率计算。

第六条 总机构汇总的进项税额,是指总机构及其分支机构提供邮政服务而购进货物、接受加工修理修配劳务和应税服务,支付或者负担的增值税额。

总机构及其分支机构取得的与邮政服务相关的固定资产、专利技术、非专利技术、商誉、商标、著作权、有形动产租赁的进项税额,由总机构汇总缴纳增值税时抵扣。

总机构及其分支机构用于邮政服务以外的进项税额不得汇总。

第七条 总机构及其分支机构用于提供邮政服务的进项税额与不得汇总的进项税额无法准确划分的,按照试点实施办法第二十六条确定的原则执行。

第八条 分支机构提供邮政服务,按照销售额和预征率计算应预缴税额,按月向主管税务机关申报纳税,不得抵扣进项税额。计算公式为:

$$应预缴税额=(销售额+预订款)×预征率$$

销售额为分支机构对外(包括向邮政服务接受方和本总、分支机构外的其他邮政企业)提供邮政服务取得的收入;预订款为分支机构向邮政服务接受方收取的预订款。

销售额不包括免税项目的销售额;预订款不包括免税项目的预订款。

分支机构发生除邮政服务以外的增值税应税行为,按照增值税条例、试点实施办法及相关规定就地申报纳税。

第九条 分支机构应按月将提供邮政服务的销售额、预订款、进项税额和已缴纳增值税额归集汇总,填写《邮政企业分支机构增值税汇总纳税信息传递单》(见附件),报送主管税务机关签章确认后,于次月10日前传递给总机构。

汇总的销售额包括免税项目的销售额。

汇总的进项税额包括用于免税项目的进项税额。

第十条 总机构的纳税期限为一个季度。

第十一条 总机构应当依据《邮政企业分支机构增值税汇总纳税信息传递单》，汇总计算当期提供邮政服务的应纳税额，抵减分支机构提供邮政服务当期已缴纳的增值税额后，向主管税务机关申报纳税。抵减不完的，可以结转下期继续抵减。计算公式为：

总机构当期汇总应纳税额＝当期汇总销项税额－当期汇总的允许抵扣的进项税额

总机构当期应补（退）税额＝总机构当期汇总应纳税额－分支机构当期已缴纳税额

第十二条 邮政企业为中国邮政速递物流股份有限公司及其所属机构代办速递物流类业务，从寄件人取得的收入，由总机构并入汇总的销售额计算缴纳增值税。

分支机构收取的上述收入不预缴税款。

寄件人索取增值税专用发票的，邮政企业应向寄件人开具增值税专用发票。

第十三条 总机构及其分支机构，一律由主管税务机关认定为增值税一般纳税人。

第十四条 总机构应当在开具增值税专用发票（含货物运输业增值税专用发票）的次月申报期结束前向主管税务机关报税。

总机构及其分支机构取得的增值税扣税凭证，应当按照有关规定到主管税务机关办理认证或者申请稽核比对。

总机构汇总的允许抵扣的进项税额，应当在季度终了后的第一个申报期内申报抵扣。

第十五条 分支机构的预征率由省、自治区、直辖市或者计划单列市国家税务局商同级财政部门确定。

注释：根据《国家税务总局关于修改部分税收规范性文件的公告》（2018年6月15日，国家税务总局公告2018年第31号）规定，自2018年6月15日起，本文第十五条中的"国家税务局"修改为"税务局"。

第十六条 总机构和分支机构所在地主管税务机关应定期或不定期对其纳税情况进行检查。

分支机构提供邮政服务申报不实的，由其主管税务机关按适用税率全额补征增值税。

第十七条 总机构及其分支机构的其他增值税涉税事项，按照增值税条例、试点实施办法及相关规定执行。

国家税务总局办公厅关于《国家税务总局关于发布〈邮政企业增值税征收管理暂行办法〉的公告》的解读

一、制定《邮政企业增值税征收管理暂行办法》的背景

国务院常务会议决定，从2014年1月1日起，邮政业实行营业税改征增值税。为规范营改增后邮政企业增值税征收管理，根据《中华人民共和国增值税暂行条例》《营业税改征增值税试点实施办法》及现行增值税有关规定，我们制定出台了《邮政企业增值税征收管理暂行办法》（以下简称《办法》），以明确邮政企业的汇总纳税问题。

二、《办法》的适用范围

《办法》明确，经省级财政部门和国家税务局批准，可以汇总申报缴纳增值税的邮政企业，适用本办法。邮政企业，是指中国邮政集团公司所属提供邮政服务的企业。

三、预征率确定问题

各省邮政企业业务量有多有少,盈利能力也存在较大差异,为保证预征率的设定符合各省实际情况,《办法》规定,邮政企业分支机构的预征率由省级国税局商同级财政部门确定。

四、《办法》的其他主要内容

除了对邮政企业增值税计算缴纳问题进行细化之外,《办法》主要明确了总分机构一般纳税人认定、分支机构税款缴纳情况如何传递、总分机构纳税期限等具体税收征管问题。

(八)铁路运输业

国家税务总局关于铁路运输和邮政业营业税改征增值税发票及税控系统使用问题的公告

2013 年 12 月 18 日   国家税务总局公告 2013 年第 76 号

为了保障铁路运输和邮政业营业税改征增值税(以下简称营改增)试点工作顺利实施,现将铁路运输和邮政业营改增后发票及税控系统使用问题公告如下:

注释:根据《国家税务总局关于停止使用货物运输业增值税专用发票有关问题的公告》(2015 年 12 月 31 日,国家税务总局公告 2015 年第 99 号)规定,本公告第一条第一项、第二条、第三条自 2016 年 1 月 1 日起废止。

一、发票使用问题

(一)增值税一般纳税人(以下简称一般纳税人)提供铁路运输服务的,使用货物运输业增值税专用发票(以下简称货运专票)和普通发票;提供邮政服务的,使用增值税专用发票和普通发票。

(二)中国铁路总公司及其所属运输企业(含分支机构)可暂延用其自行印制的铁路票据,其他提供铁路运输服务的纳税人以及提供邮政服务的纳税人,其普通发票的使用由各省国税局确定。

注释:根据《国家税务总局关于修改部分税收规范性文件的公告》(2018 年 6 月 15 日,国家税务总局公告 2018 年第 31 号)规定,自 2018 年 6 月 15 日起,本公告第一条第二项中的"国税局"修改为"税务局"。

(三)提供铁路运输服务的纳税人有 2 个以上开票点且分布在不同省(自治区、直辖市)的,可以携带空白发票在开票点所在地开具。

二、税控系统使用问题

一般纳税人提供铁路运输服务开具货运专票的,使用货物运输业增值税专用发票税控系统(以下简称货运专票税控系统);提供运输服务以外的其他增值税应税项目开具增值税专用发票的,使用增值税防伪税控系统。

三、货运专票开具问题

(一)一般纳税人提供铁路运输服务开具货运专票后,因开票有误且不符合发票作废条件,需要开具红字货运专票的,如同时符合下列条件,可不再向主管税务机关填报《开具红字货物运输业增值税专用发票申请单》,直接在货运专票税控系统中以销项负数开具红字货运专票。开具红字货运专票时应将对应的蓝字发票代码、号码打印在发票备注栏中。

1. 实际受票方拒收或者承运人尚未将货运专票交付实际受票方。

2. 发票联次齐全,实际受票方未认证发票。

除上述情形外,一般纳税人应按照《国家税务总局关于在全国开展营业税改征增值税试点有关征收管理问题的公告》(国家税务总局公告 2013 年第 39 号)第四条第(四)项规定的流程开具红字货运专票,并将《开具红字货物运输业增值税专用发票通知单》编号打印在发票备注栏中,不需打印对应的蓝字发票代码、号码。

(二)铁路运输企业受托代征的印花税款信息,可填写在货运专票"运输货物信息"栏中。

四、本公告自 2014 年 1 月 1 日起施行。

特此公告。

国家税务总局办公厅关于《国家税务总局关于铁路运输和邮政业营业税改征增值税发票及税控系统使用问题的公告》的解读

一、发布本公告的背景

2014 年 1 月 1 日铁路运输和邮政业实施营业税改征增值税(以下简称营改增)试点后,其使用的发票应纳入增值税发票管理,为此公告对铁路运输和邮政业营改增后发票及税控系统使用问题进行明确。

二、铁路运输和邮政业纳税人发票使用规定

(一)增值税一般纳税人(以下简称一般纳税人)提供铁路运输服务的,使用货物运输业增值税专用发票(以下简称货运专票)和普通发票;提供邮政服务的,使用增值税专用发票和普通发票。

(二)中国铁路总公司及其所属运输企业(含分支机构)可暂延用其自行印制的铁路票据,其他提供铁路运输服务的纳税人以及提供邮政服务的纳税人,其普通发票的使用由各省国税局确定。

(三)《中华人民共和国发票管理办法》第二十五规定:除国务院税务主管部门规定的特殊情形外,发票限于领购单位和个人在本省、自治区、直辖市内开具。省、自治区、直辖市税务机关可以规定跨市、县开具发票的办法。第二十六条规定:除国务院税务主管部门规定的特殊情形外,任何单位和个人不得跨规定的使用区域携带、邮寄、运输空白发票。铁路运输行业由其经营模式的特殊性,存在提供铁路运输服务的纳税人有 2 个以上开票点且分布在不同省(自治区、直辖市)的,公告明确其可以携带空白发票并在开票点所在地开具。

三、铁路运输和邮政业纳税人税控系统使用规定

一般纳税人提供铁路运输服务开具货运专票的,使用货物运输业增值税专用发票税控系统(以下简称货运专票税控系统);提供运输服务以外的其他增值税应税项目开具增值税专用发票的,使用增值税防伪税控系统。

四、提供铁路运输服务的纳税人开具货运专票规定

(一)简化提供铁路运输服务的纳税人开具红字货运专票流程:一般纳税人提供铁路运

输服务开具货运专票后,因开票有误且不符合发票作废条件,需要开具红字货运专票的,如同时符合"1.实际受票方拒收或者承运人尚未将货运专票交付实际受票方;2.发票联次齐全,实际受票方未认证发票"这两个条件,可不再向主管税务机关填报《开具红字货物运输业增值税专用发票申请单》,直接在货运专票税控系统中以销项负数开具红字货运专票。需提示的是:开具红字货运专票时应将对应的蓝字发票代码、号码打印在发票备注栏中。

上述情形之外的一般纳税人按照《国家税务总局关于在全国开展营业税改征增值税试点有关征收管理问题的公告》(2013年第39号)第四条第(四)项规定的流程开具红字货运专票,并将《开具红字货物运输业增值税专用发票通知单》编号打印在发票备注栏中,需提示的是:不需打印对应的蓝字发票代码、号码。

(二)为减轻铁路运输企业开票负担,公告明确其受托代征的印花税款信息,可填写在货运专票"运输货物信息"栏中。

财政部 国家税务总局关于铁路运输企业汇总缴纳增值税的通知

2013年12月30日 财税〔2013〕111号

各省、自治区、直辖市、计划单列市财政厅(局)、国家税务局、地方税务局,新疆生产建设兵团财务局:

经研究,现将铁路运输企业汇总缴纳增值税政策通知如下:

一、自2014年1月1日起,中国铁路总公司及其分支机构(分支机构名单见附件)提供铁路运输服务以及与铁路运输相关的物流辅助服务,按照《总分机构试点纳税人增值税计算缴纳暂行办法》(财税〔2013〕74号)计算缴纳增值税。

二、附件1中分支机构的预征率为1%,预征税款应计入预算科目101010402目"中国铁路总公司改征增值税待分配收入"。

三、附件2中分支机构的预征率为3%,预征税款应计入预算科目101010401目"改征增值税"。

注释:根据《财政部 国家税务总局关于铁路运输企业汇总缴纳增值税的补充通知》(2014年8月19日,财税〔2014〕54号)第三条规定:"本文第三条自2014年9月1日起废止,已经按照3%预缴的增值税,由中央财政通过2014年年终结算方式予以调整。"

四、中国铁路总公司及其分支机构不适用《总分机构试点纳税人增值税计算缴纳暂行办法》第八条年度清算的规定。

附件1:分支机构名单(一)(略)

附件2:分支机构名单(二)(略)

注释1:《财政部 国家税务总局关于铁路运输企业汇总缴纳增值税的补充通知》(2014年8月19日,财税〔2014〕54号)第一条规定:"对财税〔2013〕111号文件的附件2,更名和增补本通知附件所列的分支机构、自上述分支机构提供铁路运输服务及相关的物流辅助服务之日起,按照财税〔2013〕111号文件以及本通知的规定缴纳增值税。"

注释2:财税〔2014〕54号文件第二条规定:"对财税〔2013〕111号文件的附件2所列的分支机构,在维持由中国铁路总公司汇总计算应交增值税不变的前提下,实行由合资铁路运输企业总部汇总预缴增值税的办法。

（一）合资铁路运输企业总部本级及其下属站段（含委托运输管理的站段，下同）本级的销售额适用的预征率调整为1%，本级应预缴的增值税按下列公式计算，计入预算科目101010401目'改征增值税'。

$$本级应预缴的增值税＝本级应征增值税销售额×1\%$$

（二）合资铁路运输企业总部及其下属站段汇总的销售额适用的预征率仍为3%，合资铁路运输企业总部应按下列公式计算汇总应预缴的增值税，计入预算科目101010401目'改征增值税'。

$$汇总应预缴的增值税＝（总部本级应征增值税销售额＋下属站段本级应征增值税销售额）×3\%－$$
$$（总部本级应预缴的增值税＋下属站段本级应预缴的增值税）$$"

注释3：《财政部　国家税务总局关于调整铁路和航空运输企业汇总缴纳增值税分支机构名单的通知》（2017年8月22日，财税〔2017〕67号）对本文附件2的分支机构名单进行了增补和取消。

国家税务总局关于发布《铁路运输企业增值税征收管理暂行办法》的公告

2014年1月20日　国家税务总局公告2014年第6号

为明确营业税改征增值税后铁路运输企业总分机构缴纳增值税问题，国家税务总局制定了《铁路运输企业增值税征收管理暂行办法》，现予以发布，自2014年1月1日起施行。

特此公告。

附件：铁路运输企业分支机构增值税汇总纳税信息传递单（略）

铁路运输企业增值税征收管理暂行办法

第一条　为规范营业税改征增值税后铁路运输企业增值税征收管理，根据《中华人民共和国增值税暂行条例》（以下称增值税条例）、《营业税改征增值税试点实施办法》（以下称试点实施办法）、《总分机构试点纳税人增值税计算缴纳暂行办法》及现行增值税有关规定，结合铁路运输企业特点，制定本办法。

第二条　经财政部、国家税务总局批准，汇总申报缴纳增值税的中国铁路总公司及其所属运输企业（含下属站段，下同）适用本办法。

第三条　中国铁路总公司所属运输企业按照本办法规定预缴增值税，中国铁路总公司汇总向机构所在地主管税务机关申报纳税。

第四条　中国铁路总公司应当汇总计算本部及其所属运输企业提供铁路运输服务以及与铁路运输相关的物流辅助服务（以下称铁路运输及辅助服务）的增值税应纳税额，抵减所属运输企业提供上述应税服务已缴纳（包括预缴和查补，下同）的增值税额后，向主管税务机关申报纳税。

中国铁路总公司发生除铁路运输及辅助服务以外的增值税应税行为，按照增值税条例、试点实施办法及相关规定就地申报纳税。

第五条　中国铁路总公司汇总的销售额，为中国铁路总公司及其所属运输企业提供铁路运输及辅助服务的销售额。

第六条 中国铁路总公司汇总的销项税额,按照本办法第五条规定的销售额和增值税适用税率计算。

第七条 中国铁路总公司汇总的进项税额,是指中国铁路总公司及其所属运输企业为提供铁路运输及辅助服务而购进货物、接受加工修理修配劳务和应税服务,支付或者负担的增值税额。

中国铁路总公司及其所属运输企业取得与铁路运输及辅助服务相关的固定资产、专利技术、非专利技术、商誉、商标、著作权、有形动产租赁的进项税额,由中国铁路总公司汇总缴纳增值税时抵扣。

中国铁路总公司及其所属运输企业用于铁路运输及辅助服务以外的进项税额不得汇总。

第八条 中国铁路总公司及其所属运输企业用于提供铁路运输及辅助服务的进项税额与不得汇总的进项税额无法准确划分的,按照试点实施办法第二十六条确定的原则执行。

第九条 中国铁路总公司所属运输企业提供铁路运输及辅助服务,按照除铁路建设基金以外的销售额和预征率计算应预缴税额,按月向主管税务机关申报纳税,不得抵扣进项税额。计算公式为:

$$应预缴税额 = (销售额 - 铁路建设基金) \times 预征率$$

销售额是指为旅客、托运人、收货人和其他铁路运输企业提供铁路运输及辅助服务取得的收入。

其他铁路运输企业,是指中国铁路总公司及其所属运输企业以外的铁路运输企业。

中国铁路总公司所属运输企业发生除铁路运输及辅助服务以外的增值税应税行为,按照增值税条例、试点实施办法及相关规定就地申报纳税。

第十条 中国铁路总公司所属运输企业,应按月将当月提供铁路运输及辅助服务的销售额、进项税额和已缴纳增值税额归集汇总,填写《铁路运输企业分支机构增值税汇总纳税信息传递单》(见附件),报送主管税务机关签章确认后,于次月10日前传递给中国铁路总公司。

第十一条 中国铁路总公司的增值税纳税期限为一个季度。

第十二条 中国铁路总公司应当根据《铁路运输企业分支机构增值税汇总纳税信息传递单》,汇总计算当期提供铁路运输及辅助服务的增值税应纳税额,抵减其所属运输企业提供铁路运输及辅助服务当期已缴纳的增值税额后,向主管税务机关申报纳税。抵减不完的,可以结转下期继续抵减。计算公式为:

$$当期汇总应纳税额 = 当期汇总销项税额 - 当期汇总进项税额$$
$$当期应补(退)税额 = 当期汇总应纳税额 - 当期已缴纳税额$$

第十三条 中国铁路总公司及其所属运输企业,一律由主管税务机关认定为增值税一般纳税人。

第十四条 中国铁路总公司应当在开具增值税专用发票(含货物运输业增值税专用发票)的次月申报期结束前向主管税务机关报税。

中国铁路总公司及其所属运输企业取得的增值税扣税凭证,应当按照有关规定到主管税务机关办理认证或者申请稽核比对。

中国铁路总公司汇总的进项税额,应当在季度终了后的第一个申报期内申报抵扣。

第十五条 中国铁路总公司及其所属运输企业所在地主管税务机关应定期或不定期对

其纳税情况进行检查。

中国铁路总公司所属铁路运输企业提供铁路运输及辅助服务申报不实的,由其主管税务机关按适用税率全额补征增值税。

第十六条 铁路运输企业的其他增值税涉税事项,按照增值税条例、试点实施办法及相关规定执行。

国家税务总局办公厅关于《国家税务总局关于发布〈铁路运输企业增值税征收管理暂行办法〉的公告》的解读

一、制定《办法》的背景

《财政部 国家税务总局关于铁路运输企业汇总缴纳增值税的通知》(财税〔2013〕111号),明确中国铁路总公司及其所属运输企业(含下属站段,下同)提供铁路运输服务以及与铁路运输相关的物流辅助服务,按照《总分机构试点纳税人增值税计算缴纳暂行办法》计算缴纳增值税,并确定了预征率和相关预算科目。与之相配套,我们起草了铁路运输企业增值税征收管理办法。

二、《办法》的适用范围

本《办法》适用于经财政部和国家税务总局批准,按照《总分支机构试点纳税人增值税计算缴纳暂行办法》计算缴纳增值税的中国铁路总公司及其所属运输企业。

三、《办法》的主要内容

除了对铁路运输企业增值税计算缴纳问题进行细化之外,《办法》主要明确了中国铁路总公司及其所属运输企业一般纳税人认定、纳税期限、分支机构税款预缴情况如何传递、总分支机构风险防控等具体税收征管问题。

财政部 国家税务总局关于铁路运输企业汇总缴纳增值税的补充通知

2014 年 8 月 5 日 财税〔2014〕54 号

各省、自治区、直辖市、计划单列市财政厅(局)、国家税务局,地方税务局,新疆生产建设兵团财务局:

根据各地反映的情况,现将《财政部 国家税务总局关于铁路运输企业汇总缴纳增值税的通知》(财税〔2013〕111 号)有关合资铁路运输企业汇总缴纳增值税的事项补充明确如下:

一、对财税〔2013〕111 号文件的附件 2,更名和增补本通知附件所列的分支机构。自上述分支机构提供铁路运输服务及相关的物流辅助服务之日起,按照财税〔2013〕111 号文件以及本通知的规定缴纳增值税。

二、对财税〔2013〕111 号文件附件 2 所列的分支机构,在维持由中国铁路总公司汇总计算应交增值税不变的前提下,实行由合资铁路运输企业总部汇总预缴增值税的办法。

(一)合资铁路运输企业总部本级及其下属站段(含委托运输管理的站段,下同)本级的销售额适用的预征率调整为 1%,本级应预缴的增值税按下列公式计算,计入预算科目101010401 目"改征增值税"。

本级应预缴的增值税＝本级应征增值税销售额×1%

（二）合资铁路运输企业总部及其下属站段汇总的销售额适用的预征率仍为3%，合资铁路运输企业总部应按下列公式计算汇总应预缴的增值税，计入预算科目101010401目"改征增值税"。

汇总应预缴的增值税＝（总部本级应征增值税销售额＋下属站段本级应征增值税销售额）
×3%－（总部本级应预缴的增值税＋下属站段本级应预缴的增值税）

三、本通知自2014年9月1日起执行。财税〔2013〕111号文件第三条相应废止。已经按照3%预缴的增值税，由中央财政通过2014年年终结算方式予以调整。

附件：分支机构名单（略）

注释：《财政部　国家税务总局关于调整铁路和航空运输企业汇总缴纳增值税分支机构名单的通知》（2017年8月22日，财税〔2017〕67号）第一条第一款第一项规定："对《财政部　国家税务总局关于铁路运输企业汇总缴纳增值税的补充通知》（财税〔2014〕54号）的附件，取消本通知附件2所列的分支机构。"

财政部　税务总局关于调整铁路和航空运输企业
汇总缴纳增值税总分机构名单的通知

2019年1月2日　财税〔2019〕1号

各省、自治区、直辖市、计划单列市财政厅（局），国家税务总局各省、自治区、直辖市、计划单列市税务局：

经研究，我们对铁路和航空运输企业汇总缴纳增值税总分机构名单进行了调整。现将有关内容通知如下：

一、铁路运输企业

（一）对《财政部　国家税务总局关于铁路运输企业汇总缴纳增值税的通知》（财税〔2013〕111号）的附件1，变更本通知附件1所列的分支机构。

（二）对《财政部　国家税务总局关于铁路运输企业汇总缴纳增值税的通知》（财税〔2013〕111号）附件2，增补、变更、取消本通知附件2所列的分支机构。

（三）对《财政部　国家税务总局关于铁路运输企业汇总缴纳增值税的补充通知》（财税〔2014〕54号）的附件，变更、取消本通知附件3所列的分支机构。

（四）对《财政部　国家税务总局关于调整铁路和航空运输企业汇总缴纳增值税分支机构名单的通知》（财税〔2015〕87号）附件2和《财政部　国家税务总局关于调整铁路和航空运输企业汇总缴纳增值税分支机构名单的通知》（财税〔2017〕67号）附件1，变更本通知附件4所列的分支机构。

上述增补和变更的铁路运输企业分支机构，自提供铁路运输服务及相关的物流辅助服务之日起，按照财税〔2013〕111号、财税〔2014〕54号、财税〔2015〕87号和财税〔2017〕67号文件的规定缴纳增值税。

上述取消的铁路运输企业分支机构，自本通知附件2、附件3列明的取消时间起，不再按照财税〔2013〕111号和财税〔2014〕54号文件的规定缴纳增值税。

二、航空运输企业

对《财政部 国家税务总局关于部分航空运输企业总分机构增值税计算缴纳问题的通知》（财税〔2013〕86号）的附件2,增补本通知附件5所列总机构和分支机构。

上述增补的航空运输企业总机构和分支机构,自本通知附件5列明的汇总纳税时间起,按照财税〔2013〕86号文件的规定缴纳增值税。

附件1:分支机构名单（一）（略）

附件2:分支机构名单（二）（略）

附件3:分支机构名单（三）（略）

附件4:分支机构名单（四）（略）

附件5:总分机构名单（五）（略）

（九）航空运输业

财政部 国家税务总局关于部分航空运输企业总分机构增值税计算缴纳问题的通知

2013 年 10 月 24 日 财税〔2013〕86 号

各省、自治区、直辖市、计划单列市财政厅（局）、国家税务局、地方税务局,新疆生产建设兵团财务局:

现将部分航空运输企业总机构及其分支机构缴纳增值税有关问题通知如下:

一、本通知附件1列明的航空运输企业总分支机构,自2013年8月1日起,按《总分机构试点纳税人增值税计算缴纳暂行办法》（财税〔2013〕74号,以下称《暂行办法》）计算缴纳增值税。

二、本通知附件2列明的航空运输企业总分支机构,自2013年10月1日起,按《暂行办法》计算缴纳增值税。

三、上述航空运输企业分支机构的预征率为1%。

四、《财政部 国家税务总局关于印发〈总分机构试点纳税人增值税计算缴纳暂行办法〉的通知》（财税〔2012〕84号）和《财政部 国家税务总局关于部分航空公司执行总分机构试点纳税人增值税计算缴纳暂行办法的通知》（财税〔2013〕9号）自2013年10月1日起停止执行。

附件:1. 航空运输企业总机构及其分支机构名单（一）（略）

2. 航空运输企业总机构及其分支机构名单（二）（略）

国家税务总局关于发布《航空运输企业增值税征收管理暂行办法》的公告

2013 年 11 月 28 日 国家税务总局公告 2013 年第 68 号

为解决营业税改征增值税试点期间航空运输企业总分机构缴纳增值税问题,国家税务总局制定了《航空运输企业增值税征收管理暂行办法》,现予以发布。

《财政部 国家税务总局关于部分航空运输企业总分机构增值税计算缴纳问题的通知》（财税〔2013〕86号）附件1列明的航空运输企业总分机构，自2013年8月1日起按本办法计算缴纳增值税；附件2列明的航空运输企业总分机构，自2013年10月1日起按本办法计算缴纳增值税。

《国家税务总局关于发布〈营业税改征增值税试点期间航空运输企业增值税征收管理暂行办法〉的公告》（2013第7号）自2013年10月1日起废止。

特此公告。

航空运输企业增值税征收管理暂行办法

第一条 为规范营业税改征增值税试点期间航空运输企业增值税征收管理，根据《总分机构试点纳税人增值税计算缴纳暂行办法》（财税〔2013〕74号文件印发）和现行增值税有关规定，制定本办法。

第二条 经财政部和国家税务总局批准，按照《总分机构试点纳税人增值税计算缴纳暂行办法》计算缴纳增值税的航空运输企业，适用本办法。

第三条 航空运输企业的总机构（以下简称总机构），应当汇总计算总机构及其分支机构发生《应税服务范围注释》所列业务的应纳税额，抵减分支机构发生《应税服务范围注释》所列业务已缴纳（包括预缴和补缴，下同）的税额后，向主管税务机关申报纳税。

总机构销售货物和提供加工修理修配劳务，按照增值税暂行条例及相关规定就地申报纳税。

第四条 总机构汇总的销售额，为总机构及其分支机构发生《应税服务范围注释》所列业务的销售额。总机构应当按照增值税现行规定核算汇总的销售额。

第五条 总机构汇总的销项税额，按照本办法第四条规定的销售额和增值税适用税率计算。

第六条 总机构汇总的进项税额，是指总机构及其分支机构因发生《应税服务范围注释》所列业务而购进货物或者接受加工修理修配劳务和应税服务，支付或者负担的增值税税额。总机构和分支机构用于《应税服务范围注释》所列业务之外的进项税额不得汇总。

第七条 分支机构发生《应税服务范围注释》所列业务，按照销售额和预征率计算应预缴税额，按月向主管税务机关申报纳税，不得抵扣进项税额。计算公式为：

$$应预缴税额＝销售额×预征率$$

分支机构销售货物和提供加工修理修配劳务，按照增值税暂行条例及相关规定就地申报纳税。

第八条 分支机构应按月将《应税服务范围注释》所列业务的销售额、进项税额和已缴纳税额归集汇总，填写《航空运输企业分支机构传递单》（见附件1），报送主管税务机关签章确认后，于次月10日前传递给总机构。

第九条 总机构的纳税期限为一个季度。

第十条 总机构应当依据《航空运输企业分支机构传递单》，汇总计算当期发生《应税服务范围注释》所列业务的应纳税额，抵减分支机构发生《应税服务范围注释》所列业务当期已缴纳的税额后，向主管税务机关申报纳税。抵减不完的，可以结转下期继续抵减。计算公式为：

$$总机构当期汇总应纳税额 = 当期汇总销项税额 - 当期汇总进项税额$$
$$总机构当期应补(退)税额 = 总机构当期汇总应纳税额 - 分支机构当期已缴纳税额$$

第十一条 航空运输企业汇总缴纳的增值税实行年度清算。

第十二条 年度终了后 25 个工作日内,总机构应当计算分支机构发生《应税服务范围注释》所列业务年度清算的应纳税额,并向主管税务机关报送《——年度航空运输企业年度清算表》(附件 2)。计算公式为：

$$分支机构年度\\清算的应纳税额 = \left(分支机构发生《应税服务范围注释》\\所列业务的年度销售额 \div 总机构汇总的\\年度销售额\right) \times 总机构汇总的\\年度应纳税额$$

总机构汇总的年度应纳税额,为总机构年度内各季度汇总应纳税额的合计数。

第十三条 年度终了后 40 个工作日内,总机构主管税务机关应将《——年度航空运输企业年度清算表》逐级报送国家税务总局。

第十四条 分支机构年度清算的应纳税额小于分支机构已预缴税额,且差额较大的,由国家税务总局通知分支机构所在地的省税务机关,在一定时期内暂停分支机构预缴增值税。分支机构年度清算的应纳税额大于分支机构已预缴税额,差额部分由国家税务总局通知分支机构所在地的省税务机关,在分支机构预缴增值税时一并补缴入库。

第十五条 总机构及其分支机构,一律由主管税务机关认定为增值税一般纳税人。

第十六条 总机构应当在开具增值税专用发票(含货物运输业增值税专用发票)的次月申报期结束前向主管税务机关报税。

总机构及其分支机构取得的增值税扣税凭证,应当按照有关规定到主管税务机关办理认证或者申请稽核比对。

总机构汇总的进项税额,应当在季度终了后的第一个申报期内申报抵扣。

第十七条 主管税务机关应定期或不定期对分支机构纳税情况进行检查。

分支机构发生《应税服务范围注释》所列业务申报不实的,就地按适用税率全额补征增值税。主管税务机关应将检查情况及结果发函通知总机构主管税务机关。

第十八条 总机构及其分支机构的其他增值税涉税事项,按照现行增值税有关政策执行。

国家税务总局办公厅关于《国家税务总局发布〈航空运输企业增值税征收管理暂行办法〉的公告》的解读

一、制定《办法》的背景

上海、北京等地区试点以来,为解决国航、东航、南航等航空运输企业营改增期间增值税缴纳问题,税务总局和财政部以财税字文件下发了《总分机构试点纳税人增值税计算缴纳暂行办法》和《关于部分航空公司执行总分机构试点纳税人增值税计算缴纳暂行办法的通知》,同时税务总局还以公告的形式下发了税收征管方面的《营业税改征增值税试点期间航空运输企业增值税征收管理暂行办法》。上述三个文件互相配套,满足了航空运输企业总分机构缴纳增值税的政策和征管需要。文件的核心内容,是允许总机构汇总计算企业集团的应交增值税,抵减分支机构已经缴纳的增值税和营业税后申报入库。

2013年8月1日"营改增"试点在全国推行后,航空运输企业在各地的分支机构均纳入了试点范围,非试点地区分支机构缴纳营业税等问题已不存在,原有的政策和征管文件均需要修订后重新下发。此外,此次纳入试点的地区中,还有海航、川航、山航等航空运输企业也面临总分机构分离、需要汇总纳税的问题。

鉴于以上情况,11月1日,部局两家联合印发了《财政部 国家税务总局关于重新印发〈总分机构试点纳税人增值税计算缴纳暂行办法〉的通知》(财税〔2013〕74号)和《财政部 国家税务总局关于部分航空运输企业总分机构增值税计算缴纳问题的通知》(财税〔2013〕86号)。作为征管配套文件,《国家税务总局关于发布〈航空运输企业增值税征收管理暂行办法〉的公告》应进行了相应修订。

二、《办法》的适用范围

本《办法》适用于经财政部和国家税务总局批准,按照《总分机构试点纳税人增值税计算缴纳暂行办法》计算缴纳增值税的航空运输企业。

三、《办法》的主要内容

除了对航空运输企业增值税计算缴纳问题进行细化之外,《办法》主要明确了总分机构一般纳税人认定、分支机构税款缴纳情况如何传递、总机构纳税期限、年终清算办法以及风险防控等具体税收征管问题。

国家税务总局关于部分航空运输企业总分机构
增值税计算缴纳问题的公告

2014年9月28日 国家税务总局公告2014年第55号

现将部分航空运输企业总机构及其分支机构缴纳增值税有关问题公告如下:

《财政部 国家税务总局关于部分航空运输企业总分机构增值税计算缴纳问题的通知》(财税〔2013〕86号)附件2中,中国南方航空股份有限公司和厦门航空有限公司更名和增补本通知附件所列分支机构。

增补的分支机构自提供《应税服务范围注释》所列应税服务之日起,按照《总分机构试点纳税人增值税计算缴纳暂行办法》(财税〔2013〕74号)计算缴纳增值税。

附件:更名和增补的航空运输企业分支机构名单(略)

国家税务总局办公厅关于《国家税务总局关于部分航空运输企业
总分机构增值税计算缴纳问题的公告》的解读

营改增全国范围内推行后,鉴于航空运输企业跨省经营的特殊性,我局与财政部联合下发了《财政部 国家税务总局关于部分航空运输企业总分机构增值税计算缴纳问题的通知》(财税〔2013〕86号),明确了包括厦门航空有限公司(以下称厦航)和中国南方航空股份有限公司(以下称南航)在内的15家航空运输企业,按照《总分机构试点纳税人增值税计算缴纳暂行办法》(财税〔2013〕74号,以下称74号)的规定,实行分支机构预征增值税,总机构汇总计算缴纳增值税的办法(以下称汇总纳税)。目前该办法实施情况良好。

前一时期,实行汇总纳税的厦航和南航,分别设立了新的分支机构,并分别向主管税务机关申请将其纳入各自的汇总纳税范围。另,南航原有分支机构中,河南分公司的名称发生了变化,南航请明确该分支机构更名后仍属于汇总纳税的范围。为此,我们下发公告,明确厦航和南航新增和更名的分支机构,按74号文件的规定计算缴纳增值税。

四、文化事业建设费

财政部　国家税务总局关于营业税改征增值税试点有关文化事业建设费政策及征收管理问题的通知

2016年3月28日　财税〔2016〕25号

各省、自治区、直辖市、计划单列市财政厅(局)、国家税务局、地方税务局:

为促进文化事业发展,现就营业税改征增值税(以下简称营改增)试点中文化事业建设费政策及征收管理有关问题通知如下:

一、在中华人民共和国境内提供广告服务的广告媒介单位和户外广告经营单位,应按照本通知规定缴纳文化事业建设费。

二、中华人民共和国境外的广告媒介单位和户外广告经营单位在境内提供广告服务,在境内未设有经营机构的,以广告服务接受方为文化事业建设费的扣缴义务人。

三、缴纳文化事业建设费的单位(以下简称缴纳义务人)应按照提供广告服务取得的计费销售额和3%的费率计算应缴费额,计算公式如下:

应缴费额＝计费销售额×3%

计费销售额,为缴纳义务人提供广告服务取得的全部含税价款和价外费用,减除支付给其他广告公司或广告发布者的含税广告发布费后的余额。

缴纳义务人减除价款的,应当取得增值税专用发票或国家税务总局规定的其他合法有效凭证,否则,不得减除。

四、按规定扣缴文化事业建设费的,扣缴义务人应按下列公式计算应扣缴费额:

应扣缴费额＝支付的广告服务含税价款×费率

五、文化事业建设费的缴纳义务发生时间和缴纳地点,与缴纳义务人的增值税纳税义务发生时间和纳税地点相同。

文化事业建设费的扣缴义务发生时间,为缴纳义务人的增值税纳税义务发生时间。

文化事业建设费的扣缴义务人应当向其机构所在地或者居住地主管税务机关申报缴纳其扣缴的文化事业建设费。

六、文化事业建设费的缴纳期限与缴纳义务人的增值税纳税期限相同。

文化事业建设费扣缴义务人解缴税款的期限,应按照前款规定执行。

七、增值税小规模纳税人中月销售额不超过 2 万元(按季纳税 6 万元)的企业和非企业性单位提供的应税服务,免征文化事业建设费。

自 2015 年 1 月 1 日起至 2017 年 12 月 31 日,对按月纳税的月销售额不超过 3 万元(含 3 万元),以及按季纳税的季度销售额不超过 9 万元(含 9 万元)的缴纳义务人,免征文化事业建设费。

八、营改增后的文化事业建设费,由国家税务局征收。

九、营改增试点中文化事业建设费的预算科目、预算级次和缴库办法等,参照《财政部关于开征文化事业建设费有关预算管理问题的通知》(财预字〔1996〕469 号)的规定执行,具体如下:

中央所属企事业单位缴纳的文化事业建设费,中央所属企事业单位组成的联营企业、股份制企业缴纳的文化事业建设费,中央所属企事业单位与集体企业、私营企业组成的联营企业、股份制企业缴纳的文化事业建设费,中央所属企事业单位与港、澳、台商组成的合资经营企业(港或澳、台资)、合作经营企业(港或澳、台资)缴纳的文化事业建设费,中央所属企事业单位与外商组成的中外合资经营企业、中外合作经营企业缴纳的文化事业建设费,全部作为中央预算收入,由税务机关开具税收缴款书,以"1030217 文化事业建设费收入"项级科目就地缴入中央国库。

地方所属企事业单位、集体企业、私营企业、港澳台商独资经营企业、外商独资企业缴纳的文化事业建设费,地方所属企事业单位、集体企业、私营企业组成的联营企业、股份制企业缴纳的文化事业建设费,地方所属企事业单位、集体企业、私营企业与港、澳、台商组成的合资经营企业(港或澳、台资)、合作经营企业(港或澳、台资)缴纳的文化事业建设费,地方所属企事业单位、集体企业、私营企业与外商组成的中外合资经营企业、中外合作经营企业缴纳的文化事业建设费,全部作为地方预算收入,由税务机关开具税收缴款书,以"1030217 文化事业建设费收入"项级科目,按各地方规定的缴库级次就地缴入地方国库。

中央所属企事业单位与地方所属企事业单位组成的联营企业、股份制企业缴纳的文化事业建设费,中央所属企事业单位与地方所属企事业单位联合与集体企业、私营企业、港澳台商、外商组成的联营企业、股份制企业、合资经营企业(港或澳、台资)、合作经营企业(港或澳、台资)、中外合资经营企业、中外合作经营企业缴纳的文化事业建设费,按中央、地方各自投资占中央和地方投资之和的比例,分别作为中央预算收入和地方预算收入,由税务机关开具税收缴款书就地缴入中央国库和地方规定的地方国库。

十、文化事业建设费纳入财政预算管理,用于文化事业建设。具体管理和使用办法,另行制定。

十一、本通知所称广告服务,是指《财政部 国家税务总局关于全面推开营业税改征增值税试点的通知》(财税〔2016〕36 号)的《销售服务、无形资产、不动产注释》中"广告服务"范围内的服务。

十二、本通知所称广告媒介单位和户外广告经营单位,是指发布、播映、宣传、展示户外广告和其他广告的单位,以及从事广告代理服务的单位。

十三、本通知自 2016 年 5 月 1 日起执行。《关于营业税改征增值税试点有关文化事业建设费征收管理问题的通知》(财综〔2013〕88 号)同时废止。

财政部 国家税务总局关于营业税改征增值税试点有关文化事业建设费政策及征收管理问题的补充通知

2016 年 5 月 13 日 财税〔2016〕60 号

各省、自治区、直辖市、计划单列市财政厅(局)、国家税务局、地方税务局:

为促进文化事业发展,现就全面推开营业税改征增值税试点(以下简称营改增)后娱乐服务征收文化事业建设费有关事项补充通知如下:

一、在中华人民共和国境内提供娱乐服务的单位和个人(以下称缴纳义务人),应按照本通知以及《财政部 国家税务总局关于营业税改征增值税试点有关文化事业建设费政策及征收管理问题的通知》(财税〔2016〕25 号)的规定缴纳文化事业建设费。

二、缴纳义务人应按照提供娱乐服务取得的计费销售额和 3% 的费率计算娱乐服务应缴费额,计算公式如下:

$$娱乐服务应缴费额＝娱乐服务计费销售额×3\%$$

娱乐服务计费销售额,为缴纳义务人提供娱乐服务取得的全部含税价款和价外费用。

三、未达到增值税起征点的缴纳义务人,免征文化事业建设费。

四、本通知所称娱乐服务,是指《财政部 国家税务总局关于全面推开营业税改征增值税试点的通知》(财税〔2016〕36 号)的《销售服务、无形资产、不动产注释》中"娱乐服务"范围内的服务。

五、本通知自 2016 年 5 月 1 日起执行。《财政部 国家税务总局关于印发〈文化事业建设费征收管理暂行办法〉的通知》(财税字〔1997〕95 号)同时废止。

 国家税务总局关于营业税改征增值税试点有关文化事业建设费登记与申报事项的公告

2013 年 11 月 11 日 国家税务总局公告 2013 年第 64 号

根据《财政部 国家税务总局关于营业税改征增值税试点有关文化事业建设费征收管理问题的通知》(财综〔2013〕88 号),现将文化事业建设费登记与申报有关事项公告如下:

一、登记事项

凡应缴纳和扣缴文化事业建设费的单位和个人(以下简称缴纳人、扣缴人),须按以下规定填写《文化事业建设费登记表》(附件 1),向主管税务机关申报办理文化事业建设费登记事项。

(一)缴纳人、扣缴人在办理税务登记或扣缴税款登记的同时,办理文化事业建设费登记。

(二)本公告发布之日前已经办理税务登记或扣缴税款登记,但未办理文化事业建设费登记的缴纳人、扣缴人,应在本公告发布后,首次申报缴纳文化事业建设费前,补办登记事项。

(三)不经常发生文化事业建设费应缴纳行为或按规定不需要办理税务登记、扣缴税款登记的缴纳人、扣缴人,可以在首次文化事业建设费应缴纳行为发生后,办理登记事项。

二、申报事项

(一)缴纳人、扣缴人应在申报期内分别向主管税务机关报送《文化事业建设费申报表》(附件 2)、《文化事业建设费代扣代缴报告表》(附件 3,以下简称申报表)。申报数据实行电子信息采集的缴纳人、扣缴人,其纸质申报表按照各省税务机关的要求报送。

(二)缴纳人计算缴纳文化事业建设费时,允许从提供相关应税服务所取得的全部含税价款和价外费用中减除有关价款的,应根据取得的合法有效凭证逐一填列《应税服务扣除项目清单》(附件4),作为申报表附列资料,向主管税务机关同时报送。

缴纳人应将合法有效凭证的复印件加盖财务印章后编号并装订成册,作为备查资料并妥善保管,以备税务机关检查审核。

(三)文化事业建设费的申报期限与缴纳人、扣缴人的增值税申报期限相同。

三、本公告自 2014 年 1 月 1 日起施行。《国家税务总局关于营业税改征增值税试点文化事业建设费缴费信息登记有关事项的公告》(国家税务总局公告 2012 年第 50 号)、《国家税务总局关于营业税改征增值税试点文化事业建设费申报有关事项的公告》(国家税务总局公告 2012 年第 51 号)、《国家税务总局关于营业税改征增值税试点中文化事业建设费征收有关事项的公告》(国家税务总局公告 2013 年第 35 号)同时废止。

特此公告。

附件:1.《文化事业建设费登记表》及填表说明(略)

    2.《文化事业建设费申报表》及填表说明(略)

    3.《文化事业建设费代扣代缴报告表》及填表说明(略)

    4.《应税服务减除项目清单》及填表说明(略)

国家税务总局办公厅关于《国家税务总局关于营业税改征增值税试点有关文化事业建设费登记与申报事项的公告》的解读

为配合在全国范围内开展交通运输业和部分现代服务业营改增试点,做好营改增后文化事业建设费征收工作,我们制定发布了《国家税务总局关于营业税改征增值税试点有关文化事业建设费登记与申报事项的公告》(以下简称《公告》),现将《公告》解读如下。

一、《公告》制定的背景

2013 年 8 月 1 日,营改增试点在全国范围内推开后,财政部、国家税务总局印发了《财政部 国家税务总局关于营业税改征增值税试点有关文化事业建设费征收管理的通知》(财综〔2013〕88 号),为配合相关政策规定的施行,我们制定发布本公告。

二、《公告》的适用范围

本公告适用于纳入营改增试点的文化事业建设费缴纳人和扣缴人。

三、《公告》的主要内容

《公告》是在对《国家税务总局关于营业税改征增值税试点文化事业建设费缴费信息登记有关事项的公告》(国家税务总局公告 2012 年第 50 号)、《国家税务总局关于营业税改征增值税试点文化事业建设费申报有关事项的公告》(国家税务总局公告 2012 年第 51 号)整合、完善的基础上形成的。同时,为落实好增值税小规模纳税人免征文化事业建设费的有关政策,对《文化事业建设费申报表》进行了修改,相应增加了增值税小规模纳税人月销售额不超过 2 万元(按季纳税 6 万元)的企业和非企业性单位免征文化事业建设费的相关填报栏次,明确了应征文化事业建设费收入、免征文化事业建设费收入与扣除价款项目的逻辑运算关系。

第三部分 ║ 营改增前政策法规

一、综合政策规定

国家税务总局关于印发《增值税部分货物征税范围注释》的通知

1993 年 12 月 25 日　国税发〔1993〕151 号

现将《增值税部分货物征税范围注释》发给你们,从一九九四年一月一日起施行。

增值税部分货物征税范围注释

一、粮食

粮食是各种主食食料的总称。本货物的范围包括小麦、稻谷、玉米、高粱、谷子、大豆和其他杂粮(如大麦、燕麦)及经加工的面粉、大米、玉米等。不包括粮食复制品(如挂面、切面、馄饨皮等)和各种熟食品和副食品。

注释:根据《国家税务总局关于发布已失效或废止的税收规范性文件目录的通知》(2006 年 4 月 30 日,国税发〔2006〕62 号)规定,本文第一条已废止。

二、食用植物油

植物油是从植物根、茎、叶、果实、花或胚芽组织中加工提取的油脂。

食用植物油仅指:芝麻油、花生油、豆油、菜籽油、米糠油、葵花籽油、棉籽油、玉米胚油、茶油、胡麻油,以及以上述油为原料生产的混合油。

注释 1:根据《国家税务总局关于杏仁油　葡萄籽油增值税适用税率问题的公告》(2014 年 4 月 11 日,国家税务总局公告 2014 年第 22 号)规定,杏仁油、葡萄籽油属于食用植物油,适用 13％增值税税率,自 2014 年 6 月 1 日起执行。

注释 2:根据《国家税务总局关于花椒油增值税适用税率问题的公告》(2011 年 6 月 2 日,国家税务总局公告 2011 年第 33 号)规定,花椒油按照食用植物油 13％的税率征收增值税。

注释 3:根据《国家税务总局关于橄榄油适用税率问题的批复》(2010 年 4 月 8 日规定,国税函〔2010〕144 号)规定,橄榄油可按照食用植物油 13％的税率征收增值税。

注释 4：根据财税〔2017〕37 号文件规定，自 2017 年 7 月 1 日起，取消 13％的增值税税率，本文中的适用 13％增值税税率的食用植物油税率调整为 11％。

注释 5：根据财税〔2018〕32 号文件第一条规定，自 2018 年 5 月 1 日起，本文中的适用 11％增值税税率的食用植物油税率调整为 10％。

注释 6：根据《财政部、税务总局、海关总署关于深化增值税改革有关政策的公告》（2019 年 3 月 20 日，财政部、国家税务总局、海关总署公告 2019 年第 39 号）第一条规定，自 2019 年 4 月 1 日起，本文中的食用植物油增值税税率由 10％调整为 9％。

三、自来水

自来水是指自来水公司及工矿企业经抽取、过滤、沉淀、消毒等工序加工后，通过供水系统向用户供应的水。

农业灌溉用水、引水工程输送的水等，不属于本货物的范围。

四、暖气、热水

暖气、热水是指利用各种燃料（如煤、石油、其他各种气体或固体、液体燃料）和电能将水加热，使之生成的气体和热水，以及开发自然热能，如开发地热资源或用太阳能生产的暖气、热气、热水。

利用工业余热生产、回收的暖气、热气和热水也属于本货物的范围。

五、冷气

冷气是指为了调节室内温度，利用制冷设备生产的，并通过供风系统向用户提供的低温气体。

六、煤气

煤气是指由煤、焦炭、半焦和重油等经干馏或汽化等生产过程所得气体产物的总称。

煤气的范围包括：

1. 焦炉煤气：是指煤在炼焦炉中进行干馏所产生的煤气。

2. 发生炉煤气：是指用空气（或氧气）和少量的蒸气，将煤或焦炭、半焦在煤气发生炉中进行汽化所产生的煤气、混合煤气、水煤气、单水煤气、双水煤气等。

3. 液化煤气：是指压缩成液体的煤气。

七、石油液化气

石油液化气是指由石油加工过程中所产生的低分子量的烃类炼厂气经压缩成的液体。主要成分是丙烷、丁烷、丁烯等。

八、天然气

天然气是蕴藏在地层内的碳氢化合物可燃气体。主要含有甲烷、乙烷等低分子烷烃和丙烷、丁烷、戊烷及其他重质气态烃类。

天然气包括气田天然气、油田天然气、煤矿天然气和其他天然气。

九、沼气

沼气，主要成分为甲烷，由植物残体在与空气隔绝的条件下经自然分解而成，沼气主要作燃料。

本货物的范围包括：天然沼气和人工生产的沼气。

十、居民用煤炭制品

居民用煤炭制品是指煤球、煤饼、蜂窝煤和引火炭。

十一、图书、报纸、杂志

图书、报纸、杂志是采用印刷工艺,按照文字、图画和线条原稿印刷成的纸制品,本货物的范围是:

1. 图书。是指由国家新闻出版署批准的出版单位出版,采用国际标准书号编序的书籍,以及图片。

2. 报纸。是指经国家新闻出版署批准,在各省、自治区、直辖市新闻出版部门登记,具有国内统一刊号(CN)的报纸。

3. 杂志。是指经国家新闻出版署批准,在省、自治区、直辖市新闻出版管理部门登记,具有国内统一刊号(CN)的刊物。

十二、饲料

饲料是指用于动物饲养的产品或其加工品。

本货物的范围包括:

1. 单一饲料:指作饲料用的某一种动物、植物、微生物产品或其加工品。

2. 混合饲料:指采用简单方法,将两种以上的单一饲料混合到一起的饲料。

3. 配合饲料:指根据不同的饲料对象、饲养对象的不同生长发育阶段对各种营养成分的不同需要量,采用科学的方法,将不同的饲料按一定的比例配合到一起,并均匀地搅拌,制成一定料型的饲料。

直接用于动物饲养的粮食、饲料添加剂不属于本货物的范围。

十三、化肥

化肥是指经化学和机械加工制成的各种化学肥料。化肥的范围包括:

1. 化学氮肥。主要品种有尿素和硫酸铵、硝酸铵、碳酸氢铵、氯化铵、石灰氨、氨水等。

2. 磷肥。主要品种有磷矿粉、过磷酸钙(包括普通过磷酸钙和重过磷酸钙两种)、钙镁磷肥、钢渣磷肥等。

3. 钾肥。主要品种有硫酸钾、氯化钾等。

4. 复合肥料。是用化学方法合成或混配制成含有氮、磷、钾中的两种或两种以上的营养元素的肥料。含有两种的称二元复合肥,含有三种的称三元复合肥料,也有含三种元素和某些其他元素的叫多元复合肥料。主要产品有硝酸磷肥、磷酸铵、磷酸二氢钾肥、钙镁磷钾肥、磷酸一铵、磷粉二铵、氮磷钾复合肥等。

5. 微量元素肥,是指含有一种或多种植物生长所必需的,但需要量又极少的营养元素的肥料,如硼肥、锰肥、锌肥、铜肥、钼肥等。

6. 其他肥。是指上述列举以外的其他化学肥料。

十四、农药

农药是指用于农林业防治病虫害、除草及调节植物生长的药剂。

农药包括农药原药和农药制剂。如杀虫剂、杀菌剂、除草剂、植物生长调节剂、

植物性农药、微生物农药、卫生用药、其他农药原药、制剂等等。

十五、农膜

农膜是指用于农业生产的各种地膜、大棚膜。

十六、农机

农机是指用于农业生产(包括林业、牧业、副业、渔业)的各种机器和机械化和半机械化农具,以及小农具。

农机的范围包括：

（一）拖拉机。是以内燃机为驱动牵引机具从事作业和运载物资的机械。包括轮拖拉机、履带拖拉机、手扶拖拉机、机耕船。

（二）土壤耕整机械。是对土壤进行耕翻整理的机械。包括机引犁、机引耙、旋耕机、镇压器、联合整地器、合壤器、其他土壤耕整机械。

（三）农田基本建设机械。是指从事农田基本建设的专用机械。包括开沟筑埂机、开沟铺管机、铲抛机、平地机、其他农田基本建设机械。

（四）种植机械是指将农作物种子或秧苗移植到适于作物生长的苗床机械。包括播作机、水稻插秧机、栽植机、地膜复盖机、复式播种机、秧苗准备机械。

（五）植物保护和管理机械。是指农作物在生长过程中的管理、施肥、防治病虫害的机械。包括机动喷粉机、喷雾机（器）、弥雾喷粉机、修剪机、中耕除草机、播种中耕机、培土机具、施肥机。

（六）收获机械是指收获各种农作物的机械。包括粮谷、棉花、薯类、甜菜、甘蔗、茶叶、油料等收获机。

（七）场上作业机械，是指对粮食作物进行脱粒、清选、烘干的机械设备。包括各种脱粒机、清选机、粮谷干燥机、种子精选机。

（八）排灌机械是指用于农牧业排水、灌溉的各种机械设备。包括喷灌机、半机械化提水机具、打井机。

（九）农副产品加工机械，是指对农副产品进行初加工、加工后的产品仍属农副产品的机械。包括茶叶机械、剥壳机械、棉花加工机械（包括棉花打包机）、食用菌机械（培养木耳、蘑菇等）、小型粮谷机械。

以农副产品为原料加工工业产品的机械，不属于本货物的范围。

（十）农业运输机械。是指农业生产过程中所需的各种运输机械。包括人力车（不包括三轮运货车）、畜力车和拖拉机挂车。

农用汽车不属于本货物的范围。

（十一）畜牧业机械。是指畜牧业生产中所需的各种机械。包括草原建设机械、牧业收获机械、饲料加工机械、畜禽饲养机械、畜产品采集机械。

（十二）渔业机械。是指捕捞、养殖水产品所用的机械。包括捕捞机械、增氧机、饵料机。机动渔船不属于本货物的范围。

（十三）林业机械。是指用于林业的种植、育林的机械。包括清理机械、育林机械、树苗栽植机械。

森林砍伐机械、集材机械不属于本货物征收范围。

（十四）小农具。包括畜力犁、畜力耙、锄头和镰刀等农具。

农机零部件不属于本货物的征收范围。

注释 1: 根据《国家税务总局关于动物尸体降解处理机 蔬菜清洗机增值税适用税率问题的公告》(2015 年 10 月 15 日，国家税务总局公告 2015 年第 72 号)规定，动物尸体降解处理机、蔬菜清洗机属于农机，适用 13% 增值税税率，自 2015 年 12 月 1 日起施行。

注释 2: 根据《国家税务总局关于农用挖掘机 养鸡设备系列 养猪设备系列产品增值税适用税率问题的公告》(2014 年 2 月 27 日，国家税务总局公告 2014 年第 12 号)规定，农用挖掘机、养鸡设备系列、养猪设备系列产品属于农机,适用13%增值税税率,自2014年4月1日起施行。

注释3:根据《国家税务总局关于卷帘机适用增值税税率问题的公告》(2012年6月29日,国家税务总局公告2012年第29号)规定,卷帘机属于本文规定的农机范围,应适用13%的增值税税率,自2012年8月1日起施行。

注释4:根据《国家税务总局关于部分产品增值税适用税率问题的公告》(2012年3月16日,国家税务总局公告2012年第10号)规定,密集型烤房设备、频振式杀虫灯、自动虫情测报灯、粘虫板属于本文规定的农机范围,应适用13%增值税税率,自2012年4月1日起施行。

国家税务总局关于增值税若干具体问题的规定

1993年12月28日 国税发〔1993〕154号

一、征税范围

(一)货物期货(包括商品期货和贵金属期货),应当征收增值税。

(二)银行销售金银的业务,应当征收增值税。

(三)融资租赁业务,无论租赁的货物的所有权是否转让给承租方,均不征收增值税。

注释:根据《国家税务总局关于发布已失效或废止的税收规范性文件目录的通知》(2006年4月30日,国税发〔2006〕62号)规定,本文第一条第三款已废止。

(四)基本建设单位和从事建筑安装业务的企业附设的工厂、车间生产的水泥预制构件、其他构件或建筑材料,用于本单位或本企业的建筑工程的,应在移送使用时征收增值税。但对其在建筑现场制造的预制构件,凡直接用于本单位或本企业建筑工程的,不征收增值税。

(五)典当业的死当物品销售业务和寄售业代委托人销售寄售物品的业务,均应征收增值税。

(六)因转让著作所有权而发生的销售电影母片、录像带母带、录音磁带母带的业务,以及因转让专利技术和非专利技术的所有权而发生的销售计算机软件的业务,不征收增值税。

(七)供应或开采未经加工的天然水(如水库供应农业灌溉用水,工厂自采地下水用于生产),不征收增值税。

(八)邮政部门销售集邮邮票、首日封,应当征收增值税。

(九)缝纫,应当征收增值税。

二、计税依据

(一)纳税人为销售货物而出租出借包装物收取的押金,单独记账核算的,不并入销售额征税。但对因逾期未收回包装物不再退还的押金,应按所包装货物的适用税率征收增值税。

(二)纳税人采取折扣方式销售货物,如果销售额和折扣额在同一张发票上分别注明的,可按折扣后的销售额征收增值税;如果将折扣额另开发票,不论其在财务上如何处理,均不得从销售额中减除折扣额。

(三)纳税人采取以旧换新方式销售货物,应按新货物的同期销售价格确定销售额。

纳税人采取还本销售方式销售货物,不得从销售额中减除还本支出。

(四)纳税人因销售价格明显偏低或无销售价格等原因,按规定需组成计税价格确定销售额的,其组价公式中的成本利润率为10%。但属于应从价定率征收消费税的货物,其组价公式中的成本利润率,为《消费税若干具体问题的规定》中规定的成本利润率。

三、小规模纳税人标准

(一)增值税细则第二十四条关于小规模纳税人标准的规定中所提到的销售额,是指该细则第二十五条所说的小规模纳税人的销售额。

(二)该细则第二十四条所说的以从事货物生产或提供应税劳务为主,并兼营货物的批发或零售的纳税人,是指该类纳税人的全部年应税销售额中货物或应税劳务的销售额超过50%,批发或零售货物的销售额不到50%。

注释:根据《国家税务总局关于发布已失效或废止有关增值税规范性文件清单的通知》(2009年2月2日,国税发〔2009〕7号)规定,本文第三条已废止。

四、固定业户到外县(市)销售货物,应当向其机构所在地主管税务机关申请开具外出经营活动税收管理证明,回其机构所在地向税务机关申报纳税。未持有其机构所在地主管税务机关核发的外出经营活动税收管理证明的,销售地主管税务机关一律按6%的征收率征税。其在销售地发生的销售额,回机构所在地后,仍应按规定申报纳税,在销售地缴纳的税款不得从当期应纳税额中扣减。

注释:根据《国家税务总局关于发布已失效或废止有关增值税规范性文件清单的通知》(2009年2月2日,国税发〔2009〕7号)规定,本文第四条已废止。

 财政部 国家税务总局关于增值税、营业税若干政策规定的通知

1994年5月5日 财税字〔1994〕第026号

新税制实施以来,各地陆续反映了一些增值税、营业税执行中出现的问题。经研究,现将有关政策问题规定如下:

一、关于集邮商品征税问题

集邮商品,包括邮票、小型张、小本票、明信片、首日封、邮折、集邮簿、邮盘、邮票目录、护邮袋、贴片及其他集邮商品。

集邮商品的生产、调拨征收增值税。邮政部门销售集邮商品,征收营业税;邮政部门以外的其他单位与个人销售集邮商品,征收增值税。

二、关于报刊发行征税问题

邮政部门发行报刊,征收营业税;其他单位和个人发行报刊征收增值税。

三、关于销售无线寻呼机、移动电话征税问题

电信单位(电信局及电信局批准的其他从事电信业务的单位)自己销售无线寻呼机、移动电话,并为客户提供有关的电信劳务服务的,属于混合销售,征收营业税;对单纯销售无线寻呼机、移动电话,不提供有关的电信劳务服务的,征收增值税。

四、关于混合销售征税问题

(一)根据增值税暂行条例实施细则(以下简称细则)第五条的规定,"以从事货物的生产、批发或零售为主,并兼营非应税劳务的企业、企业性单位及个体经营者"的混合销售行为,应视为销售货物征收增值税。此条规定所说的"以从事货物的生产、批发或零售为主,并兼营非应税劳务",是指纳税人的年货物销售额与非增值税应税劳务营业额的合计数中,年货物销

售额超过 50%,非增值税应税劳务营业额不到 50%。

注释:根据《财政部 国家税务总局关于公布若干废止和失效的增值税规范性文件目录的通知》(2009 年 2 月 26 日,财税〔2009〕17 号)规定,本文第四条第(一)项废止。

(二) 从事运输业务的单位与个人,发生销售货物并负责运输所售货物的混合销售行为,征收增值税。

注释:根据《财政部 国家税务总局关于公布若干废止和失效的营业税规范性文件的通知》(2009 年 5 月 18 日,财税〔2009〕61 号)规定,本文第四条第(二)项,自 2009 年 1 月 1 日起失效。

五、关于代购货物征税问题

代购货物行为,凡同时具备以下条件的,不征收增值税;不同时具备以下条件的,无论会计制度规定如何核算,均征收增值税。

(一) 受托方不垫付资金;

(二) 销货方将发票开具给委托方,并由受托方将该项发票转交给委托方;

(三) 受托方按销售方实际收取的销售额和增值税额(如系代理进口货物则为海关代征的增值税额)与委托方结算货款,并另外收取手续费。

六、关于棕桐油、棉籽油和粮食复制品征税问题

(一) 棕桐油、棉籽油按照食用植物油 13% 的税率征收增值税;

(二)切面、饺子皮、米粉等经过简单加工的粮食复制品,比照粮食 13% 的税率征收增值税。粮食复制品是指以粮食为主要原料经简单加工的生食品,不包括挂面和以粮食为原料加工的速冻食品、副食品。粮食复制品的具体范围由各省、自治区、直辖市、计划单列市直属分局根据上述原则确定,并上报财政部和国家税务总局备案。

注释:根据《财政部 国家税务总局关于公布若干废止和失效的增值税规范性文件目录的通知》(2009 年 2 月 26 日,财税〔2009〕17 号)规定,本文第六条第(二)项废止。

七、关于出口"国务院另有规定的货物"征税问题

根据增值税暂行条例第二条:"纳税人出口国务院另有规定的货物,不得适用零税率"的规定,纳税人出口的原油,援外出口货物,国家禁止出口的货物,包括天然牛黄、麝香、铜及铜基合金、白金等,糖,应按规定征收增值税。

八、关于外购农业产品的进项税额处理问题

增值税一般纳税人向小规模纳税人购买的农业产品,可视为免税农业产品按 10% 的扣除率计算进项税额。

注释:根据《财政部 国家税务总局关于公布若干废止和失效的增值税规范性文件目录的通知》(2009 年 2 月 26 日,财税〔2009〕17 号)规定,本文第八条废止。

九、关于寄售物品和死当物品征税问题

寄售商店代销的寄售物品(包括居民个人寄售的物品在内)、典当业销售的死当物品,无论销售单位是否属于一般纳税人,均按简易办法依照 6% 的征收率计算缴纳增值税,并且不得开具专用发票。

注释:根据《财政部 国家税务总局关于部分货物适用增值税低税率和简易办法征收增值税政策的通知》(2009 年 1 月 19 日,财税〔2009〕9 号)规定,本文第九条,自 2009 年 1 月 1 日起废止。

十、关于销售自己使用过的固定资产征税问题

单位和个体经营者销售自己使用过的游艇、摩托车和应征消费税的汽车,无论销售者是否属于一般纳税人,一律按简易办法依照 6% 的征收率计算缴纳增值税,并且不得开具专用发票。销售自己使用过的其他属于货物的固定资产,暂免征收增值税。

十一、关于人民币折合率的问题

纳税人按外汇结算销售额的,其销售额的人民币折合率为中国人民银行公布的市场汇价。

注释:根据《财政部　国家税务总局关于公布若干废止和失效的增值税规范性文件目录的通知》(2009 年 2 月 26 日,财税〔2009〕17 号)规定,本文第十一条废止。

国家税务总局关于增值税若干征收问题的通知

1994 年 5 月 7 日　国税发〔1994〕122 号

近一时期以来,各地各部门不断反映一些增值税征税方面的问题,如纳税地点的确定问题,增值税专用发票的填开问题等,要求总局明确。根据各地反映的情况,我们进行了研究,现明确如下:

一、关于纳税地点问题

固定业户的总、分支机构不在同一县(市),但在同一省、自治区、直辖市范围内的,其分支机构应纳的增值税是否可由总机构汇总缴纳,由省、自治区、直辖市税务局决定。

注释:根据《国家税务总局关于公布全文失效废止　部分条款失效废止的税收规范性文件目录的公告》(2011 年 1 月 4 日,国家税务总局公告 2011 年第 2 号)规定,本文第一条失效。

二、关于非企业性单位可否认定为一般纳税人问题

非企业性单位如果经常发生增值税应税行为,并且符合一般纳税人条件,可以认定为一般纳税人。

注释:根据《国家税务总局关于发布已失效或废止有关增值税规范性文件清单的通知》(2009 年 2 月 2 日,国税发〔2009〕7 号)规定,本文第二条废止。

三、关于无偿赠送货物可否开具专用发票问题

一般纳税人将货物无偿赠送给他人,如果受赠者为一般纳税人,可以根据受赠者的要求开具专用发票。

四、关于混合销售征税问题

根据细则第五条规定,以从事非增值税应税劳务为主,并兼营货物销售的单位与个人,其混合销售行为应视为销售非应税劳务,不征收增值税。但如果其设立单独的机构经营货物销售并单独核算,该单独机构应视为从事货物的生产、批发或零售的企业、企业性单位,其发生的混合销售行为应当征收增值税。

五、关于计算外购农业产品的进项税额问题

根据细则第十七条的规定,购进免税农业产品的买价,仅限于经主管税务机关批准使用的收购凭证上注明的价款。各地反映,一些农业生产单位销售自产农产品,可以开具普通发票,为了简化手续,对一般纳税人购进农业产品取得的普通发票,可以按普通发票上注明的价

款计算进项税额。

注释：根据国税发〔2009〕7号文件规定，本文第五条废止。

六、关于增值税专用发票的填写问题

（一）专用发票的"单价"栏，必须填写不含税单价。纳税人如果采用销售额和增值税额合并定价方法的，其不含税单价应按下列公式计算：

1. 一般纳税人按增值税税率计算应纳税额的，不含税单价计算公式为：

$$含税单价＝不含税单价/（1＋税率）$$

2. 一般纳税人按简易办法计算应纳税额的和由税务所代开专用发票的小规模纳税人，不含税单价计算公式为：

$$含税单价＝不含税单价/（1＋征收率）$$

（二）专用发票"金额"栏的数字，应按不含税单价和数量相乘计算填写，计算公式为：

$$金额栏数字＝不含税单价×数量$$

不含税单价的尾数，"元"以下一般保留到"分"，特殊情况下也可以适当增加保留的位数。

（三）专用发票的"税率"栏，应填写销售货物或应税劳务的适用税率，"税额"栏的数字应按"金额"栏数字和"税率"相乘计算填写。计算公式为：

$$税额＝金额×税率$$

（四）为了有利于提高专用发票的开票效率，销货方可以预先在专用发票有关"销售单位"的栏目内加盖刻有其名称、地址、电话号码、纳税人登记号的专用戳记。印迹必须清楚。如果上述内容发生变化，必须及时更换。

（五）《国家税务总局关于增值税专用发票使用问题的通知》（国税明传电报〔1994〕035号）第三条所说的"其销售电力或自来水可以使用税务机关监制的机外专用发票和电子计算机开具专用发票"，是指供电部门和自来水公司可以使用电子计算机开具专用发票，但必须领购使用税务机关统一监制的机外发票。

注释：根据国税发〔2006〕62号文件规定，本文第六条第四项和第五项废止。

国家税务总局关于增值税几个业务问题的通知

1994年8月19日　国税发〔1994〕186号

最近，各地在征收增值税方面提出了一些问题，要求予以明确。经调查研究和全国增值税业务会议讨论，现明确如下：

一、对承租或承包的企业、单位和个人，有独立的生产、经营权，在财务上独立核算，并定期向出租者或发包者上缴租金或承包费的，应作为增值税纳税人按规定缴纳增值税。

二、对1994年6月1日以后销售货物并负责运输所售货物的运输单位和个人，凡符合增值税一般纳税人标准的，可认定为一般纳税人。

注释：根据国税发〔2009〕7号文件规定，本文第二条废止。

三、糠麸、油渣(饼)、酒糟、糖渣按"饲料"的适用税率征收增值税。

注释：根据《国家税务总局关于发布已失效或废止的税收规范性文件目录的通知》(2006年4月30日，国税发〔2006〕62号)规定，本文第三条失效。

四、根据(94)财税字第004号通知的规定，一般纳税人生产的原料中掺有煤矸石、石煤、粉煤灰、烧煤锅炉的炉底渣及其他废渣(不包括高炉水渣)的墙体材料，1994年5月1日以后可按简易办法依照6％征收率计算缴纳增值税。此条规定所称墙体材料是指废渣砖、石煤和粉煤灰砌块、煤矸石砌块、炉底渣及其他废渣(不包括高炉水渣)砌块。

注释：根据国家税务总局公告2011年第2号文件规定，本文第四条废止。

五、本通知除第二、四条以外，从1994年1月1日起执行。

财政部 国家税务总局关于增值税几个税收政策问题的通知

1994年10月18日 财税〔1994〕60号

根据国务院批示精神，经研究，现对几个增值税政策问题明确如下：

一、增值税一般纳税人1994年5月1日以后销售应税货物而支付的运输费用，除《中华人民共和国增值税暂行条例实施细则》第十二条所规定的不并入销售额的代垫运费以外，可按〔1994〕财税字第012号《关于运输费用和废旧物资准予抵扣进项税额问题的通知》中有关规定，依10％的扣除率计算进项税额予以抵扣。

纳税人购买或销售免税货物所发生的运输费用，不得计算进项税额抵扣。

注释：根据财税〔2009〕17号文件规定，本文第一条废止。

二、供残疾人专用的假肢、轮椅、矫型器(包括上肢矫型器、下肢矫型器、脊椎侧弯矫型器)，免征增值税。

三、对国家定点企业(名单略)生产和经销单位经销的专供少数民族饮用的边销茶，免征增值税。

边销茶，是指以黑茶、红茶末、老青茶、绿茶经蒸制、加压、发酵、压制成不同形状，专门销往边疆少数民族地区的紧压茶。

四、对农业产品收购单位在收购价格之外按规定缴纳的农业特产税，准予并入农业产品的买价，计算进项税额扣除。

注释：根据《财政部 国家税务总局关于公布若干废止和失效的增值税规范性文件目录的通知》(2009年2月26日，财税〔2009〕17号)规定，本文第四条废止。

五、铁路工附业单位，凡是向其所在铁路局内部其他单位提供的货物或应税劳务，1995年底前暂免征收增值税；向其所在铁路局以外销售的货物或应税劳务，应照章征收增值税。

上款所称铁路工附业，是指直接为铁路运输生产服务的工业性和非工业性生产经营单位，主要包括工业性生产和加工修理修配、材料供应、生活供应等。

注释：根据财税〔2009〕17号文件规定，本文第五条废止。

六、农用水泵、农用柴油机按农机产品依13％的税率征收增值税。

农用水泵是指主要用于农业生产的水泵，包括农村水井用泵、农田作业面潜水泵、农用轻便离心泵、与喷灌机配套的喷灌自吸泵。其他水泵不属于农机产品征税范围。

农用柴油机是指主要配套于农田拖拉机、田间作业机具、农副产品加工机械以及排灌机械，以柴油为燃料，油缸数在 3 缸以下（含 3 缸）在往复式内燃动力机械。4 缸以上（含 4 缸）柴油机不属于农机产品征税范围。

注释：根据财税〔2017〕37 号文件规定，自 2017 年 7 月 1 日起，取消 13％的增值税税率，本文第六条中的适用 13％增值税税率的农用水泵、农用柴油机税率调整为 11％。

七、本通知除第一条外，从 1994 年 1 月 1 日起执行。

国家税务总局关于明确流转税、资源税法规中"主管税务机关、征收机关"名称问题的通知

1994 年 12 月 24 日　国税发〔1994〕232 号

在增值税、消费税、营业税、资源税暂行条例、实施细则及相关文件中，对"主管税务机关、征收机关"已作了解释，但是，由于各地国家税务局和地方税务局机构的分设，原名称所指已发生变化，现重新明确如下：

一、《中华人民共和国增值税暂行条例实施细则》第三十六条第二款中所称"主管税务机关、征收机关"，是指国家税务总局所属的县级以上（含县级）国家税务局，第二十八条、第三十二条第四款中所称"国家税务总局直属分局"，是指省、自治区、直辖市国家税务局，也包括享有省级经济管理权限的城市的国家税务局。

二、《中华人民共和国消费税暂行条例》第十三条、《中华人民共和国消费税暂行条例实施细则》第十八、二十三、二十四条、《消费税若干具体问题的规定》第三、五条中的"主管税务机关"，是指国家税务总局所属的县级以上（含县级）国家税务局。

《中华人民共和国消费税暂行条例实施细则》第二十一、二十五条、《消费税若干具体问题的规定》第四条中"国家税务总局所属税务分局"，是指省、自治区、直辖市国家税务局，也包括享有省级经济管理权限的城市的国家税务局。

三、《中华人民共和国营业税暂行条例实施细则》第五条、第六条中所称"国家税务总局所属征收机关"，是指国家税务总局所属的县级以上（含县级）国家税务局。

四、《中华人民共和国资源税暂行条例》第十二条中的"省、自治区、直辖市税务机关"，是指省、自治区、直辖市地方税务局和享有省级经济管理权限的城市的地方税务局。

《中华人民共和国资源税暂行条例》第十二、十三条以及《中华人民共和国资源税暂行条例实施细则》第五、八、九、十条所说的"主管税务机关"或"税务机关"，是指县级以上（含县级）的地方税务局。

特此通知，请遵照执行。

国家税务总局关于印发《增值税问题解答（之一）》的通知

1995 年 6 月 2 日　国税函发〔1995〕288 号

一、问：《财政部　国家税务总局关于运输费用和废旧物资准予抵扣进项税额问题的通

知》〔(94)财税字第 012 号〕规定,增值税一般纳税人外购货物(固定资产除外)所支付的运输费用,根据运费结算单据(普通发票)所列运费金额依 10% 的扣除率计算进项税额准予扣除,但随同运费支付的装卸费、保险费等其他杂费不得计算扣除进项税额,其准予抵扣的运费金额的具体范围应如何掌握?

答:(一)增值税一般纳税人外购货物(固定资产除外)所支付的运输费用,准予抵扣的运费结算单据(普通发票),是指国营铁路、民用航空、公路和水上运输单位开具的货票,以及从事货物运输的非国有运输单位开具的套印全国统一发票监制章的货票。

(二)准予抵扣的货物运费金额是指在运输单位开具的货票上注明的运费、建设基金,不包括随同运费支付的装卸费、保险费等其他杂费。

注释: 根据国税发〔2009〕7 号文件规定,本文附件《增值税问题解答(之一)》第一条,自 2009 年 2 月 2 日起废止。

二、问:增值税一般纳税人采取邮寄方式销售、购买货物所支付的邮寄费,能否比照《财政部 国家税务总局关于增值税几个税收政策问题的通知》〔(94)财税字第 060 号〕中关于销售应税货物而支付的运输费用的规定,依 10% 的扣除率计算进项税额予以抵扣?

答:增值税一般纳税人采取邮寄方式销售、购买货物所支付的邮寄费,不允许计算进项税额抵扣。

三、问:《财政部 国家税务总局关于增值税几个税收政策问题的通知》〔(94)财税字第 060 号〕中规定,铁路工附业单位,凡是向其所在铁路局内部其他单位提供的货物或应税劳务,1995 年底前暂免征收增值税;向其所在铁路局以外销售的货物或应税劳务,应照章征收增值税。

在执行中铁路工附业的具体范围应如何掌握? 铁路局及铁路局内部所属单位销售货物或应税劳务,缴纳增值税的纳税地点应如何确定? 铁路局及铁路局内部所属单位销售货物或应税劳务,计算增值税应纳税额时,进项税额应如何确定?

答:(一)《财政部 国家税务总局关于增值税几个税收政策问题的通知》〔(94)财税字第 060 号〕中所称的铁路工附业,是指直接为铁路运输生产服务的工业性和非工业性生产经营单位,主要包括工业性生产和加工修理修配、材料供应、生活供应等,暂免增值税的具体范围如下:

1. 铁路局所属的工业企业为其所在铁路局内部其他单位提供的货物。

2. 铁路局所属的从事加工、修理修配的单位,为其所在铁路局内部其他单位提供的应税劳务。

3. 铁路局所属的材料供应单位为其所在铁路局内部其他单位提供的货物。

4. 铁路局所属的生活供应站为其所在铁路局内部其他单位提供的货物。

铁路局所属单位兴办的多种经营业务,铁路局和其所属单位与其他单位合营、联营、合作经营业务,以及铁路局所属集体企业销售货物、应税劳务,应按规定征收增值税。

(二)铁路局及铁路局内部所属单位销售货物或应税劳务,缴纳增值税的纳税地点,按增值税纳税地点的有关规定执行。

(三)铁路局及铁路局内部所属单位销售货物或应税劳务,计算增值税应纳税额时,进项税额的范围和抵扣凭证,应按增值税进项税额抵扣的统一规定执行。铁路局内部所属单位相互开具的调拨结算单、普通发票等,不属于增值税税法规定的抵扣凭证,不允许计算进项税额抵扣。

注释：根据国税发〔2009〕7号文件规定，本文附件《增值税问题解答（之一）》第三条（铁路单位税收政策解答），自2009年2月2日起废止。

三、问：代理进口货物应如何征税？

答：代理进口货物的行为，属于增值税条例所称的代购货物行为，应按增值税代购货物的征税规定执行。但鉴于代理进口货物的海关完税凭证有的开具给委托方，有的开具给受托方的特殊性，对代理进口货物，以海关开具的完税凭证上的纳税人为增值税纳税人。即对报关进口货物，凡是海关的完税凭证开具给委托方的，对代理方不征增值税；凡是海关的完税凭证开具给代理方的，对代理方应按规定增收增值税。

四、问：集邮公司销售的集邮商品应如何征税？

答：根据财政部、国家税务总局(94)财税字第026号通知和国税发〔1995〕076号通知的规定，集邮商品的生产应征收增值税。邮政部门、集邮公司销售（包括调拨在内）集邮商品，一律征收营业税，不征收增值税。

五、问：对利用图书、报纸、杂志等形式为客户做广告，介绍商品、经营服务、文化体育节目或通告、声明等事项的业务，取得的广告收入应如何征税？

答：按照现行税法规定，利用图书、报纸、杂志等形式为客户做广告，介绍商品、经营服务、文化体育节目或通告、声明等事项的业务，属于营业税"广告业"的征税范围，其取得的广告收入应征收营业税。但纳税人为制作、印刷广告所用的购进货物不得计入进项税额抵扣，因此，纳税人应准确划分不得抵扣的进项税额；对无法准确划分不得抵扣的进项税额的，按《中华人民共和国增值税暂行条例实施细则》（以下简称增值税实施细则）第二十三条的规定划分不得抵扣的进项税额。

注释：根据国税发〔2006〕62号文件规定，本文第五条已废止。

六、问：对国家管理部门行使其管理职能，发放的执照、牌照和有关证书等取得的工本费收入，是否征收增值税？

答：对国家管理部门行使其管理职能，发放的执照、牌照和有关证书等取得的工本费收入，不征收增值税。

七、问：货物的生产企业为搞好售后服务，支付给经销企业修理费用，作为经销企业为用户提供售后服务的费用支出，对经销企业从货物的生产企业取得的"三包"收入，应如何征税？

答：经销企业从货物的生产企业取得"三包"收入，应按"修理修配"征收增值税。

八、问：对纳税人倒闭、破产、解散、停业后销售的货物应如何征税？其增值税一般纳税人，不再购进货物而只销售存货，或者为了维持销售存货的业务而只购进水、电的，其期初存货已征税款应如何抵扣？对纳税人期初存货中尚未抵扣的已征税款，以及征税后出现的进项税金大于销项税金后不足抵扣部分，税务机关是否退税？

答：（一）对纳税人倒闭、破产、解散、停业后销售的货物，应按现行税法的规定征税。

（二）《财政部　国家税务总局关于期初存货已征税款抵扣问题的通知》（财税字〔1995〕042号）规定，从1995年起，增值税一般纳税人期初存货已征税款在5年内实行按比例分期抵扣的办法。增值税一般纳税人，因倒闭、破产、解散、停业等原因不再购进货物而只销售存货的，或者为了维持销售存货的业务而只购进水、电的，其期初存货已征税款的抵扣，可按实际动用数抵扣。增值税一般纳税人申请按动用数抵扣期初进项税额，需提供有关部门批准其倒闭、破产、解散、停业的文件等资料，并报经税务机关批准。

（三）对纳税人期初存货中尚未抵扣的已征税款，以及征税后出现的进项税额大于销项税额后不足抵扣部分，税务机关不再退税。

注释：根据国税发〔2009〕7号文件规定，本文附件《增值税问题解答（之一）》第八条，自2009年2月2日起废止。

九、问：对出版单位委托发行图书、报刊、杂志等支付给发行单位的经销手续费，在征收增值税时是否允许从销售额中减除？

答：对出版单位委托发行图书、报刊、杂志等支付给发行单位的经销手续费，在征收增值税时按"折扣销售"的有关规定办理，如果销售额和支付的经销手续费在同一发票上分别注明的，可按减除经销手续费后的销售额征收增值税；如果经销手续费不在同一发票上注明，另外开具发票，不论其在财务上如何处理，均不得从销售额中减除经销手续费。

十、问：根据（94）财税字第026号通知的规定，单位和个体经营者销售自己使用过的游艇、摩托车和应征消费税的汽车，无论销售者是否属于一般纳税人，一律按简易办法依照6％的征收率计算增值税。销售自己使用过的其他属于货物的固定资产，暂免征收增值税。在实际征收中"使用过的其他属于货物的固定资产"的具体标准应如何掌握？

答："使用过的其他属于货物的固定资产"应同时具备以下几个条件：

（一）属于企业固定资产目录所列货物；

（二）企业按固定资产管理，并确已使用过的货物；

（三）销售价格不超过其原值的货物。

对不同时具备上述条件的，无论会计制度规定如何核算，均应按6％的征收率征收增值税。

注释：根据《财政部 国家税务总局关于部分货物适用增值税低税率和简易办法征收增值税政策的通知》（2009年1月19日，财税〔2009〕9号）规定，本文附件《增值税问题解答（之一）》第十条，自2009年1月1日失效。

十一、问：增值税若干具体问题的规定中规定，纳税人为销售货物而出租出借包装物收取的押金，单独记账核算，不并入销售额征税。但对因逾期未收回包装物不再退还的押金，应按所包装货物的适用税率征收增值税。该规定中"逾期"的期限应如何确定？

答：包装物押金征税规定中"逾期"以1年为期限，对收取1年以上的押金，无论是否退还均并入销售额征税。个别包装物周转使用期限较长的，报经税务征收机关确定后，可适当放宽逾期期限。

注释1：根据《国家税务总局关于取消包装物押金逾期期限审批后有关问题的通知》（2004年6月25日，国税函〔2004〕827号）规定，本文第十一条重新明确为："纳税人为销售货物出租出借包装物而收取的押金，无论包装物周转使用期限长短，超过一年（含一年）以上仍不退还的均并入销售额征税。本通知自2004年7月1日起执行。"

注释2：根据国税发〔2009〕7号文件规定，本文附件《增值税问题解答（之一）》第十一条，自2009年2月2日起废止。

十二、问：根据增值税实施细则第二十三条规定，纳税人兼营免税项目或非应税项目而无法准确划分不得抵扣的进项税额的,按当月免税项目销售额、非应税项目营业额占当月全部销售额、营业额的比例,乘以当月全部进项税额的公式,计算不得抵扣的进项税额。该办法在实际执行中,由于纳税人月度之间的购销不均衡,按上述公式计算出现不得抵扣的进项税额不实的现象,对此,应如何处理?

答:对由于纳税人月度之间购销不均衡,按上述公式计算出现不得抵扣的进项税额不实的现象,税务征收机关可采取按年度清算的办法,即:年末按当年的有关数据计算当年不得抵扣的进项税额,对月度计算的数据进行调整。

十三、问:增值税一般纳税人购进免税农产品,从事废旧物资经营的增值税一般纳税人收购废旧物资,按收购凭证上注明的价款,依10%的扣除率计算进项税额,对收购凭证应如何管理?

答:对增值税一般纳税人购进免税农产品,以及从事废旧物资经营的增值税一般纳税人收购废旧物资所使用的收购凭证,各省、自治区、直辖市和计划单列市国家税务局应严格管理。收购凭证的印制,按照《中华人民共和国发票管理办法》及其细则有关发票印制的规定办理,对收购凭证的发放、使用、保管,由省、自治区、直辖市和计划单列市国家税务局做出统一的规定。增值税一般纳税人购进免税农产品、收购废旧物资应使用税务机关批准的收购凭证,对其使用未经税务机关批准的收购凭证,以及不按税务机关的要求使用、保管收购凭证的,其收购的农产品和废旧物资不得计算进项税额抵扣。

注释:根据国税发〔2009〕7号文件规定,本文附件《增值税问题解答(之一)》第十三条,自2009年2月2日起废止。

十四、问:新申请认定为增值税一般纳税人的,是否允许计算期初存货已征税款?
答:新申请认定为增值税一般纳税人的,不得计算期初存货已征税款。

注释:根据国税发〔2009〕7号文件规定,本文附件《增值税问题解答(之一)》第十四条,自2009年2月2日起废止。

十五、问:《中华人民共和国增值税暂行条例》第二十二条及其实施细则第三十五条中所称"主管税务机关",是否包括国家税务总局所属的各级征收机关?

答:增值税实施细则第三十六条规定,主管税务机关、征收机关,指国家税务总局所属支局以上税务机关。但是由于各地国家税务局和地方税务局机构分设,原税务机关名称所指已发生变化,《国家税务总局关于明确流转税、资源税法规中"主管税务机关征收机关"名称问题的通知》(国税发〔1994〕232号)又重新明确为:主管税务机关、征收机关是指国家税务总局所属的县级以上(含县级)国家税务局。主要是考虑到增值税政策性强,为了保证各地正确执行税法而确定的。鉴于目前纳税申报的实际情况,《中华人民共和国增值税暂行条例》第二十二条及其实施细则第三十五条中所称"征收机关",均指国家税务总局及其所属的各级征收机关。

注释:根据国税发〔2009〕7号文件规定,本文附件《增值税问题解答(之一)》第十五条,自2009年2月2日起废止。

十六、问:国家税务总局国税发〔1994〕272号通知,根据增值税一年的执行情况,修改了《增值税纳税申报表》(以下简称申报表),申报表中的本期销项税额中的"货物"项目,应按国家税务总局计会统计报表的分类口径及不同的税率分别填列,一些生产、经营品种较多的企业存在一张申报表货物名称填写不下的问题,对此,应如何解决? 申报表期初进项税额项目中的"累计数",税款计算项目中的"累计数"应如何填写?

答：（一）对一些生产、经营品种较多的企业，如果一张申报表货物名称填写不下的，可以按不同的税率汇总名称填报增值税纳税申报表，对汇总填报申报表的，必须附有销货方填开的按国家税务总局计会统计报表的分类口径及不同的税率分别填列"货物"清单。其清单的具体样式，由各省、自治区、直辖市、计划单列市国家税务局制定。

（二）申报表期初进项税额项目中的"累计数"（第11、12、13、14栏累计数），税款计算项目中的"累计数"（第15、16、17、18、19、20、21、22、23、24、25栏累计数），纳税人在申报纳税时暂不填写。

注释：根据国税发〔2009〕7号文件规定，本文附件《增值税问题解答（之一）》第十六条，自2009年2月2日起废止。

国家税务总局关于加强增值税征收管理若干问题的通知

1995年10月18日   国税发〔1995〕192号

为了保证增值税顺利实施，经全国加强增值税管理经验交流会议讨论，现就加强增值税征收管理有关问题通知如下：

一、关于增值税一般纳税人进项税额的抵扣问题

（一）运输费用进项税额的抵扣。

1. 准予计算进项税额扣除的货运发票种类。根据规定，增值税一般纳税人外购和销售货物（固定资产除外）所支付的运输费用，准予抵扣的运费结算单据（普通发票），是指国营铁路、民用航空、公路和水上运输单位开具的货票，以及从事货物运输的非国有运输单位开具的套印全国统一发票监制章的货票。准予计算进项税额扣除的货运发票种类，不包括增值税一般纳税人取得的货运定额发票。

2. 准予计算进项税额扣除的货运发票，其发货人、收货人、起运地、到达地、运输方式、货物名称、货物数量、运输单价、运费金额等项目的填写必须齐全，与购货发票上所列的有关项目必须相符，否则不予抵扣。

3. 纳税人购进、销售货物所支付的运输费用明显偏高、经过审查不合理的，不予抵扣运输费用。

（二）商业企业接受投资、捐赠和分配的货物抵扣进项税额的手续。根据《国家税务总局关于加强增值税征收管理工作的通知》（国税发〔1995〕15号）的规定，增值税一般纳税人购进货物，其进项税额的抵扣，商业企业必须在购进货物付款后才能够申报抵扣进项税额。对商业企业接受投资、捐赠和分配的货物，以收到增值税专用发票的时间为申报抵扣进项税额的时限。在纳税人申报抵扣进项税额时，应提供有关投资、捐赠和分配货物的合同或证明材料。

（三）购进货物或应税劳务支付货款、劳务费用的对象。纳税人购进货物或应税劳务，支付运输费用，所支付款项的单位，必须与开具抵扣凭证的销货单位、提供劳务的单位一致，才能够申报抵扣进项税额，否则不予抵扣。

（四）分期付款方式购进货物的抵扣时间。商业企业采取分期付款方式购进货物，凡是发生销货方先全额开具发票，购货方再按合同约定的时间分期支付款项的情况，其进项税额的抵扣时间应在所有款项支付完毕后，才能够申报抵扣该货物的进项税额。

（五）增值税一般纳税人违反上述第（三）、（四）项规定的，税务机关应从纳税人当期进项税

额中剔除,并在该项发票上注明,以后无论是否支付款项,均不得计入进项税额申报抵扣。

注释1: 根据《国家税务总局关于公布全文失效废止和部分条款废止的税收规范性文件目录的公告》(2016年5月29日,国家税务总局公告2016年第34号)文件规定,本文第一条第(一)项废止。

注释2: 根据国税发〔2009〕7号文件规定,本文第一条第(一)款第1项"(固定资产除外)",废止。

注释3: 根据国税发〔2006〕62号文件规定,本文第一条(二)、(四)、(五)项,自2006年4月30日起废止。

二、关于虚开代开的增值税专用发票的处罚问题

对纳税人虚开代开的增值税专用发票,一律按票面所列货物的适用税率全额征补税款,并按《中华人民共和国税收征收管理法》的规定给予处罚;对纳税人取得虚开代开的增值税专用发票,不得作为增值税合法的抵扣凭证抵扣进项税额。

注释: 根据《国家税务总局关于纳税人虚开增值税专用发票征补税款问题的公告》(2012年7月9日,国家税务总局公告2012年第33号)规定,本文第二条自2012年8月1日起废止。

三、关于酒类产品包装物的征税问题

从1995年6月1日起,对销售除啤酒、黄酒外的其他酒类产品而收取的包装物押金,无论是否返还以及会计上如何核算,均应并入当期销售额征税。

四、关于日用"卫生用药"的适用税率问题

用于人类日常生活的各种类型包装的日用卫生用药(如卫生杀虫剂、驱虫剂、驱蚊剂、蚊香、消毒剂等),不属于增值税"农药"的范围,应按17%的税率征税。

注释1: 根据财税〔2018〕32号文件第一条规定,自2018年5月1日起,本文第四条中的日用"卫生用药"增值税税率由17%调整为16%。

注释2: 根据《财政部 税务总局 海关总署关于深化增值税改革有关政策的公告》(2019年3月20日,财政部 国家税务总局 海关总署公告2019年第39号)第一条规定,自2019年4月1日起,本文第四条中的日用"卫生用药"增值税税率由16%调整为13%。

国家税务总局关于增值税若干征管问题的通知

1996年9月9日 国税发〔1996〕155号

为有利于各级税务机关和纳税人正确理解增值税的有关规定,税务机关严格执行税法和纳税人正确履行纳税义务,现就各地提出的有关增值税征管问题明确如下:

一、对增值税一般纳税人(包括纳税人自己或代其他部门)向购买方收取的价外费用和逾期包装物押金,应视为含税收入,在征税时换算成不含税收入并入销售额计征增值税。

二、对福利企业未按规定进行申报,事后被税务机关查补的增值税应纳税额,不得按"即征即退"办法退还给企业。

三、对商业企业采取以物易物、以货抵债、以物投资方式交易的,收货单位可以凭以物易物、以货抵债、以物投资书面合同以及与之相符的增值税专用发票和运输费用普通发票,确定进项税额,报经税务征收机关批准予以抵扣。

注释: 根据国税发〔2009〕7号文件规定,本文第三条失效。

四、增值税一般纳税人外购和销售货物(固定资产除外)所支付的管道运输费用,可以根据套印有全国统一发票监制章的运输费用结算单据(普通发票)所列运费金额,按 10% 计算进项税额抵扣。

注释: 根据《财政部 国家税务总局关于调整增值税运输费用扣除率的通知》(1998 年 6 月 12 日,财税字〔1998〕114 号)规定,本文第四条,自 1998 年 7 月 1 日起失效。

五、免税货物恢复征税后,其免税期间外购的货物,一律不得作为当期进项税额抵扣。恢复征税后收到的该项货物免税期间的增值税专用发票,应当从当期进项税额中剔除。

财政部 国家税务总局关于增值税若干政策的通知

2005 年 11 月 28 日 财税〔2005〕165 号

经研究,现对增值税若干政策问题明确如下:

一、销售自产货物提供增值税劳务并同时提供建筑业劳务征收增值税,纳税义务发生时间的确定

按照《国家税务总局关于纳税人销售自产货物提供增值税劳务并同时提供建筑业劳务征收流转税问题的通知》(国税发〔2002〕117 号)规定,纳税人销售自产货物提供增值税劳务并同时提供建筑业劳务应征增值税的,其增值税纳税义务发生时间依照《中华人民共和国增值税暂行条例实施细则》第三十三条的规定执行。

注释: 根据财税〔2009〕17 号文件规定,本文第一条废止。

二、企业在委托代销货物的过程中,无代销清单纳税义务发生时间的确定

(一)纳税人以代销方式销售货物,在收到代销清单前已收到全部或部分货款的,其纳税义务发生时间为收到全部或部分货款的当天。

(二)对于发出代销商品超过 180 天仍未收到代销清单及货款的,视同销售实现,一律征收增值税,其纳税义务发生时间为发出代销商品满 180 天的当天。

注释: 根据财税〔2009〕17 号文件规定,本文第二条废止。

三、个别货物进口环节与国内环节以及国内地区间增值税税率执行不一致进项税额抵扣问题

对在进口环节与国内环节,以及国内地区间个别货物(如初级农产品、矿产品等)增值税适用税率执行不一致的,纳税人应按其取得的增值税专用发票和海关进口完税凭证上注明的增值税额抵扣进项税额。

主管税务机关发现同一货物进口环节与国内环节以及地区间增值税税率执行不一致的,应当将有关情况逐级上报至共同的上一级税务机关,由上一级税务机关予以明确。

四、不得抵扣增值税进项税额的计算划分问题

纳税人兼营免税项目或非应税项目(不包括固定资产在建工程)无法准确划分不得抵扣的进项税额部分,按下列公式计算不得抵扣的进项税额:

$$\text{不得抵扣的进项税额} = \left(\text{当月全部进项税额} - \text{当月可准确划分用于应税项目、免税项目及非应税项目的进项税额} \right) \times$$

$$\left(\frac{\text{当月免税项目销售额、非应税项目营业额合计}}{\text{当月全部销售额、营业额合计}} \right) + \text{当月可准确划分用于免税项目和非应税项目的进项税额}$$

注释：根据财税〔2009〕17号文件规定，本文第四条废止。

五、增值税一般纳税人（以下简称一般纳税人）转为小规模纳税人有关问题

纳税人一经认定为正式一般纳税人，不得再转为小规模纳税人；辅导期一般纳税人转为小规模纳税人问题继续按照《国家税务总局关于加强新办商贸企业增值税征收管理有关问题的紧急通知》（国税发明电〔2004〕37号）的有关规定执行。

注释：根据财税〔2009〕17号文件规定，本文第五条废止。

六、一般纳税人注销时存货及留抵税额处理问题

一般纳税人注销或被取消辅导期一般纳税人资格，转为小规模纳税人时，其存货不作进项税额转出处理，其留抵税额也不予以退税。

七、运输发票抵扣问题

（一）一般纳税人购进或销售货物（东北以外地区固定资产除外）通过铁路运输，并取得铁路部门开具的运输发票，如果铁路部门开具的铁路运输发票托运人或收货人名称与其不一致，但铁路运输发票托运人栏或备注栏注有该纳税人名称的（手写无效），该运输发票可以作为进项税额抵扣凭证，允许计算抵扣进项税额。

（二）一般纳税人在生产经营过程中所支付的运输费用，允许计算抵扣进项税额。

（三）一般纳税人取得的国际货物运输代理业发票和国际货物运输发票，不得计算抵扣进项税额。

（四）一般纳税人取得的汇总开具的运输发票，凡附有运输企业开具并加盖财务专用章或发票专用章的运输清单，允许计算抵扣进项税额。

（五）一般纳税人取得的项目填写不齐全的运输发票（附有运输清单的汇总开具的运输发票除外）不得计算抵扣进项税额。

注释：根据财税〔2009〕17号文件规定，本文第七条第（一）项"东北以外地区固定资产除外"的规定，废止。

八、对从事公用事业的纳税人收取的一次性费用是否征收增值税问题

对从事热力、电力、燃气、自来水等公用事业的增值税纳税人收取的一次性费用，凡与货物的销售数量有直接关系的，征收增值税；凡与货物的销售数量无直接关系的，不征收增值税。

九、纳税人代行政部门收取的费用是否征收增值税问题

纳税人代有关行政管理部门收取的费用，凡同时符合以下条件的，不属于价外费用，不征收增值税。

（一）经国务院、国务院有关部门或省级政府批准；

（二）开具经财政部门批准使用的行政事业收费专用票据；

（三）所收款项全额上缴财政或虽不上缴财政但由政府部门监管，专款专用。

注释：根据财税〔2009〕17号文件规定，本文第九条废止。

十、代办保险费、车辆购置税、牌照费征税问题

纳税人销售货物的同时代办保险而向购买方收取的保险费，以及从事汽车销售的纳税人向购买方收取的代购买方缴纳的车辆购置税、牌照费，不作为价外费用征收征增值税。

注释:根据财税〔2009〕17号文件规定,本文第十条废止。

十一、关于计算机软件产品征收增值税有关问题

(一)嵌入式软件不属于财政部、国家税务总局《关于鼓励软件产业和集成电路产业发展有关税收政策问题的通知》(财税〔2000〕25号)规定的享受增值税优惠政策的软件产品。

(二)纳税人销售软件产品并随同销售一并收取的软件安装费、维护费、培训费等收入,应按照增值税混合销售的有关规定征收增值税,并可享受软件产品增值税即征即退政策。

对软件产品交付使用后,按期或按次收取的维护、技术服务费、培训费等不征收增值税。

(三)纳税人受托开发软件产品,著作权属于受托方的征收增值税,著作权属于委托方或属于双方共同拥有的不征收增值税。

注释:根据《财政部 国家税务总局关于软件产品增值税政策的通知》(2011年10月13日,财税〔2011〕100号)规定,本文第十一条第一款和第三款,自2011年1月1日起废止。

十二、印刷企业自己购买纸张,接受出版单位委托,印刷报纸书刊等印刷品的征税问题

印刷企业接受出版单位委托,自行购买纸张,印刷有统一刊号(CN)以及采用国际标准书号编序的图书、报纸和杂志,按货物销售征收增值税。

十三、会员费收入

对增值税纳税人收取的会员费收入不征收增值税。

82 财政部 国家税务总局关于增值税纳税人放弃免税权有关问题的通知

2007年9月5日 财税〔2007〕127号

各省、自治区、直辖市、计划单列市财政厅(局)、国家税务局,新疆生产建设兵团财务局:

现将增值税纳税人销售免税货物或劳务放弃免税权的有关问题通知如下:

一、生产和销售免征增值税货物或劳务的纳税人要求放弃免税权,应当以书面形式提交放弃免税权声明,报主管税务机关备案。纳税人自提交备案资料的次月起,按照现行有关规定计算缴纳增值税。

二、放弃免税权的纳税人符合一般纳税人认定条件尚未认定为增值税一般纳税人的,应当按现行规定认定为增值税一般纳税人,其销售的货物或劳务可开具增值税专用发票。

三、纳税人一经放弃免税权,其生产销售的全部增值税应税货物或劳务均应按照适用税率征税,不得选择某一免税项目放弃免税权,也不得根据不同的销售对象选择部分货物或劳务放弃免税权。

四、纳税人自税务机关受理纳税人放弃免税权声明的次月起12个月内不得申请免税。

注释:根据财税〔2009〕17号文件规定,本文第四条废止。

五、纳税人在免税期内购进用于免税项目的货物或者应税劳务所取得的增值税扣税凭证,一律不得抵扣。

六、本规定自2007年10月1日起执行。

国家税务总局关于折扣额抵减增值税应税销售额问题通知

2010 年 2 月 8 日　国税函〔2010〕56 号

各省、自治区、直辖市和计划单列市国家税务局：

近有部分地区反映，纳税人采取折扣方式销售货物，虽在同一发票上注明了销售额和折扣额，却将折扣额填写在发票的备注栏，是否允许抵减销售额的问题。经研究，现将有关问题进一步明确如下：

《国家税务总局关于印发〈增值税若干具体问题的规定〉的通知》（国税发〔1993〕154 号）第二条第（二）项规定："纳税人采取折扣方式销售货物，如果销售额和折扣额在同一张发票上分别注明的，可按折扣后的销售额征收增值税"。纳税人采取折扣方式销售货物，销售额和折扣额在同一张发票上分别注明是指销售额和折扣额在同一张发票上的"金额"栏分别注明的，可按折扣后的销售额征收增值税。未在同一张发票"金额"栏注明折扣额，而仅在发票的"备注"栏注明折扣额的，折扣额不得从销售额中减除。

 国家税务总局关于增值税纳税义务发生时间有关问题的公告

2011 年 7 月 15 日　国家税务总局公告 2011 年第 40 号

根据《中华人民共和国增值税暂行条例》及其实施细则的有关规定，现就增值税纳税义务发生时间有关问题公告如下：

纳税人生产经营活动中采取直接收款方式销售货物，已将货物移送对方并暂估销售收入入账，但既未取得销售款或取得索取销售款凭据也未开具销售发票的，其增值税纳税义务发生时间为取得销售款或取得索取销售款凭据的当天；先开具发票的，为开具发票的当天。

本公告自 2011 年 8 月 1 日起施行。纳税人此前对发生上述情况进行增值税纳税申报的，可向主管税务机关申请，按本公告规定做纳税调整。

特此公告。

 财政部　国家税务总局关于防范税收风险若干增值税政策的通知

2013 年 12 月 27 日　财税〔2013〕12 号

各省、自治区、直辖市、计划单列市财政厅（局）、国家税务局，新疆生产建设兵团财务局：

为进一步堵塞税收漏洞，防范打击虚开增值税专用发票和骗取出口退税违法行为，现将有关增值税政策通知如下：

一、增值税纳税人发生虚开增值税专用发票或者其他增值税扣税凭证、骗取国家出口退税款行为（以下简称增值税违法行为），被税务机关行政处罚或审判机关刑事处罚的，其销售的货物、提供的应税劳务和营业税改征增值税应税服务（以下统称货物劳务服务）执行以下政策：

（一）享受增值税即征即退或者先征后退优惠政策的纳税人，自税务机关行政处罚决定或审判机关判决或裁定生效的次月起 36 个月内，暂停其享受上述增值税优惠政策。纳税人自恢复享受增值税优惠政策之月起 36 个月内再次发生增值税违法行为的，自税务机关行政处罚决定或审判机关判决或裁定生效的次月起停止其享受增值税即征即退或者先征后退优惠政策。

（二）出口企业或其他单位发生增值税违法行为对应的出口货物劳务服务，视同内销，按规定征收增值税（骗取出口退税的按查处骗税的规定处理）。出口企业或其他单位在本通知生效后发生 2 次增值税违法行为的，自税务机关行政处罚决定或审判机关判决或裁定生效之日的次日起，其出口的所有适用出口退（免）税政策的货物劳务服务，一律改为适用增值税免税政策。纳税人如果已被停止出口退税权的，适用增值税免税政策的起始时间为停止出口退税权期满后的次日。

（三）以农产品为原料生产销售货物的纳税人发生增值税违法行为的，自税务机关行政处罚决定生效的次月起，按 50% 的比例抵扣农产品进项税额；违法情形严重的，不得抵扣农产品进项税额。具体办法由国家税务总局商财政部另行制定。

（四）本通知所称虚开增值税专用发票或其他增值税扣税凭证，是指有为他人虚开、为自己虚开、让他人为自己虚开、介绍他人虚开增值税专用发票或其他增值税扣税凭证行为之一的，但纳税人善意取得虚开增值税专用发票或其他增值税扣税凭证的除外。

二、出口企业购进货物的供货纳税人有属于办理税务登记 2 年内被税务机关认定为非正常户或被认定为增值税一般纳税人 2 年内注销税务登记，且符合下列情形之一的，自主管其出口退税的税务机关书面通知之日起，在 24 个月内出口的适用增值税退（免）税政策的货物劳务服务，改为适用增值税免税政策。

（一）外贸企业使用上述供货纳税人开具的增值税专用发票申报出口退税，在连续 12 个月内达到 200 万元以上（含本数，下同）的，或使用上述供货纳税人开具的增值税专用发票，连续 12 个月内申报退税额占该期间全部申报退税额 30% 以上的；

（二）生产企业在连续 12 个月内申报出口退税额达到 200 万元以上，且从上述供货纳税人取得的增值税专用发票税额达到 200 万元以上或占该期间全部进项税额 30% 以上的；

（三）外贸企业连续 12 个月内使用 3 户以上上述供货纳税人开具的增值税专用发票申报退税，且占该期间全部供货纳税人户数 20% 以上的；

（四）生产企业连续 12 个月内有 3 户以上上述供货纳税人，且占该期间全部供货纳税人户数 20% 以上的。

本条所称"连续 12 个月内"，外贸企业自使用上述供货纳税人开具的增值税专用发票申报退税的当月开始计算，生产企业自从上述供货纳税人取得的增值税专用发票认证当月开始计算。

本通知生效前已出口的上述供货纳税人的货物，出口企业可联系供货纳税人，由供货纳税人举证其销售的货物真实、纳税正常的证明材料，经供货纳税人的主管税务机关盖章认可，并在 2014 年 7 月底前按国家税务总局的函调管理办法回函后，税务机关可按规定办理退（免）税，在此之前，没有提供举证材料或举证材料没有被供货纳税人主管税务机关盖章认可并回函的，实行增值税免税政策。

三、自本通知生效后，有增值税违法行为的企业或税务机关重点监管企业，出口或销售给出口企业出口的货物劳务服务，在出口环节退（免）税或销售环节征税时，除按现行规定管理外，还应实行增值税"税收（出口货物专用）缴款书"管理，增值税税率为 17% 和 13% 的货物，税收（出口货物专用）缴款书的预缴率分别按 6% 和 4% 执行。有增值税违法行为的企业或税务机关重点监管企业的名单，由国家税务总局根据实际情况进行动态管理，并通过国家税务总局网站等方式向社会公告。具体办法由国家税务总局另行制定。

四、执行本通知第一条、第二条、第三条政策的纳税人，如果变更《税务登记证》纳税人名称或法定代表人担任新成立企业的法定代表人的企业，应继续执行完本通知对应的第一条、第二条、第三条规定；执行本通知第一条政策的纳税人，如果注销税务登记，在原地址有经营原业务的新纳税人，除法定代表人为非注销税务登记纳税人法定代表人的企业外，主管税务机关应在 12 个月内，对其购进、销售、资金往来、纳税等情况进行重点监管。

被停止出口退税权的纳税人在停止出口退税权期间，如果变更《税务登记证》纳税人名称或法定代表人担任新成立企业的法定代表人的企业，在被停止出口退税权的纳税人停止出口退税权期间出口的货物劳务服务，实行增值税征税政策。

五、出口企业或其他单位出口的适用增值税退（免）税政策的货物劳务服务，如果货物劳务服务的国内收购价格或出口价格明显偏高且无正当理由的，该出口货物劳务服务适用增值税免税政策。主管税务机关按照下列方法确定货物劳务服务价格是否偏高：

（一）按照该企业最近时期购进或出口同类货物劳务服务的平均价格确定。

（二）按照其他企业最近时期购进或出口同类货物劳务服务的平均价格确定。

（三）按照组成计税价格确定。组成计税价格的公式为：

$$组成计税价格＝成本×（1＋成本利润率）$$

成本利润率由国家税务总局统一确定并公布。

六、出口企业或其他单位存在下列情况之一的，其出口适用增值税退（免）税政策的货物劳务服务，一律适用增值税免税政策：

（一）法定代表人不知道本人是法定代表人的；

（二）法定代表人为无民事行为能力人或限制民事行为能力人的。

七、增值税纳税人发生增值税违法行为，被税务机关行政处罚或审判机关刑事处罚后，行政机关或审判机关对上述处罚决定有调整的，按调整后的决定适用政策，调整前已实行的政策可按调整后的适用政策执行。

八、本通知自 2014 年 1 月 1 日起执行。

二、增 值 税 转 型

 财政部　国家税务总局关于全国实施增值税转型改革若干问题的通知

2008 年 12 月 19 日　财税〔2008〕170 号

各省、自治区、直辖市、计划单列市财政厅（局）、国家税务局，新疆生产建设兵团财务局：

为推进增值税制度完善，促进国民经济平稳较快发展，国务院决定，自 2009 年 1 月 1 日起，在全国实施增值税转型改革。为保证改革实施到位，现将有关问题通知如下：

一、自 2009 年 1 月 1 日起，增值税一般纳税人（以下简称纳税人）购进（包括接受捐赠、实物投资，下同）或者自制（包括改扩建、安装，下同）固定资产发生的进项税额（以下简称固定资产进项税额），可根据《中华人民共和国增值税暂行条例》（国务院令第538号，以下简称条例）和《中华人民共和国增值税暂行条例实施细则》（财政部　国家税务总局令第50号，以下简称细则）的有关规定，凭增值税专用发票、海关进口增值税专用缴款书和运输费用结算单据（以下简称增值税扣税凭证）从销项税额中抵扣，其进项税额应当记入"应交税金—应交增值税（进项税额）"科目。

二、纳税人允许抵扣的固定资产进项税额，是指纳税人2009年1月1日以后（含1月1日，下同）实际发生，并取得2009年1月1日以后开具的增值税扣税凭证上注明的或者依据增值税扣税凭证计算的增值税税额。

三、东北老工业基地、中部六省老工业基地城市、内蒙古自治区东部地区已纳入扩大增值税抵扣范围试点的纳税人，2009年1月1日以后发生的固定资产进项税额，不再采取退税方式，其2008年12月31日以前（含12月31日，下同）发生的待抵扣固定资产进项税额期末余额，应于2009年1月份一次性转入"应交税金——应交增值税（进项税额）"科目。

四、自2009年1月1日起，纳税人销售自己使用过的固定资产（以下简称已使用过的固定资产），应区分不同情形征收增值税：

（一）销售自己使用过的2009年1月1日以后购进或者自制的固定资产，按照适用税率征收增值税；

（二）2008年12月31日以前未纳入扩大增值税抵扣范围试点的纳税人，销售自己使用过的2008年12月31日以前购进或者自制的固定资产，按照4%征收率减半征收增值税；

（三）2008年12月31日以前已纳入扩大增值税抵扣范围试点的纳税人，销售自己使用过的在本地区扩大增值税抵扣范围试点以前购进或者自制的固定资产，按照4%征收率减半征收增值税；销售自己使用过的在本地区扩大增值税抵扣范围试点以后购进或者自制的固定资产，按照适用税率征收增值税。

本通知所称已使用过的固定资产，是指纳税人根据财务会计制度已经计提折旧的固定资产。

注释：根据《财政部　国家税务总局关于简并增值税征收率政策的通知》（2014年6月13日，财税〔2014〕57号）第一条第二款规定，自2014年7月1日起，第四条第（二）项和第（三）项中"按照4%征收率减半征收增值税"调整为"按照简易办法依照3%征收率减按2%征收增值税"。

五、纳税人已抵扣进项税额的固定资产发生条例第十条（一）至（三）项所列情形的，应在当月按下列公式计算不得抵扣的进项税额：

$$不得抵扣的进项税额＝固定资产净值×适用税率$$

本通知所称固定资产净值，是指纳税人按照财务会计制度计提折旧后计算的固定资产净值。

六、纳税人发生细则第四条规定固定资产视同销售行为，对已使用过的固定资产无法确定销售额的，以固定资产净值为销售额。

七、自2009年1月1日起，进口设备增值税免税政策和外商投资企业采购国产设备增值税退税政策停止执行。具体办法，财政部　国家税务总局另行发文明确。

八、本通知自2009年1月1日起执行。《财政部　国家税务总局关于印发〈东北地区扩大增值税抵扣范围若干问题的规定〉的通知》（财税〔2004〕156号）、《财政部　国家税务总局关于印发〈2004年东北地区扩大增值税抵扣范围暂行办法〉的通知》（财税〔2004〕168号）、《财政

部　国家税务总局关于进一步落实东北地区扩大增值税抵扣范围政策的紧急通知》（财税〔2004〕226号）、《财政部　国家税务总局关于东北地区军品和高新技术产品生产企业实施扩大增值税抵扣范围有关问题的通知》（财税〔2004〕227号）、《国家税务总局关于开展扩大增值税抵扣范围企业认定工作的通知》（国税函〔2004〕143号）、《财政部　国家税务总局关于2005年东北地区扩大增值税抵扣范围有关问题的通知》（财税〔2005〕28号）、《财政部　国家税务总局关于2005年东北地区扩大增值税抵扣范围固定资产进项税额退税问题的通知》（财税〔2005〕176号）、《财政部　国家税务总局关于东北地区军品和高新技术产品生产企业实施扩大增值税抵扣范围有关问题的通知》（财税〔2006〕15号）、《财政部　国家税务总局关于2006年东北地区固定资产进项税额退税问题的通知》（财税〔2006〕156号）、《财政部　国家税务总局关于印发〈中部地区扩大增值税抵扣范围暂行办法〉的通知》（财税〔2007〕75号）、《财政部　国家税务总局关于扩大增值税抵扣范围地区2007年固定资产抵扣（退税）有关问题的补充通知》（财税〔2007〕128号）、《国家税务总局关于印发〈扩大增值税抵扣范围暂行管理办法〉的通知》（国税发〔2007〕62号）、《财政部　国家税务总局关于印发〈内蒙古东部地区扩大增值税抵扣范围暂行办法〉的通知》（财税〔2008〕94号）、《财政部　国家税务总局关于印发〈汶川地震受灾严重地区扩大增值税抵扣范围暂行办法〉的通知》（财税〔2008〕108号）、《财政部　国家税务总局关于2008年东北　中部和蒙东地区扩大增值税抵扣范围固定资产进项税额退税问题的通知》（财税〔2008〕141号）同时废止。

财政部　国家税务总局关于部分货物适用增值税低税率和简易办法征收增值税政策的通知

2009年1月19日　财税〔2009〕9号

各省、自治区、直辖市、计划单列市财政厅（局）、国家税务局，新疆生产建设兵团财务局：

　　根据《中华人民共和国增值税暂行条例》（国务院令538号，以下简称条例）和《中华人民共和国增值税暂行条例实施细则》（财政部　国家税务总局令50号）的规定和国务院的有关精神，为做好相关增值税政策规定的衔接，加强征收管理，现将部分货物适用增值税税率和实行增值税简易征收办法的有关事项明确如下：

　　一、下列货物继续适用13％的增值税税率：

　　（一）农产品。

　　农产品，是指种植业、养殖业、林业、牧业、水产业生产的各种植物、动物的初级产品。具体征税范围暂继续按照《财政部　国家税务总局关于印发〈农业产品征税范围注释〉的通知》（财税字〔1995〕52号）及现行相关规定执行。

　　（二）音像制品。

　　音像制品，是指正式出版的录有内容的录音带、录像带、唱片、激光唱盘和激光视盘。

　　（三）电子出版物。

　　电子出版物，是指以数字代码方式，使用计算机应用程序，将图文声像等内容信息编辑加工后存储在具有确定的物理形态的磁、光、电等介质上，通过内嵌在计算机、手机、电子阅读设备、电子显示设备、数字音/视频播放设备、电子游戏机、导航仪以及其他具有类似功能的设备上读取使用，具有交互功能，用以表达思想、普及知识和积累文化的大众传播媒体。载体形态和格式主要包括只读光盘(CD 只读光盘 CD-ROM、交互式光盘 CD-I、照片光盘 Photo-CD、高密度只读光盘 DVD-ROM、蓝光只读光盘 HD-DVD ROM 和 BD ROM)、一次写入式光盘(一次写入 CD 光盘 CD-R、一次写入高密度光盘 DVD-R、一次写入蓝光光盘 HD-DVD/R,BD-R)、可擦写光盘(可擦写 CD 光盘 CD-RW、可擦写高密度光盘 DVD-RW、可擦写蓝光光盘 HDDVD-RW 和 BD-RW、磁光盘 M0)、软磁盘(FD)、硬磁盘(HD)、集成电路卡(CF 卡、MD 卡、SM 卡、MMC 卡、RS-MMC 卡、MS 卡、SD 卡、XD 卡、T-Flash 卡、记忆棒)和各种存储芯片。

(四)二甲醚。

二甲醚,是指化学分子式为 CH_3OCH_3,常温常压下为具有轻微醚香味、易燃、无毒、无腐蚀性的气体。

二、下列按简易办法征收增值税的优惠政策继续执行,不得抵扣进项税额:

(一)纳税人销售自己使用过的物品,按下列政策执行:

1. 一般纳税人销售自己使用过的属于条例第十条规定不得抵扣且未抵扣进项税额的固定资产,按简易办法依 4%征收率减半征收增值税。

注释:根据《财政部 国家税务总局关于简并增值税征收率政策的通知》(2014 年 6 月 13 日,财税〔2014〕57 号)规定,本条中"按照简易办法依照 4%征收率减半征收增值税"自 2014 年 7 月 1 日起调整为"按照简易办法依照 3%征收率减按 2%征收增值税"。

一般纳税人销售自己使用过的其他固定资产,按照《财政部 国家税务总局关于全国实施增值税转型改革若干问题的通知》(财税〔2008〕170 号)第四条的规定执行。

一般纳税人销售自己使用过的除固定资产以外的物品,应当按照适用税率征收增值税。

2. 小规模纳税人(除其他个人外,下同)销售自己使用过的固定资产,减按 2%征收率征收增值税。

小规模纳税人销售自己使用过的除固定资产以外的物品,应按 3%的征收率征收增值税。

(二)纳税人销售旧货,按照简易办法依照 4%征收率减半征收增值税。

注释:根据财税〔2014〕57 号文件规定,本条中"按照简易办法依照 4%征收率减半征收增值税"自 2014 年 7 月 1 日起调整为"按照简易办法依照 3%征收率减按 2%征收增值税"。

所称旧货,是指进入二次流通的具有部分使用价值的货物(含旧汽车、旧摩托车和旧游艇),但不包括自己使用过的物品。

(三)一般纳税人销售自产的下列货物,可选择按照简易办法依照 6%征收率计算缴纳增值税:

注释:根据财税〔2014〕57 号文件规定,本条"依照 6%征收率"自 2014 年 7 月 1 日起调整为"依照 3%征收率"。

1. 县级及县级以下小型水力发电单位生产的电力。小型水力发电单位,是指各类投资主体建设的装机容量为 5 万千瓦以下(含 5 万千瓦)的小型水力发电单位。

2. 建筑用和生产建筑材料所用的砂、土、石料。

3. 以自己采掘的砂、土、石料或其他矿物连续生产的砖、瓦、石灰(不含粘土实心砖、瓦)。

4. 用微生物、微生物代谢产物、动物毒素、人或动物的血液或组织制成的生物制品。

5. 自来水。

6. 商品混凝土(仅限于以水泥为原料生产的水泥混凝土)。

一般纳税人选择简易办法计算缴纳增值税后,36个月内不得变更。

(四)一般纳税人销售货物属于下列情形之一的,暂按简易办法依照 4% 征收率计算缴纳增值税:

注释:根据财税〔2014〕57号文件规定,本条"依照4%征收率"自2014年7月1日起调整为"依照3%征收率"。

1. 寄售商店代销寄售物品(包括居民个人寄售的物品在内);

2. 典当业销售死当物品;

3. 经国务院或国务院授权机关批准的免税商店零售的免税品。

注释:根据《财政部 国家税务总局关于出口货物劳务增值税和消费税政策的通知》(2012年5月25日,财税〔2012〕39号)文件规定,本文第二条第(四)项第3点,自2011年1月1日起废止。

三、对属于一般纳税人的自来水公司销售自来水按简易办法依照 6% 征收率征收增值税,不得抵扣其购进自来水取得增值税扣税凭证上注明的增值税税款。

注释:根据财税〔2014〕57号文件规定,本条"依照6%征收率"自2014年7月1日起调整为"依照3%征收率"。

本通知自2009年1月1日起执行。《财政部 国家税务总局关于调整农业产品增值税税率和若干项目征免增值税的通知》〔财税字(94)004号〕、《财政部 国家税务总局关于自来水征收增值税问题的通知》〔(94)财税字第014号〕、《财政部 国家税务总局关于增值税、营业税若干政策规定的通知》〔(94)财税字第026号〕第九条和第十条、《国家税务总局关于印发〈增值税问题解答(之一)〉的通知》(国税函发〔1995〕288号)附件第十条、《国家税务总局关于调整部分按简易办法征收增值税的特定货物销售行为征收率的通知》(国税发〔1998〕122号)、《国家税务总局关于县以下小水电电力产品增值税征税问题的批复》(国税函〔1998〕843号)、《国家税务总局关于商品混凝土实行简易办法征收增值税问题的通知》(国税发〔2000〕37号)、《财政部 国家税务总局关于旧货和旧机动车增值税政策的通知》(财税〔2002〕29号)、《国家税务总局关于自来水行业增值税政策问题的通知》(国税发〔2002〕56号)、《财政部 国家税务总局关于宣传文化增值税和营业税优惠政策的通知》(财税〔2006〕153号)第一条、《国家税务总局关于明确县以下小型水力发电单位具体标准的批复》(国税函〔2006〕47号)、《国家税务总局关于商品混凝土征收增值税有关问题的通知》(国税函〔2007〕599号)、《财政部 国家税务总局关于二甲醚增值税适用税率问题的通知》(财税〔2008〕72号)同时废止。

国家税务总局关于增值税简易征收政策有关管理问题的通知

2009年2月25日 国税函〔2009〕90号

各省、自治区、直辖市和计划单列市国家税务局:

《财政部 国家税务总局关于部分货物适用增值税低税率和简易办法征收增值税政策的通知》(财税〔2009〕9号)规定对部分项目继续适用增值税简易征收政策。经研究,现将有关增值税管理问题明确如下:

一、关于纳税人销售自己使用过的固定资产

（一）一般纳税人销售自己使用过的固定资产，凡根据《财政部　国家税务总局关于全国实施增值税转型改革若干问题的通知》（财税〔2008〕170号）和财税〔2009〕9号文件等规定，适用按简易办法依4%征收率减半征收增值税政策的，应开具普通发票，不得开具增值税专用发票。

注释1： 根据《国家税务总局关于简并增值税征收率有关问题的公告》（2014年6月27日，国家税务总局公告2014年第36号）规定，本项中"按简易办法依4%征收率减半征收增值税政策"，自2014年7月1日起修改为"按简易办法依3%征收率减按2%征收增值税政策"。

注释2： 根据《国家税务总局关于营业税改征增值税试点期间有关增值税问题的公告》（2015年12月22日，国家税务总局公告2015年第90号）规定，营业税改征增值税试点期间，纳税人销售自己使用过的固定资产，适用简易办法依照3%征收率减按2%征收增值税政策的，可以放弃减税，按照简易办法依照3%征收率缴纳增值税，并可以开具增值税专用发票。

（二）小规模纳税人销售自己使用过的固定资产，应开具普通发票，不得由税务机关代开增值税专用发票。

二、纳税人销售旧货，应开具普通发票，不得自行开具或者由税务机关代开增值税专用发票。

三、一般纳税人销售货物适用财税〔2009〕9号文件第二条第（三）项、第（四）项和第三条规定的，可自行开具增值税专用发票。

四、关于销售额和应纳税额

（一）一般纳税人销售自己使用过的物品和旧货，适用按简易办法依4%征收率减半征收增值税政策的，按下列公式确定销售额和应纳税额：

$$销售额＝含税销售额/（1＋4\%）$$
$$应纳税额＝销售额×4\%/2$$

注释： 根据《国家税务总局关于简并增值税征收率有关问题的公告》（2014年6月27日，国家税务总局公告2014年第36号）规定，本项自2014年7月1日起废止。

（二）小规模纳税人销售自己使用过的固定资产和旧货，按下列公式确定销售额和应纳税额：

$$销售额＝含税销售额/（1＋3\%）$$
$$应纳税额＝销售额×2\%$$

五、小规模纳税人销售自己使用过的固定资产和旧货，其不含税销售额填写在《增值税纳税申报表（适用于小规模纳税人）》第4栏，其利用税控器具开具的普通发票不含税销售额填写在第5栏。

六、本通知自2009年1月1日起执行。《国家税务总局关于调整增值税纳税申报有关事项的通知》（国税函〔2008〕1075号）第二条第（二）项规定同时废止。

 国家税务总局关于纳税人转让土地使用权或者销售不动产同时一并销售附着于土地或者不动产上的固定资产有关税收问题的公告

2011年8月17日　国家税务总局公告2011年第47号

现就纳税人转让土地使用权或者销售不动产的同时一并销售附着于土地或者不动产上

的固定资产有关税收问题公告如下：

纳税人转让土地使用权或者销售不动产的同时一并销售的附着于土地或者不动产上的固定资产中，凡属于增值税应税货物的，应按照《财政部 国家税务总局关于部分货物适用增值税低税率和简易办法征收增值税政策的通知》（财税〔2009〕9号）第二条有关规定，计算缴纳增值税；凡属于不动产的，应按照《中华人民共和国营业税暂行条例》"销售不动产"税目计算缴纳营业税。

纳税人应分别核算增值税应税货物和不动产的销售额，未分别核算或核算不清的，由主管税务机关核定其增值税应税货物的销售额和不动产的销售额。

本公告自2011年9月1日起施行。《国家税务总局关于煤炭企业转让井口征收营业税问题的批复》（国税函〔1997〕556号）和《国家税务总局关于煤矿转让征收营业税问题的批复》（国税函〔2007〕1018号）中"对单位和个人在转让煤矿土地使用权和销售不动产的同时一并转让附着于土地或不动产上的机电设备，一并按'销售不动产'征收营业税"的规定同时废止。本公告施行前已处理的事项不再作调整，未处理事项依据本公告处理。

特此公告。

国家税务总局关于一般纳税人销售自己使用过的固定资产增值税有关问题的公告

2012年1月6日 国家税务总局公告2012年第1号

现将增值税一般纳税人销售自己使用过的固定资产有关增值税问题公告如下：

增值税一般纳税人销售自己使用过的固定资产，属于以下两种情形的，可按简易办法依4%征收率减半征收增值税，同时不得开具增值税专用发票：

注释：根据国家税务总局公告2014年第36号文件第五条规定，自2014年7月1日起，将"可按简易办法依4%征收率减半征收增值税"，修改为"可按简易办法依3%征收率减按2%征收增值税"

一、纳税人购进或者自制固定资产时为小规模纳税人，认定为一般纳税人后销售该固定资产。

二、增值税一般纳税人发生按简易办法征收增值税应税行为，销售其按照规定不得抵扣且未抵扣进项税额的固定资产。

本公告自2012年2月1日起施行。此前已发生并已经征税的事项，不再调整；此前已发生未处理的，按本公告规定执行。

特此公告。

国家税务总局关于药品经营企业销售生物制品有关增值税问题的公告

2012年5月28日 国家税务总局公告2012年第20号

现将药品经营企业销售生物制品有关增值税问题公告如下：

一、属于增值税一般纳税人的药品经营企业销售生物制品，可以选择简易办法按照生物制品销售额和3%的征收率计算缴纳增值税。

药品经营企业，是指取得（食品）药品监督管理部门颁发的《药品经营许可证》，获准从事生物制品经营的药品批发企业和药品零售企业。

二、属于增值税一般纳税人的药品经营企业销售生物制品,选择简易办法计算缴纳增值税的,36个月内不得变更计税方法。

三、本公告自2012年7月1日起施行。

特此公告。

 财政部　国家税务总局关于简并增值税征收率政策的通知

2014年6月13日　财税〔2014〕57号

各省、自治区、直辖市、计划单列市财政厅(局)、国家税务局,新疆生产建设兵团财务局:

为进一步规范税制、公平税负,经国务院批准,决定简并和统一增值税征收率,将6%和4%的增值税征收率统一调整为3%。现将有关事项通知如下:

一、《财政部　国家税务总局关于部分货物适用增值税低税率和简易办法征收增值税政策的通知》(财税〔2009〕9号)第二条第(一)项和第(二)项中"按照简易办法依照4%征收率减半征收增值税"调整为"按照简易办法依照3%征收率减按2%征收增值税"。

《财政部　国家税务总局关于全国实施增值税转型改革若干问题的通知》(财税〔2008〕170号)第四条第(二)项和第(三)项中"按照4%征收率减半征收增值税"调整为"按照简易办法依照3%征收率减按2%征收增值税"。

二、财税〔2009〕9号文件第二条第(三)项和第三条"依照6%征收率"调整为"依照3%征收率"。

三、财税〔2009〕9号文件第二条第(四)项"依照4%征收率"调整为"依照3%征收率"。

四、本通知自2014年7月1日起执行。

 国家税务总局关于简并增值税征收率有关问题的公告

2014年6月27日　国家税务总局公告2014年第36号

根据国务院简并和统一增值税征收率的决定,现将有关问题公告如下:

一、将《国家税务总局关于固定业户临时外出经营有关增值税专用发票管理问题的通知》(国税发〔1995〕87号)中"经营地税务机关按6%的征收率征税",修改为"经营地税务机关按3%的征收率征税"。

二、将《国家税务总局关于拍卖行取得的拍卖收入征收增值税、营业税有关问题的通知》(国税发〔1999〕40号)第一条中"按照4%的征收率征收增值税",修改为"按照3%的征收率征收增值税"。

三、将《国家税务总局关于增值税简易征收政策有关管理问题的通知》(国税函〔2009〕90号)第一条第(一)项中"按简易办法依4%征收率减半征收增值税政策",修改为"按简易办法依3%征收率减按2%征收增值税政策"。

四、将《国家税务总局关于供应非临床用血增值税政策问题的批复》(国税函〔2009〕456号)第二条中"按照简易办法依照6%征收率计算应纳税额",修改为"按照简易办法依照3%征收率计算应纳税额"。

五、将《国家税务总局关于一般纳税人销售自己使用过的固定资产增值税有关问题的公告》(国家税务总局公告 2012 年第 1 号)中"可按简易办法依 4% 征收率减半征收增值税",修改为"可按简易办法依 3% 征收率减按 2% 征收增值税"。

六、纳税人适用按照简易办法依 3% 征收率减按 2% 征收增值税政策的,按下列公式确定销售额和应纳税额:

$$销售额＝含税销售额/(1＋3\%)$$
$$应纳税额＝销售额×2\%$$

《国家税务总局关于增值税简易征收政策有关管理问题的通知》(国税函〔2009〕90 号)第四条第(一)项废止。

七、本公告自 2014 年 7 月 1 日起施行。

特此公告。

国家税务总局办公厅关于《国家税务总局关于简并增值税征收率有关问题的公告》的解读

一、公告出台的背景

我国现行增值税制度规定,增值税小规模纳税人和特定增值税一般纳税人销售货物或者提供劳务时,采用简易计税办法,按照销售额和征收率计算缴纳增值税,不得抵扣进项税额。其中,小规模纳税人的征收率经过几次调整已经统一为 3%,而特定一般纳税人适用的征收率未与小规模纳税人征收率的调整保持同步,形成了 6%、4%、3% 等多档征收率并存的现状。

多档征收率并存引发了一定的质疑。为进一步规范税制、公平税负,经国务院批准,决定简并和统一增值税征收率,将 6% 和 4% 的增值税征收率统一调整为 3%。《财政部 国家税务总局关于简并增值税征收率政策的通知》(财税〔2014〕57 号)已经将财税字文件中涉及 6% 和 4% 的增值税征收率的规定,统一调整为 3%。该公告则将现行国家税务总局印发的税收文件中涉及增值税征收率进行了调整。

二、本公告主要内容

本公告主要内容包括两部分:一是将现行有效的税收文件中涉及 6% 和 4% 的增值税征收率的规定,统一调整为 3%;二是明确了简易办法依 3% 征收率减按 2% 征收增值税政策中,纳税人销售额和应纳税额计算问题。公告明确,纳税人适用按照简易办法依 3% 征收率减按 2% 征收增值税政策的,确定销售额和应纳税额的公式为:

$$销售额＝含税销售额/(1＋3\%)$$
$$应纳税额＝销售额×2\%$$

国家税务总局关于兽用药品经营企业销售兽用生物制品有关增值税问题的公告

2016 年 2 月 4 日　国家税务总局公告 2016 年第 8 号

现将兽用药品经营企业销售兽用生物制品有关增值税问题公告如下:

一、属于增值税一般纳税人的兽用药品经营企业销售兽用生物制品,可以选择简易办法按照兽用生物制品销售额和3%的征收率计算缴纳增值税。

兽用药品经营企业,是指取得兽医行政管理部门颁发的《兽药经营许可证》,获准从事兽用生物制品经营的兽用药品批发和零售企业。

二、属于增值税一般纳税人的兽用药品经营企业销售兽用生物制品,选择简易办法计算缴纳增值税的,36个月内不得变更计税方法。

三、本公告自2016年4月1日起施行。

特此公告。

国家税务总局办公厅关于《国家税务总局关于兽用药品经营企业销售兽用生物制品有关增值税问题的公告》的解读

一、该公告出台的背景是什么?

近期,我们接到基层税务机关报来请示,反映经营兽用生物制品的纳税人因只能取得《兽药经营许可证》而非《药品经营许可证》,不符合《国家税务总局关于药品经营企业销售生物制品有关增值税问题的公告》(国家税务总局公告2012年第20号)有关规定,其销售的兽用生物制品无法按简易办法计算缴纳增值税,兽用生物制品批发零售环节"高征低扣"造成的增值税负担较重问题较为突出。建议对兽用药品经营企业销售生物制品,同样可选择简易办法计算缴纳增值税。

二、该公告发布实施后,哪些企业批发零售生物制品,可选择简易办法计算缴纳增值税?

该公告发布实施后,与2012年发布的《国家税务总局关于药品经营企业销售生物制品有关增值税问题的公告》(国家税务总局公告2012年第20号)相结合,共明确有两类企业批发零售生物制品,可选择简易办法计算缴纳增值税:一是取得(食品)药品监督管理部门颁发的《药品经营许可证》的药品经营企业,二是取得兽医行政管理部门颁发的《兽药经营许可证》的兽用药品经营企业。

财政部 海关总署 国家税务总局 国家药品监督管理局 关于抗癌药品增值税政策的通知

2018年4月27日 财税[2018]47号

各省、自治区、直辖市、计划单列市财政厅(局)、国家税务局,海关总署广东分署、各直属海关,新疆生产建设兵团财政局:

为鼓励抗癌制药产业发展,降低患者用药成本,现将抗癌药品增值税政策通知如下:

一、自2018年5月1日起,增值税一般纳税人生产销售和批发、零售抗癌药品,可选择按照简易办法依照3%征收率计算缴纳增值税。上述纳税人选择简易办法计算缴纳增值税后,36个月内不得变更。

二、自2018年5月1日起,对进口抗癌药品,减按3%征收进口环节增值税。

三、纳税人应单独核算抗癌药品的销售额。未单独核算的,不得适用本通知第一条规定的简易征收政策。

　　四、本通知所称抗癌药品,是指经国家药品监督管理部门批准注册的抗癌制剂及原料药。抗癌药品清单(第一批)见附件。抗癌药品范围实行动态调整,由财政部、海关总署、税务总局、国家药品监督管理局根据变化情况适时明确。

　　附件:抗癌药品清单(第一批)

附件
抗癌药品清单(第一批)

一、抗癌药品制剂

序号	药品活性成分名称	已获准上市的剂型	税号
1	阿那曲唑	片剂	30049090
2	阿糖胞苷	注射剂	30021900
3	阿昔替尼	片剂	30049090
4	阿扎胞苷	注射剂	30049090
5	奥沙利铂	注射剂	30049090
6	奥替拉西/吉美嘧啶/替加氟	胶囊剂、片剂	30049090
7	白消安	片剂、注射剂	30049090
8	苯丁酸氮芥	片剂	30049090
9	比卡鲁胺	片剂、胶囊	30049090
10	表柔比星	注射剂	30042090
11	醋酸阿比特龙	片剂	30043900
12	醋酸奥曲肽	注射剂	30043900
13	醋酸戈舍瑞林	植入剂	30043200
14	醋酸亮丙瑞林	注射剂	30043900
15	醋酸曲普瑞林	注射剂	30043200
16	达卡巴嗪	注射剂	30049090
17	达沙替尼	片剂	30049090
18	地西他滨	注射剂	30049090
19	多西他赛	注射剂	30049090
20	氟尿嘧啶	注射剂、片剂、口服乳剂、乳膏、植入剂、口服溶液	30041090
21	氟他胺	片剂、胶囊	30049090
22	氟维司群	注射剂	30043200
23	福美坦	注射剂	30043900
24	福莫司汀	注射剂	30049090
25	枸橼酸他莫昔芬	片剂、口服溶液	30049090
26	枸橼酸托瑞米芬	片剂	30049090
27	环磷酰胺	注射剂、片剂	30049090
28	吉非替尼	片剂	30049090
29	甲氨蝶呤	注射剂	30049090
30	甲苯磺酸拉帕替尼	片剂	30049090
31	甲苯磺酸索拉非尼	片剂	30049090
32	甲磺酸阿帕替尼	片剂	30049090
33	甲磺酸奥希替尼	片剂	30049090
34	甲磺酸伊马替尼	胶囊剂、片剂	30049090
35	酒石酸长春瑞滨	胶囊剂、注射剂	30044900
36	卡铂	注射剂	30049090
37	卡莫氟	片剂	30049090

（续表）

序号	药品活性成分名称	已获准上市的剂型	税号
38	卡培他滨	片剂	30049090
39	克拉屈滨	注射剂	30049090
40	克唑替尼	胶囊剂	30049090
41	来那度胺	胶囊剂	30049090
42	来曲唑	片剂	30049090
43	雷替曲塞	注射剂	30049090
44	磷酸雌莫司汀	胶囊剂	30043900
45	磷酸氟达拉滨	片剂、注射剂	30049090
46	磷酸芦可替尼	片剂	30049090
47	磷酸依托泊苷	注射剂	30049090
48	硫酸长春地辛	注射剂	30044900
49	硫酸长春新碱	注射剂	30044900
50	洛铂	注射剂	30049090
51	马来酸阿法替尼	片剂	30049090
52	美法仑	片剂	30049090
53	门冬酰胺酶	注射剂	30049090
54	奈达铂	注射剂	30049090
55	尼洛替尼	胶囊剂	30049090
56	培美曲塞二钠	注射剂	30049090
57	培门冬酶	注射剂	30049090
58	培唑帕尼	片剂	30049090
59	硼替佐米	注射剂	30049090
60	苹果酸舒尼替尼	胶囊剂	30049090
61	羟喜树碱	注射剂	30044900
62	巯嘌呤	片剂	30049090
63	去氧氟尿苷	片剂、胶囊、分散片	30049090
64	瑞戈非尼	片剂	30049090
65	双羟萘酸曲普瑞林	注射剂	30043900
66	顺铂	注射剂	30049090
67	丝裂霉素	注射剂	30042090
68	替加氟	片剂、注射剂	30049090
69	替莫唑胺	胶囊剂	30049090
70	替尼泊苷	注射剂	30049090
71	维莫非尼	片剂	30049090
72	西达本胺	片剂	30049090
73	亚叶酸钙	注射剂	30049090
74	亚叶酸钠	注射剂	30049090
75	盐酸阿糖胞苷	注射剂	30049090
76	盐酸埃克替尼	片剂	30049090
77	盐酸吡柔比星	注射剂	30049090
78	盐酸表柔比星	注射剂	30049090
79	盐酸博来霉素	注射剂	30042090

（续表）

序号	药品活性成分名称	已获准上市的剂型	税号
80	盐酸氮芥	注射剂	30049090
81	盐酸多柔比星	注射剂	30042090
82	盐酸厄洛替尼	片剂	30049090
83	盐酸吉西他滨	注射剂	30049090
84	盐酸尼莫司汀	注射剂	30049090
85	盐酸平阳霉素	注射剂	30042090
86	盐酸柔红霉素	注射剂	30042090
87	盐酸托泊替康	注射剂	30044900
88	盐酸伊达比星	胶囊剂、注射剂	30042090
89	盐酸伊立替康	注射剂	30049090
90	伊布替尼	胶囊剂	30049090
91	依托泊苷	胶囊剂、注射剂	30049090
92	依维莫司	片剂	30049090
93	依西美坦	片剂	30043200
94	异环磷酰胺	注射剂	30049090
95	重酒石酸长春瑞滨	注射剂	30044900
96	紫杉醇	注射剂	30049090
97	左亚叶酸钙	注射剂	30049090
98	尿嘧啶/替加氟	片剂、胶囊	30049090
99	贝伐珠单抗注射液	注射剂	30021500
100	利妥昔单抗注射液	注射剂	30021500
101	西妥昔单抗注射液	注射剂	30021200
102	注射用曲妥珠单抗	注射剂	30021500
103	尼妥珠单抗注射液	注射剂	30021500

二、抗癌药品原料药

序号	药品名称	税号	序号	药品名称	税号
1	阿那曲唑	29339900	13	福美坦	29372319
2	奥沙利铂	28439000	14	环磷酰胺	29349990
3	奥替拉西钾	29336990	15	吉非替尼	29349990
4	白消安	29053990	16	吉美嘧啶	29333990
5	比卡鲁胺	29309090	17	甲磺酸阿帕替尼	29333990
6	吡柔比星	29419090	18	甲磺酸伊马替尼	29335990
7	醋酸曲普瑞林	29371900	19	酒石酸长春瑞滨	29397990
8	达沙替尼	29341090	20	卡铂	28439000
9	地西他滨	29349990	21	卡培他滨	29349990
10	多西他赛	29329990	22	来那度胺	29337900
11	氟脲苷	29349990	23	来曲唑	29339900
12	氟他胺	29242990	24	雷替曲塞	29349990

（续表）

序号	药品名称	税号	序号	药品名称	税号
25	磷酸氟达拉滨	29349990	39	盐酸表柔比星	29419090
26	硫酸长春新碱	29397990	40	盐酸多柔比星	29419090
27	硫唑嘌呤	29335990	41	盐酸吉西他滨	29349990
28	门冬酰胺酶	35079090	42	盐酸米托蒽醌	29225090
29	奈达铂	28439000	43	盐酸平阳霉素	29419090
30	培美曲塞二钠	29335990	44	盐酸柔红霉素	29419090
31	硼替佐米	29339900	45	盐酸托泊替康	29397990
32	顺铂	28439000	46	盐酸伊达比星	29419090
33	丝裂霉素	29419090	47	盐酸伊立替康	29397990
34	替加氟	29349990	48	依西美坦	29372900
35	替莫唑胺	29339900	49	异环磷酰胺	29349990
36	西达本胺	29333990	50	紫杉醇	29329990
37	盐酸阿糖胞苷	29349990	51	左亚叶酸钙	29335990
38	盐酸埃克替尼	29349990			

三、增值税特殊规定

财政部 国家税务总局关于对铁路工附业单位
恢复征收增值税问题的通知

1996 年 5 月 30 日 财税字〔1996〕35 号

经国务院批准,现对铁路工附业单位征收增值税问题通知如下:

自 1996 年 6 月 1 日起,对铁路工附业单位向其所在路局内部其他单位提供货物或应税劳务恢复征收增值税。《关于增值税若干过渡性优惠政策问题的通知》(财税明电〔1995〕1 号)中第一条的规定相应废止。

请依照执行。

国家税务总局关于农牧业救灾柴油征收增值税问题的批复

1996 年 10 月 28 日 国税函发〔1996〕612 号

青海省国家税务局:

你局《关于对农牧业救灾柴油征税问题的请示》(青国税流字〔1996〕378 号)收悉,关于要求对农牧业救灾柴油免征增值税的问题,考虑到我国地域广阔,各种自然灾害时有发生,为了税制完整,按照国务院批准的《关于停止审批救灾物资减免税的请示》(财税政字〔1995〕010号)精神,我们意见,不宜对救灾物资免征增值税。

特此批复。

国家税务总局关于编码中心条形码制作收入征税问题的批复

1997 年 12 月 11 日　国税函〔1997〕606 号

北京市国家税务局:

你局《关于编码中心条形码制作收入征税问题的请示》(京国税一〔1997〕345 号)收悉。关于中国物品编码中心和新闻出版署条码中心的条形码制作收入如何征税问题,经研究,现批复如下:

中国物品编码中心和新闻出版署条码中心向用户收取的"条形码胶片研制费",是制作和销售条码而取得的收入,属于货物销售行为,根据《中华人民共和国增值税暂行条例》法规,应当缴纳增值税。

中国物品编码中心和新闻出版署条码中心向用户收取的"申请使用条码的加入费""条码系统维护费""条码胶片研制费",如果符合《财政部　国家税务总局关于企业收取和交纳的各种价内外基金(资金、附加)和收费征免企业所得税等几个政策问题的通知》(财税字〔1997〕22号)所列举的条件,对其收费可以不征收企业所得税。否则,按照税收法规法规计征企业所得税。

国家税务总局关于专利技术转让过程中销售
设备征收增值税问题的批复

1998 年 7 月 18 日　国税函〔1998〕361 号

吉林省国家税务局:

你局《关于专利技术转让过程中销售设备征收增值税问题的请示》(吉国税发〔1998〕23号)收悉,现批复如下:

对纳税人采取技术转让方式销售货物,其货物部分应照章征收增值税;技术转让收入部分征收营业税。如果货物部分价格明显偏低,按有关规定由主管税务机关核定其计税价格。

国家税务总局关于罚没的竹木变价收入是否征收增值税问题的批复

1998 年 8 月 11 日　国税函〔1998〕460 号

湖南省国家税务局:

你局《关于罚没的竹木变价销售是否征收增值税的请示》(湘国税函〔1998〕158 号)收悉,现批复如下:

根据财政部、国家税务总局《关于罚没物品征免增值税问题的通知》(财税字〔1995〕69号)的法规,执罚部门和单位查处的属于一般商业部门经营的商品,其拍卖或变价收入作为罚没收入上缴财政,不予征税。《中华人民共和国行政处罚法》第五十三条明确法规:"罚款、没收违法所得或者没收非法财物拍卖的款项，必须全部上缴财政，……财政部门不得以任何形式向作出行政处罚决定的行政机关返还罚款、没收的违法所得或者返还没收非法财物的拍卖款项。"湖南省隆回县林业局罚没竹木变价收入未上缴国库，而是纳入隆回县财政零级预算，抵顶财政拨款，因此，隆回县林业局罚没竹木变价收入不属于财政字〔1995〕69 号文件法规的不予征收增值税的范围，对其取得的罚没竹木变价收入应当征收增值税。

101 国家税务总局关于卫生防疫站调拨生物制品及药械征收增值税的批复

1999 年 4 月 19 日　　国税函〔1999〕191 号

湖南省国家税务局：

你局《关于对卫生防疫站调拨生物制品及药械是否征收增值税问题的请示》（湘国税函〔1999〕4 号）收悉，现批复如下：

卫生防疫站调拨生物制品和药械，属于销售货物行为，应当按照现行税收法规的规定征收增值税。根据《中华人民共和国增值税暂行条例实施细则》第二十四条及有关规定，对卫生防疫站调拨生物制品和药械，可按照小规模商业企业 4% 的增值税征收率征收增值税。

对卫生防疫站调拨或发放的由政府财政负担的免费防疫苗不征收增值税。

注释：根据《国家税务总局关于修改若干增值税规范性文件引用法规规章条款依据的通知》（2009 年 2 月 5 日，国税发〔2009〕10 号）规定，将"根据《中华人民共和国增值税暂行条例实施细则》第二十四条及有关规定，对卫生防疫站调拨生物制品和药械，可按照小规模商业企业 4% 的增值税征收率征收增值税。"修改为"根据《中华人民共和国增值税暂行条例实施细则》第二十九条及有关规定，对卫生防疫站调拨生物制品和药械，可按照小规模纳税人 3% 的增值税征收率征收增值税。"

102 国家税务总局关于外国企业来华参展后销售展品有关税务处理问题的批复

1999 年 4 月 26 日　　国税函〔1999〕207 号

上海市国家税务局：

你局《关于对境外展商在展销会期间销售进口展品的税务处理问题的请示》（沪税外〔1999〕14 号）收悉。关于外国企业来华参加或举办商品展览会、展示会（以下统称展览会），在展览会结束后，将其展品在补报海关手续后直接在我国境内进行销售；或者举办展销会，展览并同时销售商品的有关税务处理问题，经研究，现批复如下：

一、根据《中华人民共和国增值税暂行条例》第一条的规定，外国企业参加展览会后直接在我国境内销售展品、或者展销会期间销售商品，应按规定缴纳增值税。考虑到这些外国企业来华时间较短，属于临时发生应税行为，且销售的展品或商品数量有限，因此，对上述销售展品或商品可按小规模纳税人所适用的 6% 征收率征收增值税。

注释：根据《国家税务总局关于修改若干增值税规范性文件引用法规规章条款依据的通知》（2009 年 2 月 5 日，国税发〔2009〕10 号）规定，本文第一条中"按小规模纳税人所适用的 6% 征收率"修改为"按小规模纳税人所适用的 3% 征收率"。

二、外国企业来华参加展览会,所销售的少量展品可免予征收企业所得税。外国企业来华参加展销会,并销售商品,应作为营业场所销售商品征收企业所得税。对不能准确核算应纳税所得额的,以不低于商品销售收入的 10% 利润率核定应纳税所得额,计算征收企业所得税。

注释:根据国家税务总局公告 2011 年第 2 号文件规定,本文第二条废止。

 ### 国家税务总局关于融资租赁业务征收流转税问题的通知

2000 年 7 月 7 日　国税函〔2000〕514 号

据了解,目前一些地区在对融资租赁业务征收流转税时,政策执行不一,有的征收增值税,有的征收营业税,为统一增值税政策,严肃执法,现就有关问题明确如下:

对经中国人民银行批准经营融资租赁业务的单位所从事的融资租赁业务,无论租赁的货物的所有权是否转让给承租方,均按《中华人民共和国营业税暂行条例》的有关规定征收营业税,不征收增值税。其他单位从事的融资租赁业务,租赁的货物的所有权转让给承租方,征收增值税,不征收营业税;租赁的货物的所有权未转让给承租方,征收营业税,不征收增值税。

融资租赁是指具有融资性质和所有权转移特点的设备租赁业务。即:出租人根据承租人所要求的规格、型号、性能等条件购入设备租赁给承租人,合同期内设备所有权属于出租人,承租人只拥有使用权,合同期满付清租金后,承租人有权按残值购入设备,以拥有设备的所有权。

本通知自公布之日起执行,此前规定与本通知相抵触的,一律以本通知为准。

 ### 国家税务总局关于融资租赁业务征收流转税问题的补充通知

2000 年 11 月 15 日　国税函〔2000〕909 号

按照《国家税务总局关于融资租赁业务征收营业税问题的通知》(国税函发〔1995〕656 号)的规定,对经对外贸易经济合作部批准的经营融资租赁业务的外商投资企业和外国企业开展的融资租赁业务,与经中国人民银行批准的经营融资租赁业务的内资企业开展的融资租赁业务同样对待,按照融资租赁征收营业税。因此,《国家税务总局关于融资租赁业务征收流转税问题的通知》(国税函〔2000〕514 号)的有关规定,同样适用于对外贸易经济合作部批准经营融资租赁业务的外商投资企业和外国企业所从事的融资租赁业务。

 ### 国家税务总局关于受托种植植物、饲养动物征收流转税问题的通知

2007 年 2 月 15 日　国税发〔2007〕17 号

各省、自治区、直辖市和计划单列市国家税务局、地方税务局:

现对单位和个人受托种植植物、饲养动物行为征收流转税的问题明确如下:

单位和个人受托种植植物、饲养动物的行为,应按照营业税"服务业"税目征收营业税,不征收增值税。

上述单位和个人受托种植植物、饲养动物的行为是指,委托方向受托方提供其拥有的植物或动物,受托方提供种植或饲养服务并最终将植物或动物归还给委托方的行为。

国家税务总局关于水利工程水费征收流转税问题的批复

2007 年 4 月 29 日   国税函〔2007〕461 号

山东省地方税务局：

你局《关于水利工程水费征收营业税问题的请示》（鲁地税发〔2007〕35 号）收悉，批复如下：

《财政部　国家计委关于将部分行政事业性收费转为经营服务性收费（价格）的通知》（财综〔2001〕94 号）规定，水利工程水费由行政事业性收费转为经营服务性收费。因此，水利工程单位向用户收取的水利工程水费，属于其向用户提供天然水供应服务取得的收入，按照现行流转税政策规定，不征收增值税，应按"服务业"税目征收营业税。

国家税务总局关于林木销售和管护征收流转税问题的通知

2008 年 2 月 27 日   国税函〔2008〕212 号

各省、自治区、直辖市和计划单列市国家税务局、地方税务局：

近接部分地区反映销售林木和提供林木管护行为如何征收流转税问题，经研究，现将有关问题明确如下：

纳税人销售林木以及销售林木的同时提供林木管护劳务的行为，属于增值税征收范围，应征收增值税。纳税人单独提供林木管护劳务行为属于营业税征收范围，其取得的收入中，属于提供农业机耕、排灌、病虫害防治、植保劳务取得的收入，免征营业税；属于其他收入的，应照章征收营业税。

国家税务总局关于停止执行中国远洋运输（集团）
总公司增值税优惠政策的通知

2009 年 3 月 4 日   国税函〔2009〕100 号

各省、自治区、直辖市和计划单列市国家税务局：

为规范增值税税制，促进税收公平，现将中国远洋运输（集团）总公司（以下简称中远集团）有关增值税问题通知如下：

自 2009 年 4 月 1 日起，对中远集团的轮船修理业务，恢复征收增值税。《国家税务总局关于中国远洋运输（集团）总公司有关税收问题的通知》（国税函〔2002〕366 号）第一条同时停止执行。

国家税务总局关于融资性售后回租业务中承租方
出售资产行为有关税收问题的公告

2010 年 9 月 8 日   国家税务总局公告 2010 年第 13 号

现就融资性售后回租业务中承租方出售资产行为有关税收问题公告如下：

融资性售后回租业务是指承租方以融资为目的将资产出售给经批准从事融资租赁业务的企业后，又将该项资产从该融资租赁企业租回的行为。融资性售后回租业务中承租方出售资产时，资产所有权以及与资产所有权有关的全部报酬和风险并未完全转移。

一、增值税和营业税

根据现行增值税和营业税有关规定,融资性售后回租业务中承租方出售资产的行为,不属于增值税和营业税征收范围,不征收增值税和营业税。

二、企业所得税

根据现行企业所得税法及有关收入确定规定,融资性售后回租业务中,承租人出售资产的行为,不确认为销售收入,对融资性租赁的资产,仍按承租人出售前原账面价值作为计税基础计提折旧。租赁期间,承租人支付的属于融资利息的部分,作为企业财务费用在税前扣除。

本公告自 2010 年 10 月 1 日起施行。此前因与本公告规定不一致而已征的税款予以退税。

特此公告。

 ## 国家税务总局关于纳税人资产重组有关增值税问题的公告

2011 年 2 月 18 日　国家税务总局公告 2011 年第 13 号

根据《中华人民共和国增值税暂行条例》及其实施细则的有关规定,现将纳税人资产重组有关增值税问题公告如下:

纳税人在资产重组过程中,通过合并、分立、出售、置换等方式,将全部或者部分实物资产以及与其相关联的债权、负债和劳动力一并转让给其他单位和个人,不属于增值税的征税范围,其中涉及的货物转让,不征收增值税。

本公告自 2011 年 3 月 1 日起执行。此前未作处理的,按照本公告的规定执行。《国家税务总局关于转让企业全部产权不征收增值税问题的批复》(国税函〔2002〕420 号)、《国家税务总局关于纳税人资产重组有关增值税政策问题的批复》(国税函〔2009〕585 号)、《国家税务总局关于中国直播卫星有限公司转让全部产权有关增值税问题的通知》(国税函〔2010〕350 号)同时废止。

特此公告。

 ## 国家税务总局关于二手车经营业务有关增值税问题的公告

2012 年 6 月 1 日　国家税务总局公告 2012 年第 23 号

为加强管理,现将二手车经营业务有关增值税问题公告如下:

经批准允许从事二手车经销业务的纳税人按照《机动车登记规定》的有关规定,收购二手车时将其办理过户登记到自己名下,销售时再将该二手车过户登记到买家名下的行为,属于《中华人民共和国增值税暂行条例》规定的销售货物的行为,应按照现行规定征收增值税。

除上述行为以外,纳税人受托代理销售二手车,凡同时具备以下条件的,不征收增值税;不同时具备以下条件的,视同销售征收增值税。

(一)受托方不向委托方预付货款;

(二)委托方将《二手车销售统一发票》直接开具给购买方;

(三)受托方按购买方实际支付的价款和增值税额(如系代理进口销售货物则为海关代征的增值税额)与委托方结算货款,并另外收取手续费。

本公告自 2012 年 7 月 1 日起开始施行。

特此公告。

国家税务总局办公厅关于《国家税务总局关于二手车经营业务有关增值税问题的公告》的解读

一、请介绍该公告出台的背景？

前一段时间，我们接到部分人民来信反映二手车经营业务中有关增值税问题，同时，部分地区税务机关也向总局反映，部分纳税人取得了二手车经销的资质，但其实际经营模式为：虽与卖方签订车辆收购合同，实际上交易车辆并不过户到企业名下，销售时向买方开具二手车发票，车辆直接由卖方过户给买方，收购二手车时并不办理过户登记，销售时该二手车直接从销售方直接过户到购买方。税务机关与纳税人对上述行为如何征税问题产生分歧，因此，请示总局对二手车经销业务和代理销售业务进行进一步进行明确。

二、什么是销售二手车？

根据现行《中华人民共和国增值税暂行条例》对有偿转移货物所有权征收增值税的规定，纳税人销售二手车的前提条件是拥有该货物的所有权；同时，《机动车登记规定》明确规定，车辆所有权变更必须办理过户手续。因此，纳税人将收购的二手车办理过户登记到自己名下，在拥有该二手车所有权后，再销售时将该二手车过户登记到买家名下的行为，属于销售二手车的增值税应税行为。

三、代理销售二手车的行为如何征税？

除二手车直接销售以外，纳税人还可以接受购买方委托代购二手车以及接受销货方委托代销二手车。在我国目前增值税和营业税并行的情况下，对于纳税人接受购买方委托代购二手车征收货物劳务税的问题，《财政部 国家税务总局关于增值税、营业税若干政策规定的通知》（财税字〔1994〕026号，以下简称026号文件）中已明确，代购货物行为，凡同时具备以下条件的，不征收增值税；不同时具备以下条件的，无论会计制度规定如何核算，均征收增值税。第一，受托方不垫付资金；第二，销货方将发票开具给委托方，并由受托方将该项发票转交给委托方；第三，受托方按销售方实际收取的销售额和增值税额（如系代理进口货物则为海关代征的增值税额）与委托方结算货款，并另外收取手续费。因此，代理销售二手车同理于代购，判定纳税人开展的该类业务是视同销售征收增值税还是属于代理服务业征收营业税，应按照026号文件相关规定确定其征税原则。

国家税务总局关于纳税人资产重组增值税留抵税额处理有关问题的公告

2012年12月13日 国家税务总局公告2012年第55号

现将纳税人资产重组中增值税留抵税额处理有关问题公告如下：

一、增值税一般纳税人（以下称"原纳税人"）在资产重组过程中，将全部资产、负债和劳动力一并转让给其他增值税一般纳税人（以下称"新纳税人"），并按程序办理注销税务登记的，其在办理注销登记前尚未抵扣的进项税额可结转至新纳税人处继续抵扣。

二、原纳税人主管税务机关应认真核查纳税人资产重组相关资料，核实原纳税人在办理注销税务登记前尚未抵扣的进项税额，填写《增值税一般纳税人资产重组进项留抵税额转移单》（见附件）。

《增值税一般纳税人资产重组进项留抵税额转移单》一式三份,原纳税人主管税务机关留存一份,交纳税人一份,传递新纳税人主管税务机关一份。

三、新纳税人主管税务机关应将原纳税人主管税务机关传递来的《增值税一般纳税人资产重组进项留抵税额转移单》与纳税人报送资料进行认真核对,对原纳税人尚未抵扣的进项税额,在确认无误后,允许新纳税人继续申报抵扣。

本公告自 2013 年 1 月 1 日起施行。

特此公告。

附件:增值税一般纳税人资产重组进项留抵税额转移单

注释:根据《国家税务总局关于修改部分税收规范性文件的公告》(2018 年 6 月 15 日,国家税务总局公告 2018 年第 31 号)规定,自 2018 年 6 月 15 日起,对本文附件 1《增值税一般纳税人资产重组进项留抵税额转移单》(编号:×××县(市、区)国税资产重组留抵通知××号)修改为"附件 1《增值税一般纳税人资产重组进项留抵税额转移单》(编号:×××县(市、区)税务资产重组留抵通知××号)"。

附件

增值税一般纳税人资产重组进项留抵税额转移单

[编号:×××县(市、区)国税资产重组留抵通知××号]

原纳税人名称		原纳税人工商执照登记号	
原纳税人识别号		原纳税人一般纳税人资格认定时间	年 月
新纳税人名称		新纳税人工商执照登记号	
新纳税人识别号		新纳税人一般纳税人资格认定时间	年 月
原纳税人最后一次增值税纳税申报所属期		年 月 日至 年 月 日	
批准注销税务登记时间		年 月 日	
尚未抵扣的留抵进项税额		经审核,该纳税人在我局注销时,有尚未抵扣的进项留抵税额合计(大写)_____ ¥ 元。	
其他需要说明的事项			

税务所意见: (公章) 年 月 日	货物和劳务税科意见: (公章) 年 月 日	局长意见: (局章) 年 月 日

注:1. 原纳税人是指资产重组行为中将全部资产、负债和劳动力一并转出的纳税人,新纳税人是指资产重组行为中承接原纳税人全部资产、负债和劳动力的纳税人。

2. 本表由原纳税人税务机关填写并盖章确认,一式三份。原纳税人主管税务机关、新纳税人主管税务机关、新纳税人各留存一份。

国家税务总局办公厅关于《国家税务总局关于纳税人资产重组增值税留抵税额处理有关问题的公告》的解读

一、请介绍该公告出台的背景?

某企业进行资产重组,其所有的资产、负债和人员全部由重组后的新企业承接,该企业将办理工商和税务注销登记,该企业申请将增值税留抵税额结转至重组后新企业继续抵扣,基层报来请示,请求我局批准该企业的申请。随着经济的发展,企业资产重组行为日益增多,为规范操作,保护纳税人权益,我们发布该公告,对该类资产重组增值税留抵税额问题进行统一明确。

二、如何理解该公告的规定?

留抵税额,实际上是纳税人对国家的债权。企业进行资产重组,其所有的资产、负债和人员全部由重组后新公司承接,作为该企业债权之一的增值税留抵税款,理应也由重组后新公司继续享有。为保护纳税人权益,该公告明确,在上述资产重组行为中,纳税人的增值税留抵税款可以结转至重组后新企业继续抵扣。

三、设计《增值税一般纳税人资产重组进项留抵税额转移单》的目的?

在保护纳税人权益的同时,为避免税收漏洞,严格管理,我们在公告中规定,原企业的留抵税额数应经主管税务机关审核确认,并通过《增值税一般纳税人资产重组进项留抵税额转移单》将留抵税额信息传递至重组后新企业的主管税务机关,主管税务机关与企业核对无误后,允许重组后新企业继续抵扣该部分留抵税额。

国家税务总局关于中央财政补贴增值税有关问题的公告

2013 年 1 月 8 日　国家税务总局公告 2013 年第 3 号

现将中央财政补贴增值税有关问题公告如下:

按照现行增值税政策,纳税人取得的中央财政补贴,不属于增值税应税收入,不征收增值税。

本公告自 2013 年 2 月 1 日起施行。此前已发生未处理的,按本公告规定执行。

特此公告。

国家税务总局办公厅关于《国家税务总局关于中央财政补贴增值税有关问题的公告》的解读

一、请介绍该公告出台的背景?

近年来,为促进可再生能源的开发利用,支持新能源及高效节能等产品的推广使用,国家出台了多项中央财政补贴。对于中央财政补贴是否属于应税收入,是否征收增值税问题,基层税务机关存在争议,因此报来请示,请求我局予以明确。

二、如何理解该公告的规定?

据了解,为便于补贴发放部门实际操作,中央财政补贴有的直接支付给予销售方,有的先补给购买方,再由购买方转付给销售方。我们认为,无论采取何种方式,购买者实际支付的购买价格,均为原价格扣减中央财政补贴后的金额。根据现行增值税暂行条例规定,销售额为纳税人销售货物或者应税劳务向购买方收取的全部价款和价外费用。纳税人取得的中央财政补贴,其取得渠道是中央财政,因此不属于增值税应税收入,不征收增值税。

国家税务总局关于直销企业增值税销售额确定有关问题的公告

2013 年 1 月 17 日　国家税务总局公告 2013 年第 5 号

根据《中华人民共和国增值税暂行条例》及其实施细则规定,现将直销企业采取直销方式销售货物增值税销售额确定有关问题公告如下:

一、直销企业先将货物销售给直销员,直销员再将货物销售给消费者的,直销企业的销售额为其向直销员收取的全部价款和价外费用。直销员将货物销售给消费者时,应按照现行规定缴纳增值税。

二、直销企业通过直销员向消费者销售货物,直接向消费者收取货款,直销企业的销售额为其向消费者收取的全部价款和价外费用。

本公告自 2013 年 3 月 1 日起施行。此前已发生但尚未处理的事项可按本公告规定执行。

特此公告。

国家税务总局办公厅关于《国家税务总局关于直销企业增值税销售额确定有关问题的公告》的解读

根据国务院 2005 年颁布的《直销管理条例》,经国务院商务主管部门批准设立的直销企业,可以按照有关规定招募直销员,由直销员在固定营业场所之外直接向最终消费者推销产品。据了解,直销企业的经营模式主要有两种:一是直销员按照批发价向直销企业购买货物,再按照零售价向消费者销售货物。二是直销员仅起到中介介绍作用,直销企业按照零售价向直销员介绍的消费者销售货物,并另外向直销员支付报酬。

我们认为,第一种直销模式下,货物的所有权已经由直销企业转移给了直销员,符合现行增值税关于销售货物的规定,直销企业的销售额应按照其向直销员收取的价款确定;第二种模式下,直销员仅相当于推销员,在直销企业和消费者之间起到中介介绍作用,直销企业和直销员之间并未发生货物所有权的有偿转移,直销企业应以向消费者收取的货款确认销售额。

基于以上考虑,我们起草了《国家税务总局关于直销企业增值税销售额确定有关问题的公告》。

 国家税务总局关于纳税人资产重组有关增值税问题的公告

2013 年 11 月 19 日　国家税务总局公告 2013 年第 66 号

现将纳税人资产重组有关增值税问题公告如下:

纳税人在资产重组过程中,通过合并、分立、出售、置换等方式,将全部或者部分实物资产以及与其相关联的债权、负债经多次转让后,最终的受让方与劳动力接收方为同一单位和个人的,仍适用《国家税务总局关于纳税人资产重组有关增值税问题的公告》(国家税务总局公告 2011 年第 13 号)的相关规定,其中货物的多次转让行为均不征收增值税。资产的出让方需将资产重组方案等文件资料报其主管税务机关。

本公告自 2013 年 12 月 1 日起施行。纳税人此前已发生并处理的事项,不再做调整;未处理的,按本公告规定执行。

特此公告。

国家税务总局办公厅关于《国家税务总局关于纳税人资产重组有关增值税问题的公告》的解读

一、本公告出台的背景

《国家税务总局关于纳税人资产重组有关增值税问题的公告》(国家税务总局公告 2011 年第 13 号,以下简称"13 号公告")发布后,在鼓励企业整合资源、兼并重组方面发挥了重要作用。近期部分地区税务机关反映,一些纳税人在进行资产重组时,将全部或者部分实物资产以及与其相关联的债权、负债通过多次转让,但最终的受让方与劳动力接收方为同一单位和个人,这种情形的资产重组中涉及的货物转让行为是否征收增值税,请求总局予以明确。

二、为什么说纳税人在资产重组过程中,通过合并、分立、出售、置换等方式,将全部或者部分实物资产以及与其相关联的债权、负债经多次转让后,最终的受让方与劳动力接收方为同一单位和个人的,仍适用 13 号公告规定?

我们认为,这种转让方式虽然不是一次性转让资产、负债和劳动力,但最终结果是实现了全部或部分实物资产以及与其相关联的债权、负债和劳动力全部转让给了同一单位和个人,应视为"一并转让",对其中涉及的货物多次转让行为均不应征收增值税。为此我们研究出台了《国家税务总局关于纳税人资产重组有关增值税问题的公告》,作为对 13 号公告的补充和完善。

财政部　国家税务总局关于外国驻华使(领)馆及其馆员在华购买货物和服务增值税退税政策的通知

2016 年 4 月 29 日　财税〔2016〕51 号

各省、自治区、直辖市、计划单列市财政厅(局)、国家税务局,新疆生产建设兵团财务局:

根据《维也纳外交关系公约》《维也纳领事关系公约》《中华人民共和国外交特权与豁免条例》《中华人民共和国领事特权与豁免条例》《中华人民共和国增值税暂行条例》和《财政部　国家税务总局关于全面推开营业税改征增值税试点的通知》(财税〔2016〕36 号)等有关规定,现就外国驻华使(领)馆及其馆员在华购买货物和服务增值税退税政策通知如下:

一、中华人民共和国政府在互惠对等原则的基础上,对外国驻华使(领)馆及其馆员在中华人民共和国境内购买的货物和服务,实行增值税退税政策。

二、本通知第一条所称货物和服务,是指按规定征收增值税、属于合理自用范围内的生活办公类货物和服务。生活办公类货物和服务,是指为满足日常生活、办公需求购买的货物和服务。工业用机器设备、金融服务以及其他财政部和国家税务总局规定的货物和服务,不属于生活办公类货物和服务。

三、外国驻华使(领)馆及其馆员申请增值税退税的生活办公类货物和服务,应符合以下要求:

1. 除自来水、电、燃气、暖气、汽油、柴油外,购买货物申请退税单张发票的销售金额(含税价格)应当超过 800 元(含 800 元)人民币;购买服务申请退税单张发票的销售金额(含税价格)应当超过 300 元(含 300 元)人民币。

2. 使(领)馆馆员个人购买货物和服务,除车辆外,每人每年申报退税销售金额(含税价格)不超过 12 万元人民币。

3. 非增值税免税货物和服务。

注释: 根据《财政部　国家税务总局关于外国驻华使(领)馆及其馆员在华购买货物和服务增值税退税政策有关问题的补充通知》(2017 年 9 月 29 日,财税〔2017〕74 号)规定,本通知第三条第 2 点,自 2017 年 10 月 1 日起停止执行。

四、增值税退税额,为增值税发票上注明的税额。增值税发票上未注明税额的,为按照不含税销售额和增值税征收率计算的税额。

注释: 根据《财政部　国家税务总局关于外国驻华使(领)馆及其馆员在华购买货物和服务增值税退税政策有关问题的补充通知》(2017 年 9 月 29 日,财税〔2017〕74 号)规定,本通知第四条,自 2017 年 10 月 1 日起停止执行。

五、本通知所称馆员,是指外国驻华使(领)馆的外交代表(领事官员)及行政技术人员,但是中国公民的或在中国永久居留的除外。外交代表(领事官员)和行政技术人员是指《中华人民共和国外交特权与豁免条例》第二十八条第(五)、(六)项和《中华人民共和国领事特权与豁免条例》第二十八条第(四)、(五)项规定的人员。

六、各国际组织驻华代表机构及其人员按照有关协定享有免税待遇的,可参照执行上述政策。

七、外国驻华使(领)馆及其馆员、国际组织驻华代表机构及其人员在华购买货物和服务增值税退税的具体管理办法,由国家税务总局商财政部、外交部另行制定。如中外双方需就退税问题另行制定协议的,由外交部商财政部、国家税务总局予以明确。

八、本通知自 2016 年 5 月 1 日起执行。《财政部　国家税务总局关于外国驻华使领馆及外交人员购买的自用汽柴油增值税实行零税率的通知》(财税字〔1994〕100 号)、《财政部　国家税务总局关于外国驻华使(领)馆及其外交人员购买中国产物品有关退税问题的通知》(财税字〔1997〕81 号)和《财政部　国家税务总局关于国际组织驻华代表机构及其官员购买中国产物品有关退税问题的通知》(财税字〔1998〕71 号)同时废止。

国家税务总局　外交部关于发布《外国驻华使(领)馆及其馆员在华购买货物和服务增值税退税管理办法》的公告

2016 年 8 月 31 日　国家税务总局公告 2016 年第 58 号

根据《财政部　国家税务总局关于外国驻华使(领)馆及其馆员在华购买货物和服务增值税退税政策的通知》(财税〔2016〕51 号)等有关规定,经商财政部,国家税务总局、外交部制定了《外国驻华使(领)馆及其馆员在华购买货物和服务增值税退税管理办法》。现予发布,自 2016 年 5 月 1 日起执行。

特此公告。

附件:1. 外国驻华使(领)馆及国际组织退税申报汇总表(略)

2. 外国驻华使(领)馆及国际组织退税申报明细表(略)

外国驻华使(领)馆及其馆员在华购买货物和服务增值税退税管理办法

注释: 根据《国家税务总局关于修改部分税收规范性文件的公告》(2018 年 6 月 15 日,国家税务总局公告 2018 年第 31 号)规定,自 2018 年 6 月 15 日起,本文全文中"北京市国家税务局"的内容均修改为"北京市税务局"。

根据《中华人民共和国外交特权与豁免条例》《中华人民共和国领事特权与豁免条例》《中华人民共和国税收征收管理法》及实施细则、《中华人民共和国增值税暂行条例》《中华人民共和国发票管理办法》《财政部 国家税务总局关于全面推开营业税改征增值税试点的通知》(财税〔2016〕36 号)和《财政部 国家税务总局关于外国驻华使(领)馆及其馆员在华购买货物和服务增值税退税政策的通知》(财税〔2016〕51 号)等有关规定,制定本办法。

一、外国驻华使(领)馆及其馆员(以下称享受退税的单位和人员)在中华人民共和国境内购买货物和服务增值税退税适用本办法。

享受退税的单位和人员,包括外国驻华使(领)馆的外交代表(领事官员)及行政技术人员,中国公民或者在中国永久居留的人员除外。外交代表(领事官员)和行政技术人员是指《中华人民共和国外交特权与豁免条例》第二十八条第五、六项和《中华人民共和国领事特权与豁免条例》第二十八条第四、五项规定的人员。

实行增值税退税政策的货物与服务范围,包括按规定征收增值税、属于合理自用范围内的生活办公类货物和服务(含修理修配劳务,下同)。生活办公类货物和服务,是指为满足日常生活、办公需求购买的货物和服务。工业用机器设备、金融服务以及财政部和国家税务总局规定的其他货物和服务,不属于生活办公类货物和服务。

二、下列情形不适用增值税退税政策:

(一) 购买非合理自用范围内的生活办公类货物和服务;

(二) 购买货物单张发票销售金额(含税价格)不足 800 元人民币(自来水、电、燃气、暖气、汽油、柴油除外),购买服务单张发票销售金额(含税价格)不足 300 元人民币;

(三) 个人购买除车辆外的货物和服务,每人每年申报退税的销售金额(含税价格)超过 12 万元人民币的部分;

注释:根据《国家税务总局 外交部关于外国驻华使(领)馆及其馆员在华购买货物和服务增值税退税管理有关问题的公告》(2017 年 10 月 31 日,国家税务总局 外交部 2017 年第 39 号)规定,本文第二条第三项自 2017 年 10 月 1 日起废止。

(四) 增值税免税货物和服务。

三、申报退税的应退税额,为增值税发票上注明的税额。增值税发票上未注明税额的,按下列公式计算应退税额:

$$应退税额 = 发票或客运凭证上列明的金额(含增值税) \div (1 + 增值税征收率) \times 增值税征收率$$

四、外国驻华使(领)馆应在首次申报退税前,将使(领)馆馆长或其授权的外交人员(领事官员)签字字样及授权文件、享受退税人员范围、使(领)馆退税账户报外交部礼宾司备案;如有变化,应及时变更备案。外交部礼宾司将使(领)馆退税账户转送北京市国家税务局备案。

五、享受退税的单位和人员,应使用外交部指定的电子信息系统,真实、准确填报退税数据。申报退税时除提供电子申报数据外,还须提供以下资料:

(一)《外国驻华使(领)馆及国际组织退税申报汇总表》(附件 1,以下简称《汇总表》)一式两份;

(二)《外国驻华使(领)馆及国际组织退税申报明细表》(附件 2,以下简称《明细表》)一式两份;

(三) 购买货物和服务的增值税发票原件,或纳入税务机关发票管理的客运凭证原件(国际运输客运凭证除外,以下简称退税凭证)。

享受退税的单位和人员如需返还发票原件,还应同时报送发票复印件一份,经外交部礼宾司转送北京市国家税务局。北京市国家税务局对原件审核后加盖印章,经外交部礼宾司予以退还,将复印件留存。

六、享受退税的单位和人员申报退税提供的发票应符合《中华人民共和国发票管理办法》的要求,并注明付款单位(个人)、商品名称、数量、金额、开票日期等;客运凭证应注明旅客姓名、金额、日期等。

七、享受退税的单位和人员报送的退税资料应符合以下要求:

(一)《汇总表》应由使(领)馆馆长或其授权的外交人员(领事官员)签字。

(二)《汇总表》与《明细表》逻辑关系一致。

(三)电子申报数据与纸质资料内容一致。

(四)退税凭证应按《明细表》申报顺序装订。

(五)应退税额计算准确。

八、享受退税的单位和人员,应按季度向外交部礼宾司报送退税凭证和资料申报退税,报送时间为每年的1月、4月、7月、10月;本年度购买的货物和服务(以发票开具日期为准),最迟申报不得迟于次年1月。逾期报送的,外交部礼宾司不予受理。

九、外交部礼宾司受理使(领)馆退税申报后,10个工作日内,对享受退税的单位和人员的范围进行确认,对申报时限及其他内容进行审核、签章,将各使(领)馆申报资料一并转送北京市国家税务局办理退税,并履行交接手续。

十、北京市国家税务局在接到外交部礼宾司转来的退税申报资料及电子申报数据后,10个工作日内对其完整性、规范性、准确性、合理性进行审核,并将审核通过的税款退付给使(领)馆退税账户。经审核暂缓办理、不予办理退税的,应将具体原因在电子系统中注明。

十一、对享受退税的单位和人员申报的货物与服务是否属合理自用范围或者申报凭证真实性有疑问的,税务机关应暂缓办理退税,并通过外交部礼宾司对其进行问询。

十二、税务机关如发现享受退税的单位和人员申报的退税凭证虚假或所列内容与实际交易不符的,不予退税,并通过外交部礼宾司向其通报;情况严重的,外交部礼宾司将不再受理其申报。

十三、享受退税的单位和人员购买货物和服务办理退税后,如发生退货或转让所有权、使用权等情形,须经外交部礼宾司向北京市国家税务局办理补税手续。如转让需外交部礼宾司核准的货物,外交部礼宾司应在确认转让货物未办理退税或已办理补税手续后,办理核准转让手续。

十四、如中外双方需就退税问题另行制定协议的,由外交部商财政部 国家税务总局予以明确。

十五、各国际组织驻华代表机构及其人员按照有关协定享有免税待遇的,可参照本办法执行。

本办法自2016年5月1日起执行,以发票开具日期或客运凭证载明的乘运日期为准。《国家税务总局外交部关于印发〈外国驻华使(领)馆及其人员在华购买物品和劳务退还增值税管理办法〉的通知》(国税发〔2003〕20号)同时废止。《国家税务总局关于调整外国驻华使领馆及外交人员自用免税汽柴油管理办法的通知》(国税函〔2003〕1346号)自2016年10月1日起停止执行。

国家税务总局办公厅关于《国家税务总局 外交部关于发布〈外国驻华使(领)馆及其馆员在华购买货物和服务退还增值税管理办法〉的公告》的解读

根据《财政部 国家税务总局关于外国驻华使(领)馆及其馆员在华购买货物和服务增值税退税政策的通知》(财税〔2016〕51号)规定,我们制定了《国家税务总局 外交部关于发布〈外国驻华使(领)馆及其馆员在华购买货物和服务退还增值税管理办法〉的公告》(以下简称本办法)。现解读如下:

一、有关背景

根据《中华人民共和国领事特权与豁免条例》《中华人民共和国增值税暂行条例》等有关规定,结合中国的实际情况,2003年,国家税务总局、外交部共同制定并发布了《外国驻华使(领)馆及其人员在华购买物品和劳务退还增值税管理办法》(国税发〔2003〕20号)。

现根据财税〔2016〕51号文件,我们对国税发20号文件规定的管理办法进行修改和完善,出台了本办法。

二、主要内容

本办法明确了享受退税的单位和人员、退税货物和服务的范围,退税凭证资料、程序、申报时间和期限,审核流程等内容。与原办法(国税发〔2003〕20号)相比,主要有以下变化:

(一)扩大了退税范围。将合理自用范围内的生活办公类服务也纳入增值税退税范围。同时还规定了不适用退还增值税政策的情形。

(二)统一了退税方法。将自来水、电、煤气、热水、暖气、自用汽柴油等退税方法,统一按本办法的规定办理,即所有合理自用范围内的生活办公类货物和服务按增值税发票上注明的税额退税或按公式计算退税。

(三)增加了年申报退税的金额限制。个人购买除车辆外的货物和服务,每人每年申报退税的销售金额(含税价格)不超过12万元人民币。

(四)完善了退税申报时间和申报期限。享受退税的单位和人员,按季度向外交部礼宾司报送退税凭证和资料申报退税,报送时间为每年的1月、4月、7月、10月;本年度购买的货物和服务(以发票开具日期为准),最迟申报时间不得迟于次年1月。

(五)进一步明确了外交部礼宾司的审核内容。办法规定,外交部礼宾司对享受退税的单位和人员的范围进行确认,对申报时限及其他内容进行审核;主管税务机关对申报的完整性、规范性、准确性、合理性进行审核的要求。

(六)增加了暂缓办理退税的情形。对享受退税的单位和人员申报的货物与服务超出合理自用范围或申报凭证真实性有疑问的,税务机关应暂缓办理退税,并通过外交部礼宾司对其进行问询。

三、执行时间

本办法自2016年5月1日起执行,以发票或客运凭证开具日期为准。国税发〔2003〕20号文件同时废止。

财政部　国家税务总局关于外国驻华使(领)馆及其馆员在华购买货物和服务增值税退税政策有关问题的补充通知

2017 年 9 月 29 日　财税〔2017〕74 号

各省、自治区、直辖市、计划单列市财政厅(局)、国家税务局,新疆生产建设兵团财务局:

经研究,现就《财政部　国家税务总局关于外国驻华使(领)馆及其馆员在华购买货物和服务增值税退税政策的通知》(财税〔2016〕51 号)有关问题补充通知如下:

一、使(领)馆馆员个人购买货物和服务,除车辆和房租外,每人每年申报退税销售金额(含税价格)不超过 18 万元人民币。

二、使(领)馆及其馆员购买货物和服务,增值税退税额为发票上注明的税额,发票上未注明税额的,为按照不含税销售额和增值税征收率计算的税额。购买电力、燃气、汽油、柴油,发票上未注明税额的,增值税退税额为按照不含税销售额和相关产品增值税适用税率计算的税额。

三、本通知自 2017 年 10 月 1 日起执行。具体以退税申报受理的时间为准。《财政部　国家税务总局关于外国驻华使(领)馆及其馆员在华购买货物和服务增值税退税政策的通知》(财税〔2016〕51 号)第三条第 2 点和第四条同时停止执行。

国家税务总局　外交部关于外国驻华使(领)馆及其馆员在华购买货物和服务增值税退税管理有关问题的公告

2017 年 10 月 31 日　国家税务总局　外交部 2017 年第 39 号

根据《财政部　国家税务总局关于外国驻华使(领)馆及其馆员在华购买货物和服务增值税退税政策有关问题的补充通知》(财税〔2017〕74 号)规定,现将外国驻华使(领)馆及其馆员在华购买货物和服务增值税退税有关管理事项公告如下:

一、使(领)馆馆员个人购买货物和服务,除车辆和房租外,每人每年申报退税销售金额(含税价格)超过 18 万元人民币的部分,不适用增值税退税政策。

二、使(领)馆及其馆员购买电力、燃气、汽油、柴油,发票上未注明税额的,增值税应退税额按不含税销售额和相关产品增值税适用税率计算,计算公式为:

增值税应退税额＝发票金额(含增值税)÷(1＋增值税适用税率)×增值税适用税率

三、本公告自 2017 年 10 月 1 日起执行。具体以退税申报受理的时间为准。《外国驻华使(领)馆及其馆员在华购买货物和服务增值税退税管理办法》(国家税务总局　外交部公告 2016 年第 58 号发布)第二条第(三)项同时废止。

特此公告。

国家税务总局办公厅关于《国家税务总局　外交部关于外国驻华使(领)馆及其馆员在华购买货物和服务增值税退税管理有关问题的公告》的解读

一、出台背景

《财政部　国家税务总局关于外国驻华使(领)馆及其馆员在华购买货物和服务增值税退

税政策有关问题的补充通知》（财税〔2017〕74 号）发布后，税务总局和外交部对《外国驻华使（领）馆及其馆员在华购买货物和服务增值税退税管理办法》（国家税务总局　外交部公告 2016 年第 58 号）有关管理规定进行相应调整。

二、调整的内容

（一）外国驻华使（领）馆馆员个人在华购买货物和服务，除车辆和房租外，申报退税的销售金额（含税价）由 12 万元增加到 18 万元；

（二）对购买电力、燃气、汽油、柴油 4 种商品取得未注明税额发票的，由原来按征收率计算增值税退税额，调整为按增值税适用税率计算增值税退税额。

三、执行时间

从 2017 年 10 月 1 日起执行，具体以退税申报受理的时间为准。

四、销项税额的具体规定

（一）价外费用

国家税务总局关于原油管理费征收增值税问题的通知

1996 年 6 月 26 日　国税发〔1996〕111 号

根据国务院批准下发的《关于进一步完善原油、成品油流通体制改革意见的通知》精神，经国家计委批准，自 1996 年 1 月 1 日起，中国石油天然气总公司在国家规定的原油一、二档出厂价格的基础上，每吨收取 4 元的原油管理费。对原油管理费如何征税问题，经研究，现明确如下：

按照《中华人民共和国增值税暂行条例》的有关规定，纳税人销售货物或者应税劳务的销售额包括向购买方收取的全部价款和价外费用。原油管理费是在国家规定的原油一、二档出厂价格的基础上按销售原油数量收取的，属于价外费用的一部分，因此，应按增值税的有关规定征收增值税。原油管理费征税后集中到总公司的部分，按《国家税务总局关于原油管理费缴纳营业税问题的复函》（国税函发〔1996〕101 号）文件的规定不再征收营业税。

特此通知，请依照执行。

国家税务总局关于铁路支线维护费征收增值税问题的通知

1996 年 9 月 24 日　国税函〔1996〕561 号

安徽省国家税务局：

你局《关于煤炭生产企业收取的铁路支线维护费如何征税问题的请示》（皖国税流〔1996〕205 号）收悉。现就煤炭生产企业自备铁路专用线收取铁路支线维护费如何征税问题明确如下：

按照《中华人民共和国增值税暂行条例》的有关规定，纳税人销售货物或者应税劳务的销售额包括向购买方收取的全部价款和价外费用。你省煤炭生产企业用自备铁路专用线运输煤炭取得的"铁路支线维护费"是在销售煤炭环节收取的,属于增值税条例规定的价外费用,因此,应按增值税的有关规定征收增值税。

国家税务总局关于对山西省煤焦管理站收取的价差、量差及各种价外费用征收增值税问题的批复

1996 年 10 月 15 日 国税函〔1996〕589 号

山西省国家税务局、山西省地方税务局:

你局《关于对我省煤焦管理站收取的价差、量差及各种价外费用征收增值税问题的请示》(晋国税流一发〔1996〕30 号)收悉。关于你省煤焦管理站收取的价差、量差及各种价外费用征收增值税的问题,经研究,现批复如下:

根据《中华人民共和国增值税暂行条例》规定,销售额为纳税人销售货物或者应税劳务向购买方收取的全部价款和价外费用,你省应由煤炭生产销售企业向用户、运销企业、运输业户收取而未收取,由煤焦管理站补收的销售煤炭的价差、量差和各项基金、费用属于因销售煤炭而发生的价外费用,因此,对你省煤焦管理站收取的量差、价差和各项基金、费用应按规定征收增值税。

国家税务总局关于认定"两费"增值税纳税主体问题的批复

1999 年 5 月 11 日 国税函〔1999〕252 号

河北省国家税务局:

你局《关于确认卢龙县供电分公司为补缴"两费"增值税义务主体的请示》(冀国税发〔1999〕96 号)收悉。关于卢龙县供电分公司以卢龙县三电办公室名义按月随电费收取的、分别用于 110 千伏变电站建设和购买用电指标还贷的、"集资费""电权费"(简称"两费")的纳税义务主体问题,根据《中华人民共和国增值税暂行条例》第一条和《中华人民共和国增值税暂行条例实施细则》第十二条规定,应当由销售货物者就其向购买方收取的全部价款和价外费用一并缴纳增值税,即,应当由卢龙县供电分公司就其收取的电费及随电费收取的"两费"一并缴纳增值税。

请遵照执行。

国家税务总局关于生产企业从外贸企业取得出口退税款是否征收增值税问题的批复

1999 年 5 月 28 日 国税函〔1999〕352 号

四川省国家税务局:

你局《四川省国家税务局关于生产企业从外贸企业取得"出口退税款"是否作为价外费用征收增值税的请示》(川国税函〔1999〕148 号)收悉,现批复如下:

你省成都市龙泉区龙泉阳光金属粉末厂,将自产增值税应税货物销售给四川省土产进出

口公司,其从四川省土产进出口公司取得的"出口退税款"应并入企业增值税应税收入,按照其销售货物的适用税率缴纳增值税。

 国家税务总局关于燃气公司有关流转税问题的批复

2000 年 8 月 11 日　国税函〔2000〕616 号

河南省国家税务局:

你局《关于对郑州市燃气有限公司收取的供气集资费是否征收增值税问题的请示》(豫国税发〔2000〕152 号)和《关于对郑州市燃气有限公司收取的管网和气表折旧费维修费是否征收增值税问题的请示》(豫国税发〔2000〕156 号)收悉,经研究,现一并批复如下:

一、根据《中华人民共和国增值税暂行条例》和《中华人民共和国增值税暂行条例实施细则》的有关规定,纳税人为销售货物或应税劳务向购买方收取的集资费、手续费、代收款项等属于应征增值税的价外费用。因此,郑州市燃气有限责任公司为销售货物而代有关部门收取的集资费应当征收增值税。

二、对郑州市燃气有限责任公司向用户收取的、产权属于用户的庭院管网的折旧费、维修费应按营业税的有关规定征收营业税。不征增值税。

三、对该公司已抵扣的用于维修管网、气表所耗材料的增值税进项税额应当从当期进项税额中扣减。

 **国家税务总局关于对福建雪津啤酒有限公司
收取经营保证金征收增值税问题的批复**

2004 年 3 月 30 日　国税函〔2004〕416 号

福建省国家税务局:

你局《关于福建雪津啤酒有限公司经营保证金税收问题的请示》(闽国税发〔2004〕39 号)收悉。经研究,对经营保证金征收增值税问题,批复如下:

根据《中华人民共和国增值税暂行条例》及实施细则有关价外费用的规定,福建雪津啤酒有限公司收取未退还的经营保证金,属于经销商因违约而承担的违约金,应当征收增值税;对其已退还的经营保证金,不属于价外费用,不征收增值税。

 **国家税务总局关于取消包装物押金逾期
期限审批后有关问题的通知**

2004 年 6 月 25 日　国税函〔2004〕827 号

根据《国务院关于第三批取消和调整行政审批项目的决定》(国发〔2004〕16 号),《国家税务总局关于印发〈增值税问题解答(之一)〉的通知》(国税函发〔1995〕288 号)第十一条"个别包装物周转使用期限较长的,报经税务征收机关确定后,可适当放宽逾期期限"的规定取消后,为了加强管理工作,现就有关问题明确如下:

纳税人为销售货物出租出借包装物而收取的押金,无论包装物周转使用期限长短,超过一年(含一年)以上仍不退还的均并入销售额征税。

本通知自 2004 年 7 月 1 日起执行。

国家税务总局关于燃油电厂取得发电补贴有关增值税政策的通知

2006 年 12 月 19 日　国税函〔2006〕1235 号

各省、自治区、直辖市和计划单列市国家税务局:

现将燃油电厂从政府财政专户取得的发电补贴是否征收增值税的问题明确如下:

根据《中华人民共和国增值税暂行条例》第六条规定,应税销售额是指纳税人销售货物或者应税劳务向购买方收取的全部价款和价外费用。因此,各燃油电厂从政府财政专户取得的发电补贴不属于规定的价外费用,不计入应税销售额,不征收增值税。

国家税务总局关于四川省机场集团有限公司向驻场单位转供水电气征税问题的批复

2009 年 9 月 22 日　国税函〔2009〕537 号

四川省国家税务局:

你局《关于四川省机场集团有限公司向驻场单位转供水电气征税问题的请示》(川国税发〔2009〕71 号)收悉。经研究,批复如下:

四川省机场集团有限公司向驻场单位转供自来水、电、天然气属于销售货物行为,其同时收取的转供能源服务费属于价外费用,应一并征收增值税,不征收营业税。

(二) 混合销售与兼营

国家税务总局关于厦门邮电纵横股份有限公司销售传呼机、移动电话征收增值税问题的批复

1997 年 9 月 5 日　国税函发〔1997〕504 号

厦门市国家税务局、地方税务局:

你局《关于厦门邮电纵横股份有限公司应税行为适用税种的请示》(厦国税流〔1997〕020 号)收悉,现就有关问题明确如下:

一、财政部、国家税务总局《关于增值税、营业税若干政策规定的通知》(财税字〔1994〕026 号)第三条中所规定的电信单位自己销售无线寻呼机、移动电话,并为客户提供有关的电信劳务服务,是指电信单位自己销售无线寻呼机、移动电话,并为客户提供无线发射电信服务。因此,对厦门市邮电纵横股份有限公司移动通信设备维修中心(以下简称维修中心)的应税行为不能认定为提供电信劳务。

二、维修中心销售传呼机、移动电话、其他通讯器材以及修理通讯器材而取得的收入,均

应征收增值税。

三、鉴于过去对维修中心征税问题是由于企业经营、核算方式混乱以及国家税务局、地方税务局对财税字〔1994〕026号理解不一致引起的,因此,对以往改变税种属性、混淆级次库别不再追究。自我局批复之日起,对维修中心上述收入改征增值税。

国家税务总局关于中国移动有限公司内地子公司业务
销售附带赠送行为征收流转税问题的通知

2006年12月28日   国税函〔2006〕1278号

各省、自治区、直辖市和计划单列市国家税务局、地方税务局:

近接中国移动通信集团公司《关于所属境外上市公司内地子公司业务销售附带赠送涉及营业税和增值税相关问题的请示》(中移财〔2006〕306号),请求明确中国移动有限公司内地子公司开展的以业务销售附带赠送服务或实物形式的业务有关流转税政策问题。现将有关问题明确如下:

中国移动有限公司内地子公司开展以业务销售附带赠送电信服务业务(包括赠送用户一定业务使用时长、流量或业务使用费额度、赠送有价卡预存款或有价卡)的过程中,其附带赠送的电信服务是无偿提供电信业劳务的行为,不属于营业税征收范围,不征收营业税。

中国移动有限公司内地子公司开展的以业务销售附带赠送实物业务(包括赠送用户SIM卡、手机或有价物品等实物),属于电信单位提供电信业劳务的同时赠送实物的行为,按照现行流转税政策规定,不征收增值税,其进项税额不得予以抵扣;其附带赠送实物的行为是电信单位无偿赠与他人实物的行为,不属于营业税征收范围,不征收营业税。

国家税务总局关于餐饮公司送餐业务有关税收问题的批复

2009年6月6日   国税函〔2009〕233号

广东省国家税务局:

你局《关于对百胜餐饮(广东)有限公司"必胜宅急送"销售收入征收增值税问题的请示》(粤国税发〔2009〕50号)收悉。经研究,批复如下:

百胜餐饮(广东)有限公司主要经营中西餐饮服务、制作餐厅食品及冷热饮料,其设立非独立核算分支机构从事"必胜宅急送"业务,提供餐饮食品的送餐服务,其营业范围、食品制作工艺、操作流程及原材料成本构成与传统餐饮服务基本相同。因此,对该公司取得的餐饮食品送餐收入不征收增值税,应征收营业税。

国家税务总局关于纳税人销售自产货物并同时提供
建筑业劳务有关税收问题的公告

2011年3月25日   国家税务总局公告2011年第23号

现就纳税人销售自产货物同时提供建筑业劳务有关税收问题公告如下:

纳税人销售自产货物同时提供建筑业劳务,应按照《中华人民共和国增值税暂行条例实施细则》第六条及《中华人民共和国营业税暂行条例实施细则》第七条规定,分别核算其货物的销售额和建筑业劳务的营业额,并根据其货物的销售额计算缴纳增值税,根据其建筑业劳务的营业额计算缴纳营业税。未分别核算的,由主管税务机关分别核定其货物的销售额和建筑业劳务的营业额。

纳税人销售自产货物同时提供建筑业劳务,须向建筑业劳务发生地主管地方税务机关提供其机构所在地主管国家税务机关出具的本纳税人属于从事货物生产的单位或个人的证明。建筑业劳务发生地主管地方税务机关根据纳税人持有的证明,按本公告有关规定计算征收营业税。

本公告自 2011 年 5 月 1 日起施行。《国家税务总局关于纳税人销售自产货物提供增值税劳务并同时提供建筑业劳务征收流转税问题的通知》(国税发〔2002〕117 号)同时废止。本公告施行前已征收增值税、营业税的不再做纳税调整,未征收增值税或营业税的按本公告规定执行。

特此公告。

国家税务总局关于纳税人为其他单位和个人开采矿产资源提供劳务有关货物和劳务税问题的公告

2011 年 11 月 7 日 国家税务总局公告 2011 年第 56 号

现将纳税人为其他单位和个人开采矿产资源提供劳务有关货物和劳务税问题公告如下:

纳税人提供的矿山爆破、穿孔、表面附着物(包括岩层、土层、沙层等)剥离和清理劳务,以及矿井、巷道构筑劳务,属于营业税应税劳务,应当缴纳营业税。

纳税人提供的矿产资源开采、挖掘、切割、破碎、分拣、洗选等劳务,属于增值税应税劳务,应当缴纳增值税。

本公告自 2011 年 12 月 1 日起执行。此前未处理的,按照本公告的规定处理。

特此公告。

国家税务总局关于旅店业和饮食业纳税人销售食品有关税收问题的公告

2011 年 11 月 24 日 国家税务总局公告 2011 年第 62 号

现将旅店业和饮食业纳税人销售食品有关税收问题公告如下:

旅店业和饮食业纳税人销售非现场消费的食品应当缴纳增值税,不缴纳营业税。

旅店业和饮食业纳税人发生上述应税行为,符合《中华人民共和国增值税暂行条例实施细则》(财政部、国家税务总局令第 50 号)第二十九条规定的,可选择按照小规模纳税人缴纳增值税。

本公告自 2012 年 1 月 1 日起执行。《国家税务总局关于饮食业征收流转税问题的通知》(国税发〔1996〕202 号)、《国家税务总局关于烧卤熟制食品征收流转税问题的批复》(国税函〔1996〕261 号)同时废止。

特此公告。

国家税务总局关于旅店业和饮食业纳税人销售非现场消费食品增值税有关问题的公告

2013 年 4 月 22 日　国家税务总局公告 2013 年第 17 号

现将旅店业和饮食业纳税人销售非现场消费食品增值税有关问题公告如下：

旅店业和饮食业纳税人销售非现场消费的食品，属于不经常发生增值税应税行为，根据《中华人民共和国增值税暂行条例实施细则》（财政部　国家税务总局令第 50 号）第二十九条的规定，可以选择按小规模纳税人缴纳增值税。

本公告自 2013 年 5 月 1 日起施行。

特此公告。

国家税务总局办公厅关于《国家税务总局关于旅店业和饮食业纳税人销售非现场消费食品增值税有关问题的公告》的解读

《国家税务总局关于旅店业和饮食业纳税人销售食品有关税收问题的公告》（2011 年第 62 号公告）下发以后，由于对《增值税暂行条例实施细则》第 29 条的规定理解不同，各地执行不尽一致。

本公告是对 62 号公告的进一步明确，旅店业和饮食业纳税人的主业为提供住宿、饮食服务，其销售非现场消费的食品，属于不经常发生增值税应税行为，可以按照《增值税暂行条例实施细则》第 29 条的规定，选择按小规模纳税人缴纳增值税。

（三）平销返利

国家税务总局关于平销行为征收增值税问题的通知

1997 年 10 月 31 日　国税发〔1997〕167 号

近期以来，在商业经营活动中出现了大量平销行为，即生产企业以商业企业经销价或高于商业企业经销价的价格将货物销售给商业企业，商业企业再以进货成本或低于进货成本的价格进行销售，生产企业则以返还利润等方式弥补商业企业的进销差价损失。据调查，在平销活动中，生产企业弥补商业企业进销差价损失的方式主要有以下几种：一是生产企业通过返还资金方式弥补商业企业的损失，如有的对商业企业返还利润，有的向商业企业投资等。二是生产企业通过赠送实物或以实物投资方式弥补商业企业的损失。已发现有些生产企业赠送实物或商业企业进销此类实物不开发票、不记账，以此来达到偷税的目的。目前，平销行为基本上发生在生产企业和商业企业之间，但有可能进一步在生产企业与生产企业之间、商业企业与商业企业之间的经营活动中出现。平销行为不仅造成地区间增值税收入非正常转移，而且具有偷、避税因素，给国家财政收入造成损失。为堵塞税收漏洞，保证国家财政收入和有利于各地区完成增值税收入任务，现就平销行为中有关增值税问题规定如下：

一、对于采取赠送实物或以实物投资方式进行平销经营活动的,要制定切实可行的措施,加强增值税征管稽查,大力查处和严厉打击有关的偷税行为。

二、自 1997 年 1 月 1 日起,凡增值税一般纳税人,无论是否有平销行为,因购买货物而从销售方取得的各种形式的返还资金,均应依所购货物的增值税税率计算应冲减的进项税金,并从其取得返还资金当期的进项税金中予以冲减。应冲减的进项税金计算公式如下:

当期应冲减进项税金=当期取得的返还资金×所购货物适用的增值税税率

注释:根据《国家税务总局关于商业企业向货物供应方收取的部分费用征收流转税问题的通知》(2004 年 10 月 23 日,国税发〔2004〕136 号)第三条规定,本文第二条"当期应冲减进项税金"自 2004 年 7 月 1 日起调整为"当期应冲减进项税金=当期取得的返还资金/(1+所购货物适用增值税税率)×所购货物适用增值税税率"。

国家税务总局关于增值税一般纳税人平销
行为征收增值税问题的批复

2001 年 4 月 5 日 国税函〔2001〕247 号

江苏省国家税务局:

你局《关于增值税一般纳税人平销行为征收增值税问题的请示》(苏国税发〔2000〕349 号)收悉。现批复如下:

与总机构实行统一核算的分支机构从总机构取得的日常工资、电话费、租金等资金,不应视为因购买货物而取得的返利收入,不应做冲减进项税额处理。

国家税务总局关于商业企业向货物供应方收取的
部分费用征收流转税问题的通知

2004 年 10 月 13 日 国税发〔2004〕136 号

据部分地区反映,商业企业向供货方收取的部分收入如何征收流转税的问题,现行政策规定不够统一,导致不同地区之间政策执行不平衡。经研究,现规定如下:

一、商业企业向供货方收取的部分收入,按照以下原则征收增值税或营业税:

(一) 对商业企业向供货方收取的与商品销售量、销售额无必然联系,且商业企业向供货方提供一定劳务的收入,例如进场费、广告促销费、上架费、展示费、管理费等,不属于平销返利,不冲减当期增值税进项税金,应按营业税的适用税目税率征收营业税。

(二) 对商业企业向供货方收取的与商品销售量、销售额挂钩(如以一定比例、金额、数量计算)的各种返还收入,均应按照平销返利行为的有关规定冲减当期增值税进项税金,不征收营业税。

二、商业企业向供货方收取的各种收入,一律不得开具增值税专用发票。

三、应冲减进项税金的计算公式调整为:

当期应冲减进项税金=当期取得的返还资金/(1+所购货物适用增值税税率)×所购货物适用增值税税率

四、本通知自 2004 年 7 月 1 日起执行。本通知发布前已征收入库税款不再进行调整。

其他增值税一般纳税人向供货方收取的各种收入的纳税处理,比照本通知的规定执行。

特此通知。

(四) 视同销售

 国家税务总局关于企业所属机构间移送货物征收增值税问题的通知

1998 年 8 月 26 日 国税发〔1998〕137 号

目前,对实行统一核算的企业所属机构间移送货物,接受移送货物机构(以下简称受货机构)的经营活动是否属于销售应在当地纳税,各地执行不一。经研究,现明确如下:

《中华人民共和国增值税暂行条例实施细则》第四条视同销售货物行为的第(三)项所称的用于销售,是指受货机构发生以下情形之一的经营行为:

一、向购货方开具发票;

二、向购货方收取货款。

受货机构的货物移送行为有上述两项情形之一的,应当向所在地税务机关缴纳增值税;未发生上述两项情形的,则应由总机构统一缴纳增值税。

如果受货机构只就部分货物向购买方开具发票或收取货款,则应当区别不同情况计算并分别向总机构所在地或分支机构所在地缴纳税款。

 国家税务总局关于企业所属机构间移送货物
征收增值税问题的补充通知

1998 年 12 月 3 日 国税函〔1998〕718 号

《国家税务总局关于企业所属机构间移送货物征收增值税问题的通知》(国税发〔1998〕137 号)下发后,各地要求明确该通知执行时间,并提出应采取措施以利于查处与此项移送货物行为有关的偷税问题。经研究,现通知如下:

一、国税发〔1998〕137 号通知是对《中华人民共和国增值税暂行条例实施细则》第四条第(三)款的解释,本应从该细则实施之日起执行。但由于国税发〔1998〕137 号通知下发前,该细则上述条款所称"销售"概念未予明确,致使各地税务机关和纳税人理解上有分歧,执行上也不尽一致。鉴于这一实际情况,为了避免给企业生产经营和财务核算造成较大影响,国家税务总局决定,以 1998 年 9 月 1 日为界限,此前企业所属机构发生国税发〔1998〕137 号通知所称销售行为的,如果应纳增值税已由企业统一向企业主管税务机关缴纳,企业所属机构主管税务机关不得再征收此项应纳增值税。如果此项应纳增值税未由企业统一缴纳,企业所属机构也未缴纳,则应由企业所属机构主管税务机关负责征收;属于偷税行为的,应由企业所属机构主管税务机关依照有关法律、法规予以处理。1998 年 9 月 1 日以后,企业所属机构发生销售行为,其应纳增值税则一律由企业所属机构主管税务机关征收。

二、为了有助于各地税务机关执行这一决定,并有利于查处纳税人是否有瞒报应税销售额行为,企业及其所属机构应分别向其主管税务机关报送已纳税销售额等有关资料,由其主管税务机关进行审核确定。

（一）1999 年 1 月 31 日以前，企业应将设在外县（市）的所属机构名单及各所属机构自 1994 年 1 月 1 日至 1998 年 8 月 31 日期间的下列资料报企业主管税务机关，由企业主管税务机关审核企业所属机构在此期间发生的销售额是否已由企业统一缴纳了增值税。

1. 企业所属机构开具的发票所注明的销售额（分月列明）；

2. 企业所属机构虽未开具发票，但由企业所属机构向购货方收取货款的销售额（分月列明）；

3. 企业所属机构接受企业或企业的其他所属机构移送的货物的数量，发出的货物的数量，发出货物中属于企业所属机构本身销售的数量，库存数量（各项数量均分月列明）。

（二）企业所属机构也应将上述资料报企业所属机构主管税务机关，由企业所属机构主管税务机关审核确定企业所属机构在此期间发生的销售额、应纳增值税额、在 1998 年 8 月 31 日以前已由企业所属机构主管税务机关征收的增值税额，以及是否有未缴或少缴的增值税额。

企业所属机构主管税务机关接受上述资料时，应当即予以回执以资证明，回执须有企业所属机构主管税务机关签章。

（三）1994 年 1 月 1 日至 1998 年 8 月 31 日期间，企业所属机构发生国税发〔1998〕137 号通知所说的销售行为，如果应纳增值税在 1998 年 9 月底以前已由企业统一向企业主管税务机关缴纳，并由其所在地县以上税务机关开具《企业所属机构已纳增值税证明》（以下简称已纳税证明），企业或其所属机构应在 1999 年 1 月 31 日以前将该证明报送企业所属机构主管税务机关，企业所属机构主管税务机关对该证明所列明的销售额不得再征收增值税。

（四）企业所属机构在 1994 年 1 月 1 日至 1998 年 8 月 31 日期间发生的应纳增值税虽已由企业统一缴纳，但企业未向税务机关申请开具已纳税证明，或虽申请取得已纳税证明但未在 1999 年 1 月 31 日以前报送到企业所属机构主管税务机关，企业所属机构主管税务机关有权征收此项应纳增值税，并负责开具已纳税证明，由企业持此证明向企业主管税务机关申请抵减此项已纳税款，企业主管税务机关不得拒绝予以抵减。

（五）已纳税证明的内容如下：

1. 主送单位即企业所属机构主管税务机关全称；

2. 企业所属机构全称及坐落地点；

3. 企业所属机构在 1994 年 1 月 1 日至 1998 年 8 月 31 日期间发生的已缴纳增值税的销售额及缴纳的增值税税额（按月列明）；

4. 企业所属机构在 1994 年 1 月 1 日至 1998 年 8 月 31 日期间接受企业或企业的其他所属机构移送的货物的数量，发出的货物的数量，发出货物中属于企业所属机构本身销售的数量，库存数量（各项数量均分月列明）；

5. 证明开具单位即企业主管税务机关全称及签章；

6. 证明开具日期。

（六）已纳税证明应按本通知所附统一样式（规格由企业主管税务机关自定）打印开具。该证明应由开具机关留底备查，接受机关留存备查。

附件：《企业所属机构已纳增值税证明》（略）

国家税务总局关于建安企业所属单位生产
沥青混凝土征收增值税问题的批复

2000 年 10 月 12 日　国税函〔2000〕790 号

四川省国家税务局：

你局《关于建安企业所属单位生产沥青混凝土征税问题的请示》（川国税发〔2000〕101 号）收悉，现批复如下：

建筑安装企业所属单位生产沥青混凝土不属于预制构件，建筑安装企业将所属单位生产沥青混凝土用于本单位建设工程的，按照《中华人民共和国增值税暂行条例实施细则》第四条的有关规定，应当征收增值税。

特此批复。

国家税务总局关于纳税人无偿赠送粉煤灰征收增值税问题的公告

2011 年 5 月 19 日　国家税务总局公告 2011 年第 32 号

现将纳税人无偿赠送粉煤灰征收增值税问题公告如下：

纳税人将粉煤灰无偿提供给他人，应根据《中华人民共和国增值税暂行条例实施细则》第四条的规定征收增值税。销售额应根据《中华人民共和国增值税暂行条例实施细则》第十六条的规定确定。

本公告自 2011 年 6 月 1 日起执行。此前执行与本公告不一致的，按照本公告的规定调整。

特此公告。

国家税务总局关于纳税人无偿赠送煤矸石征收增值税问题的公告

2013 年 12 月 3 日　国家税务总局公告 2013 年第 70 号

现将纳税人无偿赠送煤矸石征收增值税问题公告如下：

纳税人将煤矸石无偿提供给他人，应根据《中华人民共和国增值税暂行条例实施细则》第四条的规定征收增值税，销售额应根据《中华人民共和国增值税暂行条例实施细则》第十六条的规定确定。

本公告自 2014 年 1 月 1 日起施行。此前已发生并处理的事项，不再做调整；未处理的，按本公告规定执行。

特此公告。

国家税务总局办公厅关于《国家税务总局关于纳税人
无偿赠送煤矸石征收增值税问题的公告》的解读

一、本公告出台的背景是什么？

近接部分税务机关反映，一些纳税人将原煤筛、选、洗加工过程中产生的煤矸石排出给用矸单位，不收取费用。对此行为是否应视同销售征收增值税，请求总局予以明确。

二、为什么要对选煤厂排出的矸石作为废弃物无偿提供给用矸单位的行为征收增值税？

煤矸石是煤矿在建井、开拓掘进、采煤和煤炭选洗过程中排出的含炭岩石及岩石，是煤矿建设生产过程中的副产品。根据《中华人民共和国增值税暂行条例实施细则》第四条的规定，单位和个体经营者将自产、委托加工或者购买的货物无偿赠送他人的行为，应当视同销售征收增值税。

财政部　国家税务总局关于创新药后续免费
使用有关增值税政策的通知

2015 年 1 月 26 日　财税〔2015〕4 号

各省、自治区、直辖市、计划单列市财政厅（局）、国家税务局，新疆生产建设兵团财务局：

为鼓励创新药的研发和使用，结合其大量存在"后续免费用药临床研究"的特点，现将有关增值税政策通知如下：

一、药品生产企业销售自产创新药的销售额，为向购买方收取的全部价款和价外费用，其提供给患者后续免费使用的相同创新药，不属于增值税视同销售范围。

二、本通知所称创新药，是指经国家食品药品监督管理部门批准注册、获批前未曾在中国境内外上市销售，通过合成或者半合成方法制得的原料药及其制剂。

三、药品生产企业免费提供创新药，应保留如下资料，以备税务机关查验：

（一）国家食品药品监督管理部门颁发的注明注册分类为 1.1 类的药品注册批件；

（二）后续免费提供创新药的实施流程；

（三）第三方（创新药代保管的医院、药品经销单位等）出具免费用药确认证明，以及患者在第三方登记、领取创新药的记录。

四、本通知自 2015 年 1 月 1 日起执行。此前已发生并处理的事项，不再作调整；未处理的，按本通知规定执行。

五、进项税额的具体规定

国家税务总局关于易货贸易进口环节
减征的增值税税款抵扣问题的通知

1996 年 9 月 16 日　国税函〔1996〕550 号

各省、自治区、直辖市和计划单列市国家税务局：

近接到一些地区和部门就我国与周边国家易货贸易进口环节减征的增值税税款，在下一道环节可否作为进项税金抵扣的询问。经研究，现明确如下：

根据国务院有关文件的精神，按照现行增值税的有关规定，准予从销项税额中抵扣的进项税额，必须是取得合法的增值税扣税凭证上注明的增值税额。因此，对与周边国家易货贸易进口环节减征的增值税税款,不能作为下一道环节的进项税金抵扣。

特此通知,请依照执行。

国家税务总局关于分摊不得抵扣进项税额时
免税项目销售额如何确定问题的批复

1997 年 9 月 24 日　　国税函〔1997〕529 号

湖南省国家税务局:

你局《关于分摊不得抵扣进项税额时免税项目销售额如何确定问题的请示》(湘国税函〔1997〕201 号)收悉。纳税人在计算不得抵扣进项税额时,对其取得的销售免税货物的销售收入和经营非应税项目的营业收入额,不得进行不含税收入的换算。

特此批复。

国家税务总局关于企业破产、倒闭、解散、停业后
增值税留抵税额处理问题的批复

1998 年 7 月 15 日　　国税函〔1998〕429 号

北京市国家税务局:

你局《关于增值税留抵税款处理问题的请示》(京国税一〔1998〕298 号)收悉,现批复如下:

对因破产、倒闭、解散、停业而注销税务登记的企业,其原有的留抵税额的处理问题,《国家税务总局关于印发〈增值税问题解答(之一)〉的通知》(国税函发〔1995〕288 号)已明确规定:纳税人破产、倒闭、解散、停业后,其期初存货中尚未抵扣的已征税款,以及征税后出现的进项税额大于销项税额后不足抵扣部分(即留抵税额),税务机关不再退税。

国家税务总局关于增值税一般纳税人恢复抵扣
进项税额资格后有关问题的批复

2000 年 8 月 2 日　　国税函〔2000〕584 号

广西壮族自治区国家税务局:

你局《关于停止纳税人抵扣进项税额的上期留抵税额可否在经批准准许抵扣进项税额时给予抵扣的请示》(桂国税报〔2000〕75 号)收悉,现批复如下:

《中华人民共和国增值税暂行条例实施细则》第三十条规定:"一般纳税人有下列情形之一者,应按销售额依照增值税税率计算应纳税额,不得抵扣进项税额,也不得使用增值税专用发票:

(一)会计核算不健全,或者不能够提供准确税务资料的;

(二)符合一般纳税人条件,但不申请办理一般纳税人认定手续的。"

此规定所称的不得抵扣进项税额是指纳税人在停止抵扣进项税额期间发生的全部进项税额,包括在停止抵扣期间取得的进项税额、上期留抵税额以及经批准允许抵扣的期初存货已征税款。

纳税人经税务机关核准恢复抵扣进项税额资格后,其在停止抵扣进项税额期间发生的全部进项税额不得抵扣。

注释: 根据《国家税务总局关于修改若干增值税规范性文件引用法规规章条款依据的通知》(2009年2月5日,国税发〔2009〕10号)规定,将本文中"《中华人民共和国增值税暂行条例实施细则》第三十条规定:'一般纳税人有下列情形之一者,应按销售额依照增值税税率计算应纳税额,不得抵扣进项税额,也不得使用增值税专用发票:(一)会计核算不健全,或者不能够提供准确税务资料的;(二)符合一般纳税人条件,但不申请办理一般纳税人认定手续的。'"修改为"《中华人民共和国增值税暂行条例实施细则》第三十四条规定:有下列情形之一者,应按销售额依照增值税税率计算应纳税额,不得抵扣进项税额,也不得使用增值税专用发票:(一)一般纳税人会计核算不健全,或者不能够提供准确税务资料的;(二)除本细则第二十九条规定外,纳税人销售额超过小规模纳税人标准,未申请办理一般纳税人认定手续的。"

国家税务总局关于出版物广告收入有关增值税问题的通知

2000年11月17日 国税发〔2000〕188号

《国家税务总局关于印发〈增值税问题解答(之一)〉的通知》(国税函发〔1995〕288号)规定,"纳税人为制作、印刷广告所用的购进货物不得计入进项税额抵扣,因此,纳税人应准确划分不得抵扣的进项税额;对无法准确划分不得抵扣的进项税额的,按《中华人民共和国增值税暂行条例实施细则》第二十三条的规定划分不得抵扣的进项税额"。由于该通知未明确应以何种标准进行"准确划分",因此各地执行不尽一致。经研究,现明确如下:

确定文化出版单位用于广告业务的购进货物的进项税额,应以广告版面占整个出版物版面的比例为划分标准,凡文化出版单位能准确提供广告所占版面比例的,应按此项比例划分不得抵扣的进项税额。

本通知自2000年12月1日起执行。此前一些地区的税务机关按照《中华人民共和国增值税暂行条例实施细则》第二十三条规定确定不得抵扣进项税额的,已征收入库的税款不再作纳税调整,凡征税不足的,一律按照本通知的规定计算应补征的税款。

国家税务总局关于增值税一般纳税人
期货交易进项税额抵扣问题的通知

2002年4月29日 国税发〔2002〕45号

各省、自治区、直辖市和计划单列市国家税务局:

《国家税务总局关于加强增值税征收管理工作的通知》(国税发〔1995〕015号)和《国家税务总局关于加强增值税征收管理若干问题的通知》(国税发〔1995〕192号)规定,商业企业购进货物(包括外购货物所支付的运输费用),必须在购进的货物付款后才能申报抵扣进项税额,且纳税人购进货物或应税劳务,支付运输费用,所支付款项的单位,必须与开具抵扣凭证的销货单位、提供劳务的单位一致,否则不予抵扣进项税额。鉴于期货交易支付货款的特殊性,现将增值税一般纳税人通过期货交易购进货物进项税额抵扣问题明确如下:

对增值税一般纳税人在商品交易所通过期货交易购进货物,其通过商品交易所转付货款可视同向销货单位支付货款,对其取得的合法增值税专用发票允许抵扣。

 国家税务总局关于银行承兑汇票背书行为有关问题的批复

2002 年 6 月 10 日　国税函〔2002〕525 号

广西壮族自治区国家税务局:

你局《关于银行承兑汇票背书行为取得的复印件能否作为付款凭证问题的请示》(桂国税发〔2002〕87 号)收悉,现批复如下:

鉴于银行承兑汇票结算方式的特殊性,纳税人可凭背书银行承兑汇票复印件作为已付款的凭证申请抵扣进项税额。税务部门要对背书银行承兑汇票加强跟踪管理和检查,对纳税人提供虚假背书银行承兑汇票复印件的,一经查实,依据《中华人民共和国税收征收管理办法》及相关规定给予处罚。

 国家税务总局关于企业改制中资产评估减值发生的流动资产损失进项税额抵扣问题的批复

2002 年 12 月 20 日　国税函〔2002〕1103 号

广西壮族自治区国家税务局:

你局《关于广西壮族自治区企业改制中资产评估减值发生的流动资产损失进项税额是否可以抵扣问题的请示》(桂国税发〔2002〕288 号)收悉,经研究,现批复如下:

《中华人民共和国增值税暂行条例实施细则》第二十一条规定:"非正常损失是指生产、经营过程中正常损耗外的损失"。对于企业由于资产评估减值而发生流动资产损失,如果流动资产未丢失或损坏,只是由于市场发生变化,价格降低,价值量减少,则不属于《中华人民共和国增值税暂行条例实施细则》中规定的非正常损失,不作进项税额转出处理。

注释:根据国税发〔2009〕10 号文件规定,将本文中"《中华人民共和国增值税暂行条例实施细则》第二十一条规定:'非正常损失是指生产、经营过程中正常损耗外的损失'"修改为"《中华人民共和国增值税暂行条例实施细则》第二十四条规定,非正常损失是指因管理不善造成被盗、丢失、霉烂变质的损失。"

 财政部　国家税务总局关于推广税控收款机有关税收政策的通知

2004 年 11 月 9 日　财税〔2004〕167 号

各省、自治区、直辖市、计划单列市财政厅(局)、国家税务局、地方税务局,新疆生产建设兵团财务局:

为加快税控收款机的推行工作,减轻纳税人购进使用税控收款机的负担,现将有关纳税人购进使用税控收款机的税收优惠政策通知如下:

一、增值税一般纳税人购置税控收款机所支付的增值税税额(以购进税控收款机取得的增值税专用发票上注明的增值税税额为准),准予在该企业当期的增值税销项税额中抵扣。

二、增值税小规模纳税人或营业税纳税人购置税控收款机,经主管税务机关审核批准后,可凭购进税控收款机取得的增值税专用发票,按照发票上注明的增值税额,抵免当期应纳增值税或营业税税额,或者按照购进税控收款机取得的普通发票上注明的价款,依下列公式计算可抵免税额:

$$可抵免税额＝价款/(1＋17\%)×17\%$$

当期应纳税额不足抵免的,未抵免部分可在下期继续抵免。

三、税控收款机购置费用达到固定资产标准的,应按固定资产管理,其按规定提取的折旧额可在企业计算缴纳所得税前扣除;达不到固定资产标准的,购置费用可在所得税前一次性扣除。

四、上述优惠政策自 2004 年 12 月 1 日起执行。凡 2004 年 12 月 1 日以后(含当日)购置的符合国家标准并按《国家税务总局　财政部　信息产业部国家质量监督检验检疫总局关于推广应用税控收款机加强税源监控的通知》(国税发〔2004〕44 号)的规定,通过选型招标中标的税控收款机适用上述优惠政策。

五、金融税控收款机的有关税收政策另行制定。

国家税务总局关于增值税一般纳税人取得的账外经营部分
防伪税控增值税专用发票进项税额抵扣问题的批复

2005 年 8 月 3 日　　国税函〔2005〕763 号

北京市国家税务局:

你局《关于增值税一般纳税人采用账外经营手段进行偷税涉及增值税进项税额抵扣问题的请示》(京国税发〔2005〕187 号)收悉,批复如下:

根据《国家税务总局关于增值税一般纳税人取得防伪税控系统开具的增值税专用发票进项税额抵扣问题的通知》(国税发〔2003〕17 号)规定,自 2003 年 3 月 1 日起,增值税一般纳税人(以下简称"纳税人")申请抵扣防伪税控系统开具的增值税专用发票(以下简称"防伪税控专用发票"),必须自该防伪税控专用发票开具之日起 90 日内到税务机关认证,纳税人申请抵扣 2003 年 3 月 1 日前的防伪税控专用发票,应于 2003 年 9 月 1 日前报主管税务机关认证,纳税人认证通过的防伪税控专用发票,应在认证通过的当月按照增值税有关规定核算当期进项税额并申报抵扣,否则不予抵扣进项税额。

鉴于纳税人采用账外经营手段进行偷税,其取得的账外经营部分防伪税控专用发票,未按上述规定的时限进行认证,或者未在认证通过的当月按照增值税有关规定核算当期进项税额并申报抵扣,因此,不得抵扣其账外经营部分的销项税额。

注释:根据国家税务总局公告 2011 年第 2 号文件规定,本文第二段废止。

国家税务总局关于供电企业收取的免税农村
电网维护费有关增值税问题的通知

2005 年 8 月 5 日　　国税函〔2005〕778 号

近接部分地区反映,要求明确供电企业收取免税农村电网维护费,其进项税额是否转出

问题,经研究,现明确如下:

一、对供电企业收取的免征增值税的农村电网维护费,不应分摊转出外购电力产品所支付的进项税额。

二、《国家税务总局关于农村体制改革中农村电网维护费征免增值税问题的批复》(国税函〔2002〕421号)第三条关于"供电企业应按规定计算农村电网维护费应分担的不得抵扣的进项税额,已计提进项税额的要做进项税额转出处理"的规定同时废止。

国家税务总局关于诺基亚公司实行统一结算方式增值税进项税额抵扣问题的批复

2006年12月15日   国税函〔2006〕1211号

北京市国家税务局:

你局《关于诺基亚公司采用总公司对北京、江苏和东莞三个地区分公司的购销业务实行统一结算方式涉及增值税进项税额抵扣问题的请示》(京国税发〔2004〕379号)收悉。经研究,批复如下:

对诺基亚各分公司购买货物从供应商取得的增值税专用发票,由总公司统一支付货款,造成购进货物的实际付款单位与发票上注明的购货单位名称不一致的,不属于《国家税务总局关于加强增值税征收管理若干问题的通知》(国税发〔1995〕192号)第一条第(三)款有关规定的情形,允许其抵扣增值税进项税额。

国家税务总局关于纳税人进口货物增值税进项税额抵扣有关问题的通知

2007年3月22日   国税函〔2007〕350号

各省、自治区、直辖市和计划单列市国家税务局:

近接部分地区咨询,纳税人进口货物报关后,境外供货商向国内进口方退还或返还的资金,或进口货物向境外实际支付的货款低于进口报关价格的差额,是否应当作进项税额转出。现明确如下:

《中华人民共和国增值税暂行条例》第八条规定,纳税人从海关取得的完税凭证上注明的增值税额准予从销项税额中抵扣。因此,纳税人进口货物取得的合法海关完税凭证,是计算增值税进项税额的唯一依据,其价格差额部分以及从境外供应商取得的退还或返还的资金,不作进项税额转出处理。

本文发布前纳税人已作进项税额转出处理的,可重新计入"应交税金——应交增值税——进项税额"科目,准予从销项税额中抵扣。

注释:根据国税发〔2009〕10号文件规定,本文中"纳税人从海关取得的完税凭证"修改为"纳税人从海关取得的海关进口增值税专用缴款书","进口货物取得的合法海关完税凭证"修改为"进口货物取得的合法海关进口增值税专用缴款书"。

财政部　国家税务总局关于固定资产进项税额抵扣问题的通知

2009 年 9 月 9 日　财税〔2009〕113 号

各省、自治区、直辖市、计划单列市财政厅（局）、国家税务总局、地方税务局、新疆生产建设兵团财务局：

增值税转型改革实施后，一些地区反映固定资产增值税进项税额抵扣范围不够明确。为解决执行中存在的问题，经研究，现将有关问题通知如下：

《中华人民共和国增值税暂行条例实施细则》第二十三条第二款所称建筑物，是指供人们在其内生产、生活和其他活动的房屋或者场所，具体为《固定资产分类与代码》（GB/T 14885—1994）中代码前两位为"02"的房屋；所称构筑物，是指人们不在其内生产、生活的人工建造物，具体为《固定资产分类与代码》（GB/T 14885—1994）中代码前两位为"03"的构筑物；所称其他土地附着物，是指矿产资源及土地上生长的植物。

《固定资产分类与代码》（GB/T 14885—1994）电子版可在财政部或国家税务总局网站查询。

以建筑物或者构筑物为载体的附属设备和配套设施，无论在会计处理上是否单独记账与核算，均应作为建筑物或者构筑物的组成部分，其进项税额不得在销项税额中抵扣。附属设备和配套设施是指：给排水、采暖、卫生、通风、照明、通讯、煤气、消防、中央空调、电梯、电气、智能化楼宇设备和配套设施。

国家税务总局关于项目运营方利用信托资金融资过程中增值税进项税额抵扣问题的公告

2010 年 8 月 9 日　国家税务总局公告 2010 年第 8 号

现就项目运营方利用信托资金融资进行项目建设开发过程中增值税进项税额抵扣问题公告如下：

项目运营方利用信托资金融资进行项目建设开发是指项目运营方与经批准成立的信托公司合作进行项目建设开发，信托公司负责筹集资金并设立信托计划，项目运营方负责项目建设与运营，项目建设完成后，项目资产归项目运营方所有。该经营模式下项目运营方在项目建设期内取得的增值税专用发票和其他抵扣凭证，允许其按现行增值税有关规定予以抵扣。

本公告自 2010 年 10 月 1 日起施行。此前未抵扣的进项税额允许其抵扣，已抵扣的不作进项税额转出。

特此公告。

财政部　国家税务总局关于收购烟叶支付的价外补贴进项税额抵扣问题的通知

2011 年 3 月 2 日　财税〔2011〕21 号

各省、自治区、直辖市、计划单列市财政厅（局）、国家税务局、地方税务局，新疆生产建设兵团财务局：

根据有关方面的反映，现将收购烟叶给烟农的生产投入补贴增值税进项税额抵扣问题明

确如下:

烟叶收购单位收购烟叶时按照国家有关规定以现金形式直接补贴烟农的生产投入补贴(以下简称价外补贴),属于农产品买价,为《中华人民共和国增值税暂行条例实施细则》(财政部 国家税务总局令第50号)第十七条中"价款"的一部分。烟叶收购单位,应将价外补贴与烟叶收购价格在同一张农产品收购发票或者销售发票上分别注明,否则,价外补贴不得计算增值税进项税额进行抵扣。

本通知自2009年1月1日起执行。

财政部 国家税务总局关于暂停部分玉米深加工企业购进玉米增值税抵扣政策的通知

2011年4月19日 财税〔2011〕34号

各省、自治区、直辖市、计划单列市财政厅(局)、国家税务局,新疆生产建设兵团财务局:

为控制玉米深加工过快发展,经国务院批准,暂停玉米深加工企业收购玉米增值税抵扣政策。现将有关事项通知如下:

自2011年4月20日起至6月30日,纳税人向农业生产者购进玉米深加工生产除饲料产品之外的货物,不得开具农产品收购发票并计提进项税额。

国家税务总局关于纳税人既享受增值税即征即退 先征后退政策又享受免抵退税政策有关问题的公告

2011年12月1日 国家税务总局公告2011年第69号

现将纳税人既享受增值税即征即退、先征后退政策又享受免抵退税政策有关问题公告如下:

一、纳税人既有增值税即征即退、先征后退项目,也有出口等其他增值税应税项目的,增值税即征即退和先征后退项目不参与出口项目免抵退税计算。纳税人应分别核算增值税即征即退、先征后退项目和出口等其他增值税应税项目,分别申请享受增值税即征即退、先征后退和免抵退税政策。

二、用于增值税即征即退或者先征后退项目的进项税额无法划分的,按照下列公式计算:

$$\text{无法划分进项税额中用于增值税即征即退或者先征后退项目的部分} = \text{当月无法划分的全部进项税额} \times \frac{\text{当月增值税即征即退或者先征后退项目销售额}}{\text{当月全部销售额、营业额合计}}$$

本公告自2012年1月1日起执行。《国家税务总局关于飞机维修业务增值税问题的批复》(国税函〔2008〕842号)、《国家税务总局关于飞机维修业务增值税处理方式的公告》(2011年第5号)同时废止。

财政部　国家税务总局关于在部分行业试行农产品增值税进项税额核定扣除办法的通知

2012 年 4 月 6 日　财税〔2012〕38 号

各省、自治区、直辖市、计划单列市财政厅（局）、国家税务局，新疆生产建设兵团财务局：

为调整和完善农产品增值税抵扣机制，经国务院批准，决定在部分行业开展增值税进项税额核定扣除试点。现将有关事项通知如下：

一、自 2012 年 7 月 1 日起，以购进农产品为原料生产销售液体乳及乳制品、酒及酒精、植物油的增值税一般纳税人，纳入农产品增值税进项税额核定扣除试点范围，其购进农产品无论是否用于生产上述产品，增值税进项税额均按照《农产品增值税进项税额核定扣除试点实施办法》（附件 1）的规定抵扣。

二、除本通知第一条规定以外的纳税人，其购进农产品仍按现行增值税的有关规定抵扣农产品进项税额。

三、对部分液体乳及乳制品实行全国统一的扣除标准（附件 2）。

四、各级财税机关要认真组织试点各项工作，及时总结试点经验，并向财政部和国家税务总局报告试点过程中发现的问题。

附件：1. 农产品增值税进项税额核定扣除试点实施办法
　　　2. 全国统一的部分液体乳及乳制品扣除标准表

附件 1

农产品增值税进项税额核定扣除试点实施办法

一、为加强农产品增值税进项税额抵扣管理，经国务院批准，对财政部和国家税务总局纳入试点范围的增值税一般纳税人（以下称试点纳税人）购进农产品增值税进项税额，实施核定扣除办法。

二、购进农产品抵扣增值税进项税额的试点纳税人均适用本办法。

农产品是指列入《农业产品征税范围注释》（财税字〔1995〕52 号）的初级农业产品。

三、试点纳税人购进农产品不再凭增值税扣税凭证抵扣增值税进项税额，购进除农产品以外的货物、应税劳务和应税服务，增值税进项税额仍按现行有关规定抵扣。

四、农产品增值税进项税额核定方法

（一）试点纳税人以购进农产品为原料生产货物的，农产品增值税进项税额可按照以下方法核定：

1. 投入产出法：参照国家标准、行业标准（包括行业公认标准和行业平均耗用值）确定销售单位数量货物耗用外购农产品的数量（以下称农产品单耗数量）。

当期允许抵扣农产品增值税进项税额依据农产品单耗数量、当期销售货物数量、农产品平均购买单价（含税，下同）和农产品增值税进项税额扣除率（以下简称"扣除率"）计算。公式为：

当期允许抵扣农产品增值税进项税额＝当期农产品耗用数量×农产品平均购买单价×扣除率/（1＋扣除率）

$$当期农产品耗用数量＝当期销售货物数量\left(\begin{matrix}不含采购除农产品\\以外的半成品生产的货物数量\end{matrix}\right)×农产品单耗数量$$

对以单一农产品原料生产多种货物或者多种农产品原料生产多种货物的,在核算当期农产品耗用数量和平均购买单价时,应依据合理的方法归集和分配。

平均购买单价是指购买农产品期末平均买价,不包括买价之外单独支付的运费和入库前的整理费用。期末平均买价计算公式:

$$期末平均买价=\frac{期初库存农产品数量×期初平均买价+当期购进农产品数量×当期买价}{期初库存农产品数量+当期购进农产品数量}$$

2. 成本法:依据试点纳税人年度会计核算资料,计算确定耗用农产品的外购金额占生产成本的比例(以下称农产品耗用率)。当期允许抵扣农产品增值税进项税额依据当期主营业务成本、农产品耗用率以及扣除率计算。

公式为:

当期允许抵扣农产品增值税进项税额=当期主营业务成本×农产品耗用率×扣除率/(1+扣除率)

农产品耗用率=上年投入生产的农产品外购金额/上年生产成本

农产品外购金额(含税)不包括不构成货物实体的农产品(包括包装物、辅助材料、燃料、低值易耗品等)和在购进农产品之外单独支付的运费、入库前的整理费用。

对以单一农产品原料生产多种货物或者多种农产品原料生产多种货物的,在核算当期主营业务成本以及核定农产品耗用率时,试点纳税人应依据合理的方法进行归集和分配。

农产品耗用率由试点纳税人向主管税务机关申请核定。

年度终了,主管税务机关应根据试点纳税人本年实际对当年已抵扣的农产品增值税进项税额进行纳税调整,重新核定当年的农产品耗用率,并作为下一年度的农产品耗用率。

3. 参照法:新办的试点纳税人或者试点纳税人新增产品的,试点纳税人可参照所属行业或者生产结构相近的其他试点纳税人确定农产品单耗数量或者农产品耗用率。次年,试点纳税人向主管税务机关申请核定当期的农产品单耗数量或者农产品耗用率,并据此计算确定当年允许抵扣的农产品增值税进项税额,同时对上一年增值税进项税额进行调整。核定的进项税额超过实际抵扣增值税进项税额的,其差额部分可以结转下期继续抵扣;核定的进项税额低于实际抵扣增值税进项税额的,其差额部分应按现行增值税的有关规定将进项税额做转出处理。

(二) 试点纳税人购进农产品直接销售的,农产品增值税进项税额按照以下方法核定扣除:

$$当期允许抵扣农产品增值税进项税额=\frac{当期销售农产品数量}{1-损耗率}×农产品平均购买单价×13\%/(1+13\%)$$

损耗率=损耗数量/购进数量

注释1: 根据财税〔2017〕37 号文件规定,自 2017 年 7 月 1 日起,本文第四条第(二)项规定的扣除率 13% 调整为 11%。

注释2: 根据财税〔2018〕32 号文件第二条规定,自 2018 年 5 月 1 日起,纳税人购进农产品,原适用 11% 扣除率的,扣除率调整为 10%。

(三) 试点纳税人购进农产品用于生产经营且不构成货物实体的(包括包装物、辅助材料、燃料、低值易耗品等),增值税进项税额按照以下方法核定扣除:

当期允许抵扣农产品增值税进项税额=当期耗用农产品数量×农产品平均购买单价×13%/(1+13%)

农产品单耗数量、农产品耗用率和损耗率统称为农产品增值税进项税额扣除标准(以下称扣除标准)。

注释1:根据财税〔2017〕37号文件规定,自2017年7月1日起,本文第四条第(三)项规定的扣除率13%调整为按财税〔2017〕37号第二条第(一)项、第(二)项的规定执行。

财税〔2017〕37号第二条第(一)项、第(二)项的规定是:"(一)除本条第(二)项规定外,纳税人购进农产品,取得一般纳税人开具的增值税专用发票或海关进口增值税专用缴款书的,以增值税专用发票或海关进口增值税专用缴款书上注明的增值税额为进项税额;从按照简易计税方法依照3%征收率计算缴纳增值税的小规模纳税人取得增值税专用发票的,以增值税专用发票上注明的金额和11%的扣除率计算进项税额;取得(开具)农产品销售发票或收购发票的,以农产品销售发票或收购发票上注明的农产品买价和11%的扣除率计算进项税额。(二)营业税改征增值税试点期间,纳税人购进用于生产销售或委托受托加工17%税率货物的农产品维持原扣除力度不变。"

注释2:根据财税〔2018〕32号文件第二条规定,自2018年5月1日起,纳税人购进农产品,原适用11%扣除率的,扣除率调整为10%。

五、试点纳税人销售货物,应合并计算当期允许抵扣农产品增值税进项税额。

六、试点纳税人购进农产品取得的农产品增值税专用发票和海关进口增值税专用缴款书,按照注明的金额及增值税额一并计入成本科目;自行开具的农产品收购发票和取得的农产品销售发票,按照注明的买价直接计入成本。

七、本办法规定的扣除率为销售货物的适用税率。

八、省级(包括计划单列市,下同)税务机关应根据本办法第四条规定的核定方法顺序,确定试点纳税人适用的农产品增值税进项税额核定扣除方法。

九、试点纳税人应自执行本办法之日起,将期初库存农产品以及库存半成品、产成品耗用的农产品增值税进项税额作转出处理。

十、试点纳税人应当按照本办法第四条的规定准确计算当期允许抵扣农产品增值税进项税额,并从相关科目转入"应交税金—应交增值税(进项税额)"科目。未能准确计算的,由主管税务机关核定。

十一、试点纳税人购进的农产品价格明显偏高或偏低,且不具有合理商业目的的,由主管税务机关核定。

十二、试点纳税人在计算农产品增值税进项税额时,应按照下列顺序确定适用的扣除标准:

(一)财政部和国家税务总局不定期公布的全国统一的扣除标准。

(二)省级税务机关商同级财政机关根据本地区实际情况,报经财政部和国家税务总局备案后公布的适用于本地区的扣除标准。

(三)省级税务机关依据试点纳税人申请,按照本办法第十三条规定的核定程序审定的仅适用于该试点纳税人的扣除标准。

十三、试点纳税人扣除标准核定程序

(一)试点纳税人以农产品为原料生产货物的扣除标准核定程序:

1.申请核定。以农产品为原料生产货物的试点纳税人应于当年1月15日前(2012年为7月15日前)或者投产之日起30日内,向主管税务机关提出扣除标准核定申请并提供有关资料。申请资料的范围和要求由省级税务机关确定。

2. 审定。主管税务机关应对试点纳税人的申请资料进行审核，并逐级上报给省级税务机关。

省级税务机关应由货物和劳务税处牵头，会同政策法规处等相关部门组成扣除标准核定小组，核定结果应由省级税务机关下达，主管税务机关通过网站、报刊等多种方式及时向社会公告核定结果。未经公告的扣除标准无效。

省级税务机关尚未下达核定结果前，试点纳税人可按上年确定的核定扣除标准计算申报农产品进项税额。

（二）试点纳税人购进农产品直接销售、购进农产品用于生产经营且不构成货物实体扣除标准的核定采取备案制，抵扣农产品增值税进项税额的试点纳税人应在申报缴纳税款时向主管税务机关备案。备案资料的范围和要求由省级税务机关确定。

十四、试点纳税人对税务机关根据本办法第十三条规定核定的扣除标准有疑义或者生产经营情况发生变化的，可以自税务机关发布公告或者收到主管税务机关《税务事项通知书》之日起 30 日内，向主管税务机关提出重新核定扣除标准申请，并提供说明其生产、经营真实情况的证据，主管税务机关应当自接到申请之日起 30 日内书面答复。

十五、试点纳税人在申报期内，除向主管税务机关报送《增值税一般纳税人纳税申报办法》规定的纳税申报资料外，还应报送《农产品核定扣除增值税进项税额计算表》（见附表）。

十六、各级税务机关应加强对试点纳税人农产品增值税进项税额计算扣除情况的监管，防范和打击虚开发票行为，定期进行纳税评估，及时发现申报纳税中存在的问题。

附：农产品核定扣除增值税进项税额计算表

附

农产品核定扣除增值税进项税额计算表

税款所属时间：　　年　　月

纳税人识别号：

纳税人名称：（公章）

序号	产品名称	投入产出法			成本法		购进农产品直接销售			购进农产品不构成货物实体		当期准予抵扣农产品进项税额（元）
		当期销售货物数量（吨）	农产品名称及核定的单耗数量（吨）	平均购买单价（元/吨）	当期主营业务成本（元）	农产品耗用率（%）	当期销售农产品数量（吨）	农产品损耗率(%)	农产品平均购买单价（元）	当期耗用农产品数量（吨）	农产品平均购买单价（元）	
		1	2	3	4	5	6	7	8	9	10	11
合　计												

说明：1. 本表"产品名称"栏分别填写不同扣除标准的产品名称。

　　　2. 本表"当期准予抵扣的农产品进项税额"栏 $11 = 1 \times 2 \times 3$；$11 = 4 \times 5$；$11 = 6 \times 7 \times 8$；$11 = 9 \times 10$。

附件2

全国统一的部分液体乳及乳制品扣除标准表

产品类型(扣除标准)	原乳单耗数量(吨)
超高温灭菌牛乳(每吨)	1.068
超高温灭菌牛乳(蛋白质含量≥3.3%)(每吨)	1.124
巴氏杀菌牛乳(每吨)	1.055
巴氏杀菌牛乳(蛋白质含量≥3.3%)(每吨)	1.196
超高温灭菌羊乳(每吨)	1.023
巴氏杀菌羊乳(每吨)	1.062

国家税务总局关于在部分行业试行农产品增值税 进项税额核定扣除办法有关问题的公告

2012 年 7 月 17 日　国家税务总局公告 2012 年第 35 号

为进一步规范农产品增值税进项税额核定扣除政策,加强税收征管,根据《财政部 国家税务总局关于在部分行业试行农产品增值税进项税额核定扣除办法的通知》(财税〔2012〕38号,以下简称《通知》)的有关规定,现将在部分行业试行农产品增值税进项税额核定扣除办法有关问题公告如下:

一、《通知》第一条所述"液体乳及乳制品"的行业范围按《国民经济行业分类》(GB/T 4754—2011)中"乳制品制造"类别(代码C1440)执行;"酒及酒精"的行业范围按《国民经济行业分类》(GB/T 4754—2011)中"酒的制造"类别(代码C151)执行;"植物油"的行业范围按《国民经济行业分类》(GB/T 4754—2011)中"植物油加工"类别(代码C133)执行。

二、增值税一般纳税人委托其他单位和个人加工液体乳及乳制品、酒及酒精、植物油,其购进的农产品均适用《通知》的有关规定。

三、纳入试点范围的增值税一般纳税人(以下简称试点纳税人)按照《通知》附件1《农产品增值税进项税额核定扣除试点实施办法》(以下简称《实施办法》)第四条中"投入产出法"的有关规定核定农产品增值税进项税额时,如果期初没有库存农产品,当期也未购进农产品的,农产品"期末平均买价"以该农产品上期期末平均买价计算;上期期末仍无农产品买价的依此类推。

按照"成本法"的有关规定核定试点纳税人农产品增值税进项税额时,"主营业务成本""生产成本"中不包括其未耗用农产品的产品的成本。

四、试点纳税人按照《实施办法》第九条有关规定作进项税额转出形成应纳税款一次性缴纳入库确有困难的,可于 2012 年 12 月 31 日前将进项税额应转出额分期转出,具体办法由省级税务机关确定。

五、主管税务机关按照《实施办法》第四条"成本法"的有关规定重新核定试点纳税人农产品耗用率,以及按照《实施办法》第十四条有关规定重新核定试点纳税人扣除标准时,均应按程序报经省级税务机关批准。

六、试点纳税人应按照本公告所附表样按月向主管税务机关报送《农产品核定扣除增值税进项税额计算表(汇总表)》《投入产出法核定农产品增值税进项税额计算表》《成本法核定农产品增值税进项税额计算表》《购进农产品直接销售核定农产品增值税进项税额计算表》《购进农产品用于生产经营且不构成货物实体核定农产品增值税进项税额计算表》(表样详见附件),不再按照《实施办法》中所附《农产品核定扣除增值税进项税额计算表》表样填报。

七、试点纳税人纳税申报时,应将《农产品核定扣除增值税进项税额计算表(汇总表)》中"当期允许抵扣农产品增值税进项税额"合计数填入《增值税纳税申报表附列资料(表二)》第6栏的"税额"栏,不填写第6栏"份数"和"金额"数据。

《增值税纳税申报表附列资料(表二)》第1、2、3、5栏有关数据中不反映农产品的增值税进项税额。

当期按照《实施办法》第九条及本公告第四条有关规定应转出的增值税进项税额,填入《增值税纳税申报表附列资料(表二)》第17栏"按简易征收办法征税货物用""税额"栏。

八、本公告自2012年7月1日起施行。

特此公告。

附件:1.农产品核定扣除增值税进项税额计算表(汇总表)
2.投入产出法核定农产品增值税进项税额计算表
3.成本法核定农产品增值税进项税额计算表
4.购进农产品直接销售核定农产品增值税进项税额计算表
5.购进农产品用于生产经营且不构成货物实体核定农产品增值税进项税额计算表

附件1

农产品核定扣除增值税进项税额计算表(汇总表)

税款所属时间:　　年　　月
纳税人识别号:
纳税人名称(公章):

序号	核定方法		当期允许抵扣农产品增值税进项税额(元)	备注
1	以购进农产品为原料生产货物	投入产出法		
		成本法		
2	购进农产品直接销售			
3	购进农产品用于生产经营且不构成货物实体			
	合　计			

附件 2

投入产出法核定农产品增值税进项税额计算表

纳税人名称			纳税人识别号					税款所属时间		年　月
序号	产品名称	耗用农产品名称	核定的单耗数量(吨)	期初库存农产品数量(吨)	期初平均买价(元/吨)	当期购进农产品数量(吨)	当期买价(元/吨)	平均购买单价(元/吨)	当期销售货物数量(吨)	扣除率(%)	当期允许抵扣农产品进项税额(元)
			L_1	L_2	L_3	L_4	L_5	$L_6=(L_2\times L_3+L_4\times L_5)/(L_2+L_4)$	L_7	L_8	$L_9=L_7\times L_1\times L_6\times L_8/(1+L_8)$
合　计											

注:1. 采用投入产出法计算农产品增值税进项税额的试点纳税人填列本表。

2. 投入多种农产品原料生产一种或多种产品的,应分别不同产品和农产品原料填列本表。

3. 各项数据均保留两位小数。

附件 3

成本法核定农产品增值税进项税额计算表

纳税人名称		纳税人识别号		税款所属时间	年　月
序号	产品名称	扣除率(%)	当期主营业务成本(元)	农产品耗用率(%)	当期允许抵扣农产品进项税额(元)
		L_1	L_2	L_3	$L_4=L_2\times L_3\times L_1/(1+L_1)$
合　计					

注:1. 采用成本法计算农产品增值税进项税额的试点纳税人填列本表。

2. 对以单一农产品原料生产多种货物或者多种农产品原料生产多种货物的,应分别不同产品填列本表。

3. 各项数据均保留两位小数。

附件 4

购进农产品直接销售核定农产品增值税进项税额计算表

纳税人名称			纳税人识别号					税款所属时间			年　月
序号	产品名称	当期销售农产品数量(吨)	损耗数量(吨)	农产品购进数量	损耗率(%)	期初库存农产品数量(吨)	期初平均买价(元/吨)	当期购进农产品数量(吨)	当期买价(元/吨)	农产品平均购买单价(元/吨)	扣除率(13%)	当期允许抵扣农产品进项税额(元)
		L_1	L_2	L_3	$L_4=\dfrac{L_2}{L_3}$	L_5	L_6	L_7	L_8	$L_9=(L_5\times L_6+L_7\times L_8)/(L_5+L_7)$	L_{10}	$L_{11}=L_1/(1-L_4)\times L_9\times L_{10}/(1+L_{10})$
合　计												

注:1. 购进农产品直接销售的试点纳税人填列本表。

　　2. 各项数据均保留两位小数。

附件 5

购进农产品用于生产经营且不构成货物实体
核定农产品增值税进项税额计算表

纳税人名称			纳税人识别号			税款所属时间			年　月
序号	产品名称	耗用农产品名称	当期耗用农产品数量(吨)	期初库存农产品数量(吨)	期初平均买价(元/吨)	当期购进农产品数量(吨)	当期买价(元/吨)	农产品平均购买单价(元/吨)	扣除率(13%)	当期允许抵扣农产品进项税额(元)
			L_1	L_2	L_3	L_4	L_5	$L_6=(L_2\times L_3+L_4\times L_5)/(L_2+L_4)$	L_7	$L_8=L_1\times L_6\times L_7/(1+L_7)$
合　计										

注:1. 购进农产品不构成货物实体的试点纳税人填列本表。

　　2. 投入多种农产品原料生产一种或多种产品的,应分别不同产品和农产品原料填列本表。

　　3. 各项数据均保留两位小数。

国家税务总局办公厅关于《国家税务总局关于在部分行业试行农产品增值税进项税额核定扣除办法有关问题的公告》的解读

一、该公告出台的背景是什么？

2012年4月6日,财政部、国家税务总局下发《关于在部分行业试行农产品增值税进项税额核定扣除办法的通知》(财税〔2012〕38号),决定自2012年7月1日起,在部分行业开展农产品增值税进项税额核定扣除试点。制定出台本公告的目的,是对财税〔2012〕38号文件的相关规定的进一步细化,明确试点纳税人纳税申报资料的范围和数据间的勾稽关系。

二、试点纳税人在纳税申报时,除向主管税务机关报送《增值税一般纳税人纳税申报办法》规定的纳税申报资料外,还应报送哪些资料？

试点纳税人在申报期内,除向主管税务机关报送《增值税一般纳税人纳税申报办法》规定的纳税申报资料外,还应按本公告第六条有关规定,按月向主管税务机关报送《农产品核定扣除增值税进项税额计算表(汇总表)》,并结合纳税人生产经营状况,有选择地填报《投入产出法核定农产品增值税进项税额计算表》《成本法核定农产品增值税进项税额计算表》《购进农产品直接销售核定农产品增值税进项税额计算表》和《购进农产品用于生产经营且不构成货物实体核定农产品增值税进项税额计算表》。

财政部 国家税务总局关于扩大农产品增值税进项税额核定扣除试点行业范围的通知

2013年8月28日 财税〔2013〕57号

各省、自治区、直辖市、计划单列市财政厅(局)、国家税务局,新疆生产建设兵团财务局:

为进一步推进农产品增值税进项税额核定扣除试点(以下简称核定扣除试点)工作,经研究决定,扩大实行核定扣除试点的行业范围。现将有关事项通知如下:

一、自2013年9月1日起,各省、自治区、直辖市、计划单列市税务部门可商同级财政部门,根据《农产品增值税进项税额核定扣除试点实施办法》(财税〔2012〕38号)的有关规定,结合本省(自治区、直辖市、计划单列市)特点,选择部分行业开展核定扣除试点工作。

二、各省、自治区、直辖市、计划单列市税务和财政部门制定的关于核定扣除试点行业范围、扣除标准等内容的文件,需报经财政部和国家税务总局备案后公布。财政部和国家税务总局将根据各地区试点工作进展情况,不定期公布部分产品全国统一的扣除标准。

三、核定扣除试点工作政策性强、涉及面广,各地财税机关要积极推进试点各项工作,妥善解决试点过程中出现的问题。

国家税务总局关于输水管道有关增值税问题的批复

2013年11月25日 税总函〔2013〕642号

新疆维吾尔自治区国家税务局:

你局《关于输水管道有关增值税问题的请示》(新国税发〔2013〕142号)收悉。经研究,现批复如下：

新疆伊犁喀什河尼勒克一级水电站跨尼勒克沟输水管道虽运用"倒吸虹"原理输送水源，但该输水管道仍属于《固定资产分类与代码》（GB/T 14885—1994）中的"输水管道（代码099101）"，根据《中华人民共和国增值税暂行条例》《中华人民共和国增值税暂行条例实施细则》和《财政部　国家税务总局关于固定资产进项税额抵扣问题的通知》（财税〔2009〕113号）的有关规定，其增值税进项税额可在销项税额中抵扣。

国家税务总局关于纳税人认定或登记为一般纳税人前进项税额抵扣问题的公告

2015年8月19日　国家税务总局公告2015年第59号

现将纳税人认定或登记为一般纳税人前进项税额抵扣问题公告如下：

一、纳税人自办理税务登记至认定或登记为一般纳税人期间，未取得生产经营收入，未按照销售额和征收率简易计算应纳税额申报缴纳增值税的，其在此期间取得的增值税扣税凭证，可以在认定或登记为一般纳税人后抵扣进项税额。

二、上述增值税扣税凭证按照现行规定无法办理认证或者稽核比对的，按照以下规定处理：

（一）购买方纳税人取得的增值税专用发票，按照《国家税务总局关于推行增值税发票系统升级版有关问题的公告》（国家税务总局公告2014年第73号）规定的程序，由销售方纳税人开具红字增值税专用发票后重新开具蓝字增值税专用发票。

购买方纳税人按照国家税务总局公告2014年第73号规定填开《开具红字增值税专用发票信息表》或《开具红字货物运输业增值税专用发票信息表》时，选择"所购货物或劳务、服务不属于增值税扣税项目范围"或"所购服务不属于增值税扣税项目范围"。

（二）纳税人取得的海关进口增值税专用缴款书，按照《国家税务总局关于逾期增值税扣税凭证抵扣问题的公告》（国家税务总局公告2011年第50号）规定的程序，经国家税务总局稽核比对相符后抵扣进项税额。

三、本公告自发布之日起施行。此前未处理的事项，按照本公告规定执行。

特此公告。

国家税务总局办公厅关于《国家税务总局关于纳税人认定或登记为一般纳税人前进项税额抵扣问题的公告》的解读

新设立的企业，从办理税务登记，到开始生产经营，往往要经过一定的筹建期，进行基础建设、购买办公和生产设备、建账建制、招聘员工、联系进销渠道等。在此期间，企业也会取得一定数量的增值税扣税凭证。有些情况下，企业在筹建期间未能及时认定为一般纳税人，在税务机关的征管系统中存在一段时期的小规模纳税人状态，导致其取得的增值税扣税凭证在抵扣进项税额时遇到障碍。为有效解决这一问题，税务总局制发了《国家税务总局关于纳税人认定或登记为一般纳税人前进项税额抵扣问题的公告》。

本公告适用范围是虽然存在一段时间的小规模纳税人状态，但在此期间并未开展生产经营取得收入,并且未按照简易方法缴纳过增值税的纳税人。

本公告所称的"未取得生产经营收入,未按照销售额和征收率简易计算应纳税额申报缴纳增值税",指的是纳税人按照会计制度和税法的规定,真实记录和准确核算的经营结果,通过隐瞒收入形成的"未取得生产经营收入,未按照销售额和征收率简易计算应纳税额申报缴纳增值税",不在本公告规定之列。

财政部　国家税务总局关于煤炭采掘企业增值税进项税额抵扣有关事项的通知

2015 年 11 月 2 日　财税〔2015〕117 号

各省、自治区、直辖市、计划单列市财政厅(局)、国家税务局,新疆生产建设兵团财务局:

为统一煤炭采掘企业增值税进项税额抵扣政策,便于政策理解和执行,经研究,现就有关事项明确如下:

一、煤炭采掘企业购进的下列项目,其进项税额允许从销项税额中抵扣:

(一)巷道附属设备及其相关的应税货物、劳务和服务;

(二)用于除开拓巷道以外的其他巷道建设和掘进,或者用于巷道回填、露天煤矿生态恢复的应税货物、劳务和服务。

二、本通知所称的巷道,是指为采矿提升、运输、通风、排水、动力供应、瓦斯治理等而掘进的通道,包括开拓巷道和其他巷道。其中,开拓巷道,是指为整个矿井或一个开采水平(阶段)服务的巷道。所称的巷道附属设备,是指以巷道为载体的给排水、采暖、降温、卫生、通风、照明、通讯、消防、电梯、电气、瓦斯抽排等设备。

三、本通知自 2015 年 11 月 1 日起执行。

六、税率的具体规定

(一)9%的税率

财政部　国家税务总局关于印发《农业产品征税范围注释》的通知

1995 年 6 月 15 日　财税字〔1995〕52 号

根据《财政部　国家税务总局关于调整农业产品增值税税率和若干项目征免增值税的通知》〔(94)财税字第 4 号〕的规定,从 1994 年 5 月 1 日起,农业产品增值税税率已由 17% 调整为 13%。现将《农业产品征税范围注释》(以下简称注释)印发给你们,并就有关问题明确如下:

注释 1:根据财税〔2017〕37 号文件规定,自 2017 年 7 月 1 日起,取消 13% 的增值税税率,本文中的农业产品增值税税率由13％调整为11％。

注释2：根据《财政部 税务总局关于调整增值税税率的通知》(2018年4月4日,财税〔2018〕32号)第一条规定,自2018年5月1日起,本文中的农业产品增值税税率由11％调整为10％。

注释3：根据《财政部 税务总局 海关总署关于深化增值税改革有关政策的公告》(2019年3月20日,财政部 国家税务总局 海关总署公告2019年第39号)第一条规定,自2019年4月1日起,本文中的农业产品增值税税率由10％调整为9％。

一、《中华人民共和国增值税暂行条例》第十六条所列免税项目的第一项所称的"农业生产者销售的自产农业产品",是指直接从事植物的种植、收割和动物的饲养、捕捞的单位和个人销售的注释所列的自产农业产品;对上述单位和个人销售的外购的农业产品,以及单位和个人外购农业产品生产、加工后销售的仍然属于注释所列的农业产品,不属于免税的范围,应当按照规定税率征收增值税。

二、农业生产者用自产的茶青再经筛分、风选、拣剔、碎块、干燥、匀堆等工序精制而成的精制茶,不得按照农业生产者销售的自产农业产品免税的规定执行,应当按照规定的税率征税。

本通知从1995年7月1日起执行,原各地国家税务局规定的农业产品范围同时废止。

附件:农业产品征税范围注释

附件
农业产品征税范围注释

农业产品是指种植业、养殖业、林业、牧业、水产业生产的各种植物、动物的初级产品。农业产品的征税范围包括:

一、植物类

植物类包括人工种植和天然生长的各种植物的初级产品。具体征税范围为:

(一) 粮食

粮食是指各种主食食科植物果实的总称。本货物的征税范围包括小麦、稻谷、玉米、高粱、谷子和其他杂粮(如:大麦、燕麦等),以及经碾磨、脱壳等工艺加工后的粮食(如:面粉,米,玉米面、渣等)。

切面、饺子皮、馄饨皮、面皮、米粉等粮食复制品,也属于本货物的征税范围。

注释：根据《国家税务总局关于挂面适用增值税税率问题的通知》(2008年12月8日,国税函〔2008〕1007号)规定,挂面按照粮食复制品适用13％的增值税税率,自发布之日起执行。

以粮食为原料加工的速冻食品、方便面、副食品和各种熟食品,不属于本货物的征税范围。

(二)蔬菜

蔬菜是指可作副食的草本、木本植物的总称。本货物的征税范围包括各种蔬菜、菌类植物和少数可作副食的木本植物。

经晾晒、冷藏、冷冻、包装、脱水等工序加工的蔬菜,腌菜、咸菜、酱菜和盐渍蔬菜等,也属于本货物的征税范围。

各种蔬菜罐头(罐头是指以金属罐、玻璃瓶和其他材料包装,经排气密封的各种食品。下同)不属于本货物的征税范围。

（三）烟叶

烟叶是指各种烟草的叶片和经过简单加工的叶片。本货物的征税范围包括晒烟叶、晾烟叶和初烤烟叶。

1. 晒烟叶。是指利用太阳能露天晒制的烟叶。

2. 晾烟叶。是指在晾房内自然干燥的烟叶。

3. 初考烟叶。是指烟草种植者直接烤制的烟叶。不包括专业复烤厂烤制的复烤烟叶。

（四）茶叶

茶叶是指从茶树上采摘下来的鲜叶和嫩芽（即茶青），以及经吹干、揉拌、发酵、烘干等工序初制的茶。本货物的征税范围包括各种毛茶（如红毛茶、绿毛茶、乌龙毛茶、白毛茶、黑毛茶等）。

精制茶、边销茶及掺兑各种药物的茶和茶饮料，不属于本货物的征税范围。

（五）园艺植物

园艺植物是指可供食用的果实，如水果、果干（如荔枝干、桂圆干、葡萄干等）、干果、果仁、果用瓜（如甜瓜、西瓜、哈密瓜等），以及胡椒、花椒、大料、咖啡豆等。

经冷冻、冷藏、包装等工序加工的园艺植物，也属于本货物的征税范围。

各种水果罐头，果脯，蜜饯，炒制的果仁、坚果，碾磨后的园艺植物（如胡椒粉、花椒粉等），不属于本货物的征税范围。

（六）药用植物

药用植物是指用作中药原药的各种植物的根、茎、皮、叶、花、果实等。

利用上述药用植物加工制成的片、丝、块、段等中药饮片，也属于本货物的征税范围。

中成药不属于本货物的征税范围。

（七）油料植物

油料植物是指主要用作榨取油脂的各种植物的根、茎、叶、果实、花或者胚芽组织等初级产品，如菜籽（包括芥菜籽）、花生、大豆、葵花籽、蓖麻子、芝麻子、胡麻籽、茶子、桐子、橄榄仁、棕榈仁、棉籽等。

提取芳香油的芳香油料植物，也属于本货物的征税范围。

（八）纤维植物

纤维植物是指利用其纤维作纺织、造纸原料或者绳索的植物，如棉（包括籽棉、皮棉、絮棉）、大麻、黄麻、槿麻、苎麻、苘麻、亚麻、罗布麻、蕉麻、剑麻等。

棉短绒和麻纤维经脱胶后的精干（洗）麻，也属于本货物的征税范围。

（九）糖料植物

糖料植物是指主要用作制糖的各种植物，如甘蔗、甜菜等。

（十）林业产品

林业产品是指乔木、灌木和竹类植物，以及天然树脂、天然橡胶。林业产品的征税范围包括：

1. 原木。是指将砍伐倒的乔木去其枝芽、梢头或者皮的乔木、灌木，以及锯成一定长度的木段。

锯材不属于本货物的征税范围。

2. 原竹。是指将砍倒的竹去其枝、梢或者叶的竹类植物，以及锯成一定长度的竹段。

3. 天然树脂。是指木科植物的分泌物，包括生漆、树脂和树胶，如松脂、桃胶、樱胶、阿拉伯胶、古巴胶和天然橡胶(包括乳胶和干胶)等。

4. 其他林业产品。是指除上述列举林业产品以外的其他各种林业产品,如竹笋、笋干、棕竹、棕榈衣、树枝、树叶、树皮、藤条等。

盐水竹笋也属于本货物的征税范围。

竹笋罐头不属于本货物的征税范围。

(十一)其他植物

其他植物是指除上述列举植物以外的其他各种人工种植和野生的植物,如树苗、花卉、植物种子、植物叶子、草、麦秸、豆类、薯类、藻类植物等。

干花、干草、薯干、干制的藻类植物,农业产品的下脚料等,也属于本货物的征税范围。

二、动物类

动物类包括人工养殖和天然生长的各种动物的初级产品。具体征税范围为:

(一)水产品

水产品是指人工放养和人工捕捞的鱼、虾、蟹、鳖、贝类、棘皮类、软体类、腔肠类、海兽类动物。本货物的征税范围包括鱼、虾、蟹、鳖、贝类、棘皮类、软体类、腔肠类、海兽类、鱼苗(卵)、虾苗、蟹苗、贝苗(秧),以及经冷冻、冷藏、盐渍等防腐处理和包装的水产品。

干制的鱼、虾、蟹、贝类、棘皮类、软体类、腔肠类,如干鱼、干虾、干虾仁、干贝等,以及未加工成工艺品的贝壳、珍珠,也属于本货物的征税范围。

熟制的水产品和各类水产品的罐头,不属于本货物的征税范围。

(二)畜牧产品

畜牧产品是指人工饲养、繁殖取得和捕获的各种畜禽。本货物的征税范围包括:

1. 兽类、禽类和爬行类动物,如牛、马、猪、羊、鸡、鸭等。

2. 兽类、禽类和爬行类动物的肉产品,包括整块或者分割的鲜肉、冷藏或者冷冻肉、盐渍肉,兽类、禽类和爬行类动物的内脏、头、尾、蹄等组织。

各种兽类、禽类和爬行类动物的肉类生制品,如腊肉、腌肉、熏肉等,也属于本货物的征税范围。

各种肉类罐头、肉类熟制品,不属于本货物的征税范围。

3. 蛋类产品。是指各种禽类动物和爬行类动物的卵,包括鲜蛋、冷藏蛋。

经加工的咸蛋、松花蛋、腌制的蛋等,也属于本货物的征税范围。

各种蛋类的罐头不属于本货物的征税范围。

4. 鲜奶。是指各种哺乳类动物的乳汁和经净化、杀菌等加工工序生产的乳汁。

用鲜奶加工的各种奶制品,如酸奶、奶酪、奶油等,不属于本货物的征税范围。

(三)动物皮张

动物皮张是指从各种动物(兽类、禽类和爬行类动物)身上直接剥取的,未经鞣制的生皮、生皮张。

将生皮、生皮张用清水、盐水或者防腐药水浸泡、刮里、脱毛、晒干或者熏干,未经鞣制的,也属于本货物的征税范围。

(四)动物毛绒

动物毛绒是指未经洗净的各种动物的毛发、绒发和羽毛。

洗净毛、洗净绒等不属于本货物的征税范围。

(五)其他动物组织

其他动物组织是指上述列举以外的兽类、禽类、爬行类动物的其他组织,以及昆虫类动物。

1. 蚕茧。包括鲜茧和干茧,以及蚕蛹。
2. 天然蜂蜜。是指采集的未经加工的天然蜂蜜、鲜蜂王浆等。
3. 动物树脂,如虫胶等。
4. 其他动物组织,如动物骨、壳、兽角、动物血液、动物分泌物、蚕种等。

国家税务总局关于《农业产品征税范围注释》执行日期的通知

1995 年 9 月 14 日　国税明电〔1995〕044 号

各省、自治区、直辖市和计划单列市国家税务局:

为统一农业产品的征税范围,财政部、国家税务总局以财税字〔1995〕52 号通知,印发了《农业产品征税范围注释》,并规定从 1995 年 7 月 1 日起执行。最近,各地反映,由于该通知收到较晚,一些纳税人在今年七月份以后销售的货物已经按原规定申报、缴纳了增值税,并据以开具了增值税专用发票,因此,要求推迟执行日期。

关于《农业产品征税范围注释》的执行日期,经与财政部商定,财政部、国家税务总局印发的《农业产品征税范围注释》从 1995 年 10 月 1 日起执行。

国家税务总局关于茴油、毛橄子油适用增值税税率的批复

2003 年 4 月 18 日　国税函〔2003〕426 号

广西壮族自治区国家税务局:

你局《关于茴油适用增值税税率问题的请示》(桂国税发〔2003〕62 号)和《关于毛橄子油适用增值税税率问题的请示》(桂国税发〔2003〕72 号)收悉,经研究,现批复如下:

茴油是八角树枝叶、果实简单加工后的农业产品,毛橄子油是橄子经初加工而成的农业产品,二者均属于农业初级产品,可按 13% 的税率征收增值税。

注释 1:根据财税〔2017〕37 号文件规定,自 2017 年 7 月 1 日起,取消 13% 的增值税税率,本文中的适用 13% 增值税税率的茴油、毛橄子油税率调整为 11%。

注释 2:根据财税〔2018〕32 号文件第一条规定,自 2018 年 5 月 1 日起,本文中的适用 11% 增值税税率的茴油、毛椰子油税率调整为 10%。

注释 3:根据《财政部　税务总局　海关总署关于深化增值税改革有关政策的公告》(2019 年 3 月 20 日,财政部　国家税务总局　海关总署公告 2019 年第 39 号)第一条规定,自 2019 年 4 月 1 日起,本文中的茴油、毛椰子油增值税税率由 10% 调整为 9%。

国家税务总局关于农户手工编织的竹制和竹芒藤柳坏具征收增值税问题的批复

2005 年 1 月 18 日　国税函〔2005〕56 号

广东省国家税务局:

你局《关于农民手工编织的竹芒藤柳坏具是否属于自产农产品问题的请示》(粤国税发

〔2001〕226号)收悉。经研究,批复如下:

对于农民个人按照竹器企业提供样品规格,自产或购买竹、芒、藤、木条等,再通过手工简单编织成竹制或竹芒藤柳混合坯具的,属于自产农业初级产品,应当免征销售环节增值税。收购坯具的竹器企业可以凭开具的农产品收购凭证计算进项税额抵扣。

174 国家税务总局关于由石油伴生气加工压缩成的石油液化气适用增值税税率的通知

2005年5月18日 国税发〔2005〕83号

近接部分地区请示,要求明确部分液化气产品适用增值税税率,现明确如下:

对由石油伴生气加工压缩而成的石油液化气,应当按照13%的增值税税率征收增值税。

注释1:根据财税〔2017〕37号文件规定,自2017年7月1日起,取消13%的增值税税率,本文中的适用13%增值税税率的"对由石油伴生气加工压缩而成的石油液化气"税率调整为11%。

注释2:根据财税〔2018〕32号文件第一条规定,自2018年5月1日起,本文中的适用11%增值税税率的对由石油伴生气加工压缩而成的石油液化气税率调整为10%。

注释3:根据《财政部 税务总局 海关总署关于深化增值税改革有关政策的公告》(2019年3月20日,财政部 国家税务总局 海关总署公告2019年第39号)第一条规定,自2019年4月1日起,本文中的对由石油伴生气加工压缩而成的石油液化气增值税税率由10%调整为9%。

175 国家税务总局关于中小学课本配套产品适用增值税税率的批复

2006年8月15日 国税函〔2006〕770号

宁波市国家税务局:

你局《关于纳税人销售教材配套产品适用增值税税率的请示》(甬国税发〔2006〕131号)收悉。经研究,批复如下:

教材配套产品与中小学课本辅助使用,包括各种纸制品或图片,是课本的必要组成部分。对纳税人生产销售的与中小学课本相配套的教材配套产品(包括各种纸制品或图片),应按照税目"图书"13%的增值税税率征税。

注释1:根据财税〔2017〕37号文件规定,自2017年7月1日起,取消13%的增值税税率,本文中的适用13%增值税税率的"与中小学课本相配套的教材配套产品(包括各种纸制品或图片)"税率调整为11%。

注释2:根据财税〔2018〕32号文件第一条规定,自2018年5月1日起,本文中的适用11%增值税税率的中小学课本配套产品(包括各种纸制品或图片)税率调整为10%。

注释3:根据《财政部 税务总局 海关总署关于深化增值税改革有关政策的公告》(2019年3月20日,财政部 国家税务总局 海关总署公告2019年第39号)第一条规定,自2019年4月1日起,本文中的适用10%增值税税率的中小学课本配套产品(包括各种纸制品或图片)税率调整为9%。

国家税务总局关于挂面适用增值税税率问题的通知

2008 年 12 月 8 日　国税函〔2008〕1007 号

各省、自治区、直辖市和计划单列市国家税务局：

近接部分地区询问挂面适用增值税税率问题，经研究，明确如下：

一、挂面按照粮食复制品适用 13% 的增值税税率。

二、本通知自发布之日起执行。

注释 1：根据财税〔2017〕37 号文件规定，自 2017 年 7 月 1 日起，取消 13% 的增值税税率，本文中的适用 13% 增值税税率的挂面税率调整为 11%。

注释 2：根据财税〔2018〕32 号文件第一条规定，自 2018 年 5 月 1 日起，本文中的挂面增值税税率由 11% 调整为 10%。

注释 3：根据《财政部　税务总局　海关总署关于深化增值税改革有关政策的公告》(2019 年 3 月 20 日，财政部　国家税务总局　海关总署公告 2019 年第 39 号）第一条规定，自 2019 年 4 月 1 日起，本文中的挂面增值税税率由 10% 调整为 9%。

 国家税务总局关于核桃油适用税率问题的批复

2009 年 8 月 21 日　国税函〔2009〕455 号

四川省国家税务局：

你局《关于核桃油适用税率问题的请示》(川国税发〔2009〕70 号)收悉，经研究，批复如下：

核桃油按照食用植物油 13% 的税率征收增值税。

注释 1：根据财税〔2017〕37 号文件规定，自 2017 年 7 月 1 日起，取消 13% 的增值税税率，本文中的适用 13% 增值税税率的核桃油税率调整为 11%。

注释 2：根据财税〔2018〕32 号文件第一条规定，自 2018 年 5 月 1 日起，本文中的适用 11% 增值税税率的动物尸体降解处理机、蔬菜清洗机税率调整为 10%。

注释 3：根据《财政部　税务总局　海关总署关于深化增值税改革有关政策的公告》(2019 年 3 月 20 日，财政部　国家税务总局　海关总署公告 2019 年第 39 号)第一条规定，自 2019 年 4 月 1 日起，本文中的适用 10% 增值税税率的动物尸体降解处理机、蔬菜清洗机税率调整为 9%。

 国家税务总局关于人工合成牛胚胎适用增值税税率问题的通知

2010 年 3 月 4 日　国税函〔2010〕97 号

各省、自治区、直辖市和计划单列市国家税务局：

现就销售合成牛胚胎征免增值税问题，通知如下：

人工合成牛胚胎属于《农业产品征税范围注释》(财税字〔1995〕52 号)第二条第(五)款规定的动物类"其他动物组织"，人工合成牛胚胎的生产过程属于农业生产，纳税人销售自产人工合成牛胚胎应免征增值税。

 国家税务总局关于橄榄油适用税率问题的批复

2010 年 4 月 8 日　国税函〔2010〕144 号

四川省国家税务局：

你局《关于橄榄油适用税率的请示》（川国税发〔2010〕5 号）收悉。经研究，批复如下：

根据《国家税务总局关于印发〈增值税部分货物征税范围注释〉的通知》（国税发〔1993〕151 号）的规定，橄榄油可按照食用植物油 13％ 的税率征收增值税。

注释1：根据财税〔2017〕37 号文件规定，自 2017 年 7 月 1 日起，取消 13％ 的增值税税率，本文中的适用 13％ 增值税税率的橄榄油税率调整为 11％。

注释2：根据财税〔2018〕32 号文件第一条规定，自 2018 年 5 月 1 日起，本文中的适用 11％ 增值税税率的橄榄油税率调整为 10％。

注释3：根据《财政部　税务总局　海关总署关于深化增值税改革有关政策的公告》（2019 年 3 月 20 日，财政部　国家税务总局　海关总署公告 2019 年第 39 号）第一条规定，自 2019 年 4 月 1 日起，本文中的适用 10％ 增值税税率的橄榄油税率调整为 9％。

 国家税务总局关于干姜　姜黄增值税适用税率问题的公告

2010 年 8 月 19 日　国家税务总局公告 2010 年第 9 号

为统一政策，公平税负，现将干姜、姜黄增值税适用税率问题公告如下：

干姜、姜黄属于《财政部　国家税务总局关于印发〈农业产品征税范围注释〉的通知》（财税字〔1995〕52 号）中农业产品的范围，根据《财政部　国家税务总局关于部分货物适用增值税低税率和简易办法征收增值税政策的通知》（财税〔2009〕9 号）规定，其增值税适用税率为 13％。

干姜是将生姜经清洗、刨皮、切片、烘烤、晾晒、熏硫等工序加工后制成的产品。

姜黄包括生姜黄，以及将生姜黄经去泥、清洗、蒸煮、晾晒、烤干、打磨等工序加工后制成的产品。

本公告自 2010 年 10 月 1 日起执行。

特此公告。

注释1：根据财税〔2017〕37 号文件规定，自 2017 年 7 月 1 日起，取消 13％ 的增值税税率，本文中的适用 13％ 增值税税率的干姜、姜黄税率调整为 11％。

注释2：根据财税〔2018〕32 号文件第一条规定，自 2018 年 5 月 1 日起，本文中的干姜、姜黄增值税税率由 11％ 调整为 10％。

注释3：根据《财政部　税务总局　海关总署关于深化增值税改革有关政策的公告》（2019 年 3 月 20 日，财政部　国家税务总局　海关总署公告 2019 年第 39 号）第一条规定，自 2019 年 4 月 1 日起，本文中的干姜、姜黄增值税税率由 10％ 调整为 9％。

国家税务总局关于制种行业增值税有关问题的公告

2010 年 10 月 25 日 国家税务总局公告 2010 年第 17 号

现就制种企业销售种子增值税有关问题公告如下：

制种企业在下列生产经营模式下生产销售种子，属于农业生产者销售自产农业产品，应根据《中华人民共和国增值税暂行条例》有关规定免征增值税。

一、制种企业利用自有土地或承租土地，雇佣农户或雇工进行种子繁育，再经烘干、脱粒、风筛等深加工后销售种子。

二、制种企业提供亲本种子委托农户繁育并从农户手中收回，再经烘干、脱粒、风筛等深加工后销售种子。

本公告自 2010 年 12 月 1 日起施行。

特此公告。

国家税务总局关于花椒油增值税适用税率问题的公告

2011 年 6 月 2 日 国家税务总局公告 2011 年第 33 号

现将花椒油的增值税适用税率公告如下：

花椒油按照食用植物油 13% 的税率征收增值税。

本公告自 2011 年 7 月 1 日开始执行。

特此公告。

注释 1：根据财税〔2017〕37 号文件规定，自 2017 年 7 月 1 日起，取消 13% 的增值税税率，本文中的适用 13% 增值税税率的花椒油税率调整为 11%。

注释 2：根据财税〔2018〕32 号文件第一条规定，自 2018 年 5 月 1 日起，本文中的适用 11% 增值税税率的花椒油税率调整为 10%。

注释 3：根据《财政部 税务总局 海关总署关于深化增值税改革有关政策的公告》（2019 年 3 月 20 日，财政部 国家税务总局 海关总署公告 2019 年第 39 号）第一条规定，自 2019 年 4 月 1 日起，本文中的适用 10% 增值税税率的花椒油税率调整为 9%。

国家税务总局关于部分液体乳增值税适用税率的公告

2011 年 7 月 6 日 国家税务总局公告 2011 年第 38 号

为明确政策，公平税负，现就巴氏杀菌乳、灭菌乳和调制乳的增值税适用税率问题公告如下：

按照《食品安全国家标准—巴氏杀菌乳》（GB 19645—2010）生产的巴氏杀菌乳和按照《食品安全国家标准—灭菌乳》（GB 25190—2010）生产的灭菌乳，均属于初级农业产品，可依照《农业产品征收范围注释》中的鲜奶按 13% 的税率征收增值税；按照《食品安全国家标准—调制乳》（GB 25191—2010）生产的调制乳，不属于初级农业产品，应按照 17% 税率征收增值税。

本公告自公布之日起施行。《国家税务总局关于营养强化奶适用增值税税率问题的批复》（国税函〔2005〕676号）同时废止。

注释1：根据财税〔2017〕37号文件规定，自2017年7月1日起，取消13％的增值税税率，本文中的适用13％增值税税率的"按照《食品安全国家标准—巴氏杀菌乳》（GB 19645—2010）生产的巴氏杀菌乳和按照《食品安全国家标准—灭菌乳》（GB 25190—2010）生产的灭菌乳"税率调整为11％。

注释2：根据财税〔2018〕32号文件第一条规定，自2018年5月1日起，本文中的按照《食品安全国家标准—巴氏杀菌乳》（GB 19645—2010）生产的巴氏杀菌乳和按照《食品安全国家标准—灭菌乳》（GB 25190—2010）生产的灭菌乳增值税税率由11％调整为10％。

注释3：根据《财政部　税务总局　海关总署关于深化增值税改革有关政策的公告》（2019年3月20日，财政部　国家税务总局　海关总署公告2019年第39号）第一条规定，自2019年4月1日起，本文中的按照《食品安全国家标准——巴氏杀菌乳》（gb19645—2010）生产的巴氏杀菌乳和按照《食品安全国家标准——灭菌乳》（gb25190—2010）生产的灭菌乳增值税税率由10％调整为9％。

国家税务总局关于部分产品增值税适用税率问题的公告

2012年3月16日　　国家税务总局公告2012年第10号

现对部分产品是否属于农机范围及增值税适用税率问题，公告如下：

密集型烤房设备、频振式杀虫灯、自动虫情测报灯、粘虫板属于《国家税务总局关于印发〈增值税部分货物征税范围注释〉的通知》（国税发〔1993〕151号）规定的农机范围，应适用13％增值税税率。

密集型烤房设备主要由锅炉、散热主机、风机、电机和自控设备等通用设备组成，用于烟叶、茶叶等原形态农产品的烘干脱水初加工。

频振式杀虫灯是采用特定波长范围的光源，诱集并有效杀灭昆虫的装置。一般由高压电网、发光灯管、风雨帽、接虫盘和接虫袋等组成，诱集光源波长范围应覆盖（320～680）nm。

自动虫情测报灯是采用特定的诱集光源及远红外自动处理等技术，自动完成诱虫、杀虫、收集、分装等虫情测报功能的装置。诱集光源应采用功能为20 W，主波长为（365±10）nm的黑光灯管；或功率为200 W，光通量为2 700（1 m）～2 920（1 m）的白炽灯泡。

粘虫板是采用涂有特殊粘胶的色板，诱集并粘附昆虫的工具。

本公告自2012年4月1日起执行。此前已发生并处理的事项，不再做调整；未处理的，按本公告规定执行。

特此公告。

注释1：根据财税〔2017〕37号文件规定，自2017年7月1日起，取消13％的增值税税率，本文中的适用13％增值税税率的"密集型烤房设备、频振式杀虫灯、自动虫情测报灯、粘虫板"税率调整为11％。

注释2：根据财税〔2018〕32号文件第一条规定，自2018年5月1日起，本文中的适用11％增值税税率的密集型烤房设备、频振式杀虫灯、自动虫情测报灯、粘虫板税率调整为10％。

注释3：根据《财政部 税务总局 海关总署关于深化增值税改革有关政策的公告》（2019年3月20日，财政部 国家税务总局 海关总署公告2019年第39号）第一条规定，自2019年4月1日起，本文中的适用10%增值税税率的密集型烤房设备、频振式杀虫灯、自动虫情测报灯、粘虫板税率调整为9%。

国家税务总局关于卷帘机适用增值税税率问题的公告

2012年6月29日　国家税务总局公告2012年第29号

现对卷帘机是否属于农机范围及其适用增值税税率问题公告如下：

卷帘机属于《国家税务总局关于印发〈增值税部分货物征税范围注释〉的通知》（国税发〔1993〕151号）规定的农机范围，应适用13%的增值税税率。

卷帘机是指用于农业温室、大棚，以电机驱动，对保温被或草帘进行自动卷放的机械设备，一般由电机、变速箱、联轴器、卷轴、悬臂、控制装置等部分组成。

本公告自2012年8月1日起施行。此前已发生并处理的事项，不再作调整；未处理的，按本公告规定执行。

特此公告。

注释1：根据财税〔2017〕37号文件规定，自2017年7月1日起，取消13%的增值税税率，本文中的适用13%增值税税率的卷帘机税率调整为11%。

注释2：根据财税〔2018〕32号文件第一条规定，自2018年5月1日起，本文中的适用11%增值税税率的卷帘机税率调整为10%。

注释3：根据《财政部 税务总局 海关总署关于深化增值税改革有关政策的公告》（2019年3月20日，财政部 国家税务总局 海关总署公告2019年第39号）第一条规定，自2019年4月1日起，本文中的适用10%增值税税率的卷帘机税率调整为9%。

国家税务总局办公厅
关于《国家税务总局关于卷帘机适用增值税税率问题的公告》的解读

一、请介绍该公告出台的背景？

近期，我们接到基层税务机关报来请示，反映卷帘机虽符合《增值税部分货物征税范围注释》（国税发〔1993〕151号）文件中"农机"的定义范畴，但未在"农机"的正列举范围内，对于上述设备是否属于农机适用13%增值税税率问题，基层税务机关难以确定，请求我局予以明确。

二、你们如何判定卷帘机属于农机？

为明确卷帘机是否属于农机，我们一是与基层税务机关联系，了解产品的功能、指标参数、主要用途等信息；二是查阅相关资料，参考《农业机械分类》对农机的分类及列举；三是与农业部沟通，请专业部门出具意见。最后，综合多方面信息，我们认为，卷帘机属于《增值税部分货物征税范围注释》（国税发〔1993〕151号）中"农机"定义范畴，应适用农机13%的增值税税率。

三、公告最后规定"此前已发生并处理的事项,不再做调整;未处理的,按本公告规定执行",为何作出这样的规定?如何理解?

在公告执行日之前,可能存在不同地区执行标准不同的情况。根据一般情况下"法不溯及既往"的原则,我们做出"此前已发生并处理的事项,不再做调整"的规定。但同时,上报请示文件的基层税务机关自发现问题起,因不确定上述设备的适用税率,对已经发生的纳税事项在总局未公告之前尚未征税,因此需要明确这段时间的征税方式,对上述产品按照13%增值税税率征收,更有利于纳税人,因此我们对未处理的按本公告规定追溯,明确"未处理的,按本公告规定执行"。

国家税务总局关于纳税人采取"公司＋农户"经营模式销售畜禽有关增值税问题的公告

2013 年 2 月 6 日　国家税务总局公告 2013 年第 8 号

现就纳税人采取"公司＋农户"经营模式销售畜禽有关增值税问题公告如下:

目前,一些纳税人采取"公司＋农户"经营模式从事畜禽饲养,即公司与农户签订委托养殖合同,向农户提供畜禽苗、饲料、兽药及疫苗等(所有权属于公司),农户饲养畜禽苗至成品后交付公司回收,公司将回收的成品畜禽用于销售。在上述经营模式下,纳税人回收再销售畜禽,属于农业生产者销售自产农产品,应根据《中华人民共和国增值税暂行条例》的有关规定免征增值税。

本公告中的畜禽是指属于《财政部　国家税务总局关于印发〈农业产品征税范围注释〉的通知》(财税字〔1995〕52 号)文件中规定的农业产品。

本公告自 2013 年 4 月 1 日起施行。

特此公告。

国家税务总局办公厅关于《国家税务总局关于纳税人采取"公司＋农户"经营模式销售畜禽有关增值税问题的公告》的解读

一、本公告下发的背景

基层税务机关反映,一些从事畜禽饲养的纳税人,采取"公司＋农户"的经营模式,按照该模式销售委托代养回收后的畜禽,是否视同农业生产者销售自产农产品,请总局予以明确。

二、如何判定"公司＋农户"模式销售畜禽是否属于农业生产者销售自产农产品?

随着社会化分工的发展,传统的牲畜饲养行业经营模式已经发生了改变。据了解,"公司＋农户"经营模式已经被普遍采用,公司将生产环节外包给农户,负责销售与服务环节,承担农产品的大部分风险,农户完全解除了技术与市场之忧,双方组成相对完整、独立的经营模式。鉴于畜禽养殖的风险绝大部分留在企业本身,与企业自产农产品无本质区别,因此,纳税人采取"公司＋农户"的经营模式从农户手中回收再销售畜禽产品,属于农业生产者销售自产农产品,应根据现行增值税的有关规定免征增值税。

国家税务总局关于承印境外图书增值税适用税率问题的公告

2013 年 2 月 22 日　国家税务总局公告 2013 年第 10 号

现将承印境外图书增值税适用税率公告如下：

国内印刷企业承印的经新闻出版主管部门批准印刷且采用国际标准书号编序的境外图书，属于《中华人民共和国增值税暂行条例》第二条规定的"图书"，适用 13％增值税税率。

本公告自 2013 年 4 月 1 日起施行。此前已发生但尚未处理的事项，可以按本公告规定执行。

特此公告。

注释 1：根据财税〔2017〕37 号文件规定，自 2017 年 7 月 1 日起，取消 13％的增值税税率，本文中的适用 13％增值税税率的"国内印刷企业承印的经新闻出版主管部门批准印刷且采用国际标准书号编序的境外图书"税率调整为 11％。

注释 2：根据财税〔2018〕32 号文件第一条规定，自 2018 年 5 月 1 日起，本文中的适用 11％增值税税率的国内印刷企业承印的经新闻出版主管部门批准印刷且采用国际标准书号编序的境外图书税率调整为 10％。

注释 3：根据《财政部　税务总局　海关总署关于深化增值税改革有关政策的公告》（2019 年 3 月 20 日，财政部　国家税务总局　海关总署公告 2019 年第 39 号）第一条规定，自 2019 年 4 月 1 日起，本文中的适用 10％增值税税率的国内印刷企业承印的经新闻出版主管部门批准印刷且采用国际标准书号编序的境外图书税率调整为 9％。

国家税务总局办公厅关于《国家税务总局关于承印境外图书增值税适用税率问题的公告》的解读

一、本公告出台的背景

近接部分地区来文，请求明确印刷企业承印的境外图书增值税适用税率问题。增值税暂行条例规定，图书适用 13％增值税税率。《增值税部分货物征收范围注释》（国税发〔1993〕151 号）规定，图书是指由国家新闻出版署批准的出版单位出版，采用国际标准书号编序的书籍以及图片。由于境外图书不属于"由国家新闻出版署批准的出版单位出版"，因此境外图书是否适用 13％增值税税率，基层税务机关存在不同意见，特来文请求我局予以明确。

二、为什么承印境外图书适用 13％增值税税率？

据了解，印刷企业承接境外图书印刷的业务流程为：印刷企业首先接受境外企业委托，然后向新闻出版主管部门提出承印申请，获得批准后，再自行购买纸张等材料进行图书印刷，最后将承印好的境外图书全部出口。据新闻出版总署介绍，新闻出版主管部门审批承印境外图书业务时，与审批国内出版单位出版的图书一样，对图书内容进行严格把关，两项审批的内容和目的相同。我们认为，"经国家新闻出版主管部门批准承印"与"由国家新闻出版署批准的出版单位出版"，均经过主管部门严格审核，境外图书也有国际标准编序的书号，因此，印刷企业承印的经新闻出版主管部门批准印刷且采用国际标准书号编序的境外图书，属于"图书"，应适用13％增值税税率。

三、公告最后规定"此前已发生但尚未处理的事项,可以按本公告规定执行",为何作出这样的规定? 如何理解?

在公告执行日之前,可能存在不同地区理解不一、执行标准不同的情况,根据一般情况下"法不溯及既往"的原则,此前已发生并处理的事项,不再调整。但同时,上报请示文件的基层税务机关自发现问题起,因不确定国内印刷企业承印的境外图书增值税适用税率,对已经发生的纳税事项在总局未公告之前尚未处理,需要明确这段时间的处理方式,因此公告明确"此前已发生但尚未处理的事项,可以按本公告规定执行"。

国家税务总局关于动物骨粒适用增值税税率的公告

2013年12月3日   国家税务总局公告2013年第71号

现对动物骨粒适用增值税税率问题公告如下:

动物骨粒属于《农业产品征税范围注释》(财税字〔1995〕52号)第二条第(五)款规定的动物类"其他动物组织",其适用的增值税税率为13％。

动物骨粒是指将动物骨经筛选、破碎、清洗、晾晒等工序加工后的产品。

本公告自2014年1月1日起执行。此前已发生并处理的事项,不再做调整;未处理的,按本公告规定执行。

特此公告。

注释1:根据财税〔2017〕37号文件规定,自2017年7月1日起,取消13％的增值税税率,本文中的农业产品增值税税率由13％调整为11％。

注释2:根据财税〔2018〕32号文件第一条规定,自2018年5月1日起,本文中的动物骨粒增值税税率由11％调整为10％。

注释3:根据《财政部 税务总局 海关总署关于深化增值税改革有关政策的公告》(2019年3月20日,财政部 国家税务总局 海关总署公告2019年第39号)第一条规定,自2019年4月1日起,本文中的动物骨粒增值税税率由10％调整为9％。

国家税务总局办公厅关于《国家税务总局关于动物骨粒适用增值税税率的公告》的解读

一、本公告出台的背景

近接部分地区税务机关请示,动物骨进行筛选、破碎、清洗、晾晒等工序后形成的骨粒产品,是否属于《农业产品征税范围注释》(财税字〔1995〕52号)中列举的农产品范围? 建议总局予以明确。

二、确定动物骨粒产品属于农产品适用13％增值税税率的依据

根据《财政部 国家税务总局关于部分货物适用增值税低税率和简易办法征收增值税政策的通知》(财税〔2009〕9号),农产品适用的增值税税率为13％。农产品,是指种植业、养殖业、林业、牧业、水产业生产的各种植物、动物的初级产品。具体征税范围继续按照《财政部

国家税务总局关于印发〈农业产品征税范围注释〉的通知》（财税字〔1995〕52号）及现行相关规定执行。在《农业产品征税范围注释》动物类中，列举了"其他动物组织，如动物骨、壳、兽角、动物血液、动物分泌物、蚕种等"。将动物骨进行筛选、破碎、清洗、晾晒等工序加工后形成的骨粒产品，仍保持了原动物骨的物理性质，其加工过程属于简单物理加工，应适用农产品13%的增值税税率。

 国家税务总局关于杏仁油　葡萄籽油增值税适用税率问题的公告

2014年4月11日　国家税务总局公告2014年第22号

现将杏仁油、葡萄籽油的增值税适用税率公告如下：

杏仁油、葡萄籽油属于食用植物油，适用13%增值税税率。

本公告自2014年6月1日起执行。

注释1：根据财税〔2017〕37号文件规定，自2017年7月1日起，取消13%的增值税税率，本文中的适用13%增值税税率的杏仁油、葡萄籽油税率调整为11%。

注释2：根据财税〔2018〕32号文件第一条规定，自2018年5月1日起，本文中的适用11%增值税税率的杏仁油、葡萄籽油税率调整为10%。

注释3：根据《财政部　税务总局　海关总署关于深化增值税改革有关政策的公告》（2019年3月20日，财政部　国家税务总局　海关总署公告2019年第39号）第一条规定，自2019年4月1日起，本文中的适用10%增值税税率的杏仁油、葡萄籽油税率调整为9%。

国家税务总局办公厅关于《国家税务总局关于
杏仁油　葡萄籽油增值税适用税率问题的公告》的解读

一、公告出台的背景

增值税暂行条例规定，食用植物油适用13%增值税税率。《增值税部分货物征税范围注释》（国税发〔1993〕151号）明确，植物油是从植物根、茎、叶、果实、花或胚芽组织中加工提取的油脂。食用植物油仅指：芝麻油、花生油、豆油、菜籽油、米糠油、葵花籽油、棉籽油、玉米胚油、茶油、胡麻油，以及以上述油为原料生产的混合油。

现行政策对食用植物油进行正列举，杏仁油和葡萄籽油不在列举范围内。随着社会进步，科技水平提高，已可以从苦杏仁、葡萄籽中提取油脂并大规模投入生产。因而部分地区税务机关报来请示，请求明确杏仁油葡萄籽油属于食用植物油，适用13%增值税税率。

二、公告的主要内容

据了解，杏仁油和葡萄籽油主要用途为食用。杏仁油的主要成分是油酸和亚油酸，葡萄籽油的主要成分是亚油酸和原花青素，杏仁油和葡萄籽油均具有较高的营养价值，有助于促进我国居民饮食结构调整。因此，公告明确，杏仁油、葡萄籽油属于食用植物油，适用13%增值税税率。

国家税务总局关于牡丹籽油增值税适用税率问题的公告

2014 年 12 月 31 日　国家税务总局公告 2014 年第 75 号

现将牡丹籽油的增值税适用税率公告如下：

牡丹籽油属于食用植物油,适用 13％增值税税率。

牡丹籽油是以丹凤牡丹和紫斑牡丹的籽仁为原料,经压榨、脱色、脱臭等工艺制成的产品。

本公告自 2015 年 2 月 1 日起施行。

特此公告。

注释 1：根据财税〔2017〕37 号文件规定,自 2017 年 7 月 1 日起,取消 13％的增值税税率,本文中的适用 13％增值税税率的牡丹籽油税率调整为 11％。

注释 2：根据财税〔2018〕32 号文件第一条规定,自 2018 年 5 月 1 日起,本文中的适用 11％增值税税率的牡丹籽油税率调整为 10％。

注释 3：根据《财政部　税务总局　海关总署关于深化增值税改革有关政策的公告》(2019 年 3 月 20 日,财政部　国家税务总局　海关总署公告 2019 年第 39 号)第一条规定,自 2019 年 4 月 1 日起,本文中的适用 10％增值税税率的牡丹籽油税率调整为 9％。

国家税务总局办公厅关于《国家税务总局关于牡丹籽油
增值税适用税率问题的公告》的解读

一、公告出台的背景

增值税暂行条例规定,食用植物油适用 13％增值税税率。《增值税部分货物征税范围注释》(国税发〔1993〕151 号)明确,植物油是从植物根、茎、叶、果实、花或胚芽组织中加工提取的油脂。食用植物油仅指：芝麻油、花生油、豆油、菜籽油、米糠油、葵花籽油、棉籽油、玉米胚油、茶油、胡麻油,以及以上述油为原料生产的混合油。

现行政策对食用植物油进行正列举,牡丹籽油不在列举范围内。随着社会进步,科技水平提高,已可以从牡丹籽中提取油脂并大规模投入生产。因而部分地区税务机关报来请示,请求明确牡丹籽油属于食用植物油,适用 13％增值税税率。

二、公告的主要内容

据了解,牡丹籽油主要用途为食用。富含蛋白质、锌、钙、镁、磷及维生素群、类胡萝卜素、氨基酸、多糖和多种不饱和脂肪酸,其营养丰富而独特。在征求专业部门的有关意见后,公告明确,以丹凤牡丹和紫斑牡丹的籽仁为原料,经压榨、脱色、脱臭等工艺制成的牡丹籽油属于食用植物油,适用 13％增值税税率。

国家税务总局关于动物尸体降解处理机　蔬菜清洗机增值税适用税率问题的公告

2015年10月15日　国家税务总局公告2015年第72号

现将动物尸体降解处理机、蔬菜清洗机增值税适用税率公告如下：

动物尸体降解处理机、蔬菜清洗机属于农机，适用13％增值税税率。

动物尸体降解处理机是指采用生物降解技术将病死畜禽尸体处理成粉状有机肥原料，实现无害化处理的设备。

蔬菜清洗机是指用于农副产品加工生产的采用喷淋清洗、毛刷清洗、气泡清洗、淹没水射流清洗技术对完整或鲜切蔬菜进行清洗，以去除蔬菜表面污物、微生物及农药残留的设备。

本公告自2015年12月1日起施行。此前已发生未处理的事项，按本公告规定执行。

特此公告。

注释1：根据财税〔2017〕37号文件规定，自2017年7月1日起，取消13％的增值税税率，本文中的适用13％增值税税率的动物尸体降解处理机、蔬菜清洗机税率调整为11％。

注释2：根据财税〔2018〕32号文件第一条规定，自2018年5月1日起，本文中的适用11％增值税税率的动物尸体降解处理机、蔬菜清洗机税率调整为10％。

注释3：根据《财政部　税务总局　海关总署关于深化增值税改革有关政策的公告》（2019年3月20日，财政部　国家税务总局　海关总署公告2019年第39号）第一条规定，自2019年4月1日起，本文中的适用10％增值税税率的动物尸体降解处理机、蔬菜清洗机税率调整为9％。

国家税务总局办公厅关于《国家税务总局关于动物尸体降解处理机　蔬菜清洗机增值税适用税率问题的公告》的解读

一、该公告出台的背景？

近期，我们接到基层税务机关报来请示，反映动物尸体降解处理机、蔬菜清洗机虽符合《增值税部分货物征税范围注释》（国税发〔1993〕151号）文件中"农机"的定义范畴，但未在"农机"的正列举范围内，对于上述设备是否属于农机适用13％增值税税率问题，基层税务机关难以确定，请求我局予以明确。

二、什么是动物尸体降解处理机、蔬菜清洗机？

根据农业部门提供的专业意见，公告将动物尸体降解处理机、蔬菜清洗机明确定义为：动物尸体降解处理机是指采用生物降解技术将病死畜禽尸体处理成粉状有机肥原料，实现无害化处理的设备。蔬菜清洗机是指用于农副产品加工生产的采用喷淋清洗、毛刷清洗、气泡清洗、淹没水射流清洗技术对完整或鲜切蔬菜进行清洗，以去除蔬菜表面污物、微生物及农药残留的设备。只有满足上述定义的动物尸体降解处理机、蔬菜清洗机才属于"农机"范畴，并适用13％增值税税率。

（二）13%的税率

国家税务总局关于洗净毛征收增值税问题的批复

1996年10月29日　国税函〔1996〕609号

青海省国家税务局：

你局《关于对洗净毛按农产品征收增值税的请示》（青国税流字〔1996〕425号）收悉，关于要求对洗净毛按农产品征税的问题，按照现行的增值税有关政策及农产品注释范围的规定，洗净毛属应按17%的税率征收增值税的应税货物，不能比照农产品按13%的税率征收增值税。

此复。

注释1：根据财税〔2018〕32号文件第一条规定，自2018年5月1日起，本文中的洗净毛增值税税率由17%调整为16%。

注释2：根据《财政部　税务总局　海关总署关于深化增值税改革有关政策的公告》（2019年3月20日，财政部　国家税务总局　海关总署公告2019年第39号）第一条规定，自2019年4月1日起，本文中的洗净毛增值税税率由16%调整为13%。

国家税务总局关于淀粉的增值税适用税率问题的批复

1996年12月31日　国税函发〔1996〕744号

广西壮族自治区国家税务局：

你局《关于淀粉的增值税适用税率问题的请示》（桂国税报字〔1996〕041号）悉。关于淀粉的增值税适用税率问题，根据财政部、国家税务总局《关于印发〈农业产品征税范围注释〉的通知》（财税字〔1995〕052号）的规定，农业产品是指种植业、养殖业、林业、牧业、水产业生产的各种植物、动物的初级产品。从淀粉的生产工艺流程等方面看，淀粉不属于农业产品的范围，应按照17%的税率征收增值税。

注释1：根据财税〔2018〕32号文件第一条规定，自2018年5月1日起，本文中的淀粉增值税税率由17%调整为16%。

注释2：根据《财政部　税务总局　海关总署关于深化增值税改革有关政策的公告》（2019年3月20日，财政部　国家税务总局　海关总署公告2019年第39号）第一条规定，自2019年4月1日起，本文中的淀粉增值税税率由16%调整为13%。

国家税务总局关于抛秧盘增值税适用税率问题的批复

1998年9月11日　国税函〔1998〕536号

湖北省国家税务局：

你局《湖北省国家税务局关于抛秧盘增值税适用税率问题的请示》（鄂国税发〔1998〕261

号)收悉,经研究,现批复如下:

国家税务总局《增值税部分货物征税范围注释》(国税发〔1993〕151 号)明确规定农膜是指地膜和大棚膜,而抛秧盘不在农膜的征收范围内。此外,由于抛秧盘为塑料制品,也不属于现行税收法规规定的农机的征收范围。因此,应当按照 17% 的税率征收增值税。

注释1:根据财税〔2018〕32 号文件第一条规定,自 2018 年 5 月 1 日起,本文中的抛秧盘增值税税率由 17% 调整为 16%。

注释2:根据《财政部 税务总局 海关总署关于深化增值税改革有关政策的公告》(2019 年 3 月 20 日,财政部 国家税务总局 海关总署公告 2019 年第 39 号)第一条规定,自 2019 年 4 月 1 日起,本文中的抛秧盘增值税税率由 16% 调整为 13%。

国家税务总局关于工业燃气适用税率问题的批复

1999 年 5 月 25 日 国税函〔1999〕第 343 号

辽宁省国家税务局:

你局《关于工业燃气适用增值税税率的请示》(辽国税外〔1999〕46 号)收悉。关于工业燃气适用增值税税率问题,根据《国家税务总局关于印发〈增值税部分货物征税范围注释〉的通知》(国税发〔1993〕151 号)的规定,工业燃气不属于石油液化气范围,应按 17% 的税率征收增值税。

注释1:根据财税〔2018〕32 号文件第一条规定,自 2018 年 5 月 1 日起,本文中的工业燃气增值税税率由 17% 调整为 16%。

注释2:根据《财政部 税务总局 海关总署关于深化增值税改革有关政策的公告》(2019 年 3 月 20 日,财政部 国家税务总局 海关总署公告 2019 年第 39 号)第一条规定,自 2019 年 4 月 1 日起,本文中的工业燃气增值税税率由 16% 调整为 13%。

国家税务总局关于增值税若干税收政策问题的批复

2001 年 4 月 5 日 国税函〔2001〕248 号

江苏省国家税务局:

你局《关于增值税若干税收政策问题的请示》(苏国税发〔2000〕554 号)收悉。现就有关问题批复如下:

一、关于薄荷油、拖拉机底盘适用税率问题

根据《国家税务总局关于〈增值税部分货物征税范围注释〉的通知》(国税发〔1993〕151 号)对"食用植物油"的注释,薄荷油未包括在内,因此,薄荷油应按 17% 的税率征收增值税;拖拉机底盘属于农机零部件,不属于农机产品,因此,拖拉机底盘也应按 17% 的税率征收增值税。

注释1:根据国家税务总局公告 2011 年第 2 号文件规定,本文第一条"拖拉机底盘属于农机零部件,不属于农机产品,因此,拖拉机底盘也应按 17% 的税率征收增值税"的规定,自 2011 年 1 月 4

日起废止。

注释2：根据财税〔2018〕32号文件第一条规定，自2018年5月1日起，本文中的薄荷油增值税税率由17%调整为16%。

注释3：根据《财政部 税务总局 海关总署关于深化增值税改革有关政策的公告》（2019年3月20日，财政部 国家税务总局 海关总署公告2019年第39号）第一条规定，自2019年4月1日起，本文中的薄荷油增值税税率由16%调整为13%。

二、关于收购免税棉花抵扣税率问题

根据现行规定，属于增值税一般纳税人的棉花经营单位向农业生产者购进免税棉花，可根据农产品收购凭证注明的收购金额按13%的税率计算抵扣进项税额。这里的"棉花经营单位"不包括良种棉加工厂和纺织企业。良种棉加工厂和纺织企业直接向农业生产者购进的免税棉花，应按10%的税率抵扣。

注释：根据国家税务总局公告2011年第2号文件规定，自2011年1月4日起，本文第二条规定废止。

国家税务总局关于天然二氧化碳适用增值税税率的批复

2003年12月10日 国税函〔2003〕1324号

江苏省国家税务局：

你局《关于对天然二氧化碳原矿比照天然气适用税率征收增值税的请示》（苏国税发〔2003〕116号）收悉。经研究，现批复如下：

天然二氧化碳不属于天然气，不应比照天然气征税，仍应按17%的适用税率征收增值税。

注释1：根据财税〔2018〕32号文件第一条规定，自2018年5月1日起，本文中的天然二氧化碳增值税税率由17%调整为16%。

注释2：根据《财政部 税务总局 海关总署关于深化增值税改革有关政策的公告》（2019年3月20日，财政部 国家税务总局 海关总署公告2019年第39号）第一条规定，自2019年4月1日起，本文中的天然二氧化碳增值税税率由16%调整为13%。

国家税务总局关于血液制品增值税政策的批复

2004年3月8日 国税函〔2004〕335号

海南省国家税务局：

你省《关于血液制品增值税政策的请示》（琼国税发〔2003〕261号）收悉，经研究，现批复如下：

增值税一般纳税人购进人体血液不属于购进免税农产品，也不得比照购进免税农业产品按照买价和13%的扣除率计算抵扣进项税额。

国家税务总局关于水洗猪鬃征收增值税问题的批复

2006 年 8 月 15 日 国税函〔2006〕773 号

重庆市国家税务局:

你局《关于水洗猪鬃是否属于农业产品的请示》(渝国税发〔2006〕109 号)收悉。经研究,批复如下:

根据《财政部 国家税务总局关于印发〈农业产品征税范围注释〉的通知》(财税字〔1995〕52 号)有关规定,水洗猪鬃是生猪鬃经过浸泡(脱脂)、打洗、分绒等加工过程生产的产品,已不属于农业产品征税范围,应按"洗净毛、洗净绒"征收增值税。

财政部 国家税务总局关于明确硝酸铵适用增值税税率的通知

2007 年 1 月 10 日 财税〔2007〕7 号

各省、自治区、直辖市、计划单列市财政厅(局)、国家税务局,新疆生产建设兵团财务局:

为贯彻落实《国务院办公厅关于进一步加强民用爆炸物品安全管理的通知》(国办发〔2002〕52 号)精神,经研究,现将硝酸铵增值税政策通知如下:

一、自 2007 年 2 月 1 日起,硝酸铵适用的增值税税率统一调整为 17%,同时不再享受化肥产品免征增值税政策。

注释1:根据财税〔2018〕32 号文件第一条规定,自 2018 年 5 月 1 日起,本条中的硝酸铵增值税税率由 17% 调整为 16%。

注释2:根据《财政部 税务总局 海关总署关于深化增值税改革有关政策的公告》(2019 年 3 月 20 日,财政部 国家税务总局 海关总署公告 2019 年第 39 号)第一条规定,自 2019 年 4 月 1 日起,本文中的硝酸铵增值税税率由 16% 调整为 13%。

二、自 2007 年 2 月 1 日起,出口企业出口的硝酸铵(税号:31023000)统一执行 13% 的退税率(以出口退税专用的出口货物报关单上注明的出口日期为准)。在此之前,出口企业已经出口的硝酸铵,按 17% 计算征收增值税的,按 13% 计算办理退税(含免抵退税,下同);按 13% 计算征收增值税的,按 11% 计算办理退税。

三、外贸企业在 2007 年 2 月 1 日后出口的硝酸铵,取得的增值税专用发票是在 2007 年 2 月 1 日前开具,且注明的税率为 13% 的,准予继续按 11% 计算办理退税;增值税专用发票是在 2007 年 2 月 1 日后开具,且注明税率仍为 13% 的,不予办理退税。

四、税务机关对外贸企业上述出口退税申报,可采取人机结合的办法予以审核处理。

国家税务总局关于粉煤灰(渣)征收增值税问题的批复

2007 年 2 月 5 日 国税函〔2007〕158 号

深圳市国家税务局:

你局《关于粉煤灰(渣)增值税问题的请示》(深国税发〔2006〕173 号)收悉。经研究,批复

如下:

粉煤灰(渣)是煤炭燃烧后的残留物,可以用作部分建材产品的生产原料,属于废渣产品,不属于建材产品。纳税人生产销售的粉煤灰(渣)不属于《财政部 国家税务总局关于对部分资源综合利用产品免征增值税的通知》(财税〔1995〕44号)规定的免征增值税产品的范围,也不属于《财政部 国家税务总局关于调整农业产品增值税税率和若干项目征免增值税的通知》(财税字〔1994〕4号)规定的按照简易办法征收增值税产品的范围。对纳税人生产销售的粉煤灰(渣)应当按照增值税适用税率征收增值税,不得免征增值税,也不得按照简易办法征收增值税。

国家税务总局关于桶装饮用水生产企业征收增值税问题的批复

2008年11月24日 国税函〔2008〕953号

安徽省国家税务局:

你局《关于桶装饮用水生产企业实行按简易办法征收增值税问题的请示》(皖国税发〔2008〕118号)收悉。经研究,批复如下:

根据《财政部 国家税务总局关于自来水征收增值税问题的通知》(财税字〔1994〕第014号)规定,增值税一般纳税人销售自来水可按6%征收率征收增值税。桶装饮用水不属于自来水,应按照17%的适用税率征收增值税。

注释1:根据财税〔2018〕32号文件第一条规定,自2018年5月1日起,本文中的桶装饮用水增值税税率由17%调整为16%。

注释2:根据《财政部 税务总局 海关总署关于深化增值税改革有关政策的公告》(2019年3月20日,财政部 国家税务总局 海关总署公告2019年第39号)第一条规定,自2019年4月1日起,本文中的桶装饮用水增值税税率由16%调整为13%。

财政部 国家税务总局关于金属矿、非金属矿
采选产品增值税税率的通知

2008年12月19日 财税〔2008〕171号

各省、自治区、直辖市、计划单列市财政厅(局)、国家税务局,新疆生产建设兵团财务局:

根据国务院的决定,现将金属矿、非金属矿采选产品增值税税率问题通知如下:

一、金属矿采选产品、非金属矿采选产品增值税税率由13%恢复到17%。

注释1:根据财税〔2018〕32号文件第一条规定,自2018年5月1日起,本文中的非金属矿采选产品增值税税率由17%调整为16%。

注释2:根据《财政部 税务总局 海关总署关于深化增值税改革有关政策的公告》(2019年3月20日,财政部 国家税务总局 海关总署公告2019年第39号)第一条规定,自2019年4月1日起,本文中的非金属矿采选产品增值税税率由16%调整为13%。

二、食用盐仍适用13%的增值税税率,其具体范围是指符合《食用盐》(GB 5461—2000)和《食用盐卫生标准》(GB 2721—2003)两项国家标准的食用盐。

注释1：根据财税〔2017〕37号文件规定，自2017年7月1日起，取消13％的增值税税率，本文中的食用盐增值税税率由13％调整为11％。

注释2：根据财税〔2018〕32号文件第一条规定，自2018年5月1日起，本文中的食用盐增值税税率由11％调整为10％。

注释3：根据《财政部　税务总局　海关总署关于深化增值税改革有关政策的公告》（2019年3月20日，财政部　国家税务总局　海关总署公告2019年第39号）第一条规定，自2019年4月1日起，本文中的食用盐增值税税率由10％调整为9％。

三、本通知所称金属矿采选产品，包括黑色和有色金属矿采选产品；非金属矿采选产品，包括除金属矿采选产品以外的非金属矿采选产品、煤炭和盐。

四、本通知自2009年1月1日起执行，《财政部　国家税务总局关于调整金属矿、非金属矿采选产品增值税税率的通知》〔(94)财税字第22号〕、《财政部　国家税务总局关于调整工业盐和食用盐增值税税率的通知》（财税〔2007〕101号）和《国家税务总局关于有色金属焙烧矿增值税适用税率问题的通知》（国税函〔1994〕621号）同时废止。

国家税务总局关于麦芽适用税率问题的批复

2009年4月7日　国税函〔2009〕177号

新疆维吾尔自治区国家税务局：

你局《关于麦芽适用税率问题的请示》（新国税发〔2008〕199号）收悉。经研究，批复如下：

麦芽不属于《财政部　国家税务总局关于印发〈农业产品征税范围注释〉的通知》（财税字〔1995〕52号）规定的农业产品范围，应适用17％的增值税税率。

注释1：根据财税〔2018〕32号文件第一条规定，自2018年5月1日起，本文中的麦芽增值税税率由17％调整为16％。

注释2：根据《财政部　税务总局　海关总署关于深化增值税改革有关政策的公告》（2019年3月20日，财政部　国家税务总局　海关总署公告2019年第39号）第一条规定，自2019年4月1日起，本文中的麦芽增值税税率由16％调整为13％。

国家税务总局关于复合胶适用增值税税率问题的批复

2009年8月21日　国税函〔2009〕453号

云南省国家税务局：

你局《关于复合胶增值税适用税率的请示》（云国税发〔2009〕147号）收悉。经研究，批复如下：

复合胶是以新鲜橡胶液为主要原料，经过压片、造粒、烤干等工序加工生产的橡胶制品。因此，复合胶不属于《农业产品征税范围注释》（财税字〔1995〕52号）规定的"天然橡胶"产品，适用增值税税率应为17％。

注释1：根据财税〔2018〕32号文件第一条规定，自2018年5月1日起，本文中的复合胶增值税税率由17％调整为16％。

注释2：根据《财政部　税务总局　海关总署关于深化增值税改革有关政策的公告》（2019年3月20日，财政部　国家税务总局　海关总署公告2019年第39号）第一条规定，自2019年4月1日起，本文中的复合胶增值税税率由16％调整为13％。

国家税务总局关于供应非临床用血增值税政策问题的批复

2009年8月24日　国税函〔2009〕456号

广西壮族自治区国家税务局：

你局《关于纳税人供应非临床用人体血液如何征收增值税问题的请示》（桂国税发〔2009〕76号）已悉。按照国家卫生部门有关规定，你局请示文所述供应非临床用人体血液的纳税人系指单采血浆站，其经审批设立后可以采集非临床用的原料血浆并供应血液制品生产单位用于生产血液制品。现将有关增值税政策问题批复如下：

一、人体血液的增值税适用税率为17％。

二、属于增值税一般纳税人的单采血浆站销售非临床用人体血液，可以按照简易办法依照6％征收率计算应纳税额，但不得对外开具增值税专用发票；也可以按照销项税额抵扣进项税额的办法依照增值税适用税率计算应纳税额。

纳税人选择计算缴纳增值税的办法后，36个月内不得变更。

注释1：根据财税〔2018〕32号文件第一条规定，自2018年5月1日起，本文中的人体血液的增值税税率由17％调整为16％。

注释2：根据《财政部　税务总局　海关总署关于深化增值税改革有关政策的公告》（2019年3月20日，财政部　国家税务总局　海关总署公告2019年第39号）第一条规定，自2019年4月1日起，本文中的人体血液增值税税率由16％调整为13％。

国家税务总局关于人发适用增值税税率问题的批复

2009年10月28日　国税函〔2009〕625号

安徽省国家税务局：

你局《关于人发征收增值税问题的请示》（皖国税发〔2009〕81号）收悉。经研究，批复如下：

人发不属于《财政部　国家税务总局关于印发〈农业产品征税范围注释〉的通知》（财税字〔1995〕52号）规定的农业产品范围，应适用17％的增值税税率。

注释1：根据财税〔2018〕32号文件第一条规定，自2018年5月1日起，本文中的人发增值税税率由17％调整为16％。

注释2：根据《财政部　税务总局　海关总署关于深化增值税改革有关政策的公告》（2019年3月20日，财政部　国家税务总局　海关总署公告2019年第39号）第一条规定，自2019年4月1日起，本文中的人发增值税税率由16％调整为13％。

国家税务总局关于肉桂油 桉油 香茅油增值税适用税率问题的公告

2010 年 7 月 27 日 国家税务总局公告 2010 年第 5 号

为统一政策,公平税负,现将肉桂油、桉油、香茅油的增值税适用税率问题公告如下:

肉桂油、桉油、香茅油不属于《财政部 国家税务总局关于印发〈农业产品征税范围注释〉的通知》(财税字〔1995〕52 号)中农业产品的范围,其增值税适用税率为 17%。

本公告自 2010 年 9 月 1 日起施行。

特此公告。

注释1:根据财税〔2018〕32 号文件第一条规定,自 2018 年 5 月 1 日起,本文中的肉桂油、桉油、香茅油增值税税率由 17%调整为 16%。

注释2:根据《财政部 税务总局 海关总署关于深化增值税改革有关政策的公告》(2019 年 3 月 20 日,财政部 国家税务总局 海关总署公告 2019 年第 39 号)第一条规定,自 2019 年 4 月 1 日起,本文中的肉桂油、桉油、香茅油增值税税率由 16%调整为 13%。

 国家税务总局关于皂脚适用增值税税率问题的公告

2011 年 3 月 16 日 国家税务总局公告 2011 年第 20 号

关于皂脚适用增值税税率问题,现公告如下:

皂脚是碱炼动植物油脂时的副产品,不能食用,主要用作化学工业原料。因此,皂脚不属于食用植物油,也不属于《财政部 国家税务总局关于印发〈农业产品征税范围注释〉的通知》(财税字〔1995〕52 号)中农业产品的范围,应按照 17%的税率征收增值税。

本公告自公布之日起施行。

特此公告。

注释1:根据财税〔2018〕32 号文件第一条规定,自 2018 年 5 月 1 日起,本文中的皂脚增值税税率由 17%调整为 16%。

注释2:根据《财政部 税务总局 海关总署关于深化增值税改革有关政策的公告》(2019 年 3 月 20 日,财政部 国家税务总局 海关总署公告 2019 年第 39 号)第一条规定,自 2019 年 4 月 1 日起,本文中的皂脚增值税税率由 16%调整为 13%。

 国家税务总局关于环氧大豆油氢化植物油增值税适用税率问题的公告

2011 年 7 月 25 日 国家税务总局公告 2011 年第 43 号

现将环氧大豆油、氢化植物油增值税适用税率问题公告如下:

环氧大豆油、氢化植物油不属于食用植物油的征税范围,应适用17%增值税税率。

环氧大豆油是将大豆油滴加双氧水后经过环氧反应、水洗、减压脱水等工序后形成的产品。

氢化植物油是将普通植物油在一定温度和压力下经过加氢、催化等工序后形成的产品。

本公告自 2011 年 8 月 1 日起执行。

特此公告。

注释 1: 根据财税〔2018〕32 号文件第一条规定,自 2018 年 5 月 1 日起,本文中的环氧大豆油氢化植物油增值税税率由 17% 调整为 16%。

注释 2: 根据《财政部 税务总局 海关总署关于深化增值税改革有关政策的公告》(2019 年 3 月 20 日,财政部 国家税务总局 海关总署公告 2019 年第 39 号)第一条规定,自 2019 年 4 月 1 日起,本文中的环氧大豆油、氢化植物油增值税税率由 16% 调整为 13%。

 211 ## 国家税务总局关于部分玉米深加工产品增值税税率问题的公告

2012 年 3 月 27 日　国家税务总局公告 2012 年第 11 号

为统一政策,公平税负,现将部分玉米深加工产品增值税税率问题公告如下:

根据现行增值税政策规定,玉米胚芽属于《农业产品征税范围注释》中初级农产品的范围,适用 13% 的增值税税率;玉米浆、玉米皮、玉米纤维(又称喷浆玉米皮)和玉米蛋白粉不属于初级农产品,也不属于《财政部 国家税务总局关于饲料产品免征增值税问题的通知》(财税〔2001〕121 号)中免税饲料的范围,适用 17% 的增值税税率。

本公告自 2012 年 5 月 1 日起施行。特此公告。

注释 1: 根据财税〔2018〕32 号文件第一条规定,自 2018 年 5 月 1 日起,本文中的玉米浆、玉米皮、玉米纤维(又称喷浆玉米皮)和玉米蛋白粉增值税税率由 17% 调整为 16%。

注释 2: 根据《财政部 税务总局 海关总署关于深化增值税改革有关政策的公告》(2019 年 3 月 20 日,财政部 国家税务总局 海关总署公告 2019 年第 39 号)第一条规定,自 2019 年 4 月 1 日起,本文中的玉米浆、玉米皮、玉米纤维(又称喷浆玉米皮)和玉米蛋白粉增值税税率由 16% 调整为 13%。

第四部分 ║ 增值税税收优惠

一、减免税政策代码目录

 国家税务总局关于发布《减免税政策代码目录》的公告

2015 年 10 月 29 日 国家税务总局公告 2015 年第 73 号

为全面落实减免税政策,规范减免税事项办理,提高税务机关减免税管理工作效能,国家税务总局制定了《减免税政策代码目录》,现予以发布,并将有关问题公告如下:

一、《减免税政策代码目录》对税收法律法规规定、国务院制定或经国务院批准,由财政部 国家税务总局等中央部门发布的减免税政策及条款,按收入种类和政策优惠的领域类别,分别赋予减免性质代码及减免项目名称。税务机关及纳税人办理减免税申报、备案、核准、减免退税等业务事项时,根据各项工作的管理要求,检索相应的减免性质代码及减免项目名称,填报有关表证单书。

地方依照法律法规制定发布的适用于本地区的减免税政策,由各地税务机关制定代码并发布。

二、《减免税政策代码目录》将根据减免税政策的新增、废止等情况,每月定期更新,并通过国家税务总局网站"纳税服务"下的"申报纳税"栏目发布。各地税务机关应当通过办税服务大厅、税务网站、12366 热线、短信、微信等多种渠道和方式进行转载、发布与宣传推送。

特此公告。

附件:减免税政策代码目录(略)

国家税务总局办公厅关于《国家税务总局关于发布 〈减免税政策代码目录〉的公告》的政策解读

一、出台背景

为全面落实减免税政策,规范减免税事项办理,提高税务机关减免税管理工作效能,纳税人在办理减免税申报、备案、核准、减免退税等业务事项中,需要详细填报、说明减免税政策条款享受情况。为了方便纳税人知晓、检索和使用,国家税务总局制定了《减免税政策代码目录》并公开发布。

二、《减免税政策代码目录》的涵盖范围

《减免税政策代码目录》涵盖截止发布日有效的中央层级减免税政策条款,即税收法律法规规定、国务院制定或经国务院批准,由财政部 国家税务总局等中央部门发布的减免税政策及条款。地方依照法律法规制定发布的适用于本地区的减免税政策,不在目录范围之内,相应政策代码及发布方式等由各地税务机关另行规定。

三、编制方法

纳入《减免税政策代码目录》的减免税政策及条款,按收入种类、政策优惠的领域类别,分别赋予减免性质代码及减免项目名称。税务机关及纳税人办理减免税申报、备案、核准、减免退税等业务事项时,可以根据税种及非税收入种类的名称、政策类别等迅速检索使用。

四、发布方式

此次发布的《减免税政策代码目录》是截至 2015 年 9 月底有效的中央层级制定的减免税政策代码内容,国家税务总局将通过官方网站"纳税服务"下的"申报纳税"栏目进行同步发布。各地税务机关应当通过办税服务大厅、税务网站、12366 热线、短信、微信等多种渠道和方式进行转载、发布与宣传推送,以便纳税人使用。

五、《减免税政策代码目录》的更新

今后,国家税务总局将根据减免税政策的新增、废止等情况,对《减免税政策代码目录》每月定期更新,并通过官方网站发布。

国家税务总局关于明确部分增值税优惠政策审批
事项取消后有关管理事项的公告

2015 年 5 月 19 日   国家税务总局公告 2015 年第 38 号

根据《国务院关于取消和调整一批行政审批项目等事项的决定》(国发〔2015〕11 号),拍卖行拍卖免税货物免征增值税等 5 项增值税优惠政策执行中涉及的审核、审批工作程序已取消,现就其后续管理事项公告如下:

一、纳税人享受下列增值税优惠政策,其涉及的税收审核、审批工作程序取消,改为备案管理。

(一)承担粮食收储任务的国有粮食企业、经营免税项目的其他粮食经营企业以及有政府储备食用植物油销售业务企业免征增值税的审核。

(二)拍卖行拍卖免税货物免征增值税的审批。

(三)随军家属就业免征增值税的审批。

(四)自主择业的军队转业干部就业免征增值税的审批。

(五)自谋职业的城镇退役士兵就业免征增值税的审批。

二、纳税人享受上述增值税优惠政策,按以下规定办理备案手续。

(一)纳税人应在享受税收优惠政策的首个纳税申报期内,将备案材料作为申报资料的一部分,一并提交主管税务机关。

每一个纳税期内,拍卖行发生拍卖免税货物业务,均应在办理纳税申报时,向主管税务机关履行免税备案手续。

(二)纳税人在符合减免税条件期间内,备案资料内容不发生变化的,可进行一次性备案。

(三)纳税人提交的备案资料内容发生变化,如仍符合减免税规定,应在发生变化的次月

纳税申报期内,向主管税务机关进行变更备案。如不再符合减免税规定,应当停止享受减免税,按照规定进行纳税申报。

三、纳税人对备案资料的真实性和合法性承担责任。

四、纳税人提交备案资料包括以下内容:

(一)减免税的项目、依据、范围、期限等;

(二)减免税依据的相关法律、法规、规章和规范性文件要求报送的材料。

五、主管税务机关对纳税人提供的备案材料的完整性进行审核,不改变纳税人真实申报的责任。

六、本公告施行前,纳税人享受上述增值税优惠政策已经履行了相关审核、审批程序的,可不再办理资料备案。但本公告施行后,纳税人减免税条件、内容发生改变的,则应按本公告规定,向主管税务机关提交备案资料,办理享受优惠政策备案手续。

七、各省、自治区、直辖市和计划单列市国家税务局,可按本公告规定,补充制定本地区上述增值税优惠政策涉及的税收审核、审批工作程序取消后的后续管理措施。

注释:根据《国家税务总局关于修改部分税收规范性文件的公告》(2018年6月15日,国家税务总局公告2018年第31号)规定,自2018年6月15日起,本文第七条中"国家税务局"修改为"税务局"。

八、本公告自公布之日起施行。《财政部　国家税务总局关于粮食企业增值税征免问题的通知》(财税字〔1999〕198号)第五条中"承担粮食收储任务的国有粮食购销企业和经营本通知所列免税项目的其他粮食经营企业,以及有政府储备食用植物油销售业务的企业,均需经主管税务机关审核认定免税资格,未报经主管税务机关审核认定,不得免税"及"经国家税务局审核无误后予以免税"内容同时废止。

《国家税务总局关于拍卖行取得的拍卖收入征收增值税、营业税有关问题的通知》(国税发〔1999〕40号)第一条中"经拍卖行所在地县级主管税务机关批准"内容同时废止。

《财政部　国家税务总局关于将铁路运输和邮政业纳入营业税改征增值税试点的通知》(财税〔2013〕106号)附件3第一条第(十)款中"但税务部门应当进行相应的审查认定"、第(十一)款中"经主管税务机关批准"和第(十二)款中"税务机关审核"内容同时废止。

特此公告。

国家税务总局减免税政策代码表

2019年5月9日 国家税务总局减免税政策代码表〔增值税部分〕

减免税政策代码目录(有效)

说明:

1. 本表所列政策为税收法律法规规定、国务院制定或经国务院批准,由财政部、国家税务总局等中央机关发布的现行有效的减免税政策。地方政府或部门依照法律法规制定发布的适用于本地的减免税政策,以各地税务机关发布的内容为准。

2. 现行有效的减免税政策未在本表中单独列示的,在减免税业务办理过程中,可选用相应收入种类下减免政策大类为"支持其他各项事业",减免政策小类为"其他"的减免性质代码。

3. "减免性质代码"按减免收入种类、政策优惠领域类别细分政策条款编制代码，用于减免税申报、备案、核准、减免退税等业务事项办理中"减免性质代码"栏目的填报。享受增值税、消费税、营业税减免同时减免城市维护建设税、教育费附加和地方教育费附加相应代码可以采用增值税、消费税、营业税政策相应减免性质代码。

4. 未列明"优惠条款"的，表示该政策对当前行对应税种全文适用同一代码。

5. "减免项目名称"是减免税政策条款的简称，用于减免税申报、备案、核准、减免退税等业务事项办理中相应减免项目的填报。

6. "关联政策条款"列有政策的，表示所列政策与当前行政策条款属同一减免事项采用当前行政策采用的减免性质代码。

7. 本表将根据政策发布、废止等调整情况，适时更新。

序号	收入种类	减免政策大类	减免政策小类	减免性质代码	政策名称	优惠条款	减免项目名称	关联政策条款
1	增值税	改善民生	提高居民收入	01010503	《财政部 国家税务总局关于免征部分鲜活肉蛋产品流通环节增值税政策的通知》财税〔2012〕75号		鲜活肉蛋产品免征增值税优惠	
2	增值税	改善民生	提高居民收入	01010504	《财政部 国家税务总局关于免于征收蔬菜流通环节增值税有关问题的通知》财税〔2011〕137号		蔬菜免征增值税优惠	
3	增值税	改善民生	救灾及重建	01011606	《财政部 国家税务总局关于干粮食企业增值税免征问题的通知》财税字〔1999〕198号	第二条第（二）项	救灾救济粮免征增值税优惠	
4	增值税	改善民生	住房	01011701	《财政部 国家税务总局关于全面推开营业税改征增值税试点的通知》财税〔2016〕36号	附件 3 第一条第（十五）款	个人销售自建自用住房征免增值税优惠	
5	增值税	改善民生	住房	01011702	《财政部 国家税务总局关于全面推开营业税改征增值税试点的通知》财税〔2016〕36号	附件 3 第一条第（三十四）款	为了配合国家住房制度改革，企业、行政事业单位按房改成本价、标准价出售住房取得的收入免征增值税优惠	
6	增值税	改善民生	住房	01011703	《财政部 国家税务总局关于全面推开营业税改征增值税试点的通知》财税〔2016〕36号	附件 3 第一条第五条	个人将购买 2 年以上（含 2 年）的住房对外销售免征增值税优惠	
7	增值税	改善民生	住房	01011704	《财政部 国家税务总局关于全面推开营业税改征增值税试点的通知》财税〔2016〕36号	附件 3 第一条第（十六）款	公共租赁住房经营管理单位出租公共租赁住房免征增值税优惠	
8	增值税	改善民生	住房	01011705	《财政部 国家税务总局关于全面推开营业税改征增值税试点的通知》财税〔2016〕36号	附件 2 第一条第（九）款第 6 项	个人出租住房应按照 5% 的征收率减按 1.5% 计算缴纳增值税	
9	增值税	改善民生	军转择业	01011806	《财政部 国家税务总局关于全面推开营业税改征增值税试点的通知》财税〔2016〕36号	附件 3 第一条第（三十九）款第 2 项	随军家属从事个体经营免征增值税优惠	
10	增值税	改善民生	军转择业	01011807	《财政部 国家税务总局关于全面推开营业税改征增值税试点的通知》财税〔2016〕36号	附件 3 第一条第（四十）款第 1 项	军转干部从事个体经营免征增值税优惠	

（续表）

序号	收入种类	减免政策大类	减免政策小类	减免性质代码	政策名称	优惠条款	减免项目名称	关联政策条款
11	增值税	改善民生	军转择业	01011809	《财政部　国家税务总局关于全面推开营业税改征增值税试点的通知》财税[2016]36号	附件3　第一条第（三十九）款第1项	企业安置随军家属免征增值税优惠	
12	增值税	改善民生	军转择业	01011810	《财政部　国家税务总局关于全面推开营业税改征增值税试点的通知》财税[2016]36号	附件3　第一条第（四十）款第2项	企业安置军转干部免征增值税优惠	
13	增值税	改善民生	军转择业	01011813	《财政部　税务总局　退役军人部关于进一步扶持自主就业退役士兵创业就业有关税收政策的通知》财税[2019]21号	第一条	退役士兵从事个体经营扣减增值税优惠	
14	增值税	改善民生	军转择业	01011814	《财政部　税务总局　退役军人部关于进一步扶持自主就业退役士兵创业就业有关税收政策的通知》财税[2019]21号	第二条	企业招用退役士兵扣减增值税优惠	
15	增值税	改善民生	社会保障	01012701	《财政部　国家税务总局关于促进残疾人就业税收优惠政策的通知》财税[2007]92号	第一、三条	安置残疾人就业增值税即征即退	
16	增值税	改善民生	社会保障	01012707	《中华人民共和国增值税暂行条例》国务院令第538号	第十五条第（六）项	残疾人专用物品免征增值税优惠	
17	增值税	改善民生	社会保障	01012708	《财政部　国家税务总局关于全面推开营业税改征增值税试点的通知》财税[2016]36号	附件3　第一条第（一）款	托儿所、幼儿园提供的保育和教育服务免征增值税优惠	
18	增值税	改善民生	社会保障	01012709	《财政部　国家税务总局关于全面推开营业税改征增值税试点的通知》财税[2016]36号	附件3　第一条第（二）款	养老机构提供的养老服务免征增值税优惠	
19	增值税	改善民生	社会保障	01012710	《财政部　国家税务总局关于全面推开营业税改征增值税试点的通知》财税[2016]36号	附件3　第一条第（三）款	残疾人福利机构提供的育养服务免征增值税优惠	
20	增值税	改善民生	社会保障	01012711	《财政部　国家税务总局关于全面推开营业税改征增值税试点的通知》财税[2016]36号	附件3　第一条第（四）款	婚姻介绍服务免征增值税优惠	
21	增值税	改善民生	社会保障	01012712	《财政部　国家税务总局关于全面推开营业税改征增值税试点的通知》财税[2016]36号	附件3　第一条第（五）款	殡葬服务免征增值税优惠	
22	增值税	改善民生	社会保障	01012713	《财政部　国家税务总局关于全面推开营业税改征增值税试点的通知》财税[2016]36号	附件3　第一条第（十九）款第5项	住房公积金管理中心用住房公积金在指定的委托银行发放的个人住房贷款取得的利息收入免征增值税优惠	
23	增值税	改善民生	社会保障	01012714	《财政部　国家税务总局关于全面推开营业税改征增值税试点的通知》财税[2016]36号	附件3　第一条第（三十一）款	家政服务企业由员工制家政服务员提供家政服务取得收入免征增值税优惠	

（续表）

序号	收入种类	减免政策大类	减免政策小类	减免性质代码	政策名称	优惠条款	减免项目名称	关联政策条款
24	增值税	改善民生	社会保障	01012715	《财政部 国家税务总局关于全面推开营业税改征增值税试点的通知》财税[2016]36号	附件3第一条第(六)款	残疾人员本人为社会提供的服务免征增值税优惠	
25	增值税	改善民生	社会保障	01012716	《财政部 国家税务总局关于促进残疾人就业增值税政策的通知》财税[2016]52号	第一、三条	安置残疾人就业增值税即征即退	
26	增值税	改善民生	社会保障	01012717	《财政部 国家税务总局关于促进残疾人就业增值税政策的通知》财税[2016]52号	第八条	残疾人个人提供劳务免征增值税优惠	
27	增值税	改善民生	社会保障	01012718	《财政部 税务总局关于全国社会保障基金有关投资业务税收政策的通知》财税[2018]94号	第一条	社保基金会、社保基金投资管理人在运用社保基金投资过程中提供贷款服务取得的利息收入和金融商品转让收入、免征增值税	
28	增值税	改善民生	社会保障	01012719	《财政部 税务总局关于基本养老保险基金有关投资业务税收政策的通知》财税[2018]95号	第一条	养老基金会、养老基金投资管理人在运用养老基金投资过程中提供贷款服务取得的利息收入和金融商品转让收入、免征增值税	
29	增值税	改善民生	再就业扶持	01013610	《财政部 税务总局 人力资源社会保障部 国务院扶贫办关于进一步支持和促进重点群体创业就业有关税收政策的通知》财税[2019]22号	第一条	建档立卡贫困人口从事个体经营扣减增值税	
30	增值税	改善民生	再就业扶持	01013611	《财政部 税务总局 人力资源社会保障部 国务院扶贫办关于进一步支持和促进重点群体创业就业有关税收政策的通知》财税[2019]22号	第一条	登记失业半年以上人员、零就业家庭、城市低保登记失业人员、毕业年度内高校毕业生从事个体经营扣减增值税	
31	增值税	改善民生	再就业扶持	01013612	《财政部 税务总局 人力资源社会保障部 国务院扶贫办关于进一步支持和促进重点群体创业就业有关税收政策的通知》财税[2019]22号	第二条	企业招用建档立卡贫困人口扣减增值税	
32	增值税	改善民生	再就业扶持	01013613	《财政部 税务总局 人力资源社会保障部 国务院扶贫办关于进一步支持和促进重点群体创业就业有关税收政策的通知》财税[2019]22号	第二条	企业招用登记失业半年以上人员、零就业家庭、享受城市低保登记失业人员、毕业年度内高校毕业生就业扣减增值税	
33	增值税	改善民生	其他	01019902	《财政部 国家税务总局关于粮食企业增值税征免问题的通知》财税字[1999]198号	第一、五条	粮食免征增值税优惠	

（续表）

序号	收入种类	减免政策大类	减免政策小类	减免性质代码	政策名称	优惠条款	减免项目名称	关联政策条款
34	增值税	改善民生	其他	01019905	《财政部 国家税务总局关于免征储备大豆增值税政策的通知》财税〔2014〕38号		储备大豆免征增值税优惠	
35	增值税	改善民生	其他	01019906	《财政部 国家税务总局关于粮食企业增值税征免问题的通知》财税字〔1999〕198号	第五条	政府储备食用植物油免征增值税优惠	
36	增值税	改善民生	其他	01019907	《财政部 国家税务总局关于全面推开营业税改征增值税试点的通知》财税〔2016〕36号	附件3第一条第（三十一）款	福利彩票、体育彩票的发行收入免征增值税优惠	
37	增值税	改善民生	其他	01019908	《财政部 国家税务总局关于全面推开营业税改征增值税试点的通知》财税〔2016〕36号	附件3第一条第（三十六）款	涉及家庭财产分割的个人无偿转让不动产、土地使用权免征增值税优惠	
38	增值税	改善民生	其他	01019909	《财政部 国家税务总局关于延长边销茶增值税政策执行期限的通知》财税〔2016〕73号		边销茶免征增值税优惠	
39	增值税	鼓励高新技术	技术转让	01021203	《财政部 国家税务总局关于全面推开营业税改征增值税试点的通知》财税〔2016〕36号	附件3第一条第（二十六）款	技术转让、技术开发免征增值税优惠	
40	增值税	鼓励高新技术	科技发展	01021903	《财政部 国家税务总局关于继续执行光伏发电增值税政策的通知》财税〔2016〕81号		光伏发电增值税即征即退	
41	增值税	鼓励高新技术	科技发展	01021904	《财政部 国家税务总局关于国家大学科技园税收政策的通知》财税〔2016〕98号	第一条	国家大学科技园收入免征增值税	
42	增值税	鼓励高新技术	科技发展	01021905	《财政部 国家税务总局关于科技企业孵化器税收政策的通知》财税〔2016〕89号	第一条	科技企业孵化器收入免征增值税	
43	增值税	鼓励高新技术	科技发展	01021906	《财政部 税务总局 科技部 教育部关于科技企业孵化器 大学科技园和众创空间税收政策的通知》财税〔2018〕120号	第一条	科技企业孵化器、大学科技园和众创空间孵化服务免征增值税	
44	增值税	鼓励高新技术	自主创新	01024103	《财政部 国家税务总局关于软件产品增值税政策的通知》财税〔2011〕100号		软件产品增值税即征即退	
45	增值税	促进区域发展	两岸交流	01032103	《财政部 国家税务总局关于全面推开营业税改征增值税试点的通知》财税〔2016〕36号	附件3第一条第（十七）款	台湾航运公司、航空公司从事海峡两岸海上直航、空中直航业务在大陆取得的运输收入免征增值税优惠	
46	增值税	促进区域发展	西部开发	01033303	《财政部 国家税务总局关于继续推行新疆国际大巴扎项目有关的营业税改增值税政策的通知》财税〔2017〕36号		从事与游疆国际大巴扎项目有关的营改增应税业务免征增值税	

（续表）

序号	收入种类	减免政策大类	减免政策小类	减免性质代码	政策名称	优惠条款	减免项目名称	关联政策条款
47	增值税	促进区域发展	其他	01039901	《财政部 海关总署 国家税务总局关于开发有关增值税和消费税政策的通知》财税〔2014〕51号	第二条	横琴、平潭企业销售货物免征增值税优惠	
48	增值税	促进小微企业发展	金融市场	01041501	《财政部 国家税务总局关于全面推开营业税改征增值税试点的通知》财税〔2016〕36号	附件3 第一条 第（二十四）款	符合条件的担保机构从事中小企业信用担保或者再担保业务取得的收入免征增值税优惠	
49	增值税	促进小微企业发展	金融市场	01041502	《财政部 税务总局关于支持小微企业融资有关税收政策的通知》财税〔2017〕77号	第一条	小微企业小额贷款利息免征增值税优惠	
50	增值税	促进小微企业发展	金融市场	01041503	《财政部 税务总局关于租入固定资产进项税额抵扣等增值税政策的通知》财税〔2017〕90号	第六条	小微企业等融资担保、再担保免征增值税优惠	
51	增值税	促进小微企业发展	金融市场	01041504	《财政部 税务总局关于金融机构小微企业贷款利息收入免征增值税政策的通知》财税〔2018〕91号	第一条	小微企业、个体工商户小额贷款利息免征增值税优惠	
52	增值税	促进小微企业发展	未达起征点	01042801	《中华人民共和国增值税暂行条例》中华人民共和国国务院令第538号	第十七条	小微企业免征增值税优惠	
53	增值税	促进小微企业发展	未达起征点	01042804	《财政部 国家税务总局关于修改〈中华人民共和国增值税暂行条例实施细则〉和〈中华人民共和国营业税暂行条例实施细则〉的决定》财政部令第65号	第一条	小微企业免征增值税优惠	
54	增值税	促进小微企业发展	未达起征点	01042805	《财政部 国家税务总局关于全面推开营业税改征增值税的通知》财税〔2016〕36号	附件1 第五十条	小微企业免征增值税优惠	
55	增值税	促进小微企业发展	未达起征点	01042806	《财政部 税务总局关于实施小微企业普惠性税收减免政策的通知》财税〔2019〕13号		小规模纳税人免征增值税（月销售额2-3万元）	

（续表）

序号	收入种类	减免政策大类	减免政策小类	减免性质代码	政策名称	优惠条款	减免项目名称	关联政策条款
56	增值税	促进小微企业发展	未达起征点	01042807	《财政部 税务总局关于实施小微企业普惠性税收减免政策的通知》财税〔2019〕13号		小规模纳税人免征增值税（月销售额3—10万元）	
57	增值税	促进小微企业发展	免征增值税和营业税政策	01045301	《财政部 国家税务总局关于暂免征收部分小微企业增值税和营业税的通知》财税〔2013〕52号		小微企业免征增值税优惠（货物及劳务）	
58	增值税	促进小微企业发展	免征增值税和营业税政策	01045305	《财政部 国家税务总局关于暂免征收部分小微企业增值税和营业税的通知》财税〔2013〕52号		小微企业免征增值税优惠（服务、不动产和无形资产）	
59	增值税	促进小微企业发展	免征增值税和营业税政策	01045306	《财政部 税务总局关于延续小微企业增值税政策的通知》财税〔2017〕76号		小微企业免征增值税优惠（货物和劳务）	
60	增值税	促进小微企业发展	免征增值税和营业税政策	01045307	《财政部 税务总局关于延续小微企业增值税政策的通知》财税〔2017〕76号		小微企业免征增值税优惠（服务和无形资产）	
61	增值税	转制升级	企业发展	01052402	《财政部 国家税务总局 邮政速递物流业关于中国邮政集团公司邮政速递物流业改制有关税收问题的通知》财税〔2011〕116号	第一条	资产重组免征增值税优惠	
62	增值税	转制升级	企业发展	01052403	《财政部 国家税务总局关于中国邮政储蓄银行改制上市有关税收政策的通知》财税〔2013〕53号	第三条	资产重组免征增值税优惠	
63	增值税	转制升级	其他	01059901	《财政部 国家税务总局关于转让CDMA网及其用户资产企业合并资产整合过程中涉及的增值税营业税印花税和土地增值税政策的通知》财税〔2011〕13号	第一、二条	资产重组免征增值税优惠	
64	增值税	节能环保	资源综合利用	01064001	《财政部 国家税务总局关于促进节能服务产业发展增值税营业税和企业所得税政策问题的通知》财税〔2010〕110号	第一条第（二）项	合同能源管理项目免征增值税优惠	
65	增值税	节能环保	资源综合利用	01064007	《财政部 国家税务总局关于污水处理费有关增值税政策的通知》财税〔2001〕97号		污水处理费免征增值税优惠	

（续表）

序号	收入种类	减免政策大类	减免政策小类	减免性质代码	政策名称	优惠条款	减免项目名称	关联政策条款
66	增值税	节能环保	资源综合利用	01064017	《财政部 国家税务总局关于新型墙体材料增值税政策的通知》财税〔2015〕73号		新型墙体材料增值税即征即退	
67	增值税	节能环保	资源综合利用	01064018	《财政部 国家税务总局关于风力发电增值税政策的通知》财税〔2015〕74号		风力发电增值税即征即退	
68	增值税	节能环保	资源综合利用	01064019	《财政部 国家税务总局关于印发〈资源综合利用产品和劳务增值税优惠目录〉的通知》财税〔2015〕78号		资源综合利用产品及劳务增值税即征即退	
69	增值税	节能环保	资源综合利用	01064021	《财政部 税务总局关于延续供热企业增值税 房产税 城镇土地使用税优惠政策的通知》财税〔2019〕38号	第一条	供热企业免征增值税优惠	
70	增值税	节能环保	其他	01069902	《财政部 国家税务总局关于全面推开营业税改征增值税试点的通知》财税〔2016〕36号	附件3 第一条第（二十七）款	合同能源管理项目免征增值税优惠	
71	增值税	支持金融资本市场	金融市场	01081501	《财政部 国家税务总局关于被撤销金融机构有关税收政策问题的通知》财税〔2003〕141号	第二条第4款	被撤销金融机构转让财产免征增值税优惠	
72	增值税	支持金融资本市场	金融市场	01081502	《财政部 国家税务总局关于黄金期货交易有关税收政策的通知》财税〔2008〕5号		黄金期货交易免征增值税优惠	
73	增值税	支持金融资本市场	金融市场	01081503	《财政部 国家税务总局关于上海期货交易所开展期货保税交割业务有关增值税问题的通知》财税〔2010〕108号		上海期货保税交割免征增值税优惠	
74	增值税	支持金融资本市场	金融市场	01081505	《财政部 海关总署 国家税务总局关于上海钻石交易所有关税收政策的通知》财税〔2006〕65号		钻石交易免征增值税优惠	
75	增值税	支持金融资本市场	金融市场	01081506	《财政部 国家税务总局关于原油和铁矿石期货保税交割业务增值税政策的通知》财税〔2015〕35号		原油和铁矿石期货保税交割业务增值税政策	
76	增值税	支持金融资本市场	金融市场	01081507	《财政部 国家税务总局关于全面推开营业税改征增值税试点的通知》财税〔2016〕36号	附件3 第一条第（十九）款第3项	国债、地方政府债利息收入免征增值税优惠	

（续表）

序号	收入种类	减免政策大类	减免政策小类	减免性质代码	政策名称	优惠条款	减免项目名称	关联政策条款
77	增值税	支持金融资本市场	金融市场	01081508	《财政部 国家税务总局关于全面推开营业税改征增值税试点的通知》财税〔2016〕36号	附件3第一条（十九）款第6项	外汇管理部门在从事国家外汇储备经营过程中，委托金融机构发放的外汇贷款取得的利息收入免征增值税优惠	
78	增值税	支持金融资本市场	金融市场	01081509	《财政部 国家税务总局关于全面推开营业税改征增值税试点的通知》财税〔2016〕36号	附件3第一条（十九）款第7项	统借统还业务取得的利息收入免征增值税优惠	
79	增值税	支持金融资本市场	金融市场	01081510	《财政部 国家税务总局关于全面推开营业税改征增值税试点的通知》财税〔2016〕36号	附件3第一条（二十）款	被撤销金融机构以货物、不动产、无形资产、有价证券、票据等清偿债务免征增值税优惠	
80	增值税	支持金融资本市场	金融市场	01081511	《财政部 国家税务总局关于全面推开营业税改征增值税试点的通知》财税〔2016〕36号	附件3第一条（二十二）款第2项	香港市场投资者（包括单位和个人）通过沪港通买卖上海证券交易所上市A股取得的收入免征增值税优惠	
81	增值税	支持金融资本市场	金融市场	01081512	《财政部 国家税务总局关于全面推开营业税改征增值税试点的通知》财税〔2016〕36号	附件3第一条（二十二）款第3项	香港市场投资者（包括单位和个人）通过基金互认买卖内地基金份额取得的收入免征增值税优惠	
82	增值税	支持金融资本市场	金融市场	01081513	《财政部 国家税务总局关于全面推开营业税改征增值税试点的通知》财税〔2016〕36号	附件3第一条（二十二）款第4项	证券投资基金（封闭式证券投资基金）管理人运用基金买卖股票、债券取得的收入免征增值税优惠	
83	增值税	支持金融资本市场	金融市场	01081515	《财政部 国家税务总局关于全面推开营业税改征增值税试点的通知》财税〔2016〕36号	附件3第一条（二十三）款	适用财税〔2016〕36号文件规定的金融同业往来利息收入（不含财税〔2016〕46号、财税〔2016〕70号文件规定的免税收入）免征增值税优惠	
84	增值税	支持金融资本市场	金融市场	01081517	《财政部 国家税务总局关于全面推开营业税改征增值税试点的通知》财税〔2016〕36号	附件3第一条（二十二）款第1项	合格境外投资者（简称QFII）委托境内公司在我国从事证券买卖业务取得的收入免征增值税优惠	
85	增值税	支持金融资本市场	金融市场	01081518	《财政部 国家税务总局关于全面推开营业税改征增值税试点的通知》财税〔2016〕36号	附件3第一条（二十二）款第5项	个人从事金融商品转让业务取得的收入免征增值税优惠	
86	增值税	支持金融资本市场	金融市场	01081519	《财政部 国家税务总局关于全面推开营业税改征增值税试点的通知》财税〔2016〕36号	附件3第一条（十九）款第4项	人民银行对金融机构的贷款的利息收入免征增值税优惠	

（续表）

序号	收入种类	减免政策大类	减免政策小类	减免性质代码	政策名称	优惠条款	减免项目名称	关联政策条款
87	增值税	支持金融资本市场	金融市场	01081520	《财政部 国家税务总局关于黄金期货交易有关税收政策的通知》财税〔2008〕5号		黄金期货交易增值税即征即退	
88	增值税	支持金融资本市场	金融市场	01081521	《财政部 国家税务总局关于进一步明确全面推开营改增试点金融业有关政策的通知》财税〔2016〕46号	第一条	适用财税〔2016〕46号文件规定的金融同业往来利息收入增值税优惠	
89	增值税	支持金融资本市场	金融市场	01081522	《财政部 国家税务总局关于金融机构同业往来等增值税政策的补充通知》财税〔2016〕70号	第一、二、三条	适用财税〔2016〕70号文件规定的金融同业往来利息收入增值税优惠	
90	增值税	支持金融资本市场	金融市场	01081523	《财政部 国家税务总局关于部分营业税和增值税政策到期延续问题的通知》财税〔2016〕83号	第三条	邮政代理金融增值税优惠	
91	增值税	支持金融资本市场	金融市场	01081524	《财政部 税务总局关于境外机构投资境内债券市场企业所得税 增值税政策的通知》财税〔2018〕108号	第一条	境外机构投资境内债券市场的债券利息收入免征增值税优惠	
92	增值税	支持金融资本市场	资本市场	01083901	《财政部 国家税务总局关于4家资产管理公司接收资本金项下的资产在办理过户时有关税收政策问题的通知》财税〔2003〕21号	第二条	金融资产管理公司免征增值税优惠	
93	增值税	支持金融资本市场	资本市场	01083903	《财政部 国家税务总局关于中国信达等4家金融资产管理公司税收政策问题的通知》财税〔2001〕10号	第二条第4项、第三条第4项、第四条第4项	金融资产管理公司免征增值税优惠	
94	增值税	支持金融资本市场	资本市场	01083904	《财政部 国家税务总局关于中国东方资产管理公司处置港澳国际（集团）有限公司有关资产税收政策问题的通知》财税〔2003〕212号		金融资产管理公司免征增值税优惠	
95	增值税	支持金融资本市场	资本市场	01083907	《财政部 国家税务总局关于熊猫普制金币免征增值税政策的通知》财税〔2012〕97号		熊猫普制金币免征增值税优惠	
96	增值税	支持金融资本市场	资本市场	01083911	《财政部 国家税务总局关于中国信达资产管理公司等4家金融资产管理公司收购政策性银行等债权有限公司股份有关税收问题的通知》财税〔2013〕56号		金融资产管理公司免征增值税优惠	

（续表）

序号	收入种类	减免政策大类	减免政策小类	减免性质代码	政策名称	优惠条款	减免项目名称	关联政策条款
97	增值税	支持金融资本市场	资本市场	01083913	《财政部 国家税务总局关于全面推开营业税改征增值税试点的通知》财税[2016]36号	附件3第（二十一）第（一）款	保险公司开办的一年期以上人身保险产品取得的保费收入免征增值税优惠	
98	增值税	支持金融资本市场	资本市场	01083916	《财政部 国家税务总局关于全面推开营业税改征增值税试点的通知》财税[2016]36号	附件3第一条第（二）款	有形动产融资租赁服务增值税征即即退	
99	增值税	支持金融资本市场	资本市场	01083917	《财政部 税务总局关于明确养老机构免征增值税等政策的通知》财税[2019]20号	第三条	企业集团内单位之间的资金无偿借贷免征增值税优惠	
100	增值税	支持金融资本市场	金融市场	01091503	《财政部 税务总局关于小额贷款公司有关税收政策的通知》财税[2017]48号	第一条	小额贷款公司取得的农户小额贷款利息收入免征增值税优惠	
101	增值税	支持三农	肥料饲料	01092202	《财政部 国家税务总局关于饲料产品免征增值税问题的通知》财税[2001]121号		饲料产品免征增值税优惠	
102	增值税	支持三农	肥料饲料	01092203	《财政部 国家税务总局关于有机肥产品免征增值税的通知》财税[2008]56号	第三条	有机肥免征增值税优惠	
103	增值税	支持三农	肥料饲料	01092212	《财政部 国家税务总局关于豆粕等粕类产品征免增值税的通知》财税[2001]30号		饲料产品免征增值税优惠	
104	增值税	支持三农	农村建设	01092301	《财政部 国家税务总局关于不带动力的手扶拖拉机和三轮农用运输车增值税政策的通知》财税[2002]89号		农业生产资料免征增值税优惠	
105	增值税	支持三农	农村建设	01092303	《财政部 国家税务总局关于免征农村电网维护费增值税问题的通知》财税字[1998]47号	第三条	农村电网维护费免征增值税优惠	
106	增值税	支持三农	农村建设	01092311	《财政部 国家税务总局关于农民专业合作社有关税收政策的通知》财税[2008]81号	第一、二、三条	农民专业合作社免征增值税优惠	
107	增值税	支持三农	农村建设	01092312	《财政部 国家税务总局关于农业生产资料征免增值税政策的通知》财税[2001]113号		农业生产资料免征增值税优惠	

（续表）

序号	收入种类	减免政策大类	减免政策小类	减免性质代码	政策名称	优惠条款	减免项目名称	关联政策条款
108	增值税	支持三农	农村建设	01092313	《财政部 国家税务总局关于全面推开营业税改征增值税试点的通知》财税〔2016〕36号	附件3 第一条 第（十）款	农业机耕、排灌、病虫害防治、植物保护、农牧保险以及相关技术培训业务，家禽、牲畜、水生动物的配种和疾病防治免征增值税优惠	
109	增值税	支持三农	农村建设	01092314	《财政部 国家税务总局关于继续实行农村饮水安全工程建设运营税收优惠政策的通知》〔2016〕119号	第四条	农村饮水安全工程免征增值税优惠	
110	增值税	支持三农	农村建设	01092316	《财政部 税务总局关于建筑服务等营改增试点政策的通知》财税〔2017〕58号	第四条	承包地流转给农业生产者用于农业生产免征增值税优惠	
111	增值税	支持三农	其他	01099901	《财政部 国家税务总局关于免征滴灌带和滴灌管产品增值税的通知》财税〔2007〕83号		滴灌带和滴灌管产品免征增值税优惠	
112	增值税	支持三农	其他	01099903	《财政部 国家税务总局关于全面推开营业税改征增值税试点的通知》财税〔2016〕36号	附件3 第一条 第（三十五）款	将土地使用权转让给农业生产者用于农业生产免征增值税优惠	
113	增值税	支持文化教育体育	教育	01101401	《财政部 国家税务总局关于教育税收政策的通知》财税〔2004〕39号	第一条 第7项	特殊教育校办企业增值税优惠	
114	增值税	支持文化教育体育	教育	01101402	《财政部 国家税务总局关于全面推开营业税改征增值税试点的通知》财税〔2016〕36号	附件3 第一条 第（八）款	从事学历教育的学校提供的教育服务免征增值税优惠	
115	增值税	支持文化教育体育	教育	01101403	《财政部 国家税务总局关于全面推开营业税改征增值税试点的通知》财税〔2016〕36号	附件3 第一条 第（九）款	学生勤工俭学提供的服务免征增值税优惠	
116	增值税	支持文化教育体育	教育	01101404	《财政部 国家税务总局关于全面推开营业税改征增值税试点的通知》财税〔2016〕36号	附件3 第一条 第（十九）款及第2项	国家助学贷款取得的利息收入征增值税优惠	
117	增值税	支持文化教育体育	教育	01101405	《财政部 国家税务总局关于全面推开营业税改征增值税试点的通知》财税〔2016〕36号	附件3 第一条 第（二十九）款	政府举办的从事学历教育的高等、中等和初等学校（不含下属单位）举办进修班、培训班取得的全部归该学校所有的收入免征增值税优惠	

（续表）

序号	收入种类	减免政策大类	减免政策小类	减免性质代码	政策名称	优惠条款	减免项目名称	关联政策条款
118	增值税	支持文化教育体育	教育	01101406	《财政部 国家税务总局关于全面推开营业税改征增值税试点的通知》财税〔2016〕36号	附件3第一条第(三十)款	政府举办的职业学校设立的企业从事"现代服务""生活服务"业务取得的收入免征增值税优惠	
119	增值税	支持文化教育体育	教育	01101407	《财政部 国家税务总局关于继续执行高校学生公寓和食堂有关税收政策的通知》财税〔2016〕82号	第二、三条	高校学生食堂餐饮服务收入免征增值税 高校学生公寓住宿费收入免征增值税	
120	增值税	支持文化教育体育	体育	01102902	《财政部 税务总局 海关总署关于北京2022年冬奥会和冬残奥会税收政策的通知》财税〔2017〕60号	第一条第(一)款	对北京冬奥组委、北京冬奥会测试赛赛事组委会取得的分成收入免征增值税	
121	增值税	支持文化教育体育	体育	01102903	《财政部 税务总局 海关总署关于北京2022年冬奥会和冬残奥会税收政策的通知》财税〔2017〕60号	第一条第(二)款	对北京冬奥组委、北京冬奥会测试赛赛事组委会取得的赞助收入、特许权收入、门票收入免征增值税	
122	增值税	支持文化教育体育	体育	01102904	《财政部 税务总局 海关总署关于北京2022年冬奥会和冬残奥会税收政策的通知》财税〔2017〕60号	第一条第(三)款	对北京冬奥组委、北京冬奥会测试赛赛事组委会取得的发行纪念邮票、纪念币收入免征增值税	
123	增值税	支持文化教育体育	体育	01102905	《财政部 税务总局 海关总署关于北京2022年冬奥会和冬残奥会税收政策的通知》财税〔2017〕60号	第一条第(四)款	对北京冬奥组委、北京冬奥会测试赛赛事组委会取得的媒体收入免征增值税	
124	增值税	支持文化教育体育	体育	01102906	《财政部 税务总局 海关总署关于北京2022年冬奥会和冬残奥会税收政策的通知》财税〔2017〕60号	第一条第(八)款	对北京冬奥组委向其分支机构划拨所获资助物资免征增值税	
125	增值税	支持文化教育体育	体育	01102907	《财政部 税务总局 海关总署关于北京2022年冬奥会和冬残奥会税收政策的通知》财税〔2017〕60号	第一条第(八)款	对北京冬奥组委赛后再销售物品和出让资产收入免征增值税	
126	增值税	支持文化教育体育	体育	01102908	《财政部 税务总局 海关总署关于北京2022年冬奥会和冬残奥会税收政策的通知》财税〔2017〕60号	第一条第(十四)款	对北京冬奥组委取得的餐饮服务、住宿、介绍服务和收费卡收入免征增值税	

（续表）

序号	收入种类	减免政策大类	减免政策小类	减免性质代码	政策名称	优惠条款	减免项目名称	关联政策条款
127	增值税	支持文化教育体育	体育	01102909	《财政部 税务总局 海关总署关于北京2022年冬奥会和冬残奥会税收政策的通知》财税〔2017〕60号	第二条第（一）款	对国际奥委会取得的收入免征增值税（除转播权收入）	
128	增值税	支持文化教育体育	体育	01102910	《财政部 税务总局 海关总署关于北京2022年冬奥会和冬残奥会税收政策的通知》财税〔2017〕60号	第二条第（三）款	对国际奥委会取得的转播权收入免征增值税	
129	增值税	支持文化教育体育	体育	01102911	《财政部 税务总局 海关总署关于北京2022年冬奥会和冬残奥会税收政策的通知》财税〔2017〕60号	第二条第（四）款	对中国奥委会取得的由北京冬奥组委支付的收入免征增值税	
130	增值税	支持文化教育体育	体育	01102912	《财政部 税务总局 海关总署关于北京2022年冬奥会和冬残奥会税收政策的通知》财税〔2017〕60号	第二条第（五）款	对中国残奥委会取得的与北京2022年冬残奥会有关的收入免征增值税	
131	增值税	支持文化教育体育	体育	01102913	《财政部 税务总局 海关总署关于北京2022年冬奥会和冬残奥会税收政策的通知》财税〔2017〕60号	第二条第（六）款	对国际残奥委会取得的由北京冬奥组委分期支付的收入免征增值税	
132	增值税	支持文化教育体育	体育	01102914	《财政部 税务总局 海关总署关于北京2022年冬奥会和冬残奥会税收政策的通知》财税〔2017〕60号	第三条第（二）款	企业根据赞助协议向北京冬奥组委免费提供的服务免征增值税（免税清单由北京冬奥组委报财政部、税务总局确定）	《财政部 税务总局关于冬奥会和冬残奥会企业赞助有关增值税政策的通知》财税〔2019〕6号
133	增值税	支持文化教育体育	体育	01102915	《财政部 税务总局 海关总署关于北京2022年冬奥会和冬残奥会税收政策的通知》财税〔2017〕60号	第三条第（九）款	免征参与者向北京冬奥组委无偿提供服务和无偿转让无形资产的增值税	
134	增值税	支持文化教育体育	体育	01102916	《财政部 税务总局 海关总署关于北京2022年冬奥会和冬残奥会税收政策的通知》财税〔2017〕60号	第二条第（五）款	对外籍技术官员取得的由北京冬奥组委会支付的劳务报酬免征增值税	

（续表）

序号	收入种类	减免政策大类	减免政策小类	减免性质代码	政策名称	优惠条款	减免项目名称	关联政策条款
135	增值税	支持文化教育体育	体育	01102917	《财政部 税务总局 海关总署关于北京2022年冬奥会和冬残奥会税收政策的通知》财税〔2017〕60号	第三条第（六）款	对中方技术官员取得的由北京冬奥组委、测试赛事委员会支付的劳务报酬免征增值税	
136	增值税	支持文化教育体育	体育	01102918	《财政部 税务总局 海关总署关于第七届世界军人运动会税收政策的通知》财税〔2018〕119号	第一条第（一）项	对执委会取得的电视转播权销售分成收入、国际军事体育理事会世界杯赛助计划分成收入，免征应缴纳的增值税	
137	增值税	支持文化教育体育	体育	01102919	《财政部 税务总局 海关总署关于第七届世界军人运动会税收政策的通知》财税〔2018〕119号	第一条第（二）项	对执委会市场开发计划取得的国内外赞助收入、转让无形资产特许权收入和销售门票收入，免征应缴纳的增值税	
138	增值税	支持文化教育体育	体育	01102920	《财政部 税务总局 海关总署关于第七届世界军人运动会税收政策的通知》财税〔2018〕119号	第一条第（三）项	对执委会取得的与中国集邮总公司合作发行纪念邮票收入、与中国人民银行合作发行纪念币收入，免征应缴纳的增值税	
139	增值税	支持文化教育体育	体育	01102921	《财政部 税务总局 海关总署关于第七届世界军人运动会税收政策的通知》财税〔2018〕119号	第一条第（四）项	对执委会取得的来源于广播、因特网、电视等媒体收入，免征应缴纳的增值税	
140	增值税	支持文化教育体育	体育	01102922	《财政部 税务总局 海关总署关于第七届世界军人运动会税收政策的通知》财税〔2018〕119号	第一条第（五）项	对执委会赛后出让资产取得的收入，免征应缴纳的增值税	
141	增值税	支持文化教育体育	文化	01103203	《财政部 国家税务总局关于高等学校科研单位免征增值税和北京图书馆的进口图书报刊资料免征增值税问题的通知》财税字〔1998〕69号		进口图书、报刊资料免征增值税优惠	
142	增值税	支持文化教育体育	文化	01103207	《财政部 国家税务总局关于中国国际图书贸易总公司销售给高等学校教育科研单位和北京图书馆的进口图书报刊资料免征增值税问题的通知》财税字〔1998〕68号		进口图书、报刊资料免征增值税优惠	

（续表）

序号	收入科目类	减免政策大类	减免政策小类	减免性质代码	政策名称	优惠条款	减免项目名称	关联政策条款
143	增值税	支持文化教育体育	文化	01103208	《财政部 国家税务总局关于中国教育图书进出口公司销售给高等学校教育科研单位和北京图书馆的进口图书报刊资料免征增值税问题的通知》财税字〔1998〕67号		进口图书、报刊资料免征增值税优惠	
144	增值税	支持文化教育体育	文化	01103209	《财政部 国家税务总局对外贸易总公司销售给大专院校和科研单位的进口书刊资料免征增值税的通知》财税字〔1999〕255号		进口图书、报刊资料免征增值税优惠	
145	增值税	支持文化教育体育	文化	01103210	《财政部 国家税务总局关于中国图书进口总公司销售进口图书享受免征国内销售环节增值税政策的通知》财税〔2004〕69号		进口图书、报刊资料免征增值税优惠	
146	增值税	支持文化教育体育	文化	01103211	《财政部 国家税务总局关于中国图书进出口总公司销售的进口书刊资料免征增值税问题的通知》财税字〔1997〕66号		进口图书、报刊资料免征增值税优惠	
147	增值税	支持文化教育体育	文化	01103215	《财政部 国家税务总局关于发下红旗出版社有限责任公司等文化企业名单的通知》财税〔2011〕3号		文化事业单位转制免征增值税优惠	
148	增值税	支持文化教育体育	文化	01103216	《财政部 国家税务总局 中宣部关于下发人民网股份有限公司等81家中央所属转制文化企业名单的通知》财税〔2011〕27号		文化事业单位转制免征增值税优惠	
149	增值税	支持文化教育体育	文化	01103217	《财政部 国家税务总局 中宣部关于下发世界知识出版社等35家中央所属转制文化企业名单的通知》财税〔2011〕120号		文化事业单位转制免征增值税优惠	
150	增值税	支持文化教育体育	文化	01103227	《财政部 国家税务总局关于全面推开营业税改征增值税试点的通知》财税〔2016〕36号	附件3 第一条第（十一）款	纪念馆、博物馆、文化馆、文物保护单位管理机构、美术馆、展览馆、书画院、图书馆在自己的场所提供文化体育服务取得的第一道门票收入免征增值税优惠	

（续表）

序号	收入种类	减免政策大类	减免政策小类	减免性质代码	政策名称	优惠条款	减免项目名称	关联政策条款
151	增值税	支持文化教育体育	文化	01103228	《财政部 国家税务总局关于全面推开营业税改征增值税试点的通知》财税〔2016〕36号	附件3 第一条第（十二）款	寺院、宫观、清真寺和教堂举办文化、宗教活动的门票收入免征增值税优惠	
152	增值税	支持文化教育体育	文化	01103230	《财政部 国家税务总局关于全面推开营业税改征增值税试点的通知》财税〔2016〕36号	附件3 第一条第（十四）款	个人转让著作权免征增值税优惠	
153	增值税	支持文化教育体育	文化	01103232	《财政部 税务总局关于延续宣传文化增值税优惠政策的通知》财税〔2018〕53号	第二条	图书批发、零售环节免征增值税优惠	
154	增值税	支持文化教育体育	文化	01103233	《财政部 税务总局关于延续宣传文化增值税优惠政策的通知》财税〔2018〕53号	第三条	对科普单位的门票收入，以及县级及以上党政普及部门协同开展科普活动的门票收入免征增值税优惠	
155	增值税	支持文化教育体育	文化	01103234	《财政部 税务总局关于延续动漫产业增值税政策的通知》财税〔2018〕38号	第一条	动漫企业增值税即征即退	
156	增值税	支持文化教育体育	文化	01103235	《财政部 税务总局关于延续动漫产业增值税政策的通知》财税〔2018〕38号	第二条	动漫企业增值税即征即退	
157	增值税	支持文化教育体育	文化	01103236	《关于继续实施文化体制改革中经营性文化事业单位转制为企业若干税收政策的通知》财税〔2019〕16号	第一条第（三）项	转制文化企业党报、党刊发行收入和印刷收入免征增值税	
158	增值税	支持文化教育体育	文化	01103237	《财政部 税务总局关于继续实施支持文化企业发展增值税政策的通知》财税〔2019〕17号	第一条	电影产业免征增值税优惠	

（续表）

序号	收入种类	减免政策大类	减免政策小类	减免性质代码	政策名称	优惠条款	减免项目名称	关联政策条款
159	增值税	支持文化教育体育	文化	01103238	《财政部 税务总局关于继续实施支持文化企业发展增值税政策的通知》财税〔2019〕17号	第二条	有线电视基本收视费免征增值税优惠	
160	增值税	支持其他各项事业	飞机制造	01120401	《财政部 国家税务总局关于飞机维修增值税同题的通知》财税〔2000〕102号		飞机维修劳务增值税即征即退	
161	增值税	支持其他各项事业	飞机制造	01120404	《财政部 国家税务总局关于大型客机和新支线飞机增值税政策的通知》财税〔2016〕141号	第二条	生产销售新支线飞机减按5%征收增值税	
162	增值税	支持其他各项事业	公益	01120601	《财政部 税务总局 国务院扶贫办关于扶贫货物捐赠免征增值税政策的公告》财政部 税务总局 国务院扶贫办公告2019年第55号	第一条	扶贫货物捐赠免征增值税	
163	增值税	支持其他各项事业	国防建设	01120706	《财政部 国家税务总局关于全面推开营业税改征增值税试点的通知》财税〔2016〕36号	附件3 第一条（三十三）款	军队空余房产租赁收入免征增值税优惠	
164	增值税	支持其他各项事业	交通运输	01121301	《财政部 国家税务总局关于铁路货车修理免征增值税的通知》财税〔2001〕54号		铁路货车修理免征增值税优惠	
165	增值税	支持其他各项事业	交通运输	01121310	《财政部 国家税务总局关于全面推开营业税改征增值税试点的通知》财税〔2016〕36号	附件3 第一条（十八）款	国际货物运输代理服务免征增值税优惠	
166	增值税	支持其他各项事业	交通运输	01121311	《财政部 国家税务总局关于全面推开营业税改征增值税试点的通知》财税〔2016〕36号	附件3 第二条（一）款	管道运输服务增值税即征即退	

（续表）

序号	收入种类	减免政策大类	减免政策小类	减免性质代码	政策名称	优惠条款	减免项目名称	关联政策条款
167	增值税	支持其他各项事业	商品储备	01122601	《财政部　国家税务总局关于全面推开营业税改征增值税试点的通知》财税〔2016〕36号	附件3　第一条第（二十五）款	国家商品储备管理单位及其直属企业承担商品储备任务，从中央或者地方财政取得的利息补贴收入和价差补贴收入免征增值税优惠	
168	增值税	支持其他各项事业	医疗卫生	01123406	《财政部　国家税务总局关于全面推开营业税改征增值税试点的通知》财税〔2016〕36号	附件3　第一条第（七）款	医疗机构提供的医疗服务免征增值税优惠	
169	增值税	支持其他各项事业	医疗卫生	01123407	《财政部　国家税务总局关于延续免征国产抗艾滋病病毒药品增值税政策的通知》财税〔2016〕97号		抗艾滋病药品免征增值税优惠	
170	增值税	支持其他各项事业	无偿援助	01124302	《财政部　国家税务总局外经贸部关于外国政府和国际组织无偿援助项目在华采购物资免征增值税问题的通知》财税〔2002〕2号		无偿援助项目免征增值税优惠	《财政部　国家税务总局关于外国政府和国际组织无偿援助项目在华采购物资免征增值税的补充通知》（财税〔2005〕13号）
171	增值税	支持其他各项事业	其他	01129901	《财政部　国家税务总局关于铂金及其制品税收政策的通知》财税〔2003〕86号	第一、二、四条	铂金增值税即征即退	
172	增值税	支持其他各项事业	其他	01129902	《财政部　国家税务总局关于部分货物适用增值税低税率和简易办法征收增值税政策的通知》财税〔2009〕9号	第二条（一）、（二）项	已使用固定资产减征增值税	
173	增值税	支持其他各项事业	其他	01129907	《财政部　国家税务总局关于黄金税收政策问题的通知》财税〔2002〕142号	第一、二条	黄金交易免征增值税优惠	

393

（续表）

序号	收入种类	减免政策大类	减免政策小类	减免性质代码	政策名称	优惠条款	减免项目名称	关联政策条款
174	增值税	支持其他各项事业	其他	01129911	《国家税务总局关于拍卖行取得的拍卖收入征收增值税、营业税有关问题的通知》国税发〔1999〕40号	第一条	拍卖货物免征增值税优惠	
175	增值税	支持其他各项事业	其他	01129914	《财政部 国家税务总局关于增值税税控系统专用设备和技术维护费用抵减增值税税额有关政策的通知》财税〔2012〕15号		购置增值税税控系统专用设备抵减增值税优惠	
176	增值税	支持其他各项事业	其他	01129916	《财政部 国家税务总局 中国人民银行关于出口黄金有关税收规定的通知》财税〔2000〕3号	第二条	黄金交易免征增值税优惠	
177	增值税	支持其他各项事业	其他	01129917	《财政部 国家税务总局关于推广税控收款机有关税收政策的通知》财税〔2004〕167号		购置增值税税控系统专用设备抵减增值税	
178	增值税	支持其他各项事业	其他	01129924	《财政部 国家税务总局关于简并增值税征收率政策的通知》财税〔2014〕57号	第一条	已使用固定资产减征增值税	
179	增值税	支持其他各项事业	其他	01129927	《财政部 国家税务总局关于全面推开营业税改征增值税试点的通知》财税〔2016〕36号	附件3 第一条（三十七款）	土地所有者出让土地使用权和土地所有者将土地使用权归还给土地所有者免征增值税优惠	
180	增值税	支持其他各项事业	其他	01129928	《财政部 国家税务总局关于全面推开营业税改征增值税试点的通知》财税〔2016〕36号	附件3 第一条（三十八款）	县级以上地方人民政府或自然资源行政主管部门出让、转让或收回自然资源使用权免征增值税优惠	
181	增值税	支持其他各项事业	其他	01129931	《财政部 国家税务总局关于全面推开营业税改征增值税试点的通知》财税〔2016〕36号	附件3 第一条（十三款）	行政单位之外的其他单位收取的符合条件的政府性基金和行政事业性收费免征增值税优惠	

（续表）

序号	收入种类	减免政策大类	减免政策小类	减免性质代码	政策名称	优惠条款	减免项目名称	关联政策条款
182	增值税	支持其他各项事业	其他	01129932	《财政部 国家税务总局关于全面推开营业税改征增值税试点的通知》财税〔2016〕36号	附件2 第一条第（九）款第2项	公路经营企业中的一般纳税人选择适用简易计税方法减按3%计算应纳增值税	
183	增值税	支持其他各项事业	其他	01129933	《财政部 税务总局关于租入固定资产进项税额抵扣等增值税政策的通知》财税〔2017〕90号	第八条	社会团体会费免征增值税优惠	
					《财政部 国家税务总局关于将铁路运输和邮政业纳入营业税改征增值税试点的规定的通知》财税〔2013〕106号	《附件3.营业税改征增值税试点过渡政策的规定》第一条第（一）款	个人转让著作权免征增值税优惠	
					《财政部 国家税务总局关于血站有关税收问题的通知》财税字〔1999〕264号	第二条	血站免征增值税优惠	
					《财政部 国家税务总局关于医疗卫生机构有关税收政策的通知》财税〔2000〕42号	第一条第（三）项、第二条第（一）项	医疗卫生机构免征增值税优惠	
184	增值税	支持其他各项事业	其他	01129999	《中华人民共和国增值税暂行条例》国国务院令第538号	第十五条第（二）、（七）项	避孕药品和用具免征增值税优惠	
					《中华人民共和国增值税暂行条例》国国务院令第538号	第十五条第（三）项	古旧图书免征增值税优惠	
					《中华人民共和国增值税暂行条例》国国务院令第538号	第十五条第（一）项	自产农产品免征增值税优惠	
					其他		其他	

说明:

1. 本表所列"减免性质代码"相应的减免税政策有效期均已届满,仅用于办理补充及更正申报(政策有效期内)减免税业务。
2. 本表其他项目说明与"减免税政策代码目录(有效)"一致。

减免税税政策代码目录(失效)

序号	收入种类	减免性质大类	减免性质小类	减免性质代码	政策名称	有效期起	有效期止	优惠条款	减免项目名称	关联政策
1	增值税	改善民生	救灾及重建	01011602	《财政部 海关总署 国家税务总局关于支持玉树地震灾后恢复重建有关税收政策问题的通知》财税〔2010〕59号	2010/4/4	2012/12/31	第四、五条	抗震救灾和灾后恢复重建增值税优惠	
2	增值税	改善民生	救灾及重建	01011603	《财政部 海关总署 国家税务总局关于支持舟曲灾后恢复重建有关税收政策问题的通知》财税〔2010〕107号	2010/8/8	2012/12/31	第四、五条	抗震救灾和灾后恢复重建增值税优惠	
3	增值税	改善民生	救灾及重建	01011604	《财政部 海关总署 国家税务总局关于支持芦山地震灾后恢复重建有关税收政策问题的通知》财税〔2013〕58号	2013/4/20	2015/12/31	第四、五条	抗震救灾和灾后恢复重建增值税优惠	
4	增值税	改善民生	救灾及重建	01011605	《财政部 海关总署 国家税务总局关于支持鲁甸地震灾后恢复重建有关税收政策问题的通知》财税〔2015〕27号	2014/8/3	2016/12/31	第四条第1项第五条第1,2项	抗震救灾和灾后恢复重建增值税优惠	
5	增值税	改善民生	军转择业	01011801	《财政部 国家税务总局关于在全国开展交通运输业和部分现代服务业营业税改征增值税试点税收政策的通知》财税〔2013〕37号	2013/8/1	2013/12/31	过渡政策规定第一条第(十二)、(十三)项	失业人员就业征增值税优惠	
6	增值税	改善民生	军转择业	01011802	《财政部 国家税务总局关于将铁路运输和邮政业纳入营业税改征增值税试点的通知》财税〔2013〕106号	2014/1/1	2016/4/30	《附件3.营业税改征增值税试点过渡政策的规定》第一条第(十)款	随军家属就业免征增值税优惠	
7	增值税	改善民生	军转择业	01011803	《财政部 国家税务总局关于将铁路运输和邮政业纳入营业税改征增值税试点的通知》财税〔2013〕106号	2014/1/1	2016/4/30	《附件3.营业税改征增值税试点过渡政策的规定》第一条第(十一)款	军转干部就业免征增值税优惠	
8	增值税	改善民生	军转择业	01011804	《财政部 国家税务总局关于将铁路运输和邮政业纳入营业税改征增值税试点的通知》财税〔2013〕106号	2014/1/1	2016/4/30	《附件3.营业税改征增值税试点过渡政策的规定》第一条第(十二)款	城镇退役士兵就业征增值税免征增值税优惠	

（续表）

序号	收入种类	减免性质大类	减免性质小类	减免性质代码	政策名称	有效期起	有效期止	优惠条款	减免项目名称	关联政策
9	增值税	改善民生	军转择业	01011805	《财政部 国家税务总局关于全面推开营业税改征增值税试点的通知》财税〔2016〕36号	2016/5/1	2016/12/31	附件3 第三条第（一）款第1项	退役士兵从事个体经营减免增值税优惠	
10	增值税	改善民生	军转择业	01011808	《财政部 国家税务总局关于全面推开营业税改征增值税试点的通知》财税〔2016〕36号	2016/5/1	2016/12/31	附件3 第三条第（一）款第2项	企业招用退役士兵扣减增值税优惠	
11	增值税	改善民生	军转择业	01011811	《财政部 税务总局 民政部关于自主就业退役士兵创业就业有关税收政策的通知》财税〔2017〕46号	2017/1/1	2018/12/31	第一条	退役士兵从事个体经营减免增值税优惠	
12	增值税	改善民生	军转择业	01011812	《财政部 税务总局 民政部关于自主就业退役士兵创业就业有关税收政策的通知》财税〔2017〕46号	2017/1/1	2018/12/31	第二条	企业招用退役士兵扣减增值税优惠	
13	增值税	改善民生	社会保障	01012705	《财政部 国家税务总局关于在全国开展交通运输业和部分现代服务业营业税改征增值税试点税收政策的通知》财税〔2013〕37号	2013/8/1	2013/12/31	过渡政策规定第一条第（二）项、第二条第（二）项	安置残疾人就业增值税即征即退	
14	增值税	改善民生	社会保障	01012706	《财政部 国家税务总局关于将铁路运输和邮政业纳入营业税改征增值税试点的通知》财税〔2013〕106号	2014/1/1	2016/4/30	《附件3.营业税改征增值税试点过渡政策的规定》第二条第（二）款	安置残疾人就业增值税即征即退	
15	增值税	改善民生	再就业扶持	01013601	《财政部 国家税务总局关于在全国开展交通运输业和部分现代服务业营业税改征增值税试点税收政策的通知》财税〔2013〕37号	2013/8/1	2013/12/31	过渡政策规定第一条第（十一）、（十四）项	失业人员就业免征增值税优惠	
16	增值税	改善民生	再就业扶持	01013602	《财政部 国家税务总局关于将铁路运输和邮政业纳入营业税改征增值税试点的通知》财税〔2013〕106号	2014/1/1	2016/4/30	《附件3.营业税改征增值税试点过渡政策的规定》第一条第1款第十三项	失业人员从事个体经营减免增值税优惠	
17	增值税	改善民生	再就业扶持	01013603	《财政部 国家税务总局关于将铁路运输和邮政业纳入营业税改征增值税试点的通知》财税〔2013〕106号	2014/1/1	2016/4/30	《附件3.营业税改征增值税试点过渡政策的规定》第一条第1款第十三项	高校毕业生从事个体经营增值税优惠	

（续表）

序号	收入种类	减免性质大类	减免性质小类	减免性质代码	政策名称	有效期起	有效期止	优惠条款	减免项目名称	关联政策
18	增值税	改善民生	再就业扶持	01013604	《财政部 国家税务总局关于将铁路运输和邮政业纳入营业税改征增值税试点的通知》财税〔2013〕106号	2014/1/1	2016/4/30	《附件3.营业税改征增值税试点过渡政策的规定》第一条第（十三）款第2项	失业人员再就业增值税优惠	
19	增值税	改善民生	再就业扶持	01013605	《财政部 国家税务总局关于全面推开营业税改征增值税试点的通知》财税〔2016〕36号	2016/5/1	2016/12/31	附件3第三条第（二）款第1项	重点群体从事个体经营增值税优惠	
20	增值税	改善民生	再就业扶持	01013607	《财政部 国家税务总局关于全面推开营业税改征增值税试点的通知》财税〔2016〕36号	2016/5/1	2016/12/31	附件3第三条第（二）款第2项	招录重点群体就业扣减增值税优惠	
21	增值税	改善民生	再就业扶持	01013608	《财政部 税务总局 人力资源社会保障部关于继续实施支持和促进重点群体创业就业有关税收政策的通知》财税〔2017〕49号	2017/1/1	2018/12/31	第一条	重点群体从事个体经营扣减增值税优惠	
22	增值税	改善民生	再就业扶持	01013609	《财政部 税务总局 人力资源社会保障部关于继续实施支持和促进重点群体创业就业有关税收政策的通知》财税〔2017〕49号	2017/1/1	2018/12/31	第二条	招录重点群体就业扣减增值税优惠	
23	增值税	改善民生	其他	01019901	《财政部 国家税务总局关于边销茶增值税政策的通知》财税〔2011〕89号	2011/1/1	2015/12/31	第一条	边销茶免征增值税优惠	
24	增值税	改善民生	其他	01019904	《财政部 国家税务总局关于将铁路运输和邮政业纳入营业税改征增值税试点的通知》财税〔2013〕106号	2014/1/1	2016/4/30	《附件3.营业税改征增值税试点过渡政策的规定》第一条第（十五）款	世界银行贷款粮食流通项目免征增值税优惠	
25	增值税	鼓励高新技术	技术转让	01021201	《财政部 国家税务总局关于在全国开展交通运输业和部分现代服务业营业税改征增值税试点收税政策的通知》财税〔2013〕37号	2013/8/1	2013/12/31	过渡政策规定第一条第（四）项	技术转让、技术开发免征增值税优惠	

（续表）

序号	收入种类	减免性质大类	减免性质小类	减免性质代码	政策名称	有效期起	有效期止	优惠条款	减免项目名称	关联政策
26	增值税	鼓励高新技术	技术转让	01021202	《财政部 国家税务总局关于将铁路运输和邮政业纳入营业税改征增值税试点的通知》财税[2013]106号	2014/1/1	2016/4/30	《附件3. 营业税改征增值税试点过渡政策规定》第一条第（四）款	技术转让、技术开发免征增值税优惠	
27	增值税	鼓励高新技术	科技发展	01021902	《财政部 国家税务总局关于光伏发电增值税政策的通知》财税[2013]66号	2013/10/1	2015/12/31		光伏发电增值税即征即退	
28	增值税	鼓励高新技术	外包服务	01023001	《财政部 国家税务总局关于在全国开展交通运输业和部分现代服务业营业税改征增值税试点税收政策的通知》财税[2013]37号	2013/8/1	2013/12/31	过渡政策规定第一条第（六）项	离岸服务外包业务免征增值税优惠	
29	增值税	鼓励高新技术	外包服务	01023002	《财政部 国家税务总局关于将铁路运输和邮政业纳入营业税改征增值税试点的通知》财税[2013]106号	2014/1/1	2016/4/30	《附件3. 营业税改征增值税试点过渡政策规定》第一条第（六）款	离岸服务外包业务免征增值税优惠	
30	增值税	促进区域发展	东部发展	01030301	《财政部 国家税务总局关于在全国开展交通运输业和部分现代服务业营业税改征增值税试点税收政策的通知》财税[2013]37号	2013/8/1	2013/12/31	过渡政策规定第二条第（一）项	部分保税港区提供特定增值税劳务即征即退	
31	增值税	促进区域发展	东部发展	01030302	《财政部 国家税务总局关于将铁路运输和邮政业纳入营业税改征增值税试点的通知》财税[2013]106号	2014/1/1	2016/4/30	《附件3. 营业税改征增值税试点过渡政策规定》第二条第（一）款	部分保税港区提供特定增值税劳务即征即退	
32	增值税	促进区域发展	两岸交流	01032101	《财政部 国家税务总局关于在全国开展交通运输业和部分现代服务业营业税改征增值税试点税收政策的通知》财税[2013]37号	2013/8/1	2013/12/31	过渡政策规定第二条第（七）、（八）项	台湾航运公司从事海峡两岸海上直航、空中直航业务免征增值税优惠	
33	增值税	促进区域发展	两岸交流	01032102	《财政部 国家税务总局关于将铁路运输和邮政业纳入营业税改征增值税试点的通知》财税[2013]106号	2014/1/1	2016/4/30	《附件3. 营业税改征增值税试点过渡政策规定》第二条第（七）、（八）款	台湾航运公司从事海峡两岸海上直航、空中直航业务免征增值税优惠	

（续表）

序号	收入种类	减免性质大类	减免性质小类	减免性质代码	政策名称	有效期起	有效期止	优惠条款	减免项目名称	关联政策
34	增值税	促进区域发展	西部开发	01033301	《财政部 国家税务总局关于将铁路运输和邮政业纳入营业税改征增值税试点的通知》财税〔2013〕106号	2014/1/1	2016/4/30	《附件3.营业税改征增值税试点过渡政策的规定》第一条第（十八）款	青藏铁路提供铁路运输服务免征增值税优惠	
35	增值税	促进区域发展	西部开发	01033302	《财政部 国家税务总局关于部分营业税和增值税政策到期延续问题的通知》财税〔2016〕83号	2016/5/1	2016/12/31	第四条	从事与新疆国际大巴扎项目有关的营业税应税业务免征营业税	
36	增值税	促进小微企业发展	未达起征点	01042802	《财政部 国家税务总局关于在全国开展交通运输业和部分现代服务业营业税改征增值税试点税收政策的通知》财税〔2013〕37号	2013/8/1	2013/12/31	实施办法中第四十五、四十六条	小微企业免征增值税优惠	
37	增值税	促进小微企业发展	未达起征点	01042803	《财政部 国家税务总局关于将铁路运输和邮政业纳入营业税改征增值税试点的通知》财税〔2013〕106号	2014/1/1	2016/4/30	《附件1.营业税改征增值税试点实施办法》第四十五条	小微企业免征增值税优惠	
38	增值税	促进小微企业发展	免征增值税和营业税政策	01045302	《财政部 国家税务总局关于进一步支持小微企业增值税和营业税政策的通知》财税〔2014〕71号	2014/10/1	2015/12/31		小微企业免征增值税优惠	
39	增值税	促进小微企业发展	免征增值税和营业税政策	01045303	《财政部 国家税务总局关于继续执行小微企业增值税和营业税政策的通知》财税〔2015〕96号		2017/12/31		小微企业免征增值税优惠（货物及劳务）	
40	增值税	促进小微企业发展	免征增值税和营业税政策	01045304	《财政部 国家税务总局关于继续执行小微企业增值税和营业税政策的通知》财税〔2015〕96号		2017/12/31		小微企业免征增值税优惠（服务、不动产和无形资产）	
41	增值税	转制升级	企业发展	01052401	《财政部 国家税务总局关于债转股企业有关税收政策的通知》财税〔2005〕29号	2004/1/1	2008/12/31		债转股企业免征增值税	

（续表）

序号	收入种类	减免性质大类	减免性质小类	减免性质代码	政策名称	有效期起	有效期止	优惠条款	减免项目名称	关联政策
42	增值税	节能环保	环境保护	01061002	《财政部 国家税务总局关于在全国开展交通运输业和部分现代服务业营业税改征增值税试点税收政策的通知》财税〔2013〕37号	2013/8/1	2013/12/31	过渡政策规定第一条第（五）项	合同能源管理项目免征增值税优惠	
43	增值税	节能环保	资源综合利用	01064002	《财政部 国家税务总局关于调整完善资源综合利用产品及劳务增值税政策的通知》财税〔2011〕115号	2011/8/1	2015/6/30	第一、二条	资源综合利用产品及劳务免征增值税优惠	
44	增值税	节能环保	资源综合利用	01064003	《财政部 国家税务总局关于核电行业税收政策有关问题的通知》财税〔2008〕38号	2009/1/1	2014/12/31		核电企业免征增值税优惠	
45	增值税	节能环保	资源综合利用	01064004	《财政部 国家税务总局关于继续执行供热企业增值税 房产税 城镇土地使用税优惠政策的通知》财税〔2009〕11号	2009/1/1	2010/12/31	第一条	供热企业免征增值税优惠	
46	增值税	节能环保	资源综合利用	01064005	《财政部 国家税务总局关于继续执行供热企业增值税 房产税 城镇土地使用税优惠政策的通知》财税〔2011〕118号	2011/1/1	2015/12/31	第一条	供热企业免征增值税优惠	
47	增值税	节能环保	资源综合利用	01064008	《财政部 国家税务总局关于再生资源增值税政策的通知》财税〔2008〕157号	2009/1/1	2010/12/31		资源综合利用产品及劳务免征增值税优惠	
48	增值税	节能环保	资源综合利用	01064009	《财政部 国家税务总局关于资源综合利用增值税政策的补充通知》财税〔2009〕163号	2008/7/1	2015/6/30		资源综合利用产品及劳务免征增值税优惠	
49	增值税	节能环保	资源综合利用	01064010	《财政部 国家税务总局关于资源综合利用及其他产品增值税政策的通知》财税〔2008〕156号	2009/1/1	2015/6/30	第一、二条	资源综合利用产品及劳务免征增值税优惠	

（续表）

序号	收入种类	减免性质大类	减免性质小类	减免性质代码	政策名称	有效期起	有效期止	优惠条款	减免项目名称	关联政策
50	增值税	节能环保	资源综合利用	01064015	《财政部 国家税务总局关于资源综合利用及其他产品增值税政策的通知》财税〔2008〕156号	2008/7/1	2015/6/30	第三、四、五条	资源综合利用产品及劳务增值税即征即退	
51	增值税	节能环保	资源综合利用	01064016	《财政部 国家税务总局关于调整完善资源综合利用产品及劳务增值税政策的通知》财税〔2011〕115号	第四条、第五条（一）项规定的政策自2011年1月1日起执行；第三条和第五条其他项规定的政策自2011年8月1日起执行	2015/6/30	第三、四、五条	资源综合利用产品及劳务增值税即征即退	
52	增值税	节能环保	资源综合利用	01064020	《财政部 国家税务总局关于供热企业增值税 房产税 城镇土地使用税优惠政策的通知》财税〔2016〕94号	2016/1/1	2018年供暖期结束	第一条	供热企业免征增值税优惠	
53	增值税	节能环保	电力建设	01064201	《财政部 国家税务总局关于葛洲坝电力增值税问题的通知》财税〔2002〕168号	2003/1/1	2014/1/1		水力发电增值税即征即退	
54	增值税	节能环保	电力建设	01064202	《财政部 国家税务总局关于三峡电站电力产品增值税政策的通知》财税〔2002〕24号	三峡电站电力之自发电日起	2014/1/1		水力发电增值税即征即退	
55	增值税	节能环保	电力建设	01064203	《国家税务总局关于黄河上游水电开发有限责任公司电力产品增值税收政策问题的通知》国税发〔2004〕52号	2004/1/1	2014/1/1		水力发电增值税即征即退	

（续表）

序号	收入种类	减免性质大类	减免性质小类	减免性质代码	政策名称	有效期起	有效期止	优惠条款	减免项目名称	关联政策
56	增值税	节能环保	电力建设	01064204	《财政部 国家税务总局关于大型水电企业增值税政策的通知》财税〔2014〕10号	2013/1/1	2017/12/31		水力发电增值税即征即退	
57	增值税	节能环保	其他	01069901	《财政部 国家税务总局关于将铁路运输和邮政业纳入营业税改征增值税试点的通知》财税〔2013〕106号	2014/1/1	2016/4/30	《附件3.营业税改征增值税试点过渡政策的规定》第一条第（五）款	合同能源管理项目免征增值税优惠	
58	增值税	支持金融资本市场	资本市场	01083909	《财政部 国家税务总局关于在全国开展交通运输业和部分现代服务业营业税改征增值税试点税收政策的通知》财税〔2013〕37号	2013/8/1	2013/12/31	过渡政策规定第二条第（四）项	有形动产融资租赁服务增值税即征即退	
59	增值税	支持金融资本市场	资本市场	01083910	《财政部 国家税务总局关于将铁路运输和邮政业纳入营业税改征增值税试点的通知》财税〔2013〕106号	2014/1/1	2016/4/30	《附件3.营业税改征增值税试点过渡政策的规定》第二条第（四）款	有形动产融资租赁服务增值税即征即退	
60	增值税	支持三农	金融市场	01091501	《财政部 国家税务总局关于全面推开营业税改征增值税试点的通知》财税〔2016〕36号	2016/5/1	2016/12/31	附件3第一条第九款第1项	金融机构农户小额贷款取得的利息收入免征增值税优惠	
61	增值税	支持三农	金融市场	01091502	《财政部 税务总局关于延续支持农村金融发展有关税收政策的通知》财税〔2017〕44号	2017/1/1	2017/11/30	第一条	金融机构农户小额贷款取得的利息收入免征增值税优惠	
62	增值税	支持三农	肥料饲料	01092204	《财政部 国家税务总局关于暂免征收尿素产品增值税的通知》财税〔2005〕87号	2005/7/1	2015/8/31	第一条	化肥免征增值税优惠	
63	增值税	支持三农	肥料饲料	01092210	《财政部 国家税务总局关于免征磷酸二铵增值税的通知》财税〔2007〕171号	2008/1/1	2015/8/31	第一条	化肥免征增值税优惠	
64	增值税	支持三农	农村建设	01092304	《财政部 国家税务总局关于农业生产资料征免增值税政策的通知》财税〔2001〕113号	2001/7/20	2015/8/31	第一条	化肥免征增值税优惠	
65	增值税	支持三农	农村建设	01092309	《财政部 国家税务总局关于支持农村饮水安全工程建设运营税收政策的通知》财税〔2012〕30号	2011/1/1	2015/12/31	第四条	农村饮水安全工程免征增值税优惠	

（续表）

序号	收入种类	减免性质大类	减免性质小类	减免性质代码	政策名称	有效期起	有效期止	优惠条款	减免项目名称	关联政策
66	增值税	支持三农	农村建设	01092310	《财政部 国家税务总局关于将铁路运输和邮政业纳入营业税改征增值税试点的通知》财税〔2013〕106号	2014/1/1	2016/4/30	《附件3.营业税改点过渡政策的规定》第一条第（三）款	航空公司提供飞机播洒农药服务免征增值税优惠	
67	增值税	支持三农	农村建设	01092315	《财政部 税务总局关于租入固定资产进项税额抵扣等增值税政策的通知》财税〔2017〕90号	2016/5/1	2017/6/30	第四条	承包地流转给农业生产者用于农业生产免征增值税优惠	
68	增值税	支持文化教育体育	文化	01103201	《财政部 国家税务总局关于2010年上海世博会有关税收政策问题的通知》财税〔2005〕180号	2005/12/31	2010/12/31	第一条第（一）、（二）款	世博会免征增值税优惠	
69	增值税	支持文化教育体育	文化	01103205	《财政部 国家税务总局关于文化体制改革中经营性文化事业单位转制为企业的若干税收优惠政策的通知》财税〔2009〕34号	2009/1/1	2013/12/31		转制文化企业免征增值税优惠	
70	增值税	支持文化教育体育	文化	01103206	《财政部 海关总署 国家税务总局关于文化企业发展若干税收政策问题的通知》财税〔2009〕31号	2009/1/1	2013/12/31	第一条	电影产业免征增值税优惠	
71	增值税	支持文化教育体育	文化	01103212	《财政部 国家税务总局 中宣部关于转制文化企业名单及认定问题的通知》财税〔2009〕105号	2009/1/1	2013/12/31		转制文化企业免征增值税优惠	
72	增值税	支持文化教育体育	文化	01103218	《财政部 国家税务总局关于在全国开展交通运输业营业税改征增值税试点税收政策的通知》财税〔2013〕37号	2013/8/1	2013/12/31	过渡政策规定第一条第（一）、（十）项	电影产业免征增值税优惠 / 个人转让著作权免征增值税优惠	
73	增值税	支持文化教育体育	文化	01103219	《财政部 国家税务营业税改征增值税应税服务范围若干交通运输业试点收政策的补充通知》财税〔2012〕86号	2012/12/1	2013/8/1	第四条	电影产业免征增值税优惠	

（续表）

序号	收入种类	减免性质大类	减免性质小类	减免性质代码	政策名称	有效期起	有效期止	优惠条款	减免项目名称	关联政策
74	增值税	支持文化教育体育	文化	01103220	《财政部 国家税务总局 关于延续宣传文化增值税和营业税优惠政策的通知》财税〔2013〕87号	2013/1/1	2017/12/31	第二条	图书批发、零售环节免征增值税优惠	
75	增值税	支持文化教育体育	文化	01103222	《财政部 国家税务总局 关于动漫产业增值税政策的通知》财税〔2013〕98号	2013/1/1	2017/12/31	第一条	动漫企业增值税即征即退	
76	增值税	支持文化教育体育	文化	01103224	《财政部 海关总署 国家税务总局 关于继续实施支持文化企业发展若干税收政策的通知》财税〔2014〕85号	2014/1/1	2018/12/31	第一条	电影产业免征增值税优惠	
77	增值税	支持文化教育体育	文化	01103225	《财政部 国家税务总局 中宣部 关于文化体制改革中经营性文化事业单位转制为企业若干税收政策的通知》财税〔2014〕84号	2014/1/1	2018/12/31	第一条第（三）、（四）项	转制文化企业免征增值税优惠	
78	增值税	支持文化教育体育	文化	01103226	《财政部 海关总署 国家税务总局 关于继续实施支持文化企业发展若干税收政策的通知》财税〔2014〕85号	2014/1/1	2016/12/31	第二条	有线电视基本收视费免征增值税优惠	
79	增值税	支持文化教育体育	文化	01103229	《财政部 国家税务总局 关于全面推开营业税改征增值税试点的通知》财税〔2016〕36号	2016/5/1	2017/12/31	附件3第一条第（二十八）款	科普单位的门票收入，以及县级及以上党政部门和科协开展科普活动的门票收入免征增值税优惠	
80	增值税	支持文化教育体育	文化	01103231	《财政部 国家税务总局 关于继续执行有线电视收视费增值税政策的通知》财税〔2017〕35号	2017/1/1	2018/12/31		有线电视基本收视费免征增值税优惠	
81	增值税	支持其他各项事业	飞机制造	01120402	《财政部 国家税务总局 关于国产支线飞机增值税政策的通知》财税〔2000〕51号	2000/4/1	2013/8/1		生产销售支线飞机免征增值税优惠	
82	增值税	支持其他各项事业	飞机制造	01120403	《财政部 国家税务总局 关于支线飞机免征增值税适用国产支线飞机目录的通知》财税〔2002〕97号	2000/4/1	2013/8/1		生产销售支线飞机免征增值税优惠	

（续表）

序号	收入种类	减免性质大类	减免性质小类	减免性质代码	政策名称	有效期起	有效期止	优惠条款	减免项目名称	关联政策
83	增值税	支持其他各项事业	国防建设	01120703	《财政部 国家税务总局关于军工企业股份制改造有关增值税政策问题的通知》财税〔2007〕172号	2008/1/1	2011/1/1		军品免征增值税优惠	
84	增值税	支持其他各项事业	交通运输	01121304	《财政部 国家税务总局关于民航国际航班使用保税航空燃油有关税收政策的通知》财税〔2004〕218号	2004/12/1	2013/8/1		保税航空燃油免征增值税优惠	
85	增值税	支持其他各项事业	交通运输	01121305	《财政部 国家税务总局关于交通运输业和部分现代服务业营业税改征增值税试点应税服务范围等若干税收政策的补充通知》财税〔2012〕86号	2012/12/1	2013/8/1	第二、五条	部分保税港区提供特定增值税劳务即征即退	
86	增值税	支持其他各项事业	交通运输	01121306	《财政部 国家税务总局关于将铁路运输和邮政业纳入营业税改征增值税试点的通知》财税〔2013〕106号	2014/1/1	2016/4/30	《附件3.营业税改征增值税试点过渡政策的规定》第一条第（十四）款	国际货物运输代理服务免征增值税优惠	
87	增值税	支持其他各项事业	交通运输	01121307	《国家税务总局关于发布〈营业税改征增值税跨境应税服务增值税免税管理办法（试行）〉的公告》国家税务总局公告2013年第52号	2013/8/1	2014/10/1	第二条第（六）、（七）项、第（八）项第1,2款	营业税改征增值税跨境应税服务免征增值税	
88	增值税	支持其他各项事业	交通运输	01121309	《财政部 国家税务总局关于将铁路运输和邮政业纳入营业税改征增值税试点的通知》财税〔2013〕106号	2014/1/1	2016/4/30	《附件3.营业税改征增值税试点过渡政策的规定》第二条第（三）款	管道运输服务增值税即征即退	
89	增值税	支持其他各项事业	医疗卫生	01123401	《财政部 国家税务总局关于抗艾滋病毒药品增值税政策的通知》财税〔2011〕128号	2011/1/1	2015/12/31		抗艾滋病药品免征国产增值税优惠	
90	增值税	支持其他各项事业	其他	01129908	《财政部 国家税务总局关于应税服务适用增值税零税率和免税政策的通知》财税〔2011〕131号	2012/1/1	2013/7/31		试点地区纳税人提供应税服务适用简易计税方法的免征增值税	

（续表）

序号	收入种类	减免性质大类	减免性质小类	减免性质代码	政策名称	有效期起	有效期止	优惠条条款	减免项目名称	关联政策
91	增值税	支持其他各项事业	其他	01129910	《国家税务总局关于进口免税品销售业务征收增值税问题的通知》国税发〔1994〕62号		2006/4/30			
92	增值税	支持其他各项事业	其他	01129913	《财政部 国家税务总局关于在北京等8省市开展交通运输业和部分现代服务业营业税改征增值税试点的通知》财税〔2012〕71号	2012/8/1	2013/7/31			
93	增值税	支持其他各项事业	其他	01129915	《财政部 国家税务总局关于营业税改征增值税试点若干税收政策的补充通知》财税〔2012〕86号	2012/12/1	2013/8/1	第三条	离岸服务外包业务免征增值税优惠	
94	增值税	支持其他各项事业	其他	01129919	《财政部 国家税务总局关于成都双流等3个机场民航国际航班使用保税航空燃油有关税收政策的通知》财税〔2013〕1号	2013/2/1	2013/8/1		保税航空燃油免征增值税优惠	
95	增值税	支持其他各项事业	其他	01129920	《财政部 国家税务总局关于将铁路运输和邮政业纳入营业税改征增值税试点的通知》财税〔2013〕106号	2014/1/1	2016/4/30	《附件3.营业税改征增值税试点过渡政策的规定》第一条第（九）款	美国ABS船级社免征增值税优惠	
96	增值税	支持其他各项事业	其他	01129921	《国家税务总局关于发布〈营业税改征增值税跨境应税服务增值税免税管理办法（试行）〉的公告》国家税务总局公告2013年第52号	2013/8/1	2014/10/1	第二条第（一）、（二）、（三）、（四）、（五）项、第（八）项第3款、第（九）项	营业税改征增值税跨境应税服务免征增值税	
97	增值税	支持其他各项事业	其他	01129922	《财政部 国家税务总局关于将电信业纳入营业税改征增值税试点的通知》财税〔2014〕43号	2014/6/1	2016/4/30	第六条	电信服务免征增值税优惠	
98	增值税	支持其他各项事业	其他	01129926	《财政部 国家税务总局关于将铁路运输和邮政业纳入营业税改征增值税试点的通知》财税〔2013〕106号	2014/1/1	2016/4/30	《附件3.营业税改征增值税试点过渡政策的规定》第一条第（十六）、（十七）款	邮政服务免征增值税优惠	

二、改善民生

（一）提高居民收入

财政部 国家税务总局关于免征蔬菜流通环节
增值税有关问题的通知

2011 年 12 月 31 日　财税〔2011〕137 号

各省、自治区、直辖市、计划单列市财政厅（局）、国家税务局，新疆生产建设兵团财务局：

经国务院批准，自 2012 年 1 月 1 日起，免征蔬菜流通环节增值税。现将有关事项通知如下：

一、对从事蔬菜批发、零售的纳税人销售的蔬菜免征增值税。

蔬菜是指可作副食的草本、木本植物，包括各种蔬菜、菌类植物和少数可作副食的木本植物。蔬菜的主要品种参照《蔬菜主要品种目录》（见附件）执行。

经挑选、清洗、切分、晾晒、包装、脱水、冷藏、冷冻等工序加工的蔬菜，属于本通知所述蔬菜的范围。

各种蔬菜罐头不属于本通知所述蔬菜的范围。蔬菜罐头是指蔬菜经处理、装罐、密封、杀菌或无菌包装而制成的食品。

二、纳税人既销售蔬菜又销售其他增值税应税货物的，应分别核算蔬菜和其他增值税应税货物的销售额；未分别核算的，不得享受蔬菜增值税免税政策。

附件：蔬菜主要品种目录

附件

蔬菜主要品种目录

类别	主要品种	别　名
根菜类	萝卜	葖、芦菔、莱菔
	胡萝卜	红萝卜、黄萝卜、丁香萝卜、药性萝卜、番萝卜
	芜菁	蔓菁、圆根、盘菜
	芜菁甘蓝	洋蔓菁、洋疙瘩、洋大头菜
	根恭菜	红菜头、紫菜头
	美洲防风	欧防风芹菜萝卜、蒲芹萝卜
	牛蒡	东洋萝卜、蝙蝠刺、大力子

（续表）

类别	主要品种	别　名
根菜类	根芹菜	根洋芹菜、球根塘蒿
	婆罗门参	西洋牛蒡、蒜叶婆罗门参
	山葵	
	黑婆罗门参	菊牛蒡、鸦葱
薯芋类	马铃薯	土豆、山药蛋、洋芋、地蛋、荷兰薯、爪哇薯
	姜	生姜、黄姜
	芋	芋头、芋艿、毛芋
	魔芋	磨芋、蒟蒻
	山药	薯蓣、白苕、脚板苕、山薯、大薯、佛掌薯
	甘薯	红薯、白薯、地瓜、番薯、红薯
	豆薯	地瓜、凉薯、沙葛、新罗葛
	葛	
	菊芋	洋姜、鬼子姜
	菜用土圞儿	香芋、美洲土圞儿
	蕉芋	蕉藕、姜芋、食用美人蕉、食用莲蕉
	草石蚕	螺丝菜、宝塔菜、甘露儿、地蚕
葱蒜类	韭	草钟乳、起阳草、懒人菜、韭黄
	大葱	木葱、汉葱
	洋葱	葱头、圆葱
	大蒜	胡蒜、蒜
	蒜薹	蒜苔
	蒜苗	蒜黄、青蒜
	分葱	四季葱、菜葱、冬葱
	胡葱	蒜头葱、瓣子葱、火葱、肉葱
	细香葱	四季葱、香葱、虾夷葱
	韭葱	扁葱、扁叶葱、洋蒜苗
	楼葱	龙爪葱、龙角葱
	薤	薤头、薤子、莱芝
白菜类	大白菜	结球白菜、黄芽菜、包心白菜
	普通白菜	白菜、小白菜、青菜、油菜
	乌塌菜	榻菜、塌棵菜、榻地菘、黑菜
	菜薹	菜心、绿菜薹、菜尖
	薹菜	
	紫菜薹	红菜薹

（续表）

类别	主要品种	别　　名
芥菜类	茎芥	茎瘤芥、青菜头、菜头、包包菜、羊角菜、菱角菜
		抱子芥、儿菜、娃娃菜
		笋子芥、棒菜
	叶芥	青菜、苦菜、春菜、辣菜、雪里蕻
	根芥	辣疙瘩、冲菜、芥头、大头菜、疙瘩菜
	薹芥	
甘蓝类	结球甘蓝	洋白菜、卷心菜、包心菜、椰菜、莲花白、包包白、圆白菜、茴子白
	球茎甘蓝	苤蓝、菘、玉蔓菁、芥蓝头、擘蓝
	花椰菜	花菜、菜花
	青花菜	木立花椰菜、意大利花椰菜、嫩茎花椰菜、绿菜花、西兰花
	芥蓝	白花芥蓝
	抱子甘蓝	芽甘蓝、子持甘蓝
	羽衣甘蓝	绿叶甘蓝、菜用羽衣甘蓝、叶牡丹、花包菜
叶菜类	菠菜	菠稜菜、赤根菜、角菜、波斯草
	莴苣	千金菜、莴笋、生菜、青笋、莴苣笋、莴菜、油麦菜、苦麦菜
	芹菜	芹、药芹、苦堇、堇葵、堇菜、旱芹
	蕹菜	空心菜、竹叶菜、通菜、藤菜、蕹菜
	苋菜	米苋、赤苋、刺苋、青香苋、苋
	叶恭菜	莙荙菜、牛皮菜、厚皮菜、光菜、叶甜菜
	菊苣	欧洲菊苣、苞菜、吉康菜、法国苣荬菜
	冬寒菜	冬苋菜、冬葵、葵菜、滑肠菜
	落葵	木耳菜、软浆叶、软姜子、染浆叶、胭脂豆、豆腐菜、藤菜、紫果菜
	茼蒿	蒿子秆、大叶茼蒿、蓬蒿、春菊
	芫荽	香菜、胡荽、香荽
	茴香	小茴香、香丝菜、结球茴香、鲜茎茴香、甜茴香
	菊花脑	菊花叶、黄菊籽、路边黄、黄菊仔
	荠菜	护生草、菱角菜、地米草、扇子草
	菜苜蓿	草头、金花菜、黄花苜蓿、刺苜蓿、南苜蓿、黄花草子
	番杏	新西兰菠菜、洋菠菜、夏菠菜、白番苋、海滨莴苣、宾菜、蔓菜
	苦苣	花叶生菜、花苣
	紫背天葵	血皮菜、紫背菜、红凤菜、观音苋、双色三七草
	罗勒	毛罗勒、九层塔、零陵香、兰香草、光明子、省头草

（续表）

类别	主要品种	别　名
叶菜类	马齿苋	马齿菜、长命菜、五行草、瓜子菜、马蛇子菜
	紫苏	荏、赤苏、白苏、香苏、苏叶、桂荏、回回苏
	榆钱菠菜	食用滨藜、洋菠菜、山菠菜、山菠薐草
	薄荷	山野薄荷、蕃荷菜
	莳萝	土茴香、草茴香、小茴香
	鸭儿芹	鸭脚板、三叶芹、山芹菜、野蜀葵、三蜀葵、水芹菜
	蕺菜	鱼腥草、蕺儿根、侧耳根、狗帖耳、鱼鳞草、菹菜
	蒲公英	黄花苗、黄花地丁、婆婆丁、蒲公草
	马兰	马兰头、红梗菜、紫菊、田边菊、马兰菊、鸡儿肠、竹节草
	香芹菜	荷兰芹、洋芫荽、欧芹、法国香菜、旱芹菜
	珍珠菜	角菜、白苞蒿、山芹菜、珍珠花菜、甜菜子、鸭脚艾、乳白艾
瓜类	黄瓜	王瓜、胡瓜
	冬瓜	东瓜
	节瓜	毛瓜
	南瓜	中国南瓜、倭瓜、番瓜、饭瓜
	笋瓜	印度南瓜、玉瓜、北瓜
	西葫芦	美洲南瓜、蔓瓜、白瓜、香瓜
	越瓜	白瓜、脆瓜、酥瓜、梢瓜
	菜瓜	蛇甜瓜、老羊瓜、酱瓜
	丝瓜	圆筒丝瓜、蛮瓜、水瓜、棱角丝瓜、胜瓜
	苦瓜	凉瓜
	瓠瓜	扁蒲、葫芦、蒲瓜、夜开花、瓠子
	佛手瓜	洋丝瓜、合掌瓜、菜肴梨、瓦瓜、万年瓜、拳头瓜
	蛇瓜	蛇豆、蛇丝瓜、长豆角
茄果类	番茄	西红柿、番柿、柿子、洋柿子
	茄子	落苏
	辣椒	海椒、辣子、辣角、番椒
	青椒	大椒、灯笼椒、柿子椒、彩色甜椒、甜椒
	酸浆	红姑娘、洋姑娘、灯笼草、洛神珠
豆类	菜豆	四季豆、芸豆、芸扁豆、豆角、刀豆、敏豆、玉豆、油豆
	长豇豆	长豆角、豆角、带豆、裙带豆
	菜用大豆	毛豆、枝豆

（续表）

类别	主要品种	别名
豆类	豌豆	青斑豆、麻豆、青小豆、荷兰豆、淮豆、留豆、金豆、麦豆、回回豆、甜豌豆
	蚕豆	胡豆、佛豆、寒豆、罗汉豆
	扁豆	峨眉豆、沿篱豆、眉豆、肉豆、龙爪豆
	菜豆	金甲豆、科马豆、荷豆、玉豆、雪豆、洋扁豆、白豆、状元豆、棉豆、荷包豆
	刀豆	大刀豆、关刀豆、洋刀豆
	多花菜豆	红花菜豆、大白芸豆、大花芸豆、看花豆
	四棱豆	翼豆、翅豆、四角豆、杨桃豆、热带大豆、四稔豆
	藜豆	鲎豆、黎豆、猫猫豆、毛毛豆、毛胡豆、毛狗豆、小狗豆、狸豆、八升豆、狗爪豆
水生蔬菜	莲藕	莲、藕、荷
	茭白	茭瓜、茭笋、菰首
	慈姑	剪刀草、燕尾草
	水芹	刀芹、楚葵、蜀芹、紫堇、蕲
	荸荠	马蹄、地栗、乌芋、凫茈
	菱	菱角、龙角、水栗
	豆瓣菜	西洋菜、水田芥、水蔊菜
	芡实	鸡头米、鸡头、水底黄蜂
	莼菜	马蹄草、水葵、水荷叶、湖菜、露葵
	蒲菜	香蒲、甘蒲
	海带	江白菜、昆布
	紫菜	
多年生及杂类蔬菜	笋用竹	竹笋
	芦笋	石刁柏、龙须菜
	黄花菜	萱草、金针菜
	百合	夜合、中篷花
	香椿	香椿树、红椿、椿花、椿甜树
	枸杞	枸杞菜、枸杞头、枸杞芽
	襄荷	阳藿、野姜、襄草、茗荷、苴蓴
	菜蓟	朝鲜蓟、洋蓟、荷兰百合、法国百合
	辣根	西洋山萮菜、山葵萝卜
	食用大黄	原叶大黄、圆叶大黄
	黄秋葵	秋葵、羊角豆
	桔梗	地参、四叶菜、绿花根、铃铛花、沙油菜、梗草、道拉基
	蕨	蕨菜、蕨苔、龙头菜、蕨儿菜鹿蕨菜
	乾苔	发菜、头发菜、石发
	蒌蒿	芦蒿、水蒿、香艾蒿、小艾、水艾
	薇菜	野豌豆、大巢菜、斑矛架、野苕子

（续表）

类别	主要品种	别　　名
多年生及杂类蔬菜	车前草	车轮菜、牛舌菜、蛤蟆衣
	食用菊	甘菊、臭菊
	玉米笋	玉笋、多穗玉米、珍珠笋、番麦笋
	嫩玉米	菜玉米、菜苞谷、青玉谷、御麦
	糯玉米	中国玉米、糯苞谷
	甜玉米	甜苞谷、甜玉蜀黍、菜玉米
食用菌	香菇	香蕈、冬菇、花菇
	双孢蘑菇	蘑菇、白蘑菇、双孢菇、洋菇、褐蘑菇、棕色蘑菇
	糙皮侧耳	平菇、北风菌、青蘑、桐子菌
	草菇	兰花菇、美味包脚菇、秆菇、麻菇、中国蘑菇
	金针菇	毛柄金钱菇、冬菇、朴菇、朴菰
	黑木耳	木耳、光木耳、云耳
	银耳	白木耳、雪耳
	猴头菇	猴头蘑、刺猬菌
	毛头鬼伞	鸡腿蘑、鸡腿菇
	姬松茸	巴西蘑菇、巴氏蘑菇
	茶薪菇	杨树菇、柱状田头菇、柳环菌、茶树菇
	真姬菇	玉蕈、斑玉蕈、蟹味菇、胶玉蘑、鸿喜菇、海鲜菇
	灰树花	贝叶多孔菌、云蕈、栗蘑、舞茸、莲花菌、千佛菌
	滑菇	珍珠菇、光帽鳞伞、滑子蘑
	刺芹侧耳	雪茸、干贝菇、杏鲍菇
	白灵侧耳	白灵菇
	阿魏侧耳	阿魏菇
	盖襄侧耳	台湾平菇、鲍鱼菇
	毛木耳	
	竹荪	长裙竹荪、短裙竹荪、棘托竹荪
	肺形侧耳	姬菇、秀珍菇、小平菇
	金顶侧耳	榆黄蘑、玉皇菇
	大球盖菇	
	长根菇	
	大杯蕈	猪肚菇
	洛巴伊口蘑	金福菇
	北冬虫夏草	蛹虫草
	牛肝菌	
	松茸	
	鸡枞	
	羊肚菌	

（续表）

类别	主要品种	别　名
食用菌	榛蘑	蜜环菌
	鸡油菌	
	红菇	
	口蘑	蒙古口蘑
	青冈菌	
	离褶伞	一窝鸡
芽苗菜	绿豆芽	绿豆芽幼芽
	黄豆芽	黄豆幼芽
	黑豆芽	黑豆幼芽
	青豆芽	青豆幼芽
	红豆芽	红豆幼芽
	蚕豆芽	蚕豆幼芽
	红小豆苗	红小豆幼芽
	豌豆苗	豌豆芽
	花生芽	花生幼芽
	苜蓿芽	苜蓿幼芽或幼苗
	小扁豆芽	小扁豆幼芽或幼苗
	萝卜芽	萝卜芽幼苗
	菘蓝芽	菘蓝幼芽或幼苗
	沙芥芽	沙芥幼芽或幼苗
	芥菜芽	芥菜幼芽或幼苗
	芥蓝芽	芥蓝幼芽或幼苗
	白菜芽	白菜幼芽或幼苗
	独行菜芽	独行菜幼苗
	香椿苗	香椿幼苗
	向日葵芽	向日葵幼芽
	荞麦芽	荞麦幼苗
	胡椒芽	胡椒幼芽或幼苗
	紫苏芽	紫苏幼芽或幼苗
	水芹芽	水芹幼苗
	小麦苗	小麦幼苗
	胡麻芽	胡麻幼芽或幼苗
	蕹菜芽	蕹菜幼苗
	芝麻芽	芝麻幼芽或幼苗
	黄秋葵芽	黄秋葵幼苗
	花椒脑	花椒嫩芽
	芽球菊苣	菊苣芽球
	苦苣芽	苦苣幼芽或幼苗
	佛手瓜稍	佛手瓜幼稍
	辣椒尖	辣椒幼稍
	豌豆尖	豌豆幼稍
	草芽	草芽幼嫩假茎
	碧玉笋	黄花菜幼嫩假茎

财政部　国家税务总局关于免征部分鲜活肉蛋
产品流通环节增值税政策的通知

2012 年 9 月 27 日　财税〔2012〕75 号

各省、自治区、直辖市、计划单列市财政厅(局)、国家税务局,新疆生产建设兵团财务局:

经国务院批准,自 2012 年 10 月 1 日起,免征部分鲜活肉蛋产品流通环节增值税。现将有关事项通知如下:

一、对从事农产品批发、零售的纳税人销售的部分鲜活肉蛋产品免征增值税。

免征增值税的鲜活肉产品,是指猪、牛、羊、鸡、鸭、鹅及其整块或者分割的鲜肉、冷藏或者冷冻肉,内脏、头、尾、骨、蹄、翅、爪等组织。

免征增值税的鲜活蛋产品,是指鸡蛋、鸭蛋、鹅蛋,包括鲜蛋、冷藏蛋以及对其进行破壳分离的蛋液、蛋黄和蛋壳。

上述产品中不包括《中华人民共和国野生动物保护法》所规定的国家珍贵、濒危野生动物及其鲜活肉类、蛋类产品。

二、从事农产品批发、零售的纳税人既销售本通知第一条规定的部分鲜活肉蛋产品又销售其他增值税应税货物的,应分别核算上述鲜活肉蛋产品和其他增值税应税货物的销售额;未分别核算的,不得享受部分鲜活肉蛋产品增值税免税政策。

三、《中华人民共和国增值税暂行条例》第八条所列准予从销项税额中扣除的进项税额的第(三)项所称的"销售发票",是指小规模纳税人销售农产品依照 3% 征收率按简易办法计算缴纳增值税而自行开具或委托税务机关代开的普通发票。批发、零售纳税人享受免税政策后开具的普通发票不得作为计算抵扣进项税额的凭证。

注释:根据财税〔2017〕37 号文件第二条第(六)项规定,本文第三条自 2017 年 7 月 1 日起废止。

(二) 救灾及重建

财政部　国家税务总局关于粮食企业增值税征免问题的通知

1999 年 6 月 29 日　财税字〔1999〕198 号

为支持和配合粮食流通体制改革,经国务院批准,现就粮食增值税政策调整的有关问题通知如下:

一、国有粮食购销企业必须按顺价原则销售粮食。对承担粮食收储任务的国有粮食购销企业销售的粮食免征增值税。免征增值税的国有粮食购销企业,由县(市)国家税务局会同同级财政、粮食部门审核确定。

注释:根据《国家税务总局关于国有粮食购销企业销售粮食免征增值税审批事项取消后有关管理事项的公告》(2015 年 5 月 22 日,国家税务总局公告 2015 年第 42 号)规定,本条中"免征增值税的国有粮食购销企业,由县(市)国家税务局会同同级财政、粮食部门审核确定"内容自 2015 年 5

月 22 日起废止。

审批享受免税优惠的国有粮食购销企业时,税务机关应按规定缴销其《增值税专用发票领购簿》;并收缴其库存未用的增值税专用发票予以注销;兼营其他应税货物的,须重新核定其增值税专用发票用量。

注释:根据《财政部 国家税务总局关于免征储备大豆增值税政策的通知》(2014 年 5 月 8 日,财税〔2014〕38 号)规定,自 2014 年 5 月 1 日起本文第一条规定的增值税免税政策适用范围由粮食扩大到粮食和大豆,并可对免税业务开具增值税专用发票。

二、对其他粮食企业经营粮食,除下列项目免征增值税外,一律征收增值税。

(一)军队用粮:指凭军用粮票和军粮供应证按军供价供应中国人民解放军和中国人民武装警察部队的粮食。

(二)救灾救济粮:指经县(含县)以上人民政府批准,凭救灾救济粮票(证)按规定的销售价格向需救助的灾民供应的粮食。

(三)水库移民口粮:指经县(含县)以上人民政府批准,凭水库移民口粮票(证)按规定的销售价格供应给水库移民的粮食。

三、对销售食用植物油业务,除政府储备食用植物油的销售继续免征增值税外,一律照章征收增值税。

四、对粮油加工业务,一律照章征收增值税。

五、<u>承担粮食收储任务的国有粮食购销企业和经营本通知所列免税项目的其他粮食经营企业,以及有政府储备食用植物油销售业务的企业,均需经主管税务机关审核认定免税资格,未报经主管税务机关审核认定,不得免税。</u>享受免税优惠的企业,应按期进行免税申报,违反者取消其免税资格。

注释:根据《国家税务总局关于明确部分增值税优惠政策审批事项取消后有关管理事项的公告》(2015 年 5 月 19 日,国家税务总局公告 2015 年第 38 号)规定,本条中"承担粮食收储任务的国有粮食购销企业和经营本通知所列免税项目的其他粮食经营企业,以及有政府储备食用植物油销售业务的企业,均需经主管税务机关审核认定免税资格,未报经主管税务机关审核认定,不得免税"的规定,自 2015 年 5 月 19 日起废止。

粮食部门应向同级国家税务局提供军队用粮、救灾救济粮、水库移民口粮的单位、供应数量等有关资料,<u>经国家税务局审核无误后予以免税。</u>

注释:根据国家税务总局公告 2015 年第 38 号文件规定,本条中"经国家税务局审核无误后予以免税"自 2015 年 5 月 19 日起废止。

六、属于增值税一般纳税人的生产、经营单位从国有粮食购销企业购进的免税粮食,可依据购销企业开具的销售发票注明的销售额按 13% 的扣除率计算抵扣进项税额;购进的免税食用植物油,不得计算抵扣进项税额。

七、各省、自治区、直辖市、计划单列市国家税务局可依本通知和增值税法规的有关规定制定具体执行办法,并报财政部、国家税务总局备案。

本通知从 1999 年 8 月 1 日起执行。

国家税务总局关于国有粮食购销企业销售粮食免征增值税审批事项取消后有关管理事项的公告

2015 年 5 月 22 日 国家税务总局公告 2015 年第 42 号

注释：根据《国家税务总局关于修改部分税收规范性文件的公告》（2018 年 6 月 15 日，国家税务总局公告 2018 年第 31 号）规定，自 2018 年 6 月 15 日起，本文全文中的"国家税务局"修改为"税务局"。

根据《国务院关于取消和调整一批行政审批项目等事项的决定》（国发〔2015〕11 号），承担粮食收储任务的国有粮食购销企业销售粮食免征增值税的审核确定工作程序已取消。经商财政部、国家粮食局，现将其后续管理事项公告如下：

一、承担粮食收储任务的国有粮食购销企业销售粮食享受免征增值税优惠政策时，其涉及的审核确定工作程序取消，改为备案管理。

二、享受免征增值税优惠政策的国有粮食购销企业（以下统称纳税人），按以下规定，分别向所在地县（市）国家税务局及同级粮食管理部门备案。

（一）纳税人应在享受税收优惠政策的首个纳税申报期内，将备案材料送所在地县（市）国家税务局及同级粮食管理部门备案。

（二）纳税人在符合减免税条件期间内，备案资料内容不发生变化的，可进行一次性备案。

（三）纳税人提交的备案资料内容发生变化，如仍符合免税规定，应在发生变化的次月纳税申报期内，向所在地县（市）国家税务局及同级粮食管理部门进行变更备案。如不再符合免税规定，应当停止享受免税，按照规定进行纳税申报。

三、纳税人对备案资料的真实性和合法性承担责任。

四、纳税人提交的备案资料包括以下内容：

（一）免税的项目、依据、范围、期限等；

（二）免税依据的相关法律、法规、规章和规范性文件要求报送的材料。

五、所在地县（市）国家税务局及同级粮食管理部门对纳税人提供的备案材料的完整性进行审核，不改变纳税人真实申报的责任。

六、本公告施行前，纳税人享受免征增值税优惠政策已经履行了相关审核确定程序的，可不再办理资料备案。但本公告施行后，纳税人免税条件、内容发生改变的，则应按本公告规定，重新办理享受优惠政策备案手续。

七、各省、自治区、直辖市和计划单列市国家税务局，可按本公告规定，补充制定本地区承担粮食收储任务的国有粮食购销企业享受免征增值税优惠政策审核确定工作程序取消后的后续管理措施。

八、本公告自公布之日起施行。

《财政部 国家税务总局关于粮食企业增值税征免问题的通知》（财税字〔1999〕198 号）第一条中"免征增值税的国有粮食购销企业，由县（市）税务局国家税务局会同同级财政、粮食部门审核确定"内容同时废止。

特此公告。

（三）社会保障

 国家税务总局　民政部　中国残疾人联合会关于促进残疾人就业税收优惠政策征管办法的通知

2007 年 6 月 15 日　　国税发〔2007〕67 号

各省、自治区、直辖市和计划单列市国家税务局、地方税务局、民政厅（局）、残疾人联合会：

根据《财政部　国家税务总局关于促进残疾人就业税收优惠政策的通知》（财税〔2007〕92 号）和《国家税务总局关于印发〈税收减免管理办法（试行）〉的通知》（国税发〔2005〕129 号）的有关规定，现将促进残疾人就业税收优惠政策具体征管办法明确如下：

一、资格认定

（一）认定部门

申请享受《财政部　国家税务总局关于促进残疾人就业税收优惠政策的通知》（财税〔2007〕92 号）第一条、第二条规定的税收优惠政策的符合福利企业条件的用人单位，安置残疾人超过 25%（含 25%），且残疾职工人数不少于 10 人的，在向税务机关申请减免税前，应当先向当地县级以上地方人民政府民政部门提出福利企业的认定申请。

盲人按摩机构、工疗机构等集中安置残疾人的用人单位，在向税务机关申请享受《财政部　国家税务总局关于促进残疾人就业税收优惠政策的通知》（财税〔2007〕92 号）第一条、第二条规定的税收优惠政策前，应当向当地县级残疾人联合会提出认定申请。

申请享受《财政部　国家税务总局关于促进残疾人就业税收优惠政策的通知》（财税〔2007〕92 号）第一条、第二条规定的税收优惠政策的其他单位，可直接向税务机关提出申请。

（二）认定事项

民政部门、残疾人联合会应当按照《财政部　国家税务总局关于促进残疾人就业税收优惠政策的通知》（财税〔2007〕92 号）第五条第（二）、（五）项规定的条件，对前项所述单位安置残疾人的比例和是否具备安置残疾人的条件进行审核认定，并向申请人出具书面审核认定意见。

《中华人民共和国残疾人证》和《中华人民共和国残疾军人证》的真伪，分别由残疾人联合会、民政部门进行审核。

具体审核管理办法由民政部、中国残疾人联合会分别商有关部门另行规定。

（三）各地民政部门、残疾人联合会在认定工作中不得直接或间接向申请认定的单位收取任何费用。如果认定部门向申请认定的单位收取费用，则本条第（一）项前两款所述单位可不经认定，直接向主管税务机关提出减免税申请。

二、减免税申请及审批

（一）取得民政部门或残疾人联合会认定的单位（以下简称"纳税人"），可向主管税务机关提出减免税申请，并提交以下材料：

1. 经民政部门或残疾人联合会认定的纳税人，出具上述部门的书面审核认定意见；

2. 纳税人与残疾人签订的劳动合同或服务协议（副本）；

3. 纳税人为残疾人缴纳社会保险费缴费记录；

4. 纳税人向残疾人通过银行等金融机构实际支付工资凭证；

5. 主管税务机关要求提供的其他材料。

（二）不需要经民政部门或残疾人联合会认定的单位以及本通知第一条第（三）项规定的单位（以下简称"纳税人"），可向主管税务机关提出减免税申请，并提交以下材料：

1. 纳税人与残疾人签订的劳动合同或服务协议（副本）；

2. 纳税人为残疾人缴纳社会保险费缴费记录；

3. 纳税人向残疾人通过银行等金融机构实际支付工资凭证；

4. 主管税务机关要求提供的其他材料。

（三）申请享受《财政部　国家税务总局关于促进残疾人就业税收优惠政策的通知》（财税〔2007〕92号）第三条、第四条规定的税收优惠政策的残疾人个人（以下简称"纳税人"），应当出具主管税务机关规定的材料，直接向主管税务机关申请减免税。

（四）减免税申请由税务机关的办税服务厅统一受理，内部传递到有权审批部门审批。审批部门应当按照《财政部　国家税务总局关于促进残疾人就业税收优惠政策的通知》（财税〔2007〕92号）第五条规定的条件以及民政部门、残疾人联合会出具的书面审核认定意见，出具减免税审批意见。

减免税审批部门对民政部门或残疾人联合会出具的书面审核认定意见仅作书面审核确认，但在日常检查或稽查中发现民政部门或残疾人联合会出具的书面审核认定意见有误的，应当根据《税收减免管理办法（试行）》等有关规定作出具体处理。

如果纳税人所得税属于其他税务机关征收的，主管税务机关应当将审批意见抄送所得税主管税务机关，所得税主管税务机关不再另行审批。

（五）主管税务机关在受理本条（二）、（三）项减免税申请时，可就残疾人证件的真实性等问题，请求当地民政部门或残疾人联合会予以审核认定。

三、退税减税办法

（一）增值税和营业税

增值税实行即征即退方式。主管税务机关对符合减免税条件的纳税人应当按月退还增值税，当月已交增值税不足退还的，可在当年已交增值税中退还，仍不足退还的可结转当年以后月份退还。当年应纳税额小于核定的年度退税限额的，以当年应纳税额为限；当年应纳税额大于核定的年度退税限额的，以核定的年度退税额为限。纳税人当年应纳税额不足退还的，不得结转以后年度退还。纳税人当月应退增值税额按以下公式计算：

$$\text{当月应退增值税额} = \text{纳税人当月实际安置残疾人员人数} \times \text{县级以上税务机关确定的每位残疾人员每年可退还增值税的具体限额} \div 12$$

营业税实行按月减征方式。主管税务机关应按月减征营业税，当月应缴营业税不足减征的，不得结转当年以后月份减征。纳税人当月应减征营业税额按以下公式计算：

$$\text{当月应减征营业税额} = \text{纳税人当月实际安置残疾人员人数} \times \text{县级以上税务机关确定的每位残疾人员每年可减征营业税的具体限额} \div 12$$

兼营营业税"服务业"税目劳务和其他税目劳务的纳税人，只能减征"服务业"税目劳务的应纳税额；"服务业"税目劳务的应纳税额不足扣减的，不得用其他税目劳务的应纳税额扣减。

缴纳增值税或营业税的纳税人应当在取得主管税务机关审批意见的次月起，随纳税申报一并书面申请退、减增值税或营业税。

经认定的符合减免税条件的纳税人实际安置残疾人员占在职职工总数的比例应逐月计算,当月比例未达到25%的,不得退还当月的增值税或减征当月的营业税。

年度终了,应平均计算纳税人全年实际安置残疾人员占在职职工总数的比例,一个纳税年度内累计3个月平均比例未达到25%的,应自次年1月1日起取消增值税退税、营业税减税和企业所得税优惠政策。纳税人新安置残疾人员从签订劳动合同并缴纳基本养老保险、基本医疗保险、失业保险和工伤保险等社会保险的次月起计算,其他职工从录用的次月起计算;安置的残疾人员和其他职工减少的,从次月起计算。

(二)所得税

1. 对符合《财政部 国家税务总局关于促进残疾人就业税收优惠政策的通知》(财税〔2007〕92号)第二条、第三条、第四条规定条件的纳税人,主管税务机关应当按照有关规定落实税收优惠政策。

2. 原福利企业在2007年1月1日至2007年7月1日期间的企业所得税,凡符合原福利企业政策规定的企业所得税减免条件的,仍可按原规定予以减征或免征企业所得税,计算方法如下:

$$\text{按规定享受免征企业所得税的原福利企业,2007年1月1日至2007年7月1日免征应纳税所得额} = (2007\text{年度企业所得税应纳税所得额} \div 12) \times 6$$

$$\text{按规定享受减半征收企业所得税的原福利企业,2007年1月1日至2007年7月1日减征应纳税所得额} = (2007\text{年度企业所得税应纳税所得额} \div 12 \div 2) \times 6$$

2007年度企业所得税应纳税所得额的确定,应按原规定计算,不包括福利企业残疾职工工资加计扣除部分。

3. 各地税务机关应当根据本次政策调整情况,按有关规定调整企业所得税就地预缴数额。

四、变更申报

(一)纳税人实际安置的残疾人员或在职职工人数发生变化,但仍符合退、减税条件的,应当根据变化事项按本通知第一、二条的规定重新申请认定和审批。

(二)纳税人因残疾人员或在职职工人数发生变化,不再符合退、减税条件时,应当自情况变化之日起15个工作日内向主管税务机关申报。

五、监督管理

(一)主管税务机关应当加强日常监督管理,并会同民政部门、残疾人联合会建立年审制度,对不符合退、减税条件的纳税人,取消其退、减税资格,追缴退、减税资格期间已退或减征的税款,并依照税收征管法的有关规定予以处罚。

对采取一证多用或虚构《财政部 国家税务总局关于促进残疾人就业税收优惠政策的通知》(财税〔2007〕92号)第五条规定条件,骗取税收优惠政策的,一经查证属实,主管税务机关应当追缴其骗取的税款,并取消其3年内申请享受《财政部 国家税务总局关于促进残疾人就业税收优惠政策的通知》(财税〔2007〕92号)规定的税收优惠政策的资格。

(二)税务机关和纳税人应当建立专门管理台账。在征管软件修改前,主管税务机关和纳税人都要建立专门管理台账,动态掌握纳税人年度退、减税限额及残疾人员变化等情况。

(三)各地税务机关应当加强与民政部门、劳动保障部门、残疾人联合会等有关部门的沟通,逐步建立健全与发证部门的信息比对审验机制。建立部门联席会议制度,加强对此项工作的协调、指导,及时解决出现的问题,保证此项工作的顺利进行。

本通知自 2007 年 7 月 1 日起执行,适用原政策的纳税人,一律按本通知规定执行。各省、自治区、直辖市、计划单列市税务机关可按本通知精神,制定具体实施办法。

 国家税务总局关于安置残疾人单位是否可以同时享受多项增值税优惠政策问题的公告

2011 年 11 月 18 日　国家税务总局公告 2011 年第 61 号

现将安置残疾人单位是否可以同时享受多重增值税优惠政策问题公告如下:

安置残疾人单位既符合促进残疾人就业增值税优惠政策条件,又符合其他增值税优惠政策条件的,可同时享受多项增值税优惠政策,但年度申请退还增值税总额不得超过本年度内应纳增值税总额。

本公告自 2011 年 12 月 1 日起执行。

特此公告。

 国家税务总局关于促进残疾人就业增值税优惠政策有关问题的公告

2013 年 12 月 13 日　国家税务总局公告 2013 年第 73 号

现就促进残疾人就业增值税优惠政策有关问题公告如下:

《财政部　国家税务总局关于促进残疾人就业税收优惠政策的通知》(财税〔2007〕92 号,以下简称“通知”)第五条第一项“依法与安置的每位残疾人签订了一年以上(含一年)的劳动合同或服务协议”中的“劳动合同或服务协议”,包括全日制工资发放形式和非全日制工资发放形式劳动合同或服务协议。

安置残疾人单位聘用非全日制用工的残疾人,与其签订符合法律法规规定的劳动合同或服务协议,并且安置该残疾人在单位实际上岗工作的,可按照“通知”的规定,享受增值税优惠政策。

本公告自 2013 年 10 月 1 日起执行。此前处理与本公告规定不一致的,按本公告规定执行。

特此公告。

国家税务总局办公厅关于《国家税务总局关于促进残疾人就业增值税优惠政策有关问题的公告》的解读

一、本公告出台的背景

近接部分地区反映,当地有关部门就企业聘用非全日制工资发放形式的残疾人,能否享受增值税优惠政策存在异议,特报来请示,请求总局对该问题予以明确。

二、为什么说聘用非全日制用工的残疾人,符合《财政部　国家税务总局关于促进残疾人就业税收优惠政策的通知》(财税〔2007〕92 号,以下简称“92 号通知”)有关规定,可以享受增值税优惠政策?

我们认为,92 号通知出台的目的是促进残疾人就业,对企业采取何种形式安排残疾人上岗工作,是企业自主经营的权利,只要符合法律规定,符合残疾人就业人群的利益,就应受到法律保护。

根据《中华人民共和国劳动合同法》,非全日制用工是法律规定的用工形式之一。因此,公告规定,《财政部 国家税务总局关于促进残疾人就业税收优惠政策的通知》(财税〔2007〕92号)第五条第一款"依法与安置的每位残疾人签订了一年以上(含一年)的劳动合同或服务协议"中的"劳动合同或服务协议",包括以全日制工资发放形式和非全日制工资发放形式的劳动合同或服务协议。安置残疾人单位聘用非全日制用工的残疾人,与其签订符合法律法规规定的劳动合同或服务协议,并符合92号通知相关规定的,可享受92号通知规定的增值税优惠政策。

 国家税务总局关于促进残疾人就业税收优惠政策有关问题的公告

2013 年 12 月 30 日　国家税务总局公告 2013 年第 78 号

为进一步增强促进残疾人就业税收优惠政策的实施效果,保障和维护残疾人职工的合法权益,现将促进残疾人就业税收优惠政策有关问题公告如下:

《财政部 国家税务总局关于促进残疾人就业税收优惠政策的通知》(财税〔2007〕92 号)第五条第(三)款规定的"基本养老保险"和"基本医疗保险"是指"职工基本养老保险"和"职工基本医疗保险",不含"城镇居民社会养老保险""新型农村社会养老保险""城镇居民基本医疗保险"和"新型农村合作医疗"。

本公告自 2014 年 1 月 1 日起施行。

特此公告。

国家税务总局办公厅关于《国家税务总局关于促进残疾人就业税收优惠政策有关问题的公告》的解读

一、本公告出台的背景是什么?

根据《财政部 国家税务总局关于促进残疾人就业税收优惠政策的通知》(财税〔2007〕92号,以下简称《通知》)第五条第三款规定,纳税人享受促进残疾人就业税收优惠政策的条件之一是:为安置的每位残疾人按月足额缴纳了单位所在区县人民政府根据国家政策规定的基本养老保险、基本医疗保险、失业保险和工伤保险等社会保险。近接部分地区税务机关反映,有的用人单位为残疾人职工缴纳了新型农村社会养老保险或城镇居民社会养老保险、城镇居民基本医疗保险或新型农村合作医疗,这种情形是否符合《通知》的有关规定,请总局予以明确。

二、为什么说《通知》第五条第三款规定的"基本养老保险"和"基本医疗保险"仅指"职工基本养老保险"和"职工基本医疗保险",不含"城镇居民社会养老保险""新型农村社会养老保险""城镇居民基本医疗保险"和"新型农村合作医疗"?

经向人力资源和社会保障部了解,国家在设计基本养老保险、基本医疗保险制度时已考虑到不同的参保对象的实际情况,对各险种的参保对象、缴费标准、缴费对象等做出相应的规定。

(一)"职工基本养老保险费"和"职工基本医疗保险费"应由用人单位和职工(包括残疾

人职工)按照国家规定共同缴纳,无雇工的个体工商户、未在用人单位参加职工基本养老保险、职工基本医疗保险的全日制从业人员以及其他灵活就业人员也可以参加职工基本养老保险、职工基本医疗保险,但需由个人按照国家规定全额缴纳职工基本养老保险费、职工基本医疗保险费。

(二)"城镇居民社会养老保险""新型农村社会养老保险""城镇居民基本医疗保险"和"新型农村合作医疗"应由不属于职工基本养老保险、职工基本医疗保险覆盖范围的城乡非从业居民个人自愿缴费并参加,相关费用也无需用人单位承担。

此外,根据社会保险法和残疾人就业条例的规定,用人单位招用残疾人职工,应当依法与其签订劳动合同或者服务协议,不得违反规定逃避参加职工基本养老保险、职工基本医疗保险的缴费责任,以维护残疾人职工在社会保险方面的合法权益。用人单位为残疾人职工缴纳新型农村社会养老保险或城镇居民社会养老保险、新型农村合作医疗或城镇居民基本医疗保险,有逃避其应承担的保险缴费责任之嫌。为进一步提高促进残疾人就业税收优惠政策的实施效果,保障和维护残疾人职工的合法权益,我局明确:《通知》第五条第三款规定的"基本养老保险"和"基本医疗保险"仅指"职工基本养老保险"和"职工基本医疗保险",不含"城镇居民社会养老保险""新型农村社会养老保险""城镇居民基本医疗保险"和"新型农村合作医疗"。

国家税务总局关于促进残疾人就业税收优惠政策相关问题的公告

2015 年 7 月 31 日　国家税务总局公告 2015 年第 55 号

现将促进残疾人就业税收优惠政策相关问题公告如下:

一、以劳务派遣形式就业的残疾人,属于劳务派遣单位的职工。劳务派遣单位可按照《财政部　国家税务总局关于促进残疾人就业税收优惠政策的通知》(财税〔2007〕92 号,以下简称《通知》)规定,享受相关税收优惠政策。

二、安置残疾人的机关事业单位以及由机关事业单位改制后的企业,为残疾人缴纳的机关事业单位养老保险,属于《通知》第五条第(三)款规定的"基本养老保险"范畴,可按规定享受相关税收优惠政策。

本公告自 2015 年 9 月 1 日起施行。此前未处理的事项,按照本公告规定执行。

特此公告。

国家税务总局办公厅关于《国家税务总局关于促进残疾人就业税收优惠政策相关问题的公告》的解读

一、本公告出台的背景是什么?

部分地区税务机关反映,在部分企业实际上岗的残疾人,来自劳务派遣单位;另外部分企业由机关事业单位改制而来,为安置的部分残疾人职工缴纳的保险为机关事业单位养老保险。对于劳务派遣的残疾人职工是否属于用工单位职工,用工单位是否可以申请享受安置残疾人就业税收优惠,以及企业为残疾人缴纳的机关事业单位养老保险是否属于《财政部　国家税务总局关于促进残疾人就业税收优惠政策的通知》(财税〔2007〕92 号,以下简称《通知》)中规定的"基本养老保险"范畴并能否享受安置残疾人税收优惠政策的问题,基层税务部门内部存在不同理解，特报来请示，请我局予以明确。

二、劳务派遣形式安置的残疾人，属于派遣单位的员工还是实际用工单位的职工？用工单位能否申请享受安置残疾人税收优惠？

经征求人力资源和社会保障部意见，根据劳动合同法的规定，劳务派遣单位应当承担劳动法上的用人单位的权利义务，实际用工单位承担相应的劳动和民事法律责任。据此，劳务派遣单位应当依法与被派遣劳动者签订劳动合同，并承担支付工资、缴纳社保等法定的雇主义务。从法律角度，以劳务派遣形式就业的残疾人，属于劳务派遣单位的职工，而不是实际用工单位的职工。因此，本公告规定，以劳务派遣形式就业的残疾人，属于劳务派遣单位的职工。劳务派遣单位可按照《通知》规定，享受相关税收优惠。

三、机关事业单位以及改制为企业后为残疾人缴纳的机关事业单位养老保险是否属于《通知》规定的"基本养老保险"？能否享受安置残疾人税收优惠政策？

据人力资源和社会保障部介绍，我国正在对机关事业单位进行养老制度改革，以实现与企业基本一致的养老保险制度。在社会保险法出台和国务院改革决定之前，一些地方根据国务院要求开展了机关事业单位养老保险试点，试点中缴纳的机关事业单位养老保险，属于"国家政策规定的基本养老保险"的范围。因此，本公告规定，安置残疾人的机关事业单位以及机关事业单位改制后的企业，为残疾人缴纳的机关事业单位养老保险，属于"基本养老保险"范畴，可按规定享受相关税收优惠。

224 财政部 国家税务总局关于促进残疾人就业增值税优惠政策的通知

2016 年 5 月 5 日　财税〔2016〕52 号

各省、自治区、直辖市、计划单列市财政厅（局）、国家税务局，新疆生产建设兵团财务局：

为继续发挥税收政策促进残疾人就业的作用，进一步保障残疾人权益，经国务院批准，决定对促进残疾人就业的增值税政策进行调整完善。现将有关政策通知如下：

一、对安置残疾人的单位和个体工商户（以下称纳税人），实行由税务机关按纳税人安置残疾人的人数，限额即征即退增值税的办法。

安置的每位残疾人每月可退还的增值税具体限额，由县级以上税务机关根据纳税人所在区县（含县级市、旗，下同）适用的经省（含自治区、直辖市、计划单列市，下同）人民政府批准的月最低工资标准的 4 倍确定。

二、享受税收优惠政策的条件

（一）纳税人（除盲人按摩机构外）月安置的残疾人占在职职工人数的比例不低于 25%（含 25%），并且安置的残疾人人数不少于 10 人（含 10 人）；盲人按摩机构月安置的残疾人占在职职工人数的比例不低于 25%（含 25%），并且安置的残疾人人数不少于 5 人（含 5 人）。

（二）依法与安置的每位残疾人签订了一年以上（含一年）的劳动合同或服务协议。

（三）为安置的每位残疾人按月足额缴纳了基本养老保险、基本医疗保险、失业保险、工伤保险和生育保险等社会保险。

（四）通过银行等金融机构向安置的每位残疾人，按月支付了不低于纳税人所在区县适用的经省人民政府批准的月最低工资标准的工资。

三、《财政部 国家税务总局关于教育税收政策的通知》（财税〔2004〕39 号）第一条第 7 项规定的特殊教育学校举办的企业，只要符合本通知第二条第（一）项第一款规定的条件，即可享受本通知第一条规定的增值税优惠政策。这类企业在计算残疾人人数时可将在企业上岗工作的特殊教育学校的全日制在校学生计算在内，在计算企业在职职工人数时也要将上述学生计算在内。

四、纳税人中纳税信用等级为税务机关评定的 C 级或 D 级的，不得享受本通知第一条、第三条规定的政策。

五、纳税人按照纳税期限向主管国税机关申请退还增值税。本纳税期已交增值税额不足退还的，可在本纳税年度内以前纳税期已交增值税扣除已退增值税的余额中退还，仍不足退还的可结转本纳税年度内以后纳税期退还，但不得结转以后年度退还。纳税期限不为按月的，只能对其符合条件的月份退还增值税。

六、本通知第一条规定的增值税优惠政策仅适用于生产销售货物，提供加工、修理修配劳务，以及提供营改增现代服务和生活服务税目(不含文化体育服务和娱乐服务)范围的服务取得的收入之和，占其增值税收入的比例达到 50% 的纳税人，但不适用于上述纳税人直接销售外购货物(包括商品批发和零售)以及销售委托加工的货物取得的收入。

纳税人应当分别核算上述享受税收优惠政策和不得享受税收优惠政策业务的销售额，不能分别核算的，不得享受本通知规定的优惠政策。

七、如果既适用促进残疾人就业增值税优惠政策，又适用重点群体、退役士兵、随军家属、军转干部等支持就业的增值税优惠政策的，纳税人可自行选择适用的优惠政策，但不能累加执行。一经选定，36 个月内不得变更。

八、残疾人个人提供的加工、修理修配劳务，免征增值税。

九、税务机关发现已享受本通知增值税优惠政策的纳税人，存在不符合本通知第二条、第三条规定条件，或者采用伪造或重复使用残疾人证、残疾军人证等手段骗取本通知规定的增值税优惠的，应将纳税人发生上述违法违规行为的纳税期内按本通知已享受到的退税全额追缴入库，并自发现当月起 36 个月内停止其享受本通知规定的各项税收优惠。

十、本通知有关定义

(一)残疾人，是指法定劳动年龄内，持有《中华人民共和国残疾人证》或者《中华人民共和国残疾军人证(1 至 8 级)》的自然人，包括具有劳动条件和劳动意愿的精神残疾人。

(二)残疾人个人，是指自然人。

(三)在职职工人数，是指与纳税人建立劳动关系并依法签订劳动合同或者服务协议的雇员人数。

(四)特殊教育学校举办的企业，是指特殊教育学校主要为在校学生提供实习场所、并由学校出资自办、由学校负责经营管理、经营收入全部归学校所有的企业。

十一、本通知规定的增值税优惠政策的具体征收管理办法，由国家税务总局制定。

十二、本通知自 2016 年 5 月 1 日起执行，《财政部　国家税务总局关于促进残疾人就业税收优惠政策的通知》(财税〔2007〕92 号)、《财政部　国家税务总局关于将铁路运输和邮政业纳入营业税改征增值税试点的通知》(财税〔2013〕106 号)附件 3 第二条第(二)项同时废止。纳税人 2016 年 5 月 1 日前执行财税〔2007〕92 号和财税〔2013〕106 号文件发生的应退未退的增值税余额，可按照本通知第五条规定执行。

国家税务总局关于发布《促进残疾人就业增值税优惠政策管理办法》的公告

2016 年 5 月 27 日　国家税务总局公告 2016 年第 33 号

为规范和完善促进残疾人就业增值税优惠政策管理,国家税务总局制定了《促进残疾人就业增值税优惠政策管理办法》,现予以公布,自 2016 年 5 月 1 日起施行。

特此公告。

附件:安置残疾人纳税人申请增值税退税声明

促进残疾人就业增值税优惠政策管理办法

第一条　为加强促进残疾人就业增值税优惠政策管理,根据《财政部　国家税务总局关于促进残疾人就业增值税优惠政策的通知》(财税〔2016〕52 号)、《国家税务总局关于发布〈税收减免管理办法〉的公告》(国家税务总局公告 2015 年第 43 号)及有关规定,制定本办法。

第二条　纳税人享受安置残疾人增值税即征即退优惠政策,适用本办法规定。

本办法所指纳税人,是指安置残疾人的单位和个体工商户。

第三条　纳税人首次申请享受税收优惠政策,应向主管税务机关提供以下备案资料:

(一)《税务资格备案表》。

(二)安置的残疾人的《中华人民共和国残疾人证》或者《中华人民共和国残疾军人证(1 至 8 级)》复印件,注明与原件一致,并逐页加盖公章。安置精神残疾人的,提供精神残疾人同意就业的书面声明以及其法定监护人签字或印章的证明精神残疾人具有劳动条件和劳动意愿的书面材料。

(三)安置的残疾人的身份证明复印件,注明与原件一致,并逐页加盖公章。

第四条　主管税务机关受理备案后,应将全部《中华人民共和国残疾人证》或者《中华人民共和国残疾军人证(1 至 8 级)》信息以及所安置残疾人的身份证明信息录入征管系统。

第五条　纳税人提供的备案资料发生变化的,应于发生变化之日起 15 日内就变化情况向主管税务机关办理备案。

第六条　纳税人申请退还增值税时,需报送如下资料:

(一)《退(抵)税申请审批表》。

(二)《安置残疾人纳税人申请增值税退税声明》(见附件)。

(三)当期为残疾人缴纳社会保险费凭证的复印件及由纳税人加盖公章确认的注明缴纳人员、缴纳金额、缴纳期间的明细表。

(四)当期由银行等金融机构或纳税人加盖公章的按月为残疾人支付工资的清单。

特殊教育学校举办的企业,申请退还增值税时,不提供资料(三)和资料(四)。

第七条　纳税人申请享受税收优惠政策,应对报送资料的真实性和合法性承担法律责任。主管税务机关对纳税人提供资料的完整性和增值税退税额计算的准确性进行审核。

第八条　主管税务机关受理退税申请后,查询纳税人的纳税信用等级,对符合信用条件的,审核计算应退增值税额,并按规定办理退税。

第九条　纳税人本期应退增值税额按以下公式计算:

本期应退增值税额 ＝ 本期所含月份每月应退增值税额之和

月应退增值税额 ＝ 纳税人本月安置残疾人员人数×本月月最低工资标准的 4 倍

月最低工资标准,是指纳税人所在区县(含县级市、旗)适用的经省(含自治区、直辖市、计划单列市)人民政府批准的月最低工资标准。

纳税人本期已缴增值税额小于本期应退税额不足退还的,可在本年度内以前纳税期已缴增值税额扣除已退增值税额的余额中退还,仍不足退还的可结转本年度内以后纳税期退还。年度已缴增值税额小于或等于年度应退税额的,退税额为年度已缴增值税额;年度已缴增值税额大于年度应退税额的,退税额为年度应退税额。年度已缴增值税额不足退还的,不得结转以后年度退还。

第十条　纳税人新安置的残疾人从签订劳动合同并缴纳社会保险的次月起计算,其他职工从录用的次月起计算;安置的残疾人和其他职工减少的,从减少当月计算。

第十一条　主管税务机关应于每年 2 月底之前,在其网站或办税服务厅,将本地区上一年度享受安置残疾人增值税优惠政策的纳税人信息,按下列项目予以公示:纳税人名称、纳税人识别号、法人代表、计算退税的残疾人职工人次等。

第十二条　享受促进残疾人就业增值税优惠政策的纳税人,对能证明或印证符合政策规定条件的相关材料负有留存备查义务。纳税人在税务机关后续管理中不能提供相关材料的,不得继续享受优惠政策。税务机关应追缴其相应纳税期内已享受的增值税退税,并依照税收征管法及其实施细则的有关规定处理。

第十三条　各地税务机关要加强税收优惠政策落实情况的后续管理,对纳税人进行定期或不定期检查。检查发现纳税人不符合财税〔2016〕52 号文件规定的,按有关规定予以处理。

第十四条　本办法实施前已办理税收优惠资格备案的纳税人,主管税务机关应检查其已备案资料是否满足本办法第三条规定,残疾人信息是否已按第四条规定录入信息系统,如有缺失,应要求纳税人补充报送备案资料,补录信息。

第十五条　各省、自治区、直辖市和计划单列市国家税务局,应定期或不定期在征管系统中对残疾人信息进行比对,发现异常的,按相关规定处理。

注释:根据《国家税务总局关于修改部分税收规范性文件的公告》(2018 年 6 月 15 日,国家税务总局公告 2018 年第 31 号)规定,自 2018 年 6 月 15 日起,本文第十五条中"国家税务局"修改为"税务局"。

第十六条　本办法自 2016 年 5 月 1 日起施行。

附件

安置残疾人纳税人申请增值税退税声明

纳税人名称:＿＿＿＿＿＿＿

纳税人识别号(统一社会信用代码):＿＿＿＿＿＿＿

申请即征即退税款所属期:

本纳税人符合《财政部　国家税务总局关于促进残疾人就业增值税优惠政策的通知》(财税〔2016〕52 号)享受增值税优惠政策条件,现声明如下:

1. 本纳税人本纳税期残疾人安置及占比情况如下表:

年份	月份	安置残疾人员人数	在职职工人数	安置残疾人占在职职工人数的比例

⋯⋯⋯（上表不够填写可另附页）

其中_____月安置残疾人占在职职工人数的比例均不低于 25%（含 25%），并且安置的残疾人人数不少于 10 人（含 10 人），盲人按摩机构安置的残疾人人数不少于 5 人（含 5 人）。

2. 本纳税人依法与安置的每位残疾人签订了一年以上（含一年）的劳动合同或服务协议。

3. 本纳税人按规定为安置的每位残疾人按月足额缴纳了社会保险。

4. 本纳税人通过银行等金融机构向安置的每位残疾人，按月支付了不低于本纳税人所在区县适用的经省级人民政府批准的月最低工资标准（_____元）的工资。

5. 安置的每位残疾人实际上岗工作，考勤记录健全。

6. 符合《财政部 国家税务总局关于促进残疾人就业增值税优惠政策的通知》（财税〔2016〕52 号）要求的其他条件。

以上声明根据实际经营情况作出，它是真实的、可靠的、完整的。

法人代表：

年 月 日

（纳税人签章）

说明：特殊教育学校举办的企业，声明内容不包括第 2、3、4 条内容。

国家税务总局办公厅关于《国家税务总局关于发布〈促进残疾人就业增值税优惠政策管理办法〉的公告》的解读

一、公告出台的背景

经国务院批准，财政部和国家税务总局印发了《关于促进残疾人就业增值税优惠政策的通知》（财税〔2016〕52 号），结合全面推开营改增试点，调整和完善了促进残疾人就业的增值税政策，提高了安置残疾人的增值税退税额度。为配合政策调整，按照行政审批制度改革要求，税务总局出台了《促进残疾人就业增值税优惠政策管理办法》（以下简称《办法》），以便于操作执行。

二、纳税人首次申请享受促进残疾人就业增值税优惠政策时，应向主管税务机关提供哪些资料？

《办法》明确，纳税人首次申请享受税收优惠政策，应向主管税务机关提供如下备案资料：（一）《税务资格备案表》；（二）安置的残疾人的《中华人民共和国残疾人证》或者《中华人民共和国残疾军人证（1 至 8 级）》复印件，注明与原件一致，并逐页加盖单位公章。安置精神残疾人的，提供精神残疾人同意就业的书面声明以及其法定监护人签字或印章的证明精神残疾人具有劳动条件和劳动意愿的书面材料；（三）安置的残疾人的身份证明复印件，注明与原件一致，并逐页加盖单位公章。

三、纳税人提供的备案资料发生变化,应如何处理?

《办法》规定,纳税人提供的备案资料发生变化的,应于发生变化之日起 15 日内就变化情况向主管税务机关办理备案。

四、纳税人申请退税时,需要报送哪些资料?

《办法》规定,纳税人申请退还增值税时,需报送如下资料:(一)《退(抵)税申请审批表》;(二)《安置残疾人纳税人申请增值税退税声明》;(三)当期为残疾人缴纳社会保险费凭证的复印件及由纳税人加盖公章确认的注明缴纳人员、缴纳金额、缴纳期间的明细表;(四)当期由银行等金融机构或纳税人加盖公章的按月为残疾人支付工资的清单。

特殊教育学校举办的企业,申请退还增值税时,不提供资料(三)、(四)。

国家税务总局关于民政福利企业税收优惠政策适用问题的批复

2016 年 11 月 15 日　税总函〔2016〕609 号

重庆市国家税务局:

你局《关于民政福利企业税收优惠政策适用问题的请示》(渝国税发〔2016〕149 号)收悉。经研究,批复如下:

《财政部　国家税务总局关于促进残疾人就业税收优惠政策的通知》(财税〔2007〕92 号)和《财政部　国家税务总局关于促进残疾人就业增值税优惠政策的通知》(财税〔2016〕52 号)的实质要求是一致的。

重庆驰成金属冶炼有限公司享受税收优惠政策,应对报送资料的真实性和合法性负责。

无论适用财税〔2007〕92 号文件还是财税〔2016〕52 号文件,如税务机关发现该企业存在"挂名未上岗"或其他情形导致不符合促进残疾人就业税收优惠政策适用条件的,应将其发生相应违法违规行为年度内实际享受到的减(退)税款全额追缴入库。

财政部　税务总局　民政部关于继续实施扶持自主就业退役士兵创业就业有关税收政策的通知

2017 年 6 月 12 日　财税〔2017〕46 号

各省、自治区、直辖市、计划单列市财政厅(局)、国家税务局、地方税务局、民政厅(局),新疆生产建设兵团财务局、民政局:

为扶持自主就业退役士兵创业就业,现将有关税收政策通知如下:

一、对自主就业退役士兵从事个体经营的,在 3 年内按每户每年 8 000 元为限额依次扣减其当年实际应缴纳的增值税、城市维护建设税、教育费附加、地方教育附加和个人所得税。限额标准最高可上浮 20%,各省、自治区、直辖市人民政府可根据本地区实际情况在此幅度内确定具体限额标准,并报财政部和税务总局备案。

纳税人年度应缴纳税款小于上述扣减限额的,以其实际缴纳的税款为限;大于上述扣减限额的,以上述扣减限额为限。纳税人的实际经营期不足一年的,应当以实际月份换算其减免税限额。换算公式为:

$$减免税限额 = 年度减免税限额 \div 12 \times 实际经营月数$$

纳税人在享受税收优惠政策的当月,持《中国人民解放军义务兵退出现役证》或《中国人民解放军士官退出现役证》以及税务机关要求的相关材料向主管税务机关备案。

二、对商贸企业、服务型企业、劳动就业服务企业中的加工型企业和街道社区具有加工性质的小型企业实体,在新增加的岗位中,当年新招用自主就业退役士兵,与其签订1年以上期限劳动合同并依法缴纳社会保险费的,在3年内按实际招用人数予以定额依次扣减增值税、城市维护建设税、教育费附加、地方教育附加和企业所得税优惠。定额标准为每人每年4 000元,最高可上浮50%,各省、自治区、直辖市人民政府可根据本地区实际情况在此幅度内确定具体定额标准,并报财政部和税务总局备案。

本条所称服务型企业是指从事《销售服务、无形资产、不动产注释》(《财政部 国家税务总局关于全面推开营业税改征增值税试点的通知》——财税〔2016〕36号附件)中"不动产租赁服务""商务辅助服务"(不含货物运输代理和代理报关服务)、"生活服务"(不含文化体育服务)范围内业务活动的企业以及按照《民办非企业单位登记管理暂行条例》(国务院令第251号)登记成立的民办非企业单位。

纳税人按企业招用人数和签订的劳动合同时间核定企业减免税总额,在核定减免税总额内每月依次扣减增值税、城市维护建设税、教育费附加和地方教育附加。纳税人实际应缴纳的增值税、城市维护建设税、教育费附加和地方教育附加小于核定减免税总额的,以实际应缴纳的增值税、城市维护建设税、教育费附加和地方教育附加为限;实际应缴纳的增值税、城市维护建设税、教育费附加和地方教育附加大于核定减免税总额的,以核定减免税总额为限。

纳税年度终了,如果企业实际减免的增值税、城市维护建设税、教育费附加和地方教育附加小于核定的减免税总额,企业在企业所得税汇算清缴时扣减企业所得税。当年扣减不完的,不再结转以后年度扣减。计算公式为:

$$企业减免税总额 = \sum 每名自主就业退役士兵本年度在本企业工作月份 \div 12 \times 定额标准$$

企业自招用自主就业退役士兵的次月起享受税收优惠政策,并于享受税收优惠政策的当月,持下列材料向主管税务机关备案:1. 新招用自主就业退役士兵的《中国人民解放军义务兵退出现役证》或《中国人民解放军士官退出现役证》;2. 企业与新招用自主就业退役士兵签订的劳动合同(副本),企业为职工缴纳的社会保险费记录;3. 自主就业退役士兵本年度在企业工作时间表(见附件);4. 主管税务机关要求的其他相关材料。

三、本通知所称自主就业退役士兵是指依照《退役士兵安置条例》(国务院、中央军委令第608号)的规定退出现役并按自主就业方式安置的退役士兵。

四、本通知的执行期限为2017年1月1日至2019年12月31日。本通知规定的税收优惠政策按照备案减免税管理,纳税人应向主管税务机关备案。税收优惠政策在2019年12月31日未享受满3年的,可继续享受至3年期满为止。

对《财政部 国家税务总局关于全面推开营业税改征增值税试点的通知》(财税〔2016〕36号)附件3第三条第(一)项政策,纳税人在2016年12月31日未享受满3年的,可按现行政策继续享受至3年期满为止。

五、如果企业招用的自主就业退役士兵既适用本通知规定的税收优惠政策,又适用其他扶持就业的专项税收优惠政策,企业可选择适用最优惠的政策,但不能重复享受。

各地财政、税务、民政部门要加强领导、周密部署,把扶持自主就业退役士兵创业就业工作作为一项重要任务,主动做好政策宣传和解释工作,加强部门间的协调配合,确保政策落实到位。同时,要密切关注税收政策的执行情况,对发现的问题及时逐级向财政部、税务总局、民政部反映。

附件:自主就业退役士兵本年度在企业工作时间表(样式)(略)

 财政部 税务总局 人力资源社会保障部 国务院扶贫办关于进一步支持和促进重点群体创业就业有关税收政策的通知

2019 年 2 月 2 日 财税〔2019〕22 号

各省、自治区、直辖市、计划单列市财政厅(局)、人力资源社会保障厅(局)、扶贫办,国家税务总局各省、自治区、直辖市、计划单列市税务局,新疆生产建设兵团财政局、人力资源社会保障局、扶贫办:

为进一步支持和促进重点群体创业就业,现将有关税收政策通知如下:

一、建档立卡贫困人口、持《就业创业证》(注明"自主创业税收政策"或"毕业年度内自主创业税收政策")或《就业失业登记证》(注明"自主创业税收政策")的人员,从事个体经营的,自办理个体工商户登记当月起,在 3 年(36 个月,下同)内按每户每年 12 000 元为限额依次扣减其当年实际应缴纳的增值税、城市维护建设税、教育费附加、地方教育附加和个人所得税。限额标准最高可上浮 20%,各省、自治区、直辖市人民政府可根据本地区实际情况在此幅度内确定具体限额标准。

纳税人年度应缴纳税款小于上述扣减限额的,减免税额以其实际缴纳的税款为限;大于上述扣减限额的,以上述扣减限额为限。

上述人员具体包括:1. 纳入全国扶贫开发信息系统的建档立卡贫困人口;2. 在人力资源社会保障部门公共就业服务机构登记失业半年以上的人员;3. 零就业家庭、享受城市居民最低生活保障家庭劳动年龄内的登记失业人员;4. 毕业年度内高校毕业生。高校毕业生是指实施高等学历教育的普通高等学校、成人高等学校应届毕业的学生;毕业年度是指毕业所在自然年,即 1 月 1 日至 12 月 31 日。

二、企业招用建档立卡贫困人口,以及在人力资源社会保障部门公共就业服务机构登记失业半年以上且持《就业创业证》或《就业失业登记证》(注明"企业吸纳税收政策")的人员,与其签订 1 年以上期限劳动合同并依法缴纳社会保险费的,自签订劳动合同并缴纳社会保险当月起,在 3 年内按实际招用人数予以定额依次扣减增值税、城市维护建设税、教育费附加、地方教育附加和企业所得税优惠。定额标准为每人每年 6 000 元,最高可上浮 30%,各省、自治区、直辖市人民政府可根据本地区实际情况在此幅度内确定具体定额标准。城市维护建设税、教育费附加、地方教育附加的计税依据是享受本项税收优惠政策前的增值税应纳税额。

按上述标准计算的税收扣减额应在企业当年实际应缴纳的增值税、城市维护建设税、教育费附加、地方教育附加和企业所得税税额中扣减,当年扣减不完的,不得结转下年使用。

本通知所称企业是指属于增值税纳税人或企业所得税纳税人的企业等单位。

三、国务院扶贫办在每年 1 月 15 日前将建档立卡贫困人口名单及相关信息提供给人力资源社会保障部、税务总局,税务总局将相关信息转发给各省、自治区、直辖市税务部门。人力资源社会保障部门依托全国扶贫开发信息系统核实建档立卡贫困人口身份信息。

四、企业招用就业人员既可以适用本通知规定的税收优惠政策,又可以适用其他扶持就业专项税收优惠政策的,企业可以选择适用最优惠的政策,但不得重复享受。

五、本通知规定的税收政策执行期限为2019年1月1日至2021年12月31日。纳税人在2021年12月31日享受本通知规定税收优惠政策未满3年的,可继续享受至3年期满为止。《财政部 税务总局 人力资源社会保障部关于继续实施支持和促进重点群体创业就业有关税收政策的通知》(财税〔2017〕49号)自2019年1月1日起停止执行。

本通知所述人员,以前年度已享受重点群体创业就业税收优惠政策满3年的,不得再享受本通知规定的税收优惠政策;以前年度享受重点群体创业就业税收优惠政策未满3年且符合本通知规定条件的,可按本通知规定享受优惠至3年期满。

各地财政、税务、人力资源社会保障部门、扶贫办要加强领导、周密部署,把大力支持和促进重点群体创业就业工作作为一项重要任务,主动做好政策宣传和解释工作,加强部门间的协调配合,确保政策落实到位。同时,要密切关注税收政策的执行情况,对发现的问题及时逐级向财政部、税务总局、人力资源社会保障部、国务院扶贫办反映。

国家税务总局 人力资源社会保障部 国务院扶贫办 教育部关于实施支持和促进重点群体创业就业有关税收政策具体操作问题的公告

2019年2月26日 国家税务总局公告2019年第10号

为贯彻落实《财政部 税务总局 人力资源社会保障部 国务院扶贫办关于进一步支持和促进重点群体创业就业有关税收政策的通知》(财税〔2019〕22号)精神,现就具体操作问题公告如下:

一、重点群体个体经营税收政策

(一)申请

1.建档立卡贫困人口从事个体经营的,向主管税务机关申报纳税时享受优惠。

2.登记失业半年以上的人员,零就业家庭、享受城市居民最低生活保障家庭劳动年龄的登记失业人员,以及毕业年度内高校毕业生,可持《就业创业证》(或《就业失业登记证》,下同)、个体工商户登记执照(未完成"两证整合"的还须持《税务登记证》)向创业地县以上(含县级,下同)人力资源社会保障部门提出申请。县以上人力资源社会保障部门应当按照财税〔2019〕22号文件的规定,核实其是否享受过重点群体创业就业税收优惠政策。对符合财税〔2019〕22号文件规定条件的人员在《就业创业证》上注明"自主创业税收政策"或"毕业年度内自主创业税收政策"。

(二)税款减免顺序及额度

重点群体从事个体经营的,按照财税〔2019〕22号文件第一条的规定,在年度减免税限额内,依次扣减增值税、城市维护建设税、教育费附加、地方教育附加和个人所得税。城市维护建设税、教育费附加、地方教育附加的计税依据是享受本项税收优惠政策前的增值税应纳税额。

纳税人的实际经营期不足1年的,应当以实际月数换算其减免税限额。换算公式为:减免税限额=年度减免税限额÷12×实际经营月数。

纳税人实际应缴纳的增值税、城市维护建设税、教育费附加、地方教育附加和个人所得税小于减免税限额的,以实际应缴纳的增值税、城市维护建设税、教育费附加、地方教育附加和个人所得税税额为限;实际应缴纳的增值税、城市维护建设税、教育费附加、地方教育附加和个人所得税大于减免税限额的,以减免税限额为限。

（三）税收减免管理

登记失业半年以上的人员,零就业家庭、城市低保家庭的登记失业人员,以及毕业年度内高校毕业生享受本项税收优惠的,由其留存《就业创业证》(注明"自主创业税收政策"或"毕业年度内自主创业税收政策")备查,建档立卡贫困人口无需留存资料备查。

二、企业招用重点群体税收政策

（一）申请

享受招用重点群体就业税收优惠政策的企业,持下列材料向县以上人力资源社会保障部门递交申请:

1. 招用人员持有的《就业创业证》(建档立卡贫困人口不需提供)。

2. 企业与招用重点群体签订的劳动合同(副本),企业依法为重点群体缴纳的社会保险记录。通过内部信息共享、数据比对等方式审核的地方,可不再要求企业提供缴纳社会保险记录。

县以上人力资源社会保障部门接到企业报送的材料后,重点核实以下情况:

1. 招用人员是否属于享受税收优惠政策的人员范围,以前是否已享受过重点群体创业就业税收优惠政策。

2. 企业是否与招用人员签订了1年以上期限劳动合同,并依法为招用人员缴纳社会保险。

核实后,对持有《就业创业证》的重点群体,在其《就业创业证》上注明"企业吸纳税收政策";对符合条件的企业核发《企业吸纳重点群体就业认定证明》。

招用人员发生变化的,应向人力资源社会保障部门办理变更申请。

本公告所称企业是指属于增值税纳税人或企业所得税纳税人的企业等单位。

（二）税款减免顺序及额度

1. 纳税人按本单位招用重点群体的人数及其实际工作月数核算本单位减免税总额,在减免税总额内每月依次扣减增值税、城市维护建设税、教育费附加和地方教育附加。城市维护建设税、教育费附加、地方教育附加的计税依据是享受本项税收优惠政策前的增值税应纳税额。

纳税人实际应缴纳的增值税、城市维护建设税、教育费附加和地方教育附加小于核算的减免税总额的,以实际应缴纳的增值税、城市维护建设税、教育费附加、地方教育附加为限;实际应缴纳的增值税、城市维护建设税、教育费附加和地方教育附加大于核算的减免税总额的,以核算的减免税总额为限。纳税年度终了,如果纳税人实际减免的增值税、城市维护建设税、教育费附加和地方教育附加小于核算的减免税总额,纳税人在企业所得税汇算清缴时,以差额部分扣减企业所得税。当年扣减不完的,不再结转以后年度扣减。

享受优惠政策当年,重点群体人员工作不满1年的,应当以实际月数换算其减免税总额。

$$减免税总额 = \sum 每名重点群体人员本年度在本企业工作月数 \div 12 \times 具体定额标准$$

2. 第2年及以后年度当年新招用人员、原招用人员及其工作时间按上述程序和办法执行。计算每名重点群体人员享受税收优惠政策的期限最长不超过36个月。

（三）税收减免管理

企业招用重点群体享受本项优惠的，由企业留存以下材料备查：

1. 享受税收优惠政策的登记失业半年以上的人员，零就业家庭、城市低保家庭的登记失业人员，以及毕业年度内高校毕业生的《就业创业证》（注明"企业吸纳税收政策"）。

2. 县以上人力资源社会保障部门核发的《企业吸纳重点群体就业认定证明》。

3. 《重点群体人员本年度实际工作时间表》（见附件）。

三、凭《就业创业证》享受上述优惠政策的人员，按以下规定申领《就业创业证》

（一）失业人员在常住地公共就业服务机构进行失业登记，申领《就业创业证》。对其中的零就业家庭、城市低保家庭的登记失业人员，公共就业服务机构应在其《就业创业证》上予以注明。

（二）毕业年度内高校毕业生在校期间凭学生证向公共就业服务机构申领《就业创业证》，或委托所在高校就业指导中心向公共就业服务机构代为申领《就业创业证》；毕业年度内高校毕业生离校后可凭毕业证直接向公共就业服务机构按规定申领《就业创业证》。

四、税收优惠政策管理

（一）严格各项凭证的审核发放。任何单位或个人不得伪造、涂改、转让、出租相关凭证，违者将依法予以惩处；对出借、转让《就业创业证》的人员，主管人力资源社会保障部门要收回其《就业创业证》并记录在案；对采取上述手段已经获取减免税的企业和个人，主管税务机关要追缴其已减免的税款，并依法予以处理。

（二）《就业创业证》采用实名制，限持证者本人使用。创业人员从事个体经营的，《就业创业证》由本人保管；被用人单位招用的，享受税收优惠政策期间，证件由用人单位保管。《就业创业证》由人力资源社会保障部统一样式，各省、自治区、直辖市人力资源社会保障部门负责印制，作为审核劳动者就业失业状况和享受政策情况的有效凭证。

（三）《企业吸纳重点群体就业认定证明》由人力资源社会保障部统一样式，各省、自治区、直辖市人力资源社会保障部门统一印制，统一编号备案，相关信息由当地人力资源社会保障部门按需提供给税务部门。

（四）县以上人力资源社会保障、税务部门及扶贫办要建立劳动者就业信息交换和协查制度。人力资源社会保障部建立全国《就业创业证》查询系统（http://jyjc.mohrss.gov.cn），供各级人力资源社会保障、财政、税务部门查询《就业创业证》信息。国务院扶贫办建立全国统一的全国扶贫开发信息系统，供各级扶贫办、人力资源社会保障、财政、税务部门查询建档立卡贫困人口身份等相关信息。

（五）各级税务机关对《就业创业证》或建档立卡贫困人口身份有疑问的，可提请同级人力资源社会保障部门、扶贫办予以协查，同级人力资源社会保障部门、扶贫办应根据具体情况规定合理的工作时限，并在时限内将协查结果通报提请协查的税务机关。

五、本公告自 2019 年 1 月 1 日起施行。《国家税务总局 财政部 人力资源社会保障部 教育部 民政部关于继续实施支持和促进重点群体创业就业有关税收政策具体操作问题的公告》（国家税务总局公告 2017 年第 27 号）同时废止。

特此公告。

附件

重点群体人员本年度实际工作时间表(样表)

企业名称(盖章): 　　　　　　　　　　　年度:

序号	招用人员姓名	身份证号码	证件编号	类型(1)(2)(3)(4)	在本企业工作时间(单位:月)

注:

1. 类型包括:

(1) 纳入全国扶贫开发信息系统的农村建档立卡贫困人员;

(2) 在人力资源社会保障部门公共就业服务机构登记失业半年以上人员;

(3) 零就业家庭、享受城市居民最低生活保障家庭劳动年龄内的登记失业人员;

(4) 毕业年度内高校毕业生。

2. 上述(1)类人员不需填写证件编号,其他类型人员填写《就业创业证》编号。

国家税务总局办公厅关于《国家税务总局 人力资源社会保障部 国务院扶贫办 教育部关于实施支持和促进重点群体创业就业有关税收政策具体操作问题的公告》的解读

近日,国家税务总局、人力资源社会保障部、国务院扶贫办、教育部印发了《关于实施支持和促进重点群体创业就业有关税收政策具体操作问题的公告》(国家税务总局公告 2019 年第 10 号,以下简称《公告》)。现解读如下:

一、背景情况

就业是 13 亿多人口最大的民生,也是经济发展最基本的支撑。党中央、国务院坚持把就业放在经济社会发展的优先位置。为进一步支持和促进重点群体创业就业,财政部、税务总局、人力资源社会保障部、国务院扶贫办联合印发了《关于进一步支持和促进重点群体创业就业有关税收政策的通知》(财税〔2019〕22 号),调整和完善了相关政策内容:

一是提高扣减标准。将登记失业半年以上的人员,零就业家庭、享受城市居民最低生活保障家庭劳动年龄内的登记失业人员,高校毕业生,农村建档立卡贫困人口等重点群体从事个体经营扣减税款的标准由每户每年 8 000 元提高到每户每年 12 000 元。将企业招用重点群体人员扣减标准由每人每年 4 000 元提高到每人每年 6 000 元。

二是取消行业限制。将享受优惠的招用重点群体就业企业的行业范围由商贸企业、服务型企业、劳动就业服务企业中的加工型企业和街道社区具有加工性质的小型企业实体,放宽到所有增值税纳税人或企业所得税纳税人的企业等单位,为各市场主体吸纳就业提供统一的税收政策。

二、享受优惠政策方式

《公告》明确了个体经营和企业招用重点群体适用税收优惠政策的方式:

（一）个体经营享受税收优惠

建档立卡贫困人口从事个体经营的，自行申报纳税并享受税收优惠。

登记失业半年以上的人员，零就业家庭、城市低保家庭的登记失业人员，以及毕业年度内高校毕业生，可持《就业创业证》（或《就业失业登记证》，下同）、个体工商户登记执照（未完成"两证整合"的还须持《税务登记证》）向创业地县以上（含县级，下同）人力资源社会保障部门提出申请。符合条件的人员从事个体经营的，自行申报纳税并享受税收优惠。

（二）企业吸纳重点群体就业享受税收优惠

享受招用重点群体就业税收优惠政策的企业，向县以上人力资源社会保障部门递交申请。人力资源社会保障部门经核实后，对持有《就业创业证》的重点群体，在其《就业创业证》上注明"企业吸纳税收政策"；对符合条件的企业核发《企业吸纳重点群体就业认定证明》。

符合条件的企业自行申报纳税并享受税收优惠。

三、管理方式

《公告》将优惠政策管理方式由备案改为备查：

建档立卡贫困人口从事个体经营享受优惠的，直接向主管税务机关申报纳税时享受优惠，无备查材料留存；登记失业半年以上的人员，零就业家庭、享受城市居民最低生活保障家庭劳动年龄内的登记失业人员，高校毕业生从事个体经营享受优惠的，留存《就业创业证》备查；招用重点群体就业的企业享受优惠的，留存《就业创业证》《企业吸纳重点群体就业认定证明》《重点群体人员本年度实际工作时间表》备查。

（四）其他税收优惠

财政部　国家税务总局关于继续执行边销茶增值税政策的通知

2011 年 12 月 7 日　财税〔2011〕89 号

各省、自治区、直辖市、计划单列市财政厅（局）、国家税务局，新疆生产建设兵团财务局：

经国务院批准，继续对企业生产和销售的边销茶执行免征增值税政策，现将有关政策通知如下：

一、自 2011 年 1 月 1 日起至 2015 年 12 月 31 日，对边销茶生产企业（企业名单见附件）销售自产的边销茶及经销企业销售的边销茶免征增值税。

本通知所称边销茶，是指以黑毛茶、老青茶、红茶末、绿茶为主要原料，经过发酵、蒸制、加压或者压碎、炒制，专门销往边疆少数民族地区的紧压茶、方包茶（马茶）。

二、纳税人销售享受本通知规定增值税免税政策的边销茶，如果已向购买方开具了增值税专用发票，应将专用发票追回后方可申请办理免税。凡使用增值税专用发票无法追回的，一律照章征收增值税，不予免税。

三、《财政部　国家税务总局关于民贸企业和边销茶有关增值税政策的通知》（财税〔2009〕141 号）到期废止。

附件：适用增值税免税政策的边销茶生产企业名单（略）

财政部 国家税务总局关于免征储备大豆增值税政策的通知

2014 年 5 月 8 日 财税〔2014〕38 号

各省、自治区、直辖市、计划单列市财政厅(局)、国家税务局,新疆生产建设兵团财务局:

经国务院批准,现就储备大豆增值税政策通知如下:

一、《财政部 国家税务总局关于粮食企业增值税征免问题的通知》(财税字〔1999〕198号)第一条规定的增值税免税政策适用范围由粮食扩大到粮食和大豆,并可对免税业务开具增值税专用发票。

二、本通知自 2014 年 5 月 1 日起执行。本通知执行前发生的大豆销售行为,税务机关已处理的,不再调整;尚未处理的,按本通知第一条规定执行。

 财政部 国家税务总局关于延长边销茶增值税政策执行期限的通知

2016 年 7 月 25 日 财税〔2016〕73 号

各省、自治区、直辖市、计划单列市财政厅(局)、国家税务局、地方税务局,新疆生产建设兵团财务局:

经国务院批准,《财政部 国家税务总局关于继续执行边销茶增值税政策的通知》(财税〔2011〕89 号)规定的增值税政策继续执行至 2018 年 12 月 31 日。

文到之日前,已征的按照本通知规定应予免征的增值税,可抵减纳税人以后月份应缴纳的增值税或予以退还。

 财政部 税务总局关于公共租赁住房税收优惠政策的公告

2019 年 4 月 15 日 财政部 国家税务总局公告 2019 年第 61 号

为继续支持公共租赁住房(以下称公租房)建设和运营,现将有关税收优惠政策公告如下:

一、对公租房建设期间用地及公租房建成后占地,免征城镇土地使用税。在其他住房项目中配套建设公租房,按公租房建筑面积占总建筑面积的比例免征建设、管理公租房涉及的城镇土地使用税。

二、对公租房经营管理单位免征建设、管理公租房涉及的印花税。在其他住房项目中配套建设公租房,按公租房建筑面积占总建筑面积的比例免征建设、管理公租房涉及的印花税。

三、对公租房经营管理单位购买住房作为公租房,免征契税、印花税;对公租房租赁双方免征签订租赁协议涉及的印花税。

四、对企事业单位、社会团体以及其他组织转让旧房作为公租房房源,且增值额未超过扣除项目金额 20% 的,免征土地增值税。

五、企事业单位、社会团体以及其他组织捐赠住房作为公租房,符合税收法律法规规定的,对其公益性捐赠支出在年度利润总额 12% 以内的部分,准予在计算应纳税所得额时扣除,超过年度利润总额 12% 的部分,准予结转以后三年内在计算应纳税所得额时扣除。

个人捐赠住房作为公租房,符合税收法律法规规定的,对其公益性捐赠支出未超过其申报的应纳税所得额 30％的部分，准予从其应纳税所得额中扣除。

六、对符合地方政府规定条件的城镇住房保障家庭从地方政府领取的住房租赁补贴，免征个人所得税。

七、对公租房免征房产税。对经营公租房所取得的租金收入，免征增值税。公租房经营管理单位应单独核算公租房租金收入，未单独核算的，不得享受免征增值税、房产税优惠政策。

八、享受上述税收优惠政策的公租房是指纳入省、自治区、直辖市、计划单列市人民政府及新疆生产建设兵团批准的公租房发展规划和年度计划，或者市、县人民政府批准建设（筹集），并按照《关于加快发展公共租赁住房的指导意见》（建保〔2010〕87号）和市、县人民政府制定的具体管理办法进行管理的公租房。

九、纳税人享受本公告规定的优惠政策，应按规定进行免税申报，并将不动产权属证明、载有房产原值的相关材料、纳入公租房及用地管理的相关材料、配套建设管理公租房相关材料、购买住房作为公租房相关材料、公租房租赁协议等留存备查。

十、本公告执行期限为 2019 年 1 月 1 日至 2020 年 12 月 31 日。

三、鼓励高新技术

（一）科技发展

234 财政部 国家税务总局关于贯彻落实《中共中央 国务院关于加强技术创新，发展高科技，实现产业化的决定》有关税收问题的通知

1999 年 11 月 2 日 财税字〔1999〕273 号

为了贯彻落实《中共中央 国务院关于加强技术创新，发展高科技，实现产业化的决定》（中发〔1999〕14 号）的精神，鼓励技术创新和高新技术企业的发展，现对有关税收问题通知如下：

一、关于增值税

（一）一般纳税人销售其自行开发生产的计算机软件产品，可按法定 17％的税率征收后，对实际税负超过 6％的部分实行即征即退。

注释：根据《国务院关于印发鼓励软件产业和集成电路产业发展若干政策的通知》（2000 年 6 月 24 日，国发〔2000〕18 号）第五条规定，本文第一条第（一）项，自 2000 年 6 月 24 日已失效或废止。

（二）属生产企业的小规模纳税人，生产销售计算机软件按 6％的征收率计算缴纳增值税；属商业企业的小规模纳税人，销售计算机软件按 4％的征收率计算缴纳增值税，并可由税务机关分别按不同的征收率代开增值税发票。

注释：根据《中华人民共和国增值税暂行条例》(2008年11月10日)第十二条规定："小规模纳税人增值税征收率为3%。" 本法规第一条第(二)项相应征收率从2009年1月1日更改为3%。

(三)对随同计算机网络、计算机硬件、机器设备等一并销售的软件产品,应当分别核算销售额。如果未分别核算或核算不清,按照计算机网络或计算机硬件以及机器设备等的适用税率征收增值税,不予退税。

(四)计算机软件产品是指记载有计算机程序及其有关文档的存储介质(包括软盘、硬盘、光盘等)。对经过国家版权局注册登记,在销售时一并转让著作权、所有权的计算机软件征收营业税,不征收增值税。

注释：根据《财政部　国家税务总局关于软件产品增值税政策的通知》(2011年10月13日,财税〔2011〕100号)规定,本文第一条自2011年1月1日起废止。

二、关于营业税

(一)对单位和个人(包括外商投资企业、外商投资设立的研究开发中心、外国企业和外籍个人)从事技术转让、技术开发业务和与之相关的技术咨询、技术服务业务取得的收入,免征营业税。

技术转让是指转让者将其拥有的专利和非专利技术的所有权或使用权有偿转让他人的行为。

技术开发是指开发者接受他人委托,就新技术、新产品、新工艺或者新材料及其系统进行研究开发的行为。

技术咨询是指就特定技术项目提供可行性论证、技术预测、专题技术调查、分析评价报告等。

与技术转让、技术开发相关的技术咨询、技术服务业务是指转让方(或受托方)根据技术转让或开发合同的规定,为帮助受让方(或委托方)掌握所转让(或委托开发)的技术,而提供的技术咨询、技术服务业务。且这部分技术咨询、服务的价款与技术转让(或开发)的价款是开在同一张发票上的。

(二)免征营业税的技术转让、开发的营业额为：

1. 以图纸、资料等为载体提供已有技术或开发成果的,其免税营业额为向对方收取的全部价款和价外费用。

2. 以样品、样机、设备等货物为载体提供已有技术或开发成果的,其免税营业额不包括货物的价值。对样品、样机、设备等货物,应当按有关规定征收增值税。转让方(或受托方)应分别反映货物的价值与技术转让、开发的价值,如果货物部分价格明显偏低,应按《中华人民共和国增值税暂行条例实施细则》第16条的规定,由主管税务机关核定计税价格。

3. 提供生物技术时附带提供的微生物菌种母本和动、植物新品种,应包括在免征营业税的营业额内。但批量销售的微生物菌种,应当征收增值税。

(三)免税的审批程序

1. 纳税人从事技术转让、开发业务申请免征营业税时,须持技术转让、开发的书面合同,到纳税人所在地省级科技主管部门进行认定,再持有关的书面合同和科技主管部门审核意见证明报当地省级主管税务机关审核。

注释：根据《国家税务总局关于取消"单位和个人从事技术转让、技术开发业务免征营业税审批"后有关税收管理问题的通知》(2004年6月25日,国税函〔2004〕825号)规定,本文第二条第三款有关"纳税人从事技术转让,开发业务申请免征营业税时,须持技术转让,开发的书面合同,到纳税人所在地省级科技主管部门进行认定,再持有关的书面合同和科技主管部门审核意见证明报当地省级主管税务机关审核"予以取消。取消审核手续后,纳税人的技术转让、技术开发的书面合同仍应到省级科技主管部门进行认定,并将认定后的合同及有关证明材料文件报主管地方税务局备查。

外国企业和外籍个人从境外向中国境内转让技术需要免征营业税的,需提供技术转让或技术开发书面合同、纳税人或其授权人书面申请以及技术受让方所在地的省级科技主管部门审核意见证明,经省级税务主管机关审核后,层报国家税务总局批准。

注释: 根据《国家税务总局关于取消及下放外商投资企业和外国企业以及外籍个人若干税务行政审批项目的后续管理问题的通知》(2004年6月25日,国税发〔2004〕80号)规定,本条"外国企业和外籍个人向我国境内转让技术取得收入,经申请,层报国家税务总局审核批准后,可以免征营业税。"上述审批取消后,国内受让方应就支付上述技术转让费保留以下资料,以备税务机关检查。

1. 国家主管部门批准的技术转让许可文件。

2. 技术转让合同。

外国企业和外籍个人向我国境内转让技术时,同时转让商标使用权的,应在合同中分别规定技术转让费和商标使用费的价款,对没有规定商标使用费的、或者规定明显偏低的,应按不低于合同总价款的50%核定为商标使用费,计算征税营业税。未经国家主管部门批准的技术转让合同,其所支付的费用不得作为技术转让费给予免税,而应按照一般劳务费适用有关税务处理规定。

2. 在科技和税务部门审核批准以前,纳税人应当先按有关规定缴纳营业税,待科技、税务部门审核后,再从以后应纳的营业税款中抵交,如以后一年内未发生应纳营业税的行为,或其应纳税款不足以抵顶免税额的,纳税人可向负责征收的税务机关申请办理退税。

三、关于所得税

(一)对社会力量,包括企业单位(不含外商投资企业和外国企业)、事业单位、社会团体、个人和个体工商户(下同),资助非关联的科研机构和高等学校研究开发新产品、新技术、新工艺所发生的研究开发经费,经主管税务机关审核确定,其资助支出可以全额在当年度应纳税所得额中扣除。当年度应纳税所得额不足抵扣的,不得结转抵扣。

非关联的科研机构和高等学校是指,不是资助企业所属或投资的,并且其科研成果不是唯一提供给资助企业的科研机构和高等学校。

企业向所属的科研机构和高等学校提供的研究开发经费资助支出,不实行抵扣应纳税所得额办法。

企业等社会力量向科研机构和高等学校资助研究开发经费,申请抵扣应纳税所得额时,须提供科研机构和高等学校开具的研究开发项目计划、资金收款证明及其他税务机关要求提供的相关资料,不能提供相关资料的,税务机关可不予受理。

(二)软件开发企业实际发放的工资总额,在计算应纳税所得额时准予扣除。

四、关于外商投资企业和外国企业所得税

外商投资企业和外国企业资助非关联科研机构和高等学校研究开发经费,参照《中华人民共和国外商投资企业和外国企业所得税法》中有关捐赠的税务处理办法,可以在资助企业计算企业应纳税所得税额时全额扣除。

五、关于进出口税收

（一）对企业（包括外商投资企业、外国企业）为生产《国家高新技术产品目录》的产品而进口所需的自用设备及按照合同随设备进口的技术及配套件、备件，除按照国发〔1997〕37号文件规定《国内投资项目不予免税的进口商品目录》所列商品外，免征关税和进口环节增值税。

（二）对企业（包括外商投资企业、外国企业）引进属于《国家高新技术产品目录》所列的先进技术，按合同规定向境外支付的软件费，免征关税和进口环节增值税。

软件费是指进口货物的纳税义务人为在境内制造、使用、出版、发生或者播映该项货物的技术和内容，向境外卖方支付的专利费、商标费以及专有技术、计算机软件和资料等费用。

（三）对列入科技部、外经贸部《中国高新技术商品出口目录》的产品，凡出口退税率未达到征税率的，经国家税务总局核准，产品出口后，可按征税率及现行出口退税管理规定办理退税。

六、科研机构转制问题

（一）中央直属科研机构以及省、地（市）所属的科研机构转制后，自1999年至2003年5年内，免征企业所得税和科研开发自用土地的城镇土地使用税。

本条所指科研机构不包括：已经转制和已并入企业的科研机构，以及所有从事社会科学研究的科研机构。

（二）享受上述税收优惠政策的科研机构，需持转制变更后的企业工商登记材料报当地主管税务机关，并按规定办理有关减免税手续。

七、本通知自1999年10月1日起开始执行。

国家税务总局关于北京爱立信移动通信有限公司转让软件使用权征收增值税问题的批复

2000年3月23日　国税函〔2000〕209号

北京市国家税务局：

你局《关于对北京爱立信移动通信有限公司转让软件使用权征收增值税问题的请示》（京国税流〔2000〕122号）收悉。北京爱立信移动通信有限公司生产销售移动电话、基站等产品并提供配套软件，所提供的软件按单独签订的软件销售合同向客户转让软件使用权。对该公司转让软件使用权取得的收入是否征收增值税问题，经研究，根据财政部、国家税务总局《关于贯彻落实〈中共中央、国务院关于加强技术创新，发展高科技，实现产业化的决定〉有关税收问题的通知》（财税字〔1999〕273号）第一条第（四）项的法规，该公司所转让的软件使用权应按照计算机软件产品确定征税，如不属于经国家版权局注册登记并转让著作权、所有权的销售行为，应照章征收增值税。

国家税务总局关于增值税一般纳税人销售软件产品向购买方收取的培训费等费用享受增值税即征即退政策的批复

2004年5月12日　国税函〔2004〕553号

北京市国家税务局：

你局《关于增值税一般纳税人销售软件产品向购买方收取培训费、维护费等价外费用可否享受增值税即征即退政策的请示》(京国税发〔2003〕32号)收悉。现批复如下：

增值税一般纳税人在销售软件产品的同时向购买方收取的培训费、维护费等费用，应按现行规定征收增值税，也应享受软件产品增值税即征即退的政策。

财政部　国家税务总局关于继续执行光伏发电增值税政策的通知

2016年7月25日　财税〔2016〕81号

各省、自治区、直辖市、计划单列市财政厅（局）、国家税务局，新疆生产建设兵团财务局：

经国务院批准，继续对光伏发电实行增值税优惠政策，现将有关事项通知如下：

自2016年1月1日至2018年12月31日，对纳税人销售自产的利用太阳能生产的电力产品，实行增值税即征即退50％的政策。文到之日前，已征的按本通知规定应予退还的增值税，可抵减纳税人以后月份应缴纳的增值税或予以退还。

请遵照执行。

财政部　国家税务总局关于科技企业孵化器税收政策的通知

2016年8月11日　财税〔2016〕89号

各省、自治区、直辖市、计划单列市财政厅（局）、国家税务局、地方税务局，新疆生产建设兵团财务局：

经国务院批准，现就科技企业孵化器（含众创空间，以下简称孵化器）有关税收政策通知如下：

一、自2016年1月1日至2018年12月31日，对符合条件的孵化器自用以及无偿或通过出租等方式提供给孵化企业使用的房产、土地，免征房产税和城镇土地使用税；自2016年1月1日至2016年4月30日，对其向孵化企业出租场地、房屋以及提供孵化服务的收入，免征营业税；在营业税改征增值税试点期间，对其向孵化企业出租场地、房屋以及提供孵化服务的收入，免征增值税。

二、符合非营利组织条件的孵化器的收入，按照企业所得税法及其实施条例和有关税收政策规定享受企业所得税优惠政策。

三、享受本通知规定的房产税、城镇土地使用税以及营业税、增值税优惠政策的孵化器，应同时符合以下条件：

（一）孵化器需符合国家级科技企业孵化器条件。国务院科技行政主管部门负责发布国家级科技企业孵化器名单。

（二）孵化器应将面向孵化企业出租场地、房屋以及提供孵化服务的业务收入在财务上单独核算。

（三）孵化器提供给孵化企业使用的场地面积（含公共服务场地）应占孵化器可自主支配场地面积的75％以上（含75％）。孵化企业数量应占孵化器内企业总数量的75％以上（含75％）。

公共服务场地是指孵化器提供给孵化企业共享的活动场所，包括公共餐厅、接待室、会议室、展示室、活动室、技术检测室和图书馆等非营利性配套服务场地。

四、本通知所称"孵化企业"应当同时符合以下条件：

（一）企业注册地和主要研发、办公场所必须在孵化器的孵化场地内。

（二）新注册企业或申请进入孵化器前企业成立时间不超过 2 年。

（三）企业在孵化器内孵化的时间不超过 48 个月。纳入"创新人才推进计划"及"海外高层次人才引进计划"的人才或从事生物医药、集成电路设计、现代农业等特殊领域的创业企业，孵化时间不超过 60 个月。

（四）符合《中小企业划型标准规定》所规定的小型、微型企业划型标准。

（五）单一在孵企业入驻时使用的孵化场地面积不大于 1 000 平方米。从事航空航天等特殊领域的在孵企业，不大于 3 000 平方米。

（六）企业产品（服务）属于科学技术部、财政部、国家税务总局印发的《国家重点支持的高新技术领域》规定的范围。

五、本通知所称"孵化服务"是指为孵化企业提供的属于营业税"服务业"税目中"代理业""租赁业"和"其他服务业"中的咨询和技术服务范围内的服务，改征增值税后是指为孵化企业提供的"经纪代理""经营租赁""研发和技术""信息技术"和"鉴证咨询"等服务。

六、省级科技行政主管部门负责定期核实孵化器是否符合本通知规定的各项条件，并报国务院科技行政主管部门审核确认。国务院科技行政主管部门审核确认后向纳税人出具证明材料，列明用于孵化的房产和土地的地址、范围、面积等具体信息，并发送给国务院税务主管部门。

纳税人持相应证明材料向主管税务机关备案，主管税务机关按照《税收减免管理办法》等有关规定，以及国务院科技行政主管部门发布的符合本通知规定条件的孵化器名单信息，办理税收减免。

请遵照执行。

 财政部　国家税务总局关于国家大学科技园税收政策的通知

2016 年 9 月 5 日　财税〔2016〕98 号

各省、自治区、直辖市、计划单列市财政厅（局）、国家税务局、地方税务局，新疆生产建设兵团财务局：

经国务院批准，现就国家大学科技园（以下简称科技园）有关税收政策通知如下：

一、自 2016 年 1 月 1 日至 2018 年 12 月 31 日，对符合条件的科技园自用以及无偿或通过出租等方式提供给孵化企业使用的房产、土地，免征房产税和城镇土地使用税；自 2016 年 1 月 1 日至 2016 年 4 月 30 日，对其向孵化企业出租场地、房屋以及提供孵化服务的收入，免征营业税；在营业税改征增值税试点期间，对其向孵化企业出租场地、房屋以及提供孵化服务的收入，免征增值税。

二、符合非营利组织条件的科技园的收入，按照企业所得税法及其实施条例和有关税收政策规定享受企业所得税优惠政策。

三、享受本通知规定的房产税、城镇土地使用税以及营业税、增值税优惠政策的科技园，应当同时符合以下条件：

（一）科技园符合国家大学科技园条件。国务院科技和教育行政主管部门负责发布国家大学科技园名单。

（二）科技园将面向孵化企业出租场地、房屋以及提供孵化服务的业务收入在财务上单独核算。

（三）科技园提供给孵化企业使用的场地面积（含公共服务场地）占科技园可自主支配场地面积的 60％以上（含 60％），孵化企业数量占科技园内企业总数量的 75％以上（含 75％）。

公共服务场地是指科技园提供给孵化企业共享的活动场所，包括公共餐厅、接待室、会议室、展示室、活动室、技术检测室和图书馆等非营利性配套服务场地。

四、本通知所称"孵化企业"应当同时符合以下条件：

（一）企业注册地及主要研发、办公场所在科技园的工作场地内。

（二）新注册企业或申请进入科技园前企业成立时间不超过 3 年。

（三）企业在科技园内孵化的时间不超过 48 个月。海外高层次创业人才或从事生物医药、集成电路设计等特殊领域的创业企业，孵化时间不超过 60 个月。

（四）符合《中小企业划型标准规定》所规定的小型、微型企业划型标准。

（五）单一在孵企业使用的孵化场地面积不超过 1 000 平方米。从事航空航天、现代农业等特殊领域的单一在孵企业，不超过 3 000 平方米。

（六）企业产品（服务）属于科学技术部、财政部、国家税务总局印发的《国家重点支持的高新技术领域》规定的范围。

五、本通知所称"孵化服务"是指为孵化企业提供的属于营业税"服务业"税目中"代理业""租赁业"和"其他服务业"中的咨询和技术服务范围内的服务，改征增值税后是指为孵化企业提供的"经纪代理""经营租赁""研发和技术""信息技术"和"鉴证咨询"等服务。

六、国务院科技和教育行政主管部门负责组织对科技园是否符合本通知规定的各项条件定期进行审核确认，并向纳税人出具证明材料，列明纳税人用于孵化的房产和土地的地址、范围、面积等具体信息，并发送给国务院税务主管部门。

纳税人持相应证明材料向主管税务机关备案，主管税务机关按照《税收减免管理办法》等有关规定，以及国务院科技和教育行政主管部门发布的符合本通知规定条件的科技园名单信息，办理税收减免。

（二）自主创新

财政部　国家税务总局关于软件产品增值税政策的通知

2011 年 10 月 13 日　财税〔2011〕100 号

各省、自治区、直辖市、计划单列市财政厅（局）、国家税务局、地方税务局，新疆生产建设兵团财务局：

为落实《国务院关于印发进一步鼓励软件产业和集成电路产业发展若干政策的通知》（国发〔2011〕4 号）的有关精神，进一步促进软件产业发展，推动我国信息化建设，现将软件产品增值税政策通知如下：

一、软件产品增值税政策

（一）增值税一般纳税人销售其自行开发生产的软件产品，按 17％税率征收增值税后，对其增值税实际税负超过 3％的部分实行即征即退政策。

（二）增值税一般纳税人将进口软件产品进行本地化改造后对外销售，其销售的软件产品可享受本条第一款规定的增值税即征即退政策。

本地化改造是指对进口软件产品进行重新设计、改进、转换等，单纯对进口软件产品进行汉字化处理不包括在内。

（三）纳税人受托开发软件产品，著作权属于受托方的征收增值税，著作权属于委托方或属于双方共同拥有的不征收增值税；对经过国家版权局注册登记，纳税人在销售时一并转让著作权、所有权的，不征收增值税。

二、软件产品界定及分类

本通知所称软件产品，是指信息处理程序及相关文档和数据。软件产品包括计算机软件产品、信息系统和嵌入式软件产品。嵌入式软件产品是指嵌入在计算机硬件、机器设备中并随其一并销售，构成计算机硬件、机器设备组成部分的软件产品。

三、满足下列条件的软件产品，经主管税务机关审核批准，可以享受本通知规定的增值税政策：

1. 取得省级软件产业主管部门认可的软件检测机构出具的检测证明材料；

2. 取得软件产业主管部门颁发的《软件产品登记证书》或著作权行政管理部门颁发的《计算机软件著作权登记证书》。

四、软件产品增值税即征即退税额的计算

（一）软件产品增值税即征即退税额的计算方法：

即征即退税额 = 当期软件产品增值税应纳税额 − 当期软件产品销售额 × 3%

当期软件产品增值税应纳税额 = 当期软件产品销项税额 − 当期软件产品可抵扣进项税额

当期软件产品销项税额 = 当期软件产品销售额 × 17%

（二）嵌入式软件产品增值税即征即退税额的计算：

1. 嵌入式软件产品增值税即征即退税额的计算方法

即征即退税额 = 当期嵌入式软件产品增值税应纳税额 − 当期嵌入式软件产品销售额 × 3%

$$\text{当期嵌入式软件产品增值税应纳税额} = \text{当期嵌入式软件产品销项税额} − \text{当期嵌入式软件产品可抵扣进项税额}$$

当期嵌入式软件产品销项税额 = 当期嵌入式软件产品销售额 × 17%

2. 当期嵌入式软件产品销售额的计算公式

$$\text{当期嵌入式软件产品销售额} = \text{当期嵌入式软件产品与计算机硬件、机器设备销售额合计} − \text{当期计算机硬件、机器设备销售额}$$

计算机硬件、机器设备销售额按照下列顺序确定：

① 按纳税人最近同期同类货物的平均销售价格计算确定；

② 按其他纳税人最近同期同类货物的平均销售价格计算确定；

③ 按计算机硬件、机器设备组成计税价格计算确定。

计算机硬件、机器设备组成计税价格 = 计算机硬件、机器设备成本 × (1 + 10%)。

五、按照上述办法计算，即征即退税额大于零时，税务机关应按规定，及时办理退税手续。

六、增值税一般纳税人在销售软件产品的同时销售其他货物或者应税劳务的，对于无法划分的进项税额，应按照实际成本或销售收入比例确定软件产品应分摊的进项税额；对专用于软件产品开发生产设备及工具的进项税额,不得进行分摊。纳税人应将选定的分摊方式报主管税务机关备案,并自备案之日起一年内不得变更。

专用于软件产品开发生产的设备及工具,包括但不限于用于软件设计的计算机设备、读写打印器具设备、工具软件、软件平台和测试设备。

七、对增值税一般纳税人随同计算机硬件、机器设备一并销售嵌入式软件产品,如果适用本通知规定按照组成计税价格计算确定计算机硬件、机器设备销售额的,应当分别核算嵌入式软件产品与计算机硬件、机器设备部分的成本。凡未分别核算或者核算不清的,不得享受本通知规定的增值税政策。

八、各省、自治区、直辖市、计划单列市税务机关可根据本通知规定,制定软件产品增值税即征即退的管理办法。主管税务机关可对享受本通知规定增值税政策的纳税人进行定期或不定期检查。纳税人凡弄虚作假骗取享受本通知规定增值税政策的,税务机关除根据现行规定进行处罚外,自发生上述违法违规行为年度起,取消其享受本通知规定增值税政策的资格,纳税人三年内不得再次申请。

九、本通知自2011年1月1日起执行。《财政部 国家税务总局关于贯彻落实〈中共中央国务院关于加强技术创新,发展高科技,实现产业化的决定〉有关税收问题的通知》(财税字〔1999〕273号)第一条、《财政部 国家税务总局海关总署关于鼓励软件产业和集成电路产业发展有关税收政策问题的通知》(财税〔2000〕25号)第一条第一款、《国家税务总局关于明确电子出版物属于软件征税范围的通知》(国税函〔2000〕168号)、《财政部 国家税务总局关于增值税若干政策的通知》(财税〔2005〕165号)第十一条第一款和第三款、《财政部 国家税务总局关于嵌入式软件增值税政策问题的通知》(财税〔2006〕174号)、《财政部 国家税务总局关于嵌入式软件增值税政策的通知》(财税〔2008〕92号)、《财政部 国家税务总局关于扶持动漫产业发展有关税收政策问题的通知》(财税〔2009〕65号)第一条同时废止。

四、促进区域发展

财政部 海关总署 国家税务总局关于横琴 平潭开发有关增值税和消费税政策的通知

2014年6月11日 财税〔2014〕51号

广东、福建省财政厅、国家税务局,海关总署广东分署、拱北海关、福州海关:

为了贯彻落实《国务院关于横琴开发有关政策的批复》(国函〔2011〕85号)和《国务院关于平潭综合实验区总体发展规划的批复》(国函〔2011〕142号)精神,现就横琴、平潭开发有关增值税和消费税政策通知如下:

一、增值税和消费税退税政策

(一)内地销往横琴、平潭与生产有关的货物,视同出口,实行增值税和消费税退税政策。但下列货物不包括在内:

1. 财政部和国家税务总局规定不适用增值税退（免）税和免税政策的出口货物。

2. 横琴、平潭的商业性房地产开发项目采购的货物。

商业性房地产开发项目，是指兴建（包括改扩建）宾馆饭店、写字楼、别墅、公寓、住宅、商业购物场所、娱乐服务业场馆、餐饮业店馆以及其他商业性房地产项目。

3. 内地销往横琴、平潭不予退税的其他货物。具体范围见附件。

4. 按本通知第五条规定被取消退税或免税资格的企业购进的货物。

（二）内地货物销往横琴、平潭，适用增值税和消费税退税政策的，必须办理出口报关手续（水、蒸汽、电力、燃气除外）。海关总署将货物经"二线"进入横琴、平潭的《进境货物备案清单》的电子信息提供给国家税务总局。

（三）内地销往横琴、平潭的适用增值税和消费税退税政策的货物，销售企业在取得出口货物报关单（出口退税专用）后，应在中国电子口岸数据中心予以确认，并将取得的上述关单提供给横琴、平潭的购买企业，由横琴、平潭的购买企业向税务机关申报退税。申报退税时，应提供购进货物的出口货物报关单（出口退税专用）、进境货物备案清单、增值税专用发票、消费税专用缴款书（仅限于消费税应税货物）以及税务机关要求提供的其他资料。

税务机关应对企业申报退税的资料，与对应的电子信息进行核对无误后，按规定办理退税。

已申报退税的货物，其增值税专用发票上注明的增值税额，不得作为进项税额进行抵扣。已抵扣的进项税额，不得再申报退税。

（四）退税公式。

$$增值税应退税额 ＝ 购进货物的增值税专用发票注明的金额 \times 购进货物适用的增值税退税率$$

从一般纳税人购进的按简易办法征税的货物和从小规模纳税人购进的货物，其适用的增值税退税率，按照购进货物适用的征收率和退税率孰低的原则确定。

$$消费税应退税额 ＝ 购进货物的消费税专用缴款书上注明的消费税额$$

二、横琴、平潭各自的区内企业之间销售其在本区内的货物，免征增值税和消费税。但上述企业之间销售的用于其本区内商业性房地产开发项目的货物，以及按本通知第五条规定被取消退税或免税资格的企业销售的货物，应按规定征收增值税和消费税。

三、横琴、平潭已享受免税、保税、退税政策的货物销往内地，除在"一线"已完税的生活消费类等货物外，按照有关规定征收进口税收。

四、横琴、平潭的在"一线"已完税的生活消费类等货物销往内地的，由税务机关按照现行规定征收增值税和消费税。

五、横琴、平潭的企业应单独核算按照本通知第一条或第二条规定退税或免税的货物。主管税务机关发现企业未按规定单独核算的，取消其享受本通知规定的退税和免税资格2年，并按规定予以处罚。

六、横琴、平潭的商业性房地产开发项目，由各自的区管委会行业主管部门会同当地财政、国税部门联合认定。

七、本通知有关增值税和消费税退税、免税的具体管理办法，由国家税务总局另行制定。

八、本通知自相关监管设施验收合格、正式开关运行之日起执行。增值税和消费税退税政策的执行时间，以出口货物报关单（出口退税专用）上注明的出口日期为准。

附件

内地销往横琴、平潭不予退税的货物清单

序号	所属海关税则章节	涉及海关税则号	货物名称
1	第9章	整章	咖啡、茶及调味香料
2	第17章	整章	糖及糖食
3	第18章	整章	可可及可可制品
4	第19章	整章	谷物、粮食粉、淀粉或乳制品;糕饼点心
5	第22章	整章	饮料、酒及醋
6	第24章	整章	烟草及其制品
7	第27章	2710	成品油
8	第33章	3301、3303-3307	精油及香膏;芳香料制品及化妆品
9	第34章	整章	肥皂、洗涤剂、润滑剂、蜡烛等
10	第36章	360410	烟花,爆竹
11	第42章	4202、4203	公文包、高尔夫球包等;皮革手套等
12	第43章	4303、4304	毛皮制的衣服、衣着附件及其他物品;人造毛皮及其制品
13	第44章	4409、4419	实木地板、木制一次性筷子
14	第60章	整章	针织物及钩编织物
15	第61章	整章	针织或钩编的服装及衣着附件
16	第62章	整章	非针织或非钩编的服装及衣着附件
17	第63章	6301-6304、6306-6309	其他纺织制成品;成套物品等
18	第64章	6401-6405	鞋靴
19	第65章	6504-6506	帽
20	第66章	6601	伞
21	第71章	7101-7111、7113-7118	天然或养殖珍珠、宝石或半宝石、贵金属、包贵金属及其制品;仿首饰;硬币
22	第84章	84031010、841510-841583、841810-841829、84183021、84183029、84184021、84184029、84212110、84213910、84219910、84221100、84231000、84248910、845011-845020、845110、845210、845290、847130、84714140、84714940、84715040、84716050-84716090、84717090	家用型热水锅炉、空调器、冰箱、家用型净水器、家用型洗碟机、家用秤、家用型洗衣机、干衣机、家用型缝纫机、便携式自动数据处理设备等
23	第85章	850811、8509、8510、851310、851610、85162920-85162939、851631、851640-851679、85171100-85171220、851718、85176299、851769、851810-851850、8519、8521、8523、85258012、85258013、85258022-85258029、85258032-85258039、8527、852861、852869、85287110-85287300	真空吸尘器、榨汁机、电动剃须刀、手电筒、电热水器、空间加热器、电吹风机、电熨斗、无绳电话机、耳机、录音机、录像机、(VCD/DVD)播放机、光盘、摄像机、照相机、摄录一体机、收音机、投影机、电视机等
24	第87章	8701-8703、8711-8712、8715、871610	小轿车、摩托车、自行车、婴孩车、野营用厢式挂车等
25	第88章	8801、88021100-88024020、8804	气球、飞机、降落伞等
26	第89章	8901、8903	客船、快艇等

（续表）

序号	所属海关税则章节	涉及海关税则号	货物名称
27	第 90 章	90021131、 90021139、 90031、 9004、 90051、 90064、 900651、 900653、90065990	相机镜头、眼睛架、太阳镜、望远镜、照相机等
28	第 91 章	9101-9103、9105-9106	钟表
29	第 92 章	9201-9208	乐器
30	第 95 章	整章	玩具、游戏品、运动用品
31	第 96 章	9608、9613-9616	圆珠笔、钢笔、打火机、烟斗、梳子、粉扑等
32	第 97 章	整章	艺术品、收藏品及古物

五、促进小微企业发展

财政部 国家税务总局关于暂免征收部分小微企业增值税和营业税的通知

2013 年 7 月 29 日 财税〔2013〕52 号

各省、自治区、直辖市、计划单列市财政厅（局）、国家税务局、地方税务局，新疆生产建设兵团财务局：

为进一步扶持小微企业发展，经国务院批准，自 2013 年 8 月 1 日起，对增值税小规模纳税人中月销售额不超过 2 万元的企业或非企业性单位，暂免征收增值税；对营业税纳税人中月营业额不超过 2 万元的企业或非企业性单位，暂免征收营业税。

请遵照执行。

国家税务总局关于暂免征收部分小微企业增值税和营业税政策有关问题的公告

2013 年 8 月 21 日 国家税务总局公告 2013 年第 49 号

为进一步支持小微企业发展，现将《财政部 国家税务总局关于暂免征收部分小微企业增值税和营业税的通知》（财税〔2013〕52 号，以下简称《通知》）有关问题公告如下：

一、《通知》中"月销售额不超过 2 万元""月营业额不超过 2 万元"，是指月销售额或营业额在 2 万元以下（含 2 万元，下同）。月销售额或营业额超过 2 万元的，应全额计算缴纳增值税或营业税。

二、以 1 个季度为纳税期限的增值税小规模纳税人和营业税纳税人中，季度销售额或营业额不超过 6 万元（含 6 万元，下同）的企业或非企业性单位，可按照《通知》规定，暂免征收增值税或营业税。

三、增值税小规模纳税人中的企业或非企业性单位，兼营营业税应税项目的，应当分别核算增值税应税项目的销售额和营业税应税项目的营业额,月销售额不超过2万元(按季纳税6万元)的暂免征收增值税,月营业额不超过2万元(按季纳税6万元)的,暂免征收营业税。

四、增值税小规模纳税人中的企业或非企业性单位,月销售额不超过2万元(按季纳税6万元)的,当期因代开增值税专用发票(含货物运输业增值税专用发票)和普通发票已经缴纳的税款,在发票全部联次追回后可以向主管税务机关申请退还。

五、本公告自2013年8月1日起执行。

特此公告。

国家税务总局办公厅关于《国家税务总局关于暂免征收部分小微企业增值税和营业税有关问题的公告》的解读

一、本公告出台的背景

《财政部 国家税务总局关于暂免征收部分小微企业增值税和营业税的通知》(财税〔2013〕52号,以下简称《通知》)是对小微企业免征增值税和营业税优惠原则性的规定,为落实国务院常务会议精神,增加政策的可操作性,我们就《通知》中销售额或营业额的含义、季度申报销售额或营业额的确定、代开发票等问题做了进一步明确。

二、请介绍该公告的主要内容

该公告主要明确了四个事项:

(一)《通知》中销售额或营业额的含义:《通知》规定,月销售额或营业额"不超过2万元"的企业或非企业性单位,暂免征收增值税或营业税。为进一步支持小微企业的发展,便于基层税务机关执行,本公告明确,《通知》中"月销售额或营业额不超过2万元"包含"月销售额或营业额为2万元"。即对增值税小规模纳税人中月销售额不超过2万元的(含2万元),暂免征收增值税;对营业税纳税人中月营业额不超过2万元的(含2万元),暂免征收营业税。

(二)季度申报销售额或营业额的确定:按照现行增值税和营业税政策规定,部分纳税人可以1个季度为纳税期限。为避免按月区分,便于实际操作,本公告明确,对于按季度申报的增值税小规模纳税人或营业税纳税人,季度销售额或营业额不超过6万元(含6万元)的,可按照《通知》规定,暂免征收增值税或营业税。

(三)兼营营业税应税项目计算问题:对增值税小规模纳税人中的企业和非企业性单位,兼有增值税应税项目和营业税应税项目的,纳税人既属于增值税纳税人,又属于营业税纳税人。为支持小微企业发展,本公告明确,增值税小规模中的企业和非企业性单位,应该分别核算增值税应税项目销售额和营业税应税项目营业额,月销售额不超过2万元(按季纳税6万元)的,暂免征收增值税;月营业额不超过2万元(按季纳税6万元)的,暂免征收营业税。

(四)代开发票问题:月初或月中,增值税小规模纳税人到主管税务机关申请代开增值税专用发票和普通发票时,尚不能确定其月销售额是否达到2万元(季销售额6万元)。按照现行规定,增值税小规模纳税人申请代开增值税专用发票和普通发票时,应先缴纳增值税税款。从既保护纳税人利益,又保证税款安全的角度,本公告明确,增值税小规模纳税人中的企业或非企业性单位,月销售额不超过2万元(按季纳税6万元)的,当期因代开增值税专用发票(含货物运输业增值税专用发票)和普通发票已经缴纳的税款,在发票全部联次追回后,可以向主管税务机关申请退还。

 财政部　国家税务总局关于进一步支持小微企业增值税和营业税政策的通知

2014 年 9 月 25 日　财税〔2014〕71 号

各省、自治区、直辖市、计划单列市财政厅（局）、国家税务局、地方税务局，新疆生产建设兵团财务局：

为进一步加大对小微企业的税收支持力度，经国务院批准，自 2014 年 10 月 1 日起至 2015 年 12 月 31 日，对月销售额 2 万元（含本数，下同）至 3 万元的增值税小规模纳税人，免征增值税；对月营业额 2 万元至 3 万元的营业税纳税人，免征营业税。

 国家税务总局关于小微企业免征增值税和营业税有关问题的公告

2014 年 10 月 11 日　国家税务总局公告 2014 年第 57 号

根据《中华人民共和国增值税暂行条例》及实施细则、《中华人民共和国营业税暂行条例》及实施细则、《财政部　国家税务总局关于暂免征收部分小微企业增值税和营业税的通知》（财税〔2013〕52 号）、《财政部　国家税务总局关于进一步支持小微企业增值税和营业税政策的通知》（财税〔2014〕71 号），现将小微企业免征增值税和营业税有关问题公告如下：

一、增值税小规模纳税人和营业税纳税人，月销售额或营业额不超过 3 万元（含 3 万元，下同）的，按照上述文件规定免征增值税或营业税。其中，以 1 个季度为纳税期限的增值税小规模纳税人和营业税纳税人，季度销售额或营业额不超过 9 万元的，按照上述文件规定免征增值税或营业税。

二、增值税小规模纳税人兼营营业税应税项目的，应当分别核算增值税应税项目的销售额和营业税应税项目的营业额，月销售额不超过 3 万元（按季纳税 9 万元）的，免征增值税；月营业额不超过 3 万元（按季纳税 9 万元）的，免征营业税。

三、增值税小规模纳税人月销售额不超过 3 万元（按季纳税 9 万元）的，当期因代开增值税专用发票（含货物运输业增值税专用发票）已经缴纳的税款，在专用发票全部联次追回或者按规定开具红字专用发票后，可以向主管税务机关申请退还。

四、本公告自 2014 年 10 月 1 日起施行。《国家税务总局关于暂免征收部分小微企业增值税和营业税政策有关问题的公告》（国家税务总局公告 2013 年第 49 号）、《国家税务总局关于增值税起征点调整后有关问题的批复》（国税函〔2003〕1396 号）同时废止。

特此公告。

国家税务总局办公厅关于《国家税务总局关于小微企业免征增值税和营业税有关问题的公告》的解读

一、有关背景

2014 年 9 月 17 日，国务院召开常务会议，决定进一步支持小微企业发展。为落实国务院会议精神,我局会同财政部联合印发了《关于进一步支持小微企业增值税和营业税政策的通知》(财税〔2014〕71号),明确自 2014 年 10 月 1 日至 2015 年 12 月 31 日,对月销售额 2 万元至 3 万元的增值税小规模纳税人和营业税纳税人,免征增值税或营业税。

为便于免征小微企业增值税和营业税政策的贯彻落实,针对按季纳税、兼营不同应税项目、专用发票开具等问题,税务总局发布了《国家税务总局关于小微企业免征增值税和营业税有关问题的公告》,对相关事项进行明确。

二、公告主要内容

一是明确了"以一个季度为纳税期限的纳税人"如何确定免税销售额和营业额的问题。财税文件分段、按月规定了小微企业享受免征增值税、营业税的销售额或营业额,如:财税〔2013〕52 号明确月销售额 2 万元以下的企业和非企业性单位免税;新出台的财税〔2014〕71号明确销售额 2 万～3 万元间的增值税小规模纳税人和营业税纳税人(包含个体工商户、其他个人、企业和非企业性单位)免税。本着减轻小微企业税收负担的原则,公告明确对于按季申报的纳税人,季销售额或营业额不超过 9 万元(含 9 万元)的,免征增值税或营业税。

二是明确了兼营不同应税项目免税计算问题。兼有增值税应税项目和营业税应税项目的纳税人,既属于增值税纳税人,又属于营业税纳税人。为支持小微企业发展,公告明确,纳税人分别核算增值税应税项目销售额和营业税应税项目营业额,分别享受月销售额不超过 3 万元(按季纳税 9 万元)免征增值税和月营业额不超过 3 万元(按季纳税 9 万元)免征营业税的优惠政策。

三是明确了有关开具发票问题。为最大限度支持小微企业发展,公告明确,对于增值税小规模纳税人代开增值税专用发票缴纳的税款,在将增值税专用发票全部联次追回或者按规定开具红字专用发票后,可以向主管税务机关申请退还。

财政部 国家税务总局关于继续执行小微企业增值税和营业税政策的通知

2015 年 8 月 27 日 财税〔2015〕96 号

各省、自治区、直辖市、计划单列市财政厅(局)、国家税务局、地方税务局,新疆生产建设兵团财务局:

为继续支持小微企业发展、推动创业就业,经国务院批准,《财政部 国家税务总局关于进一步支持小微企业增值税和营业税政策的通知》(财税〔2014〕71 号)规定的增值税和营业税政策继续执行至 2017 年 12 月 31 日。

财政部 国家税务总局关于延续小微企业增值税政策的通知

2017 年 10 月 20 日 财税〔2017〕76 号

注释: 根据《财政部 税务总局关于实施小微企业普惠性税收减免政策的通知》(2019 年 1 月 17 日,财税〔2019〕13 号),本文自 2019 年 1 月 1 日起废止。

各省、自治区、直辖市、计划单列市财政厅(局)、国家税务局、地方税务局,新疆生产建设兵团财务局:

为支持小微企业发展,自 2018 年 1 月 1 日至 2020 年 12 月 31 日,继续对月销售额 2 万元(含本数)至 3 万元的增值税小规模纳税人,免征增值税。

 财政部 税务总局关于支持小微企业融资有关税收政策的通知

2017 年 10 月 26 日 财税〔2017〕77 号

各省、自治区、直辖市、计划单列市财政厅(局)、国家税务局、地方税务局,新疆生产建设兵团财务局:

为进一步加大对小微企业的支持力度,推动缓解融资难、融资贵,现将有关税收政策通知如下:

一、自 2017 年 12 月 1 日至 2019 年 12 月 31 日,对金融机构向农户、小型企业、微型企业及个体工商户发放小额贷款取得的利息收入,免征增值税。金融机构应将相关免税证明材料留存备查,单独核算符合免税条件的小额贷款利息收入,按现行规定向主管税务机构办理纳税申报;未单独核算的,不得免征增值税。《财政部 税务总局关于延续支持农村金融发展有关税收政策的通知》(财税〔2017〕44 号)第一条相应废止。

二、自 2018 年 1 月 1 日至 2020 年 12 月 31 日,对金融机构与小型企业、微型企业签订的借款合同免征印花税。

三、本通知所称农户,是指长期(一年以上)居住在乡镇(不包括城关镇)行政管理区域内的住户,还包括长期居住在城关镇所辖行政村范围内的住户和户口不在本地而在本地居住一年以上的住户,国有农场的职工。位于乡镇(不包括城关镇)行政管理区域内和在城关镇所辖行政村范围内的国有经济的机关、团体、学校、企事业单位的集体户;有本地户口,但举家外出谋生一年以上的住户,无论是否保留承包耕地均不属于农户。农户以户为统计单位,既可以从事农业生产经营,也可以从事非农业生产经营。农户贷款的判定应以贷款发放时的借款人是否属于农户为准。

本通知所称小型企业、微型企业,是指符合《中小企业划型标准规定》(工信部联企业〔2011〕300 号)的小型企业和微型企业。其中,资产总额和从业人员指标均以贷款发放时的实际状态确定;营业收入指标以贷款发放前 12 个自然月的累计数确定,不满 12 个自然月的,按照以下公式计算:

$$营业收入(年)=企业实际存续期间营业收入/企业实际存续月数×12$$

本通知所称小额贷款,是指单户授信小于 100 万元(含本数)的农户、小型企业、微型企业或个体工商户贷款;没有授信额度的,是指单户贷款合同金额且贷款余额在 100 万元(含本数)以下的贷款。

 国家税务总局关于小微企业免征增值税有关问题的公告

2017 年 12 月 27 日 国家税务总局公告 2017 年第 52 号

注释:根据《国家税务总局关于小规模纳税人免征增值税政策有关征管问题的公告》(2019 年 1 月 19 日,国家税务总局公告 2019 年第 4 号)第十一条规定,本文自 2019 年 1 月 1 日起废止。

为支持小微企业发展,根据《财政部 税务总局关于延续小微企业增值税政策的通知》(财税〔2017〕76 号),现将小微企业增值税有关问题公告如下:

增值税小规模纳税人应分别核算销售货物或者加工、修理修配劳务的销售额和销售服务、无形资产的销售额。增值税小规模纳税人销售货物或者加工、修理修配劳务月销售额不超过3万元(按季纳税9万元),销售服务、无形资产月销售额不超过3万元(按季纳税9万元)的,自2018年1月1日起至2020年12月31日,可分别享受小微企业暂免征收增值税优惠政策。

特此公告。

国家税务总局办公厅关于《国家税务总局关于小微企业免征增值税有关问题的公告》的解读

《国家税务总局关于全面推开营业税改征增值税试点有关税收征收管理事项的公告》(国家税务总局公告2016年第23号)中明确,增值税小规模纳税人应分别核算销售货物以及提供加工、修理修配劳务的销售额和销售服务、无形资产的销售额。增值税小规模纳税人销售货物,提供加工、修理修配劳务月销售额不超过3万元(按季纳税9万元),销售服务、无形资产月销售额不超过3万元(按季纳税9万元)的,可分别享受小微企业暂免征收增值税优惠政策。该条款执行的截止期限为2017年12月31日。

根据财政部、税务总局共同发布的《关于延续小微企业增值税政策的通知》(财税〔2017〕76号),小微企业增值税优惠政策执行的截止期限由2017年12月31日延长至2020年12月31日,因此相应延长《国家税务总局关于全面推开营业税改征增值税试点有关税收征收管理事项的公告》(国家税务总局公告2016年第23号)中相关规定的执行期限。

财政部 税务总局关于实施小微企业普惠性税收减免政策的通知

2019年1月17日 财税〔2019〕13号

各省、自治区、直辖市、计划单列市财政厅(局),新疆生产建设兵团财政局,国家税务总局各省、自治区、直辖市和计划单列市税务局:

为贯彻落实党中央、国务院决策部署,进一步支持小微企业发展,现就实施小微企业普惠性税收减免政策有关事项通知如下:

一、对月销售额10万元以下(含本数)的增值税小规模纳税人,免征增值税。

二、对小型微利企业年应纳税所得额不超过100万元的部分,减按25%计入应纳税所得额,按20%的税率缴纳企业所得税;对年应纳税所得额超过100万元但不超过300万元的部分,减按50%计入应纳税所得额,按20%的税率缴纳企业所得税。

上述小型微利企业是指从事国家非限制和禁止行业,且同时符合年度应纳税所得额不超过300万元、从业人数不超过300人、资产总额不超过5 000万元等三个条件的企业。

从业人数,包括与企业建立劳动关系的职工人数和企业接受的劳务派遣用工人数。所称从业人数和资产总额指标,应按企业全年的季度平均值确定。具体计算公式如下:

$$季度平均值 = (季初值 + 季末值) \div 2$$
$$全年季度平均值 = 全年各季度平均值之和 \div 4$$

年度中间开业或者终止经营活动的,以其实际经营期作为一个纳税年度确定上述相关指标。

三、由省、自治区、直辖市人民政府根据本地区实际情况，以及宏观调控需要确定，对增值税小规模纳税人可以在 50% 的税额幅度内减征资源税、城市维护建设税、房产税、城镇土地使用税、印花税（不含证券交易印花税）、耕地占用税和教育费附加、地方教育附加。

四、增值税小规模纳税人已依法享受资源税、城市维护建设税、房产税、城镇土地使用税、印花税、耕地占用税、教育费附加、地方教育附加其他优惠政策的，可叠加享受本通知第三条规定的优惠政策。

五、《财政部　税务总局关于创业投资企业和天使投资个人有关税收政策的通知》（财税〔2018〕55 号）第二条第（一）项关于初创科技型企业条件中的"从业人数不超过 200 人"调整为"从业人数不超过 300 人"，"资产总额和年销售收入均不超过 3 000 万元"调整为"资产总额和年销售收入均不超过 5 000 万元"。

2019 年 1 月 1 日至 2021 年 12 月 31 日期间发生的投资，投资满 2 年且符合本通知规定和财税〔2018〕55 号文件规定的其他条件的，可以适用财税〔2018〕55 号文件规定的税收政策。

2019 年 1 月 1 日前 2 年内发生的投资，自 2019 年 1 月 1 日起投资满 2 年且符合本通知规定和财税〔2018〕55 号文件规定的其他条件的，可以适用财税〔2018〕55 号文件规定的税收政策。

六、本通知执行期限为 2019 年 1 月 1 日至 2021 年 12 月 31 日。《财政部　税务总局关于延续小微企业增值税政策的通知》（财税〔2017〕76 号）、《财政部　税务总局关于进一步扩大小型微利企业所得税优惠政策范围的通知》（财税〔2018〕77 号）同时废止。

七、各级财税部门要切实提高政治站位，深入贯彻落实党中央、国务院减税降费的决策部署，充分认识小微企业普惠性税收减免的重要意义，切实承担起抓落实的主体责任，将其作为一项重大任务，加强组织领导，精心筹划部署，不折不扣落实到位。要加大力度、创新方式，强化宣传辅导，优化纳税服务，增进办税便利，确保纳税人和缴费人实打实享受到减税降费的政策红利。要密切跟踪政策执行情况，加强调查研究，对政策执行中各方反映的突出问题和意见建议，要及时向财政部和税务总局反馈。

251 国家税务总局关于小规模纳税人免征增值税政策有关征管问题的公告

2019 年 1 月 19 日　国家税务总局公告 2019 年第 4 号

按照《财政部　税务总局关于实施小微企业普惠性税收减免政策的通知》（财税〔2019〕13 号）的规定，现将小规模纳税人月销售额 10 万元以下（含本数）免征增值税政策若干征管问题公告如下：

一、小规模纳税人发生增值税应税销售行为，合计月销售额未超过 10 万元（以 1 个季度为 1 个纳税期的，季度销售额未超过 30 万元，下同）的，免征增值税。

小规模纳税人发生增值税应税销售行为，合计月销售额超过 10 万元，但扣除本期发生的销售不动产的销售额后未超过 10 万元的，其销售货物、劳务、服务、无形资产取得的销售额免征增值税。

二、适用增值税差额征税政策的小规模纳税人，以差额后的销售额确定是否可以享受本公告规定的免征增值税政策。

《增值税纳税申报表（小规模纳税人适用）》中的"免税销售额"相关栏次，填写差额后的销售额。

三、按固定期限纳税的小规模纳税人可以选择以 1 个月或 1 个季度为纳税期限，一经选择,一个会计年度内不得变更。

四、《中华人民共和国增值税暂行条例实施细则》第九条所称的其他个人,采取一次性收取租金形式出租不动产取得的租金收入,可在对应的租赁期内平均分摊,分摊后的月租金收入未超过 10 万元的,免征增值税。

五、转登记日前连续 12 个月(以 1 个月为 1 个纳税期)或者连续 4 个季度(以 1 个季度为 1 个纳税期)累计销售额未超过 500 万元的一般纳税人,在 2019 年 12 月 31 日前,可选择转登记为小规模纳税人。

一般纳税人转登记为小规模纳税人的其他事宜,按照《国家税务总局关于统一小规模纳税人标准等若干增值税问题的公告》(国家税务总局公告 2018 年第 18 号)、《国家税务总局关于统一小规模纳税人标准有关出口退(免)税问题的公告》(国家税务总局公告 2018 年第 20 号)的相关规定执行。

六、按照现行规定应当预缴增值税税款的小规模纳税人,凡在预缴地实现的月销售额未超过 10 万元的,当期无需预缴税款。本公告下发前已预缴税款的,可以向预缴地主管税务机关申请退还。

七、小规模纳税人中的单位和个体工商户销售不动产,应按其纳税期、本公告第六条以及其他现行政策规定确定是否预缴增值税;其他个人销售不动产,继续按照现行规定征免增值税。

八、小规模纳税人月销售额未超过 10 万元的,当期因开具增值税专用发票已经缴纳的税款,在增值税专用发票全部联次追回或者按规定开具红字专用发票后,可以向主管税务机关申请退还。

九、小规模纳税人 2019 年 1 月份销售额未超过 10 万元(以 1 个季度为 1 个纳税期的,2019 年第一季度销售额未超过 30 万元),但当期因代开普通发票已经缴纳的税款,可以在办理纳税申报时向主管税务机关申请退还。

十、小规模纳税人月销售额超过 10 万元的,使用增值税发票管理系统开具增值税普通发票、机动车销售统一发票、增值税电子普通发票。

已经使用增值税发票管理系统的小规模纳税人,月销售额未超过 10 万元的,可以继续使用现有税控设备开具发票;已经自行开具增值税专用发票的,可以继续自行开具增值税专用发票,并就开具增值税专用发票的销售额计算缴纳增值税。

十一、本公告自 2019 年 1 月 1 日起施行。《国家税务总局关于全面推开营业税改征增值税试点有关税收征收管理事项的公告》(国家税务总局公告 2016 年第 23 号)第三条第二项和第六条第四项、《国家税务总局关于明确营改增试点若干征管问题的公告》(国家税务总局公告 2016 年第 26 号)第三条、《国家税务总局关于营改增试点若干征管问题的公告》(国家税务总局公告 2016 年第 53 号)第二条和《国家税务总局关于小微企业免征增值税有关问题的公告》(国家税务总局公告 2017 年第 52 号)同时废止。

特此公告。

国家税务总局办公厅关于《国家税务总局关于小规模纳税人免征增值税政策有关征管问题的公告》的解读

2019 年 1 月 9 日国务院常务会议决定,将增值税小规模纳税人免税标准由月销售额 3 万

元提高到 10 万元。为确保该项优惠政策顺利实施,税务总局制发公告,就若干征管问题进行了明确。具体包括:

一、关于月(季)销售额的执行口径

明确纳税人以所有增值税应税销售行为(包括销售货物、劳务、服务、无形资产和不动产)合并计算销售额,判断是否达到免税标准。同时,小规模纳税人在扣除本期发生的销售不动产的销售额后仍未超过 10 万元的,其销售货物、劳务、服务、无形资产取得的销售额,可享受小规模纳税人免税政策。举例说明:

例1:a 小规模纳税人 2019 年 1 月销售货物 4 万元,提供服务 3 万元,销售不动产 2 万元。合计销售额为 9 万元(4+3+2),未超过 10 万元免税标准,因此,该纳税人销售货物、服务和不动产取得的销售额 9 万元,可享受小规模纳税人免税政策。

例2:a 小规模纳税人 2019 年 1 月销售货物 4 万元,提供服务 3 万元,销售不动产 10 万元。合计销售额为 17 万元(4+3+10),剔除销售不动产后的销售额为 7 万元(4+3),因此,该纳税人销售货物和服务相对应的销售额 7 万元可以享受小规模纳税人免税政策,销售不动产 10 万元应照章纳税。

二、差额征税政策适用问题

营改增以来,延续了营业税的一些差额征税政策。比如,建筑业小规模纳税人,以取得的全部价款和价外费用扣除对外支付的分包款后的余额为销售额,计算缴纳增值税。公告明确适用增值税差额征税政策的,以差额后的余额为销售额,确定其是否可享受小规模纳税人免税政策。同时,明确了小规模纳税人《增值税纳税申报表》中"免税销售额"的填报口径。举例说明,2019 年 1 月,某建筑业小规模纳税人(按月纳税)取得建筑服务收入 20 万元,同时向其他建筑企业支付分包款 12 万元,则该小规模纳税人当月扣除分包款后的销售额为 8 万元,未超过 10 万元免税标准,因此,当月可享受小规模纳税人免税政策。

三、关于小规模纳税人纳税期的选择

小规模纳税人,纳税期限不同,其享受免税政策的效果可能存在差异。举例说明:

情况1:某小规模纳税人 2019 年 1~3 月的销售额分别是 5 万元、11 万元和 12 万元。如果按月纳税,则只有 1 月的 5 万元能够享受免税;如果按季纳税,由于该季度销售额为 28 万元,未超过免税标准,因此,28 万元全部能享受免税。在这种情况下,小规模纳税人更愿意实行按季纳税。

情况2:某小规模纳税人 2019 年 1~3 月的销售额分别是 8 万元、11 万元和 12 万元,如果按月纳税,1 月份的 8 万元能够享受免税,如果按季纳税,由于该季度销售额 31 万元已超过免税标准,因此,31 万元均无法享受免税。在这种情况下,小规模纳税人更愿意实行按月纳税。

基于以上情况,为确保小规模纳税人充分享受政策,公告明确,按照固定期限纳税的小规模纳税人可以根据自己的实际经营情况选择实行按月纳税或按季纳税。为确保年度内纳税人的纳税期限相对稳定,同时也明确了一经选择,一个会计年度内不得变更。

四、其他个人出租不动产的政策适用问题

税务总局在 2016 年制发了 23 号公告和 53 号公告,对《中华人民共和国增值税暂行条例实施细则》第九条所称的其他个人,采取一次性收取租金(包括预收款)形式出租不动产取得的租金收入,可在对应的租赁期内平均分摊,分摊后的月租金收入不超过 3 万元的,可享受小规模纳税人免税政策。为确保纳税人充分享受政策,在上调免税标准至 10 万元后,该政策继续执行。

五、一般纳税人转登记问题

2018年,将小规模纳税人标准统一至500万元时,允许此前按照较低标准认定(登记)的一般纳税人,在2018年年底前自愿选择转登记为小规模纳税人。此次提高增值税免税标准至10万元,相当于年销售额120万元以下的小规模纳税人都可以享受免税政策。在这种情况下,可能会有一般纳税人提出转登记为小规模纳税人,以享受免税政策的诉求。为确保纳税人充分享受税收减免政策,公告明确一般纳税人如果年销售额不超过500万元的,可在2019年度选择转登记为小规模纳税人,转登记后可享受免税政策。需要注意的是,曾在2018年选择过转登记的纳税人,在2019年仍可选择转登记;但是,2019年选择转登记的,再次登记为一般纳税人后,不得再转登记为小规模纳税人。

六、预缴增值税政策的适用问题

现行增值税实施了若干预缴税款的征管措施,比如跨地区提供建筑服务、销售不动产、出租不动产等等。考虑到免税标准由3万元提高至10万元,纳税人的政策受益面和受益程度均有大幅提高,公告明确,按照现行规定应当预缴增值税税款的小规模纳税人,凡在预缴地实现的月销售额未超过10万元的,当期无需预缴税款。本公告下发前已经预缴税款的,可以向预缴地主管税务机关申请退还。

七、关于销售不动产政策适用问题

小规模纳税人中的单位和个体工商户销售不动产,涉及纳税人在不动产所在地预缴税款的事项。增值税免税标准提高至10万元后,如果销售不动产销售额为20万元,则:第一种情况,如果某个体工商户选择按月纳税,销售不动产销售额超过月销售额10万元免税标准,则仍应在不动产所在地预缴税款;第二种情况,如果该个体工商户选择按季纳税,销售不动产销售额未超过季度销售额30万元的免税标准,则无需在不动产所在地预缴税款。因此,公告明确小规模纳税人中的单位和个体工商户销售不动产,应按其纳税期、公告第六条以及其他现行政策规定确定是否预缴增值税。

其他个人偶然发生销售不动产的行为,应当按照现行政策规定实行按次纳税。因此,公告明确其他个人销售不动产,继续按照现行政策规定征免增值税。比如,如果其他个人销售住房满2年符合免税条件的,仍可继续享受免税;如不符合免税条件,则应照章纳税。

八、已缴纳税款并开具专用发票的处理问题

按照现行政策规定,纳税人自行开具或申请代开增值税专用发票,应就其开具的增值税专用发票相对应的应税行为计算缴纳增值税。公告明确,如果小规模纳税人月销售额未超过10万元的,当期因开具增值税专用发票已经缴纳的税款,在增值税专用发票全部联次追回或者按规定开具红字专用发票后,可以向主管税务机关申请退还已缴纳的增值税。

九、2019年1月(季度)涉税事项的追溯适用问题

考虑到免税文件下发时间晚于免税政策开始执行的时间(2019年1月1日),为确保小规模纳税人足额享受10万元免税政策,公告对小规模纳税人2019年第一个税款所属期已缴纳税款的追溯处理问题进行了明确,即小规模纳税人2019年1月份销售额未超过10万元(第1季度未超过30万元)的,当期因代开普通发票已经缴纳的税款,可以在办理纳税申报时向主管税务机关申请退还。

十、关于发票开具问题

为了便利纳税人开具使用发票,已经使用增值税发票管理系统开具发票的小规模纳税人,在免税标准调整后,月销售额未超过10万元的,可以继续使用现有税控设备开具发票。

如果小规模纳税人已经自行开具增值税专用发票,同样可以使用现有税控设备继续开具。除上述情况和销售额标准同步调整外,小规模纳税人自行开具增值税专用发票其他事宜按照现行规定执行。

六、转 制 升 级

(一) 企业发展

 财政部 国家税务总局关于中国邮政集团公司邮政速递物流业务重组改制有关税收问题的通知

2011 年 12 月 8 日 财税〔2011〕116 号

各省、自治区、直辖市、计划单列市财政厅(局)、国家税务局、地方税务局,新疆生产建设兵团财务局:

经国务院批准,现将中国邮政集团公司邮政速递物流业务重组改制有关增值税、营业税和土地增值税政策通知如下:

一、对因中国邮政集团公司邮政速递物流业务重组改制,中国邮政集团公司向中国邮政速递物流股份有限公司、各省(包括自治区、直辖市,下同)邮政公司向各省邮政速递物流有限公司转移资产应缴纳的增值税、营业税,予以免征。

二、对因中国邮政集团公司邮政速递物流业务重组改制,中国邮政集团公司向中国邮政速递物流股份有限公司、各省邮政公司向各省邮政速递物流有限公司转移房地产产权应缴纳的土地增值税,予以免征。

三、对本通知到达之日前,上述已缴纳的应予免征的增值税或营业税,允许从纳税人以后应缴纳的增值税或营业税税款中抵减或予以退税;已缴纳的应予免征的土地增值税,予以退税。纳税人如果已向购买方(或接收方)开具了增值税专用发票,应将增值税专用发票追回后方可申请办理免税;凡增值税专用发票无法追回的,一律照章征收增值税,不予免税。

 财政部 国家税务总局关于中国邮政储蓄银行改制上市有关税收政策的通知

2013 年 9 月 12 日 财税〔2013〕53 号

各省、自治区、直辖市、计划单列市财政厅(局)、国家税务局、地方税务局,新疆生产建设兵团财务局:

为支持中国邮政储蓄银行改制上市工作,经国务院批准,现就其改制上市过程中涉及的有关税收政策明确如下:

一、中国邮政储蓄银行改制上市过程中涉及的中国邮政储蓄银行和中国邮政集团公司资产评估增值 1 094 212.3 万元应缴纳的企业所得税不征收入库,直接转计中国邮政集团公司的国有资产本金。

二、对上述经过评估的资产,原中国邮政储蓄银行有限责任公司(含所属各级分支行,下同)、中国邮政储蓄银行股份有限公司(含所属各级分支行,下同)和中国邮政集团公司(含各省、自治区、直辖市邮政公司及所属邮政企业,下同)可按评估后的资产价值计提折旧或摊销,并在企业所得税税前扣除。

三、对中国邮政集团公司向原中国邮政储蓄银行有限责任公司转移出资资产、中国邮政集团公司以实物资产抵偿原中国邮政储蓄银行有限责任公司的储蓄和汇总利息损失挂账,以及中国邮政集团与原中国邮政储蓄银行有限责任公司之间进行资产置换过程中涉及的土地、房屋、机器设备、软件和应用系统的权属转移,免征营业税和增值税。

四、对中国邮政集团公司与原中国邮政储蓄银行有限责任公司之间划转、变更土地、房屋等资产权属交易涉及的土地增值税予以免征[《财政部 国家税务总局关于土地增值税若干问题的通知》(财税〔2006〕21 号)第五条规定不予免征的情形除外]。

五、中国邮政储蓄银行改制过程中涉及的契税、印花税,按照《财政部 国家税务总局关于企业事业单位改制重组契税政策的通知》(财税〔2012〕4 号)和《财政部 国家税务总局关于企业改制过程中有关印花税政策的通知》(财税〔2003〕183 号)的规定执行。

(二)其他

财政部 国家税务总局关于中国联合网络通信集团有限公司转让 CDMA 网及其用户资产企业合并资产整合过程中涉及的增值税营业税印花税和土地增值税政策问题的通知

2011 年 3 月 10 日 财税〔2011〕13 号

各省、自治区、直辖市、计划单列市财政厅(局)、国家税务局、地方税务局,新疆生产建设兵团财务局:

经国务院批准,现就中国联合网络通信集团有限公司及其所属公司因电信重组改革转让CDMA 网及其用户资产、企业合并、资产整合过程中涉及的增值税、营业税、印花税和土地增值税政策问题通知如下:

一、对中国联合网络通信集团有限公司(原中国联合通信有限公司)、联通新时空通信有限公司(原联通新时空移动通信有限公司)、中国联合网络通信有限公司(原中国联通有限公司)在转让 CDMA 资产和业务过程中应缴纳的增值税、营业税,予以免征。

二、对中国联合网络通信集团有限公司向中国联合网络通信有限公司转让原网通南方21 省固网业务、北方一级干线资产,原联通天津、四川、重庆三地固网业务及天津固网资产,向联通新时空通信有限公司(原联通新时空移动通信有限公司)注入原网通南方 21 省固网资产及原联通四川、重庆固网资产过程中应缴纳的增值税、营业税,予以免征。

三、对联通新国信通信有限公司向中国联合网络通信集团有限公司(原中国联合通信有限公司)转让不动产过程中涉及的营业税,予以免征。

四、对中国联合网络通信集团有限公司吸收合并中国网络通信集团公司,中国联合网络通信有限公司吸收合并中国网通(集团)有限公司过程中,新增加的资本金,凡原已贴花的部分不再贴花。

五、对中国联合网络通信集团有限公司吸收合并中国网络通信集团公司,中国联合网络通信有限公司吸收合并中国网通(集团)有限公司过程中,所签订的产权转移书据涉及的印花税,予以免征。

六、对中国联合通信有限公司、联通新时空移动通信有限公司、联通兴业科贸有限公司向中国电信集团公司转让 CDMA 资产、股权,中国联通有限公司、中国联通股份有限公司、联通国际通信有限公司向中国电信股份有限公司转让 CDMA 业务、股权过程中所签订的协议涉及的印花税,予以免征。

七、对中国联合网络通信集团有限公司、中国网络通信集团公司向中国联合通信股份有限公司转让相关电信业务、资产及股权,中国联合通信股份有限公司向中国联合网络通信有限公司转让相关电信业务、资产及股权,联通新国信通信有限公司向中国联合通信有限公司转让资产,联通新国信通信有限公司向联通新时空移动通信有限公司转让股权过程中,所签订的协议涉及的印花税,予以免征。

八、对联通新时空移动通信有限公司接受中国联合网络通信集团有限公司南方21省、自治区、直辖市的固定通信网络资产而增加资本金涉及的印花税,予以免征。

九、对中国联合网络通信集团有限公司(原中国联合通信有限公司)、联通新时空通信有限公司(原联通新时空移动通信有限公司)、中国联合网络通信有限公司(原中国联通有限公司)向中国电信转让 CDMA 网络资产和业务过程中,转让房地产涉及的土地增值税,予以免征。

十、对中国联合网络通信集团有限公司吸收合并中国网络通信集团公司、中国联合网络通信有限公司吸收合并中国网通(集团)有限公司过程中涉及的土地增值税,予以免征。

十一、对联通新国信通信有限公司在资产整合过程中,向中国联合网络通信集团有限公司(原中国联合通信有限公司)转让房地产涉及的土地增值税,予以免征。

请遵照执行。

七、节 能 环 保

(一) 环境保护

 国家税务总局关于退耕还林还草补助粮免征增值税问题的通知

2001 年 11 月 26 日　国税发〔2001〕131 号

按照国务院规定,退耕还林还草试点工作实行"退耕还林、封山绿化、以粮代赈,个体承包"的方针,对退耕户根据退耕面积由国家无偿提供粮食补助。因此,对粮食部门经营的退耕还林还草补助粮,凡符合国家规定标准的,比照"救灾救济粮"免征增值税。

(二)资源综合利用

 财政部　国家税务总局关于污水处理费有关增值税政策的通知

2001 年 6 月 19 日　财税〔2001〕97 号

为了切实加强和改进城市供水、节水和水污染防治工作,促进社会经济的可持续发展,加快城市污水处理设施的建设步伐,根据《国务院关于加强城市供水节水和水污染防治工作的通知》(国发〔2000〕36 号)的规定,对各级政府及主管部门委托自来水厂(公司)随水费收取的污水处理费,免征增值税。

本通知自 2001 年 7 月 1 日起执行,此前对上述污水处理费未征税的一律不再补征。

 国家发展改革委员会 财政部　国家税务总局关于印发《国家鼓励的资源综合利用认定管理办法》的通知

2006 年 9 月 7 日　发改环资〔2006〕1864 号

各省、自治区、直辖市及计划单列市、副省级省会城市、新疆生产建设兵团发展改革委、经委(经贸委)、财政厅(局)、国家税务局、地方税务局,国务院有关部门:

根据《国务院办公厅关于保留部分非行政许可审批项目的通知》(国办发〔2004〕62 号)精神,按照精简效能的原则,将保留的资源综合利用企业认定与资源综合利用电厂认定工作合并。根据《行政许可法》有关精神,结合资源综合利用工作的实际,我们对原国家经贸委等部门发布的《资源综合利用认定管理办法》(国经贸资源〔1998〕716 号)和《资源综合利用电厂(机组)认定管理办法》(国经贸资源〔2000〕660 号)进行了修订。在此基础上,特制定《国家鼓励的资源综合利用认定管理办法》,现印发你们,请认真贯彻执行。原国家经贸委等部门发布的《资源综合利用认定管理办法》和《资源综合利用电厂(机组)认定管理办法》同时废止。

资源综合利用是我国经济和社会发展中一项长远的战略方针,也是一项重大的技术经济政策,对提高资源利用效率,发展循环经济,建设节约型社会具有十分重要的意义。各地要加强对资源综合利用认定工作的管理,落实好国家对资源综合利用的鼓励和扶持政策,促进资源综合利用事业健康发展。在执行中有何意见和建议,请及时报告我们。

附

国家鼓励的资源综合利用认定管理办法

第一章　总　则

第一条　为贯彻落实国家资源综合利用的鼓励和扶持政策,加强资源综合利用管理,鼓励企业开展资源综合利用,促进经济社会可持续发展,根据《国务院办公厅关于保留部分非行政许可审批项目的通知》(国办发〔2004〕62 号)和国家有关政策法规精神,制定本办法。

第二条 本办法所指国家鼓励的资源综合利用认定,是指对符合国家资源综合利用鼓励和扶持政策的资源综合利用工艺、技术或产品进行认定(以下简称资源综合利用认定)。

第三条 国家发展改革委负责资源综合利用认定的组织协调和监督管理。

各省、自治区、直辖市及计划单列市资源综合利用行政主管部门(以下简称省级资源综合利用主管部门)负责本辖区内的资源综合利用认定与监督管理工作;财政行政主管机关要加强对认定企业财政方面的监督管理;税务行政主管机关要加强税收监督管理,认真落实国家资源综合利用税收优惠政策。

第四条 经认定的生产资源综合利用产品或采用资源综合利用工艺和技术的企业,按国家有关规定申请享受税收、运行等优惠政策。

第二章 申报条件和认定内容

第五条 申报资源综合利用认定的企业,必须具备以下条件:

(一)生产工艺、技术或产品符合国家产业政策和相关标准;

(二)资源综合利用产品能独立计算盈亏;

(三)所用原(燃)料来源稳定、可靠,数量及品质满足相关要求,以及水、电等配套条件的落实;

(四)符合环保要求,不产生二次污染。

第六条 申报资源综合利用认定的综合利用发电单位,还应具备以下条件:

(一)按照国家审批或核准权限规定,经政府主管部门核准(审批)建设的电站。

(二)利用煤矸石(石煤、油母页岩)、煤泥发电的,必须以燃用煤矸石(石煤、油母页岩)、煤泥为主,其使用量不低于入炉燃料的60%(重量比);利用煤矸石(石煤、油母页岩)发电的入炉燃料应用基低位发热量不大于12 550千焦/千克;必须配备原煤、煤矸石、煤泥自动给料显示、记录装置。

(三)城市生活垃圾(含污泥)发电应当符合以下条件:垃圾焚烧炉建设及其运行符合国家或行业有关标准或规范;使用的垃圾数量及品质需有地(市)级环卫主管部门出具的证明材料;每月垃圾的实际使用量不低于设计额定值的90%;垃圾焚烧发电采用流化床锅炉掺烧原煤的,垃圾使用量应不低于入炉燃料的80%(重量比),必须配备垃圾与原煤自动给料显示、记录装置。

(四)以工业生产过程中产生的可利用的热能及压差发电的企业(分厂、车间),应根据产生余热、余压的品质和余热量或生产工艺耗气量和可利用的工质参数确定工业余热、余压电厂的装机容量。

(五)回收利用煤层气(煤矿瓦斯)、沼气(城市生活垃圾填埋气)、转炉煤气、高炉煤气和生物质能等作为燃料发电的,必须有充足、稳定的资源,并依据资源量合理配置装机容量。

第七条 认定内容:

(一)审定申报综合利用认定的企业或单位是否执行政府审批或核准程序,项目建设是否符合审批或核准要求,资源综合利用产品、工艺是否符合国家产业政策、技术规范和认定申报条件;

(二)审定申报资源综合利用产品是否在《资源综合利用目录》范围之内,以及综合利用资源来源和可靠性;

(三)审定是否符合国家资源综合利用优惠政策所规定的条件。

第三章 申报及认定程序

第八条 资源综合利用认定实行由企业申报,所在地市(地)级人民政府资源综合利用管理部门(以下简称市级资源综合利用主管部门)初审,省级资源综合利用主管部门会同有关部门集中审定的制度。省级资源综合利用主管部门应提前一个月向社会公布每年年度资源综合利用认定的具体时间安排。

第九条 凡申请享受资源综合利用优惠政策的企业,应向市级资源综合利用主管部门提出书面申请,并提供规定的相关材料。市级资源综合利用主管部门在征求同级财政等有关部门意见后,自规定受理之日起在 30 日内完成初审,提出初审意见报省级资源综合利用主管部门。

第十条 市级资源综合利用主管部门对申请单位提出的资源综合利用认定申请,应当根据下列情况分别做出处理:

(一)属于资源综合利用认定范围、申请材料齐全,应当受理并提出初审意见。

(二)不属于资源综合利用认定范围的,应当即时将不予受理的意见告知申请单位,并说明理由。

(三)申请材料不齐全或者不符合规定要求的,应当场或者在五日内一次告知申请单位需要补充的全部内容。

第十一条 省级资源综合利用主管部门会同同级财政等相关管理部门及行业专家,组成资源综合利用认定委员会(以下简称综合利用认定委员会),按照第二章规定的认定条件和内容,在 45 日内完成认定审查。

第十二条 属于以下情况之一的,由省级资源综合利用主管部门提出初审意见,报国家发展改革委审核。

(一)单机容量在 25 MW 以上的资源综合利用发电机组工艺;

(二)煤矸石(煤泥、石煤、油母页岩)综合利用发电工艺;

(三)垃圾(含污泥)发电工艺。

以上情况的审核,每年受理一次,受理时间为每年 7 月底前,审核工作在受理截止之日起 60 日内完成。

第十三条 省级资源综合利用主管部门根据综合利用认定委员会的认定结论或国家发展改革委的审核意见,对审定合格的资源综合利用企业予以公告,自发布公告之日起 10 日内无异议的,由省级资源综合利用主管部门颁发《资源综合利用认定证书》,报国家发展改革委备案,同时将相关信息通报同级财政、税务部门。未通过认定的企业,由省级资源综合利用主管部门书面通知,并说明理由。

第十四条 企业对综合利用认定委员会的认定结论有异议的,可向原作出认定结论的综合利用认定委员会提出重新审议,综合利用认定委员会应予受理。企业对重新审议结论仍有异议的,可直接向上一级资源综合利用主管部门提出申诉;上一级资源综合利用主管部门根据调查核实的情况,会同有关部门组织提出论证意见,并有权变更下一级的认定结论。

第十五条 《资源综合利用认定证书》由国家发展改革委统一制定样式,各省级资源综合利用主管部门印制。认定证书有效期为两年。

第十六条 获得《资源综合利用认定证书》的单位,因故变更企业名称或者产品、工艺等内容的,应向市级资源综合利用主管部门提出申请,并提供相关证明材料。市级资源综合利用主管部门提出意见,报省级资源综合利用主管部门认定审查后,将相关信息及时通报同级财政、税务部门。

第四章 监 督 管 理

第十七条 国家发展改革委、财政部、国家税务总局要加强对资源综合利用认定管理工作和优惠政策实施情况的监督检查,并根据资源综合利用发展状况、国家产业政策调整、技术进步水平等,适时修改资源综合利用认定条件。

第十八条　各级资源综合利用主管部门应采取切实措施加强对认定企业的监督管理,尤其要加强大宗综合利用资源来源的动态监管,对综合利用资源无法稳定供应的,要及时清理。在不妨碍企业正常生产经营活动的情况下,每年应对认定企业和关联单位进行监督检查和了解。

各级财政、税务行政主管部门要加强与同级资源综合利用主管部门的信息沟通,尤其对在监督检查过程中发现的问题要及时交换意见,协调解决。

第十九条　省级资源综合利用主管部门应于每年 5 月底前将上一年度的资源综合利用认定的基本情况报告国家发展改革委、财政部和国家税务总局。主要包括:

(一)认定工作情况〔包括资源综合利用企业(电厂)认定数量、认定发电机组的装机容量等情况〕。

(二)获认定企业综合利用大宗资源情况及来源情况(包括资源品种、综合利用量、供应等情况)。

(三)资源综合利用认定企业的监管情况(包括年检、抽查及处罚情况等)。

(四)资源综合利用优惠政策落实情况。

第二十条　获得资源综合利用产品或工艺认定的企业(电厂),应当严格按照资源综合利用认定条件的要求,组织生产,健全管理制度,完善统计报表,按期上报统计资料和经审计的财务报表。

第二十一条　获得资源综合利用产品或工艺认定的企业,因综合利用资源原料来源等原因,不能达到认定所要求的资源综合利用条件的,应主动向市级资源综合利用主管部门报告,由省级认定、审批部门终止其认定证书,并予以公告。

第二十二条　《资源综合利用认定证书》是各级主管税务机关审批资源综合利用减免税的必要条件,凡未取得认定证书的企业,一律不得办理税收减免手续。

第二十三条　参与认定的工作人员要严守资源综合利用认定企业的商业和技术秘密。

第二十四条　任何单位和个人,有权检举揭发通过弄虚作假等手段骗取资源综合利用认定资格和优惠政策的行为。

第五章　罚　　则

第二十五条　对弄虚作假,骗取资源综合利用优惠政策的企业,或违反本办法第二十一条未及时申报终止认定证书的,一经发现,取消享受优惠政策的资格,省级资源综合利用主管部门收回认定证书,三年内不得再申报认定,对已享受税收优惠政策的企业,主管税务机关应当依照《中华人民共和国税收征收管理法》及有关规定追缴税款并给予处罚。

第二十六条　有下列情形之一的,由省级资源综合利用主管部门撤销资源综合利用认定资格并抄报同级财政和税务部门:

(一)行政机关工作人员滥用职权、玩忽职守做出不合条件的资源综合利用认定的;

(二)超越法定职权或者违反法定程序做出资源综合利用认定的;

(三)对不具备申请资格或者不符合法定条件的申请企业予以资源综合利用认定的;

(四)隐瞒有关情况、提供虚假材料或者拒绝提供反映其活动情况真实材料的;以欺骗、贿赂等不正当手段取得资源综合利用认定的;

(五)年检、抽查达不到资源综合利用认定条件,在规定期限不整改或者整改后仍达不到认定条件的。

第二十七条 行政机关工作人员在办理资源综合利用认定、实施监督检查过程中有滥用职权、玩忽职守、弄虚作假行为的,由其所在部门给予行政处分;构成犯罪的,依法追究刑事责任。

第二十八条 对伪造资源综合利用认定证书者,依据国家有关法律法规追究其责任。

第六章 附　则

第二十九条 本办法所称资源综合利用优惠政策是指:经认定具备资源综合利用产品或工艺、技术的企业按规定可享受的国家资源综合利用优惠政策。

第三十条 申请享受资源综合利用税收优惠政策的企业(单位)须持认定证书向主管税务机关提出减免税申请。主管税务机关根据有关税收政策规定,办理减免税手续。

申请享受其他优惠政策的企业,须持认定证书到有关部门办理相关优惠政策手续。

第三十一条 本办法涉及的有关规定及资源综合利用优惠政策如有修订,按修订后的执行。

第三十二条 各地可根据本办法,结合地方具体情况制定实施细则,并报国家发展和改革委员会、财政部和国家税务总局备案。

第三十三条 本办法由国家发展和改革委员会会同财政部、国家税务总局负责解释。

第三十四条 本办法自 2006 年 10 月 1 日起施行。原国家经贸委、国家税务总局发布的《资源综合利用认定管理办法》(国经贸资源〔1998〕716 号)和《资源综合利用电厂(机组)认定管理办法》(国经贸资源〔2000〕660 号)同时废止。

国家税务总局关于安徽淮南舜岳水泥有限责任公司水泥熟料产品适用增值税政策问题的批复

2008 年 12 月 3 日　国税函〔2008〕996 号

安徽省国家税务局:

你局《关于淮南舜岳水泥有限责任公司水泥熟料产品能否享受资源综合利用产品增值税即征即退政策问题的请示》(皖国税发〔2008〕113 号)收悉。经研究,批复如下:

氧化钙含量在 45% 以下的低品位石灰石,不属于《财政部　国家税务总局关于部分资源综合利用及其他产品增值税政策问题的通知》(财税〔2001〕第 198 号)第一条第四款所规定的"其他废渣"范围。对淮南舜岳水泥有限责任公司生产的水泥熟料,应按照现行规定征收增值税。

财政部　国家税务总局关于促进节能服务产业发展增值税营业税和企业所得税政策问题的通知

2010 年 12 月 30 日　财税〔2010〕110 号

各省、自治区、直辖市、计划单列市财政厅(局)、国家税务局、地方税务局,新疆生产建设兵团财务局:

为鼓励企业运用合同能源管理机制,加大节能减排技术改造工作力度,根据税收法律法规有关规定和《国务院办公厅转发发展改革委等部门关于加快推进合同能源管理促进节能服务产业发展意见的通知》(国办发〔2010〕25 号)精神,现将节能服务公司实施合同能源管理项目涉及的增值税、营业税和企业所得税政策问题通知如下：

一、关于增值税、营业税政策问题

（一）对符合条件的节能服务公司实施合同能源管理项目，取得的营业税应税收入，暂免征收营业税。

（二）节能服务公司实施符合条件的合同能源管理项目，将项目中的增值税应税货物转让给用能企业，暂免征收增值税。

（三）本条所称"符合条件"是指同时满足以下条件：

1. 节能服务公司实施合同能源管理项目相关技术应符合国家质量监督检验检疫总局和国家标准化管理委员会发布的《合同能源管理技术通则》(GB/T 24915—2010)规定的技术要求；

2. 节能服务公司与用能企业签订《节能效益分享型》合同，其合同格式和内容，符合《合同法》和国家质量监督检验检疫总局和国家标准化管理委员会发布的《合同能源管理技术通则》(GB/T 24915—2010)等规定。

二、关于企业所得税政策问题

（一）对符合条件的节能服务公司实施合同能源管理项目，符合企业所得税税法有关规定的，自项目取得第一笔生产经营收入所属纳税年度起，第一年至第三年免征企业所得税，第四年至第六年按照25％的法定税率减半征收企业所得税。

（二）对符合条件的节能服务公司，以及与其签订节能效益分享型合同的用能企业，实施合同能源管理项目有关资产的企业所得税税务处理按以下规定执行：

1. 用能企业按照能源管理合同实际支付给节能服务公司的合理支出，均可以在计算当期应纳税所得额时扣除，不再区分服务费用和资产价款进行税务处理；

2. 能源管理合同期满后，节能服务公司转让给用能企业的因实施合同能源管理项目形成的资产，按折旧或摊销期满的资产进行税务处理，用能企业从节能服务公司接受有关资产的计税基础也应按折旧或摊销期满的资产进行税务处理；

3. 能源管理合同期满后，节能服务公司与用能企业办理有关资产的权属转移时，用能企业已支付的资产价款，不再另行计入节能服务公司的收入。

（三）本条所称"符合条件"是指同时满足以下条件：

1. 具有独立法人资格，注册资金不低于100万元，且能够单独提供用能状况诊断、节能项目设计、融资、改造（包括施工、设备安装、调试、验收等）、运行管理、人员培训等服务的专业化节能服务公司；

2. 节能服务公司实施合同能源管理项目相关技术应符合国家质量监督检验检疫总局和国家标准化管理委员会发布的《合同能源管理技术通则》(GB/T 24915—2010)规定的技术要求；

3. 节能服务公司与用能企业签订《节能效益分享型》合同，其合同格式和内容，符合《合同法》和国家质量监督检验检疫总局和国家标准化管理委员会发布的《合同能源管理技术通则》(GB/T 24915—2010)等规定；

4. 节能服务公司实施合同能源管理的项目符合《财政部　国家税务总局国家发展改革委关于公布环境保护节能节水项目企业所得税优惠目录（试行）的通知》(财税〔2009〕166号)"4、节能减排技术改造"类中第一项至第八项规定的项目和条件；

5. 节能服务公司投资额不低于实施合同能源管理项目投资总额的70％；

6. 节能服务公司拥有匹配的专职技术人员和合同能源管理人才，具有保障项目顺利实施和稳定运行的能力。

（四）节能服务公司与用能企业之间的业务往来，应当按照独立企业之间的业务往来收取或者支付价款、费用。不按照独立企业之间的业务往来收取或者支付价款、费用，而减少其应纳税所得额的，税务机关有权进行合理调整。

（五）用能企业对从节能服务公司取得的与实施合同能源管理项目有关的资产，应与企业其他资产分开核算，并建立辅助账或明细账。

（六）节能服务公司同时从事适用不同税收政策待遇项目的，其享受税收优惠项目应当单独计算收入、扣除，并合理分摊企业的期间费用；没有单独计算的，不得享受税收优惠政策。

三、本通知自 2011 年 1 月 1 日起执行。

财政部　国家税务总局关于印发《资源综合利用产品和劳务增值税优惠目录》的通知

2015 年 6 月 12 日　财税〔2015〕78 号

各省、自治区、直辖市、计划单列市财政厅（局）、国家税务局，新疆生产建设兵团财务局：

为了落实国务院精神，进一步推动资源综合利用和节能减排，规范和优化增值税政策，决定对资源综合利用产品和劳务增值税优惠政策进行整合和调整。现将有关政策统一明确如下：

一、纳税人销售自产的资源综合利用产品和提供资源综合利用劳务（以下称销售综合利用产品和劳务），可享受增值税即征即退政策。具体综合利用的资源名称、综合利用产品和劳务名称、技术标准和相关条件、退税比例等按照本通知所附《资源综合利用产品和劳务增值税优惠目录》（以下简称《目录》）的相关规定执行。

二、纳税人从事《目录》所列的资源综合利用项目，其申请享受本通知规定的增值税即征即退政策时，应同时符合下列条件：

（一）属于增值税一般纳税人。

（二）销售综合利用产品和劳务，不属于国家发展改革委《产业结构调整指导目录》中的禁止类、限制类项目。

（三）销售综合利用产品和劳务，不属于环境保护部《环境保护综合名录》中的"高污染、高环境风险"产品或者重污染工艺。

（四）综合利用的资源，属于环境保护部《国家危险废物名录》列明的危险废物的，应当取得省级及以上环境保护部门颁发的《危险废物经营许可证》，且许可经营范围包括该危险废物的利用。

（五）纳税信用等级不属于税务机关评定的 C 级或 D 级。

纳税人在办理退税事宜时，应向主管税务机关提供其符合本条规定的上述条件以及《目录》规定的技术标准和相关条件的书面声明材料，未提供书面声明材料或者出具虚假材料的，税务机关不得给予退税。

三、已享受本通知规定的增值税即征即退政策的纳税人，自不符合本通知第二条规定的条件以及《目录》规定的技术标准和相关条件的次月起，不再享受本通知规定的增值税即征即退政策。

四、已享受本通知规定的增值税即征即退政策的纳税人，因违反税收、环境保护的法律法规受到处罚（警告或单次 1 万元以下罚款除外）的，自处罚决定下达的次月起 36 个月内，不得享受本通知规定的增值税即征即退政策。

五、纳税人应当单独核算适用增值税即征即退政策的综合利用产品和劳务的销售额和应纳税额。未单独核算的,不得享受本通知规定的增值税即征即退政策。

六、各省、自治区、直辖市、计划单列市税务机关应于每年2月底之前在其网站上,将本地区上一年度所有享受本通知规定的增值税即征即退政策的纳税人,按下列项目予以公示:纳税人名称、纳税人识别号、综合利用的资源名称、数量,综合利用产品和劳务名称。

七、本通知自2015年7月1日起执行。《财政部　国家税务总局关于资源综合利用及其他产品增值税政策的通知》(财税〔2008〕156号)、《财政部　国家税务总局关于资源综合利用及其他产品增值税政策的补充的通知》(财税〔2009〕163号)、《财政部　国家税务总局关于调整完善资源综合利用及劳务增值税政策的通知》(财税〔2011〕115号)、《财政部　国家税务总局关于享受资源综合利用增值税优惠政策的纳税人执行污染物排放标准的通知》(财税〔2013〕23号)同时废止。上述文件废止前,纳税人因主管部门取消《资源综合利用认定证书》,或者因环保部门不再出具环保核查证明文件的原因,未能办理相关退(免)税事宜的,可不以《资源综合利用认定证书》或环保核查证明文件作为享受税收优惠政策的条件,继续享受上述文件规定的优惠政策。

附件
资源综合利用产品和劳务增值税优惠目录

类别	序号	综合利用的资源名称	综合利用产品和劳务名称	技术标准和相关条件	退税比例
一、共、伴生矿产资源	1.1	油母页岩	页岩油	产品原料95%以上来自所列资源。	70%
	1.2	煤炭开采过程中产生的煤层气(煤矿瓦斯)	电力	产品燃料95%以上来自所列资源。	100%
	1.3	油田采油过程中产生的油污泥(浮渣)	乳化油调和剂、防水卷材辅料产品	产品原料70%以上来自所列资源。	70%
二、废渣、废水(液)、废气	2.1	废渣	砖瓦(不含烧结普通砖)、砌块、陶粒、墙板、管材(管桩)、混凝土、砂浆、道路井盖、道路护栏、防火材料、耐火材料(镁铬砖除外)、保温材料、矿(岩)棉、微晶玻璃、U型玻璃	产品原料70%以上来自所列资源。	70%
	2.2	废渣	水泥、水泥熟料	1. 42.5及以上等级水泥的原料20%以上来自所列资源,其他水泥、水泥熟料的原料40%以上来自所列资源; 2. 纳税人符合《水泥工业大气污染物排放标准》(GB 4915—2013)规定的技术要求。	70%
	2.3	建(构)筑废物、煤矸石	建筑砂石骨料	1. 产品原料90%以上来自所列资源; 2. 产品以建(构)筑废物为原料的,符合《混凝土用再生粗骨料》(GB/T 25177—2010)或《混凝土和砂浆用再生细骨料》(GB/T 25176—2010)的技术要求;以煤矸石为原料的,符合《建设用砂》(GB/T 14684—2011)或《建设用卵石、碎石》(GB/T 14685—2011)规定的技术要求。	50%

（续表）

类别	序号	综合利用的资源名称	综合利用产品和劳务名称	技术标准和相关条件	退税比例
二、废渣、废水（液）、废气	2.4	粉煤灰、煤矸石	氧化铝、活性硅酸钙、瓷绝缘子、煅烧高岭土	氧化铝、活性硅酸钙生产原料 25% 以上来自所列资源，瓷绝缘子生产原料中煤矸石所占比重 30% 以上，煅烧高岭土生产原料中煤矸石所占比重 90% 以上。	50%
	2.5	煤矸石、煤泥、石煤、油母页岩	电力、热力	1. 产品燃料 60% 以上来自所列资源；2. 纳税人符合《火电厂大气污染物排放标准》（GB 13223—2011）和国家发展改革委、环境保护部、工业和信息部《电力（燃煤发电企业）行业清洁生产评价指标体系》规定的技术要求。	50%
	2.6	氧化铝赤泥、电石渣	氧化铁、氢氧化钠溶液、铝酸钠、铝酸三钙、脱硫剂	1. 产品原料 90% 以上来自所列资源；2. 生产过程中不产生二次废渣。	50%
	2.7	废旧石墨	石墨异形件、石墨块、石墨粉、石墨增碳剂	1. 产品原料 90% 以上来自所列资源；2. 纳税人符合《工业炉窑大气污染物排放标准》（GB 9078—1996）规定的技术要求。	50%
	2.8	垃圾以及利用垃圾发酵产生的沼气	电力、热力	1. 产品燃料 80% 以上来自所列资源；2. 纳税人符合《火电厂大气污染物排放标准》（GB 13223—2011）或《生活垃圾焚烧污染控制标准》（GB 18485—2014）规定的技术要求。	100%
	2.9	退役军用发射药	涂料用硝化棉粉	产品原料 90% 以上来自所列资源。	50%
	2.10	废旧沥青混凝土	再生沥青混凝土	1. 产品原料 30% 以上来自所列资源；2. 产品符合《再生沥青混凝土》（GB/T 25033—2010）规定的技术要求。	50%
	2.11	蔗渣	蔗渣浆、蔗渣刨花板和纸	1. 产品原料 70% 以上来自所列资源；2. 生产蔗渣浆及各类纸的纳税人符合国家发展改革委、环境保护部、工业和信息化部《制浆造纸行业清洁生产评价指标体系》规定的技术要求。	50%
	2.12	废矿物油	润滑油基础油、汽油、柴油等工业油料	1. 产品原料 90% 以上来自所列资源；2. 纳税人符合《废矿物油回收利用污染控制技术规范》（HJ 607—2011）规定的技术要求。	50%
	2.13	环己烷氧化废液	环氧环己烷、正戊醇、醇醚溶剂	1. 产品原料 90% 以上来自所列资源；2. 纳税人必须通过 ISO9000、ISO14000 认证。	50%
	2.14	污水处理厂出水、工业排水（矿井水）、生活污水、垃圾处理厂渗透（滤）液等	再生水	1. 产品原料 100% 来自所列资源；2. 产品符合《再生水水质标准》（SL 368—2006）规定的技术要求。	50%
	2.15	废弃酒糟和酿酒底锅水，淀粉、粉丝加工废液、废渣	蒸汽、活性炭、白炭黑、乳酸、乳酸钙、沼气、饲料、植物蛋白	产品原料 80% 以上来自所列资源。	70%

（续表）

类别	序号	综合利用的资源名称	综合利用产品和劳务名称	技术标准和相关条件	退税比例
二、废渣、废水（液）、废气	2.16	含油污水、有机废水、污水处理后产生的污泥，油田采油过程中产生的油污泥（浮渣），包括利用上述资源发酵产生的沼气	微生物蛋白、干化污泥、燃料、电力、热力	产品原料或燃料90％以上来自所列资源，其中利用油田采油过程中产生的油污泥（浮渣）生产燃料的，原料60％以上来自所列资源。	70％
	2.17	煤焦油、荒煤气（焦炉煤气）	柴油、石脑油	1. 产品原料95％以上来自所列资源； 2. 纳税人必须通过 ISO9000、ISO14000 认证。	50％
	2.18	燃煤发电厂及各类工业企业生产过程中产生的烟气、高硫天然气	石膏、硫酸、硫酸铵、硫磺	1. 产品原料95％以上来自所列资源； 2. 石膏的二水硫酸钙含量85％以上，硫酸的浓度15％以上，硫酸铵的总氮含量18％以上。	50％
	2.19	工业废气	高纯度二氧化碳、工业氢气、甲烷	1. 产品原料95％以上来自所列资源； 2. 高纯度二氧化碳产品符合（GB 10621—2006），工业氢气产品符合（GB/T 3634.1—2006），甲烷产品符合（HG/T 3633—1999）规定的技术要求。	70％
	2.20	工业生产过程中产生的余热、余压	电力、热力	产品原料100％来自所列资源。	100％
三、再生资源	3.1	废旧电池及其拆解物	金属及镍钴锰氢氧化物、镍钴锰酸锂、氯化钴	1. 产品原料中95％以上利用上述资源； 2. 镍钴锰氢氧化物符合《镍、钴、锰三元素复合氢氧化物》（GB/T 26300—2010）规定的技术要求。	30％
	3.2	废显（定）影液、废胶片、废相纸、废感光剂等废感光材料	银	1.产品原料95％以上来自所列资源； 2. 纳税人必须通过 ISO9000、ISO14000 认证。	30％
	3.3	废旧电机、废旧电线电缆、废铝制易拉罐、报废汽车、报废摩托车、报废船舶、废旧电器电子产品、废旧太阳能光伏器件、废旧灯泡（管），及其拆解物	经冶炼、提纯生产的金属及合金（不包括铁及铁合金）	1. 产品原料70％来自所列资源； 2. 法律、法规或规章对相关废旧产品拆解规定了资质条件的，纳税人应当取得相应的资质。	30％
	3.4	废催化剂、电解废弃物、电镀废弃物、废旧线路板、烟尘灰、湿法泥、熔炼渣、线路板蚀刻废液、锡箔纸灰	经冶炼、提纯或化合生产的金属、合金及金属化合物（不包括铁及铁合金）、冰晶石	1. 产品原料70％来自所列资源； 2. 纳税人必须通过 ISO9000、ISO14000 认证。	30％

（续表）

类别	序号	综合利用的资源名称	综合利用产品和劳务名称	技术标准和相关条件	退税比例
三、再生资源	3.5	报废汽车、报废摩托车、报废船舶、废旧电器电子产品、废旧农机具、报废机器设备、废旧生活用品、工业边角余料、建筑拆解物等产生或拆解出来的废钢铁	炼钢炉料	1. 产品原料95%以上来自所列资源；2. 炼钢炉料符合《废钢铁》(GB 4223—2004)规定的技术要求；3. 法律、法规或规章对相关废旧产品拆解规定了资质条件的，纳税人应当取得相应的资质；4. 纳税人符合工业和信息化部《废钢铁加工行业准入条件》的相关规定；5. 炼钢炉料的销售对象应为符合工业和信息化部《钢铁行业规范条件》或《铸造行业准入条件》并公告的钢铁企业或铸造企业。	30%
	3.6	稀土产品加工废料，废弃稀土产品及拆解物	稀土金属及稀土氧化物	1. 产品原料95%以上来自所列资源；2. 纳税人符合国家发展改革委、环境保护部、工业和信息化部《稀土冶炼行业清洁生产评价指标体系》规定的技术要求。	30%
	3.7	废塑料、废旧聚氯乙烯（PVC）制品、废铝塑（纸铝、纸塑）复合纸包装材料	汽油、柴油、石油焦、炭黑、再生纸浆、铝粉、塑木（木塑）制品、(汽车、摩托车、家电、管材用)改性再生专用料、化纤用再生聚酯专用料、瓶用再生聚对苯二甲酸乙二醇酯(PET)树脂及再生塑料制品	1. 产品原料70%以上来自所列资源；2. 化纤用再生聚酯专用料杂质含量低于0.5 mg/g，水分含量低于1%，瓶用再生聚对苯二甲酸乙二醇酯(PET)树脂乙醛质量分数小于等于1 μg/g；3. 纳税人必须通过ISO9000、ISO14000认证。	50%
	3.8	废纸、农作物秸秆	纸浆、秸秆浆和纸	1. 产品原料70%以上来自所列资源；2. 废水排放符合《制浆造纸工业水污染物排放标准》(GB 3544—2008)规定的技术要求；3. 纳税人符合《制浆造纸行业清洁生产评价指标体系》规定的技术要求；4. 纳税人必须通过ISO9000、ISO14000认证。	50%
	3.9	废旧轮胎、废橡胶制品	胶粉、翻新轮胎、再生橡胶	1. 产品原料95%以上来自所列资源；2. 胶粉符合(GB/T 19208—2008)规定的技术要求；翻新轮胎符合(GB7037—2007)、(GB14646—2007)或(HG/T3979—2007)规定的技术要求；再生橡胶符合(GB/T13460—2008)规定的技术要求；3. 纳税人必须通过ISO9000、ISO14000认证。	50%
	3.10	废弃天然纤维、化学纤维及其制品	纤维纱及织布、无纺布、毡、粘合剂及再生聚酯产品	产品原料90%以上来自所列资源。	50%
	3.11	人发	档发	产品原料90%以上来自所列资源。	70%
	3.12	废玻璃	玻璃熟料	1. 产品原料95%以上来自所列资源；2. 产品符合《废玻璃分类》(SB/T 10900—2012)的技术要求；3. 纳税人符合《废玻璃回收分拣技术规范》(SB/T 11108—2014)规定的技术要求。	50%

（续表）

类别	序号	综合利用的资源名称	综合利用产品和劳务名称	技术标准和相关条件	退税比例
四、农林剩余物及其他	4.1	餐厨垃圾、畜禽粪便、稻壳、花生壳、玉米芯、油茶壳、棉籽壳、三剩物、次小薪材、农作物秸秆、蔗渣，以及利用上述资源发酵产生的沼气	生物质压块、沼气等燃料，电力、热力	1. 产品原料或者燃料80%以上来自所列资源； 2. 纳税人符合《锅炉大气污染物排放标准》（GB 13271—2014）、《火电厂大气污染物排放标准》（GB 13223—2011）或《生活垃圾焚烧污染控制标准》（GB 18485—2001）规定的技术要求。	100%
	4.2	三剩物、次小薪材、农作物秸秆、沙柳	纤维板、刨花板、细木工板、生物炭、活性炭、栲胶、水解酒精、纤维素、木质素、木糖、阿拉伯糖、糠醛、箱板纸	产品原料95%以上来自所列资源。	70%
	4.3	废弃动物油和植物油	生物柴油、工业级混合油	1. 产品原料70%以上来自所列资源； 2. 工业级混合油的销售对象须为化工企业。	70%
五、资源综合利用劳务	5.1	垃圾处理、污泥处理处置劳务			70%
	5.2	污水处理劳务		污水经加工处理后符合《城镇污水处理厂污染物排放标准》（GB 18918—2002）规定的技术要求或达到相应的国家或地方水污染物排放标准中的直接排放限值。	70%
	5.3	工业废气处理劳务		经治理、处理后符合《大气污染物综合排放标准》（GB 16297—1996）规定的技术要求或达到相应的国家或地方水污染物排放标准中的直接排放限值。	70%

备注：

1. 概念和定义。

"纳税人"，是指从事表中所列的资源综合利用项目的增值税一般纳税人。

"废渣"，是指采矿选矿废渣、冶炼废渣、化工废渣和其他废渣。其中，采矿选矿废渣，是指在矿产资源开采加工过程中产生的煤矸石、粉末、粉尘和污泥；冶炼废渣，是指转炉渣、电炉渣、铁合金炉渣、氧化铝赤泥和有色金属灰渣，但不包括高炉水渣；化工废渣，是指硫铁矿渣、硫铁矿煅烧渣、硫酸渣、硫石膏、磷石膏、磷矿煅烧渣、含氰废渣、电石渣、磷肥渣、硫磺渣、碱渣、含钡废渣、铬渣、盐泥、总溶剂渣、黄磷渣、柠檬酸渣、脱硫石膏、氟石膏、钛石膏和废石膏模；其他废渣，是指粉煤灰、燃煤炉渣、江河（湖、海、渠）道淤泥、淤沙、建筑垃圾、废玻璃、污水处理厂处理污水产生的污泥。

"蔗渣"，是指以甘蔗为原料的制糖生产过程中产生的含纤维50%左右的固体废弃物。

"再生水"，是指对污水处理厂出水、工业排水（矿井水）、生活污水、垃圾处理厂渗透（滤）液等水源进行回收，经适当处理后达到一定水质标准，并在一定范围内重复利用的水资源。

"冶炼"，是指通过焙烧、熔炼、电解以及使用化学药剂等方法把原料中的金属提取出来，减少金属中所含的杂质或增加金属中某种成分，炼成所需要的金属。冶炼包括火法冶炼、湿法提取或电化学沉积。

"烟尘灰"，是指金属冶炼厂火法冶炼过程中，为保护环境经除尘器（塔）收集的粉灰状及泥状残料物。

"湿法泥",是指湿法冶炼生产排出的污泥,经集中环保处置后产生的中和渣,且具有一定回收价值的污泥状废弃物。

"熔炼渣",是指有色金属火法冶炼过程中,由于比重的差异,金属成分因比重大沉底形成金属锭,而比重较小的硅、铁、钙等化合物浮在金属表层形成的废渣。

"农作物秸秆",是指农业生产过程中,收获了粮食作物(指稻谷、小麦、玉米、薯类等)、油料作物(指油菜籽、花生、大豆、葵花籽、芝麻籽、胡麻籽等)、棉花、麻类、糖料、烟叶、药材、花卉、蔬菜和水果等以后残留的茎秆。

"三剩物",是指采伐剩余物(指枝丫、树梢、树皮、树叶、树根及藤条、灌木等)、造材剩余物(指造材截头)和加工剩余物(指板皮、板条、木竹截头、锯末、碎单板、木芯、刨花、木块、篾黄、边角余料等)。

"次小薪材",是指次加工材[指材质低于针、阔叶树加工用原木最低等级但具有一定利用价值的次加工原木,按《次加工原木》(LY/T 1369—2011)标准执行]、小径材(指长度在2米以下或径级8厘米以下的小原木条、松木杆、脚手杆、杂木杆、短原木等)和薪材。

"垃圾",是指城市生活垃圾、农作物秸秆、树皮废渣、污泥、合成革及化纤废弃物、病死畜禽等养殖废弃物等垃圾。

"垃圾处理",是指运用填埋、焚烧、综合处理和回收利用等形式,对垃圾进行减量化、资源化和无害化处理处置的业务。

"污水处理",是指将污水(包括城镇污水和工业废水)处理后达到《城镇污水处理厂污染物排放标准》(GB 18918—2002),或达到相应的国家或地方水污染物排放标准中的直接排放限值的业务。其中,城镇污水是指城镇居民生活污水,机关、学校、医院、商业服务机构及各种公共设施排水,以及允许排入城镇污水收集系统的工业废水和初期雨水。工业废水是指工业生产过程中产生的,不允许排入城镇污水收集系统的废水和废液。

"污泥处理处置",是指对污水处理后产生的污泥进行稳定化、减量化和无害化处理处置的业务。

2. 综合利用的资源比例计算方式。

(1)综合利用的资源占生产原料或者燃料的比重,以重量比例计算。其中,水泥、水泥熟料原料中掺兑废渣的比重,按以下方法计算:

① 对经生料烧制和熟料研磨阶段生产的水泥,其掺兑废渣比例计算公式为:掺兑废渣比例=(生料烧制阶段掺兑废渣数量+熟料研磨阶段掺兑废渣数量)÷(除废渣以外的生料数量+生料烧制和熟料研磨阶段掺兑废渣数量+其他材料数量)×100%;

② 对外购水泥熟料采用研磨工艺生产的水泥,其掺兑废渣比例计算公式为:掺兑废渣比例=熟料研磨阶段掺兑废渣数量÷(熟料数量+熟料研磨阶段掺兑废渣数量+其他材料数量)×100%;

③ 对生料烧制的水泥熟料,其掺兑废渣比例计算公式为:掺兑废渣比例=生料烧制阶段掺兑废渣数量÷(除废渣以外的生料数量+生料烧制阶段掺兑废渣数量+其他材料数量)×100%。

(2)综合利用的资源为余热、余压的,按其占生产电力、热力消耗的能源比例计算。

3. 表中所列综合利用产品,应当符合相应的国家或行业标准。既有国家标准又有行业标准的,应当符合相对高的标准;没有国家标准或行业标准的,应当符合按规定向质量技术监督部门备案的企业标准。

表中所列各类国家标准、行业标准,如在执行过程中有更新、替换,统一按最新的国家标准、行业标准执行。

4. 表中所称"以上"均含本数。

财政部　国家税务总局关于新型墙体材料增值税政策的通知

2015 年 6 月 12 日　财税〔2015〕73 号

各省、自治区、直辖市、计划单列市财政厅(局)、国家税务局,新疆生产建设兵团财务局:

为加快推广新型墙体材料,促进能源节约和耕地保护,现就部分新型墙体材料增值税政策明确如下:

一、对纳税人销售自产的列入本通知所附《享受增值税即征即退政策的新型墙体材料目录》(以下简称《目录》)的新型墙体材料,实行增值税即征即退 50％ 的政策。

二、纳税人销售自产的《目录》所列新型墙体材料,其申请享受本通知规定的增值税优惠政策时,应同时符合下列条件:

(一)销售自产的新型墙体材料,不属于国家发展和改革委员会《产业结构调整指导目录》中的禁止类、限制类项目。

(二)销售自产的新型墙体材料,不属于环境保护部《环境保护综合名录》中的"高污染、高环境风险"产品或者重污染工艺。

(三)纳税信用等级不属于税务机关评定的 C 级或 D 级。

纳税人在办理退税事宜时,应向主管税务机关提供其符合上述条件的书面声明材料,未提供书面声明材料或者出具虚假材料的,税务机关不得给予退税。

三、已享受本通知规定的增值税即征即退政策的纳税人,自不符合本通知第二条规定条件的次月起,不再享受本通知规定的增值税即征即退政策。

四、纳税人应当单独核算享受本通知规定的增值税即征即退政策的新型墙体材料的销售额和应纳税额。未按规定单独核算的,不得享受本通知规定的增值税即征即退政策。

五、各省、自治区、直辖市、计划单列市税务机关应于每年 2 月底之前在其网站上,将享受本通知规定的增值税即征即退政策的纳税人按下列项目予以公示:纳税人名称、纳税人识别号、新型墙体材料的名称。

六、已享受本通知规定的增值税即征即退政策的纳税人,因违反税收、环境保护的法律法规受到处罚(警告或单次 1 万元以下罚款除外),自处罚决定下达的次月起 36 个月内,不得享受本通知规定的增值税即征即退政策。

七、《目录》所列新型墙体材料适用的国家标准、行业标准,如在执行过程中有更新、替换,统一按新的国家标准、行业标准执行。

八、本通知自 2015 年 7 月 1 日起执行。

附件:享受增值税即征即退政策的新型墙体材料目录

享受增值税即征即退政策的新型墙体材料目录

一、砖类

(一)非粘土烧结多孔砖(符合 GB 13544—2011 技术要求)和非粘土烧结空心砖(符合

GB 13545—2014 技术要求）。

（二）承重混凝土多孔砖（符合 GB 25779—2010 技术要求）和非承重混凝土空心砖（符合 GB/T 24492—2009 技术要求）。

（三）蒸压粉煤灰多孔砖（符合 GB 26541—2011 技术要求）、蒸压泡沫混凝土砖（符合 GB/T 29062—2012 技术要求）。

（四）烧结多孔砖（仅限西部地区，符合 GB 13544—2011 技术要求）和烧结空心砖（仅限西部地区，符合 GB 13545—2014 技术要求）。

二、砌块类

（一）普通混凝土小型空心砌块（符合 GB/T 8239—2014 技术要求）。

（二）轻集料混凝土小型空心砌块（符合 GB/T 15229—2011 技术要求）。

（三）烧结空心砌块（以煤矸石、江河湖淤泥、建筑垃圾、页岩为原料，符合 GB 13545—2014 技术要求）和烧结多孔砌块（以页岩、煤矸石、粉煤灰、江河湖淤泥及其他固体废弃物为原料，符合 GB 13544—2011 技术要求）。

（四）蒸压加气混凝土砌块（符合 GB 11968—2006 技术要求）、蒸压泡沫混凝土砌块（符合 GB/T 29062—2012 技术要求）。

（五）石膏砌块（以脱硫石膏、磷石膏等化学石膏为原料，符合 JC/T 698—2010 技术要求）。

（六）粉煤灰混凝土小型空心砌块（符合 JC/T 862—2008 技术要求）。

三、板材类

（一）蒸压加气混凝土板（符合 GB 15762—2008 技术要求）。

（二）建筑用轻质隔墙条板（符合 GB/T 23451—2009 技术要求）和建筑隔墙用保温条板（符合 GB/T 23450—2009 技术要求）。

（三）外墙外保温系统用钢丝网架模塑聚苯乙烯板（符合 GB 26540—2011 技术要求）。

（四）石膏空心条板（符合 JC/T 829—2010 技术要求）。

（五）玻璃纤维增强水泥轻质多孔隔墙条板（简称 GRC 板，符合 GB/T 19631—2005 技术要求）。

（六）建筑用金属面绝热夹芯板（符合 GB/T 23932—2009 技术要求）。

（七）建筑平板。其中：纸面石膏板（符合 GB/T 9775—2008 技术要求）；纤维增强硅酸钙板（符合 JC/T 564.1—2008、JC/T 564.2—2008 技术要求）；纤维增强低碱度水泥建筑平板（符合 JC/T 626—2008 技术要求）；维纶纤维增强水泥平板（符合 JC/T 671—2008 技术要求）；纤维水泥平板（符合 JC/T 412.1—2006、JC/T 412.2—2006 技术要求）。

四、符合国家标准、行业标准和地方标准的混凝土砖、烧结保温砖（砌块）（以页岩、煤矸石、粉煤灰、江河湖淤泥及其他固体废弃物为原料，加入成孔材料焙烧而成）、中空钢网内模隔墙、复合保温砖（砌块）、预制复合墙板（体）、聚氨酯硬泡复合板及以专用聚氨酯为材料的建筑墙体。

 财政部 国家税务总局关于风力发电增值税政策的通知

2015 年 6 月 12 日 财税〔2015〕74 号

各省、自治区、直辖市、计划单列市财政厅（局）、国家税务局，新疆生产建设兵团财务局：

为鼓励利用风力发电，促进相关产业健康发展，现将风力发电增值税政策通知如下：

自 2015 年 7 月 1 日起,对纳税人销售自产的利用风力生产的电力产品,实行增值税即征即退 50％的政策。

请遵照执行。

 财政部 国家税务总局关于供热企业增值税 房产税 城镇土地使用税优惠政策的通知

2016 年 8 月 24 日 财税〔2016〕94 号

北京、天津、河北、山西、内蒙古、辽宁、大连、吉林、黑龙江、山东、青岛、河南、陕西、甘肃、宁夏、新疆、青海省(自治区、直辖市、计划单列市)财政厅(局)、国家税务局、地方税务局,新疆生产建设兵团财务局:

为保障居民供热采暖,经国务院批准,现将"三北"地区供热企业(以下简称供热企业)增值税、房产税、城镇土地使用税政策通知如下:

一、自 2016 年 1 月 1 日至 2018 年供暖期结束,对供热企业向居民个人(以下统称居民)供热而取得的采暖费收入免征增值税。

向居民供热而取得的采暖费收入,包括供热企业直接向居民收取的、通过其他单位向居民收取的和由单位代居民缴纳的采暖费。

免征增值税的采暖费收入,应当按照《中华人民共和国增值税暂行条例》第十六条的规定单独核算。通过热力产品经营企业向居民供热的热力产品生产企业,应当根据热力产品经营企业实际从居民取得的采暖费收入占该经营企业采暖费总收入的比例确定免税收入比例。

本条所称供暖期,是指当年下半年供暖开始至次年上半年供暖结束的期间。

二、自 2016 年 1 月 1 日至 2018 年 12 月 31 日,对向居民供热而收取采暖费的供热企业,为居民供热所使用的厂房及土地免征房产税、城镇土地使用税;对供热企业其他厂房及土地,应当按规定征收房产税、城镇土地使用税。

对专业供热企业,按其向居民供热取得的采暖费收入占全部采暖费收入的比例计算免征的房产税、城镇土地使用税。

对兼营供热企业,视其供热所使用的厂房及土地与其他生产经营活动所使用的厂房及土地是否可以区分,按照不同方法计算免征的房产税、城镇土地使用税。可以区分的,对其供热所使用厂房及土地,按向居民供热取得的采暖费收入占全部采暖费收入的比例计算减免税。难以区分的,对其全部厂房及土地,按向居民供热取得的采暖费收入占其营业收入的比例计算减免税。

对自供热单位,按向居民供热建筑面积占总供热建筑面积的比例计算免征供热所使用的厂房及土地的房产税、城镇土地使用税。

三、本通知所称供热企业,是指热力产品生产企业和热力产品经营企业。热力产品生产企业包括专业供热企业、兼营供热企业和自供热单位。

四、本通知所称"三北"地区,是指北京市、天津市、河北省、山西省、内蒙古自治区、辽宁省、大连市、吉林省、黑龙江省、山东省、青岛市、河南省、陕西省、甘肃省、青海省、宁夏回族自治区和新疆维吾尔自治区。

财政部 税务总局关于延续供热企业增值税、房产税、城镇土地使用税优惠政策的通知

2019 年 4 月 3 日 财税〔2019〕38 号

北京、天津、河北、山西、内蒙古、辽宁、大连、吉林、黑龙江、山东、青岛、河南、陕西、甘肃、宁夏、新疆、青海省(自治区、直辖市、计划单列市)财政厅(局),新疆生产建设兵团财政局,国家税务总局北京、天津、河北、山西、内蒙古、辽宁、大连、吉林、黑龙江、山东、青岛、河南、陕西、甘肃、宁夏、新疆、青海省(自治区、直辖市、计划单列市)税务局:

为支持居民供热采暖,现将"三北"地区供热企业(以下称供热企业)增值税、房产税、城镇土地使用税政策通知如下:

一、自 2019 年 1 月 1 日至 2020 年供暖期结束,对供热企业向居民个人(以下称居民)供热取得的采暖费收入免征增值税。

向居民供热取得的采暖费收入,包括供热企业直接向居民收取的、通过其他单位向居民收取的和由单位代居民缴纳的采暖费。

免征增值税的采暖费收入,应当按照《中华人民共和国增值税暂行条例》第十六条的规定单独核算。通过热力产品经营企业向居民供热的热力产品生产企业,应当根据热力产品经营企业实际从居民取得的采暖费收入占该经营企业采暖费总收入的比例,计算免征的增值税。

本条所称供暖期,是指当年下半年供暖开始至次年上半年供暖结束的期间。

二、自 2019 年 1 月 1 日至 2020 年 12 月 31 日,对向居民供热收取采暖费的供热企业,为居民供热所使用的厂房及土地免征房产税、城镇土地使用税;对供热企业其他厂房及土地,应当按照规定征收房产税、城镇土地使用税。

对专业供热企业,按其向居民供热取得的采暖费收入占全部采暖费收入的比例,计算免征的房产税、城镇土地使用税。

对兼营供热企业,视其供热所使用的厂房及土地与其他生产经营活动所使用的厂房及土地是否可以区分,按照不同方法计算免征的房产税、城镇土地使用税。可以区分的,对其供热所使用厂房及土地,按向居民供热取得的采暖费收入占全部采暖费收入的比例,计算免征的房产税、城镇土地使用税。难以区分的,对其全部厂房及土地,按向居民供热取得的采暖费收入占其营业收入的比例,计算免征的房产税、城镇土地使用税。

对自供热单位,按向居民供热建筑面积占总供热建筑面积的比例,计算免征供热所使用的厂房及土地的房产税、城镇土地使用税。

三、本通知所称供热企业,是指热力产品生产企业和热力产品经营企业。热力产品生产企业包括专业供热企业、兼营供热企业和自供热单位。

四、本通知所称"三北"地区,是指北京市、天津市、河北省、山西省、内蒙古自治区、辽宁省、大连市、吉林省、黑龙江省、山东省、青岛市、河南省、陕西省、甘肃省、青海省、宁夏回族自治区和新疆维吾尔自治区。

财政部 国家税务总局关于加快煤层气抽采
有关税收政策问题的通知

2007 年 2 月 7 日 财税〔2007〕16 号

各省、自治区、直辖市、计划单列市财政厅（局）、国家税务局、地方税务局，新疆生产建设兵团财务局，财政部驻各省、自治区、直辖市、计划单列市财政监察专员办事处：

为加快推进煤层气资源的抽采利用，鼓励清洁生产、节约生产和安全生产，经国务院批准，现就鼓励煤层气抽采有关税收政策问题通知如下：

一、对煤层气抽采企业的增值税一般纳税人抽采销售煤层气实行增值税先征后退政策。先征后退税款由企业专项用于煤层气技术的研究和扩大再生产，不征收企业所得税。

煤层气是指赋存于煤层及其围岩中与煤炭资源伴生的非常规天然气，也称煤矿瓦斯。

煤层气抽采企业应将享受增值税先征后退政策的业务和其他业务分别核算，不能分别准确核算的，不得享受增值税先征后退政策。

煤层气抽采企业增值税先征后退政策由财政部驻各地财政监察专员办事处根据财政部、国家税务总局、中国人民银行《关于税制改革后对某些企业实行"先征后退"有关预算管理问题的暂行规定的通知》（〔94〕财预字第 55 号）的规定办理。

二、对独立核算的煤层气抽采企业购进的煤层气抽采泵、钻机、煤层气监测装置、煤层气发电机组、钻井、录井、测井等专用设备，统一采取双倍余额递减法或年数总和法实行加速折旧，具体加速折旧方法可以由企业自行决定，但一经确定，以后年度不得随意调整。

三、对独立核算的煤层气抽采企业利用银行贷款或自筹资金从事技术改造项目国产设备投资，其项目所需国产设备投资的 40％可从企业技术改造项目设备购置当年比前一年新增的企业所得税中抵免。具体管理办法按财政部、国家税务总局《关于印发〈技术改造国产设备投资抵免企业所得税暂行办法〉的通知》（财税字〔1999〕290 号）、国家税务总局《关于印发〈技术改造国产设备投资抵免企业所得税审核管理办法〉的通知》（国税发〔2000〕13 号）、财政部、国家税务总局《关于外商投资企业和外国企业购买国产设备投资抵免企业所得税有关问题的通知》（财税字〔2000〕49 号）和国家税务总局《关于印发〈外商投资企业和外国企业购买国产设备投资抵免企业所得税管理办法〉的通知》（国税发〔2000〕90 号）的规定执行。

四、对财务核算制度健全、实行查账征税的煤层气抽采企业研究开发新技术、新工艺发生的技术开发费，在按规定实行 100％扣除基础上，允许再按当年实际发生额的 50％在企业所得税税前加计扣除。具体管理办法按财政部、国家税务总局《关于企业技术创新有关企业所得税优惠政策的通知》（财税〔2006〕88 号）第一条的有关规定执行。

五、对地面抽采煤层气暂不征收资源税。

六、本通知自 2007 年 1 月 1 日起执行。现行对中联公司中外合作开采陆上煤层气按实物征收 5％的增值税以及中联公司自营开采陆上煤层气增值税超 5％税负返还政策同时废止。

请遵照执行。

（三）电力建设

 财政部 国家税务总局关于大型水电企业增值税政策的通知

2014 年 2 月 12 日 财税〔2014〕10 号

各省、自治区、直辖市、计划单列市财政厅（局）、国家税务局，新疆生产建设兵团财务局：

为支持水电行业发展，统一和规范大型水电企业增值税政策，经国务院批准，现将大型水电企业增值税优惠政策通知如下：

一、装机容量超过 100 万千瓦的水力发电站（含抽水蓄能电站）销售自产电力产品，自 2013 年 1 月 1 日至 2015 年 12 月 31 日，对其增值税实际税负超过 8％的部分实行即征即退政策；自 2016 年 1 月 1 日至 2017 年 12 月 31 日，对其增值税实际税负超过 12％的部分实行即征即退政策。

二、本通知所称的装机容量，是指单站发电机组额定装机容量的总和。该额定装机容量包括项目核准（审批）机关依权限核准（审批）的水力发电站总装机容量（含分期建设和扩机），以及后续因技术改造升级等原因经批准增加的装机容量。

三、《财政部 国家税务总局关于三峡电站电力产品增值税税收政策问题的通知》（财税〔2002〕24 号）、《财政部 国家税务总局关于葛洲坝电站电力产品增值税政策问题的通知》（财税〔2002〕168 号）、《财政部关于小浪底水利工程电力产品增值税政策问题的通知》（财税〔2006〕2 号）、《国家税务总局关于黄河上游水电开发有限责任公司电力产品增值税税收政策问题的通知》（国税函〔2004〕52 号）自 2014 年 1 月 1 日起废止。

八、支持金融资本市场

（一）金融市场

 财政部 国家税务总局关于被撤销金融机构有关税收政策问题的通知

2003 年 7 月 3 日 财税〔2003〕141 号

各省、自治区、直辖市、计划单列市财政厅（局）、国家税务局、地方税务局：

为了促进被撤销金融机构的清算工作，加强对金融活动的监督管理，维护金融秩序，根据《金融机构撤销条例》第二十一条的规定，现对被撤销金融机构清理和处置财产过程中有关税收优惠政策问题通知如下：

一、享受税收优惠政策的主体是指经中国人民银行依法决定撤销的金融机构及其分设于各地的分支机构,包括被依法撤销的商业银行、信托投资公司、财务公司、金融租赁公司、城市信用社和农村信用社。除另有规定者外,被撤销的金融机构所属、附属企业,不享受本通知规定的被撤销金融机构的税收优惠政策。

二、被撤销金融机构清理和处置财产可享受以下税收优惠政策:

1. 对被撤销金融机构接收债权、清偿债务过程中签订的产权转移书据,免征印花税。

2. 对被撤销金融机构清算期间自有的或从债务方接收的房地产、车辆,免征房产税、城镇土地使用税和车船使用税。

3. 对被撤销金融机构在清算过程中催收债权时,接收债务方土地使用权、房屋所有权所发生的权属转移免征契税。

4. 对被撤销金融机构财产用来清偿债务时,免征被撤销金融机构转让货物、不动产、无形资产、有价证券、票据等应缴纳的增值税、营业税、城市维护建设税、教育费附加和土地增值税。

三、除第二条规定者外,被撤销金融机构在清算开始后、清算资产被处置前持续经营的经济业务所发生的应纳税款应按规定予以缴纳。

四、被撤销金融机构的应缴未缴国家的税金及其他款项应按照法律法规规定的清偿顺序予以缴纳。

五、被撤销金融机构的清算所得应该依法缴纳企业所得税。

六、本通知自《金融机构撤销条例》生效之日起开始执行。凡被撤销金融机构在《金融机构撤销条例》生效之日起进行的财产清理和处置的涉税政策均按本通知执行。本通知发布前,属免征事项的应纳税款不再追缴,已征税款不予退还。

财政部 海关总署 国家税务总局关于调整钻石及上海钻石交易所有关税收政策的通知

2006 年 6 月 7 日 财税〔2006〕65 号

各省、自治区、直辖市、计划单列市财政厅(局)、国家税务局,新疆生产建设兵团财务局,海关广东分署、天津、上海特派办、各直属海关:

为规范国内钻石市场,平衡同类商品税收负担,经国务院批准,现将钻石及上海钻石交易所有关税收政策通知如下:

一、纳税人自上海钻石交易所销往国内市场的毛坯钻石,免征进口环节增值税;纳税人自上海钻石交易所销往国内市场的成品钻石,进口环节增值税实际税负超过 4% 的部分由海关实行即征即退。进入国内环节,纳税人凭海关开具的完税凭证注明的增值税额抵扣进项税金。

纳税人自上海钻石交易所销往国内市场的钻石实行进口环节增值税免征和即征即退政策后,销往国内市场的钻石,在出上海钻石交易所时,海关按照现行规定依法实施管理。

二、出口企业出口的以下钻石产品免征增值税,相应的进项税额不予退税或抵扣,须转入成本。具体产品的范围是:税则序列号为 71021000、71023100、71023900、71042010、71049091、71051010、71131110、71131911、71131991、71132010、71162000。

各地税务机关要注意含有钻石的产品的出口动态,凡发现企业出口产品含钻石且价值比重较大,同时不属于以上所列产品范围,以及执行中发现其他问题的,应及时报告财政部、国家税务总局。

三、对国内钻石开采企业通过上海钻石交易所销售的自产毛坯钻石实行免征增值税政策;不通过上海钻石交易所销售的,照章征收增值税。

四、对国内加工的成品钻石,通过上海钻石交易所销售的,在国内销售环节免征增值税;不通过上海钻石交易所销售的,在国内销售环节按17%的税率征收增值税。

对国内加工的成品钻石,进入上海钻石交易所时视同出口,不予退税,自上海钻石交易所再次进入国内市场,其进口环节增值税实际税负超过4%的部分,由海关实行即征即退。

五、对上海钻石交易所取得的交易手续费收入、会员缴纳的年费收入照章征收营业税。

六、关于上海钻石交易所的保税政策和钻石的其他税收政策,仍按现行规定执行。

七、进口环节增值税即征即退的具体操作办法由海关总署制定;对钻石的国内环节的增值税征收管理办法及增值税专用发票管理办法由国家税务总局另行制定。

八、对以一般贸易方式报关进口的工业用钻,不再集中到上海钻石交易所海关办理报关手续、实行统一管理,照章征收进口关税和进口环节增值税(具体商品范围见附件)。

本通知自 2006 年 7 月 1 日起执行。

附件:工业用钻范围

附件

<h3 style="text-align:center">工业用钻范围</h3>

税则号列	货品名称	调整后税收政策
71022100	未加工或简单加工的工业用钻石	不再集中通过上海钻石交易所海关报关进口,照章征收进口关税和进口增值税
71022900	其他工业用钻石	
71049011	其他工业用合成或再造的钻石	
71051020	人工合成的钻石粉末	

 财政部　国家税务总局关于黄金期货交易有关税收政策的通知

2008 年 1 月 29 日　财税〔2008〕5 号

上海市财政局、国家税务局:

经国务院批准,自 2008 年 1 月 1 日起,上海期货交易黄金期货交易发生实物交割时,比照现行上海黄金交易所黄金交易的税收政策执行。现将有关政策明确如下:

一、上海期货交易所会员和客户通过上海期货交易所销售标准黄金(持上海期货交易所开具的《黄金结算专用发票》),发生实物交割但未出库的,免征增值税;发生实物交割并已出库的,由税务机关按照实际交割价格代开增值税专用发票,并实行增值税即征即退的政策,同时免征城市维护建设税和教育费附加。增值税专用发票中的单价、金额和税额的计算公式分别如下:

$$单价 = 实际交割单价 \div (1 + 增值税税率)$$
$$金额 = 数量 \times 单价$$
$$税额 = 金额 \times 税率$$

实际交割单价是指不含上海期货交易所收取的手续费的单位价格。

其中,标准黄金是指:成色为 AU9999、AU9995、AU999、AU995;规格为 50 克、100 克、1 公斤、3 公斤、12.5 公斤的黄金。

二、上海期货交易所黄金期货交易的增值税征收管理办法及增值税专用发票管理办法由国家税务总局另行制订。

财政部 国家税务总局关于上海期货交易所开展期货保税交割业务有关增值税问题的通知

2010 年 12 月 2 日 财税〔2010〕108 号

各省、自治区、直辖市、计划单列市财政厅(局)、国家税务局:

根据《国务院关于推进上海加快发展现代服务业和先进制造业建设国际金融中心和国际航运中心的意见》(国发〔2009〕19 号)有关精神,上海期货交易所将试点开展期货保税交割业务。现将有关增值税问题通知如下:

一、期货保税交割是指以海关特殊监管区域或场所内处于保税监管状态的货物为期货实物交割标的物的期货实物交割。

二、上海期货交易所的会员和客户通过上海期货交易所交易的期货保税交割标的物,仍按保税货物暂免征收增值税。

期货保税交割的销售方,在向主管税务机关申报纳税时,应出具当期期货保税交割的书面说明及上海期货交易所交割单、保税仓单等资料。

三、非保税货物发生的期货实物交割仍按《国家税务总局关于下发〈货物期货征收增值税具体办法〉的通知》(国税发〔1994〕244 号)的规定执行。

四、本通知自 2010 年 12 月 1 日起执行。

财政部 国家税务总局关于原油和铁矿石期货保税交割业务增值税政策的通知

2015 年 4 月 8 日 财税〔2015〕35 号

各省、自治区、直辖市、计划单列市财政厅(局)、国家税务局:

根据国务院批复精神,现将原油和铁矿石期货保税交割业务有关增值税政策通知如下:

一、上海国际能源交易中心股份有限公司的会员和客户通过上海国际能源交易中心股份有限公司交易的原油期货保税交割业务,大连商品交易所的会员和客户通过大连商品交易所交易的铁矿石期货保税交割业务,暂免征收增值税。

二、期货保税交割的销售方,在向主管税务机关申报纳税时,应出具当期期货保税交割的书面说明、上海国际能源交易中心股份有限公司或大连商品交易所的交割结算单、保税仓单等资料。

三、上述期货交易中实际交割的原油和铁矿石,如果发生进口或者出口的,统一按照现行货物进出口税收政策执行。非保税货物发生的期货实物交割仍按《国家税务总局关于下发〈货物期货征收增值税具体办法〉的通知》(国税发〔1994〕244 号)的规定执行。

四、本通知自 2015 年 4 月 1 日起执行。

 国家税务总局关于上海国际能源交易中心原油期货保税交割业务增值税管理问题的公告

2017 年 7 月 28 日　国家税务总局公告 2017 年第 29 号

根据《财政部　国家税务总局关于原油和铁矿石期货保税交割业务增值税政策的通知》（财税〔2015〕35 号），上海国际能源交易中心股份有限公司（以下简称"上海国际能源交易中心"）开展的原油期货保税交割业务暂免征收增值税。现将有关增值税管理问题公告如下：

一、上海国际能源交易中心开展的原油期货保税交割业务（以下简称"原油期货保税交割业务"）是指参与原油期货保税交割业务的境内机构、境外机构，通过上海国际能源交易中心，以海关特殊监管区域或场所内处于保税监管状态的原油货物为期货实物交割标的物，开展的原油期货实物交割业务。

二、境内机构包括上海国际能源交易中心的会员单位（含期货公司会员和非期货公司会员），以及通过会员单位在上海国际能源交易中心开展原油期货保税交割业务的境内客户；

境外机构包括在上海国际能源交易中心开展原油期货保税交割业务的境外经纪机构和境外参与者。

三、对境内机构的增值税管理按以下规定执行：

（一）境内机构均应注册登记为增值税纳税人。

（二）境内机构应在首次申报原油期货保税交割业务免税时，向主管税务机关提交从事原油期货保税交割业务的书面说明，办理免税备案。

（三）原油期货保税交割业务的卖方为境内机构时，应向买方开具增值税普通发票。即境内卖方客户应向卖方会员单位开具增值税普通发票，卖方会员单位应向上海国际能源交易中心开具增值税普通发票，上海国际能源交易中心应向买方会员单位开具增值税普通发票，买方会员单位应向境内或境外买方客户开具增值税普通发票。开票金额均为上海国际能源交易中心保税交割结算单上注明的保税交割结算金额。

（四）境内机构应将免税业务对应的保税交割结算单及开具和收取的发票、收付款凭证以及保税标准仓单清单等资料按月整理成册，留存备查。

四、原油期货保税交割业务的卖方为境外机构时，卖方会员单位应向卖方索取相应的收款凭证，并以此作为免税依据。

五、上海国际能源交易中心的增值税管理规定，参照本公告第三条对境内机构的增值税管理规定执行。

六、上海期货交易所与上海国际能源交易中心其他期货品种的保税交割业务，适用免征增值税政策的，其增值税管理参照本公告执行。

七、本公告自发布之日起施行。

特此公告。

国家税务总局办公厅关于《国家税务总局关于上海国际能源交易中心原油期货保税交割业务增值税管理问题的公告》的解读

一、公告出台的背景是什么？

根据《财政部 国家税务总局关于原油和铁矿石期货保税交割业务增值税政策的通知》（财税〔2015〕35 号），上海国际能源交易中心股份有限公司的会员和客户通过上海国际能源交易中心股份有限公司交易的原油期货保税交割业务暂免征收增值税。为明确相关增值税管理，国家税务总局出台了《国家税务总局关于上海国际能源交易中心原油期货保税交割业务增值税管理问题的公告》（以下简称《公告》），以便于操作执行。

二、原油期货保税交割的业务流程是什么？

原油期货保税交割具体业务流程可参见下图，其中：

（一）原油期货保税交割业务通过上海国际能源交易中心进行，虚线内为境内机构，虚线外为境外机构。

（二）箭头方向为资金的结算方向及原油保税仓单的交割方向。

（三）灰色箭头方向为增值税普通发票开具方向，红色箭头为境外收付款凭证开具方向，虚线箭头暂不纳入境内增值税管理范围。

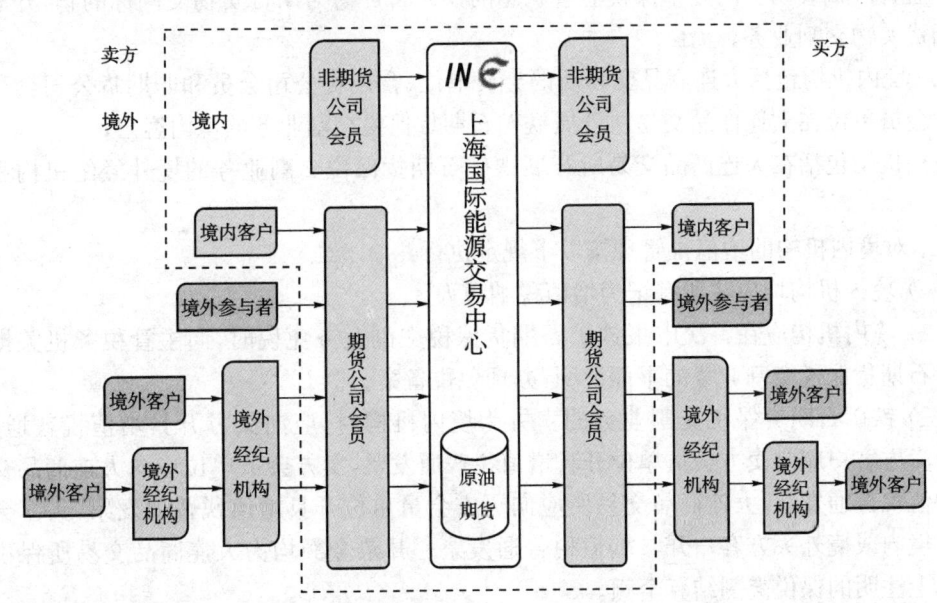

三、对境内机构，有哪些增值税管理措施？

《公告》规定，境内机构均应注册登记为增值税纳税人，在首次申报原油期货保税交割业务免税时，向主管税务机关提交从事原油期货保税交割业务的书面说明等资料，办理免税备案。境内机构应将免税业务对应的保税交割结算单及开具和收取的发票、收付款凭证以及保税标准仓单清单等资料按月整理成册，留存备查。

四、原油期货保税交割业务应如何开具发票？

《公告》规定，原油期货保税交割业务的卖方为境内机构时，应向买方开具增值税普通发票。即境内卖方客户应向卖方会员单位开具增值税普通发票；卖方会员单位应向上海国际能源交易中心开具增值税普通发票；上海国际能源交易中心应向买方会员单位开具增值税普通发票;买方会员单位应向境内或境外买方客户开具增值税普通发票。开票金额均为上海国际能源交易中心保税交割结算单上注明的保税交割结算金额。

五、卖方为境外机构时,卖方会员以什么作为免税依据?

《公告》规定,原油期货保税交割业务的卖方为境外机构时,卖方会员单位应向卖方索取相应的收款凭证,并以此作为免税依据。

国家税务总局关于大连商品交易所铁矿石期货保税交割业务增值税管理问题的公告

2018 年 4 月 20 日　　国家税务总局公告 2018 年第 19 号

根据《财政部　国家税务总局关于原油和铁矿石期货保税交割业务增值税政策的通知》(财税〔2015〕35 号),大连商品交易所开展的铁矿石期货保税交割业务暂免征收增值税。现将有关增值税管理问题公告如下:

一、大连商品交易所开展的铁矿石期货保税交割业务(以下简称"铁矿石期货保税交割业务")是指参与铁矿石期货保税交割业务的境内机构、境外机构,通过大连商品交易所,以海关特殊监管区域或场所内处于保税监管状态的铁矿石货物为期货实物交割标的物,开展的铁矿石期货实物交割业务。

二、境内机构包括大连商品交易所的会员单位(含期货公司会员和非期货公司会员),以及通过会员单位在大连商品交易所开展铁矿石期货保税交割业务的境内客户;

境外机构包括在大连商品交易所开展铁矿石期货保税交割业务的境外经纪机构和境外参与者。

三、对境内机构的增值税管理按以下规定执行:

(一)境内机构均应注册登记为增值税纳税人。

(二)境内机构应在首次申报铁矿石期货保税交割业务免税时,向主管税务机关提交从事铁矿石期货保税交割业务的书面说明,办理免税备案。

(三)铁矿石期货保税交割业务的卖方为境内机构时,应向买方开具增值税普通发票。即境内卖方客户应向卖方会员单位开具增值税普通发票,卖方会员单位应向大连商品交易所开具增值税普通发票,大连商品交易所应向买方会员单位开具增值税普通发票,买方会员单位应向境内或境外买方客户开具增值税普通发票。开票金额均为大连商品交易所保税交割结算单上注明的保税交割结算金额。

(四)境内机构应将免税业务对应的保税交割结算单及开具和收取的发票、收付款凭证以及保税标准仓单清单等资料按月整理成册,留存备查。

四、铁矿石期货保税交割业务的卖方为境外机构时,卖方会员单位应向卖方索取相应的收款凭证,并以此作为免税依据。

五、大连商品交易所的增值税管理规定,参照本公告第三条对境内机构的增值税管理规定执行。

六、大连商品交易所其他期货品种的保税交割业务,适用免征增值税政策的,其增值税管理参照本公告执行。

七、本公告自发布之日起施行。

特此公告。

国家税务总局办公厅关于《国家税务总局关于大连商品交易所铁矿石期货保税交割业务增值税管理问题的公告》的解读

根据《财政部 国家税务总局关于原油和铁矿石期货保税交割业务增值税政策的通知》（财税〔2015〕35号），上海国际能源交易中心股份有限公司的会员和客户通过上海国际能源交易中心股份有限公司交易的原油期货保税交割业务，大连商品交易所的会员和客户通过大连商品交易所交易的铁矿石期货保税交割业务，暂免征收增值税。2017年，上海国际能源交易中心启动原油期货上市交易，并引入境外交易者参与，为明确相关增值税免税管理要求，国家税务总局发布了《国家税务总局关于上海国际能源交易中心原油期货保税交割业务增值税管理问题的公告》（国家税务总局公告2017年第29号），以便于操作执行。

近日，经国务院同意，证监会已正式批复确定大连商品交易所的铁矿石期货作为境内特定品种，引入境外交易者参与境内铁矿石期货交易，其业务流程与原油期货保税交割一致。因此，税务总局出台本公告，对大连商品交易所开展的铁矿石期货保税交割业务范围进行限定，同时明确对境内机构的管理要求、发票开具等相关问题。

财政部 税务总局关于境外机构投资境内债券市场企业所得税、增值税政策的通知

2018年11月7日 财税〔2018〕108号

各省、自治区、直辖市、计划单列市财政厅（局），国家税务总局各省、自治区、直辖市、计划单列市税务局，新疆生产建设兵团财政局：

为进一步推动债券市场对外开放，现将有关税收政策通知如下：

自2018年11月7日起至2021年11月6日止，对境外机构投资境内债券市场取得的债券利息收入暂免征收企业所得税和增值税。

上述暂免征收企业所得税的范围不包括境外机构在境内设立的机构、场所取得的与该机构、场所有实际联系的债券利息。

（二）资本市场

财政部 国家税务总局关于中国信达等4家金融资产管理公司税收政策问题的通知

2001年2月20日 财税〔2001〕10号

各省、自治区、直辖市、计划单列市财政厅（局）、国家税务局、地方税务局：

根据《国务院办公厅转发人民银行、财政部、证监会关于组建中国信达资产管理公司意见的通知》（国办发〔1999〕33号）和《国务院办公厅转发人民银行、财政部、证监会关于组建中国

华融资产管理公司、中国长城资产管理公司和中国东方资产管理公司意见的通知》(国办发〔1999〕66号)的精神,经国务院批准,现对信达、华融、长城和东方资产管理公司(以下简称"资产公司")在收购、承接和处置不良资产过程中有关税收政策问题通知如下:

一、享受税收优惠政策的主体为经国务院批准成立的中国信达资产管理公司、中国华融资产管理公司、中国长城资产管理公司和中国东方资产管理公司,及其经批准分设于各地的分支机构。除另有规定者外,资产公司所属、附属企业,不享受资产公司的税收优惠政策。

二、收购、承接不良资产是指资产公司按照国务院规定的范围和额度,对相关国有银行不良资产,以账面价值进行收购,同时继承债权、行使债权主体权利。具体包括资产公司承接、收购相关国有银行的逾期、呆滞、呆账贷款及其相应的抵押品;处置不良资产是指资产公司按照有关法律、法规,为使不良资产的价值得到实现而采取的债权转移的措施。具体包括运用出售、置换、资产重组、债转股、证券化等方法对贷款及其抵押品进行处置。

三、资产公司收购、承接、处置不良资产可享受以下税收优惠政策:

1. 对资产公司接受相关国有银行的不良债权,借款方以货物、不动产、无形资产、有价证券和票据等抵充贷款本息的,免征资产公司销售转让该货物、不动产、无形资产、有价证券、票据以及利用该货物、不动产从事融资租赁业务应缴纳的增值税、营业税。

2. 对资产公司接受相关国有银行的不良债权取得的利息收入,免征营业税。

3. 对资产公司接受相关国有银行的不良债权,借款方以土地使用权、房屋所有权抵充贷款本息的,免征承受土地使用权、房屋所有权应缴纳的契税。

4. 对资产公司成立时设立的资金账簿免征印花税。对资产公司收购、承接和处置不良资产,免征购销合同和产权转移书据应缴纳的印花税。对涉及资产公司资产管理范围内的上市公司国有股权持有人变更的事项,免征印花税参照《国家税务总局关于上市公司国有股权无偿转让证券(股票)交易印花税问题的通知》(国税发〔1999〕124号)的有关规定执行。

5. 对各公司回收的房地产在未处置前的闲置期间,免征房产税和城镇土地使用税。对资产公司转让房地产取得的收入,免征土地增值税。

6. 资产公司所属的投资咨询类公司,为本公司承接、收购、处置不良资产而提供资产、项目评估和审计服务取得的收入,免征营业税。

四、资产公司除收购、承接、处置不良资产业务外,从事其他经营业务或发生本通知未规定免税的应税行为,应一律依法纳税。

五、本通知自资产公司成立之日起开始执行。此前的规定与本通知有抵触的,以本通知为准。各地财政、税务部门及资产公司要密切关注税收优惠政策的落实情况,及时向财政部、国家税务总局反映执行中出现的问题,确保相关税收优惠政策顺利实施。

财政部 国家税务总局关于4家资产管理公司接收资本金项下的资产在办理过户时有关税收政策问题的通知

2003年2月21日 财税〔2003〕21号

各省、自治区、直辖市、计划单列市财政厅(局)、国家税务局、地方税务局,新疆生产建设兵团财务局:

按照国务院办公厅《转发人民银行、财政部、证监会关于组建中国信达资产管理公司意见的通知》(国办发〔1999〕33号)和《转发人民银行、财政部、证监会关于组建中国华融资产管理公司、中国长城资产管理公司和中国东方资产管理公司意见的通知》(国办发〔1999〕66号)的规定,财政部从中国建设银行、中国工商银行、中国农业银行、中国银行(以下简称国有商业银行)无偿划转了部分资产(包括现金、投资、固定资产及随投资实体划转的贷款)给中国信达资产管理公司、中国华融资产管理公司、中国长城资产管理公司和中国东方资产管理公司(以下简称金融资产管理公司),作为其组建时的资本金。现就上述金融资产管理公司接收资本金项下的资产在办理过户时有关税收政策问题通知如下:

一、金融资产管理公司按财政部核定的资本金数额,接收国有商业银行的资产,在办理过户手续时,免征契税、印花税。

二、国有商业银行按财政部核定的数额,划转给金融资产管理公司的资产,在办理过户手续时,免征营业税、增值税、印花税。

 财政部 国家税务总局关于中国东方资产管理公司处置港澳国际(集团)有限公司有关资产税收政策问题的通知

2003年11月10日 财税〔2003〕212号

各省、自治区、直辖市、计划单列市财政厅(局)、国家税务局、地方税务局,新疆生产建设兵团财务局:

为了加快港澳国际(集团)有限公司的资产处置、清算及机构关闭工作,经国务院批准,现就港澳国际(集团)有限公司资产清理、处置过程中有关税收政策问题通知如下:

一、享受税收优惠政策的主体。

1. 负责接收和处置港澳国际(集团)有限公司资产的中国东方资产管理公司及其经批准分设于各地的分支机构〔以下简称"东方资产管理公司"〕;

2. 港澳国际(集团)有限公司所属的东北国际投资有限公司、海国投集团有限公司、海南港澳国际信托投资公司〔以下简称"港澳国际(集团)内地公司"〕;

3. 在我国境内(不包括港澳台,下同)拥有资产并负有纳税义务的港澳国际(集团)有限公司集团本部及其香港8家子公司〔名单见附件,以下简称"港澳国际(集团)香港公司"〕。

二、东方资产管理公司接收、处置港澳国际(集团)有限公司资产可享受以下税收优惠政策。

1. 对东方资产管理公司在接收和处置港澳国际(集团)有限公司资产过程中签订的产权转移书据,免征东方资产管理公司应缴纳的印花税。

2. 对东方资产管理公司接收港澳国际(集团)有限公司的房地产以抵偿债务的,免征东方资产管理公司承受房屋所有权、土地使用权应缴纳的契税。

3. 对东方资产管理公司接收港澳国际(集团)有限公司的房地产、车辆,免征应缴纳的房产税、城镇土地使用税和车船使用税。

4. 对东方资产管理公司接收港澳国际(集团)有限公司的资产包括货物、不动产、有价证券等,免征东方资产管理公司销售转让该货物、不动产、有价证券等资产以及利用该货物、不动产从事融资租赁业务应缴纳的增值税、营业税、城市维护建设税、教育费附加和土地增值税。

5. 对东方资产管理公司所属的投资咨询类公司，为本公司接收、处置港澳国际(集团)有限公司资产而提供资产、项目评估和审计服务取得的收入免征应缴纳的营业税、城市维护建设税和教育费附加。

三、港澳国际(集团)内地公司的资产在清理和处置期间可享受以下税收优惠政策。

1. 对港澳国际(集团)内地公司在催收债权、清偿债务过程中签订的产权转移书据，免征港澳国际(集团)内地公司应缴纳的印花税。

2. 对港澳国际(集团)内地公司在清算期间自有的和从债务方接收的房地产、车辆，免征应缴纳的房产税、城市房地产税、城镇土地使用税、车船使用税和车船使用牌照税。

3. 对港澳国际(集团)内地公司在清算期间催收债权时，免征接收房屋所有权、土地使用权应缴纳的契税。

4. 对港澳国际(集团)内地公司的资产，包括货物、不动产、有价证券、股权、债权等，在清理和被处置时，免征港澳国际(集团)内地公司销售转让该货物、不动产、有价证券、股权、债权等资产应缴纳的增值税、营业税、城市维护建设税、教育费附加和土地增值税。

四、港澳国际(集团)香港公司中国境内的资产在清理和处置期间可享受以下税收优惠政策。

1. 对港澳国际(集团)香港公司在中国境内催收债权、清偿债务过程中签订的产权转移书据，免征港澳国际(集团)香港公司应承担的印花税。

2. 对港澳国际(集团)香港公司在中国境内拥有的和从债务方接收的房地产、车辆，在清算期间免征应承担的城市房地产税和车船使用牌照税。

3. 对港澳国际(集团)香港公司清算期间在中国境内催收债权时，免征接收房屋所有权、土地使用权应缴纳的契税。

4. 对港澳国际(集团)香港公司在中国境内的资产，包括货物、不动产、有价证券、股权、债权等，在清理和被处置时，免征港澳国际(集团)香港公司销售转让该货物、不动产、有价证券、股权、债权等资产应缴纳的增值税、营业税、预提所得税和土地增值税。

五、港澳国际(集团)内地公司、港澳国际(集团)香港公司在清算期间发生本通知未规定免税的应税行为以及东方资产管理公司除接收、处置不良资产业务外从事其他经营业务，应一律依法纳税。

六、本通知自港澳国际(集团)内地公司、港澳国际(集团)香港公司开始清算之日起执行，本通知发布前，属免征事项的应纳税款不再追缴，已征税款不予退还。

附件：港澳国际(集团)有限公司在香港的8家子公司名单

1. 新港澳有限公司
2. 煌天投资有限公司
3. 海佳发展有限公司
4. 港澳国际置业有限公司
5. 金富运发展有限公司
6. 港澳国际财务有限公司
7. 恒琪发展有限公司
8. 集富置业有限公司

财政部　国家税务总局关于熊猫普制金币免征增值税政策的通知

2012 年 12 月 28 日　财税〔2012〕97 号

各省、自治区、直辖市、计划单列市财政厅（局）、国家税务局,新疆生产建设兵团财务局:

为完善投资性黄金相关税收政策,经国务院批准,自 2012 年 1 月 1 日起,对符合条件的纳税人销售的熊猫普制金币免征增值税。现将有关政策通知如下:

一、熊猫普制金币是指由黄金制成并同时符合以下条件的法定货币:

1. 由中国人民银行发行;

2. 生产质量为普制;

3. 正面主体图案为天坛祈年殿,并刊国名、年号。背面主体图案为熊猫,并刊面额、规格及成色。规格包括 1 盎司、1/2 盎司、1/4 盎司、1/10 盎司和 1/20 盎司,对应面额分别为 500 元、200 元、100 元、50 元、20 元。黄金成色为 99.9%。

二、纳税人的具体条件以及熊猫普制金币免征增值税的具体管理办法由国家税务总局另行制定。

三、文到之日前,纳税人已缴纳的应予免征的增值税税款,可在今后增值税应纳税额中抵减,或者按规定办理退库。纳税人已向购买方开具了增值税专用发票的,应将增值税专用发票追回后方可申请免税;凡增值税专用发票未追回的,不予免税。

 财政部　国家税务总局关于中国信达资产管理股份有限公司等 4 家金融资产管理公司有关税收政策问题的通知

2013 年 8 月 18 日　财税〔2013〕56 号

各省、自治区、直辖市、计划单列市财政厅（局）、国家税务局、地方税务局,新疆生产建设兵团财务局:

经国务院批准,现对中国信达资产管理股份有限公司（原中国信达资产管理公司）、中国华融资产管理股份有限公司（原中国华融资产管理公司）、中国长城资产管理公司和中国东方资产管理公司（以下统称资产公司）在收购、承接和处置政策性剥离不良资产和改制银行剥离不良资产过程中有关税收政策问题通知如下:

一、中国信达资产管理股份有限公司、中国华融资产管理股份有限公司及其分支机构处置剩余政策性剥离不良资产比照执行《财政部　国家税务总局关于中国信达等 4 家金融资产管理公司税收政策问题的通知》（财税〔2001〕10 号）、《财政部　国家税务总局关于 4 家资产管理公司接收资本金项下的资产在办理过户时有关税收政策问题的通知》（财税〔2003〕21 号）、《国家税务总局关于中国信达等四家金融资产管理公司受让或出让上市公司股权免征证券（股票）交易印花税有关问题的通知》（国税发〔2002〕94 号）规定的税收优惠政策。

中国长城资产管理公司和中国东方资产管理公司如经国务院批准改制后,继承其权利、义务的主体及其分支机构处置剩余政策性剥离不良资产比照执行前款所列规范性文件规定的税收优惠政策。

二、资产公司及其分支机构收购、承接和处置改制银行剥离不良资产比照执行其收购、承接和处置政策性剥离不良资产的税收优惠政策。

中国长城资产管理公司和中国东方资产管理公司如经国务院批准改制后，继承其权利、义务的主体及其分支机构处置改制银行剥离不良资产比照执行资产公司收购、承接和处置政策性剥离不良资产的税收优惠政策。

三、本通知所指政策性剥离指资产公司按照国务院规定的范围和额度，以账面价值进行收购的相关国有银行的不良资产。

本通知所指改制银行剥离不良资产是指资产公司按照《中国银行和中国建设银行改制过程中可疑类贷款处置管理办法》(财金〔2004〕53号)、《中国工商银行改制过程中可疑类贷款处置管理办法》(银发〔2005〕148号)规定及中国交通银行股份制改造时国务院确定的不良资产的范围和额度收购的不良资产。

本通知所指处置不良资产是指资产公司按照有关法律、行政法规，为使不良资产的价值得到实现而采取的债权转移的措施，具体包括运用出售、置换、资产重组、债转股、证券化等方法对贷款及其抵押品进行处置。

四、资产公司(含中国长城资产管理公司和中国东方资产管理公司如经国务院批准改制后继承其权利、义务的主体)除收购、承接、处置本通知规定的政策性剥离不良资产和改制银行剥离不良资产业务外，从事其他经营业务应一律依法纳税。

五、此前有关规定与本通知有抵触的，以本通知为准。

国家税务总局关于发布《熊猫普制金币免征增值税管理办法(试行)》的公告

2013年2月5日　国家税务总局公告2013年第6号

为促进我国黄金市场健康发展，加强熊猫普制金币的增值税征收管理，根据《财政部　国家税务总局关于熊猫普制金币免征增值税政策的通知》(财税〔2012〕97号)的规定，现制定《熊猫普制金币免征增值税管理办法(试行)》。

本公告自2012年1月1日起执行。

特此公告。

熊猫普制金币免征增值税管理办法(试行)

一、为加强熊猫普制金币增值税管理，根据《中华人民共和国税收征收管理法》《中华人民共和国增值税暂行条例》《国家税务总局关于印发〈税收减免管理办法(试行)〉的通知》(国税发〔2005〕129号)及有关税收政策规定，制定本办法。

注释：根据《国家税务总局关于公布全文失效废止和部分条款废止的税收规范性文件目录的公告》(2016年5月29日，国家税务总局公告2016年第34号)规定，本文第一条"《国家税务总局关于印发税收减免管理办法(试行)的通知》(国税发〔2005〕129号)"的内容废止。

二、下列纳税人销售熊猫普制金币免征增值税：

(一)中国人民银行下属中国金币总公司(以下简称金币公司)及其控股子公司。

(二)经中国银行业监督管理委员会批准，允许开办个人黄金买卖业务的金融机构。

(三)经金币公司批准，获得"中国熊猫普制金币授权经销商"资格，并通过金币交易系统销售熊猫普制金币的纳税人。

第一批符合条件的纳税人名单附后。

三、免征增值税的熊猫普制金币是指 2012 年(含)以后发行的熊猫普制金币。

四、纳税人既销售免税的熊猫普制金币又销售其他增值税应税货物的,应分别核算免税的熊猫普制金币和其他增值税应税货物的销售额;未分别核算的,不得享受熊猫普制金币增值税免税政策。销售熊猫普制金币免税收入不得开具增值税专用发票。

五、申请享受本办法规定的熊猫普制金币增值税优惠政策的纳税人,应当在初次申请时按照要求向主管税务机关提交以下资料办理免税备案手续:

(一)纳税人税务登记证原件及复印件;

(二)属于"中国熊猫普制金币授权经销商"的纳税人应提供相关资格证书原件及复印件和《中国熊猫普制金币经销协议》原件及复印件;金融机构应提供中国银行业监督管理委员会批准其开办个人黄金买卖业务的相关批件材料。

六、纳税人办理熊猫普制金币免税备案手续时,主管税务机关应当根据以下情况分别做出处理:

(一)报送的材料不详或存在错误,应当即时告知并允许纳税人更正;

(二)报送的材料不齐或不符合法定形式的,应当在 5 个工作日内告知纳税人需要补正的全部内容;

(三)报送的材料齐全、符合规定的,或者纳税人按照税务机关的要求补正报送全部材料的,应当受理纳税人的备案,并将有关材料原件退还纳税人。

七、属于"中国熊猫普制金币授权经销商"的纳税人应在办理熊猫普制金币免税备案以后每年 2 月 15 日前将以下材料报主管税务机关备查:

(一)上一年度从金币交易系统中出具的《金币交易系统熊猫普制金币销售汇总表》及明细(加盖纳税人的财务专用章);

(二)上一年度从金币交易系统中出具的《金币交易系统熊猫普制金币采购及库存汇总表》(加盖纳税人的财务专用章);

(三)上一年度销售熊猫普制金币开具的销售发票记账联复印件。

八、属于金融机构的纳税人应在办理熊猫普制金币免税备案以后每年 2 月 15 日前将以下材料报主管税务机关备查:

(一)上一年度从金币交易系统中出具的《金币交易系统熊猫普制金币采购汇总表》及明细(加盖纳税人的财务专用章);

(二)上一年度销售熊猫普制金币开具的销售发票记账联复印件。

九、税务机关应对享受本办法规定增值税政策的纳税人进行定期或不定期检查。发现问题的,税务机关应根据现行规定对其进行处理,且自纳税人发生违规行为年度起,取消其享受本办法规定增值税政策的资格。

十、各地税务机关在对熊猫普制金币免征增值税的过程中如发现问题,应及时上报国家税务总局。

十一、本办法自 2012 年 1 月 1 日起执行。

附件:第一批符合条件的纳税人名单(略)

国家税务总局办公厅关于《国家税务总局关于发布〈熊猫普制金币免征增值税管理办法(试行)〉的公告》的解读

一、办法下发的背景

经国务院批准,我们与财政部联合下发了《财政部 国家税务总局关于熊猫普制金币免征增值税政策的通知》(财税〔2012〕97号),明确自2012年1月1日起,对符合条件的纳税人销售熊猫普制金币免征增值税,纳税人的具体条件以及熊猫普制金币免征增值税的具体管理办法由我局另行制定。因此,我们根据熊猫普制金币免征增值税的相关征管要求,制订了熊猫普制金币免征增值税的管理办法

二、办法的主要内容

该办法对销售熊猫普制金币免征增值税的范围、申请免税的条件、纳税人办理免税手续需出具的相关材料以及免税后续管理等做出了具体的规定。

国家税务总局关于公布符合条件的销售熊猫普制金币纳税人名单(第二批)的公告

2013年8月21日 国家税务总局公告2013年第48号

现将符合条件的销售熊猫普制金币纳税人名单(第二批)予以公布。名单所列纳税人销售的熊猫普制金币符合《财政部 国家税务总局关于熊猫普制金币免征增值税政策的通知》(财税〔2012〕97号)和《熊猫普制金币免征增值税管理办法(试行)》(国家税务总局公告2013年第6号)相关规定的,可享受增值税免税政策。

本公告自2013年10月1日起执行。

特此公告。

附件:符合条件的销售熊猫普制金币纳税人名单(第二批)(略)

国家税务总局办公厅关于《公布符合条件的销售熊猫普制金币纳税人名单(第二批)的公告》的解读

为完善投资性黄金相关税收政策,经国务院批准,我局会同财政部下发《关于熊猫普制金币免征增值税政策的通知》(财税〔2012〕97号),明确自2012年1月1日起,对符合条件的纳税人销售的熊猫普制金币免征增值税。之后我局又下发了《关于发布〈熊猫普制金币免征增值税管理办法(试行)〉的公告》(国家税务总局公告2013年第6号),并随此公告下发了第一批符合免税条件的纳税人名单。

上述政策实施后,熊猫普制金币的销售渠道迅速扩展,在第一批符合条件的纳税人基础上,经中国金币总公司审核,又有第二批共136家金融机构和经销商符合相关条件,包括:中国金币总公司控股子公司1家;经中国银行业监督管理委员会批准,允许开办个人黄金买卖业务的金融机构113家;经中国金币总公司批准,获得"中国熊猫普制金币授权经销商"资格,并通过金币交易系统销售熊猫普制金币的纳税人22家。

为进一步提高政策的实施效果,我们发布了《符合条件的销售熊猫普制金币纳税人名单(第二批)》,明确对其中符合《关于熊猫普制金币免征增值税政策的通知》(财税〔2012〕97 号)和《熊猫普制金币免征增值税管理办法(试行)》相关条件的纳税人销售的熊猫普制金币,免征增值税。

282 国家税务总局关于公布符合条件的销售熊猫普制金币纳税人名单
(第三批)暨不符合条件的纳税人退出名单的公告

2014 年 8 月 4 日 国家税务总局公告 2014 年第 47 号

现将符合条件的销售熊猫普制金币纳税人名单(见附件 1)予以公布。该名单所列纳税人销售熊猫普制金币,符合《财政部 国家税务总局关于熊猫普制金币免征增值税政策的通知》(财税〔2012〕97 号)和《熊猫普制金币免征增值税管理办法(试行)》(国家税务总局公告 2013 年第 6 号)相关规定的,可享受增值税免税政策。

不符合条件的纳税人退出名单(见附件 2)所列纳税人销售熊猫普制金币,不再按照上述规定享受增值税免税政策。

本公告自 2014 年 9 月 1 日起施行。

特此公告。

附件:1. 符合条件的销售熊猫普制金币纳税人名单(略)
  2. 不符合条件的纳税人退出名单(略)

国家税务总局办公厅《国家税务总局关于公布符合条件的销售熊猫普制金币
纳税人名单(第三批)暨不符合条件的纳税人退出名单公告》的解读

经国务院批准,我局会同财政部下发《关于熊猫普制金币免征增值税政策的通知》(财税〔2012〕97 号,以下称 97 号文件),明确自 2012 年 1 月 1 日起,对符合条件的纳税人销售的熊猫普制金币免征增值税。之后我局又下发了《关于发布〈熊猫普制金币免征增值税管理办法(试行)〉的公告》(国家税务总局公告 2013 年第 6 号,以下称 6 号公告),并先后下发了第一批和第二批符合免税条件的纳税人名单。

现将第三批符合条件的 235 家纳税人名单予以公布,其中包括:经中国银行业监督管理委员会批准,允许开办个人黄金买卖业务的金融机构 221 家;经中国金币总公司批准,获得"中国熊猫普制金币授权经销商"资格,并通过金币交易系统销售熊猫普制金币的纳税人 14 家。并明确名单所列纳税人销售熊猫普制金币符合 97 号文件和 6 号公告相关规定的,免征增值税。

此外,明确 61 家不符合条件的纳税人销售熊猫普制金币,不再免征增值税。

283 国家税务总局关于公布符合条件的销售熊猫
普制金币纳税人名单(第四批)的公告

2015 年 4 月 15 日 国家税务总局公告 2015 年第 24 号

现将符合条件的销售熊猫普制金币纳税人名单(第四批)予以公布。该名单所列纳税人销售的熊猫普制金币,符合《财政部　国家税务总局关于熊猫普制金币免征增值税政策的通知》(财税〔2012〕97 号)和《国家税务总局关于发布〈熊猫普制金币免征增值税管理办法(试行)〉的公告》(国家税务总局公告 2013 年第 6 号)相关规定的,可享受增值税免税政策。

本公告自 2015 年 6 月 1 日起施行。

特此公告。

附件:符合条件的销售熊猫普制金币纳税人名单(第四批)(略)

国家税务总局关于公布符合条件的销售熊猫
普制金币纳税人名单(第五批)的公告

2015 年 11 月 13 日　　国家税务总局公告 2015 年第 78 号

现将符合条件的销售熊猫普制金币纳税人名单(第五批)予以公布。该名单所列纳税人销售的熊猫普制金币,符合《财政部　国家税务总局关于熊猫普制金币免征增值税政策的通知》(财税〔2012〕97 号)和《国家税务总局关于发布〈熊猫普制金币免征增值税管理办法(试行)〉的公告》(国家税务总局公告 2013 年第 6 号)相关规定的,可享受增值税免税政策。

本公告自 2016 年 1 月 1 日起施行。

特此公告。

附件:符合条件的销售熊猫普制金币纳税人名单(第五批)(略)

国家税务总局办公厅关于《国家税务总局关于公布符合条件的
销售熊猫普制金币纳税人名单(第五批)的公告》的解读

经国务院批准,财政部会同国家税务总局下发《关于熊猫普制金币免征增值税政策的通知》(财税〔2012〕97 号,以下称 97 号文件),明确自 2012 年 1 月 1 日起,对符合条件的纳税人销售的熊猫普制金币免征增值税。之后税务总局又下发了《关于发布〈熊猫普制金币免征增值税管理办法(试行)〉的公告》(国家税务总局公告 2012 年第 6 号,以下称 6 号公告),并先后下发了四批符合免税条件的纳税人名单,以及不符合免税条件的纳税人退出名单。

现将第五批符合条件的 94 家纳税人名单予以公布,其中包括:经中国银行业监督管理委员会批准,允许开办个人黄金买卖业务的金融机构 77 家;经中国金币总公司批准,获得"中国熊猫普制金币授权经销商"资格,并通过金币交易系统销售熊猫普制金币的授权经销商 17 家。明确对名单所列纳税人销售熊猫普制金币符合 97 号文件和 6 号公告相关规定的,可享受增值税免税政策。

国家税务总局关于公布符合条件的销售熊猫
普制金币纳税人名单(第六批)的公告

2016 年 6 月 12 日　　国家税务总局公告 2016 年第 36 号

现将符合条件的销售熊猫普制金币纳税人名单(第六批)予以公布。该名单所列纳税人销售的熊猫普制金币,符合《财政部　国家税务总局关于熊猫普制金币免征增值税政策的通知》(财税〔2012〕97 号)和《国家税务总局关于发布〈熊猫普制金币免征增值税管理办法(试行)〉的公告》(国家税务总局公告 2013 年第 6 号)相关规定的,可享受增值税免税政策。

本公告自发布之日起施行。

特此公告。

附件:符合条件的销售熊猫普制金币纳税人名单(第六批)(略)

国家税务总局办公厅关于《国家税务总局关于公布符合条件的销售熊猫普制金币纳税人名单(第六批)的公告》的解读

经国务院批准,财政部会同国家税务总局下发《关于熊猫普制金币免征增值税政策的通知》(财税〔2012〕97 号,以下称 97 号文件),明确自 2012 年 1 月 1 日起,对符合条件的纳税人销售的熊猫普制金币免征增值税。之后税务总局又下发了《关于发布〈熊猫普制金币免征增值税管理办法(试行)〉的公告》(国家税务总局公告 2013 年第 6 号,以下称 6 号公告),并先后下发了五批符合免税条件的纳税人名单,以及不符合免税条件的纳税人退出名单。

现将第六批符合条件的 190 家纳税人名单予以公布,其中包括:经中国银行业监督管理委员会批准,允许开办个人黄金买卖业务的金融机构 167 家;经中国金币总公司批准,获得"中国熊猫普制金币授权经销商"资格,并通过金币交易系统销售熊猫普制金币的授权经销商 23 家。明确对名单所列纳税人销售熊猫普制金币符合 97 号文件和 6 号公告相关规定的,可享受增值税免税政策。

国家税务总局关于公布符合条件的销售熊猫普制金币纳税人名单(第七批)的公告

2016 年 12 月 13 日   国家税务总局公告 2016 年第 83 号

现将符合条件的销售熊猫普制金币纳税人名单(第七批)予以公布。该名单所列纳税人销售的熊猫普制金币,符合《财政部 国家税务总局关于熊猫普制金币免征增值税政策的通知》(财税〔2012〕97 号)和《国家税务总局关于发布〈熊猫普制金币免征增值税管理办法(试行)〉的公告》(国家税务总局公告 2013 年第 6 号)相关规定的,可享受增值税免税政策。

本公告自发布之日(2016 年 12 月 13 日)起施行。

特此公告。

附件:符合条件的销售熊猫普制金币纳税人名单(第七批)(略)

国家税务总局办公厅关于《国家税务总局关于公布符合条件的销售熊猫普制金币纳税人名单(第七批)的公告》的解读

经国务院批准,财政部会同国家税务总局下发《关于熊猫普制金币免征增值税政策的通知》(财税〔2012〕97 号,以下称 97 号文件),明确自 2012 年 1 月 1 日起,对符合条件的纳税人销售的熊猫普制金币免征增值税。之后税务总局又下发了《关于发布〈熊猫普制金币免征增值税管理办法（试行）〉的公告》（国家税务总局公告 2013 年第 6 号，以下称 6 号公告），并先后下发了六批符合免税条件的纳税人名单，以及不符合免税条件的纳税人退出名单。

现将第七批符合条件的 130 家纳税人名单予以公布，其中包括：经中国银行业监督管理委员会批准，允许开办个人黄金买卖业务的金融机构 81 家；经中国金币总公司批准，获得"中国熊猫普制金币授权经销商"资格，并通过金币交易系统销售熊猫普制金币的授权经销商 49 家。明确对名单所列纳税人销售熊猫普制金币符合 97 号文件和 6 号公告相关规定的，可享受增值税免税政策。

 国家税务总局关于公布符合条件的销售熊猫普制金币纳税人名单（第九批）暨不符合条件的纳税人退出名单（第三批）的公告

2018 年 2 月 5 日　国家税务总局公告 2018 年第 10 号

现将符合条件的销售熊猫普制金币纳税人名单（第九批，见附件 1）予以公布。该名单所列纳税人销售熊猫普制金币，符合《财政部　国家税务总局关于熊猫普制金币免征增值税政策的通知》（财税〔2012〕97 号）和《国家税务总局关于发布〈熊猫普制金币免征增值税管理办法（试行）〉的公告》（国家税务总局公告 2013 年第 6 号）相关规定的，可享受增值税免税政策。

不符合条件的纳税人退出名单（第三批，见附件 2）所列纳税人销售熊猫普制金币，不再按照上述规定享受增值税免税政策。

本公告自 2018 年 4 月 1 日起施行。

特此公告。

附件 1　符合条件的销售熊猫普制金币纳税人名单（第九批）（略）

附件 2　不符合条件的纳税人退出名单（第三批）（略）

 国家税务总局关于公布符合条件的销售熊猫普制金币纳税人名单（第十批）暨不符合条件的纳税人退出名单（第四批）的公告

2018 年 6 月 22 日　国家税务总局公告 2018 年第 34 号

现将符合条件的销售熊猫普制金币纳税人名单（第十批，见附件 1）予以公布。该名单所列纳税人销售熊猫普制金币，符合《财政部　国家税务总局关于熊猫普制金币免征增值税政策的通知》（财税〔2012〕97 号）和《国家税务总局关于发布〈熊猫普制金币免征增值税管理办法（试行）〉的公告》（国家税务总局公告 2013 年第 6 号）相关规定的，可享受增值税免税政策。

不符合条件的纳税人退出名单（第四批，见附件 2）所列纳税人销售熊猫普制金币，不再按照上述规定享受增值税免税政策。

本公告自 2018 年 8 月 1 日起施行。

特此公告。

附件 1：符合条件的销售熊猫普制金币纳税人名单（第十批）（略）

附件 2：不符合条件的纳税人退出名单（第四批）（略）

国家税务总局办公厅关于《国家税务总局关于公布符合条件的销售熊猫普制金币纳税人名单（第十批）暨不符合条件的纳税人退出名单（第四批）的公告》的解读

经国务院批准，国家税务总局联合财政部印发了《关于熊猫普制金币免征增值税政策的通知》（财税〔2012〕97号），明确自2012年1月1日起，对符合条件的纳税人销售的熊猫普制金币免征增值税。之后税务总局配套印发了《关于发布〈熊猫普制金币免征增值税管理办法（试行）〉的公告》（国家税务总局公告2013年第6号），并先后公布了九批符合免税条件的纳税人名单，以及三批不符合免税条件的纳税人退出名单。

现将第十批符合条件的61户纳税人及第四批不符合条件的29户纳税人名单予以公布。符合条件的纳税人包括：经中国银行保险监督管理委员会批准，允许开办个人黄金买卖业务的金融机构24户；经中国金币总公司批准，获得"中国熊猫普制金币授权经销商"资格，并通过金币交易系统销售熊猫普制金币的纳税人37户。另外29户授权经销商不再符合条件，列入退出名单。

公告明确名单所列符合条件的纳税人销售熊猫普制金币符合财税〔2012〕97号文件和国家税务总局公告2013年第6号文件相关规定的，免征增值税。不符合条件的纳税人销售熊猫普制金币，不再免征增值税。

九、支 持 三 农

（一）肥料

 ## 财政部 国家税务总局关于有机肥产品免征增值税的通知

2008年4月29日 财税〔2008〕56号

各省、自治区、直辖市、计划单列市财政厅（局）、国家税务局，新疆生产建设兵团财务局：

为科学调整农业施肥结构，改善农业生态环境，经国务院批准，现将有机肥产品有关增值税政策通知如下：

一、自2008年6月1日起，纳税人生产销售和批发、零售有机肥产品免征增值税。

二、享受上述免税政策的有机肥产品是指有机肥料、有机－无机复混肥料和生物有机肥。

（一）有机肥料。

指来源于植物和（或）动物，施于土壤以提供植物营养为主要功能的含碳物料。

（二）有机－无机复混肥料。

指由有机和无机肥料混合和（或）化合制成的含有一定量有机肥料的复混肥料。

（三）生物有机肥。

指特定功能微生物与主要以动植物残体（如禽畜粪便、农作物秸秆等）为来源并经无害化处理、腐熟的有机物料复合而成的一类兼具微生物肥料和有机肥效应的肥料。

三、享受免税政策的纳税人应按照《中华人民共和国增值税暂行条例》(国务院令〔1993〕第 134 号)、《中华人民共和国增值税暂行条例实施细则》(财法字〔1993〕第 38 号)等规定,单独核算有机肥产品的销售额。未单独核算销售额的,不得免税。

注释: 根据财税〔2009〕17 号文件规定,本文第三条废止。

四、纳税人销售免税的有机肥产品,应按规定开具普通发票,不得开具增值税专用发票。

五、纳税人申请免征增值税,应向主管税务机关提供以下资料,凡不能提供的,一律不得免税。

(一)生产有机肥产品的纳税人。

1. 由农业部或省、自治区、直辖市农业行政主管部门批准核发的在有效期内的肥料登记证复印件,并出示原件。

2. 由肥料产品质量检验机构一年内出具的有机肥产品质量技术检测合格报告原件。出具报告的肥料产品质量检验机构须通过相关资质认定。

3. 在省、自治区、直辖市外销售有机肥产品的,还应提供在销售使用地省级农业行政主管部门办理备案的证明原件。

(二)批发、零售有机肥产品的纳税人。

1. 生产企业提供的在有效期内的肥料登记证复印件。

2. 生产企业提供的产品质量技术检验合格报告原件。

3. 在省、自治区、直辖市外销售有机肥产品的,还应提供在销售使用地省级农业行政主管部门办理备案的证明复印件。

六、主管税务机关应加强对享受免征增值税政策纳税人的后续管理,不定期对企业经营情况进行核实。凡经核实所提供的肥料登记证、产品质量技术检测合格报告、备案证明失效的,应停止其享受免税资格,恢复照章征税。

请遵照执行。

国家税务总局关于明确有机肥产品执行标准的公告

2015 年 12 月 1 日　国家税务总局公告 2015 年第 86 号

为便于有机肥产品增值税政策的执行,现就享受增值税免税政策的有机肥产品执行标准公告如下:

《财政部　国家税务总局关于有机肥产品免征增值税的通知》(财税〔2008〕56 号)规定享受增值税免税政策的有机肥产品中,有机肥料按《有机肥料》(NY 525—2012)标准执行,有机—无机复混肥料按《有机—无机复混肥料》(GB 18877—2009)标准执行,生物有机肥按《生物有机肥》(NY 884—2012)标准执行。不符合上述标准的有机肥产品,不得享受财税〔2008〕56 号文件规定的增值税免税政策。上述有机肥产品的国家标准、行业标准,如在执行过程中有更新、替换,统一按最新的国家标准、行业标准执行。

本公告自 2016 年 1 月 1 日起施行,此前未处理的事项,按本公告规定执行。《国家税务总局关于有机肥产品免征增值税问题的批复》(国税函〔2008〕1020 号)同时废止。

特此公告。

国家税务总局办公厅关于《国家税务总局关于明确有机肥产品执行标准的公告》的解读

一、该公告出台的背景？

近期，我们接到基层税务机关报来请示，反映有机肥产品的执行标准已发生较大变化，为便于有机肥产品增值税免税政策的执行和落实，建议我局相应对有机肥产品税收政策文件表述作出调整。

二、与旧执行标准相比，新执行标准发生了那些变化？

2009 年全国肥料和土壤调理剂标准化技术委员会修改了有机—无机复混肥料产品标准，GB 18877—2009《有机—无机复混肥料》代替 GB 18877—2002《有机—无机复混肥料》。2012 年农业部修改了有机肥料和生物有机肥产品标准，NY 525—2012《有机肥料》代替 NY 525—2002《有机肥料》，NY 884—2012《生物有机肥》代替 NY 884—2004《生物有机肥》。新标准和旧标准在砷、汞等限量指标、有机质等质量分数和酸碱度、有机质含量测定方法等方面均发生了较大变化。

三、本次有机肥产品政策调整的主要内容是什么？

新发布公告中明确，自 2016 年 1 月 1 日起，有机肥按《有机肥料》(NY 525—2012)、《有机—无机复混肥料》(GB 18877—2009)、《生物有机肥》(NY 884—2012)标准执行。今后，有机肥产品的国家标准、行业标准如在执行过程中有更新、替换，统一按最新的国家标准、行业标准执行。

（二）饲料

国家税务总局关于饲料用赖氨酸征收增值税问题的批复

1997 年 1 月 31 日　国税函〔1997〕69 号

四川省国家税务局：

你局《四川省国家税务局关于饲料用赖氨酸免征增值税的请示》(川国税发〔1996〕325 号)收悉。按照增值税现行有关政策规定，饲料用赖氨酸属增值税应税货物饲料添加剂范畴，从规范和统一税制要求出发，对饲料用赖氨酸不能给予免税照顾，该产品应按照现行增值税有关规定照章征收增值税。

国家税务总局关于正大康地(深圳)有限公司生产经营饲料添加剂预混料应否免征增值税问题的批复

1997 年 7 月 21 日　国税函发〔1997〕424 号

深圳市国家税务局：

关于正大康地(深圳)有限公司的税务处理问题，我局曾于 1996 年 11 月 5 日在《关于正大康地(深圳)有限公司税务处理问题的批复》(国税函发〔1996〕624 号)中答复，同意你局的处理意见。现你局请示，对正大康地(深圳)有限公司生产经营的饲料添加剂预混料应否按"饲料"

免征增值税。经研究，批复如下：

从饲料添加荆预混料生产和原料构成看，它是由五种或六种添加剂加上一种或两种载体混合而成，添加剂的价值占预混料的70%以上。按照国家税务总局1993年12月25日印发的《增值税部分货物征税范围注释》（国税发〔1993〕151号）中"饲料"的解释范围的规定，饲料添加剂预混料难以归人上述"饲料"的解释范围，因此，不能享受规定的"饲料"免征增值税的待遇。

国家税务总局关于修订"饲料"注释及加强
饲料征免增值税管理问题的通知

1999年3月8日　国税发〔1999〕39号

随着我国饲料工业的发展，饲料的品种和生产特点发生了较大变化，为了支持饲料工业发展，进一步明确和规范饲料的征免增值税范围，加强对饲料免征增值税的管理，现将对《增值税部分货物征税范围注释》（国税发〔1993〕151号）中饲料注释的修订及饲料免征增值税的管理办法明确如下：

一、饲料指用于动物饲养的产品或其加工品。

本货物的范围包括：

1. 单一大宗饲料。指以一种动物、植物、微生物或矿物质为来源的产品或其副产品。其范围仅限于糠麸、酒糟、油饼、骨粉、鱼粉、饲料级磷酸氢钙。

2. 混合饲料。指由两种以上单一大宗饲料、粮食、粮食副产品及饲料添加剂按照一定比例配置，其中单一大宗饲料、粮食及粮食副产品的掺兑比例不低于95%的饲料。

3. 配合饲料。指根据不同的饲养对象，饲养对象的不同生长发育阶段的营养需要，将多种饲料原料按饲料配方经工业生产后，形成的能满足饲养动物全部营养需要（除水分外）的饲料。

4. 复合预混料。指能够按照国家有关饲料产品的标准要求量，全面提供动物饲养相应阶段所需微量元素（4种或以上）、维生素（8种或以上），由微量元素、维生素、氨基酸和非营养性添加剂中任何两类或两类以上的组分与载体或稀释剂按一定比例配置的均匀混合物。

5. 浓缩饲料。指由蛋白质、复合预混料及矿物质等按一定比例配制的均匀混合物。

用于动物饲养的粮食、饲料添加剂不属于本货物的范围。

二、原有的饲料生产企业及新办的饲料生产企业，应凭省级饲料质量检测机构出具的饲料产品合格证明及饲料工业管理部门审核意见，向所在地主管税务机关提出免税申请，经省级国家税务局审核批准后，由企业所在地主管税务机关办理免征增值税手续。

三、本通知自1999年1月1日起执行。此前，各地执行的饲料免税范围与本通知不一致的，可按饲料的销售对象确定征免，即：凡销售给饲料生产企业、饲养单位及个体养殖户的饲料，免征增值税，销售给其他单位的一律征税。

财政部　国家税务总局关于饲料产品免征增值税问题的通知

2001年7月12日　财税〔2001〕121号

根据国务院关于部分饲料产品继续免征增值税的批示，现将免税饲料产品范围及国内环节饲料免征增值税的管理办法明确如下：

一、免税饲料产品范围包括：

（一）单一大宗饲料。指以一种动物、植物、微生物或矿物质为来源的产品或其副产品。其范围仅限于糠麸、酒糟、鱼粉、草饲料、饲料级磷酸氢钙及除豆粕以外的菜籽粕、棉籽粕、向日葵粕、花生粕等粕类产品。

（二）混合饲料。指由两种以上单一大宗饲料、粮食、粮食副产品及饲料添加剂按照一定比例配置，其中单一大宗饲料、粮食及粮食副产品的掺兑比例不低于95％的饲料。

（三）配合饲料。指根据不同的饲养对象，饲养对象的不同生长发育阶段的营养需要，将多种饲料原料按饲料配方经工业生产后，形成的能满足饲养动物全部营养需要（除水分外）的饲料。

（四）复合预混料。指能够按照国家有关饲料产品的标准要求量，全面提供动物饲养相应阶段所需微量元素（4种或以上）、维生素（8种或以上），由微量元素、维生素、氨基酸和非营养性添加剂中任何两类或两类以上的组分与载体或稀释剂按一定比例配置的均匀混合物。

（五）浓缩饲料。指由蛋白质、复合预混料及矿物质等按一定比例配制的均匀混合物。

二、原有的饲料生产企业及新办的饲料生产企业，应凭省级税务机关认可的饲料质量检测机构出具的饲料产品合格证明，向所在地主管税务机关提出免税申请，经省级国家税务局审核批准后，由企业所在地主管税务机关办理免征增值税手续。饲料生产企业饲料产品需检测品种由省级税务机关根据本地区的具体情况确定。

三、本通知自2001年8月1日起执行。2001年8月1日前免税饲料范围及豆粕的征税问题，仍按照《国家税务总局关于修订"饲料"注释及加强饲料征免增值税管理问题的通知》（国税发〔1999〕39号）执行。

295 财政部　国家税务总局关于豆粕等粕类产品征免增值税政策的通知

2001年8月7日　财税〔2001〕30号

经国务院批准，现将饲料产品征免增值税问题通知如下：

一、自2000年6月1日起，饲料产品分为征收增值税和免征增值税两类。

二、进口和国内生产的饲料，一律执行同样的征税或免税政策。

三、自2000年6月1日起，豆粕属于征收增值税的饲料产品，进口或国内生产豆粕，均按13％的税率征收增值税。其他粕类属于免税饲料产品，免征增值税，已征收入库的税款做退库处理。

注释1：根据财税〔2017〕37号文件规定，自2017年7月1日起，取消13％的增值税税率，本文第三条中的适用13％增值税税率的豆粕税率调整为11％。

注释2：根据财税〔2018〕32号文件第一条规定，自2018年5月1日起，本文中第三条中的适用11％增值税税率的豆粕税率调整为10％。

四、为保护纳税人的经济利益，对纳税人2000年6月1日至9月30日期间销售的国内生产的豆粕以及在此期间定货并进口的豆粕，凭有效凭证，仍免征增值税，已征收入库的增值税给予退还。

五、自2000年6月1日起，《国家税务总局关于修改〈国家税务总局关于修订"饲料"注释及加强饲料征免增值税管理问题的通知〉的通知》（国税发〔2000〕93号）第二条的规定停止执行。

国家税务总局关于宠物饲料征收增值税问题的批复

2002 年 9 月 12 日　　国税函〔2002〕812 号

北京市国家税务局：

《关于宠物饲料征收增值税问题的请示》（京国税发〔2002〕184 号）收悉。宠物饲料产品不属于免征增值税的饲料，应按照饲料产品 13％的税率征收增值税。

注释 1：根据财税〔2017〕37 号文件规定，自 2017 年 7 月 1 日起，取消 13％的增值税税率，本文中的适用 13％增值税税率的宠物饲料税率调整为 11％。

注释 2：根据财税〔2018〕32 号文件第一条规定，自 2018 年 5 月 1 日起，本文中宠物饲料产品的增值税税率调整为 10％。

国家税务总局关于饲用鱼油产品免征增值税的批复

2003 年 12 月 29 日　　国税函〔2003〕1395 号

福建省国家税务局：

你局《关于"饲用鱼油"产品免征增值税问题的请示》（闽国税发〔2003〕214 号）收悉。经研究，现批复如下：

饲用鱼油是鱼粉生产过程中的副产品，主要用于水产养殖和肉鸡饲养，属于单一大宗饲料。经研究，自 2003 年 1 月 1 日起，对饲用鱼油产品按照现行"单一大宗饲料"的增值税政策规定，免予征收增值税。

特此批复。

国家税务总局关于取消饲料产品免征增值税
审批程序后加强后续管理的通知

2004 年 7 月 7 日　　国税函〔2004〕884 号

注释：根据《国家税务总局关于修改部分税收规范性文件的公告》（2018 年 6 月 15 日，国家税务总局公告 2018 年第 31 号）规定，自 2018 年 6 月 15 日起，本文中的"省级国家税务局"修改为"省税务局"。

根据《国务院关于第三批取消和调整行政审批项目的决定》（国发〔2004〕16 号），《财政部国家税务总局关于饲料产品免征增值税的通知》（财税〔2001〕121 号）第二条有关饲料生产企业向所在地主管税务机关提出申请，经省级国家税务局审核批准后办理免税的规定予以取消。为了加强对免税饲料产品的后续管理，现将有关问题明确如下：

一、符合免税条件的饲料生产企业，取得有计量认证资质的饲料质量检测机构（名单由省级国家税务局确认）出具的饲料产品合格证明后即可按规定享受免征增值税优惠政策，并将饲料产品合格证明报其所在地主管税务机关备案。

注释：根据《国家税务总局关于废止和修改部分税收规范性文件的公告》（2018 年 12 月 29 日，

国家税务总局公告 2018 年第 67 号)规定,本文第一条自 2018 年 12 月 29 日起废止。

二、饲料生产企业应于每月纳税申报期内将免税收入如实向其所在地主管税务机关申报。

三、主管税务机关应加强对饲料免税企业的监督检查,凡不符合免税条件的要及时纠正,依法征税。对采取弄虚作假手段骗取免税资格的,应依照《中华人民共和国税收征收管理法》及有关税收法律、法规的规定予以处罚。

 ## 国家税务总局关于矿物质微量元素舔砖免征增值税问题的批复

2005 年 11 月 30 日 国税函〔2005〕1127 号

内蒙古自治区国家税务局:

你局《关于企业进口饲料国内销售如何免征增值税问题的请示》(内国税流字〔2005〕1 号)收悉。经研究,批复如下:

矿物质微量元素舔砖,是以四种以上微量元素、非营养性添加剂和载体为原料,经高压浓缩制成的块状预混物,可供牛、羊等牲畜直接食用,应按照"饲料"免征增值税。

 ## 国家税务总局关于饲料级磷酸二氢钙产品增值税政策问题的通知

2007 年 1 月 8 日 国税函〔2007〕10 号

各省、自治区、直辖市和计划单列市国家税务局:

近接部分地区询问,饲料级磷酸二氢钙产品用于水产品饲养、补充水产品所需的钙、磷等微量元素,与饲料级磷酸氢钙产品的生产用料、工艺等基本相同,是否应按照饲料级磷酸氢钙免税。现将饲料级磷酸二氢钙产品增值税政策通知如下:

一、对饲料级磷酸二氢钙产品可按照现行"单一大宗饲料"的增值税政策规定,免征增值税。

二、纳税人销售饲料级磷酸二氢钙产品,不得开具增值税专用发票;凡开具专用发票的,不得享受免征增值税政策,应照章全额缴纳增值税。

本通知自 2007 年 1 月 1 日起执行。

 ## 国家税务总局关于部分饲料产品征免增值税政策问题的批复

2009 年 6 月 15 日 国税函〔2009〕324 号

陕西省国家税务局:

你局《关于部分饲料产品征免增值税问题的请示》(陕国税发〔2008〕286 号)收悉。经研究,批复如下:

根据《财政部 国家税务总局关于饲料产品免征增值税问题的通知》(财税〔2001〕121 号)及相关文件的规定,单一大宗饲料产品仅限于财税〔2001〕121 号文件所列举的糠麸等饲料产品。膨化血粉、膨化肉粉、水解羽毛粉不属于现行增值税优惠政策所定义的单一大宗饲料产品,应对其照章征收增值税。混合饲料是指由两种以上单一大宗饲料、粮食、粮食副产品及饲料添加剂按照一定比例配置,其中单一大宗饲料、粮食及粮食副产品的掺兑比例不低于 95% 的饲料。添加其他成分的膨化血粉、膨化肉粉、水解羽毛粉等饲料产品,不符合现行增值税优惠政策有关混合饲料的定义,应对其照章征收增值税。

国家税务总局关于粕类产品征免增值税问题的通知

2010 年 2 月 20 日　国税函〔2010〕75 号

各省、自治区、直辖市和计划单列市国家税务局:

近接部分地区反映,各地对粕类产品征免增值税政策存在理解不一致的问题。经研究,现明确如下:

一、豆粕属于征收增值税的饲料产品,除豆粕以外的其他粕类饲料产品,均免征增值税。

二、本通知自 2010 年 1 月 1 日起执行。《国家税务总局关于出口甜菜粕准予退税的批复》(国税函〔2002〕716 号)同时废止。

国家税务总局关于精料补充料免征增值税问题的公告

2013 年 8 月 7 日　国家税务总局公告 2013 年第 46 号

现将精料补充料增值税有关问题公告如下:

精料补充料属于《财政部　国家税务总局关于饲料产品免征增值税问题的通知》(财税〔2001〕121 号,以下简称"通知")文件中"配合饲料"范畴,可按照该通知及相关规定免征增值税。

精料补充料是指为补充草食动物的营养,将多种饲料和饲料添加剂按照一定比例配制的饲料。

本公告自 2013 年 9 月 1 日起执行。此前已发生并处理的事项,不再做调整;未处理的,按本公告规定执行。

国家税务总局办公厅关于《国家税务总局
关于精料补充料免征增值税问题的公告》的解读

一、本公告出台的背景

《财政部　国家税务总局关于饲料产品免征增值税问题的通知》(财税〔2001〕121 号,以下简称"121 号文件")规定,免税饲料范围包括:单一大宗饲料、混合饲料、配合饲料、复合预混料和浓缩饲料。其中,配合饲料是指根据不同的饲养对象,饲养对象的不同生长发育阶段的营养需要,将多种饲料原料按饲料配方经工业生产后,形成的能满足饲养动物全部营养需要(除水分外)的饲料。

自 2012 年 5 月 1 日起实施的《饲料和饲料添加剂管理条例》(中华人民共和国国务院令第 609 号,以下简称"609 号令")规定:饲料包括单一饲料、添加剂预混合饲料、浓缩饲料、配合饲料和精料补充料。配合饲料是指根据养殖动物营养所需,将多种饲料和饲料添加剂按照一定比例配制的饲料;精料补充料是指为补充草食动物的营养,将多种饲料和饲料添加剂按照一定比例配制的饲料。

根据 609 号令,精料补充料生产企业在申请产品检验时,检测报告上注明"精料补充料产品",不再是"配合饲料产品"。虽然精料补充料与配合饲料的生产工艺和原料组成基本一致,但由于 121 号文件免税饲料产品中未明确注明"精料补充料",因此,基层税务机关在执行时存在疑虑,请求明确精料补充料属于免税饲料产品。

二、为什么说精料补充料属于"配合饲料"?

对于该问题,我们征求了农业部畜牧业司的意见。畜牧业司回函,配合饲料和精料补充料的主要成分和生产工艺一致,均为饲料原料和饲料添加剂经工业化加工配制而成,其目的是满足养殖动物全面营养需要,只是使用对象和使用方法不同。精料补充料是一种为反刍动物提供营养的配合饲料,属于 121 号文件中"配合饲料"的范畴。根据农业部意见,我们印发该公告。

三、如何理解该公告?

理解该公告,应从以下两点予以把握:一是精料补充料属于 121 号文件中"配合饲料"范畴,属于免税饲料产品范围;二是精料补充料产品申请享受免征增值税政策时,应按照 121 号文件以及《国家税务总局关于取消饲料产品免征增值税审批程序后加强后续管理的通知》(国税函〔2004〕第 884 号)等相关文件规定办理。

(三) 农村建设

财政部　国家税务总局关于免征农村电网维护费增值税问题的通知

1998 年 3 月 5 日　财税字〔1998〕47 号

根据国务院的指示精神,经研究决定,从 1998 年 1 月 1 日起,对农村电站在收取电价时一并向用户收取的农村电网维护费(包括低压线路损耗维护费以及电工经费)给予免征增值税的照顾。对 1998 年 1 月 1 日前未收入库的增值税税款,不再征收入库。

财政部　国家税务总局关于若干农业生产资料征免增值税政策的通知

2001 年 7 月 20 日　财税〔2001〕113 号

为支持农业生产发展,经国务院批准,现就若干农业生产资料征免增值税的政策通知如下:

一、下列货物免征增值税:

1. 农膜。

2. 生产销售的除尿素以外的氮肥、除磷酸二铵以外的磷肥、钾肥以及以免税化肥为主要原料的复混肥(企业生产复混肥产品所用的免税化肥成本占原料中全部化肥成本的比重高于 70%)。

"复混肥"是指用化学方法或物理方法加工制成的氮、磷、钾三种养分中至少有两种养分标明量的肥料,包括仅用化学方法制成的复合肥和仅用物理方法制成的混配肥(也称掺合肥)。

注释:根据《财政部　海关总署　国家税务总局关于对化肥恢复征收增值税政策的通知》(2015 年 8 月 10 日,财税〔2015〕90 号)规定,本文第一条第 2 项规定自 2015 年 9 月 1 日起停止执行。

3. 生产销售的阿维菌素、胺菊酯、百菌清、苯噻酰草胺、苄嘧磺隆、草除灵、吡虫啉、丙烯菊酯、哒螨灵、代森锰锌、稻瘟灵、敌百虫、丁草胺、啶虫脒、多抗霉素、二甲戊乐灵、二嗪磷、氟乐灵、高效氯氰菊酯、炔螨特、甲多丹、甲基硫菌灵、甲基异柳磷、甲(乙)基毒死蜱、甲(乙)基嘧啶磷、精恶唑禾草灵、精喹禾灵、井冈霉素、咪鲜胺、灭多威、灭蝇胺、苜蓿银纹夜蛾核型多角体病毒、噻磺隆、三氟氯氰菊酯、三唑磷、三唑酮、杀虫单、杀虫双、顺式氯氰菊酯、涕灭威、烯唑醇、辛硫磷、辛酰溴苯腈、异丙甲草胺、乙阿合剂、乙草胺、乙酰甲胺磷、莠去津。

注释：根据《财政部　海关总署　国家税务总局关于农药税收政策的通知》（2003 年 9 月 23 日，财税〔2003〕186 号）规定，本文第一条第 3 项关于对国产农药免征生产环节增值税的政策自 2004 年 1 月 1 日起停止执行。

4. 批发和零售的种子、种苗、化肥、农药、农机。

注释：根据《财政部　海关总署　国家税务总局关于对化肥恢复征收增值税政策的通知》（2015 年 8 月 10 日，财税〔2015〕90 号）规定，本文第一条第 4 项中的"化肥"，自 2015 年 9 月 1 日起停止执行。

二、对生产销售的尿素统一征收增值税，并在 2001、2002 年两年内实行增值税先征后退的政策。

2001 年对征收的税款全额退还，2002 年退还 50%，自 2003 年起停止退还政策。增值税具体退税事宜，由财政部驻各地财政监察专员办事处按财政部、国家税务总局、中国人民银行《关于税制改革后对某些企业实行"先征后退"有关预算管理问题的暂行规定的通知》〔(94)财预字第 55 号〕的有关规定办理。

三、对原征收增值税的尿素生产企业生产销售的尿素，实行增值税先征后退政策从 2001 年 1 月 1 日起执行；对原免征增值税的尿素生产企业生产销售的尿素，恢复征收增值税和实行先征后退政策以及对农业生产资料免征增值税政策，自 2001 年 8 月 1 日起执行，《关于延续若干增值税免税政策的通知》（财税明电〔2000〕6 号）第四条同时停止执行。

财政部　国家税务局关于不带动力的手扶拖拉机和三轮农用运输车增值税政策的通知

2002 年 1 月 1 日　财税〔2002〕89 号

各省、自治区、直辖市、计划单列市财政厅（局）、国家税务局：

近来接到部分地区反映，要求对不带动力的手扶拖拉机和三轮农用运输车是否属于"农机"的问题予以明确，经研究，现明确如下：

不带动力的手扶拖拉机（也称"手扶拖拉机底盘"）和三轮农用运输车（指以单缸柴油机为动力装置的三个车轮的农用运输车辆）属于"农机"，应按有关"农机"的增值税政策规定征免增值税。

国家税务总局关于不带动力的手扶拖拉机和三轮农用运输车适用 13% 税率执行时间的批复

2003 年 10 月 9 日　国税函〔2003〕1118 号

辽宁省国家税务局：

你局《辽宁省国家税务局关于沈阳辽河机械总厂复议案有关税收政策问题的请示》（辽国税发〔2003〕97 号）收悉，现对不带动力的手扶拖拉机和三轮农用运输车适用 13% 税率执行时间问题批复如下。

根据国家税务总局《增值税部分货物征税范围注释》(国税发〔1993〕151号)的规定,不带动力的手扶拖拉机和三轮农用运输车不属于农机增值税征收范围。为减轻农民负担,《财政部　国家税务总局关于不带动力的手扶拖拉机和三轮农用运输车有关政策问题的通知》(财税〔2002〕89号)对农机增值税征收范围进行了调整,对不带动力的手扶拖拉机和三轮农用运输车按照"农机"依13%的增值税税率征收增值税,因此,上述两类产品应当从2002年6月1日起按"农机"征收增值税,在此之前,应按17%的税率征收增值税。

注释1: 根据财税〔2017〕37号文件规定,自2017年7月1日起,取消13%的增值税税率,本文中的适用13%增值税税率的不带动力的手扶拖拉机和三轮农用运输车税率调整为11%。

注释2: 根据财税〔2018〕32号文件第一条规定,自2018年5月1日起,本文中不带动力的手扶拖拉机和三轮农用运输车的增值税税率调整为10%。

 财政部　国家税务总局关于农民专业合作社有关税收政策的通知

2008年6月24日　财税〔2008〕81号

各省、自治区、直辖市、计划单列市财政厅(局)、国家税务局,新疆生产建设兵团财政局:

经国务院批准,现将农民专业合作社有关税收政策通知如下:

一、对农民专业合作社销售本社成员生产的农业产品,视同农业生产者销售自产农业产品免征增值税。

二、增值税一般纳税人从农民专业合作社购进的免税农业产品,可按13%的扣除率计算抵扣增值税进项税额。

三、对农民专业合作社向本社成员销售的农膜、种子、种苗、化肥、农药、农机,免征增值税。

注释: 根据《财政部　国家税务总局关于对化肥恢复征收增值税政策的补充通知》(2015年8月28日,财税〔2015〕97号)规定,本文第三条关于"化肥"的规定自2015年9月1日起停止执行。

四、对农民专业合作社与本社成员签订的农业产品和农业生产资料购销合同,免征印花税。

本通知所称农民专业合作社,是指依照《中华人民共和国农民专业合作社法》规定设立和登记的农民专业合作社。

本通知自2008年7月1日起执行。

 **国家税务总局关于农用挖掘机　养鸡设备系列养猪
设备系列产品增值税适用税率问题的公告**

2014年2月27日　国家税务总局公告2014年第12号

现将农用挖掘机、养鸡设备系列、养猪设备系列产品增值税适用税率公告如下:

农用挖掘机、养鸡设备系列、养猪设备系列产品属于农机,适用13%增值税税率。

农用挖掘机是指型式和相关参数符合《农用挖掘机质量评价技术规范》(NY/T 1774—2009)要求,用于农田水利建设和小型土方工程作业的挖掘机械,包括拖拉机挖掘机组和专用动力挖掘机。拖拉机挖掘机组是指挖掘装置安装在轮式拖拉机三点悬挂架上,且以轮式拖拉机为动力的挖掘机械；专用动力挖掘机指挖掘装置回转角度小于 270°，以专用动力和行走装置组成的挖掘机械。

养鸡设备系列包括喂料设备（系统）、送料设备（系统）、刮粪清粪设备、集蛋分蛋装置（系统）、鸡只生产性能测定设备（系统）、产品标示鸡脚环、孵化机、小鸡保温装置、环境控制设备（鸡只）等。

养猪设备系列包括猪只群养管理设备（系统）、猪只生产性能测定设备（系统）、自动喂养系统、刮粪清粪设备、定位栏、分娩栏、保育栏（含仔猪保温装置）、环境控制设备（猪）等。

本公告自 2014 年 4 月 1 日起施行。此前已发生并处理的事项，不再做调整；未处理的，按本公告规定执行。

特此公告。

注释 1：根据财税〔2017〕37 号文件规定，自 2017 年 7 月 1 日起，取消 13％的增值税税率，本文中的适用 13％增值税税率的农用挖掘机、养鸡设备系列、养猪设备系列产品税率调整为 11％。

注释 2：根据财税〔2018〕32 号文件规定，自 2018 年 5 月 1 日起，本文中的适用 11％增值税税率的农用挖掘机、养鸡设备系列、养猪设备系列产品税率调整为 10％。

国家税务总局办公厅关于《国家税务总局关于农用挖掘机 养鸡设备系列 养猪设备系列产品增值税适用税率问题的公告》的解读

一、公告出台的背景

《中华人民共和国增值税暂行条例》第二条规定，农机适用 13％税率。《国家税务总局关于印发〈增值税部分货物征税范围注释〉的通知》（国税发〔1993〕151 号，以下简称 151 号文件）对农机采取了正列举的方式，包括拖拉机、土壤耕整机械、种植机械、收获机械等十四类。

农用挖掘机、养鸡设备系列、养猪设备系列产品不在 151 号文件正列举范围之内。因此部分地区国税局来文请示，请求明确农用挖掘机、养鸡设备系列、养猪设备系列产品是否属于农机，是否适用农机 13％增值税税率。

二、公告的主要内容

对于农用挖掘机、养鸡设备系列、养猪设备系列产品是否属于农机问题，我们征求了农业部意见，农业部回函：农用挖掘机型式和相关参数如满足《农用挖掘机质量评价技术规范》（NY/T 1774—2009）要求，则属于农业机械。养鸡设备系列、养猪设备系列产品属于农机。根据农业部回函，我局印发该公告，明确符合要求的农用挖掘机、养鸡设备系列、养猪设备系列产品属于农机，适用 13％增值税税率。

财政部 税务总局 国务院扶贫办关于扶贫货物捐赠免征增值税政策的公告

2019 年 4 月 10 日 财政部 税务总局 国务院扶贫办公告 2019 年第 55 号

为支持脱贫攻坚，现就扶贫货物捐赠免征增值税政策公告如下：

一、自 2019 年 1 月 1 日至 2022 年 12 月 31 日，对单位或者个体工商户将自产、委托加工或购买的货物通过公益性社会组织、县级及以上人民政府及其组成部门和直属机构，或直接无偿捐赠给目标脱贫地区的单位和个人，免征增值税。在政策执行期限内，目标脱贫地区实现脱贫的，可继续适用上述政策。

"目标脱贫地区"包括 832 个国家扶贫开发工作重点县、集中连片特困地区县（新疆阿克苏地区 6 县 1 市享受片区政策）和建档立卡贫困村。

二、在 2015 年 1 月 1 日至 2018 年 12 月 31 日期间已发生的符合上述条件的扶贫货物捐赠，可追溯执行上述增值税政策。

三、在本公告发布之前已征收入库的按上述规定应予免征的增值税税款，可抵减纳税人以后月份应缴纳的增值税税款或者办理税款退库。已向购买方开具增值税专用发票的，应将专用发票追回后方可办理免税。无法追回专用发票的，不予免税。

四、各地扶贫办公室与税务部门要加强沟通，明确当地"目标脱贫地区"具体范围，确保政策落实落地。

特此公告。

财政部 国家税务总局关于继续实行农村饮水安全工程税收优惠政策的公告

2019 年 4 月 15 日 财政部 税务总局公告 2019 年第 67 号

为确保如期打赢农村饮水安全脱贫攻坚战，支持农村饮水安全工程（以下称饮水工程）巩固提升，现将饮水工程建设、运营的有关税收优惠政策公告如下：

一、对饮水工程运营管理单位为建设饮水工程而承受土地使用权，免征契税。

二、对饮水工程运营管理单位为建设饮水工程取得土地使用权而签订的产权转移书据，以及与施工单位签订的建设工程承包合同，免征印花税。

三、对饮水工程运营管理单位自用的生产、办公用房产、土地，免征房产税、城镇土地使用税。

四、对饮水工程运营管理单位向农村居民提供生活用水取得的自来水销售收入，免征增值税。

五、对饮水工程运营管理单位从事《公共基础设施项目企业所得税优惠目录》规定的饮水工程新建项目投资经营的所得，自项目取得第一笔生产经营收入所属纳税年度起，第一年至第三年免征企业所得税，第四年至第六年减半征收企业所得税。

六、本公告所称饮水工程，是指为农村居民提供生活用水而建设的供水工程设施。本公告所称饮水工程运营管理单位，是指负责饮水工程运营管理的自来水公司、供水公司、供水（总）站（厂、中心）、村集体、农民用水合作组织等单位。

对于既向城镇居民供水，又向农村居民供水的饮水工程运营管理单位，依据向农村居民供水收入占总供水收入的比例免征增值税；依据向农村居民供水量占总供水量的比例免征契税、印花税、房产税和城镇土地使用税。无法提供具体比例或所提供数据不实的，不得享受上述税收优惠政策。

七、符合上述条件的饮水工程运营管理单位自行申报享受减免税优惠,相关材料留存备查。

八、上述政策(第五条除外)自 2019 年 1 月 1 日至 2020 年 12 月 31 日执行。

特此公告。

(四) 其他

 财政部 国家税务总局关于免征滴灌带和滴灌管产品增值税的通知

2007 年 5 月 30 日 财税〔2007〕83 号

各省、自治区、直辖市、计划单列市财政厅(局)、国家税务局,新疆生产建设兵团财务局:

为节约水资源,促进农业节水灌溉,发展农业生产,经国务院批准,现将滴灌带和滴灌管产品有关增值税政策问题通知如下:

一、自 2007 年 7 月 1 日起,纳税人生产销售和批发、零售滴灌带和滴灌管产品免征增值税。

滴灌带和滴灌管产品是指农业节水滴灌系统专用的、具有制造过程中加工的孔口或其他出流装置、能够以滴状或连续流状出水的水带和水管产品。滴灌带和滴灌管产品按照国家有关质量技术标准要求进行生产,并与 PVC 管(主管)、PE 管(辅管)、承插管件、过滤器等部件组成为滴灌系统。

二、享受免税政策的纳税人应按照《中华人民共和国增值税暂行条例》及其实施细则等规定,单独核算滴灌带和滴灌管产品的销售额。未单独核算销售额的,不得免税。

三、纳税人销售免税的滴灌带和滴灌管产品,应一律开具普通发票,不得开具增值税专用发票。

四、生产滴灌带和滴灌管产品的纳税人申请办理免征增值税时,应向主管税务机关报送由产品质量检验机构出具的质量技术检测合格报告,出具报告的产品质量检验机构须通过省以上质量技术监督部门的相关资质认定。批发和零售滴灌带和滴灌管产品的纳税人申请办理免征增值税时,应向主管税务机关报送由生产企业提供的质量技术检测合格报告原件或复印件。未取得质量技术检测合格报告的,不得免税。

五、税务机关应加强对享受免税政策纳税人的后续管理,不定期对企业经营情况进行核实,凡经核实产品质量不符合有关质量技术标准要求的,应停止其继续享受免税政策的资格,依法恢复征税。

请遵照执行。

十、支持文化教育体育

（一）教育

财政部 国家税务总局关于继续执行高校学生公寓和食堂有关税收政策的通知

2016 年 7 月 25 日 财税〔2016〕82 号

各省、自治区、直辖市、计划单列市财政厅（局）、国家税务局、地方税务局，新疆生产建设兵团财务局：

经国务院批准，现对继续执行高校学生公寓和食堂的有关税收政策通知如下：

一、自 2016 年 1 月 1 日至 2018 年 12 月 31 日，对高校学生公寓免征房产税；对与高校学生签订的高校学生公寓租赁合同，免征印花税。

二、对按照国家规定的收费标准向学生收取的高校学生公寓住宿费收入，自 2016 年 1 月 1 日至 2016 年 4 月 30 日，免征营业税；自 2016 年 5 月 1 日起，在营改增试点期间免征增值税。

三、对高校学生食堂为高校师生提供餐饮服务取得的收入，自 2016 年 1 月 1 日至 2016 年 4 月 30 日，免征营业税；自 2016 年 5 月 1 日起，在营改增试点期间免征增值税。

四、本通知所述"高校学生公寓"，是指为高校学生提供住宿服务，按照国家规定的收费标准收取住宿费的学生公寓。

"高校学生食堂"，是指依照《学校食堂与学生集体用餐卫生管理规定》（教育部令第 14 号）管理的高校学生食堂。

五、文到之日前，已征的按照本通知规定应予免征的房产税和印花税，分别从纳税人以后应缴纳的房产税和印花税中抵减或者予以退还；已征的应予免征的营业税，予以退还；已征的应予免征的增值税，可抵减纳税人以后月份应缴纳的增值税或予以退还。

（二）文化

财政部 国家税务总局关于中国图书进出口总公司销售给科研教学单位的进口书刊资料免征增值税问题的通知

1997 年 3 月 27 日 财税〔1997〕66 号

北京、上海、广州、西安、深圳市国家税务局：

根据国务院〔1994〕国办通第 8 号关于对中国图书进出口总公司为国务院各部委、各直属机构及各省、自治区、直辖市所属科研机构和大专院校进口用于科研、教学的书刊给予免征增值税照顾的精神,经研究决定,对中国图书进出口总公司销售给国务院各部委、各直属机构及各省、自治区、直辖市所属科研机构和大专院校的进口科研、教学书刊给予免征增值税的照顾。对 1994 年、1995 年、1996 年已征收入库的税款(包括城市维护建设税和教育费附加)由税务机关开具收入退还书,按原税款入库渠道分别退还给企业。请依照执行。

 财政部　国家税务总局关于中国教育图书进出口公司销售给高等学校教育科研单位和北京图书馆的进口图书报刊资料免征增值税问题的通知

1998 年 4 月 7 日　财税字〔1998〕67 号

北京市国家税务局、深圳市国家税务局:

经国务院批准,自 1998 年 1 月 1 日起,对中国教育图书进出口公司销售给高等学校、教育科研单位和北京图书馆的进口图书、报刊资料给予免征增值税的照顾。今年已征收入库的增值税税款由征收机关予以退还。

 财政部　国家税务总局关于中国国际图书贸易总公司销售给高等学校教育科研单位和北京图书馆的进口图书报刊资料免征增值税问题的通知

1998 年 4 月 13 日　财税字〔1998〕68 号

北京市国家税务局,深圳市国家税务局,上海市国家税务局:

经国务院批准,自 1998 年 1 月 1 日起,对中国国际图书贸易总公司销售给高等学校、教育科研单位和北京图书馆的进口图书、报刊资料给予免征增值税的照顾。文到之前已征收入库的增值税款由征收机关予以退还。

 财政部　国家税务总局关于北京中科进出口公司销售给高等学校科研单位和北京图书馆的进口图书报刊资料免征增值税问题的通知

1998 年 4 月 13 日　财税字〔1998〕69 号

北京市国家税务局:

经国务院批准,自 1998 年 1 月 1 日起,对北京中科进出口公司销售给高等学校、科研单位和北京图书馆的进口图书、报刊资料给予免征增值税的照顾。文到之前已征收入库的增值税税款由征收机关予以退还。

财政部 国家税务总局关于中国经济图书进出口公司中国出版对外贸易总公司销售给大专院校和科研单位的进口书刊资料免征增值税的通知

1999 年 9 月 29 日 财税字〔1999〕255 号

北京市财政局、国家税务局：

经国务院批准，自 1999 年 1 月 1 日起，对中国经济图书进出口公司、中国出版对外贸易总公司为大专院校和科研单位免税进口的图书、报刊等资料，在其销售给上述院校和单位时，免征国内销售环节的增值税。

请遵照执行。

 财政部 国家税务总局关于北京中科进出口公司进口图书资料免征增值税问题的通知

2001 年 5 月 27 日 财税〔2001〕92 号

海关总署：

经国务院批准，对中国科学院所属北京中科进出口公司为科研单位、大专院校进口用于科研、教学的图书、文献、报刊及其他资料（包括只读光盘、缩微平片、胶卷、地球资源卫星照片、科技和教学声像制品），免征进口环节增值税和国内销售环节增值税。现核定该公司 2001 年进口额度 600 万美元，其中北京海关进口 450 万美元，天津海关进口 30 万美元，上海海关进口 70 万美元，深圳海关进口 50 万美元。

对本通知下达前已征税款准予退还。

 国家税务总局关于新闻产品征收流转税问题的通知

2001 年 9 月 13 日 国税发〔2001〕105 号

各省、自治区、直辖市和计划单列市国家税务局、地方税务局：

为了规范新闻产品的流转税政策，保证流转税政策的统一性，经研究，现通知如下：

一、关于增值税

对新华通讯社系统销售印刷品应按照现行增值税政策规定征收增值税；鉴于新华社系统属于非企业性单位，对其销售印刷品可按小规模纳税人的征税办法征收增值税。

二、关于营业税

新华社各分社向当地用户有偿转让新闻信息产品，应由直接向用户收费的单位以其收费全额，按"文化体育业"税目，向所在地主管税务机关缴纳营业税。新华社从各地分社分得的新闻信息产品收入，不再缴纳营业税。

以上所称"新闻信息产品"，是指新华总社编辑的新闻信息产品，不包括新华社各分社再编辑的新闻信息产品。

财政部 国家税务总局关于教育税收政策的通知

2004 年 2 月 5 日　财税〔2004〕39 号

各省、自治区、直辖市、计划单列市财政厅（局）、国家税务局、地方税务局，新疆生产建设兵团财务局：

为了进一步促进教育事业发展，经国务院批准，现将有关教育的税收政策通知如下：

一、关于营业税、增值税、所得税。

1. 对从事学历教育的学校提供教育劳务取得的收入，免征营业税。

2. 对学生勤工俭学提供劳务取得的收入，免征营业税。

3. 对学校从事技术开发、技术转让业务和与之相关的技术咨询、技术服务业务取得的收入，免征营业税。

4. 对托儿所、幼儿园提供养育服务取得的收入，免征营业税。

5. 对政府举办的高等、中等和初等学校（不含下属单位）举办进修班、培训班取得的收入，收入全部归学校所有的，免征营业税和企业所得税。

6. 对政府举办的职业学校设立的主要为在校学生提供实习场所、并由学校出资自办、由学校负责经营管理、经营收入归学校所有的企业，对其从事营业税暂行条例"服务业"税目规定的服务项目（广告业、桑拿、按摩、氧吧等除外）取得的收入，免征营业税和企业所得税。

7. 对特殊教育学校举办的企业可以比照福利企业标准，享受国家对福利企业实行的增值税和企业所得税优惠政策。

注释：根据《财政部　国家税务总局关于促进残疾人就业增值税优惠政策的通知》（2016 年 5 月 5 日，财税〔2016〕52 号）第三条规定，自 2016 年 5 月 1 日起，本文第一条第 7 项规定的特殊教育学校举办的企业，只要符合财税〔2016〕52 号第二条第（一）项第一款规定的条件，即可享受财税〔2016〕52 号第一条规定的增值税优惠政策。这类企业在计算残疾人人数时可将在企业上岗工作的特殊教育学校的全日制在校学生计算在内，在计算企业在职职工人数时也要将上述学生计算在内。

8. 纳税人通过中国境内非营利的社会团体、国家机关向教育事业的捐赠，准予在企业所得税和个人所得税前全额扣除。

9. 对高等学校、各类职业学校服务于各业的技术转让、技术培训、技术咨询、技术服务、技术承包所取得的技术性服务收入，暂免征收企业所得税。

10. 对学校经批准收取并纳入财政预算管理的或财政预算外资金专户管理的收费不征收企业所得税；对学校取得的财政拨款，从主管部门和上级单位取得的用于事业发展的专项补助收入，不征收企业所得税。

11. 对个人取得的教育储蓄存款利息所得，免征个人所得税；对省级人民政府、国务院各部委和中国人民解放军军以上单位，以及外国组织、国际组织颁布的教育方面的奖学金，免征个人所得税；高等学校转化职务科技成果以股份或出资比例等股权形式给予个人奖励，获奖人在取得股份、出资比例时，暂不缴纳个人所得税；取得按股份、出资比例分红或转让股权、出资比例所得时，依法缴纳个人所得税。

二、关于房产税、城镇土地使用税、印花税。

对国家拨付事业经费和企业办的各类学校、托儿所、幼儿园自用的房产、土地，免征房产税、城镇土地使用税；对财产所有人将财产赠给学校所立的书据，免征印花税。

三、关于耕地占用税、契税、农业税和农业特产税。

1. 对学校、幼儿园经批准征用的耕地，免征耕地占用税。享受免税的学校用地的具体范围是：全日制大、中、小学校（包括部门、企业办的学校）的教学用房、实验室、操场、图书馆、办公室及师生员工食堂宿舍用地。学校从事非农业生产经营占用的耕地，不予免税。职工夜校、学习班、培训中心、函授学校等不在免税之列。

2. 国家机关、事业单位、社会团体、军事单位承受土地房屋权属用于教学、科研的，免征契税。用于教学的，是指教室（教学楼）以及其他直接用于教学的土地、房屋。用于科研的，是指科学实验的场所以及其他直接用于科研的土地、房屋。对县级以上人民政府教育行政主管部门或劳动行政主管部门审批并颁发办学许可证，由企业事业组织、社会团体及其他社会和公民个人利用非国家财政性教育经费面向社会举办的学校及教育机构，其承受的土地、房屋权属用于教学的，免征契税。

3. 对农业院校进行科学实验的土地免征农业税。对农业院校进行科学实验所取得的农业特产品收入，在实验期间免征农业特产税。

四、关于关税。

1. 对境外捐赠人无偿捐赠的直接用于各类职业学校、高中、初中、小学、幼儿园教育的教学仪器、图书、资料和一般学习用品，免征进口关税和进口环节增值税。上述捐赠用品不包括国家明令不予减免进口税的 20 种商品。其他相关事宜按照国务院批准的《扶贫、慈善性捐赠物质免征进口税收暂行办法》办理。

2. 对教育部承认学历的大专以上全日制高等院校以及财政部会同国务院有关部门批准的其他学校，不以营利为目的，在合理数量范围内的进口国内不能生产的科学研究和教学用品，直接用于科学研究或教学的，免征进口关税和进口环节增值税、消费税（不包括国家明令不予减免进口税的 20 种商品）。科学研究和教学用品的范围等有关具体规定，按照国务院批准的《科学研究和教学用品免征进口税收暂行规定》执行。

五、取消下列税收优惠政策。

1. 财政部、国家税务总局《关于企业所得税若干优惠政策的通知》〔（94）财税字第 1 号〕第八条第一款和第三款关于校办企业从事生产经营的所得免征所得税的规定，其中因取消所得税优惠政策而增加的财政收入，按现行财政体制由中央与地方财政分享，专项列入财政预算，仍然全部用于教育事业。应归中央财政的补偿资金，列中央教育专项，用于改善全国特别是农村地区的中小学办学条件和资助家庭经济困难学生；应归地方财政的补偿资金，列省级教育专项，主要用于改善本地区农村中小学办学条件和资助农村家庭经济困难的中小学生。

2. 《关于学校办企业征收流转税问题的通知》（国税发〔1994〕156 号）第三条第一款和第三款，关于校办企业生产的应税货物，凡用于本校教学科研方面的，免征增值税；校办企业凡为本校教学、科研服务提供的应税劳务免征营业税的规定。

六、本通知自 2004 年 1 月 1 日起执行，此前规定与本通知不符的，以本通知为准。

322 **财政部 国家税务总局关于中国科技资料进出口总公司销售进口图书享受免征国内销售环节增值税政策的通知**

2004 年 3 月 30 日 财税〔2004〕69 号

天津市财政局、国家税务局：

经国务院批准，自 2004 年 1 月 1 日起，对中国科技资料进出口总公司为科研单位、大专院校进口的用于科研、教学的图书、文献、报刊及其他资料（包括只读光盘、缩微平片、胶卷、地球资源卫星照片、科技和教学声像制品）免征国内销售环节增值税。

请遵照执行。

323 **财政部 国家税务总局关于印刷少数民族文字出版物增值税政策的通知**

2005 年 4 月 4 日 财税〔2005〕48 号

各省、自治区、直辖市、计划单列市财政厅（局）、国家税务局，财政部驻各省、自治区、直辖市、计划单列市财政监察专员办事处，新疆生产建设兵团财务局：

为促进少数民族文字出版工作的发展，经国务院批准，现将印刷少数民族文字出版物增值税政策通知如下：

2005 年 1 月 1 日起，对增值税一般纳税人印刷的少数民族文字出版物（指图书、报纸、期刊）实行增值税先征后退。享受政策的纳税人对少数民族文字出版物在财务上应实行单独核算，不进行单独核算的，不得享受上述政策。

324 **财政部 国家税务总局关于扶持动漫产业发展有关税收政策问题的通知**

2009 年 7 月 17 日 财税〔2009〕65 号

各省、自治区、直辖市、计划单列市财政厅（局）、国家税务局、地方税务局：

根据《国务院办公厅转发财政部等部门关于推动我国动漫产业发展若干意见的通知》（国办发〔2006〕32 号）的精神，文化部会同有关部门于 2008 年 12 月下发了《动漫企业认定管理办法（试行）》（文市发〔2008〕51 号）。为促进我国动漫产业健康快速发展，增强动漫产业的自主创新能力，现就扶持动漫产业发展的有关税收政策问题通知如下：

一、关于增值税。

在 2010 年 12 月 31 日前，对属于增值税一般纳税人的动漫企业销售其自主开发生产的动漫软件，按 17% 的税率征收增值税后，对其增值税实际税负超过 3% 的部分，实行即征即退政策。退税数额的计算公式为：应退税额＝享受税收优惠的动漫软件当期已征税款－享受税收优惠的动漫软件当期不含税销售额×3%。动漫软件出口免征增值税。上述动漫软件的范围，按照《文化部 财政部 国家税务总局关于印发〈动漫企业认定管理办法（试行）〉的通知》（文市发〔2008〕51 号）的规定执行。

注释：根据《财政部　国家税务总局关于软件产品增值税政策的通知》（2011 年 10 月 13 日，财税〔2011〕100 号）规定，本文第一条自 2011 年 1 月 1 日起废止。

二、关于企业所得税。

经认定的动漫企业自主开发、生产动漫产品，可申请享受国家现行鼓励软件产业发展的所得税优惠政策。

三、关于营业税。

对动漫企业为开发动漫产品提供的动漫脚本编撰、形象设计、背景设计、动画设计、分镜、动画制作、摄制、描线、上色、画面合成、配音、配乐、音效合成、剪辑、字幕制作、压缩转码（面向网络动漫、手机动漫格式适配）劳务，在 2010 年 12 月 31 日前暂减按 3％税率征收营业税。

注释：根据《财政部　国家税务总局关于扶持动漫产业发展增值税、营业税政策的通知》（2011 年 12 月 27 日，财税〔2011〕119 号）规定，本文第三条自 2011 年 1 月 1 日起废止。

四、关于进口关税和进口环节增值税。

经国务院有关部门认定的动漫企业自主开发、生产动漫直接产品，确需进口的商品可享受免征进口关税和进口环节增值税的优惠政策。具体免税商品范围及管理办法由财政部会同有关部门另行制定。

五、本通知所称动漫企业和自主开发、生产动漫产品的认定标准和认定程序，按照《文化部财政部　国家税务总局关于印发〈动漫企业认定管理办法（试行）〉的通知》（文市发〔2008〕51 号）的规定执行。

六、本通知从 2009 年 1 月 1 日起执行。

财政部　税务总局关于延续动漫产业增值税政策的通知

2018 年 4 月 19 日　财税〔2018〕38 号

各省、自治区、直辖市、计划单列市财政厅（局）、国家税务局、地方税务局，新疆生产建设兵团财政局：

为促进我国动漫产业发展，继续实施动漫产业增值税政策。现将有关事项通知如下：

一、自 2018 年 1 月 1 日至 2018 年 4 月 30 日，对动漫企业增值税一般纳税人销售其自主开发生产的动漫软件，按照 17％的税率征收增值税后，对其增值税实际税负超过 3％的部分，实行即征即退政策。

二、自 2018 年 5 月 1 日至 2020 年 12 月 31 日，对动漫企业增值税一般纳税人销售其自主开发生产的动漫软件，按照 16％的税率征收增值税后，对其增值税实际税负超过 3％的部分，实行即征即退政策。

三、动漫软件出口免征增值税。

四、动漫软件，按照《财政部　国家税务总局关于软件产品增值税政策的通知》（财税〔2011〕100 号）中软件产品相关规定执行。

动漫企业和自主开发、生产动漫产品的认定标准和认定程序，按照《文化部　财政部　国家税务总局关于印发〈动漫企业认定管理办法（试行）〉的通知》（文市发〔2008〕51 号）的规定执行。

五、《财政部　国家税务总局关于动漫产业增值税和营业税政策的通知》（财税〔2013〕98

号)到期停止执行。

国家税务总局关于中国科技资料进出口总公司
迁移后享受增值税优惠政策问题的通知

2013 年 12 月 24 日　税总函〔2013〕731 号

北京市国家税务局：

《财政部　国家税务总局关于中国科技资料进出口总公司销售进口图书享受免征国内销售环节增值税政策的通知》(财税〔2004〕69 号)规定,自 2004 年 1 月 1 日起,对中国科技资料进出口总公司为科研单位、大专院校进口的用于科研、教学的图书、文献、报刊及其他资料(包括只读光盘、微缩平片、胶卷、地球资源卫星照片、科技和教学声像制品)免征国内销售环节增值税。现该公司注册地由天津市迁至你市,请你局按照财税〔2004〕69 号文件以及现行增值税政策的有关规定,办理该公司相关免税事宜。

财政部　国家税务总局关于延续宣传文化
增值税和营业税优惠政策的通知

2013 年 12 月 25 日　财税〔2013〕87 号

各省、自治区、直辖市、计划单列市财政厅(局)、国家税务局、地方税务局,新疆生产建设兵团财务局,财政部驻各省、自治区、直辖市、计划单列市财政监察专员办事处：

为促进我国宣传文化事业的发展繁荣,经国务院批准,在 2017 年底以前,对宣传文化事业增值税和营业税优惠政策作适当调整后延续。现将有关事项通知如下：

一、自 2013 年 1 月 1 日起至 2017 年 12 月 31 日,执行下列增值税先征后退政策。

(一)对下列出版物在出版环节执行增值税 100% 先征后退的政策：

1. 中国共产党和各民主党派的各级组织的机关报纸和机关期刊,各级人大、政协、政府、工会、共青团、妇联、残联、科协的机关报纸和机关期刊,新华社的机关报纸和机关期刊,军事部门的机关报纸和机关期刊。

上述各级组织不含其所属部门。机关报纸和机关期刊增值税先征后退范围掌握在一个单位一份报纸和一份期刊以内。

2. 专为少年儿童出版发行的报纸和期刊,中小学的学生课本。

3. 专为老年人出版发行的报纸和期刊。

4. 少数民族文字出版物。

5. 盲文图书和盲文期刊。

6. 经批准在内蒙古、广西、西藏、宁夏、新疆五个自治区内注册的出版单位出版的出版物。

7. 列入本通知附件 1 的图书、报纸和期刊。

(二)对下列出版物在出版环节执行增值税先征后退 50% 的政策：

1. 各类图书、期刊、音像制品、电子出版物,但本通知第一条第(一)项规定执行增值税 100% 先征后退的出版物除外。

2. 列入本通知附件 2 的报纸。

（三）对下列印刷、制作业务执行增值税 100％先征后退的政策：

1. 对少数民族文字出版物的印刷或制作业务。

2. 列入本通知附件 3 的新疆维吾尔自治区印刷企业的印刷业务。

二、自 2013 年 1 月 1 日起至 2017 年 12 月 31 日，免征图书批发、零售环节增值税。

三、自 2013 年 1 月 1 日起至 2017 年 12 月 31 日，对科普单位的门票收入，以及县（含县级市、区、旗）及县以上党政部门和科协开展的科普活动的门票收入免征营业税。自 2013 年 1 月 1 日至 2013 年 7 月 31 日，对境外单位向境内科普单位转让科普影视作品播映权取得的收入，免征营业税。

四、享受本通知第一条第（一）项、第（二）项规定的增值税先征后退政策的纳税人，必须是具有相关出版物的出版许可证的出版单位（含以"租型"方式取得专有出版权进行出版物的印刷发行的出版单位）。承担省级及以上出版行政主管部门指定出版、发行任务的单位，因进行重组改制等原因尚未办理出版、发行许可的出版单位，经财政部驻各地财政监察专员办事处（以下简称财政监察专员办事处）商省级出版行政主管部门核准，可以享受相应的增值税先征后退政策。

纳税人应将享受上述税收优惠政策的出版物在财务上实行单独核算，不进行单独核算的不得享受本通知规定的优惠政策。违规出版物、多次出现违规的出版单位及图书批发零售单位不得享受本通知规定的优惠政策，上述违规出版物、出版单位及图书批发零售单位的具体名单由省级及以上出版行政主管部门及时通知相应财政监察专员办事处和主管税务机关。

五、已按软件产品享受增值税退税政策的电子出版物不得再按本通知申请增值税先征后退政策。

六、办理和认定。

（一）本通知规定的各项增值税先征后退政策由财政监察专员办事处根据财政部、国家税务总局、中国人民银行《关于税制改革后对某些企业实行"先征后退"有关预算管理问题的暂行规定的通知》〔(94)财预字第 55 号〕的规定办理。

（二）科普单位、科普活动和科普单位进口自用科普影视作品的认定仍按《科技部　财政部　国家税务总局　海关总署新闻出版总署关于印发的通知》（国科发政字〔2003〕416 号）的有关规定执行。

七、本通知的有关定义

（一）本通知所述"出版物"，是指根据国务院出版行政主管部门的有关规定出版的图书、报纸、期刊、音像制品和电子出版物。所述图书、报纸和期刊，包括随同图书、报纸、期刊销售并难以分离的光盘、软盘和磁带等信息载体。

（二）图书、报纸、期刊（即杂志）的范围，仍然按照《国家税务总局关于印发的通知》（国税发〔1993〕151 号）的规定执行；音像制品、电子出版物的范围，仍然按照《财政部　国家税务总局关于部分货物适用增值税低税率和简易办法征收增值税政策的通知》（财税〔2009〕9 号）的规定执行。

（三）本通知所述"专为少年儿童出版发行的报纸和期刊"，是指以初中及初中以下少年儿童为主要对象的报纸和期刊。

（四）本通知所述"中小学的学生课本"，是指普通中小学学生课本和中等职业教育课本。普通中小学学生课本是指根据教育部中、小学教学大纲的要求，由经国务院出版行政主管部门审定而具有"中小学教材"出版资质的出版单位出版发行的中、小学学生上课使用的正式课本,具体操作时按国家和省级教育行政部门每年春、秋两季下达的"中小学教学用书目录"中所列的"课本"的范围掌握;中等职业教育课本是指经国家和省级教育、人力资源社会保障行政部门审定,供中等专业学校、职业高中和成人专业学校学生使用的课本,具体操作时按国家和省级教育、人力资源社会保障行政部门每年下达的教学用书目录认定。中小学的学生课本不包括各种形式的教学参考书、图册、自读课本、课外读物、练习册以及其他各类辅助性教材和辅导读物。

(五)本通知所述"专为老年人出版发行的报纸和期刊",是指以老年人为主要对象的报纸和期刊,具体范围详见附件4。

(六)本通知第一条第(一)项和第(二)项规定的图书包括"租型"出版的图书。

(七)本通知所述"科普单位",是指科技馆,自然博物馆,对公众开放的天文馆(站、台)、气象台(站)、地震台(站),以及高等院校、科研机构对公众开放的科普基地。

八、本通知自2013年1月1日起执行。《财政部 国家税务总局关于继续执行宣传文化增值税和营业税优惠政策的通知》(财税〔2011〕92号)同时废止。

按照本通知第二条和第三条规定应予免征的增值税或营业税,凡在接到本通知以前已经征收入库的,可抵减纳税人以后月份应缴纳的增值税、营业税税款或者办理税款退库。纳税人如果已向购买方开具了增值税专用发票,应将专用发票追回后方可申请办理免税。凡专用发票无法追回的,一律照章征收增值税。

附件:1. 适用增值税100%先征后退政策的特定图书、报纸和期刊名单(略)
2. 适用增值税50%先征后退政策的报纸名单(略)
3. 适用增值税100%先征后退政策的新疆维吾尔自治区印刷企业名单(略)
4. 专为老年人出版发行的报纸和期刊名单(略)

财政部 国家发展改革委 国土资源部 住房和城乡建设部 中国人民银行 国家税务总局 新闻出版广电总局关于支持电影发展若干经济政策的通知

2014年5月31日 财教〔2014〕56号

各省、自治区、直辖市、计划单列市财政厅(局)、发展改革委、国土资源厅(局)、住房和城乡建设厅(委)、国家税务局、广播影视局,中国人民银行上海总部、各分行、营业管理部、省会(首府)城市中心支行、副省级城市中心支行:

为贯彻落实党的十八大和十八届三中全会精神,丰富人民群众文化生活,促进中国电影繁荣发展,提高中国电影的整体实力和竞争力,推动中国电影在关键时期迈上一个新的台阶,实现由电影大国向电影强国的跨越,现就支持电影发展若干经济政策通知如下:

一、加强电影事业发展专项资金的管理

加强电影事业发展专项资金的征缴、使用和管理,支持电影事业产业发展,切实提高资金使用效益。

二、加大电影精品专项资金支持力度

中央财政继续安排电影精品专项资金促进电影创作生产,其中每年安排1亿元资金,采取重点影片个案报批的方式,用于扶持5~10部有影响力的重点题材影片。

三、通过文化产业发展专项资金重点支持电影产业发展

在文化产业发展专项资金中,专门安排资金支持电影产业发展,主要用于五个方面,一是推动高新技术在电影制作中的应用;二是支持中国电影企业走出去;三是支持重要电影工业项目和高科技核心基地建设;四是资助具有较强市场竞争力的重点影片;五是加强重点专业性电影网站建设。

四、对电影产业实行税收优惠政策

对电影制片企业销售电影拷贝(含数字拷贝)、转让版权取得的收入,电影发行企业取得的电影发行收入,电影放映企业在农村的电影放映收入,自2014年1月1日至2018年12月31日免征增值税。

一般纳税人提供的城市电影放映服务,可以按现行政策规定,选择按照简易计税办法计算缴纳增值税。

五、实施中西部地区县级城市影院建设资金补贴政策

中央财政通过电影事业发展专项资金安排补贴资金,重点支持中西部地区及东部困难地区县级城市数字影院建设。地方财政根据本地经济发展实际情况,合理安排资金,促进县城数字影院建设的均衡发展。

六、加强和完善电影发行放映的公共服务和监管体系建设

适应电影技术革新、产业升级的发展趋势,加强和完善电影发行放映的公共服务和监管体系建设,推动电影发行放映的运营、服务和管理向现代化、智能化转变。

七、对电影产业实行金融支持政策

鼓励银行业金融机构加快推动适合电影产业需求特点的信贷产品创新,在有效控制风险的前提下,逐步扩大融资租赁贷款、应收账款质押融资、产业链融资、股权质押贷款等适应电影企业特点的信贷创新产品的规模,探索开展无形资产抵质押贷款业务,拓宽电影企业贷款抵质押物的范围。

积极推动适合电影产业需求特点的服务模式创新,支持银行业金融机构根据电影企业的不同发展阶段和金融需求特点,有效衔接信贷业务与结算业务、国际业务、投行业务,有效整合银行公司业务、零售业务、资产负债业务与中间业务;鼓励银行、投资基金、保险等机构联合采取投资企业股权、债券、资产支持计划等多种形式为电影企业提供综合性金融服务。

大力推进电影企业直接融资。支持符合条件的电影企业上市,鼓励电影企业发行公司债、企业债、集合信托和集合债、中小企业私募债等非金融企业债务融资工具;引导私募股权投资资金、创业投资基金等各类投资机构投资电影产业;中央财政对国家重点支持的电影基地、企业和项目,给予一定比例的贷款贴息和保费补贴。

八、实行支持影院建设的差别化用地政策

鉴于影院用地来源形式多样,放映方式多样,为鼓励影院建设,可通过单独新建、项目配建、原地改建、异地迁建等多种形式增加观影设施,并针对不同情况分别实行协议、挂牌等差别化的土地供应政策。一是新建单体影院建设用地实行挂牌出让政策。政府供应影院用地时,可提出影院建设标准要求,通过公开挂牌方式确定土地使用权人。二是积极探索在商服设施项目中配建影院等建设途径及土地供应方式。市、县在供应商服用地或其他房地产用地时,可将在项目中配套建设影院相关要求纳入出让条件,并依法明确影院建成后的处置方式。三是支持现有影院实行改造建设。在符合规划的前提下,现有影院改造可兼容一定规

模的商业、服务、办公等其他用途,并按协议方式补充办理用地手续。四是鼓励其他公益场所建设适应电影放映的设施。对图书馆、博物馆、文化馆和青少年活动场所等非营利性公共文化设施中建设适用电影放映设备和场地的,因主用途符合《划拨用地目录》,经批准以划拨方式供应用地的,影院用地部分可按文体娱乐用途采取协议方式办理供应手续。五是鼓励利用现有工业、仓储等存量建设用地建设影院。经出让方和规划管理部门同意,可按文体娱乐用途采取协议方式办理用地手续。六是严格影院用地供后监管。严格影院用地改变用途的审批程序。影院用地使用者应按土地出让合同约定开发、利用、经营土地,需改变合同约定的土地用途的,必须取得出让方和市、县人民政府城市规划行政主管部门同意。对新供单体影院建设用地,应在出让合同中明确,如改变土地用途的,需由政府依法收回后重新供应。

各地应根据当地影院建设和发展实际,科学规划影院建设布局和总量,防止低水平重复建设和过度竞争,确保影院建设有序进行。影院建设过多的地区应严格控制新建影院数量,以调整优化影院布局、结构作为重点;影院建设滞后的地区,应按相关规划,积极推进影院建设。

九、狠抓落实,加强管理

各级发展改革、财税、金融、国土资源、住房城乡建设部门要认真落实关于支持电影发展的各项经济政策,尽快制定完善各项配套政策措施和办法,建立健全专项资金使用管理制度,加强对资金的宏观调控和评估监管力度。各级新闻出版广电部门要切实强化责任意识,认真抓好具体实施工作,及时研究解决新情况、新问题。

特此通知。

财政部 国家税务总局 海关总署关于北京 2022 年冬奥会和冬残奥会税收政策的通知

2017 年 7 月 12 日 财税〔2017〕60 号

各省、自治区、直辖市、计划单列市财政厅(局)、国家税务局、地方税务局,广东分署、各直属海关,新疆生产建设兵团财务局:

为支持发展奥林匹克运动,确保北京 2022 年冬奥会和冬残奥会顺利举办,现就有关税收政策通知如下:

一、对北京 2022 年冬奥会和冬残奥会组织委员会(以下简称"北京冬奥组委")实行以下税收政策

(一)对北京冬奥组委取得的电视转播权销售分成收入、国际奥委会全球合作伙伴计划分成收入(实物和资金),免征应缴纳的增值税。

(二)对北京冬奥组委市场开发计划取得的国内外赞助收入、转让无形资产(如标志)特许权收入和销售门票收入,免征应缴纳的增值税。

(三)对北京冬奥组委取得的与中国集邮总公司合作发行纪念邮票收入、与中国人民银行合作发行纪念币收入,免征应缴纳的增值税。

(四)对北京冬奥组委取得的来源于广播、互联网、电视等媒体收入,免征应缴纳的增值税。

（五）对外国政府和国际组织无偿捐赠用于北京 2022 年冬奥会的进口物资，免征进口关税和进口环节增值税。

（六）对以一般贸易方式进口，用于北京 2022 年冬奥会的体育场馆建设所需设备中与体育场馆设施固定不可分离的设备以及直接用于北京 2022 年冬奥会比赛用的消耗品，免征关税和进口环节增值税。享受免税政策的奥运会体育场馆建设进口设备及比赛用消耗品的范围、数量清单由北京冬奥组委汇总后报财政部商有关部门审核确定。

（七）对北京冬奥组委进口的其他特需物资，包括：国际奥委会或国际单项体育组织指定的，国内不能生产或性能不能满足需要的体育器材、医疗检测设备、安全保障设备、交通通讯设备、技术设备，在运动会期间按暂准进口货物规定办理，运动会结束后留用或做变卖处理的，按有关规定办理正式进口手续，并照章缴纳进口税收，其中进口汽车以不低于新车 90% 的价格估价征税。上述暂准进口的商品范围、数量清单由北京冬奥组委汇总后报财政部商有关部门审核确定。

（八）对北京冬奥组委再销售所获捐赠物品和赛后出让资产取得收入，免征应缴纳的增值税、消费税和土地增值税。免征北京冬奥组委向分支机构划拨所获赞助物资应缴纳的增值税，北京冬奥组委向主管税务机关提供"分支机构"范围的证明文件，办理减免税备案。

（九）对北京冬奥组委使用的营业账簿和签订的各类合同等应税凭证，免征北京冬奥组委应缴纳的印花税。

（十）对北京冬奥组委免征应缴纳的车船税和新购车辆应缴纳的车辆购置税。

（十一）对北京冬奥组委免征应缴纳的企业所得税。

（十二）对北京冬奥组委委托加工生产的高档化妆品免征应缴纳的消费税。

具体管理办法由税务总局另行规定。

（十三）对国际奥委会、国际单项体育组织和其他社会团体等从国外邮寄进口且不流入国内市场的、与北京 2022 年冬奥会有关的文件、书籍、音像、光盘，在合理数量范围内免征关税和进口环节增值税。合理数量的具体标准由海关总署确定。对奥运会场馆建设所需进口的模型、图纸、图板、电子文件光盘、设计说明及缩印本等规划设计方案，免征关税和进口环节增值税。

（十四）对北京冬奥组委取得的餐饮服务、住宿、租赁、介绍服务和收费卡收入，免征应缴纳的增值税。

（十五）对北京 2022 年冬奥会场馆及其配套设施建设占用耕地，免征耕地占用税。

（十六）根据中国奥委会、主办城市、国际奥委会签订的《北京 2022 年冬季奥林匹克运动会主办城市合同》（以下简称《主办城市合同》）规定，北京冬奥组委全面负责和组织举办北京 2022 年冬残奥会，其取得的北京 2022 年冬残奥会收入及其发生的涉税支出比照执行北京 2022 年冬奥会的税收政策。

二、对国际奥委会、中国奥委会、国际残疾人奥林匹克委员会、中国残奥委员会、北京冬奥会测试赛赛事组委会实行以下税收政策

（一）对国际奥委会取得的与北京 2022 年冬奥会有关的收入免征增值税、消费税、企业所得税。

（二）对国际奥委会、中国奥委会签订的与北京 2022 年冬奥会有关的各类合同，免征国际奥委会和中国奥委会应缴纳的印花税。

（三）对国际奥委会取得的国际性广播电视组织转来的中国境内电视台购买北京 2022 年

冬奥会转播权款项,免征应缴纳的增值税。

(四)对按中国奥委会、主办城市签订的《联合市场开发计划协议》和中国奥委会、主办城市、国际奥委会签订的《主办城市合同》规定,中国奥委会取得的由北京冬奥组委分期支付的收入、按比例支付的盈余分成收入免征增值税、消费税和企业所得税。

(五)对国际残奥委会取得的与北京 2022 年冬残奥会有关的收入免征增值税、消费税、企业所得税和印花税。

(六)对中国残奥委会根据《联合市场开发计划协议》取得的由北京冬奥组委分期支付的收入免征增值税、消费税、企业所得税和印花税。

(七)北京冬奥会测试赛赛事组委会取得的收入及发生的涉税支出比照执行北京冬奥组委的税收政策。

三、对北京 2022 年冬奥会、冬残奥会、测试赛参与者实行以下税收政策

(一)对企业、社会组织和团体赞助、捐赠北京 2022 年冬奥会、冬残奥会、测试赛的资金、物资、服务支出,在计算企业应纳税所得额时予以全额扣除。

(二)企业根据赞助协议向北京冬奥组委免费提供的与北京 2022 年冬奥会、冬残奥会、测试赛有关的服务,免征增值税。免税清单由北京冬奥组委报财政部、税务总局确定。

(三)个人捐赠北京 2022 年冬奥会、冬残奥会、测试赛的资金和物资支出可在计算个人应纳税所得额时予以全额扣除。

(四)对财产所有人将财产(物品)捐赠给北京冬奥组委所书立的产权转移书据免征应缴纳的印花税。

(五)对受北京冬奥组委邀请的,在北京 2022 年冬奥会、冬残奥会、测试赛期间临时来华,从事奥运相关工作的外籍顾问以及裁判员等外籍技术官员取得的由北京冬奥组委、测试赛赛事组委会支付的劳务报酬免征增值税和个人所得税。

(六)对在北京 2022 年冬奥会、冬残奥会、测试赛期间裁判员等中方技术官员取得的由北京冬奥组委、测试赛赛事组委会支付的劳务报酬,免征应缴纳的增值税。

(七)对于参赛运动员因北京 2022 年冬奥会、冬残奥会、测试赛比赛获得的奖金及其他奖赏收入,按现行税收法律法规的有关规定征免应缴纳的个人所得税。

(八)在北京 2022 年冬奥会场馆(场地)建设、试运营、测试赛及冬奥会及冬残奥会期间,对用于北京 2022 年冬奥会场馆(场地)建设、运维的水资源,免征应缴纳的水资源税。

(九)免征北京 2022 年冬奥会、冬残奥会、测试赛参与者向北京冬奥组委无偿提供服务和无偿转让无形资产的增值税。

四、本通知自发布之日起执行。

 财政部 税务总局关于延续宣传文化增值税优惠政策的通知

2018 年 6 月 5 日 财税〔2018〕53 号

各省、自治区、直辖市、计划单列市财政厅(局)、国家税务局,新疆生产建设兵团财政局,财政部驻各省、自治区、直辖市、计划单列市财政监察专员办事处:

为促进我国宣传文化事业的发展,继续实施宣传文化增值税优惠政策。现将有关事项通知如下:

一、自 2018 年 1 月 1 日起至 2020 年 12 月 31 日,执行下列增值税先征后退政策。

（一）对下列出版物在出版环节执行增值税100％先征后退的政策：

1. 中国共产党和各民主党派的各级组织的机关报纸和机关期刊，各级人大、政协、政府、工会、共青团、妇联、残联、科协的机关报纸和机关期刊，新华社的机关报纸和机关期刊，军事部门的机关报纸和机关期刊。

上述各级组织不含其所属部门。机关报纸和机关期刊增值税先征后退范围掌握在一个单位一份报纸和一份期刊以内。

2. 专为少年儿童出版发行的报纸和期刊，中小学的学生课本。

3. 专为老年人出版发行的报纸和期刊。

4. 少数民族文字出版物。

5. 盲文图书和盲文期刊。

6. 经批准在内蒙古、广西、西藏、宁夏、新疆五个自治区内注册的出版单位出版的出版物。

7. 列入本通知附件1的图书、报纸和期刊。

（二）对下列出版物在出版环节执行增值税先征后退50％的政策：

1. 各类图书、期刊、音像制品、电子出版物，但本通知第一条第（一）项规定执行增值税100％先征后退的出版物除外。

2. 列入本通知附件2的报纸。

（三）对下列印刷、制作业务执行增值税100％先征后退的政策：

1. 对少数民族文字出版物的印刷或制作业务。

2. 列入本通知附件3的新疆维吾尔自治区印刷企业的印刷业务。

二、自2018年1月1日起至2020年12月31日，免征图书批发、零售环节增值税。

三、自2018年1月1日起至2020年12月31日，对科普单位的门票收入，以及县级及以上党政部门和科协开展科普活动的门票收入免征增值税。

四、享受本通知第一条第（一）项、第（二）项规定的增值税先征后退政策的纳税人，必须是具有相关出版物出版许可证的出版单位（含以"租型"方式取得专有出版权进行出版物印刷发行的出版单位）。承担省级及以上出版行政主管部门指定出版、发行任务的单位，因进行重组改制等原因尚未办理出版、发行许可证变更的单位，经财政部驻各地财政监察专员办事处（以下简称财政监察专员办事处）商省级出版行政主管部门核准，可以享受相应的增值税先征后退政策。

纳税人应将享受上述税收优惠政策的出版物在财务上实行单独核算，不进行单独核算的不得享受本通知规定的优惠政策。违规出版物、多次出现违规的出版单位及图书批发零售单位不得享受本通知规定的优惠政策，上述违规出版物、出版单位及图书批发零售单位的具体名单由省级及以上出版行政主管部门及时通知相应财政监察专员办事处和主管税务机关。

五、已按软件产品享受增值税退税政策的电子出版物不得再按本通知申请增值税先征后退政策。

六、本通知规定的各项增值税先征后退政策由财政监察专员办事处根据财政部、国家税务总局、中国人民银行《关于税制改革后对某些企业实行"先征后退"有关预算管理问题的暂行规定的通知》〔（94）财预字第55号〕的规定办理。

七、本通知的有关定义

（一）本通知所述"出版物"，是指根据国务院出版行政主管部门的有关规定出版的图书、报纸、期刊、音像制品和电子出版物。所述图书、报纸和期刊,包括随同图书、报纸、期刊销售并难以分离的光盘、软盘和磁带等信息载体。

(二)图书、报纸、期刊(即杂志)的范围,仍然按照《国家税务总局关于印发〈增值税部分货物征税范围注释〉的通知》(国税发〔1993〕151 号)的规定执行;音像制品、电子出版物的范围,按照《财政部 税务总局关于简并增值税税率有关政策的通知》(财税〔2017〕37 号)的规定执行。

(三)本通知所述"专为少年儿童出版发行的报纸和期刊",是指以初中及初中以下少年儿童为主要对象的报纸和期刊。

(四)本通知所述"中小学的学生课本",是指普通中小学学生课本和中等职业教育课本。普通中小学学生课本是指根据教育部中、小学教学大纲的要求,由经国务院教育行政主管部门审定,并取得国务院出版行政主管部门批准的教科书出版、发行资质的单位提供的中、小学学生上课使用的正式课本,具体操作时按国家和省级教育行政部门每年春、秋两季下达的"中小学教学用书目录"中所列的"课本"的范围掌握;中等职业教育课本是指经国家和省级教育、人力资源社会保障行政部门审定,供中等专业学校、职业高中和成人专业学校学生使用的课本,具体操作时按国家和省级教育、人力资源社会保障行政部门每年下达的教学用书目录认定。中小学的学生课本不包括各种形式的教学参考书、图册、自读课本、课外读物、练习册以及其他各类辅助性教材和辅导读物。

(五)本通知所述"专为老年人出版发行的报纸和期刊",是指以老年人为主要对象的报纸和期刊,具体范围详见附件 4。

(六)本通知第一条第(一)项和第(二)项规定的图书包括"租型"出版的图书。

(七)本通知所述"科普单位",是指科技馆、自然博物馆,对公众开放的天文馆(站、台)、气象台(站)、地震台(站),以及高等院校、科研机构对公众开放的科普基地。

本通知所述"科普活动",是指利用各种传媒以浅显的、让公众易于理解、接受和参与的方式,向普通大众介绍自然科学和社会科学知识,推广科学技术的应用,倡导科学方法,传播科学思想,弘扬科学精神的活动。

八、本通知自 2018 年 1 月 1 日起执行。《财政部、国家税务总局关于延续宣传文化增值税和营业税优惠政策的通知》(财税〔2013〕87 号)同时废止。

按照本通知第二条和第三条规定应予免征的增值税,凡在接到本通知以前已经征收入库的,可抵减纳税人以后月份应缴纳的增值税税款或者办理税款退库。纳税人如果已向购买方开具了增值税专用发票,应将专用发票追回后方可申请办理免税。凡专用发票无法追回的,一律照章征收增值税。

附件

一、适用增值税 100% 先征后退政策的特定图书、报纸和期刊名单

1.《半月谈》(cn11-1271/d)和《半月谈内部版》(cn11-1599/d)

2. 新华通讯社的刊号为 cn11-1363/d、cn11-4165/d、cn11-4166/d、cn11-4164/d、cn11-4139/d 和 cn11-4140/d 的期刊

3.《法制日报》(cn11-0080)

4.《检察日报》(cn11-0187)

5.《人民法院报》(cn11-0194)

6.《中国日报》(cnll-0091)

7.《中国纪检监察报》(cn11-0176)

8.《光明日报》(cn11-0026)

9.《经济日报》(cn11-0014)

10.《农民日报》(cn11-0055)

11.《人民公安报》(cnl1-0090)

12.《中国妇女》[cn11-1245/c,cn11-1704/c(英文)]

13.《长安》(cn11-3295/d)

14.《中国火炬》(cn11-3316/c)

15.《中国纪检监察》(cn10-1269/d)

16.《环球时报》[cn11-0215,cn11-0272(英文版)]

17.《中共中央办公厅通讯》[cn11-4129/d]

18.《科技日报》[cn11-0078]

19. 国务院侨办组织编写的背面印有"本书国务院侨办推展海外华文教育免费赠送"字样的华文教材（含多媒体教材）。

二、适用增值税 50％先征后退政策的报纸名单

适用增值税 50％先征后退政策的报纸名单

类别	享受政策的报纸	代码
一、综合类报纸	1. 国际时政类报纸	133
	2. 外宣类报纸	134
	3. 其他类报纸	135
二、行业专业类报纸	1. 经济类报纸	201
	2. 工业产业类报纸	202
	3. 农业类报纸	203
	4. 文化艺术类报纸	206
	5. 法制公安类报纸	207
	6. 科技类报纸	208
	7. 教育类报纸	209
	8. 新闻出版类报纸	214
	9. 信息技术类报纸	215
	10. 其他类报纸	216

说明：1. 根据《新闻出版署关于印发〈报纸期刊年度核验办法〉的通知》(新出报刊〔2006〕181 号)，报纸类别由各省出版行政主管部门根据报纸审批、变更时所认定的类别或根据报纸办报宗旨确定。具体类别或代码以出版行政主管部门出具的《报纸出版许可证》中"类别"栏标明的内容为准。

2. 对 2008 年底以前颁发的《报纸出版许可证》，如果没有标明相应报纸类别或代码的，应在报经国务院出版行政主管部门确认并出具证明后，再根据相应类别确定是否适用退税政策。

三、适用增值税 100％先征后退政策的新疆维吾尔自治区印刷企业名单

附件 3

适用增值税 100%先征后退政策的新疆维吾尔自治区印刷企业名单

序 号	企业名称
1	新疆新华印刷厂
2	新疆新华印刷二厂
3	新疆八艺印刷厂
4	新疆日报社印务中心
5	新疆生产建设兵团印刷厂
6	新疆蓝天铁路印务有限公司
7	新疆维吾尔自治区地矿彩印厂
8	乌鲁木齐隆益达印务有限公司
9	乌鲁木齐市海洋彩印有限公司
10	乌鲁木齐市大陆桥教育印刷厂
11	乌鲁木齐八家户彩印有限公司
12	乌鲁木齐晚报社印务中心
13	新疆金版印务有限公司
14	哈密日报社印务中心(有限公司)
15	新疆伊犁日报印刷厂
16	新疆大众彩印有限责任公司
17	克拉玛依市独山子天利人印务有限公司
18	新疆巴音郭楞日报社印刷厂
19	巴州好彩彩印有限责任公司
20	阿克苏飞达印务有限责任公司
21	喀什日报社印刷厂
22	喀什维吾尔文出版社彩印厂
23	新疆晨新印务有限责任公司
24	石河子报社印刷厂
25	博尔塔拉报社印刷厂
26	阿勒泰地区报社印刷厂
27	新疆阿克苏新华印务有限责任公司
28	克孜勒苏日报社印刷厂
29	新疆和田日报社印刷厂
30	新疆塔城中信天成印刷有限责任公司

（续表）

序　号	企业名称
31	新疆新华华龙印务有限责任公司
32	新疆一龙印刷有限公司
33	新疆恒远中汇彩印包装股份有限公司
34	新疆兴华夏彩印有限公司
35	新疆朝阳印刷有限责任公司
36	乌鲁木齐红色印务包装有限公司
37	新疆八百印务有限公司
38	新疆翼百丰印务有限公司
39	乌鲁木齐市冠雄印刷有限公司
40	新疆统计印刷厂
41	伊犁伊力特印务有限责任公司
42	乌鲁木齐精彩阳光印刷包装有限公司
43	新疆准东顶佳工贸有限责任公司
44	新疆维吾尔自治区财政厅印刷厂
45	新疆兴东印刷包装有限公司
46	新疆育人教育招生考试印务有限公司
47	乌鲁木齐大金马印务有限责任公司
48	新疆超亚印刷有限公司
49	新疆金新印刷厂
50	新疆新七彩印刷有限公司
51	乌鲁木齐网典方正多媒体制作有限公司
52	乌鲁木齐旭鸿工贸有限公司
53	乌鲁木齐昊坤彩印有限公司
54	乌鲁木齐市科恒彩印有限公司
55	昌吉州升华印刷有限责任公司
56	乌鲁木齐松瑞印刷有限公司
57	乌鲁木齐光大印刷有限公司
58	乌鲁木齐市博文印务有限公司
59	新疆双星彩印有限责任公司
60	乌鲁木齐新盾印务有限公司
61	乌鲁木齐大路印务有限公司
62	新疆日报社南疆印务中心

四、专为老年人出版发行的报纸和期刊名单

附件4

专为老年人出版发行的报纸和期刊名单

类别	序号	名称	刊号
一、报纸	1	中国老年报	cn11-0031
	2	中老年时报	cn12-0024
	3	燕赵老年报	cn13-0027
	4	老友导报	cn14-0064
	5	辽宁老年报	cn21-0023
	6	晚晴报	cn21-0025
	7	老年日报	cn23-0018
	8	上海老年报	cn31-0026
	9	老年周报	cn32-0004
	10	浙江老年报	cn33-0097
	11	安徽老年报	cn34-0051
	12	福建老年报	cn35-0008
	13	老年生活报	cn37-0099
	14	老年文汇报	cn42-0074
	15	广州市老人报	cn44-0099
	16	广西老年报	cn45-0058
	17	晚霞报	cn51-0056
	18	贵州老年报	cn52-0033
	19	云南老年报	cn53-0035
	20	陕西老年报	cn61-0041
	21	老年康乐报	cn65-0064
	22	老年康乐报(维文版)	cn65-0064/-w
	23	益寿文摘	cn34-0042
	24	老年文摘报	cn15-0062
	25	快乐老人报	cn43-0024
	26	生活晚报	cn65-0023

（续表）

类别	序号	名称	刊号
二、期刊	27	中国老年	cn11-1146/c
	28	老人世界	cn13-1123/c
	29	山西老年	cn14-1009/c
	30	老年世界	cn15-1013/c
	31	老同志之友	cn21-1006/c
	32	夕阳红	cn22-1325/c
	33	退休生活	cn23-1003/c
	34	老年学习生活	cn23-1090/c
	35	银潮	cn32-1385/c
	36	老友	cn36-1240/c
	37	老年教育	cn37-1007/g4
	38	老人春秋	cn41-1217/c
	39	当代老年	cn42-1297/d
	40	老年人	cn43-1261/c
	41	秋光	cn44-1493/c
	42	老年知音	cn45-1252/g0
	43	晚霞	cn51-1449/c
	44	晚晴	cn52-1006/c
	45	金秋	cn61-1385/c
	46	老年博览	cn62-1174/c
	47	金色年代	cn31-1994/c
	48	老干部之家	cn37-1507/c
	49	新天地	cn11-5523/c
	50	乐活老年	cn21－1595/c

科技部办公厅关于转发《财政部　税务总局关于延续宣传文化增值税优惠政策的通知》的通知

2018 年 8 月 9 日　国科办政〔2018〕56 号

各省、自治区、直辖市、计划单列市及副省级城市科技厅（委、局），新疆生产建设兵团科技局，中央、国务院有关部门、直属机构办公厅（室），中央军委政治工作部办公厅：

2018 年 6 月 5 日，《财政部　税务总局关于延续宣传文化增值税优惠政策的通知》（财税〔2018〕53 号）正式印发（以下简称《通知》），决定"自 2018 年 1 月 1 日起至 2020 年 12 月 31 日，对科普单位的门票收入，以及县级及以上党政部门和科协开展科普活动的门票收入免征增值税"。

该《通知》所述的"'科普单位'，是指科技馆、自然博物馆、对公众开放的天文馆（站、台）、气象台（站）、地震台（站），以及高校、科研机构对公众开放的科普基地"。

该《通知》所述的"'科普活动'，是指利用各种传媒以浅显的、让公众易于理解、接受和参与的方式，向普通大众介绍自然科学和社会科学知识，推广科学技术的应用，倡导科学方法，传播科学思想，弘扬科学精神的活动"。

有关科普基地、科普活动等的具体认定工作，请参照科技部、财政部、国家税务总局、海关总署、新闻出版总署印发的《科普税收优惠政策实施办法》（国科发政字〔2003〕416 号）施行。

上述科普税收优惠政策的延续实施，充分体现了党中央、国务院对我国科普事业发展的高度重视和大力支持，是贯彻落实《中华人民共和国科学技术普及法》的有力举措，是对实施《"十三五"国家科普和创新文化建设规划》、推进我国科普基地建设和向公众开放、推动科普产业发展的有力支持，对推动我国科普事业发展具有重要意义。现将《财政部　税务总局关于延续宣传文化增值税优惠政策的通知》转发你们，请协助做好科普税收优惠政策的实施工作。

附件：《财政部　税务总局关于延续宣传文化增值税优惠政策的通知》（财税〔2018〕53 号）（略）

财政部　税务总局关于继续实施支持文化企业发展增值税政策的通知

2019 年 2 月 13 日　财税〔2019〕17 号

各省、自治区、直辖市、计划单列市财政厅（局），新疆生产建设兵团财政局，国家税务总局各省、自治区、直辖市、计划单列市税务局：

为贯彻落实《国务院办公厅关于印发文化体制改革中经营性文化事业单位转制为企业和进一步支持文化企业发展两个规定的通知》（国办发〔2018〕124 号）有关规定，进一步深化文化体制改革，促进文化企业发展，现就继续实施支持文化企业发展的增值税政策通知如下：

一、对电影主管部门（包括中央、省、地市及县级）按照各自职能权限批准从事电影制片、发行、放映的电影集团公司（含成员企业）、电影制片厂及其他电影企业取得的销售电影拷贝（含数字拷贝）收入、转让电影版权（包括转让和许可使用）收入、电影发行收入以及在农村取得的电影放映收入，免征增值税。一般纳税人提供的城市电影放映服务，可以按现行政策规定，选择按照简易计税办法计算缴纳增值税。

二、对广播电视运营服务企业收取的有线数字电视基本收视维护费和农村有线电视基本收视费，免征增值税。

三、本通知执行期限为 2019 年 1 月 1 日至 2023 年 12 月 31 日。《财政部　税务总局关于继续执行有线电视收视费增值税政策的通知》（财税〔2017〕35 号）同时废止。《财政部　税务总局关于继续实施支持文化企业发展若干税收政策的通知》（财税〔2014〕85 号）自 2019 年 1 月 1 日起停止执行。

文化企业按照本通知规定应予减免的增值税税款，在本通知下发以前已经征收入库的，可抵减以后纳税期应缴税款或办理退库。

财政部 税务总局 中央宣传部关于继续实施文化体制改革中经营性文化事业单位转制为企业若干税收政策的通知

2019 年 2 月 16 日 财税〔2019〕16 号

各省、自治区、直辖市、计划单列市财政厅（局）、党委宣传部，新疆生产建设兵团财政局，国家税务总局各省、自治区、直辖市、计划单列市税务局：

为贯彻落实《国务院办公厅关于印发文化体制改革中经营性文化事业单位转制为企业和进一步支持文化企业发展两个规定的通知》（国办发〔2018〕124 号）有关规定，进一步深化文化体制改革，继续推进国有经营性文化事业单位转企改制，现就继续实施经营性文化事业单位转制为企业的税收政策有关事项通知如下：

一、经营性文化事业单位转制为企业，可以享受以下税收优惠政策：

（一）经营性文化事业单位转制为企业，自转制注册之日起五年内免征企业所得税。2018 年 12 月 31 日之前已完成转制的企业，自 2019 年 1 月 1 日起可继续免征五年企业所得税。

（二）由财政部门拨付事业经费的文化单位转制为企业，自转制注册之日起五年内对其自用房产免征房产税。2018 年 12 月 31 日之前已完成转制的企业，自 2019 年 1 月 1 日起对其自用房产可继续免征五年房产税。

（三）党报、党刊将其发行、印刷业务及相应的经营性资产剥离组建的文化企业，自注册之日起所取得的党报、党刊发行收入和印刷收入免征增值税。

（四）对经营性文化事业单位转制中资产评估增值、资产转让或划转涉及的企业所得税、增值税、城市维护建设税、契税、印花税等，符合现行规定的享受相应税收优惠政策。

上述所称"经营性文化事业单位"，是指从事新闻出版、广播影视和文化艺术的事业单位。转制包括整体转制和剥离转制。其中，整体转制包括：（图书、音像、电子）出版社、非时政类报刊出版单位、新华书店、艺术院团、电影制片厂、电影（发行放映）公司、影剧院、重点新闻网站等整体转制为企业；剥离转制包括：新闻媒体中的广告、印刷、发行、传输网络等部分，以及影视剧等节目制作与销售机构，从事业体制中剥离出来转制为企业。

上述所称"转制注册之日"，是指经营性文化事业单位转制为企业并进行企业法人登记之日。对于经营性文化事业单位转制前已进行企业法人登记，则按注销事业单位法人登记之日，或核销事业编制的批复之日（转制前未进行事业单位法人登记的）确定转制完成并享受本通知所规定的税收优惠政策。

上述所称"2018 年 12 月 31 日之前已完成转制"，是指经营性文化事业单位在 2018 年 12 月 31 日及以前已转制为企业、进行企业法人登记，并注销事业单位法人登记或批复核销事业编制（转制前未进行事业单位法人登记的）。

本通知下发之前已经审核认定享受《财政部 国家税务总局 中宣部关于继续实施文化体制改革中经营性文化事业单位转制为企业若干税收政策的通知》（财税〔2014〕84 号）税收优惠政策的转制文化企业，可按本通知规定享受税收优惠政策。

二、享受税收优惠政策的转制文化企业应同时符合以下条件：

（一）根据相关部门的批复进行转制。

（二）转制文化企业已进行企业法人登记。

（三）整体转制前已进行事业单位法人登记的,转制后已核销事业编制、注销事业单位法人;整体转制前未进行事业单位法人登记的,转制后已核销事业编制。

（四）已同在职职工全部签订劳动合同,按企业办法参加社会保险。

（五）转制文化企业引入非公有资本和境外资本的,须符合国家法律法规和政策规定;变更资本结构依法应经批准的,需经行业主管部门和国有文化资产监管部门批准。

本通知适用于所有转制文化单位。中央所属转制文化企业的认定,由中央宣传部会同财政部、税务总局确定并发布名单;地方所属转制文化企业的认定,按照登记管理权限,由地方各级宣传部门会同同级财政、税务部门确定和发布名单,并按程序抄送中央宣传部、财政部和税务总局。

已认定发布的转制文化企业名称发生变更的,如果主营业务未发生变化,可持同级文化体制改革和发展工作领导小组办公室出具的同意变更函,到主管税务机关履行变更手续;如果主营业务发生变化,依照本条规定的条件重新认定。

三、经认定的转制文化企业,应按有关税收优惠事项管理规定办理优惠手续,申报享受税收优惠政策。企业应将转制方案批复函,企业营业执照,同级机构编制管理机关核销事业编制、注销事业单位法人的证明,与在职职工签订劳动合同、按企业办法参加社会保险制度的有关材料,相关部门对引入非公有资本和境外资本、变更资本结构的批准文件等留存备查,税务部门依法加强后续管理。

四、未经认定的转制文化企业或转制文化企业不符合本通知规定的,不得享受相关税收优惠政策。已享受优惠的,主管税务机关应追缴其已减免的税款。

五、对已转制企业按照本通知规定应予减免的税款,在本通知下发以前已经征收入库的,可抵减以后纳税期应缴税款或办理退库。

六、本通知规定的税收政策执行期限为 2019 年 1 月 1 日至 2023 年 12 月 31 日。企业在 2023 年 12 月 31 日享受本通知第一条第（一）、（二）项税收政策不满五年的,可继续享受至五年期满为止。

《财政部 国家税务总局 中宣部关于继续实施文化体制改革中经营性文化事业单位转制为企业若干税收政策的通知》（财税〔2014〕84 号）自 2019 年 1 月 1 日起停止执行。

十一、支持其他各项社会事业

（一）飞机制造

财政部 国家税务总局关于国产支线飞机免征增值税的通知

2000 年 4 月 2 日 财税字〔2000〕51 号

各省、自治区、直辖市、计划单列市财政厅（局）、国家税务局;

为支持我目支线飞机的生产和运营,经国务院批准,决定对国产支线飞机实行增值税优

惠政策,现通知如下:

一、自 2000 年 4 月 1 日起,对生产销售的支线飞机(包括运十二、运七系列、运八、运五飞机)免证增值税。

二、对生产支线飞机所需进口尚不能国产化的零部件免征进口环节增值税问题另行通知。

财政部 国家税务总局关于飞机维修增值税问题的通知

2000 年 10 月 12 日 财税〔2000〕102 号

各省、自治区、直辖市、计划单列市时政厅(局)、国家税务局:

经国务院批准,现将有关飞机维修劳务的增值税政策问题通知如下:

为支持飞机维修行业的发展,决定自 2000 年 1 月 1 日起对飞机维修劳务增值税实际税负超过 6% 的部分实行由税务机关即征即退的政策。

请遵照执行。

财政部 国家税务总局关于农五飞机适用国产支线飞机免征增值税政策的通知

2002 年 6 月 27 日 财税〔2002〕97 号

经研究决定,农五系列飞机适用《关于国产支线飞机免征增值税的通知》(财税字〔2000〕51 号)的规定免征国内销售环节增值税,其生产所需进口尚不能国产化的零部件免征进口环节增值税,进口环节增值税的具体范围另行通知。

337 财政部 国家税务总局关于大型客机和新支线飞机增值税政策的通知

2016 年 12 月 15 日 财税〔2016〕141 号

各省、自治区、直辖市、计划单列市财政厅(局)、国家税务局,新疆生产建设兵团财务局:

经国务院批准,现将大型客机和新支线飞机有关增值税政策通知如下:

一、对纳税人从事大型客机、大型客机发动机研制项目而形成的增值税期末留抵税额予以退还。

本条所称大型客机,是指空载重量大于 45 吨的民用客机。本条所称大型客机发动机,是指起飞推力大于 14 000 公斤的民用客机发动机。

二、对纳税人生产销售新支线飞机暂减按 5% 征收增值税,并对其因生产销售新支线飞机而形成的增值税期末留抵税额予以退还。

本条所称新支线飞机,是指空载重量大于 25 吨且小于 45 吨、座位数量少于 130 个的民用客机。

三、纳税人符合本通知第一、二条规定的增值税期末留抵税额,可在初次申请退税时予以一次性退还。

四、纳税人收到退税款项的当月,应将退税额从增值税进项税额中转出。未按规定转出的,按《中华人民共和国税收征收管理法》有关规定承担相应法律责任。

五、退还的增值税税额由中央和地方按照现行增值税分享比例共同负担。

六、本通知的执行期限为 2015 年 1 月 1 日至 2018 年 12 月 31 日。

(二)交通运输

财政部　国家税务总局关于铁路货车修理免征增值税的通知

2001 年 4 月 3 日　财税〔2001〕54 号

各省、自治区、直辖市、计划单列市财政厅(局)、国家税务局:

为支持我国铁路建设,经国务院批准,从 2001 年 1 月 1 日起对铁路系统内部单位为本系统修理货车的业务免征增值税。

请遵照执行。

国家税务总局关于中国北方机车车辆工业集团公司所属企业的铁路货车修理业务免征增值税的通知

2001 年 11 月 26 日　国税函〔2001〕862 号

《财政部　国家税务总局关于铁路货车修理免征增值税的通知》(财税〔2001〕54 号)中所指的"铁路系统内部单位"包括中国北方机车车辆工业集团公司所属企业,其为铁路系统修理铁路货车的业务免征增值税。

国家税务总局关于中国南方机车车辆工业集团公司所属企业的铁路货车修理业务免征增值税的通知

2001 年 12 月 28 日　国税函〔2001〕1006 号

各省、自治区、直辖市和计划单列市国家税务局、地方税务局:

《财政部　国家税务总局关于铁路货车修理免征增值税的通知》(财税〔2001〕54 号)中所指的"铁路系统内部单位"包括中国南方机车车辆工业集团公司所属企业,其为铁路系统修理铁路货车业务免征增值税。

(三)医疗卫生

财政部　国家税务总局关于血站有关税收问题的通知

1999 年 10 月 13 日　财税字〔1999〕264 号

为了推动无偿献血公益事业的发展,经国务院批准,现将血站的有关税收问题明确

如下:

一、鉴于血站是采集和提供临床用血,不以营利为目的的公益性组织,又属于财政拨补事业费的单位,因此,对血站自用的房产和土地免征房产税和城镇土地使用税。

二、对血站供应给医疗机构的临床用血免征增值税。

三、本通知所称血站,是指根据《中华人民共和国献血法》的规定,由国务院或省级人民政府卫生行政部门批准的,从事采集、提供临床用血,不以营利为目的的公益性组织。

四、本通知自 1999 年 11 月 1 日起执行。在此之前已征收入库的税款不再退还,未征收入库的税款也不再征缴。

财政部 国家税务总局关于医疗卫生机构有关税收政策的通知

2000 年 7 月 10 日 财税〔2000〕42 号

各省、自治区、直辖市、计划单列市财政厅(局)、国家税务局、地方税务局:

为了贯彻落实《国务院办公厅转发国务院体改办等部门关于城镇医药卫生体制改革指导意见的通知》(国办发〔2000〕16 号),促进我国医疗卫生事业的发展,经国务院批准,现将医疗卫生机构有关税收政策通知如下:

一、关于非营利性医疗机构的税收政策

(一)对非营利性医疗机构按照国家规定的价格取得的医疗服务收入,免征各项税收。不按照国家规定价格取得的医疗服务收入不得享受这项政策。

医疗服务是指医疗服务机构对患者进行检查、诊断、治疗、康复和提供预防保健、接生、计划生育方面的服务,以及与这些服务有关的提供药品、医用材料器具、救护车、病房住宿和伙食的业务(下同)。

(二)对非营利性医疗机构从事非医疗服务取得的收入,如租赁收入、财产转让收入、培训收入、对外投资收入等应按规定征收各项税收。非营利性医疗机构将取得的非医疗服务收入,直接用于改善医疗卫生服务条件的部分,经税务部门审核批准可抵扣其应纳税所得额,就其余额征收企业所得税。

(三)对非营利性医疗机构自产自用的制剂,免征增值税。

(四)非营利性医疗机构的药房分离为独立的药品零售企业,应按规定征收各项税收。

(五)对非营利性医疗机构自用的房产、土地、车船,免征房产税、城镇土地使用税和车船使用税。

二、关于营利性医疗机构的税收政策

(一)对营利性医疗机构取得的收入,按规定征收各项税收。但为了支持营利性医疗机构的发展,对营利性医疗机构取得的收入,直接用于改善医疗卫生条件的,自其取得执业登记之日起,3 年内给予下列优惠:对其取得的医疗服务收入免征营业税;对其自产自用的制剂免征增值税;对营利性医疗机构自用的房产、土地、车船免征房产税、城镇土地使用税和车船使用税。3 年免税期满后恢复征税。

(二)对营利性医疗机构的药房分离为独立的药品零售企业,应按规定征收各项税收。

三、关于疾病控制机构和妇幼保健机构等卫生机构的税收政策

(一)对疾病控制机构和妇幼保健机构等卫生机构按照国家规定的价格取得的卫生服务收入(含疫苗接种和调拨、销售收入),免征各项税收。不按照国家规定的价格取得的卫生服

务收入不得享受这项政策。对疾病控制机构和妇幼保健等卫生机构取得的其他经营收入如直接用于改善本卫生机构卫生服务条件的,经税务部门审核批准可抵扣其应纳税所得额,就其余额征收企业所得税。

(二)对疾病控制机构和妇幼保健机构等卫生机构自用的房产、土地、车船,免征房产税、城镇土地使用税和车船使用税。

医疗机构需要书面向卫生行政主管部门申明其性质,按《医疗机构管理条例》进行设置审批和登记注册,并由接受其登记注册的卫生行政部门核定,在执业登记中注明"非营利性医疗机构"和"营利性医疗机构"。

上述医疗机构具体包括:各级各类医院、门诊部(所)、社区卫生服务中心(站)、急救中心(站)、城乡卫生院、护理院(所)、疗养院、临床检验中心等。上述疾病控制、妇幼保健等卫生机构具体包括:各级政府及有关部门举办的卫生防疫站(疾病控制中心)、各种专科疾病防治站(所),各级政府举办的妇幼保健所(站)、母婴保健机构、儿童保健机构等,各级政府举办的血站(血液中心)。

本通知自发布之日起执行。

注释:根据《财政部 国家税务总局关于公布若干废止和失效的营业税规范性文件的通知》(2009年5月18日,财税〔2009〕61号)规定,本文"有关营业税规定"自2009年1月1日起失效。

财政部 国家税务总局关于延续免征国产抗艾滋病病毒药品增值税政策的通知

2016年9月1日 财税〔2016〕97号

各省、自治区、直辖市、计划单列市财政厅(局)、国家税务局,新疆生产建设兵团财务局:

为继续支持艾滋病防治工作,经国务院批准,现将国产抗艾滋病病毒药品增值税政策通知如下:

一、自2016年1月1日至2018年12月31日,继续对国产抗艾滋病病毒药品免征生产环节和流通环节增值税(国产抗艾滋病病毒药物品种清单见附件)。

二、享受上述免征增值税政策的国产抗艾滋病病毒药品,为国家卫生计生委委托中国疾病预防控制中心通过公开招标方式统一采购、各省(自治区、直辖市)艾滋病药品管理部门分散签约支付的抗艾滋病病毒药品。药品生产企业申请办理免税时,应向主管税务机关提交加盖企业公章的药品供货合同复印件、中标通知书复印件及中国政府网中标公告。

三、抗艾滋病病毒药品的生产企业和流通企业应分别核算免税药品和其他货物的销售额;未分别核算的,不得享受增值税免税政策。

四、纳税人销售本通知规定的享受免税政策的国产抗艾滋病病毒药品,如果已向购买方开具了增值税专用发票,应将专用发票追回后方可就已售药品申请办理免税。凡专用发票无法追回的,一律按照规定征收增值税,不予免税。

附件

国产抗艾滋病病毒药物品种清单

序号	药物品种	序号	药物品种
1	齐多夫定	5	替诺福韦
2	拉米夫定	6	洛匹那韦
3	奈韦拉平	7	利托那韦
4	依非韦伦	8	阿巴卡韦

国产抗艾滋病病毒药物,包括上表中所列药物及其制剂,以及由两种或三种药物组成的复合制剂。

 财政部　海关总署　税务总局　药监局关于罕见病药品增值税政策的通知

2019 年 2 月 20 日　财税〔2019〕24 号

各省、自治区、直辖市、计划单列市财政厅(局),新疆生产建设兵团财政局,海关总署广东分署、各直属海关,国家税务总局各省、自治区、直辖市、计划单列市税务局:

为鼓励罕见病制药产业发展,降低患者用药成本,现将罕见病药品增值税政策通知如下:

一、自 2019 年 3 月 1 日起,增值税一般纳税人生产销售和批发、零售罕见病药品,可选择按照简易办法依照 3% 征收率计算缴纳增值税。上述纳税人选择简易办法计算缴纳增值税后,36 个月内不得变更。

二、自 2019 年 3 月 1 日起,对进口罕见病药品,减按 3% 征收进口环节增值税。

三、纳税人应单独核算罕见病药品的销售额。未单独核算的,不得适用本通知第一条规定的简易征收政策。

四、本通知所称罕见病药品,是指经国家药品监督管理部门批准注册的罕见病药品制剂及原料药。罕见病药品清单(第一批)见附件。罕见病药品范围实行动态调整,由财政部、海关总署、税务总局、药监局根据变化情况适时明确。

附件

罕见病药品清单(第一批)

一、罕见病药品制剂

序号	活性成分通用名称	药品名称	已获准上市的剂型	税号
1	波生坦	波生坦片	片剂	30049090
2	安立生坦	安立生坦片	片剂	30049090
3	利奥西呱	利奥西呱片	片剂	30049090
4	马昔腾坦	马昔腾坦片	片剂	30049090

（续表）

序号	活性成分通用名称	药品名称	已获准上市的剂型	税号
5	伊洛前列素	吸入用伊洛前列素溶液	溶液剂	30043900
6	曲前列尼尔	曲前列尼尔注射液	注射剂	30043900
7	吡非尼酮	吡非尼酮胶囊	胶囊剂	30049090
8	尼达尼布	乙磺酸尼达尼布软胶囊	胶囊剂	30049090
9	—	注射用伊米苷酶	注射剂	30049090
10	—	注射用阿糖苷酶α	注射剂	30049090
11	麦格司他	麦格司他胶囊	胶囊剂	30049090
12	—	重组人生长激素注射液	注射剂	30043900
13	沙丙蝶呤	盐酸沙丙蝶呤片	片剂	30049090
14	—	重组人干扰素β1a注射液	注射剂	30021500
15	青霉胺	青霉胺片	片剂	30049090
16	利鲁唑	利鲁唑片	片剂	30049090
17	—	人凝血因子ⅷ	注射剂、冻干粉针剂	30021200
18	—	注射用重组人凝血因子ⅷ	注射剂	30021200
19	—	注射用重组人凝血因子ⅸ	注射剂	30021200
20	—	人凝血酶原复合物	注射剂、冻干粉针剂	30021200
21	—	注射用重组人凝血因子ⅶa	注射剂	30021200

二、罕见病药品原料药

序号	活性成分通用名称	税号
1	波生坦	29359000
2	吡非尼酮	29337900
3	青霉胺	29309090
4	利鲁唑	29342000

（四）无偿援助

财政部　国家税务总局　外经贸部关于外国政府和国际组织无偿援助项目在华采购物资免征增值税问题的通知

2002 年 1 月 11 日　财税〔2002〕2 号

为促进我国接受外国政府和国际组织无偿援助工作的开展,保证援助项目的顺利实施,经国务院批准,自 2001 年 8 月 1 日起,对外国政府和国际组织无偿援助项目在国内采购的货物免征增值税,同时允许销售免税货物的单位,将免税货物的进项税额在其他内销货物的销项税额中抵扣。现将《外国政府和国际组织无偿援助项目在国内采购货物免征增值税的管理办法》印发给你们,请遵照执行。

附件:外国政府和国际组织无偿援助项目在国内采购货物免征增值税的管理办法(试行)

附件

外国政府和国际组织无偿援助项目在国内
采购货物免征增值税的管理办法（试行）

一、为促进我国接受外国政府和国际组织无偿援助工作的开展,做好外国政府和国际组织无偿援助项目在国内采购货物免征增值税的工作,特制定本办法。

二、本办法适用于外国政府和国际组织(具体名单见附件一)对我国提供的无偿援助项目在我国关境内所采购的货物,以及为此提供货物的国内企业(以下简称供货方)。

三、在无偿援助项目确立之后,援助项目所需物资的采购方(以下简称购货方)通过项目单位共同向对外贸易经济合作部和国家税务总局同时提交免税采购申请,内容包括:援助项目名称、援助方、受援单位、购货方与供货方签订的销售合同(复印件)等,并填报《外国政府和国际组织无偿援助项目在华采购货物明细表》(见附件二)。如委托他人采购,需提交委托协议和实际购货方的情况,包括购货方的单位名称、地址、联系人及联系电话等。

供货方在销售合同签订后,将合同(复印件)送交企业所在地税务机关备案。

四、对外贸易经济合作部在接到购货方和项目单位的免税采购申请后,对项目有关内容的真实性、采购货物是否属援助项目所需等内容进行审核。审核无误后,对外贸易经济合作部向国家税务总局出具申请内容无误的证明材料。

五、国家税务总局接到购货方和项目单位的免税采购申请和对外贸易经济合作部出具的证明材料后,通过供货方所在地主管税务部门对免税申请所购货物的有关情况进行核实。如主管税务部门出具的证明材料与对外贸易经济合作部出具的证明材料的相关内容一致,国家税务总局向供货方所在地主管税务机关下发供货方销售有关货物免征增值税的文件,同时抄送财政部、对外贸易经济合作部和购货方。

六、供货方凭购货方出示的免税文件,按照文件的规定,以不含增值税的价格向购货方销售货物。

供货方应向其主管税务机关提出免税申请。供货方所在地主管税务机关凭国家税务总局下发的免税文件为供货方办理免征销项税及进项税额抵扣手续。

七、购货方和项目单位提交免税采购申请和《外国政府和国际组织无偿援助项目在华采购货物明细表》后,其内容不允许随意变更。如确需变更,应按本办法规定程序另行报送审批。

八、免税采购的货物必须用于规定的援助项目,不得销售或用于其他项目,否则视同骗税,依照《中华人民共和国税收征收管理法》第六十六条的有关规定处理。

九、本办法自 2001 年 8 月 1 日起执行。

附件:一、国际组织名单

二、外国政府和国际组织无偿援助项目在华采购货物明细表(略)

附件一

国际组织名单

一、联合国有关组织

1. 联合国开发计划署

(United Nations Development Programme-UNDP)

2. 联合国环境规划署

（United Nations Environment Programme-UNEP）

3. 联合国贸易和发展会议

（United Nations Conference on Trade and Development-UNCTAD）

4. 联合国人口基金

（United Nations Population Fund-UNFPA）

5. 联合国儿童基金会

（United Nations Children）

财政部 国家税务总局关于外国政府和国际组织无偿援助项目在华采购物资免征增值税的补充通知

2005 年 1 月 21 日 财税〔2005〕13 号

各省、自治区、直辖市、计划单列市财政厅（局）、国家税务局，新疆生产建设兵团财务局：

2001 年，财政部、国家税务总局、原外经贸部联合发出了《关于外国政府和国际组织无偿援助项目在华采购物资免征增值税问题的通知》（财税〔2002〕2 号），明确了外国政府和国际组织无偿援助项目在华采购物资免征增值税政策。现就财政部归口管理的世界银行等国际组织和外国政府对华财政合作项下的无偿援助项目在华采购物资的免税申报审批程序，补充规定如下：

一、由财政部归口管理的外国政府和国际组织无偿援助项目在华采购物资免征增值税，按照财税〔2002〕2 号文件所附《外国政府和国际组织无偿援助项目在国内采购货物免征增值税的管理办法（试行）》中的有关规定执行。即，在项目确立之后，由援助项目所需物资的采购方（以下简称购货方）通过项目单位共同向财政部主管部门和国家税务总局同时提交免税采购申请，内容包括：援助项目名称、援助方、受援单位、购货方与供货方签订的销售合同（复印件）等，并填报《外国政府和国际组织无偿援助项目在华采购货物明细表》，供货方在销售合同签订后，将合同（复印件）送交企业所在地税务机关备案。财政部主管部门在接到购货方和项目单位的免税采购申请后，对项目有关内容的真实性、采购货物是否属援助项目所需等内容进行审核；审核无误后，向国家税务总局出具申请内容无误的证明材料。国家税务总局接到购货方和项目单位的免税申请以及财政部主管部门出具的证明材料后，通过供货方所在地主管税务部门对免税申请所购货物的有关情况进行核实，并向国家税务总局出具证明材料，如所在地主管税务部门出具的证明材料与财政部出具的证明材料的相关内容一致，国家税务总局向供货方所在地主管税务机关下发供货方销售有关货物免征增值税的文件，同时抄送财政部主管部门、购货方和项目单位。

二、其他免税事宜均按照财税〔2002〕2 号文件的有关规定执行。

三、增补财税〔2002〕2 号文件的《国际组织名单》

增加：欧洲投资银行（European Investment Bank 简称 EIB）

全球环境基金（Global Environment Facility 简称：GEF）

四、以上规定自文到之日起执行。

此外，财税〔2002〕2 号文件的《国际组织名单》中的个别国际组织的名称英文拼写有误，现更正如下：

1. 国际复兴开发银行（世界银行）的英文拼写为：

International Bank for Reconstruction and Development 简称 IBRD(WorldBank)

2. 国际金融公司的英文拼写为:

International Finance Corporation 简称 IFC

3. 亚洲开发银行的英文拼写为:

Asian Development Bank 简称 ADB

特此通知。

(五) 公安司法建设

财政部　国家税务总局关于公安、司法部门所属
单位征免增值税问题的通知

1994 年 5 月 31 日　财税字〔1994〕029 号

各省、自治区、直辖市财政厅(局)、税务局、各计划单列市、财政局、税务局:

经报国务院批准,现对公安司法部门所属企业和单位生产销售货物征免增值税问题规定如下:

一、公安部所属研究所、公安侦察保卫器材厂研制生产的列明代号的侦察保卫器材产品(每年新增部分报国家税务总局审核批准后下发)凡销售给公安、司法以及国家安全系统使用的,免征增值税;销售给其他单位的,按规定征收增值税。

二、劳动工厂生产的民警服装销售给公安、司法以及国家安全系统使用的,免征增值税;销售给其他单位的,按规定征收增值税。

请遵照执行。

(六) 国防建设

财政部　国家税务总局关于军队、军工系统所属单位
征收流转税、资源税问题的通知

1994 年 4 月 22 日　财税字〔1994〕011 号

各省、自治区、直辖市财政厅(局)、税务局,各计划单列市财政局、税务局:

经国务院批准,现对军队、军工系统所属单位生产、销售、供应的货物以及一般工业企业生产销售的军品征、免增值税、消费税、营业税、资源税有关问题通知如下:

一、增值税

(一)军队系统(包括人民武装警察部队)。

1. 军队系统的下列企事业单位,可以按本规定享受税收优惠照顾:

(1)军需工厂(指纳入总后勤部统一管理,由总后勤部授予代号经国家税务总局审查核实的企业化工厂);

（2）军马场；

（3）军办农场（林厂、茶厂）；

（4）军办厂矿；

（5）军队院校、医院、科研文化单位、物资供销、仓库、修理等事业单位。

2. 军队系统各单位生产、销售、供应的应税货物应当按规定征收增值税。但为部队生产的武器及其零配件、弹药、军训器材、部队装备（指人被装、军械装备、马装具，下同），免征增值税。军需工厂、物资供销单位生产、销售、调拨给公安系统和国家安全系统的民警服装，免征增值税；对外销售的，按规定征收增值税。供军内使用的应与对外销售的分开核算，否则，按对外销售征税。

3. 军需工厂之间为生产军品而互相协作的产品免征增值税。

4. 军队系统各单位从事加工、修理修配武器及其零配件、弹药、军训器材、部队装备的业务收入，免征增值税。

（二）军工系统（指电子工业部、中国核工业总管公司、中国航天工业总公司、中国航空工业总公司、中国兵器工业总公司、中国船舶工业总公司）。

1. 军工系统所属军事工厂（包括科研单位）生产销售的应税货物应当按规定征收增值税。但对列入军工主管部门军品生产计划并按照军品作价原则销售给军队、人民武装警察部队和军事工厂的军品，免征增值税。

2. 军事工厂生产销售给公安系统、司法系统和国家安全系统的武器装备免征增值税。

3. 军事工厂之间为了生产军品而相互提供货物以及为了制造军品相互提供的专用非标准设备、工具、模具、量具等免征增值税；对军工系统以外销售的，按规定征收增值税。

（三）除军工、军队系统企业以外的一般工业企业生产的军品，只对枪、炮、雷、弹、军用舰艇、飞机、坦克、雷达、电台、舰艇用柴油机、各种炮用瞄准具和瞄准镜，一律在总装企业就总装成品免征增值税。

（四）军队、军工系统各单位经总后勤部和国防科工委批准进口的专用设备、仪器仪表及其零配件，免征进口环节增值税，军队军工系统各单位进口其他货物，应按规定征收进口环节增值税。

军队、军工系统各单位将进口的免税货物转售给军队、军工系统以外的，应按规定征收增值税。

（五）军品以及军队系统各单位出口军需工厂生产或军需部门调拨的货物，在生产环节免征增值税，出口不再退税。

注释：根据《财政部 国家税务总局关于出口货物劳务增值税和消费税政策的通知》（2012 年 5 月 25 日，财税〔2012〕39 号）第十一条及附件 10，本文第一条第（五）项自 2012 年 7 月 1 日起废止。

二、关于消费税

（一）军队、军工系统所属企业生产、委托加工和进口消费税应税产品，无论供军队内部使用还是对外销售，都应按规定征收消费税。

（二）军品以及军队系统所属企业出口军需工厂生产的应税产品在生产环节免征消费税，出口不再退税。

三、营业税

（一）军队系统各单位（不包括军办企业）附设的服务性单位，为军队内部服务所取得的收入，免征营业税；对外经营取得的收入，应按规定征收营业税。

（二）单位和个人承包国防工程和承包军队系统的建筑安装工程取得的收入，免征营业税。

四、资源税

军队、军工系统所属企业开采或者生产资源税应税产品，无论是供军队内部使用还是对外销售，都要按规定征收资源税。

 国家税务总局关于军队物资供应机构征收增值税有关问题的通知

1994 年 5 月 7 日　国税发〔1994〕121 号

各省、自治区、直辖市税务局，各计划单列市税务局：

根据财税字〔1994〕011 号《关于军队、军工系统所属单位征收流转税、资源税问题的规定》，军队物资部门也要按税法规定纳税。为了使军队物资部门正确地履行纳税义务，现就有关问题通知如下：

一、军队物资供应机构（是指在银行开设账户，单独办理结算业务的各级物资主管部门、物资供应站、物资仓库、军需材料供应站、军需材料仓库，下同）可以持单位名称、业务范围、银行账盒账号等有关证明材料到主管税务机关直接办理税务登记和增值税一般纳税人认定手续，领购、使用增值税专用发票和普通发票，并按规定缴纳增值税。

二、军队物资供应机构在军队系统（包括军队各级机关、部队、院校、医院、科研文化单位、干休所、仓库、供应站、企业化工厂、军办厂矿、农场、马场招待所等各类单位）内部调拨供应物资，原则上使用军队的物资调拨计价单，军队内部调拨供应物资免征增值税。其中调拨供应给军队企业化工厂、军办厂矿等单位的生产用物资，购货方要求开具增值税专用发票，可予开具增值税专用发票，但开具增值税专用发票的销售收入均应按规定缴纳增值税。

三、军队物资供应机构应根据要求对一九九三年十二月三十一日库存物资进行全面清理核实，作为一九九四年期初库存，于一九九四年六月一日前报主管税务部门备案。

四、有关新旧税制的衔接问题，按我局下发的有关规定办理。

五、一九九四年一月一日以后至军队物资供应机构办理一般纳税人认定前、购进货物所取得的普通进货发票，一律不再计算抵扣税款，但可向供货企业调换增值税专用发票，并可按增值税专用发票上注明的税款扣税。

六、办理一般纳税人认定的军队物资供应机构，必须对征、免税业务分别进行核算，否则按规定征税。

 国家税务总局关于军队物资供应机构征收增值税有关问题的补充通知

1994 年 5 月 25 日　国税发〔1994〕129 号

各省、自治区、直辖市税务局，各计划单列市税务局：

根据财税字〔1994〕011 号文件的规定，五月七日，我局以国税发〔1994〕121 号发出了《关于军队物资供应机构征收增值税有关问题的通知》，对军队物资供应机构征免增值税问题作出了具体规定。但由于文件下发时间推迟，原规定军队物资供应机构在九四年六月一日前将期初库存物资核实报主管税务部门备案，有关部门反映来不及办理。为了让军队物资供应机构有足够的时间进行期初存货的清理核实工作,现将报主管税务机关的时间由六月一日前改为七月一日前。

特此通知,请遵照执行。

财政部 国家税务总局关于军队系统所属
企业征收增值税问题的通知

1997 年 11 月 26 日 财税字〔1997〕135 号

各省、自治区、直辖市和计划单列市财政厅(局)、国家税务局:

根据国阅〔1994〕42 号纪要确定的对军品和军队企业继续给予减免流转税照顾的原则精神,现对军队系统所属企业征免增值税问题通知如下:

军队系统所属企业生产并按军品作价原则作价在军队系统内部调拨或销售的钢材、木材、水泥、煤炭、营具、药品、锅炉、缝纫机机械免征增值税。对外销售的一律照章征收增值税。

财政部 国家税务总局关于兰州真空设备有限责任
公司军工产品免征增值税问题的批复

2002 年 7 月 31 日 财税〔2002〕113 号

甘肃省财政厅、国家税务局:

甘肃省财政厅报来的《关于兰州真空设备有限责任公司生产 DYW-20Z 液氧罐免征增值税的请示》(甘财税〔2001〕34 号)收悉,经研究,现批复如下:

为了支持国防工业的发展,对兰州真空设备有限责任公司生产销售的 DYW-20Z 液氧罐,凡获得国防科学技术工业委员会军品生产合同签证的,可按照《关于军队、军工系统所属单位征收流转税、资源税问题的通知》〔(94)财税字第 011 号〕的有关规定免征增值税。此前已征收的增值税税款做退库处理。原《财政部 国家税务总局关于地方企业生产军工产品免征增值税问题的批复》(财税〔2002〕90 号)中规定的地方企业生产军工配套产品已征税款的处理可比照本批复的原则办理。

国家税务总局关于军队保障性企业移交后有关增值税问题的通知

2003 年 8 月 27 日 国税发〔2003〕104 号

各省、自治区、直辖市和计划单列市国家税务局:

根据《中共中央办公厅 国务院办公厅 中央军委办公厅关于印发〈军队保障性企业交接工作的实施意见〉的通知》(中办发〔2000〕27 号)的有关规定,现对军队保障性企业移交后有关增值税问题通知如下:

一、军队保障性企业移交后,已脱离军队系统,不属于军队企业范围,为保证这部分企业平稳过渡,对移交后继续承担军品生产、维修、供应任务的企业,其生产的货物及销售对象凡符合财政部、国家税务总局《关于军队、军工系统所属单位征收流转税、资源税问题的通知》(财税字〔1994〕011 号)和《关于军队系统所属企业征收增值税问题的通知》(财税字〔1997

135)规定的,可按照现行对军品免征增值税的相关规定继续免征增值税。

二、保障性企业移交后为生产军品而相互协作的产品,继续免征增值税。

三、移交的物资供应机构直接向军队调拨供应的物资免征增值税,向其他移交企业调拨的物资按规定征收增值税。

财政部 国家税务总局关于军工企业股份制改造有关增值税政策问题的通知

2008 年 1 月 21 日 财税〔2007〕172 号

各省、自治区、直辖市、计划单列市财政厅(局)、国家税务局,新疆生产建设兵团财务局:

为了落实国家深化国防科技工业投资体制改革的要求,保证军品免征增值税政策顺利执行,保持税负公平,现将有关军工企业股份制改造相关军品增值税政策通知如下:

对于原享受军品免征增值税政策的军工集团全资所属企业,按照《国防科工委关于印发〈军工企业股份制改造实施暂行办法〉的通知》(科工改〔2007〕366 号)的有关规定,改制为国有独资(或国有全资)、国有绝对控股、国有相对控股的有限责任公司或股份有限公司,所生产销售的军品可按照《财政部 国家税务总局关于军队、军工系统所属单位征收流转税、资源税问题的通知》(财税字〔1994〕11 号)的规定,继续免征增值税。

本通知自 2008 年 1 月 1 日起执行。各地在执行中发现问题,应及时上报财政部、国家税务总局。

请遵照执行。

(七) 支持黄金生产经营

财政部 国家税务总局关于黄金税收政策问题的通知

2002 年 9 月 12 日 财税〔2002〕142 号

各省、自治区、直辖市、计划单列市财政厅(局)、国家税务局、地方税务局,新疆生产建设兵团财务局:

为了贯彻国务院关于黄金体制改革决定的要求,规范黄金交易,加强黄金交易的税收管理,现将黄金交易的有关税收政策明确如下:

一、黄金生产和经营单位销售黄金(不包括以下品种:成色为 AU9999、AU9995、AU999、AU995;规格为 50 克、100 克、1 公斤、3 公斤、12.5 公斤的黄金,以下简称标准黄金)和黄金矿砂(含伴生金),免征增值税;进口黄金(含标准黄金)和黄金矿砂免征进口环节增值税。

注释:根据《国家税务总局关于纳税人销售伴生金有关增值税问题的公告》(2011 年 1 月 24 日,国家税务总局公告 2011 年第 8 号)规定,本文"第一条所称伴生金,是指黄金矿砂以外的其他矿产品、冶炼中间产品和其他可以提炼黄金的原料中所伴生的黄金。"

二、黄金交易所会员单位通过黄金交易所销售标准黄金(持有黄金交易所开具的《黄金交易结算凭证》),未发生实物交割的,免征增值税;发生实物交割的,由税务机关按照实际成交价格代开增值税专用发票,并实行增值税即征即退的政策,同时免征城市维护建设税、教育费附加。增值税专用发票中的单价、金额和税额的计算公式分别为:

$$单价 = 实际成交单价 \div (1 + 增值税税率)$$

$$金额 = 数量 \times 单价$$

$$税额 = 金额 \times 税率$$

实际成交单价是指不含黄金交易所收取的手续费的单位价格。

纳税人不通过黄金交易所销售的标准黄金不享受增值税即征即退和免征城市维护建设税、教育费附加政策。

三、黄金出口不退税;<u>出口黄金饰品</u>,对黄金原料部分不予退税,只对加工增值部分退税。

注释:根据《国家税务总局关于出口含金成分产品有关税收政策的通知》(2005年7月29日,国税发〔2005〕125号)规定,本文第三条有关黄金首饰退税规定,从2005年5月1日起废止。

四、对黄金交易所收取的手续费等收入照章征收营业税。

五、黄金交易所黄金交易的增值税征收管理办法及增值税专用发票管理办法由国家税务总局另行制定。

财政部　国家税务总局关于铂金及其制品税收政策的通知

2003年4月28日　财税〔2003〕86号

各省、自治区、直辖市、计划单列市财政厅(局)、国家税务局、地方税务局,新疆生产建设兵团财务局:

为规范铂金交易,加强铂金交易的税收管理,经国务院批准,现将铂金及铂金制品的税收政策明确如下:

一、对进口铂金免征进口环节增值税。

二、对中博世金科贸有限责任公司通过上海黄金交易所销售的进口铂金,以上海黄金交易所开具的《上海黄金交易所发票》(结算联)为依据,实行增值税即征即退政策。采取按照进口铂金价格计算退税的办法,具体如下:

即征即退的税额计算公式:

进口铂金平均单价 = Σ{〔(当月进口铂金报关单价 × 当月进口铂金数量) + 上月末库存进口铂金总价值〕÷ (当月进口铂金数量 + 上月末库存进口铂金数量)}

金额 = 销售数量 × 进口铂金平均单价 ÷ (1 + 17%)

即征即退的税额 = 金额 × 17%

中博世金科贸有限责任公司进口的铂金没有通过上海黄金交易所销售的,不得享受增值税即征即退政策。

三、中博世金科贸有限责任公司通过上海黄金交易所销售的进口铂金,由上海黄金交易所主管税务机关按照实际成交价格代开增值税专用发票。增值税专用发票中的单价、金额和税额的计算公式为:

$$单价 = 实际成交单价 \div (1+17\%)$$
$$金额 = 成交数量 \times 单价$$
$$税额 = 金额 \times 17\%$$

实际成交单价是指不含黄金交易所收取的手续费的单位价格。

四、国内铂金生产企业自产自销的铂金也实行增值税即征即退政策。

五、对铂金制品加工企业和流通企业销售的铂金及其制品仍按现行规定征收增值税。

六、铂金出口不退税；出口铂金制品，对铂金原料部分的进项增值税不实行出口退税，只对铂金制品加工环节的加工费按规定退税率退税。

注释：根据《财政部　国家税务总局关于出口货物劳务增值税和消费税政策的通知》(2012 年 5 月 25 日,财税〔2012〕39 号)第十一条及附件 10,本文第六条自 2012 年 7 月 1 日起废止。

七、铂金首饰消费税的征收环节由现行在生产环节和进口环节征收改为在零售环节征收,消费税税率调整为 5%。具体征收管理比照财政部、国家税务总局《关于调整金银首饰消费税纳税环节有关问题的通知》〔(94)财税字第 95 号〕和国家税务总局关于印发《金银首饰消费税征收管理办法的通知》规定执行。

八、对黄金交易所收取的手续费等收入照章征收营业税。

九、黄金交易所铂金交易的增值税征收管理及增值税专用发票管理由国家税务总局另行制定。

十、本通知自 2003 年 5 月 1 日起执行。

 国家税务总局关于纳税人销售伴生金有关增值税问题的公告

2011 年 2 月 24 日　国家税务总局公告 2011 年第 8 号

现将纳税人销售伴生金有关增值税问题公告如下：

《财政部　国家税务总局关于黄金税收政策问题的通知》(财税〔2002〕142 号)第一条所称伴生金,是指黄金矿砂以外的其他矿产品、冶炼中间产品和其他可以提炼黄金的原料中所伴生的黄金。

纳税人销售含有伴生金的货物并申请伴生金免征增值税的,应当出具伴生金含量的有效证明,分别核算伴生金和其他成分的销售额。

本公告自 2011 年 2 月 1 日起执行。此前执行与本公告不一致的,按照本公告的规定调整。

特此公告。

（八）鼓励科技研发

 财政部　国家税务总局关于停止集成电路增值税退税政策的通知

2004 年 10 月 25 日　财税〔2004〕174 号

各省、自治区、直辖市、计划单列市财政厅(局)、国家税务局,新疆生产建设兵团财务局：

《财政部　国家税务总局关于进一步鼓励软件产业和集成电路产业发展税收政策的通知》

（财税〔2002〕70号）第一条有关增值税退税政策，自2005年4月1日起停止执行。

2005年3月31日以前，财税〔2002〕70号文的第一条有关增值税退税政策仅适用于在2004年7月14日前已认定的集成电路企业和2004年7月14日前已认定的集成电路产品（含单晶硅片）。

请遵照执行。

财政部 国家税务总局关于退还集成电路企业采购设备增值税期末留抵税额的通知

2011年11月14日 财税〔2011〕107号

北京、天津、内蒙古、大连、上海、江苏、安徽、厦门、湖北、深圳、重庆、广东省（自治区、直辖市、计划单列市）财政厅（局）、国家税务局，财政部驻北京、天津、内蒙古、大连、上海、江苏、安徽、厦门、湖北、深圳、重庆、广东省（自治区、直辖市、计划单列市）财政监察专员办事处：

为落实《国务院关于印发进一步鼓励软件产业和集成电路产业发展若干政策的通知》（国发〔2011〕4号）有关要求，解决集成电路重大项目企业采购设备引起的增值税进项税额占用资金问题，决定对其因购进设备形成的增值税期末留抵税额予以退还。现将有关事项通知如下：

一、对国家批准的集成电路重大项目企业（具体名单见附件）因购进设备形成的增值税期末留抵税额（以下称购进设备留抵税额）准予退还。购进的设备应属于《中华人民共和国增值税暂行条例实施细则》第二十一条第二款规定的固定资产范围。

二、准予退还的购进设备留抵税额的计算。

企业当期购进设备进项税额大于当期增值税纳税申报表"期末留抵税额"的，当期准予退还的购进设备留抵税额为期末留抵税额；企业当期购进设备进项税额小于当期增值税纳税申报表"期末留抵税额"的，当期准于退还的购进设备留抵税额为当期购进设备进项税额。

当期购进设备进项税额，是指企业取得的按照现行规定允许在当期抵扣的增值税专用发票或海关进口增值税专用缴款书（限于2009年1月1日及以后开具的）上注明的增值税额。

三、退还购进设备留抵税额的申请和审批。

（一）企业应于每月申报期结束后10个工作日内向主管税务机关申请退还购进设备留抵税额。

主管税务机关接到企业申请后，应审核企业提供的增值税专用发票或海关进口增值税专用缴款书是否符合现行政策规定，其注明的设备名称与企业实际购进的设备是否一致，申请退还的购进设备留抵税额是否正确。审核无误后，由县（区、市）级主管税务机关审批。

（二）企业收到退税款项的当月，应将退税额从增值税进项税额中转出。未转出的，按照《中华人民共和国税收征收管理法》有关规定承担相应法律责任。

（三）企业首次申请退还购进设备留抵税额时，可将2009年以来形成的购进设备留抵税额，按照上述规定一次性申请退还。

四、退还的购进设备留抵税额由中央和地方按照现行增值税分享比例共同负担。

五、本通知自2011年11月1日起执行。

附件：国家批准的集成电路重大项目企业名单

附件

国家批准的集成电路重大项目企业名单

序号	项目企业	所在省市和区县
1	中芯国际集成电路制造(北京)有限公司	北京亦庄经济技术开发区
2	北京京东方显示技术有限公司	北京市经济技术开发区
3	中芯国际集成电路制造(天津)有限公司	天津西青经济开发区
4	飞思卡尔半导体(中国)有限公司	天津经济技术开发区
5	鄂尔多斯市源盛光电有限责任公司	内蒙古自治区鄂尔多斯市东胜区
6	英特尔半导体(大连)有限公司	大连经济技术开发区
7	上海华虹 NEC 电子有限公司	上海市浦东新区
8	上海华力微电子有限公司	上海市浦东新区
9	上海集成电路研发中心有限公司	上海市浦东新区
10	上海先进半导体制造股份有限公司	上海市徐汇区
11	台积电(中国)有限公司	上海市松江区
12	中芯国际集成电路制造(上海)有限公司	上海市浦东新区
13	上海宏力半导体制造有限公司	上海市浦东新区
14	日月光集成电路制造(中国)有限公司	上海市浦东新区
15	南京中电熊猫液晶显示科技有限公司	江苏省南京市栖霞区
16	和舰科技(苏州)有限公司	江苏省苏州工业园
17	无锡华润上华科技有限公司	江苏省无锡国家高新技术产业开发区
18	海力士半导体(中国)有限公司	江苏省无锡市出口加工区
19	友达光电(昆山)有限公司	江苏省昆山经济技术开发区
20	苏州三星电子液晶显示科技有限公司	江苏省苏州工业园区
21	智瑞达科技(苏州)有限公司	江苏省苏州工业园区
22	苏州日月新半导体有限公司	江苏省苏州工业园区
23	合肥鑫晟光电科技有限公司	安徽省合肥市新站综合开发试验区
24	合肥京东方光电科技有限公司	安徽省合肥市新站综合开发试验区
25	厦门天马微电子有限公司	厦门火炬高新区
26	武汉新芯集成电路制造有限公司	湖北省武汉市武汉东湖新技术开发区
27	乐金显示(中国)有限公司	广东省广州高新技术产业开发区
28	深圳市华星光电技术有限公司	深圳市光明新区
29	渝德科技(重庆)有限公司	重庆市沙坪坝区

财政部　商务部　国家税务总局关于继续执行研发机构采购设备增值税政策的通知

2016 年 11 月 16 日　财税〔2016〕121 号

各省、自治区、直辖市、计划单列市财政厅(局)、商务主管部门、国家税务局,新疆生产建设兵团财务局:

为了鼓励科学研究和技术开发,促进科技进步,经国务院批准,继续对内资研发机构和外资研发中心采购国产设备全额退还增值税。现将有关事项明确如下:

一、适用采购国产设备全额退还增值税政策的内资研发机构和外资研发中心包括：

（一）科技部会同财政部、海关总署和国家税务总局核定的科技体制改革过程中转制为企业和进入企业的主要从事科学研究和技术开发工作的机构；

（二）国家发展改革委会同财政部、海关总署和国家税务总局核定的国家工程研究中心；

（三）国家发展改革委会同财政部、海关总署、国家税务总局和科技部核定的企业技术中心；

（四）科技部会同财政部、海关总署和国家税务总局核定的国家重点实验室和国家工程技术研究中心；

（五）国务院部委、直属机构和省、自治区、直辖市、计划单列市所属专门从事科学研究工作的各类科研院所；

（六）国家承认学历的实施专科及以上高等学历教育的高等学校；

（七）符合本通知第二条规定的外资研发中心；

（八）财政部会同国务院有关部门核定的其他科学研究机构、技术开发机构和学校。

二、外资研发中心，根据其设立时间，应分别满足下列条件：

（一）2009 年 9 月 30 日及其之前设立的外资研发中心，应同时满足下列条件：

1. 研发费用标准：(1)对外资研发中心，作为独立法人的，其投资总额不低于 500 万美元；作为公司内设部门或分公司的非独立法人的，其研发总投入不低于 500 万美元；(2)企业研发经费年支出额不低于 1 000 万元。

2. 专职研究与试验发展人员不低于 90 人。

3. 设立以来累计购置的设备原值不低于 1 000 万元。

（二）2009 年 10 月 1 日及其之后设立的外资研发中心，应同时满足下列条件：

1. 研发费用标准：作为独立法人的，其投资总额不低于 800 万美元；作为公司内设部门或分公司的非独立法人的，其研发总投入不低于 800 万美元。

2. 专职研究与试验发展人员不低于 150 人。

3. 设立以来累计购置的设备原值不低于 2 000 万元。

外资研发中心须经商务主管部门会同有关部门按照上述条件进行资格审核认定。具体审核认定办法见附件 1。在 2015 年 12 月 31 日（含）以前，已取得退税资格未满 2 年暂不需要进行资格复审的、按规定已复审合格的外资研发中心，在 2015 年 12 月 31 日享受退税未满 2 年的，可继续享受至 2 年期满。

经认定的外资研发中心，因自身条件变化不再符合退税资格的认定条件或发生涉税违法行为的，不得享受退税政策。

三、具体退税管理办法由国家税务总局会同财政部另行制定。

四、本通知的有关定义。

（一）本通知所述"投资总额"，是指外商投资企业批准证书或设立、变更备案回执所载明的金额。

（二）本通知所述"研发总投入"，是指外商投资企业专门为设立和建设本研发中心而投入的资产，包括即将投入并签订购置合同的资产（应提交已采购资产清单和即将采购资产的合同清单）。

（三）本通知所述"研发经费年支出额"，是指近两个会计年度研发经费年均支出额；不足两个完整会计年度的，可按外资研发中心设立以来任意连续 12 个月的实际研发经费支出额计算;现金与实物资产投入应不低于60%。

（四）本通知所述"专职研究与试验发展人员"，是指企业科技活动人员中专职从事基础研究、应用研究和试验发展三类项目活动的人员，包括直接参加上述三类项目活动的人员以及相关专职科技管理人员和为项目提供资料文献、材料供应、设备的直接服务人员，上述人员须与外资研发中心或其所在外商投资企业签订1年以上劳动合同，以外资研发中心提交申请的前一日人数为准。

（五）本通知所述"设备"，是指为科学研究、教学和科技开发提供必要条件的实验设备、装置和器械。在计算累计购置的设备原值时，应将进口设备和采购国产设备的原值一并计入，包括已签订购置合同并于当年内交货的设备（应提交购置合同清单及交货期限），上述设备应属于本通知《科技开发、科学研究和教学设备清单》所列设备（见附件2）。对执行中国产设备范围存在异议的，由主管税务机关逐级上报国家税务总局商财政部核定。

五、本通知规定的税收政策执行期限为2016年1月1日至2018年12月31日，具体从内资研发机构和外资研发中心取得退税资格的次月1日起执行。《财政部 商务部 海关总署 国家税务总局关于继续执行研发机构采购设备税收政策的通知》（财税〔2011〕88号）同时废止。

附件:1. 外资研发中心采购国产设备退税资格审核认定办法

2. 科技开发、科学研究和教学设备清单

附件1

外资研发中心采购国产设备退税资格审核认定办法

为落实好外资研发中心（包括独立法人和非独立法人研发中心，以下简称研发中心）采购国产设备相关税收政策，特制定以下资格审核认定办法:

一、资格条件的审核

（一）各省、自治区、直辖市、计划单列市及新疆生产建设兵团商务主管部门会同同级财政、国税部门（以下简称审核部门），根据本地情况，制定审核流程和具体办法。研发中心应按本通知有关要求向其所在地商务主管部门提交申请材料。

（二）商务主管部门牵头召开审核部门联席会议，对研发中心上报的申请材料进行审核，按照本通知正文第二条所列条件和本审核认定办法要求，确定符合退税资格条件的研发中心名单。

（三）经审核，对符合退税资格条件的研发中心，由审核部门以公告形式联合发布，并将名单抄送商务部（外资司）、财政部（税政司）、国家税务总局（货物和劳务税司）备案。对不符合有关规定的，由商务主管部门根据联席会议的决定出具书面审核意见，并说明理由。上述公告或审核意见应在审核部门受理申请之日起45个工作日之内作出。

（四）审核部门每两年对已获得退税资格的研发中心进行资格复审。对于不再符合条件的研发中心取消其享受退税优惠政策的资格。

二、需报送的材料

研发中心申请采购国产设备退税资格，应提交以下材料:

（一）研发中心采购国产设备退税资格申请书和审核表;

（二）研发中心为独立法人的，应提交外商投资企业批准证书或设立、变更备案回执及营业执照复印件;研发中心为非独立法人的，应提交其所在外商投资企业的外商投资企业批准证书或设立、变更备案回执及营业执照复印件;

（三）验资报告及上一年度审计报告复印件；

（四）研发费用支出明细、设备购置支出明细和清单以及通知规定应提交的材料；

（五）专职研究与试验发展人员名册（包括姓名、工作岗位、劳动合同期限、联系方式）。

（六）审核部门要求提交的其他材料。

三、相关工作的管理

（一）在公告发布后，列入公告名单的研发中心，可按有关规定直接向其所在地国税部门申请办理采购国产设备退税手续。

（二）审核部门在共同审核认定研发中心资格的过程中，可到研发中心查阅有关资料，了解情况，核实其报送的申请材料的真实性。同时应注意加强对研发中心的政策指导和服务，提高工作效率。

（三）省级商务主管部门应将《外资研发中心采购设备免、退税资格审核表》有关信息及时录入外商投资综合管理信息系统研发中心选项。

附：外资研发中心采购设备免、退税资格审核表

附

外资研发中心采购设备免、退税资格审核表

编码：＿＿＿＿＿＿＿＿＿

研发中心名称				
设立批准/备案机关				
组织机构代码/统一社会信用代码		研发中心设立日期		年 月 日
研发中心性质	□独立法人　□分公司　□内设部门			
联系人		电话	传真	
经营范围				
研发领域（可多选）	□电子　□生物医药　□新能源　□新材料　□环保　□汽车　□化工　□农业 □软件开发　□专用设备　□轻工　□其他			
投资总额/研发总投入（万美元）		专职研究与试验发展人员人数		
研发经费年支出额（万元）		已缴税金（元）		
累计采购设备原值（万元）	进口设备			
	采购国产设备			
	总计			
以下由审核部门填写				
审核意见			□通过 □未通过	

各部门签字（盖章）	商务	财政	海关	税务
	年 月 日	年 月 日	年 月 日	年 月 日
公告日期	年 月 日			

注：1. 外资研发中心为分公司或内设机构的，企业名称和组织机构代码/统一社会信用代码均填写其所在外商投资企业。

2. 币种以表内标注为准，金额根据当年人民币汇率平均价计算。

3. 已缴税金为自2016年1月1日起，外资研发中心采购符合条件的设备所缴纳的增值税。

附件 2

科技开发、科学研究和教学设备清单

科技开发、科学研究和教学设备,是指符合《中华人民共和国增值税暂行条例实施细则》(财政部 国家税务总局令第 50 号)第二十一条"固定资产"的相关规定,为科学研究、教学和科技开发提供必要条件的实验设备、装置和器械(不包括中试设备)。具体包括以下四类:

一、实验环境方面。

(一)教学实验仪器及装置;

(二)教学示教、演示仪器及装置;

(三)超净设备(如换气、灭菌、纯水、净化设备等);

(四)特殊实验环境设备(如超低温、超高温、高压、低压、强腐蚀设备等);

(五)特殊电源、光源设备;

(六)清洗循环设备;

(七)恒温设备(如水浴、恒温箱、灭菌仪等);

(八)小型粉碎、研磨制备设备。

二、样品制备设备和装置。

(一)特种泵类(如分子泵、离子泵、真空泵、蠕动泵、蜗轮泵、干泵等);

(二)培养设备(如培养箱、发酵罐等);

(三)微量取样设备(如取样器、精密天平等);

(四)分离、纯化、浓缩设备(如离心机、层析、色谱、萃取、结晶设备、旋转蒸发器等);

(五)气体、液体、固体混合设备(如漩涡混合器等);

(六)制气设备、气体压缩设备;

(七)专用制样设备(如切片机、压片机、镀膜机、减薄仪、抛光机等),实验用注射、挤出、造粒、膜压设备;实验室样品前处理设备。

三、实验室专用设备。

(一)特殊照相和摄影设备(如水下、高空、高温、低温等);

(二)科研飞机、船舶用关键设备;

(三)特种数据记录设备(如大幅面扫描仪、大幅面绘图仪、磁带机、光盘机等);

(四)材料科学专用设备(如干胶仪、特种坩埚、陶瓷、图形转换设备、制版用干板、特种等离子体源、离子源、外延炉、扩散炉、溅射仪、离子刻蚀机、材料实验机等),可靠性试验设备,微电子加工设备,通信模拟仿真设备,通信环境试验设备;

(五)小型熔炼设备(如真空、粉末、电渣等),特殊焊接设备;

(六)小型染整、纺丝试验专用设备;

(七)电生理设备。

四、计算机工作站,中型、大型计算机。

国家税务总局关于发布《研发机构采购国产设备增值税退税管理办法》的公告

2017 年 3 月 14 日   国家税务总局公告 2017 年第 5 号

根据《财政部 商务部 国家税务总局关于继续执行研发机构采购设备增值税政策的通知》(财税〔2016〕121 号)规定,经商财政部,国家税务总局制定了《研发机构采购国产设备增值税退税管理办法》,现予以发布,自 2016 年 1 月 1 日至 2018 年 12 月 31 日施行。《国家税务总局关于印发〈研发机构采购国产设备退税管理办法〉的公告》(国家税务总局公告 2011 年第 73 号)到期停止执行。

特此公告。

附件:1. 出口退(免)税备案表;

     2. 购进自用货物退税申报表(略)。

研发机构采购国产设备增值税退税管理办法

注释:根据《国家税务总局关于修改部分税收规范性文件的公告》(2018 年 6 月 15 日,国家税务总局公告 2018 年第 31 号)规定,自 2018 年 6 月 15 日起,本文中"主管国税机关"和"国家税务局"的内容分别修改为"主管税务机关"和"税务局"。

第一条 为规范研发机构采购国产设备退税管理,根据《财政部 商务部 国家税务总局关于继续执行研发机构采购设备增值税政策的通知》(财税〔2016〕121 号)规定,制定本办法。

第二条 适用退税政策的研发机构(包括内资研发机构和外资研发中心,以下简称"研发机构")采购的国产设备,按本办法实行全额退还增值税。

第三条 本办法第二条所称研发机构、采购的国产设备的范围,按财税〔2016〕121 号文件规定执行。

第四条 主管研发机构退税的国家税务局(以下简称"主管国税机关")负责办理研发机构采购国产设备退税的备案、审核、核准及后续管理工作。

第五条 研发机构享受采购国产设备退税政策,应于首次申报退税时,持以下资料向主管国税机关办理采购国产设备的退税备案手续:

(一)符合财税〔2016〕121 号文件第一条、第二条规定的研发机构的证明资料;

(二)内容填写真实、完整的《出口退(免)税备案表》(附件 1),其中"退税开户银行账号"须从税务登记的银行账号中选择一个填报;

(三)主管国税机关要求提供的其他资料。

本办法下发前已办理采购国产设备退税备案的,无需再办理采购国产设备的退税备案。

第六条 研发机构采购国产设备退税备案资料齐全,《出口退(免)税备案表》填写内容符合要求,签字、印章完整的,主管国税机关应当予以备案;备案资料或填写内容不符合上述要求的,主管国税机关应一次性告知研发机构,待其补正后再予备案。

第七条 已备案研发机构的《出口退(免)税备案表》中的内容发生变更的,须自变更之日起 30 日内,持相关证件、资料向主管国税机关办理变更内容的备案。

第八条　研发机构发生解散、破产、撤销以及其他依法应终止采购国产设备退税事项的，应持相关证件、资料向其主管国税机关办理撤回采购国产设备退税备案。主管国税机关应按规定为该研发机构结清退税款后，再予办理撤回采购国产设备退税备案。

外资研发中心在其退税资格复审前，因自身条件发生变化不再符合财税〔2016〕121号文件第二条规定条件的，自条件变化之日起，停止享受采购国产设备退税政策。上述外资研发中心应自条件变化之日起30日内办理撤回退税备案。未按时办理撤回退税备案并继续享受采购国产设备退税政策的，按本办法第十七条规定执行。

研发机构办理注销税务登记的，应先向主管国税机关办理撤回退税备案。

第九条　研发机构采购国产设备退税的申报期限，为采购国产设备之日（以发票开具日期为准）次月1日起至次年4月30日前的各增值税纳税申报期。逾期申报的，主管国税机关不再受理研发机构采购国产设备退税申报。

2016年研发机构采购国产设备退税申报期限延长至2017年6月30日前的增值税纳税申报期。

第十条　已备案的研发机构应在退税申报期内，凭下列资料向主管国税机关办理采购国产设备退税：

（一）《购进自用货物退税申报表》（附件2）；

（二）采购国产设备合同；

（三）增值税专用发票，或者开具时间为2016年1月1日至本办法发布之日前的增值税普通发票；

（四）主管国税机关要求提供的其他资料。

上述增值税专用发票，为认证通过或通过增值税发票选择确认平台选择确认的增值税专用发票。

第十一条　研发机构发生的真实采购国产设备业务，因《国家税务总局关于〈出口货物劳务增值税和消费税管理办法〉有关问题的公告》（国家税务总局公告2013年第12号）第二条第（十八）项规定的有关情形，无法在规定的退税申报期限内收齐单证的，可在退税申报期限截止之日前，向主管国税机关提出延期申请，并提供相关证明材料。经主管国税机关核准后，可延期申报。

第十二条　属于增值税一般纳税人的研发机构申报的采购国产设备退税，主管国税机关经审核符合规定的，应受理申报并审核办理退税手续。

研发机构申报的采购国产设备退税，属于下列情形之一的，主管国税机关应发函调查，在确认增值税发票真实、发票所列设备已按规定申报纳税后，方可办理退税：

（一）审核中发现疑点，经核实后仍不能排除的；

（二）一般纳税人申报退税时使用增值税普通发票的；

（三）非增值税一般纳税人申报退税的。

第十三条　研发机构采购国产设备的应退税额，为增值税发票（包括增值税专用发票、增值税普通发票，下同）上注明的税额。

第十四条　研发机构采购国产设备取得的增值税专用发票，已申报进项税额抵扣的，不得申报退税；已申报退税的，不得申报进项税额抵扣。

第十五条　主管国税机关应建立研发机构采购国产设备退税情况台账，记录国产设备的型号、发票开具时间、价格、已退税额等情况。

第十六条　研发机构已退税的国产设备,自增值税发票开具之日起 3 年内,设备所有权转移或移作他用的,研发机构须按照下列计算公式,向主管国税机关补缴已退税款。

应补税款 ＝ 增值税发票上注明的金额 ×(设备折余价值 ÷ 设备原值)× 增值税适用税率

设备折余价值 ＝ 设备原值 － 累计已提折旧

设备原值和已提折旧按照企业所得税法的有关规定计算。

第十七条　研发机构以假冒采购国产设备退税资格、既申报抵扣又申报退税、虚构采购国产设备业务、提供虚假退税申报资料等手段骗取采购国产设备退税款的,主管国税机关应追回已退增值税税款,并依照税收征管法的有关规定处理。

第十八条　本办法未明确的其他退税管理事项,比照出口退税有关规定执行。

第十九条　本办法施行期限为 2016 年 1 月 1 日至 2018 年 12 月 31 日,以增值税发票开具日期为准。

（九）其他税收优惠

 财政部　国家税务总局关于罚没物品征免增值税问题的通知

1995 年 1 月 1 日　财税字〔1995〕69 号

各省、自治区、直辖市、计划直列市财政厅(局)、国家税务局、地方税务局,财政部驻各省、自治区、直辖市财政监察专项办事处:

根据现行罚没财物管理制度和税收制度的有关规定,现对各级行政执法机关、政法机关和经济管理部门(以下简称执罚部门和单位)依照国家有关法律、法规查处各类违法、违章案件的罚没物品变价收入征收增值税问题规定如下:

一、执罚部门和单位查处的属于一般商业部门经营的商品,具备拍卖条件的,由执罚部门或单位商同级财政部门同意后,公开拍卖。其拍卖收入作为罚没收入由执罚部门和单位如数上缴财政,不予征税。对经营单位购入拍卖物品再销售的应照章征收增值税。

二、执罚部门和单位查处的属于一般商业部门经营的商品,不具备拍卖条件的,由执罚部门、财政部门、国家指定销售单位会同有关部门按质论价,交由国家指定销售单位纳入正常销售渠道变价处理。执罚部门按商定价格所取得的变价收入作为罚没收入如数上缴财政,不予征税。国家指定销售单位将罚没物品纳入正常销售渠道销售的,应照章征收增值税。

三、执罚部门和单位查处的属于专管机关管理或专管企业经营的财物,如金银(不包括金银首饰)、外币、有价证券、非禁止出口文物,应交由专管机关或专营企业收兑或收购。执罚部门和单位按收兑或收购价所取得的收入作为罚没收入如数上缴财政,不予征税。专管机关或专营企业经营上述物品中属于应征增值税的货物,应照章征收增值税。

本通知自文到之日起执行。

国家税务总局关于拍卖行取得的拍卖收入征收
增值税、营业税有关问题的通知

1999 年 3 月 11 日 国税发〔1999〕40 号

据了解,由于拍卖行特殊的经营性质,对拍卖行取得的拍卖收入是征收增值税还是征收营业税,各地理解不一,执行中不尽一致。为了统一拍卖行的增值税、营业税政策,现就有关问题明确如下:

一、对拍卖行受托拍卖增值税应税货物,向买方收取的全部价款和价外费用,应当按照4％的征收率征收增值税。拍卖货物属免税货物范围的,经拍卖行所在地县级主管税务机关批准,可以免征增值税。

注释 1:根据《国家税务总局关于简并增值税征收率有关问题的公告》(2014 年 6 月 27 日,国家税务总局公告 2014 年第 36 号)第二条规定,本文第一条中"按照 4％的征收率征收增值税",自 2014 年 7 月 1 日起修改为"按照 3％的征收率征收增值税"。

注释 2:根据《国家税务总局关于明确部分增值税优惠政策审批事项取消后有关管理事项的公告》(2015 年 5 月 19 日,国家税务总局公告 2015 年第 38 号),本文第一条中"经拍卖行所在地县级主管税务机关批准"自 2015 年 5 月 19 日起废止。

二、对拍卖行向委托方收取的手续费征收营业税。

财政部 海关总署 国家税务总局关于外国政府贷款和国际
金融组织贷款项目进口设备增值税政策的通知

2009 年 11 月 16 日 财关税〔2009〕63 号

各省、自治区、直辖市、计划单列市财政厅(局)、国家税务局,新疆生产建设兵团财务局,海关总署广东分署、各直属海关:

经国务院批准,自 2009 年 1 月 1 日起,对按有关规定其增值税进项税额无法抵扣的外国政府和国际金融组织贷款项目进口的自用设备,继续按《国务院关于调整进口设备税收政策的通知》(国发〔1997〕37 号)中的相关规定执行,即除《外商投资项目不予免税的进口商品目录》所列商品外,免征进口环节增值税。

外国政府贷款和国际金融组织贷款项目单位利用外国政府贷款和国际金融组织贷款项目进口的设备,申请免征进口环节增值税的,按如下方式办理手续:

一、对于附件 1 所列贷款项目单位可以按相关规定到海关直接办理免征进口环节增值税的手续。

二、对于附件 1 所列的贷款项目单位以外的其他外国政府贷款和国际金融组织贷款项目单位,首先需经主管国家税务局审核后报地(市)级国税主管机关认定其购置设备缴纳的增值税进项税额因不属于增值税一般纳税人或该项目项下进口设备完全用于增值税免税业务等因素而无法抵扣,并为其出具税务确认书(税务确认书格式见附件 2)后,方可按相关规定到海关办理进口设备免征进口环节增值税的手续。

三、2009 年 1 月 1 日以后进口的外国政府和国际金融组织贷款项目项下设备,符合本通知上述免税条件和相关要求的,在补办海关免税审批手续后,已征收的进口环节增值税准予退还。但对于按照重大技术装备专项进口税收政策有关进口整机征收关税和进口环节增值税的规定,外国政府和国际金融组织贷款项目项下进口属于专项政策规定征税范围内的设备不能享受本通知免征进口环节增值税的待遇,已征收的进口环节增值税不予退还。

附件:1. 部分外国政府贷款和国际金融组织贷款项目单位清单(略)

2. 外国政府贷款和国际金融组织贷款项目单位税务确认书(格式)(略)

财政部　国家税务总局关于增值税税控系统专用设备和技术维护费用抵减增值税税额有关政策的通知

2012 年 2 月 7 日　财税〔2012〕15 号

各省、自治区、直辖市、计划单列市财政厅(局)、国家税务局,新疆生产建设兵团财务局:

为减轻纳税人负担,经国务院批准,自 2011 年 12 月 1 日起,增值税纳税人购买增值税税控系统专用设备支付的费用以及缴纳的技术维护费(以下称二项费用)可在增值税应纳税额中全额抵减。现将有关政策通知如下:

一、增值税纳税人 2011 年 12 月 1 日(含,下同)以后初次购买增值税税控系统专用设备(包括分开票机)支付的费用,可凭购买增值税税控系统专用设备取得的增值税专用发票,在增值税应纳税额中全额抵减(抵减额为价税合计额),不足抵减的可结转下期继续抵减。增值税纳税人非初次购买增值税税控系统专用设备支付的费用,由其自行负担,不得在增值税应纳税额中抵减。

增值税税控系统包括:增值税防伪税控系统、货物运输业增值税专用发票税控系统、机动车销售统一发票税控系统和公路、内河货物运输业发票税控系统。

增值税防伪税控系统的专用设备包括金税卡、IC 卡、读卡器或金税盘和报税盘;货物运输业增值税专用发票税控系统专用设备包括税控盘和报税盘;机动车销售统一发票税控系统和公路、内河货物运输业发票税控系统专用设备包括税控盘和传输盘。

二、增值税纳税人 2011 年 12 月 1 日以后缴纳的技术维护费(不含补缴的 2011 年 11 月 30 日以前的技术维护费),可凭技术维护服务单位开具的技术维护费发票,在增值税应纳税额中全额抵减,不足抵减的可结转下期继续抵减。技术维护费按照价格主管部门核定的标准执行。

三、增值税一般纳税人支付的二项费用在增值税应纳税额中全额抵减的,其增值税专用发票不作为增值税抵扣凭证,其进项税额不得从销项税额中抵扣。

四、纳税人购买的增值税税控系统专用设备自购买之日起 3 年内因质量问题无法正常使用的,由专用设备供应商负责免费维修,无法维修的免费更换。

五、纳税人在填写纳税申报表时,对可在增值税应纳税额中全额抵减的增值税税控系统专用设备费用以及技术维护费,应按以下要求填报:

增值税一般纳税人将抵减金额填入《增值税纳税申报表(适用于增值税一般纳税人)》第 23 栏"应纳税额减征额"。当本期减征额小于或等于第 19 栏"应纳税额"与第 21 栏"简易征收办法计算的应纳税额"之和时,按本期减征额实际填写;当本期减征额大于第 19 栏"应纳税额"与第 21 栏"简易征收办法计算的应纳税额"之和时,按本期第 19 栏与第 21 栏之和填写,本期减征额不足抵减部分结转下期继续抵减。

小规模纳税人将抵减金额填入《增值税纳税申报表(适用于小规模纳税人)》第 11 栏"本期应纳税额减征额"。当本期减征额小于或等于第 10 栏"本期应纳税额"时,按本期减征额实际填写;当本期减征额大于第 10 栏"本期应纳税额"时,按本期第 10 栏填写,本期减征额不足抵减部分结转下期继续抵减。

六、主管税务机关要加强纳税申报环节的审核,对于纳税人申报抵减税款的,应重点审核其是否重复抵减以及抵减金额是否正确。

七、税务机关要加强对纳税人的宣传辅导,确保该项政策措施落实到位。

国家税务总局关于国际货物运输代理服务有关增值税问题的公告

2014 年 7 月 4 日　国家税务总局公告 2014 年第 42 号

经商财政部同意,现将试点纳税人间接提供国际货物运输代理服务有关增值税问题公告如下:

一、试点纳税人通过其他代理人,间接为委托人办理货物的国际运输、从事国际运输的运输工具进出港口、联系安排引航、靠泊、装卸等货物和船舶代理相关业务手续,可按照《财政部　国家税务总局关于将铁路运输和邮政业纳入营业税改征增值税试点的通知》(财税〔2013〕106 号)附件 3 第一条第(十四)项免征增值税。

二、试点纳税人提供上述国际货物运输代理服务,向委托人收取的全部代理服务收入,以及向其他代理人支付的全部代理费用,必须通过金融机构进行结算。

三、试点纳税人为大陆与香港、澳门、台湾地区之间的货物运输间接提供的货物运输代理服务,参照上述规定执行。

本公告自 2014 年 9 月 1 日起施行。

特此公告。

国家税务总局办公厅关于《国家税务总局关于国际货物运输代理服务有关增值税问题的公告》的解读

一、请介绍该公告出台的背景?

《财政部　国家税务总局关于将铁路运输和邮政业纳入营业税改征增值税试点的通知》(财税〔2013〕106 号)将国际货物运输代理服务的免税范围,限定在直接与国际运输单位发生业务的代理环节。该政策出台后,我们从不同渠道接到反映,该文件的免税范围过窄,后续环节不能享受该税收优惠,导致间接提供国际货物运输代理服务的纳税人税负上升。为解决这一问题,我们出台该公告对试点纳税人间接提供国际货物运输代理服务的增值税问题予以明确。

二、间接提供国际货物运输代理服务是否属于免征增值税的范围?

试点纳税人通过其他代理人,间接为委托人办理货物的国际运输、从事国际运输的运输工具进出港口、联系安排引航、靠泊、装卸等货物和船舶代理相关业务手续,可按照有关规定免征增值税。

试点纳税人提供上述国际货物运输代理服务,向委托人收取的全部代理服务收入,以及向其他代理人支付的全部代理费用,必须通过金融机构进行结算。否则,不予免税。

财政部 国家税务总局关于继续执行新疆
国际大巴扎项目增值税政策的通知

2017 年 4 月 28 日 财税〔2017〕36 号

新疆维吾尔自治区财政厅、国家税务局,新疆生产建设兵团财务局:

为继续支持新疆旅游业发展,现就新疆国际大巴扎项目增值税政策通知如下:

自 2017 年 1 月 1 日至 2019 年 12 月 31 日,对新疆国际大巴扎物业服务有限公司和新疆国际大巴扎文化旅游产业有限公司从事与新疆国际大巴扎项目有关的营改增应税行为取得的收入,免征增值税。

本通知印发之日前,已征的按照本通知规定应予免征的增值税,可抵减纳税人以后月份应缴纳的增值税或予以退还。

财政部 税务总局 证监会关于创新企业境内发行存托凭证
试点阶段有关税收政策的公告

2019 年 4 月 3 日 财政部 国家税务总局 证监会公告 2019 年第 52 号

为支持实施创新驱动发展战略,现将创新企业境内发行存托凭证(以下称创新企业 cdr)试点阶段涉及的有关税收政策公告如下:

一、个人所得税政策

1. 自试点开始之日起,对个人投资者转让创新企业 cdr 取得的差价所得,三年(36 个月,下同)内暂免征收个人所得税。

2. 自试点开始之日起,对个人投资者持有创新企业 cdr 取得的股息红利所得,三年内实施股息红利差别化个人所得税政策,具体参照《财政部 国家税务总局 证监会关于实施上市公司股息红利差别化个人所得税政策有关问题的通知》(财税〔2012〕85 号)、《财政部 国家税务总局 证监会关于上市公司股息红利差别化个人所得税政策有关问题的通知》(财税〔2015〕101 号)的相关规定执行,由创新企业在其境内的存托机构代扣代缴税款,并向存托机构所在地税务机关办理全员全额明细申报。对于个人投资者取得的股息红利在境外已缴纳的税款,可按照个人所得税法以及双边税收协定(安排)的相关规定予以抵免。

二、企业所得税政策

1. 对企业投资者转让创新企业 cdr 取得的差价所得和持有创新企业 cdr 取得的股息红利所得,按转让股票差价所得和持有股票的股息红利所得政策规定征免企业所得税。

2. 对公募证券投资基金(封闭式证券投资基金、开放式证券投资基金)转让创新企业 cdr 取得的差价所得和持有创新企业 cdr 取得的股息红利所得,按公募证券投资基金税收政策规定暂不征收企业所得税。

3. 对合格境外机构投资者（qfii）、人民币合格境外机构投资者（rqfii）转让创新企业 cdr 取得的差价所得和持有创新企业 cdr 取得的股息红利所得，视同转让或持有据以发行创新企业 cdr 的基础股票取得的权益性资产转让所得和股息红利所得征免企业所得税。

三、增值税政策

1. 对个人投资者转让创新企业 cdr 取得的差价收入，暂免征收增值税。

2. 对单位投资者转让创新企业 cdr 取得的差价收入，按金融商品转让政策规定征免增值税。

3. 自试点开始之日起，对公募证券投资基金（封闭式证券投资基金、开放式证券投资基金）管理人运营基金过程中转让创新企业 cdr 取得的差价收入，三年内暂免征收增值税。

4. 对合格境外机构投资者（qfii）、人民币合格境外机构投资者（rqfii）委托境内公司转让创新企业 cdr 取得的差价收入，暂免征收增值税。

四、印花税政策

自试点开始之日起三年内，在上海证券交易所、深圳证券交易所转让创新企业 cdr，按照实际成交金额，由出让方按 1‰的税率缴纳证券交易印花税。

五、其他相关事项

1. 本公告所称创新企业 cdr，是指符合《国务院办公厅转发证监会关于开展创新企业境内发行股票或存托凭证试点若干意见的通知》（国办发〔2018〕21 号）规定的试点企业，以境外股票为基础证券，由存托人签发并在中国境内发行，代表境外基础证券权益的证券。

2. 本公告所称试点开始之日，是指首只创新企业 cdr 取得国务院证券监督管理机构的发行批文之日。

特此公告。

第五部分 ‖ 特殊行业政策法规

一、油气田企业与加油站

369 国家税务总局关于中外合作开采石油资源缴纳增值税有关问题的通知

1994 年 4 月 28 日　国税发〔1994〕114 号

根据国务院国发〔1994〕10 号《国务院关于外商投资企业和外国企业适用增值税、消费税、营业税等税收暂行条例有关问题的通知》第三条的规定,现就中外合作油(气)田〔以下简称合作油(气)田〕开采原油、天然气征收增值税的有关问题通知如下:

一、合作油(气)田开采的原油、天然气按实物缴纳增值税,以该油(气)田开采的原油、天然气扣除了石油作业用油(气)量和损耗量之后的原油、天然气产量作为计税依据。

二、鉴于目前合作油(气)田开采的原油、天然气实行统一销售,其增值税暂按合作油(气)田每次用于销售的总量计算征税。计征增值税的原油、天然气实物随同合作油(气)田的原油、天然气一起销售。

三、增值税的原油、天然气实物,按实际销售额扣除其本身所发生的实际销售费用后入库。原油、天然气销售的定价方法,应事先报经主管税务机关审查。

四、合作油(气)田的原油、天然气按次纳税,每次销售款划入销售方银行账户之日(最迟不得超过合同规定的付款期限最后一日)起 5 日内申报纳税(如最后一天为法定节、假日可按规定顺延)。逾期未办理申报纳税的,依据《中华人民共和国税收征收管理法》的有关规定处理。

五、合作油(气)田销售的原油、天然气按外汇结算销售额的,其销售额的人民币折合率可以选择销售发生的当天或当月 1 日的国家外汇牌价。选择确定后 1 年内不得变更。

六、增值税的申报缴纳事宜,由参与合作的中国石油公司负责办理。在办理纳税申报时,应同时附送本次原油、天然气的销售价格、销售费用、销售去向等明细资料。并按月或按季向主管税务机关报送合作油(气)田的产量、存量、分配量、销售量以及主管税务机关所需要的其他有关资料。

七、合作油(气)田销售原油、天然气时,应按规定向购买方开具增值税专用发票。增值税专用发票的具体填开方法是:"价税合计栏"按含税销售额填写;"税额栏"按含税销售额乘以征收率 5% 计算出的税额填写;"金额栏"按价税合计数额减去税额后的余额填写;"数量栏"

按销售总量填写;"单价栏"按实际销售单价填写;"税率栏"不填。"税额栏"中所列税额为购买方的增值税进项扣除额。

八、中国海洋石油总公司海上自营油(气)田比照上述有关规定执行。

九、本通知自 1994 年 1 月 1 日起实行。

 国家税务总局关于加油站一律按照增值税一般纳税人征税的通知

2001 年 12 月 3 日　国税函〔2001〕882 号

各省、自治区、直辖市和计划单列市国家税务局:

为了加强对加油站成品油销售的增值税征收管理,经研究决定,从 2002 年 1 月 1 日起,对从事成品油销售的加油站,无论其年应税销售额是否超过 180 万元,一律按增值税一般纳税人征税。目前按照小规模纳税人征税的加油站,其增值税一般纳税人资格的认定,各地须于 2001 年 12 月 31 日前完成,并于 2002 年 1 月 15 日前将加油站户数报国家税务总局(流转税管理司)。

 成品油零售加油站增值税征收管理办法

2002 年 4 月 2 日　国家税务总局令第 2 号

第一条　为加强成品油零售加油站的增值税征收管理,堵塞税收管理漏洞,根据《中华人民共和国税收征收管理法》《中华人民共和国增值税暂行条例》及有关税收政策规定,制定本办法。

第二条　凡经经贸委批准从事成品油零售业务,并已办理工商、税务登记,有固定经营场所,使用加油机自动计量销售成品油的单位和个体经营者(以下简称加油站),适用本办法。

第三条　本办法第一条所称加油站,一律按照《国家税务总局关于加油站一律按照增值税一般纳税人征税的通知》(国税函〔2001〕882 号)认定为增值税一般纳税人;并根据《中华人民共和国增值税暂行条例》有关规定进行征收管理。

第四条　采取统一配送成品油方式设立的非独立核算的加油站,在同一县市的,由总机构汇总缴纳增值税。在同一省内跨县市经营的,是否汇总缴纳增值税,由省级税务机关确定。跨省经营的,是否汇总缴纳增值税,由国家税务总局确定。

对统一核算,且经税务机关批准汇总缴纳增值税的成品油销售单位跨县市调配成品油的,不征收增值税。

第五条　加油站无论以何种结算方式[如收取现金、支票、汇票、加油凭证(簿)、加油卡等]收取售油款,均应征收增值税。加油站销售成品油必须按不同品种分别核算,准确计算应税销售额。加油站以收取加油凭证(簿)、加油卡方式销售成品油,不得向用户开具增值税专用发票。

第六条　加油站应税销售额包括当月成品油应税销售额和其他应税货物及劳务的销售额。其中成品油应税销售额的计算公式为:

成品油应税销售额 ＝(当月全部成品油销售数量－允许扣除的成品油数量)×油品单价

第七条　加油站必须按规定建立《加油站日销售油品台账》(附表 1,以下简称台账)登记制度。加油站应按日登记台账，按日或交接班次填写，完整、详细地记录当日或本班次的加油情况，月终汇总登记《加油站月销售油品汇总表》（附表2）。台账须按月装订成册，按会计原始账证的期限保管，以备主管税务机关检查。

第八条 加油站除按月向主管税务机关报送增值税一般纳税人纳税申报办法规定的申报资料外，还应报送以下资料：

（一）《加油站＿＿＿＿月份加油信息明细表》（附表3）或加油IC卡；

（二）《加油站月销售油品汇总表》；

（三）《成品油购销存数量明细表》（附表4）

第九条 加油站通过加油机加注成品油属于以下情形的，允许在当月成品油销售数量中扣除：

（一）经主管税务机关确定的加油机自有车辆自用油；

（二）外单位购买的，利用加油站的油库存放的代储油；

加油站发生代储油业务时，应凭委托代储协议及委托方购油发票复印件向主管税务机关申报备案。

（三）加油站本身到库油；

加油站发生成品油倒库业务时，须提前向主管税务机关报告说明，由主管税务机关派专人实地审核监控。

（四）加油站检测用油（回罐油）；

上述允许扣除的成品油数量，加油站月终应根据《加油站月销售油品汇总表》统计的数量向主管税务机关申报。

第十条 成品油生产、批发单位所在地税务机关应按月将其销售成品油信息通过金税工程网络传递到购油企业所在地主管税务机关。

第十一条 对财务核算不健全的加油站，如已全部安装税控加油机，应按照税控加油机所记录的数据确定计税销售额征收增值税。对未全部安装税控加油机（包括未安装）或税控加油机运行不正常的加油站，主管税务机关应要求其严格执行台账制度，并按月报送《成品油购销存数量明细表》。按月对其成品油库存数量进行盘点，定期联合有关执法部门对其进行检查。

主管税务机关应将财务核算不健全的加油站全部纳入增值税纳税评估范围，结合通过金税工程网络所掌握的企业购油信息以及本地区同行业的税负水平等相关信息，按照《国家税务总局关于加强商贸企业增值税纳税评估工作的通知》（国税发〔2001〕140号）的有关规定进行增值税纳税评估。对纳税评估有异常的，应立即移送稽查部门进行税务稽查。

主管税务机关对财务核算不健全的加油站可以根据所掌握的企业实际经营状况，核定征收增值税。

财务核算不健全的加油站，主管税务机关应根据其实际经营情况和专用发票使用管理规定限额限量供应专用发票。

第十二条 发售加油卡、加油凭证销售成品油的纳税人（以下简称"预售单位"）在售卖加油卡、加油凭证时，应按预收账款方法作相关账务处理，不征收增值税。

预售单位在发售加油卡或加油凭证时开具普通发票，如购油单位要求开具增值税专用发票，待用户凭卡或加油凭证加油后，根据加油卡或加油凭证回笼记录，向购油单位开具增值税专用发票。接受加油卡或加油凭证销售成品油的单位与预售单位结算油款时，接受加油卡或加油凭证销售成品油的单位根据实际结算的油款向预售单位开具增值税专用发票。

第十三条　主管税务机关每季度应对所管辖加油站运用稽查卡进行 1 次加油数据读取，并将读出的数据与该加油站的《增值税纳税申报表》《加油站日销售油品台账》《加油站月销售油品汇总表》等资料进行核对，同时应对加油站的应扣除油量的确定、成品油购销存等情况进行全面纳税检查。

第十四条　本办法自 2002 年 5 月 1 日起执行。

附件：1. 加油站日销售油品台账（略）

　　　2. 加油站月销售油品汇总表（略）

　　　3. 加油站＿＿＿月份加油信息明细表（略）

　　　4. 成品油购销存数量明细表（略）

 国家税务总局关于进一步加强加油站增值税征收管理有关问题的通知

2003 年 11 月 26 日　　国税发〔2003〕142 号

为了进一步加强对加油站增值税的征收管理，现就有关问题通知如下：

一、成品油零售加油站应严格执行 2002 年国家税务总局发布的《成品油零售加油站增值税征收管理办法》（国家税务总局令第 2 号）的各项规定，建立、登记《加油站日销售油品台账》，在纳税申报期向主管税务机关报送《加油站＿＿＿月份加油信息明细表》或加油 IC 卡、《加油站月销售油品汇总表》《成品油购销存数量明细表》。凡未按规定建立台账、不准确登记台账的，主管税务机关应责令其限期改正，逾期仍不改正的，主管税务机关可根据企业的实际经营状况核定其增值税销售额，按适用税率征收，不得抵扣进项税额。

二、主管税务机关要加强对加油站的日常管理，应每月对所辖加油站运用稽查卡进行一次加油数据读取，将读取的数据与加油站所报送的《增值税纳税申报表》《加油站月销售油品汇总表》等资料进行核对，核对有问题且无正当理由的，应立即移交稽查部门进行税务稽查。稽查部门对加油站的纳税情况要按季进行稽查。

对汇总缴纳增值税销售成品油的增值税一般纳税人，自 2004 年 1 月 1 日起，其下属零售加油站所在地税务机关应每月运用稽查卡进行一次加油数据读取，并负责将采集的数据传送给受理申报的税务机关进行比对。

三、凡不通过已安装税控装置的加油机或税控加油机加油，擅自改变税控装置或破坏铅封，导致机器记录失真或无法记录，造成少缴或不缴应纳税款的，按《征管法》有关规定从重处罚。

四、主管税务机关应定期配合技术监督部门对所辖加油站的税控加油机进行检查，对采用技术手段擅自修改加油数量的，除严格按照《征管法》有关规定进行处罚外，还应提请经贸委等部门吊销其成品油经营许可证。

 财政部　国家税务总局关于印发《油气田企业增值税管理办法》的通知

2009 年 1 月 19 日　　财税〔2009〕8 号

注释：根据《财政部　国家税务总局关于全面推开营业税改征增值税试点的通知 》（2016 年 3

月 23 日,财税〔2016〕36 号)规定,自 2016 年 5 月 1 日起,油气田企业发生应税行为,适用财税〔2016〕36 号《试点实施办法》规定的增值税税率,不再适用本文规定的增值税税率。

各省、自治区、直辖市、计划单列市财政厅(局)、国家税务局、地方税务局,新疆生产建设兵团财务局:

根据国务院批准的石油天然气企业增值税政策和增值税转型改革方案,财政部和国家税务总局对现行油气田企业增值税管理办法作了修改和完善。现将修订后的《油气田企业增值税管理办法》印发给你们,请遵照执行。

附件:油气田企业增值税管理办法

油气田企业增值税管理办法

第一条 根据国务院批准的石油天然气企业增值税政策,为加强石油天然气企业的增值税征收管理工作,制定本办法。

第二条 本办法适用于在中华人民共和国境内从事原油、天然气生产的企业。包括中国石油天然气集团公司(以下简称中石油集团)和中国石油化工集团公司(以下简称中石化集团)重组改制后设立的油气田分(子)公司、存续公司和其他石油天然气生产企业(以下简称油气田企业),不包括经国务院批准适用 5% 征收率缴纳增值税的油气田企业。

存续公司是指中石油集团和中石化集团重组改制后留存的企业。

其他石油天然气生产企业是指中石油集团和中石化集团以外的石油天然气生产企业。

油气田企业持续重组改制继续提供生产性劳务的企业,以及 2009 年 1 月 1 日以后新成立的油气田企业参股、控股的企业,按照本办法缴纳增值税。

第三条 油气田企业为生产原油、天然气提供的生产性劳务应缴纳增值税。

生产性劳务是指油气田企业为生产原油、天然气,从地质普查、勘探开发到原油天然气销售的一系列生产过程所发生的劳务(具体见本办法所附的《增值税生产性劳务征税范围注释》)。

缴纳增值税的生产性劳务仅限于油气田企业间相互提供属于《增值税生产性劳务征税范围注释》内的劳务。油气田企业与非油气田企业之间相互提供的生产性劳务不缴纳增值税。

第四条 油气田企业将承包的生产性劳务分包给其他油气田企业或非油气田企业,应当就其总承包额计算缴纳增值税。非油气田企业将承包的生产性劳务分包给油气田企业或其他非油气田企业,其提供的生产性劳务不缴纳增值税。油气田企业分包非油气田企业的生产性劳务,也不缴纳增值税。

第五条 油气田企业提供的生产性劳务,增值税税率为 17%。

第六条 油气田企业与其所属非独立核算单位之间以及其所属非独立核算单位之间移送货物或者提供应税劳务,不缴纳增值税。

本办法规定的应税劳务,是指加工、修理修配劳务和生产性劳务(下同)。

第七条 油气田企业提供的应税劳务和非应税劳务应当分别核算销售额,未分别核算的,由主管税务机关核定应税劳务的销售额。

第八条 油气田企业下列项目的进项税额不得从销项税额中抵扣:

(一)用于非增值税应税项目、免征增值税项目、集体福利或者个人消费的购进货物或者应税劳务。

本办法规定的非增值税应税项目,是指提供非应税劳务、转让无形资产、销售不动产、建造非生产性建筑物及构筑物。

本办法规定的非应税劳务,是指属于应缴营业税的交通运输业、建筑业、金融保险业、邮电通信业、文化体育业、娱乐业、服务业税目征收范围的劳务,但不包括本办法规定的生产性劳务。

用于集体福利或个人消费的购进货物或者应税劳务,包括所属的学校、医院、宾馆、饭店、招待所、托儿所(幼儿园)、疗养院、文化娱乐单位等部门购进的货物或应税劳务。

(二)非正常损失的购进货物及相关的应税劳务;

(三)非正常损失的在产品、产成品所耗用的购进货物或者应税劳务。

(四)国务院财政、税务主管部门规定的纳税人自用消费品。

(五)本条第(一)项至第(四)项规定的货物的运输费用和销售免税货物的运输费用。

第九条 油气田企业为生产原油、天然气接受其他油气田企业提供的生产性劳务,可凭劳务提供方开具的增值税专用发票注明的增值税额予以抵扣。

第十条 跨省、自治区、直辖市开采石油、天然气的油气田企业,由总机构汇总计算应纳增值税税额,并按照各油气田(井口)石油、天然气产量比例进行分配,各油气田按所分配的应纳增值税额向所在地税务机关缴纳。石油、天然气应纳增值税额的计算办法由总机构所在地省级税务部门商各油气田所在地同级税务部门确定。

在省、自治区、直辖市内的油气田企业,其增值税的计算缴纳方法由各省、自治区、直辖市财政和税务部门确定。

第十一条 油气田企业跨省、自治区、直辖市提供生产性劳务,应当在劳务发生地按3%预征率计算缴纳增值税。在劳务发生地预缴的税款可从其应纳增值税中抵减。

第十二条 油气田企业为生产原油、天然气提供的生产性劳务的纳税义务发生时间为油气田企业收讫劳务收入款或者取得索取劳务收入款项凭据的当天;先开具发票的,为开具发票的当天。

收讫劳务收入款的当天,是指油气田企业应税行为发生过程中或者完成后收取款项的当天;采取预收款方式的,为收到预收款的当天。

取得索取劳务收入款项凭据的当天,是指书面合同确定的付款日期的当天;未签订书面合同或者书面合同未确定付款日期的,为应税行为完成的当天。

第十三条 油气田企业所需发票,经主管税务机关审核批准后,可以采取纳税人统一集中领购、发放和管理的方法,也可以由机构内部所属非独立核算单位分别领购。

第十四条 油气田企业应统一申报货物及应税劳务应缴纳的增值税。

第十五条 现行规定与本办法有抵触的,按本办法执行;本办法未尽事宜,按现行税收法律、法规执行。

第十六条 各省、自治区、直辖市税务机关可根据本规定制定具体实施办法,并报国家税务总局备案。

第十七条 本办法自2009年1月1日起执行。《财政部 国家税务总局关于油气田企业增值税计算缴纳方法问题的通知》[(94)财税字第073号]、《财政部 国家税务关于印发〈油气田企业增值税管理暂行办法〉的通知》(财税字〔2000〕32号)和《国家税务总局关于油气田企业增值税问题的补充通知》(国税发〔2000〕195号)同时废止。

附:增值税生产性劳务征税范围注释

附件

增值税生产性劳务征收范围注释

一、地质勘探

是指根据地质学、物理学和化学原理,凭借各种仪器设备观测地下情况,研究地壳的性质与结构,借以寻找原油、天然气的工作。种类包括:地质测量;控制地形测量;重力法;磁力法;电法;陆地海滩二维(或三维、四维)地震勘探;垂直地震测井法(即 vsp 测井法);卫星定位;地球化学勘探;井间地震;电磁勘探;多波地震勘探;遥感和遥测;探井;资料(数据)处理、解释和研究。

二、钻井(含侧钻)

是指初步探明储藏有油气水后,通过钻具(钻头、钻杆、钻铤)对地层钻孔,然后用套、油管联接并向下延伸到油气水层,并将油气水分离出来的过程。钻井工程分为探井和开发井。探井包括地质井、参数井、预探井、评价井、滚动井等;开发井包括采油井、采气井、注水(气)井以及调整井、检查研究井、扩边井、油藏评价井等,其有关过程包括:

(一)新老区临时工程建设。是指为钻井前期准备而进行的临时性工程。含临时房屋修建、临时公路和井场道路的修建、供水(电)工程的建设、保温及供热工程建设、维护、管理。

(二)钻前准备工程。指为钻机开钻创造必要条件而进行的各项准备工程。含钻机、井架、井控、固控设施、井口工具的安装及维修。

(三)钻井施工工程。包括钻井、井控、固控所需设备、材料及新老区临时工程所需材料的装卸及搬运。

(四)包括定向井技术、水平井技术、打捞技术、欠平衡技术、泥浆技术、随钻测量、陀螺测量、电子多点、电子单点、磁性单多点、随钻、通井、套管开窗、老井侧钻、数据处理、小井眼加深、钻井液、顶部驱动钻井、化学监测、分支井技术、气体(泡沫)钻井技术、套管钻井技术、膨胀管技术、垂直钻井技术、地质导向钻井技术、旋冲钻井技术,取芯、下套管作业、钻具服务、井控服务、固井服务、钻井工程技术监督、煤层气钻井技术等。

(五)海洋钻井:包括钻井船拖航定位、海洋环保、安全求生设备的保养检查、试油点火等特殊作业。

三、测井

是指在井孔中利用测试仪器,根据物理和化学原理,间接获取地层和井眼信息,包括信息采集、处理、解释和油(气)井射孔。根据测井信息,评价储(产)层岩性、物性、含油性、生产能力及固井质量、射孔质量、套管质量、井下作业效果等。按物理方法,主要有电法测井、声波测井、核(放射性)测井、磁测井、力测井、热测井、化学测井;按完井方式分裸眼井测井和套管井测井;按开采阶段分勘探测井和开发测井,开发测井包括生产测井、工程测井和产层参数测井。

四、录井

是指钻井过程中随着钻井录取各种必要资料的工艺过程。有关项目包括:地质设计;地质录井;气测录井;综合录井;地化录井;轻烃色谱录井;定量荧光录井;核磁共振录井;离子色谱录井;伽马录井;岩心扫描录井;录井信息传输;录井资料处理及解释;地质综合研究;测量工程;单井评价;古生物、岩矿、色谱分析;录井新技术开发;非地震方法勘探;油层工程研究;

数据处理;其他技术服务项目。

五、试井

是指确定井的生产能力和研究油层参数及地下动态,对井进行的专门测试工作。应用试井测试手段可以确定油气藏压力系统、储层特性、生产能力和进行动态预测,判断油气藏边界、评价井下作业效果和估算储量等。包括高压试井和低压试井。

六、固井

是指向井内下入一定尺寸的套管柱,并在周围注入水泥,将井壁与套管的空隙固定,以封隔疏松易塌易漏等地层、封隔油气水层,防止互相窜漏并形成油气通道。具体项目包括:表面固井、技术套管固井、油层固井、套管固井、特殊固井。

七、试油(气)

是油气层评价的一种直接手段。是指在钻井过程中或完井后,利用地层测试等手段,获取储层油、气、水产量、液性、压力、温度等资料,为储层评价、油气储量计算和制定油气开发方案提供依据。包括:中途测试、原钻机试油(气)、完井试油(气)、压裂改造、酸化改造、地层测试和抽汲排液求产、封堵等特种作业。

八、井下作业

是指在油气开发过程中,根据油气田投产、调整、改造、完善、挖潜的需要,利用地面和井下设备、工具,对油、气、水井采取各种井下作业技术措施,以达到维护油气水井正常生产或提高注采量,改善油层渗透条件及井的技术状况,提高采油速度和最终采收率。具体项目包括:新井投产、投注、维护作业、措施作业、油水井大修、试油测试、试采、数据解释。

九、油(气)集输

是指把油(气)井生产的原油(天然气)收集起来,再进行初加工并输送出去而修建井(平)台、井口装置、管线、计量站、接转站、联合站、油库、油气稳定站、净化厂(站)、污水处理站、中间加热加压站、长输管线、集气站、增压站、气体处理厂等设施及维持设施正常运转发生的运行、保养、维护等劳务。

十、采油采气

是指为确保油田企业正常生产,通过自然或机械力将油气从油气层提升到地面并输送到联合站、集输站整个过程而发生的工程及劳务。主要包括采油采气、注水注气、三次采油、防腐、为了提高采收率采取的配套技术服务等。

(一)采油采气。是指钻井完钻后,通过试采作业,采取自然或机械力将油气从油气层提升到地面而进行的井场、生产道路建设、抽油机安装、采油树配套、单井管线铺设、动力设备安装、气层排液等工程及维持正常生产发生的运行、保养、维护等劳务。

(二)注水注气。是指为保持油气层压力而建设的水源井、取水设施、操作间、水源管线、配水间、配气站、注水注气站、注水增压站、注水注气管线等设施以及维持正常注水注气发生的运行、保养、维护等劳务。

(三)稠油注汽。是指为开采稠油而修建的向油层注入高压蒸汽的设施工程及维持正常注汽发生的运行、保养、维护等劳务。

(四)三次采油。是指为提高原油采收率,确保油田采收率而向油层内注聚合物、酸碱、表面活性剂、二氧化碳、微生物等其他新技术,进行相关的技术工艺配套和地面设施工程。包括修建注入和采出各场站、管网及相应的各系统工程;产出液处理的净化场(站)及管网工程等。

（五）防腐。是指为解决现场问题，保证油田稳产，解决腐蚀问题而进行的相关药剂、防腐方案、腐蚀监测网络等的配套工程。

（六）技术服务。是指为确保油气田的正常生产，为采油气工程提供的各种常规技术服务及新技术服务等。主要包括采油采气方案的编制、注水注气方案编制、三次采油方案的编制设计、油井管柱优化设计、相关软件的开发、采油气新工艺的服务、油气水井测试服务等。

十一、海上油田建设

是指为勘探开发海上油田而修建的人工岛、海上平台、海堤、滩海路、海上电力通讯、海底管缆、海上运输、应急系统、弃置等海上生产设施及维持正常生产发生的运行、保养、维护等劳务。

十二、供排水、供电、供热、通讯

（一）供排水。是指为维持油（气）田正常生产及保证安全所建设的调节水源、管线、泵站等系统工程以及防洪排涝工程以及运行、维护、改造等劳务。

（二）供电。是指为保证油（气）田正常生产和照明而建设的供、输、变电的系统工程以及运行、维护、改造等劳务。

（三）供热。是指为保证油气田正常生产而建设的集中热源、供热管网等设施以及运行、维护、改造等劳务。

（四）通讯。是指在油（气）田建设中为保持电信联络而修建的发射台、线路、差转台（站）等设施以及运行、维护、改造等劳务。

十三、油田基本建设

是指根据油气田生产的需要，在油气田内部修建的道路、桥涵、河堤、输卸油（气）专用码头、海堤、生产指挥场所建设等设施以及维护和改造。

十四、环境保护

是油气田企业为保护生态环境，落实环境管理而发生的生态保护、污染防治、清洁生产、污染处置、环境应急等项目建设的工程与劳务，及施工结束、资源枯竭后应及时恢复自然生态而建设的工程及劳务。

十五、其他

是指油气田企业之间为维持油气田的正常生产而互相提供的其他劳务。包括：运输、设计、提供信息、检测、计量、监督、监理、消防、安全、异体监护、数据处理、租赁生产所需的仪器、材料、设备等服务。

 财政部　国家税务总局关于油气田企业增值税问题的补充通知

2009 年 7 月 9 日　财税〔2009〕97 号

各省、自治区、直辖市、计划单列市财政厅（局）、国家税务局、地方税务局，新疆生产建设兵团财务局：

《财政部　国家税务总局关于印发〈油气田企业增值税管理办法〉的通知》（财税〔2009〕8号）下发后，个别特殊地区反映对税收收入影响较大。经研究，现将有关问题通知如下：

一、油气田企业向外省、自治区、直辖市其他油气田企业提供生产性劳务，应当在劳务发生地税务机关办理税务登记或注册税务登记。在劳务发生地设立分（子）公司的，应当申请办理增值税一般纳税人认定手续，经劳务发生地税务机关认定为一般纳税人后，按照增值税一般纳税人的计算方法在劳务发生地计算缴纳增值税。

子公司是指具有企业法人资格,实行独立核算的企业;分公司是指不具有企业法人资格,但领取了工商营业执照的企业。

二、新疆以外地区在新疆未设立分(子)公司的油气田企业,在新疆提供的生产性劳务应按5%的预征率计算缴纳增值税,预缴的税款可在油气田企业的应纳增值税中抵减。

三、本通知自 2009 年 1 月 1 日执行。

国家税务总局关于油气田企业开发煤层气页岩气增值税有关问题的公告

2013 年 5 月 30 日　国家税务总局公告 2013 年第 27 号

现将油气田企业开发煤层气、页岩气增值税有关问题公告如下:

油气田企业从事煤层气、页岩气生产,以及为生产煤层气、页岩气提供生产性劳务,按照《油气田企业增值税管理办法》(财税〔2009〕8 号文件印发)缴纳增值税。

本公告自 2013 年 7 月 1 日起施行。

特此公告。

国家税务总局办公厅关于《国家税务总局关于油气田企业开发煤层气、页岩气增值税有关问题的公告》的解读

2009 年,根据国务院批准的增值税转型改革方案和石油天然气企业增值税政策,财政部和国家税务总局对原有的油气田企业增值税政策进行了修订,并联合下发了《油气田企业增值税管理办法》。《管理办法》延续了 2000 年以来对油气田企业生产性劳务按照 17%征收增值税的政策规定,并重新规范了油气田企业增值税缴纳办法。

《管理办法》规定的适用范围为从事原油、天然气生产的油气田企业,油气田企业开发煤层气、页岩气则属于一种新兴的业务,是否可以适用《管理办法》尚不明确。

煤层气和页岩气分别储存在煤层和泥页岩中,主要成分为甲烷,是一种优质高效的清洁能源。其主要成分和热值与开发自油田、天然气田的常规天然气相同,属于非常规的天然气资源。油气田企业开发煤层气、页岩气,应与开发石油、天然气同样适用于《管理办法》。因此,《国家税务总局关于油气田企业开发煤层气、页岩气增值税有关问题的公告》明确,油气田企业从事煤层气、页岩气生产,以及为生产煤层气、页岩气提供生产性劳务,按照《油气田企业增值税管理办法》(财税〔2009〕8 号印发)缴纳增值税。

财政部　国家税务总局关于调整中外合作海上油(气)田开采企业名单的通知

2017 年 1 月 23 日　财税〔2017〕10 号

各省、自治区、直辖市、计划单列市财政厅(局)、国家税务局,新疆生产建设兵团财务局:

根据我国海洋石油工业发展变化情况,为确保政策落实到位,现对《财政部　国家税务总局关于出口货物劳务增值税和消费税政策的通知》(财税〔2012〕39 号)附件 3 第二条"(二)中

国海洋石油对外合作公司"项下企业名单进行调整,《财政部 国家税务总局关于明确金融 房地产开发 教育辅助服务等增值税政策的通知》(财税〔2016〕140 号)第十七条"中外合作油(气)田开采企业"按调整后的名单执行。

一、在原名单中增加中海石油(中国)有限公司曹妃甸作业公司、中海石油(中国)有限公司蓬勃作业公司、中海石油(中国)有限公司陵水作业公司、中海石油(中国)有限公司惠州作业公司、洛克石油(渤海)公司、智慧石油投资有限公司。

二、在原名单中删除"科麦奇中国石油有限公司""cact 作业者集团"。

三、上述增加、删除的企业,分别自其工商登记、变更或注销之日起执行。

附:调整后海上石油天然气开采企业的具体名单(略)

二、贵金属与期货交易

 国家税务总局关于下发《货物期货征收增值税具体办法》的通知

1994 年 11 月 9 日 国税发〔1994〕244 号

现将《货物期货征收增值税具体办法》下发给你们,请遵照执行。各地在对货物期货征收增值税时有什么问题,望及时报告我局。

货物期货征收增值税具体办法

根据国家税务总局《增值税若干具体问题的规定》,"货物期货应当征收增值税"。现将对货物期货征收增值税的具体办法规定如下:

一、货物期货交易增值税的纳税环节为期货的实物交割环节。

二、货物期货交易增值税的计税依据为交割时的不含税价格(不含增值税的实际成交额)。

$$不含税价格 = 含税价格 \div (1 + 增值税税率)$$

三、货物期货交易增值税的纳税人为:

(一)交割时采取由期货交易所开具发票的,以期货交易所为纳税人。

期货交易所增值税按次计算,其进项税额为该货物交割时供货会员单位开具的增值税专用发票上注明的销项税额,期货交易所本身发生的各种进项不得抵扣。

(二)交割时采取由供货的会员单位直接将发票开给购货会员单位的,以供货会员单位为纳税人。

 财政部 国家税务总局关于金银首饰等货物征收增值税问题的通知

1996 年 9 月 14 日 财税字〔1996〕74 号

近期,各地陆续反映了一些增值税政策执行中遇到的问题。经研究,现将有关政策问题明确如下：

一、考虑到金银首饰以旧换新业务的特殊情况，对金银首饰以旧换新业务，可以按销售方实际收取的不含增值税的全部价款征收增值税。

二、骨粉、鱼粉按照"饲料"征收增值税。

国家税务总局关于白银生产环节征收增值税的通知

1999 年 12 月 31 日　国税发〔2000〕51 号

根据国务院关于白银管理体制改革的提示，现就白银产品有关增值税政策规定如下：

自 2000 年 1 月 1 日起，对企业生产销售的银精矿含银、其他有色金属精矿含银、冶炼中间产品含银及成品银恢复征收增值税。

国家税务总局关于印发《黄金交易增值税征收管理办法》的通知

2002 年 10 月 28 日　国税发明电〔2002〕47 号

各省、自治区、直辖市、计划单列市国家税务局：

为了贯彻国务院关于黄金体制改革决定的要求，加强黄金交易的增值税征收管理，并根据财政部、国家税务总局《关于黄金税收政策问题的通知》的规定，现将《黄金交易所黄金交易增值税征收管理办法》印发给你们，请遵照执行。各地在对黄金征收增值税的过程中如发现问题，应及时上报国家税务总局。

黄金交易所黄金交易增值税征收管理办法

一、关于黄金交易的品种

1. 标准黄金产品

四种成色：AU9999、AU9995、AU999、AU995。

五种规格：50 克、100 克、1 公斤、3 公斤、12.5 公斤。

2. 非标准黄金产品

除上述四种成色、五种规格以外的黄金产品。

二、关于黄金交易的有关征税规定

1. 为便于增值税的征收管理，按照黄金交易所章程规定注册登记的会员以及按照黄金交易所章程规定登记备案的客户，通过黄金交易所进行的标准黄金产品交易〔并持有黄金交易所开具的《黄金交易结算发票》(结算联)〕，未发生实物交割的，由卖出方会员单位或客户按实际成交价格向黄金交易所开具普通发票，并免征增值税；如发生实物交割的，由黄金交易所主管税务机关代黄金交易所按照实际成交价格向具有增值税一般纳税人资格的提货方会员单位或客户开具增值税专用发票(增值税专用发票的发票联、记账联、存根联由黄金交易所留存，抵扣联传递给提货方会员单位)。对提货方会员单位或客户为非增值税一般纳税人的，不得开具增值税专用发票。

"标准黄金实物交割"是指：会员单位或客户将在黄金交易所已成交的黄金从黄金交易所指定的金库提取黄金的行为。

2. 黄金交易所交易环节发生标准黄金实物交割,应按实际成交价格开具增值税专用发票,实际成交价格为所提取黄金买卖双方按规定报价方式所成交的价格,不包括交易费、仓储费等费用。为准确计算所提黄金的实际成交价格,黄金交易所应按后进先出法原则确定。

3. 为便于增值税的征收管理,在黄金交易所开业初期,对非黄金生产会员单位或客户(不包括银行系统),应按本单位的黄金实际使用量从黄金交易所的指定金库提取黄金,对没有按本单位黄金实际使用量而从黄金交易所指定金库多提取的黄金,不得再向黄金交易所指定的金库存入黄金进行交易,包括黄金交易所开业之前非黄金生产会员单位或客户(不包括银 行系统)在本单位的库存黄金。

4. 黄金交易所可享受增值税即征即返的优惠政策,同时免征城市建设维护税、教育费附加。

5. 对纳税人不通过黄金交易所销售标准黄金的,不享受增值税即征即退和免征城市建设维 护税、教育费附加的政策。

三、会员单位和客户增值税进项税额的核算

1. 对会员单位(中国人民银行和黄金生产企业除外)或客户应对在黄金交易所黄金交易的进项税额实行单独核算,对按取得的黄金交易所开具的增值税专用发票上注明的增值税税额(包括相对应的买入量)单独记账。对会员或客户从黄金交易所购入黄金(指发生实物交割)再通过黄金交易所卖出时,应计算通过黄金交易所卖出黄金进项税额的转出额,并从当期进项税额中转出,同时计入成本;对企业当期账面进项税额小于通过下列公式计算出的应转出的进项税额,其差额部分应当立即补征入库。

$$应转出的进项税额 = 单位进项税额 \times 当期黄金卖出量$$
$$单位进项税额 = 购入黄金的累计进项税额 \div 累计黄金购入额$$

2. 对会员单位(中国人民银行和黄金生产企业除外)或客户通过黄金交易所销售企业原有库存黄金,应按实际成交价格计算相应的进项税金转出额,并从当期进项税额中转出,计入成本。

$$应转出的进项税额 = 销售库存黄金实际成交价格 \div (1 + 17\%) \times 17\%$$

四、增值税一般纳税人的认定

1. 为便于增值税的征收管理,黄金交易所应向所在地的主管税务机关申请办理增值税一般纳税人的认定手续,并申请印制《黄金交易结算发票》。

2. 会员单位和客户符合增值税一般纳税人认定资格的,可向其所在地的主管税务机关申请办理增值税一般纳税人的认定手续。会员和客户在黄金交易所所在地设有分支机构的,并由分支机构进行黄金交易的,对符合增值税一般纳税人资格的分支机构可向黄金交易所的主管税务机关申请办理一般纳税人的认定手续。

五、关于税务机关代开增值税专用发票

黄金交易所主管税务机关代开增值税专用发票中的单价、金额和税额的计算公式:

$$单价 = 实际成交单价 \div (1 + 增值税税率)$$
$$金额 = 数量 \times 单价$$
$$税额 = 金额 \times 税率$$

单价小数点后保留四位。

六、对会员单位和客户应按黄金交易所开具的《黄金交易结算发票》作为会计计账凭证进行财务核算；对买入方会员单位和客户取得税务部门代开的增值税专用发票(增值税专用发票的发票联、记账联、存根联由黄金交易所留存，抵扣联传递给提货方会员单位)，只作为核算进项税额的凭证，不得作为财务核算的凭证。

七、会员单位和客户未发生实物交割的，应凭黄金交易所开具的《黄金交易结算发票》(结算联)，向会员单位和客户所在地税务机关办理免税手续。

八、为便于增值税的征收管理，黄金交易所应加强对会员单位和客户的基础管理工作，会员单位的自营黄金交易与代理客户的黄金交易应分别进行核算。

国家税务总局关于金融机构开展个人实物黄金交易业务增值税有关问题的通知

2005 年 11 月 7 日　国税发〔2005〕178 号

各省、自治区、直辖市和计划单列市国家税务局：

近接部分金融机构来文，反映其经中国人民银行、中国银行业监督管理委员会批准，在所属分理处、储蓄所等营业场所内开展个人实物黄金交易业务，即向社会公开销售刻有不同字样的特制实物金条等黄金制品，并依照市场价格向购买者购回所售金条，由分行统一清算交易情况。对于金融机构销售实物黄金的行为，应当照章征收增值税，考虑到金融机构征收管理的特殊性，为加强税收管理，促进交易发展，现将有关问题通知如下：

一、对于金融机构从事的实物黄金交易业务，实行金融机构各省级分行和直属一级分行所属地市级分行、支行按照规定的预征率预缴增值税，由省级分行和直属一级分行统一清算缴纳的办法。

(一) 发生实物黄金交易行为的分理处、储蓄所等应按月计算实物黄金的销售数量、金额，上报其上级支行。

(二) 各支行、分理处、储蓄所应依法向机构所在地主管国家税务局申请办理税务登记。各支行应按月汇总所属分理处、储蓄所上报的实物黄金销售额和本支行的实物黄金销售额，按照规定的预征率计算增值税预征税额，向主管税务机关申报缴纳增值税。

$$预征税额 = 销售额 \times 预征率$$

(三) 各省级分行和直属一级分行应向机构所在地主管国家税务局申请办理税务登记，申请认定增值税一般纳税人资格。按月汇总所属地市分行或支行上报的实物黄金销售额和进项税额，按照一般纳税人方法计算增值税应纳税额，根据已预征税额计算应补税额，向主管税务机关申报缴纳。

$$应纳税额 = 销项税额 - 进项税额$$
$$应补税额 = 应纳税额 - 预征税额$$

当期进项税额大于销项税额的，其留抵税额结转下期抵扣，预征税额大于应纳税额的，在下期增值税应纳税额中抵减。

(四) 从事实物黄金交易业务的各级金融机构取得的进项税额，应当按照现行规定划分不可抵扣的进项税额,作进项税额转出处理。

(五)预征率由各省级分行和直属一级分行所在地省级国家税务局确定。

注释:根据《国家税务总局关于修改部分税收规范性文件的公告》(2018年6月15日,国家税务总局公告2018年第31号)规定,自2018年6月15日起,本文第一条中的"国家税务局"修改为"税务局"。

二、金融机构所属分行、支行、分理处、储蓄所等销售实物黄金时,应当向购买方开具国家税务总局统一监制的普通发票,不得开具银行自制的金融专业发票,普通发票领购事宜由各分行、支行办理。

三、各地在执行中遇到的问题,应及时向总局(流转税管理司)报告。

注释:根据《国家税务总局关于修改部分税收规范性文件的公告》(2018年6月15日,国家税务总局公告2018年第31号)规定,自2018年6月15日起,本文第三条中的"流转税管理司"修改为"货物劳务税司"。

国家税务总局关于增值税一般纳税人期货交易有关增值税问题的通知

2005年11月9日 国税函〔2005〕1060号

各省、自治区、直辖市、计划单列市国家税务局:

为合理解决期货交易升贴水有关税款征收与专用发票开具问题,现将增值税一般纳税人期货交易有关增值税政策通知如下:

一、增值税一般纳税人在商品交易所通过期货交易销售货物的,无论发生升水或贴水,均可按照标准仓单持有凭证(式样见附件1)所注明货物的数量和交割结算价开具增值税专用发票。

二、对于期货交易中仓单注册人注册货物时发生升水的,该仓单注销(即提取货物退出期货流通)时,注册人应当就升水部分款项向注销人开具增值税专用发票,同时计提销项税额,注销人凭取得的专用发票计算抵扣进项税额。

发生贴水的,该仓单注销时,注册人应当就贴水部分款项向注销人开具负数增值税专用发票,同时冲减销项税额,注销人凭取得的专用发票调减进项税额,不得由仓单注销人向仓单注册人开具增值税专用发票。注册人开具负数专用发票时,应当取得商品交易所出具的《标准仓单注册升贴水单》或《标准仓单注销升贴水单》(式样见附件2、附件3),按照所注明的升贴水金额向注销人开具,并将升贴水单留存以备主管税务机关检查。

三、本通知自2005年12月1日起执行。12月1日前注册的期货仓单交易增值税征管问题仍按《国家税务总局关于印发〈货物期货征收增值税具体办法〉的通知》(国税发〔1994〕244号)及有关规定执行。

四、本通知所称升水,是指按照规定的期货交易规则,所注册货物的等级、重量、类别、仓库位置等相比基准品、基准仓库为优的,交易所通过升贴水账户支付给货物注册方的一定差价金额。发生升水时,经多次交易后,标准仓单持有人提取货物注销仓单时,交易所需通过升贴水账户向注销人收取与升水额相等的金额。

所称贴水,是指按照规定的期货交易规则,所注册货物的等级、重量、类别、仓库位置等相比基准品、基准仓库为劣的,交易所通过升贴水账户向货物注册方收取的一定差价金额。发生贴水时,经多次交易后,标准仓单持有人提取货物注销仓单时,交易所需通过升贴水账户向注销人支付与贴水额相等的金额。

五、本通知执行中遇有问题,请及时上报总局(流转税管理司)。

附件:1. ××商品交易所标准仓单持有凭证(式样)(略)

　　　2. ××商品交易所标准仓单注册升贴水单(式样)(略)

　　　3. ××商品交易所标准仓单注销升贴水单(式样)(略)

 国家税务总局关于印发《钻石交易增值税征收管理办法》的通知

2006 年 8 月 28 日　国税发〔2006〕131 号

各省、自治区、直辖市和计划单列市国家税务局:

为加强钻石交易增值税征收管理,总局制定了《钻石交易增值税征收管理办法》,现印发给你们,自 2006 年 7 月 1 日起执行。执行中发现问题,请及时向总局(流转税管理司)报告。

钻石交易增值税征收管理办法

第一条　为了加强钻石交易的增值税征收管理,根据《中华人民共和国税收征收管理法》《中华人民共和国增值税暂行条例》及有关税收政策规定,制定本办法。

第二条　上海钻石交易所(以下简称钻交所)是经国务院批准设立,办理钻石进出口手续和对钻石交易实行保税政策的交易场所。

第三条　本办法所称钻石,包括毛坯钻石和成品钻石。

第四条　钻交所应根据《中华人民共和国进/出境货物备案清单》(以下简称:备案清单)或《中华人民共和国海关进/出口货物报关单》(以下简称:报关单)及对海关开具的进出钻交所的《钻石交易核准单》(以下简称:核准单)进行编号登记。

第五条　按照《上海钻石交易所章程》和《上海钻石交易所交易规则》注册登记的专门经营钻石的所有会员单位应当在规定的时间内,向钻交所所在地的税务机关申请办理税务登记和申请办理增值税一般纳税人资格认定。税务机关对经审核符合条件的,认定为一般纳税人,不纳入辅导期管理。

第六条　会员单位通过钻交所进口销往国内市场的毛坯钻石,免征国内环节增值税,并可通过防伪税控"一机多票"系统开具普通发票;会员单位通过钻交所进口销往国内市场的成品钻石,凭海关完税凭证和核准单(须一一对应),通过税务机关或税务机关指定的专业从事税务代理业务的中介机构使用增值税防伪税控主机共享服务系统开具增值税专用发票。如发生退货,需要开具红字增值税专用发票的,除按现行有关规定处理外,还应收回核准单(原件);钻石出口不得开具增值税专用发票。

国内开采或加工的钻石,通过钻交所销售的,在国内销售环节免征增值税,可凭核准单开具普通发票;不通过钻交所销售的,在国内销售环节照章征收增值税,并可按规定开具专用发票。

第七条　会员单位通过钻交所进口成品钻石,凭海关完税凭证上注明的代征增值税税额抵扣,并将对应的核准单编号后,按规定向主管税务机关备案登记。

第八条　会员单位应根据增值税专用发票、核准单、备案清单或报关单等对成品钻石销售进行编号登记,并按规定报送主管税务机关。登记的主要内容是:进口单位名称、国际代码、商品名称及规格型号、数量及单位、报关单或备案清单号码、进口日期、原产国(地区)、总价、购买方单位名称、税务登记代码、专用发票代码、号码、核准单号等。会员单位主管税务机关应于每季度终了 15 日内向购买方的主管税务机关发送其从钻交所购入钻石的发票清单,主要内容是:所属期限、进口单位名称、专用发票代码和号码、商品名称及规格型号、数量及单位等。

第九条 从钻交所会员单位购进成品钻石的增值税一般纳税人,在向会员单位索取增值税专用发票抵扣联的同时,必须向其索取核准单(第三联),以备税务机关核查。

第十条 从钻交所会员单位购进成品钻石的所有单位(包括加工钻石饰品等单位)应当按规定对钻石交易、库存、委托加工等情况设置明细账簿,按月向其主管税务机关申报钻石购、销、损、存的明细情况。购买方主管税务机关应根据钻交所会员单位主管税务机关发送来的发票清单信息与核准单相关信息按季进行核实,发现异常的,应立即移送稽查部门实施税务稽查。

第十一条 违反本办法,由主管税务机关按照有关法律、行政法规处理。

第十二条 本办法由国家税务总局负责解释。

国家税务总局关于纳税人加工和销售珠宝玉石征收增值税问题的批复

2007 年 12 月 23 日　国税函〔2007〕1286 号

云南省国家税务局:

你局《关于珠宝玉石企业认定为增值税一般纳税人后增值税适用税率的紧急请示》(云国税发〔2007〕126 号)收悉。经研究,批复如下:

对于加工、销售珠宝玉石的纳税人应按现行有关增值税一般纳税人认定管理规定办理认定手续。凡认定为一般纳税人的,应依照适用税率征收增值税,不得实行简易征收办法征收增值税。

国家税务总局关于印发《上海期货交易所黄金期货交易增值税征收管理办法》的通知

2008 年 5 月 4 日　国税发〔2008〕46 号

各省、自治区、直辖市和计划单列市国家税务局:

为了促进黄金期货交易市场发展,加强黄金期货交易增值税征收管理,根据《财政部　国家税务总局关于黄金期货交易有关税收政策的通知》(财税〔2008〕5 号)规定,国家税务总局制定了《上海期货交易所黄金期货交易增值税征收管理办法》,现印发给你们,请遵照执行。各地在黄金期货交易增值税征管过程中发现问题,应及时上报国家税务总局(流转税管理司)。

上海期货交易所黄金期货交易增值税征收管理办法

第一条 根据《中华人民共和国税收征收管理法》及实施细则、《中华人民共和国增值税暂行条例》及实施细则、《财政部　国家税务总局关于黄金期货交易有关税收政策的通知》(财税〔2008〕5 号)等规定,制定本办法。

第二条 本办法所规定的"黄金"是指标准黄金,即成色与规格同时符合以下标准的金锭、金条及金块等黄金原料：

　　　　成色：AU9999，AU9995，AU999，AU995。

　　　　规格：50克，100克，1公斤，3公斤，12.5公斤。

　　　　非标准黄金，即成色与规格不同时符合以上标准的黄金原料，不适用本办法。

第三条　上海期货交易所黄金期货交易增值税的征收管理按以下规定执行：

（一）上海期货交易所应向主管税务机关申请印制《黄金结算专用发票》（一式三联，分为结算联、发票联和存根联）。

（二）上海期货交易所会员和客户，通过上海期货交易所进行黄金期货交易并发生实物交割的，按照以下规定办理：

1. 卖方会员或客户按交割结算价向上海期货交易所开具普通发票，对其免征增值税。上海期货交易所按交割结算价向卖方提供《黄金结算专用发票》结算联，发票联、存根联由交易所留存。

2. 买方会员或客户未提取黄金出库的，由上海期货交易所按交割结算价开具《黄金结算专用发票》并提供发票联，存根联、结算联由上海期货交易所留存。

3. 买方会员或客户提取黄金出库的，应向上海期货交易所主管税务机关出具期货交易交割结算单、标准仓单出库确认单、溢短结算单，由税务机关按实际交割价和提货数量，代上海期货交易所向具有增值税一般纳税人资格的买方会员或客户（提货方）开具增值税专用发票（抵扣联），增值税专用发票的发票联和记账联由上海期货交易所留存，抵扣联传递给提货方会员或客户。

买方会员或客户（提货方）不属于增值税一般纳税人的，不得向其开具增值税专用发票。

（三）上海期货交易所应对黄金期货交割并提货环节的增值税税款实行单独核算，并享受增值税即征即退政策，同时免征城市维护建设税、教育费附加。

第四条　会员和客户按以下规定核算增值税进项税额：

（一）上海期货交易所会员或客户（中国人民银行除外）应对在上海期货交易所或黄金交易所办理黄金实物交割提取出库时取得的进项税额实行单独核算，按取得的税务机关代开的增值税专用发票上注明的增值税税额（包括相对应的买入量）单独记账。

对会员或客户从上海期货交易所或黄金交易所购入黄金（指提货出库后）再通过上海期货交易所卖出的，应计算通过上海期货交易所卖出黄金进项税额的转出额，并从当期进项税额中转出，同时计入成本；对当期账面进项税额小于通过下列公式计算出的应转出的进项税额，其差额部分应当立即补征入库。

$$应转出的进项税额 = 单位进项税额 × 当期黄金卖出量$$
$$单位进项税额 = 购入黄金的累计进项税额 ÷ 累计黄金购入额$$

（二）对上海期货交易所会员或客户（中国人民银行除外）通过上海期货交易所销售企业原有库存黄金，应按实际成交价格计算相应进项税额的转出额，并从当期进项税额中转出，计入成本。

$$应转出的进项税额 = 销售库存黄金实际成交价格 ÷ （1＋增值税税率） × 增值税税率$$

（三）买方会员或客户（提货方）取得增值税专用发票抵扣联后，应按发票上注明的税额从黄金材料成本科目中转入"应交税金——进项税额"科目，核算进项税额。

第五条　增值税专用发票的单价和金额、税额按以下规定确定：

上海期货交易所买方会员或客户(提货方)提货出库时,主管税务机关代开增值税专用发票上注明的单价,应由实际交割货款和提货数量确定,但不包括手续费、仓储费等其他费用。其中,实际交割货款由交割货款和溢短结算货款组成,交割货款按后进先出法原则确定。具体计算公式如下:

$$税额 = 金额 \times 增值税税率$$
$$金额 = 数量 \times 单价$$
$$单价 = 实际交割价 \div (1 + 增值税税率)$$
$$实际交割价 = 实际交割货款 \div 提货数量$$
$$实际交割货款 = 交割货款 + 溢短结算货款$$
$$交割货款 = 标准仓单张数 \times 每张仓单标准数量 \times 交割结算价$$
$$溢短结算货款 = 溢短 \times 溢短结算日前 \times 交易日上海期货交易所挂牌交易的最近月份黄金期货合约的结算价$$

其中,单价小数点后至少保留 6 位。

第六条 会员和客户应将上海期货交易所开具的《黄金结算专用发票》(发票联)作为会计记账凭证进行财务核算;买方会员和客户(提货方)取得税务部门代开的增值税专用发票(抵扣联),仅作为核算进项税额的凭证。

第七条 卖方会员或客户应凭上海期货交易所开具的《黄金结算专用发票》(结算联),向卖方会员或客户主管税务机关办理免税手续。

第八条 上海期货交易所会员应分别核算自营黄金期货交易、代理客户黄金期货交易与黄金实物交割业务的销售额以及增值税销项税额、进项税额、应纳税额。

第九条 本办法所规定的"提取黄金出库",是指期货交易所会员或客户从指定的金库中提取在期货交易所已交割的黄金的行为。

第十条 本办法由国家税务总局解释。

第十一条 本办法自 2008 年 1 月 1 日起执行。

国家税务总局关于金融机构销售贵金属增值税有关问题的公告

2013 年 3 月 15 日 国家税务总局公告 2013 年第 13 号

现将金融机构销售贵金属产品增值税有关问题公告如下:

一、金融机构从事经其行业主管部门(中国人民银行或中国银行业监督管理委员会)允许的金、银、铂等贵金属交易业务,可比照《国家税务总局关于金融机构开展个人实物黄金交易业务增值税有关问题的通知》(国税发〔2005〕178 号)规定,实行金融机构各省级分行和直属一级分行所在地市级分行、支行按照规定的预征率预缴增值税,省级分行和直属一级分行统一清算缴纳的办法。

经其行业主管部门允许,是指金融机构能够提供行业主管部门批准其从事贵金属交易业务的批复文件,或向行业主管部门报备的备案文件,或行业主管部门未限制其经营贵金属业务的有关证明文件。

二、已认定为增值税一般纳税人的金融机构,开展经其行业主管部门允许的贵金属交易业务时,可根据《增值税专用发票使用规定》(国税发〔2006〕156 号)及相关规定领购、使用增值税专用发票。

本公告自 2013 年 4 月 1 日起施行。

特此公告。

国家税务总局办公厅关于《国家税务总局关于金融机构销售贵金属增值税有关问题的公告》的解读

一、本该公告出台的背景

《国家税务总局关于金融机构开展个人实物黄金交易业务增值税有关问题的通知》（国税发〔2005〕178 号，以下简称"178 号通知"）规定，金融机构从事个人实物黄金交易业务，实行金融机构地市级分行、支行按照规定预征率预缴增值税，由省级分行和直属一级分行统一清算缴纳的办法。同时规定，金融机构销售实物黄金，应当向购买方开具增值税普通发票。

随着金融机构经营业务多元化发展，目前金融机构除开展个人实物黄金业务外，经行业主管部门允许，还对外销售银、铂金等贵重金属；除向个人销售黄金、白银等贵金属外，还开展金、银等贵金属的批发业务。

仅对黄金销售业务实行统一清算缴纳的办法，造成同一企业经营不同产品适用不同的征税方式，给企业核算带来困难；不能使用增值税专用发票，限制了金融机构贵金属批发业务的开展。因此，部分地区税务局报来请示，请求对金融机构销售银、铂金等贵重金属的征收管理问题以及开具增值税专用发票问题进行明确。

二、如何理解该公告内容？

为适应新的业务模式，便于金融机构核算管理，方便纳税，本公告明确，金融机构从事经其行业主管部门允许的贵金属交易业务，可比照销售个人实物黄金，实行统一清算缴纳的办法；已认定为增值税一般纳税人的金融机构，可根据《增值税专用发票使用规定》及相关规定领购、使用增值税专用发票。

三、如何确定金融机构从事的是"经其行业主管部门允许的贵金属交易业务"？

为便于纳税人办理和基层税务机关执行，公告明确规定，经其行业主管部门允许，是指金融机构能够提供行业主管部门批准其从事贵金属交易业务的批复文件，或向行业主管部门报备的备案文件，或行业主管部门未限制其经营贵金属业务的有关证明文件，如行业经营许可证等。

三、电　力　产　品

国家税务总局关于电力公司过网费收入征收增值税问题的批复

2004 年 5 月 19 日　国税函〔2004〕607 号

四川省国家税务局、地方税务局：

你局《关于电力公司过网费收入征收增值税问题的请示》（川国税发〔2004〕52 号）收悉。

经研究,现批复如下:

鉴于电力公司利用自身电网为发电企业输送电力过程中,需要利用输变电设备进行调压,属于提供加工劳务。根据《中华人民共和国增值税暂行条例》有关规定,电力公司向发电企业收取的过网费,应当征收增值税,不征收营业税。

电力产品增值税征收管理办法

2004 年 12 月 22 日　国家税务总局令第 10 号

《电力产品增值税征收管理办法》已经 2004 年 9 月 15 日第 4 次局务会议审议通过,现予公布。自 2005 年 2 月 1 日起施行。

电力产品增值税征收管理办法

第一条　为了加强电力产品增值税的征收管理,根据《中华人民共和国税收征收管理法》《中华人民共和国增值税暂行条例》《中华人民共和国增值税暂行条例实施细则》及其有关规定,结合电力体制改革以及电力产品生产、销售特点,制定本办法。

第二条　生产、销售电力产品的单位和个人为电力产品增值税纳税人,并按本办法规定缴纳增值税。

第三条　电力产品增值税的计税销售额为纳税人销售电力产品向购买方收取的全部价款和价外费用,但不包括收取的销项税额。价外费用是指纳税人销售电力产品在目录电价或上网电价之外向购买方收取的各种性质的费用。供电企业收取的电费保证金,凡逾期(超过合同约定时间)未退还的,一律并入价外费用缴纳增值税。

第四条　电力产品增值税的征收,区分不同情况,分别采取以下征税办法:

(一)发电企业(电厂、电站、机组,下同)生产销售的电力产品,按照以下规定计算缴纳增值税:

1. 独立核算的发电企业生产销售电力产品,按照现行增值税有关规定向其机构所在地主管税务机关申报纳税;具有一般纳税人资格或具备一般纳税人核算条件的非独立核算的发电企业生产销售电力产品,按照增值税一般纳税人的计算方法计算增值税,并向其机构所在地主管税务机关申报纳税。

2. 不具有一般纳税人资格且不具有一般纳税人核算条件的非独立核算的发电企业生产销售的电力产品,由发电企业按上网电量,依核定的定额税率计算发电环节的预缴增值税,且不得抵扣进项税额,向发电企业所在地主管税务机关申报纳税。计算公式为:

$$预征税额 = 上网电量 \times 核定的定额税率$$

(二)供电企业销售电力产品,实行在供电环节预征、由独立核算的供电企业统一结算的办法缴纳增值税,具体办法如下:

1. 独立核算的供电企业所属的区县级供电企业,凡能够核算销售额的,依核定的预征率计算供电环节的增值税,不得抵扣进项税额,向其所在地主管税务机关申报纳税;不能核算销售额的,由上一级供电企业预缴供电环节的增值税。计算公式为:

$$预征税额 = 销售额 \times 核定的预征率$$

2.供电企业随同电力产品销售取得的各种价外费用一律在预征环节依照电力产品适用的增值税税率征收增值税,不得抵扣进项税额。

(三)实行预缴方式缴纳增值税的发、供电企业按照隶属关系由独立核算的发、供电企业结算缴纳增值税,具体办法为:

独立核算的发、供电企业月末依据其全部销售额和进项税额,计算当期增值税应纳税额,并根据发电环节或供电环节预缴的增值税税额,计算应补(退)税额,向其所在地主管税务机关申报纳税。

计算公式为:

$$应纳税额 = 销项税额 - 进项税额$$
$$应补(退)税额 = 应纳税额 - 发(供)电环节预缴增值税额$$

独立核算的发、供电企业当期销项税额小于进项税额不足抵扣,或应纳税额小于发、供电环节预缴增值税税额形成多交增值税时,其不足抵扣部分和多交增值税额可结转下期抵扣或抵减下期应纳税额。

(四)发、供电企业的增值税预征率(含定额税率,下同),应根据发、供电企业上期财务核算和纳税情况、考虑当年变动因素测算核定,具体权限如下:

1.跨省、自治区、直辖市的发、供电企业增值税预征率由预缴增值税的发、供电企业所在地和结算增值税的发、供电企业所在地省级国家税务局共同测算,报国家税务总局核定;

2.省、自治区、直辖市范围内的发、供电企业增值税预征率由省级国家税务局核定。

发、供电企业预征率的执行期限由核定预征率的税务机关根据企业生产经营的变化情况确定。

(五)不同投资、核算体制的机组,由于隶属于各自不同的独立核算企业,应按上述规定分别缴纳增值税。

(六)对其他企事业单位销售的电力产品,按现行增值税有关规定缴纳增值税。

(七)实行预缴方式缴纳增值税的发、供电企业,销售电力产品取得的未并入上级独立核算发、供电企业统一核算的销售收入,应单独核算并按增值税的有关规定就地申报缴纳增值税。

第五条 实行预缴方式缴纳增值税的发、供电企业生产销售电力产品以外的其他货物和应税劳务,如果能准确核算销售额的,在发、供电企业所在地依适用税率计算缴纳增值税。不能准确核算销售额的,按其隶属关系由独立核算的发、供电企业统一计算缴纳增值税。

第六条 发、供电企业销售电力产品的纳税义务发生时间的具体规定如下:

(一)发电企业和其他企事业单位销售电力产品的纳税义务发生时间为电力上网并开具确认单据的当天。

(二)供电企业采取直接收取电费结算方式的,销售对象属于企事业单位,为开具发票的当天;属于居民个人,为开具电费缴纳凭证的当天。

(三)供电企业采取预收电费结算方式的,为发行电量的当天。

(四)发、供电企业将电力产品用于非应税项目、集体福利、个人消费,为发出电量的当天。

(五)发、供电企业之间互供电力,为双方核对计数量,开具抄表确认单据的当天。

(六)发、供电企业销售电力产品以外其他货物,其纳税义务发生时间按《中华人民共和国增值税暂行条例》及其实施细则的有关规定执行。

第七条 发、供电企业应按现行增值税的有关规定办理税务登记,进行增值税纳税申报。

实行预缴方式缴纳增值税的发、供电企业应按以下规定办理:

(一)实行预缴方式缴纳增值税的发、供电企业在办理税务开业、变更、注销登记时,应将税务登记证正本复印件按隶属关系逐级上报其独立核算的发、供电企业所在地主管税务机关留存。

独立核算的发、供电企业也应将税务登记证正本复印件报其所属的采用预缴方式缴纳增值税的发、供电企业所在地主管税务机关留存。

(二)采用预缴方式缴纳增值税的发、供电企业在申报纳税的同时,应将增值税进项税额和上网电量、电力产品销售额、其他产品销售额、价外费用、预征税额和查补税款分别归集汇总,填写《电力企业增值税销项税额和进项税额传递单》(样式附后,以下简称《传递单》)报送主管税务机关签章确认后,按隶属关系逐级汇总上报给独立核算发、供电企业;预征地主管税务机关也必须将确认后的《传递单》于收到当月传递给结算缴纳增值税的独立核算发、供电企业所在地主管税务机关。

(三)结算缴纳增值税的发、供电企业应按增值税纳税申报的统一规定,汇总计算本企业的全部销项税额、进项税额、应纳税额、应补(退)税额,于本月税款所属期后第二个月征期内向主管税务机关申报纳税。

(四)实行预缴方式缴纳增值税的发、供电企业所在地主管税务机关应定期对其所属企业纳税情况进行检查。发现申报不实,一律就地按适用税率全额补征税款,并将检查情况及结果发函通知结算缴纳增值税的独立核算发、供电企业所在地主管税务机关。独立核算发、供电企业所在地主管税务机关收到预征地税务机关的发函后,应督促发、供电企业调整申报表。对在预缴环节查补的增值税,独立核算的发、供电企业在结算缴纳增值税时可以予以抵减。

第八条 发、供电企业销售电力产品,应按《中华人民共和国发票管理办法》和增值税专用发票使用管理规定领购、使用和管理发票。

第九条 电力产品增值税的其他征税事项,按《中华人民共和国税收征收管理法》、《中华人民共和国税收征收管理法实施细则》《中华人民共和国增值税暂行条例》和《中华人民共和国增值税暂行条例实施细则》及其他有关规定执行。

第十条 本办法由国家税务总局负责解释。

第十一条 本办法自 2005 年 2 月 1 日起施行。

附件:1.《电力增值税销项税额和进项税额传递单》(略)

　　　2.《发、供电企业税收检查情况通报单》(略)

 国家税务总局关于供电企业收取并网服务费征收增值税问题的批复

2009 年 11 月 19 日　　国税函〔2009〕641 号

河南省国家税务局:

你局《关于供电行业收取并网服务费征收增值税问题的请示》(豫国税发〔2009〕232 号)收悉。经研究,批复如下:

供电企业利用自身输变电设备对并入电网的企业自备电厂生产的电力产品进行电压调节,属于提供加工劳务。根据《中华人民共和国增值税暂行条例》和《中华人民共和国营业税暂行条例》有关规定,对于上述供电企业进行电力调压并按电量向电厂收取的并网服务费,应当征收增值税,不征收营业税。

国家税务总局关于国家电网公司购买分布式光伏发电项目电力产品发票开具等有关问题的公告

2014 年 6 月 3 日　国家税务总局公告 2014 年第 32 号

为配合国家能源发展战略,促进光伏产业健康发展,现将国家电网公司所属企业购买分布式光伏发电项目电力产品发票开具及税款征收有关问题公告如下:

一、国家电网公司所属企业从分布式光伏发电项目发电户处购买电力产品,可由国家电网公司所属企业开具普通发票。

国家电网公司所属企业应将发电户名称(姓名)、地址(住址)、联系方式、结算时间、结算金额等信息进行详细登记,以备税务机关查验。

二、光伏发电项目发电户销售电力产品,按照税法规定应缴纳增值税的,可由国家电网公司所属企业按照增值税简易计税办法计算并代征增值税税款,同时开具普通发票;按照税法规定可享受免征增值税政策的,可由国家电网公司所属企业直接开具普通发票。

根据《财政部　国家税务总局关于光伏发电增值税政策的通知》(财税〔2013〕66 号),自 2013 年 10 月 1 日至 2015 年 12 月 31 日,国家电网公司所属企业应按发电户销售电力产品应纳税额的 50% 代征增值税税款。

主管税务机关应当与国家电网公司所属企业签订《委托代征协议书》,明确委托代征相关事宜。

三、本公告所称发电户,为《中华人民共和国增值税暂行条例》及实施细则规定的“其他个人和不经常发生应税行为的非企业性单位”。

四、本公告自 2014 年 7 月 1 日起执行。此前发生未处理的,按本公告规定执行。

特此公告。

国家税务总局办公厅关于《国家税务总局关于国家电网公司购买分布式光伏发电项目电力产品发票开具等有关问题的公告》的解读

一、公告出台的背景

为促进可再生能源的开发利用,国家鼓励各类业户,包括医院、学校、党政机关、居民社区等,在建筑物或构筑物上建设小型分布式光伏发电系统,按照“自发自用、余电上网、电网调节”的原则对光伏发电进行综合利用。

分布式光伏发电项目发电户可将自用剩余后的电力产品销售给国家电网公司所属企业。销售分布式发电余电产品的发电户以居民业户、非企业性单位居多,如果发电户逐一到税务机关代开普通发票,不仅增加了发电户销售电力产品的复杂程度,也不利于分布式光伏发电项目的推广,为配合国家能源发展战略,促进光伏产业健康发展,便于国家电网公司所属企业购买电力产品时与发电户之间结算,出台该公告。

二、公告主要内容

公告明确国家电网公司所属企业从分布式光伏发电项目发电户处购买电力产品,可由国家电网公司所属企业开具普通发票；光伏发电项目发电户销售电力产品，按照税法规定应缴纳增值税的，由国家电网公司所属企业按照增值税简易计税办法计算并代征增值税款。

《财政部 国家税务总局关于光伏发电增值税政策的通知》（财税〔2013〕66号）规定，自2013年10月1日至2015年12月31日，对纳税人销售自产的利用太阳能生产的电力产品实行增值税即征即退50%的政策。因此本公告明确，自2013年10月1日至2015年12月31日，国家电网公司所属企业应按发电户销售电力产品应纳税额的50%代征增值税税款。

发电户应仅为《中华人民共和国增值税暂行条例》及实施细则规定的"其他个人和不经常发生应税行为的非企业性单位"。

国家税务总局关于国网冀北电力有限公司增值税有关问题的批复

2015年5月26日　税总函〔2015〕283号

北京市、河北省国家税务局：

根据《电力产品增值税征收管理办法》（国家税务总局令第10号）第四条中关于预征率核定的规定，现将国网冀北电力有限公司增值税有关问题批复如下：

一、国网冀北电力有限公司延续原国网公司华北分部缴纳增值税的方式，实行在供电环节预征、总机构统一结算的办法计算缴纳增值税。

二、自2015年6月1日起，国网冀北电力有限公司电力产品供电环节增值税预征率按1.3%执行。

三、国网冀北电力有限公司应于每月申报期结束后10日内，将当月纳税申报资料报送河北省国家税务局。

四、化肥和农药

财政部 海关总署 国家税务总局关于农药税收政策的通知

2003年9月23日　财税〔2003〕186号

经国务院批准，现将有关农药的税收政策问题通知如下：

一、自2003年1月1日起，停止执行对部分列名进口农药（成药、原药）免征进口环节增值税的政策，已征收的保证金转为税款。

二、自2004年1月1日起，停止执行对部分进口农药原料及中间体进口环节增值税先征后返的政策。

三、自2004年1月1日起，《财政部 国家税务总局关于若干农业生产资料征免增值税政策通知》（财税〔2001〕113号）第一条第3项关于对国产农药免征生产环节增值税的政策停止执行。

财政部 海关总署 国家税务总局关于对化肥恢复征收增值税政策的通知

2015 年 8 月 10 日 财税〔2015〕90 号

各省、自治区、直辖市、计划单列市财政厅(局)、国家税务局,海关总署广东分署、各直属海关,新疆生产建设兵团财务局:

为优化农业生产投入结构,促进农业可持续发展,经国务院批准,化肥增值税优惠政策停止执行。现就有关政策明确如下:

一、自 2015 年 9 月 1 日起,对纳税人销售和进口化肥统一按 13%税率征收国内环节和进口环节增值税。钾肥增值税先征后返政策同时停止执行。

二、化肥的具体范围,仍然按照《国家税务总局关于印发〈增值税部分货物征税范围注释〉的通知》(国税发〔1993〕151 号)的规定执行。进口环节恢复征收增值税的化肥税号见附件。

三、财政部、国家税务总局《关于若干农业生产资料征免增值税政策的通知》(财税〔2001〕113 号)第一条第 2 项和第 4 项"化肥"的规定、《财政部 国家税务总局关于进口化肥税收政策问题的通知》(财税〔2002〕44 号)、《财政部 国家税务总局关于钾肥增值税有关问题的通知》(财税〔2004〕197 号)、《财政部 国家税务总局关于暂免征收尿素产品增值税的通知》(财税〔2005〕87 号)、《财政部 国家税务总局关于免征磷酸二铵增值税的通知》(财税〔2007〕171 号)自 2015 年 9 月 1 日起停止执行。

附件:进口环节恢复征收增值税的化肥税号

附件:进口环节恢复征收增值税的化肥税号

序 号	税 号	化肥名称
1	28342110	肥料用硝酸钾
2	31042090	其他氯化钾
3	31043000	硫酸钾
4	31052000	含氮、磷钾三种肥效元素的肥料
5	31053000	磷酸氯二铵
6	31056000	含磷、钾两种肥效元素的肥料

 财政部 国家税务总局关于对化肥恢复征收增值税政策的补充通知

2015 年 8 月 28 日 财税〔2015〕97 号

各省、自治区、直辖市、计划单列市财政厅(局)、国家税务局,新疆生产建设兵团财务局:

为解决化肥恢复征收增值税以前库存化肥的增值税问题,现就《财政部 海关总署 国家税务总局关于对化肥恢复征收增值税政策的通知》(财税〔2015〕90 号)补充通知如下:

一、自 2015 年 9 月 1 日起至 2016 年 6 月 30 日,对增值税一般纳税人销售的库存化肥,允许选择按照简易计税方法依照 3%征收率征收增值税。

二、化肥属于取消出口退(免)税的货物,仍按照《财政部 国家税务总局关于出口货物劳务增值税和消费税政策的通知》(财税〔2012〕39号)规定,其出口视同内销征收增值税。出口日期,以出口货物报关单(出口退税专用)上注明的出口日期为准。

出口的库存化肥,适用本通知第一条的规定。

三、纳税人应当单独核算库存化肥的销售额,未单独核算的,不得适用简易计税方法。

四、本通知所称的库存化肥,是指纳税人2015年8月31日前生产或购进的尚未销售的化肥。

五、《财政部　国家税务总局关于农民专业合作社有关税收政策的通知》(财税〔2008〕81号)第三条关于"化肥"的规定自2015年9月1日起停止执行。

国家税务总局关于化肥恢复征收增值税后库存化肥有关税收管理事项的公告

2015年9月15日　国家税务总局公告2015年第64号

根据《财政部　海关总署　国家税务总局关于对化肥恢复征收增值税政策的通知》(财税〔2015〕90号)和《财政部　国家税务总局关于对化肥恢复征收增值税政策的补充通知》(财税〔2015〕97号)有关规定,为落实好化肥恢复征收增值税相关政策,现就纳税人2015年8月31日前生产或购进尚未销售的化肥(以下简称库存化肥)有关事项公告如下:

一、2015年9月30日前,纳税人应将库存化肥品种、数量等资料向主管税务机关备案。

纳税人按期办理增值税纳税申报时,需随同纳税申报表向税务机关提交库存化肥销售情况的有关说明材料,详细列明本期销售库存化肥的品种、数量、发票开具份数、发票号码、发票代码、销售额、增值税税额等情况。

二、主管税务机关应建立库存化肥税收管理台账,按品种设立明细账目,记录纳税人库存化肥销售及结余数量的变化。

三、纳税人2016年7月1日后销售的库存化肥,一律按适用税率缴纳增值税。

四、主管税务机关应加强化肥恢复征收增值税后的税收管理,结合增值税发票及纳税申报数据,开展库存化肥销售、结余、报税的分析比对工作。同时,主管税务机关要进一步做好化肥恢复征收增值税政策的解释、宣传与辅导,确保税收政策调整平稳过渡。

五、本公告自发布之日起施行。

特此公告。

国家税务总局办公厅关于《国家税务总局关于化肥恢复征收增值税后库存化肥有关税收管理事项的公告》的解读

一、本公告出台的背景是什么?

经国务院批准,2015年8月10日,财政部会同我局、海关总署印发了《关于对化肥恢复征收增值税政策的通知》(财税〔2015〕90号),明确自2015年9月1日起,对纳税人销售和进口化肥统一按13%税率征收国内和进口环节增值税。考虑到生产和流通企业化肥库存量较大,为做好政策过渡和衔接工作,我们又会同财政部补充下发了《关于对化肥恢复征收增值税政策的补充通知》(财税〔2015〕97号),明确自2015年9月1日起至2016年6月30日,对增值税一般纳税人销售的库存化肥,允许选择简易计税方法依照3%征收率征收增值税,缓解企业在政策过渡期,销售库存化肥税负较高的问题。

二、本公告明确了哪些问题?

本公告主要明确了两个方面的问题:

一是明确了纳税人主动向税务机关进行库存化肥备案的事项。纳税人应于2015年9月30日前,将2015年8月31日前生产或购进的尚未销售化肥的品种、数量等资料向主管税务机关备案,并在此后每月申报缴纳增值税时,一并出具库存化肥销售情况的报告材料,详细说明当月销售库存化肥的品种、数量、发票开具份数、发票号码、发票代码、销售额、增值税税额等情况。

二是明确了主管税务机关对库存化肥进行台账管理的方法。主管税务机关应建立纳税人库存化肥税收管理台账,根据纳税人期初库存化肥的品种设立明细账目,按照纳税人逐月上报的报告材料,分品种详细记录库存化肥数量变化。税务机关还应加强化肥恢复征收增值税后的税收管理,结合增值税发票管理情况和纳税人增值税申报材料,强化对纳税人税收数据的比对分析,并进一步做好化肥恢复征收增值税政策的宣传辅导工作等。

第六部分 ‖ 征 收 管 理

一、发 票 管 理

（一）基本政策法规

 ## 中华人民共和国发票管理办法

2010 年 12 月 20 日　国务院令第 587 号

1993 年 12 月 12 日国务院批准、1993 年 12 月 23 日财政部令第 6 号发布,根据《国务院关于修改〈中华人民共和国发票管理办法〉的决定》(2010 年 12 月 20 日,国务院令第 587 号)进行了修改并重新发布,自 2011 年 2 月 1 日起施行。

第一章　总　　则

第一条　为了加强发票管理和财务监督,保障国家税收收入,维护经济秩序,根据《中华人民共和国税收征收管理法》,制定本办法。

第二条　在中华人民共和国境内印制、领购、开具、取得、保管、缴销发票的单位和个人(以下称印制、使用发票的单位和个人),必须遵守本办法。

第三条　本办法所称发票,是指在购销商品、提供或者接受服务以及从事其他经营活动中,开具、收取的收付款凭证。

第四条　国务院税务主管部门统一负责全国的发票管理工作。省、自治区、直辖市国家税务局和地方税务局(以下统称省、自治区、直辖市税务机关)依据各自的职责,共同做好本行政区域内的发票管理工作。

财政、审计、工商行政管理、公安等有关部门在各自的职责范围内,配合税务机关做好发票管理工作。

第五条　发票的种类、联次、内容以及使用范围由国务院税务主管部门规定。

第六条　对违反发票管理法规的行为,任何单位和个人可以举报。税务机关应当为检举人保密,并酌情给予奖励。

第二章　发票的印制

第七条　增值税专用发票由国务院税务主管部门确定的企业印制；其他发票，按照国务院税务主管部门的规定，由省、自治区、直辖市税务机关确定的企业印制。禁止私自印制、伪造、变造发票。

第八条　印制发票的企业应当具备下列条件：

（一）取得印刷经营许可证和营业执照；

（二）设备、技术水平能够满足印制发票的需要；

（三）有健全的财务制度和严格的质量监督、安全管理、保密制度。

税务机关应当以招标方式确定印制发票的企业，并发给发票准印证。

第九条　印制发票应当使用国务院税务主管部门确定的全国统一的发票防伪专用品。禁止非法制造发票防伪专用品。

第十条　发票应当套印全国统一发票监制章。全国统一发票监制章的式样和发票版面印刷的要求，由国务院税务主管部门规定。发票监制章由省、自治区、直辖市税务机关制作。禁止伪造发票监制章。

发票实行不定期换版制度。

第十一条　印制发票的企业按照税务机关的统一规定，建立发票印制管理制度和保管措施。

发票监制章和发票防伪专用品的使用和管理实行专人负责制度。

第十二条　印制发票的企业必须按照税务机关批准的式样和数量印制发票。

第十三条　发票应当使用中文印制。民族自治地方的发票，可以加印当地一种通用的民族文字。有实际需要的，也可以同时使用中外两种文字印制。

第十四条　各省、自治区、直辖市内的单位和个人使用的发票，除增值税专用发票外，应当在本省、自治区、直辖市内印制；确有必要到外省、自治区、直辖市印制的，应当由省、自治区、直辖市税务机关商印制地省、自治区、直辖市税务机关同意，由印制地省、自治区、直辖市税务机关确定的企业印制。

禁止在境外印制发票。

第三章　发票的领购

第十五条　需要领购发票的单位和个人，应当持税务登记证件、经办人身份证明、按照国务院税务主管部门规定式样制作的发票专用章的印模，向主管税务机关办理发票领购手续。主管税务机关根据领购单位和个人的经营范围和规模，确认领购发票的种类、数量以及领购方式，在 5 个工作日内发给发票领购簿。

单位和个人领购发票时，应当按照税务机关的规定报告发票使用情况，税务机关应当按照规定进行查验。

第十六条　需要临时使用发票的单位和个人，可以凭购销商品、提供或者接受服务以及从事其他经营活动的书面证明、经办人身份证明，直接向经营地税务机关申请代开发票。依照税收法律、行政法规规定应当缴纳税款的，税务机关应当先征收税款，再开具发票。税务机关根据发票管理的需要，可以按照国务院税务主管部门的规定委托其他单位代开发票。

禁止非法代开发票。

第十七条 临时到本省、自治区、直辖市以外从事经营活动的单位或者个人,应当凭所在地税务机关的证明,向经营地税务机关领购经营地的发票。

临时在本省、自治区、直辖市以内跨市、县从事经营活动领购发票的办法,由省、自治区、直辖市税务机关规定。

第十八条 税务机关对外省、自治区、直辖市来本辖区从事临时经营活动的单位和个人领购发票的,可以要求其提供保证人或者根据所领购发票的票面限额以及数量交纳不超过1万元的保证金,并限期缴销发票。

按期缴销发票的,解除保证人的担保义务或者退还保证金;未按期缴销发票的,由保证人或者以保证金承担法律责任。

税务机关收取保证金应当开具资金往来结算票据。

第四章　发票的开具和保管

第十九条 销售商品、提供服务以及从事其他经营活动的单位和个人,对外发生经营业务收取款项,收款方应当向付款方开具发票;特殊情况下,由付款方向收款方开具发票。

第二十条 所有单位和从事生产、经营活动的个人在购买商品、接受服务以及从事其他经营活动支付款项,应当向收款方取得发票。取得发票时,不得要求变更品名和金额。

第二十一条 不符合规定的发票,不得作为财务报销凭证,任何单位和个人有权拒收。

第二十二条 开具发票应当按照规定的时限、顺序、栏目,全部联次一次性如实开具,并加盖发票专用章。

任何单位和个人不得有下列虚开发票行为:

(一)为他人、为自己开具与实际经营业务情况不符的发票;

(二)让他人为自己开具与实际经营业务情况不符的发票;

(三)介绍他人开具与实际经营业务情况不符的发票。

第二十三条 安装税控装置的单位和个人,应当按照规定使用税控装置开具发票,并按期向主管税务机关报送开具发票的数据。

使用非税控电子器具开具发票的,应当将非税控电子器具使用的软件程序说明资料报主管税务机关备案,并按照规定保存、报送开具发票的数据。

国家推广使用网络发票管理系统开具发票,具体管理办法由国务院税务主管部门制定。

第二十四条 任何单位和个人应当按照发票管理规定使用发票,不得有下列行为:

(一)转借、转让、介绍他人转让发票、发票监制章和发票防伪专用品;

(二)知道或者应当知道是私自印制、伪造、变造、非法取得或者废止的发票而受让、开具、存放、携带、邮寄、运输;

(三)拆本使用发票;

(四)扩大发票使用范围;

(五)以其他凭证代替发票使用。

税务机关应当提供查询发票真伪的便捷渠道。

第二十五条 除国务院税务主管部门规定的特殊情形外,发票限于领购单位和个人在本省、自治区、直辖市内开具。

省、自治区、直辖市税务机关可以规定跨市、县开具发票的办法。

第二十六条 除国务院税务主管部门规定的特殊情形外,任何单位和个人不得跨规定的使用区域携带、邮寄、运输空白发票。

禁止携带、邮寄或者运输空白发票出入境。

第二十七条 开具发票的单位和个人应当建立发票使用登记制度,设置发票登记簿,并定期向主管税务机关报告发票使用情况。

第二十八条 开具发票的单位和个人应当在办理变更或者注销税务登记的同时,办理发票和发票领购簿的变更、缴销手续。

第二十九条 开具发票的单位和个人应当按照税务机关的规定存放和保管发票,不得擅自损毁。已经开具的发票存根联和发票登记簿,应当保存5年。保存期满,报经税务机关查验后销毁。

第五章 发票的检查

第三十条 税务机关在发票管理中有权进行下列检查:

(一)检查印制、领购、开具、取得、保管和缴销发票的情况;

(二)调出发票查验;

(三)查阅、复制与发票有关的凭证、资料;

(四)向当事各方询问与发票有关的问题和情况;

(五)在查处发票案件时,对与案件有关的情况和资料,可以记录、录音、录像、照相和复制。

第三十一条 印制、使用发票的单位和个人,必须接受税务机关依法检查,如实反映情况,提供有关资料,不得拒绝、隐瞒。

税务人员进行检查时,应当出示税务检查证。

第三十二条 税务机关需要将已开具的发票调出查验时,应当向被查验的单位和个人开具发票换票证。发票换票证与所调出查验的发票有同等的效力。被调出查验发票的单位和个人不得拒绝接受。

税务机关需要将空白发票调出查验时,应当开具收据;经查无问题的,应当及时返还。

第三十三条 单位和个人从中国境外取得的与纳税有关的发票或者凭证,税务机关在纳税审查时有疑义的,可以要求其提供境外公证机构或者注册会计师的确认证明,经税务机关审核认可后,方可作为记账核算的凭证。

第三十四条 税务机关在发票检查中需要核对发票存根联与发票联填写情况时,可以向持有发票或者发票存根联的单位发出发票填写情况核对卡,有关单位应当如实填写,按期报回。

第六章 罚 则

第三十五条 违反本办法的规定,有下列情形之一的,由税务机关责令改正,可以处1万元以下的罚款;有违法所得的予以没收:

(一)应当开具而未开具发票,或者未按照规定的时限、顺序、栏目,全部联次一次性开具发票,或者未加盖发票专用章的;

(二)使用税控装置开具发票,未按期向主管税务机关报送开具发票的数据的;

(三)使用非税控电子器具开具发票,未将非税控电子器具使用的软件程序说明资料报主管税务机关备案,或者未按照规定保存、报送开具发票的数据的;

（四）拆本使用发票的；

（五）扩大发票使用范围的；

（六）以其他凭证代替发票使用的；

（七）跨规定区域开具发票的；

（八）未按照规定缴销发票的；

（九）未按照规定存放和保管发票的。

第三十六条　跨规定的使用区域携带、邮寄、运输空白发票，以及携带、邮寄或者运输空白发票出入境的，由税务机关责令改正，可以处1万元以下的罚款；情节严重的，处1万元以上3万元以下的罚款；有违法所得的予以没收。

丢失发票或者擅自损毁发票的，依照前款规定处罚。

第三十七条　违反本办法第二十二条第二款的规定虚开发票的，由税务机关没收违法所得；虚开金额在1万元以下的，可以并处5万元以下的罚款；虚开金额超过1万元的，并处5万元以上50万元以下的罚款；构成犯罪的，依法追究刑事责任。

非法代开发票的，依照前款规定处罚。

第三十八条　私自印制、伪造、变造发票，非法制造发票防伪专用品，伪造发票监制章的，由税务机关没收违法所得，没收、销毁作案工具和非法物品，并处1万元以上5万元以下的罚款；情节严重的，并处5万元以上50万元以下的罚款；对印制发票的企业，可以并处吊销发票准印证；构成犯罪的，依法追究刑事责任。

前款规定的处罚，《中华人民共和国税收征收管理法》有规定的，依照其规定执行。

第三十九条　有下列情形之一的，由税务机关处1万元以上5万元以下的罚款；情节严重的，处5万元以上50万元以下的罚款；有违法所得的予以没收：

（一）转借、转让、介绍他人转让发票、发票监制章和发票防伪专用品的；

（二）知道或者应当知道是私自印制、伪造、变造、非法取得或者废止的发票而受让、开具、存放、携带、邮寄、运输的。

第四十条　对违反发票管理规定2次以上或者情节严重的单位和个人，税务机关可以向社会公告。

第四十一条　违反发票管理法规，导致其他单位或者个人未缴、少缴或者骗取税款的，由税务机关没收违法所得，可以并处未缴、少缴或者骗取的税款1倍以下的罚款。

第四十二条　当事人对税务机关的处罚决定不服的，可以依法申请行政复议或者向人民法院提起行政诉讼。

第四十三条　税务人员利用职权之便，故意刁难印制、使用发票的单位和个人，或者有违反发票管理法规行为的，依照国家有关规定给予处分；构成犯罪的，依法追究刑事责任。

第七章　附　则

第四十四条　国务院税务主管部门可以根据有关行业特殊的经营方式和业务需求，会同国务院有关主管部门制定该行业的发票管理办法。

国务院税务主管部门可以根据增值税专用发票管理的特殊需要，制定增值税专用发票的具体管理办法。

第四十五条　本办法自发布之日起施行。财政部1986年发布的《全国发票管理暂行办法》和原国家税务局1991年发布的《关于对外商投资企业和外国企业发票管理的暂行规定》

同时废止。

 中华人民共和国发票管理办法实施细则

2011 年 2 月 14 日 国家税务总局令第 25 号

第一章 总 则

第一条 根据《中华人民共和国发票管理办法》（以下简称《办法》）规定，制定本实施细则。

第二条 在全国范围内统一式样的发票，由国家税务总局确定。

在省、自治区、直辖市范围内统一式样的发票，由省、自治区、直辖市国家税务局、地方税务局（以下简称省税务机关）确定。

第三条 发票的基本联次包括存根联、发票联、记账联。存根联由收款方或开票方留存备查；发票联由付款方或受票方作为付款原始凭证；记账联由收款方或开票方作为记账原始凭证。

省以上税务机关可根据发票管理情况以及纳税人经营业务需要，增减除发票联以外的其他联次，并确定其用途。

第四条 发票的基本内容包括：发票的名称、发票代码和号码、联次及用途、客户名称、开户银行及账号、商品名称或经营项目、计量单位、数量、单价、大小写金额、开票人、开票日期、开票单位（个人）名称（章）等。

省以上税务机关可根据经济活动以及发票管理需要，确定发票的具体内容。

第五条 用票单位可以书面向税务机关要求使用印有本单位名称的发票，税务机关依据《办法》第十五条的规定，确认印有该单位名称发票的种类和数量。

注释：根据《国家税务总局关于修改〈中华人民共和国发票管理办法实施细则〉的决定》（2014年 12 月 27 日，国家税务总局令第 37 号）规定，本条修改为："用票单位可以书面向税务机关要求使用印有本单位名称的发票，税务机关依据《办法》第十五条的规定，确认印有该单位名称发票的种类和数量。"自 2015 年 3 月 1 日起施行。

第二章 发票的印制

第六条 发票准印证由国家税务总局统一监制，省税务机关核发。

税务机关应当对印制发票企业实施监督管理，对不符合条件的，应当取消其印制发票的资格。

第七条 全国统一的发票防伪措施由国家税务总局确定，省税务机关可以根据需要增加本地区的发票防伪措施，并向国家税务总局备案。

发票防伪专用品应当按照规定专库保管，不得丢失。次品、废品应当在税务机关监督下集中销毁。

第八条 全国统一发票监制章是税务机关管理发票的法定标志，其形状、规格、内容、印色由国家税务总局规定。

第九条 全国范围内发票换版由国家税务总局确定；省、自治区、直辖市范围内发票换版由省税务机关确定。

发票换版时,应当进行公告。

第十条 监制发票的税务机关根据需要下达发票印制通知书,被指定的印制企业必须按照要求印制。

发票印制通知书应当载明印制发票企业名称、用票单位名称、发票名称、发票代码、种类、联次、规格、印色、印制数量、起止号码、交货时间、地点等内容。

第十一条 印制发票企业印制完毕的成品应当按照规定验收后专库保管,不得丢失。废品应当及时销毁。

第三章 发票的领购

第十二条 《办法》第十五条所称经办人身份证明是指经办人的居民身份证、护照或者其他能证明经办人身份的证件。

第十三条 《办法》第十五条所称发票专用章是指用票单位和个人在其开具发票时加盖的有其名称、税务登记号、发票专用章字样的印章。

发票专用章式样由国家税务总局确定。

第十四条 税务机关对领购发票单位和个人提供的发票专用章的印模应当留存备查。

第十五条 《办法》第十五条所称领购方式是指批量供应、交旧购新或者验旧购新等方式。

第十六条 《办法》第十五条所称发票领购簿的内容应当包括用票单位和个人的名称、所属行业、购票方式、核准购票种类、开票限额、发票名称、领购日期、准购数量、起止号码、违章记录、领购人签字(盖章)、核发税务机关(章)等内容。

第十七条 《办法》第十五条所称发票使用情况是指发票领用存情况及相关开票数据。

第十八条 税务机关在发售发票时,应当按照核准的收费标准收取工本管理费,并向购票单位和个人开具收据。发票工本费征缴办法按照国家有关规定执行。

第十九条 《办法》第十六条所称书面证明是指有关业务合同、协议或者税务机关认可的其他资料。

第二十条 税务机关应当与受托代开发票的单位签订协议,明确代开发票的种类、对象、内容和相关责任等内容。

第二十一条 《办法》第十八条所称保证人,是指在中国境内具有担保能力的公民、法人或者其他经济组织。

保证人同意为领购发票的单位和个人提供担保的,应当填写担保书。担保书内容包括:担保对象、范围、期限和责任以及其他有关事项。

担保书须经购票人、保证人和税务机关签字盖章后方为有效。

第二十二条 《办法》第十八条第二款所称由保证人或者以保证金承担法律责任,是指由保证人缴纳罚款或者以保证金缴纳罚款。

第二十三条 提供保证人或者交纳保证金的具体范围由省税务机关规定。

第四章 发票的开具和保管

第二十四条 《办法》第十九条所称特殊情况下,由付款方向收款方开具发票,是指下列情况:

（一）收购单位和扣缴义务人支付个人款项时；

（二）国家税务总局认为其他需要由付款方向收款方开具发票的。

第二十五条 向消费者个人零售小额商品或者提供零星服务的，是否可免予逐笔开具发票，由省税务机关确定。

第二十六条 填开发票的单位和个人必须在发生经营业务确认营业收入时开具发票。未发生经营业务一律不准开具发票。

第二十七条 开具发票后，如发生销货退回需开红字发票的，必须收回原发票并注明"作废"字样或取得对方有效证明。

开具发票后，如发生销售折让的，必须在收回原发票并注明"作废"字样后重新开具销售发票或取得对方有效证明后开具红字发票。

第二十八条 单位和个人在开具发票时，必须做到按照号码顺序填开，填写项目齐全，内容真实，字迹清楚，全部联次一次打印，内容完全一致，并在发票联和抵扣联加盖发票专用章。

第二十九条 开具发票应当使用中文。民族自治地方可以同时使用当地通用的一种民族文字。

第三十条 《办法》第二十六条所称规定的使用区域是指国家税务总局和省税务机关规定的区域。

第三十一条 使用发票的单位和个人应当妥善保管发票。发生发票丢失情形时，应当于发现丢失当日书面报告税务机关，并登报声明作废。

第五章 发票的检查

第三十二条 《办法》第三十二条所称发票换票证仅限于在本县（市）范围内使用。需要调出外县（市）的发票查验时，应当提请该县（市）税务机关调取发票。

第三十三条 用票单位和个人有权申请税务机关对发票的真伪进行鉴别。收到申请的税务机关应当受理并负责鉴别发票的真伪；鉴别有困难的，可以提请发票监制税务机关协助鉴别。

在伪造、变造现场以及买卖地、存放地查获的发票，由当地税务机关鉴别。

第六章 罚 则

第三十四条 税务机关对违反发票管理法规的行为进行处罚，应当将行政处罚决定书面通知当事人；对违反发票管理法规的案件，应当立案查处。

对违反发票管理法规的行政处罚，由县以上税务机关决定；罚款额在 2 000 元以下的，可由税务所决定。

第三十五条 《办法》第四十条所称的公告是指，税务机关应当在办税场所或者广播、电视、报纸、期刊、网络等新闻媒体上公告纳税人发票违法的情况。公告内容包括：纳税人名称、纳税人识别号、经营地点、违反发票管理法规的具体情况。

第三十六条 对违反发票管理法规情节严重构成犯罪的，税务机关应当依法移送司法机关处理。

第七章 附 则

第三十七条 《办法》和本实施细则所称"以上""以下"均含本数。

第三十八条 本实施细则自 2011 年 2 月 1 日起施行。

网络发票管理办法

2013 年 2 月 25 日 国家税务总局令第 30 号

《网络发票管理办法》已经 2013 年 1 月 25 日国家税务总局第 1 次局务会议审议通过,现予公布,自 2013 年 4 月 1 日起施行。

国家税务总局局长:肖捷

2013 年 2 月 25 日

网络发票管理办法

第一条 为加强普通发票管理,保障国家税收收入,规范网络发票的开具和使用,根据《中华人民共和国发票管理办法》规定,制定本办法。

第二条 在中华人民共和国境内使用网络发票管理系统开具发票的单位和个人办理网络发票管理系统的开户登记、网上领取发票手续、在线开具、传输、查验和缴销等事项,适用本办法。

第三条 本办法所称网络发票是指符合国家税务总局统一标准并通过国家税务总局及省、自治区、直辖市国家税务局、地方税务局公布的网络发票管理系统开具的发票。

国家积极推广使用网络发票管理系统开具发票。

第四条 税务机关应加强网络发票的管理,确保网络发票的安全、唯一、便利,并提供便捷的网络发票信息查询渠道;应通过应用网络发票数据分析,提高信息管税水平。

第五条 税务机关应根据开具发票的单位和个人的经营情况,核定其在线开具网络发票的种类、行业类别、开票限额等内容。

开具发票的单位和个人需要变更网络发票核定内容的,可向税务机关提出书面申请,经税务机关确认,予以变更。

第六条 开具发票的单位和个人开具网络发票应登录网络发票管理系统,如实完整填写发票的相关内容及数据,确认保存后打印发票。

开具发票的单位和个人在线开具的网络发票,经系统自动保存数据后即完成开票信息的确认、查验。

第七条 单位和个人取得网络发票时,应及时查询验证网络发票信息的真实性、完整性,对不符合规定的发票,不得作为财务报销凭证,任何单位和个人有权拒收。

第八条 开具发票的单位和个人需要开具红字发票的,必须收回原网络发票全部联次或取得受票方出具的有效证明,通过网络发票管理系统开具金额为负数的红字网络发票。

第九条 开具发票的单位和个人作废开具的网络发票,应收回原网络发票全部联次,注明"作废",并在网络发票管理系统中进行发票作废处理。

第十条 开具发票的单位和个人应当在办理变更或者注销税务登记的同时,办理网络发票管理系统的用户变更、注销手续并缴销空白发票。

第十一条 税务机关根据发票管理的需要,可以按照国家税务总局的规定委托其他单位通过网络发票管理系统代开网络发票。

税务机关应当与受托代开发票的单位签订协议,明确代开网络发票的种类、对象、内容和相关责任等内容。

第十二条 开具发票的单位和个人必须如实在线开具网络发票,不得利用网络发票进行转借、转让、虚开发票及其他违法活动。

第十三条 开具发票的单位和个人在网络出现故障,无法在线开具发票时,可离线开具发票。

开具发票后,不得改动开票信息,并于 48 小时内上传开票信息。

第十四条 开具发票的单位和个人违反本办法规定的,按照《中华人民共和国发票管理办法》有关规定处理。

第十五条 省以上税务机关在确保网络发票电子信息正确生成、可靠存储、查询验证、安全唯一等条件的情况下,可以试行电子发票。

第十六条 本办法自 2013 年 4 月 1 日起施行。

国家税务总局关于发票专用章式样有关问题的公告

2011 年 1 月 21 日　国家税务总局公告 2011 年第 7 号

根据《中华人民共和国发票管理办法》(根据 2010 年 12 月 20 日《国务院关于修改〈中华人民共和国发票管理办法〉的决定》修订)的规定,现就发票专用章的式样公告如下:

一、发票专用章式样

发票专用章的形状为椭圆形,长轴为 40 mm、短轴为 30 mm、边宽 1 mm,印色为红色。

发票专用章中央刊纳税人识别号;外刊纳税人名称,自左而右环行,如名称字数过多,可使用规范化简称;下刊"发票专用章"字样。使用多枚发票专用章的纳税人,应在每枚发票专用章正下方刊顺序编码,如"(1)、(2)……"字样。

发票专用章所刊汉字,应当使用简化字,字体为仿宋体:"发票专用章"字样字高 4.6 mm、字宽 3 mm;纳税人名称字高 4.2 mm、字宽根据名称字数确定;纳税人识别号数字为 arial 体,数字字高为 3.7 mm,字宽 1.3 mm。

二、发票专用章启用时间

发票专用章自 2011 年 2 月 1 日起启用。旧式发票专用章可以使用至 2011 年 12 月 31 日。

本公告发布之前印制的套印旧式发票专用章的发票,可继续使用。

附件:《发票专用章》样章

发票专用章(略)

发票专用章尺寸规定:

一、形状为椭圆形,尺寸为 40×30(mm);

二、边宽 1 mm;

三、中间为税号,18 位阿拉伯数字字高 3.7 mm,字宽 1.3 mm,18 位阿拉伯数字总宽度 26 mm(字体为 arial);

四、税号上方环排中文文字高为 4.2 mm,环排角度(夹角)210~260 度,字与边线内侧的距离 0.5 mm(字体为仿宋体);

五、税号下横排"发票专用章"文字字高 4.6 mm,字宽 3 mm,延章中心线到下横排字顶端距离 4.2 mm(字体为仿宋体);

六、发票专用章下横排号码字高 2.2 mm,字宽 1.7 mm,延章中心线到下横排号码顶端距离 10 mm(字体为 arial),不需编号时可省去此横排号码。

国家税务总局关于取消发票工本费有关问题的通知

2012 年 12 月 27 日　国税函〔2012〕608 号

各省、自治区、直辖市和计划单列市国家税务局、地方税务局:

为切实减轻企业和社会负担,促进经济稳定增长,保障企业健康发展,根据国务院有关要求,财政部、国家发展改革委联合下发了《关于公布取消和免征部分行政事业性收费的通知》(财综〔2012〕97 号),决定自 2013 年 1 月 1 日起,取消税务发票工本费,请各地税务机关认真贯彻执行。现结合税务系统实际,提出如下要求:

一、各地税务机关要按照财政部、国家发展改革委联合下发的《关于公布取消和免征部分行政事业性收费的通知》(财综〔2012〕97 号)的有关规定,在企业领购发票时不再收取发票工本费。为确保取消发票工本费工作正常开展,税务总局将对统一推广的综合征管软件进行维护,实现对纳税人购票时免收发票工本费的功能;未使用税务总局统一推广的综合征管软件的税务机关,也应对自用的征管软件做好系统修改维护工作,及时落实取消发票工本费的工作要求,防止征纳矛盾,确保纳税人利益。

二、各地税务机关要进一步加强发票管理工作,严格落实《中华人民共和国发票管理办法》有关规定。主管税务机关应根据用票单位和个人的经营范围和规模,确认发票使用量,切实加强用票单位和个人的发票领购、开具和缴销管理,严厉打击遏制非法代开、虚开发票等违法行为。

三、各地税务机关应于 2012 年 12 月 31 日前书面反馈落实情况,未能按时修改征管软件的税务机关须提交相应的应急预案。

(二) 印制发票的特殊规定

国家税务总局关于税控发票印制使用管理有关问题的通知

2005 年 4 月 18 日　国税发〔2005〕65 号

各省、自治区、直辖市和计划单列市国家税务局、地方税务局:

为了贯彻落实《国家税务总局　财政部　信息产业部　国家质量监督检验检疫总局关于推广应用税控收款机加强税源监控的通知》(国税发〔2004〕44 号,以下简称《通知》)的有关规定,规范税控收款机所用发票(以下简称"税控发票")的印制、使用和管理,现将有关问题明确如下:

一、税控发票的运用范围

税控发票是指通过税控收款机系列产品打印,并带有税控码等要素内容的发票。税控发票适用于税控收款机系列产品,包括税控收款机、税控器、税控打印机(税控开票机)和金融税控收款机。

二、税控发票的名称、种类和规格

（一）税控发票的名称

税控发票按地区加行业确定，例如"××省(市)商业零售发票"、"××省(市)服务业发票"等。

（二）税控发票的种类

税控发票分为：卷式发票和平推式发票。

1. 卷式发票是指按卷筒式方法进行分装的发票。卷式发票又分为定长和不定长两种。

2. 平推式发票是指按平张连续方式装订的发票。平推式发票按设计权限又分两种，即：由总局确定全国统一式样的发票和由省级税务机关确定式样的发票。

（三）定长、不定长发票的规格

1. 定长发票的规格为：宽度分别为 57 mm、76 mm、82 mm 三种；长度分别为 127 mm、152 mm、177 mm 三种。即可组合为以下九种规格：

(1) 57 mm×127 mm，(2) 57 mm×152 mm，(3) 57 mm×177 mm；

(4) 76 mm×127 mm，(5) 76 mm×152 mm(票样附后)，(6) 76 mm×177 mm；

(7) 82 mm×127 mm，(8) 82 mm×152 mm，(9) 82 mm×177 mm。

具体采用哪种规格，由省、自治区、直辖市和计划单列市税务局(以下简称省级税务局)根据实际需要在上述规格中选定。

2. 不定长发票规格为：宽度分别为 57 mm、76 mm、82 mm 三种；长度按打印内容多少确定。

三、卷式发票的内容

（一）卷式发票印制内容和要求

1. 印制的基本内容包括：发票名称、发票监制章、发票联、发票代码、发票号码(印刷号)、机打号码、机器编号、收款单位及其税号、开票日期、收款员、付款单位(两行间距)、项目、数量、单价、金额、小写合计、大写合计、税控码、印制单位。

需要增加其他民族文字、英文对照以及"兑奖区"的，由省级税务局确定。

2. 税控发票的黑标尺寸为 10 mm×6 mm；套印位置在发票右上角，黑标的上沿与监制章的下沿对齐；税控发票监制章下沿到发票代码的垂直距离为 5 mm。

3. 不定长发票每间隔 60.96 mm 套印一个发票监制章；两个发票监制章中间套印一个"发票联"；发票监制章的颜色为浅红色；"发票联"颜色为浅棕色。"存根联"是否套印发票监制章及其字样、颜色由省级税务局确定。

4. 有条件的地区，卷式发票可印制卷号。每卷印制相同的一个卷号，印在发票右侧；卷号应不少于 8 位。

（二）卷式发票打印内容和要求

1. 定长发票打印内容对应空白票面预先印制的项目内容进行"填充式"打印。机打号码必须与预先印制在空白票面上的发票号码相一致。当开票项目较多，在一张发票上打印不下时，机器自动再打印一份发票，每张发票分别汇总计价。

不定长发票打印的内容，除"发票监制章""发票联"和"印刷单位"字样，全部由机器打印。

2. 发生退货时，应在退货的小写金额前加负号"－"，在大写金额的第一个字前加"退"字。

3. 当需要查阅税控发票的电子存根时，可使用普通打印纸打印发票电子存根，同时打印出"电子存根"字样。

4. 对于金融税控收款机打印的税控发票，银行卡刷卡业务的内容，应打印在小写合计上方的空白位置。银行卡刷卡业务的内容包括：卡号/有效期、刷卡金额、新参考号、签名、备注等内容。

（三）平推式发票印制和打印的内容，除总局统一规定的式样外，比照卷式发票的基本要求及行业特点，由省级税务机关确定。

（四）税控发票的其他要求

1. 税控收款机打印机分为针打和喷墨两种，针打可一次性打印一联或两联；喷墨打印需一次分联打印。

2. 卷式定长发票每卷 100 份，不定长发票长度与定长发票长度相同。定长发票开头与结尾留出两份发票长度的空白；不定长发票结尾 30 公分边沿必须印有红色标记。

3. 平推式发票的打印软件除总局有统一规定外，由省级税务局统一组织开发。

四、税控发票的联次和要求

（一）卷式发票基本联次为一联，即"发票联"，也可为两联，即第一联为"发票联"，第二联为"存根联"或"记账联"。每卷发票按号码打印完毕后，可打印本卷发票汇总，具体由省级税务局确定。

（二）纳税人发票使用数据量过大，且用户后台管理系统能可靠保存发票明细数据的（保存期 5 年），经税务机关核准，可使用一联式税控发票（即发票联），并由用户保存"存根联"和发票明细数据，确保税务机关能够完整、准确、及时、可靠地进行核查。税控发票为两联时，用户必须妥善保管"存根联"，以备税务机关核查。

（三）平推式发票的联次由省级税务局按实际需要确定。

五、税控发票的印制和防伪措施

税控发票由省级税务局统一组织印制。税控发票采用密码防伪，故在印制环节不再采用原规定的水印纸和荧光油墨的防伪措施。

定额发票的防伪措施，在总局尚未规定之前，省级税务局可根据本省的需要，确定防伪措施，并报总局备案。

六、税控发票报送数据的内容

（一）税控发票报送数据包括发票汇总数据和发票明细数据。除总局规定必须报送发票明细数据的行业外，具体何种发票需报送发票汇总数据或者发票明细数据，或既要报送发票汇总数据又要报送发票明细数据，由省级税务机关确定。凡按规定只报送发票汇总数据的纳税人，必须保存发票存根联并可靠存储发票明细电子数据。

（二）发票汇总数据包括单卷发票使用汇总数据、指定时间段内发票使用汇总数据和日交易数据。

单卷发票使用汇总数据的内容包括：发票代码、起止号码、正常发票份数、正常发票开票金额、废票份数、退票份数、退票金额及发票开票时间段。

指定时间段内发票使用汇总数据包括：正常发票份数、正常发票开票金额、废票份数、退票份数、退票金额。指定时间段内发票使用汇总数据应当等于该时间段的日交易数据之和。

日交易数据包括：正常发票份数、退票份数、废票份数、按税种税目分类统计的正常发票的累计金额和退票累计金额。

（三）发票明细数据包括：每张税控发票打印的全部内容。具体报送发票明细时间，待国标修改确定后再予明确。

（四）对需要抵扣和特殊控制的行业和发票，如交通运输业发票、机动车销售发票、建筑安装业发票、房产业发票的印制、使用和管理，以及使用何种税控器具实施控管，总局将另行规定。

七、税控发票盖章

税控发票必须加盖开票单位的发票专用章或财务印章。

经税务机关批准印制的企业冠名发票,可以在印制发票时,将企业发票专用章(浅色)套印在税控发票右下方。

八、税控发票的鉴别和查询

税控发票采取密码加密技术。税控收款机系列产品可在税控发票上打印出××位税控码,并可通过税控收款机管理系统,以电话查询、网上查询等方式辨别发票真伪。

附件 1

税控卷式发票票样 76 mm×152 mm(见纸质文件)(略)

附件 2

税控收款机名词解释及相关注释

税控收款机:是指具有税控功能,能够保证经营数据的正确生成、可靠存储和安全传递,实现税务机关的管理和数据核查等要求的电子收款机。

税控器:是指在计算机等电子设备的配合下实现税控功能,能够保证经营数据的正确生成、可靠存储和安全传输,满足税务机关的管理和数据核查等要求的电子装置。

税控打印机:是指在计算机等电子设备(宿主)的配合下实现税控功能的,能够保证经营数据的正确生成、可靠存储和安全传输,满足税务机关的管理和数据核查等要求的打印机。

金融税控收款机:是指具有银行卡受理和税控功能的电子收款机。

税控卡:是指用于控制税控收款机税控数据,鉴别税控收款机身份,并与用户卡、税务管理卡互相认证;存储用户信息并确保税控数据不被篡改;生成发票税控码并对传递的税控数据进行电子签名。

用户卡:是指用于在税控收款机与税控收款及管理系统之间进行数据安全传递。在规定日期内,纳税人通过用户卡和税控卡完成相应的安全认证后采集税控收款机中的申报数据、发票使用数据等,传送到税务机关的税控收款机管理系统。税务机关通过用户卡将有关信息传回税控收款机和税控卡。

税务管理卡:是指用于采集税控收款机中的税控数据,以共核查纳税人向税务机关传递的税控数据与税控收款机中的税控数据是否一致;用于授权修改税控收款机的系统。

税控收款机管理系统:是指税务机关对税控收款机进行初始化以及对税控数据进行管理的系统。

数据存储:税控收款机应安全可靠的存储税控数据。

税控存储器应采用非易失性存储器,其容量至少应满足存储 5 年的日交易数据。

发票存储器的容量不得小于 1MB(原则上应滚动存储不少于 2 个月的发票打印数据)。

税控收款机至少应在发票存储器中滚动存储 300 卷发票的单卷发票使用汇总数据。

发票打印:税控收款机应具有定位色标识别功能。在一份发票上不能打印完成本次所有交易项内容时,可分多份打印,但每份发票内容应是完整的(应有该发票的大写合计金额和税控码)。

税控码:一般不带抵扣功能和需要特殊控制的发票打印的税控码是指由税控卡根据发票上的有关数据生成,以十进制数字打印在发票上的数码(20 位加密数码)。带抵扣功能和需要特殊控制的发票的打印的税控码位数和形式总局将另行规定。

发票顺序号的设定：

税控收款机中，发票顺序号由发票装卷时输入本卷发票印制的起始号码和终止号码来设定。

税控要求：

税控收款机应具有单张发票开票金额、开票累计金额及退票累计金额的限额管理功能，限额由税务机关在发行税控卡时设定，可通过用户卡修改。当超过设定限额时应提示用户。

税控收款机应具有发票开具期限的管理功能，当税控收款机的时钟日期超过设定的开票截止日期时，不应打印发票。

锁机状态：税控收款机在授权期限内未按时申报数据或累积的开票级金额超过设定值时，机器自动进入锁定的状态。锁机状态出现前应有提示，在该状态下，机器不应打印发票。

（以上解释和注释摘自税控收款机国家标准 GB—18240）

国家税务总局关于加强普通发票集中印制管理的通知

2006 年 5 月 8 日　　国税函〔2006〕431 号

各省、自治区、直辖市和计划单列市国家税务局、地方税务局，扬州税务进修学院：

近年来，各地为了提高普通发票印制质量，降低印制成本，加强了对印制发票企业的监督管理，按照总局的要求，逐步减少发票印制企业的数量，并对主要票种进行了集中印制。但是，印制发票的企业数量过多，印制发票的质量参差不齐，规章制度不健全，企业管理混乱，发票用品丢失、被盗现象时有发生等问题依然存在。为了加强和规范普通发票的印制管理，提高发票的印制质量，保障发票用品的安全，总局要求各地进一步落实普通发票实行省级税务机关集中印制、统一管理制度。现将有关问题通知如下：

一、税务机关管辖的所有普通发票，除总局有特殊规定者外，一律由各省、自治区、直辖市和计划单列市国家税务局、地方税务局实施集中统一印制，实行政府采购管理。

注释：根据《国家税务总局关于修改部分税收规范性文件的公告》（2018 年 6 月 15 日，国家税务总局公告 2018 年第 31 号）规定，自 2018 年 6 月 15 日起，本文第一条中的"国家税务局、地方税务局"修改为"税务局"。

二、各省、自治区、直辖市和计划单列市国家税务局、地方税务局可根据本地区普通发票的印制量确定印制企业的数量。即印制量在一亿份以下的省市不超过 3 家，印制量在一亿份以上省市的不超过 6 家。印制企业的印制资格应通过招标的方式加以确定，并颁发发票准印证。招标工作要严格按《中华人民共和国政府采购法》的规定执行。请各地于 2007 年 4 月 1 日前将通过招标确定的印制企业名称、主要印刷设备及数量情况报总局（征收管理司、集中采购中心）备案。对现有印制企业未到合同期限的，可在合同期满后再进行招标。

注释：根据《国家税务总局关于修改部分税收规范性文件的公告》（2018 年 6 月 15 日，国家税务总局公告 2018 年第 31 号）规定，自 2018 年 6 月 15 日起，本文第二条中的"国家税务局、地方税务局"和"征收管理司"分别修改为"税务局"和"征管和科技发展司"。

三、为了适应普通发票集中统一管理，便于发票查询，普通发票应当套印省级或地市级税务机关发票监制章。

四、各地应当根据《国家税务总局关于统一全国普通发票分类代码和发票号码的通知》(国税函〔2004〕521号)的规定,进行科学分类,简并普通发票种类。严格审批印有企业名称的发票。

五、各地应当根据发票管理法规的规定,完善普通发票印制管理制度,发票管理部门、政府采购管理部门应按各自的职责,加强印制企业的日常管理和定期监督检查,不断提高发票印制质量。印制企业要按照规定建立健全普通发票和防伪品印制、保管、运输等项管理制度。对不按规定建立健全普通发票印制管理制度,或因管理不严造成重大损失,以及发生丢失、被盗发票成品及防伪用品的印制企业,一律终止合同执行,追究违约责任,取消其印制资格。

六、各级税务机关在实施集中印制的过程中,要加强干部队伍的廉政教育,认真学习贯彻《国家税务总局关于开展税务系统治理商业贿赂专项工作的通知》(国税发〔2006〕47号)精神,严格按照《中华人民共和国政府采购法》《政府采购货物和服务招标投标管理办法》的规定组织好印制企业的招标工作。

附件:发票印制企业情况表(略)

国家税务总局关于加强公路、内河货物运输业统一发票和机动车销售统一发票印制管理有关问题的通知

2006年12月27日　　国税函〔2006〕1268号

各省、自治区、直辖市和计划单列市国家税务局、地方税务局:

根据对各地报税务总局备案的货运发票和机动车发票票样分析,结合货运发票税控系统试点的情况,目前货运发票和机动车发票的印制和使用中仍存在一些问题,如部分地区税务机关在印制发票时擅自改变字体、字号;字间距不符合标准;发票代码、发票号码数字与汉字未对齐或数字上下未对齐;发票开具时随意涂改;纳税人保管不善,发票发生皱褶等,影响了数据采集和认证的准确性,给纳税人的正常抵扣带来困难。为了配合货运发票税控系统在全国推广应用,同时做好机动车销售统一发票税控系统推行的准备工作,现就货运发票和机动车发票的印制和使用管理的有关要求通知如下:

一、各地税务机关应进一步提高认识,严格按照新版货运发票和机动车发票有关文件规定及税务总局下发的票样进行印制,切实保证印制质量,保障货运发票和机动车发票税控系统的顺利实施。

二、发票号码和发票代码的印刷误差应控制在规定的范围内(见附件"发票代码、发票号码印刷误差要求及示意图")。

三、货运发票和机动车发票的联次内容及顺序应按照税务总局文件的规定印制,抵扣联和报税联必须采用52克干式复写纸。

四、各地税务机关应进一步规范纳税人发票开具和保管行为,指导纳税人做好发票的开具和保管工作。货运发票和机动车发票的各项打印内容不能打印出格,票面不能手工涂改;如发生开具错误,应按废票处理。受票方对已开具的发票应妥善保管,不得折叠、挤压。机动车购货单位如为增值税一般纳税人,则"身份证号码/组织机构代码"一栏内应填写纳税人识别号。

五、纳税人在开票过程中,如出现使用的电脑中国家标准字库无法打印汉字的现象,可以手工填写,但需在手工填写的汉字上加盖开票单位财务专用章或发票专用章(指发票联、注册登记联),代开发票加盖税务机关代开发票专用章。

各地税务机关接到本通知后,要尽快组织检查本地区内已印制完毕的货运发票和机动车发票,凡不符合规定的货运发票,一律收回;不符合规定的机动车发票,在推行机动车发票税控系统前使用完毕或收回。

附件:发票代码、发票号码印刷误差要求及示意图

附件

发票代码、发票号码印刷误差要求及示意图

一、"发票代码""发票号码"汉字与"发票代码""发票号码"数字横向对齐,字样的上下误差不超过 2 mm;汉字与数字之间的距离控制在 2 mm～4 mm。

二、"发票代码"与"发票号码"数字左侧上下对齐;数字上下的间隔控制在 2 mm～3 mm。

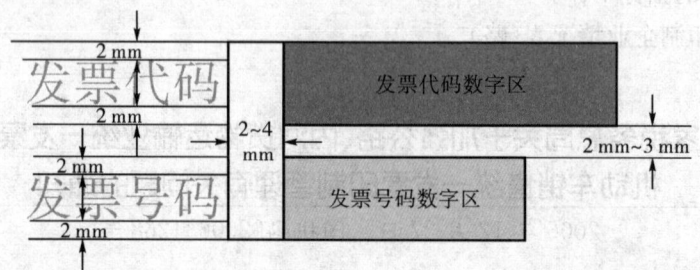

 国家税务总局关于增值税普通发票印制供应有关事项的公告

2013 年 9 月 9 日　国家税务总局公告 2013 年第 51 号

国家税务总局 2013 年增值税普通发票印制招标工作已经完成,确定了 2013 年第 4 季度至 2016 年的新供应商和增值税普通发票防伪措施。为保障纳税人正常用票和税务机关发票管理工作的顺利衔接,现将有关事项公告如下:

一、新供应商与增值税普通发票印制供应区域

北京东港安全印刷有限公司印制供应区域:北京、天津、河北、内蒙古、河南。

东港股份有限公司印制供应区域:山东、青岛、四川、重庆、贵州、云南、陕西、西藏。

广州东港安全印刷有限公司印制供应区域:福建、厦门、江西、湖南、广东、深圳、广西、海南。

上海东港安全印刷有限公司印制供应区域:上海、江苏、浙江、宁波、安徽、湖北。

新疆东港安全印刷有限公司印制供应区域:新疆、甘肃、青海、宁夏。

山东承安发票印刷有限公司印制供应区域:山西、辽宁、大连、吉林、黑龙江。

二、增值税普通发票新的防伪措施

增值税普通发票新的防伪措施有:专用防伪无碳复写纸、监制章专用红外激发荧光防伪、定制专用号码防伪、压划变色油墨防伪、红外非吸收特征防伪、微缩文字防伪等(详见附件)。

三、其他事项

(一)增值税普通发票的真伪鉴别按照《中华人民共和国发票管理办法实施细则》第三十

三条有关规定执行。

（二）税务机关库存和纳税人尚未使用的增值税普通发票可以继续使用。

本公告自 2013 年 10 月 1 日起实施。

特此公告。

附件:增值税普通发票部分防伪措施

附件

增值税普通发票部分防伪措施

一、增值税普通发票专用防伪无碳复写纸

（一）"弯曲状-荧光正反纸面变色防伪纤维（黄、蓝双面荧光）"

1. 防伪效果。发票纸张在自然光下观察与普通纸张基本相同。当使用 365 nm 紫外光在发票正面、反面分别照射时，可见防伪荧光纤维，纤维呈弯曲状，同一根荧光纤维显现黄色、蓝色荧光交替变换颜色的特征。

2. 鉴别方法。将发票放置在验钞机或其他 365 nm 紫外光光源下观察，可见发票纸张中多根弯曲状防伪荧光纤维。当使用紫外光光源交替照射发票正面、反面时，即可观察到同一根纤维显现出黄色、蓝色两种荧光颜色交替变化的效果，见下图所示。

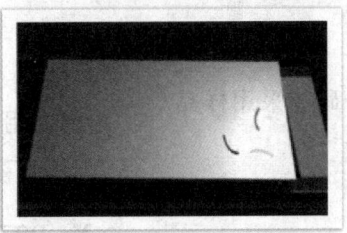 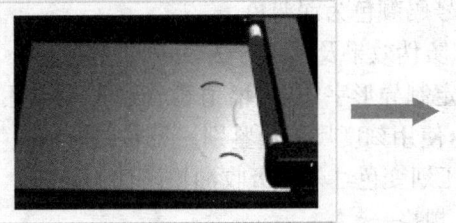

（二）纸张温变防伪

1. 防伪特征。发票记账联、发票联纸张在正常情况下为白色，在 130 度左右温度下，纸张背面加热部位呈现粉红色，颜色不可逆。

2. 鉴别方法。使用日常生活中的简易加热器（如吹风筒、直发器、点烟器、电熨斗等）靠近发票记账联、发票联纸张，纸张背面加热部位由白色变为粉红色，颜色不可逆。见右图所示。

（三）纸张划线防伪

1. 防伪特征。发票记账联、发票联纸张在正常情况下为白色，使用硬物在发票纸张的背面划线，纸张显现淡蓝色的线条。

2. 鉴别方法。将发票记账联、发票联纸张放于硬的平面上，用手指甲、竹签或其他光滑硬物在纸张的背面用力快速划过，纸面显现淡蓝色的线条防伪特征。见右图所示。

二、监制章专用红外激发荧光防伪

（一）规格

椭圆形，长 30.0 mm，高 20.0 mm，字体为楷体。

（二）位置

位于产品记账联、发票联票面表格上方居中，椭圆下半弧顶点距表格上边框线 2.5 mm。

（三）印刷油墨

专用红外激发荧光防伪油墨。

（四）防伪效果及鉴别方法

监制章图案在 960 nm 专用红外激光笔照射下发射出红色亮点，见右图所示。

三、定制专用号码防伪

（一）规格

8 位专用号码，长约 22.0 mm，高约 5.0 mm。

（二）位置

位于票面右上角字符(№)后，号码首位数字距字符(№)右端 4.0 mm，底边距表格上边框线 14.0 mm。

（三）发票号码颜色

发票号码颜色为深蓝色。

（四）防伪效果及鉴别方法

专业定制异形字体，为增值税普通发票专用号码。采用样品对比方法，使用刻度尺测量鉴别。见右图所示。

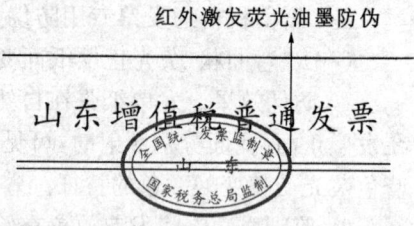

红外激发荧光油墨防伪

定制专用号码防伪

四、压划变色红外非吸收油墨防伪

（一）规格

发票代码：10 位 2 号宋体阿拉伯数字，字高 4.5 mm，长 35.0 mm。

字符 No：字高 5.0 mm，宽 5.5 mm。

（二）位置

发票代码：位于票面左上角，数字最右端距双杠线左端 10.0 mm，底边距表格上边框线 14.0 mm。

字符 No：位于票面右上角，字符(№)左端距双杠线右端 10.0 mm，底边距表格上边框线 14.0 mm。

（三）内容

发票代码及字符 No。

（四）印刷油墨

压划变色红外非吸收防伪油墨。

（五）防伪效果及鉴别方法

在外力作用下发票代码及字符 No 图案周围图案变红色；发票代码和字符 No 在自然光下呈现灰黑色，在红外专用识别仪下发票代码字符和字符 No 不可见。

红外非吸收防伪需要工具鉴别，鉴别工具为红外专用识别仪，在 >700 nm 的近红外区无吸收。压划防伪无需检验工具，用白纸或硬币等压划代码及字符 No 即可。见下图所示。

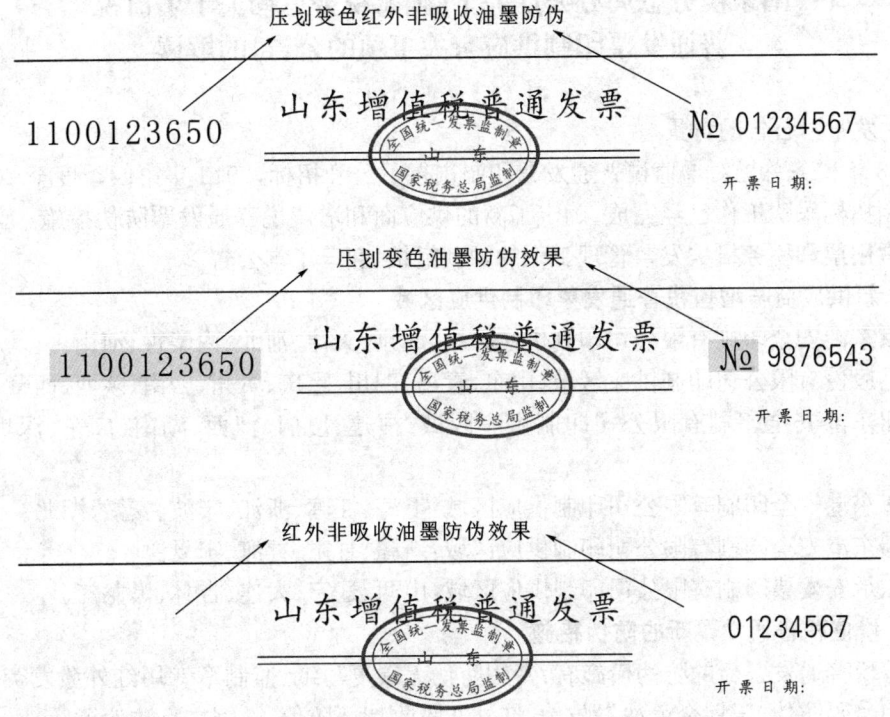

五、微缩文字防伪

（一）规格

双杠线两端各长出票头 3.0 mm，线粗 0.28 mm。监制章内圈线粗 0.26 mm。

（二）位置

位于监制章内圈及票面表格上方居中，双杠线下一行线距表格上边框线 11.5 mm。

（三）内容

双杠线缩微内容：由地区加"增值税普通发票"和"国家税务总局监制"的汉语拼音（首位字母按特定规律组合）的微缩文字构成。例如：山东增值税普通发票上条线缩微内容为"山东增值税普通发票"的汉语拼音首位字母循环组成，即"SDZZHSHPTFP"循环组成。下条线缩微内容为"国家税务总局监制"的汉语拼音首位字母循环组成。

监制章内圈缩微内容："国家税务总局监制"的汉语拼音首位字母循环组成。

（四）颜色

双杠线颜色与发票表格文字颜色相同，监制章内圈线颜色与监制章颜色相同。

（五）防伪效果及鉴别方法

使用放 10 倍以上放大镜下观察，缩微线内容清晰可见，见下图所示。

三外缩微文字防伪

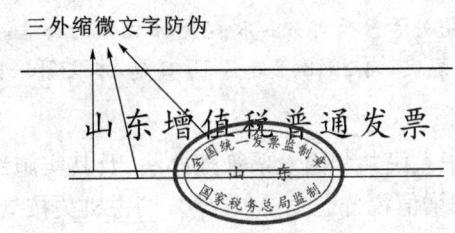

国家税务总局办公厅关于《国家税务总局关于增值税普通发票印制供应有关事项的公告》的解读

一、发布本公告的背景

2013 年税务总局对增值税普通发票印制进行了公开招标,2013 年第四季度至 2016 年的发票印制招标采购工作已经完成,确定了新的供应商和增值税普通发票防伪措施。为保障纳税人正常用票和税务机关发票管理工作的顺利衔接,起草了本公告。

二、新供应商与增值税普通发票印制供应区域

北京东港安全印刷有限公司印制供应区域:北京、天津、河北、内蒙古、河南。

东港股份有限公司印制供应区域:山东、青岛、四川、重庆、贵州、云南、陕西、西藏。

广州东港安全印刷有限公司印制供应区域:福建、厦门、江西、湖南、广东、深圳、广西、海南。

上海东港安全印刷有限公司印制供应区域:上海、江苏、浙江、宁波、安徽、湖北。

新疆东港安全印刷有限公司印制供应区域:新疆、甘肃、青海、宁夏。

山东承安发票印刷有限公司印制供应区域:山西、辽宁、大连、吉林、黑龙江。

三、增值税普通发票新的防伪措施

增值税普通发票新的防伪措施有:专用防伪无碳复写纸、监制章专用红外激发荧光防伪、定制专用号码防伪、压划变色油墨防伪、红外非吸收特征防伪、微缩文字防伪等。

四、其他事项

(一)增值税普通发票的真伪鉴别按照《中华人民共和国发票管理办法实施细则》第三十三条有关规定执行。

《中华人民共和国发票管理办法实施细则》第三十三条规定:用票单位和个人有权申请税务机关对发票的真伪进行鉴别。收到申请的税务机关应当受理并负责鉴别发票的真伪;鉴别有困难的,可以提请发票监制税务机关协助鉴别。在伪造、变造现场以及买卖地、存放地查获的发票,由当地税务机关鉴别。

(二)税务机关库存和纳税人尚未使用的增值税普通发票可以继续使用。

国家税务总局关于使用印有本单位名称的增值税普通发票(卷票)有关问题的公告

2017 年 4 月 14 日　国家税务总局公告 2017 年第 9 号

为进一步规范增值税发票管理,优化纳税服务,保障全面推开营业税改征增值税试点工作顺利实施,现将使用印有本单位名称的增值税普通发票(卷票)有关问题公告如下:

注释:根据《国家税务总局关于修改部分税收规范性文件的公告》(2018 年 6 月 15 日,国家税务总局公告 2018 年第 31 号)规定,自 2018 年 6 月 15 日起,本文第一条和第三条中的"国税机关"修改为"税务机关"。

一、纳税人可按照《中华人民共和国发票管理办法》及其实施细则要求,书面向国税机关要求使用印有本单位名称的增值税普通发票(卷票),国税机关按规定确认印有该单位名称发票的种类和数量。纳税人通过增值税发票管理新系统开具印有本单位名称的增值税普通发

票(卷票)。

二、印有本单位名称的增值税普通发票(卷票),由税务总局统一招标采购的增值税普通发票(卷票)中标厂商印制,其式样、规格、联次和防伪措施等与原有增值税普通发票(卷票)一致,并加印企业发票专用章。

三、印有本单位名称的增值税普通发票(卷票)发票代码及号码按照《国家税务总局关于启用增值税普通发票(卷票)有关事项的公告》(国家税务总局公告 2016 年第 82 号)规定的编码规则编制。发票代码的第 8~10 位代表批次,由省国税机关在 501~999 范围内统一编制。

四、使用印有本单位名称的增值税普通发票(卷票)的企业,按照《国家税务总局关于冠名发票印制费结算问题的通知》(税总发〔2013〕53 号)规定,与发票印制企业直接结算印制费用。

本公告自 2017 年 7 月 1 日起施行。

特此公告。

国家税务总局办公厅关于《国家税务总局关于使用印有本单位名称的增值税普通发票(卷票)有关问题的公告》的解读

一、发布本公告的背景是什么?

为进一步规范增值税发票管理,优化纳税服务,保障全面推开营业税改征增值税试点工作顺利实施,明确使用印有本单位名称的增值税普通发票(卷票)有关问题,发布本公告。

二、纳税人是否可以使用印有本单位名称的增值税普通发票(卷票)?

为了满足纳税人发票使用需要,税务总局自 2017 年 1 月 1 日起启用了增值税普通发票(卷票)。为了方便纳税人发票使用,公告明确,纳税人可按照《中华人民共和国发票管理办法》及其实施细则要求,使用印有本单位名称的增值税普通发票(卷票),通过增值税发票管理新系统开具。

三、本公告自何时起施行?

本公告自 2017 年 7 月 1 日起施行。

 国家税务总局关于调整增值税专用发票防伪措施有关事项的公告

2019 年 2 月 3 日　　国家税务总局公告 2019 年第 9 号

为加强和改进增值税专用发票管理,税务总局决定调整增值税专用发票防伪措施,自 2019 年第一季度起增值税专用发票按照调整后的防伪措施印制。现将有关事项公告如下:

取消光角变色圆环纤维、造纸防伪线等防伪措施,继续保留防伪油墨颜色擦可变、专用异型号码、复合信息防伪等防伪措施。调整后的增值税专用发票部分防伪措施见附件。

税务机关库存和纳税人尚未使用的增值税专用发票可以继续使用。

本公告自发布之日起施行。《国家税务总局关于启用新版增值税发票有关问题的公告》(国家税务总局公告 2014 年第 43 号)第三条和附件 3 同时废止。

特此公告。

附件:增值税专用发票部分防伪措施的说明

附件

增值税专用发票部分防伪措施的说明

一、防伪油墨颜色擦可变

（一）防伪效果

发票各联次左上方的发票代码使用防伪油墨印制，油墨印记在外力摩擦作用下可以发生颜色变化，产生红色擦痕（如下图所示）。

发票代码图案原色　　原色摩擦可产生红色擦痕

6100191160　　　6100191160

（二）鉴别方法

使用白纸摩擦票面的发票代码区域，在白纸表面以及发票代码的摩擦区域均会产生红色擦痕。

二、专用异型号码

（一）防伪效果

发票各联次右上方的发票号码为专用异型号码，字体为专用异型变化字体（如下图所示）。

9876543210

（二）鉴别方法

直观目视识别。

三、复合信息防伪

（一）防伪效果

发票的记账联、抵扣联和发票联票面具有复合信息防伪特征。

（二）鉴别方法

使用复合信息防伪特征检验仪检测（如右图所示），对通过检测的发票，检验仪自动发出复合信息防伪特征验证通过的语音提示。

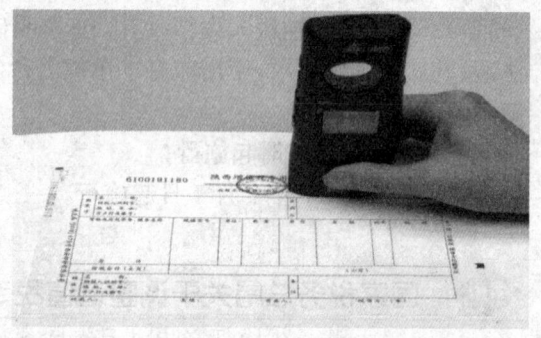

国家税务总局办公厅关于《国家税务总局关于调整增值税专用发票防伪措施有关事项的公告》的解读

一、发布本公告的背景是什么？

为加强和改进增值税专用发票管理，税务总局决定调整增值税专用发票防伪措施，自2019年第一季度起增值税专用发票按照调整后的防伪措施印制，为此发布本公告。

二、增值税专用发票的防伪措施有哪些调整？

取消光角变色圆环纤维、造纸防伪线等防伪措施，继续保留防伪油墨颜色擦可变、专用异型号码、复合信息防伪等防伪措施。

三、以前印制的增值税专用发票能否继续使用？

税务机关库存和纳税人尚未使用的增值税专用发票可以继续使用。

四、本公告自何时起施行？

本公告自发布之日起施行。

（三）增值税发票申领

国家税务总局关于发票核定和最高
开票限额审批有关问题的批复

2007 年 8 月 24 日　　国税函〔2007〕868 号

北京市地方税务局：

你局《关于发票核定和最高开票限额审批有关问题的请示》（京地税票〔2007〕278 号）收悉。经研究，批复如下：

根据《国家税务总局关于印发〈税控收款机管理系统业务操作规程〉的通知》（国税发〔2005〕126 号）规定，对发票核定和税控收款机用户最高开票限额的最终审批确认，需要由主管局长进行审批。考虑到北京市地税局基层税务机关税控收款机税控发票核定和最高开票限额审核工作量较大、全部审核工作由主管局长进行审批难以实施操作的实际情况，同意你局的意见，即在为纳税人办理发票核定和最高开票限额的审批时，可由主管局长授权，经基层税务所审查后，由基层税务所所长签字并加盖所章，做出审批决定。在税控发票核定和审批权限下放的同时，要严格把好发票使用量、票表比对、纳税评估等项管理工作，确保以票控税落到实处。

国家税务总局关于下放增值税专用发票
最高开票限额审批权限的通知

2007 年 8 月 28 日　　国税函〔2007〕918 号

各省、自治区、直辖市和计划单列市国家税务局：

自 2001 年 10 月份起，税务总局先后下发了一些加强增值税专用发票（以下简称专用发票）最高开票限额管理的规定，增值税各项管理工作不断加强。为了在加强管理同时，提高工作效率，优化纳税服务，经研究，税务总局决定下放专用发票最高开票限额审批权限。现将有关问题通知如下：

一、自 2007 年 9 月 1 日起，原省、地市税务机关的增值税一般纳税人专用发票最高开票限额审批权限下放至区县税务机关。地市税务机关对此项工作要进行监督检查。

二、区县税务机关对纳税人申请的专用发票最高开票限额要严格审核，根据企业生产经营和产品销售的实际情况进行审批，既要控制发票数量以利于加强管理，又要保证纳税人生产经营的正常需要。

注释：根据《国家税务总局关于简化增值税发票领用和使用程序有关问题的公告》（2014 年 3

月 24 日,国家税务总局公告 2014 年第 19 号)规定,本文第二条自 2014 年 5 月 1 日起废止。

三、区县税务机关应结合本地实际情况,从加强发票管理和方便纳税人的要求出发,采取有效措施,合理简化程序,办理专用发票最高开票限额审批手续。

四、专用发票最高开票限额审批权限下放和手续简化后,各地税务机关要严格按照"以票控税、网络比对、税源监控、综合管理"的要求,落实各项管理措施,通过纳税申报"一窗式"管理、发票交叉稽核、异常发票检查以及纳税评估等日常管理手段,切实加强征管,做好增值税管理工作。

 国家税务总局关于简化增值税发票领用和使用程序有关问题的公告

2014 年 3 月 24 日 国家税务总局公告 2014 年第 19 号

为切实转变税务机关工作职能,进一步优化纳税服务,提高办税效率,国家税务总局开展了"便民办税春风行动",全面全程提速办税,给诚信守法的纳税人提供更多的办税便利,现将简化增值税发票领用和使用程序有关问题公告如下:

一、简化纳税人领用增值税发票手续

取消增值税发票(包括增值税专用发票、货物运输业增值税专用发票、增值税普通发票和机动车销售统一发票,下同)手工验旧。税务机关应用增值税一般纳税人(以下简称一般纳税人)发票税控系统报税数据,通过信息化手段实现增值税发票验旧工作。

二、简化专用发票审批手续

一般纳税人申请专用发票(包括增值税专用发票和货物运输业增值税专用发票,下同)最高开票限额不超过十万元的,主管税务机关不需事前进行实地查验。各省国税机关可在此基础上适当扩大不需事前实地查验的范围,实地查验的范围和方法由各省国税机关确定。

注释:根据《国家税务总局关于修改部分税收规范性文件的公告》(2018 年 6 月 15 日,国家税务总局公告 2018 年第 31 号)规定,自 2018 年 6 月 15 日起,本文第二条中的"国税机关"修改为"税务机关"。

三、简化丢失专用发票的处理流程

一般纳税人丢失已开具专用发票的发票联和抵扣联,如果丢失前已认证相符的,购买方可凭销售方提供的相应专用发票记账联复印件及销售方主管税务机关出具的《丢失增值税专用发票已报税证明单》或《丢失货物运输业增值税专用发票已报税证明单》(附件 1、2,以下统称《证明单》),作为增值税进项税额的抵扣凭证;如果丢失前未认证的,购买方凭销售方提供的相应专用发票记账联复印件进行认证,认证相符的可凭专用发票记账联复印件及销售方主管税务机关出具的《证明单》,作为增值税进项税额的抵扣凭证。专用发票记账联复印件和《证明单》留存备查。

一般纳税人丢失已开具专用发票的抵扣联,如果丢失前已认证相符的,可使用专用发票发票联复印件留存备查;如果丢失前未认证的,可使用专用发票发票联认证,专用发票发票联复印件留存备查。

一般纳税人丢失已开具专用发票的发票联,可将专用发票抵扣联作为记账凭证,专用发票抵扣联复印件留存备查。

四、简化红字专用发票办理手续

一般纳税人开具专用发票后,发生销货退回或销售折让,按照规定开具红字专用发票后,不再将该笔业务的相应记账凭证复印件报送主管税务机关备案。

五、实行分类分级规范化管理

对增值税发票实行分类分级规范化管理,提高工作效率,减少办税环节。

(一)以下纳税人可一次领取不超过 3 个月的增值税发票用量,纳税人需要调整增值税发票用量,手续齐全的,按照纳税人需要即时办理:

1. 纳税信用等级评定为 A 类的纳税人;

2. 地市国税局确定的纳税信用好,税收风险等级低的其他类型纳税人。

(二)上述纳税人 2 年内有涉税违法行为、移交司法机关处理记录,或者正在接受税务机关立案稽查的,不适用本条第(一)项规定。

(三)辅导期一般纳税人专用发票限量限额管理工作,按照《增值税一般纳税人纳税辅导期管理办法》有关规定执行。

注释:根据《国家税务总局关于修改部分税收规范性文件的公告》(2018 年 6 月 15 日,国家税务总局公告 2018 年第 31 号)规定,自 2018 年 6 月 15 日起,本文第五条中的"国税局"修改为"税务局"。

六、建立高效联动的风险防控机制

税务机关在做好纳税服务,提高办税效率的同时,充分利用信息化手段,建立高效联动的风险防控机制,科学设立风险防控指标,加强日常评估及后续监控管理,提升后续监控的及时性和针对性,跟踪分析纳税人发票使用及纳税申报情况。对纳税人发票使用异常且无正当理由的,税务机关可重新核定发票限额及领用数量。

本公告自 2014 年 5 月 1 日起施行。《国家税务总局关于修订〈增值税专用发票使用规定〉的通知》(国税发〔2006〕156 号)第二十八条、《国家税务总局关于修订增值税专用发票使用规定的补充通知》(国税发〔2007〕18 号)第一条第(五)项、《国家税务总局关于下放增值税专用发票最高开票限额审批权限的通知》(国税函〔2007〕918 号)第二条、《国家税务总局关于在全国开展营业税改征增值税试点有关征收管理问题的公告》(国家税务总局公告 2013 年第 39 号)第五条第(四)项同时废止。

特此公告。

附件:1. 丢失增值税专用发票已报税证明单(略)

2. 丢失货物运输业增值税专用发票已报税证明单(略)

国家税务总局办公厅关于《国家税务总局关于简化增值税发票领用和使用程序有关问题的公告》的解读

一、发布本公告的背景

为切实转变税务机关工作职能,进一步优化纳税服务,提高办税效率,国家税务总局开展了"便民办税春风行动",全面全程提速办税,给诚信守法的纳税人提供更多的办税便利,简化增值税发票领用和使用程序,发布本公告。

二、简化纳税人领用增值税发票手续

取消增值税发票(包括增值税专用发票、货物运输业增值税专用发票、增值税普通发票和

机动车销售统一发票,下同)手工验旧。目前纳税人领用发票前,需通过验旧供新程序,凭发票开具清单及已开具发票的最后一份存根联办理,此项工作用时较长,容易造成办税大厅排队现象,影响办税效率。税务机关应用一般纳税人发票税控系统报税数据,通过信息化手段实现增值税发票验旧工作。

三、简化专用发票审批手续

一般纳税人申请专用发票(包括增值税专用发票和货物运输业增值税专用发票,下同)最高开票限额不超过十万元的,主管税务机关不需事前进行实地查验。各省国税机关可在此基础上适当扩大不需事前实地查验的范围,实地查验的范围和方法由各省国税机关确定。

增值税专用发票(增值税税控系统)实行最高开票限额管理。最高开票限额由一般纳税人申请,区县税务机关依法审批。目前的做法是,主管税务机关受理纳税人申请以后,根据需要进行实地查验。但实际工作中,事前实地查验工作存在一些问题,影响办税效率。全国一般纳税人中最高开票限额不超过十万元的企业占全部使用户数的70%以上,该项措施可惠及大部分一般纳税人。

四、简化丢失专用发票的处理流程

一般纳税人丢失已开具专用发票的发票联和抵扣联,如果丢失前已认证相符的,购买方凭销售方提供的相应专用发票记账联复印件及销售方主管税务机关出具的《丢失增值税专用发票已报税证明单》或《丢失货物运输业增值税专用发票已报税证明单》(以下简称《证明单》),可作为增值税进项税额的抵扣凭证;如果丢失前未认证的,购买方凭销售方提供的相应专用发票记账联复印件进行认证,认证相符的凭专用发票记账联复印件及销售方主管税务机关出具的《证明单》,可作为增值税进项税额的抵扣凭证。专用发票记账联复印件和《证明单》留存备查。取消购买方主管税务机关审核同意后,方可作为增值税进项税额的抵扣凭证的程序,减少办税环节。

一般纳税人丢失已开具专用发票的抵扣联,如果丢失前已认证相符的,可使用专用发票发票联复印件留存备查;如果丢失前未认证的,可使用专用发票发票联认证,专用发票发票联复印件留存备查。

一般纳税人丢失已开具专用发票的发票联,可将专用发票抵扣联作为记账凭证,专用发票抵扣联复印件留存备查。

五、简化红字专用发票办理手续

一般纳税人开具专用发票后,发生销货退回或销售折让的,按照规定开具红字专用发票后,不再将该笔业务的相应记账凭证复印件报送主管税务机关备案。红字专用发票通知单管理系统全国范围的推行,实现了税务机关通过系统对红字专用发票进行监控管理的需要,不再需要纳税人将发票复印件报送主管税务机关备案。

六、实行分类分级规范化管理

为给诚信守法的纳税人提供更多的办税便利,解决目前发票领用工作环节多、办税效率不高的问题,我们将对增值税发票领用实行分类分级规范化管理。

(一)以下纳税人可一次领取不超过3个月的增值税发票用量,纳税人需要调整增值税发票用量,手续齐全的,按照纳税人需要即时办理:

1. 纳税信用等级评定为A类的纳税人;

2. 地市国税局确定的纳税信用好,税收风险等级低的其他类型纳税人。

(二)上述纳税人2年内有涉税违法行为、移交司法机关处理记录,或者正在接受税务机关立案稽查的,不适用本条第(一)项规定。

(三)辅导期一般纳税人专用发票限量限额管理工作,按照《增值税一般纳税人纳税辅导期管理办法》有关规定执行。

七、建立高效联动的风险防控机制

税务机关在做好纳税服务,提高办税效率的同时,充分利用信息化手段,建立高效联动的风险防控机制,科学设立风险防控指标,加强日常评估及后续监控管理,提升后续监控的及时性和针对性,跟踪分析纳税人发票使用及纳税申报情况。对纳税人发票使用异常且无正当理由的,税务机关可重新核定发票限额及领用数量。

 国家税务总局关于全面推行增值税发票网上申领有关问题的通知

2016 年 11 月 30 日 税总函〔2016〕638 号

各省、自治区、直辖市和计划单列市国家税务局:

为进一步优化纳税服务,方便纳税人申领发票,各自由贸易试验区依托增值税发票管理新系统(以下简称"新系统")推行了增值税发票网上申领,取得明显成效,税务总局决定全面复制推广,现将有关问题通知如下:

一、增值税发票网上申领范围

纳税信用等级 A 级、B 级纳税人,以及地市国税局确定的税收风险等级低、尚未评级的纳税人(不包括新办小型商贸企业),可自愿选择使用网上申领方式领用增值税发票。

二、增值税发票网上申领流程

纳税人网上发票验旧后,通过新系统开票软件或各省网上办税平台提交领用发票申请,申请信息传递到核心征管系统,征管系统处理申请信息发放发票,税务机关通过物流配送将纸质发票邮寄给纳税人,或者放置在办税服务厅指定位置由纳税人自取,同时将领用发票的电子信息发送至新系统开票软件。纳税人收到纸质发票后,通过新系统确认下载领用发票的电子信息,实现足不出户办理发票网上申领。

三、增值税发票网上申领模式

为保障增值税发票网上申领工作平稳推进,已推行发票网上申领的地区,可结合本地实际,由省国税局确定本省实现方式,纳税人通过新系统开票软件或者各省网上办税平台提交领用发票申请;尚未推行发票网上申领的地区采用纳税人通过新系统提交申请的方式。

使用新系统提交领用发票申请方式的地区,主管国税机关应按要求配置新系统后台软件,通知选择使用网上申领方式的纳税人,升级新系统开票软件。支持网上申领发票的新系统开票软件需通过税务专网获取,软件版本号为 V2.0.12_ZS 及以上。

四、发票邮寄费用问题

自愿选择使用网上申领邮寄方式的纳税人需承担邮寄发票的相关费用。

五、有关工作要求

(一)高度重视,周密组织

推行增值税发票网上申领是税务机关优化纳税服务,实现"互联网＋税务"的重要举措,可有效减轻纳税人办税负担和基层税务机关工作负担,各地税务机关要高度重视,周密组织安排,细化推行工作方案,加强部门协作配合,做好对纳税人的宣传辅导工作。

(二)优化服务,规范管理

各地国税机关在推行增值税发票网上申领、优化纳税服务的同时，要规范税收管理，做好风险防控工作。一是规范相关信息管理，纳税人接收邮寄发票地址、收件人信息应与征管软件登记信息一致，特殊情况经税务机关同意后方可变更。二是要注重信息安全，各地要高度重视信息安全保密工作，加强系统运维，保障信息安全。三是做好发票物流配送衔接工作，保障邮寄发票的安全。

 国家税务总局关于新办纳税人首次申领增值税发票有关事项的公告

2018 年 6 月 11 日　国家税务总局公告 2018 年第 29 号

为了进一步深化税务系统"放管服"改革，优化税收营商环境，方便新办纳税人首次申领增值税发票，按照国务院关于进一步压缩企业开办时间的要求，税务总局决定压缩新办纳税人首次申领增值税发票时间。现将有关事项公告如下：

一、同时满足下列条件的新办纳税人首次申领增值税发票，主管税务机关应当自受理申请之日起 2 个工作日内办结，有条件的主管税务机关当日办结：

（一）纳税人的办税人员、法定代表人已经进行实名信息采集和验证（需要采集、验证法定代表人实名信息的纳税人范围由各省税务机关确定）；

（二）纳税人有开具增值税发票需求，主动申领发票；

（三）纳税人按照规定办理税控设备发行等事项。

二、新办纳税人首次申领增值税发票主要包括发票票种核定、增值税专用发票（增值税税控系统）最高开票限额审批、增值税税控系统专用设备初始发行、发票领用等涉税事项。

三、税务机关为符合本公告第一条规定的首次申领增值税发票的新办纳税人办理发票票种核定，增值税专用发票最高开票限额不超过 10 万元，每月最高领用数量不超过 25 份；增值税普通发票最高开票限额不超过 10 万元，每月最高领用数量不超过 50 份。各省税务机关可以在此范围内结合纳税人税收风险程度，自行确定新办纳税人首次申领增值税发票票种核定标准。

四、各省税务机关要根据本地区的实际情况，进一步明确新办纳税人首次申领增值税发票的办理时限、办理方式和办理流程，尽可能实现税控设备网上购买，并做好压缩新办纳税人首次申领增值税发票时间相关政策的宣传解释工作，确保符合条件的新办纳税人及时、顺利地领用增值税发票。

除新疆、青海、西藏以外的地区，本公告自 2018 年 8 月 1 日起施行；新疆、青海、西藏地区自 2018 年 10 月 1 日起施行。

特此公告。

国家税务总局办公厅关于《国家税务总局关于新办纳税人首次申领增值税发票有关事项的公告》的解读

一、发布本公告的背景是什么？

为了进一步深化税务系统"放管服"改革，优化税收营商环境，方便新办纳税人首次申领增值税发票,按照国务院关于进一步压缩企业开办时间的要求,税务总局发布本公告,压缩新办纳税人首次申领增值税发票时间。

二、新办纳税人首次申领增值税发票,多长时间可以办结?

同时满足下列条件的新办纳税人首次申领增值税发票,主管税务机关应当自受理申请之日起2个工作日内办结,有条件的主管税务机关当日办结:

(一)纳税人的办税人员、法定代表人已经进行实名信息采集和验证(需要采集、验证法定代表人实名信息的纳税人范围由各省税务机关确定);

(二)纳税人有开具增值税发票需求,主动申领发票;

(三)纳税人按照规定办理税控设备发行等事项。

三、新办纳税人首次申领增值税发票主要包括哪些涉税事项?

新办纳税人首次申领增值税发票主要包括发票票种核定、增值税专用发票(增值税税控系统)最高开票限额审批、增值税税控系统专用设备初始发行、发票领用等涉税事项。

四、新办纳税人首次申领增值税发票,最高开票限额和每月最高领用数量分别是多少?

税务机关为符合本公告第一条规定的首次申领增值税发票的新办纳税人办理发票票种核定,增值税专用发票最高开票限额不超过10万元,每月最高领用数量不超过25份;增值税普通发票最高开票限额不超过10万元,每月最高领用数量不超过50份。各省税务机关可以在此范围内结合纳税人税收风险程度,自行确定新办纳税人首次申领增值税发票票种核定标准。

五、本公告自何时起施行?

除新疆、青海、西藏以外的地区,本公告自2018年8月1日起施行;新疆、青海、西藏地区自2018年10月1日起施行。

 国家税务总局关于进一步做好纳税人增值税发票领用等工作的通知

2019年2月26日 税总函〔2019〕64号

国家税务总局各省、自治区、直辖市和计划单列市税务局,国家税务总局驻各地特派员办事处:

为了贯彻落实党中央、国务院关于支持民营经济发展的决策部署,深化税务系统"放管服"改革,优化税收营商环境,进一步做好纳税人增值税发票(以下简称"发票")领用等工作,现就有关事项通知如下:

一、合理满足纳税人发票使用需求

各级税务机关不得简单按照纳税人所有制性质、所处行业、所在区域等因素,对纳税人领用发票进行不合理限制。要根据纳税人税收风险程度、纳税信用级别和实际经营情况,合理确定发票领用数量和最高开票限额,及时做好发票发放工作,保障纳税人正常生产经营。纳税人因实际经营情况发生变化提出增加发票领用数量和最高开票限额,经依法依规审核未发现异常的,主管税务机关要及时为纳税人办理"增版""增量"。对纳税人增值税异常扣税凭证要依法依规进行认定和处理,除存在购销严重背离、虚假纳税申报、税务约谈两次无故不到等涉嫌虚开发票的情形外,不得限制纳税人开具发票。对于已经由税务机关按照政策规定和流程解除非正常户的纳税人,主管税务机关应当在2个工作日内恢复其税控系统开票功能,保障纳税人正常开具发票。

二、积极推进发票领用分类分级管理

对于税收风险程度较低的纳税人,按需供应发票;对于税收风险程度中等的纳税人,正常供应发票,加强事中事后监管;对于税收风险程度较高的纳税人,严格控制其发票领用数量和最高开票限额,并加强事中事后监管。国家税务总局各省、自治区、直辖市和计划单列市税务局(以下简称"各省区市税务局")应积极探索依托信息技术手段,通过科学设置预警监控指标,有效识别纳税人税收风险程度,并且据此开展发票领用分类分级管理工作。

对于纳税信用 A 级的纳税人,按需供应发票,可以一次领取不超过 3 个月的发票用量。纳税信用 B 级的纳税人可以一次领取不超过 2 个月的发票用量。以上两类纳税人生产经营情况发生变化需要调整发票用量的,按照规定及时办理。

三、提示提醒纳税人发票使用风险

纳税人在办理实名认证时,主管税务机关应及时对其法定代表人(业主、负责人)进行税法宣传,提示发票使用中存在的涉税风险,提醒发票违法违规需要承担的法律责任。税务总局结合部分地区相关工作经验,编制了《发票使用风险提示提醒样例》(详见附件),各级税务机关可以以此为参考,创新开展相关工作。

四、全面推行发票网上申领

进一步扩大发票网上申领适用范围,已经实现办税人员实名信息采集和验证的纳税人,可以自愿选择使用网上申领方式领用发票。在全面推行发票网上申领的同时,各级税务机关要注重做好发票领用风险防控和发票物流配送衔接,确保发票网上申领简便易用、风险可控、安全可靠。

五、及时解决纳税人反映的问题

对于纳税人提出的发票领用问题和相关诉求,各级税务机关要严格落实首问责任制,及时进行回应和处理。对于纳税人的投诉和举报,各级税务机关要予以高度重视,及时开展核查处理。

六、有序做好发票库存管理

各级税务机关要科学编制发票印制计划,既要保证纳税人使用需要,又要避免库存过多增加管理成本。要密切监控发票库存情况,主动做好辖区内发票的入库、调拨、发放等工作。要加强与发票印制单位的沟通协调,确保已经下达印制计划的发票保质、保量、按期配送到位。

七、运用内控平台规范发票管理服务行为

各级税务机关要按照增值税发票管理风险内部控制制度的相关要求做好内部控制工作,及早防范风险、化解风险。注重防控在发票领用中设置不合理限制、刁难纳税人等发票服务方面的内部管理风险,优化业务流程,完善管理软件内控功能,充分利用税务系统内部控制监督平台等科技手段加强监控,不断规范发票管理服务行为。

八、持续开展政策宣传和操作辅导

各级税务机关要利用办税服务厅、税务网站、微信微博等渠道,主动开展政策宣传,引导纳税人快速办理发票领用手续,规范纳税人发票开具行为。要督促税控服务单位做好对纳税人的培训辅导,通过现场培训、在线培训等形式,帮助纳税人熟练掌握税控系统领票和开票操作,不断提高纳税人领票和开票效率。

各省区市税务局可以在现行政策框架下,结合本地实际情况,进一步创新发票服务和管理举措,为纳税人领用发票提供更多便利。

附件

发票使用风险提示提醒样例

尊敬的法定代表人（业主、负责人）：

您正在进行实名办税身份认证,实名认证后,将可以办理发票领用等涉税事项,也将承担相关法律责任。为了防止不法分子骗取、冒用、盗用您的身份信息,将您作为企业的法定代表人（业主、负责人）,从事虚开发票等违法活动,现将发票使用有关风险提示提醒如下:

如果您作为法定代表人（业主、负责人）的企业虚开增值税专用发票或者虚开用于骗取出口退税、抵扣税款的其他发票,按照《中华人民共和国刑法》第二百零五条规定,对单位判处罚金,并对其直接负责的主管人员和其他直接责任人员,处三年以下有期徒刑或者拘役;虚开的税款数额较大或者有其他严重情节的,处三年以上十年以下有期徒刑;虚开的税款数额巨大或者有其他特别严重情节的,处十年以上有期徒刑或者无期徒刑。

如果您作为法定代表人（业主、负责人）的企业虚开《中华人民共和国刑法》第二百零五条规定以外的其他发票,情节严重的,对单位判处罚金,并对其直接负责的主管人员和其他直接责任人员,处二年以下有期徒刑、拘役或者管制;情节特别严重的,处二年以上七年以下有期徒刑。

如果您作为法定代表人（业主、负责人）的企业虚开发票并符合相关条件,税务部门将向社会公布并会同相关部门采取联合惩戒和管理措施。

注:

1. 各地税务机关可以根据实际需要,依据相关法律法规制度,调整相关内容。

2. 各地已经施行的发票使用风险提示提醒、宣传举措,可以继续沿用。

（四）增值税普通发票

 国家税务总局关于统一全国普通发票分类代码和发票号码的通知

2004 年 4 月 28 日　国税函〔2004〕521 号

各省、自治区、直辖市和计划单列市国家税务局、地方税务局:

为了加强和规范普通发票的统一管理,做好推广应用税控收款机的准备工作,便于全国普通发票统一识别和查询,决定统一全国普通发票分类代码和发票号码。现将有关事项通知如下:

一、统一全国普通发票分类代码和发票号码

（一）普通发票分类代码编制规则

普通发票分类代码（以下简称分类代码）为 12 位阿拉伯数字。从左至右排列:

第 1 位为国家税务局、地方税务局代码,1 为国家税务局,2 为地方税务局,0 为总局。

第 2、3、4、5 位为地区代码（地、市级）,以全国行政区域统一代码为准,总局为 0000。

第6、7位为年份代码(例如2004年以04表示)。

第8位为统一的行业代码,其中,国税行业划分:1工业、2商业、3加工修理修配业、4收购业、5水电业、6其他;地税行业划分:1交通运输业、2建筑业、3金融保险业、4邮电通信业、5文化体育业、6娱乐业、7服务业、8转让无形资产、9销售不动产、0表示其他。

第9、10、11、12位为细化的发票种类代码,按照保证每份发票编码唯一的原则,由省、自治区、直辖市和计划单列市国家税务局、地方税务局自行编制。

注释:根据《国家税务总局关于修改部分税收规范性文件的公告》(2018年6月15日,国家税务总局公告2018年第31号)规定,自2018年6月15日起,本文第一条第一款修改为:"一、统一全国普通发票分类代码和发票号码。

(一)普通发票分类代码编制规则

普通发票分类代码(以下简称分类代码)为12位阿拉伯数字。从左至右排列:

第1位为税务局代码,1为省、自治区、直辖市和计划单列市税务局,0为总局。

第2、3、4、5位为地区代码(地、市级),以全国行政区域统一代码为准,总局为0000。

第6、7位为年份代码(例如2004年以04表示)。

第8位为统一的行业代码。

第9、10、11、12位为细化的发票种类代码,按照保证每份发票编码唯一的原则,由各省、自治区、直辖市和计划单列市税务局自行编制。"

(二)发票号码(即发票顺序码)编制规则

普通发票号码为8位阿拉伯数字。如发票号码资源不够用,在设计时应考虑与分类代码结合,即在分类代码的第9、10、11、12位中设置1位为批次代码。

企业冠名发票,可在第9、10、11、12位分类代码中设置1位单独表示,或者直接在发票号码中以给每个企业分配一段号码的方式进行编制。

(三)印制位置和规格

分类代码和发票号码统一印制在发票右上角:第一排分类代码,第二排发票号码。

发票号码采用号码机印刷的,号码机采用哥特字体。手工票、定额票、电脑票(平推打印)号码机的规格为:字高3.34 mm,字宽1.86 mm,字笔道0.34 mm,字间距0.99 mm,号码总长21.81 mm。卷式发票号码机规格为:字高3 mm,字宽1.66 mm,字笔道0.32 mm,字间距1.19 mm,号码总长21.61 mm(见附件)。发票号码采用喷墨方式印刷的,按照号码机印刷的规格喷印。

分类代码印制规格应与发票号码一致。

二、统一代码和发票号码的执行时间

为了保证新旧分类代码、发票号码使用的顺利衔接,全国统一分类代码、发票号码启用时间为2004年7月1日,旧分类代码、发票号码截止使用时间为2004年12月31日(总局另有规定的除外)。各地可在总局规定的交替期内确定具体启用和截止时间,并报总局备案。

三、工作要求

(一)抓紧确定编码方案。各地必须按照总局统一的编码规则,编制普通发票的分类代码和发票号码。各地所确定的分类代码、发票号码编制方案,报总局征管司、信息中心备案。

(二)发票印制相对集中。配合统一普通发票分类代码和发票号码的实施,普通发票应集中到地、市级印制,有条件的地区及重要票种应集中在省一级印制。

（三）抓住契机开展发票查询。各地要充分利用统一普通发票分类代码和发票号码的有利时机，按照税务系统信息化规划"两级处理"的要求，积极创造条件，依托现有综合征管信息系统，逐步建立普通发票电话、网上查询系统。

（四）狠抓落实及时反馈。各地要充分认识统一普通发票分类代码和发票号码对实现发票管理规范化和信息化的重要意义，认真抓好更换分类代码和发票号码的各项准备工作，按要求逐项落实，并及时反馈有关情况、问题和建议，以利不断完善这项工作。

附件：号码机字体规格图样（略）

国家税务总局关于统一二手车销售发票式样问题的通知

2005 年 7 月 5 日　国税函〔2005〕693 号

各省、自治区、直辖市和计划单列市国家税务局：

随着我国经济发展和改革开放的不断深入，机动车销售市场日趋活跃，二手车交易也快速增长。为了适应二手车交易方式变化和强化税收征收管理的需要，总局决定统一二手车销售发票的式样。现就有关问题明确如下：

一、二手车经销企业、经纪机构和拍卖企业，在销售、中介和拍卖二手车收取款项时，必须开具《二手车销售统一发票》（以下简称《二手车发票》）。

二、二手车发票由以下用票人开具：

（一）从事二手车交易的市场，包括二手车经纪机构和消费者个人之间二手车交易需要开具发票的，由二手车交易市场统一开具。

（二）从事二手车交易活动的经销企业，包括从事二手车交易的汽车生产和销售企业。

（三）从事二手车拍卖活动的拍卖公司。

三、《二手车发票》采用压感纸，由各省、自治区、直辖市和计划单列市国家税务局严格按照票样统一印制。

四、《二手车发票》为一式五联计算机票。计算机票第一联为发票联，印色为棕色；第二联为转移登记联（公安车辆管理部门留存），印色为蓝色；第三联为出入库联，印色为紫色；第四联为记账联，印色为红色；第五联为存根联，印色为黑色。规格为 241 mm×178 mm（票样附后）。

五、《二手车发票》由二手车交易市场、经销企业和拍卖企业开具的，存根联、记账联、入库联由开票方留存；发票联、转移登记联由购车方记账和交公安交管部门办理过户手续。

六、二手车交易市场或二手车拍卖公司在办理过户手续过程中需要收取过户手续费，以及二手车鉴定评估机构收取评估费的，应另外由其开具地方税务局监制的服务业发票；而《二手车发票》价款中不应包括过户手续费和评估费。

注释：根据《国家税务总局关于增值税发票管理若干事项的公告》（2017 年 12 月 18 日，国家税务总局公告 2017 年第 45 号），本文第六条自 2018 年 4 月 1 日起废止。

七、《二手车发票》从 2005 年 10 月 1 日开始启用，各地旧版发票同时停止使用。各地国税局应将《二手车发票》票样送公安机关备案。各地地税局印制的涉及二手车交易的服务业发票按上述时间同时启用。

注释：根据国家税务总局公告 2017 年第 45 号文件规定，本文第七条中的"各地地税局印制的涉及二手车交易的服务业发票按上述时间同时启用"自 2018 年 4 月 1 日起废止。

八、《二手车发票》的开票软件暂由各省、自治区、直辖市和计划单列市国税局统一开发，并无偿提供给用户使用。在未使用税控收款机前，可不打印机打代码、机打号码、机器编号和税控码。

注释：根据国家税务总局公告 2017 年第 45 号文件规定，本文第八条自 2018 年 4 月 1 日起废止。

附件：《二手车销售统一发票》式样（略）

 国家税务总局关于启用增值税普通发票有关问题的通知

2005 年 8 月 19 日　国税发明电〔2005〕34 号

各省、自治区、直辖市和计划单列市国家税务局：

为加强对增值税一般纳税人（以下简称"一般纳税人"）开具普通发票的管理，全面监控一般纳税人销售额，总局决定将一般纳税人（不含商业零售，下同）开具的普通发票纳入增值税防伪税控系统开具和管理，亦即一般纳税人可以使用同套增值税防伪税控系统同时开具增值税专用发票、增值税普通发票和废旧物资发票等（此种开票方式简称"一机多票"）。

目前，"一机多票"系统的税务端软件已在北京市西城区完成了实地测试，正在江苏省进行试运行工作，预计 8 月底前完成全国所有税务端系统的升级工作。企业端开票系统从 8 月份开始分别在北京市西城区，浙江省杭州市、湖州市，山东省淄博市、东营市和烟台市的部分企业进行试运行，计划从 10 月份开始在全国陆续推行。"一机多票"系统使用的普通发票统称为"增值税普通发票"，实行统一印制，于 2005 年 8 月 1 日起陆续在全国启用，现将有关问题通知如下：

一、增值税普通发票的格式、字体、栏次、内容与增值税专用发票完全一致，按发票联次分为两联票和五联票两种，基本联次为两联，第一联为记账联，销货方用作记账凭证；第二联为发票联，购货方用作记账凭证。此外为满足部分纳税人的需要，在基本联次后添加了三联的附加联次，即五联票，供企业选择使用。

增值税普通发票代码的编码原则与专用发票基本一致，发票左上角 10 位代码的含义：第 1—4 位代表各省；第 5—6 位代表制版年度；第 7 位代表印制批次；第 8 位代表发票种类，普通发票用"6"表示；第 9 位代表几联版，普通发票二联版用"2"表示，普通发票五联版用"5"表示；第 10 位代表金额版本号"0"表示电脑版。

注释：根据《国家税务总局关于增值税普通发票管理有关事项的公告》（2017 年 12 月 5 日，国家税务总局公告 2017 年第 44 号）规定，本文第一条第二款自 2018 年 1 月 1 日起废止。

二、增值税普通发票第二联（发票联）采用防伪纸张印制。代码采用专用防伪油墨印刷，号码的字型为专用异型体。各联次的颜色依次为蓝、橙、绿蓝、黄绿和紫红色。

三、凡纳入"一机多票"系统（包括试运行）的一般纳税人，自纳入之日起，一律使用全国统一的增值税普通发票，并通过防伪税控系统开具。对于一般纳税人已领购但尚未使用的旧版普通发票，由主管税务机关限期缴销或退回税务机关；经税务机关批准使用印有本单位名称发票的一般纳税人,允许其暂缓纳入"一机多票"系统,以避免库存发票的浪费,但最迟不得超过 2005 年年底。

四、增值税普通发票的价格由国家发改委统一制定。

五、各级税务机关要高度重视"一机多票"系统的试运行工作,切实做好新旧普通发票的衔接工作。要掌握情况,统筹布置,合理安排。确保"一机多票"系统顺利推行。

 ## 国家税务总局关于普通发票真伪鉴定问题的通知

2008 年 11 月 21 日　国税函〔2008〕948 号

各省、自治区、直辖市和计划单列市国家税务局、地方税务局:

近一段时间,有税务机关反映,在实施打击制售假发票和非法代开发票专项整治行动中,需要对查获的假发票进行真伪鉴定。根据《中华人民共和国发票管理办法实施细则》第 34 条的规定:"发票真伪由税务机关鉴定",执行中一般都是由发票监制税务机关负责发票真伪的鉴定。为了更好地开展相关工作,现就有关问题明确如下:

一、普通发票的真伪鉴定由鉴定受理税务机关负责;受理税务机关鉴定有困难的,可以提请发票监制税务机关协助鉴定。

二、在伪造、变造现场查获的假发票,由当地税务机关负责鉴定。

 ## 国家税务总局关于二手车经销企业发票使用有关问题的公告

2013 年 10 月 9 日　国家税务总局公告 2013 年第 60 号

为进一步加强二手车经销企业的发票管理,现对二手车经销企业发票使用有关问题公告如下:

一、二手车经销企业从事二手车交易业务,由二手车经销企业开具《二手车销售统一发票》。

二、二手车经销企业从事二手车代购代销的经纪业务,由二手车交易市场统一开具《二手车销售统一发票》。

特此公告。

国家税务总局办公厅关于《国家税务总局关于二手车经销企业发票使用有关问题的公告》的解读

为进一步加强二手车经销企业发票的管理,更好地服务纳税人,国家税务总局发布了《国家税务总局关于二手车经销企业发票使用有关问题的公告》(以下简称《公告》)。现将《公告》有关内容解读如下:

一、公告的背景和目的

《二手车流通管理办法》(商务部、公安部、工商总局、税务总局令 2005 年第 2 号)及国家税务总局《关于统一二手车销售发票式样问题的通知》下发以后,部分经销企业既从事二手车经销业务又从事二手车代购代销经纪业务,为进一步明确二手车经销企业发票的使用,我们下发了《公告》。

二、公告的主要内容

（一）按照《国家税务总局关于统一二手车销售发票式样问题的通知》（国税函〔2005〕693号）要求，二手车经销企业在销售二手车收取款项时，必须按规定向买方开具税务机关监制的《二手车销售统一发票》。

（二）二手车经销企业从事二手车代购代销业务属于二手车经纪业务，应当由二手车交易市场经营者按规定向买方开具税务机关监制的《二手车销售统一发票》。

 国家税务总局关于调整增值税普通发票防伪措施有关事项的公告

2016 年 11 月 2 日　国家税务总局公告 2016 年第 68 号

税务总局决定调整增值税普通发票防伪措施，自 2016 年第四季度起印制的增值税普通发票采用新的防伪措施。现将有关事项公告如下：

调整后的增值税普通发票的防伪措施为灰变红防伪油墨（详见附件）。增值税普通发票各联次颜色：第一联为蓝色，第二联为棕色，第三联为绿色，第四联为紫色，第五联为粉红色。

税务机关库存和纳税人尚未使用的增值税普通发票可以继续使用。

本公告自发布之日（2016 年 11 月 2 日）起实施。

特此公告。

附件：增值税普通发票防伪措施的说明

附件

增值税普通发票防伪措施的说明

一、防伪效果增值税普通发票各联次左上方的发票代码及右上方的字符（No）使用灰变红防伪油墨印制，油墨印记在外力摩擦作用下可以发生颜色变化，产生红色擦痕。

二、鉴别方法使用白纸摩擦票面的发票代码和字符（No）区域，在白纸表面以及发票代码和字符（No）的摩擦区域均会产生红色擦痕。（如下图所示）

发票代码图案原色

2300164350　黑龙江增值税普通发票　No 12345727

开票日期：

原色摩擦可产生红色擦痕

2300164350　黑龙江增值税普通发票　No 12345726

开票日期：

国家税务总局办公厅关于《国家税务总局关于调整增值税普通发票防伪措施有关事项的公告》的解读

一、发布本公告的背景是什么？

税务总局决定调整增值税普通发票防伪措施，自2016年第四季度起印制的增值税普通发票采用新的防伪措施。为此发布本公告。

二、增值税普通发票新的防伪措施是什么？

增值税普通发票的防伪措施为灰变红防伪油墨。增值税普通发票各联次左上方的发票代码及右上方的字符(№)使用灰变红防伪油墨印制，油墨印记在外力摩擦作用下可以发生颜色变化，产生红色擦痕。使用白纸摩擦票面的发票代码和字符(№)区域，在白纸表面以及发票代码和字符(№)的摩擦区域均会产生红色擦痕。

三、增值税普通发票各联次分别是什么颜色？

增值税普通发票各联次颜色：第一联为蓝色，第二联为棕色，第三联为绿色，第四联为紫色，第五联为粉红色。

四、以前印制的增值税普通发票能否继续使用？

税务机关库存和纳税人尚未使用的增值税普通发票可以继续使用。

国家税务总局关于启用增值税普通发票(卷票)有关事项的公告

2016年12月13日 国家税务总局公告2016年第82号

为了满足纳税人发票使用需要，税务总局决定自2017年1月1日起启用增值税普通发票(卷票)，现将有关事项公告如下：

一、增值税普通发票(卷票)规格、联次及防伪措施

增值税普通发票(卷票)分为两种规格：57 mm×177.8 mm、76 mm×177.8 mm，均为单联。增值税普通发票(卷票)的防伪措施为光变油墨防伪(详见附件1)。

二、增值税普通发票(卷票)代码及号码

增值税普通发票(卷票)的发票代码为12位，编码规则：第1位为0，第2~5位代表省、自治区、直辖市和计划单列市，第6~7位代表年度，第8~10位代表批次，第11~12位代表票种和规格，其中06代表57 mm×177.8 mm增值税普通发票(卷票)、07代表76 mm×177.8 mm增值税普通发票(卷票)。

增值税普通发票(卷票)的发票号码为8位，按年度、分批次编制。

三、增值税普通发票(卷票)内容

增值税普通发票(卷票)的基本内容包括：发票名称、发票监制章、发票联、税徽、发票代码、发票号码、机打号码、机器编号、销售方名称及纳税人识别号、开票日期、收款员、购买方名称及纳税人识别号、项目、单价、数量、金额、合计金额(小写)、合计金额(大写)、校验码、二维码区等。增值税普通发票(卷票)票样见附件2。

四、其他事项

(一)增值税普通发票(卷票)由纳税人自愿选择使用，重点在生活性服务业纳税人中推广使用。

（二）增值税普通发票(卷票)的真伪鉴别按照《中华人民共和国发票管理办法实施细则》第三十三条有关规定执行。

本公告自 2017 年 1 月 1 日起实施。

特此公告。

附件：1. 增值税普通发票(卷票)防伪措施的说明
　　　2. 增值税普通发票(卷票)票样

附件 1

增值税普通发票(卷票)防伪措施的说明

一、防伪效果

增值税普通发票(卷票)税徽使用光变油墨印制,直视颜色为金属金色,斜视颜色为金属绿色,显示效果明显、清晰。

二、鉴别方法

增值税普通发票(卷票)税徽在目视观察下光学入射角分别为 90 度和 30 度时,呈不同颜色。（如下图所示）

附件 2

增值税普通发票(卷票)票样

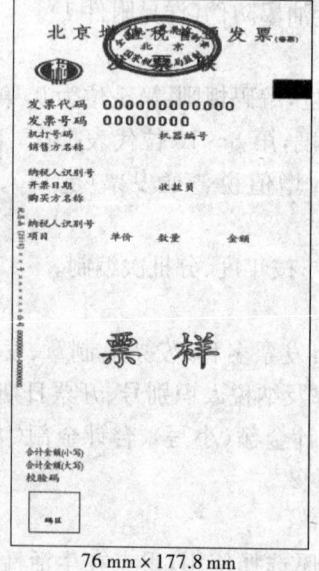

76 mm × 177.8 mm

57 mm × 177.8 mm

国家税务总局办公厅关于《国家税务总局关于启用增值税普通发票(卷票)有关事项的公告》的解读

一、发布本公告的背景是什么?

为了满足纳税人发票使用需要,税务总局决定自 2017 年 1 月 1 日起启用增值税普通发票(卷票),发布本公告。

二、增值税普通发票(卷票)的规格、联次有哪几种?

增值税普通发票(卷票)分为两种规格:57 mm×177.8 mm 和 76 mm×177.8 mm,均为单联。

三、增值税普通发票(卷票)的防伪措施是什么?

增值税普通发票(卷票)的防伪措施为光变油墨防伪。增值税普通发票(卷票)税徽使用光变油墨印制,直视颜色为金属金色,斜视颜色为金属绿色,显示效果明显、清晰。

四、增值税普通发票(卷票)代码及号码的编码规则是什么?

增值税普通发票(卷票)的发票代码为 12 位,编码规则:第 1 位为 0,第 2~5 位代表省、自治区、直辖市和计划单列市,第 6~7 位代表年度,第 8~10 位代表批次,第 11~12 位代表票种和规格,其中 06 代表 57 mm×177.8 mm 增值税普通发票(卷票)、07 代表 76 mm×177.8 mm增值税普通发票(卷票)。

增值税普通发票(卷票)的发票号码为 8 位,按年度、分批次编制。

五、增值税普通发票(卷票)内容有哪些?

增值税普通发票(卷票)的基本内容包括:发票名称、发票监制章、发票联、税徽、发票代码、发票号码、机打号码、机器编号、销售方名称及纳税人识别号、开票日期、收款员、购买方名称及纳税人识别号、项目、单价、数量、金额、合计金额(小写)、合计金额(大写)、校验码、二维码码区等。

六、哪些纳税人可以使用增值税普通发票(卷票)?

增值税普通发票(卷票)由纳税人自愿选择使用,重点在生活性服务业纳税人中推广使用。

七、增值税普通发票(卷票)的真伪鉴别工作有何规定?

增值税普通发票(卷票)的真伪鉴别按照《中华人民共和国发票管理办法实施细则》第三十三条有关规定执行。

《中华人民共和国发票管理办法实施细则》第三十三条规定:用票单位和个人有权申请税务机关对发票的真伪进行鉴别。收到申请的税务机关应当受理并负责鉴别发票的真伪;鉴别有困难的,可以提请发票监制税务机关协助鉴别。在伪造、变造现场以及买卖地、存放地查获的发票,由当地税务机关鉴别。

国家税务总局关于进一步做好增值税电子普通发票推行工作的指导意见

2017 年 3 月 21 日　税总发〔2017〕31 号

各省、自治区、直辖市和计划单列市国家税务局:

为适应经济社会发展和税收现代化建设需要,满足纳税人使用增值税电子普通发票的需求,自2015年12月1日起税务总局推行了通过增值税发票管理新系统(以下简称"新系统")开具的增值税电子普通发票。为进一步做好增值税电子普通发票推行工作,现提出以下意见:

一、高度重视电子发票推行工作

推行通过新系统开具的增值税电子普通发票,对降低纳税人经营成本,节约社会资源,方便纳税人发票使用,营造健康公平的税收环境起到了重要作用。各地国税机关要高度重视电子发票推行工作,精心组织,扎实推进,满足纳税人开具使用电子发票的合理需求。

二、坚持问题导向,重点行业重点推行

各地国税机关要认真总结前期推行增值税电子普通发票的情况,做好分析评估工作,坚持问题导向原则,重点在电商、电信、金融、快递、公用事业等有特殊需求的纳税人中推行使用电子发票。

三、规范电子发票服务平台建设

电子发票服务平台以纳税人自建为主,也可由第三方建设提供服务平台。电子发票服务平台应免费提供电子发票版式文件的生成、打印、查询和交付等基础服务。

税务总局负责统一制定电子发票服务平台的技术标准和管理制度,建设对服务平台进行监督管理的税务监管平台。电子发票服务平台必须遵循统一的技术标准和管理制度。平台建设的技术方案和管理方案应报国税机关备案。

四、做好纳税人的宣传辅导工作

各地国税机关要利用多种渠道,切实做好纳税人的宣传辅导工作。增值税电子普通发票的开票方和受票方需要纸质发票的,可以自行打印增值税电子普通发票的版式文件,其法律效力、基本用途、基本使用规定等与税务机关监制的增值税普通发票相同。购买方向开具增值税电子普通发票的纳税人当场索取纸质普通发票的,纳税人应当免费提供电子发票版式文件打印服务。对于拒绝提供免费打印服务或者纸质发票的,主管国税务机关应当及时予以纠正。

五、规范电子发票编码规则及发票赋码流程

各地国税机关应严格按照《国家税务总局关于推行通过增值税电子发票系统开具的增值税电子普通发票有关问题的公告》(国家税务总局公告2015年第84号)规定的发票编码规则编制增值税电子普通发票的发票代码,通过金税三期核心征管系统将电子发票的号段同步至新系统,通过新系统最终赋予纳税人。

六、简化税控专用设备发行流程

各地国税机关要进一步简化税控专用设备发行流程,及时为使用电子发票的纳税人或其书面委托的单位办理税控专用设备发行,提高办税效率。

七、加强对服务单位的监督管理

各地国税机关应严格按照税务总局对纳税人税控装置安装服务提出的工作要求,加强对服务单位的监督管理,督促其提高服务水平和服务质量。税务机关及税务干部要严格执行廉政规定,不得违反纪律参与、干预、引导纳税人选择服务单位。税务机关要及时处理回应纳税人投诉,对存在问题的服务单位责令其立即纠正,并限期整改。

税控专用设备销售单位应保障税控专用设备的及时供应,不得以任何理由推诿、拖延或者拒绝使用电子发票的纳税人购买税控专用设备的要求。

八、落实主体责任,加强部门协作配合

各地国税机关要将推行工作做实做细,加强部门协作配合,形成工作合力。按照新系统推行到哪里、主体责任就要落实到哪里的原则,货物劳务税部门要落实好发票管理、系统推行中的主体责任,实行专人专岗、责任到人。征管科技、电子税务等部门要加强协作配合,共同保障推行工作平稳顺利。

 ## 国家税务总局关于做好增值税电子普通发票推行所需税控设备管理工作的通知

2017 年 6 月 21 日 税总函〔2017〕232 号

各省、自治区、直辖市和计划单列市国家税务局:

为全面落实《国家税务总局关于进一步做好增值税电子普通发票推行工作的指导意见》(税总发〔2017〕31 号),进一步加强对增值税税控系统服务单位(以下简称"服务单位")的监督管理,积极推进增值税电子普通发票所需税控设备管理工作,现将有关事宜通知如下:

一、推行增值税电子普通发票所需的税控服务器和税控盘组等设备(以下简称"其他税控设备")的发售、S/N 号录入、发行、安装、调试、技术支持等相关事项按照增值税税控专用设备的相关规定进行管理。各地税务机关应在 3 个工作日内为纳税人或其书面委托的电子发票服务商办理税控专用设备和其他税控设备的录入、发行等事宜,不得限定是否本省购买等附加条件,不得以任何理由推诿、拖延或拒绝。纳税人或其书面委托的电子发票服务商可以直接向服务单位总部购买税控专用设备和其他税控设备,无需经其他单位确认。服务单位不得以任何理由推诿、拖延或者拒绝向纳税人或其书面委托的电子发票服务商发售税控专用设备和其他税控设备。

二、主管国税机关应建立增值税电子普通发票税控设备监督管理工作制度,设立"增值税电子普通发票税控设备监督管理工作台账",参照《增值税税控系统安装使用告知书》《增值税税控系统技术服务协议》《增值税税控系统安装单》等文书(复印件留存备查)准确记录相关时间。通过对税控专用设备和其他税控设备申请领购时间、领购完毕时间、录入完毕时间、发行完毕时间的及时记录,进行全流程监控管理,保障纳税人及时开具增值税电子普通发票。

三、各级国税机关要加强对服务单位的监督管理,严格按照《国家税务总局关于印发〈增值税税控系统服务单位监督管理办法〉的通知》(税总发〔2015〕118 号,以下简称"监管办法")的规定落实税控专用设备和其他税控设备发售的具体要求,督促服务单位在接到申请后 3~5个工作日内向纳税人或其书面委托的电子发票服务商发售税控专用设备和其他税控设备。如发现未按时发售、安装、调试等问题可依据监管办法第四章"违约责任"相关条款进行处罚,视情形严重程度可暂停其服务资格 1~3 个月。

四、税务总局将对各 省国税局服务单位监督管理工作情况进行不定期抽查,对监管不力的单位将进行通报批评。2017 年 9 月 30 日前,请各省国税局将本通知的落实情况通过 FTP指定目录(FTP:/center/货物和劳务税司/税控稽核处/电子发票税控管理工作)上报税务总局(货物和劳务税司)。

国家税务总局关于增值税普通发票管理有关事项的公告

2017 年 12 月 5 日　国家税务总局公告 2017 年第 44 号

为进一步规范增值税发票管理,优化纳税服务,满足纳税人发票使用需要,现将增值税发票管理有关事项公告如下:

一、调整增值税普通发票(折叠票)发票代码

增值税普通发票(折叠票)的发票代码调整为 12 位,编码规则:第 1 位为 0,第 2～5 位代表省、自治区、直辖市和计划单列市,第 6～7 位代表年度,第 8～10 位代表批次,第 11～12 位代表票种和联次,其中 04 代表二联增值税普通发票(折叠票)、05 代表五联增值税普通发票(折叠票)。

税务机关库存和纳税人尚未使用的发票代码为 10 位的增值税普通发票(折叠票)可以继续使用。

二、印有本单位名称的增值税普通发票(折叠票)

(一)纳税人可按照《中华人民共和国发票管理办法》及其实施细则规定,书面向国税机关要求使用印有本单位名称的增值税普通发票(折叠票),国税机关按规定确认印有该单位名称发票的种类和数量。纳税人通过增值税发票管理新系统开具印有本单位名称的增值税普通发票(折叠票)。

(二)印有本单位名称的增值税普通发票(折叠票),由税务总局统一招标采购的增值税普通发票(折叠票)中标厂商印制,其式样、规格、联次和防伪措施等与税务机关统一印制的增值税普通发票(折叠票)一致,并加印企业发票专用章。

(三)印有本单位名称的增值税普通发票(折叠票)的发票代码按照本公告第一条规定的编码规则编制。发票代码的第 8～10 位代表批次,由省国税机关在 501～999 范围内统一编制。

(四)使用印有本单位名称的增值税普通发票(折叠票)的企业,按照《国家税务总局 财政部关于冠名发票印制费结算问题的通知》(税总发〔2013〕53 号)规定,与发票印制企业直接结算印制费用。

注释:根据《国家税务总局关于修改部分税收规范性文件的公告》(2018 年 6 月 15 日,国家税务总局公告 2018 年第 31 号)规定,本文第二条第一款、第三款中的"国税机关"修改为"税务机关"。

本公告自 2018 年 1 月 1 日起施行,《国家税务总局关于启用增值税普通发票有关问题的通知》(国税发明电〔2005〕34 号)第一条第二款、《国家税务总局关于启用新版增值税发票有关问题的公告》(国家税务总局公告 2014 年第 43 号)第一条同时废止。

特此公告。

国家税务总局办公厅关于《国家税务总局关于增值税普通发票管理有关事项的公告》的解读

一、发布本公告的背景是什么?

近年来增值税普通发票的种类和使用量增加,10 位发票代码难以满足纳税人需要。增值

税电子普通发票和增值税普通发票(卷票)的发票代码均为 12 位,税务总局决定,将增值税普通发票(折叠票)的发票代码也调整为 12 位。为了明确增值税普通发票(折叠票)12 位发票代码的编码规则和使用印有本单位名称的增值税普通发票(折叠票)有关问题,发布本公告。

二、调整后增值税普通发票(折叠票)的发票代码编码规则是什么?

增值税普通发票(折叠票)的发票代码调整为 12 位,编码规则:第 1 位为 0,第 2~5 位代表省、自治区、直辖市和计划单列市,第 6~7 位代表年度,第 8~10 位代表批次,第 11~12 位代表票种和联次,其中 04 代表二联增值税普通发票(折叠票)、05 代表五联增值税普通发票(折叠票)。

三、以前印制的增值税普通发票(折叠票)能否继续使用?

税务机关库存和纳税人尚未使用的发票代码为 10 位的增值税普通发票(折叠票)可以继续使用。

四、纳税人是否可以使用印有本单位名称的增值税普通发票(折叠票)?

为了方便纳税人发票使用,公告明确,纳税人可按照《中华人民共和国发票管理办法》及其实施细则规定,使用印有本单位名称的增值税普通发票(折叠票),通过增值税发票管理新系统开具。

五、本公告自何时起施行?

本公告自 2018 年 1 月 1 日起施行。

国家税务总局关于增值税电子普通发票使用有关事项的公告

2018 年 7 月 23 日　　国家税务总局公告 2018 年第 41 号

为了保障国税地税征管体制改革工作顺利推进,确保改革前后增值税电子普通发票有序衔接、平稳过渡,现将增值税电子普通发票使用有关事项公告如下:

一、新税务机构挂牌后,国家税务总局各省、自治区、直辖市和计划单列市税务局[以下简称“各省(区、市)税务局”]将启用新的发票监制章。增值税电子普通发票(含收费公路通行费增值税电子普通发票,下同)版式文件上的发票监制章,相应修改为各省(区、市)税务局新启用的发票监制章。

二、新启用的发票监制章形状为椭圆型,长轴为 3 厘米,短轴为 2 厘米,边宽为 0.1 厘米,内环加刻一细线,上环刻制“全国统一发票监制章”字样,中间刻制“国家税务总局”字样,下环刻制“××省(区、市)税务局”字样,下环字样例如:“江苏省税务局”、“上海市税务局”、“内蒙古自治区税务局”、“新疆维吾尔自治区税务局”。字体为楷体 7 磅,印色为大红色。新启用的发票监制章样式见附件。

三、纳税人自建电子发票服务平台和第三方电子发票服务平台,应当于 2018 年 12 月 31 日前完成升级工作。电子发票服务平台升级后,生成的增值税电子普通发票版式文件使用各省(区、市)税务局新启用的发票监制章。电子发票服务平台升级前,生成的增值税电子普通发票版式文件可以继续使用原各省、自治区、直辖市和计划单列市国家税务局的发票监制章。

四、各省(区、市)税务局要利用多种渠道,切实做好增值税电子普通发票使用有关事项的宣传解释工作。要多措并举、扎实推进,将相关政策规定及时、准确告知自建电子发票服务平台的纳税人和第三方电子发票服务平台运营商,并督促其按时完成电子发票服务平台升级工作。

五、《国家税务总局关于推行通过增值税电子发票系统开具的增值税电子普通发票有关问题的公告》(国家税务总局公告 2015 年第 84 号发布,国家税务总局公告 2018 年第 31 号修改)附件 1 增值税电子普通发票票样中的发票监制章按照本公告规定调整。

本公告自发布之日起施行。

特此公告。

附件:发票监制章样式

附件

发票监制章样式

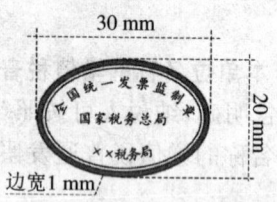

国家税务总局关于《国家税务总局关于增值税电子普通发票使用有关事项的公告》的解读

一、发布本公告的背景是什么?

为了保障国税地税征管体制改革工作顺利推进,确保改革前后增值税电子普通发票有序衔接、平稳过渡,发布本公告。

二、新税务机构挂牌后,增值税电子普通发票版式文件上的发票监制章有何变化?

新税务机构挂牌后,国家税务总局各省、自治区、直辖市和计划单列市税务局[以下简称"各省(区、市)税务局"]将启用新的发票监制章。增值税电子普通发票(含收费公路通行费增值税电子普通发票,下同)版式文件上的发票监制章,相应修改为各省(区、市)税务局新启用的发票监制章,纳税人自建电子发票服务平台和第三方电子发票服务平台需要进行相应升级。

三、新启用的发票监制章是什么样式?

新启用的发票监制章形状为椭圆型,长轴为 3 厘米,短轴为 2 厘米,边宽为 0.1 厘米,内环加刻一细线,上环刻制"全国统一发票监制章"字样,中间刻制"国家税务总局"字样,下环刻制"××省(区、市)税务局"字样,下环字样例如:"江苏省税务局"、"上海市税务局"、"内蒙古自治区税务局"、"新疆维吾尔自治区税务局"。字体为楷体 7 磅,印色为大红色。

四、电子发票服务平台的升级工作应当于何时完成?

纳税人自建电子发票服务平台和第三方电子发票服务平台的升级工作,应当于 2018 年 12 月 31 日前完成。

五、电子发票服务平台升级前,发票监制章如何使用?

电子发票服务平台升级前,生成的增值税电子普通发票版式文件可以继续使用原各省、自治区、直辖市和计划单列市国家税务局的发票监制章。

六、本公告自何时起施行?

本公告自发布之日起施行。

（五）免征货物发票管理

 国家税务总局关于国有粮食购销企业开具粮食
销售发票有关问题的通知

1999 年 7 月 19 日　国税明电〔1999〕10 号

财政部、国家税务总局《关于粮食企业增值税征免问题的通知》（财税字〔1999〕198 号）规定对属于一般纳税人的生产、经营单位从国有粮食购销企业购进的免税粮食，可依据购销企业开具的销售发票注明的销售额按 13％的扣除率计算抵扣进项税额。为了保证粮食增值税政策的正确执行，现将国有粮食购销企业销售发票使用的有关问题通知如下：

一、享受免税优惠的国有粮食购销企业可继续使用增值税专用发票。

二、自 1999 年 8 月 1 日起，凡国有粮食购销企业销售粮食，暂一律开具增值税专用发票。

三、国有粮食购销企业开具增值税专用发票时，应当比照非免税货物开具增值税专用发票，企业记账销售额为"价税合计"数。

四、属于一般纳税人的生产、经营单位从国有粮食购销企业购进的免税粮食，可依照国有粮食购销企业开具的增值税专用发票注明的税额抵扣进项税额。

 国家税务总局关于加强国有粮食购销企业
增值税管理有关问题的通知

1999 年 8 月 18 日　国税函〔1999〕560 号

财政部、国家税务总局《关于粮食企业增值税征免问题的通知》（财税字〔1999〕198 号）及国家税务总局《关于国有粮食购销企业开具粮食销售发票有关问题的通知》（国税明电〔1999〕10 号）规定国有粮食购销企业销售粮食免征增值税并可向购货方开具增值税专用发票。为保证此项政策的落实，加强国有粮食购销企业增值税管理，现就有关问题通知如下：

一、凡享受免征增值税的国有粮食购销企业，均按增值税一般纳税人认定，并进行纳税申报、日常检查及有关增值税专用发票的各项管理。

二、经税务机关认定为增值税一般纳税人的国有粮食购销企业，1999 年内要全部纳入增值税防伪税控系统管理，自 2000 年 1 月 1 日起，其粮食销售业务必须使用防伪税控系统开具增值税专用发票。对违反本条规定，逾期未使用防伪税控系统，擅自开具增值税专用发票的，按照《中华人民共和国发票管理办法》及其实施细则的有关规定进行处罚。

三、各地要将享受免征增值税的国有粮食购销企业户数于 1999 年 9 月 15 日前上报总局。

 国家税务总局关于粮食企业增值税管理问题的补充通知

1999 年 12 月 3 日　国税函〔1999〕829 号

根据《国务院关于进一步完善粮食流通体制改革政策措施的补充通知》（国发〔1999〕20 号）的精神，现就有关国有粮食企业增值税管理问题补充通知如下：

一、享受免征增值税政策的国有粮食购销企业，凡需要向购货方开具增值税专用发票的，应严格按照《国家税务总局关于加强国有粮食购销企业增值税管理有关问题的通知》（国税函〔1999〕560号）的有关规定，在1999年内纳入增值税防伪税控系统管理，自2000年1月1日起，停止供应手写版增值税专用发票。

二、恢复征收增值税的粮食企业销售按照原粮食政策属于免征增值税的库存粮食，可按其收购金额的10%计算抵扣进项税额。

注释1：根据国税发〔2006〕62号文件规定，本文第二条废止。

注释2：根据《财政部 国家税务总局关于提高农产品进项税抵扣率的通知》（2002年1月9日，财税〔2002〕12号）规定，本文第二条自2002年1月1日起废止。

国家税务总局关于政府储备食用植物油销售业务开具增值税专用发票问题的通知

2002年6月10日 国税函〔2002〕531号

各省、自治区、直辖市和计划单列市国家税务局：

为支持中央储备食用植物油的正常运作，现就政府储备食用植物油销售业务开具增值税专用发票问题通知如下：

自2002年6月1日起，对中国储备粮总公司及各分公司所属的政府储备食用植物油承储企业，按照国家指令计划销售的政府储备食用植物油，可比照国家税务总局《关于国有粮食购销企业开具粮食销售发票有关问题的通知》（国税明电〔1999〕10号）及国家税务总局《关于加强国有粮食购销企业增值税管理有关问题的通知》（国税函〔1999〕560号）的有关规定执行，允许其开具增值税专用发票并纳入增值税防伪税控系统管理。

国家税务总局关于债转股企业实物投资免征增值税政策有关问题的批复

2003年12月29日 国税函〔2003〕1394号

江西省国家税务局：

你局《关于债转股企业实物资产投入新公司免征增值税有关问题的请示》（赣国税发〔2003〕90号）收悉。经研究，现批复如下：

《中华人民共和国增值税暂行条例》第21条规定，纳税人销售免税货物不得开具增值税专用发票。鉴于债转股企业投入到新公司的实物资产享受免征增值税政策，因此债转股企业将实物资产投入到新公司时不得开具增值税专用发票。

特此批复。

国家税务总局关于加强免征增值税货物专用发票管理的通知

2005年8月8日 国税函〔2005〕780号

各省、自治区、直辖市和计划单列市国家税务局：

为加强免征增值税货物专用发票的管理，现就有关问题通知如下：

一、增值税一般纳税人(以下简称"一般纳税人")销售免税货物,一律不得开具专用发票(国有粮食购销企业销售免税粮食除外)。如违反规定开具专用发票的,则对其开具的销售额依照增值税适用税率全额征收增值税,不得抵扣进项税额,并按照《中华人民共和国发票管理办法》及其实施细则的有关规定予以处罚。

二、一般纳税人销售的货物,由先征后返或即征即退改为免征增值税后,如果其销售的货物全部为免征增值税的,税务机关应收缴其结存的专用发票,并不得再对其发售专用发票。税务机关工作人员违反规定为其发售专用发票的,应按照有关规定予以严肃处理。

国家税务总局关于纳税人销售国家临时存储粮食 发票开具有关问题的批复

2017 年 10 月 9 日　税总函〔2017〕422 号

内蒙古自治区国家税务局:

你局《关于中储粮总公司明确临储粮拍卖增值税发票开具有关事宜的请示》(内国税发〔2017〕71 号)收悉。由于部分国家临储粮的拍卖成交价格低于库存成本,承担国家临储粮任务并直接承贷贷款的非中储粮直属企业,实际收到的货款小于库存成本,无法根据《国家税务总局关于纳税人销售国家临时存储粮食发票开具有关问题的批复》(税总函〔2015〕448 号)的规定,按库存成本金额给中储粮直属企业开具增值税发票。鉴于以上情况,现就纳税人销售国家临储粮(含大豆,下同)增值税发票开具有关问题批复如下:

一、对于低于库存成本销售的国家临储粮,非中储粮直属企业应按照成交金额向中储粮直属企业开具增值税发票;对于高于(或等于)库存成本销售的国家临储粮,非中储粮直属企业应按照库存成本金额向中储粮直属企业开具增值税发票。

二、中储粮直属企业应按照国家临储粮的成交金额向购买方开具增值税发票。

此前已发生未处理的,按本批复规定执行。自本批复发布之日起,《国家税务总局关于纳税人销售国家临时存储粮食发票开具有关问题的批复》(税总函〔2015〕448 号)同时废止。

特此批复。

(六)扣税凭证抵扣规定

国家税务总局关于增值税一般纳税人取得防伪税控系统开具 的增值税专用发票进项税额抵扣问题的通知

2003 年 2 月 14 日　国税发〔2003〕17 号

各省、自治区、直辖市和计划单列市国家税务局:

为贯彻《国务院办公厅转发国家税务总局关于全面推广应用增值税防伪税控系统意见的通知》(国办发〔2000〕12 号)的要求,根据国家税务总局《增值税防伪税控系统管理办法》和现行增值税进项税额抵扣政策的规定,现就增值税一般纳税人取得防伪税控系统开具的增值税专用发票进项税额抵扣问题规定如下:

一、增值税一般纳税人申请抵扣的防伪税控系统开具的增值税专用发票,必须自该专用发票开具之日起 90 日内到税务机关认证,否则不予抵扣进项税额。

注释:根据《国家税务总局关于调整增值税扣税凭证抵扣期限有关问题的通知》(2009 年 11 月 9 日,国税函〔2009〕617 号)规定,本文第一条自 2010 年月 1 日起废止。

二、增值税一般纳税人认证通过的防伪税控系统开具的增值税专用发票,应在认证通过的当月按照增值税有关规定核算当期进项税额并申报抵扣,否则不予抵扣进项税额。

三、增值税一般纳税人取得防伪税控系统开具的增值税专用发票,其专用发票所列明的购进货物或应税劳务的进项税额抵扣时限,不再执行《国家税务总局关于加强增值税征收管理工作的通知》(国税发〔1995〕015 号)中第二条有关进项税额申报抵扣时限的规定。

四、增值税一般纳税人申请抵扣 2003 年 3 月 1 日前防伪税控系统开具的增值税专用发票,应于 2003 年 9 月 1 日前按照本通知的规定报主管税务机关认证,否则不予抵扣进项税额。

五、增值税一般纳税人违反本通知第一条、第二条和第四条规定抵扣进项税额的,税务机关按照《中华人民共和国税收征收管理法》的有关规定予以处罚。

六、本通知自 2003 年 3 月 1 日起执行。

各级税务机关应做好本通知的宣传工作,采取各种方式及时通告纳税人,使纳税人及时了解和准确执行增值税新的进项税额抵扣政策。

国家税务总局关于调整增值税扣税凭证抵扣期限有关问题的通知

2009 年 11 月 9 日   国税函〔2009〕617 号

各省、自治区、直辖市和计划单列市国家税务局:

2003 年以来,国家税务总局对增值税专用发票等扣税凭证陆续实行了 90 日申报抵扣期限的管理措施,对于提高增值税征管信息系统的运行质量、督促纳税人及时申报起到了积极作用。近来,部分纳税人及税务机关反映目前的 90 日申报抵扣期限较短,部分纳税人因扣税凭证逾期申报导致进项税额无法抵扣。为合理解决纳税人的实际问题,加强税收征管,经研究,现就有关问题通知如下:

一、增值税一般纳税人取得 2010 年 1 月 1 日以后开具的增值税专用发票、公路内河货物运输业统一发票和机动车销售统一发票,应在开具之日起 180 日内到税务机关办理认证,并在认证通过的次月申报期内,向主管税务机关申报抵扣进项税额。

二、实行海关进口增值税专用缴款书(以下简称海关缴款书)"先比对后抵扣"管理办法的增值税一般纳税人取得 2010 年 1 月 1 日以后开具的海关缴款书,应在开具之日起 180 日内向主管税务机关报送《海关完税凭证抵扣清单》(包括纸质资料和电子数据)申请稽核比对。

未实行海关缴款书"先比对后抵扣"管理办法的增值税一般纳税人取得 2010 年 1 月 1 日以后开具的海关缴款书,应在开具之日起 180 日后的第一个纳税申报期结束以前,向主管税务机关申报抵扣进项税额。

三、增值税一般纳税人取得 2010 年 1 月 1 日以后开具的增值税专用发票、公路内河货物运输业统一发票、机动车销售统一发票以及海关缴款书,未在规定期限内到税务机关办理认证、申报抵扣或者申请稽核比对的,不得作为合法的增值税扣税凭证,不得计算进项税额抵扣。

注释:《国家税务总局关于进一步明确营改增有关征管问题的公告》(2017 年 4 月 20 日,国家税务总局公告 2017 年第 11 号)规定:"自 2017 年 7 月 1 日起,增值税一般纳税人取得的 2017 年 7 月 1 日及以后开具的增值税专用发票和机动车销售统一发票,应自开具之日起 360 日内认证或登录增值税发票选择确认平台进行确认,并在规定的纳税申报期内,向主管国税机关申报抵扣进项税额。

增值税一般纳税人取得的 2017 年 7 月 1 日及以后开具的海关进口增值税专用缴款书,应自开具之日起 360 日内向主管国税机关报送《海关完税凭证抵扣清单》,申请稽核比对。

纳税人取得的 2017 年 6 月 30 日前开具的增值税扣税凭证,仍按本文规定的期限(180 日)执行。"

四、增值税一般纳税人丢失已开具的增值税专用发票,应在本通知第一条规定期限内,按照《国家税务总局关于修订〈增值税专用发票使用规定〉的通知》(国税发〔2006〕156 号)第二十八条及相关规定办理。

增值税一般纳税人丢失海关缴款书,应在本通知第二条规定期限内,凭报关地海关出具的相关已完税证明,向主管税务机关提出抵扣申请。主管税务机关受理申请后,应当进行审核,并将纳税人提供的海关缴款书电子数据纳入稽核系统进行比对。稽核比对无误后,方可允许计算进项税额抵扣。

五、本通知自 2010 年 1 月 1 日起执行。纳税人取得 2009 年 12 月 31 日以前开具的增值税扣税凭证,仍按原规定执行。

《国家税务总局关于增值税一般纳税人取得防伪税控系统开具的增值税专用发票进项税额抵扣问题的通知》(国税发〔2003〕17 号)第一条、《国家税务总局关于加强货物运输业税收征收管理的通知》(国税发〔2003〕121 号)附件 2《运输发票增值税抵扣管理试行办法》第五条、《国家税务总局关于加强货物运输业税收征收管理有关问题的通知》(国税发明电〔2003〕55 号)第十条、《国家税务总局关于加强海关进口增值税专用缴款书和废旧物资发票管理有关问题的通知》(国税函〔2004〕128 号)附件 1《海关进口增值税专用缴款书稽核办法》第三条、《国家税务总局关于货物运输业若干税收问题的通知》(国税发〔2004〕88 号)第十条第(三)款、《国家税务总局关于增值税一般纳税人取得海关进口增值税专用缴款书抵扣进项税额问题的通知》(国税发〔2004〕148 号)第二条、第三条、第四条、《国家税务总局关于推行机动车销售统一发票税控系统有关工作的紧急通知》(国税发〔2008〕117 号)第五条、《国家税务总局关于部分地区试行海关进口增值税专用缴款书"先比对后抵扣"管理办法的通知》(国税函〔2009〕83 号)第一条规定同时废止。

六、各地应认真做好本通知的落实与宣传工作,执行中发现问题,应及时上报国家税务总局(货物和劳务税司)。

国家税务总局关于增值税一般纳税人抗震救灾期间增值税扣税凭证认证稽核有关问题的通知

2010 年 5 月 4 日　国税函〔2010〕173 号

各省、自治区、直辖市和计划单列市国家税务局、地方税务局:

青海玉树地震灾害发生后,由于灾区部分增值税一般纳税人增值税专用发票和增值税防伪税控系统专用设备损毁丢失,不能按照规定期限办理正常的报税和认证,导致纳税人增值税进项税额无法正常抵扣。经研究,现就有关处理办法通知如下:

一、增值税一般纳税人取得的增值税专用发票、机动车销售统一发票经稽核系统比对结果为"缺联票"的，由主管税务机关通过增值税抵扣凭证审核检查系统进行核查。属于地震灾害造成销售方不能按期报税的，由销售方主管税务机关或其上级税务机关出具证明，购买方出具付款凭证，据以抵扣进项税额。

二、受灾地区增值税一般纳税人购进货物和劳务取得增值税专用发票、公路内河货物运输业统一发票和机动车销售统一发票，未能在开票之日起 180 天内认证的，可由纳税人提出申请，经主管税务机关审核，逐级上报至税务总局，税务总局进行逾期认证、稽核无误的，可作为增值税扣税凭证。

三、增值税一般纳税人取得公路内河货物运输业统一发票经稽核系统比对结果为"缺联票"的，可比照本通知第一条规定办理；受灾地区增值税一般纳税人进口货物取得海关进口增值税专用缴款书未能在规定期限内向税务机关申报抵扣的，可比照本通知第二条规定办理。

四、受灾地区增值税一般纳税人以及税务机关发生增值税专用发票（包括相应电子数据）和防伪税控专用设备损毁丢失的，主管税务机关应及时将损毁丢失的增值税专用发票通过防伪税控发票发售子系统采集录入失控发票数据，将损毁丢失的专用设备登记后重新办理发行。

国家税务总局关于进一步优化增值税、消费税有关涉税事项办理程序的公告

2017 年 10 月 13 日　国家税务总局公告 2017 年第 36 号

注释：根据《国家税务总局关于修改部分税收规范性文件的公告》（2018 年 6 月 15 日，国家税务总局公告 2018 年第 31 号）规定，本文全文中的"国税局"全部修改为"税务局"。

为贯彻落实国务院关于简政放权、放管结合、优化服务的要求，现将增值税、消费税部分涉税事项办理问题公告如下：

一、自 2018 年 1 月 1 日起，逾期增值税扣税凭证继续抵扣事项由省国税局核准。允许继续抵扣的客观原因类型及报送资料等要求，按照修改后的《国家税务总局关于逾期增值税扣税凭证抵扣问题的公告》（国家税务总局公告 2011 年第 50 号）执行。

各省国税局应在修改后的国家税务总局公告 2011 年第 50 号附件《逾期增值税扣税凭证抵扣管理办法》（以下简称《管理办法》）相关规定基础上，按照进一步深化税务系统"放管服"改革、优化税收环境的要求，以方便纳税人、利于税收管理为原则，进一步细化流程、明确时限、简化资料、改进服务。

二、自 2017 年 11 月 1 日起，纳税人同时申请汇总缴纳增值税和消费税的，在汇总纳税申请资料中予以说明即可，不需要就增值税、消费税分别报送申请资料。

三、对《国家税务总局关于逾期增值税扣税凭证抵扣问题的公告》（国家税务总局公告 2011 年第 50 号）作如下修改：

（一）第一条第一款修改为："增值税一般纳税人发生真实交易但由于客观原因造成增值税扣税凭证（包括增值税专用发票、海关进口增值税专用缴款书和机动车销售统一发票）未能按照规定期限办理认证、确认或者稽核比对的，经主管税务机关核实，逐级上报，由省国税局认证并稽核比对后，对比对相符的增值税扣税凭证，允许纳税人继续抵扣其进项税额"。

（二）删去第一条第三款："本公告所称增值税扣税凭证，包括增值税专用发票、海关进口

增值税专用缴款书和公路内河货物运输业统一发票"。

（三）将《管理办法》第四条第二款修改为："主管税务机关核实无误后,应向上级税务机关上报,并将增值税扣税凭证逾期情况说明、第三方证明或说明、逾期增值税扣税凭证电子信息、逾期增值税扣税凭证复印件逐级上报至省国税局"。

（四）将《管理办法》第五条修改为："省国税局对上报的资料进行案头复核,并对逾期增值税扣税凭证信息进行认证、稽核比对,对资料符合条件、稽核比对结果相符的,允许纳税人继续抵扣逾期增值税扣税凭证上所注明或计算的税额"。

上述修改自 2018 年 1 月 1 日起施行。《国家税务总局关于逾期增值税扣税凭证抵扣问题的公告》（国家税务总局公告 2011 年第 50 号）根据本公告作相应修改,个别文字进行调整,重新公布。

国家税务总局关于逾期增值税扣税凭证抵扣问题的公告

（2011 年 9 月 14 日国家税务总局公告 2011 年第 50 号公布,根据 2017 年 10 月 13 日《国家税务总局关于进一步优化增值税、消费税有关涉税事项办理程序的公告》修正,自 2018 年 1 月 1 日起施行）

为保障纳税人合法权益,经国务院批准,现将 2007 年 1 月 1 日以后开具的增值税扣税凭证未能按照规定期限办理认证或者稽核比对（以下简称逾期）抵扣问题公告如下:

一、增值税一般纳税人发生真实交易但由于客观原因造成增值税扣税凭证（包括增值税专用发票、海关进口增值税专用缴款书和机动车销售统一发票）未能按照规定期限办理认证、确认或者稽核比对的,经主管税务机关核实、逐级上报,由省国税局认证并稽核比对后,对比对相符的增值税扣税凭证,允许纳税人继续抵扣其进项税额。

增值税一般纳税人由于除本公告第二条规定以外的其他原因造成增值税扣税凭证逾期的,仍应按照增值税扣税凭证抵扣期限有关规定执行。

二、客观原因包括如下类型:

（一）因自然灾害、社会突发事件等不可抗力因素造成增值税扣税凭证逾期;

（二）增值税扣税凭证被盗、抢,或者因邮寄丢失、误递导致逾期;

（三）有关司法、行政机关在办理业务或者检查中,扣押增值税扣税凭证,纳税人不能正常履行申报义务,或者税务机关信息系统、网络故障,未能及时处理纳税人网上认证数据等导致增值税扣税凭证逾期;

（四）买卖双方因经济纠纷,未能及时传递增值税扣税凭证,或者纳税人变更纳税地点,注销旧户和重新办理税务登记的时间过长,导致增值税扣税凭证逾期;

（五）由于企业办税人员伤亡、突发危重疾病或者擅自离职,未能办理交接手续,导致增值税扣税凭证逾期;

（六）国家税务总局规定的其他情形。

三、增值税一般纳税人因客观原因造成增值税扣税凭证逾期的,可按照本公告附件《逾期增值税扣税凭证抵扣管理办法》的规定,申请办理逾期抵扣手续。

四、本公告自 2011 年 10 月 1 日起执行。

特此公告。

二〇一一年九月十四日

附件:逾期增值税扣税凭证抵扣管理办法

附件

逾期增值税扣税凭证抵扣管理办法

一、增值税一般纳税人发生真实交易但由于客观原因造成增值税扣税凭证逾期的,可向主管税务机关申请办理逾期抵扣。

二、纳税人申请办理逾期抵扣时,应报送如下资料:

(一)《逾期增值税扣税凭证抵扣申请单》;

(二)增值税扣税凭证逾期情况说明。纳税人应详细说明未能按期办理认证、确认或者稽核比对的原因,并加盖企业公章。其中,对客观原因不涉及第三方的,纳税人应说明的情况具体为:发生自然灾害、社会突发事件等不可抗力原因的,纳税人应详细说明自然灾害或者社会突发事件发生的时间、影响地区、对纳税人生产经营的实际影响等;纳税人变更纳税地点,注销旧户和重新办理税务登记的时间过长,导致增值税扣税凭证逾期的,纳税人应详细说明办理搬迁时间、注销旧户和注册新户的时间、搬出及搬入地点等;企业办税人员擅自离职,未办理交接手续的,纳税人应详细说明事情经过、办税人员姓名、离职时间等,并提供解除劳动关系合同及企业内部相关处理决定。

(三)客观原因涉及第三方的,应提供第三方证明或说明。具体为:企业办税人员伤亡或者突发危重疾病的,应提供公安机关、交通管理部门或者医院证明;有关司法、行政机关在办理业务或者检查中,扣押增值税扣税凭证,导致纳税人不能正常履行申报义务的,应提供相关司法、行政机关证明;增值税扣税凭证被盗、抢的,应提供公安机关证明;买卖双方因经济纠纷,未能及时传递增值税扣税凭证的,应提供卖方出具的情况说明;邮寄丢失或者误递导致增值税扣税凭证逾期的,应提供邮政单位出具的说明。

(四)逾期增值税扣税凭证电子信息;

(五)逾期增值税扣税凭证复印件(复印件必须整洁、清晰,在凭证备注栏注明"与原件一致"并加盖企业公章,增值税专用发票复印件必须裁剪成与原票大小一致)。

三、由于税务机关自身原因造成纳税人增值税扣税凭证逾期的,主管税务机关应在上报文件中说明相关情况。具体为,税务机关信息系统或者网络故障,未能及时处理纳税人网上认证数据的,主管税务机关应详细说明信息系统或网络故障出现、持续的时间,故障原因及表现等。

四、主管税务机关应认真核实纳税人所报资料,重点核查纳税人所报送资料是否齐全、交易是否真实发生、造成增值税扣税凭证逾期的原因是否属于客观原因、第三方证明或说明所述时间是否具有逻辑性、资料信息是否一致、增值税扣税凭证复印件与原件是否一致等。

主管税务机关核实无误后,应向上级税务机关上报,并将增值税扣税凭证逾期情况说明、第三方证明或说明、逾期增值税扣税凭证电子信息、逾期增值税扣税凭证复印件逐级上报至省国税局。

五、省国税局对上报的资料进行案头复核,并对逾期增值税扣税凭证信息进行认证、稽核比对,对资料符合条件、稽核比对结果相符的,允许纳税人继续抵扣逾期增值税扣税凭证上所注明或计算的税额。

六、主管税务机关可定期或者不定期对已抵扣逾期增值税扣税凭证进项税额的纳税人进行复查,发现纳税人提供虚假信息,存在弄虚作假行为的,应责令纳税人将已抵扣进项税额转出,并按《中华人民共和国税收征收管理法》的有关规定进行处罚。

附表:

1. 逾期增值税扣税凭证抵扣申请单

纳税人名称		经营地址		
纳税人识别号		财务人员联系方式		
逾期增值税扣税凭证信息	增值税扣税凭证类型	发票份数		税额
	增值税专用发票			
	海关进口增值税专用缴款书			
	机动车销售统一发票			
	合计			
纳税人声明	此表所申请的增值税扣税凭证确属发生真实交易但由于客观原因造成的逾期增值税扣税凭证,与本表同时提供的增值税扣税凭证逾期情况说明、第三方证明或说明等资料内容是真实、可靠的。 声明人签字:			
企业经办人签字:	企业法人代表签字:		企业盖章 年　月　日	
以下由主管税务机关填写				
	经办人: 年　月　日	负责人: 年　月　日	主管税务机关盖章	

注:本表由主管税务机关留存

国家税务总局办公厅关于《国家税务总局关于进一步优化增值税、消费税有关涉税事项办理程序的公告》的解读

按照国务院关于简政放权、放管结合、优化服务的要求,我们将"逾期增值税扣税凭证继续抵扣""汇总缴纳增值税""汇总缴纳消费税"有关涉税事项的办理程序进一步优化:

一、将"逾期增值税扣税凭证继续抵扣"事项的核准权限,下放至省国税局。公告明确,增值税一般纳税人发生真实交易但由于客观原因造成增值税扣税凭证(包括增值税专用发票、海关进口增值税专用缴款书和机动车销售统一发票)未能按照规定期限办理认证、确认或者稽核比对的,经主管税务机关核实、逐级上报,由省国税局认证并稽核比对后,对比对相符的增值税扣税凭证,允许纳税人继续抵扣其进项税额。因信息系统开发原因,该事项自2018年1月1日起执行。

二、纳税人同时申请汇总缴纳增值税、消费税的,在申请资料中说明同时申请两税种的汇总缴纳即可,不需要就增值税、消费税分别报送申请资料。

国家税务总局关于废止逾期增值税扣税凭证一律不得抵扣规定的公告

2011 年 9 月 14 日　国家税务总局公告 2011 年第 49 号

经国务院批准,现将《国务院办公厅转发国家税务总局关于全面推广应用增值税防伪税

控系统意见的通知》(国办发〔2000〕12号)第三条中"凡逾期未申报认证的,一律不得作为扣税凭证,已经抵扣税款的,由税务机关如数追缴,并按《中华人民共和国税收征收管理法》的有关规定进行处罚"规定废止。2007年1月1日以后开具的增值税扣税凭证逾期未认证或未稽核比对如何处理问题,另行公告。

本公告自2011年10月1日起执行。

特此公告。

国家税务总局关于未按期申报抵扣
增值税扣税凭证有关问题的公告

2011年12月29日　国家税务总局公告2011年第78号

注释:根据《国家税务总局关于修改部分税收规范性文件的公告》(2018年6月15日,国家税务总局公告2018年第31号)规定,自2018年6月15日起,本文附表3《未按期申报抵扣增值税扣税凭证允许继续抵扣通知单》(编号:×××县(市、区)国税局抵扣通知××号)(×××国家税务局印章)修改为"附表3《未按期申报抵扣增值税扣税凭证允许继续抵扣通知单》(编号:×××县(市、区)税务局抵扣通知××号)(×××税务局印章)"。

为解决增值税一般纳税人增值税扣税凭证因客观原因未按期申报抵扣增值税进项税额问题,现将有关规定公告如下:

一、增值税一般纳税人取得的增值税扣税凭证已认证或已采集上报信息但未按照规定期限申报抵扣;实行纳税辅导期管理的增值税一般纳税人以及实行海关进口增值税专用缴款书"先比对后抵扣"管理办法的增值税一般纳税人,取得的增值税扣税凭证稽核比对结果相符但未按规定期限申报抵扣,属于发生真实交易且符合本公告第二条规定的客观原因的,经主管税务机关审核,允许纳税人继续申报抵扣其进项税额。

本公告所称增值税扣税凭证,包括增值税专用发票(含货物运输业增值税专用发票)、海关进口增值税专用缴款书和公路内河货物运输业统一发票。

增值税一般纳税人除本公告第二条规定以外的其他原因造成增值税扣税凭证未按期申报抵扣的,仍按照现行增值税扣税凭证申报抵扣有关规定执行。

二、客观原因包括如下类型:

(一)因自然灾害、社会突发事件等不可抗力原因造成增值税扣税凭证未按期申报抵扣;

(二)有关司法、行政机关在办理业务或者检查中,扣押、封存纳税人账簿资料,导致纳税人未能按期办理申报手续;

(三)税务机关信息系统、网络故障,导致纳税人未能及时取得认证结果通知书或稽核结果通知书,未能及时办理申报抵扣;

(四)由于企业办税人员伤亡、突发危重疾病或者擅自离职,未能办理交接手续,导致未能按期申报抵扣;

(五)国家税务总局规定的其他情形。

三、增值税一般纳税人发生符合本公告规定未按期申报抵扣的增值税扣税凭证,可按照本公告附件《未按期申报抵扣增值税扣税凭证抵扣管理办法》的规定,申请办理抵扣手续。

四、增值税一般纳税人取得2007年1月1日以后开具,本公告施行前发生的未按期申报抵扣增值税扣税凭证,可在 2012 年 6 月 30 日前按本公告规定申请办理,逾期不再受理。

五、本公告自 2012 年 1 月 1 日起施行。

特此公告。

附件:未按期申报抵扣增值税扣税凭证抵扣管理办法

附件
未按期申报抵扣增值税扣税凭证抵扣管理办法

一、增值税一般纳税人发生真实交易但由于客观原因造成增值税扣税凭证未按期申报抵扣的,可向主管税务机关申请办理抵扣手续。

二、纳税人申请办理抵扣时,应报送如下资料:

(一)《未按期申报抵扣增值税扣税凭证抵扣申请单》。

(二)《已认证增值税扣税凭证清单》。

(三)增值税扣税凭证未按期申报抵扣情况说明。纳税人应详细说明未能按期申报抵扣的原因,并加盖企业印章。对客观原因不涉及第三方的,纳税人应说明的情况具体为:发生自然灾害、社会突发事件等不可抗力原因的,纳税人应详细说明自然灾害或者社会突发事件发生的时间、影响地区、对纳税人生产经营的实际影响等;企业办税人员擅自离职,未办理交接手续的,纳税人应详细说明事情经过、办税人员姓名、离职时间等,并提供解除劳动关系合同及企业内部相关处理决定。对客观原因涉及第三方的,应提供第三方证明或说明。具体为:企业办税人员伤亡或者突发危重疾病的,应提供公安机关、交通管理部门或者医院证明;有关司法、行政机关在办理业务或者检查中,扣押、封存纳税人账簿资料,导致纳税人未能按期办理申报手续的,应提供相关司法、行政机关证明。对于因税务机关信息系统或者网络故障原因造成纳税人增值税扣税凭证未能按期申报抵扣的,主管税务机关应予以核实。

(四)未按期申报抵扣增值税扣税凭证复印件。

三、主管税务机关受理纳税人申请后,应认真审核以下信息:

(一)审核纳税人交易是否真实发生,所报资料是否齐全,增值税扣税凭证未按期申报抵扣的原因是否属于客观原因,纳税人说明、第三方证明或说明所述事项是否具有逻辑性等。

(二)纳税人申请抵扣的增值税扣税凭证稽核比对结果是否相符;

(三)《已认证增值税扣税凭证清单》与增值税扣税凭证应申报抵扣当月增值税纳税申报资料、认证稽核资料是否满足以下逻辑关系:

1.《已认证增值税扣税凭证清单》"抵扣情况"中"已抵扣凭证信息""小计"栏中的"份数"应等于当月增值税纳税申报表附列资料(表二)中同类型增值税扣税凭证的"份数";"抵扣情况"中"已抵扣凭证信息""小计"栏中的"税额"应等于当月增值税纳税申报表附列资料(表二)中同类型增值税扣税凭证的"税额";

2. 对增值税一般纳税人(不包括实行纳税辅导期管理的增值税一般纳税人),《已认证增值税扣税凭证清单》"总计"栏中"份数""税额"应小于等于认证或申请稽核比对当月认证相符或采集上报的同类型增值税扣税凭证的份数、税额合计。

3. 实行纳税辅导期管理的增值税一般纳税人以及实行海关进口增值税专用缴款书"先比对后抵扣"管理办法的增值税一般纳税人,《已认证增值税扣税凭证清单》"总计"栏中"份数""税额"应小于等于产生稽核结果当月稽核相符的同类型增值税扣税凭证的份数、税额合计。

四、主管税务机关审核无误后,发送《未按期申报抵扣增值税扣税凭证允许继续抵扣通知单》(以下简称《通知单》),企业凭《通知单》进行申报抵扣。

五、主管税务机关可定期或者不定期对已办理未按期申报抵扣增值税扣税凭证抵扣手续的纳税人进行复查,发现纳税人提供虚假信息,存在弄虚作假行为的,应责令纳税人将已抵扣进项税额转出,并按《中华人民共和国税收征收管理法》的有关规定进行处罚。

附表:1. 未按期申报抵扣增值税扣税凭证抵扣申请单

2. 已认证增值税扣税凭证清单

3. 未按期申报抵扣增值税扣税凭证允许继续抵扣通知单

附表1

未按期申报抵扣增值税扣税凭证抵扣申请单

纳税人名称		经营地址		
纳税人识别号		财务人员及联系电话		
未按期申报抵扣增值税扣税凭证信息	增值税扣税凭证类型	发票份数		税额
	增值税专用发票(含货物运输业增值税专用发票)			
	海关进口增值税专用缴款书			
	公路内河货物运输业统一发票			
	合计			
纳税人声明	此表所申请抵扣的增值税扣税凭证确属发生真实交易但由于客观原因未按期申报抵扣的增值税扣税凭证,与本表同时提供的增值税扣税凭证未按期申报抵扣情况说明、第三方证明或说明等资料的内容是真实、可靠的。 声明人签字:			
企业经办人签字:	企业法人代表签字:	企业盖章 年 月 日		
以下由主管税务机关填写				
主管税务机关核对资料情况	经办人: 年 月 日	负责人: 年 月 日	主管税务机关盖章:	

注:本表由主管税务机关留存。

附表2

已认证增值税扣税凭证清单

纳税人名称:(加盖印章) 凭证类型: 年 月

抵扣情况	序号(1)	开票单位(2)	抵扣凭证代码(3)	抵扣凭证号码(4)	金额(5)	税额(6)
已抵扣凭证信息						
小计	份数:	——	——	——		
申请抵扣凭证信息						
小计	份数:	——	——	——		
总计	份数:	——	——	——		

填报时间: 年 月 日

注:① 增值税一般纳税人(不包括实行纳税辅导期管理的增值税一般纳税人),"年 月"填写认证或申请

稽核比对当月的时间。

实行纳税辅导期管理的增值税一般纳税人以及实行海关进口增值税专用缴款书"先比对后抵扣"管理办法的增值税一般纳税人,"年 月"填写产生相符稽核比对结果当月的时间。

② 本表不含外贸企业因退货、退关等原因将出口货物转为内销时抵扣的前期已认证或已采集增值税扣税凭证信息。

③ 当"凭证类型"为海关进口增值税专用缴款书时,"金额(5)"填写"完税价格"信息,"税额(6)"填写"税款金额"信息;当"凭证类型"为公路内河货物运输业统一发票时,"金额(5)"填写"运费金额"信息,"税额(6)"填写按照运输金额计算的可抵扣税额信息。

附表3
未按期申报抵扣增值税扣税凭证允许继续抵扣通知单

[编号:×××县(市、区)国税局抵扣通知××号]

×××(纳税人名称):

你单位于×××时间申请继续抵扣的未按期申报抵扣增值税扣税凭证×××份,税额××元(详见清单),现已核对通过,请于××年××月申报期结束之前,将上述税额申报抵扣。

特此通知。

(×××国家税务局印章)

年 月 日

注:本通知书一式三联,第一、二联交纳税人,第三联由主管税务机关(审批部门)留存。纳税人凭第一联进行申报,并作为申报资料附件报送主管税务机关,第二联由纳税人留存备查。

(七) 增值税发票使用

国家税务总局关于增值税专用发票使用与管理有关问题的通知
1995 年 3 月 13 日 国税发〔1995〕047 号

各省、自治区、直辖市和计划单列市国家税务局:

为了进一步加强增值税专用发票的使用管理,确保稽核检查工作的顺利进行,根据各地的反映和要求,现就增值税专用发票使用管理的有关问题规定如下:

一、专用发票所有栏次必须如实填写。1994 年我局发出的《国家税务总局关于增值税专用发票使用问题的通知》(国税明电 035 号)中规定:根据实际情况,专用发票的"开户银行及账号"栏和购销双方的电话号码可以不填写。但就近期实际执行情况看,不填写上述两栏,发现问题后,难以及时与购、销方取得联系,不便于对专用发票的稽核检查。经研究决定,从1995 年 5 月 1 日起,开具增值税专用发票必须填写购销双方的开户银行、账号和电话号码。

二、各地税务机关要严格执行《增值税专用发票使用规定》,对不按规定开具的专用发票(包括项目填写不全、未盖有财务专用章或发票专用章等),一律不能作为税款的抵扣凭证。

三、各地税务部门要进一步加强对一般纳税人开具专用发票的辅导和培训工作,使其能按规定正确无误地填开专用发票。

四、从 1994 年 7 月 1 日起,全国已开始启用统一印制的新版增值税专用发票(以下简称新版专用发票)。新版专用发票的发票联和抵扣联使用无色荧光油墨套印了防伪字和团花。

目前新版专用发票防伪字和团花共有两种：1994年第一批及第二批第一阶段印制的专用发票防伪字为"国家税务总局监制"，团花为八角梅花形，在发票的货物或应税劳务名称栏下面三栏居中位置；1994年第二批第二阶段和1995年印制的专用发票防伪字仍为"国家税务总局监制"，团花为四角梅花形，在发票的价税合计栏及备注栏内居中位置。

五、1994年印制的新版专用发票可在1995年继续使用。

国家税务总局关于固定业户临时外出经营
有关增值税专用发票管理问题的通知

1995年5月16日　国税发〔1995〕87号

为了强化对增值税专用发票（以下简称专用发票）的管理，堵塞漏洞，根据全国增值税工作会议讨论意见，现将固定业户临时到外地经营有关专用发票使用管理的问题通知如下：

固定业户（指增值税一般纳税人）临时到外省、市销售货物的，必须向经营地税务机关出示"外出经营活动税收管理证明"回原地纳税，需要向购货方开具专用发票的，亦回原地补开。对未持"外出经营活动税收管理证明"的，经营地税务机关按6％的征收率征税。对擅自携票外出，在经营地开具专用发票的，经营地主管税务机关根据发票管理的有关规定予以处罚并将其携带的专用发票逐联注明"违章使用作废"字样。

本规定自1995年7月1日起执行，此前有关规定同时废止。

注释：根据国家税务总局公告2014年第36号文件第一条规定，本文"经营地税务机关按6％的征收率征税"，自2014年7月1日起修改为"经营地税务机关按3％的征收率征税"。

国家税务总局关于填开增值税专用发票有关问题的通知

1996年9月18日　国税发〔1996〕166号

前一时期，各地不断提出一些填开增值税专用发票（以下简称专用发票）方面的问题，要求总局予以明确。现根据全国增值税工作会议的讨论意见，作如下补充规定：

一、关于超面额开具专用发票问题

超面额开具专用发票，是指纳税人在专用发票"金额栏"逐行或合计行填写的销售额超过了该栏的最高金额单位。凡超面额开具专用发票的，属于未按规定开具专用发票的行为，购货方取得这种专用发票一律不得作为扣税凭证。

注释：根据国税发〔2006〕62号文件规定，本文第一条自2006年4月30日起失效。

二、关于价格换算出现误差的处理方法

纳税人以含税单价销售货物或应税劳务的，应换算成不含税单价填开专用发票，如果换算使单价、销售额和税额等项目发生尾数误差的，应按以下方法计算填开：

（一）销售额计算公式如下：

$$销售额＝含税总收入÷（1＋税率或征收率）$$

（二）税额计算公式如下：

$$税额＝含税总收入－销售额$$

（三）不含税单价计算公式如下：

$$不含税单价＝销售额÷数量$$

按照上述方法计算开具的专用发票,如果票面"货物数量×不含税单价＝销售额"这一逻辑关系存在少量尾数误差,属于正常现象,可以作为购货方的扣税凭证。

 国家税务总局关于印发《国家税务总局关于推行增值税防伪税控系统的通告》的通知

2000 年 11 月 21 日　国税发〔2000〕191 号

（通知略）

国家税务总局关于推行增值税防伪税控系统的通告

推行增值税防伪税控系统（以下简称税控系统）,是加强增值税管理,保障国家税收,防范和严厉打击各种偷、骗增值税等违法犯罪活动的重要手段,是国家实现税收信息化管理实施金税工程的重要组成部分。根据《国务院办公厅转发国家税务总局关于全面推广应用增值税防伪税控系统意见的通知》（国办发〔2000〕12 号）精神,特通告如下：

一、凡经税务机关认定,取得增值税一般纳税人资格的企业（以下简称企业）必须按照当地税务机关的统一要求,在 2002 年年底以前逐步纳入税控系统管理。具体步骤是：

（一）2002 年 1 月 1 日起,企业必须通过税控系统开具销售额在万元以上的增值税专用发票（以下简称专用发票）,同时全国统一废止手写万元版专用发票。自 2002 年 4 月 1 日起手写万元版专用发票不得作为增值税扣税凭证。

注释：根据国税发〔2006〕62 号文件规定,本文第一条第（一）项,自 2006 年 4 月 30 日起废止。

（二）2003 年 1 月 1 日起,所有企业必须通过税控系统开具专用发票,同时全国统一废止手写版专用发票。自 2003 年 4 月 1 日起,手写版专用发票一律不得作为增值税的扣税凭证。

二、纳入税控系统管理的企业,必须通过该系统开具专用发票；对使用非税控系统开具专用发票的,税务机关要按照《中华人民共和国发票管理办法》的有关规定进行处罚；对破坏、擅自改动、拆卸税控系统进行偷税的,要依法予以严惩。

三、企业取得税控系统开具的专用发票,属于扣税范围的,应于纳税申报时或纳税申报前到税务机关申报认证；凡逾期未申报认证的,一律不得作为扣税凭证,已经抵扣税款的,由税务机关如数追缴,并按《中华人民共和国税收征收管理法》的有关规定进行处罚；凡认证不符的,不得作为扣税凭证,并由税务机关查明原因后依法处理。

注释：根据国税发〔2006〕62 号文件规定,本文第三条自 2006 年 4 月 30 日起废止。

四、自 2000 年 1 月 1 日起,企业购置税控系统专用设备和通用设备发生的费用,准予在当期计算缴纳所得税前一次性列支；同时可凭购货所取得的专用发票所注明的税额从增值税销项税额中抵扣。

税控系统专用设备包括税控金税卡、税控 IC 卡和读卡器；通用设备包括用于税控系统开具专用发票的计算机和打印机。

五、自 2000 年 9 月 1 日起,税控系统专用设备和技术维护价格执行标准如下:

(一)企业税控金税卡零售价格为 1 303 元,税控 IC 卡为 79 元,小读卡器定为 173 元。此价格为最终到户安装价格。

(二)各技术维护单位对税控系统专用设备日常技术维护的价格标准为每年每户 450 元,安装使用当年按实际技术维护月数计收。并可根据各地的实际情况,在 10% 的浮动幅度内制定具体价格。

六、各级税务机关对税控系统的销售和售后服务要进行严格监督,但不得直接或间接从事与税控系统相关的商业性经营活动,对为纳税人提供的有关税控系统的技术维护工作不得收取任何费用。税控系统省级服务单位和省内服务网络应由航天金穗高技术有限公司负责建立和管理(西藏除外)。

国家税务总局关于认真做好增值税专用发票 发售、填开管理等有关问题的通知

2003 年 7 月 2 日　国税函〔2003〕785 号

各省、自治区、直辖市和计划单列市国家税务局:

近期,增值税专用发票计算机稽核系统中的"属于作废发票"指标出现异常,严重影响金税工程运行质量。所谓"属于作废发票",是指销货方已经按"作废"处理而购货方又用于抵扣进项税额的增值税专用发票(以下简称专用发票)。经调查分析,在"属于作废发票"中,有一部分确实属于纳税人违反规定利用作废专用发票申报抵扣进项税额,但也有一部分是由于税务机关或纳税人操作失误形成的。为了进一步加强专用发票管理,提高金税工程运行质量,总局要求各地税务机关和纳税人严格执行增值税专用发票管理规定和金税工程操作规程,并认真做好相关信息的录入工作,防止错误信息进入金税工程。现将有关要求和规定明确如下:

一、税务机关专用发票管理部门在运用防伪税控发售系统进行发票入库管理或向纳税人发售专用发票时,要认真录入发票代码、号码,并与纸质专用发票进行仔细核对,确保发票代码、号码电子信息与纸质发票的代码、号码完全一致。

二、纳税人在运用防伪税控系统开具专用发票时,应认真检查系统中的电子发票代码、号码与纸质发票是否一致。如发现税务机关错填电子发票代码、号码的,应持纸质专用发票和税控 IC 卡到税务机关办理退回手续。

三、对税务机关错误录入代码或号码后又被纳税人开具的专用发票,按以下办法处理:

(一)纳税人当月发现上述问题的,应按照专用发票使用管理的有关规定,对纸质专用发票和防伪税控发票系统中专用发票电子信息同时进行作废,并及时报主管税务机关。纳税人在以后月份发现的,应按有关规定开具负数专用发票。

(二)主管税务机关按照有关规定追究有关人员责任,同时将有关情况,如发生原因、主管税务机关名称、编号、纳税人名称、纳税人识别号、发票代码号码(包括错误的和正确的)、发生时间、责任人以及处理意见或请求等,逐级上报至总局。

(三)对涉及发票数量多,影响面较大的,总局将按规定程序对"全国作废发票数据库"进行修正。

四、在未收回专用发票抵扣联及发票联,或虽已收回专用发票抵扣联及发票联但购货方已将专用发票抵扣联报送税务机关认证的情况下,销货方一律不得作废已开具的专用发票。

五、从 2003 年 7 月开始,总局将对各地增值税专用发票计算机稽核系统因操作失误而形成的"属于作废发票"进行考核,按月公布考核结果。对问题严重地区将组织力量进行抽查并通报批评。

六、各级税务机关应将本通知中涉及纳税人的事项在办税服务厅公告,并认真做好对纳税人利用防伪税控开票子系统开具专用发票的辅导工作。

国家税务总局关于取消防伪税控企业资格认定的通知

2004 年 6 月 25 日   国税函〔2004〕823 号

各省、自治区、直辖市和计划单列市国家税务局:

为加强增值税防伪税控系统的推行和应用管理,国家税务总局 1999 年下发了《增值税防伪税控系统管理办法》(国税发〔1999〕221 号),其中在"认定登记"(第二章)中规定:防伪税控企业应于《增值税防伪税控系统使用通知书》规定的时间内,向主管税务机关提出填报《防伪税控企业认定登记表》,经主管税务机关审核无误后予以审批。根据国务院有关文件精神,经研究,对此项审核制度予以取消。凡经认定为一般纳税人的企业均可以使用增值税防伪税控系统,而且必须通过防伪税控系统来开具增值税专用发票。

国家税务总局关于修订《增值税专用发票使用规定》的通知

2006 年 10 月 17 日   国税发〔2006〕156 号

各省、自治区、直辖市和计划单列市国家税务局:

为适应增值税专用发票管理需要,规范增值税专用发票使用,进一步加强增值税征收管理,在广泛征求意见的基础上,国家税务总局对现行的《增值税专用发票使用规定》进行了修订。现将修订后的《增值税专用发票使用规定》印发给你们,自 2007 年 1 月 1 日起施行。

各级税务机关应做好宣传工作,加强对税务人员和纳税人的培训,确保新规定贯彻执行到位。执行中如有问题,请及时报告总局(流转税管理司)。

附件:1. 最高开票限额申请表(略)

2. 销售货物或者提供应税劳务清单

3. 开具红字增值税专用发票申请单(略)

4. 开具红字增值税专用发票通知单(略)

5. 丢失增值税专用发票已报税证明单(略)

注释 1:根据《国家税务总局关于进一步明确营改增有关征管问题的公告》(2017 年 4 月 20 日,国家税务总局公告 2017 年第 11 号)规定,自 2017 年 6 月 1 日起,将建筑业纳入增值税小规模纳税人自行开具增值税专用发票试点范围。月销售额超过 3 万元(或季销售额超过 9 万元)的建筑业增值税小规模纳税人(以下称"自开发票试点纳税人")提供建筑服务、销售货物或发生其他增值税应税行为,需要开具增值税专用发票的,通过增值税发票管理新系统自行开具。自开发票试点纳税人销售其取得的不动产,需要开具增值税专用发票的,仍须向地税机关申请代开。

注释 2：根据《国家税务总局关于开展鉴证咨询业增值税小规模纳税人自开增值税专用发票试点工作有关事项的公告》（2017 年 2 月 22 日，国家税务总局公告 2017 年第 4 号）规定，自 2017 年 3 月 1 日起全国范围内月销售额超过 3 万元（或季销售额超过 9 万元）的鉴证咨询业增值税小规模纳税人（以下简称"试点纳税人"）提供认证服务、鉴证服务、咨询服务、销售货物或发生其他增值税应税行为，需要开具专用发票的，可以通过增值税发票管理新系统自行开具，主管国税机关不再为其代开。试点纳税人销售其取得的不动产，需要开具专用发票的，仍须向地税机关申请代开。

注释 3：根据《国家税务总局关于在境外提供建筑服务等有关问题的公告》（2016 年 11 月 4 日，国家税务总局公告 2016 年第 69 号）第十条规定，自 2016 年 11 月 4 日起，全面开展住宿业小规模纳税人自行开具增值税专用发票试点。月销售额超过 3 万元（或季销售额超过 9 万元）的住宿业小规模纳税人提供住宿服务、销售货物或发生其他应税行为，需要开具增值税专用发票的，可以通过增值税发票管理新系统自行开具，主管国税机关不再为其代开。住宿业小规模纳税人销售其取得的不动产，需要开具增值税专用发票的，仍须向地税机关申请代开。

注释 4：根据《国家税务总局关于部分地区开展住宿业增值税小规模纳税人自开增值税专用发票试点工作有关事项的公告》（2016 年 7 月 6 日，国家税务总局公告 2016 年第 44 号）规定，全国 91 个城市月销售额超过 3 万元（或季销售额超过 9 万元）的住宿业增值税小规模纳税人自 2016 年 8 月 1 日起提供住宿服务、销售货物或者发生其他应税行为，可以通过增值税发票管理新系统自行开具专用发票，不再需要去国税办税大厅代开专用发票。

注释 5：根据《国家税务总局关于修订增值税专用发票使用规定的补充通知》（2007 年 2 月 16 日，国税发〔2007〕18 号）规定，对本文做了补充规定。

增值税专用发票使用规定

第一条　为加强增值税征收管理，规范增值税专用发票（以下简称专用发票）使用行为，根据《中华人民共和国增值税暂行条例》及其实施细则和《中华人民共和国税收征收管理法》及其实施细则，制定本规定。

第二条　专用发票，是增值税一般纳税人（以下简称一般纳税人）销售货物或者提供应税劳务开具的发票，是购买方支付增值税额并可按照增值税有关规定据以抵扣增值税进项税额的凭证。

第三条　一般纳税人应通过增值税防伪税控系统（以下简称防伪税控系统）使用专用发票。使用，包括领购、开具、缴销、认证纸质专用发票及其相应的数据电文。

本规定所称防伪税控系统，是指经国务院同意推行的，使用专用设备和通用设备、运用数字密码和电子存储技术管理专用发票的计算机管理系统。

本规定所称专用设备，是指金税卡、IC 卡、读卡器和其他设备。

本规定所称通用设备，是指计算机、打印机、扫描器具和其他设备。

第四条　专用发票由基本联次或者基本联次附加其他联次构成，基本联次为三联：发票联、抵扣联和记账联。发票联，作为购买方核算采购成本和增值税进项税额的记账凭证；抵扣联，作为购买方报送主管税务机关认证和留存备查的凭证；记账联，作为销售方核算销售收入和增值税销项税额的记账凭证。其他联次用途，由一般纳税人自行确定。

第五条　专用发票实行最高开票限额管理。最高开票限额，是指单份专用发票开具的销售额合计数不得达到的上限额度。

最高开票限额由一般纳税人申请,税务机关依法审批。最高开票限额为十万元及以下的,由区县级税务机关审批;最高开票限额为一百万元的,由地市级税务机关审批;最高开票限额为一千万元及以上的,由省级税务机关审批。防伪税控系统的具体发行工作由区县级税务机关负责。

税务机关审批最高开票限额应进行实地核查。批准使用最高开票限额为十万元及以下的,由区县级税务机关派人实地核查;批准使用最高开票限额为一百万元的,由地市级税务机关派人实地核查;批准使用最高开票限额为一千万元及以上的,由地市级税务机关派人实地核查后将核查资料报省级税务机关审核。

一般纳税人申请最高开票限额时,需填报《最高开票限额申请表》(附件1)。

注释:根据《国家税务总局关于在全国开展营业税改征增值税试点有关征收管理问题的公告》(2013年7月10日,国家税务总局公告2013年第39号)规定,本文第五条自2013年8月1日起废止。

第六条 一般纳税人领购专用设备后,凭《最高开票限额申请表》《发票领购簿》到主管税务机关办理初始发行。

本规定所称初始发行,是指主管税务机关将一般纳税人的下列信息载入空白金税卡和IC卡的行为。

(一)企业名称;

(二)税务登记代码;

(三)开票限额;

(四)购票限量;

(五)购票人员姓名、密码;

(六)开票机数量;

(七)国家税务总局规定的其他信息。

一般纳税人发生上列第一、三、四、五、六、七项信息变化,应向主管税务机关申请变更发行;发生第二项信息变化,应向主管税务机关申请注销发行。

注释:根据《国家税务总局关于修改部分税收规范性文件的公告》(2018年6月15日,国家税务总局公告2018年第31号)规定,自2018年6月15日起,本文第六条中的"最高开票限额申请表"修改为"增值税专用发票最高开票限额申请单"。

第七条 一般纳税人凭《发票领购簿》、IC卡和经办人身份证明领购专用发票。

第八条 一般纳税人有下列情形之一的,不得领购开具专用发票:

(一)会计核算不健全,不能向税务机关准确提供增值税销项税额、进项税额、应纳税额数据及其他有关增值税税务资料的。上列其他有关增值税税务资料的内容,由省、自治区、直辖市和计划单列市国家税务局确定。

(二)有《税收征管法》规定的税收违法行为,拒不接受税务机关处理的。

(三)有下列行为之一,经税务机关责令限期改正而仍未改正的:

1. 虚开增值税专用发票;

2. 私自印制专用发票;

3. 向税务机关以外的单位和个人买取专用发票;

4. 借用他人专用发票;

5. 未按本规定第十一条开具专用发票;

6. 未按规定保管专用发票和专用设备;

7. 未按规定申请办理防伪税控系统变更发行;

8. 未按规定接受税务机关检查。

有上列情形的,如已领购专用发票,主管税务机关应暂扣其结存的专用发票和 IC 卡。

注释: 根据《国家税务总局关于修改部分税收规范性文件的公告》(2018 年 6 月 15 日,国家税务总局公告 2018 年第 31 号)规定,自 2018 年 6 月 15 日起,本文第八条中的"国家税务局"修改为"税务局"。

第九条 有下列情形之一的,为本规定第八条所称未按规定保管专用发票和专用设备:

(一) 未设专人保管专用发票和专用设备;

(二) 未按税务机关要求存放专用发票和专用设备;

(三) 未将认证相符的专用发票抵扣联、《认证结果通知书》和《认证结果清单》装订成册;

(四) 未经税务机关查验,擅自销毁专用发票基本联次。

第十条 一般纳税人销售货物或者提供应税劳务,应向购买方开具专用发票。

商业企业一般纳税人零售的烟、酒、食品、服装、鞋帽(不包括劳保专用部分)、化妆品等消费品不得开具专用发票。

增值税小规模纳税人(以下简称小规模纳税人)需要开具专用发票的,可向主管税务机关申请代开。

销售免税货物不得开具专用发票,法律、法规及国家税务总局另有规定的除外。

第十一条 专用发票应按下列要求开具:

(一) 项目齐全,与实际交易相符;

(二) 字迹清楚,不得压线、错格;

(三) 发票联和抵扣联加盖财务专用章或者发票专用章;

(四) 按照增值税纳税义务的发生时间开具。

对不符合上列要求的专用发票,购买方有权拒收。

注释: 根据《中华人民共和国发票管理办法实施细则》(2011 年 2 月 14 日,国家税务总局令第 25 号)规定,自 2011 年 2 月 1 日起,本文第十一条中的"财务专用章或者"的内容删除。

第十二条 一般纳税人销售货物或者提供应税劳务可汇总开具专用发票。汇总开具专用发票的,同时使用防伪税控系统开具《销售货物或者提供应税劳务清单》(附件 2),并加盖财务专用章或者发票专用章。

注释: 根据《中华人民共和国发票管理办法实施细则》(2011 年 2 月 14 日,国家税务总局令第 25 号)规定,自 2011 年 2 月 1 日起,本文第十二条中的"财务专用章或者"的内容删除。

第十三条 一般纳税人在开具专用发票当月,发生销货退回、开票有误等情形,收到退回的发票联、抵扣联符合作废条件的,按作废处理;开具时发现有误的,可即时作废。

作废专用发票须在防伪税控系统中将相应的数据电文按"作废"处理,在纸质专用发票(含未打印的专用发票)各联次上注明"作废"字样,全联次留存。

第十四条 一般纳税人取得专用发票后,发生销货退回、开票有误等情形但不符合作废条件的,或者因销货部分退回及发生销售折让的,购买方应向主管税务机关填报《开具红字增值税专用发票申请单》（以下简称《申请单》，附件3）。

《申请单》所对应的蓝字专用发票应经税务机关认证。

经认证结果为"认证相符"并且已经抵扣增值税进项税额的，一般纳税人在填报《申请单》时不填写相对应的蓝字专用发票信息。

经认证结果为"纳税人识别号认证不符""专用发票代码、号码认证不符"的，一般纳税人在填报《申请单》时应填写相对应的蓝字专用发票信息。

注释：根据《国家税务总局关于推行增值税发票系统升级版有关问题的公告》（2014年12月29日，国家税务总局公告2014年第73号）规定，本文第十四条、第十五条、第十六条、第十七条、第十八条、第十九条自2015年1月1日起废止。

第十五条　《申请单》一式两联：第一联由购买方留存；第二联由购买方主管税务机关留存。

《申请单》应加盖一般纳税人财务专用章。

第十六条　主管税务机关对一般纳税人填报的《申请单》进行审核后，出具《开具红字增值税专用发票通知单》（以下简称《通知单》，附件4）。《通知单》应与《申请单》一一对应。

第十七条　《通知单》一式三联：第一联由购买方主管税务机关留存；第二联由购买方送交销售方留存；第三联由购买方留存。

《通知单》应加盖主管税务机关印章。

《通知单》应按月依次装订成册，并比照专用发票保管规定管理。

第十八条　购买方必须暂依《通知单》所列增值税税额从当期进项税额中转出，未抵扣增值税进项税额的可列入当期进项税额，待取得销售方开具的红字专用发票后，与留存的《通知单》一并作为记账凭证。属于本规定第十四条第四款所列情形的，不作进项税额转出。

第十九条　销售方凭购买方提供的《通知单》开具红字专用发票，在防伪税控系统中以销项负数开具。

红字专用发票应与《通知单》一一对应。

第二十条　同时具有下列情形的，为本规定所称作废条件：

（一）收到退回的发票联、抵扣联时间未超过销售方开票当月；

（二）销售方未抄税并且未记账；

（三）购买方未认证或者认证结果为"纳税人识别号认证不符""专用发票代码、号码认证不符"。

本规定所称抄税，是报税前用IC卡或者IC卡和软盘抄取开票数据电文。

第二十一条　一般纳税人开具专用发票应在增值税纳税申报期内向主管税务机关报税，在申报所属月份内可分次向主管税务机关报税。

本规定所称报税，是纳税人持IC卡或者IC卡和软盘向税务机关报送开票数据电文。

第二十二条　因IC卡、软盘质量等问题无法报税的，应更换IC卡、软盘。

因硬盘损坏、更换金税卡等原因不能正常报税的，应提供已开具未向税务机关报税的专用发票记账联原件或者复印件，由主管税务机关补采开票数据。

第二十三条　一般纳税人注销税务登记或者转为小规模纳税人，应将专用设备和结存未用的纸质专用发票送交主管税务机关。

主管税务机关应缴销其专用发票，并按有关安全管理的要求处理专用设备。

第二十四条 本规定第二十三条所称专用发票的缴销,是指主管税务机关在纸质专用发票监制章处按"V"字剪角作废,同时作废相应的专用发票数据电文。

被缴销的纸质专用发票应退还纳税人。

第二十五条 用于抵扣增值税进项税额的专用发票应经税务机关认证相符(国家税务总局另有规定的除外)。认证相符的专用发票应作为购买方的记账凭证,不得退还销售方。

本规定所称认证,是税务机关通过防伪税控系统对专用发票所列数据的识别、确认。

本规定所称认证相符,是指纳税人识别号无误,专用发票所列密文解译后与明文一致。

第二十六条 经认证,有下列情形之一的,不得作为增值税进项税额的抵扣凭证,税务机关退还原件,购买方可要求销售方重新开具专用发票。

(一)无法认证。

本规定所称无法认证,是指专用发票所列密文或者明文不能辨认,无法产生认证结果。

(二)纳税人识别号认证不符。

本规定所称纳税人识别号认证不符,是指专用发票所列购买方纳税人识别号有误。

(三)专用发票代码、号码认证不符。

本规定所称专用发票代码、号码认证不符,是指专用发票所列密文解译后与明文的代码或者号码不一致。

第二十七条 经认证,有下列情形之一的,暂不得作为增值税进项税额的抵扣凭证,税务机关扣留原件,查明原因,分别情况进行处理。

(一)重复认证。

本规定所称重复认证,是指已经认证相符的同一张专用发票再次认证。

(二)密文有误。

本规定所称密文有误,是指专用发票所列密文无法解译。

(三)认证不符。

本规定所称认证不符,是指纳税人识别号有误,或者专用发票所列密文解译后与明文不一致。

本项所称认证不符不含第二十六条第二项、第三项所列情形。

(四)列为失控专用发票。

本规定所称列为失控专用发票,是指认证时的专用发票已被登记为失控专用发票。

第二十八条 一般纳税人丢失已开具专用发票的发票联和抵扣联,如果丢失前已认证相符的,购买方凭销售方提供的相应专用发票记账联复印件及销售方所在地主管税务机关出具的《丢失增值税专用发票已报税证明单》(附件5),经购买方主管税务机关审核同意后,可作为增值税进项税额的抵扣凭证;如果丢失前未认证的,购买方凭销售方提供的相应专用发票记账联复印件到主管税务机关进行认证,认证相符的凭该专用发票记账联复印件及销售方所在地主管税务机关出具的《丢失增值税专用发票已报税证明单》,经购买方主管税务机关审核同意后,可作为增值税进项税额的抵扣凭证。

一般纳税人丢失已开具专用发票的抵扣联,如果丢失前已认证相符的,可使用专用发票发票联复印件留存备查;如果丢失前未认证的,可使用专用发票发票联到主管税务机关认证,专用发票发票联复印件留存备查。

一般纳税人丢失已开具专用发票的发票联,可将专用发票抵扣联作为记账凭证,专用发票抵扣联复印件留存备查。

注释:根据《国家税务总局关于简化增值税发票领用和使用程序有关问题的公告》(2014 年 3 月 24 日,国家税务总局公告 2014 年第 19 号)规定,本文第二十八条自 2014 年 5 月 1 日起废止。

第二十九条　专用发票抵扣联无法认证的,可使用专用发票发票联到主管税务机关认证。专用发票发票联复印件留存备查。

第三十条　本规定自 2007 年 1 月 1 日施行,《国家税务总局关于印发〈增值税专用发票使用规定〉的通知》(国税发〔1993〕150 号)、《国家税务总局关于增值税专用发票使用问题的补充通知》(国税发〔1994〕056 号)、《国家税务总局关于由税务所为小规模企业代开增值税专用发票的通知》(国税发〔1994〕058 号)、《国家税务总局关于印发〈关于商业零售企业开具增值税专用发票的通告〉的通知》(国税发〔1994〕081 号)、《国家税务总局关于修改〈国家税务总局关于严格控制增值税专用发票使用范围的通知〉的通知》(国税发〔2000〕075 号)、《国家税务总局关于加强防伪税控开票系统最高开票限额管理的通知》(国税发明电〔2001〕57 号)、《国家税务总局关于增值税一般纳税人丢失防伪税控系统开具的增值税专用发票有关税务处理问题的通知》(国税发〔2002〕010 号)、《国家税务总局关于进一步加强防伪税控开票系统最高开票限额管理的通知》(国税发明电〔2002〕33 号)同时废止。以前有关政策规定与本规定不一致的,以本规定为准。

附件 2

销售货物或者提供应税劳务清单

购买方名称:

销售方名称:

所属增值税专用发票代码:　　　　号码:　　　　　　　　　　共　页　第　页

序号	货物(劳务)名称	规格型号	单　位	数　量	单　价	金　额	税　率	税　额
备注								

填开日期:　　年　月　日

国家税务总局关于纳税人折扣折让行为开具
红字增值税专用发票问题的通知

2006 年 12 月 29 日　国税函〔2006〕1279 号

各省、自治区、直辖市和计划单列市国家税务局:

近接部分地区询问,因市场价格下降等原因,纳税人发生的销售折扣或折让行为应如何

开具红字增值税专用发票。经研究,明确如下:

纳税人销售货物并向购买方开具增值税专用发票后,由于购货方在一定时期内累计购买货物达到一定数量,或者由于市场价格下降等原因,销货方给予购货方相应的价格优惠或补偿等折扣、折让行为,销货方可按现行《增值税专用发票使用规定》的有关规定开具红字增值税专用发票。

国家税务总局关于红字增值税专用发票通知单
管理系统推行工作的通知

2008 年 8 月 25 日   国税函〔2008〕761 号

各省、自治区、直辖市和计划单列市国家税务局:

为了加强增值税的征收管理,堵塞漏洞,税务总局决定全面推广应用红字增值税专用发票通知单管理系统(以下简称红字发票通知单管理系统),现将有关工作通知如下:

一、系统培训

(一)税务端培训工作税务总局负责组织对各省师资班培训工作。各省负责本省相关岗位人员的培训,培训工作于 2008 年 9 月 30 日前完成。具体培训安排如下:

1. 2008 年 9 月中下旬税务总局组织完成全国各省师资人员的培训,时间、地点和参加人员另行通知。

2. 2008 年 9 月 30 日前各省负责组织完成本省具体操作岗位人员的培训。

(二)企业端培训工作 2008 年 10 月 1 日—11 月 30 日各地应完成对防伪税控企业的培训。

对于已经升级为一机多票系统的企业,培训采用免费、集中方式,由各主管税务机关负责提供培训场所,并做好宣传和组织工作,各地服务单位免费提供培训师资。培训内容包括税务人员对红字增值税专用发票相关业务政策规定的宣讲,以及服务单位人员对开票系统升级和操作事项的介绍。

对于尚未升级为一机多票系统的企业,还应由服务单位进行一机多票开票系统的培训,具体培训方案参照《国家税务总局关于推行增值税防伪税控一机多票系统的通知》(国税发〔2006〕78 号)。

二、系统升级

(一)税务端升级工作 2008 年 9 月 30 日前税务总局组织相关软件开发单位完成各省、自治区、直辖市和计划单列市国税局税务端相关系统的升级工作,具体安排另行通知。

(二)企业端升级工作各地应在 2008 年 10 月 1 日—11 月 30 日完成企业端开票系统的升级工作,对于不同版本的开票系统,升级方法有所不同,具体方法如下:

1. 对于已经升级为一机多票系统的企业,原则上由企业使用升级光盘自行完成软件升级工作。升级光盘在企业参加培训时免费发放,在升级不成功或系统异常情况下,由各地服务单位提供免费上门升级服务。

2. 对于尚未升级为一机多票系统的企业,升级方案参照国税发〔2006〕78 号文件要求。

3. 主机共享系统企业需要进行上层软件升级,升级工作由服务单位上门完成。

4. 税务机关代开增值税专用发票系统需要进行金税卡底层加载和上层软件升级,由税务机关协助服务单位共同完成。

三、系统运行

2008年10月1日起,全国国税系统必须使用红字发票通知单管理系统开具《开具红字增值税专用发票通知单》(以下简称《通知单》),停止使用原方式开具《通知单》。企业必须在2008年11月30日前完成开票系统的升级工作,已经升级的企业自升级之日起使用新的开票系统开具红字增值税专用发票。

四、有关要求

(一)2008年10月1日起,各主管税务机关应指定相关岗位人员通过升级后的增值税防伪税控税务端系统开具、管理《通知单》。对《通知单》在开具校验、报税核销中发现的异常信息,应由相关岗位人员及时转审核检查岗位进行核查处理。

(二)根据红字发票通知单管理系统试运行的实际情况,税务总局对《开具红字增值税专用发票申请单》和《通知单》表单进行了修改,新表单格式见附件。2008年10月1日起,对新申请开具红字增值税专用发票的企业统一启用新表单。

(三)经认证属于无法认证的增值税专用发票,认证岗位人员必须在认证子系统中确认并保存无法认证的结果。

(四)在企业申报时,申报征收岗位人员应严格审核已开具红字增值税专用发票是否取得有效的《通知单》,对未取得有效《通知单》的,应及时转审核检查岗位,由审核检查岗位人员按照相关规定进行核查处理。

(五)企业开票系统升级后,对其取得的按原方式开具的《通知单》,必须在2008年11月30日之前开具红字增值税专用发票,2008年12月1日之后不得再作为开具红字增值税专用发票的依据。对于按原方式开具的《通知单》在开具红字增值税专用发票时,须按16位编码规则录入《通知单》编号,编码规则为:1234569911+6位原方式开具的《通知单》编号(原方式开具的《通知单》编号若超过6位,则取其后6位;若不足6位,则在原编号前补0)。

(六)此次升级工作涉及面广,时间紧迫,各地税务机关要高度重视,认真组织落实,要运用各种方式做好对纳税人的宣传辅导工作,并监督各地服务单位免费将光盘发放给所有企业,不得借此次升级强行收取各种费用或搭售设备。

各地实施中如有问题请与税务总局呼叫中心(400-811-2366)联系。

附件:1. 开具红字增值税专用发票申请单(略)

2. 开具红字增值税专用发票通知单(略)

国家税务总局关于启用货物运输业增值税专用发票的公告

2011年12月15日　国家税务总局公告2011年第74号

2012年1月1日起,将在部分地区和行业开展深化增值税制度改革试点,逐步将营业税改征增值税。为保障改革试点的顺利实施,税务总局决定启用货物运输业增值税专用发票。现将有关事项公告如下:

一、货物运输业增值税专用发票,是增值税一般纳税人提供货物运输服务(暂不包括铁路运输服务)开具的专用发票,其法律效力、基本用途、基本使用规定及安全管理要求等与现有增值税专用发票一致。

二、货物运输业增值税专用发票的联次和用途

货物运输业增值税专用发票分为三联票和六联票,第一联:记账联,承运人记账凭证;第

二联:抵扣联,受票方扣税凭证;第三联:发票联,受票方记账凭证;第四联至第六联由发票使用单位自行安排使用。

三、货物运输业增值税专用发票纸张、式样、内容及防伪措施

(一)使用专用的无碳复写纸。

(二)发票规格为 240 mm×178 mm。

(三)发票各联次颜色与现有增值税专用发票相同,各联次的颜色依次为黑、绿、棕、红、灰和紫色。

(四)发票内容包括:发票代码、发票号码、开票日期、承运人及纳税人识别号、实际受票方及纳税人识别号、收货人及纳税人识别号、发货人及纳税人识别号、密码区、起运地、经由、到达地、费用项目及金额、运输货物信息、合计金额、税率、税额、机器编号、价税合计(大写)、小写、车种车号、车船吨位、主管税务机关及代码、备注、收款人、复核人、开票人、承运人(章)。

(五)发票代码为 10 位,编码原则:第 1~4 位代表省、自治区、直辖市和计划单列市,第 5~6 位代表制版年度,第 7 位代表批次(分别用 1、2、3、4 表示四个季度),第 8 位代表票种(7 代表货物运输业增值税专用发票),第 9 位代表发票联次(分别用 3 和 6 表示三联和六联),第 10 位代表发票金额版本号(目前统一用"0"表示电脑发票)。

发票号码为 8 位,按年度、分批次编制。

(六)货物运输业增值税专用发票的防伪措施与现有增值税专用发票相同。

四、货物运输业增值税专用发票的发售价格与增值税专用发票的发售价格一致。

五、本公告自 2012 年 1 月 1 日起施行。

特此公告。

附件:货物运输业增值税专用发票票样(略)

国家税务总局关于外贸企业使用增值税专用发票办理出口退税有关问题的公告

2012 年 6 月 1 日　国家税务总局公告 2012 年第 22 号

为明确外贸企业使用经税务机关审核允许纳税人抵扣其进项税额的增值税专用发票如何办理出口退税问题,现将有关事项公告如下:

一、外贸企业可使用经税务机关审核允许纳税人抵扣其进项税额的增值税专用发票做为出口退税申报凭证向主管税务机关申报出口退税。

二、外贸企业办理出口退税提供经税务机关审核允许纳税人抵扣其进项税额的增值税专用发票,分别按以下对应要求申报并提供相应资料:

(一)《国家税务总局关于修订〈增值税专用发票使用规定〉的通知》(国税发〔2006〕156号)第二十八条规定的允许抵扣的丢失抵扣联的已开具增值税专用发票

1. 外贸企业丢失已开具增值税专用发票发票联和抵扣联的,在增值税专用发票认证相符后,可凭增值税专用发票记账联复印件及销售方所在地主管税务机关出具的《丢失增值税专用发票已报税证明单》,经购买方主管税务机关审核同意后,向主管出口退税的税务机关申报出口退税。

2. 外贸企业丢失已开具增值税专用发票抵扣联的,在增值税专用发票认证相符后,可凭

增值税专用发票发票联复印件向主管出口退税的税务机关申报出口退税。

（二）《国家税务总局关于失控增值税专用发票处理的批复》（国税函〔2008〕607号）规定的允许抵扣的按非正常户登记失控增值税专用发票（以下简称失控增值税专用发票）

外贸企业取得的失控增值税专用发票，销售方已申报并缴纳税款的，可由销售方主管税务机关出具书面证明，并通过协查系统回复购买方主管税务机关。外贸企业可凭增值税专用发票向主管出口退税的税务机关申报出口退税。

（三）《国家税务总局关于印发〈增值税专用发票审核检查操作规程（试行）〉的通知》（国税发〔2008〕33号）第十八条第一款规定的允许抵扣的稽核比对结果属于异常的增值税专用发票

外贸企业可凭增值税专用发票向主管出口退税的税务机关申报出口退税。

（四）《国家税务总局关于逾期增值税扣税凭证抵扣问题的公告》（2011年第50号）规定的允许抵扣的增值税专用发票

外贸企业可凭增值税专用发票（原件丢失的，可凭增值税专用发票复印件）向主管出口退税的税务机关申报出口退税。

三、对外贸企业在申报出口退税时提供上述经税务机关审核允许纳税人抵扣其进项税额的增值税专用发票的，各地税务机关审核时要认真审核增值税专用发票并核对税务机关内部允许抵扣资料，在出口退税审核系统中比对增值税专用发票稽核比对信息、审核检查信息和协查信息，在增值税专用发票信息比对无误的情况下，按现行出口退税规定办理出口退税。

四、本公告自2012年6月1日起施行。本公告施行前外贸企业取得的经税务机关审核允许纳税人抵扣其进项税额的增值税专用发票申报办理出口退税的，按照本公告规定和现行出口退税规定办理出口退税事宜。

特此公告。

国家税务总局办公厅关于《国家税务总局关于外贸企业使用增值税专用发票办理出口退税有关问题的公告》的解读

为明确外贸企业使用经税务机关审核允许纳税人抵扣其进项税额的增值税专用发票如何办理出口退税问题，税务总局制定了《国家税务总局关于外贸企业使用增值税专用发票办理出口退税有关问题的公告》（以下简称《公告》），现将《公告》解读如下：

一、《公告》制定目的

近年来，为保障纳税人权益，税务总局相继下发了《国家税务总局关于修订〈增值税专用发票使用规定〉的通知》（国税发〔2006〕156号）、《国家税务总局关于印发〈增值税专用发票审核检查操作规程（试行）〉的通知》（国税发〔2008〕33号）、《国家税务总局关于失控增值税专用发票处理的批复》（国税函〔2008〕607号）和《国家税务总局关于逾期增值税扣税凭证抵扣问题的公告》（2011年第50号）等文件，进一步明确了以下几类特殊情形增值税专用发票经主管税务机关审核允许纳税人申报抵扣其进项税额：一是丢失已开具增值税专用发票，二是失控增值税专用发票，三是增值税专用发票稽核比对结果属于异常的增值税专用发票，四是逾期认证增值税专用发票。

比照允许抵扣增值税专用发票可办理出口退税，税务总局此前也已在相关出口退税管理文件《税务总局关于外贸企业丢失增值税专用发票抵扣联出口退税有关问题的通知》（国税函

〔2010〕162 号）和《国家税务总局关于销货方已经申报并缴纳税款的失控增值税专用发票办理出口退税问题的批复》（国税函〔2008〕1009 号）对前两种特殊情况下企业丢失增值税专用发票、失控增值税专用发票可办理退税问题予以明确。考虑到目前出口退税管理文件对其他两类特殊情形增值税专用发票可办理退税情况也应予以明确，税务总局制定了《公告》。

二、《公告》的主要内容

一是明确了外贸企业可使用经税务机关审核允许纳税人抵扣其进项税额的增值税专用发票作为出口退税申报凭证向主管税务机关申报出口退税。

二是对外贸企业办理出口退税提供经税务机关审核允许纳税人抵扣其进项税额的增值税专用发票的具体申报要求予以明确。

三是考虑到《公告》中允许抵扣的增值税专用发票的允许抵扣资料为税务系统内部资料，要求各地税务机关审核外贸企业出口退税时要认真审核增值税专用发票并核对税务机关内部允许抵扣资料，在出口退税审核系统中比对增值税专用发票稽核比对信息、审核检查信息和协查信息，在增值税专用发票信息比对无误的情况下，按现行出口退税规定办理出口退税事宜。

四是规定本公告自 2012 年 6 月 1 日起施行。本公告施行前外贸企业取得的经税务机关审核允许纳税人抵扣其进项税额的增值税专用发票申报办理出口退税的，按照本公告规定和现行出口退税规定办理出口退税事宜。

 国家税务总局关于在全国开展营业税改征增值税试点有关征收管理问题的公告

2013 年 7 月 10 日　国家税务总局公告 2013 年第 39 号

为了贯彻落实《财政部　国家税务总局关于在全国开展交通运输业和部分现代服务业营业税改征增值税试点税收政策的通知》（财税〔2013〕37 号）精神，保障营业税改征增值税（以下简称营改增）改革试点的顺利实施，现将征收管理有关问题公告如下：

一、关于纳税人发票使用问题

（一）自本地区营改增试点实施之日起，增值税纳税人不得开具公路、内河货物运输业统一发票。

增值税一般纳税人（以下简称一般纳税人）提供货物运输服务的，使用货物运输业增值税专用发票（以下简称货运专票）和普通发票；提供货物运输服务之外其他增值税应税项目的，统一使用增值税专用发票（以下简称专用发票）和增值税普通发票。

小规模纳税人提供货物运输服务，服务接受方索取货运专票的，可向主管税务机关申请代开，填写《代开货物运输业增值税专用发票缴纳税款申报单》（附件1）。代开货运专票按照代开专用发票的有关规定执行。

注释：《国家税务总局关于发布〈货物运输业小规模纳税人申请代开增值税专用发票管理办法〉的公告》（2017 年 12 月 29 日，国家税务总局公告 2017 年第 55 号），自 2018 年 1 月 1 日起，本文第一条第（一）项和附件 1 同时废止。

（二）提供港口码头服务、货运客运场站服务、装卸搬运服务、旅客运输服务的一般纳税人，可以选择使用定额普通发票。

（三）从事国际货物运输代理业务的一般纳税人，应使用六联专用发票或五联增值税普通发票,其中第四联用作购付汇联;从事国际货物运输代理业务的小规模纳税人,应使用普通发票,其中第四联用作购付汇联。

(四)纳税人于本地区试点实施之日前提供改征增值税的营业税应税服务并开具营业税发票后,如发生服务中止、折让、开票有误等情形,且不符合发票作废条件的,应于2014年3月31日前向原主管税务机关申请开具营业税红字发票,不得开具红字专用发票和红字货运专票。需重新开具发票的,应于2014年3月31日前向原主管税务机关申请开具营业税发票,不得开具专用发票或货运专票。

二、关于税控系统使用问题

(一)自本地区营改增试点实施之日起,一般纳税人提供货物运输服务、开具货运专票的,使用货物运输业增值税专用发票税控系统(以下简称货运专票税控系统);提供货物运输服务之外的其他增值税应税服务、开具专用发票和增值税普通发票的,使用增值税防伪税控系统(以下简称防伪税控系统)。

(二)自2013年8月1日起,一般纳税人从事机动车(旧机动车除外)零售业务开具机动车销售统一发票,应使用机动车销售统一发票税控系统(以下简称机动车发票税控系统)。

(三)试点纳税人使用的防伪税控系统专用设备为金税盘和报税盘,纳税人应当使用金税盘开具发票,使用报税盘领购发票、抄报税;货运专票税控系统和机动车发票税控系统专用设备为税控盘和报税盘,纳税人应当使用税控盘开具发票,使用报税盘领购发票、抄报税。

货运专票税控系统及专用设备管理,按照现行防伪税控系统有关规定执行。各省国税机关可对现有相关文书作适当调整。

(四)北京市小规模纳税人自2012年9月1日起使用金税盘或税控盘开具普通发票,使用报税盘领购发票、抄报税的办法继续执行。

注释:根据《国家税务总局关于修改部分税收规范性文件的公告》(2018年6月15日,国家税务总局公告2018年第31号)规定,自2018年6月15日起,本文第二条中的"国税机关"修改为"税务机关"。

三、关于增值税专用发票(增值税税控系统)最高开票限额审批问题

增值税专用发票(增值税税控系统)实行最高开票限额管理。最高开票限额,是指单份专用发票或货运专票开具的销售额合计数不得达到的上限额度。

最高开票限额由一般纳税人申请,区县税务机关依法审批。一般纳税人申请最高开票限额时,需填报《增值税专用发票最高开票限额申请单》(附件2)。主管税务机关受理纳税人申请以后,根据需要进行实地查验。实地查验的范围和方法由各省国税机关确定。

税务机关应根据纳税人实际生产经营和销售情况进行审批,保证纳税人生产经营的正常需要。

注释:根据《国家税务总局关于修改部分税收规范性文件的公告》(2018年6月15日,国家税务总局公告2018年第31号)规定,自2018年6月15日起,本文第三条中的"国税机关"修改为"税务机关"。

四、关于货运专票开具问题

(一)一般纳税人提供应税货物运输服务,使用货运专票;提供其他增值税应税项目、免税项目或非增值税应税项目的,不得使用货运专票。

(二)货运专票中"承运人及纳税人识别号"栏填写提供货物运输服务、开具货运专票的一般纳税人信息;"实际受票方及纳税人识别号"栏填写实际负担运输费用、抵扣进项税额的一般纳税人信息;"费用项目及金额"栏填写应税货物运输服务明细项目及不含增值税的销售

额;"合计金额"栏填写应税货物运输服务项目不含增值税的销售额合计;"税率"栏填写增值税税率;"税额"栏填写按照应税货物运输服务项目不含增值税的销售额和适用税率计算得出的增值税额;"价税合计(大写)(小写)"栏填写不含增值税的销售额和增值税额的合计;"机器编号"栏填写货运专票税控系统税控盘编号。

(三)税务机关在代开货运专票时,货运专票税控系统在货运专票左上角自动打印"代开"字样;"税率"栏填写小规模纳税人增值税征收率;"税额"栏填写按照应税货物运输服务项目不含增值税的销售额和小规模纳税人增值税征收率计算得出的增值税额;"备注"栏填写税收完税凭证号码;其他栏次内容与本条第(二)项相同。

(四)提供货物运输服务,开具货运专票后,如发生应税服务中止、折让、开票有误以及发票抵扣联、发票联均无法认证等情形,且不符合发票作废条件,需要开具红字货运专票的,实际受票方或承运人可向主管税务机关填报《开具红字货物运输业增值税专用发票申请单》(附件3),经主管税务机关核对并出具《开具红字货物运输业增值税专用发票通知单》(附件4,以下简称《通知单》)。实际受票方应暂依《通知单》所列增值税税额从当期进项税额中转出,未抵扣增值税进项税额的可列入当期进项税额,待取得承运人开具的红字货运专票后,与留存的《通知单》一并作为记账凭证。认证结果为"无法认证""纳税人识别号认证不符""发票代码、号码认证不符"以及所购服务不属于增值税扣税项目范围的,不列入进项税额,不作进项税额转出。承运人可凭《通知单》在货运专票税控系统中以销项负数开具红字货运专票。《通知单》暂不通过系统开具,但其他事项按照现行红字专用发票有关规定执行。

注释:根据《国家税务总局关于推行增值税发票系统升级版有关问题的公告》(2014年12月29日,国家税务总局公告2014年第73号)规定,本文第四条第(四)项自2015年1月1日起废止。

五、关于货运专票管理问题

(一)货运专票暂不纳入失控发票快速反应机制管理。

(二)货运专票的认证结果类型包括"认证相符""无法认证""认证不符""密文有误"和"重复认证"等类型(暂无失控发票类型),稽核结果类型包括"相符""不符""缺联""重号""属于作废"和"滞留"等类型。认证、稽核异常货运专票的处理按照专用发票的有关规定执行。

(三)稽核异常的货运专票的核查工作,按照《增值税专用发票审核检查操作规程(试行)》的有关规定执行。

(四)丢失货运专票的处理,按照专用发票的有关规定执行,承运方主管税务机关出具《丢失货物运输业增值税专用发票已报税证明单》(附件5)。

注释:根据《国家税务总局关于简化增值税发票领用和使用程序有关问题的公告》(2014年3月24日,国家税务总局公告2014年第19号)规定,本文第五条第(四)项自2014年5月1日起废止。

六、本公告自2013年8月1日起实施,《国家税务总局关于修订〈增值税专用发票使用规定〉的通知》(国税发〔2006〕156号)第五条、《国家税务总局关于营业税改征增值税试点有关税收征收管理问题的公告》(国家税务总局公告2011年第77号)、《国家税务总局关于北京等8省市营业税改征增值税试点有关税收征收管理问题的公告》(国家税务总局公告2012年第42号)同时废止。

特此公告。

附件:1. 代开货物运输业增值税专用发票缴纳税款申报单(略)

2. 增值税专用发票最高开票限额申请表（略）

3. 开具红字货物运输业增值税专用发票申请单（略）

4. 开具红字货物运输业增值税专用发票通知单（略）

5. 丢失货物运输业增值税专用发票已报税证明单（略）

国家税务总局办公厅关于《国家税务总局关于在全国开展营业税改征增值税试点有关征收管理问题的公告》的解读

一、下发本公告的背景

经国务院批准，自 2013 年 8 月 1 日起，在全国范围开展交通运输业和部分现代服务业营改增试点。为了贯彻落实《财政部　国家税务总局关于在全国开展交通运输业和部分现代服务业营业税改征增值税试点税收政策的通知》（财税〔2013〕37 号，以下简称 37 号文）精神，保障改革试点的顺利实施，在《国家税务总局关于营业税改征增值税试点有关税收征收管理问题的公告》（2011 年第 77 号）和《国家税务总局关于北京等 8 省市营业税改征增值税试点有关税收征收管理问题的公告》（2012 年第 42 号）内容基础上，结合 37 号文有关政策调整规定，起草了本公告。

二、纳税人发票使用规定

（一）自本地区营改增试点实施之日起，增值税纳税人不得开具公路、内河货物运输业统一发票。

增值税一般纳税人（以下简称一般纳税人）提供货物运输服务的，使用货物运输业增值税专用发票（以下简称货运专票）和普通发票；提供货物运输服务之外其他增值税应税项目的，统一使用增值税专用发票（以下简称专用发票）和增值税普通发票。

小规模纳税人提供货物运输服务，服务接受方索取货运专票的，可向主管税务机关申请代开，填写《代开货物运输业增值税专用发票缴纳税款申报单》。代开货运专票按照代开专用发票的有关规定执行。

（二）提供港口码头服务、货运客运场站服务、装卸搬运服务、旅客运输服务的一般纳税人，可以选择使用定额普通发票。

（三）从事国际货物运输代理业务的一般纳税人，应使用六联专用发票或五联增值税普通发票，其中第四联用作购付汇联；从事国际货物运输代理业务的小规模纳税人，应使用普通发票，其中第四联用作购付汇联。

（四）纳税人于本地区试点实施之日前提供改征增值税的营业税应税服务并开具营业税发票后，如发生服务中止、折让、开票有误等情形，且不符合发票作废条件的，应于 2014 年 3 月 31 日前向原主管税务机关申请开具营业税红字发票，不得开具红字专用发票和红字货运专票。需重新开具发票的，应于 2014 年 3 月 31 日前向原主管税务机关申请开具营业税发票，不得开具专用发票或货运专票。

三、税控系统使用规定

（一）自本地区营改增试点实施之日起，一般纳税人提供货物运输服务、开具货运专票的，使用货物运输业增值税专用发票税控系统（以下简称货运专票税控系统）；提供货物运输服务之外的其他增值税应税服务、开具专用发票和增值税普通发票的，使用增值税防伪税控系统(以下简称防伪税控系统)。

(二)37号文规定:自2013年8月1日起,原增值税一般纳税人自用的应征消费税的摩托车、汽车、游艇,其进项税额准予从销项税额中抵扣。本公告中相应明确,自2013年8月1日起,一般纳税人从事机动车(旧机动车除外)零售业务开具机动车销售统一发票,应使用机动车销售统一发票税控系统(以下简称机动车发票税控系统)。

(三)试点纳税人使用的防伪税控系统专用设备为金税盘和报税盘,纳税人应当使用金税盘开具发票,使用报税盘领购发票、抄报税;货运专票税控系统和机动车发票税控系统专用设备为税控盘和报税盘,纳税人应当使用税控盘开具发票,使用报税盘领购发票、抄报税。

货运专票税控系统及专用设备管理,按照现行防伪税控系统有关规定执行。各省国税机关可对现有相关文书作适当调整。

(四)北京市小规模纳税人自2012年9月1日起使用金税盘或税控盘开具普通发票,使用报税盘领购发票、抄报税的办法继续执行。

四、关于增值税专用发票(增值税税控系统)最高开票限额审批

增值税专用发票(增值税税控系统)实行最高开票限额管理。最高开票限额,是指单份专用发票或货运专用发票开具的销售额合计数不得达到的上限额度。最高开票限额由一般纳税人申请,区县税务机关依法审批。

针对前期部分试点地区反映,增值税专用发票(增值税税控系统)最高开票限额审批中实地核查工作量大、影响办税效率以及部分税务机关审批过严、影响纳税人发票使用问题,为进一步做好纳税服务工作,保障试点实施顺利,纳税人发票正常使用,本公告将实地核查的必经程序调整为:主管税务机关受理纳税人申请以后,根据需要进行实地查验。实地查验的范围和方法由各省国税机关确定并报国家税务总局备案。同时明确:税务机关应根据纳税人实际生产经营和销售情况进行审批,保证纳税人生产经营的正常需要。

五、货运专用发票开具规定

(一)一般纳税人提供应税货物运输服务,使用货运专票;提供其他增值税应税项目、免税项目或非增值税应税项目的,不得使用货运专票。

(二)货运专票中"承运人及纳税人识别号"栏填写提供货物运输服务、开具货运专票的一般纳税人信息;"实际受票方及纳税人识别号"栏填写实际负担运输费用、抵扣进项税额的一般纳税人信息;"费用项目及金额"栏填写应税货物运输服务明细项目及不含增值税的销售额;"合计金额"栏填写应税货物运输服务项目不含增值税的销售额合计;"税率"栏填写增值税税率;"税额"栏填写按照应税货物运输服务项目不含增值税的销售额和适用税率计算得出的增值税额;"价税合计(大写)(小写)"栏填写不含增值税的销售额和增值税额的合计;"机器编号"栏填写货运专票税控系统税控盘编号。

(三)37号文规定:原增值税一般纳税人取得的试点小规模纳税人由税务机关代开的增值税专用发票,按增值税专用发票注明的税额抵扣进项税额,取消了前期试点中的过渡政策。本公告相应调整了税务机关代开货运专用发票的有关规定:税务机关在代开货运专用发票时,货物运输业增值税专用发票税控系统在货运专用发票左上角自动打印"代开"字样;"税率"栏填写小规模纳税人增值税征收率;"税额"栏填写按照应税货物运输服务项目不含增值税的销售额和小规模纳税人增值税征收率计算得出的增值税额;"备注"栏填写税收完税凭证号码;其他栏次内容与本条第(二)项相同。

(四)提供货物运输服务,开具货运专票后,如发生应税服务中止、折让、开票有误以及发票抵扣联、发票联均无法认证等情形,且不符合发票作废条件,需要开具红字货运专票的,实际受票方或承运人可向主管税务机关填报《开具红字货物运输业增值税专用发票申请单》,经主管税务机关核对并出具《开具红字货物运输业增值税专用发票通知单》(以下简称《通知单》)。实际受票方应暂依《通知单》所列增值税税额从当期进项税额中转出,未抵扣增值税进项税额的可列入当期进项税额,待取得承运人开具的红字货运专票后,与留存的《通知单》一并作为记账凭证。认证结果为"无法认证""纳税人识别号认证不符""发票代码、号码认证不符"以及所购服务不属于增值税扣税项目范围的,不列入进项税额,不作进项税额转出。承运人可凭《通知单》在货运专票税控系统中以销项负数开具红字货运专票。《通知单》暂不通过系统开具,但其他事项按照现行红字专用发票有关规定执行。

六、货运专用发票管理规定

(一)货运专票暂不纳入失控发票快速反应机制管理。

(二)货运专票的认证结果类型包括"认证相符""无法认证""认证不符""密文有误"和"重复认证"等类型(暂无失控发票类型),稽核结果类型包括"相符""不符""缺联""重号""属于作废"和"滞留"等类型。认证、稽核异常货运专票的处理按照专用发票的有关规定执行。

(三)稽核异常的货运专票的核查工作,按照《增值税专用发票审核检查操作规程(试行)》的有关规定执行。

(四)丢失货运专票的处理,按照专用发票的有关规定执行,承运方主管税务机关出具《丢失货物运输业增值税专用发票已报税证明单》。

国家税务总局关于成品油生产企业开具的增值税发票纳入
防伪税控系统汉字防伪项目管理的公告

2013 年 12 月 27 日　国家税务总局公告 2013 年第 79 号

为加强成品油行业的税收管理,税务总局研究决定,将成品油生产及委托加工企业(以下简称成品油生产企业)开具的增值税发票纳入防伪税控系统汉字防伪项目管理。现将有关事项公告如下:

一、自 2014 年 2 月 1 日起,成品油生产企业必须通过增值税防伪税控开票系统(石脑油、燃料油专用版)开具增值税专用发票和增值税普通发票。

二、开具增值税发票的有关要求

(一)成品油生产企业销售石脑油、燃料油开具增值税专用发票,应通过"石脑油、燃料油专用发票填开"模块选择油品类型填开。按照《国家税务总局关于发布〈用于生产乙烯、芳烃类化工产品的石脑油、燃料油退(免)消费税暂行办法〉的公告》(国家税务总局公告 2012 年第 36 号)的规定执行定点直供计划,向乙烯、芳烃生产企业销售免征消费税的石脑油、燃料油,应选择"石脑油 DDZG"或"燃料油 DDZG"油品类型;销售应征消费税的石脑油、燃料油,选择"石脑油"或"燃料油"油品类型。选中的油品类型作为扩展项显示在商品名称后,每张增值税专用发票只能选择一种油品类型填开,"单位"栏必须为吨,"数量"栏必须填写且不能为 0;

成品油生产企业销售石脑油、燃料油开具增值税普通发票,应通过"普通发票填开"模块开具。

(二)成品油生产企业销售其他货物、提供应税劳务或服务开具增值税专用发票,应通过"专用发票填开"模块开具;开具增值税普通发票,应通过"普通发票填开"模块开具。

（三）上述增值税专用发票都不得汇总开具，每张发票的"货物和应税劳务名称"栏最多填列7行。

三、成品油生产企业应于2014年2月1日前，到主管税务机关办理防伪税控系统专用设备的变更发行。企业端防伪税控开票系统升级工作由各地防伪税控系统技术维护服务单位承担。

四、使用非AI3型金税卡的企业，需要配备报税盘。使用AI3型金税卡的企业，如使用网上抄报税的不需配备报税盘，未使用网上抄报税的也需配备报税盘。

对于未使用网上抄报税的企业，需要同时携带IC卡和报税盘到办税服务大厅进行报税。

五、通过增值税防伪税控开票系统（石脑油、燃料油专用版）开具的增值税发票的密文均为二维码形式，为保证二维码密文能正常打印，企业须使用24针针式票据打印机。

本公告自2014年2月1日起施行。

特此公告。

国家税务总局办公厅关于《国家税务总局关于成品油生产企业开具的增值税发票纳入防伪税控系统汉字防伪项目管理的公告》的解读

一、将成品油生产企业开具的增值税发票纳入防伪税控系统汉字防伪项目管理是什么意思？

从纳税人的角度讲，就是成品油生产和委托加工企业（以下简称成品油生产企业）销售成品油必须通过增值税防伪税控开票系统（石脑油、燃料油专用版）开具增值税专用发票和增值税普通发票。

二、增值税防伪税控开票系统（石脑油、燃料油专用版）是什么？

增值税防伪税控开票系统（石脑油、燃料油专用版），属于增值税防伪税控系统汉字防伪项目的一部分，是在不改变现有防伪税控系统密码体系前提下，采用数字密码和二维码技术，利用存储更多信息量的二维码替代原来的84位和108位字符密文，在加密发票7要素信息的基础上，实现对购买方名称、销售方名称、货物名称、单位和数量等信息的加密、报税采集和解密认证功能。

三、为什么要将生产企业销售成品油开具的增值税发票纳入防伪税控开票系统（石脑油、燃料油专用版）管理？

目前，在日常成品油消费税退税管理中，为了满足消费税退税审核需要，税务机关要求生产企业每月办理抄报税后，还须单独报送当期开具含税油品的纸质增值税专用发票，由主管税务机关人工录入信息。而乙烯、芳烃生产企业（以下简称使用企业）主管税务机关办理退税审核时，要求使用企业提供当期购油取得的全部纸质增值税专用发票，通过人工比对确认其购入的含税油品数量，这不仅难以保证退税审核的准确性，也增加了税企双方工作量。

为提高退税效率，税务总局决定将生产企业销售成品油开具的增值税发票纳入防伪税控系统汉字防伪项目管理。生产企业销售免税石脑油、燃料油，通过防伪税控系统开具增值税专用发票时在商品名称栏标注"DDZG"字样，销售含税石脑油、燃料油开具的增值税专用发票不标注"DDZG"字样。生产企业的发票信息通过抄报税系统自动采集。使用企业的发票信息通过认证系统自动采集。主管税务机关据此确认含税油品数量后，对生产乙烯、芳烃产品所耗用的含税油品计算退还消费税。

国家税务总局关于发布增值税发票税控
开票软件数据接口规范的公告

2014 年 3 月 14 日 国家税务总局公告 2014 年第 17 号

为进一步减轻纳税人负担,优化纳税服务,国家税务总局决定对纳税人使用的增值税发票税控开票软件(以下简称税控开票软件)数据接口规范予以发布,以满足纳税人内部管理信息系统与税控开票软件的衔接需要。现将有关事项公告如下:

一、税控开票软件是指增值税一般纳税人安装使用的防伪税控系统防伪开票子系统和发票税控系统开票软件。

二、本次发布的数据接口规范包括导入接口规范和导出接口规范,发票类型为增值税专用发票、增值税普通发票和货物运输业增值税专用发票。导入接口规范是指税控开票软件可接收的待开具发票信息的数据格式;导出接口规范是指从税控开票软件导出已开具发票信息的数据格式。

三、为配合数据接口规范发布,税控开票软件增加了手工导入开具、批量自动导入开具、批量数据导出等功能。需启用这些功能的纳税人,应将增值税防伪税控系统防伪开票子系统升级为 V7.23.10 版,发票税控系统开票软件升级为 V1.3.00 版。

四、数据接口规范和税控开票软件安装包在金税工程纳税人技术服务网(http://www.chinaetax.cn)上发布,纳税人可自行下载免费安装使用。在使用数据接口规范和安装税控开票软件过程中,如有问题,请联系当地税控技术服务单位提供技术支持。

五、各地税控技术服务单位不得在税控开票软件安装、升级过程中,以技术服务为由强行向纳税人搭售通用设备或软件。纳税人如发现税控技术服务单位的上述违规行为,可通过电子邮件(邮箱:shuikong@chinatax.gov.cn)向税务总局反映。

特此公告。

国家税务总局办公厅关于《国家税务总局关于发布增值税发票税
控开票软件数据接口规范的公告》的解读

一、本公告出台的背景

纳税人端安装使用的增值税发票税控开票软件属于涉税专用系统,原有版本没有设计和提供对外数据接口,纳税人开具的增值税发票信息与自有 ERP 系统、财务系统等内部管理系统的衔接难以实现。

二、本公告出台的意义

本次数据接口规范的发布,将满足纳税人将增值税发票开票软件和内部信息管理系统的衔接需要,助力纳税人提高企业工作效能和管理水平,减轻纳税人负担。

三、本公告的主要内容

本次发布的数据接口规范,适用于安装使用防伪税控系统防伪开票子系统和发票税控系统开票软件的增值税一般纳税人。数据接口规范覆盖增值税专用发票、增值税普通发票和货物运输业增值税专用发票三类发票。遵循数据接口规范,纳税人可以将企业 ERP 系统、财务系统、电子表证单书等内部管理的经营电子信息,按照规范约定格式批量导入到开票软件中,直接批量开具并打印发票。纳税人也可以按照规范约定格式批量导出已开具的发票信息,用于企业经营活动、财务管理等需要。

四、使用本数据接口规范,增值税发票税控开票软件是否需要升级?

需要升级。增值税防伪税控系统开票子系统应升级为 V7.23.10 版,发票税控系统开票软件应升级为 V1.3.00 版。本数据接口规范应配合新版本开票软件中的手工导入开具、批量自动导入开具和批量数据导出功能使用,操作方法请参见随软件升级包一同下发的配套说明。

国家税务总局关于成品油经销企业开具的增值税发票纳入防伪税控系统汉字防伪版管理的公告

2014 年 6 月 6 日　国家税务总局公告 2014 年第 33 号

为加强成品油行业的税收管理,税务总局研究决定,将从事成品油批发和零售的经销企业(以下简称成品油经销企业)开具的增值税发票纳入防伪税控系统汉字防伪版管理。现将有关事项公告如下:

一、自 2014 年 8 月 1 日起,成品油经销企业应通过增值税防伪税控系统汉字防伪版开具增值税专用发票和增值税普通发票。

二、推行范围:成品油经销企业

三、开具增值税发票的有关要求

(一)成品油经销企业销售成品油开具增值税专用发票,应通过系统中"专用发票填开"模块开具,"单位"栏必须为吨,"数量"栏必须填写且不能为 0;开具增值税普通发票,应通过"普通发票填开"模块开具。

(二)上述增值税专用发票不得汇总开具,每张发票的"货物和应税劳务名称"栏最多填列 7 行。

四、成品油经销企业应于 2014 年 8 月 1 日前,到主管税务机关办理防伪税控系统专用设备的变更发行。企业端防伪税控开票系统升级工作由各地防伪税控系统技术维护服务单位承担。

五、使用非 AI3 型金税卡的企业,需要配备报税盘;使用 AI3 型金税卡的企业,如使用网上抄报税的不需配备报税盘,未使用网上抄报税的需配备报税盘。

对于未使用网上抄报税的企业,到办税服务大厅进行报税时需要同时携带 IC 卡和报税盘。

六、通过增值税防伪税控系统汉字防伪版开具的增值税发票的密文均为二维码形式,为保证二维码密文能正常打印,须使用 24 针针式票据打印机。

本公告自 2014 年 8 月 1 日起施行。

特此公告。

国家税务总局办公厅关于《国家税务总局关于成品油经销企业开具的增值税发票纳入防伪税控系统汉字防伪版管理的公告》的解读

一、将成品油经销企业开具的增值税发票纳入防伪税控系统汉字防伪版管理是什么意思?

从纳税人的角度讲,就是成品油经销企业(包括:加油站及从事成品油批发和零售的经销企业,含商务部备案的成品油经销企业)通过增值税防伪税控系统汉字防伪版开具增值税专用发票和增值税普通发票。

二、增值税防伪税控系统汉字防伪版是什么?

增值税防伪税控系统汉字防伪版,是在不改变现有防伪税控系统密码体系前提下,采用数字密码和二维码技术,利用存储更多信息量的二维码替代原来的 84 位和 108 位字符密文,在加密发票 7 要素信息的基础上,实现对购买方名称、销售方名称、货物名称、单位和数量等信息的加密、报税采集和解密认证功能。

三、为什么要将成品油经销企业开具的增值税发票纳入防伪税控系统汉字防伪版管理?

为实现采集成品油经销企业进、销项专用发票的货物名称定期进行比对,并对比对不符的情况进行跟踪检查,尽量杜绝利用"变名"手段偷逃税问题,实现堵漏增收的目的。

国家税务总局关于启用新版增值税发票有关问题的公告

2014 年 7 月 8 日 国家税务总局公告 2014 年第 43 号

为进一步规范增值税发票管理,满足营业税改征增值税工作需要,税务总局决定对增值税专用发票(以下简称专用发票)和增值税普通发票(以下简称普通发票)进行改版,同时提升专用发票和货物运输业增值税专用发票(以下简称货运专票)防伪技术水平。现将启用新版增值税发票有关问题公告如下:

一、发票代码的调整

发票代码第 8 位代表发票种类,货运专票由"7"整为"2",普通发票由"6"调整为"3"。

注释:根据《国家税务总局关于增值税普通发票管理有关事项的公告》(2017 年 12 月 5 日,国家税务总局公告 2017 年第 44 号)规定,本文第一条自 2018 年 1 月 1 日起废止。

二、发票内容的调整

(一)调整专用发票部分栏次内容,将"销货单位"栏和"购货单位"栏分别改为"销售方"和"购买方","货物或应税劳务名称"栏改为"货物或应税劳务、服务名称",票尾的"销货单位:(章)"改为"销售方:(章)"。专用发票联次用途也相应调整,将第一联"记账联:销货方计账凭证"改为"记账联:销售方记账凭证",第二联抵扣联用途"购货方扣税凭证"改为"购买方扣税凭证",第三联发票联用途"购货方计账凭证"改为"购买方记账凭证"。调整后的专用发票票样见附件 1。

(二)调整普通发票部分栏次内容,将"销货单位"栏和"购货单位"栏分别改为"销售方"和"购买方","货物或应税劳务名称"栏改为"货物或应税劳务、服务名称",票尾的"销货单位:(章)"改为"销售方:(章)"。发票联次用途也相应调整,将第一联"记账联:销货方计账凭证"改为"记账联:销售方记账凭证",第二联发票联用途"购货方计账凭证"改为"购买方记账凭证"。调整后的普通发票票样见附件 2。

三、提升专用发票和货运专票防伪技术水平

取消发票监制章和双杠线微缩文字防伪特征。在保留部分防伪特征基础上,增加光角变色圆环纤维等防伪特征。

四、其他有关问题

自 2014 年 8 月 1 日起启用新版专用发票、货运专票和普通发票,老版专用发票、货运专票和普通发票暂继续使用。

特此公告。

附件：1. 增值税专用发票票样（略）

2. 增值税普通发票票样（略）

3. 增值税专用发票和货物运输业增值税专用发票部分防伪措施

附件3
增值税专用发票和货物运输业增值税专用发票部分防伪措施

一、光角变色圆环纤维

（一）防伪效果

防伪纤维的物理形态呈圆环状随机分布在发票的发票联、抵扣联和记账联专用纸张中，在自然光下观察与普通纸张基本相同，在365 nm紫外光照射下，圆环靠近光源的半圆环为红色，远离光源的半圆环为黄绿色（如右图所示）。

紫外光下观察

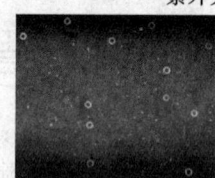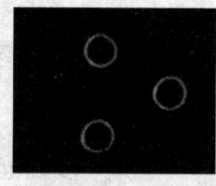

（二）鉴别方法

使用标准365 nm紫外光源以小于45度的角度照射环形纤维，靠近光源的半圆环为红色，远离光源的半圆环为黄绿色。

二、造纸防伪线

（一）防伪效果

在发票的发票联、抵扣联和记账联专用纸张中含有造纸防伪线，防伪线在自然光下有黑水印的特点，在365 nm紫外光照射下，为红蓝荧光点形成的条状荧光带（如右图所示），防伪线据票面右边缘20～80 mm。

自然光下观察　　　紫外光下观察

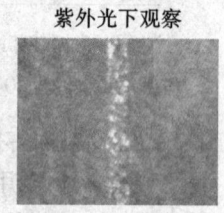

（二）鉴别方法

在日光下对光观察防伪线呈现黑色线状水印，使用标准365nm紫外光源垂直照射防伪线呈现红蓝荧光点形成的条状荧光带。

三、防伪油墨颜色擦可变

（一）防伪效果

发票各联次左上方的发票代码使用防伪油墨印制，油墨印记在外力摩擦作用下可以发生颜色变化，产生红色擦痕（如下图所示）。

发票代码图案原色　　　　　原色摩擦可产生红色擦痕

4600143160　　　　　4600143160

（二）鉴别方法

使用白纸摩擦票面的发票代码区域，在白纸表面以及地区代码的摩擦区域均会产生红色擦痕。

四、专用异型号码

（一）防伪效果

发票各联次右上方的发票号码为专用异型号码,字体为专用异型变化字体(如下图所示)。

$$9876543210$$

（二）鉴别方法

直观目视识别。

五、复合信息防伪

（一）防伪效果

发票的发票联、抵扣联和记账联票面具有复合信息防伪特征。

（二）鉴别方法

使用复合防特征检验仪检测(如下图所示),对通过检测的发票,检验仪自动发出复合信息防伪特征验证通过的语音提示。

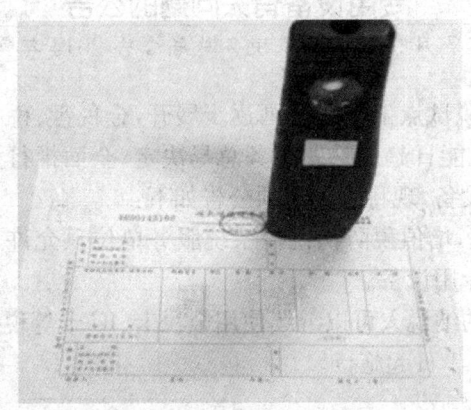

国家税务总局办公厅关于《国家税务总局关于启用新版增值税发票有关问题的公告》的解读

一、下发本公告的背景

为进一步规范增值税发票管理,满足营业税改征增值税工作需要,税务总局决定对增值税专用发票(以下简称专用发票)和增值税普通发票(以下简称普通发票)进行改版,同时提升专用发票和货物运输业增值税专用发票(以下简称货运专票)防伪技术水平,下发本公告。

二、新版发票的代码调整

发票代码第 8 位代表发票种类,货运专票由"7"调整为"2",普通发票由"6"调整为"3"。

三、新版发票的内容调整

（一）调整专用发票部分栏次内容,将"销货单位"栏和"购货单位"栏分别改为"销售方"和"购买方","货物或应税劳务名称"栏改为"货物或应税劳务、服务名称",票尾的"销货单位:(章)"改为"销售方:(章)"。专用发票联次用途也相应调整,将第一联"记账联:销货方计账凭证"改为"记账联:销售方记账凭证",第二联抵扣联用途"购货方扣税凭证"改为"购买方扣税凭证",第三联发票联用途"购货方计账凭证"改为"购买方记账凭证"。

（二）调整普通发票部分栏次内容,将"销货单位"栏和"购货单位"栏分别改为"销售方"

和"购买方","货物或应税劳务名称"栏改为"货物或应税劳务、服务名称",票尾的"销货单位：（章）"改为"销售方：（章）"。发票联次用途也相应调整，将第一联"记账联：销货方计账凭证"改为"记账联：销售方记账凭证"，第二联发票联用途"购货方计账凭证"改为"购买方记账凭证"。

四、专用发票和货运专票防伪特征的调整

取消发票监制章和双杠线微缩文字防伪特征。在保留部分防伪特征基础上，增加光角变色圆环纤维等防伪特征。

五、新版发票的启用时间

新版专用发票、货运专票和增值税普通发票自 2014 年 8 月 1 日起启用，老版专用发票、货运专票和增值税普通发票暂继续使用。

国家税务总局关于停止发售金税卡、IC 卡等税控专用设备有关问题的公告

2014 年 7 月 9 日　　国家税务总局公告 2014 年第 44 号

随着营业税改征增值税试点工作在全国逐步展开，金税盘、税控盘等增值税防伪税控专用设备的使用更加广泛，性能日趋成熟。税务总局决定，全面推行金税盘、报税盘，停止发售金税卡、IC 卡等税控专用设备，现将有关事项公告如下：

自 2014 年 8 月 1 日起，增值税防伪税控系统服务单位只允许发售金税盘、报税盘，停止发售金税卡、IC 卡等税控专用设备。

原使用金税卡、IC 卡的纳税人可以继续使用金税卡、IC 卡等税控专用设备。

本公告自 2014 年 8 月 1 日起施行。

特此公告。

国家税务总局办公厅关于《国家税务总局关于停止发售金税卡、IC 卡等税控专用设备有关问题的公告》的解读

一、为什么要全面推行金税盘、报税盘等税控专用设备

由于增值税防伪税控系统专用设备金税卡、IC 卡存在缺陷，难以满足税控系统不断升级的需要，因此，我们在营业税改征增值税试点纳税人中开始使用金税盘、税控盘。随着设备版本的不断升级，金税盘、税控盘的质量和功能日趋成熟，为满足增值税防伪税控系统不断升级的需要，税务总局拟全面推行金税盘、税控盘等税控专用设备，停止发售金税卡、IC 卡。

二、原金税卡、IC 卡用户能否继续使用？

原金税卡、IC 卡用户可以继续使用金税卡、IC 卡等税控专用设备。

三、金税卡、IC 卡因系统升级或损坏该如何更换？

金税卡、IC 卡因系统升级或损坏等原因，需要更换金税盘、税控盘的，可由增值税防伪税控系统服务单位进行更换即可。

454

国家税务总局关于增值税税控系统打通整合试运行期间红字货物运输业增值税专用发票开具有关问题的通知

2014 年 9 月 25 日 税总函〔2014〕468 号

各省、自治区、直辖市和计划单列市国家税务局:

为落实国务院进一步深化行政审批制度改革的要求,提高办税效率,国家税务总局拟取消申请开具红字增值税专用发票的审核。为做好相关准备工作,正在试运行的税控系统打通整合软件中增加了《开具红字货物运输业增值税专用发票信息表》功能。现将系统试运行期间红字货物运输业增值税专用发票开具有关问题通知如下:

系统试运行期间,实际受票方或承运人申请开具红字货物运输业增值税专用发票的,主管税务机关通过增值税税控系统出具《开具红字货物运输业增值税专用发票信息表》,不再出具《开具红字货物运输业增值税专用发票通知单》。

附件:开具红字货物运输业增值税专用发票信息表

附件

开具红字货物运输业增值税专用发票信息表

承运人	名 称		实际受票方	名 称	
	纳税人识别号			纳税人识别号	
收货人	名 称		发货人	名 称	
	纳税人识别号			纳税人识别号	
开具红字货运专票内容	费用项目及金额			运输货物信息		
	合计金额	税率	税额	机器编号	车种车号	车船吨位
说明	一、实际受票方□ 对应蓝字专用发票抵扣增值税销项税额情况: 1. 已抵扣□ 2. 未抵扣□ (1) 无法认证□ (2) 纳税人识别号认证不符□ (3) 货运专票代码、号码认证不符□ (4) 所购服务不属于增值税扣税项目范围□ 对应蓝字货运专票的代码:_____ 号码:_____ 二、承运人□ 1. 因开票有误受票方拒收□ 2. 因开票有误等原因尚未交付□ 对应蓝字货运专票的代码:_____ 号码:_____					
红字发票信息表编号						

国家税务总局关于推行增值税发票系统升级版有关问题的公告

2014 年 12 月 29 日　国家税务总局公告 2014 年第 73 号

　　为适应税收现代化建设需要,着眼于税制改革的长远规划,满足增值税一体化管理要求,切实减轻基层税务机关和纳税人负担,税务总局对现行增值税发票系统进行了整合升级,并在部分地区试运行取得成功。税务总局决定自 2015 年 1 月 1 日起在全国范围推行增值税发票系统升级版,现将有关问题公告如下:

　　一、推行范围

　　2015 年 1 月 1 日起新认定的增值税一般纳税人(以下简称一般纳税人)和新办的小规模纳税人。

　　二、发票使用

　　(一)一般纳税人销售货物、提供应税劳务和应税服务开具增值税专用发票、货物运输业增值税专用发票和增值税普通发票。

　　(二)小规模纳税人销售货物、提供应税劳务和应税服务开具增值税普通发票。

　　(三)一般纳税人和小规模纳税人从事机动车(旧机动车除外)零售业务开具机动车销售统一发票。

　　(四)通用定额发票、客运发票和二手车销售统一发票继续使用。

　　三、系统使用

　　增值税发票系统升级版是对增值税防伪税控系统、货物运输业增值税专用发票税控系统、稽核系统以及税务数字证书系统等进行整合升级完善。实现纳税人经过税务数字证书安全认证、加密开具的发票数据,通过互联网实时上传税务机关,生成增值税发票电子底账,作为纳税申报、发票数据查验以及税源管理、数据分析利用的依据。

　　(一)增值税发票系统升级版纳税人端税控设备包括金税盘和税控盘(以下统称专用设备)。专用设备均可开具增值税专用发票、货物运输业增值税专用发票、增值税普通发票和机动车销售统一发票。

　　新认定的一般纳税人和新办小规模纳税人自愿选择使用金税盘或税控盘。

　　除本公告第二条第四项规定的发票,新认定的一般纳税人和新办小规模纳税人发生增值税业务对外开具发票应当使用专用设备开具。

　　(二)纳税人应在互联网连接状态下在线使用增值税发票系统升级版开具发票。增值税发票系统升级版可自动上传已开具的发票明细数据。

　　(三)纳税人因网络故障等原因无法在线开票的,在税务机关设定的离线开票时限和离线开具发票总金额范围内仍可开票,超限将无法开具发票。纳税人开具发票次月仍未连通网络上传已开具发票明细数据的,也将无法开具发票。纳税人需连通网络上传发票后方可开票,若仍无法连通网络的需携带专用设备到税务机关进行征期报税或非征期报税后方可开票。

　　纳税人已开具未上传的增值税发票为离线发票。离线开票时限是指自第一份离线发票开具时间起开始计算可离线开具的最长时限。离线开票总金额是指可开具离线发票的累计不含税总金额,离线开票总金额按不同票种分别计算。

　　纳税人离线开票时限和离线开票总金额的设定标准及方法由各省、自治区、直辖市和计划单列市国家税务局确定。

注释：根据《国家税务总局关于修改部分税收规范性文件的公告》（2018年6月15日，国家税务总局公告2018年第31号）规定，自2018年6月15日起，本文第三条第三款中的"国税机关"修改为"税务机关"。

（四）按照有关规定不使用网络办税或不具备网络条件的特定纳税人，以离线方式开具发票，不受离线开票时限和离线开具发票总金额限制。特定纳税人的相关信息由主管税务机关在综合征管系统中设定，并同步至增值税发票系统升级版。

（五）纳税人应在纳税申报期内将上月开具发票汇总情况通过增值税发票系统升级版进行网络报税。

特定纳税人不使用网络报税，需携带专用设备和相关资料到税务机关进行报税。

（六）一般纳税人发票认证、稽核比对、纳税申报等涉税事项仍按照现行规定执行。

四、红字发票开具

（一）一般纳税人开具增值税专用发票或货物运输业增值税专用发票（以下统称专用发票）后，发生销货退回、开票有误、应税服务中止以及发票抵扣联、发票联均无法认证等情形但不符合作废条件，或者因销货部分退回及发生销售折让，需要开具红字专用发票的，暂按以下方法处理：

1. 专用发票已交付购买方的，购买方可在增值税发票系统升级版中填开并上传《开具红字增值税专用发票信息表》或《开具红字货物运输业增值税专用发票信息表》（以下统称《信息表》，详见附件1、附件2）。《信息表》所对应的蓝字专用发票应经税务机关认证（所购货物或服务不属于增值税扣税项目范围的除外）。经认证结果为"认证相符"并且已经抵扣增值税进项税额的，购买方在填开《信息表》时不填写相对应的蓝字专用发票信息，应暂依《信息表》所列增值税税额从当期进项税额中转出；未抵扣增值税进项税额的可列入当期进项税额，待取得销售方开具的红字专用发票后，与《信息表》一并作为记账凭证；经认证结果为"无法认证""纳税人识别号认证不符""专用发票代码、号码认证不符"，以及所购货物或服务不属于增值税扣税项目范围的，购买方不列入进项税额，不作进项税额转出，填开《信息表》时应填写相对应的蓝字专用发票信息。

专用发票尚未交付购买方或者购买方拒收的，销售方应于专用发票认证期限内在增值税发票系统升级版中填开并上传《信息表》。

2. 主管税务机关通过网络接收纳税人上传的《信息表》，系统自动校验通过后，生成带有"红字发票信息表编号"的《信息表》，并将信息同步至纳税人端系统中。

3. 销售方凭税务机关系统校验通过的《信息表》开具红字专用发票，在增值税发票系统升级版中以销项负数开具。红字专用发票应与《信息表》一一对应。

4. 纳税人也可凭《信息表》电子信息或纸质资料到税务机关对《信息表》内容进行系统校验。

5. 已使用增值税税控系统的一般纳税人，在纳入升级版之前暂可继续使用《开具红字增值税专用发票申请单》。

（二）税务机关为小规模纳税人代开专用发票需要开具红字专用发票的，按照一般纳税人开具红字专用发票的方法处理。

（三）纳税人需要开具红字增值税普通发票的，可以在所对应的蓝字发票金额范围内开具多份红字发票。红字机动车销售统一发票需与原蓝字机动车销售统一发票一一对应。

注释：根据《国家税务总局关于红字增值税发票开具有关问题的公告》（2016 年 7 月 20 日，国家税务总局公告 2016 年第 47 号）规定，本文第四条自 2016 年 8 月 1 日起废止。

五、其他事宜

本公告自 2015 年 1 月 1 日起施行，《国家税务总局关于修订〈增值税专用发票使用规定〉的通知》（国税发〔2006〕156 号）第十四条、第十五条、第十六条、第十七条、第十八条、第十九条、《国家税务总局关于推行增值税防伪税控一机多票系统的通知》（国税发〔2006〕78 号）第一条第二项、《国家税务总局关于修订增值税专用发票使用规定的补充通知》（国税发〔2007〕18 号）、《国家税务总局关于增值税防伪税控一机多票系统开具普通发票有关问题的公告》（国家税务总局公告 2011 年第 15 号）、《国家税务总局关于在全国开展营业税改征增值税试点有关税收征收管理问题的公告》（国家税务总局公告 2013 年第 39 号）第四条第四项、《国家税务总局关于增值税发票系统升级版试运行工作有关问题的通知》（税总函〔2014〕522 号）同时废止。

特此公告。

附件：1. 开具红字增值税专用发票信息表（略）

2. 开具红字货物运输业增值税专用发票信息表（略）

注释：根据《国家税务总局关于红字增值税发票开具有关问题的公告》（2016 年 7 月 20 日，国家税务总局公告 2016 年第 47 号）规定，本文附件 1、附件 2 自 2016 年 8 月 1 日起废止。

国家税务总局办公厅关于《国家税务总局关于推行增值税发票系统升级版有关问题的公告》的解读

一、发布本公告的背景

为适应税收现代化建设需要，着眼于税制改革的长远规划，满足增值税一体化管理要求，切实减轻基层税务机关和纳税人负担，税务总局对现行增值税发票系统进行了整合升级，并在部分地区进行了试运行，试运行平稳有序。税务总局决定自 2015 年 1 月 1 日起在全国范围推行增值税发票系统升级版。

二、推行范围

2015 年 1 月 1 日起新认定的增值税一般纳税人和新开业的小规模纳税人。

三、纳税人发票使用问题

（一）一般纳税人销售货物、提供应税劳务和应税服务开具增值税专用发票、货物运输业增值税专用发票和增值税普通发票。

（二）小规模纳税人销售货物、提供应税劳务和应税服务开具增值税普通发票。

（三）一般纳税人和小规模纳税人从事机动车（旧机动车除外）零售业务开具机动车销售统一发票。

（四）通用定额发票、客运发票和二手车销售统一发票继续使用。

四、纳税人系统使用问题

增值税发票系统升级版是对增值税防伪税控系统、货物运输业增值税专用发票税控系统、稽核系统以及税务数字证书系统等进行整合升级完善，实现纳税人经过税务数字证书安全认证、加密开具的发票数据,通过互联网实时上传税务机关,生成增值税发票电子底账,作为纳税申报、发票数据查验以及税源管理、数据分析利用的依据。

(一)增值税发票系统升级版纳税人端税控设备包括金税盘和税控盘(以下统称专用设备)。专用设备均可开具增值税专用发票、货物运输业增值税专用发票、增值税普通发票和机动车销售统一发票。

新认定的一般纳税人和新办小规模纳税人自愿选择使用金税盘或税控盘。

除通用定额发票、客运发票和二手车销售统一发票,新认定的一般纳税人和新办小规模纳税人发生增值税业务对外开具发票一律使用专用设备开具。

增值税起征点以下的小规模纳税人发生增值税应税行为,如不需要对外开具普通发票,可不使用专用设备;如需要对外开具增值税专用发票,可按现行规定到税务机关申请代开。

(二)纳税人应在互联网连接状态下在线使用增值税发票系统升级版开具发票。增值税发票系统升级版可自动上传已开具的发票明细数据。

(三)纳税人因网络故障等原因无法在线开票的,在税务机关设定的离线开票时限和离线开具发票总金额范围内仍可开票,超限将无法开具发票。纳税人开具发票次月仍未连通网络上传已开具发票明细数据的,也将无法开具发票。纳税人需连通网络上传发票后方可开票,若仍无法连通网络的需携带专用设备到税务机关进行征期报税或非征期报税后方可开票。

纳税人已开具未上传的增值税发票为离线发票。离线开票时限是指自第一份离线发票开具时间起开始计算可离线开具的最长时限。离线开票总金额是指可开具离线发票的累计不含税总金额,离线开票总金额按不同票种分别计算。

纳税人离线开票时限和离线开票总金额的设定标准及方法由省国税局确定。

(四)按照有关规定不使用网络办税或不具备网络条件的特定纳税人,以离线方式开具发票,不受离线开票时限和离线开具发票总金额限制。特定纳税人的相关信息由主管税务机关在综合征管系统中设定,并同步至增值税发票系统升级版。

(五)纳税人应在纳税申报期内将上月开具发票汇总情况通过增值税发票系统升级版网络报税。

特定纳税人不使用网络报税,需携带专用设备和相关资料到税务机关进行报税。

(六)一般纳税人发票认证、稽核比对、纳税申报等涉税事项仍按照现行规定执行。

五、红字发票开具问题

(一)申请开具红字增值税专用发票的审核属于非行政许可审批项目。为落实国务院进一步深化行政审批制度改革的要求,提高办税效率,决定取消申请开具红字增值税专用发票的审核。在升级版中已实现纳税人通过网络或办税大厅将拟开具红字专用发票数据采集录入系统,系统自动进行数据逻辑校验,通过校验后生成开具红字专用发票信息表编号,纳税人即可开具红字专用发票,将不再需要税务机关审核后出具通知单的程序。同时,还进一步简化了红字专用发票开具的程序:对于专用发票尚未交付购买方或者购买方拒收,需要开具红字专用发票的,不再需要销售方向主管税务机关填报申请单,并在申请单上填写具体原因,同时提供由购买方出具的写明拒收理由、错误具体项目以及正确内容的书面材料或者提供由销售方出具的写明具体理由、错误具体项目以及正确内容的书面材料。

(二)税务机关为小规模纳税人代开专用发票需要开具红字专用发票的,按照一般纳税人开具红字专用发票的方法处理。

（三）纳税人需要开具红字增值税普通发票的，可以在所对应的蓝字发票金额范围内开具多份红字发票。红字机动车销售统一发票需与原蓝字机动车销售统一发票一一对应。

国家税务总局关于全面推行增值税发票系统
升级版工作有关问题的通知

2015 年 3 月 30 日　税总发〔2015〕42 号

各省、自治区、直辖市和计划单列市国家税务局：

为适应税收现代化建设需要，满足增值税一体化管理要求，切实减轻基层税务机关和纳税人负担，税务总局自 2015 年 1 月 1 日起对新认定的增值税一般纳税人和新办小规模纳税人推行了增值税发票系统升级版，目前系统运行稳定，纳税人反映良好。税务总局决定自 2015 年 4 月 1 日起在全国范围分步全面开展增值税发票系统升级版推行工作，现将有关问题通知如下：

一、目前尚未使用增值税发票系统升级版的增值税纳税人全面推行。各省国税局可根据本地区的实际情况制定本地区推行方案，按照先增值税一般纳税人和起征点以上小规模纳税人，后起征点以下小规模纳税人和使用税控收款机纳税人的顺序，分步开展推行工作，2015 年年底前完成尚未使用增值税发票系统升级版的增值税纳税人的推行工作。

二、为保障增值税发票系统升级版的正常使用，税务总局制定了《增值税发票系统升级版操作办法（试行）》（附件 1），适用于各级国税机关及使用增值税发票系统升级版的纳税人。

三、为保障系统推行进度及纳税人正常使用，各省国税机关应根据本地推行进度情况，按季度向税务总局（货物和劳务税司）上报本省推行计划。税务总局向税控装置供应商通报各省推行计划，供应商在保障供应前提下可按照市场化原则安排生产计划，向税务总局（电子税务中心）提出税控装置初始化需求，税控装置供应商将初始化后的数量报各省信息技术部门。

各级国税机关对税控装置一体化发行开展的税控装置初始化、发行等管理工作，适用《增值税发票系统升级版税控装置一体化发行工作规程（试行）》（附件 2）。

四、除通用定额发票、客运发票和二手车销售统一发票，增值税一般纳税人和小规模纳税人发生增值税业务对外开具发票一律使用金税盘或税控盘开具。

五、增值税发票系统升级版服务单位按照优惠价格（报税盘价格）对原金税盘（卡）、税控盘进行置换。

六、税务总局正在着手制定税控收款机和电子发票技术改造方案，以这两种方式开具发票的纳税人，推行增值税发票系统升级版的有关事项另行通知。

七、增值税发票系统升级版已实现网络报税功能，除按照有关规定不使用网络办税或不具备网络条件的特定纳税人外，使用增值税发票系统升级版的纳税人，不再需要到税务机关进行报税，原使用的网上报税方式停止使用。

八、原使用税控收款机、网络发票的纳税人，使用增值税发票系统升级版后，仍可由具备服务能力的原税控收款机、网络发票的服务单位继续服务，但不得再收取税控收款机、网络发票的服务费用,技术维护费应按照《国家发展改革委关于完善增值税税控系统收费政策的通知》(发改价格〔2012〕2155号)规定的标准收取。

九、各省国税局可根据本地区实际情况和工作需要,集体研究,在纪检监察部门的监督下,选择设立第三方服务单位进行增值税税控系统维护服务。

十、原使用增值税防伪税控系统和货物运输业增值税专用发票税控系统的纳税人置换为升级版的工作中,要按照打破原有固化的服务格局、形成有序竞争机制、提高服务质量的原则,合理确定好增值税发票系统升级版服务单位的服务范围。

十一、各地要高度重视升级版推行工作,将推行工作做好做实,积极稳妥地制定符合本地区实际情况的推行方案,实现服务单位的有序竞争。各省国税局要成立领导小组,主要领导亲自抓,加强部门协作配合,形成工作合力。增值税管理部门负责系统推行工作的组织协调,做好对服务单位的监督管理工作;技术管理部门负责税控装置初始化、发行,升级版各应用系统的开发完善和技术管理等工作,保障增值税发票系统升级版安全平稳运行。各地区应认真做好税务人员培训工作。

十二、推行工作涉及广大纳税人,国税机关要做好系统推行组织工作,加强纳税服务和宣传辅导,组织服务单位做好对纳税人开票系统的安装调试及操作培训工作。

十三、各地国税机关应按照《国家税务总局电子税务管理中心关于增值税发票系统升级版部署环境准备的通知》(税总电税便函〔2014〕256号)要求,做好增值税发票系统升级版所需设备环境准备工作。

十四、各地国税机关应密切监控系统运行情况,发现问题及时处理并上报税务总局(货物和劳务税司、电子税务管理中心)。

附件:1. 增值税发票系统升级版操作办法

2. 增值税发票系统升级版税控装置一体化发行工作规程(试行)

附件1

增值税发票系统升级版操作办法

一、为适应税收现代化建设需要,着眼于税制改革的长远规划,满足增值税一体化管理要求,切实减轻基层税务机关和纳税人负担,保证增值税发票系统升级版的顺利推行和正常运转,进一步加强增值税征收管理,根据《中华人民共和国发票管理办法》及其实施细则和《增值税专用发票使用规定》等制定本办法。

二、增值税发票系统升级版是对增值税防伪税控系统、货物运输业增值税专用发票税控系统、稽核系统以及税务数字证书系统等进行整合升级完善。实现纳税人经过税务数字证书安全认证、加密开具的发票数据,通过互联网实时上传税务机关,生成增值税发票电子底账,作为纳税申报、发票数据查验以及税源管理、数据分析利用的依据。

三、增值税一般纳税人使用增值税发票系统升级版开具增值税专用发票、货物运输业增值税专用发票、增值税普通发票和机动车销售统一发票(以下统称增值税发票)。

小规模纳税人使用增值税发票系统升级版开具增值税普通发票和机动车销售统一发票。

四、纳税人在领购或更换金税盘或税控盘后,主管税务机关依据综合征管软件同步的税务登记信息、资格认定信息、税种税目认定信息、票种核定信息、离线开票时限、离线开票总金额等信息对专用设备进行发行。

对综合征管软件同步不成功或信息不完整的,主管税务机关需在增值税发票系统中进行手工补录信息后发行金税盘或税控盘。

纳税人已开具未上传的增值税发票为离线发票。离线开票时限是指自第一份离线发票开具时间起开始计算可离线开具的最长时限。离线开票总金额是指可开具离线发票的累计不含税总金额,离线开票总金额按不同票种分别计算。

五、按照有关规定不使用网络办税或不具备网络条件的特定纳税人,以离线方式开具发票,不受离线开票时限和离线开具发票总金额限制。特定纳税人的相关信息由主管税务机关在综合征管系统中设定,并同步至增值税发票系统升级版。

六、纳税人名称、开票限额、购票限量、开票机数量等事项发生变更的,纳税人应到主管税务机关办理变更发行。纳税人识别号发生变化的,纳税人应到主管税务机关办理注销发行。

七、纳税人更换金税盘或税控盘的,需携带增值税发票及专用设备到主管税务机关办理变更发行操作。

八、纳税人可根据确认的发票种类,持金税盘或税控盘(特定纳税人可持报税盘)及相关资料到税务机关领取增值税发票。

九、税务机关可通过综合征管软件对增值税发票进行一体化发售。

十、纳税人发生注销或票种变更的,需在增值税发票系统升级版中对未开具的发票进行退回或作废操作,并携带增值税发票、专用设备及相关资料到主管税务机关办理发票退回或缴销手续。

十一、纳税人应在互联网连接状态下在线使用增值税发票系统升级版开具发票。增值税发票系统升级版可自动上传已开具的发票明细数据。

十二、纳税人因网络故障等原因无法在线开票的,在税务机关设定的离线开票时限和离线开具发票总金额范围内仍可开票,超限将无法开具发票。纳税人开具发票次月仍未连通网络上传已开具发票明细数据的,也将无法开具发票。纳税人需连通网络上传发票后方可开票,若仍无法连通网络的需携带专用设备到税务机关进行征期报税或非征期报税后方可开票。

十三、纳税人应在纳税申报期内将上月开具发票汇总情况通过增值税发票系统升级版网络报税。

特定纳税人不使用网络报税,可携带报税盘和相关资料到税务机关进行报税。

十四、纳税人可在增值税发票系统升级版中填开、上传《开具红字增值税专用发票信息表》或《开具红字货物运输业增值税专用发票信息表》(以下简称《信息表》)。税务机关通过网络接收纳税人上传的《信息表》系统自动校验通过后,出具带有"红字发票信息表编号"的《信息表》,并通过网络将信息同步至纳税人端系统中。纳税人凭税务机关系统校验通过的《信息表》开具红字专用发票,在增值税发票系统中以销项负数开具。

纳税人也可凭《信息表》电子信息或纸质资料到税务机关对《信息表》内容进行系统校验。

十五、纳税人需要开具红字增值税普通发票的,可以在所对应的蓝字发票金额范围内开具多份红字发票。红字机动车销售统一发票需与原蓝字机动车销售统一发票一一对应。

十六、增值税一般纳税人发票认证、稽核比对、纳税申报等涉税事项仍按照现行规定执行。

十七、纳税人上传的开票数据生成增值税发票电子底账,税务机关可通过增值税发票系统升级版进行发票全票面信息查询、数据分析利用等工作。

十八、本办法由国家税务总局(货物和劳务税司)负责解释。各地可根据本办法制定具体实施细则。

十九、本办法自下发之日起执行。

附件 2
增值税发票系统升级版税控装置一体化发行工作规程(试行)

第一章 总 则

第一条 为满足增值税发票系统升级版运行需要,加强税控装置发行和税务数字证书管理,发挥岗位职能,更好地为纳税人服务,根据《金税工程技术管理部门岗位职责及管理办法(试行)》(国税发〔2001〕45号)规定,制定本规程。

第二条 本规程所称税控装置是指纳税人使用的可加载税务数字证书的金税盘、税控盘。

第三条 本规程所称税控装置一体化发行是指在发行税控装置时,一并写入税务数字证书的操作流程。

第四条 本规程适用于各级国税机关,围绕税控装置一体化发行开展的税控装置初始化、发行等管理工作。

第二章 税控装置初始化

第五条 税控装置在发行前须在税务总局税控装置灌装中心进行初始化。

第六条 税务总局根据税控装置供应商提出的初始化需求,向灌装中心下达初始化灌装任务。

第七条 税控装置供应商对初始化后的税控装置情况报各省级信息技术部门,进行严格管理。

第八条 各省级信息技术部门应对初始化后的税控装置进行登记、销毁等跟踪管理。

第三章 税务数字证书发行

第九条 税务数字证书发行是指通过税务数字证书系统逐级下发操作员证书,并向税控装置写入税务数字证书的过程。

第十条 操作员证书实行分级授权管理。省级国税机关信息技术部门负责向地市级信息技术部门发放操作员证书;地市级国税机关信息技术部门负责向区县级信息技术部门发放操作员证书。操作员证书用于对税务数字证书系统的管理,以 USBkey 介质的形式发放给各级税务机关。

第十一条 区县级国税机关信息技术部门向税控装置发行岗发放操作员证书。税控装置发行岗负责向纳税人发行税务数字证书。

第四章　税控装置发行及管理

第十二条　税控装置发行是指通过税控系统对纳税人首次使用的税控装置写入密钥和授权信息的操作流程。

第十三条　信息技术部门税控装置发行岗应严格按照综合征管软件中的相关征管信息或相关文书、资料发行税控装置。

第十四条　税控装置管理是指除税控装置发行和税务数字证书发行外的其他操作过程，包括税控装置注销、更换、变更授权等操作，以及对税控装置内的税务数字证书解锁、更新、重签、注销等操作。

第十五条　涉及税控装置变更、注销、非正常注销等重要管理工作时，信息技术部门税控装置发行岗应按照综合征管软件中的相关征管信息或相关文书、资料进行操作。

第五章　其　　他

第十六条　未推行增值税发票系统升级版的，按照原操作流程执行。

第十七条　本规程下发后，各级税务机关要按照本规程要求，在确保信息安全的前提下，采取有效措施，方便纳税人税控装置的发行及管理维护。

第十八条　本规程由国家税务总局（电子税务管理中心）负责解释。

第十九条　本规程自下发之日起执行。

国家税务总局关于全面推行增值税
发票系统升级版有关问题的公告

2015 年 3 月 30 日　国家税务总局公告 2015 年第 19 号

为适应税收现代化建设需要，满足增值税一体化管理要求，切实减轻基层税务机关和纳税人负担，税务总局自 2015 年 1 月 1 日起对新认定的增值税一般纳税人（以下简称一般纳税人）和新办小规模纳税人推行了增值税发票系统升级版，目前系统运行稳定，纳税人反映良好。税务总局决定自 2015 年 4 月 1 日起在全国范围分步全面推行增值税发票系统升级版，现将有关问题公告如下：

一、推行范围

目前尚未使用增值税发票系统升级版的增值税纳税人。推行工作按照先一般纳税人和起征点以上小规模纳税人，后起征点以下小规模纳税人和使用税控收款机纳税人的顺序进行，具体推行方案由各省国税局根据本地区的实际情况制定。

注释：根据《国家税务总局关于修改部分税收规范性文件的公告》（2018 年 6 月 15 日，国家税务总局公告 2018 年第 31 号）规定，自 2018 年 6 月 15 日起，本文第一条中的"国税局"修改为"税务局"。

二、发票使用

（一）一般纳税人销售货物、提供应税劳务和应税服务开具增值税专用发票、货物运输业增值税专用发票和增值税普通发票。

（二）小规模纳税人销售货物、提供应税劳务和应税服务开具增值税普通发票。

税务机关为小规模纳税人代开增值税专用发票和货物运输业增值税专用发票,按照《国家税务总局关于印发〈税务机关代开增值税专用发票管理办法(试行)〉的通知》(国税发〔2004〕153号)和《国家税务总局关于在全国开展营业税改征增值税试点有关征收管理问题的公告》(国家税务总局公告2013年第39号)有关规定执行。

(三)一般纳税人和小规模纳税人从事机动车(旧机动车除外)零售业务开具机动车销售统一发票。

(四)通用定额发票、客运发票和二手车销售统一发票继续使用。

(五)纳税人使用增值税普通发票开具收购发票,系统在发票左上角自动打印"收购"字样。

三、系统使用

增值税发票系统升级版是对增值税防伪税控系统、货物运输业增值税专用发票税控系统、稽核系统以及税务数字证书系统等进行整合升级完善。实现纳税人经过税务数字证书安全认证、加密开具的发票数据,通过互联网实时上传税务机关,生成增值税发票电子底账,作为纳税申报、发票数据查验以及税源管理、数据分析利用的依据。

(一)增值税发票系统升级版纳税人端税控设备包括金税盘和税控盘(以下统称专用设备)。专用设备均可开具增值税专用发票、货物运输业增值税专用发票、增值税普通发票和机动车销售统一发票。

除本公告第二条第四项规定的发票,一般纳税人和小规模纳税人发生增值税业务对外开具发票应当使用专用设备开具。

(二)纳税人应在互联网连接状态下在线使用增值税发票系统升级版开具发票。增值税发票系统升级版可自动上传已开具的发票明细数据。

(三)纳税人因网络故障等原因无法在线开票的,在税务机关设定的离线开票时限和离线开具发票总金额范围内仍可开票,超限将无法开具发票。纳税人开具发票次月仍未连通网络上传已开具发票明细数据的,也将无法开具发票。纳税人需连通网络上传发票数据后方可开票,若仍无法连通网络的需携带专用设备到税务机关进行征期报税或非征期报税后方可开票。

纳税人已开具未上传的增值税发票为离线发票。离线开票时限是指自第一份离线发票开具时间起开始计算可离线开具的最长时限。离线开票总金额是指可开具离线发票的累计不含税总金额,离线开票总金额按不同票种分别计算。

纳税人离线开票时限和离线开票总金额的设定标准及方法由各省、自治区、直辖市和计划单列市国家税务局确定。

(四)按照有关规定不使用网络办税或不具备网络条件的特定纳税人,以离线方式开具发票,不受离线开票时限和离线开具发票总金额限制。特定纳税人的相关信息由主管税务机关在综合征管系统中设定,并同步至增值税发票系统升级版。

(五)纳税人应在纳税申报期内将上月开具发票汇总情况通过增值税发票系统升级版进行网络报税。

特定纳税人不使用网络报税,需携带专用设备和相关资料到税务机关进行报税。

除特定纳税人外,使用增值税发票系统升级版的纳税人,不再需要到税务机关进行报税,原使用的网上报税方式停止使用。

(六)一般纳税人发票认证、稽核比对、纳税申报等涉税事项仍按照现行规定执行。

（七）一般纳税人和小规模纳税人自愿选择使用增值税税控主机共享服务系统开具增值税发票，任何税务机关和税务人员不得强制纳税人使用。

注释： 根据《国家税务总局关于修改部分税收规范性文件的公告》（2018 年 6 月 15 日，国家税务总局公告 2018 年第 31 号）规定，自 2018 年 6 月 15 日起，本文第三条中的"国家税务局"修改为"税务局"。

四、纳税人置换专用设备

纳税人原使用的增值税税控系统金税盘（卡）、税控盘，需置换为增值税发票系统升级版专用设备。增值税发票系统升级版服务单位按照优惠价格（报税盘价格）对原金税盘（卡）、税控盘进行置换。

五、红字发票开具

（一）一般纳税人开具增值税专用发票或货物运输业增值税专用发票（以下统称专用发票）后，发生销货退回、开票有误、应税服务中止以及发票抵扣联、发票联均无法认证等情形但不符合作废条件，或者因销货部分退回及发生销售折让，需要开具红字专用发票的，暂按以下方法处理：

1. 专用发票已交付购买方的，购买方可在增值税发票系统升级版中填开并上传《开具红字增值税专用发票信息表》或《开具红字货物运输业增值税专用发票信息表》（以下统称《信息表》，详见附件 1、附件 2）。《信息表》所对应的蓝字专用发票应经税务机关认证（所购货物或服务不属于增值税扣税项目范围的除外）。经认证结果为"认证相符"并且已经抵扣增值税进项税额的，购买方在填开《信息表》时不填写相对应的蓝字专用发票信息，应暂依《信息表》所列增值税税额从当期进项税额中转出，未抵扣增值税进项税额的可列入当期进项税额，待取得销售方开具的红字专用发票后，与《信息表》一并作为记账凭证；经认证结果为"无法认证""纳税人识别号认证不符""专用发票代码、号码认证不符"，以及所购货物或服务不属于增值税扣税项目范围的，购买方不列入进项税额，不作进项税额转出，填开《信息表》时应填写相对应的蓝字专用发票信息。

专用发票尚未交付购买方或者购买方拒收的，销售方应于专用发票认证期限内在增值税发票系统升级版中填开并上传《信息表》。

2. 主管税务机关通过网络接收纳税人上传的《信息表》，系统自动校验通过后，生成带有"红字发票信息表编号"的《信息表》，并将信息同步至纳税人端系统中。

3. 销售方凭税务机关系统校验通过的《信息表》开具红字专用发票，在增值税发票系统升级版中以销项负数开具。红字专用发票应与《信息表》一一对应。

4. 纳税人也可凭《信息表》电子信息或纸质资料到税务机关对《信息表》内容进行系统校验。

5. 已使用增值税税控系统的一般纳税人，在纳入升级版之前暂可继续使用《开具红字增值税专用发票申请单》。

（二）税务机关为小规模纳税人代开专用发票需要开具红字专用发票的，按照一般纳税人开具红字专用发票的方法处理。

（三）纳税人需要开具红字增值税普通发票的，可以在所对应的蓝字发票金额范围内开具多份红字发票。红字机动车销售统一发票需与原蓝字机动车销售统一发票一一对应。

注释： 根据《国家税务总局关于红字增值税发票开具有关问题的公告》（2016 年 7 月 20 日，国家税务总局公告 2016 年第 47 号)规定,本文第五条自 2016 年 8 月 1 日起废止。

六、其他事宜

本公告自 2015 年 4 月 1 日起施行,《国家税务总局关于印发〈增值税防伪税控主机共享服务系统管理暂行办法〉的通知》(国税发〔2003〕67 号)第五条同时废止。

特此公告。

附件:1. 开具红字增值税专用发票信息表(略)

2. 开具红字货物运输业增值税专用发票信息表(略)

注释:根据《国家税务总局关于红字增值税发票开具有关问题的公告》(2016 年 7 月 20 日,国家税务总局公告 2016 年第 47 号)规定,自 2016 年 8 月 1 日起,本文附件 1、附件 2 废止。

国家税务总局办公厅关于《国家税务总局关于全面推行增值税发票系统升级版有关问题的公告》的解读

一、发布本公告的背景

为适应税收现代化建设需要,满足增值税一体化管理要求,切实减轻基层税务机关和纳税人负担,税务总局自 2015 年 1 月 1 日起对新认定的增值税一般纳税人(以下简称一般纳税人)和新办小规模纳税人推行了增值税发票系统升级版,目前系统运行稳定,纳税人反映良好。税务总局决定自 2015 年 4 月 1 日起在全国范围分步全面推行增值税发票系统升级版。

二、推行范围

目前尚未使用增值税发票系统升级版的增值税纳税人。推行工作按照先一般纳税人和起征点以上小规模纳税人,后起征点以下小规模纳税人和使用税控收款机纳税人的顺序进行,具体推行方案由各省国税局根据本地区的实际情况制定。

三、发票使用

(一)一般纳税人销售货物、提供应税劳务和应税服务开具增值税专用发票、货物运输业增值税专用发票和增值税普通发票。

(二)小规模纳税人销售货物、提供应税劳务和应税服务开具增值税普通发票。

税务机关为小规模纳税人代开增值税专用发票和货物运输业增值税专用发票,按照《国家税务总局关于印发〈税务机关代开增值税专用发票管理办法(试行)〉的通知》(国税发〔2004〕153 号)和《国家税务总局关于在全国开展营业税改征增值税试点有关征收管理问题的公告》(国家税务总局公告 2013 年第 39 号)有关规定执行。

(三)一般纳税人和小规模纳税人从事机动车(旧机动车除外)零售业务开具机动车销售统一发票。

(四)通用定额发票、客运发票和二手车销售统一发票继续使用。

(五)纳税人使用增值税普通发票开具收购发票,系统在发票左上角自动打印"收购"字样。

四、系统使用

增值税发票系统升级版是对增值税防伪税控系统、货物运输业增值税专用发票税控系统、稽核系统以及税务数字证书系统等进行整合升级完善。实现纳税人经过税务数字证书安全认证、加密开具的发票数据,通过互联网实时上传税务机关,生成增值税发票电子底账,作为纳税申报、发票数据查验以及税源管理、数据分析利用的依据。

(一)增值税发票系统升级版纳税人端税控设备包括金税盘和税控盘。专用设备均可开具增值税专用发票、货物运输业增值税专用发票、增值税普通发票和机动车销售统一发票。

除通用定额发票、客运发票和二手车销售统一发票,一般纳税人和小规模纳税人发生增值税业务对外开具发票应当使用专用设备开具

(二)纳税人应在互联网连接状态下在线使用增值税发票系统升级版开具发票。增值税发票系统升级版可自动上传已开具的发票明细数据。

(三)纳税人因网络故障等原因无法在线开票的,在税务机关设定的离线开票时限和离线开具发票总金额范围内仍可开具,超限将无法开具发票。纳税人开具发票次月仍未连通网络上传已开具发票明细数据的,也将无法开具发票。纳税人需连通网络上传发票数据后方可开票,若仍无法连通网络的需携带专用设备到税务机关进行征期报税或非征期报税后方可开票。

纳税人已开具未上传的增值税发票为离线发票。离线开票时限是指自第一份离线发票开具时间起开始计算可离线开具的最长时限。离线开票总金额是指可开具离线发票的累计不含税总金额,离线开票总金额按不同票种分别计算。

纳税人离线开票时限和离线开票总金额的设定标准及方法由各省、自治区、直辖市和计划单列市国家税务局确定。

(四)按照有关规定不使用网络办税或不具备网络条件的特定纳税人,以离线方式开具发票,不受离线开票时限和离线开具发票总金额限制。特定纳税人的相关信息由主管税务机关在综合征管系统中设定,并同步至增值税发票系统升级版。

(五)纳税人应在纳税申报期内将上月开具发票汇总情况通过增值税发票系统升级版进行网络报税。

特定纳税人不使用网络报税,需携带专用设备和相关资料到税务机关进行报税。

除特定纳税人外,使用增值税发票系统升级版的纳税人,不再需要到税务机关进行报税,原使用的网上报税方式停止使用。

(六)一般纳税人发票认证、稽核比对、纳税申报等涉税事项仍按照现行规定执行。

(七)一般纳税人和小规模纳税人自愿选择使用增值税税控主机共享服务系统开具增值税发票,任何税务机关和税务人员不得强制纳税人使用。

五、纳税人置换专用设备

纳税人原使用的增值税税控系统金税盘(卡)、税控盘,需置换为增值税发票系统升级版专用设备。增值税发票系统升级版服务单位按照优惠价格(报税盘价格)对原金税盘(卡)、税控盘进行置换。《国家发展改革委关于完善增值税税控系统收费政策的通知》(发改价格〔2012〕2155号)规定的金税盘、税控盘的价格为每个490元,报税盘的价格为每个230元。

六、红字发票开具

(一)一般纳税人开具增值税专用发票或货物运输业增值税专用发票(以下统称专用发票)后,发生销货退回、开票有误、应税服务中止以及发票抵扣联、发票联均无法认证等情形但不符合作废条件,或者因销货部分退回及发生销售折让,需要开具红字专用发票的,暂按以下

方法处理：

1. 专用发票已交付购买方的，购买方可在增值税发票系统升级版中填开并上传《开具红字增值税专用发票信息表》或《开具红字货物运输业增值税专用发票信息表》（以下统称《信息表》，详见附件1、附件2）。《信息表》所对应的蓝字专用发票应经税务机关认证（所购货物或服务不属于增值税扣税项目范围的除外）。经认证结果为"认证相符"并且已经抵扣增值税进项税额的，购买方在填开《信息表》时不填写相对应的蓝字专用发票信息，应暂依《信息表》所列增值税税额从当期进项税额中转出，未抵扣增值税进项税额的可列入当期进项税额，待取得销售方开具的红字专用发票后，与《信息表》一并作为记账凭证；经认证结果为"无法认证""纳税人识别号认证不符""专用发票代码、号码认证不符"，以及所购货物或服务不属于增值税扣税项目范围的，购买方不列入进项税额，不作进项税额转出，填开《信息表》时应填写相对应的蓝字专用发票信息。

专用发票尚未交付购买方或者购买方拒收的，销售方应于专用发票认证期限内在增值税发票系统升级版中填开并上传《信息表》。

2. 主管税务机关通过网络接收纳税人上传的《信息表》，系统自动校验通过后，生成带有"红字发票信息表编号"的《信息表》，并将信息同步至纳税人端系统中。

3. 销售方凭税务机关系统校验通过的《信息表》开具红字专用发票，在增值税发票系统升级版中以销项负数开具。红字专用发票应与《信息表》一一对应。

4. 纳税人也可凭《信息表》电子信息或纸质资料到税务机关对《信息表》内容进行系统校验。

5. 已使用增值税税控系统的一般纳税人，在纳入升级版之前暂可继续使用《开具红字增值税专用发票申请单》。

（二）税务机关为小规模纳税人代开专用发票需要开具红字专用发票的，按照一般纳税人开具红字专用发票的方法处理。

（三）纳税人需要开具红字增值税普通发票的，可以在所对应的蓝字发票金额范围内开具多份红字发票。红字机动车销售统一发票需与原蓝字机动车销售统一发票一一对应。

国家税务总局关于再次明确不得将不达增值税起征点的
小规模纳税人纳入增值税发票系统升级版推行范围的通知

2015年4月14日　税总函〔2015〕199号

各省、自治区、直辖市和计划单列市国家税务局：

税务总局自2015年4月1日起在全国范围分步全面推行增值税发票系统升级版。为保障系统推行工作平稳有序，现将有关问题通知如下：

一、各地国税机关在增值税发票系统升级版的推行工作中，对于不达增值税起征点的小规模纳税人，目前不得纳入增值税发票系统升级版推行范围。

二、各地国税机关在增值税发票系统升级版推行工作中要切实加强对服务单位的管理，对服务单位发生搭售设备和软件等损害纳税人利益的行为要采取必要措施严肃处理。

三、增值税起征点以下的存量小规模纳税人，可暂继续使用现有方式开具发票。

各地国税机关在增值税发票系统升级版的推行工作中,要认真做好对纳税人的宣传解释工作,加强为小规模纳税人代开发票等纳税服务工作,保障系统推行工作平稳有序。

国家税务总局办公厅关于《国家税务总局关于不达增值税起征点的小规模纳税人暂不纳入增值税发票系统升级版推行范围的公告》的解读

一、发布本公告的背景

税务总局自 2015 年 4 月 1 日起在全国范围分步全面推行增值税发票系统升级版。为保障系统推行工作平稳有序,发布本公告。

二、公告的主要内容

(一)各地国税机关在增值税发票系统升级版的推行工作中,对于不达增值税起征点的小规模纳税人,当前暂不纳入增值税发票系统升级版推行范围。

(二)各地国税机关在增值税发票系统升级版推行工作中要切实加强对服务单位的管理,对服务单位发生搭售设备和软件等损害纳税人利益的行为要采取必要措施严肃处理。

(三)增值税起征点以下的存量小规模纳税人可暂继续使用现有方式开具发票。

各地国税机关在增值税发票系统升级版的推行工作中,要认真做好纳税人的宣传解释工作,加强小规模纳税人代开发票等纳税服务工作,保障系统推行工作平稳有序。

 ## 国家税务总局关于发布增值税发票系统升级版与电子发票系统数据接口规范的公告

2015 年 7 月 20 日 国家税务总局公告 2015 年第 53 号

根据增值税发票系统升级版推进需要,税务总局决定对增值税发票系统升级版与电子发票系统实现对接。现发布数据接口规范,并将有关事项公告如下:

一、本次发布的接口规范分两种:第一种适用于使用金税盘或税控盘开具电子发票的纳税人,包含发票开具接口。第二种适用于开票量大、使用税控开票服务器的纳税人,包含登记信息查询、发票库存查询、发票开具和发票查询四个接口。

税控开票服务器是指大容量、高性能的税控装置。

二、为配合本次数据接口规范发布,使用金税盘或税控盘对接的纳税人,应将税控发票开票软件(金税盘版或税控盘版)统一升级为 V2.0.04。使用税控开票服务器对接的纳税人,应依据本规范完成企业相关业务系统的升级改造。已建有电子发票服务平台的地区,应依据本规范完成电子发票服务平台系统升级改造。

三、本数据接口规范在金税工程纳税人技术服务网(http://its.chinatax.gov.cn)上发布,纳税人或电子发票服务平台系统开发商可自行下载免费使用。在使用本数据接口规范和安装升级版开票软件过程中,如有问题,请联系当地税控技术服务单位提供技术支持,也可通过电子邮件(邮箱:shuikong@chinatax.gov.cn)向税务总局反映。

四、本公告自 2015 年 9 月 1 日起施行。

特此公告。

国家税务总局办公厅关于《国家税务总局关于发布增值税发票系统升级版与电子发票系统数据接口规范的公告》的解读

一、公告出台的背景和意义

自 2015 年 1 月以来,增值税发票系统升级版在全国稳妥、有序地推行,增值税专用发票、增值税普通发票、货物运输业增值税专用发票和机动车销售统一发票等四种发票(纸质发票)都已纳入升级版系统管理。

为保证电子发票系统与升级版系统的平滑衔接,助力"便民办税 春风行动"和促进"营改增"的实施,我们制定了升级版系统与电子发票系统对接的数据规范。

二、公告的主要内容

本公告主要内容为数据接口规范,接口规范分两种。第一种适用于使用金税盘或税控盘开具电子发票的纳税人,仅包含发票开具接口。第二种适用于开票量大、使用税控开票服务器的纳税人,包含登记信息查询、发票库存查询、发票开具和发票查询四个接口。税控开票服务器是指大容量、高性能的税控装置。

三、增值税发票系统升级版开票软件升级要求

使用本数据接口规范的纳税人,税控发票开票软件(金税盘版)和税控发票开票软件(税控盘版)须升级为 V2.0.04,使用方法请参见随软件安装包一同发布的配套说明。

国家税务总局关于推行通过增值税电子发票系统开具的增值税电子普通发票有关问题的公告

2015 年 11 月 26 日　国家税务总局公告 2015 年第 84 号

注释:根据《国家税务总局关于修改部分税收规范性文件的公告》(2018 年 6 月 15 日,国家税务总局公告 2018 年第 31 号)规定,自 2018 年 6 月 15 日起,本文附件 1《××增值税电子普通发票(票样)》发票监制章中"国家税务局"的内容修改为"税务局"。

为进一步适应经济社会发展和税收现代化建设需要,税务总局在增值税发票系统升级版基础上,组织开发了增值税电子发票系统,经过前期试点,系统运行平稳,具备了全国推行的条件。为了满足纳税人开具增值税电子普通发票的需求,现将有关问题公告如下:

一、推行通过增值税电子发票系统开具的增值税电子普通发票,对降低纳税人经营成本,节约社会资源,方便消费者保存使用发票,营造健康公平的税收环境有着重要作用。

二、通过增值税电子发票系统开具的增值税电子普通发票票样见附件 1.

三、增值税电子普通发票的开票方和受票方需要纸质发票的,可以自行打印增值税电子普通发票的版式文件,其法律效力、基本用途、基本使用规定等与税务机关监制的增值税普通发票相同。

四、增值税电子普通发票的发票代码为 12 位,编码规则:第 1 位为 0,第 2～5 位代表省、自治区、直辖市和计划单列市,第 6～7 位代表年度,第 8～10 位代表批次,第 11～12 位代表票种(11 代表增值税电子普通发票)。发票号码为 8 位,按年度、分批次编制。

五、除北京市、上海市、浙江省、深圳市外,其他地区已使用电子发票的增值税纳税人,应于 2015 年 12 月 31 日前完成相关系统对接技术改造,2016 年 1 月 1 日起使用增值税电子发

票系统开具增值税电子普通发票,其他开具电子发票的系统同时停止使用。有关系统技术方案见附件2。

六、各地税务机关要做好纳税人的宣传组织工作,重点做好开票量较大的行业如电商、电信、快递、公用事业等行业增值税电子发票推行工作。

七、本公告自 2015 年 12 月 1 日起施行。

特此公告。

附件:1. ××增值税电子普通发票(票样)

2. 增值税电子发票系统技术方案

附件 1

××增值税电子普通发票(票样)

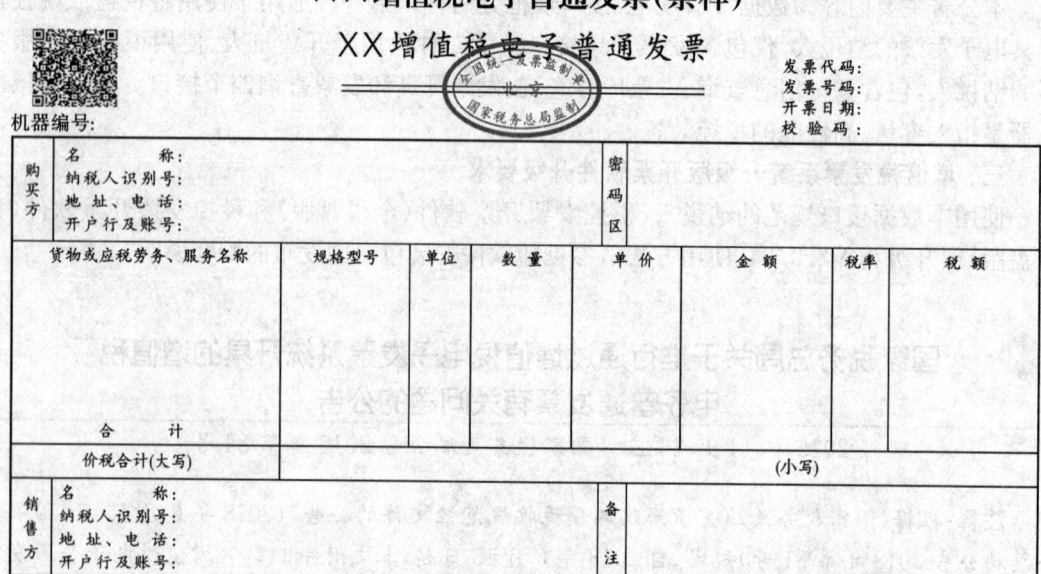

附件 2

增值税电子发票系统技术方案

一、方案示意图

增值税电子发票系统实现方案逻辑示意图如下。

二、方案描述

(一)信息同步。选择使用增值税电子发票的纳税人,与现有的纳税人登记、票种核定等流程一致。现有增值税电子发票试点纳税人,保持纳税人登记、票种核定等业务流程不变,税务后台征管系统将票种核定信息同步至增值税电子发票系统。

(二)发票赋码。电子发票的号段,由税务后台征管系统通过接口方式同步至增值税电子发票系统,通过增值税电子发票系统最终赋予纳税人。

(三)电子发票数据生成。电商等用票量大的企业可选用服务器版税控开票系统以满足企业大量集中开票需求。票量小的企业可使用单机版税控开票系统完成电子发票开具及电子数据生成。

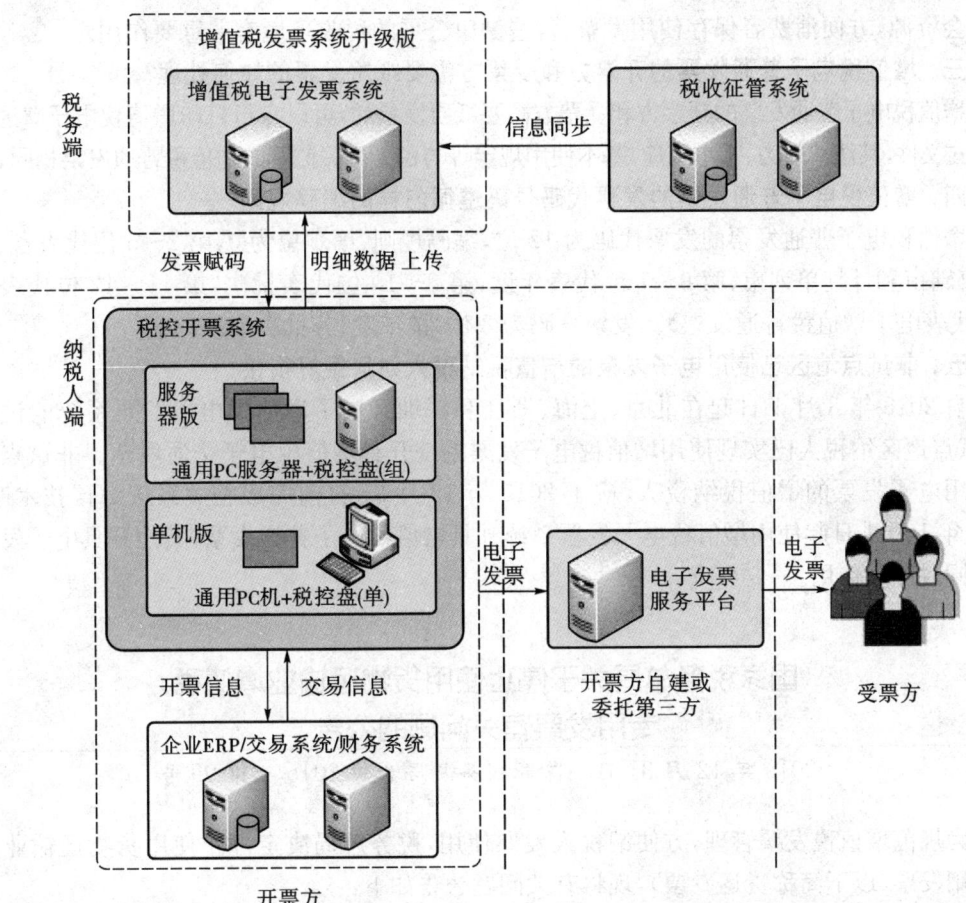

（四）电子发票版式文件生成。可在企业端直接生成，也可由第三方电子发票服务平台完成。使用第三方电子发票服务平台的纳税人，需将电子发票数据传递给第三方电子发票服务平台。

（五）电子发票明细数据传送税务机关。电子发票明细数据通过增值税电子发票系统实时传送税务机关，进入发票电子底账库。

三、数据接口规范

数据接口规范包含两种。第一种适用于税控开票系统（单机版）开具电子发票的纳税人。第二种适用于开票量大、使用税控开票系统（服务器版）的纳税人。税务总局将对数据接口规范及相关技术标准另行向社会公开发布。

国家税务总局办公厅关于《国家税务总局关于推行通过增值税电子发票系统开具的增值税电子普通发票有关问题的公告》的解读

一、发布公告的背景是什么？

为进一步适应经济社会发展和税收现代化建设需要，税务总局在增值税发票系统升级版基础上，组织开发了增值税电子发票系统，经过前期试点，系统运行平稳，具备了全国推行的条件，决定自 2015 年 12 月 1 日起在全国范围推行。

二、推行通过增值税电子发票系统开具的增值税电子普通发票有哪些重要意义？

推行通过增值税电子发票系统开具的增值税电子普通发票，对降低纳税人经营成本，节约社会资源,方便消费者保存使用发票,营造健康公平的税收环境有着重要作用。

三、增值税电子普通发票的开票方和受票方需要纸质发票的如何处理?

增值税电子普通发票的开票方和受票方需要纸质发票的,可以自行打印增值税电子普通发票的版式文件,其法律效力、基本用途、基本使用规定等与税务机关监制的增值税普通发票相同。

四、增值税电子普通发票的发票代码号码遵循怎样的编码规则

增值税电子普通发票的发票代码为 12 位,编码规则:第 1 位为 0,第 2～5 位代表省、自治区、直辖市和计划单列市,第 6～7 位代表年度,第 8～10 位代表批次,第 11～12 位代表票种(11 代表电子增值税普通发票)。发票号码为 8 位,按年度、分批次编制。

五、非试点地区已使用电子发票的增值税纳税人如何做好衔接?

自 2015 年 8 月 1 日起在北京、上海、浙江和深圳开展了增值税电子发票系统的试点工作,试点地区纳税人已实现使用增值税电子发票系统开具增值税电子普通发票。非试点地区已使用电子发票的增值税纳税人,应于 2015 年 12 月 31 日前完成相关系统对接技术改造,2016 年 1 月 1 日起使用增值税电子发票系统开具增值税电子普通发票,其他开具电子发票的系统同时停止使用。

国家税务总局关于停止使用货物运输业增值税
专用发票有关问题的公告

2015 年 12 月 31 日   国家税务总局公告 2015 年第 99 号

为规范增值税发票管理,方便纳税人发票使用,税务总局决定停止使用货物运输业增值税专用发票(以下简称货运专票),现将有关问题公告如下:

一、增值税一般纳税人提供货物运输服务,使用增值税专用发票和增值税普通发票,开具发票时应将起运地、到达地、车种车号以及运输货物信息等内容填写在发票备注栏中,如内容较多可另附清单。

二、为避免浪费,方便纳税人发票使用衔接,货运专票最迟可使用至 2016 年 6 月 30 日,7 月 1 日起停止使用。

三、铁路运输企业受托代征的印花税款信息,可填写在发票备注栏中。中国铁路总公司及其所属运输企业(含分支机构)提供货物运输服务,可自 2015 年 11 月 1 日起使用增值税专用发票和增值税普通发票,所开具的铁路货票、运费杂费收据可作为发票清单使用。

四、除本公告第三条外,其他规定自 2016 年 1 月 1 日起施行,《国家税务总局关于铁路运输和邮政业营业税改征增值税发票及税控系统使用问题的公告》(国家税务总局公告 2013 年第 76 号)第一条第一项、第二条、第三条同时废止。

特此公告。

国家税务总局办公厅关于《国家税务总局关于停止使用货物运输业
增值税专用发票有关问题的公告》的解读

一、发布本公告的背景是什么?

增值税发票系统升级版已全面推行,增值税一般纳税人提供货物运输服务,统一使用增值税专用发票可以满足货物运输业纳税人发票使用的需要,同时也符合增值税规范管理的要求。为规范增值税发票管理,减并发票种类,方便纳税人发票使用,发布本公告。

二、增值税一般纳税人提供货物运输服务,开具发票有哪些要求?

增值税一般纳税人提供货物运输服务,使用增值税专用发票和增值税普通发票,开具发票时应将起运地、到达地、车种车号以及运输货物信息等内容填写在发票备注栏中,如内容较多可另附清单。

三、停止使用货物运输业增值税专用发票的时限要求是什么?

为避免浪费,方便纳税人发票使用衔接,货运专票最迟可使用至 2016 年 6 月 30 日,7 月 1 日起停止使用。

四、对铁路运输企业发票使用有哪些规定?

铁路运输企业受托代征的印花税款信息,可填写在发票备注栏中。中国铁路总公司及其所属运输企业(含分支机构)提供货物运输服务,可自 2015 年 11 月 1 日起使用增值税专用发票和增值税普通发票,所开具的铁路货票、运费杂费收据可作为发票清单使用。

国家税务总局关于红字增值税发票开具有关问题的公告

2016 年 7 月 20 日　国家税务总局公告 2016 年第 47 号

为进一步规范纳税人开具增值税发票管理,现将红字发票开具有关问题公告如下:

一、增值税一般纳税人开具增值税专用发票(以下简称"专用发票")后,发生销货退回、开票有误、应税服务中止等情形但不符合发票作废条件,或者因销货部分退回及发生销售折让,需要开具红字专用发票的,按以下方法处理:

(一)购买方取得专用发票已用于申报抵扣的,购买方可在增值税发票管理新系统(以下简称"新系统")中填开并上传《开具红字增值税专用发票信息表》(以下简称《信息表》,详见附件),在填开《信息表》时不填写相对应的蓝字专用发票信息,应暂依《信息表》所列增值税税额从当期进项税额中转出,待取得销售方开具的红字专用发票后,与《信息表》一并作为记账凭证。

购买方取得专用发票未用于申报抵扣、但发票联或抵扣联无法退回的,购买方填开《信息表》时应填写相对应的蓝字专用发票信息。

销售方开具专用发票尚未交付购买方,以及购买方未用于申报抵扣并将发票联及抵扣联退回的,销售方可在新系统中填开并上传《信息表》。销售方填开《信息表》时应填写相对应的蓝字专用发票信息。

(二)主管税务机关通过网络接收纳税人上传的《信息表》,系统自动校验通过后,生成带有"红字发票信息表编号"的《信息表》,并将信息同步至纳税人端系统中。

(三)销售方凭税务机关系统校验通过的《信息表》开具红字专用发票,在新系统中以销项负数开具。红字专用发票应与《信息表》一一对应。

(四)纳税人也可凭《信息表》电子信息或纸质资料到税务机关对《信息表》内容进行系统校验。

二、税务机关为小规模纳税人代开专用发票,需要开具红字专用发票的,按照一般纳税人开具红字专用发票的方法处理。

三、纳税人需要开具红字增值税普通发票的,可以在所对应的蓝字发票金额范围内开具多份红字发票。红字机动车销售统一发票需与原蓝字机动车销售统一发票一一对应。

四、按照《国家税务总局关于纳税人认定或登记为一般纳税人前进项税额抵扣问题的公告》

（国家税务总局公告 2015 年第 59 号）的规定,需要开具红字专用发票的,按照本公告规定执行。

五、本公告自 2016 年 8 月 1 日起施行,《国家税务总局关于推行增值税发票系统升级版有关问题的公告》(国家税务总局公告 2014 年第 73 号)第四条、附件 1、附件 2 和《国家税务总局关于全面推行增值税发票系统升级版有关问题的公告》(国家税务总局公告 2015 年第 19 号)第五条、附件 1、附件 2 同时废止。此前未处理的事项,按照本公告规定执行。

特此公告。

附件:开具红字增值税专用发票信息表

附件

开具红字增值税专用发票信息表

填开日期:　年　月　日

销售方	名　称		购买方	名　称			
	纳税人识别号			纳税人识别号			
开具红字专用发票内容	货物(劳务服务)名称	数量	单价	金额		税率	税额
	合计	—	—			—	
说明	一、购买方□ 对应蓝字专用发票抵扣增值税销项税额情况: 1. 已抵扣□ 2. 未抵扣□ 对应蓝字专用发票的代码:＿＿＿＿　号码:＿＿＿＿ 二、销售方□ 对应蓝字专用发票的代码:＿＿＿＿　号码:＿＿＿＿						
红字专用发票信息表编号							

国家税务总局办公厅关于《国家税务总局关于红字增值税发票开具有关问题的公告》的解读

一、发布本公告的背景是什么?

随着增值税发票管理新系统的全面推行,具备了取消增值税发票认证的基础条件。2016 年 3 月起,税务总局决定取消纳税信用 a 级纳税人发票认证,5 月起扩大了取消发票认证的纳税人范围。相应地需要对红字专用发票开具规定中与发票认证相关的内容进行修订。自 2016 年 7 月 1 日起货物运输业增值税专用发票停止使用,需要废止原开具红字货运专用的相关规定。为进一步规范增值税管理,方便纳税人发票使用,税务总局发布本公告以完善红字发票规定、优化红字发票开具流程。

二、开具红字专用发票的规定是什么？

增值税一般纳税人开具增值税专用发票（以下简称专用发票）后，发生销货退回、开票有误、应税服务中止等情形但不符合发票作废条件，或者因销货部分退回及发生销售折让，需要开具红字专用发票的，按以下方法处理：

（一）购买方取得专用发票已用于申报抵扣的，购买方可在增值税发票管理新系统（以下简称新系统）中填开并上传《开具红字增值税专用发票信息表》（以下简称《信息表》），在填开《信息表》时不填写相对应的蓝字专用发票信息，应暂依《信息表》所列增值税税额从当期进项税额中转出，待取得销售方开具的红字专用发票后，与《信息表》一并作为记账凭证。专用发票未用于申报抵扣、发票联或抵扣联无法退回的，购买方填开《信息表》时应填写相对应的蓝字专用发票信息。

销售方开具专用发票尚未交付购买方，以及购买方未用于申报抵扣并将发票联及抵扣联退回的，销售方可在新系统中填开并上传《信息表》。销售方填开《信息表》时应填写相对应的蓝字专用发票信息。

（二）主管税务机关通过网络接收纳税人上传的《信息表》，系统自动校验通过后，生成带有"红字发票信息表编号"的《信息表》，并将信息同步至纳税人端系统中。

（三）销售方凭税务机关系统校验通过的《信息表》开具红字专用发票，在新系统中以销项负数开具。红字专用发票应与《信息表》一一对应。

（四）纳税人也可凭《信息表》电子信息或纸质资料到税务机关对《信息表》内容进行系统校验。

三、税务机关为小规模纳税人代开红字专用发票如何处理？

税务机关为小规模纳税人代开专用发票，需要开具红字专用发票的，按照一般纳税人开具红字专用发票的方法处理。

四、开具红字增值税普通发票以及红字机动车销售统一发票有何规定？

纳税人需要开具红字增值税普通发票的，可以在所对应的蓝字发票金额范围内开具多份红字发票。红字机动车销售统一发票需与原蓝字机动车销售统一发票一一对应。

五、按照《国家税务总局关于纳税人认定或登记为一般纳税人前进项税额抵扣问题的公告》的规定，需要开具红字专用发票的，如何处理？

按照《国家税务总局关于纳税人认定或登记为一般纳税人前进项税额抵扣问题的公告》（国家税务总局公告 2015 年第 59 号）的规定，需要开具红字专用发票的，按照本公告规定执行。

 国家税务总局关于保险机构代收车船税开具增值税发票问题的公告

2016 年 8 月 7 日　国家税务总局公告 2016 年第 51 号

现对保险机构代收车船税开具增值税发票问题公告如下：

保险机构作为车船税扣缴义务人，在代收车船税并开具增值税发票时，应在增值税发票备注栏中注明代收车船税税款信息。具体包括：保险单号、税款所属期（详细至月）、代收车船税金额、滞纳金金额、金额合计等。该增值税发票可作为纳税人缴纳车船税及滞纳金的会计核算原始凭证。

本公告自 2016 年 5 月 1 日起施行。

特此公告。

国家税务总局办公厅关于《国家税务总局关于保险机构代收车船税开具增值税发票问题的公告》的解读

经国务院批准,自 2016 年 5 月 1 日起,在全国范围内全面推开营业税改征增值税试点。为此,保险机构营改增后收取保费时将开具增值税发票,为不改变现有的操作办法,最大程度上减少对纳税人的影响,国家税务总局发布了《关于保险机构代收车船税开具增值税发票问题的公告》,对车船税征管中有关发票问题进行了明确。

自 2016 年 5 月 1 日起,保险机构作为车船税扣缴义务人在开具增值税发票时,应在增值税发票备注栏中注明代收车船税税款信息。具体包括:保险单号、税款所属期(详细至月)、代收车船税、滞纳金、合计等。该增值税发票可作为缴纳车船税及滞纳金的会计核算原始凭证。

国家税务总局货物和劳务税司关于做好增值税发票使用宣传辅导有关工作的通知

2017 年 4 月 21 日　税总货便函〔2017〕127 号

各省、自治区、直辖市和计划单列市国家税务局货物和劳务税处:

为保障全面推开营业税改征增值税试点工作顺利实施,进一步优化纳税服务,方便纳税人全面掌握发票政策、规范发票开具,作为营改增政策大辅导的一项重要举措,我司组织人员,根据《中华人民共和国发票管理办法》及其实施细则等相关行政法规、部门规章及规范性文件规定,编写了《增值税发票开具指南》(见附件)。现将《增值税发票开具指南》下发给你们,请各地采取多种方式,认真做好对纳税人的宣传、培训、辅导工作。

国家税务总局货物和劳务税司

2017 年 4 月 21 日

附件

增值税发票开具指南

前　言

为了进一步优化纳税服务,方便纳税人全面掌握发票政策、规范发票开具,国家税务总局对相关税收政策进行归纳整理,编写了《增值税发票开具指南》,供纳税人参考。本指南适用通过增值税发票管理新系统(以下简称"新系统")开具的增值税发票,包括增值税专用发票、增值税普通发票、增值税电子普通发票和机动车销售统一发票。未尽事项按有关规定执行。

第一章　增值税发票种类

第一节　增值税专用发票

增值税专用发票由基本联次或者基本联次附加其他联次构成,分为三联版和六联版两种。基本联次为三联:第一联为记账联,是销售方记账凭证;第二联为抵扣联,是购买方扣税凭证;第三联为发票联,是购买方记账凭证。其他联次用途,由纳税人自行确定。纳税人办理产权过户手续需要使用发票的,可以使用增值税专用发票第六联。

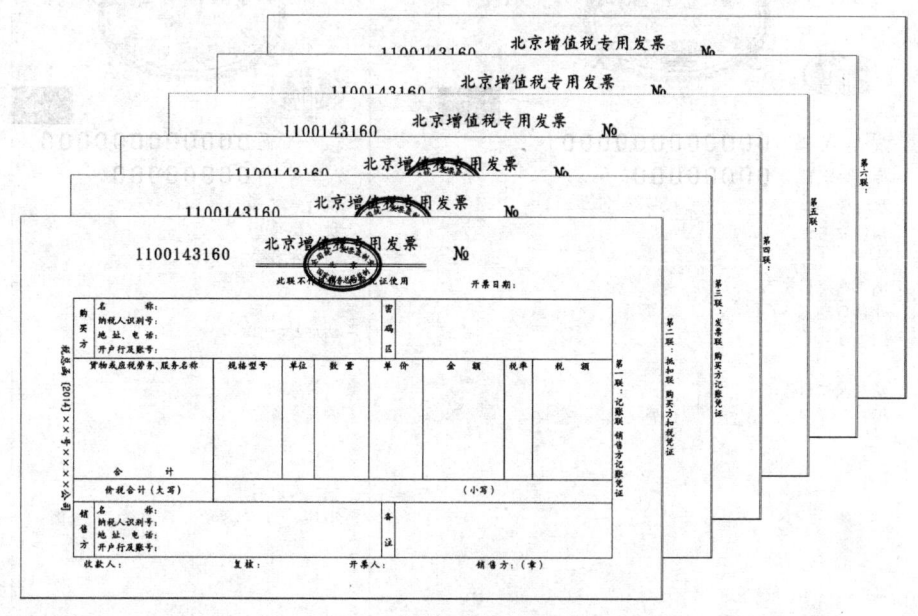

第二节 增值税普通发票

一、增值税普通发票(折叠票)

增值税普通发票(折叠票)由基本联次或者基本联次附加其他联次构成,分为两联版和五联版两种。基本联次为两联:第一联为记账联,是销售方记账凭证;第二联为发票联,是购买方记账凭证。其他联次用途,由纳税人自行确定。纳税人办理产权过户手续需要使用发票的,可以使用增值税普通发票第三联。

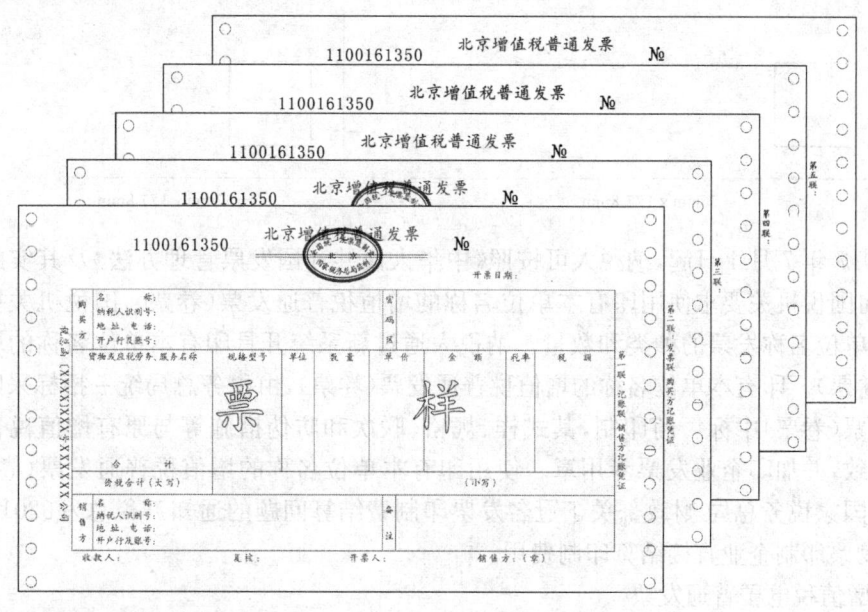

二、增值税普通发票(卷票)

增值税普通发票(卷票)分为两种规格:57mm×177.8mm、76mm×177.8mm,均为单联。

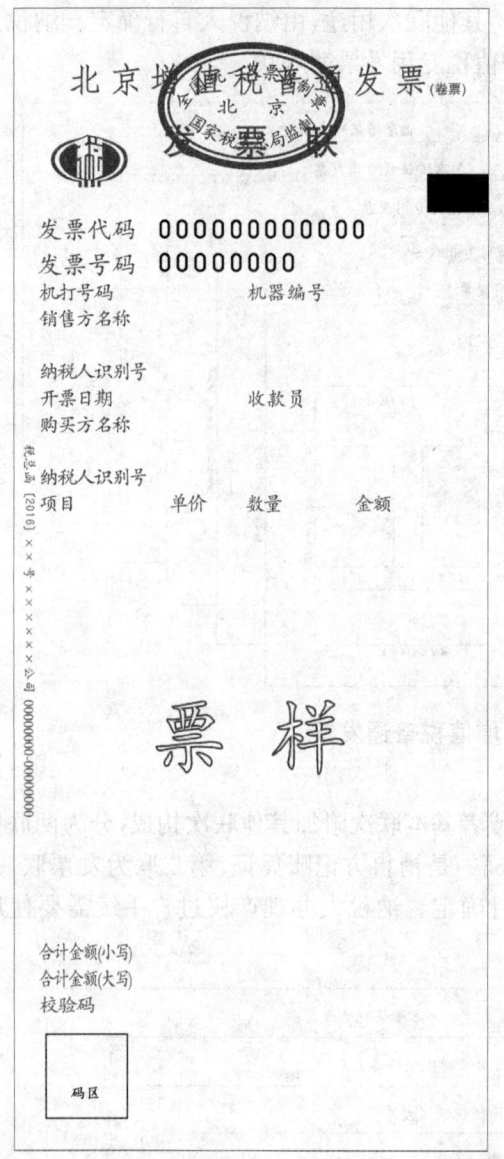

76mm×177.8mm

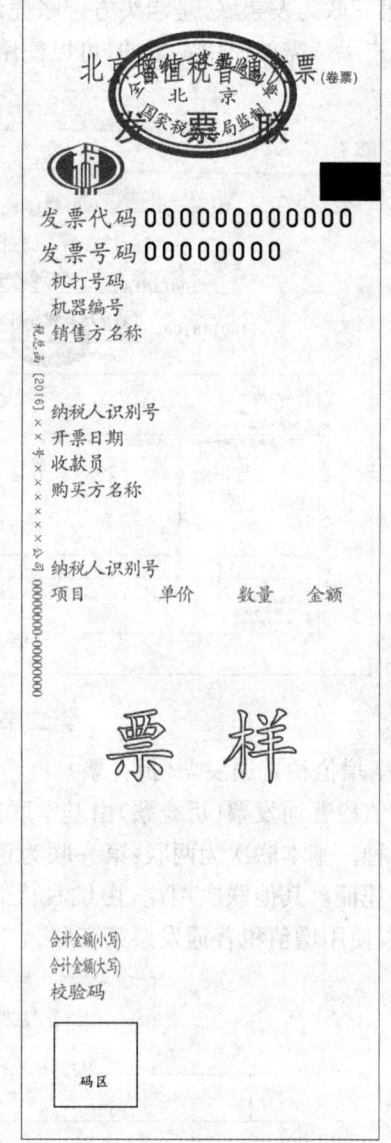

57mm×177.8mm

自 2017 年 7 月 1 日起,纳税人可按照《中华人民共和国发票管理办法》及其实施细则要求,书面向国税机关要求使用印有本单位名称的增值税普通发票(卷票),国税机关按规定确认印有该单位名称发票的种类和数量。纳税人通过新系统开具印有本单位名称的增值税普通发票(卷票)。印有本单位名称的增值税普通发票(卷票),由税务总局统一招标采购的增值税普通发票(卷票)中标厂商印制,其式样、规格、联次和防伪措施等与原有增值税普通发票(卷票)一致,并加印企业发票专用章。使用印有本单位名称的增值税普通发票(卷票)的企业,按照《国家税务总局 财政部关于冠名发票印制费结算问题的通知》(税总发〔2013〕53 号)规定,与发票印制企业直接结算印制费用。

三、增值税电子普通发票

增值税电子普通发票的开票方和受票方需要纸质发票的,可以自行打印增值税电子普通发票的版式文件,其法律效力、基本用途、基本使用规定等与税务机关监制的增值税普通发票相同。

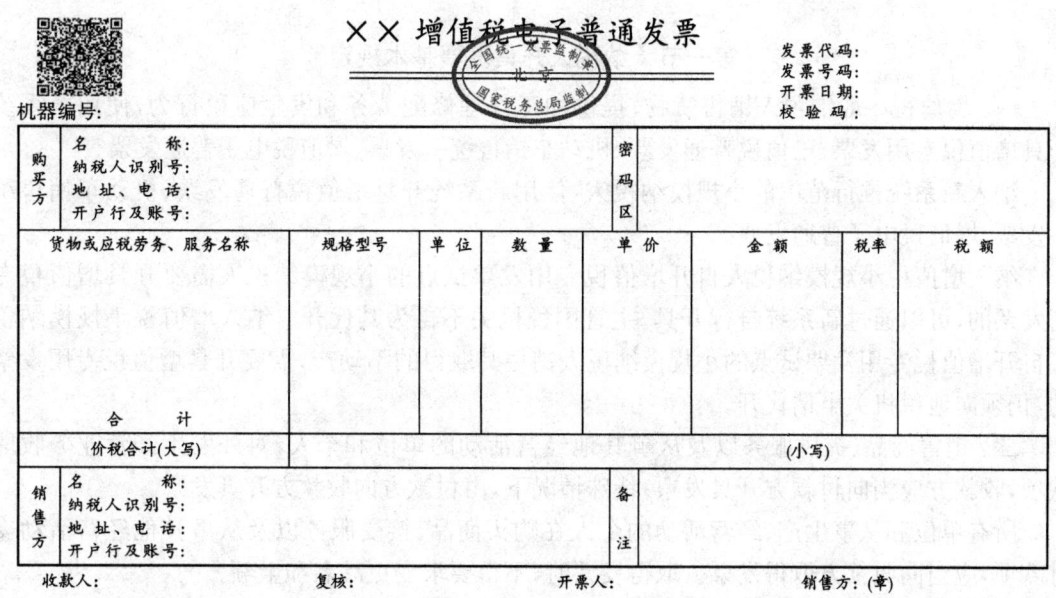

第三节　机动车销售统一发票

从事机动车零售业务的单位和个人,在销售机动车(不包括销售旧机动车)收取款项时,开具机动车销售统一发票。机动车销售统一发票为电脑六联式发票:第一联为发票联,是购货单位付款凭证;第二联为抵扣联,是购货单位扣税凭证;第三联为报税联,车购税征收单位留存;第四联为注册登记联,车辆登记单位留存;第五联为记账联,销货单位记账凭证;第六联为存根联,销货单位留存。

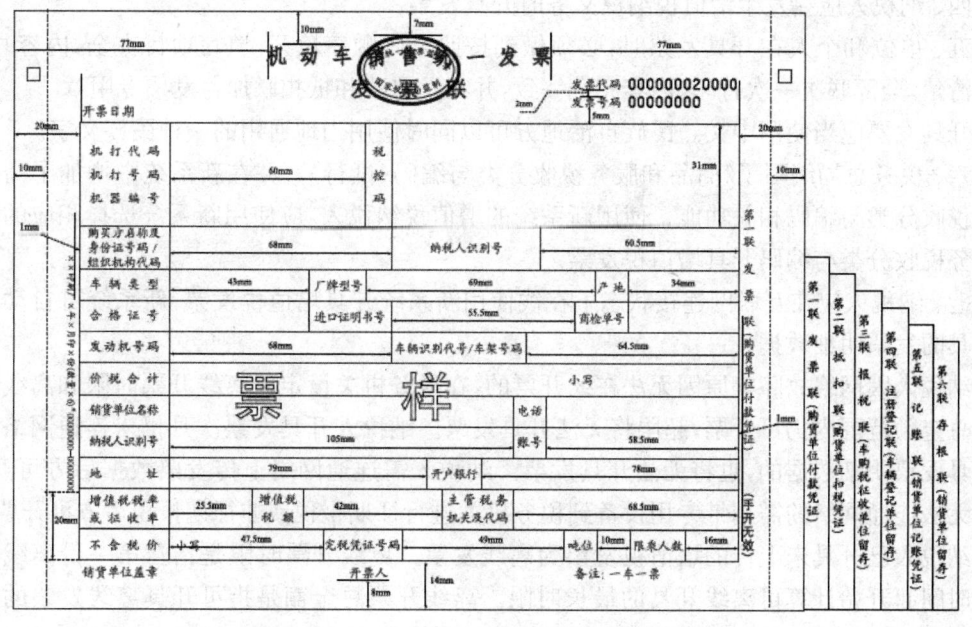

第二章 增值税发票开具基本规定

第一节 纳税人开具发票基本规定

一、增值税一般纳税人销售货物、提供加工修理修配劳务和发生应税行为,使用新系统开具增值税专用发票、增值税普通发票、机动车销售统一发票、增值税电子普通发票。

纳入新系统推行范围的小规模纳税人,使用新系统开具增值税普通发票、机动车销售统一发票、增值税电子普通发票。

纳入增值税小规模纳税人自开增值税专用发票试点的小规模纳税人需要开具增值税专用发票的,可以通过新系统自行开具,主管国税机关不再为其代开。纳入增值税小规模纳税人自开增值税专用发票试点的小规模纳税人销售其取得的不动产,需要开具增值税专用发票的,仍须向地税机关申请代开。

二、销售商品、提供服务以及从事其他经营活动的单位和个人,对外发生经营业务收取款项,收款方应当向付款方开具发票;特殊情况下,由付款方向收款方开具发票。

所有单位和从事生产、经营活动的个人在购买商品、接受服务以及从事其他经营活动支付款项,应当向收款方取得发票。取得发票时,不得要求变更品名和金额。

三、增值税纳税人购买货物、劳务、服务、无形资产或不动产,索取增值税专用发票时,须向销售方提供购买方名称(不得为自然人)、纳税人识别号或统一社会信用代码、地址电话、开户行及账号信息,不需要提供营业执照、税务登记证、组织机构代码证、开户许可证、增值税一般纳税人资格登记表等相关证件或其他证明材料。

个人消费者购买货物、劳务、服务、无形资产或不动产,索取增值税普通发票时,不需要向销售方提供纳税人识别号、地址电话、开户行及账号信息,也不需要提供相关证件或其他证明材料。

四、纳税人应在发生增值税纳税义务时开具发票。

五、单位和个人在开具发票时,必须做到按照号码顺序填开,填写项目齐全,内容真实,字迹清楚,全部联次一次打印,内容完全一致,并在发票联和抵扣联加盖发票专用章。

开具发票应当使用中文。民族自治地方可以同时使用当地通用的一种民族文字。

六、税务总局编写了《商品和服务税收分类与编码(试行)》,并在新系统中增加了商品和服务税收分类与编码相关功能。使用新系统的增值税纳税人,应使用新系统选择相应的商品和服务税收分类与编码开具增值税发票。

七、纳税人应在互联网连接状态下在线使用新系统开具增值税发票,新系统可自动上传已开具的发票明细数据。

纳税人因网络故障等原因无法在线开票的,在税务机关设定的离线开票时限和离线开具发票总金额范围内仍可开票,超限将无法开具发票。纳税人开具发票次月仍未连通网络上传已开具发票明细数据的,也将无法开具发票。纳税人需连通网络上传发票数据后方可开票,若仍无法连通网络的需携带专用设备到税务机关进行征期报税或非征期报税后方可开票。

纳税人已开具未上传的增值税发票为离线发票。离线开票时限是指自第一份离线发票开具时间起开始计算可离线开具的最长时限。离线开票总金额是指可开具离线发票的累计不含税总金额,离线开票总金额按不同票种分别计算。

纳税人离线开票时限和离线开票总金额的设定标准及方法由各省、自治区、直辖市和计划单列市国家税务局确定。

按照有关规定不使用网络办税或不具备网络条件的特定纳税人,以离线方式开具发票,不受离线开票时限和离线开具发票总金额限制。

八、任何单位和个人不得有下列虚开发票行为:

(一)为他人、为自己开具与实际经营业务情况不符的发票;

(二)让他人为自己开具与实际经营业务情况不符的发票;

(三)介绍他人开具与实际经营业务情况不符的发票。

九、取得增值税发票的单位和个人可登陆全国增值税发票查验平台(https://inv-veri.chinatax.gov.cn),对新系统开具的增值税专用发票、增值税普通发票、机动车销售统一发票和增值税电子普通发票的发票信息进行查验。单位和个人通过网页浏览器首次登录平台时,应下载安装根证书文件,查看平台提供的发票查验操作说明。

十、一般纳税人有下列情形之一的,不得使用增值税专用发票:

(一)会计核算不健全,不能向税务机关准确提供增值税销项税额、进项税额、应纳税额数据及其他有关增值税税务资料的。上列其他有关增值税税务资料的内容,由省、自治区、直辖市和计划单列市国家税务局确定。

(二)应当办理一般纳税人资格登记而未办理的。

(三)有《中华人民共和国税收征收管理法》规定的税收违法行为,拒不接受税务机关处理的。

(四)有下列行为之一,经税务机关责令限期改正而仍未改正的:

1. 虚开增值税专用发票;

2. 私自印制增值税专用发票;

3. 向税务机关以外的单位和个人买取增值税专用发票;

4. 借用他人增值税专用发票;

5. 未按《增值税专用发票使用规定》第十一条开具增值税专用发票;

6. 未按规定保管增值税专用发票和专用设备;

7. 未按规定申请办理防伪税控系统变更发行;

8. 未按规定接受税务机关检查。

有上列情形的,如已领取增值税专用发票,主管税务机关应暂扣其结存的增值税专用发票和税控专用设备。

十一、属于下列情形之一的,不得开具增值税专用发票:

(一)向消费者个人销售货物、提供应税劳务或者发生应税行为的;

(二)销售货物、提供应税劳务或者发生应税行为适用增值税免税规定的,法律、法规及国家税务总局另有规定的除外;

(三)部分适用增值税简易征收政策规定的:

1. 增值税一般纳税人的单采血浆站销售非临床用人体血液选择简易计税的。

2. 纳税人销售旧货,按简易办法依 3% 征收率减按 2% 征收增值税的。

3. 纳税人销售自己使用过的固定资产,适用按简易办法依 3% 征收率减按 2% 征收增值税政策的。

纳税人销售自己使用过的固定资产,适用简易办法依照 3% 征收率减按 2% 征收增值税政策的,可以放弃减税,按照简易办法依照 3% 征收率缴纳增值税,并可以开具增值税专用发票。

（四）法律、法规及国家税务总局规定的其他情形。

十二、增值税专用发票应按下列要求开具：

（一）项目齐全，与实际交易相符；

（二）字迹清楚，不得压线、错格；

（三）发票联和抵扣联加盖发票专用章；

（四）按照增值税纳税义务的发生时间开具。

不符合上列要求的增值税专用发票，购买方有权拒收。

十三、一般纳税人销售货物、提供加工修理修配劳务和发生应税行为可汇总开具增值税专用发票。汇总开具增值税专用发票的，同时使用新系统开具《销售货物或者提供应税劳务清单》，并加盖发票专用章。

十四、纳税人丢失增值税专用发票的，按以下方法处理：

一般纳税人丢失已开具增值税专用发票的抵扣联，如果丢失前已认证相符的，可使用增值税专用发票发票联复印件留存备查，如果丢失前未认证的，可使用增值税专用发票发票联认证，增值税专用发票发票联复印件留存备查。

一般纳税人丢失已开具增值税专用发票的发票联，可将增值税专用发票抵扣联作为记账凭证，增值税专用发票抵扣联复印件留存备查。

一般纳税人丢失已开具增值税专用发票的发票联和抵扣联，如果丢失前已认证相符的，购买方可凭销售方提供的相应增值税专用发票记账联复印件及销售方主管税务机关出具的《丢失增值税专用发票已报税证明单》或《丢失货物运输业增值税专用发票已报税证明单》（以下统称《证明单》），作为增值税进项税额的抵扣凭证；如果丢失前未认证的，购买方凭销售方提供的相应增值税专用发票记账联复印件进行认证，认证相符的可凭增值税专用发票记账联复印件及销售方主管税务机关出具的《证明单》，作为增值税进项税额的抵扣凭证。增值税专用发票记账联复印件和《证明单》留存备查。

十五、纳税人在开具增值税专用发票当月，发生销货退回、开票有误等情形，收到退回的发票联、抵扣联符合作废条件的，按作废处理；开具时发现有误的，可即时作废。

作废增值税专用发票须在新系统中将相应的数据电文按"作废"处理，在纸质增值税专用发票（含未打印的增值税专用发票）各联次上注明"作废"字样，全联次留存。

同时具有下列情形的，为本条所称作废条件：

（一）收到退回的发票联、抵扣联，且时间未超过销售方开票当月；

（二）销售方未抄税且未记账；

（三）购买方未认证，或者认证结果为"纳税人识别号认证不符""增值税专用发票代码、号码认证不符"。

十六、纳税人开具增值税专用发票后，发生销货退回、开票有误、应税服务中止等情形但不符合发票作废条件，或者因销货部分退回及发生销售折让，需要开具红字增值税专用发票的，按以下方法处理：

（一）购买方取得增值税专用发票已用于申报抵扣的，购买方可在新系统中填开并上传《开具红字增值税专用发票信息表》（以下简称《信息表》），在填开《信息表》时不填写相对应的蓝字增值税专用发票信息，应暂依《信息表》所列增值税税额从当期进项税额中转出，待取得销售方开具的红字增值税专用发票后，与《信息表》一并作为记账凭证。

购买方取得增值税专用发票未用于申报抵扣、但发票联或抵扣联无法退回的,购买方填开《信息表》时应填写相对应的蓝字增值税专用发票信息。

销售方开具增值税专用发票尚未交付购买方,以及购买方未用于申报抵扣并将发票联及抵扣联退回的,销售方可在新系统中填开并上传《信息表》。销售方填开《信息表》时应填写相对应的蓝字增值税专用发票信息。

(二)主管税务机关通过网络接收纳税人上传的《信息表》,系统自动校验通过后,生成带有"红字发票信息表编号"的《信息表》,并将信息同步至纳税人端系统中。

(三)销售方凭税务机关系统校验通过的《信息表》开具红字增值税专用发票,在新系统中以销项负数开具。红字增值税专用发票应与《信息表》一一对应。

(四)纳税人也可凭《信息表》电子信息或纸质资料到税务机关对《信息表》内容进行系统校验。

十七、纳税人开具增值税普通发票后,如发生销货退回、开票有误、应税服务中止等情形但不符合发票作废条件,或者因销货部分退回及发生销售折让,需要开具红字发票的,应收回原发票并注明"作废"字样或取得对方有效证明。

纳税人需要开具红字增值税普通发票的,可以在所对应的蓝字发票金额范围内开具多份红字发票。红字机动车销售统一发票需与原蓝字机动车销售统一发票一一对应。

第二节 税务机关代开发票基本规定

一、代开发票范围

(一)已办理税务登记的小规模纳税人(包括个体工商户)以及国家税务总局确定的其他可予代开增值税专用发票的纳税人,发生增值税应税行为,可以申请代开增值税专用发票。

(二)有下列情形之一的,可以向税务机关申请代开增值税普通发票:

1. 被税务机关依法收缴发票或者停止发售发票的纳税人,取得经营收入需要开具增值税普通发票的;

2. 正在申请办理税务登记的单位和个人,对其自领取营业执照之日起至取得税务登记证件期间发生的业务收入需要开具增值税普通发票的;

3. 应办理税务登记而未办理的单位和个人,主管税务机关应当依法予以处理,并在补办税务登记手续后,对其自领取营业执照之日起至取得税务登记证件期间发生的业务收入需要开具增值税普通发票的;

4. 依法不需要办理税务登记的单位和个人,临时取得收入,需要开具增值税普通发票的。

二、代开发票种类

国税机关和地税机关使用新系统代开增值税专用发票和增值税普通发票。代开增值税专用发票使用六联票,代开增值税普通发票使用五联票。

国税机关为增值税纳税人代开的增值税专用发票,第五联代开发票岗位留存,以备发票的扫描补录;第六联交税款征收岗位,用于代开发票税额与征收税款的定期核对;其他联次交增值税纳税人。地税机关为纳税人代开的增值税专用发票,第四联由代开发票岗位留存,以备发票扫描补录;第五联交征收岗位留存,用于代开发票与征收税款的定期核对;其他联次交纳税人。

税务机关代开发票部门通过新系统代开增值税发票,系统自动在发票上打印"代开"

字样。

三、月销售额不超过 3 万元(按季纳税 9 万元)的增值税小规模纳税人代开增值税专用发票税款有关问题

增值税小规模纳税人月销售额不超过 3 万元(按季纳税 9 万元)的,当期因代开增值税专用发票(含货物运输业增值税专用发票)已经缴纳的税款,在增值税专用发票全部联次追回或者按规定开具红字增值税专用发票后,可以向主管税务机关申请退还。

四、增值税纳税人应在代开增值税专用发票的备注栏上,加盖本单位的发票专用章(为其他个人代开的特殊情况除外)。税务机关在代开增值税普通发票以及为其他个人代开增值税专用发票的备注栏上,加盖税务机关代开发票专用章。

第三节 发票违章处理

一、违反《中华人民共和国发票管理办法》的规定,有下列情形之一的,由税务机关责令改正,可以处 1 万元以下的罚款;有违法所得的予以没收:

(一)应当开具而未开具发票,或者未按照规定的时限、顺序、栏目,全部联次一次性开具发票,或者未加盖发票专用章的;

(二)使用税控装置开具发票,未按期向主管税务机关报送开具发票的数据的;

(三)扩大发票使用范围的;

(四)以其他凭证代替发票使用的;

(五)跨规定区域开具发票的;

(六)未按照规定缴销发票的;

(七)未按照规定存放和保管发票的。

二、跨规定的使用区域携带、邮寄、运输空白发票,以及携带、邮寄或者运输空白发票出入境的,由税务机关责令改正,可以处 1 万元以下的罚款;情节严重的,处 1 万元以上 3 万元以下的罚款;有违法所得的予以没收。

丢失发票或者擅自损毁发票的,依照前款规定处罚。

三、违反《中华人民共和国发票管理办法》第二十二条第二款的规定虚开发票的,由税务机关没收违法所得;虚开金额在 1 万元以下的,可以并处 5 万元以下的罚款;虚开金额超过 1 万元的,并处 5 万元以上 50 万元以下的罚款;构成犯罪的,依法追究刑事责任。

非法代开发票的,依照前款规定处罚。

四、有下列情形之一的,由税务机关处 1 万元以上 5 万元以下的罚款;情节严重的,处 5 万元以上 50 万元以下的罚款;有违法所得的予以没收:

(一)转借、转让、介绍他人转让发票、发票监制章和发票防伪专用品的;

(二)知道或者应当知道是私自印制、伪造、变造、非法取得或者废止的发票而受让、开具、存放、携带、邮寄、运输的。

五、对违反发票管理法规情节严重构成犯罪的,税务机关应当依法移送司法机关处理。

第三章 增值税发票开具特殊规定

第一节 建 筑 服 务

一、建筑服务发票开具基本规定

提供建筑服务,纳税人自行开具或者税务机关代开增值税发票时,应在发票的备注栏注

明建筑服务发生地县(市、区)名称及项目名称。

二、小规模纳税人提供建筑服务发票开具规定

小规模纳税人提供建筑服务,应以取得的全部价款和价外费用扣除支付的分包款后的余额为销售额,按照 3% 的征收率计算应纳税额。

发票开具:小规模纳税人跨县(市、区)提供建筑服务,不能自行开具增值税发票的,可向建筑服务发生地主管国税机关按照其取得的全部价款和价外费用申请代开增值税发票。

第二节　销售不动产

一、销售不动产发票开具基本规定

销售不动产,纳税人自行开具或者税务机关代开增值税发票时,应在发票"货物或应税劳务、服务名称"栏填写不动产名称及房屋产权证书号码(无房屋产权证书的可不填写),"单位"栏填写面积单位,备注栏注明不动产的详细地址。

二、房地产开发企业销售自行开发的房地产项目发票开具规定

(一)房地产开发企业中的一般纳税人销售其自行开发的房地产项目(选择简易计税方法的房地产老项目除外),以取得的全部价款和价外费用,扣除受让土地时向政府部门支付的土地价款、在取得土地时向其他单位或个人支付的拆迁补偿费用后的余额为销售额。

房地产开发企业中的一般纳税人销售自行开发的房地产老项目,可以选择适用简易计税方法,以取得的全部价款和价外费用为销售额,不得扣除对应的土地价款。

发票开具:一般纳税人销售自行开发的房地产项目,自行开具增值税发票。一般纳税人销售自行开发的房地产项目,其 2016 年 4 月 30 日前收取并已向主管地税机关申报缴纳营业税的预收款,未开具营业税发票的,可以开具增值税普通发票,不得开具增值税专用发票,本条规定并无开具增值税普通发票的时间限制。一般纳税人向其他个人销售自行开发的房地产项目,不得开具增值税专用发票。

(二)房地产开发企业中的小规模纳税人,销售自行开发的房地产项目,按照 5% 的征收率计税。

发票开具:小规模纳税人销售自行开发的房地产项目,自行开具增值税普通发票。购买方需要增值税专用发票的,小规模纳税人向主管国税机关申请代开。小规模纳税人销售自行开发的房地产项目,其 2016 年 4 月 30 日前收取并已向主管地税机关申报缴纳营业税的预收款,未开具营业税发票的,可以开具增值税普通发票,不得申请代开增值税专用发票,本条规定并无开具增值税普通发票的时间限制。小规模纳税人向其他个人销售自行开发的房地产项目,不得申请代开增值税专用发票。

第三节　金融服务

一、金融商品转让业务发票开具规定

金融商品转让,按照卖出价扣除买入价后的余额为销售额。

发票开具:金融商品转让,不得开具增值税专用发票。

二、汇总纳税的金融机构发票开具规定

采取汇总纳税的金融机构,省、自治区所辖地市以下分支机构可以使用地市级机构统一领取的增值税专用发票、增值税普通发票、增值税电子普通发票;直辖市、计划单列市所辖区县及以下分支机构可以使用直辖市、计划单列市机构统一领取的增值税专用发票、增值税普

通发票、增值税电子普通发票。

三、保险服务发票开具规定

（一）保险机构作为车船税扣缴义务人，在代收车船税并开具增值税发票时，应在增值税发票备注栏中注明代收车船税税款信息。具体包括：保险单号、税款所属期（详细至月）、代收车船税金额、滞纳金金额、金额合计等。该增值税发票可作为纳税人缴纳车船税及滞纳金的会计核算原始凭证。

（二）为自然人提供的保险服务不得开具增值税专用发票，可以开具增值税普通发票。

四、个人代理人汇总代开具体规定

（一）接受税务机关委托代征税款的保险企业，向个人保险代理人支付佣金费用后，可代个人保险代理人统一向主管国税机关申请汇总代开增值税普通发票或增值税专用发票。

（二）保险企业代个人保险代理人申请汇总代开增值税发票时，应向主管国税机关出具个人保险代理人的姓名、身份证号码、联系方式、付款时间、付款金额、代征税款的详细清单。

保险企业应将个人保险代理人的详细信息，作为代开增值税发票的清单，随发票入账。

（三）主管国税机关为个人保险代理人汇总代开增值税发票时，应在备注栏内注明"个人保险代理人汇总代开"字样。

（四）证券经纪人、信用卡和旅游等行业的个人代理人比照上述规定执行。

第四节 生活服务业

一、住宿业发票开具规定

月销售额超过3万元（或季销售额超过9万元）的住宿业增值税小规模纳税人，提供住宿服务、销售货物或发生其他应税行为，需要开具增值税专用发票的，通过新系统自行开具，主管国税机关不再为其代开。

月销售额超过3万元（或季销售额超过9万元）的住宿业增值税小规模纳税人销售其取得的不动产，需要开具增值税专用发票的，仍须向地税机关申请代开。

二、旅游服务发票开具规定

全面推开营业税改征增值税试点纳税人提供旅游服务，可以选择以取得的全部价款和价外费用，扣除向旅游服务购买方收取并支付给其他单位或者个人的住宿费、餐饮费、交通费、签证费、门票费和支付给其他接团旅游企业的旅游费用后的余额为销售额。

发票开具：选择上述办法计算销售额的试点纳税人，向旅游服务购买方收取并支付的上述费用，不得开具增值税专用发票，可以开具增值税普通发票。

三、教育辅助服务发票开具规定

境外单位通过教育部考试中心及其直属单位在境内开展考试，教育部考试中心及其直属单位应以取得的考试费收入扣除支付给境外单位考试费后的余额为销售额，按提供"教育辅助服务"缴纳增值税；就代为收取并支付给境外单位的考试费统一扣缴增值税。

发票开具：教育部考试中心及其直属单位代为收取并支付给境外单位的考试费，不得开具增值税专用发票，可以开具增值税普通发票。

第五节 部分现代服务

一、不动产租赁业务发票开具规定

个人出租住房，应按照5%的征收率减按1.5%计算应纳税额。

发票开具:纳税人自行开具或者税务机关代开增值税发票时,通过新系统中征收率减按1.5%征收开票功能,录入含税销售额,系统自动计算税额和不含税金额,发票开具不应与其他应税行为混开。

二、物业管理服务发票开具规定

提供物业管理服务的纳税人,向服务接受方收取的自来水水费,以扣除其对外支付的自来水水费后的余额为销售额,按照简易计税办法依3%的征收率计算缴纳增值税。

发票开具:纳税人可以按3%向服务接受方开具增值税专用发票或增值税普通发票。

三、劳务派遣服务发票开具规定

(一)一般纳税人提供劳务派遣服务,可以选择差额纳税,以取得的全部价款和价外费用,扣除代用工单位支付给劳务派遣员工的工资、福利和为其办理社会保险及住房公积金后的余额为销售额,按照简易计税方法依5%的征收率计算缴纳增值税。

(二)小规模纳税人提供劳务派遣服务,可以选择差额纳税,以取得的全部价款和价外费用,扣除代用工单位支付给劳务派遣员工的工资、福利和为其办理社会保险及住房公积金后的余额为销售额,按照简易计税方法依5%的征收率计算缴纳增值税。

发票开具:纳税人提供劳务派遣服务,选择差额纳税的,向用工单位收取用于支付给劳务派遣员工工资、福利和为其办理社会保险及住房公积金的费用,不得开具增值税专用发票,可以开具增值税普通发票。

纳税人提供安全保护服务,比照劳务派遣服务政策执行。

四、人力资源外包服务发票开具规定

纳税人提供人力资源外包服务,按照经纪代理服务缴纳增值税,其销售额不包括受客户单位委托代为向客户单位员工发放的工资和代理缴纳的社会保险、住房公积金。

发票开具:纳税人提供人力资源外包服务,向委托方收取并代为发放的工资和代理缴纳的社会保险、住房公积金,不得开具增值税专用发票,可以开具增值税普通发票。

五、经纪代理服务发票开具规定

(一)经纪代理服务,以取得的全部价款和价外费用,扣除向委托方收取并代为支付的政府性基金或者行政事业性收费后的余额为销售额。

发票开具:向委托方收取并代为支付的政府性基金或者行政事业性收费不得开具增值税专用发票,但可以开具增值税普通发票。

(二)纳税人提供签证代理服务,以取得的全部价款和价外费用,扣除向服务接受方收取并代为支付给外交部和外国驻华使(领)馆的签证费、认证费后的余额为销售额。

发票开具:纳税人向服务接受方收取并代为支付的签证费、认证费,不得开具增值税专用发票,可以开具增值税普通发票。

(三)纳税人代理进口按规定免征进口增值税的货物,其销售额不包括向委托方收取并代为支付的货款。

发票开具:向委托方收取并代为支付的款项,不得开具增值税专用发票,可以开具增值税普通发票。

六、鉴证咨询业发票开具规定

月销售额超过3万元(或季销售额超过9万元)的鉴证咨询业增值税小规模纳税人提供认证服务、鉴证服务、咨询服务、销售货物或发生其他增值税应税行为,需要开具增值税专用发票的,可以通过新系统自行开具,主管国税机关不再为其代开。

月销售额超过3万元(或季销售额超过9万元)的鉴证咨询业增值税小规模纳税人销售其取得的不动产,需要开具增值税专用发票的,仍须向地税机关申请代开。

第六节 交通运输服务

一、货物运输服务发票开具基本规定

纳税人提供货物运输服务,使用增值税专用发票和增值税普通发票,开具发票时应将起运地、到达地、车种车号以及运输货物信息等内容填写在发票备注栏中,如内容较多可另附清单。

二、铁路运输企业发票开具规定

铁路运输企业受托代征的印花税款信息,可填写在发票备注栏中。中国铁路总公司及其所属运输企业(含分支机构)提供货物运输服务,可自2015年11月1日起使用增值税专用发票和增值税普通发票,所开具的铁路货票、运费杂费收据可作为发票清单使用。

第七节 税务机关代开发票

一、国税机关代开发票具体规定

(一)国税机关代开发票岗位应按下列要求填开增值税发票:

1."单价"和"金额"栏分别填写不含增值税税额的单价和销售额;

2."税率"栏填写增值税征收率。

3."销售方名称"栏填写代开税务机关名称;

4."销售方纳税人识别号"栏填写代开税务机关的统一代码。

5."销售方开户行及账号"栏填写税收完税凭证字轨及号码或系统税票号码(免税代开增值税普通发票可不填写)。

6.备注栏

(1)备注栏内注明纳税人名称和纳税人识别号。

(2)税务机关为跨县(市、区)提供不动产经营租赁服务、建筑服务的小规模纳税人(不包括其他个人),代开增值税发票时,在发票备注栏中自动打印'YD'字样。

(3)税务机关为纳税人代开建筑服务发票时应在发票的备注栏注明建筑服务发生地县(市、区)名称及项目名称。

(4)税务机关为个人保险代理人汇总代开增值税发票时,应在备注栏内注明"个人保险代理人汇总代开"字样。

(5)税务机关为出售或出租不动产代开发票时应在备注栏注明不动产的详细地址。

7.代开增值税普通发票的,购买方为自然人或符合下列4项条件之一的单位(机构),纳税人识别号可不填写:

(1)我国在境外设立的组织机构;

(2)非常设组织机构;

(3)组织机构的内设机构;

(4)军队、武警部队的序列单位等。

(二)国税机关发票代开办理流程

1.在地税局委托国税局代征税费的办税服务厅,纳税人按照以下次序办理:

(1)在国税局办税服务厅指定窗口:

① 提交《代开增值税发票缴纳税款申报单》;

② 自然人申请代开发票,提交身份证件及复印件;

其他纳税人申请代开发票,提交加载统一社会信用代码的营业执照(或税务登记证或组织机构代码证)、经办人身份证件及复印件。

(2)在同一窗口申报缴纳增值税等有关税费。

(3)在同一窗口领取发票。

2.在国税地税合作、共建的办税服务厅,纳税人按照以下次序办理:

(1)在办税服务厅国税指定窗口:

① 提交《代开增值税发票缴纳税款申报单》;

② 自然人申请代开发票,提交身份证件及复印件;

其他纳税人申请代开发票,提交加载统一社会信用代码的营业执照(或税务登记证或组织机构代码证)、经办人身份证件及复印件。

(2)在同一窗口缴纳增值税。

(3)到地税指定窗口申报缴纳有关税费。

(4)到国税指定窗口凭相关缴纳税费证明领取发票。

二、地税机关代开发票具体规定

增值税小规模纳税人销售其取得的不动产以及其他个人出租不动产,购买方或承租方不属于其他个人的,纳税人缴纳增值税后可以向地税机关申请代开增值税专用发票。不能自开增值税普通发票的小规模纳税人销售其取得的不动产,以及其他个人出租不动产,可以向地税机关申请代开增值税普通发票。

地税机关代开发票岗位应按下列要求填开增值税发票:

(一)"税率"栏填写增值税征收率。免税、差额征税以及其他个人出租其取得的不动产适用优惠政策减按1.5%征收的,"税率"栏自动打印"＊＊＊";

(二)"销售方名称"栏填写代开地税局名称;

(三)"销售方纳税人识别号"栏填写代开发票地税局代码;

(四)"销售方开户行及账号"栏填写税收完税凭证字轨及号码(免税代开增值税普通发票可不填写);

(五)备注栏填写销售或出租不动产纳税人的名称、纳税人识别号(或者组织机构代码)、不动产的详细地址;

(六)差额征税代开发票,通过系统中差额征税开票功能,录入含税销售额(或含税评估额)和扣除额,系统自动计算税额和金额,备注栏自动打印"差额征税"字样;

(七)纳税人销售其取得的不动产代开发票,"货物或应税劳务、服务名称"栏填写不动产名称及房屋产权证书号码,"单位"栏填写面积单位;

(八)按照核定计税价格征税的,"金额"栏填写不含税计税价格,备注栏注明"核定计税价格,实际成交含税金额×××元"。

(九)其他项目按照增值税发票填开的有关规定填写。

(十)代开发票部门应在代开增值税发票的备注栏上,加盖地税代开发票专用章。

第八节 其他开具规定

一、差额征税发票开具规定

纳税人或者税务机关通过新系统中差额征税开票功能开具增值税发票时,录入含税销售额(或含税评估额)和扣除额,系统自动计算税额和不含税金额,备注栏自动打印"差额征税"

字样,发票开具不应与其他应税行为混开。

二、电子发票开具规定

(一)使用增值税电子普通发票的纳税人应通过增值税电子发票系统开具。

(二)增值税电子普通发票的开票方和受票方需要纸质发票的,可以自行打印增值税电子普通发票的版式文件,其法律效力、基本用途、基本使用规定等与税务机关监制的增值税普通发票相同。

三、机动车销售统一发票开具规定

(一)纳税人从事机动车(旧机动车除外)零售业务须开具机动车销售统一发票。

(二)"纳税人识别号"栏内打印购买方纳税人识别号,如购买方需要抵扣增值税税款,该栏必须填写。

(三)填写"购买方名称及身份证号码/组织机构代码"栏时,"身份证号码/组织机构代码"应换行打印在"购买方名称"的下方。

(四)"完税凭证号码"栏内打印代开机动车销售统一发票时对应开具的增值税完税证号码,自开机动车销售统一发票时此栏为空。

(五)纳税人销售免征增值税的机动车,通过新系统开具时应在机动车销售统一发票"增值税税率或征收率"栏选填"免税",机动车销售统一发票"增值税税率或征收率"栏自动打印显示"免税","增值税税额"栏自动打印显示"＊＊＊";机动车销售统一发票票面"不含税价"栏和"价税合计"栏填写金额相等。

(六)如发生退货的,应在价税合计的大写金额第一字前加"负数"字,在小写金额前加"一"号。

(七)纳税人丢失机动车销售统一发票的,如在办理车辆登记和缴纳车辆购置税手续前丢失的,应先按照以下程序办理补开机动车销售统一发票的手续,再按已丢失发票存根联的信息开红字发票。

补开机动车销售统一发票的具体程序为:1.丢失机动车销售统一发票的消费者到机动车销售单位取得机动车销售统一发票存根联复印件(加盖销售单位发票专用章);2.到机动车销售方所在地主管税务机关盖章确认并登记备案;3.由机动车销售单位重新开具与原机动车销售统一发票存根联内容一致的机动车销售统一发票。

四、收购业务发票开具规定

纳税人通过新系统使用增值税普通发票开具收购发票,系统在发票左上角自动打印"收购"字样。

五、稀土企业发票开具规定

(一)从事稀土产品生产、商贸流通的增值税一般纳税人必须通过新系统开具增值税专用发票和增值税普通发票。

(二)销售稀土产品必须开具增值税专用发票,增值税专用发票的"货物或应税劳务"栏内容通过系统中的稀土产品目录库选择,"单位"栏选择公斤或吨,"数量"栏按照折氧化物计量填写,系统在发票左上角自动打印"XT"字样。

(三)销售稀土产品以及其他货物或应税劳务,应当分别开具发票。销售稀土矿产品和稀土冶炼分离产品也应当分别开具发票,不得在同一张发票上混开。

(四)不得汇总开具增值税专用发票。

六、预付卡业务发票开具规定

(一)单用途商业预付卡(以下简称"单用途卡")业务按照以下规定执行:

1. 单用途卡发卡企业或者售卡企业(以下统称"售卡方")销售单用途卡,或者接受单用途卡持卡人充值取得的预收资金,不缴纳增值税。售卡方可按照规定,向购卡人、充值人开具增值税普通发票,不得开具增值税专用发票。

2. 持卡人使用单用途卡购买货物或服务时,货物或者服务的销售方应按照现行规定缴纳增值税,且不得向持卡人开具增值税发票。

3. 销售方与售卡方不是同一个纳税人的,销售方在收到售卡方结算的销售款时,应向售卡方开具增值税普通发票,并在备注栏注明"收到预付卡结算款",不得开具增值税专用发票。

售卡方从销售方取得的增值税普通发票,作为其销售单用途卡或接受单用途卡充值取得预收资金不缴纳增值税的凭证,留存备查。

(二)支付机构预付卡(以下简称"多用途卡")业务按照以下规定执行:

1. 支付机构销售多用途卡取得的等值人民币资金,或者接受多用途卡持卡人充值取得的充值资金,不缴纳增值税。支付机构可按照规定,向购卡人、充值人开具增值税普通发票,不得开具增值税专用发票。

2. 持卡人使用多用途卡,向与支付机构签署合作协议的特约商户购买货物或服务,特约商户应按照现行规定缴纳增值税,且不得向持卡人开具增值税发票。

3. 特约商户收到支付机构结算的销售款时,应向支付机构开具增值税普通发票,并在备注栏注明"收到预付卡结算款",不得开具增值税专用发票。

支付机构从特约商户取得的增值税普通发票,作为其销售多用途卡或接受多用途卡充值取得预收资金不缴纳增值税的凭证,留存备查。

(三)发售加油卡、加油凭证销售成品油的纳税人(以下简称"预售单位")在售卖加油卡、加油凭证时,应按预收账款方法作相关账务处理,不征收增值税。

预售单位在发售加油卡或加油凭证时可开具普通发票,如购油单位要求开具增值税专用发票,待用户凭卡或加油凭证加油后,根据加油卡或加油凭证回笼记录,向购油单位开具增值税专用发票。接受加油卡或加油凭证销售成品油的单位与预售单位结算油款时,接受加油卡或加油凭证销售成品油的单位根据实际结算的油款向预售单位开具增值税专用发票。

七、不征收增值税项目发票开具规定

商品和服务税收分类与编码的"6 未发生销售行为的不征税项目",用于纳税人收取款项但未发生销售货物、应税劳务、服务、无形资产或不动产的情形。

"未发生销售行为的不征税项目"下设 601"预付卡销售和充值"、602"销售自行开发的房地产项目预收款"、603"已申报缴纳营业税未开票补开票"。

使用"未发生销售行为的不征税项目"编码,发票税率栏应填写"不征税",不得开具增值税专用发票。

国家税务总局关于增值税发票开具有关问题的公告

2017 年 5 月 19 日 国家税务总局公告 2017 年第 16 号

为进一步加强增值税发票管理,保障全面推开营业税改征增值税试点工作顺利实施,保护纳税人合法权益,营造健康公平的税收环境,现将增值税发票开具有关问题公告如下:

一、自 2017 年 7 月 1 日起,购买方为企业的,索取增值税普通发票时,应向销售方提供纳税人识别号或统一社会信用代码;销售方为其开具增值税普通发票时,应在"购买方纳税人识别号"栏填写购买方的纳税人识别号或统一社会信用代码。不符合规定的发票,不得作为税收凭证。

本公告所称企业,包括公司、非公司制企业法人、企业分支机构、个人独资企业、合伙企业和其他企业。

二、销售方开具增值税发票时,发票内容应按照实际销售情况如实开具,不得根据购买方要求填开与实际交易不符的内容。销售方开具发票时,通过销售平台系统与增值税发票税控系统后台对接,导入相关信息开票的,系统导入的开票数据内容应与实际交易相符,如不相符应及时修改完善销售平台系统。

特此公告。

国家税务总局办公厅关于《国家税务总局关于增值税发票开具有关问题的公告》的解读

一、发布本公告的背景是什么?

为进一步加强增值税发票管理,保障全面推开营业税改征增值税试点工作顺利实施,保护纳税人合法权益,营造健康公平的税收环境,明确增值税发票开具有关问题,发布本公告。

二、本公告对增值税发票开具方面有何要求?

(一)自 2017 年 7 月 1 日起,购买方为企业的,索取增值税普通发票时,应向销售方提供纳税人识别号或统一社会信用代码;销售方为其开具增值税普通发票时,应在"购买方纳税人识别号"栏填写购买方的纳税人识别号或统一社会信用代码。不符合规定的发票,不得作为税收凭证用于办理涉税业务,如计税、退税、抵免等。

本公告所称企业,包括公司、非公司制企业法人、企业分支机构、个人独资企业、合伙企业和其他企业。

(二)《中华人民共和国发票管理办法》规定,销售方开具发票时,应如实开具与实际经营业务相符的发票。购买方取得发票时,不得要求变更品名和金额。但是目前发现部分销售方允许购买方可通过其销售平台,自行选择需要开具发票的商品服务名称等内容,并按照购买方的要求开具与实际经营业务不符的发票。对此问题,本公告再次明确,销售方开具增值税发票时,发票内容应按照实际销售情况如实开具,不得根据购买方要求填开与实际交易不符的内容。销售方开具发票时,通过销售平台系统与增值税发票税控系统后台对接,导入相关信息开票的,系统导入的开票数据内容应与实际交易相符,如不相符应及时修改完善销售平台系统。

国家税务总局关于增值税发票管理若干事项的公告

2017 年 12 月 18 日　国家税务总局公告 2017 年第 45 号

为了贯彻落实党中央、国务院关于优化营商环境和推进"放管服"改革的系列部署,提升增值税发票服务水平,营造更加规范公平的税收环境,现将增值税发票管理若干事项公告如下:

一、推行商品和服务税收分类编码简称

自 2018 年 1 月 1 日起,纳税人通过增值税发票管理新系统开具增值税发票(包括:增值税专用发票、增值税普通发票、增值税电子普通发票)时,商品和服务税收分类编码对应的简称会自动显示并打印在发票票面"货物或应税劳务、服务名称"或"项目"栏次中。包含简称的《商品和服务税收分类编码表》见附件。

二、扩大增值税小规模纳税人自行开具增值税专用发票试点范围

自2018年2月1日起，月销售额超过3万元（或季销售额超过9万元）的工业以及信息传输、软件和信息技术服务业增值税小规模纳税人（以下简称试点纳税人）发生增值税应税行为，需要开具增值税专用发票的，可以通过增值税发票管理新系统自行开具。

试点纳税人销售其取得的不动产，需要开具增值税专用发票的，应当按照有关规定向地税机关申请代开。

试点纳税人应当在规定的纳税申报期内将所开具的增值税专用发票所涉及的税款，向主管税务机关申报缴纳。在填写增值税纳税申报表时，应当将当期开具增值税专用发票的销售额，按照3%和5%的征收率，分别填写在《增值税纳税申报表》（小规模纳税人适用）第2栏和第5栏"税务机关代开的增值税专用发票不含税销售额"的"本期数"相应栏次中。

注释：根据《国家税务总局关于扩大小规模纳税人自行开具增值税专用发票试点范围等事项的公告》（2019年2月3日，国家税务总局公告2019年第8号）规定，本文第二条自2019年3月1日起废止。

三、将二手车销售统一发票纳入增值税发票管理新系统

自2018年4月1日起，二手车交易市场、二手车经销企业、经纪机构和拍卖企业应当通过增值税发票管理新系统开具二手车销售统一发票。

二手车销售统一发票"车价合计"栏次仅注明车辆价款。二手车交易市场、二手车经销企业、经纪机构和拍卖企业在办理过户手续过程中收取的其他费用，应当单独开具增值税发票。

通过增值税发票管理新系统开的二手车销售统一发票与现行二手车销售统一发票票样保持一致。发票代码编码规则调整为：第1位为0，第2～5位代表省、自治区、直辖市和计划单列市，第6～7位代表年度，第8～10位代表批次，第11～12位为17。发票号码为8位，按年度、分批次编制。

单位和个人可以登录全国增值税发票查验平台（https://inv-veri.chinatax.gov.cn），对增值税发票管理新系统开具的二手车销售统一发票信息进行查验。

《国家税务总局关于全面推开营业税改征增值税试点有关税收征收管理事项的公告》（国家税务总局公告2016年第23号）的附件《商品和服务税收分类与编码（试行）》自2018年1月1日起废止。《国家税务总局关于统一二手车销售发票式样问题的通知》（国税函〔2005〕693号）第六条、第八条、第七条中的"各地地税局印制的涉及二手车交易的服务业发票按上述时间同时启用"自2018年4月1日起废止。

特此公告。

附件：商品和服务税收分类编码表（略）

国家税务总局办公厅关于《国家税务总局关于增值税发票管理若干事项的公告》的解读

一、发布本公告的背景是什么？

为了贯彻落实党中央、国务院关于优化营商环境和推进"放管服"改革的系列部署，提升

增值税发票服务水平,营造更加规范公平的税收环境,发布本公告。

二、商品和服务税收分类编码简称是什么?

自 2016 年 5 月 1 日起,税务总局在全国范围内推行了商品和服务税收分类编码。为了方便纳税人准确选择商品和服务税收分类编码,税务总局编写了商品和服务税收分类编码简称。自 2018 年 1 月 1 日起,纳税人通过增值税发票管理新系统开具增值税发票(包括:增值税专用发票、增值税普通发票、增值税电子普通发票)时,商品和服务税收分类编码对应的简称会自动显示并打印在发票票面"货物或应税劳务、服务名称"或"项目"栏次中。

例如:纳税人销售黄金项链,在开具增值税发票时输入的商品名称为"黄金项链",选择的商品和服务税收分类编码为"金银珠宝首饰"。该分类编码对应的简称为"珠宝首饰",则增值税发票票面上会显示并打印"＊珠宝首饰＊黄金项链"。如果纳税人错误选择其他分类编码,发票票面上将会出现类似"＊钢材＊黄金项链"或"＊电子计算机＊黄金项链"的明显错误。

三、增值税小规模纳税人自行开具增值税专用发票试点有哪些新行业?

自 2016 年 8 月 1 日起,税务总局陆续开展了增值税小规模纳税人自行开具增值税专用发票试点工作。目前,试点工作已覆盖住宿业、鉴证咨询业、建筑业等三个行业,试点情况平稳顺利,纳税人反映良好。为进一步激发市场主体创业创新活力,促进小微企业发展,税务总局决定,自 2018 年 2 月 1 日起,将工业以及信息传输、软件和信息技术服务业增值税小规模纳税人纳入自行开具增值税专用发票试点范围。试点纳税人可以选择自行开具增值税专用发票或者向国税机关申请代开。已经选择自行开具增值税专用发票的增值税小规模纳税人,国税机关不再为其代开。

四、为什么要将二手车销售统一发票纳入增值税发票管理新系统?

自 2015 年 1 月 1 日起,税务总局推行了增值税发票管理新系统。为了扩大增值税发票管理新系统覆盖范围,提升二手车销售统一发票服务水平,税务总局决定,自 2018 年 4 月 1 日起,将二手车销售统一发票纳入增值税发票管理新系统管理。单位和个人可以登录全国增值税发票查验平台,查验通过增值税发票管理新系统开具的二手车销售统一发票信息真伪。

国家税务总局货物和劳务税司有关负责人就推行商品和服务税收分类编码简称有关问题答问

2018 年 1 月 9 日　国家税务总局货物和劳务税司

2017 年 12 月,国家税务总局印发了《关于增值税发票管理若干事项的公告》(国家税务总局公告 2017 年第 45 号),明确自 2018 年 1 月 1 日起推行商品和服务税收分类编码简称。现就实施中的有关问题回答如下:

一、为什么推行商品和服务税收分类编码简称?

为了方便纳税人准确选择商品和服务税收分类编码,税务总局编写了商品和服务税收分类编码简称。纳税人通过升级后的增值税发票管理新系统开具增值税发票时,商品和服务税收分类编码对应的简称会自动显示并打印在发票票面"货物或应税劳务、服务名称"或"项目"栏次中。

二、未打印商品和服务税收分类编码简称的增值税发票能否正常使用？

由于纳税人众多,系统升级需要一个过程,部分纳税人因未进行系统升级导致开具的增值税发票票面上未打印商品和服务税收分类编码简称。未打印商品和服务税收分类编码简称的增值税发票可以正常使用,无需重新开具。

纳税人应当尽快进行系统升级,对于无法自行升级的纳税人,税务部门和税控服务单位将提供帮助。税务部门已经并还将进一步采取措施,为纳税人开具发票提供更多便利。

交通运输部　国家税务总局关于收费公路通行费增值税电子普通发票开具等有关事项的公告

2017 年 12 月 25 日　交通运输部　国家税务总局公告 2017 年第 66 号

为了推进物流业降本增效、进一步提升收费公路服务水平,现将收费公路通行费增值税电子普通发票(以下简称通行费电子发票)开具等有关事项公告如下:

一、通行费电子发票编码规则

通行费电子发票的发票代码为 12 位,编码规则:第 1 位为 0,第 2～5 位代表省、自治区、直辖市和计划单列市,第 6～7 位代表年度,第 8～10 位代表批次,第 11～12 位为 12;发票号码为 8 位,按年度、分批次编制。

通行费电子发票票样见附件。

二、通行费电子发票开具流程

(一)办理 etc 卡或用户卡。etc 卡或用户卡是指面向社会公开发行的用于记录用户、车辆信息的 ic 卡,其中 etc 卡具有收费公路通行费电子交费功能。客户可以携带有效身份证件及车辆行驶证前往 etc 客户服务网点办理 etc 卡或用户卡,具体办理要求请咨询各省(区、市)etc 客户服务机构。

(二)发票服务平台账户注册。客户登录发票服务平台网站 www. txffp. com 或"票根"app,凭手机号码、手机验证码免费注册,并按要求设置购买方信息。客户如需变更购买方信息,应当于发生充值或通行交易前变更,确保开票信息真实准确。

(三)绑定 etc 卡或用户卡。客户登录发票服务平台,填写 etc 卡或用户卡办理时的预留信息(开户人名称、证件类型、证件号码、手机号码等),经校验无误后,完成 etc 卡或用户卡绑定。

(四)发票开具。客户登录发票服务平台,选取需要开具发票的充值或消费交易记录,申请生成通行费电子发票。发票服务平台免费向用户提供通行费电子发票及明细信息下载、转发、预览、查询等服务。

三、通行费电子发票开具规定

(一)通行费电子发票分为以下两种:

1. 左上角标识"通行费"字样,且税率栏次显示适用税率或征收率的通行费电子发票(以下称征税发票)。

2. 左上角无"通行费"字样,且税率栏次显示"不征税"的通行费电子发票(以下称不征税发票)。

（二）etc 后付费客户和用户卡客户索取发票的，通过经营性收费公路的部分，在发票服务平台取得由收费公路经营管理单位开具的征税发票；通过政府还贷性收费公路的部分，在发票服务平台取得暂由 etc 客户服务机构开具的不征税发票。

（三）etc 预付费客户可以自行选择在充值后索取发票或者实际发生通行费用后索取发票。

在充值后索取发票的，在发票服务平台取得由 etc 客户服务机构全额开具的不征税发票，实际发生通行费用后，etc 客户服务机构和收费公路经营管理单位均不再向其开具发票。

客户在充值后未索取不征税发票，在实际发生通行费用后索取发票的，通过经营性收费公路的部分，在发票服务平台取得由收费公路经营管理单位开具的征税发票；通过政府还贷性收费公路的部分，在发票服务平台取得暂由 etc 客户服务机构开具的不征税发票。

（四）未办理 etc 卡或用户卡的现金客户，暂按原有方式交纳通行费和索取票据。

（五）客户使用 etc 卡或用户卡通行收费公路并交纳通行费的，可以在实际发生通行费用后第 10 个自然日（遇法定节假日顺延）起，登录发票服务平台，选择相应通行记录取得通行费电子发票；客户可以在充值后实时登录发票服务平台，选择相应充值记录取得通行费电子发票。

（六）发票服务平台应当将通行费电子发票对应的通行明细清单留存备查。

四、通行费电子发票其他规定

（一）增值税一般纳税人取得符合规定的通行费电子发票后，应当自开具之日起360日内登录本省（区、市）增值税发票选择确认平台，查询、选择用于申报抵扣的通行费电子发票信息。

按照有关规定不适用网络办税的特定纳税人，可以持税控设备前往主管国税机关办税服务厅，由税务机关工作人员通过增值税发票选择确认平台（税务局端）为其办理通行费电子发票选择确认。

收费公路通行费增值税进项税额抵扣政策按照国务院财税主管部门有关规定执行。

（二）增值税一般纳税人申报抵扣的通行费电子发票进项税额，在纳税申报时应当填写在《增值税纳税申报表附列资料（二）》（本期进项税额明细）中"认证相符的增值税专用发票"相关栏次中。

（三）单位和个人可以登录全国增值税发票查验平台（https://inv-veri.chinatax.gov.cn），对通行费电子发票信息进行查验。

五、平台上线和业务咨询

2017 年 12 月 25 日起，发票服务平台注册及绑卡功能正式上线。2018 年 1 月 1 日以后使用 etc 卡或用户卡交纳的通行费，以及 etc 卡充值费可以开具通行费电子发票，不再开具纸质票据。

客户可以拨打热线电话进行业务咨询与投诉。发票服务平台热线：95022；各省（区、市）etc 客户服务机构热线电话可以登录发票服务平台查询。

本公告自 2018 年 1 月 1 日起施行。

附件：收费公路通行费增值税电子普通发票票样

附件

收费公路通行费增值税电子普通发票票样

XX增值税电子普通发票

发票代码：
发票号码：
开票日期：
校验码：

机器编号：

购买方	名　　称：							密码区		
	纳税人识别号：									
	地　址、电　话：									
	开户行及账号：									
项目名称	车牌号	类型	通行日期始	通行日期止	金额	税率	税额
合　计							
价税合计(大写)				(小写)			
销售方	名　　称：							备注		
	纳税人识别号：									
	地　址、电　话：									
	开户行及账号：									

收款人：　　　　　复核：　　　　　开票人：　　　　　销售方：(章)

国家税务总局关于水资源费改税后城镇公共供水企业增值税发票开具问题的公告

2017 年 12 月 25 日　国家税务总局公告 2017 年第 47 号

根据《财政部 税务总局 水利部关于印发〈扩大水资源税改革试点实施办法〉的通知》(财税〔2017〕80 号)有关规定,现对城镇公共供水企业开具增值税普通发票问题,公告如下：

原对城镇公共供水用水户在基本水价(自来水价格)外征收水资源费的试点省份,在水资源费改税试点期间,按照不增加城镇公共供水企业负担的原则,城镇公共供水企业缴纳的水资源税所对应的水费收入,不计征增值税,按"不征税自来水"项目开具增值税普通发票。

本公告自 2017 年 12 月 1 日起施行。

特此公告。

国家税务总局办公厅关于《国家税务总局关于水资源费改税后城镇公共供水企业增值税发票开具问题的公告》的解读

根据《财政部 税务总局 水利部关于印发〈扩大水资源税改革试点实施办法〉的通知》(财税〔2017〕80 号),自 2017 年 12 月 1 日起在北京、天津、山西、内蒙古、山东、河南、四川、陕西、宁夏 9 个省份扩大实施水资源费改税试点。为确保税费制度平稳转换,财税〔2017〕80 号第 26 条规定,水资源税改革试点期间,可按税费平移原则对城镇公共供水征收水资源税,不增加居民生活用水和城镇公共供水企业负担。

改革前,部分试点省份对城镇公共供水的用水户征收水资源费。在城镇公共供水企业销售自来水而向用水户收取的水费中,基本水价部分向用水户开具增值税发票,计征增值税;水资源费部分向用水户开具财政专用收费票据,不计征增值税。水资源费改为水资源税并由城镇公共供水企业缴纳后,为落实中央关于不增加城镇公共供水企业负担的改革试点精神,公告明确,在水资源费改税试点期间,城镇公共供水企业缴纳的水资源税所对应的水费收入,仍不计征增值税。

考虑到水资源费改税后,城镇公共供水企业不能再开具财政专用收费票据,其缴纳的水资源税所对应的水费收入,应向用水户(不包括转供水户)开具增值税普通发票。为此,国家税务总局在增值税发票管理新系统不征税项目下增加了"不征税自来水"项目及编码。城镇公共供水企业在销售自来水时,发票的开具方法如下:

1. 开具普通发票的,应分为两项:原计征增值税的自来水水费部分,继续按3%计征增值税;水资源费平移为水资源税部分,在货物劳务名称栏填开"不征税自来水",在税率栏选择"不征税",税额栏显示为"＊＊＊"。

2. 对于需要抵扣进项税额的取用水户,原计征增值税的自来水水费部分,继续按3%计征增值税,通过增值税发票管理新系统单独开具增值税专用发票,可抵扣进项税额;水资源费平移为水资源税部分,开具增值税普通发票,不需要进行进项税额抵扣。

国家税务总局关于稀土企业等汉字防伪项目企业开具增值税发票有关问题的公告

2019 年 3 月 18 日　国家税务总局公告 2019 年第 13 号

为了适应稀土行业发展和税收信息化建设需要,现将稀土企业等纳入增值税汉字防伪项目管理企业开具增值税发票有关问题公告如下:

一、自 2019 年 6 月 1 日起,停用增值税防伪税控系统汉字防伪项目。

二、从事稀土产品生产、商贸流通的增值税纳税人(以下简称"稀土企业")销售稀土产品或提供稀土应税劳务、服务的,应当通过升级后的增值税发票管理系统开具稀土专用发票;销售非稀土产品或提供非稀土应税劳务、服务的,不得开具稀土专用发票。

(一)本公告所称稀土产品包括稀土矿产品、稀土冶炼分离产品、稀土金属及合金、稀土产品加工费。《稀土产品目录》详见附件。

(二)稀土专用发票开具不得使用增值税发票管理系统"销售货物或者提供应税劳务、服务清单"填开功能。稀土专用发票"货物或应税劳务、服务名称"栏应当通过增值税发票管理系统中的稀土产品目录选择,"单位"栏选择"公斤"或"吨","数量"栏按照折氧化物计量填写。增值税发票管理系统在发票左上角自动打印"XT"字样。

(三)稀土企业销售稀土矿产品、稀土冶炼分离产品、稀土金属及合金,提供稀土加工应税劳务、服务的,应当按照《稀土产品目录》的分类分别开具发票。

三、稀土企业需要开具稀土专用发票的,由主管税务机关开通增值税发票管理系统中的稀土专用发票开具功能,开票软件应当于 2019 年 6 月 1 日前完成升级,税控设备和增值税发票可以继续使用。

四、除稀土企业外,其他纳入增值税防伪税控系统汉字防伪项目管理企业使用的开票软件应当于 2019 年 6 月 1 日前升级为增值税发票管理系统,税控设备和增值税发票可以继续使用。

五、各地税务机关要做好本公告涉及企业的系统升级工作,确保相关企业通过系统顺利开具发票。各地税控服务单位要做好系统升级的技术支持服务,保障系统正常运行。

六、《国家税务总局关于将稀土企业开具的发票纳入增值税防伪税控系统汉字防伪项目管理有关问题的公告》(国家税务总局公告 2012 年第 17 号)自 2019 年 6 月 1 日起废止。

特此公告。

附件:稀土产品目录(略)

国家税务总局办公厅关于《国家税务总局关于稀土企业等纳入汉字防伪项目管理企业开具增值税发票有关问题的公告》的解读

一、发布本公告的背景是什么?

为了适应稀土行业发展和税收信息化建设需要,自 2019 年 6 月 1 日起,停用增值税防伪税控系统汉字防伪项目。为了明确稀土企业等纳入汉字防伪项目管理企业开具增值税发票的相关事项,税务总局制发本《公告》。

二、稀土企业等纳入汉字防伪项目管理企业如何开具发票?

稀土企业销售稀土产品或提供稀土应税劳务、服务的,应当通过升级后的增值税发票管理系统开具稀土专用发票;销售非稀土产品或提供非稀土应税劳务、服务的,不得开具稀土专用发票;其他纳入增值税汉字防伪项目管理的企业,使用升级后的增值税发票管理系统开具增值税发票。这两类企业开具的发票密码区将由二维码密文变更为字符密文。

三、稀土专用发票有什么开具要求?

稀土企业销售稀土产品以及其他货物或提供应税劳务、服务的,应当根据《稀土产品目录》中的分类,分别开具发票。稀土专用发票的开具不得使用增值税发票管理系统"销售货物或者提供应税劳务、服务清单"填开功能。稀土专用发票"货物或应税劳务、服务名称"栏的内容应当通过增值税发票管理系统中的稀土产品目录选择,"单位"栏选择"公斤"或"吨","数量"栏按照折氧化物计量填写。

取得稀土专用发票的纳税人,建议登录全国增值税发票查验平台进行信息查验,稀土专用发票在查验平台显示信息中左上角有"XT"字样。

国家税务总局关于扩大小规模纳税人自行开具增值税专用发票试点范围等事项的公告

2019 年 2 月 3 日　国家税务总局公告 2019 年第 8 号

为了贯彻落实党中央、国务院决策部署,进一步优化营商环境,支持民营经济和小微企业发展,便利纳税人开具和使用增值税发票,现决定扩大小规模纳税人自行开具增值税专用发票试点范围、扩大取消增值税发票认证的纳税人范围。有关事项公告如下:

一、扩大小规模纳税人自行开具增值税专用发票试点范围。将小规模纳税人自行开具增值税专用发票试点范围由住宿业，鉴证咨询业，建筑业，工业，信息传输、软件和信息技术服务业，扩大至租赁和商务服务业，科学研究和技术服务业，居民服务、修理和其他服务业。上述8个行业小规模纳税人（以下称"试点纳税人"）发生增值税应税行为，需要开具增值税专用发票的，可以自愿使用增值税发票管理系统自行开具。

试点纳税人销售其取得的不动产，需要开具增值税专用发票的，应当按照有关规定向税务机关申请代开。

试点纳税人应当就开具增值税专用发票的销售额计算增值税应纳税额，并在规定的纳税申报期内向主管税务机关申报缴纳。在填写增值税纳税申报表时，应当将当期开具增值税专用发票的销售额，按照3％和5％的征收率，分别填写在《增值税纳税申报表》（小规模纳税人适用）第2栏和第5栏"税务机关代开的增值税专用发票不含税销售额"的"本期数"相应栏次中。

二、扩大取消增值税发票认证的纳税人范围。将取消增值税发票认证的纳税人范围扩大至全部一般纳税人。一般纳税人取得增值税发票（包括增值税专用发票、机动车销售统一发票、收费公路通行费增值税电子普通发票，下同）后，可以自愿使用增值税发票选择确认平台查询、选择用于申报抵扣、出口退税或者代办退税的增值税发票信息。

增值税发票选择确认平台的登录地址由国家税务总局各省、自治区、直辖市和计划单列市税务局确定并公布。

三、本公告自2019年3月1日起施行。《国家税务总局关于纳税信用A级纳税人取消增值税发票认证有关问题的公告》（国家税务总局公告2016年第7号发布，国家税务总局公告2018年第31号修改）、《国家税务总局关于全面推开营业税改征增值税试点有关税收征收管理事项的公告》（国家税务总局公告2016年第23号发布，国家税务总局公告2018年第31号修改）第五条、《国家税务总局关于在境外提供建筑服务等有关问题的公告》（国家税务总局公告2016年第69号发布，国家税务总局公告2018年第31号修改）第十条、《国家税务总局关于按照纳税信用等级对增值税发票使用实行分类管理有关事项的公告》（国家税务总局公告2016年第71号）第二条、《国家税务总局关于开展鉴证咨询业增值税小规模纳税人自开增值税专用发票试点工作有关事项的公告》（国家税务总局公告2017年第4号发布，国家税务总局公告2018年第31号修改）、《国家税务总局关于进一步明确营改增有关征管问题的公告》（国家税务总局公告2017年第11号发布，国家税务总局公告2018年第31号修改）第九条、《国家税务总局关于增值税发票管理若干事项的公告》（国家税务总局公告2017年第45号发布，国家税务总局公告2018年第31号修改）第二条、《国家税务总局关于纳税信用评价有关事项的公告》（国家税务总局公告2018年第8号）第四条第一项同时废止。

特此公告。

国家税务总局办公厅关于《国家税务总局关于扩大小规模纳税人自行开具增值税专用发票试点范围等事项的公告》的解读

一、发布本公告的背景是什么？

为了贯彻落实党中央、国务院决策部署，进一步优化营商环境，支持民营经济和小微企业发展，便利纳税人开具和使用增值税发票，发布本公告。

二、哪些新行业纳入了小规模纳税人自行开具增值税专用发票试点范围?

自 2016 年 8 月 1 日起,税务总局开展了小规模纳税人自行开具增值税专用发票试点工作,先后将住宿业,鉴证咨询业,建筑业,工业,信息传输、软件和信息技术服务业等行业纳入试点范围。目前,试点工作运行平稳,社会各界反响良好。

为了进一步激发市场主体创业创新活力,促进民营经济和小微企业发展,税务总局决定,自 2019 年 3 月 1 日起,将租赁和商务服务业,科学研究和技术服务业,居民服务、修理和其他服务业等三个行业纳入试点范围。试点纳税人可以选择使用增值税发票管理系统自行开具增值税专用发票,或者向税务机关申请代开。选择自行开具增值税专用发票的小规模纳税人,税务机关不再为其代开。

三、未超过免征增值税标准的小规模纳税人能否自行开具增值税专用发票?

为了进一步便利小微企业开具增值税专用发票,试点行业的所有小规模纳税人均可以自愿使用增值税发票管理系统自行开具增值税专用发票,不受月销售额标准的限制。也就是说,月销售额未超过 10 万元(含本数,以 1 个季度为 1 个纳税期的,季度销售额未超过 30 万元)的试点行业小规模纳税人,发生增值税应税行为,需要开具增值税专用发票的,可以选择使用增值税发票管理系统自行开具。自行开具增值税专用发票的小规模纳税人也可以自行开具增值税普通发票。

根据现行规定,小规模纳税人开具增值税专用发票对应的销售额,需要计算缴纳增值税。纳税人购买增值税税控系统专用设备支付的费用以及缴纳的技术维护费可以按照有关规定在增值税应纳税额中全额抵减。

四、为什么要扩大取消增值税发票认证的纳税人范围?

取消增值税发票认证,就是由手工扫描需要抵扣的纸质发票,调整为由纳税人网上选择确认需要抵扣的增值税发票电子信息,是税务系统深化"放管服"改革的重要举措。手工扫描需要抵扣的纸质发票有两种方式,一种是纳税人自行购置扫描设备进行网上认证,另一种是前往办税服务厅办理发票认证。将取消增值税发票认证的纳税人范围扩大至全部一般纳税人后,能够节约纳税人因购买扫描设备产生的经济成本,减少纳税人前往税务机关认证发票所花费的时间,进一步减轻纳税人的办税负担,是税务部门推出的一项利民、惠民、便民的办税服务措施。

(八) 机动车销售统一发票

国家税务总局关于使用新版机动车销售统一发票有关问题的通知

2006 年 5 月 22 日 国税函〔2006〕479 号

各省、自治区、直辖市和计划单列市国家税务局、地方税务局,扬州税务进修学院:

为了进一步加强机动车辆税收征收管理,适应使用税控器具开具发票的需要,总局决定从 2006 年 8 月 1 日起,统一使用新版《机动车销售统一发票》。现就有关问题明确如下:

一、凡从事机动车零售业务的单位和个人,从 2006 年 8 月 1 日起,在销售机动车(不包括销售旧机动车)收取款项时,必须开具税务机关统一印制的新版《机动车销售统一发票》(以下简称《机动车发票》),并在发票联加盖财务专用章或发票专用章,抵扣联和报税联不得加盖印章。

注释: 根据《中华人民共和国发票管理办法实施细则》(2011 年 2 月 14 日,国家税务总局令第 25 号)第二十八条规定,自 2011 年 2 月 1 日起发票联必须加盖发票专用章。

二、《机动车发票》为电脑六联式发票。即第一联发票联(购货单位付款凭证),第二联抵扣联(购货单位扣税凭证),第三联报税联(车购税征收单位留存),第四联注册登记联(车辆登记单位留存),第五联记账联(销货单位记账凭证),第六联存根联(销货单位留存)。第一联印色为棕色,第二联印色为绿色,第三联印色为紫色,第四联印色为蓝色,第五联印色为红色,第六联印色为黑色。发票代码、发票号码印色为黑色。《机动车发票》规格为 241 mm ×177 mm(票样附后)。当购货单位不是增值税一般纳税人时,第二联抵扣联由销货单位留存。

三、《机动车发票》的有关内容及含义是:"机打代码"应与"发票代码"一致,"机打号码"应与"发票号码"一致;"机器编号"指税控器具的编号;"税控码"指由税控器具根据票面相关参数生成打印的密码;"身份证号码"指购车人身份证号码;"组织机构代码"指由质检(技术监督)部门颁发的企业、事业单位和社会团体统一代码;"进口证明书号"指海关货物进口证明书号码;"商检单号"指商检局进口机动车车辆随车检验单号码;"车辆识别代号"指表示机动车身份识别的统一代码(即"VIN");"价税合计"指含税(含增值税)车价;"纳税人识别号、账号、地址、开户银行"指销货单位所属信息;"增值税税率或征收率"指税收法律、法规规定的增值税税率或征收率;"增值税税额"指按照增值税税率或征收率计算出的税额,供按规定符合进项抵扣条件的增值税一般纳税人抵扣税款时使用;"不含税价"指不含增值税的车价,供税务机关计算进项抵扣税额和车辆购置税时使用,保留 2 位小数;"主管税务机关及代码"指销货单位主管税务机关及代码;"吨位"指货车核定载质量;"限乘人数"指轿车和货车限定的乘座人数。

增值税税额和不含税价计算公式:

$$增值税税额=价税合计-不含税价$$
$$不含税价=价税合计÷(1+增值税税率或征收率)$$

注释:《国家税务总局关于推行机动车销售统一发票税控系统有关工作的紧急通知》(2008 年 12 月 15 日,国税发〔2008〕117 号)第三条规定:"机动车零售企业向增值税一般纳税人销售机动车的,机动车销售统一发票'身份证号码/组织机构代码'栏统一填写购买方纳税人识别号。"

四、《机动车发票》税控码加密参数共 10 项:即开票日期、机打代码、机打号码、身份证号码/组织机构代码、车辆识别代号、价税合计、纳税人识别号、主管税务机关代码、增值税税率/征收率、增值税税额。

五、《机动车发票》开具要求

(一)《机动车发票》应使用计算机和税控器具开具。在尚未使用税控器具前,可暂使用计算机开具,填开时,暂不填写机打代码、机打号码、机器编号和税控码内容。

(二)《机动车发票》开票软件由国家税务总局统一开发,免费供机动车销售单位使用。税控器具及开票软件使用的具体规定由总局另行通知。

（三）"机打代码""机打号码""机器编号"在纳税人输入发票代码和发票号码后由开票软件自动生成；"增值税税额"和"不含税价"在选定增值税税率及征收率后由开票软件自动生成；"增值税税率及征收率"由纳税人按照税务机关的规定填开。

（四）如发生退货的，应在价税合计的大写金额第一字前加"负数"字，在小写金额前加"一"号。

（五）《机动车发票》税控码及 10 项加密参数填开的内容要保证打印在相关栏目正中，不得压格或出格。在开票过程中，发现有误的，可即时作废，并在废票全部联次监制章部位做剪口处理。

（六）如购货单位在办理车辆登记和缴纳车辆购置税手续前丢失《机动车发票》的，应先按照《国家税务总局关于消费者丢失机动车销售发票处理问题的批复》（国税函〔2006〕227 号）规定的程序办理补开《机动车发票》的手续，再按已丢失发票存根联的信息开红字发票。

六、为了保证《机动车发票》相关数据采集认证的准确性，《机动车发票》采用干式复写纸（其中报税联、抵扣联需采用 52 克，发票联、注册登记联、记账联 45 克），由各省、自治区、直辖市和计划单列市国家税务局指定 1 家定点企业印制；发票代码、发票号码应严格按照全国统一的编码规则编印。各地的《机动车发票》票样（一式三份）要报总局审查批准后方可投入使用，并送同级公安和工商行政管理机关备案。

注释：根据《国家税务总局关于修改部分税收规范性文件的公告》（2018 年 6 月 15 日，国家税务总局公告 2018 年第 31 号）规定，自 2018 年 6 月 15 日起，本文第六条中的"国家税务局"修改为"税务局"。

七、旧版《机动车发票》从 2006 年 8 月 1 日起停止使用；《国家税务总局关于统一机动车销售发票式样的通知》（国税发〔1998〕203 号）同时废止。

注释：根据《国家税务总局关于调整机动车销售统一发票票面内容的公告》（2014 年 5 月 16 日，国家税务总局公告 2014 年第 27 号）规定，对机动车销售统一发票票面内容进行调整。新版机动车销售统一发票自 2014 年 7 月 1 日起启用，2015 年 1 月 1 日起旧版机动车销售统一发票停止使用。

附件：机动车销售统一发票（票样）（略）

注释：根据《国家税务总局关于修改部分税收规范性文件的公告》（2018 年 6 月 15 日，国家税务总局公告 2018 年第 31 号）规定，自 2018 年 6 月 15 日起，本文附件《机动车销售统一发票（票样）》发票监制章中"国家税务局"的内容修改为"税务局"。

国家税务总局关于《机动车销售统一发票》注册登记联加盖开票单位印章问题的通知

2006 年 8 月 28 日　国税函〔2006〕813 号

各省、自治区、直辖市和计划单列市国家税务局：

根据《国家税务总局关于使用新版机动车销售统一发票有关问题的通知》（国税函〔2006〕479 号）的有关规定，在开具《机动车销售统一发票》时应在发票联加盖财务专用章或发票专用章，抵扣联和报税联不得加盖印章，对于是否在注册登记联加盖开票单位印章的问题未做明确规定。经与公安部协商,决定从 2006 年 10 月 1 日起,《机动车销售统一发票》注册登记联一律加盖开票单位印章。

注释:根据《中华人民共和国发票管理办法实施细则》(2011 年 2 月 14 日,国家税务总局令第 25 号)第二十八条规定,自 2011 年 2 月 1 日起发票联和抵扣联都必须加盖发票专用章。

国家税务总局关于推行机动车销售统一发票税控系统有关工作的紧急通知

2008 年 12 月 15 日   国税发〔2008〕117 号

各省、自治区、直辖市和计划单列市国家税务局:

根据修订的《中华人民共和国增值税暂行条例》,增值税一般纳税人购进固定资产的进项税额可以从销项税额中抵扣。为做好机动车的增值税抵扣工作,税务总局决定在全国范围内推行机动车销售统一发票税控系统(以下简称税控系统)。现将有关事项通知如下:

一、自 2009 年 1 月 1 日起,增值税一般纳税人从事机动车(应征消费税的机动车和旧机动车除外)零售业务必须使用税控系统开具机动车销售统一发票。

二、使用税控系统开具机动车销售统一发票的企业(以下称机动车零售企业),应购买税务总局验证通过的税控盘,经税务机关初始化后安装使用。

三、机动车零售企业向增值税一般纳税人销售机动车的,机动车销售统一发票"身份证号码/组织机构代码"栏统一填写购买方纳税人识别号,向其他企业或个人销售机动车的,仍按照《国家税务总局关于使用新版机动车销售统一发票有关问题的通知》(国税函〔2006〕479 号)规定填写。

四、机动车零售企业应在每月增值税纳税申报期内,向主管税务机关报送上月机动车销售统一发票的开具数据。

五、自 2009 年 1 月 1 日起,增值税一般纳税人购买机动车取得的税控系统开具的机动车销售统一发票,属于扣税范围的,应自该发票开具之日起 90 日内到税务机关认证,认证通过的可按增值税专用发票作为增值税进项税额的扣税凭证。

注释:根据《国家税务总局关于调整增值税扣税凭证抵扣期限有关问题的通知》(2009 年 11 月 9 日,国税函〔2009〕617 号)规定,本文第五条自 2010 年 1 月 1 日起废止。

六、税控系统开具的机动车销售统一发票的认证、稽核比对和异常发票的审核检查工作比照增值税专用发票有关规定执行。涉嫌偷骗税并达到立案标准的,连同相关证据材料按第三类问题登记台账后移送稽查局查处。

七、推行准备工作包括税务端运行环境准备、企业端运行环境准备、税控系统安装、培训准备和技术支持等五个方面,具体要求如下:

(一)税务端运行环境准备

税控系统税务端后台管理系统以省级集中方式部署,与货运发票税控管理系统共用所有软、硬件资源,无需另外部署软、硬件环境。

(二)企业端运行环境准备

税控系统企业端开票软件继续使用已有机动车开票软件运行环境。企业在开票前须购买税控盘,根据需要自愿购买传输盘,并前往所属税务机关进行初始化。

为确保税控系统推行工作进度,各省国税局应尽快组织税控盘/传输盘产品相关工作,确保企业能如期购置税控盘/传输盘。(税控盘/传输盘厂商信息详见附件)。

考虑到税控系统推行工作时间紧迫,并且各省地税局已推行了货运发票税控系统税控盘/传输盘,各省国税局可建议本地机动车零售企业使用与货运企业同一厂商的税控盘产品。

(三)税控系统安装

税控系统税务端和企业端软件补丁将于近日正式发布。软件发布时间、安装事宜另文通知。

(四)培训准备工作

为保证税控系统的顺利推行,税务总局将于近日组织全国各级国税局的技术、业务人员举办后台管理系统和开票软件的视频培训,具体培训时间、要求另文通知。

各省国税局应做好对企业开票软件的培训和辅导。

(五)技术支持

1. 各省税务机关应按照税务总局税务信息化运行维护体系建设的管理制度和相关规定开展本系统的运行维护支持服务工作。系统使用中如遇问题,应按照相关运维流程报税务总局呼叫中心(服务电话:4008112366)和税务总局金税工程运行维护网站(网址:http://130.9.1.248)提请技术支持。

2. 税务总局将通过百望呼叫中心(服务电话010-62466669)向纳税人免费提供机动车销售统一发票开票软件的远程技术支持服务。

3. 各厂商对税控盘/传输盘的售后支持服务,原则上参照货运发票税控系统税控盘/传输盘的要求执行。

注释:根据《国家税务总局关于修改部分税收规范性文件的公告》(2018年6月15日,国家税务总局公告2018年第31号)规定,自2018年6月15日起,本文第七条中的"国税局"和"地税局"均修改为"税务局"。

附件:税务总局验证通过的税控盘/传输盘厂商清单(略)

国家税务总局关于调整机动车销售统一发票票面内容的公告

2014年5月16日　国家税务总局公告2014年第27号

为进一步加强机动车车辆税收征收管理,做好增值税一般纳税人购进机动车的抵扣增值税进项税额有关工作,提高机动车销售统一发票数据采集、认证的准确性,税务总局决定对机动车销售统一发票的票面内容做出调整,现将有关事项公告如下:

一、机动车销售统一发票票面调整内容及填用

(一)将原"身份证号码/组织机构代码"栏调整为"纳税人识别号";"纳税人识别号"栏内打印购买方纳税人识别号,如购买方需要抵扣增值税税款,该栏必须填写,其他情况可为空。

(二)将原"购货单位(人)"栏调整为"购买方名称及身份证号码/组织机构代码"栏;"身份证号码/组织机构代码"应换行打印在"购买方名称"的下方。

（三）增加"完税凭证号码"栏；"完税凭证号码"栏内打印代开机动车销售统一发票时对应开具的增值税完税证号码，自开机动车销售统一发票时此栏为空。

（四）纳税人销售免征增值税的机动车，通过机动车销售统一发票税控系统开具时应在机动车销售统一发票"增值税税率或征收率"栏选填"0"，机动车销售统一发票"增值税税率或征收率"栏自动打印显示"＊＊＊"，"增值税税额"栏自动打印显示"＊＊＊＊＊＊"；机动车销售统一发票票面"不含税价"栏和"价税合计"栏填写金额相等。

（五）根据纳税人开票需要，增加"厂牌型号"栏宽度、压缩"车辆类型"栏宽度，并相应调整"购买方名称及身份证号码/组织机构代码""吨位"栏宽度，机动车销售统一发票联次、规格及票面所有栏次高度不变(新版机动车销售统一发票票样见附件)。

二、本公告新版机动车销售统一发票自 2014 年 7 月 1 日起启用，2015 年 1 月 1 日起旧版机动车销售统一发票停止使用。

特此公告。

附件：新版机动车销售统一发票票样（略）

国家税务总局办公厅关于发布《国家税务总局关于调整机动车销售统一发票票面内容的公告》的解读

为进一步做好增值税一般纳税人购进机动车的增值税进项税额抵扣工作，满足代开机动车销售统一发票的管理需要，国家税务总局决定发布《国家税务总局关于调整机动车销售统一发票票面内容的公告》(以下简称《公告》)。现将《公告》有关内容解读如下：

一、发布《公告》的背景

为贯彻落实《中华人民共和国增值税暂行条例》，做好增值税一般纳税人购进机动车的增值税抵扣工作，国家税务总局于 2008 年下发《国家税务总局关于推行机动车销售统一发票税控系统有关工作的紧急通知》(国税发〔2008〕117 号)，规定自 2009 年 1 月 1 日起，机动车零售企业向增值税一般纳税人销售机动车的，应在机动车销售统一发票填写纳税人识别号，纳税人识别号是包括发票税控系统在内的所有税收管理信息系统的基本要素，只有完整准确填写纳税人识别号，才能通过发票税控系统认证、抵扣增值税进项税额。

在实际工作中，购买方纳税人识别号填写在旧版机动车销售统一发票"身份证号码/组织机构代码"栏中，填用较易引起歧义，为进一步加强机动车有关数据采集、认证的准确性，并满足机动车销售统一发票代开工作管理需要，我们决定对原机动车销售统一发票票面内容进行调整。为明确新版机动车销售统一发票票面的具体调整内容及填用要求，下发该《公告》。

二、《公告》的主要内容

（一）机动车销售统一发票票面具体调整内容：

将原"身份证号码/组织机构代码"栏调整为"纳税人识别号"栏；将原"购货单位(人)"栏调整为"购买方名称及身份证号码/组织机构代码"栏；增加"完税凭证号码"栏；并相应调整"厂牌型号""车辆类型"等栏宽度；原机动车销售统一发票的联次、规格及票面所有栏次高度不变。

（二）各栏次填用要求：

"纳税人识别号"栏打印购方纳税人识别号,如购买方需要抵扣增值税税款,该栏必须填写,其他情况可为空;

"身份证号码/组织机构代码"应换行打印在"购买方名称"的下方;

"完税凭证号码"栏用于打印代开机动车销售统一发票时所对应开具的增值税完税证号码,自开时此栏为空;

纳税人销售免征增值税的机动车,开具机动车销售统一发票时,在"增值税税率或征收率"栏应填写"0",系统开具的发票"增值税税率或征收率"栏自动打印显示"＊＊＊","增值税税额"栏自动打印显示"＊＊＊＊＊＊";机动车销售统一发票"不含税价栏"和"价税合计"栏填写金额相等。

(三)拟于 2014 年 7 月 1 日起启用新版机动车销售统一发票,2015 年 1 月 1 日起旧版机动车销售统一发票停止使用。

各省税务机关应切实加强新版机动车销售统一发票的印制和管理,严格按照新版机动车销售统一发票票样规格进行印制,并做好新、旧版机动车销售统一发票的衔接及宣传工作,确保纳税人使用机动车销售统一发票的平稳过渡。

(九) 农产品收购发票

国家税务总局关于加强农产品增值税抵扣
管理有关问题的通知

2005 年 5 月 27 日 国税函〔2005〕545 号

各省、自治区、直辖市和计划单列市国家税务局:

为防范利用农产品收购凭证偷骗税的违法犯罪活动,堵塞征管漏洞,强化增值税管理,现将有关加强农产品增值税抵扣管理的问题通知如下:

一、各级税务机关要进一步加强对农产品增值税抵扣管理,要经常深入企业,全面掌握和了解有关生产企业的生产经营特点、农产品原料的消耗、采购规律以及纳税申报情况,检查农产品收购凭证的开具情况是否正常,查找征管的薄弱环节,积极采取有针对性的管理措施,堵塞漏洞,切实加强管理。

二、对纳税人发生大宗农产品收购业务的,主管税务机关应派专人深入现场核查,审核该项业务发生的真实性。

注释:根据国税发〔2009〕7 号文件规定,本文第二条已失效或废止。

三、对有条件的地区,税务机关可运用信息化管理手段促进农产品收购凭证的使用管理。

四、税务机关应当积极引导和鼓励纳税人通过银行或农村信用社等金融机构支付农产品货款,对采用现金方式结算且支付数额较大的,应作为重点评估对象,严格审核,防止发生虚假收购行为,骗取国家税款。

五、税务机关应对农产品经销和生产加工企业定期开展增值税纳税评估,特别是要加强以农产品为主要原料的生产企业的纳税评估,发现问题的,要及时移交稽查部门处理。

六、税务机关应根据日常管理掌握的情况,有计划地组织开展对农产品经销和生产加工企业的重点稽查,凡查有偷骗税问题的,应依法严肃查处。

以上,请遵照执行。

(十)废旧物资发票

 国家税务总局关于废旧物资发票抵扣增值税有关事项的公告

2008 年 12 月 31 日　国家税务总局公告 2008 年第 1 号

为促进再生资源(废旧物资)的回收利用,规范废旧物资回收经营行业发展,《财政部国家税务总局关于再生资源增值税政策的通知》(财税〔2008〕157 号)调整了现行废旧物资回收经营业务有关增值税政策,取消了生产企业增值税一般纳税人凭废旧物资发票抵扣增值税进项税额的规定。为做好相关增值税政策的过渡与衔接工作,现将有关事项公告如下:

一、自 2009 年 1 月 1 日起,从事废旧物资回收经营业务的增值税一般纳税人销售废旧物资,不得开具印有"废旧物资"字样的增值税专用发票(以下简称废旧物资专用发票)。

纳税人取得的 2009 年 1 月 1 日以后开具的废旧物资专用发票,不再作为增值税扣税凭证。

二、纳税人取得的 2008 年 12 月 31 日以前开具的废旧物资专用发票,应在开具之日起90 天内办理认证,并在认证通过的当月核算当期增值税进项税额申报抵扣。

自 2009 年 4 月 1 日起,废旧物资专用发票一律不得作为增值税扣税凭证计算抵扣进项税额。

特此公告。

(十一)海关进口增值税抵扣

 **国家税务总局关于加强进口环节增值税专用
缴款书抵扣税款管理的通知**

1996 年 2 月 14 日　国税发〔1996〕32 号

据了解,各地在以海关代征增值税专用缴款书(进口完税凭证)为凭据进行税款抵扣时问题较多,执行不统一。为加强管理,现规定如下:

一、对海关代征进口环节增值税开具的增值税专用缴款书上标明有两个单位名称,即既有代理进口单位名称,又有委托进口单位名称的,只准予其中取得专用缴款书原件的一个单位抵扣税款。

二、申报抵扣税款的委托进口单位,必须提供相应的海关代征增值税专用缴款书原件、委托代理合同及付款凭证,否则,不予抵扣进项税款。

国家税务总局关于增值税一般纳税人取得海关进口增值税专用缴款书抵扣进项税额问题的通知

2004 年 11 月 11 日　国税发〔2004〕148 号

各省、自治区、直辖市、计划单列市国家税务局：

近接部分地区反映，增值税一般纳税人（以下简称"纳税人"）进口货物，取得的海关进口增值税专用缴款书（以下简称"海关完税凭证"），由于主客观原因，导致未能在规定的期限内申报抵扣，给纳税人带来一定的经济损失。为合理解决纳税人的实际困难，经研究，现将有关问题明确如下：

一、纳税人进口货物，凡已缴纳了进口环节增值税的，不论其是否已经支付货款，其取得的海关完税凭证均可作为增值税进项税额抵扣凭证，在《国家税务总局关于加强海关进口增值税专用缴款书和废旧物资发票管理有关问题的通知》（国税函〔2004〕128 号）中规定的期限内申报抵扣进项税额。

二、对纳税人进口货物已取得的海关完税凭证，未能在规定申报期限内向主管税务机关申报抵扣的，可在 2005 年 1 月 11 日前向主管税务机关申报抵扣，逾期不得予以抵扣。

注释：根据《国家税务总局关于调整增值税扣税凭证抵扣期限有关问题的通知》（2009 年 11 月 9 日，国税函〔2009〕617 号）规定，本文第二条、第三条、第四条自 2010 年 1 月 1 日起废止。

三、对纳税人丢失的海关完税凭证，纳税人应当凭海关出具的相关证明，向主管税务机关提出抵扣申请。主管税务机关受理申请后，应当进行审核，并将纳税人提供的海关完税凭证电子数据纳入稽核系统比对，稽核比对无误后，可予以抵扣进项税额。

四、凡取得的海关完税凭证，超过规定期限未申报抵扣的纳税人，可以使用《海关完税凭证抵扣清单信息采集软件》（逾期抵扣版），该软件发布在国家税务总局技术支持网站（http://130.9.1.248）上。没有超期未抵扣的纳税人，仍使用现《海关完税凭证抵扣清单信息采集软件》采集。

国家税务总局关于加强增值税其他抵扣凭证数据采集传输管理有关问题的通知

2006 年 12 月 22 日　国税函〔2006〕1244 号

各省、自治区、直辖市和计划单列市国家税务局：

针对目前增值税其他抵扣凭证（包括废旧物资发票、海关进口增值税专用缴款书、货物运输业发票）数据采集、传输环节存在的纳税人不按规定采集清单数据、清单数据采集录入错误、误将非增值税抵扣凭证（如废旧物资收购凭证、海关进口关税专用缴款书、海关进口消费税专用缴款书以及海关征收的滞纳金凭证等）填入清单、税务机关漏传数据等问题，为进一步加强增值税其他抵扣凭证数据采集和传输管理，现将有关问题通知如下：

一、各地税务机关要健全管理制度，加强督促检查，落实工作责任，采取有效措施确保数据采集和传输的完整、准确、及时，确保清单采集数据与申报抵扣数据、采集数据与上传数据的一致性，做好废旧物资经营单位中的小规模纳税人《废旧物资发票开具清单》的采集工作。

二、各地税务机关要加强对税务人员的业务培训和对纳税人的纳税辅导,以提高数据采集和传输的质量。要严格按照有关规定认真审核纳税人填报的清单,发现问题及时进行纠正。

三、目前通过审核检查发现纳税人填写海关进口增值税专用缴款书抵扣清单数据不规范问题较为突出,为便于纳税人准确填写清单,税务总局将海关进口增值税专用缴款书号码的编制规则和有关注意事项进行了明确(具体内容见附件),请各地尽快告知纳税人。

附件:海关进口增值税专用缴款书抵扣清单填制规范

附件

海关进口增值税专用缴款书抵扣清单填制规范

目前,海关进口增值税专用缴款书均已通过 H2000 通关系统开具,H883 通关系统已基本退出实际运行。

海关进口增值税专用缴款书号码在 H2000 通关系统中共有 22 位,各位的含义是:号码前4 位为各海关代码;第 5 至 8 位为年份;第 9 位为进出口标志,其中"1"为进口标志,"0"为出口标志;第 10 至 18 位为报关单编号;第 19 位为征税标志,其中"一"为正常征税标志,"/"为补税标志,"♯"为退税标志,"D"为删除标志,"@"为违规补滞纳金标志;第 20 位为税种标志,其中"A"为关税标志,"L"为增值税标志,"Y"为消费税标志,"I"为特别关税标志;第 21 位至 22位为一票报关单所产生的专用缴款书顺序号。

以海关进口增值税专用缴款书号码"020720061074517594—L02"为例,纳税人填制抵扣清单时,包括"一"、大写英文字母"L"在内的 22 位号码必须填写完整,其中英文字母"L"一律为大写。H2000 通关系统开具的海关进口增值税专用缴款书号码上一行打印的四位日期如:"(0609)"不属于缴款书号码,不应当填写。

 国家税务总局　海关总署关于实行海关进口增值税专用缴款书"先比对后抵扣"管理办法有关问题的公告

2013 年 6 月 14 日　国家税务总局　海关总署公告 2013 年第 31 号

注释:根据《国家税务总局关于加强海关进口增值税抵扣管理的公告》(2017 年 2 月 13 日,国家税务总局公告 2017 年第 3 号)规定,自 2017 年 2 月 13 日起全面提升海关缴款书稽核比对级别,强化对海关进口增值税的抵扣管理。

为了进一步加强海关进口增值税专用缴款书(以下简称海关缴款书)的增值税抵扣管理,税务总局、海关总署决定将前期在广东等地试行的海关缴款书"先比对后抵扣"管理办法,在全国范围推广实行。现将有关事项公告如下:

一、自 2013 年 7 月 1 日起,增值税一般纳税人(以下简称纳税人)进口货物取得的属于增值税扣税范围的海关缴款书,需经税务机关稽核比对相符后,其增值税额方能作为进项税额在销项税额中抵扣。

二、纳税人进口货物取得的属于增值税扣税范围的海关缴款书,应按照《国家税务总局关于调整增值税扣税凭证抵扣期限有关问题的通知》(国税函〔2009〕617 号)规定,自开具之日起180天内向主管税务机关报送《海关完税凭证抵扣清单》(电子数据),申请稽核比对,逾期未申请的其进项税额不予抵扣。

三、税务机关通过稽核系统将纳税人申请稽核的海关缴款书数据,按日与进口增值税入库数据进行稽核比对,每个月为一个稽核期。海关缴款书开具当月申请稽核的,稽核期为申请稽核的当月、次月及第三个月。海关缴款书开具次月申请稽核的,稽核期为申请稽核的当月及次月。海关缴款书开具次月以后申请稽核的,稽核期为申请稽核的当月。

四、稽核比对的结果分为相符、不符、滞留、缺联、重号五种。

相符,是指纳税人申请稽核的海关缴款书,其号码与海关已核销的海关缴款书号码一致,并且比对的相关数据也均相同。

不符,是指纳税人申请稽核的海关缴款书,其号码与海关已核销的海关缴款书号码一致,但比对的相关数据有一项或多项不同。

滞留,是指纳税人申请稽核的海关缴款书,在规定的稽核期内系统中暂无相对应的海关已核销海关缴款书号码,留待下期继续比对。

缺联,是指纳税人申请稽核的海关缴款书,在规定的稽核期结束时系统中仍无相对应的海关已核销海关缴款书号码。

重号,是指两个或两个以上的纳税人申请稽核同一份海关缴款书,并且比对的相关数据与海关已核销海关缴款书数据相同。

五、税务机关于每月纳税申报期内,向纳税人提供上月稽核比对结果,纳税人应向主管税务机关查询稽核比对结果信息。

对稽核比对结果为相符的海关缴款书,纳税人应在税务机关提供稽核比对结果的当月纳税申报期内申报抵扣,逾期的其进项税额不予抵扣。

六、稽核比对结果异常的处理。

稽核比对结果异常,是指稽核比对结果为不符、缺联、重号、滞留。

(一)对于稽核比对结果为不符、缺联的海关缴款书,纳税人应于产生稽核结果的180日内,持海关缴款书原件向主管税务机关申请数据修改或者核对,逾期的其进项税额不予抵扣。属于纳税人数据采集错误的,数据修改后再次进行稽核比对;不属于数据采集错误的,纳税人可向主管税务机关申请数据核对,主管税务机关会同海关进行核查。经核查,海关缴款书票面信息与纳税人实际进口货物业务一致的,纳税人应在收到主管税务机关书面通知的次月申报期内申报抵扣,逾期的其进项税额不予抵扣。

(二)对于稽核比对结果为重号的海关缴款书,由主管税务机关进行核查。经核查,海关缴款书票面信息与纳税人实际进口货物业务一致的,纳税人应在收到税务机关书面通知的次月申报期内申报抵扣,逾期的其进项税额不予抵扣。

(三)对于稽核比对结果为滞留的海关缴款书,可继续参与稽核比对,纳税人不需申请数据核对。

七、纳税人应在"应交税金"科目下设"待抵扣进项税额"明细科目,用于核算已申请稽核但尚未取得稽核相符结果的海关缴款书进项税额。纳税人取得海关缴款书后,应借记"应交税金——待抵扣进项税额"明细科目,贷记相关科目;稽核比对相符以及核查后允许抵扣的,应借记"应交税金——应交增值税(进项税额)"专栏,贷记"应交税金——待抵扣进项税额"科目。经核查不得抵扣的进项税额,红字借记"应交税金——待抵扣进项税额",红字贷记相关科目。

八、增值税纳税申报表及税务机关"一窗式"比对项目的调整。

（一）自2013年7月1日起,纳税人已申请稽核但尚未取得稽核相符结果的海关缴款书进项税额填入《增值税纳税申报表》（一般纳税人适用）附表二"待抵扣进项税额"中的"海关进口增值税专用缴款书"栏。

（二）自2013年8月1日起,海关缴款书"一窗式"比对项目调整为:核对《增值税纳税申报表》（一般纳税人适用）附表二第5栏税额是否等于或小于稽核系统比对相符和核查后允许抵扣的海关缴款书税额。

九、本公告自2013年7月1日起施行,《国家税务总局关于加强海关进口增值税专用缴款书和废旧物资发票管理有关问题的通知》（国税函〔2004〕128号）、《国家税务总局关于部分地区试行海关进口增值税专用缴款书"先比对后抵扣"管理办法的通知》（国税函〔2009〕83号）、《国家税务总局关于部分地区试行海关进口增值税专用缴款书"先比对后抵扣"管理办法有关问题的通知》（国税函〔2011〕196号）同时废止。

特此公告。

国家税务总局办公厅关于《国家税务总局　海关总署关于实行海关进口增值税专用缴款书"先比对后抵扣"管理办法有关问题的公告》的解读

一、下发本公告的背景

自2004年起实行的海关进口增值税专用缴款书（以下简称海关缴款书）"先抵扣后比对"管理办法,有力打击了利用虚假海关缴款书骗抵税款的违法活动。但近年来,不法分子利用海关缴款书"先抵扣后比对"管理的时间差,使用虚假海关缴款书骗抵税款的案件时有发生。为堵塞税收管理漏洞,税务总局与海关总署自2009年4月起在河北、河南、广东、深圳等四省市试行了海关缴款书"先比对后抵扣"管理办法。试点以来,成效明显。税务总局与海关总署决定自2013年7月1日起在全国推行。

二、海关缴款书"先比对后抵扣"管理办法的主要内容

自2013年7月1日起,增值税一般纳税人（以下简称纳税人）进口货物取得的属于增值税扣税范围的海关缴款书,需经税务机关稽核比对相符后,其增值税额方能作为进项税额在销项税额中抵扣。

三、海关缴款书的抵扣期限规定

纳税人进口货物取得的属于增值税抵扣范围的缴款书,应按照《国家税务总局关于调整增值税扣税凭证抵扣期限有关问题的通知》（国税函〔2009〕617号）规定,自开具之日起180天内向主管税务机关报送《海关完税凭证抵扣清单》（电子数据）申请稽核比对,逾期未申请的其进项税额不予抵扣。

四、海关缴款书稽核比对的流程和稽核比对结果分类

税务机关通过稽核系统将纳税人申请稽核的海关缴款书数据,按日与进口增值税入库数据进行稽核比对,每个月为一个稽核期。海关缴款书开具当月申请稽核的,稽核期为申请稽核的当月、次月及第三个月。海关缴款书开具次月申请稽核的,稽核期为申请稽核的当月及次月。海关缴款书开具次月以后申请稽核的,稽核期为申请稽核的当月。

稽核比对结果分为相符、不符、滞留、缺联、重号五种。

相符,是指纳税人申请稽核的海关缴款书,其号码与海关已核销的海关缴款书号码一致,并且比对的相关数据也均相同。

不符,是指纳税人申请稽核的海关缴款书,其号码与海关已核销的海关缴款书号码一致,但比对的相关数据有一项或多项不同。

滞留,是指纳税人申请稽核的海关缴款书,在规定的稽核期内系统中暂无相对应的海关已核销海关缴款书号码,留待下期继续比对。

缺联,是指纳税人申请稽核的海关缴款书,在规定的稽核期结束时系统中仍无相对应的海关已核销海关缴款书号码。

重号,是指两个或两个以上的纳税人申请稽核同一份海关缴款书,并且比对的相关数据与海关已核销海关缴款书数据相同。

五、纳税人取得稽核比对结果的时间和申报抵扣的期限规定

税务机关于每月纳税申报期内,向纳税人提供上月稽核比对结果,纳税人应向主管税务机关查询稽核比对结果信息。

对稽核比对结果为相符的海关缴款书,纳税人应在税务机关提供稽核结果的当月纳税申报期内申报抵扣,逾期的其进项税额不予抵扣。

六、稽核比对结果异常的处理

稽核比对结果异常,是指稽核比对结果为不符、缺联、重号、滞留。

(一)对于稽核比对结果为不符、缺联的海关缴款书,纳税人应于产生稽核结果的 180 日内,持海关缴款书原件向主管税务机关申请数据修改或者核对,逾期的其进项税额不予抵扣。属于纳税人数据采集错误的,数据修改后再次进行稽核比对;不属于数据采集错误的,纳税人可向主管税务机关申请数据核对,主管税务机关会同海关组织核查。经核查,海关缴款书票面信息与纳税人实际进口货物业务一致的,纳税人应在收到主管税务机关书面通知的次月申报期内申报抵扣,逾期的其进项税额不予抵扣。

(二)对于稽核比对结果为重号的海关缴款书,由主管税务机关会同海关组织核查。经核查,海关缴款书票面信息与纳税人实际进口货物业务一致的,纳税人应在收到税务机关书面通知的次月申报期内申报抵扣,逾期的其进项税额不予抵扣。

(三)对于稽核比对结果为滞留的海关缴款书,可继续参与稽核比对,纳税人不需申请数据核对。

七、相应的会计处理

纳税人应在“应交税金”科目下设“待抵扣进项税额”明细科目,用于核算已申请稽核但尚未取得稽核相符结果的海关缴款书进项税额。纳税人取得海关缴款书后,应借记“应交税金——待抵扣进项税额”明细科目,贷记相关科目;稽核比对相符以及核查后允许抵扣的,应借记“应交税金——应交增值税(进项税额)”专栏,贷记“应交税金——待抵扣进项税额”科目。经核查不得抵扣的进项税额,红字借记“应交税金——待抵扣进项税额”,红字贷记相关科目。

八、增值税纳税申报表及税务机关“一窗式”比对项目的调整

(一)自 2013 年 7 月 1 日起,纳税人已申请稽核但尚未取得稽核相符结果的海关缴款书进项税额填入《增值税纳税申报表》(一般纳税人适用)附表二“待抵扣进项税额”中的“海关进口增值税专用缴款书”栏。

(二)自 2013 年 8 月 1 日起,海关缴款书“一窗式”比对项目调整为:核对《增值税纳税申报表》(一般纳税人适用)附表二第 5 栏税额是否等于或小于稽核系统比对相符和核查后允许抵扣的海关缴款书进项税额。

 国家税务总局 海关总署关于实行海关进口增值税专用缴款书
"先比对后抵扣"管理办法有关事项的通知

2013 年 8 月 6 日 税总发〔2013〕76 号

注释: 根据《国家税务总局关于加强海关进口增值税抵扣管理的公告》(2017 年 2 月 13 日,国家税务总局公告 2017 年第 3 号)规定,自 2017 年 2 月 13 日起全面提升海关缴款书稽核比对级别,强化对海关进口增值税的抵扣管理。

各省、自治区、直辖市和计划单列市国家税务局,广东分署,各直属海关:

为进一步加强海关进口增值税专用缴款书(以下简称海关缴款书)的增值税管理,堵塞税收漏洞,维护纳税人合法权益,保障海关缴款书"先比对后抵扣"管理办法顺利实施,现将有关事项通知如下:

一、各级税务机关、各级海关要加强协作配合,共同做好"异常"海关缴款书的核查工作。

(一)各海关应按照有关规定对海关缴款书入库数据及时进行核销,保障纳税人及时抵扣税款。

(二)各主管税务机关应于每月纳税申报期内,向纳税人提供上月海关缴款书稽核比对结果信息。纳税人上月稽核比对结果中无"滞留"的,稽核系统每月 1 日自动导出稽核比对结果信息;纳税人上月稽核比对结果中有"滞留"的,稽核系统于纳税申报期结束前 2 日自动导出稽核比对结果信息。

(三)对稽核比对结果为不符、缺联的海关缴款书,如纳税人有异议,应提交《"异常"海关缴款书数据核对申请书》(附件 1)申请数据核对,同时附海关缴款书原件。主管税务机关会同海关进行核查。核查流程是:主管税务机关在收到纳税人数据核对申请书的 15 日内,向税款入库地直属海关发出《海关缴款书委托核查函》(附件 2,全国各海关联系方式可自海关总署网站 http://www.customs.gov.cn 或拨打 12360 查询),同时附海关缴款书复印件;税款入库地海关收到委托核查函后,在 30 日内以《海关缴款书核查回复函》(附件 3)回复发函税务机关。对海关回函结果为"有一致的入库信息"的海关缴款书,主管税务机关应及时以《海关缴款书核查结果通知书》(附件 4)通知纳税人申报抵扣税款。

《海关缴款书委托核查函》编号为 20 位,第 1 至 11 位为主管税务机关代码,第 12 位为"发",第 13 至 16 位为年份,第 17 至 20 位为顺序号。

对于稽核比对结果为重号的海关缴款书,由主管税务机关进行核查,不需向海关发函核查。

二、海关需要对海关缴款书涉及的进口增值税申报抵扣情况进行核查确认的,可向纳税人主管税务机关发出《进口增值税抵扣信息委托核查函》(附件 5)。主管税务机关收到委托核查函后,在 30 日内以《进口增值税抵扣信息核查回复函》(附件 6)回复发函海关。

《进口增值税抵扣信息核查回复函》编号为 20 位,第 1 至 11 位为主管税务机关代码,第 12 位为"复",第 13 至 16 位为年份,第 17 至 20 位为顺序号。

三、各省税务机关可结合本地实际,本着方便纳税人和基层税务机关操作的原则,制定本地海关缴款书"先比对后抵扣"管理办法实施细则。

四、实行海关缴款书"先比对后抵扣"管理办法,是加强税收征管、堵塞税收漏洞的重要举措,各级税务机关应做好纳税服务工作,保障海关缴款书"先比对后抵扣"管理办法顺利实施。

(一)实行海关缴款书"先比对后抵扣"管理办法涉及纳税人申报纳税程序的调整,税务机关要做好税收政策宣传和纳税辅导工作,帮助纳税人及时掌握新办法申报流程,告知纳税人在取得海关缴款书的当月向税务机关报送海关缴款书数据,以免因纳税人仍然在取得海关缴款书的次月申报期报送数据而影响税款及时抵扣。

(二)创新服务手段,充分应用现代信息技术,做好网络报送海关缴款书电子数据等配套工作,方便纳税人按时准确办理纳税申报。

本通知自发布之日起执行。

附件:1."异常"海关缴款书数据核对申请书(略)

2. 海关缴款书委托核查函(略)

3. 海关缴款书核查回复函(略)

4. 海关缴款书核查结果通知书(略)

5. 进口增值税抵扣信息委托核查函(略)

6. 进口增值税抵扣信息核查回复函(略)

国家税务总局关于加强海关进口增值税抵扣管理的公告

2017 年 2 月 13 日　国家税务总局公告 2017 年第 3 号

为保护纳税人合法权益,进一步加强增值税管理,打击利用海关进口增值税专用缴款书(以下简称"海关缴款书")骗抵税款犯罪活动,税务总局决定全面提升海关缴款书稽核比对级别,强化对海关进口增值税的抵扣管理。现将有关事项公告如下:

增值税一般纳税人进口货物时应准确填报企业名称,确保海关缴款书上的企业名称与税务登记的企业名称一致。税务机关将进口货物取得的属于增值税抵扣范围的海关缴款书信息与海关采集的缴款信息进行稽核比对。经稽核比对相符后,海关缴款书上注明的增值税额可作为进项税额在销项税额中抵扣。稽核比对不相符,所列税额暂不得抵扣,待核查确认海关缴款书票面信息与纳税人实际进口业务一致后,海关缴款书上注明的增值税额可作为进项税额在销项税额中抵扣。

税务部门应加强对纳税人的辅导,充分利用多种渠道向全社会广泛宣传,赢得纳税人的理解和支持。

本公告自发布之日起实施。

特此公告。

国家税务总局办公厅关于《国家税务总局关于加强海关进口增值税抵扣管理的公告》的解读

一、发布本公告的背景是什么?

近年来,不法分子利用非法获取的海关进口增值税专用缴款书骗抵增值税的案件屡屡发生,严重危害了进口增值税征管秩序。为保护纳税人合法权益,进一步加强增值税管理,打击利用海关缴款书骗抵税款犯罪活动,税务总局决定全面提升海关缴款书稽核比对级别,强化对海关进口增值税的抵扣管理。

二、公告适用的范围是什么?

进口货物并取得属于增值税扣税范围海关缴款书的增值税一般纳税人适用此公告。

三、纳税人进口增值税允许抵扣的条件?

纳税人在取得海关缴款书后按照有关规定提交海关缴款书相关信息申请稽核比对。税务机关将纳税人提交的信息与海关传输的信息进行稽核,比对相符后其增值税额方能作为进项税额在销项税额中抵扣,逾期未提交的进项税额不予抵扣。

四、税务机关应当做好哪些工作?

税务机关应密切关注稽核比对结果为重号的情况,采取有效措施进行快速筛查处理,维护海关进口增值税抵扣管理的正常秩序,同时对此项工作的重要意义进行广泛宣传,赢得纳税人的理解和支持。

(十二) 代开增值税发票

 国家税务总局关于取消小规模企业销售货物或应税劳务由税务所代开增值税专用发票审批后有关问题的通知

2004 年 7 月 14 日　国税函〔2004〕895 号

各省、自治区、直辖市和计划单列市国家税务局:

根据《国务院关于第三批取消和调整行政审批的决定》(国办发〔2004〕16 号)文件精神,对《国家税务总局关于由税务所为小规模企业代开增值税专用发票的通知》(国税发〔1994〕58 号)中"凡能够认真履行纳税义务的小规模企业,经县(市)税务局批准,其销售货物或应税劳务可由税务所代开"予以取消。取消审批后,各地税务机关要严格执行《国家税务总局关于加强税务机关代开增值税专用发票管理的通知》(国税发〔2004〕68 号)中的有关规定,按照文件要求认真做好数据采集、上传和比对审核工作。为进一步加强代开增值税专用发票管理,现就有关事项明确如下:

一、主管税务机关为小规模纳税人(包括小规模纳税人中的企业、企业性单位及其他小规模纳税人,下同)代开专用发票,应在专用发票"单价"栏和"金额"栏分别填写不含增值税税额的单价和销售额;"税率"栏填写增值税征收率 4%(商业)或 6%(其他);"税额"栏填写按销售额依照征收率计算的增值税税额。增值税一般纳税人取得由税务机关代开的专用发票后,应以专用发票上填写的税额为进项税额。

注释:根据国税发〔2009〕10 号文件规定,本文第一条"增值税征收率 4%(商业)或 6%(其他)"修改为"增值税征收率 3%"。

二、主管税务机关为小规模纳税人代开专用发票时,按代开的专用发票上注明的税额即时征收增值税。

三、主管税务机关为小规模纳税人代开专用发票后,发生退票的,可比照增值税一般纳税人开具专用发票后作废或开具红字发票的有关规定处理。由销售方到税务机关办理,对于重新开票的,应同时进行新开票税额与原开票税额的清算,多退少补;对无需重新开票的,退还其已征的税款。

 国家税务总局关于印发《税务机关代开增值税专用发票管理办法(试行)》的通知

2004 年 12 月 22 日 国税发〔2004〕153 号

各省、自治区、直辖市和计划单列市国家税务局,扬州税务进修学院,局内各单位:

为加强税务机关代开增值税专用发票的管理工作,总局制定了《税务机关代开增值税专用发票管理办法(试行)》,现印发给你们,请遵照执行。

附件:《税务机关代开增值税专用发票管理办法(试行)》

注释 1:根据《国家税务总局关于进一步明确营改增有关征管问题的公告》(2017 年 4 月 20 日,国家税务总局公告 2017 年第 11 号)规定,自 2017 年 6 月 1 日起将建筑业纳入增值税小规模纳税人自行开具增值税专用发票试点范围。月销售额超过 3 万元(或季销售额超过 9 万元)的建筑业增值税小规模纳税人(以下称"自开发票试点纳税人")提供建筑服务、销售货物或发生其他增值税应税行为,需要开具增值税专用发票的,通过增值税发票管理新系统自行开具。自开发票试点纳税人销售其取得的不动产,需要开具增值税专用发票的,仍须向地税机关申请代开。

注释 2:根据《国家税务总局关于开展鉴证咨询业增值税小规模纳税人自开增值税专用发票试点工作有关事项的公告》(2017 年 2 月 22 日,国家税务总局公告 2017 年第 4 号)规定,自 2017 年 3 月 1 日起全国范围内月销售额超过 3 万元(或季销售额超过 9 万元)的鉴证咨询业增值税小规模纳税人(以下简称"试点纳税人")提供认证服务、鉴证服务、咨询服务、销售货物或发生其他增值税应税行为,需要开具专用发票的,可以通过增值税发票管理新系统自行开具,主管国税机关不再为其代开。试点纳税人销售其取得的不动产,需要开具专用发票的,仍须向地税机关申请代开。

注释 3:《根据国家税务总局关于在境外提供建筑服务等有关问题的公告》(2016 年 11 月 4 日,国家税务总局公告 2016 年第 69 号)第十条规定,自 2016 年 11 月 4 日起全面开展住宿业小规模纳税人自行开具增值税专用发票试点。月销售额超过 3 万元(或季销售额超过 9 万元)的住宿业小规模纳税人提供住宿服务、销售货物或发生其他应税行为,需要开具增值税专用发票的,可以通过增值税发票管理新系统自行开具,主管国税机关不再为其代开。住宿业小规模纳税人销售其取得的不动产,需要开具增值税专用发票的,仍须向地税机关申请代开。

注释 4:《国家税务总局关于纳税人申请代开增值税发票办理流程的公告》(2016 年 8 月 31 日,国家税务总局公告 2016 年第 59 号)规定,对纳税人代开发票(纳税人销售取得的不动产和其他个人出租不动产由地税机关代开增值税发票业务除外)办理流程进行了明确。

注释 5:《国家税务总局关于部分地区开展住宿业增值税小规模纳税人自开增值税专用发票试点工作有关事项的公告》(2016 年 7 月 6 日,国家税务总局公告 2016 年第 44 号)规定,全国 91 个城市月销售额超过 3 万元(或季销售额超过 9 万元)的住宿业增值税小规模纳税人自 2016 年 8 月 1 日起提供住宿服务、销售货物或者发生其他应税行为,可以通过增值税发票管理新系统自行开具专用发票,不再需要去国税办税大厅代开专用发票。

注释**6**:《国家税务总局关于小微企业免征增值税和营业税有关问题的公告》(2014年10月11日,国家税务总局公告2014年第57号)规定,国税函〔2003〕1396号自2014年10月1日起废止,对销售额未达到起征点的个体工商业户,自2014年10月1日起税务机关可为其代开专用发票。

注释**7**:《国家税务总局关于增值税起征点调整后有关问题的批复》(2003年12月29日,国税函〔2003〕1396号)规定对销售额未达到起征点的个体工商业户,税务机关不得为其代开专用发票。

附件
税务机关代开增值税专用发票管理办法(试行)

第一条 为了进一步加强税务机关为增值税纳税人代开增值税专用发票(以下简称专用发票)管理,防范不法分子利用代开专用发票进行偷骗税活动,优化税收服务,特制定本办法。

第二条 本办法所称代开专用发票是指主管税务机关为所辖范围内的增值税纳税人代开专用发票,其他单位和个人不得代开。

第三条 主管税务机关应设立代开专用发票岗位和税款征收岗位,并分别确定专人负责代开专用发票和税款征收工作。

第四条 代开专用发票统一使用增值税防伪税控代开票系统开具。非防伪税控代开票系统开具的代开专用发票不得作为增值税进项税额抵扣凭证。

增值税防伪税控代开票系统由防伪税控企业发行岗位按规定发行。

第五条 本办法所称增值税纳税人是指已办理税务登记的小规模纳税人(包括个体经营者)以及国家税务总局确定的其他可予代开增值税专用发票的纳税人。

第六条 增值税纳税人发生增值税应税行为、需要开具专用发票时,可向其主管税务机关申请代开。

第七条 增值税纳税人申请代开专用发票时,应填写《代开增值税专用发票缴纳税款申报单》(式样见附件,以下简称《申报单》),连同税务登记证副本,到主管税务机关税款征收岗位按专用发票上注明的税额全额申报缴纳税款,同时缴纳专用发票工本费。

第八条 税款征收岗位接到《申报单》后,应对以下事项进行审核:

(一)是否属于本税务机关管辖的增值税纳税人;

(二)《申报单》上增值税征收率填写、税额计算是否正确。

审核无误后,税款征收岗位应通过防伪税控代开票征收子系统录入《申报单》的相关信息,按照《申报单》上注明的税额征收税款,开具税收完税凭证,同时收取专用发票工本费,按照规定开具有关票证,将有关征税电子信息及时传递给代开发票岗位。

在防伪税控代开票征税子系统未使用前暂传递纸质凭证。

税务机关可采取税银联网划款、银行卡(POS机)划款或现金收取三种方式征收税款。

第九条 增值税纳税人缴纳税款后,凭《申报单》和税收完税凭证及税务登记证副本,到代开专用发票岗位申请代开专用发票。

代开发票岗位确认税款征收岗位传来的征税电子信息与《申报单》和税收完税凭证上的金额、税额相符后,按照《申报单》、完税凭证和专用发票一一对应即"一单一证一票"原则,为增值税纳税人代开专用发票。

在防伪税控代开票征税子系统未使用前,代开票岗位凭《申报单》和税收完税凭证代开发票。

第十条　代开发票岗位应按下列要求填写专用发票的有关项目：

1. "单价"栏和"金额"栏分别填写不含增值税税额的单价和销售额；

2. "税率"栏填写增值税征收率；

3. 销货单位栏填写代开税务机关的统一代码和代开税务机关名称；

4. 销方开户银行及账号栏内填写税收完税凭证号码；

5. 备注栏内注明增值税纳税人的名称和纳税人识别号。

其他项目按照专用发票填开的有关规定填写。

第十一条　增值税纳税人应在代开专用发票的备注栏上，加盖本单位的财务专用章或发票专用章。

第十二条　代开专用发票遇有填写错误、销货退回或销售折让等情形的，按照专用发票有关规定处理。

税务机关代开专用发票时填写有误的，应及时在防伪税控代开票系统中作废，重新开具。代开专用发票后发生退票的，税务机关应按照增值税一般纳税人作废或开具负数专用发票的有关规定进行处理。对需要重新开票的，税务机关应同时进行新开票税额与原开票税额的清算，多退少补；对无需重新开票的，按有关规定退还增值税纳税人已缴的税款或抵顶下期正常申报税款。

第十三条　为增值税纳税人代开的专用发票应统一使用六联专用发票，第五联代开发票岗位留存，以备发票的扫描补录，第六联交税款征收岗位，用于代开发票税额与征收税款的定期核对，其他联次交增值税纳税人。

第十四条　代开专用发票岗位领用专用发票，经发票管理部门负责人批准后，到专用发票发售窗口领取专用发票，并将相应发票的电子信息读入防伪税控代开票系统。

第十五条　代开专用发票岗位应在每月纳税申报期的第一个工作日，将上月所开具的代开专用发票数据抄取、传递到防伪税控报税系统。代开专用发票的金税卡等专用设备发生故障的，税务机关应使用留存的专用发票第五联进行扫描补录。

第十六条　代开发票岗位应妥善保管代开专用发票数据，及时备份。

第十七条　税务机关应按月对代开专用发票进行汇总统计，对代开专用发票数据通过增值税计算机稽核系统比对后属于滞留、缺联、失控、作废、红字缺联等情况，应及时分析，查明原因，按规定处理，确保代开专用发票存根联数据采集的完整性和准确性。

第十八条　代开专用发票各岗位人员应严格执行本办法及有关规定。对违反规定的，追究有关人员的责任。

第十九条　各省、自治区、直辖市和计划单列市国家税务局可根据实际在本办法基础上制定实施细则。

第二十条　本办法自 2005 年 1 月 1 日起实施，凡与本办法相抵触的规定同时停止执行。

---

486 **国家税务总局关于加强税务机关代开增值税专用发票管理问题的通知**

2004 年 12 月 22 日　国税函〔2004〕1404 号

各省、自治区、直辖市和计划单列市国家税务局：

为落实《国家税务总局关于印发〈税务机关代开增值税专用发票管理办法（试行）〉的通知》（国税发〔2004〕153 号）的要求，做好税务机关代开增值税专用发票工作，现将有关事项通知如下：

一、从2005年1月1日起，凡税务机关代开增值税专用发票必须通过防伪税控系统开具，通过防伪税控报税子系统采集代开增值税专用发票开具信息，不再填报《代开发票开具清单》，同时停止使用非防伪税控系统为纳税人代开增值税专用发票（包括手写版增值税专用发票和计算机开具不带密码的电脑版增值税专用发票）。

二、增值税一般纳税人取得的税务机关用非防伪税控系统代开的增值税专用发票，应当在2005年3月份纳税申报期结束以前向主管税务机关申报抵扣，并填报《代开发票抵扣清单》，逾期不得抵扣进项税额。

增值税一般纳税人取得的税务机关通过防伪税控系统代开的增值税专用发票，通过防伪税控认证子系统采集抵扣联信息，不再填报《代开发票抵扣清单》，其认证、申报抵扣期限的有关规定按照《国家税务总局关于增值税一般纳税人取得防伪税控系统开具的增值税专用发票进项税额抵扣问题的通知》（国税发〔2003〕17号）文件规定执行，并按照现行防伪税控增值税专用发票比对内容进行"一窗式"比对。

三、税务机关必须在一个窗口设置征收岗位和代开发票岗位。

四、对实行定期定额征收方法的纳税人正常申报时，按以下方法进行清算：

（一）每月开票金额大于应征增值税税额的，以开票金额数为依据征收税款，并作为下一年度核定定期定额的依据。

（二）每月开票金额小于应征增值税税额的，按应征增值税税额数征收税款。

五、在防伪税控代开票征收子系统未投入运行前，要加强对手工传递凭证的监控工作，要设置审核监控岗位专门负责核对开票税额、收款数额和入库税款是否一致。

六、税务机关要加强对认证通过的代开增值税专用发票和纳税人申报表进行比对。对票表比对异常的要查清原因，依照有关规定分别进行处理。要对小规模纳税人申报的应纳税销售额进行审核，其当期申报的应纳税销售额不得小于税务机关为其代开的增值税专用发票上所注明的金额。

七、各级税务机关要高度重视代开增值税专用发票工作，对《税务机关代开增值税专用发票管理办法（试行）》和本通知执行过程中出现的问题，要及时报告国家税务总局。

国家税务总局关于纳税人申请代开增值税发票办理流程的公告

2016年8月31日　国家税务总局公告2016年第59号

现将纳税人代开发票（纳税人销售取得的不动产和其他个人出租不动产由地税机关代开增值税发票业务除外）办理流程公告如下：

一、办理流程

（一）在地税局委托国税局代征税费的办税服务厅，纳税人按照以下次序办理：

1. 在国税局办税服务厅指定窗口：

（1）提交《代开增值税发票缴纳税款申报单》（见附件）；

（2）自然人申请代开发票，提交身份证件及复印件；

其他纳税人申请代开发票，提交加载统一社会信用代码的营业执照（或税务登记证或组织机构代码证）、经办人身份证件及复印件。

2. 在同一窗口申报缴纳增值税等有关税费。

3. 在同一窗口领取发票。

（二）在国税地税合作、共建的办税服务厅，纳税人按照以下次序办理：

1. 在办税服务厅国税指定窗口：

（1）提交《代开增值税发票缴纳税款申报单》；

（2）自然人申请代开发票，提交身份证件及复印件；

其他纳税人申请代开发票，提交加载统一社会信用代码的营业执照（或税务登记证或组织机构代码证）、经办人身份证件及复印件。

2. 在同一窗口缴纳增值税。

3. 到地税指定窗口申报缴纳有关税费。

4. 到国税指定窗口凭相关缴纳税费证明领取发票。

注释：根据《国家税务总局关于修改部分税收规范性文件的公告》（2018 年 6 月 15 日，国家税务总局公告 2018 年第 31 号）规定，自 2018 年 6 月 15 日起，将本文中的上述内容修改如下：

"现将纳税人代开发票（纳税人销售取得的不动产和其他个人出租不动产代开增值税发票业务除外）办理流程公告如下：

一、办理流程

（一）在办税服务厅指定窗口

1. 提交《代开增值税发票缴纳税款申报单》；

2. 自然人申请代开发票，提交身份证件及复印件；

其他纳税人申请代开发票，提交加载统一社会信用代码的营业执照（或税务登记证或组织机构代码证）、经办人身份证件及复印件。

（二）在同一窗口缴纳有关税费、领取发票。"

二、各省税务机关应在本公告规定的基础上，结合本地实际，制定更为细化、更有明确指向和可操作的纳税人申请代开发票办理流程公告，切实将简化优化办税流程落到实处。

三、纳税人销售取得的不动产和其他个人出租不动产代开增值税发票业务所需资料，仍然按照《国家税务总局关于加强和规范税务机关代开普通发票工作的通知》（国税函〔2004〕1024 号）第二条第（五）项执行。

本公告自 2016 年 11 月 15 日起施行。

特此公告。

附件：代开增值税发票缴纳税款申报单（略）

国家税务总局办公厅关于《国家税务总局关于纳税人申请代开增值税发票办理流程的公告》的解读

为便于纳税人和税务机关理解和执行，现对《国家税务总局关于纳税人申请代开增值税发票办理流程的公告》（以下简称《公告》）解读如下：

一、《公告》出台背景

随着营改增试点的全面推开，增值税发票在经济活动中的需求量越来越大。一些不具备自开票条件的小规模纳税人和自然人等纳税人，需要到国税局申请代开发票，同时到地税局缴纳相关地方税费。虽然有的税务机关积极优化服务手段，方便纳税人代开，但是个性化的创新手段不能解决普遍性的问题，在一些地方依旧存在纳税人申请代开发票报送资料复杂、国税地税多次跑、税务银行两地跑的情况，加大了纳税人办税负担。另外，由于缺少对办税流程的明示和指引，导致纳税人对申请代开增值税发票办理流程不清楚、不熟悉，增加了纳税人在办理过程中的不确定感。

为有效解决上述问题，税务部门相继采取了一系列举措。在办理流程方面，8月10日税务总局下发《关于强化国税、地税联合办税进一步改进服务的通知》（税总函〔2016〕399号），明确办税服务场所要提供pos机刷卡等多种现场缴税方式，明确国税局代开增值税发票环节要代征地税局相关税费，避免了纳税人国税、地税、银行多次跑。在资料报送方面，本《公告》取消代开普通发票所需付款方相关书面确认证明等相关资料，厘清征纳双方的权责关系，由纳税人通过声明证明其开票信息的真实性、合法性，简化了相关资料填报。

为了让纳税人广为知晓代开发票的办理流程，增强纳税人办税的确定感，税务总局发布了本《公告》。

二、《公告》的主要内容

（一）《公告》从纳税人角度出发，以纳税人到办税服务场所代开发票为视角，按其所需办理次序描述。尽量做到简洁、清晰，让纳税人看得懂、看了就会办。

（二）《公告》明示了国税局代征地税局相关税费和国税地税办税服务厅合作两种情况下的代开流程，增强纳税人办税的确定感。

（三）《公告》明确了纳税人申请代开增值税发票不需提供付款方相关书面确认证明（纳税人销售取得的不动产和其他个人出租不动产代开增值税发票业务除外），减轻了资料报送负担。

（四）《公告》将现行《代开增值税专用发票缴纳申报单》《代开增值税普通发票缴纳申报单》合并为《代开增值税发票缴纳税款申报单》，简化了表证单书填报内容。

（五）《公告》要求各省税务机关结合本地实际，制定更为细化、更有明确指向和可操作的纳税人申请代开发票办理流程公告，切实将简化优化办税流程落到实处。

三、《公告》生效时间

本《公告》自2016年11月15日起施行。

国家税务总局关于发布《货物运输业小规模纳税人申请代开增值税专用发票管理办法》的公告

2017年12月29日　国家税务总局公告2017年第55号

为贯彻落实《国家税务总局关于进一步深化税务系统"放管服"改革 优化税收环境的若干意见》（税总发〔2017〕101号）的精神，国家税务总局制定了《货物运输业小规模纳税人申请代开增值税专用发票管理办法》，现予以发布。

特此公告。

附件：货物运输业代开增值税专用发票缴纳税款申报单

货物运输业小规模纳税人申请代开增值税专用发票管理办法

第一条　为进一步优化纳税服务,简化办税流程,方便货物运输业小规模纳税人代开增值税专用发票,根据《中华人民共和国税收征收管理法》及其实施细则、《中华人民共和国发票管理办法》及其实施细则等规定,制定本办法。

第二条　同时具备以下条件的增值税纳税人(以下简称纳税人)适用本办法:

(一)在中华人民共和国境内(以下简称境内)提供公路或内河货物运输服务,并办理了工商登记和税务登记。

(二)提供公路货物运输服务的,取得《中华人民共和国道路运输经营许可证》和《中华人民共和国道路运输证》;提供内河货物运输服务的,取得《中华人民共和国水路运输经营许可证》和《中华人民共和国水路运输证》。

(三)在税务登记地主管税务机关(以下简称主管税务机关)按增值税小规模纳税人管理。

第三条　纳税人在境内提供公路或内河货物运输服务,需要开具增值税专用发票的,可在税务登记地、货物起运地、货物到达地或运输业务承揽地(含互联网物流平台所在地)中任何一地,就近向国税机关(以下称代开单位)申请代开增值税专用发票。

注释:根据《国家税务总局关于修改部分税收规范性文件的公告》(2018年6月15日,国家税务总局公告2018年第31号)规定,自2018年6月15日起,本文第三条中的"国税机关"修改为"税务机关"。

第四条　纳税人应将营运资质和营运机动车、船舶信息向主管税务机关进行备案。

第五条　完成上述备案后,纳税人可向代开单位申请代开增值税专用发票,并向代开单位提供以下资料:

(一)《货物运输业代开增值税专用发票缴纳税款申报单》(以下简称《申报单》,见附件)。

(二)加载统一社会信用代码的营业执照(或税务登记证或组织机构代码证)复印件。

(三)经办人身份证件及复印件。

第六条　纳税人申请代开增值税专用发票时,应按机动车号牌或船舶登记号码分别填写《申报单》,挂车应单独填写《申报单》。《申报单》中填写的运输工具相关信息,必须与其向主管税务机关备案的信息一致。

第七条　纳税人对申请代开增值税专用发票时提交资料的真实性和合法性承担责任。

第八条　代开单位对纳税人提交资料的完整性和一致性进行核对。资料不符合要求的,应一次性告知纳税人补正资料;符合要求的,按规定代开增值税专用发票。

第九条　纳税人申请代开增值税专用发票时,应按照所代开增值税专用发票上注明的税额向代开单位全额缴纳增值税。

第十条　纳税人代开专用发票后,如发生服务中止、折让、
开票有误等情形,需要作废增值税专用发票、开具增值税红字专用发票、重新代开增值税专用发票、办理退税等事宜的,应由原代开单位按照现行规定予以受理。

第十一条　纳税人在非税务登记地申请代开增值税专用发票,不改变主管税务机关对其

实施税收管理。

第十二条 纳税人应按照主管税务机关核定的纳税期限，按期计算增值税应纳税额，抵减其申请代开增值税专用发票缴纳的增值税后，向主管税务机关申报缴纳增值税。

第十三条 纳税人代开增值税专用发票对应的销售额，一并计入该纳税人月（季、年）度销售额，作为主管税务机关对其实施税收管理的标准和依据。

第十四条 增值税发票管理新系统定期将纳税人异地代开发票、税款缴纳等数据信息清分至主管税务机关。主管税务机关应加强数据比对分析，对纳税人申请代开增值税专用发票金额明显超出其实际运输能力的，主管税务机关可暂停其在非税务登记地代开增值税专用发票并及时约谈纳税人。经约谈排除疑点的，纳税人可继续在非税务登记地申请代开增值税专用发票。

第十五条 各省、自治区、直辖市和计划单列市国家税务局可根据本办法制定具体实施办法。

注释：根据《国家税务总局关于修改部分税收规范性文件的公告》（2018 年 6 月 15 日，国家税务总局公告 2018 年第 31 号）规定，自 2018 年 6 月 15 日起，本文第十五条中的"国家税务局"修改为"税务局"。

第十六条 本办法未明确事项，按现行增值税专用发票使用规定及税务机关代开增值税专用发票有关规定执行。

第十七条 本办法自 2018 年 1 月 1 日起施行。《国家税务总局关于在全国开展营业税改征增值税试点有关征收管理问题的公告》（国家税务总局公告 2013 年第 39 号）第一条第（一）项和附件 1 同时废止。

附件
货物运输业代开增值税专用发票缴纳税款申报单

国税局：

本人（单位）提供的开票资料真实、完整、准确，符合有关法律法规，否则我单位将承担一切法律后果。现申请代开增值税专用发票。

填开日期：　　　　　　　　　年　　月　　日　　　　　　　　　单位：元至角分

	纳税人名称	
运输服务购买方	统一社会信用代码（纳税人识别号）	
	地址、电话	
	开户行及账号	
	纳税人名称	
运输服务销售方	统一社会信用代码（纳税人识别号）	
	地址、电话	
	开户行及账号	

（续表）

运输货物品名	金额(不含税)	货物起运地	货物到达地	征收率	增值税应纳税额
1	2	3	4	5	6＝2×5
合计		—	—	—	
价税合计					
车船类型		车船牌照号		车船吨位	
备注					

国税机关税款征收岗位 税收完税凭证号： （签字） 年 月 日	国税机关代开发票岗位 发票代码： 发票号码： （签字） 年 月 日	经核对,所开发票与申报内容一致。 申请单位经办人(签字) 年 月 日

申请代开发票单位(公章)　　　　　　　法人代表(签字)　　　　　　　　　　　填写人(签字)

注:1. 本表一式三份,由申请代开增值税专用发票的小规模纳税人填写,一份由税款征收岗留存,一份由代开发票管理岗留存,一份交纳税人留存。

2. "车船类型""车船牌照号"及"车船吨位"栏次需按照运输工具填写。

国家税务总局办公厅关于《国家税务总局关于发布〈货物运输业小规模纳税人申请代开增值税专用发票管理办法〉的公告》的解读

一、相关背景

按照现行增值税发票管理制度规定,小规模纳税人大多不能自行开具增值税专用发票,只能向注册地主管税务机关申请代开。作为公路运输主体,社会个体车辆多为小规模纳税人,其经营灵活,流动性强,跨区域运输普遍存在,其在异地开展运输业务时,如果无法及时出具发票,容易对其经营造成影响。针对上述情况,我们积极研究制定了《货物运输业小规模纳税人申请代开增值税专用发票管理办法》(以下简称《办法》),为纳税人提供开票便利。

二、《办法》的具体内容

《办法》主要明确了以下事项:

第一,明确了适用主体为在中国境内提供公路货物运输和内河货物运输的小规模纳税人,且具备相关运输资格并已纳入税收管理。

第二,明确了纳税人可在税务登记地、货物起运地、货物到达地或运输业务承揽地中任何一地,就近向国税机关申请代开增值税专用发票。

第三,明确了纳税人在申请代开专用发票时,应向代开单位全额缴纳增值税;后续发生填写错误、服务中止、折让等情形,需要办理作废、红冲、重开、退税等事宜,也应由原代开单位予以办理。

第四,明确了主管税务机关要加强本地和异地代开增值税专用发票相关数据监控和分析。

第五,明确了纳税人申请异地代开增值税专用发票需要提交的资料、纳税申报、纳税期限、主管税务机关征管职能等其他事项。

国家税务总局关于开展互联网物流平台企业代开
增值税专用发票试点工作的通知

2017 年 12 月 29 日　税总函〔2017〕579 号

各省、自治区、直辖市和计划单列市国家税务局,国家税务总局驻各地特派员办事处:

为贯彻落实《国家税务总局关于进一步深化税务系统"放管服"改革优化税收环境的若干意见》(税总发〔2017〕101 号)精神,进一步优化纳税服务,提高货物运输业小规模纳税人使用增值税专用发票(以下简称专用发票)的便利性,促进物流业降本增效,税务总局决定,在全国范围内开展互联网物流平台企业代开专用发票试点工作。现将有关事项通知如下:

一、试点内容

经省国税局批准,互联网物流平台企业可以为同时符合以下条件的货物运输业小规模纳税人代开专用发票,并代办相关涉税事项。

(一) 在中华人民共和国境内(以下简称境内)提供公路或内河货物运输服务,并办理了工商登记和税务登记。

(二) 提供公路货物运输服务的,取得《中华人民共和国道路运输经营许可证》和《中华人民共和国道路运输证》;提供内河货物运输服务的,取得《中华人民共和国水路运输经营许可证》和《中华人民共和国水路运输证》。

(三) 在税务登记地主管税务机关(以下简称主管税务机关)按增值税小规模纳税人管理。

(四) 注册为该平台会员。

二、试点企业的确定

纳入试点范围的互联网物流平台企业(以下称试点企业),应当具备以下条件:

(一) 国务院交通运输主管部门公布的无车承运人试点企业(飞狼财税通编注:名单详见:交办运函〔2017〕256 号《交通运输部办公厅关于做好无车承运试点运行监测工作的通知》),且试点资格和无车承运人经营资质在有效期内。

(二) 平台应实现会员管理、交易撮合、运输管理等相关系统功能,具备物流信息全流程跟踪、记录、存储、分析能力。

试点企业代开专用发票不得收取任何费用,否则不得作为试点企业。

三、专用发票的开具

货物运输业小规模纳税人在境内提供货物运输服务,需要开具专用发票的,可以按照《货物运输业小规模纳税人申请代开增值税专用发票管理办法》(国家税务总局公告 2017 年第 55 号发布,以下称《管理办法》)的有关规定,就近向国税机关自行申请代开专用发票,也可以委托试点企业按照以下规定代开专用发票:

(一) 试点企业仅限于为符合本通知第一条所列条件的货物运输业小规模纳税人(以下称会员),通过本平台承揽的货物运输业务代开专用发票。

(二) 试点企业应与会员签订委托代开专用发票协议,协议范本由各省国税局统一制定。

(三) 试点企业使用自有专用发票开票系统,按照 3% 的征收率代开专用发票,并在发票备注栏注明会员的纳税人名称和统一社会信用代码(或税务登记证号码或组织机构代码)。

货物运输服务接受方以试点企业代开的专用发票作为增值税扣税凭证,抵扣进项税额。

(四) 试点企业代开的专用发票,相关栏次内容应与会员通过本平台承揽的运输业务,以及本平台记录的物流信息保持一致。平台记录的交易、资金、物流等相关信息应统一存储,以备核查。

(五)试点企业接受会员提供的货物运输服务,不得为会员代开专用发票。试点企业可以按照《管理办法》的相关规定,代会员向试点企业主管税务机关申请代开专用发票,并据以抵扣进项税额。

四、涉税事项的办理

(一)试点企业代开专用发票应当缴纳的增值税,由试点企业按《管理办法》的相关规定,按月代会员向试点企业主管税务机关申报缴纳,并将完税凭证转交给会员。试点企业主管税务机关征收税款后,不再就同一笔业务代开专用发票。

(二)会员应按照其主管税务机关核定的纳税期限,按规定计算增值税应纳税额,抵减已由试点企业代为缴纳的增值税后,向主管税务机关申报纳税。

(三)试点企业办理增值税纳税申报时,代开专用发票对应的收入不属于试点企业的增值税应税收入,无须申报。试点企业应按月将代开专用发票和代缴税款情况向主管税务机关报备,具体报备内容由各省国税局确定。

五、工作要求

(一)营改增试点实施以来,货物运输业小规模纳税人增值税专用发票开具问题一直备受各方关注。开展互联网物流平台企业代开专用发票试点工作,是及时回应纳税人呼声,解决当前物流企业办税痛点、难点问题的有效途径,各地应高度重视,严格按照税务总局部署落实好试点工作。

(二)互联网物流平台企业代开专用发票试点工作由各省国税局组织实施,本着纳税人自愿的原则确定试点企业。本通知需要纳税人周知的事项,由省国税局制发公告。

(三)各地应积极推动试点工作开展,并加强试点企业的管理,对未按照本通知及现行有关规定,违规代开专用发票的,应立即取消试点资格并依法处理。

(四)各地要充分利用和挖掘互联网物流平台大数据资源,深入开展物流行业经济分析和税收风险管理工作,及时总结试点经验,提升试点成效。试点过程中发现的情况和问题,及时上报国家税务总局(货物和劳务税司)。

(十三) 抵扣凭证审核与协查

国家税务总局关于印发《增值税专用发票抵扣联信息企业采集方式管理规定》的通知

2003 年 6 月 19 日 国税发〔2003〕71 号

各省、自治区、直辖市和计划单列市国家税务局:

为保证金税工程的顺利运行,规范增值税专用发票抵扣联信息企业采集方式软件的使用和管理,总局制定了《增值税专用发票抵扣联信息企业采集方式管理规定》,现印发给你们。

请遵照执行。附件:增值税专用发票抵扣联信息企业采集方式管理规定

第一条 为保证金税工程的顺利运行,规范采用增值税专用发票抵扣联信息企业采集方

式的认证工作,特制定本规定。

第二条 增值税专用发票抵扣联信息企业采集方式是指由增值税一般纳税人(以下简称纳税人)采集抵扣联的明文和密文信息形成电子数据,通过网络或磁盘报送税务机关,由税务机关进行认证的一种专用发票认证方式。

第三条 采用增值税专用发票抵扣联信息企业采集方式应坚持纳税人自愿的原则。

第四条 纳税人必须使用经国家税务总局组织测评合格的增值税专用发票抵扣联信息企业采集方式软件。

第五条 增值税专用发票抵扣联信息企业采集方式的推行由各省、自治区、直辖市和计划单列市国家税务局增值税业务主管部门负责。

注释:根据《国家税务总局关于修改部分税收规范性文件的公告》(2018年6月15日,国家税务总局公告2018年第31号)规定,自2018年6月15日起,本文第五条中的"国家税务局"修改为"税务局"。

第六条 纳税人采用增值税专用发票抵扣联信息企业采集方式,必须提出书面申请,报经主管税务机关批准。

第七条 采用增值税专用发票抵扣联信息企业采集方式的纳税人,对取得需报税务机关认证的增值税专用发票抵扣联,应通过自动扫描识别生成电子数据,如遇特殊情况,可持防伪税控抵扣联原件到税务机关认证。

第八条 纳税人将通过自动扫描识别生成的抵扣联电子数据,在每月月底前,一次或分次报送税务机关认证。

第九条 纳税人将专用发票抵扣联电子信息报送税务机关认证未通过的,可将抵扣联原件报税务机关认证。

第十条 每次认证结束后,税务机关应及时将最终认证结果以电子数据的形式反馈给纳税人。

第十一条 纳税人丢失未认证的防伪税控抵扣联,不得使用专用发票抵扣联信息企业采集方式认证。

第十二条 纳税人发生下列情形之一的,税务机关取消其抵扣联信息企业采集方式的使用资格。

(一)注销税务登记;

(二)纳税人要求采用其他认证方式;

(三)被取消增值税一般纳税人资格。

第十三条 本规定由国家税务总局负责解释。

第十四条 本规定自2003年6月1日起施行。

国家税务总局关于增值税专用发票和其他抵扣凭证
审核检查有关问题的通知

2004年9月19日 国税发〔2004〕119号

各省、自治区、直辖市和计划单列市国家税务局、地方税务局:

自2003年10月起,海关代征进口增值税专用缴款书、废旧物资发票、货物运输业发票、税务机关为小规模纳税人代开增值税专用发票(以下简称其他抵扣凭证)已经实现了"人工采集、网络传输、电脑比对"。但是,目前稽核比对结果相符率偏低、异常率偏高,在稽核比对中增值税专用发票也存在一些问题。目前,增值税专用发票稽核比对中发现属于比对不符、缺联、作废、失控的由稽查部门负责协查,其他抵扣凭证稽核比对中发现异常的有关审核检查问题总局尚未明确。

为强化对增值税专用发票和其他抵扣凭证的管理,并保证各级稽查部门能够集中精力查处大案要案,按照全国征管工作会议精神,总局决定对增值税专用发票和其他抵扣凭证稽核比对中发现异常票的审核检查制度及其工作分工进行调整和明确,现就有关问题通知如下:

一、关于造成稽核比对中发现异常的增值税专用发票和其他抵扣凭证的类型问题。

造成稽核比对中发现异常的增值税专用发票和其他抵扣凭证的类型:一类是技术性错误,如录入错误、已申报但漏采集、漏传递、错报为失控或作废发票等;二类是涉及发票的一般性违规行为,需要进行补税、加收滞纳金和罚款,但不需要立案查处;三类是涉嫌偷骗税,需要立案查处。

二、关于管理部门的确认问题。

管理部门是指管户的税务局、税务分局、税务所及负责税源管理的内设机构(含海关代征进口增值税专用缴款书入库地国税机关所属计统部门,下同)。

三、关于增值税专用发票审核检查工作分工问题。

(一)管理部门与稽查部门的职责划分。

1. 管理部门负责对稽核比对中发现异常增值税专用发票进行审核检查。

管理部门对属于第一、二类问题的增值税专用发票审核检查时可下户检查,并可按税法规定进行处理。

管理部门负责将属于第三类问题的增值税专用发票填列《发票审核检查移交清单》(见附件)经主管领导签字后连同相关材料移交稽查部门查处。

2. 稽查部门负责对管理部门移送的属于第三类问题的增值税专用发票按《税务稽查工作规程》规定的立案标准进行审核,对符合立案标准的要立案查处,并按税法规定进行处理。

(二)增值税专用发票信息的传递。

1. 总局、省局以及地市级国税稽查部门通过现有协查网络将需要审核检查的增值税专用发票发到开票方所在地稽查部门,稽查部门负责接收并移交同级或对应的管理部门。

由省(自治区、直辖市、计划单列市,下同)、地(市,下同)、县(区,下同)税务机关局领导确定一个业务部门负责审核检查结果的汇总工作。

2. 管理部门将审核检查后认为需跨省、地、县(简称异地,下同)协查的增值税专用发票送交本地同级或对应国税局所属稽查部门,按现行有关协查规定形成内部生成数据,由稽查部门发起协查。

(三)反馈审核检查结果。

1. 稽查部门要将管理部门移送的第三类和异地增值税专用发票协查结果反馈管理部门,管理部门将所有一、二、三类增值税专用发票审核检查结果送局领导确定的业务部门进行汇总。稽查部门和管理部门报送审核检查结果的时间由省级税务机关确定。

2. 稽查部门要将管理部门移送的第三类案件单独登记台账,并在结案后上报总局稽查局。

(四)审核检查情况的上报。

省级国家税务局确定负责汇总的业务部门于每月14日前上报总局上月增值税专用发票审核检查情况(一式八份),省级以下税务机关上报时间按照稽核比对规程规定时间办理。

审核检查结果电子文档以 FTP 方式上传总局(130.9.1.101)服务器,各省以本省用户名、口令登录该服务器后,进入"/ysfp/upload/＊＊＊＊＊＊＊/"目录下(其中"＊＊＊＊＊＊＊"代表本省 7 位税务机关代码),将文件写入该目录。电子文件命名规则如下:

增值税专用发票:fk_zzzp_七位税务机关代码上报月份(格式:YYYYMM.zip)

四、关于其他抵扣凭证审核检查工作分工问题。

(一)管理部门与稽查部门的职责划分。

按本通知第三条第一款规定办理。

(二)其他抵扣凭证信息的传递。

1. 由总局信息中心将比对异常的其他抵扣凭证电子信息放在总局内网上(130.9.1.101),省级国家税务局、地方税务局信息中心下载后比照总局办法逐级提供给所辖各级税务机关信息中心。

由省、地、县级税务机关局领导指定一个业务部门负责其他抵扣凭证信息的接收、清分、分送和审核检查结果的汇总工作。

2. 管理部门审核检查后认为需异地审核检查的其他抵扣凭证,由稽查部门负责按照受托方所在地清分、分送到异地稽查部门,再由异地稽查部门按照管户范围清分、分送受托方管理部门,审核检查结果形成书面和电子文档。

3. 需本县及县以下地方税务机关协查的货物运输业发票的传递按本款第二项规定办理。

(三)反馈审核检查结果。

按本通知第三条第三款规定办理。

(四)审核检查情况的上报。

省级国家税务局确定的业务部门于每月 14 日前上报总局上月其他抵扣凭证审核检查情况(共 8 份),省级以下国家税务机关上报时间由省级国家税务局确定。

省级地方税务局确定的业务部门于每月 14 日前上报总局上月货物运输业发票审核检查情况(共 8 份),省级以下地方税务机关上报时间由省级地方税务局确定。

审核检查结果电子文档以 FTP 方式上传总局(130.9.1.101)服务器,各省以本省用户名、口令登录该服务器后,进入"/ysfp/upload/＊＊＊＊＊＊＊/"目录下(其中"＊＊＊＊＊＊＊"代表本省 7 位税务机关代码),将文件写入该目录。电子文件命名规则如下:

1. 货物运输业发票:fk.ysfp_七位税务机关代码_上报月份(格式:YYYYMM.zip)

2. 废旧物资发票:fkfjwz_七位税务机关代码_上报月份(格式:YYYYMM.zip)

3. 代开增值税专用发票:fk_dkzz_七位税务机关代码_上报月份(格式:YYYYMM.zip)

4. 海关代征进口增值税专用缴款书:fk_hgws_七位税务机关代码_上报月份(格式:YYYYMM.zip)

五、为保证管理部门对第一、二类发票审核检查工作的顺利进行,应为管理部门相关人员配发税务检查证,对需要下户检查的或经检查需要下达税务处理决定书、税务处罚决定书的,管理部门须提请局领导签发并以税务局的名义下达有关文书。

六、按照本通知规定的增值税专用发票和其他抵扣凭证审核检查分工,总局将开发、完善相关的协查软件,实行网上处理和传输。在协查软件完善、配备前,负责清分、分送审核检查增值税专用发票和其他抵扣凭证的部门可采取网络、软盘、人工等方式传递、清分、分送,保证此项工作顺利进行。

七、各级税务机关要高度重视增值税专用发票和其他抵扣凭证审核检查和处理工作。

要统筹安排对增值税专用发票和其他抵扣凭证的核查工作,两者除传输办法不同外(因现有设备关系),其他都是一样的,应由同一管理部门与稽查局协调处理。加强国地税机关的协调配合,增强责任心,加大对此项工作的考核力度。对于比对异常情况,要依法及时处理。属于技术性差错,要督促改进,避免重错。需要补税和处罚的,要及时补缴并处罚。对于涉嫌偷骗税的问题,稽查局要及时查处。各地稽查部门、管理部门和相关业务部门要按本通知规定的信息传递方式和职责分工接收、清分、分送、反馈、汇总审核检查信息。各级稽查部门和管理部门应认真履行职责,不得应移交不移交或拒绝接受移交。

八、各级稽查部门要按本通知要求,完成稽核系统中涉嫌偷骗税的第三类问题的查处工作,并不断加强对各类发票协查和查处情况的总结和相关数据的统计分析,进一步提高协查质量,严厉打击各种增值税涉税违法活动。

九、各级税务机关应建立和完善相关制度,保证增值税专用发票和其他抵扣凭证审核检查工作的质量和效率。

十、省级国家税务局、地方税务局于9月30日前将本单位负责汇总的业务部门名单(一式八份)上报总局,总局有关司局联系人及电话如下:

信息中心应用系统管理处:鲁洋 010-63417691

稽查局协查处:刘征宇 010-83551232

计统司会计处:王焕斌 010-63417550 63417538

流转税司营业税处:王崴 010-63417713

流转税司税控稽核处:刘锋 010-63417778 63417797

十一、本通知自2004年9月15日起执行。

附件:××发票审核检查移交清单

附件

××发票审核检查移交清单

移交日期:

企业名称	发票代码	发票号码	问题类型	移交理由	稽查局签收

移交部门: 移交人: 部门领导签字:

注:问题类型包括:不符、缺联、重号、失控、属于作废。

国家税务总局关于增值税专用发票和其他抵扣凭证审核检查有关问题的补充通知

2005年1月10日　国税发〔2005〕6号

各省、自治区、直辖市和计划单列市国家税务局、地方税务局,局内各单位:

为了强化对增值税专用发票和其他抵扣凭证(以下简称增值税抵扣凭证)的管理,2004年

9月20日总局下发了《国家税务总局关于增值税专用发票和其他抵扣凭证审核检查有关问题的通知》(国税发〔2004〕119号),对增值税抵扣凭证审核检查的有关问题予以明确。为了解决当前各地在开展审核检查中存在的问题,提高增值税抵扣凭证稽核比对相符率,进一步规范审核检查工作,切实加强增值税征管,现就增值税抵扣凭证审核检查的有关问题补充通知如下:

一、关于增值税专用发票审核检查。

增值税专用发票审核检查工作中,管理部门与稽查部门的职责划分、专用发票信息的传递、反馈审核检查结果和审核检查情况的上报,按照国税发〔2004〕119号文件的有关规定执行。

二、关于避免多头审核检查。

对增值税专用发票和其他抵扣凭证的审核检查工作是税源管理的重要内容,应由管户的税务局、税务分局、税务所内设的一个管理部门负责,避免同一税务局、税务分局、税务所多个内设管理部门对同一纳税人进行多头审核检查。各级税务机关应指定管理部门负责审核检查工作。

三、关于审核检查工作的重点。

负责审核检查的管理部门在对上级下发全部比对异常增值税抵扣凭证进行全面审核检查的基础上,应重点对海关代征进口增值税专用缴款书、废旧物资发票、货物运输业发票、税务机关为小规模纳税人代开增值税专用发票(以下简称其他抵扣凭证)中的"金额不符票"和"缺联票"进行严格审核检查。对缺联的增值税抵扣凭证进行审核检查时,不仅要核对企业留存的发票与申报的清单是否相符,而且要与前两个月申报的清单核对,防止重复申报抵扣,经核对后留存发票盖销(戳记样式见附件)。同时,要注意同纳税人的有关购销合同、账务处理、资金往来、入库实物等结合起来进行检查,必须做到每票都查,查清原因,毫无遗漏。

四、关于比对异常的增值税抵扣凭证的处理。

(一)对辅导期新办商贸企业一般纳税人按照国税发明电〔2004〕37号文件的规定实行"先比对后抵扣"。主管国税机关对比对结果为"相符"的增值税抵扣凭证可允许其申报抵扣,对比对结果异常的增值税抵扣凭证应进行审核检查。审核检查结果为国税发〔2004〕119号文件中规定的第一类技术性错误原因造成比对异常的,经过技术处理后允许其申报抵扣;审核检查结果为国税发〔2004〕119号文件中规定的第二类问题的,不允许其申报抵扣,由管理部门依有关规定进行处理;审核检查结果为国税发〔2004〕119号文件中规定的第三类问题的,不允许申报抵扣,移交稽查部门立案查处。

(二)对新办商贸企业以外的一般纳税人比对异常的增值税专用发票按现行规定处理;比对异常的其他抵扣凭证,必须先进行审核检查,再依有关规定分别进行处理。审核检查结果为国税发〔2004〕119号文件中规定的第一类技术性错误原因造成的比对异常的,经过技术处理后允许其抵扣;审核检查结果为国税发〔2004〕119号文件中规定的第二类问题的,管理部门再依有关规定分别进行补税、加收滞纳金、罚款;审核检查结果为国税发〔2004〕119号文中第三类问题的,移交稽查部门立案查处。

五、关于审核检查流程和方法。

(一)抵扣方主管国税机关的审核检查。

对比对"不符""缺联""属于作废"的增值税专用发票和比对"不符""缺联"和"重号"的其

他抵扣凭证,由抵扣方主管国税机关管理部门进行审核检查。

1. 如果经抵扣方主管国税机关审核检查,即可查明"不符""缺联""属于作废""重号"原因,而不需再由开票方主管税务机关(海关代征进口增值税专用缴款书为海关代征进口增值税专用缴款书入库地国税机关所属计统部门,下同)继续审核检查的,按照国税发〔2004〕119号文件规定的不同情况依有关规定分别进行处理。

2. 如果属于抵扣联采集录入等技术性错误的其他抵扣凭证,进行修改后经人工比对两联相符,将"比对相符"的信息汇总上报;进行修改后经人工比对两联仍不符的,将修改后的信息交开票方主管税务机关管理部门继续审核检查。

3. 如果需由开票方主管税务机关继续审核检查的,交由开票方主管税务机关管理部门继续审核检查。

(二)开票方主管税务机关管理部门对抵扣方主管国税机关转来信息的审核检查。

1. 如果不属于存根联(包括海关代征进口增值税专用缴款书第五联,下同)采集录入等技术性错误,将结果反馈抵扣方主管国税机关。

2. 如果属于存根联采集录入等技术性错误的其他抵扣凭证,进行修改后经人工比对两联相符的,或进行修改后两联仍不符的,将信息反馈抵扣方主管国税机关;如果属于误操作等原因的增值税专用发票,将信息反馈抵扣方主管国税机关。税务机关误操作的还应出具书面证明。

3. 对由于开票方原因造成比对异常的,由开票方主管税务机关管理部门按照国税发〔2004〕119 号文件规定的不同情况依有关规定分别进行处理。

(三)抵扣方主管国税机关对开票方主管税务机关已经审核检查的增值税抵扣凭证,根据其返回的审核检查结果确定比对异常原因,按照国税发〔2004〕119 号文件规定的不同情况依有关规定分别进行处理。在排除税务机关技术、误操作等原因造成的稽核比对异常发票后,如需进一步检查的,由抵扣方主管国税机关稽查部门继续检查。

六、规范填制海关代征进口增值税专用缴款书抵扣清单。

目前通过审核检查发现纳税人填制海关代征进口增值税专用缴款书(以下简称缴款书)抵扣清单和税务机关填制缴款书第五联清单信息不规范是造成缴款书比对异常的主要原因。为提高缴款书比对相符率,对缴款书有关问题说明如下:

(一)缴款书号码的编制原则。

目前,海关 H2000 通关系统与 H883 通关系统并行,预计 H883 通关系统将于 2005 年退出实际运行。

缴款书号码在 H883 通关系统中共有 19 位,各位的含义是:号码前 6 位(包括括号)代表进口报关的年份和月份;第 7 到 15 位数字为报关单编号;第 16 个字符为征税标志,其中"—"为正常征税标志,"/"为补税标志,"♯"为退税标志,"D"为删除标志,"@"为违规补滞纳金标志;第 17 位字母为税种标志,其中"A"为关税标志,"L"为增值税标志,"Y"为消费税标志,"I"为特别关税标志;第 18、19 位数字为报关单所产生的专用缴款书顺序号。如:缴款书号码为"(0407)024114793—L02",纳税人填制抵扣清单时,缴款书号码应包括括号及括号内四位数字和"—"在内的 19 位均需填写,应填写为"(0407)024114793—L02"。

缴款书号码在 H2000 通关系统中共有 22 位,各位的含义是:号码前 4 位为各海关代码;第 5 至 8 位为年份;第 9 位为进出口标志,其中"1"为进口标志,"0"为出口标志;第 10 至 18 位为报关单编号;第 19 位为征税标志(含义同 H883 系统),第 20 位为税种标志(含义同 H883

系统);第21位至22位为报关单所产生的专用缴款书顺序号(含义同H883通关系统)。如:缴款书号码为"020720041074517694—L02",纳税人填制抵扣清单时(包括"—"在内)的22位均需填写,应填写为"020720041074517694—L02"。H2000通关系统开具的缴款书中号码上一行打印的四位日期如:"(0311)"不属于缴款书号码,不应当填写。

(二)关于海关口岸代码。

纳税人在填制缴款书抵扣清单和税务机关填制缴款书第五联清单信息时,一律在清单"进口口岸"栏填"征税口岸代码"。H2000通关系统开具的缴款书号码前4位即为海关征税口岸代码,如:缴款书号码为"020720041074517694—L02","0207"即为海关征税口岸代码;H883通关系统开具的缴款书号码需根据缴款书左上方打印的海关口岸名称或缴款书上加盖的海关口岸名称戳记对照本通知所附海关总署提供的《海关关区代码表》(见附件)正确填写。国税机关要辅导纳税人正确录入海关征税口岸代码,并做好清单的审核工作。

(三)关于开票日期。

纳税人在填制抵扣清单时,应填写缴款书上打印的"填发日期"所列内容,不应填写纳税人"实际申报日期"。

(四)关于抵扣方纳税人识别号。

负责进口货物或委托进口货物申报业务的单位和个人应当在进口报关单上准确填写实际抵扣方纳税人识别号(15位),不得遗漏或错填。缴款书备注栏中"国标代码"即为实际抵扣方纳税人识别号(15位)。

七、关于货物运输业发票有关问题。

(一)各级国税机关、地税机关从2005年1月起按照本通知规定的货物运输业发票审核检查方法对总局下发的所有比对异常的货物运输业发票进行审核检查。

(二)各级地方税务局必须按国税函〔2004〕557号和国税函〔2004〕1033号文规定的时间提供新版货物运输业发票供纳税人使用,并停止使用旧版货物运输业发票。

(三)由于省级地方税务局已实现与总局联网,地方税务局采集的货物运输业发票信息一律由省级地方税务局直接上传国家税务总局。地方税务局系统中省级以下未实现联网的,哪一级断开,暂时传给同级国家税务局,由国家税务局传输给上一级国家税务局,并由接收数据的国家税务局送同级地方税务局,直到送达省级地方税务局。

(四)按照国税发〔2004〕119号文规定的信息反馈要求,地方税务局要将货物运输业发票审核检查结果通过地税稽查部门反馈给抵扣方国税机关对应的国税稽查部门。

(五)负责比对异常的货物运输业发票传递部门,按国税发〔2004〕119号和国税发明电〔2004〕59号文件执行。

八、各级国家税务局、地方税务局要增强责任心,加强对纳税人的辅导,采取有效措施,尽可能减少录入错误、传输遗漏等问题,切实提高比对相符率。

九、其他抵扣凭证数据的上传由各级国家税务局、地方税务局信息部门负责。

十、各级国家税务局从2005年1月起按照本通知规定的增值税专用发票审核检查方法对总局下发的比对异常的增值税专用发票进行审核检查。

十一、各级国家税务局必须在每月征期后第一个工作日17:00前完成失控发票采集工作。

十二、省级国家税务局、地方税务局确定负责汇总工作的业务部门必须于每月14日(遇法定节假日顺延,下同)按有关规定的要求向国家税务总局上报上月增值税专用发票和其他抵扣凭证审核检查情况,总局将对每月 14 日 17：00 时止不向总局上报情况的地区进行通报批评。

（一）省级国家税务局上报材料为：

其他抵扣凭证审核检查情况报告(包括统计表)

增值税专用发票审核检查情况报告(包括统计表)

（二）省级地方税务局上报材料为：

货物运输业发票审核检查情况报告(包括统计表)

（三）省级国家税务局、地方税务局上报材料上传路径为：

1. 省级国家税务局上报增值税专用发票审核检查情况和其他抵扣凭证审核检查情况仍按照国税发〔2004〕119 号文件规定的路径。

省级国家税务局上报统计表方式：以 FTP 方式登录 130.9.1.101 地址,下载"国税—发票审核检查情况统计表模版",用户名：fktjb,口令：123456,内有工作表,按要求填写后以原格式上报。

2. 省级地方税务局上报货物运输业审核检查情况仍按照国税发〔2004〕119 号文件规定的路径。

省级地方税务局上报统计表方式：以 FTP 方式登录 130.9.1.101 地址,下载"地税—发票审核检查情况统计表模版",用户名：fktjb,口令：123456,内有工作表,按要求填写后以原格式上报。

十三、凡与本通知规定不符的,一律按本通知规定执行。

附件：1. 海关关区代码表(略)

2. 增值税专用发票审核检查情况汇总表(略)

3. 增值税专用发票审核检查结果统计表(略)

4. 凭证审核检查情况汇总统计表(略)

5. 凭证审核检查结果统计表(略)

6. 审核检查戳记(略)

国家税务总局关于增值税抵扣凭证审核检查有关问题的批复

2005 年 5 月 24 日 国税函〔2005〕495 号

北京市国家税务局：

你局《关于增值税抵扣凭证审核检查有关问题的请示》(京国税发〔2005〕107 号)收悉。经研究,批复如下：

一、关于管理部门审核检查后对纳税人作出处理的操作规程问题

总局正在研究制定《增值税抵扣凭证审核检查操作规程》,将统一规定具体操作规程、税务文书等。有关部门还将根据操作规程修改综合征管软件。

目前,管理部门审核检查中确定属于第二类一般性违规问题的处理属于管理部门的日常工作职责范围,相关的补税、加收滞纳金以及罚款可使用《税收缴款书》。在处理过程中,管理部门需要使用的其他文书,如《税务处理决定书》《税务行政处罚决定书》等相关文书,已经包括在即将下发的税收执法文书样本中。

二、关于海关进口增值税专用缴款书审核检查问题

对管理部门(包括入库地计统部门)与稽查局之间移交的有关材料、程序、手续、职责划分

等具体问题按《国家税务总局关于增值税专用发票和其他抵扣凭证审核检查有关问题的通知》(国税发〔2004〕119号)、《国家税务总局关于增值税专用发票和其他抵扣凭证审核检查有关问题的补充通知》(国税发〔2005〕6号)和《国家税务总局稽查局关于增值税专用发票和其他抵扣凭证异地审核检查及协查流程的通知》(稽便函〔2005〕34号)规定执行。

为方便国税机关对海关进口增值税专用缴款书的审核检查工作,总局正在统计各地海关对应税务机关名称、地址等信息,供各级税务机关使用。

　　注释:根据《国家税务总局关于修改部分税收规范性文件的公告》(2018年6月15日,国家税务总局公告2018年第31号)规定,自2018年6月15日起,本文第二条中的"国税机关"修改为"税务机关"。

国家税务总局关于金税工程增值税征管信息系统发现的涉嫌违规增值税专用发票处理问题的通知

2006年10月13日　　国税函〔2006〕969号

各省、自治区、直辖市和计划单列市国家税务局:

今年总局下发的《国家税务总局关于发布已失效或废止的税收规范性文件目录的通知》(国税发〔2006〕62号)将《国家税务总局关于金税工程发现的涉嫌违规增值税专用发票处理问题的通知》(国税函〔2001〕730号,以下简称730号文)第一条、第二条废止。各地反映730号文的有关内容废止后,对金税工程增值税征管信息系统发现的涉嫌违规增值税专用发票(以下简称发票)处理缺乏依据,要求总局予以明确。经研究,现将金税工程增值税征管信息系统发现的涉嫌违规发票处理的有关问题重新明确如下:

一、关于防伪税控认证系统发现涉嫌违规发票的处理。

目前,防伪税控认证系统发现涉嫌违规发票分"无法认证""认证不符""密文有误""重复认证""认证时失控""认证后失控"和"纳税人识别号认证不符(发票所列购买方纳税人识别号与申报认证企业的纳税人识别号不符)"等类型。

(一)属于"无法认证""纳税人识别号认证不符"和"认证不符"中的"发票代码号码认证不符(密文与明文相比较,发票代码或号码不符)"的发票,不得作为增值税进项税额的抵扣凭证。税务机关应将发票原件退还企业,企业可要求销售方重新开具。

(二)属于"重复认证""密文有误"和"认证不符(不包括发票代码号码认证不符)""认证时失控"和"认证后失控"的发票,暂不得作为增值税进项税额的抵扣凭证,税务机关扣留原件,移送稽查部门作为案源进行查处。经税务机关检查确认属于税务机关责任以及技术性错误造成的,允许作为增值税进项税额的抵扣凭证;不属于税务机关责任以及技术性错误造成的,不得作为增值税进项税额的抵扣凭证。属于税务机关责任的,由税务机关误操作的相关部门核实后,区县级税务机关出具书面证明;属于技术性错误的,由税务机关技术主管部门核实后,区县级税务机关出具书面证明。

二、关于增值税专用发票稽核系统发现涉嫌违规发票的处理。

目前,增值税专用发票稽核系统发现涉嫌违规发票分"比对不符""缺联"和"作废"等类型。凡属于上述涉嫌违规的发票,暂不得作为增值税进项税额的抵扣凭证,由管理部门按照审核检查的有关规定进行核查,并按有关规定进行处理。经税务机关检查确认属于税务机关责任以及技术性错误造成的，允许作为增值税进项税额的抵扣凭证；不属于税务机关责任以及技术性错误造成的，不得作为增值税进项税额的抵扣凭证。属于税务机关责任的，由税务机关误操作的相关部门核实后，区县级税务机关出具书面证明；属于技术性错误的，由税务机关技术主管部门核实后，区县级税务机关出具书面证明。

三、本通知自 2006 年 5 月 1 日起执行。

国家税务总局关于认证稽核系统涉嫌违规公路内河货物运输业发票处理有关问题的通知

2007 年 6 月 27 日　国税函〔2007〕722 号

各省、自治区、直辖市和计划单列市国家税务局、地方税务局：

自 2007 年 1 月 1 日起，公路、内河货物运输业发票税控系统已在全国范围内推行。目前，认证发现涉嫌违规公路、内河货物运输业发票（以下简称货运发票）有"认证不符""密文有误"和"重复认证"等类型，稽核发现涉嫌违规货运发票有"比对不符""缺联"和"重号"等类型。为进一步加强公路、内河货物运输业发票税控系统开具货运发票的增值税抵扣管理，现将认证、稽核发现的涉嫌违规货运发票处理有关问题通知如下：

一、属于"认证不符"中"纳税人识别号认证不符（发票所列受票方纳税人识别号与申报认证企业的纳税人识别号不符）""发票代码号码认证不符（机打代码或号码与发票代码或号码不符）"的货运发票，不得作为增值税进项税额抵扣凭证。税务机关应将货运发票原件退还企业，并告知其认证发现的问题类型，企业应要求开票方重新开具。

二、属于"重复认证""密文有误"和"认证不符（不包括发票代码号码认证不符和纳税人识别号认证不符）"的货运发票，暂不得作为增值税进项税额抵扣凭证，税务机关应扣留原件，移送稽查部门作为案源进行查处。属于稽核发现涉嫌违规的货运发票，暂不得作为增值税进项税额抵扣凭证，由管理部门按照审核检查的有关规定进行核查和处理。

经稽查部门检查或管理部门审核检查确认属于税务机关操作问题以及技术性问题造成的，允许作为增值税进项税额抵扣凭证；不属于税务机关操作问题以及技术性问题造成的，不得作为增值税进项税额抵扣凭证。属于国税机关操作问题及技术性问题的，分别由误操作的相关部门或技术主管部门核实后，由区县税务机关出具书面证明；属于地税机关操作问题及技术性问题的，分别由误操作的相关部门或技术主管部门核实后，由区县地税机关按照有关规定回函，同时出具书面证明。

三、有关问题的说明。

重复认证，是指已经认证相符的同一张货运发票再次认证。

密文有误，是指货运发票所列密文无法解译。

认证不符，是指纳税人识别号有误，或者货运发票所列密文解译后与明文不一致。

比对不符，是指货运发票抵扣联与存根联数据的开票日期、承运人纳税人识别号、受票人纳税人识别号、运费金额四要素存在不同。不符的优先级次顺序为：运费金额、承运人受票人双方纳税人识别号、受票人纳税人识别号、承运人纳税人识别号、开票日期。

缺联，是指货运发票稽核系统内有抵扣联而无对应存根联并且按规定不需留待下期继续比对。

重号,是指货运发票稽核系统内存在两份或者两份以上相同发票代码和号码的抵扣联。

国家税务总局关于印发《增值税专用发票审核检查操作规程(试行)》的通知

2008 年 3 月 26 日　　国税发〔2008〕33 号

各省、自治区、直辖市和计划单列市国家税务局:

为进一步加强增值税专用发票管理,规范异常增值税专用发票审核检查工作,税务总局制定了《增值税专用发票审核检查操作规程(试行)》,现印发给你们,自 2008 年 4 月 1 日起施行。各级税务机关要及时做好规程培训工作,确保规程贯彻执行到位。执行中如有问题,请及时报告税务总局(流转税管理司)。

附件:1. 审核检查工作底稿(略)
　　　2. 增值税抵扣凭证委托审核检查函(略)
　　　3. 增值税抵扣凭证审核检查回复函(略)
　　　4. 增值税抵扣凭证审核检查移交清单(略)

增值税专用发票审核检查操作规程(试行)

第一条　为规范增值税专用发票审核检查工作,提高增值税专用发票审核检查工作质量和效率,制定本规程。

第二条　本规程所称增值税专用发票审核检查,是指各级税务机关按照规定的程序和方法,运用"增值税专用发票审核检查子系统"(以下简称核查子系统),对增值税专用发票稽核比对结果属于异常的增值税专用发票进行核对、检查和处理的日常管理工作。

第三条　审核检查的增值税专用发票,是指全国增值税专用发票稽核系统产生稽核比对结果为"不符""缺联""属于作废"的增值税专用发票。

第四条　增值税专用发票审核检查工作,由各级税务机关的流转税管理部门负责组织,稽查局和信息中心配合,税务机关管理部门(指管户的税务局、税务分局、税务所及负责税源管理的内设机构)具体实施。

第五条　国家税务总局流转税管理部门设置审核检查管理岗,每月 6 日前(含当日,遇法定节假日比照征管法实施细则有关规定顺延,下同)统计下列报表:

(一)《全国审核检查情况汇总统计表》;

(二)《分地区审核检查情况汇总统计表》;

(三)《全国审核检查结果统计表》;

(四)《分地区审核检查结果统计表》;

(五)《分地区审核检查税务处理情况统计表》。

第六条　省税务机关流转税管理部门设置审核检查管理岗,每月 5 日前统计并上报下列报表:

(一)《本级审核检查情况汇总统计表》;

(二)《分地区审核检查情况汇总统计表》;

(三)《本级审核检查结果统计表》;

（四）《分地区审核检查结果统计表》；

（五）《分地区审核检查税务处理情况统计表》。

第七条 地市税务机关流转税管理部门设置审核检查管理岗，按月查询下列统计报表，分析本地审核检查工作进度和质量情况：

（一）《本级审核检查情况汇总统计表》；

（二）《分地区审核检查情况汇总统计表》；

（三）《本级审核检查结果统计表》；

（四）《分地区审核检查结果统计表》；

（五）《分地区审核检查税务处理情况统计表》。

第八条 区县税务机关流转税管理部门设置审核检查管理岗，负责以下工作：

（一）将核查子系统无法自动分发的异常专用发票信息分捡到指定的税务机关管理部门；

（二）按月查询下列统计报表，对税务机关管理部门的审核检查工作进行监控和督促：

1.《本级审核检查情况汇总统计表》；

2.《分地区审核检查情况汇总统计表》；

3.《本级审核检查结果统计表》；

4.《分地区审核检查结果统计表》；

5.《分地区审核检查税务处理情况统计表》。

第九条 税务机关管理部门设置审核检查岗和审核检查综合岗。

（一）审核检查岗负责以下工作：

1. 收到核查任务后，打印《审核检查工作底稿》（见附件1）；

2. 对异常增值税专用发票进行审核检查，填写《审核检查工作底稿》，根据审核检查情况提出核查处理意见；

3. 将《审核检查工作底稿》提交部门领导和区县主管局长审批；

4. 经区县主管局长审批，将审核检查结果、税务处理意见及接收异地核查的回复信息录入核查子系统，对需异地核查的在核查子系统中发起委托异地核查；

5. 将审核检查结果、回复异地核查信息、委托异地核查函及税务处理结果提交审核检查综合岗进行复核；

6. 审核检查资料整理归档。

（二）审核检查综合岗负责以下工作：

1. 将审核检查任务分派到审核检查岗；

2. 对审核检查岗录入的审核检查结果、税务处理结果、委托异地核查信息、回复异地核查信息进行复核；

3. 发出《增值税抵扣凭证委托审核检查函》（见附件2）及《增值税抵扣凭证审核检查回复函》（见附件3）。

第十条 省税务机关信息中心设置核查子系统技术维护岗，负责下列工作：

（一）核查子系统的系统维护和技术支持；

（二）保障核查子系统正常运行的技术环境，及时解决网络和设备故障；

（三）对审核检查结果中的技术问题进行确认；

（四）系统代码维护。

第十一条 地市、区县税务机关信息中心设置核查子系统技术维护岗，负责下列工作：

（一）对审核检查结果中的技术问题进行确认；

（二）系统代码维护。

第十二条 审核检查岗接收核查任务后，按下列要求进行审核检查：

（一）核查抵扣凭证原件；

（二）查看有关购销合同、账务处理、资金往来、货物情况等；

（三）根据工作需要可进行实地核查，实地核查必须两人以上；

（四）填写《审核检查工作底稿》。

第十三条 经审核检查，对不同类型异常抵扣凭证分别进行处置：

（一）"不符"发票

1. 抵扣联票面信息与抵扣联电子信息相符的，传递给销售方主管税务机关审核检查；

2. 抵扣联票面信息与抵扣联电子信息不相符、与存根联电子信息相符的，按本规程第十七条和第十八条规定进行处理；

3. 抵扣联票面信息与抵扣联、存根联电子信息均不相符的，根据抵扣联票面信息修改抵扣联电子信息，传递给销售方主管税务机关审核检查。

（二）"缺联"发票

1. 抵扣联票面信息与抵扣联电子信息相符的，传递给销售方主管税务机关审核检查；

2. 抵扣联的票面信息与抵扣联电子信息不相符的，根据抵扣联票面信息修改抵扣联电子信息，传递给销售方主管税务机关审核检查。

（三）"属于作废"发票

1. 纳税人未申报抵扣的，按本规程第十七条和第十八条规定进行处理；

2. 纳税人已申报抵扣，传递给销售方主管税务机关审核检查。

第十四条 经审核检查，对接收的异地《增值税抵扣凭证委托审核检查函》中增值税专用发票按照以下类型回复委托方税务机关：

（一）辖区内无此纳税人的，按照"辖区内无此纳税人"录入核查子系统；

（二）辖区内有此纳税人的，分别按照"无相应存根联""虚开发票""存抵不相符""该票未申报""企业漏采集""企业误作废""税务机关漏传递""税务机关发票发售错误"和"其他"等录入核查子系统。

第十五条 税务机关管理部门应按下列时限完成审核检查工作。

（一）对不需要委托异地核查的异常增值税专用发票，应当在 30 日内完成审核检查并录入处理结果。

（二）需要委托异地核查的异常增值税专用发票，应当在 30 日内发出《增值税抵扣凭证委托审核检查函》并根据回复情况 15 日内录入处理结果。

（三）对接收的异地《增值税抵扣凭证委托审核检查函》，应当在 30 日内完成审核检查并向委托方税务机关发出《增值税抵扣凭证审核检查回复函》。

第十六条 税务机关管理部门应依照有关档案管理规定，将审核检查工作中形成的《审核检查工作底稿》及有关资料及时归档。

第十七条 异常增值税专用发票的审核检查结果分为以下类型：

（一）企业问题

1. 操作问题

操作问题包括：销售方已申报但漏采集；购买方已认证但未申报抵扣；购买方票面信息采

集错误;其他操作问题。

2. 一般性违规问题

一般性违规包括:销售方违规作废;购买方未按规定取得;购买方未按规定抵扣;其他违规。

3. 涉嫌偷骗税问题

涉嫌偷骗税问题包括:涉嫌偷税、逃避追缴欠税、骗取出口退税、抗税以及其他需要立案查处的税收违法行为;涉嫌增值税专用发票和其他发票违法犯罪行为;需要进行全面系统的税务检查的。

(二)税务机关操作问题或技术问题。

第十八条 经区县主管局长批准,税务机关管理部门对审核检查结果分别进行处理:

(一)属于"企业操作问题"和"税务机关操作问题或技术问题",符合税法规定抵扣条件的,允许其抵扣增值税进项税额;

(二)属于企业问题中"一般性违规问题"的,依据现行规定处理;

(三)属于企业问题中"涉嫌偷骗税"的,不需要对企业作出税务处理,将《增值税抵扣凭证审核检查移交清单》(见附件4)及相关资料移交稽查部门查处。

对于走逃企业或者非正常户的异常发票,经过审核检查确能证明涉嫌偷骗税行为的,移交稽查部门查处。

第十九条 稽查部门应当在自接收涉嫌偷骗税有关资料之日起1个月内立案检查。

第二十条 各级税务机关应将异常增值税专用发票审核检查工作纳入税收工作考核范围,定期对以下指标进行考核:

(一)审核检查完成率=本期完成审核检查发票数/本期应完成审核检查发票数×100%

其中:本期完成审核检查发票数=按期完成审核检查发票数+逾期完成审核检查发票数

本期应完成审核检查发票数=本期按期应完成审核检查发票数+前期逾期未完成审核检查发票数

(二)审核检查按期完成率=按期完成审核检查发票数/按期应完成审核检查发票数×100%

(三)异地核查回复率=本期回复异地核查发票数/本期应回复异地核查发票数×100%

其中:本期回复异地核查发票数=按期回复异地核查发票数+逾期回复异地核查发票数

本期应回复异地核查发票数=本期按期应回复异地核查发票数+前期逾期未回复异地核查发票数

(四)异地核查按期回复率=按期完成异地核查发票数/按期应完成异地核查凭证数×100%

第二十一条 本规程由国家税务总局负责解释。各地可根据实际,制定具体实施办法。

国家税务总局关于印发《税收违法案件发票协查管理办法(试行)》的通知

2013年6月19日 税总发〔2013〕66号

各省、自治区、直辖市和计划单列市国家税务局、地方税务局:

为进一步规范税收违法案件发票协查工作,提高协查质量和效率,在充分调研和广泛征求意见的基础上,税务总局制定了《税收违法案件发票协查管理办法(试行)》,现印发你们,请认真贯彻执行。对执行过程中遇到的情况和问题,请及时反馈税务总局(稽查局)。

附件:1. 关于××案件的协查函(略)
　　　2. 关于××案件的协查回复函(略)

税收违法案件发票协查管理办法(试行)

第一章　总　　则

第一条　为了规范税收违法案件发票协查工作,提高协查管理工作效率,根据《中华人民共和国税收征收管理法》《中华人民共和国发票管理办法》及相关法律法规,制订本办法。

第二条　税收违法案件发票协查是指查办税收违法案件的税务局稽查局(以下简称委托方)将需异地调查取证的发票委托有管辖权的税务局稽查局(以下简称受托方),开展调查取证的相关活动。

第三条　协查工作遵循合法、真实、相关和效率的原则。

第四条　税务局稽查局负责实施税收违法案件发票的协查。

第五条　国家税务总局应当逐步推进税收违法案件发票协查信息化,将税收违法案件发票协查全面纳入协查信息管理系统进行管理。

第二章　委 托 协 查

第六条　委托方对税收违法案件中需调查取证的发票采取发函或者派人参与的方式进行协查。

发函是指委托方向受托方发出《税收违法案件协查函》,包括寄送纸质协查函和通过协查信息管理系统发出协查函。纸质协查函原则上采取同级发函的方式进行。

派人参与是指重大案件或者有特殊要求的案件,委托方可派人参与受托方的调查取证,提出取证要求。

第七条　委托方根据案件查办情况,确定协查对象,需要发起委托协查的,向受托方发出《税收违法案件协查函》。

《税收违法案件协查函》内容包括:委托方案件名称、基本案情、涉案发票记载的信息、已掌握的疑点或者线索、作案手法、提出有针对性的取证要求、回复期限、组卷及寄送要求、联系人和联系方式等。

第八条　国家税务总局督办案件的发票协查应当按照《重大税收违法案件督办管理暂行办法》有关规定执行,并在协查函中予以说明,注明督办函号。

第九条　已确定虚开发票案件的协查,委托方应当按照受托方一户一函的形式出具《已证实虚开通知单》及相关证据资料,并在所附发票清单上逐页加盖公章,随同《税收违法案件协查函》寄送受托方。

通过协查信息管理系统发起已确定虚开发票案件协查函的,委托方应当在发送委托协查信息后5个工作日内寄送《已证实虚开通知单》以及相关证据资料。

第十条　委托方收到协查回函后,根据协查回函信息依法对被查对象进行查处。

第十一条　委托方派人协查方式进行协查的,应当向受托方通报情况、沟通案情,派出人员需携带加盖本单位公章的《介绍信》和《税收违法案件协查函》《税务检查证》以及相关身份证明,参与受托方的调查取证,提出取证要求。

第十二条 委托方应当及时登记《委托协查台账》,跟踪协查函的发出、回复和处理情况。

《委托协查台账》包括以下内容:

(一)函件发出日期,派人协查日期;

(二)函件名称、编号或者文号、是否督办;

(三)涉及企业名称、资料种类、数量;

(四)是否立案;

(五)负责检查的人员;

(六)协查回函情况、回函日期;

(七)案卷号和归档地;

(八)其他。

第三章 受托协查

第十三条 受托方收到《税收违法案件协查函》后,应当根据协查请求,依照法定权限和程序调查,并按照要求及期限回函。

第十四条 《税收违法案件协查函》涉及的协查对象不属于受托方管辖范围的,受托方应当在收函之日起5个工作日内,出具本辖区县(区)级主管税务机关证明材料,并将《税收违法案件协查函》退回委托方。

第十五条 有下列情形之一的,受托方应当按照《税务稽查工作规程》有关规定立案检查:

(一)委托方已开具《已证实虚开通知单》的;

(二)委托方提供的证据资料证明协查对象有税收违法嫌疑的;

(三)受托方检查发现协查对象有税收违法嫌疑的;

(四)上级税务局稽查局要求立案检查的;

第十六条 国家税务总局督办的案件,受托方在回函期限前不能完成检查工作的,可以逐级上报国家税务总局申请延期,在得到国家税务总局同意后,在延期期限内给予回复。

申请延期应当说明延期理由、延期期限以及与委托方沟通的情况。

第十七条 受托方需要取得协查对象的税务登记、变更、注销、失控或者查无企业、发票领用、发票鉴定、纳税申报、抵扣税款、免税、出口退税等征管资料和证明材料的,应当向其县(区)级主管税务机关提出要求。县(区)级主管税务机关应当在5个工作日内提供相关资料并出具相应的证明材料。

第十八条 受托方应当依据调查取证所掌握的情况及所获取的证据材料,向委托方出具《税收违法案件协查回复函》。

《税收违法案件协查回复函》的内容包括:

(一)协查来源;

(二)涉案企业的基本情况及协查发票记载的信息;

(三)协查取证要求的说明;

(四)协查结论或者协查结果;

(五)税务处理和税务行政处罚事项;

(六)其他应予说明的事项。

第十九条 受托方应当对取得的证据材料,连同相关文书一并作为协查案卷立卷存档;同时根据委托方协查函委托的事项,将相关证据材料及文书复制,注明"与原件核对无误",注明原件存放处,并加盖本单位印章后一并寄送委托方。

受托方通过协查信息管理系统收到的协查函,应当通过协查信息管理系统进行函复。经检查有问题的以及委托方要求寄送取证材料的,应当在回复协查结果后5个工作日内将相关证据材料及文书复制,注明"与原件核对无误",注明原件存放处,并加盖本单位印章后一并寄送委托方。

第二十条 受托方应当在收到协查函后60日内回函。

通过协查信息管理系统发出的协查函,受托方应当在收到协查函后30日内回函。

国家税务总局对协查回函期限有特殊要求的,应当按照相关要求办理。

第二十一条 受托方应当登记《受托协查台账》,及时掌握协查工作安排、回复、处理情况。

《受托协查台账》包括以下内容:

(一)函件收到日期,来人协查日期;

(二)函件名称、编号或者文号、是否督办;

(三)涉及企业名称、资料种类、数量;

(四)是否立案;

(五)负责检查的人员;

(六)协查复函情况、复函日期;

(七)案卷号和归档地;

(八)其他。

第四章 协查管理

第二十二条 地市级以上税务局稽查局应当定期对本辖区协查台账进行统计汇总,全面掌握本辖区协查情况,督促指导下级协查工作。

第二十三条 上级税务局稽查局对下级税务局稽查局的协查质量和效率进行考核,包括受托方按期回复情况、委托方选票针对性、协查函和回复函的信息完整性等。

第二十四条 稽查机构设置发生撤销、合并、增设的,应当及时向上一级税务局稽查局提出与本稽查机构对应的协查信息管理系统节点的变更申请,并逐级上报国家税务总局备案。

第二十五条 税务违法案件发票协查资料按照《税务稽查工作规程》的规定归档。

第五章 附 则

第二十六条 本办法适用于各级税务机关。

第二十七条 各级税务局可以依据本办法对辖区内税务违法案件发票协查工作制定考核制度和奖惩实施办法。

第二十八条 本办法所称以上、日内,包括本数(级)。

第二十九条 本办法自发布之日起施行。2008年5月14日印发的《国家税务总局关于印发〈增值税抵扣凭证协查管理办法〉的通知》(国税发〔2008〕51号)同时废止。

国家税务总局关于加强增值税发票数据
应用防范税收风险的指导意见

2015 年 10 月 14 日 税总发〔2015〕122 号

各省、自治区、直辖市和计划单列市国家税务局：

为加强增值税发票系统升级版（以下简称升级版）数据应用，及时有效防范税收风险，持续提升税收管理质效，营造健康公平的税收环境，现提出如下指导意见。

一、提高思想认识

（一）充分认识推行升级版的重要作用。升级版自 2015 年 1 月起在全国范围分步推行，目前已基本覆盖增值税一般纳税人（以下简称纳税人），实现了对增值税发票（以下简称发票）全票面信息的实时采集，是发票管理领域的重要创新成果。升级版的全面推行应用，进一步夯实了增值税管理基础，成为税务部门继续强化优化"以票控税"的重要手段和途径。

（二）充分认识加强发票数据应用的重要意义。随着税务系统行政审批改革的不断深入，在简化办税程序，激发市场活力的同时，部分环节的税收管理风险也随之有所增加，特别是不法分子虚开发票现象在个别地区有所抬头，严重扰乱了正常的税收和经济秩序。面对新形势，各级税务部门要认真贯彻落实国务院"简政放权，放管结合"的有关精神，切实在后续管理上做加法，深入挖掘升级版数据资源潜力，把"以票控税"的思路贯穿于发票管理、纳税申报、纳税评估、出口退税、税务检查等各个税收管理环节，形成"始于票，终于税"的完整管理链条和工作机制，实现科学防范税收风险，提升税收管理质效的目标。

二、把握工作重点

（三）加强对风险纳税人的发票发放管理。对以下几类纳税人，主管税务机关可以严格控制其增值税专用发票（以下简称专用发票）发放数量及最高开票限额。

1. "一址多照"、无固定经营场所的纳税人。

2. 纳税信用评价为 d 级的纳税人。

3. 其法人或财务负责人曾任非正常户的法人或财务负责人的纳税人。

4. 其他税收风险等级较高的纳税人。

（四）加强对部分纳税人的发票开具管理。对本条第（三）项规定的几类纳税人，主管税务机关可暂不允许其离线开具发票，新办理一般纳税人登记的纳税人（特定纳税人除外）纳入升级版的前 3 个月内也应在线开具发票。

（五）加强对纳税人开票数据的监控。税务机关要充分发挥升级版完整及时的发票数据优势，通过购销货物劳务品名比对、发票开具特点分析等方法，对纳税人开票数据进行实时监控分析预警，重点监控纳税人是否存在购销不匹配、有销项无进项、大部分发票顶额开具、发票开具后大量作废、发票开具金额突增等异常情形。

（六）加强对增值税纳税申报数据的监控。在利用升级版数据做好增值税纳税申报"一窗式"比对的基础上，主管税务机关应在每月申报期结束后，对当期增值税纳税申报数据进行监控分析。重点监控纳税人当期申报是否存在未开具发票（或开具其他发票）栏次填报负数；无免税备案但有免税销售额；应纳税额减征额填报金额较大；进项税额转出填报负数；当期农产品抵扣进项占总进项比例较大且与实际经营情况不符；代扣代缴税收缴款凭证、运输费用结算单据等栏填报数额异常等情形。

（七）加强异常发票的核查处理。主管税务机关在日常数据监控中发现纳税人开具发票、纳税申报存在异常的，应及时约谈纳税人。因地址、电话等税务登记信息虚假无法联系或者经税务机关两次约谈不到的，主管税务机关可通过升级版暂停该纳税人开具发票，同时暂停其网上申报业务，将其近 60 天内（自纳税人最后一次开票日期算起）取得和开具的发票列入异常发票范围，录入增值税抵扣凭证审核检查系统，开展异常发票委托核查。

发起异常发票委托核查的税务机关及受托核查上下游企业的主管税务机关要多方联动配合，共同开展异常发票核查工作，重点对纳税人的纳税申报、资金流、货物流等情况进行核查，并将核查结果及时反馈委托核查的税务机关。在税务机关未解除异常发票状态前，受票方取得的异常发票尚未申报抵扣的，暂不允许抵扣，已经申报抵扣的，经主管税务机关核查后，凡不符合现行抵扣政策规定的，一律作进项税额转出。经核查，涉嫌虚开发票以及其他需要稽查立案的，移交稽查部门查处。

注释：根据税总发〔2017〕46 号文件规定，本文第二条第（七）项自 2017 年 4 月 28 日起废止。

（八）加强出口退税管理。出口退税部门要充分利用升级版数据中"货物或应税劳务、服务名称""规格型号""单位""数量"和"单价"等数据项与对应的出口报关单数据项进行数据一致性比对，及时发现出口企业购进货物与出口货物不符的情形，并按相关规定进行处理。对出口企业使用取得的异常发票申报出口退税的，在税务机关未解除异常发票状态前，暂不予办理出口退税。各省级税务机关要严格按照《国家税务总局关于加强出口退（免）税预警评估工作的通知》（税总发〔2015〕97 号，以下简称《通知》）要求，定期从升级版抽取销售给出口企业货物的发票信息，分析发现《通知》列明的供货企业异常情形，确定预警供货企业，并指令相关税务机关开展评估核查。

（九）建立重点监控纳税人（人员）信息数据库。省级税务部门应建立重点监控纳税人（人员）信息数据库，主要包括征管系统中登记状态为非正常、非正常注销的纳税人。相关信息按月上报税务总局，税务总局根据各地上报数据，建立全国重点监控纳税人（人员）信息数据库，并定期下发各省。有关数据库建立标准、数据上报及下发的流程另行通知。税务机关对列入重点监控信息库的纳税人（人员），在办理税务登记、一般纳税人登记、领用发票、开具发票、纳税申报、出口退税等环节进行重点监控，实施分类管理。具体管理措施由省级税务部门研究制定。

三、建立工作机制

（十）发票数据应用工作机制。加强升级版数据应用，防范税收风险，要注重发挥各级货物劳务税部门的业务优势。结合本地工作实际，研究深度运用升级版数据，形成事前及时预警、事中风险评估、事后有效打击处理的完整工作流程。货物劳务税部门和出口退税管理部门研究形成的风险指标和风险企业名单，可以通过同级风控管理部门进行推送，对涉嫌税收违法的纳税人移交稽查部门查处。对货物劳务税部门和出口退税管理部门提交的风险企业，同级风控管理部门应及时将风险应对结果进行汇总反馈。

（十一）异常发票快速核查处理工作机制。对列入异常发票范围的专用发票，主管税务机关应在 2 个工作日内将相关发票信息录入增值税抵扣凭证审核检查系统，并发起异常发票的委托核查。受托核查的税务机关应在收到异常发票核查信息的 10 个工作日内完成核查工作，并通过系统反馈核查结果。经核查无误，受票方主管税务机关应立即解除异常发票状态，符合现行政策规定准予税款抵扣或办理出口退税的,要及时通知纳税人可以继续申报税款抵扣或办理出口退税。

注释:根据税总发〔2017〕46号文件规定,本文第三条第(十一)项自2017年4月28日起废止。

四、强化工作保障

(十二)加强统筹协调。各级税务部门应充分认识加强升级版数据应用,防范税收风险的重要意义,做好统筹协调和组织推进工作。货物劳务税部门要积极发挥牵头作用,出口退税、征管科技、税务稽查、电子税务等相关部门应积极协同,主动作为,共同推进相关工作的开展。

(十三)加强指导考核。省级税务部门要结合工作需要,及时组织力量研究升级版数据应用方法和分析指标,在此基础上加强对基层税务部门的工作指导。向基层税务部门推送的风险应对任务,要加强跟踪考核,狠抓工作任务的落实。税务总局向各省推送的风险应对任务将列入绩效考核事项。

自2015年11月起,各省国税局应于每月15日前将本地区加强升级版数据应用,及时有效防范税收风险有关工作进展情况上报税务总局(货物和劳务税司),上报路径"可控ftp:/center/货物劳务税司/综合处/升级版数据应用情况"。

(十四)一机多票

国家税务总局关于印发《国家税务总局关于推行增值税防伪税控一机多票系统的公告》的通知

2006年5月19日 国税发〔2006〕79号

各省、自治区、直辖市和计划单列市国家税务局:

现将《国家税务总局关于推行增值税防伪税控一机多票系统的公告》(以下简称《公告》)印发给你们,请做好《公告》的印制工作,并将《公告》张贴于所有办税服务厅。

国家税务总局关于推行增值税防伪税控一机多票系统的公告

根据《中华人民共和国税收征收管理法》第二十三条的规定并经国务院同意,2004年4月国家税务总局、财政部、信息产业部、国家质量监督检验检疫总局联合发布《关于推广应用税控收款机加强税源监控的通知》(国税发〔2004〕44号),规定凡具有一定规模和固定经营场所的纳税人,都要购置使用税控收款机。为了加强增值税普通发票的税源监控,同时不增加纳税人负担,国家税务总局决定将增值税一般纳税人(以下简称一般纳税人)开具的增值税普通发票纳入增值税防伪税控系统管理,统一推行防伪税控一机多票系统(以下简称一机多票系统)。现就有关事项公告如下:

一、推行一机多票系统能够使纳税人的开票工作更加方便

推行一机多票系统,就是将纳税人目前使用的防伪税控开票系统升级为一机多票系统,纳税人不需另外购置税控收款机,便可通过同一套设备(包括计算机、打印机等通用设备及金税卡和税控IC卡等专用设备)既能开具增值税专用发票,又能开具增值税普通发票,并可利

用同一套计算机系统、相同的操作方法进行增值税专用发票和增值税普通发票的领购、开具、抄报税等项工作，避免了因税控装置（即防伪税控开票系统和税控收款机）的重复配置带来的培训、操作和管理等方面的麻烦。另外，根据广大纳税人多年来使用防伪税控开票系统的反映以及为适应公民身份证号码位数增加的变化需要，一机多票系统在购票、开票、统计、管理等方面新增或改进了二十多项功能，更加符合纳税人经营管理的需要。无论是增值税专用发票，还是增值税普通发票，纳税人的开票操作都更为便捷。利用此次推行一机多票系统的机会，防伪税控系统服务单位将对纳税人的计算机、金税卡、IC 卡和开票软件免费进行一次检查和维护。

二、推行一机多票系统绝大部分纳税人不需增加新的设备费用支出

这次推行一机多票系统绝大部分纳税人不需要添置新的设备，少数纳税人因部分设备不能满足新系统要求而需要更换，具体可分以下三种情况：

（一）凡月开具专用发票和普通发票量在 630 份以下、使用 Windows 版开票系统的纳税人（含使用主机共享系统纳税人，这类企业约占推行总户数的 87.2%），因不需要更换任何设备而不需要承担任何费用。

（二）凡月开具专用发票和普通发票量在 630 份以上 1350 份以下、使用 Windows 版开票系统的纳税人（这类企业约占推行总户数的 0.6%），由于开票量超出了原来 32K 税控 IC 卡的存储量，此类纳税人可以有两种选择：其一，按国家规定价格向防伪税控服务单位购置 64K 税控 IC 卡。其二，仍使用原 32K 税控 IC 卡，但每月要两次到税务机关报税。

（三）使用 DOS 版开票系统的纳税人（这类企业约占推行总户数的 12.2%），需要将 2K 容量的税控 IC 卡统一更换成 64K 税控 IC 卡。如果计算机能够满足 Windows98 系统运行需要，则可以直接升级，不需要更换金税卡和计算机；如果计算机不能够满足 Windows98 系统运行需要，则需要更换计算机，有的还需要更换金税卡。

为了减轻纳税人负担，国家近期将进一步下调税控 IC 卡、金税卡的销售价格（调价前的价格分别为：税控 IC 卡 105 元/张、金税卡 1303 元/块），待国家物价部门正式批准后执行。各地税务机关和防伪税控服务单位应向纳税人公示税控 IC 卡和金税卡的销售价格。对于推行一机多票系统而需要更换税控 IC 卡、金税卡的纳税人，航天信息股份有限公司决定在国家新确定销售价格的基础上再给予一定幅度的优惠。

纳税人因推行一机多票系统而购置税控 IC 卡、金税卡以及计算机等设备的费用，可按《国务院办公厅转发国家税务总局关于全面推广应用增值税防伪税控系统意见的通知》（国办发〔2000〕12 号）的规定在成本中列支，同时可凭购货发票（增值税专用发票）所注明的增值税税额，计入当期的增值税进项税额。

三、推行一机多票系统纳税人不需支付培训费用

一机多票系统培训工作需要场地、设备、师资和资料等方面的费用，其中场地、设备及培训资料费用由税务机关负担，师资等劳务费用由防伪税控系统服务单位负担，纳税人不需支付培训费用。各级税务机关要严格按照国家税务总局不向纳税人收取一机多票系统培训费用的规定，组织做好培训工作，同时欢迎广大纳税人进行监督。

特此公告。

国家税务总局关于加强防伪税控一机多票系统开具
增值税普通发票管理有关问题的通知

2007 年 5 月 21 日 国税函〔2007〕507 号

各省、自治区、直辖市和计划单列市国家税务局：

按照税务总局的统一部署，2006 年底全国增值税防伪税控一机多票系统（以下简称一机多票系统）已全部推行到位。但据部分地区反映，目前一些属于一机多票系统推行范围的纳税人（不含商业零售，以下简称一机多票企业）仍然不通过一机多票系统开具增值税普通发票（以下简称普通发票），影响了增值税"以票控税"的效果。为加强防伪税控一机多票系统开具增值税普通发票管理工作，现将有关问题通知如下：

一、在 2007 年 6 月 30 日前，各地税务机关要尽快对一机多票企业普通发票的领购、开具和库存情况进行全面检查清理。企业存有非一机多票系统使用的普通发票，必须进行收缴。

二、各地税务机关必须通过防伪税控发售子系统向一机多票企业发售普通发票，不得利用其他方式发售普通发票，也不得批准纳税人使用自印发票。凡应收缴普通发票而未收缴或擅自向企业发售非一机多票系统使用的普通发票的，要按违规违纪行为追究有关人员的责任。

三、一机多票企业销售增值税应税货物和劳务，符合《国家税务总局关于修订〈增值税专用发票使用规定〉的通知》（国税发〔2006〕156 号）规定开具增值税专用发票条件的，可以开具增值税专用发票；不符合规定条件的，只能开具普通发票。

四、一机多票企业销售增值税应税货物（不包括出口货物）和劳务需要开具普通发票的，应通过一机多票系统开具。对 2007 年 7 月 1 日以后仍然利用其他方式开具普通发票的一机多票企业，主管税务机关应按发票管理的有关规定进行处罚，涉嫌偷税的要依法进行查处。

五、要切实加强增值税申报纳税"一窗式"管理，在审核时务必注意"表票比对"。要加强企业纳税评估，及时发现和处理企业隐瞒销售、虚抵进项等问题，加强税源监控。

六、各地税务机关在 2007 年 7 月 10 日前要将检查清理情况（包括检查户数、违规户数、收缴发票数量以及纠正情况等）书面报告税务总局流转税管理司，报告的电子文档可上传至税务总局 FTP 服务器。

（十五）失控发票管理

国家税务总局关于建立增值税失控发票快速反应机制的通知

2004 年 9 月 23 日 国税发〔2004〕123 号

各省、自治区、直辖市和计划单列市国家税务局：

为进一步加强对增值税专用发票的监管力度，防范不法分子利用失控发票骗取抵扣税款，堵塞税收漏洞，总局决定在现有金税工程有关系统的基础上建立增值税失控发票快速反应机制。现将有关事项通知如下：

一、基本内容。

增值税失控发票快速反应机制是依托现有防伪税控系统网络版软件，并对其功能延伸拓展,以日为单位进行失控发票数据采集和更新,通过认证发票数据与失控发票数据双向比对,及时发现属于失控发票的增值税专用发票抵扣联(以下简称"抵扣联"),并转稽查部门处理,达到快速反应、防范不法分子利用失控发票骗取抵扣税款的目的。具体实现方法是:在防伪税控系统网络版中增加双向比对功能,即:通过认证环节将要认证的抵扣联数据与失控发票数据进行自动比对,发现属于失控发票的抵扣联(该类发票称为"认证时失控发票");通过每天新增的失控发票数据与前期已认证相符的抵扣联数据自动比对,发现属于失控发票的抵扣联(该类发票称为"认证后失控发票")。

注释:《国家税务总局关于增值税专用发票稽核系统(6.0版)运行有关问题的通知》(2007年7月26日,国税函〔2007〕794号)第四条第(二)项规定:"失控发票是指防伪税控企业丢失被盗金税卡中未开具的专用发票以及被列为非正常户的防伪税控企业未向税务机关申报或未按规定缴纳税款的专用发票。各地要严格按照《国家税务总局关于建立增值税失控发票快速反应机制的通知》(国税发〔2004〕123号)规定的失控发票采集范围、处理流程等有关规定执行。"

二、运行模式。

根据防伪税控系统网络版软件数据集中模式的不同,增值税失控发票快速反应机制可实行总局、省局、地市局三级运行模式和总局、省局两级运行模式。

三级运行模式是通过地市级防伪税控系统网络版软件每日定时自动逐级上传失控发票数据至总局,总局按日汇总全国失控发票,更新失控发票数据库,并将新增失控发票数据、撤销失控发票数据逐级下发至地市级防伪税控系统网络版软件中,实现认证发票数据与失控发票数据的双向比对。

两级运行模式是通过省级防伪税控系统网络版软件每日定时自动上传失控发票数据至总局,总局按日汇总全国失控发票,更新失控发票数据库,并将新增失控发票数据、撤销失控发票数据下发至省级防伪税控系统网络版软件中,实现认证发票数据与失控发票数据的双向比对。

三、业务流程。

(一)历史数据导入。

防伪税控系统网络版软件失控发票库的初始失控发票数据由总局统一从稽核系统失控发票数据库的历史数据导入。该项工作应于9月30日前完成。

(二)数据采集。

新增失控发票数据由发票发售岗位依据征收管理部门提供的失控发票书面材料(包括稽查部门案件查处中发现的走逃企业),通过防伪税控网络版发票发售子系统及时确认后进行采集。

(三)数据传输。

已采集的失控发票数据由系统每日21:00自动上传总局。

(四)数据汇总。

在总局建立失控发票管理系统,由系统每日23:00自动汇总各地上传的失控发票数据,保存到总局的全国失控发票数据库表中。

(五)数据撤销。

总局在收到省级国税机关的撤销失控发票书面申请后,经审核,对全国失控发票数据库表中的失控发票进行撤销,保存到总局的全国失控发票数据库表中。

(六)数据下发。

总局失控发票管理系统定时形成全国新增失控发票、撤销失控发票下发数据文件并由系统每日 0:00 至 8:00 定时自动下发到各地,更新各地失控发票数据库。

(七)双向比对。

1. 纳税人持抵扣联到税务机关认证时,系统自动将认证的抵扣联数据与失控发票数据进行自动比对,属于失控发票的,系统将提示认证结果为"认证时失控发票"。认证岗位人员应立即扣留纸质发票,将纸质发票复印件及《认证结果通知书》于当日转稽查部门。"认证时失控发票"单独生成电子信息通过软盘移交稽查部门处理。

纳税人使用增值税专用发票抵扣联信息企业端采集系统通过网络进行抵扣联认证(以下简称"网上认证")时,认证结果下发后系统自动将认证的抵扣联数据与失控发票数据进行自动比对,属于失控发票的,系统将认证结果记录为"认证时失控发票"。认证岗位人员应于 2 个工作日内通知纳税人将抵扣联原件报税务机关,并于扣留纸质发票的当日将纸质发票复印件及《认证结果通知书》转稽查部门。"认证时失控发票"生成电子信息通过软盘移交稽查部门处理。

2. 通过每天新增的失控发票数据、撤销失控发票数据与前期已认证相符的抵扣联数据自动比对,发现属于失控发票的抵扣联,系统将认证结果记录为"认证后失控发票"。认证岗位人员应于 2 个工作日内通知纳税人将抵扣联原件报税务机关,并于扣留纸质发票并追回已抵扣税款后的当日将纸质发票复印件及《认证结果通知书》转稽查部门。"认证后失控发票"生成电子信息通过软盘移交稽查部门处理。

四、认证时失控发票和认证后失控发票的处理办法。

认证系统发现的"认证时失控发票"和"认证后失控发票"经检查确属失控发票的,不得作为增值税扣税凭证。

五、技术实现。

(一)对地市或省级运行的防伪税控网络版软件进行升级,升级软件安装包及安装说明等文档放置在总局技术支持网站(http://130.9.1.248)上,各地下载后自行完成升级工作;

(二)对地市和省级的 MQ 传输通道进行配置,配置说明等文档放置在总局技术支持网站(http://130.9.1.248)上,各地下载后参照配置说明自行完成。MQ 滚动保存 10 日内的数据作为备份。各地应采取有效措施,解决 MQ 传输通道的设备备份问题,以保证上下级数据传输通畅。

六、组织培训总局已经组织以省为单位的业务和技术人员师资培训,各省负责培训本地的业务和技术人员。

七、增值税失控发票快速反应机制正式启用后,金税工程稽核系统中失控发票的采集、比对功能自行屏蔽,《增值税计算机稽核系统比对操作规程》(国税发〔2004〕43 号)中有关失控发票的采集、比对的规定废止执行。

八、增值税失控发票快速反应机制于 2004 年 10 月 15 日正式启用。

国家税务总局关于失控增值税专用发票处理的批复

2008 年 6 月 19 日　　国税函〔2008〕607 号

深圳市国家税务局:

你局《关于明确增值税失控发票后续处理的请示》(深国税发〔2008〕74 号)收悉,批复如下:

在税务机关按非正常户登记失控增值税专用发票(以下简称失控发票)后,增值税一般纳税人又向税务机关申请防伪税控报税的,其主管税务机关可以通过防伪税控报税子系统的逾期报税功能受理报税。

购买方主管税务机关对认证发现的失控发票,应按照规定移交稽查部门组织协查。属于销售方已申报并缴纳税款的,可由销售方主管税务机关出具书面证明,并通过协查系统回复购买方主管税务机关,该失控发票可作为购买方抵扣增值税进项税额的凭证。

国家税务总局关于销货方已经申报并缴纳税款的失控增值税专用发票办理出口退税问题的批复

2008 年 12 月 8 日　国税函〔2008〕1009 号

深圳市国家税务局:

你局《关于销货方已经申报并缴纳税款的失控增值税专用发票能否办理出口退税问题的请示》(深国税发〔2008〕124 号)收悉,批复如下:

外贸企业取得《国家税务总局关于失控增值税专用发票处理的批复》(国税函〔2008〕607 号)文件规定的失控增值税专用发票,销售方已申报并缴纳税款的,可由销售方主管税务机关出具书面证明,并通过协查系统回复外贸企业主管税务机关。该失控发票可作为外贸企业申请办理出口退税的凭证,主管税务机关审核退税时可不比对该失控发票的电子信息。

国家税务总局关于走逃(失联)企业开具增值税专用发票认定处理有关问题的公告

2016 年 12 月 1 日　国家税务总局公告 2016 年第 76 号

为进一步加强增值税专用发票管理,有效防范税收风险,根据《中华人民共和国增值税暂行条例》有关规定,现将走逃(失联)企业开具增值税专用发票认定处理的有关问题公告如下:

一、走逃(失联)企业的判定

走逃(失联)企业,是指不履行税收义务并脱离税务机关监管的企业。

根据税务登记管理有关规定,税务机关通过实地调查、电话查询、涉税事项办理核查以及其他征管手段,仍对企业和企业相关人员查无下落的,或虽然可以联系到企业代理记账、报税人员等,但其并不知情也不能联系到企业实际控制人的,可以判定该企业为走逃(失联)企业。

二、走逃(失联)企业开具增值税专用发票的处理

(一)走逃(失联)企业存续经营期间发生下列情形之一的,所对应属期开具的增值税专用发票列入异常增值税扣税凭证(以下简称“异常凭证”)范围。

1. 商贸企业购进、销售货物名称严重背离的;生产企业无实际生产加工能力且无委托加工,或生产能耗与销售情况严重不符,或购进货物并不能直接生产其销售的货物且无委托加工的。

2. 直接走逃失踪不纳税申报,或虽然申报但通过填列增值税纳税申报表相关栏次,规避税务机关审核比对,进行虚假申报的。

(二)增值税一般纳税人取得异常凭证,尚未申报抵扣或申报出口退税的,暂不允许抵扣或办理退税;已经申报抵扣的,一律先作进项税额转出;已经办理出口退税的,税务机关可按

照异常凭证所涉及的退税额对该企业其他已审核通过的应退税款暂缓办理出口退税,无其他应退税款或应退税款小于涉及退税额的,可由出口企业提供差额部分的担保。经核实,符合现行增值税进项税额抵扣或出口退税相关规定的,企业可继续申报抵扣,或解除担保并继续办理出口退税。

(三)异常凭证由开具方主管税务机关推送至接受方所在地税务机关进行处理,具体操作规程另行明确。

本公告自发布之日起施行。

特此公告。

国家税务总局办公厅关于《国家税务总局关于走逃(失联)企业开具增值税专用发票认定处理有关问题的公告》的解读

为便于纳税人和税务机关理解并执行,现对《国家税务总局关于走逃(失联)企业开具增值税专用发票认定处理有关问题的公告》(以下简称《公告》)解读如下:

一、《公告》的出台背景

近年来,少数违法分子开具增值税专用发票后走逃(失联),致使国家税款严重流失,税收经济秩序遭到破坏,也侵害了守法经营纳税人的合法权益。为加强对增值税一般纳税人开具增值税专用发票行为的监管,保护公平竞争的市场环境,维护国家利益,特制定本公告。

二、《公告》的主要内容

(一)对如何判定走逃(失联)企业作出了规定。

(二)将符合规定情形的走逃(失联)企业开具的增值税专用发票列入异常增值税扣税凭证,对增值税一般纳税人取得的异常增值税扣税凭证按不同情形区分处理。

三、公告生效时间

《公告》自发布之日起施行。

(十六)发票违法处理

国家税务总局转发《最高人民法院关于适用
〈全国人民代表大会常务委员会关于惩治虚开、伪造和非法出售增值税
专用发票犯罪的决定〉的若干问题的解释》的通知

1996 年 11 月 15 日　国税发〔1996〕210 号

最高人民法院 1996 年 10 月 17 日发布了《关于适用的若干问题的解释》(法发〔1996〕30号,以下简称解释),为办理发票犯罪及相关涉税刑事案件提供了具体依据,对进一步遏制此类不法活动,保证新税制的顺利实施具有重大意义。现将解释转发给你们,望遵照执行。执行中如有问题,请及时报告。

最高人民法院印发关于适用《全国人民代表大会常务委员会关于惩治虚开、伪造和非法出售增值税专用发票犯罪的决定》的若干问题的解释

（最高人民法院审判委员会第 446 次会议讨论通过）

为正确执行《全国人民代表大会常务委员会关于惩治虚开、伪造和非法出售增值税专用发票犯罪的决定》（以下简称《决定》），依法惩治虚开、伪造和非法出售增值税专用发票和其他发票犯罪，现就适用《决定》的若干具体问题解释如下：

一、根据《决定》第一条规定，虚开增值税专用发票的，构成虚开增值税专用发票罪。

具有下列行为之一的，属于"虚开增值税专用发票"：（1）没有货物购销或者没有提供或接受应税劳务而为他人、为自己、让他人为自己、介绍他人开具增值税专用发票；（2）有货物购销或者提供或接受了应税劳务但为他人、为自己、让他人为自己、介绍他人开具数量或者金额不实的增值税专用发票；（3）进行了实际经营活动，但让他人为自己代开增值税专用发票。

虚开税款数额 1 万元以上的或者虚开增值税专用发票致使国家税款被骗取 5000 元以上的，应当依法定罪处罚。

虚开税款数额 10 万元以上的，属于"虚开的税款数额较大"；具有下列情形之一的，属于"有其他严重情节"：（1）因虚开增值税专用发票致使国家税款被骗取 5 万元以上的；（2）具有其他严重情节的。

虚开税款数额 50 万元以上的，属于"虚开的税款数额巨大"；具有下列情形之一的，属于"有其他特别严重情节"：（1）因虚开增值税专用发票致使国家税款被骗取 30 万元以上的；（2）虚开的税款数额接近巨大并有其他严重情节的；（3）具有其他特别严重情节的。

利用虚开的增值税专用发票实际抵扣税款或者骗取出口退税 100 万元以上的，属于"骗取国家税款数额特别巨大"；造成国家税款损失 50 万元以上并且在侦查终结前仍无法追回的，属于"给国家利益造成特别重大损失"。利用虚开的增值税专用发票骗取国家税款数额特别巨大、给国家利益造成特别重大损失，为"情节特别严重"的基本内容。

虚开增值税专用发票犯罪分子与骗取税款犯罪分子均应当对虚开的税款数额和实际骗取的国家税款数额承担刑事责任。

利用虚开的增值税专用发票抵扣税款或者骗取出口退税的，应当依照《决定》第一条的规定定罪处罚；以其他手段骗取国家税款的，仍应依照《全国人民代表大会常务委员会关于惩治偷税、抗税犯罪的补充规定》的有关规定定罪处罚。

二、根据《决定》第二条规定，伪造或者出售伪造的增值税专用发票的，构成伪造、出售伪造的增值税专用发票罪。

伪造或者出售伪造的增值税专用发票 25 份以上或者票面额（百元版以每份 100 元，千元版以每份 1 000 元，万元版以每份 1 万元计算，以此类推。下同）累计 10 万元以上的应当依法定罪处罚。

伪造或者出售伪造的增值税专用发票 100 份以上或者票面额累计 50 万元以上的，属于"数量较大"；具有下列情形之一的，属于"有其他严重情节"：（1）违法所得数额在 1 万元以上的；（2）伪造并出售伪造的增值税专用发票 60 份以上或者票面额累计 30 万元以上的；（3）造成严重后果或者具有其他严重情节的。

伪造或者出售伪造的增值税专用发票 500 份以上或者票面额累计 250 万元以上的，属于

"数量巨大";具有下列情形之一的,属于"有其他特别严重情节":(1)违法所得数额在5万元以上的;(2)伪造并出售伪造的增值税专用发票300份以上或者票面额累计200万元以上的;(3)伪造或者出售伪造的增值税专用发票接近"数量巨大"并有其他严重情节的;(4)造成特别严重后果或者具有其他特别严重情节的。

伪造并出售伪造的增值税专用发票1 000份以上或者票面额累计1 000万元以上的,属于"伪造并出售伪造的增值税专用发票数量特别巨大";具有下列情形之一的,属于"情节特别严重":(1)违法所得数额在5万元以上的;(2)因伪造、出售伪造的增值税专用发票致使国家税款被骗取100万元以上的;(3)给国家税款造成实际损失50万元以上的;(4)具有其他特别严重情节的。对于伪造并出售伪造的增值税专用发票数量达到特别巨大,又具有特别严重情节,严重破坏经济秩序的,应当依照《决定》第二条第二款的规定处罚。

伪造并出售同一宗增值税专用发票的,数量或者票面额不重复计算。

变造增值税专用发票的,按照伪造增值税专用发票行为处理。

三、根据《决定》第三条规定,非法出售增值税专用发票的,构成非法出售增值税专用发票罪。

非法出售增值税专用发票案件的定罪量刑数量标准按照本解释第二条第二、三、四款的规定执行。

四、根据《决定》第四条规定,非法购买增值税专用发票或者购买伪造的增值税专用发票的,构成非法购买增值税专用发票、伪造的增值税专用发票罪。

非法购买增值税专用发票或者购买伪造的增值税专用发票25份以上或者票面额累计10万元以上的,应当依法定罪处罚。

非法购买真、伪两种增值税专用发票的,数量累计计算,不实行数罪并罚。

五、根据《决定》第五条规定,虚开用于骗取出口退税、抵扣税款的其他发票的,构成虚开专用发票罪,依照《决定》第一条的规定处罚。

"用于骗取出口退税、抵扣税款的其他发票"是指可以用于申请出口退税、抵扣税款的非增值税专用发票,如运输发票、废旧物品收购发票、农业产品收购发票等。

六、根据《决定》第六条规定,伪造、擅自制造或者出售伪造、擅自制造的可以用于骗取出口退税、抵扣税款的其他发票的,构成非法制造专用发票罪或出售非法制造的专用发票罪。

伪造、擅自制造或者出售伪造、擅自制造的可以用于骗取出口退税、抵扣税款的其他发票50份以上的,应当依法定罪处罚;伪造、擅自制造或者出售伪造、擅自制造的可以用于骗取出口退税、抵扣税款的其他发票200份以上的,属于"数量巨大";伪造、擅自制造或者出售伪造、擅自制造的可以用于骗取出口退税、抵扣税款的其他发票1 000份以上的,属于"数量特别巨大"。

七、盗窃增值税专用发票或者可以用于骗取出口退税、抵扣税款的其他发票25份以上,或者其他发票50份以上的;诈骗增值税专用发票或者可以用于骗取出口退税、抵扣税款的其他发票50份以上,或者其他发票100份以上的,依照刑法第一百五十一条的规定处罚。

盗窃增值税专用发票或者可以用于骗取出口退税、抵扣税款的其他发票250份以上,或者其他发票500份以上的;诈骗增值税专用发票或者可以用于骗取出口退税、抵扣税款的其他发票500份以上,或者其他发票1 000份以上的,依照刑法第一百五十二条的规定处罚。

盗窃增值税专用发票或者其他发票情节特别严重的,依照《全国人民代表大会常务委员会关于严惩严重破坏经济的罪犯的决定》第一条第（一）项的规定处罚。

盗窃、诈骗增值税专用发票或者其他发票后，又实施《决定》规定的虚开、出售等犯罪的，按照其中的重罪定罪处罚，不实行数罪并罚。

国家税务总局关于纳税人取得虚开的增值税
专用发票处理问题的通知

1997 年 8 月 8 日　国税发〔1997〕134 号

最近，一些地区国家税务局询问，对纳税人取得虚开的增值税专用发票（以下简称专用发票）如何处理。经研究，现明确如下：

一、受票方利用他人虚开的专用发票，向税务机关申报抵扣税款进行偷税的，应当依照《中华人民共和国税收征收管理法》及有关规定追缴税款，处以偷税数额五倍以下的罚款；进项税金大于销项税金的，还应当调减其留抵的进项税额。利用虚开的专用发票进行骗取出口退税的，应当依法追缴税款，处以骗税数额五倍以下的罚款。

二、在货物交易中，购货方从销售方取得第三方开具的专用发票，或者从销货地以外的地区取得专用发票，向税务机关申报抵扣税款或者申请出口退税的，应当按偷税、骗取出口退税处理，依照《中华人民共和国税收征收管理法》及有关规定追缴税款，处以偷税、骗税数额五倍以下的罚款。

三、纳税人以上述第一条、第二条所列的方式取得专用发票未申报抵扣税款，或者未申请出口退税的，应当依照《中华人民共和国发票管理办法》及有关规定，按所取得专用发票的份数，分别处以一万元以下的罚款；但知道或者应当知道取得的是虚开的专用发票，或者让他人为自己提供虚开的专用发票的，应当从重处罚。

四、利用虚开的专用发票进行偷税、骗税，构成犯罪的，税务机关依法进行追缴税款等行政处理，并移送司法机关追究刑事责任。

国家税务总局关于《国家税务总局关于纳税人取得虚开的
增值税专用发票处理问题的通知》的补充通知

2000 年 11 月 6 日　国税发〔2000〕182 号

为了严格贯彻执行《国家税务总局关于纳税人取得虚开的增值税专用发票处理问题的通知》（国税发〔1997〕134 号，以下简称 134 号文件），严厉打击虚开增值税专用发票活动，保护纳税人的合法权益，现对有关问题进一步明确如下：

有下列情形之一的，无论购货方（受票方）与销售方是否进行了实际的交易，增值税专用发票所注明的数量、金额与实际交易是否相符，购货方向税务机关申请抵扣进项税款或者出口退税的，对其均应按偷税或者骗取出口退税处理。

一、购货方取得的增值税专用发票所注明的销售方名称、印章与其进行实际交易的销售方不符的，即 134 号文件第二条规定的"购货方从销售方取得第三方开具的专用发票"的情况。

二、购货方取得的增值税专用发票为销售方所在省（自治区、直辖市和计划单列市）以外地区的，即 134 号文件第二条规定的"从销货地以外的地区取得专用发票"的情况。

三、其他有证据表明购货方明知取得的增值税专用发票系销售方以非法手段获得的,即134号文件第一条规定的"受票方利用他人虚开的专用发票,向税务机关申报抵扣税款进行偷税"的情况。

国家税务总局关于纳税人善意取得虚开的增值税专用发票处理问题的通知

2000 年 11 月 16 日　国税发〔2000〕187 号

近接一些地区反映,在购货方(受票方)不知道取得的增值税专用发票(以下简称专用发票)是销售方虚开的情况下,对购货方应当如何处理的问题不够明确。经研究,现明确如下:

购货方与销售方存在真实的交易,销售方使用的是其所在省(自治区、直辖市和计划单列市)的专用发票,专用发票注明的销售方名称、印章、货物数量、金额及税额等全部内容与实际相符,且没有证据表明购货方知道销售方提供的专用发票是以非法手段获得的,对购货方不以偷税或者骗取出口退税论处。但应按有关规定不予抵扣进项税款或者不予出口退税;购货方已经抵扣的进项税款或者取得的出口退税,应依法追缴。

购货方能够重新从销售方取得防伪税控系统开出的合法、有效专用发票的,或者取得手工开出的合法、有效专用发票且取得了销售方所在地税务机关已经或者正在依法对销售方虚开专用发票行为进行查处证明的,购货方所在地税务机关应依法准予抵扣进项税款或者出口退税。

如有证据表明购货方在进项税款得到抵扣、或者获得出口退税前知道该专用发票是销售方以非法手段获得的,对购货方应按《国家税务总局关于纳税人取得虚开的增值税专用发票处理问题的通知》(国税发〔1997〕134 号)和《国家税务总局关于〈国家税务总局关于纳税人取得虚开的增值税专用发票处理问题的通知〉的补充通知》(国税发〔2000〕182 号)的规定处理。

本通知自印发之日起执行。

国家税务总局关于严厉打击虚开增值税专用发票等涉税违法行为的紧急通知

2004 年 4 月 30 日　国税函〔2004〕536 号

各省、自治区、直辖市和计划单列市国家税务局、地方税务局:

为坚决遏制虚开和故意接受虚开增值税专用发票以及其他用于抵扣税款的发票、凭证等违法行为,贯彻落实公安部、国家税务总局《关于开展打击虚开货物运输发票和制售假发票等涉税违法专项整治行动的通知》(公通字〔2004〕25 号)和国家税务总局《关于开展 2004 年税收专项检查工作的通知》(国税发〔2004〕25 号)要求,现就有关问题强调如下:

一、虚开或者故意接受虚开增值税专用发票,以及虚开用于骗取出口退税、抵扣税款的其他发票的行为,是全国重点打击的危害税收征管的违法犯罪行为。各地税务机关在研究部署今年打击涉税违法行动中,要统筹兼顾,突出重点,坚持"双向治理"原则,既要对虚开发票的涉税违法行为进行严厉打击,也要对故意接受虚开发票、抵扣税款的涉税违法行为依法严惩。各地要迅速安排力量对本地区一般纳税人进行一次认真的排查,特别对纳税异常的小型商贸公司,必须全面检查其财务账目和纳税情况。做到尽早发现、快速出击、依法查处、及时移送。

二、对虚开增值税专用发票或者虚开可抵扣税款的其他发票（凭证）的企业，除补缴税款、加收滞纳金外，各地税务机关要依法从严、从重处罚。对涉嫌构成犯罪的，要按有关规定及时移送公安机关，追究其法律责任。

三、对故意接受虚开增值税专用发票或者故意接受虚开可抵扣税款的其他发票（凭证）偷逃税款、骗取出口退税的，各地税务机关必须至少对其三年内的税收缴纳情况进行全面检查；凡检查发现问题的，还要依法追溯到以前年度。经调查取证认定为故意接受虚开发票的，要排除各方干扰，依法从重处罚，不得以任何理由拖延推诿。

四、各地税务机关要坚持边打击、边宣传的原则，制订周密计划，大张旗鼓地宣传打击虚开增值税专用发票等涉税违法活动成果。要及时向社会公告查结案件，并通过新闻媒体有重点、分层次地曝光一些具有典型意义、社会影响力广泛的大要案件。特别要突出依法打击故意接受虚开发票"买方市场"的宣传工作，形成强大的舆论攻势，以法律的强制性和威慑力震慑虚开和故意接受虚开发票的违法行为，维护税收法律法规的尊严。

国家税务总局关于增值税抵扣凭证
加盖"已抵扣"印章行为定性问题的批复

2004 年 11 月 12 日　国税函〔2004〕1263 号

浙江省国家税务局：

你局《浙江省国家税务局关于增值税扣税凭证管理工作有关法律问题的请示》（浙国税法〔2004〕22 号）收悉。经研究，批复如下：

在增值税扣税凭证管理工作中，可否在已经进行抵扣税款的凭证上加盖："已抵扣"印章，国家税务总局没有明确的统一规定。某些地区税务机关为了防止重复抵扣税款和加强事后检查采取加盖"已抵扣"印章方法，是一种行之有效的内部管理措施，符合国家税务总局《增值税一般纳税人纳税申报办法》（国税发〔2003〕53 号）精神。但加盖"已抵扣"印章行为只能是对已经抵扣税款事实的确认，而不能认为是对扣税凭证的真实性、合法性的审核认定。

此复。

国家税务总局关于纳税人善意取得虚开增值税专用发票
已抵扣税款加收滞纳金问题的批复

2007 年 12 月 12 日　国税函〔2007〕1240 号

广东省国家税务局：

你局《关于纳税人善意取得增值税专用发票和其他抵扣凭证追缴税款是否加收滞纳金的请示》（粤国税发〔2007〕188 号）收悉。经研究，批复如下：

根据《国家税务总局关于纳税人善意取得虚开的增值税专用发票处理问题的通知》（国税发〔2000〕187 号）规定，纳税人善意取得虚开的增值税专用发票指购货方与销售方存在真实交易，且购货方不知取得的增值税专用发票是以非法手段获得的。纳税人善意取得虚开的增值税专用发票，如能重新取得合法、有效的专用发票，准许其抵扣进项税款；如不能重新取得合法、有效的专用发票，不准其抵扣进项税款或追缴其已抵扣的进项税款。

纳税人善意取得虚开的增值税专用发票被依法追缴已抵扣税款的,不属于税收征收管理法第三十二条"纳税人未按照规定期限缴纳税款"的情形,不适用该条"税务机关除责令限期缴纳外,从滞纳税款之日起,按日加收滞纳税款万分之五的滞纳金"的规定。

 国家税务总局关于纳税人虚开增值税专用发票征补税款问题的公告

2012 年 7 月 9 日 国家税务总局公告 2012 年第 33 号

现将纳税人虚开增值税专用发票征补税款问题公告如下:

纳税人虚开增值税专用发票,未就其虚开金额申报并缴纳增值税的,应按照其虚开金额补缴增值税;已就其虚开金额申报并缴纳增值税的,不再按照其虚开金额补缴增值税。税务机关对纳税人虚开增值税专用发票的行为,应按《中华人民共和国税收征收管理法》及《中华人民共和国发票管理办法》的有关规定给予处罚。纳税人取得虚开的增值税专用发票,不得作为增值税合法有效的扣税凭证抵扣其进项税额。

本公告自 2012 年 8 月 1 日起施行。纳税人发生本公告规定事项,此前已处理的不再调整;此前未处理的按本公告规定执行。《国家税务总局关于加强增值税征收管理若干问题的通知》(国税发〔1995〕192 号)第二条和《国家税务总局对代开、虚开增值税专用发票征补税款问题的批复》(国税函发〔1995〕415 号)同时废止。

特此公告。

国家税务总局办公厅关于《国家税务总局关于纳税人虚开增值税专用发票征补税款问题的公告》的解读

一、请介绍该公告出台的背景?

近期,我们接到部分地方税务机关报来的请示,《国家税务总局关于加强增值税征收管理若干问题的通知》(国税发〔1995〕192 号,以下简称 192 号文件)和《国家税务总局对代开、虚开增值税专用发票征补税款问题的批复》(国税函发〔1995〕415 号,以下简称 415 号文件)规定,对纳税人代开、虚开专用发票的,一律按票面所列货物的适用税率全额征补税款。那么就开票方而言,虚开发票的销售收入如果已在当期全额进行了抄报税,并申报缴纳了税款,192 号文件和 415 号文件所述的"全额征补税款"是否意味对其虚开的税额进行二次征收的问题,请总局予以明确。

二、对虚开增值税专用发票的开票方应如何进行处理?

192 号文件和 415 号文件的下发有其历史背景,当时使用的是手写版增值税专用发票,存在开具"大头小尾"发票和单联填开发票的行为,造成开票方的开票收入不申报或少申报缴税而受票方虚抵、多抵增值税的情况发生,因此,192 号文件和 415 号文件中对虚开增值税专用发票征补税款的处理规定符合当时的实际征管情况。在增值税防伪税控系统全面推行后,如果开票方对虚开的增值税专用发票在当期全额进行了抄报税、纳税申报及税款缴纳,对其已缴纳的税款再次进行补征,则会造成重复征税问题。因此,从目前增值税征管实际出发,同时为避免 192 号文件和 415 号文件现有表述可能造成的歧义,我们在公告中对该问题予以进一步明确,即纳税人虚开增值税专用发票,未就其虚开金额申报并缴纳增值税的,应按照其虚开金额补缴增值税;已就其虚开金额申报并缴纳增值税的,不再按照其虚开金额补缴增值税。同时,将192号文件和415号文件的相关规定废止。

 国家税务总局关于纳税人对外开具增值税专用发票有关问题的公告

2014年7月2日 国家税务总局公告2014年第39号

现将纳税人对外开具增值税专用发票有关问题公告如下:

纳税人通过虚增增值税进项税额偷逃税款,但对外开具增值税专用发票同时符合以下情形的,不属于对外虚开增值税专用发票:

一、纳税人向受票方纳税人销售了货物,或者提供了增值税应税劳务、应税服务;

二、纳税人向受票方纳税人收取了所销售货物、所提供应税劳务或者应税服务的款项,或者取得了索取销售款项的凭据;

三、纳税人按规定向受票方纳税人开具的增值税专用发票相关内容,与所销售货物、所提供应税劳务或者应税服务相符,且该增值税专用发票是纳税人合法取得、并以自己名义开具的。

受票方纳税人取得的符合上述情形的增值税专用发票,可以作为增值税扣税凭证抵扣进项税额。本公告自2014年8月1日起施行。此前未处理的事项,按照本公告规定执行。

特此公告。

国家税务总局办公厅关于《国家税务总局关于纳税人对外开具增值税专用发票有关问题的公告》的解读

虚开增值税专用发票,以危害税收征管罪入刑,属于比较严重的刑事犯罪。纳税人对外开具增值税专用发票,是否属于虚开增值税专用发票,需要以事实为依据,准确进行界定。

为此,税务总局制定发布了《国家税务总局关于纳税人对外开具增值税专用发票有关问题的公告》。公告列举了三种情形,纳税人对外开具增值税专用发票,同时符合的,则不属于虚开增值税专用发票,受票方可以抵扣进项税额。

理解本公告,需要把握以下几点:

一、纳税人对外开具的销售货物的增值税专用发票,纳税人应当拥有货物的所有权,包括以直接购买方式取得货物的所有权,也包括"先卖后买"方式取得货物的所有权。所谓"先卖后买",是指纳税人将货物销售给下家在前,从上家购买货物在后。

二、以挂靠方式开展经营活动在社会经济生活中普遍存在,挂靠行为如何适用本公告,需要视不同情况分别确定。第一,如果挂靠方以被挂靠方名义,向受票方纳税人销售货物、提供增值税应税劳务或者应税服务,应以被挂靠方为纳税人。被挂靠方作为货物的销售方或者应税劳务、应税服务的提供方,按照相关规定向受票方开具增值税专用发票,属于本公告规定的情形。第二,如果挂靠方以自己名义向受票方纳税人销售货物、提供增值税应税劳务或者应税服务,被挂靠方与此项业务无关,则应以挂靠方为纳税人。这种情况下,被挂靠方向受票方纳税人就该项业务开具增值税专用发票,不在本公告规定之列。

三、本公告是对纳税人的某一种行为不属于虚开增值税专用发票所做的明确,目的在于既保护好国家税款安全,又维护好纳税人的合法权益。换一个角度说,本公告仅仅界定了纳税人的某一行为不属于虚开增值税专用发票,并不意味着非此即彼,从本公告并不能反推出不符合三种情形的行为就是虚开。比如,某一正常经营的研发企业,与客户签订了研发合同,收取了研发费用,开具了专用发票,但研发服务还没有发生或者还没有完成。这种情况下不能因为本公告列举了"向受票方纳税人销售了货物,或者提供了增值税应税劳务、应税服务",就判定研发企业虚开增值税专用发票。

 国家税务总局关于被盗、丢失增值税专用发票有关问题的公告

2016 年 7 月 28 日　国家税务总局公告 2016 年第 50 号

为方便纳税人,税务总局决定取消纳税人的增值税专用发票发生被盗、丢失时必须统一在《中国税务报》上刊登"遗失声明"的规定。

本公告自发布之日起施行。《国家税务总局关于被盗、丢失增值税专用发票的处理意见的通知》(国税函〔1995〕292 号)同时废止。

特此公告。

国家税务总局办公厅关于《国家税务总局关于被盗、丢失增值税专用发票有关问题的公告》的解读

一、随着增值税发票管理新系统的全面推行,利用现代化信息技术手段加强专用发票管理日趋成熟,税务总局决定取消被盗、丢失增值税专用发票必须统一在《中国税务报》上刊登"遗失声明"的规定,相应废止《国家税务总局关于被盗、丢失增值税专用发票的处理意见的通知》(国税函〔1995〕292 号)。

二、上述规定取消后根据《中华人民共和国发票管理办法实施细则》(国家税务总局令第 25 号公布,国家税务总局令第 37 号修改)第三十一条"使用发票的单位和个人应当妥善保管发票。发生发票丢失情形时,应当于发现丢失当日书面报告税务机关,并登报声明作废"的规定,发生发票被盗、丢失情形时,使用发票的单位和个人应当于发现被盗、丢失当日书面报告税务机关,并登报声明作废。

(十七) 增值税发票查询确认

 国家税务总局关于优化完善增值税发票查询平台功能有关事项的公告

2016 年 5 月 27 日　国家税务总局公告 2016 年第 32 号

自 2016 年 3 月 1 日起,税务总局对部分增值税一般纳税人(以下简称纳税人)取消了增值税发票扫描认证,纳税人可登录本省增值税发票查询平台,查询、选择、确认用于申报抵扣或者出口退税的增值税发票信息。为进一步优化纳税服务,更好地便利纳税人,税务总局对

增值税发票查询平台相关功能进行了优化完善,现将有关事项公告如下:

一、延长确认发票信息时限。将纳税人确认当月用于抵扣税款或者出口退税的增值税发票信息的最后时限,由当月最后1日延长至次月纳税申报期结束前2日。

注释:根据《国家税务总局关于优化完善增值税发票选择确认平台功能及系统维护有关事项的公告》(2016年8月28日,国家税务总局公告2016年第57号)规定,本文第一条自2016年9月1日起废止。

二、优化系统功能。增值税发票查询平台优化完善了系统登录、查询和信息下载等功能,纳税人可在本省增值税发票查询平台下载相关功能说明。

本公告自发布之日起施行。

特此公告。

国家税务总局办公厅关于《国家税务总局关于优化完善增值税发票查询平台功能有关事项的公告》的解读

一、发布本公告的背景是什么?

自2016年3月1日起,税务总局对部分增值税一般纳税人(以下简称纳税人)取消了增值税发票认证,纳税人可登录本省增值税发票查询平台,查询、选择、确认用于申报抵扣或者出口退税的增值税发票信息。为进一步优化纳税服务,更好地服务纳税人,税务总局组织对增值税发票查询平台相关功能进行了优化完善,发布公告说明有关事项。

二、公告的主要内容是什么?

(一)延长确认发票信息时限。将纳税人确认当月用于抵扣税款或者出口退税的增值税发票信息的最后时限,由当月最后1日延长至次月纳税申报期结束前2日。

(二)优化系统功能。增值税发票查询平台优化完善了系统登录、查询和信息下载等功能,纳税人可在本省增值税发票查询平台下载相关功能说明。

国家税务总局关于优化完善增值税发票选择确认平台功能及系统维护有关事项的公告

2016年8月29日 国家税务总局公告2016年第57号

为进一步优化纳税服务,现将优化完善增值税发票选择确认平台(原增值税发票查询平台)功能及系统维护有关事项公告如下:

一、纳税人每日可登录本省增值税发票选择确认平台,查询、选择、确认用于申报抵扣或者出口退税的增值税发票信息。

二、增值税发票选择确认平台纳税人端系统维护工作,由增值税税控系统服务单位负责。

三、本公告自2016年9月1日起施行,《国家税务总局关于优化完善增值税发票查询平台功能有关事项的公告》(国家税务总局公告2016年第32号)第一条同时废止。

特此公告。

国家税务总局办公厅关于《国家税务总局关于优化完善增值税发票选择确认平台功能及系统维护有关事项的公告》的解读

一、发布本公告的背景是什么？

为进一步优化纳税服务,发布公告将优化完善增值税发票选择确认平台(原增值税发票查询平台)功能及系统维护有关事项予以说明。

二、本公告的主要内容是什么？

(一)纳税人每日可登录本省增值税发票选择确认平台,查询、选择、确认用于申报抵扣或者出口退税的增值税发票信息。取消了纳税人申报期结束前 2 日不能选择、确认发票数据的限制。

(二)增值税发票选择确认平台纳税人端系统维护工作,由增值税税控系统服务单位负责。

国家税务总局关于按照纳税信用等级对增值税发票使用实行分类管理有关事项的公告

2016 年 11 月 17 日　国家税务总局公告 2016 年第 71 号

为进一步优化纳税服务,提高办税效率,税务总局决定按照纳税信用等级对增值税发票使用实行分类管理,现将有关事项公告如下:

一、简并发票领用次数

纳税信用 A 级的纳税人可一次领取不超过 3 个月的增值税发票用量,纳税信用 B 级的纳税人可一次领取不超过 2 个月的增值税发票用量。以上两类纳税人生产经营情况发生变化,需要调整增值税发票用量,手续齐全的,按照规定即时办理。

二、扩大取消增值税发票认证的纳税人范围

将取消增值税发票认证的纳税人范围由纳税信用 A 级、B 级的增值税一般纳税人扩大到纳税信用 C 级的增值税一般纳税人。

对 2016 年 5 月 1 日新纳入营改增试点、尚未进行纳税信用评级的增值税一般纳税人,2017 年 4 月 30 日前不需进行增值税发票认证,登录本省增值税发票选择确认平台,查询、选择、确认用于申报抵扣或者出口退税的增值税发票信息,未查询到对应发票信息的,可进行扫描认证。

本公告自 2016 年 12 月 1 日起实施。

特此公告。

国家税务总局办公厅关于《国家税务总局关于按照纳税信用等级对增值税发票使用实行分类管理有关事项的公告》的解读

一、发布本公告的背景是什么？

为进一步优化纳税服务,提高办税效率,税务总局决定按照纳税信用等级对增值税发票实行分类管理,发布公告对有关事项予以明确。

二、哪些纳税人可以享受简并发票领用次数的便利?

纳税信用 A 级的纳税人可一次领取不超过 3 个月的增值税发票用量,纳税信用 B 级的纳税人可一次领取不超过 2 个月的增值税发票用量。以上两类纳税人生产经营情况发生变化,需要调整增值税发票用量,手续齐全的,按照规定即时办理。

三、哪些纳税人属于取消增值税发票认证的范围?

将取消增值税发票认证的纳税人范围由纳税信用 A 级、B 级的增值税一般纳税人扩大到纳税信用 C 级的增值税一般纳税人。

对 2016 年 5 月 1 日新纳入营改增试点、尚未进行纳税信用评级的增值税一般纳税人,2017 年 4 月 30 日前不需进行增值税发票认证,登录本省增值税发票选择确认平台,查询、选择、确认用于申报抵扣或者出口退税的增值税发票信息,未查询到对应发票信息的,可进行扫描认证。

国家税务总局关于启用全国增值税发票查验平台的公告

2016 年 12 月 23 日　国家税务总局公告 2016 年第 87 号

为进一步优化纳税服务,加强发票管理,税务总局依托增值税发票管理新系统(以下简称"新系统")开发了增值税发票查验平台。经过前期试点,系统运行平稳,税务总局决定启用全国增值税发票查验平台。现将有关事项公告如下:

取得增值税发票的单位和个人可登录全国增值税发票查验平台(https://inv-veri.chinatax.gov.cn),对新系统开具的增值税专用发票、增值税普通发票、机动车销售统一发票和增值税电子普通发票的发票信息进行查验。单位和个人通过网页浏览器平台首次登录平台时,应下载安装根证书文件,查看平台提供的发票查验操作说明。

各级税务机关要通过多种渠道做好增值税发票查验工作的宣传辅导,采取有效措施,保证增值税发票查验工作的顺利实施。

本公告自 2017 年 1 月 1 日起实施。

特此公告。

国家税务总局办公厅关于《国家税务总局关于启用全国增值税发票查验平台的公告》的解读

一、发布本公告的背景是什么?

为进一步优化纳税服务,加强发票管理,税务总局依托增值税发票管理新系统开发了增值税发票查验平台。经过前期试点,系统运行平稳,税务总局发布公告启用全国增值税发票查验平台。

二、公告的主要内容是什么?

取得增值税发票的单位和个人可登录全国增值税发票查验平台(https://inv-veri.chinatax.gov.cn),对增值税专用发票、增值税普通发票、机动车销售统一发票和增值税电子普通发票的发票信息进行查验。单位和个人通过网页浏览器首次登录平台时,应下载安装根证书文件,查看平台提供的发票查验操作说明。

各级税务机关要通过多种渠道做好发票查验工作的宣传辅导工作，采取有效措施，保证增值税发票查验工作的顺利实施。

三、何时启用全国增值税发票查验平台？

自 2017 年 1 月 1 日起启用全国增值税发票查验平台。

（十八）增值税税控系统

国家税务总局关于印发《增值税税控系统服务单位监督管理办法》的通知

2015 年 10 月 9 日　税总发〔2015〕118 号

各省、自治区、直辖市和计划单列市国家税务局：

为进一步加强税务机关对增值税税控系统服务单位的监督管理，不断优化对增值税纳税人的开票服务，在广泛征求意见的基础上，国家税务总局制定了新的《增值税税控系统服务单位监督管理办法》（以下简称监督管理办法），现印发给你们，并就有关事项通知如下：

一、纳税人可自愿选择使用航天信息股份有限公司（以下简称航天信息）或国家信息安全工程技术研究中心（以下简称国家信息安全中心）生产的增值税税控系统专用设备。

二、纳税人可自愿选择具备服务资格的维护服务单位（以下简称服务单位）进行服务。服务单位对航天信息或国家信息安全中心生产的专用设备均可以进行维护服务。

三、服务单位开展的增值税税控系统操作培训应遵循使用单位自愿的原则，严禁收费培训，严禁强行培训，严禁强行搭售通用设备、软件或其他商品。

四、税务机关应做好专用设备销售价格和技术维护价格的收费标准、增值税税控系统通用设备基本配置标准等相关事项的公示工作，以便接受纳税人监督。

五、各地要高度重视纳税人对服务单位的投诉举报工作。各级税务机关应设立并通过各种有效方式向社会公布投诉举报电话，及时处理增值税税控系统使用单位对服务单位的投诉举报。省国税局负责对投诉举报及处理情况进行跟踪管理，按月汇总相关情况，随服务质量调查情况一并上报国家税务总局。

六、税务机关应向需使用增值税税控系统的每一位纳税人发放《增值税税控系统安装使用告知书》（附件1，以下简称《使用告知书》），告知纳税人有关政策规定和享有的权利。服务单位应凭《使用告知书》向纳税人销售专用设备，提供售后服务，严禁向未持有《使用告知书》的纳税人发售专用设备。

七、税务机关和税务工作人员严禁直接或间接从事税控系统相关的商业性经营活动，严禁向纳税人推销任何商品。

八、各级税务机关应高度重视服务单位监督管理工作，严格落实监督管理办法，认真履行监督管理职责。对于工作失职渎职、服务单位违规行为频发的地区，将按有关规定追究相关单位或人员的责任。对服务单位监管不力、问题频出的地区，税务总局将进行通报批评并要求限期整改。

附件:1. 增值税税控系统安装使用告知书(略)
    2. 增值税税控系统通用设备基本配置标准(略)
    3. 增值税税控系统安装单(略)
    4. 增值税税控系统服务质量调查表(略)
    5. 增值税税控系统服务质量投诉举报处理情况记录表(略)

增值税税控系统服务单位监督管理办法

第一章 总 则

第一条 为保障增值税税控系统的正常运行,加强对服务单位的监督,根据《中华人民共和国税收征收管理法》及《国务院办公厅转发国家税务总局关于全面推广应用增值税防伪税控系统意见的通知》(国办发〔2000〕12号)有关规定,制定本办法。

第二条 本办法中的增值税税控系统,是指国家税务总局组织开发的,运用数字密码和电子存储技术,强化增值税发票管理,实现对增值税纳税人税源监控的增值税管理系统。

第三条 本办法中的服务单位,是指从事增值税税控系统专用设备(以下简称专用设备)销售以及为使用增值税税控系统的增值税纳税人(以下简称使用单位)提供增值税税控系统维护服务的企业或事业单位。

本办法中的专用设备,是指按照税务机关发票管理要求,能够保证涉税数据的正确生成、可靠存储和安全传递,经税务机关发行后方可与增值税税控系统配套使用的特定设备。

第四条 服务单位应当依据本办法的规定,为使用单位提供优质、高效、便捷的服务,保障使用单位能够正确使用增值税税控系统。

第五条 税务机关应依据本办法对服务单位专用设备的质量、供应、增值税税控系统操作培训以及系统安装、调试和维护等服务工作及投诉举报处理等情况进行监督管理。

第二章 监督管理内容

第六条 航天信息股份有限公司(以下简称航天信息)和国家信息安全工程技术研究中心(以下简称国家信息安全中心)要切实做好专用设备生产工作,保障专用设备的产品质量,对税务机关同意设立的所有服务单位提供相关技术培训和技术支持,保障专用设备及时供应。

航天信息和国家信息安全中心对其设立的服务单位制定统一的服务规范和内部监管办法,切实做好对设立的服务单位的监督管理工作。对其设立的服务单位评比考核须综合参考省国税局对本省服务单位监督管理意见,考评结果、服务单位建设情况及监督管理情况应报送国家税务总局。航天信息和国家信息安全中心与问题频发的服务单位承担连带责任。

第七条 省以下(含本级,下同)服务单位的设立、更换应商省国税局同意。

原则上地市均应设立服务单位。对于按地市设立服务单位有困难的地区,经省国税局同意可不按地市设立服务单位。

第八条 省国税局设立、更换第三方服务单位需报国家税务总局备案。

第九条 省服务单位保障本地区专用设备的及时供应,依据统一的服务规范和内部监管办法对设立的下级服务单位进行监督管理。对设立的下级服务单位评比考核须综合参考当地国税局对本地服务单位监督管理意见,考评结果、服务单位建设情况及监督管理情况应报送省国税局。省服务单位与问题频发的下设服务单位承担连带责任。

省服务单位应建立投诉举报处理机制,设立并公布统一的投诉举报电话,及时处理使用单位的投诉举报,并按月汇总报省国税局。

第十条 市以下(含本级,下同)服务单位按下列要求负责本地区专用设备的销售:

(一)根据增值税管理及使用单位的需要,保障专用设备及时供应。

(二)根据税务机关的《增值税税控系统安装使用告知书》(附件1),按照国家价格主管部门确定的价格标准销售专用设备,并通过增值税税控系统单独开具增值税发票,不得以任何借口提高专用设备销售价格和拒绝销售专用设备。

(三)不得以任何理由向使用单位强行销售计算机、打印机等通用设备、软件、其他商品或服务。使用单位自愿向服务单位购买通用设备、软件、其他商品或服务的,应进行书面确认。

第十一条 市以下服务单位按下列要求负责本地区使用单位增值税税控系统的培训:

(一)市服务单位应建立固定的培训场所,配备必要的培训用计算机、打印机、专用设备等培训设施和专业的培训师资,按照统一的培训内容开展培训工作,确保使用单位能够熟练使用专用设备及通过增值税税控系统开具发票。

(二)服务单位应在培训教室的显著位置悬挂《国家发展改革委关于完善增值税税控系统收费政策的通知》(发改价格〔2012〕2155号)、《财政部 国家税务总局关于增值税税控系统专用设备和技术维护费用抵减增值税税额有关政策的通知》(财税〔2012〕15号)、《增值税税控系统通用设备基本配置标准》(附件2)等展板。

(三)服务单位应向使用单位免费提供增值税税控系统操作培训,不得增加其他任何收费培训内容。

(四)培训应遵循使用单位自愿的原则。服务单位不得以培训作为销售、安装专用设备的前提条件。

第十二条 市以下服务单位按下列要求负责本地区使用单位增值税税控系统日常服务:

(一)使用单位向服务单位提出安装要求后,服务单位应在3个工作日内(含本数,下同)完成使用单位增值税税控系统的安装、调试,并填写《增值税税控系统安装单》(附件3)。

(二)服务单位应配备足够数量的服务人员,设立并公布统一的服务热线电话,及时向使用单位提供维护服务,保障增值税税控系统正常使用。对于通过电话或网络等方式不能解决的问题,应在24小时内做出响应,现场排除故障不得超过2个工作日。

第十三条 市以下服务单位按下列要求收取本地区使用单位增值税税控系统技术维护费:

(一)服务单位应与使用单位签订技术维护合同,合同中应明确具体的服务标准、服务时限和违约责任等事项。使用单位拒绝签订的除外。

(二)服务单位应按照国家价格主管部门确定的标准按年收取技术维护费,不得一次性收取 1 年以上的技术维护费。

<h2 style="text-align:center">第三章　监督管理方法</h2>

第十四条　不定期抽查。省国税局应对本地区服务单位的专用设备销售、培训、收费及日常服务等情况进行不定期抽查，并将抽查情况上报国家税务总局。

第十五条　问卷调查。市国税局应每年组织开展服务质量调查，抽取部分使用单位调查了解服务情况，根据使用单位的反映对服务单位的工作质量进行评价。调查可以采取电话调查、网络调查和实地调查等方式。调查时应通过《增值税税控系统服务质量调查表》（附件4，以下简称《服务质量调查表》）记录调查结果。

调查比例不得低于本辖区上年末使用单位总数的2%或不少于50户（含，下同）。

市国税局应于每年3月底前将调查情况汇总上报省国税局，省国税局应于每年4月10日前将调查情况汇总上报国家税务总局。

第十六条　投诉举报处理。各级税务机关应设立并公布统一的投诉举报电话，及时处理使用单位的投诉举报，建立投诉举报受理、处置、反馈制度。对使用单位的投诉举报处理情况应登记《增值税税控系统服务质量投诉举报处理情况记录表》（附件5，以下简称《投诉举报处理情况记录表》），按月汇总上报省国税局。省国税局对省以下税务机关投诉举报电话的设立公布及受理投诉举报情况进行跟踪管理。

受理投诉举报来源包括网络、信函、电话以及现场等形式。

（一）税务机关受理投诉举报后应及时自行组织或委托下级税务机关进行核实。

对于经核实投诉举报情况属实、服务单位违反有关规定的，属于有效投诉举报。对于无法核实或经调查投诉举报情况不实的，属于无效投诉举报。

（二）对于有效投诉举报问题得到解决的，由税务机关受理部门进行电话回访，听取使用单位的意见；对于有效投诉举报问题无法得到解决的，由税务机关受理部门向上一级税务机关报告，由上一级税务机关责成同级服务单位解决。

（三）税务机关应将投诉举报处理的过程和结果记入《投诉举报处理情况记录表》。

第十七条　联系制度。省国税局及市国税局每年至少与本地区服务单位召开一次联系会议。服务单位将服务情况及存在的问题，向税务机关报告。税务机关向服务单位通报调查及投诉举报情况，研究提高服务质量的措施。

第十八条　税务机关对不定期抽查、问卷调查、受理投诉举报以及日常管理中使用单位反映的情况进行汇总统计，作为对服务单位监督考核的依据。

<h2 style="text-align:center">第四章　违约责任</h2>

第十九条　服务单位发生下列情形之一的，主管税务机关应对服务单位进行约谈并要求其立即纠正：

（一）未按规定销售专用设备、安装专用设备、提供培训、提供维护服务，影响使用单位增值税税控系统正常使用的；

（二）未按本办法第二章有关规定履行服务单位职责的；

（三）未按规定处理投诉举报的；

（四）税务机关接到有效投诉举报，但一年内有效投诉举报率不超过1%的；

有效投诉举报率＝有效投诉举报户数/使用单位户数×100％

（五）税务机关对服务单位的调查结果不满意率在5％以上未超过10％的。

不满意率＝不满意使用单位户数/调查的使用单位总户数×100％

"不满意使用单位户数"是指在《服务质量调查表》中综合评价"不满意"的户数。

第二十条 服务单位发生下列情形之一的，省国税局责令相关服务单位进行整改，并停止其在规定地区半年内接受新用户的资格，同时向国家税务总局报告：

（一）发生本办法第十九条第（一）、（二）、（三）、（四）项情形之一，未纠正的；

（二）向使用单位强行销售计算机、打印机等通用设备、软件、其他商品或服务的；

（三）违反市场公平竞争原则，进行虚假宣传，恶意诋毁竞争对手的；

（四）对接到的投诉举报没有及时处理，影响使用单位正常经营，造成严重后果的；

（五）税务机关对服务单位的调查结果不满意率超过10％的；

（六）一年内有效投诉举报率在1％以上未超过5％或有效投诉举报在10户以上未超过30户的。

第二十一条 服务单位发生下列情形之一的，属于航天信息和国家信息安全中心授权的服务单位，省国税局应上报国家税务总局并建议授权单位终止其服务资格；属于省国税局批准成立的服务单位，省国税局终止其服务资格：

（一）以税务机关的名义进行有偿更换设备、升级软件及强行销售其他商品或服务的；

（二）未按本办法第二章有关规定发售专用设备，影响使用单位增值税税控系统正常使用，造成严重后果的；

（三）拒绝接受税务机关依据本办法进行监督管理的；

（四）由于违反法律和法规行为，造成无法正常为使用单位提供服务的；

（五）违反市场公平竞争原则，进行恶意竞争，造成严重后果的；

（六）一年内税务机关接到的有效投诉举报率超过5％或有效投诉举报超过30户的。

第二十二条 服务单位对税务机关做出的处罚决定不服的，可以向同级税务机关或上级税务机关申诉。

第五章　附　则

第二十三条 本办法由国家税务总局解释。

第二十四条 本办法自2015年11月1日起施行，《国家税务总局关于修订〈增值税防伪税控开票系统服务监督管理办法〉的通知》（国税发〔2011〕132号）同时废止。

国家税务总局关于进一步做好营改增税控装置安装
服务和监督管理工作有关问题的通知

2016年4月19日　税总函〔2016〕170号

各省、自治区、直辖市和计划单列市国家税务局：

为加强营业税改征增值税（以下简称营改增）纳税人税控装置安装服务的管理，确保2016年5月1日如期顺利开出增值税发票，现将有关问题进一步通知如下：

一、各地国税机关应严格按照税务总局对营改增纳税人税控装置安装服务提出的工作要求,既要结合本地实际情况,周密组织,科学安排,履行好统一组织协调职责,也要维护纳税人权益,尊重纳税人的意见,确保工作积极稳妥,扎实有序。要督导服务单位认真做好营改增纳税人税控装置安装培训等工作,确保按期完成任务。要加强对服务单位的监督管理,督促其提高服务水平和服务质量,及时处理回应纳税人投诉,对存在问题的服务单位责令其立即纠正,并限期整改。税务机关及税务干部要严格执行廉政规定,不得违反纪律参与、干预、引导纳税人选择服务单位,不得以权谋私,更不能从中牟利,否则将依法依规从严处理。

二、各服务单位要规范内部管理,调配资源,加强力量,提升服务水平和服务效率,做到人员责任到位、保障措施到位、技术支持到位,全力以赴做好系统操作培训、税控装置及开票软件的安装、调试及维护等服务工作。工作中不能出现"抢户""漏户"现象,不得强迫纳税人接受服务。对服务单位采取过激行为,造成不良社会影响以及恶意竞争、服务不到位、违规搭售设备或软件、乱收费的,国税机关将依法依规严肃处理。

三、对纳税人通过总部招标方式确定服务单位的,原则上分支机构可依据总部选择的结果确定相关服务单位,分支机构所在地区服务单位被暂停服务资格的,可暂由其上一级服务单位提供服务。

四、国税机关与服务单位要加强协同配合,建立沟通联系机制,定期召开会议,及时发现问题并妥善解决,难以解决的应立即逐级向上报告。在营改增实施过程中,如发生突发事件,国税机关要采取坚决措施,迅速处置,并及时向当地党委、政府报告,争取支持,坚决杜绝群体性负面影响事件和重大负面舆情发生,确保营改增顺利实施。

请各省、自治区、直辖市、计划单列市国税局接到此文后第一时间转发至市县国税局及各分局。

521 国家税务总局关于发布增值税发票税控开票软件数据接口规范的公告

2016 年 4 月 25 日 国家税务总局公告 2016 年第 25 号

为配合全面推开营改增试点工作,支持使用商品和服务税收分类与编码开具增值税发票,国家税务总局决定对纳税人使用的增值税发票税控开票软件(以下简称开票软件)相关数据接口规范予以发布。现将有关事项公告如下:

一、开票软件是指增值税纳税人安装使用的增值税发票税控开票软件(金税盘版)和增值税发票税控开票软件(税控盘版)。

二、本次发布的接口规范为开具增值税发票(不含电子发票)的接口规范,包括导入接口规范和导出接口规范。

发票类型支持增值税专用发票、增值税普通发票、机动车销售统一发票和货物运输业增值税专用发票四种发票。导入接口规范是指开票软件可接收的待开具发票信息的数据格式;导出接口规范是指开票软件导出已开具发票信息的数据格式。

三、需要使用本数据接口规范的纳税人,应将开票软件统一升级为 V2.0.09 版本。

四、本数据接口规范和开票软件安装包在金税工程纳税人技术服务网(http://its.chinatax.gov.cn)上发布,纳税人可自行下载免费安装使用。

五、纳税人在使用本数据接口规范过程中如有问题,可通过电子邮件(邮箱:shuikong@chinatax.gov.cn)向税务总局反映。

六、本公告自 2016 年 5 月 1 日起施行。《国家税务总局关于发布增值税发票系统升级版开票软件数据接口规范的公告》(国家税务总局公告 2015 年第 36 号)同时废止。

特此公告。

国家税务总局办公厅关于《国家税务总局关于发布增值税发票税控开票软件数据接口规范的公告》的解读

一、公告出台的背景

按照国务院工作部署,5 月 1 日起在建筑业、房地产业、金融业、生活服务业全面推开营改增试点工作。为支持营改增纳税人使用商品和服务税收分类与编码开具增值税发票,税务总局修订了相关数据接口规范,现予以公布。

二、公告的主要内容

(一)本次公布的接口规范为开具增值税纸质发票接口规范,发票类型支持增值税专用发票、增值税普通发票、机动车销售统一发票和货物运输业增值税专用发票四种发票,包括导入接口规范和导出接口规范。

(二)明确本数据接口规范的使用要求。使用本数据接口规范的纳税人应将增值税发票税控开票软件按要求升级到相应的版本。

(三)明确接口规范发布的位置和问题反馈途径。

三、公告的启用时间

本公告自 2016 年 5 月 1 日起施行。《国家税务总局关于发布增值税发票系统升级版开票软件数据接口规范的公告》(国家税务总局公告 2015 年第 36 号)同时废止。

国家税务总局关于加强增值税税控系统管理有关问题的通知

2016 年 7 月 19 日 税总函〔2016〕368 号

各省、自治区、直辖市和计划单列市国家税务局:

为进一步加强增值税税控系统管理,提高办税效率,提升纳税人对税控服务满意度,现将有关问题通知如下:

一、集团总部采取集中购买税控一体化解决方案的纳税人,其所需的税控专用设备可以直接向航天信息股份有限公司或国家信息安全工程技术研究中心,以及上述两家单位授权的销售单位(以下简称销售单位)购买。销售单位应保障税控专用设备的质量和如数供应,不得以任何理由推诿、拖延或者拒绝纳税人购买税控专用设备的要求。

各地税务机关要及时为纳税人或其书面委托的单位办理税控专用设备发行,不限定只为本省范围购买的税控专用设备进行发行。各地税务机关要进一步简化税控专用设备发行流程,提高办税效率。

二、纳税人购买税控专用设备后,销售单位不得向纳税人指定增值税税控系统维护服务单位(以下简称服务单位),不得强迫纳税人接受服务。纳税人可在所在区域范围内具备服务资格的服务单位间自行选择。

纳税人向服务单位提出安装要求后,服务单位应在 3 个工作日内完成纳税人增值税税控系统的安装、调试，不得以任何理由推诿、拖延或拒绝。

承担集团总部集中购买税控一体化解决方案的单位，应为纳税人做好增值税税控系统的维护服务，可以自建服务体系，并接受当地税务机关的监督管理，也可委托具备服务资格的服务单位提供服务，并承担相关责任。

三、严禁销售单位及服务单位借销售税控专用设备或维护服务之机违规搭售设备、软件、其他商品，或收取规定之外的各种名目的费用。《国家税务总局关于发布增值税发票税控开票软件数据接口规范的公告》（国家税务总局公告 2016 年第 25 号），已对纳税人使用的增值税发票税控开票软件相关数据接口规范予以发布，供纳税人免费使用，任何单位和个人不得向使用增值税税控系统的纳税人收取任何名义的开票软件接口费用。

四、各地税务机关要加强对销售单位、服务单位的监督管理，及时回应纳税人投诉，对存在问题的销售单位、服务单位责令其立即纠正，并限期整改。对违反规定的，按照《增值税税控系统服务单位监督管理办法》有关规定严肃处理。

国家发展改革委关于降低增值税税控系统产品及维护服务价格等有关问题的通知

2017 年 7 月 2 日　发改价格〔2017〕1243 号

各省、自治区、直辖市发展改革委、物价局：

为减轻企业负担，优化企业生产经营环境，现就降低增值税税控系统产品（金税盘、税控盘和报税盘，以下简称"税控系统产品"）及维护服务价格等有关问题通知如下：

一、降低税控系统产品价格。将增值税防伪税控系统专用设备中的 usb 金税盘零售价格由每个 490 元降为 200 元，报税盘零售价格由每个 230 元降为 100 元；货物运输业增值税专用发票、机动车销售统一发票和公路、内河货物运输业发票税控系统专用设备中的 tcg‑01 税控盘零售价格由每个 490 元降为 200 元，tcg‑02 报税盘零售价格由每个 230 元降为 100 元。

二、降低维护服务价格。从事增值税税控系统技术维护服务的有关单位（以下简称"有关技术服务单位"），向使用税控系统产品的纳税人提供技术维护服务收取的费用，由每户每年每套 330 元降为 280 元；对使用两套及以上税控系统产品的，从第二套起减半收取技术维护服务费用。

三、税控系统产品购买和技术维护服务费用抵减应纳税额。增值税纳税人购买税控系统产品支付的费用，以及缴纳的技术维护费用，在增值税应纳税额中及时全额抵减。

四、加强技术维护服务及价格行为监管。有关技术服务单位提供服务时，要与用户签署服务协议，严格履行合同中约定的职责和服务内容，提供及时、优质服务；不提供服务或降低服务质量的，不得收取费用。有关技术服务单位和税控系统产品供货单位，向用户强行推销或搭售扫描仪、计算机、打印机等通用设备的，以乱收费查处。

五、上述规定自 2017 年 8 月 1 日起执行。《国家计委关于核定增值税防伪税控系统专用设备和技术维护价格的通知》（计价格〔2000〕1381 号）、《国家计委关于调整增值税防伪税控系统专用 ic 卡价格的通知》（计价格〔2002〕928 号）、《国家发展改革委关于降低增值税防伪税控系统专用产品价格的通知》(发改价格〔2006〕1341 号)、《国家发展改革委关于降低增值税专用发票和防伪税控系统技术维护价格的通知》(发改价格〔2009〕1607 号)、《国家发展改革委关于完善增值税税控系统收费政策的通知》(发改价格〔2012〕2155 号)同时废止。

二、一般纳税人管理

 国家税务总局关于严禁对增值税一般纳税人实行定率征收增值税问题的通知

1998 年 10 月 21 日 国税发〔1998〕183 号

近期以来,纳税人纷纷反映一些地区基层税务机关对增值税一般纳税人采取定率计征增值税的方法,强制征收。据查,目前全国确有不少地区不同程度地存在着此类问题。如有的搞"核定征收""保底税负""核定增值率",还有的以"按预征率征收,年终结算"为名,变相定率征收等。这些做法严重违反了现行增值税法规和依法治税的原则,它不仅破坏了税法的统一性,导致地区间企业税负的不平衡,而且极易诱发虚开增值税专用发票等违法犯罪行为的发生,大量侵蚀国家税收收入,后果是严重的。

上述错误做法之所以屡禁不止,根源在于一些地区税务机关的领导对这一做法的危害性认识不足,依法治税的观念不强,纠正错误的态度不坚定,措施不得力。

为此,总局再次重申:严厉禁止对增值税一般纳税人搞定率征收。并要求如下:

一、各省、自治区、直辖市和计划单列市国家税务局要就擅自定率征收或变相定率征收增值税问题认真开展自查,凡搞定率征收的必须立即纠正,并将自查情况和结果于 1998 年 12 月 1 日以前上报总局。

二、各级税务机关必须妥善处理组织收入与依法治税的关系。要集中力量加强征管和稽查,既要努力做到应收尽收,又要坚持依法治税,不得以任何名义或理由对增值税一般纳税人实行定率征收,违者,将追究有关领导的责任。

 增值税一般纳税人登记管理办法

2017 年 12 月 29 日 国家税务总局令第 43 号

《增值税一般纳税人登记管理办法》已经 2017 年 11 月 30 日国家税务总局 2017 年度第 2 次局务会议审议通过,现予公布,自 2018 年 2 月 1 日起施行。

附件:1. 增值税一般纳税人登记表

2. 选择按小规模纳税人纳税的情况说明

国家税务总局局长:王军

2017 年 12 月 29 日

增值税一般纳税人登记管理办法

第一条 为了做好增值税一般纳税人(以下简称"一般纳税人")登记管理,根据《中华人民共和国增值税暂行条例》及其实施细则有关规定,制定本办法。

第二条 增值税纳税人(以下简称"纳税人"),年应税销售额超过财政部、国家税务总局规定的小规模纳税人标准(以下简称"规定标准")的,除本办法第四条规定外,应当向主管税务机关办理一般纳税人登记。

本办法所称年应税销售额,是指纳税人在连续不超过 12 个月或四个季度的经营期内累计应征增值税销售额,包括纳税申报销售额、稽查查补销售额、纳税评估调整销售额。

销售服务、无形资产或者不动产(以下简称"应税行为")有扣除项目的纳税人,其应税行为年应税销售额按未扣除之前的销售额计算。纳税人偶然发生的销售无形资产、转让不动产的销售额,不计入应税行为年应税销售额。

第三条 年应税销售额未超过规定标准的纳税人,会计核算健全,能够提供准确税务资料的,可以向主管税务机关办理一般纳税人登记。

本办法所称会计核算健全,是指能够按照国家统一的会计制度规定设置账簿,根据合法、有效凭证进行核算。

第四条 下列纳税人不办理一般纳税人登记:

(一)按照政策规定,选择按照小规模纳税人纳税的;

(二)年应税销售额超过规定标准的其他个人。

第五条 纳税人应当向其机构所在地主管税务机关办理一般纳税人登记手续。

第六条 纳税人办理一般纳税人登记的程序如下:

(一)纳税人向主管税务机关填报《增值税一般纳税人登记表》(附件 1),如实填写固定生产经营场所等信息,并提供税务登记证件;

(二)纳税人填报内容与税务登记信息一致的,主管税务机关当场登记;

(三)纳税人填报内容与税务登记信息不一致,或者不符合填列要求的,税务机关应当场告知纳税人需要补正的内容。

第七条 年应税销售额超过规定标准的纳税人符合本办法第四条第一项规定的,应当向主管税务机关提交书面说明(附件 2)。

第八条 纳税人在年应税销售额超过规定标准的月份(或季度)的所属申报期结束后 15 日内按照本办法第六条或者第七条的规定办理相关手续;未按规定时限办理的,主管税务机关应当在规定时限结束后 5 日内制作《税务事项通知书》,告知纳税人应当在 5 日内向主管税务机关办理相关手续;逾期仍不办理的,次月起按销售额依照增值税税率计算应纳税额,不得抵扣进项税额,直至纳税人办理相关手续为止。

第九条 纳税人自一般纳税人生效之日起,按照增值税一般计税方法计算应纳税额,并可以按照规定领用增值税专用发票,财政部、国家税务总局另有规定的除外。

本办法所称的生效之日,是指纳税人办理登记的当月 1 日或者次月 1 日,由纳税人在办理登记手续时自行选择。

第十条 纳税人登记为一般纳税人后,不得转为小规模纳税人,国家税务总局另有规定的除外。

第十一条 主管税务机关应当加强对税收风险的管理。对税收遵从度低的一般纳税人，主管税务机关可以实行纳税辅导期管理，具体办法由国家税务总局另行制定。

第十二条 本办法自 2018 年 2 月 1 日起施行，《增值税一般纳税人资格认定管理办法》（国家税务总局令第 22 号公布）同时废止。

附件 1

增值税一般纳税人登记表

纳税人名称		社会信用代码 （纳税人识别号）		
法定代表人 （负责人、业主）		证件名称及号码	联系电话	
财务负责人		证件名称及号码	联系电话	
办税人员		证件名称及号码	联系电话	
税务登记日期				
生产经营地址				
注册地址				
纳税人类别：企业□　非企业性单位□　个体工商户□　其他□				
主营业务类别：工业□　商业□　服务业□　其他□				
会计核算健全：是□				
一般纳税人生效之日：当月 1 日 □　　　　次月 1 日 □				
纳税人（代理人）承诺： 　会计核算健全，能够提供准确税务资料，上述各项内容真实、可靠、完整。如有虚假，愿意承担相关法律责任。 　经办人：　　　　　法定代表人：　　　　代理人：　　　　（签章） 　　　　　　　　　　　　　　　　　　　　　　　　　　　　　　年　月　日				
以下由税务机关填写				
税务机关 受理情况	受理人： 		受理税务机关（章） 年　月　日	

填表说明：

1. 本表由纳税人如实填写。
2. 表中"证件名称及号码"相关栏次，根据纳税人的法定代表人、财务负责人、办税人员的居民身份证、护照等有效身份证件及号码填写。
3. 表中"一般纳税人生效之日"由纳税人自行勾选。
4. 本表一式二份，主管税务机关和纳税人各留存一份。

附件 2

选择按小规模纳税人纳税的情况说明

纳税人名称		社会信用代码 （纳税人识别号）						
连续不超过 12 个月或四个季度的经营期内累计应税销售额		货物劳务：	年	月至	年	月共		元。
		应税行为：	年	月至	年	月共		元。
情况说明								
纳税人（代理人）承诺： 　　上述各项内容真实、可靠、完整。如有虚假，愿意承担相关法律责任。 经办人：　　　　　　　　　法定代表人：　　　　　　　　　　代理人：　　　　（签章） 　　　　　　　　　　　　　　　　　　　　　　　　　　　　　　　　　　年 月 日								
以下由税务机关填写								
税务机关受理情况	受理人：　　　　　　　　　　　　　　　　　　　　　　　　主管税务机关（章） 　　　　　　　　　　　　　　　　　　　　　　　　　　　　　　年 月 日							

填表说明：

1. "情况说明"栏由纳税人填写符合财政部、国家税务总局规定可选择按小规模纳税人纳税的具体情形及理由。

2. 本表一式二份，主管税务机关和纳税人各留存一份。

国家税务总局办公厅关于《国家税务总局关于增值税一般纳税人
登记管理办法》的解读

为深入贯彻落实国务院"放管服"改革有关要求，进一步优化纳税服务，规范增值税一般纳税人管理，税务总局制定公布《增值税一般纳税人登记管理办法》（以下简称《办法》），现就《办法》有关内容解读如下：

一、相关背景

为积极推进"放管服"改革，2015 年 2 月，国务院印发了《关于取消和调整一批行政审批项目等事项的决定》(国发〔2015〕11 号),"增值税一般纳税人资格认定"被列入取消的行政审批事项。为及时贯彻落实国务院决定,税务总局制发了《国家税务总局关于调整增值税一般纳税人管理有关事项的公告》(国家税务总局公告 2015 年第 18 号),明确自 2015 年 4 月 1 日起将一般纳税人管理由审批制改为登记制,同时,暂停执行了《增值税一般纳税人认定管理办法》(国家税务总局令第 22 号公布,以下简称"22 号令")的部分条款。2016 年 2 月、2017 年11 月,国务院先后颁布相关决定,两次对《中华人民共和国增值税暂行条例》进行了修订,内容包括将第十三条原条款中关于"认定"的表述,修改为"登记"。为进一步贯彻落实国务院"放管服"改革要求,税务总局对 22 号令作出修订,制定了本《办法》。

二、主要变化

相比 22 号令,《办法》在内容上主要有以下变化。

(一)取消行政审批。《办法》中取消了税务机关审批环节,将审批制改为登记制,主管税务机关在对纳税人递交的登记资料信息进行核对确认后,纳税人即可成为一般纳税人。

(二)简化办事程序。一是简化了办理登记所需的资料,由原来的六项减少为两项,纳税人只需携带税务登记证件、填写登记表格,就可以办理一般纳税人登记事项。二是简化税务机关办事流程,取消了实地核实环节,对符合登记要求的,一般予以当场办结。

(三)适应税制改革。随着营改增的全面深入推进,销售服务、无形资产和不动产已全部纳入增值税应税范围,试点纳税人与原增值税纳税人在销售额标准、可不登记范围等方面存在政策差异,因此《办法》中涉及政策差异的条款内容未列举明细规定,以"财政部、国家税务总局规定""按照政策规定"概括。

三、主要内容

(一)完善年应税销售额的定义。一是完善了年应税销售额属期范围。为进一步优化服务,减少纳税人办税次数,税务总局决定自 2016 年 4 月 1 日起,增值税小规模纳税人缴纳增值税原则上实行按季申报,为使年应税销售额的计算属期与按季申报相适应,《办法》补充了按季计算年应税销售额的内容。二是明确了全面推开营改增后,计算年应税销售额的特殊规定。《办法》中规定,销售服务、无形资产或者不动产(以下简称"应税行为")有扣除项目的纳税人,其应税行为年应税销售额按未扣除之前的销售额计算。纳税人偶然发生的销售无形资产、转让不动产的销售额,不计入应税行为年应税销售额。

(二)明确不办理一般纳税人登记的纳税人范围。《办法》中明确不办理一般纳税人登记的纳税人范围是:"按照政策规定,选择按照小规模纳税人纳税的;年应税销售额超过规定标准的其他个人"。其中,选择按照小规模纳税人纳税的政策依据有两个,一是根据《中华人民共和国增值税暂行条例实施细则》第二十九条规定,非企业性单位、不经常发生应税行为的企业可选择按照小规模纳税人纳税;二是根据《营业税改征增值税试点实施办法》(财税〔2016〕36 号文件印发)第三条规定,年应税销售额超过规定标准但不经常发生应税行为的单位和个体工商户可选择按照小规模纳税人纳税。

(三)明确办理一般纳税人登记的程序。主管税务机关在受理纳税人登记资料后,受理人员将《增值税一般纳税人登记表》信息与征管系统中的税务登记信息进行比对,如果信息一致,视为符合填列要求的,当场登记。如果信息不一致或填报内容不齐全视为不符合填列要求,应当场告知纳税人根据实际经营情况变更税务登记信息或重新填写《增值税一般纳税人登记表》。告知方式为书面告知或口头告知。

(四)明确年应税销售额超过规定标准的纳税人,办理有关手续的时限及相关管理要求。

《办法》中规定,纳税人在年应税销售额超过规定标准的月份(或季度)的所属申报期结束后 15 日内按照规定办理相关手续;未按规定时限办理的,主管税务机关应当在规定期限结束后 5 日内制作《税务事项通知书》,告知纳税人应当在 5 日内向主管税务机关办理相关手续;逾期仍不办理的,次月起按销售额依照增值税税率计算应纳税额,不得抵扣进项税额,直至纳税人办理相关手续为止。

(五)明确一般纳税人生效之日可由纳税人自行选择。相比 22 号令,《办法》中规定,一般纳税人生效之日,是指纳税人办理登记的当月 1 日或者次月 1 日,由纳税人在办理登记手续时自行选择。

国家税务总局关于增值税一般纳税人登记管理若干事项的公告

2018 年 1 月 29 日　国家税务总局公告 2018 年第 6 号

为了贯彻实施《增值税一般纳税人登记管理办法》(国家税务总局令第 43 号,以下简称《办法》),现将有关事项公告如下:

一、《办法》第二条所称"经营期"是指在纳税人存续期内的连续经营期间,含未取得销售收入的月份或季度。

二、《办法》第二条所称"纳税申报销售额"是指纳税人自行申报的全部应征增值税销售额,其中包括免税销售额和税务机关代开发票销售额。"稽查查补销售额"和"纳税评估调整销售额"计入查补税款申报当月(或当季)的销售额,不计入税款所属期销售额。

三、《办法》第四条第二项所称的"其他个人"是指自然人。

四、《办法》第六条第一项所称的"固定生产经营场所"信息是指填写在《增值税一般纳税人登记表》"生产经营地址"栏次中的内容。

五、《办法》第六条第一项所称的"税务登记证件",包括纳税人领取的由工商行政管理部门或者其他主管部门核发的加载法人和其他组织统一社会信用代码的相关证件。

六、《办法》第八条规定主管税务机关制作的《税务事项通知书》中,需告知纳税人的内容应当包括:纳税人年应税销售额已超过规定标准,应在收到《税务事项通知书》后 5 日内向税务机关办理增值税一般纳税人登记手续或者选择按照小规模纳税人纳税的手续;逾期未办理的,自通知时限期满的次月起按销售额依照增值税税率计算应纳税额,不得抵扣进项税额,直至纳税人办理相关手续为止。

七、纳税人兼有销售货物、提供加工修理修配劳务(以下称"应税货物及劳务")和销售服务、无形资产、不动产(以下称"应税行为")的,应税货物及劳务销售额与应税行为销售额分别计算,分别适用增值税一般纳税人登记标准,其中有一项销售额超过规定标准,就应当按照规定办理增值税一般纳税人登记相关手续。

注释:《国家税务总局关于统一小规模纳税人标准等若干增值税问题的公告》(2018 年 4 月 20 日　国家税务总局公告 2018 年第 18 号)第十一条规定,本文第七条自 2018 年 5 月 1 日起废止。

八、经税务机关核对后退还纳税人留存的《增值税一般纳税人登记表》,可以作为证明纳税人成为增值税一般纳税人的凭据。

九、《办法》中所规定期限的最后一日是法定休假日的,以休假日期满的次日为期限的最后一日;在期限内有连续 3 日以上(含 3 日)法定休假日的,按休假日天数顺延。

十、本公告自 2018 年 2 月 1 日起施行。《国家税务总局关于明确〈增值税一般纳税人资格认定管理办法〉若干条款处理意见的通知》（国税函〔2010〕139 号）、《国家税务总局关于调整增值税一般纳税人管理有关事项的公告》（国家税务总局公告 2015 年第 18 号）、《国家税务总局关于"三证合一"登记制度改革涉及增值税一般纳税人管理有关事项的公告》（国家税务总局公告 2015 年第 74 号）、《国家税务总局关于全面推开营业税改征增值税试点有关税收征收管理事项的公告》（国家税务总局公告 2016 年第 23 号）第二条同时废止。

特此公告。

国家税务总局办公厅关于《国家税务总局关于增值税一般纳税人登记管理若干事项的公告》的解读

一、相关背景

《增值税一般纳税人登记管理办法》（国家税务总局令第 43 号，以下简称《办法》）已于近期发布，为明确相关执行口径，税务总局制发《国家税务总局关于增值税一般纳税人登记管理若干事项的公告》（以下简称《公告》）。

二、《公告》的主要内容

（一）明确了《办法》中"经营期""纳税申报销售额""稽查查补销售额""纳税评估调整销售额""其他个人""固定生产经营场所""税务登记证件"的执行口径。

（二）明确了《办法》中主管税务机关制作的《税务事项通知书》中，需告知纳税人的有关内容。

（三）明确了纳税人兼有销售货物、提供加工修理修配劳务（以下称"应税货物及劳务"）和销售服务、无形资产、不动产（以下称"应税行为"）的，应税货物及劳务销售额与应税行为销售额分别计算，分别适用增值税一般纳税人登记标准，其中有一项销售额超过规定标准，就应当按照规定办理增值税一般纳税人登记相关手续。

（四）明确了经税务机关核对后退还纳税人留存的《增值税一般纳税人登记表》，可以作为纳税人成为增值税一般纳税人的凭据。

国家税务总局关于新认定增值税一般纳税人使用增值税防伪税控系统有关问题的通知

2010 年 3 月 31 日　国税函〔2010〕126 号

各省、自治区、直辖市和计划单列市国家税务局：

《国家税务总局关于办理 2009 年销售额超过标准的小规模纳税人申请增值税一般纳税人认定问题的通知》（国税函〔2010〕35 号）规定，2010 年 6 月底前将对 2009 年应税销售额超过标准的小规模纳税人进行增值税一般纳税人资格认定。为解决个体工商户认定为增值税一般纳税人后无法正常使用增值税防伪税控系统的问题，国家税务总局组织软件开发单位对增值税防伪税控系统和增值税专用发票稽核系统进行了修改，并在河北省、重庆市进行了试运行。为配合此次增值税一般纳税人资格认定工作的开展，现将有关问题通知如下：

一、全国范围内新认定的增值税一般纳税人（包括单位和个体工商户）统一使用升级后的 V6.15 版本防伪税控开票系统和 AI3 型金税卡，新认定的增值税一般纳税人开具的增值税专用发票和增值税普通发票密文均为108位。

二、个体工商户新认定为增值税一般纳税人的,税务登记代码统一为其个人身份证号码加两位顺序码(顺序码为数字01至99),长度为17位和20位两类。凡不符合上述编码要求的,应及时办理税务登记代码变更。

三、增值税防伪税控系统和增值税专用发票稽核系统升级要求:

(一)本次升级须对增值税防伪税控系统和增值税专用发票稽核系统同时升级,具体操作为先升级防伪税控系统,再升级稽核系统,最后启用新增功能。各单位业务部门和技术部门要密切配合,及时下载、测试和升级有关补丁,启用有关功能,于2010年3月底前完成升级工作。

(二)增值税防伪税控系统12号补丁,在税务总局金税工程运维网(http://130.9.1.248/应用支持/软件库/防伪税控系统/补丁下载)栏目发布。增值税专用发票稽核系统2号补丁,在税务总局金税工程运维网(http://130.9.1.248/应用支持/软件库/稽核系统/增值税专用发票稽核系统V6.2版)栏目发布。

(三)本次升级完成后,增值税防伪税控系统税务端软件版本由V4.36.30变为V4.38.00。

(四)各地在本次补丁升级前,应分析评估有关应用系统是否需要配套升级,以确保软件功能的连续性和一致性。

四、升级工作运维支持

各单位应高度重视,认真做好组织协调工作,按时完成增值税防伪税控系统税务端软件的升级以及升级成功确认工作。

各地可通过税务总局呼叫中心(4008112366)和税务总局金税工程运维网(http://130.9.1.248),在升级工作中获取支持服务。各地遇重大问题要及时通过总局呼叫中心重大问题通道书面报告税务总局(电子税务管理中心)。

国家税务总局关于印发《增值税一般纳税人
纳税辅导期管理办法》的通知

2010年4月7日   国税发〔2010〕40号

各省、自治区、直辖市和计划单列市国家税务局:

为加强增值税一般纳税人纳税辅导期管理,根据《增值税一般纳税人资格认定管理办法》第十三条规定,税务总局制定了《增值税一般纳税人纳税辅导期管理办法》,现印发给你们,请遵照执行。

增值税一般纳税人纳税辅导期管理办法

第一条 为加强增值税一般纳税人纳税辅导期管理,根据《增值税一般纳税人资格认定管理办法》(以下简称认定办法)第十三条规定,制定本办法。

第二条 实行纳税辅导期管理的增值税一般纳税人(以下简称辅导期纳税人),适用本办法。

第三条 认定办法第十三条第一款所称的"小型商贸批发企业",是指注册资金在80万元(含80万元)以下、职工人数在10人(含10人)以下的批发企业。只从事出口贸易,不需要使用增值税专用发票的企业除外。

批发企业按照国家统计局颁发的《国民经济行业分类》(GB/T 4754—2002)中有关批发

业的行业划分方法界定。

第四条 认定办法第十三条所称"其他一般纳税人",是指具有下列情形之一的一般纳税人:

(一)增值税偷税数额占应纳税额的10%以上并且偷税数额在10万元以上的;

(二)骗取出口退税的;

(三)虚开增值税扣税凭证的;

(四)国家税务总局规定的其他情形。

第五条 新认定为一般纳税人的小型商贸批发企业实行纳税辅导期管理的期限为3个月;其他一般纳税人实行纳税辅导期管理的期限为6个月。

第六条 对新办小型商贸批发企业,主管税务机关应在认定办法第九条第(四)款规定的《税务事项通知书》内告知纳税人对其实行纳税辅导期管理,纳税辅导期自主管税务机关制作《税务事项通知书》的当月起执行;对其他一般纳税人,主管税务机关应自稽查部门作出《税务稽查处理决定书》后40个工作日内,制作、送达《税务事项通知书》告知纳税人对其实行纳税辅导期管理,纳税辅导期自主管税务机关制作《税务事项通知书》的次月起执行。

第七条 辅导期纳税人取得的增值税专用发票(以下简称专用发票)抵扣联、海关进口增值税专用缴款书以及运输费用结算单据应当在交叉稽核比对无误后,方可抵扣进项税额。

第八条 主管税务机关对辅导期纳税人实行限量限额发售专用发票。

(一)实行纳税辅导期管理的小型商贸批发企业,领购专用发票的最高开票限额不得超过十万元;其他一般纳税人专用发票最高开票限额应根据企业实际经营情况重新核定。

(二)辅导期纳税人专用发票的领购实行按次限量控制,主管税务机关可根据纳税人的经营情况核定每次专用发票的供应数量,但每次发售专用发票数量不得超过25份。

辅导期纳税人领购的专用发票未使用完而再次领购的,主管税务机关发售专用发票的份数不得超过核定的每次领购专用发票份数与未使用完的专用发票份数的差额。

第九条 辅导期纳税人一个月内多次领购专用发票的,应从当月第二次领购专用发票起,按照上一次已领购并开具的专用发票销售额的3%预缴增值税,未预缴增值税的,主管税务机关不得向其发售专用发票。

预缴增值税时,纳税人应提供已领购并开具的专用发票记账联,主管税务机关根据其提供的专用发票记账联计算应预缴的增值税。

第十条 辅导期纳税人按第九条规定预缴的增值税可在本期增值税应纳税额中抵减,抵减后预缴增值税仍有余额的,可抵减下期再次领购专用发票时应当预缴的增值税。

纳税辅导期结束后,纳税人因增购专用发票发生的预缴增值税有余额的,主管税务机关应在纳税辅导期结束后的第一个月内,一次性退还纳税人。

第十一条 辅导期纳税人应当在"应交税金"科目下增设"待抵扣进项税额"明细科目,核算尚未交叉稽核比对的专用发票抵扣联、海关进口增值税专用缴款书以及运输费用结算单据(以下简称增值税抵扣凭证)注明或者计算的进项税额。

辅导期纳税人取得增值税抵扣凭证后,借记"应交税金——待抵扣进项税额"明细科目,贷记相关科目。交叉稽核比对无误后,借记"应交税金——应交增值税(进项税额)"科目,贷记"应交税金——待抵扣进项税额"科目。经核实不得抵扣的进项税额,红字借记"应交税金——待抵扣进项税额",红字贷记相关科目。

第十二条 主管税务机关定期接收交叉稽核比对结果,通过《稽核结果导出工具》导出发票明细数据及《稽核结果通知书》并告知辅导期纳税人。

辅导期纳税人根据交叉稽核比对结果相符的增值税抵扣凭证本期数据申报抵扣进项税额，未收到交叉稽核比对结果的增值税抵扣凭证留待下期抵扣。

第十三条 辅导期纳税人按以下要求填写《增值税纳税申报表附列资料（表二）》。

（一）第2栏填写当月取得认证相符且当月收到《稽核比对结果通知书》及其明细清单注明的稽核相符专用发票、协查结果中允许抵扣的专用发票的份数、金额、税额。

（二）第3栏填写前期取得认证相符且当月收到《稽核比对结果通知书》及其明细清单注明的稽核相符专用发票、协查结果中允许抵扣的专用发票的份数、金额、税额。

（三）第5栏填写税务机关告知的《稽核比对结果通知书》及其明细清单注明的本期稽核相符的海关进口增值税专用缴款书、协查结果中允许抵扣的海关进口增值税专用缴款书的份数、金额、税额。

（四）第7栏"废旧物资发票"不再填写。

（五）第8栏填写税务机关告知的《稽核比对结果通知书》及其明细清单注明的本期稽核相符的运输费用结算单据、协查结果中允许抵扣的运输费用结算单据的份数、金额、税额。

（六）第23栏填写认证相符但未收到稽核比对结果的增值税专用发票月初余额数。

（七）第24栏填写本月已认证相符但未收到稽核比对结果的专用发票数据。

（八）第25栏填写已认证相符但未收到稽核比对结果的专用发票月末余额数。

（九）第28栏填写本月未收到稽核比对结果的海关进口增值税专用缴款书。

（十）第30栏"废旧物资发票"不再填写。

（十一）第31栏填写本月未收到稽核比对结果的运输费用结算单据数据。

第十四条 主管税务机关在受理辅导期纳税人纳税申报时，按照以下要求进行"一窗式"票表比对。

（一）审核《增值税纳税申报表》附表二第3栏份数、金额、税额是否等于或小于本期稽核系统比对相符的专用发票抵扣联数据。

（二）审核《增值税纳税申报表》附表二第5栏份数、金额、税额是否等于或小于本期交叉稽核比对相符和协查后允许抵扣的海关进口增值税专用缴款书合计数。

（三）审核《增值税纳税申报表》附表二中第8栏的份数、金额是否等于或小于本期交叉稽核比对相符和协查后允许抵扣的运输费用结算单据合计数。

（四）申报表数据若大于稽核结果数据的，按现行"一窗式"票表比对异常情况处理。

第十五条 纳税辅导期内，主管税务机关未发现纳税人存在偷税、逃避追缴欠税、骗取出口退税、抗税或其他需要立案查处的税收违法行为的，从期满的次月起不再实行纳税辅导期管理，主管税务机关应制作、送达《税务事项通知书》，告知纳税人；主管税务机关发现辅导期纳税人存在偷税、逃避追缴欠税、骗取出口退税、抗税或其他需要立案查处的税收违法行为的，从期满的次月起按照本规定重新实行纳税辅导期管理，主管税务机关应制作、送达《税务事项通知书》，告知纳税人。

第十六条 本办法自2010年3月20日起执行。《国家税务总局关于加强新办商贸企业增值税征收管理有关问题的紧急通知》（国税发明电〔2004〕37号）、《国家税务总局关于辅导期一般纳税人实施"先比对、后扣税"有关管理问题的通知》（国税发明电〔2004〕51号）、《国家税务总局关于加强新办商贸企业增值税征收管理有关问题的补充通知》（国税发明电〔2004〕62号）、《国家税务总局关于辅导期增值税一般纳税人增值税专用发票预缴增值税有关问题的通知》（国税函〔2005〕1097号）同时废止。

国家税务总局关于一般纳税人迁移有关增值税问题的公告

2011 年 12 月 9 日　国家税务总局公告 2011 年第 71 号

注释:根据《国家税务总局关于修改部分税收规范性文件的公告》(2018 年 6 月 15 日,国家税务总局公告 2018 年第 31 号)规定,自 2018 年 6 月 15 日起,本文附件《增值税一般纳税人迁移进项税额转移单》(编号:×××县(市、区)国税留抵税额转移通知××号)修改为"(编号:×××县(市、区)税务留抵税额转移通知××号)"。

现就增值税一般纳税人经营地点迁移后仍继续经营,其一般纳税人资格是否可以继续保留以及尚未抵扣进项税额是否允许继续抵扣问题公告如下:

一、增值税一般纳税人(以下简称纳税人)因住所、经营地点变动,按照相关规定,在工商行政管理部门作变更登记处理,但因涉及改变税务登记机关,需要办理注销税务登记并重新办理税务登记的,在迁达地重新办理税务登记后,其增值税一般纳税人资格予以保留,办理注销税务登记前尚未抵扣的进项税额允许继续抵扣。

二、迁出地主管税务机关应认真核实纳税人在办理注销税务登记前尚未抵扣的进项税额,填写《增值税一般纳税人迁移进项税额转移单》(见附件)。

《增值税一般纳税人迁移进项税额转移单》一式三份,迁出地主管税务机关留存一份,交纳税人一份,传递迁达地主管税务机关一份。

三、迁达地主管税务机关应将迁出地主管税务机关传递来的《增值税一般纳税人迁移进项税额转移单》与纳税人报送资料进行认真核对,对其迁移前尚未抵扣的进项税额,在确认无误后,允许纳税人继续申报抵扣。

本公告自 2012 年 1 月 1 日起执行。此前已经发生的事项,不再调整。

特此公告。

附件:增值税一般纳税人迁移进项税额转移单

附件

增值税一般纳税人迁移进项税额转移单

[编号:×××县(市、区)国税留抵税额转移通知××号]

纳税人名称		工商执照登记号	
纳税人识别号		一般纳税人认定时间	年　月
迁出地最后一次增值税纳税申报所属期	年　月　日至　　年　月　日		
批准取消税务登记时间	年　月　日		
尚未抵扣的留抵进项税额	经审核,该纳税人从我局迁出时,有尚未抵扣的进项留抵税额合计(大写)＿＿＿＿＿＿¥元。		
其他需要说明的事项			
税务所意见: (公章) 　　　　年　月　日	货物和劳务税科意见: (公章) 　　　　年　月　日	局长意见: (局章) 　　　　年　月　日	

注:1. 本表由一般纳税人迁出地税务机关填写并盖章确认,一式三份。迁出地主管税务机关、迁达地主管税务机关、纳税人各留存一份。

国家税务总局 财政部 海关总署关于开展赋予海关特殊监管区域企业增值税一般纳税人资格试点的公告

2016 年 10 月 14 日　国家税务总局　财政部　海关总署公告 2016 年第 65 号

根据《国务院关于促进外贸回稳向好的若干意见》(国发〔2016〕27 号)，国家税务总局、财政部和海关总署选择部分海关特殊监管区域开展赋予企业增值税一般纳税人资格试点，现将有关事项公告如下：

一、在昆山综合保税区、苏州工业园综合保税区、上海松江出口加工区、河南郑州出口加工区、郑州新郑综合保税区、重庆西永综合保税区和深圳盐田综合保税区开展赋予企业增值税一般纳税人资格试点。

上述试点区域内符合增值税一般纳税人登记管理有关规定的企业，可自愿向试点区域所在地主管税务机关、海关申请成为试点企业，向主管税务机关依法办理增值税一般纳税人资格登记。

二、试点企业自增值税一般纳税人资格生效之日起，适用下列税收政策。

(一) 试点企业进口自用设备(包括机器设备、基建物资和办公用品)时，暂免征收进口关税、进口环节增值税、消费税(以下简称进口税收)。上述暂免进口税收按照该进口自用设备海关监管年限平均分摊到各个年度，每年年终对本年暂免的进口税收按照当年内外销比例进行划分，对外销比例部分执行试点企业所在海关特殊监管区域的税收政策，对内销比例部分比照执行海关特殊监管区域外(以下简称区外)税收政策补征税款。

(二) 除进口自用设备外，购买的下列货物适用保税政策：

1. 从境外购买并进入试点区域的货物。

2. 从海关特殊监管区域(试点区域除外)或海关保税监管场所购买并进入试点区域的保税货物。

3. 从试点区域内非试点企业购买的保税货物。

4. 从试点区域内其他试点企业购买的未经加工的保税货物。

(三) 销售的下列货物，向税务机关申报缴纳增值税、消费税：

1. 向境内区外销售的货物。

2. 向保税区、不具备退税功能的保税监管场所销售的货物(未经加工的保税货物除外)。

3. 向试点区域内其他试点企业销售的货物(未经加工的保税货物除外)。

试点企业销售上述货物中含有保税货物的，按照保税货物进入海关特殊监管区域时的状态向海关申报缴纳进口税收，并按照规定补缴缓税利息。

(四) 向海关特殊监管区域或者海关保税监管场所销售的未经加工的保税货物，继续适用保税政策。

(五) 销售的下列货物(未经加工的保税货物除外)，适用出口退(免)税政策，税务机关凭海关提供的与之对应的出口货物报关单电子数据审核办理试点企业申报的出口退(免)税。

1. 离境出口的货物。

2. 向海关特殊监管区域（试点区域、保税区除外）或海关保税监管场所（不具备退税功能的保税监管场所除外）销售的货物。

3. 向试点区域内非试点企业销售的货物。

（六）除财政部、海关总署、国家税务总局另有规定外,试点企业适用区外关税、增值税、消费税的法律、法规。

三、区外销售给试点企业的加工贸易货物,继续按现行税收政策执行;销售给试点企业的其他货物（包括水、蒸汽、电力、燃气）不再适用出口退税政策,按照规定缴纳增值税、消费税。

四、税务、海关两部门加强税收征管和货物监管的信息交换。对适用出口退税政策的货物,海关向税务部门传输出口报关单结关信息电子数据。

五、本公告自 2016 年 11 月 1 日起施行。

国家税务总局办公厅关于《国家税务总局　财政部　海关总署关于开展赋予海关特殊监管区域企业增值税一般纳税人资格试点的公告》的解读

根据《国务院关于促进外贸回稳向好的若干意见》（国发〔2016〕27 号,以下简称《若干意见》）关于"在符合条件的海关特殊监管区域积极探索货物状态分类监管试点,在税负公平、风险可控的前提下,赋予具备条件的企业增值税一般纳税人资格"的决定,税务总局、财政部、海关总署共同制定了《关于开展赋予海关特殊监管区域企业增值税一般纳税人资格试点的公告》（以下简称《公告》）,为便于政策理解和执行,现对《公告》解读如下:

一、《公告》出台的背景

近年来,随着国际市场的持续低迷,海关特殊监管区域企业开始积极参与国内市场,经营模式逐步向利用国内国外"两种资源,两个市场"方向转变。为便利内销和采购国产料件,区内企业希望能够取得一般纳税人资格,享受营改增改革带来的红利。为此,税务总局会同财政部、海关总署对赋予海关特殊监管区域企业增值税一般纳税人资格试点有关事项进行了研究,决定在昆山综合保税区、苏州工业园综合保税区、上海松江出口加工区、河南郑州出口加工区、郑州新郑综合保税区、重庆西永综合保税区和深圳盐田综合保税区开展赋予企业增值税一般纳税人资格试点。

二、《公告》的主要内容

公告对开展试点的区域、试点企业的自愿原则、试点的税收政策、税务和海关部门的信息交换等内容进行了明确。试点的税收政策主要涉及以下几个方面:

（一）赋予区内试点企业增值税一般纳税人资格。试点企业内销货物（包括销售给监管区其他试点企业的货物）可以按规定开具增值税专用发票,并按规定申报缴纳增值税、消费税。

（二）试点企业从区外购进货物,可索取增值税专用发票。所购货物内销的,作为增值税进项税额的抵扣凭证;所购货物外销的,作为出口退税凭证;试点企业以加工贸易方式从区外购进的货物,继续按现行税收政策执行。

（三）试点企业进口货物继续适用保税政策;内销货物中含有保税货物的,或向区外直接销售未经加工的保税货物,按照保税货物入区时的状态,向海关申报缴纳保税货物的进口关税、增值税和消费税,并按照规定补缴缓税利息;试点企业向监管区非试点企业购买货物,比照进口货物适用税收政策。区内企业之间销售未经加工的保税货物不征税,由购货方继续适用保税政策。

(四)试点企业出口货物,在货物实际离境后申请退税;试点企业向监管区非试点企业销售货物,除未经加工的保税货物外,视同出口办理退税。

(五)试点企业进口自用设备(包括机器设备、基建物资和办公用品)时,暂免征收进口关税、进口环节增值税、消费税(以下简称进口税收)。上述暂免进口税收按照该进口自用设备海关监管年限平均分摊到各个年度,每年年终对本年暂免的进口税收按照当年内外销比例进行划分,对外销比例部分执行区内税收政策,对内销比例部分比照执行区外税收政策补征税款。

三、执行时间

《公告》自 2016 年 11 月 1 日起施行。

国家税务总局 财政部 海关总署关于扩大赋予海关特殊监管区域企业增值税一般纳税人资格试点的公告

2018 年 1 月 12 日 国家税务总局 财政部 海关总署公告 2018 年第 5 号

为进一步提升海关特殊监管区域企业统筹国际国内两个市场两种资源的能力,提高海关特殊监管区域发展的质量和效益,推动加工贸易转型升级,促进贸易便利化,结合前期试点情况,国家税务总局、财政部和海关总署决定扩大赋予海关特殊监管区域企业增值税一般纳税人资格试点。现将有关事项公告如下:

一、将赋予海关特殊监管区域企业增值税一般纳税人资格试点(以下简称一般纳税人资格试点)扩大到浙江宁波出口加工区、成都高新综合保税区、阿拉山口综合保税区、广西北海出口加工区、北京天竺综合保税区、上海闵行出口加工区、郴州综合保税区、辽宁大连出口加工区、福州保税港区、福州出口加工区、青岛前湾保税港区、武汉东湖综合保税区、无锡高新区综合保税区、苏州高新技术产业开发区综合保税区、镇江综合保税区、淮安综合保税区、吴江综合保税区 17 个海关特殊监管区域。

二、建立一般纳税人资格试点退出机制(适用范围包括前期试点的 7 个海关特殊监管区域)。申请一般纳税人资格试点满 36 个月的企业可申请退出试点。退出试点后,恢复执行海关特殊监管区域内非试点企业税收政策且 36 个月内不得再申请试点。

申请退出试点企业应提前向主管税务机关和主管海关递交退出试点申请,启动退出试点工作。试点企业在退出前,应结清税款,方可办理退出手续。对区内企业退出试点前的增值税留抵税额不予抵扣或退还,转成本处理。退出试点的企业,除销售服务、无形资产或者不动产外,不得领用和开具增值税专用发票。

三、除以上调整外,一般纳税人资格试点政策其他内容继续执行《国家税务总局、财政部、海关总署关于开展赋予海关特殊监管区域企业增值税一般纳税人资格试点的公告》(国家税务总局、财政部、海关总署公告 2016 年第 65 号)的有关规定。

四、本公告自 2018 年 2 月 1 日起施行。

特此公告。

国家税务总局办公厅关于《国家税务总局 财政部 海关总署 关于扩大赋予海关特殊监管区域企业增值税一般纳税人 资格试点的公告》的解读

为进一步增强企业发展活力和竞争力,促进加工贸易转型升级和贸易便利化,税务总局、财政部和海关总署决定扩大赋予海关特殊监管区域企业增值税一般纳税人资格试点(以下简称一般纳税人资格试点),并共同制定了《关于开展赋予海关特殊监管区域企业增值税一般纳税人资格试点的公告》(以下简称《公告》),为便于政策理解和执行,现对《公告》解读如下:

一、《公告》出台的背景

为落实《国务院关于促进外贸回稳向好的若干意见》(国发〔2016〕27号)的决策部署,税务总局、财政部和海关总署于2016年11月1日在昆山综合保税区、苏州工业园综合保税区、上海松江出口加工区、河南郑州出口加工区、郑州新郑综合保税区、重庆西永综合保税区和深圳盐田综合保税区7个海关特殊监管区域开展了一般纳税人资格试点。一年多来,试点工作坚持市场导向,尊重企业主体地位,打破了束缚海关特殊监管区域发展的政策桎梏,有效提升了区内企业提高统筹两个市场、利用两种资源的能力,变加工贸易"大进大出"为"优进优出",增强了海关特殊监管区域企业发展的活力和竞争力。为进一步推动海关特殊监管区域发展质量和效益的提高,促进加工贸易转型升级和贸易便利化,税务总局、财政部和海关总署决定扩大一般纳税人资格试点。

此外,考虑到企业参加试点后,根据市场形势变化,经营模式也会相应发生调整,为更好地支持企业适应对外贸易形势发展变化,提升企业统筹国际国内两个市场两种资源的能力,促进产业转型升级,推动加工贸易创新发展,在此次扩大试点时建立了试点退出机制。退出机制适用范围包括此次纳入试点的17个海关特殊监管区域和前期试点的7个海关特殊监管区域。

二、《公告》的主要内容

《公告》除引入退出机制外,基本上延续了《国家税务总局、财政部、海关总署关于开展赋予海关特殊监管区域企业增值税一般纳税人资格试点的公告》(国家税务总局、财政部、海关总署公告2016年第65号)的试点政策。《公告》主要内容有两个方面:

(一)扩大试点的区域范围。包括浙江宁波出口加工区、成都高新综合保税区、阿拉山口综合保税区、广西北海出口加工区、北京天竺综合保税区、上海闵行出口加工区、郴州综合保税区、辽宁大连出口加工区、福州保税港区、福州出口加工区、青岛前湾保税港区、武汉东湖综合保税区、无锡高新区综合保税区、苏州高新技术产业开发区综合保税区、镇江综合保税区、淮安综合保税区、吴江综合保税区17个海关特殊监管区域。

(二)退出机制的内容。一是申请一般纳税人资格试点满36个月的企业可申请退出试点。二是退出试点后,恢复执行海关特殊监管区域内非试点企业税收政策且36个月内不得再申请试点。三是申请退出试点企业应提前向主管税务机关和主管海关递交退出试点申请,经主管税务机关和主管海关核准后启动退出试点工作。四是试点企业在退出前,应结清税款(包括征税税款、出口退税税款),方可办理退出手续。五是对区内企业退出试点前的增值税留抵税额不予抵扣或退还,转成本处理。六是退出试点的企业,除销售服务、无形资产或者不动产外,不得领用和开具增值税专用发票。

三、执行时间

《公告》自 2018 年 2 月 1 日起施行。

三、纳税申报管理

国家税务总局关于重新修订
《增值税一般纳税人纳税申报办法》的通知

2003 年 5 月 13 日　国税发〔2003〕53 号

各省、自治区、直辖市和计划单列市国家税务局：

为满足现行增值税税收政策的需要，进一步加强增值税的征收管理，在广泛征求各地意见的基础上，国家税务总局对现行的《增值税一般纳税人纳税申报办法》做了必要的修订，现将修订后的《增值税一般纳税人纳税申报办法》印发给你们。自 2003 年 7 月 1 日起，凡使用国家税务总局认定公布的增值税一般纳税人申报电子信息采集系统的增值税一般纳税人，均应按照本办法进行增值税纳税申报，其他增值税一般纳税人仍按照《国家税务总局关于修订〈增值税一般纳税人纳税申报办法〉的通知》（国税发〔1999〕29 号）的规定进行增值税纳税申报。

增值税一般纳税人纳税申报办法

根据《中华人民共和国税收征收管理法》及其实施细则、《中华人民共和国增值税暂行条例》和《中华人民共和国发票管理办法》的有关规定，制定本办法。

一、凡增值税一般纳税人（以下简称"纳税人"）均按本办法进行纳税申报。

二、纳税人进行纳税申报必须实行电子信息采集。使用防伪税控系统开具增值税专用发票的纳税人必须在抄报税成功后，方可进行纳税申报。

三、纳税申报资料。

（一）必报资料：

1. 《增值税纳税申报表（适用于增值税一般纳税人）》及其《增值税纳税申报表附列资料（表一）、（表二）、（表三）、（表四）》；

2. 使用防伪税控系统的纳税人，必须报送记录当期纳税信息的 IC 卡（明细数据备份在软盘上的纳税人，还须报送备份数据软盘）、《增值税专用发票存根联明细表》及《增值税专用发票抵扣联明细表》；

3. 《资产负债表》和《损益表》；

4. 《成品油购销存情况明细表》（发生成品油零售业务的纳税人填报）；

5. 主管税务机关规定的其他必报资料。

纳税申报实行电子信息采集的纳税人，除向主管税务机关报送上述必报资料的电子数据外，还需报送纸介的《增值税纳税申报表（适用于一般纳税人）》（主表及附表）。

（二）备查资料：

1. 已开具的增值税专用发票和普通发票存根联；

2. 符合抵扣条件并且在本期申报抵扣的增值税专用发票抵扣联；

3. 海关进口货物完税凭证、运输发票、购进农产品普通发票及购进废旧物资普通发票的复印件；

4. 收购凭证的存根联或报查联；

5. 代扣代缴税款凭证存根联；

6. 主管税务机关规定的其他备查资料。

备查资料是否需要在当期报送，由各省级国家税务局确定。

注释：根据《国家税务总局关于修改部分税收规范性文件的公告》(2018 年 6 月 15 日，国家税务总局公告 2018 年第 31 号)规定，自 2018 年 6 月 15 日起，本文第三条中的"省级国家税务局"修改为"省税务局"。

四、增值税纳税申报资料的管理。

(一)增值税纳税申报必报资料。

纳税人在纳税申报期内，应及时将全部必报资料的电子数据报送主管税务机关，并在主管税务机关按照税法规定确定的期限内(具体时间由各省级国家税务局确定)，将本办法第三条第一款要求报送的纸介的必报资料(具体份数由省级国家税务局确定)报送主管税务机关，税务机关签收后，一份退还纳税人，其余留存。

(二)增值税纳税申报备查资料。

纳税人在月度终了后，应将备查资料认真整理并装订成册。

1. 属于整本开具的手工版增值税专用发票及普通发票的存根联，按原顺序装订；开具的电脑版增值税专用发票，包括防伪税控系统开具的增值税专用发票的存根联，应按开票顺序号码每 25 份装订一册，不足 25 份的按实际开具份数装订。

2. 对属于扣税凭证的单证，根据取得的时间顺序，按单证种类每 25 份装订一册，不足 25 份的按实际份数装订。

3. 装订时，必须使用税务机关统一规定的《征税/扣税单证汇总簿封面》(以下简称"《封面》")，并按规定填写封面内容，由办税人员和财务人员审核签章。启用《封面》后，纳税人可不再填写原增值税专用发票的封面内容。

4. 纳税人当月未使用完的手工版增值税专用发票，暂不加装《封面》，两个月仍未使用完的，应在主管税务机关对其剩余部分剪角作废的当月加装《封面》。

纳税人开具的普通发票及收购凭证在其整本使用完毕的当月，加装《封面》。

5. 《封面》的内容包括纳税人单位名称、本册单证份数、金额、税额、本月此种单证总册数及本册单证编号、税款所属时间等，具体格式由各省级国家税务局制定。

注释：根据《国家税务总局关于修改部分税收规范性文件的公告》(2018 年 6 月 15 日，国家税务总局公告 2018 年第 31 号)规定，自 2018 年 6 月 15 日起，本文第四条中的"省级国家税务局"修改为"省级税务局"。

五、《增值税纳税申报表(适用于增值税一般纳税人)》《主表及附表)由纳税人向主管税务机关购领。

六、申报期限。

纳税人应按月进行纳税申报，申报期为次月 1 日起至 10 日止，遇最后一日为法定节假日的,顺延 1 日;在每月 1 日至 10 日内有连续 3 日以上法定休假日的,按休假日天数顺延。

七、罚则。

(一)纳税人未按规定期限办理纳税申报和报送纳税资料的,按照《中华人民共和国税收征收管理法》第六十二条的有关规定处罚。

(二)纳税人经税务机关通知申报而拒不申报或者进行虚假的纳税申报,不缴或者少缴应纳税款的,按偷税处理,并按《中华人民共和国税收征收管理法》第六十三条的有关规定处罚。

(三)纳税人不进行纳税申报,不缴或者少缴应纳税款的,按《中华人民共和国税收征收管理法》第六十四条的有关规定处罚。

附件:1. 增值税纳税申报表(适用于一般纳税人)(略)

2. 增值税纳税申报表附列资料(表一)(略)

3. 增值税纳税申报表附列资料(表二)(略)

4. 增值税纳税申报表附列资料(表三)(略)

5. 增值税纳税申报表附列资料(表四)(略)

6. 增值税纳税申报表(适用于一般纳税人)及其附表填表说明(略)

7. 增值税纳税申报表逻辑关系审核表(略)

8. 资产负债表(略)

9. 损益表(略)

10. 成品油购销存情况明细表及填表说明(略)

国家税务总局关于进一步做好增值税纳税申报"一窗式"管理工作的通知

2003 年 8 月 19 日　　国税函〔2003〕962 号

各省、自治区、直辖市和计划单列市国家税务局:

根据各地在增值税纳税申报"一窗式"管理工作中反映的问题,为进一步做好此项工作,现将有关问题明确如下:

一、增值税一般纳税人发生销售货物、提供应税劳务开具增值税专用发票后,如发生销货退回、销售折让以及原蓝字专用发票填开错误等情况,视不同情况分别按以下办法处理:

(一)销货方如果在开具蓝字专用发票的当月收到购货方退回的发票联和抵扣联,而且尚未将记账联作账务处理,可对原蓝字专用发票进行作废。即在发票联、抵扣联连同对应的存根联、记账联上注明"作废"字样,并依次粘贴在存根联后面,同时对防伪税控开票子系统的原开票电子信息进行作废处理。如果销货方已将记账联作账务处理,则必须通过防伪税控系统开具负数专用发票作为扣减销项税额的凭证,不得作废已开具的蓝字专用发票,也不得以红字普通发票作为扣减销项税额的凭证。销货方如果在开具蓝字专用发票的次月及以后收到购货方退回的发票联和抵扣联,不论是否已将记账联作账务处理,一律通过防伪税控系统开具负数专用发票扣减销项税额的凭证,不得作废已开具的蓝字专用发票,也不得以红字普通发票作为扣减销项税额的凭证。

(二)因购货方无法退回专用发票的发票联和抵扣联,销货方收到购货方当地主管税务机关开具的《进货退出或索取折让证明单》的,一律通过防伪税控系统开具负数专用发票作为扣减销项税额的凭证,不得作废已开具的蓝字专用发票,也不得以红字普通发票作为扣减销项税额的凭证。

二、根据《企业财务会计报告条例》(国务院令287号)第十九条规定:'企业应当按照有关法律、行政法规和本条例规定的结账日进行结账,不得提前或者延迟。

年度结账日为公历年度每年的12月31日,半年度、季度、月度结账日分别为公历年度每半年、每季、每月的最后一天',凡结账日与该条例规定不符的纳税人,税务机关应责令其限期按照该条例规定计算当月销项税额。

三、企业在当月填报的专用发票抵扣数必须是上月收到并经认证的专用发票抵扣联税额汇总数。这些发票应在上月10日至30日内到税务机关认证。如果在当月申报期内认证的,也应是上月收到的发票。认证窗口或纳税申报窗口工作人员在办理纳税人认证时,要注意这一点。

四、对"票表稽核"比对不符问题处理办法

通过"票表稽核"发现纳税人申报异常,这是"一窗式"管理的成效。发现异常,要及时查明原因,并视不同情况处理。

(一)关于纳税人操作开票子系统作废不成功,造成申报数据小于防伪税控报税数据的问题,即纳税人当月只对纸质专用发票进行了作废处理,但对开票系统中的电子发票未执行作废操作或操作不成功,从而造成当月申报数据小于防伪税控报税数据。对于这种情况,税务机关要告诉纳税人如何进行作废操作,以免出现差错。纳税人在填写申报表时,必须自己核对IC卡记录数据,如有作废发票,而又不会对电子发票进行作废操作,申报数小于IC卡数时,在申报时应附上"说明"。纳税人对于因客观原因,出现"两个比对数字"不符时,都应附上"说明"。对于开票系统中发票存根联未执行作废操作或作废不成功的,税务机关应进行登记,并受理纳税申报。次月纳税人按照开具红字专用发票的方式在开票系统中开具负数发票,由此出现当月申报数据大于防伪税控报税数据,税务机关应当与上期所记录的情况进行核对,核对相符后受理纳税申报;核对不符的退回纳税人调整相符后重报。

(二)关于纳税人结账日与防伪税控开票子系统报税区间不符,造成报税数据与申报数据不符问题。企业结账日必须按《企业财务会计报告条例》规定确定。在受理申报时发现不符的纳税人,税务机关应责令其在下月申报时必须改正。在下月办理其申报纳税时,如果又发现因这个问题造成比对不符,应将纳税申报退回纳税人,责令其按照规定的结账日调整销项税额后重新进行纳税申报,并要按《征管法》的有关规定进行处罚。

(三)对于"票表稽核"不符的"异常"申报,在法定纳税申报期限内能够修改完成的,可以由纳税人修改后重新申报。在法定纳税申报期限内来不及修改完成的(如月上旬最后1、2天来申报的),可先行受理其纳税申报,同时责令其限期将差额部分补报。对因此而导致逾期申报的,凡有正当理由的,税务机关可不予处罚。

五、为了金税工程增值税征管信息系统运行的安全,总局已多次发文通知各级税务机关不得擅自开发与金税工程增值税征管信息系统有关的软件,尤其是不得擅自开发网上抄报税软件,凡已开发的必须停止开发,但目前仍有少数地方的税务机关尚未停止开发网上抄报税软件。总局再次重申这一规定,要求凡开发网上抄报税软件的地方必须立即停止开发,已开发并投入使用的必须立即停止使用。对于在接到本通知后仍开发网上抄报税软件和继续使用此类软件的税务机关,总局将追究责任,严肃处理。

六、已实现利用互联网向税务机关报送纳税申报的地方,为方便纳税人了解申报结果,有问题能及时处理,其"票表稽核"工作应在纳税人到税务局办税服务厅纳税申报窗口办理防伪税控 IC 卡抄报税时，直接由受理纳税申报包括抄报税的工作人员办理，一般不要放在后台办理。对于利用互联网向税务机关报送纳税申报的纳税人，可以在每月征期内进行防伪税控 IC 卡报税前的任何时间内向税务机关报送纳税申报电子信息。税务征收单位纳税申报受理人员在接受纳税人防伪税控 IC 卡抄报税时，应当与已通过互联网报送的纳税申报表进行"票表稽核"，比对审核相符的，即办理纳税申报；比对不符的即查问原因并做处理，或转"比对异常处理"窗口处理。要沟通前后台信息，使"申报纳税（抄报税）"窗口工作人员通过由电脑终端可读取纳税人网上申报的资料。

七、税务征收单位纳税申报受理人员在接受纳税人的申报资料及抄报税、认证资料后，不仅要在申报窗口进行"票表稽核"工作，还应当在申报窗口进行纳税申报表栏次关系的必要的逻辑审核工作，不得将逻辑关系审核工作放在后台进行。对逻辑关系不符的，应当退回纳税人重新填写。

八、为了有利于各级税务机关集中精力做好"一窗式"管理工作，对于因为培训工作跟不上或者征管软件税务端接收功能还未修改完成，目前还没有推行新的增值税纳税申报办法的地区，可以根据本地区情况适当延迟实施，待各方面准备就绪时再正式使用新的增值税纳税申报办法，最迟不超过年底。在实行新增值税纳税申报办法前，增值税一般纳税人仍按原申报办法申报纳税，对原申报表或附表，只要列明专用发票销项总额和经认证的专用发票抵扣总数，能进行总数比即可。对于已让企业按新表申报，而税务端接收软件尚未修改的，要尽快修改，能接收新表，尽量不要让纳税人同时报新旧两套表。

九、目前，有些地区实行纳税人先缴税，再进行纳税申报的制度，这种作法不符合纳税申报管理的基本要求，不利于加强增值税征管，也给税务机关和纳税人均造成不便。因此，凡实行先缴税后申报的地区，必须尽快改为按照纳税人先进行纳税申报，经比对审核后再缴税的制度申报纳税。

十、税务机关要认真分析近两月实施"一窗式"管理的情况，对于"比对异常"问题，凡属纳税人填报差错的，都要及时告诉纳税人改正，并要举一反三，使其他纳税人也能注意正确申报。要进一步搞好对增值税一般纳税人的辅导工作。不仅要在办税服务厅张贴公告，更重要的是事先向每一个纳税人发放详细的宣传辅导材料。要向纳税人讲明如何进行纳税申报，应该包括哪些资料，如何真实填写纳税申报表，纳税申报表中有关数字的逻辑关系，申报表的比对项目与认证数和抄报税数的勾稽关系，如何处理作废票、红字票、负数票等特殊问题，实行网上申报或磁盘申报的纳税人如何办理申报纳税等等，方便纳税人准确申报纳税（包括抄报税和认证），以免发生差错。

国家税务总局关于合理简并纳税人申报缴税次数的公告

2016 年 2 月 1 日　国家税务总局公告 2016 年第 6 号

为落实《深化国税、地税征管体制改革方案》关于创新纳税服务机制的要求，推进办税便利化改革，根据《中华人民共和国税收征收管理法》《中华人民共和国增值税暂行条例》及其实施细则、《中华人民共和国消费税暂行条例》及其实施细则等有关税收法律法规的规定，现就合理简并纳税人申报缴税次数有关事项公告如下：

一、增值税小规模纳税人缴纳增值税、消费税、文化事业建设费，以及随增值税、消费税附征的城市维护建设税、教育费附加等税费，原则上实行按季申报。

纳税人要求不实行按季申报的，由主管税务机关根据其应纳税额大小核定纳税期限。

二、随增值税、消费税附征的城市维护建设税、教育费附加免于零申报。

三、符合条件的小型微利企业,实行按季度申报预缴企业所得税。

四、对于采取简易申报方式的定期定额户,在规定期限内通过财税库银电子缴税系统批量扣税或委托银行扣缴核定税款的,当期可不办理申报手续,实行以缴代报。

本公告自 2016 年 4 月 1 日起施行。

特此公告。

国家税务总局办公厅关于《国家税务总局关于合理简并纳税人申报缴税次数的公告》的解读

一、公告出台背景

按照《深化国税、地税征管体制改革方案》提出的"合理简并纳税人申报缴税次数"的要求,为优化纳税服务,减轻纳税人负担,国家税务总局根据《中华人民共和国税收征收管理法》、《中华人民共和国增值税暂行条例》及其实施细则、《中华人民共和国消费税暂行条例》及其实施细则等有关法律法规的规定,结合各地探索实践,制定本公告。

二、公告的主要内容

(一) 增值税小规模纳税人的增值税、消费税、文化事业建设费,以及随增值税、消费税附征的城市维护建设税、教育费附加等税费原则上实行按季申报。根据增值税和消费税暂行条例及实施细则,主管税务机关可以核定按月或按季申报增值税、消费税,但按季申报仅适用于小规模纳税人。城市维护建设税、教育费附加的征收管理,按照增值税、消费税、营业税的有关规定办理。纳税人要求不实行按季申报的,主管税务机关依据增值税和消费税暂行条例及实施细则,根据其应纳税额大小核定纳税期限。

(二) 随增值税、消费税附征的城市维护建设税、教育费附加免于零申报。通过国税地税信息共享,自动生成增值税、消费税附加税费零申报信息,免除纳税人增值税、消费税附加税费零申报资料信息的报送。

(三) 明确小型微利企业企业所得税按季申报。符合《中华人民共和国企业所得税法实施条例》第九十二条规定的小型微利企业,无论采取查账征收方式还是核定征收方式(含定率征收、定额征收),均适用本规定。

(四) 明确采取简易申报方式的定期定额户的申报方式。实行简易申报的定期定额户,在税务机关规定的期限内按照法律、行政法规规定缴清应纳税款即可,当期可以不办理申报手续。

三、公告施行

本公告自 2016 年 4 月 1 日起施行。

国家税务总局关于全面推开营业税改征增值税试点后增值税纳税申报有关事项的公告

2016 年 3 月 31 日　国家税务总局公告 2016 年第 13 号

注释 1:根据《国家税务总局关于调整增值税纳税申报有关事项的公告》(2016 年 5 月 5 日,国家税务总局公告 2016 年第 27 号)规定,本文附件 1 中《本期抵扣进项税额结构明细表》、附件 2 中《本期抵扣进项税额结构明细表》填写说明、附件 3、附件 4 内容自 2016 年 6 月 1 日起废止。

注释2:根据《国家税务总局关于调整增值税一般纳税人留抵税额申报口径的公告》(2016年12月1日,国家税务总局公告2016年第75号)规定,本文附件1《增值税纳税申报表(一般纳税人适用)》第13栏"上期留抵税额""一般项目"列"本年累计"和第20栏"期末留抵税额""一般项目"列"本年累计"栏次自2016年12月1日起停止使用,不再填报数据。

注释3:根据《国家税务总局关于调整增值税纳税申报有关事项的公告》(2017年5月23日,国家税务总局公告2017年第19号)规定,本文附件1《增值税纳税申报表附列资料(一)》(本期销售情况明细)中的"11%税率"栏次、附件1《增值税纳税申报表附列资料(二)》(本期进项税额明细)中的第8栏进行了调整,调整后的表式详见国家税务总局公告2017年第19号附件1,所涉及的填写说明调整内容见国家税务总局公告2017年第19号附件3。上述调整自2017年8月1日起施行,本文附件1中的《增值税纳税申报表附列资料(一)》(本期销售情况明细)和《增值税纳税申报表附列资料(二)》(本期进项税额明细)自2017年8月1日起废止。

注释4:根据《国家税务总局关于调整增值税纳税申报有关事项的公告》(2017年12月29日,国家税务总局公告2017年第53号)第一条规定,本文附件1《固定资产(不含不动产)进项税额抵扣情况表》,自2018年2月1日起废止。

为保障全面推开营业税改征增值税改革试点工作顺利实施,现将增值税纳税申报有关事项公告如下:

一、中华人民共和国境内增值税纳税人均应按照本公告的规定进行增值税纳税申报。

二、纳税申报资料

纳税申报资料包括纳税申报表及其附列资料和纳税申报其他资料。

(一)纳税申报表及其附列资料

1. 增值税一般纳税人(以下简称一般纳税人)纳税申报表及其附列资料包括:

(1)《增值税纳税申报表(一般纳税人适用)》。

(2)《增值税纳税申报表附列资料(一)》(本期销售情况明细)。

(3)《增值税纳税申报表附列资料(二)》(本期进项税额明细)。

(4)《增值税纳税申报表附列资料(三)》(服务、不动产和无形资产扣除项目明细)。

一般纳税人销售服务、不动产和无形资产,在确定服务、不动产和无形资产销售额时,按照有关规定可以从取得的全部价款和价外费用中扣除价款的,需填报《增值税纳税申报表附列资料(三)》。其他情况不填写该附列资料。

(5)《增值税纳税申报表附列资料(四)》(税额抵减情况表)。

(6)《增值税纳税申报表附列资料(五)》(不动产分期抵扣计算表)。

(7)《固定资产(不含不动产)进项税额抵扣情况表》。

(8)《本期抵扣进项税额结构明细表》(略)。

(9)《增值税减免税申报明细表》。

2. 增值税小规模纳税人(以下简称小规模纳税人)纳税申报表及其附列资料包括:

(1)《增值税纳税申报表(小规模纳税人适用)》。

(2)《增值税纳税申报表(小规模纳税人适用)附列资料》。

小规模纳税人销售服务,在确定服务销售额时,按照有关规定可以从取得的全部价款和价外费用中扣除价款的,需填报《增值税纳税申报表(小规模纳税人适用)附列资料》。其他情况不填写该附列资料。

(3)《增值税减免税申报明细表》。

3. 上述纳税申报表及其附列资料表样和填写说明详见附件 1 至附件 4。

（二）纳税申报其他资料

1. 已开具的税控机动车销售统一发票和普通发票的存根联。

2. 符合抵扣条件且在本期申报抵扣的增值税专用发票（含税控机动车销售统一发票）的抵扣联。

3. 符合抵扣条件且在本期申报抵扣的海关进口增值税专用缴款书、购进农产品取得的普通发票的复印件。

4. 符合抵扣条件且在本期申报抵扣的税收完税凭证及其清单，书面合同、付款证明和境外单位的对账单或者发票。

5. 已开具的农产品收购凭证的存根联或报查联。

6. 纳税人销售服务、不动产和无形资产，在确定服务、不动产和无形资产销售额时，按照有关规定从取得的全部价款和价外费用中扣除价款的合法凭证及其清单。

7. 主管税务机关规定的其他资料。

（三）纳税申报表及其附列资料为必报资料。纳税申报其他资料的报备要求由各省、自治区、直辖市和计划单列市国家税务局确定。

注释：根据《国家税务总局关于修改部分税收规范性文件的公告》（2018 年 6 月 15 日，国家税务总局公告 2018 年第 31 号）规定，自 2018 年 6 月 15 日起，本文第二条中的"国家税务局"修改为"税务局"。

三、纳税人跨县（市）提供建筑服务、房地产开发企业预售自行开发的房地产项目、纳税人出租与机构所在地不在同一县（市）的不动产，按规定需要在项目所在地或不动产所在地主管国税机关预缴税款的，需填写《增值税预缴税款表》，表样及填写说明详见附件 5 至附件 6。

注释：根据《国家税务总局关于修改部分税收规范性文件的公告》（2018 年 6 月 15 日，国家税务总局公告 2018 年第 31 号）规定，自 2018 年 6 月 15 日起，本文第三条中的"国税机关"修改为"税务机关"。

四、主管税务机关应做好增值税纳税申报的宣传和辅导工作。

五、本公告自 2016 年 6 月 1 日起施行。《国家税务总局关于调整增值税纳税申报有关事项的公告》（国家税务总局公告 2012 年第 31 号）、《国家税务总局关于营业税改征增值税总分机构试点纳税人增值税纳税申报有关事项的公告》（国家税务总局公告 2013 年第 22 号）、《国家税务总局关于调整增值税纳税申报有关事项的公告》（国家税务总局公告 2013 年第 32 号）、《国家税务总局关于铁路运输和邮政业营业税改征增值税后纳税申报有关事项的公告》（国家税务总局公告 2014 年第 7 号）、《国家税务总局关于调整增值税纳税申报有关事项的公告》（国家税务总局公告 2014 年第 45 号）、《国家税务总局关于调整增值税纳税申报有关事项的公告》（国家税务总局公告 2014 年第 58 号）、《国家税务总局关于调整增值税纳税申报有关事项的公告》（国家税务总局公告 2014 年第 69 号）、《国家税务总局关于调整增值税纳税申报有关事项的公告》（国家税务总局公告 2015 年第 23 号）同时废止。

特此公告。

附件：1.《增值税纳税申报表（一般纳税人适用）》及其附列资料

2.《增值税纳税申报表（一般纳税人适用）》及其附列资料填写说明

注释：根据《国家税务总局关于调整增值税纳税申报有关事项的公告》（2018 年 4 月 19 日，国

家税务总局公告 2018 年第 17 号)第四条规定,自 2018 年 6 月 1 日起,本文附件 1 中的《增值税纳税申报表附列资料(三)》(服务、不动产和无形资产扣除项目明细)同时废止。

3.《增值税纳税申报表(小规模纳税人适用)》及其附列资料

4.《增值税纳税申报表(小规模纳税人适用)》及其附列资料填写说明

5.《增值税预缴税款表》

6.《增值税预缴税款表》填写说明

附件 1

增值税纳税申报表

(一般纳税人适用)

根据国家税收法律法规及增值税相关规定制定本表,纳税人不论有无销售额,均应按税务机关核定的纳税期限填写本表,并向当地税务机关申报。

税款所属时间:自 年 月 日至 年 月 日 填表日期: 年 月 日 金额单位:元至角分

纳税人识别号				所属行业:			
纳税人名称	(公章)	法定代表人姓名		注册地址		生产经营地址	
开户银行及账号		登记注册类型				电话号码	

项 目		栏次	一般项目		即征即退项目	
			本月数	本年累计	本月数	本年累计
销售额	(一)按适用税率计税销售额	1				
	其中:应税货物销售额	2				
	应税劳务销售额	3				
	纳税检查调整的销售额	4				
	(二)按简易办法计税销售额	5				
	其中:纳税检查调整的销售额	6				
	(三)免、抵、退办法出口销售额	7			—	—
	(四)免税销售额	8			—	—
	其中:免税货物销售额	9			—	—
	免税劳务销售额	10			—	—
税款计算	销项税额	11				
	进项税额	12				
	上期留抵税额	13				—
	进项税额转出	14				
	免、抵、退应退税额	15			—	—
	按适用税率计算的纳税检查应补缴税额	16			—	—
	应抵扣税额合计	17=12+13−14−15+16		—		—
	实际抵扣税额	18(如 17<11,则为 17,否则为 11)				

（续表）

项　目		栏次	一般项目		即征即退项目	
			本月数	本年累计	本月数	本年累计
税款计算	应纳税额	19＝11－18				
	期末留抵扣额	20＝17－18			—	—
	简易计税办法计算的应纳税额	21				
	按简易计税办法计算的纳税检查应补缴税额	22			—	—
	应纳税额减征额	23				
	应纳税额合计	24＝19＋21－23				
税款缴纳	期初未缴税额（多缴为负数）	25				
	实收出口开具专用缴款书退税额	26			—	—
	本期已缴税额	27＝28＋29＋30＋31				
	① 分次预缴税额	28		—		—
	② 出口开具专用缴款书预缴税额	29		—		—
	③ 本期缴纳上期应纳税额	30				
	④ 本期缴纳欠缴税额	31				
	期末未缴税额（多缴为负数）	32＝24＋25＋26－27				
	其中:欠缴税额（≥0）	33＝25＋26－27			—	—
	本期应补（退）税额	34＝24－28－29			—	
	即征即退实际退税额	35	—	—		
	期初未缴查补税额	36			—	—
	本期入库查补税额	37			—	—
	期末未缴查补税额	38＝16＋22＋36－37			—	—

授权声明	如果你已委托代理人申报，请填写下列资料： 　　为代理一要税务事宜，现授权 （地址）　　　　　为本纳税人的代理申报人，任何与本申报表有关的往来文件，都可寄予此人。 　　　　　　　　　　　　　授权人签字：	申报人声明	本纳税申报表是根据国家税收法律法规及相关规定填报的，我确定它是真实的、可靠的、完整的。 　　　　　　　　　　声明人签字：
主管税务机关：		接收人：　　　　　　　　　　　接收日期：	

增值税纳税申报表附列资料（一）

（本期销售情况明细）

税款所属时间： 年 月 日至 年 月 日

纳税人名称：（公章）

金额单位：元至角分

项目及栏次			开具增值税专用发票		开具其他发票		未开具发票		纳税检查调整		合计		价税合计	服务、不动产和无形资产扣除项目本期实际扣除金额	扣除后	
			销售额	销项（应纳）税额	销售额	销项（应纳）税额	销售额	销项（应纳）税额	销售额	销项（应纳）税额	销售额	销项（应纳）税额			含税（免税）销售额	销项（应纳）税额
			1	2	3	4	5	6	7	8	9=1+3+5+7	10=2+4+6+8	11=9+10	12	13=11−12	14=13÷(100%+税率或征收率)×税率或征收率
一、一般计税方法计税	全部征税项目	17%税率的货物及加工修理修配劳务	1													
		17%税率的服务、不动产和无形资产	2													
		13%税率	3													
		11%税率	4													
		6%税率	5													
	其中：即征即退项目	即征即退货物及加工修理修配劳务	6	—	—	—	—	—	—	—	—	—	—	—	—	—
		即征即退服务、不动产和无形资产	7	—	—	—	—	—	—	—	—	—	—	—	—	—
二、简易计税方法计税	全部征税项目	6%征收率	8													
		5%征收率的货物及加工修理修配劳务	9a	—	—	—	—	—	—	—	—	—	—	—	—	—
		5%征收率的服务、不动产和无形资产	9b	—	—	—	—	—	—	—	—	—	—	—	—	—
		4%征收率	10													
		3%征收率的货物及加工修理修配劳务	11	—	—	—	—	—	—	—	—	—	—	—	—	—
		3%征收率的服务、不动产和无形资产	12	—	—	—	—	—	—	—	—	—	—	—	—	—

（续表）

项目及栏次		栏次	开具增值税专用发票		开具其他发票		未开具发票		纳税检查调整		合计			服务、不动产和无形资产扣除项目本期实际扣除金额	扣除后	
			销售额	销项(应纳)税额	销售额	销项(应纳)税额	销售额	销项(应纳)税额	销售额	销项(应纳)税额	销售额	销项(应纳)税额	价税合计		含税(免税)销售额	销项(应纳)税额
			1	2	3	4	5	6	7	8	9=1+3+5+7	10=2+4+6+8	11=9+10	12	13=11-12	14=13÷(100%+税率或征收率)×税率或征收率
二、简易计税方法计税	全部征税项目 预征率%	13a														
	预征率%	13b														
	预征率%	13c														
其中：即征即退	即征即退货物及加工修理修配劳务	14												—	—	—
	即征即退服务、不动产和无形资产	15														
三、免抵退税	货物及加工修理修配劳务	16		—		—		—		—		—		—	—	—
	服务、不动产和无形资产	17		—		—		—		—		—				—
四、免税	货物及加工修理修配劳务	18		—		—		—		—		—		—	—	—
	服务、不动产和无形资产	19		—		—		—		—		—				—

增值税纳税申报表附列资料(二)

(本期进项税额明细)

税款所属时间：　年　　月　　日至　　年　　月　　日

纳税人名称：(公章)　　　　　　　　　　　　　　　　　　金额单位：元至角分

一、申报抵扣的进项税额				
项目	栏次	份数	金额	税额
(一)认证相符的增值税专用发票	1＝2＋3			
其中：本期认证相符且本期申报抵扣	2			
前期认证相符且本期申报抵扣	3			
(二)其他扣税凭证	4＝5＋6＋7＋8			
其中：海关进口增值税专用缴款书	5			
农产品收购发票或者销售发票	6			
代扣代缴税收缴款凭证	7	—		
其他	8			
(三)本期用于购建不动产的扣税凭证	9			
(四)本期不动产允许抵扣进项税额	10	—	—	
(五)外贸企业进项税额抵扣证明	11	—	—	
当期申报抵扣进项税额合计	12＝1＋4－9＋10＋11			
二、进项税额转出额				
项目	栏次		税额	
本期进项税额转出额	13＝14至23之和			
其中：免税项目用	14			
集体福利、个人消费	15			
非正常损失	16			
简易计税方法征税项目用	17			
免抵退税办法不得抵扣的进项税额	18			
纳税检查调减进项税额	19			
红字专用发票信息表注明的进项税额	20			
上期留抵税额抵减欠税	21			
上期留抵税额退税	22			
其他应作进项税额转出的情形	23			
三、待抵扣进项税额				
项目	栏次	份数	金额	税额
(一)认证相符的增值税专用发票	24	—	—	—
期初已认证相符但未申报抵扣	25			
本期认证相符且本期未申报抵扣	26			
期末已认证相符但未申报抵扣	27			
其中：按照税法规定不允许抵扣	28			
(二)其他扣税凭证	29＝30至33之和			

（续表）

三、待抵扣进项税额				
项目	栏次	份数	金额	税额
其中:海关进口增值税专用缴款书	30			
农产品收购发票或者销售发票	31			
代扣代缴税收缴款凭证	32		—	
其他	33			
	34			
四、其他				
项目	栏次	份数	金额	税额
本期认证相符的增值税专用发票	35			
代扣代缴税额	36		—	—

增值税纳税申报表附列资料(三)

（服务、不动产和无形资产扣除项目明细）

税款所属时间： 年 月 日至 年 月 日

纳税人名称:(公章)　　　　　　　　　　　　　　　　　　　　金额单位:元至角分

项目及栏次		本期服务、不动产和无形资产价税合计额（免税销售额）	服务、不动产和无形资产扣除项目				
			期初余额	本期发生额	本期应扣除金额	本期实际扣除金额	期末余额
		1	2	3	4=2+3	5(5≤1且5≤4)	6=4-5
17%税率的项目	1						
11%税率的项目	2						
6%税率的项目(不含金融商品转让)	3						
6%税率的金融商品转让项目	4						
5%征收率的项目	5						
3%征收率的项目	6						
免抵退税的项目	7						
免税的项目	8						

增值税纳税申报表附列资料(四)

（税额抵减情况表）

税款所属时间：年 月 日至 年 月 日

纳税人名称:(公章)　　　　　　　　　　　　　　　　　　　　金额单位:元至角分

序号	抵减项目	期初余额	本期发生额	本期应抵减税额	本期实际抵减税额	期末余额
		1	2	3=1+2	4≤3	5=3-4
1	增值税税控系统专用设备费及技术维护费					
2	分支机构预征缴纳税款					
3	建筑服务预征缴纳税款					
4	销售不动产预征缴纳税款					
5	出租不动产预征缴纳税款					

增值税纳税申报表附列资料(五)

(不动产分期抵扣计算表)

税款所属时间: 年 月 日至 年 月 日

纳税人名称:(公章)   金额单位:元至角分

期初待抵扣不动产进项税额	本期不动产进项税额增加额	本期可抵扣不动产进项税额	本期转入的待抵扣不动产进项税额	本期转出的待抵扣不动产进项税额	期末待抵扣不动产进项税额
1	2	3≤1+2+4	4	5≤1+4	6=1+2-3+4-5

增值税减免税申报明细表

税款所属时间:自 年 月 日至 年 月 日

纳税人名称(公章):   金额单位:元至角分

一、减税项目						
减税性质代码及名称	栏次	期初余额	本期发生额	本期应抵减税额	本期实际抵减税额	期末余额
		1	2	3=1+2	4≤3	5=3-4
合计	1					
	2					
	3					
	4					
	5					
	6					

二、免税项目						
免税性质代码及名称	栏次	免征增值税项目销售额	免税销售额扣除项目本期实际扣除金额	扣除后免税销售额	免税销售额对应的进项税额	免税额
		1	2	3=1-2	4	5
合计	7					
出口免税	8	—	—	—	—	
其中:跨境服务	9	—	—	—	—	
	10					
	11					
	12					
	13					
	14					
	15					
	16					

附件 2

《增值税纳税申报表(一般纳税人适用)》及其附列资料填写说明

本纳税申报表及其附列资料填写说明(以下简称本表及填写说明)适用于增值税一般纳税人(以下简称纳税人)。

一、名词解释

(一)本表及填写说明所称"货物",是指增值税的应税货物。

(二)本表及填写说明所称"劳务",是指增值税的应税加工、修理、修配劳务。

(三)本表及填写说明所称"服务、不动产和无形资产",是指销售服务、不动产和无形资产。

(四)本表及填写说明所称"按适用税率计税""按适用税率计算"和"一般计税方法",均指按"应纳税额=当期销项税额-当期进项税额"公式计算增值税应纳税额的计税方法。

(五)本表及填写说明所称"按简易办法计税""按简易征收办法计算"和"简易计税方法",均指按"应纳税额=销售额×征收率"公式计算增值税应纳税额的计税方法。

(六)本表及填写说明所称"扣除项目",是指纳税人销售服务、不动产和无形资产,在确定销售额时,按照有关规定允许其从取得的全部价款和价外费用中扣除价款的项目。

二、《增值税纳税申报表(一般纳税人适用)》填写说明

(一)"税款所属时间":指纳税人申报的增值税应纳税额的所属时间,应填写具体的起止年、月、日。

(二)"填表日期":指纳税人填写本表的具体日期。

(三)"纳税人识别号":填写纳税人的税务登记证件号码。

(四)"所属行业":按照国民经济行业分类与代码中的小类行业填写。

(五)"纳税人名称":填写纳税人单位名称全称。

(六)"法定代表人姓名":填写纳税人法定代表人的姓名。

(七)"注册地址":填写纳税人税务登记证件所注明的详细地址。

(八)"生产经营地址":填写纳税人实际生产经营地的详细地址。

(九)"开户银行及账号":填写纳税人开户银行的名称和纳税人在该银行的结算账户号码。

(十)"登记注册类型":按纳税人税务登记证件的栏目内容填写。

(十一)"电话号码":填写可联系到纳税人的常用电话号码。

(十二)"即征即退项目"列:填写纳税人按规定享受增值税即征即退政策的货物、劳务和服务、不动产、无形资产的征(退)税数据。

(十三)"一般项目"列:填写除享受增值税即征即退政策以外的货物、劳务和服务、不动产、无形资产的征(免)税数据。

(十四)"本年累计"列:一般填写本年度内各月"本月数"之和。其中,第13、20、25、32、36、38栏及第18栏"实际抵扣税额""一般项目"列的"本年累计"分别按本填写说明第(二十七)(三十四)(三十九)(四十六)(五十)(五十二)(三十二)条要求填写。

(十五)第1栏"(一)按适用税率计税销售额":填写纳税人本期按一般计税方法计算缴纳增值税的销售额,包含:在财务上不作销售但按税法规定应缴纳增值税的视同销售和价外

费用的销售额;外贸企业作价销售进料加工复出口货物的销售额;税务、财政、审计部门检查后按一般计税方法计算调整的销售额。

营业税改征增值税的纳税人,服务、不动产和无形资产有扣除项目的,本栏应填写扣除之前的不含税销售额。

本栏"一般项目"列"本月数"=《附列资料(一)》第9列第1至5行之和一第9列第6、7行之和;本栏"即征即退项目"列"本月数"=《附列资料(一)》第9列第6、7行之和。

(十六) 第2栏"其中:应税货物销售额":填写纳税人本期按适用税率计算增值税的应税货物的销售额。包含在财务上不作销售但按税法规定应缴纳增值税的视同销售货物和价外费用销售额,以及外贸企业作价销售进料加工复出口货物的销售额。

(十七) 第3栏"应税劳务销售额":填写纳税人本期按适用税率计算增值税的应税劳务的销售额。

(十八) 第4栏"纳税检查调整的销售额":填写纳税人因税务、财政、审计部门检查,并按一般计税方法在本期计算调整的销售额。但享受增值税即征即退政策的货物、劳务和服务、不动产、无形资产,经纳税检查属于偷税的,不填入"即征即退项目"列,而应填入"一般项目"列。

营业税改征增值税的纳税人,服务、不动产和无形资产有扣除项目的,本栏应填写扣除之前的不含税销售额。

本栏"一般项目"列"本月数"=《附列资料(一)》第7列第1至5行之和。

(十九) 第5栏"按简易办法计税销售额":填写纳税人本期按简易计税方法计算增值税的销售额。包含纳税检查调整按简易计税方法计算增值税的销售额。

营业税改征增值税的纳税人,服务、不动产和无形资产有扣除项目的,本栏应填写扣除之前的不含税销售额;服务、不动产和无形资产按规定汇总计算缴纳增值税的分支机构,其当期按预征率计算缴纳增值税的销售额也填入本栏。

本栏"一般项目"列"本月数"≥《附列资料(一)》第9列第8至13b行之和一第9列第14、15行之和;本栏"即征即退项目"列"本月数"≥《附列资料(一)》第9列第14、15行之和。

(二十) 第6栏"其中:纳税检查调整的销售额":填写纳税人因税务、财政、审计部门检查,并按简易计税方法在本期计算调整的销售额。但享受增值税即征即退政策的货物、劳务和服务、不动产、无形资产,经纳税检查属于偷税的,不填入"即征即退项目"列,而应填入"一般项目"列。

营业税改征增值税的纳税人,服务、不动产和无形资产有扣除项目的,本栏应填写扣除之前的不含税销售额。

(二十一) 第7栏"免、抵、退办法出口销售额":填写纳税人本期适用免、抵、退税办法的出口货物、劳务和服务、无形资产的销售额。

营业税改征增值税的纳税人,服务、无形资产有扣除项目的,本栏应填写扣除之前的销售额。

本栏"一般项目"列"本月数"=《附列资料(一)》第9列第16、17行之和。

(二十二) 第8栏"免税销售额":填写纳税人本期按照税法规定免征增值税的销售额和适用零税率的销售额,但零税率的销售额中不包括适用免、抵、退税办法的销售额。

营业税改征增值税的纳税人,服务、不动产和无形资产有扣除项目的,本栏应填写扣除之前的免税销售额。

本栏"一般项目"列"本月数"=《附列资料（一）》第 9 列第 18、19 行之和。

（二十三）第 9 栏"其中：免税货物销售额"：填写纳税人本期按照税法规定免征增值税的货物销售额及适用零税率的货物销售额，但零税率的销售额中不包括适用免、抵、退税办法出口货物的销售额。

（二十四）第 10 栏"免税劳务销售额"：填写纳税人本期按照税法规定免征增值税的劳务销售额及适用零税率的劳务销售额，但零税率的销售额中不包括适用免、抵、退税办法的劳务的销售额。

（二十五）第 11 栏"销项税额"：填写纳税人本期按一般计税方法计税的货物、劳务和服务、不动产、无形资产的销项税额。

营业税改征增值税的纳税人，服务、不动产和无形资产有扣除项目的，本栏应填写扣除之后的销项税额。

本栏"一般项目"列"本月数"=《附列资料（一）》（第 10 列第 1、3 行之和－第 10 列第 6 行）＋（第 14 列第 2、4、5 行之和－第 14 列第 7 行）；

本栏"即征即退项目"列"本月数"=《附列资料（一）》第 10 列第 6 行＋第 14 列第 7 行。

（二十六）第 12 栏"进项税额"：填写纳税人本期申报抵扣的进项税额。

本栏"一般项目"列"本月数"＋"即征即退项目"列"本月数"=《附列资料（二）》第 12 栏"税额"。

（二十七）第 13 栏"上期留抵税额"

1. 上期留抵税额按规定须挂账的纳税人，按以下要求填写本栏的"本月数"和"本年累计"。

上期留抵税额按规定须挂账的纳税人是指试点实施之日前一个税款所属期的申报表第 20 栏"期末留抵税额""一般货物、劳务和应税服务"列"本月数"大于零，且兼有营业税改征增值税服务、不动产和无形资产的纳税人（下同）。其试点实施之日前一个税款所属期的申报表第 20 栏"期末留抵税额""一般货物、劳务和应税服务"列"本月数"，以下称为货物和劳务挂账留抵税额。

（1）本栏"一般项目"列"本月数"：试点实施之日的税款所属期填写"0"；以后各期按上期申报表第 20 栏"期末留抵税额""一般项目"列"本月数"填写。

（2）本栏"一般项目"列"本年累计"：反映货物和劳务挂账留抵税额本期期初余额。试点实施之日的税款所属期按试点实施之日前一个税款所属期的申报表第 20 栏"期末留抵税额""一般货物、劳务和应税服务"列"本月数"填写；以后各期按上期申报表第 20 栏"期末留抵税额""一般项目"列"本年累计"填写。

（3）本栏"即征即退项目"列"本月数"：按上期申报表第 20 栏"期末留抵税额""即征即退项目"列"本月数"填写。

2. 其他纳税人，按以下要求填写本栏"本月数"和"本年累计"。

其他纳税人是指除上期留抵税额按规定须挂账的纳税人之外的纳税人（下同）。

（1）本栏"一般项目"列"本月数"：按上期申报表第 20 栏"期末留抵税额""一般项目"列"本月数"填写。

（2）本栏"一般项目"列"本年累计"：填写"0"。

（3）本栏"即征即退项目"列"本月数"：按上期申报表第 20 栏"期末留抵税额""即征即退项目"列"本月数"填写。

（二十八）第14栏"进项税额转出"：填写纳税人已经抵扣，但按税法规定本期应转出的进项税额。

本栏"一般项目"列"本月数"＋"即征即退项目"列"本月数"＝《附列资料（二）》第13栏"税额"。

（二十九）第15栏"免、抵、退应退税额"：反映税务机关退税部门按照出口货物、劳务和服务、无形资产免、抵、退办法审批的增值税应退税额。

（三十）第16栏"按适用税率计算的纳税检查应补缴税额"：填写税务、财政、审计部门检查，按一般计税方法计算的纳税检查应补缴的增值税税额。

本栏"一般项目"列"本月数"≤《附列资料（一）》第8列第1至5行之和＋《附列资料（二）》第19栏。

（三十一）第17栏"应抵扣税额合计"：填写纳税人本期应抵扣进项税额的合计数。按表中所列公式计算填写。

（三十二）第18栏"实际抵扣税额"

1. 上期留抵税额按规定须挂账的纳税人，按以下要求填写本栏的"本月数"和"本年累计"。

（1）本栏"一般项目"列"本月数"：按表中所列公式计算填写。

（2）本栏"一般项目"列"本年累计"：填写货物和劳务挂账留抵税额本期实际抵减一般货物和劳务应纳税额的数额。将"货物和劳务挂账留抵税额本期期初余额"与"一般计税方法的一般货物及劳务应纳税额"两个数据相比较，取二者中小的数据。

其中：货物和劳务挂账留抵税额本期期初余额＝第13栏"上期留抵税额""一般项目"列"本年累计"；

一般计税方法的一般货物及劳务应纳税额＝（第11栏"销项税额""一般项目"列"本月数"－第18栏"实际抵扣税额""一般项目"列"本月数"）×一般货物及劳务销项税额比例；

一般货物及劳务销项税额比例＝［《附列资料（一）》第10列第1、3行之和－第10列第6行］÷第11栏"销项税额""一般项目"列"本月数"×100％。

（3）本栏"即征即退项目"列"本月数"：按表中所列公式计算填写。

2. 其他纳税人，按以下要求填写本栏的"本月数"和"本年累计"：

（1）本栏"一般项目"列"本月数"：按表中所列公式计算填写。

（2）本栏"一般项目"列"本年累计"：填写"0"。

（3）本栏"即征即退项目"列"本月数"：按表中所列公式计算填写。

（三十三）第19栏"应纳税额"：反映纳税人本期按一般计税方法计算并应缴纳的增值税额。按以下公式计算填写：

1. 本栏"一般项目"列"本月数"＝第11栏"销项税额""一般项目"列"本月数"－第18栏"实际抵扣税额""一般项目"列"本月数"－第18栏"实际抵扣税额""一般项目"列"本年累计"。

2. 本栏"即征即退项目"列"本月数"＝第11栏"销项税额""即征即退项目"列"本月数"－第18栏"实际抵扣税额""即征即退项目"列"本月数"。

（三十四）第20栏"期末留抵税额"

1. 上期留抵税额按规定须挂账的纳税人，按以下要求填写本栏的"本月数"和"本年累计"：

（1）本栏"一般项目"列"本月数"：反映试点实施以后,货物、劳务和服务、不动产、无形资产共同形成的留抵税额。按表中所列公式计算填写。

（2）本栏"一般项目"列"本年累计"：反映货物和劳务挂账留抵税额,在试点实施以后抵减一般货物和劳务应纳税额后的余额。按以下公式计算填写：

本栏"一般项目"列"本年累计"＝第13栏"上期留抵税额""一般项目"列"本年累计"－第18栏"实际抵扣税额""一般项目"列"本年累计"。

（3）本栏"即征即退项目"列"本月数"：按表中所列公式计算填写。

2. 其他纳税人,按以下要求填写本栏"本月数"和"本年累计"：

（1）本栏"一般项目"列"本月数"：按表中所列公式计算填写。

（2）本栏"一般项目"列"本年累计"：填写"0"。

（3）本栏"即征即退项目"列"本月数"：按表中所列公式计算填写。

（三十五）第21栏"简易计税办法计算的应纳税额"：反映纳税人本期按简易计税方法计算并应缴纳的增值税额,但不包括按简易计税方法计算的纳税检查应补缴税额。按以下公式计算填写：

本栏"一般项目"列"本月数"＝《附列资料（一）》（第10列第8、9a、10、11行之和－第10列第14行）＋（第14列第9b、12、13a、13b行之和－第14列第15行）

本栏"即征即退项目"列"本月数"＝《附列资料（一）》第10列第14行＋第14列第15行。

营业税改征增值税的纳税人,服务、不动产和无形资产按规定汇总计算缴纳增值税的分支机构,应将预征增值税额填入本栏。预征增值税额＝应预征增值税的销售额×预征率。

（三十六）第22栏"按简易计税办法计算的纳税检查应补缴税额"：填写纳税人本期因税务、财政、审计部门检查并按简易计税方法计算的纳税检查应补缴税额。

（三十七）第23栏"应纳税额减征额"：填写纳税人本期按照税法规定减征的增值税应纳税额。包含按照规定可在增值税应纳税额中全额抵减的增值税税控系统专用设备费用以及技术维护费。

当本期减征额小于或等于第19栏"应纳税额"与第21栏"简易计税办法计算的应纳税额"之和时,按本期减征额实际填写；当本期减征额大于第19栏"应纳税额"与第21栏"简易计税办法计算的应纳税额"之和时,按本期第19栏与第21栏之和填写。本期减征额不足抵减部分结转下期继续抵减。

（三十八）第24栏"应纳税额合计"：反映纳税人本期应缴增值税的合计数。按表中所列公式计算填写。

（三十九）第25栏"期初未缴税额（多缴为负数）"："本月数"按上一税款所属期申报表第32栏"期末未缴税额（多缴为负数）""本月数"填写。"本年累计"按上年度最后一个税款所属期申报表第32栏"期末未缴税额（多缴为负数）""本年累计"填写。

（四十）第26栏"实收出口开具专用缴款书退税额"：本栏不填写。

（四十一）第27栏"本期已缴税额"：反映纳税人本期实际缴纳的增值税额,但不包括本期入库的查补税款。按表中所列公式计算填写。

（四十二）第28栏"①分次预缴税额"：填写纳税人本期已缴纳的准予在本期增值税应纳税额中抵减的税额。

营业税改征增值税的纳税人,分以下几种情况填写：

1. 服务、不动产和无形资产按规定汇总计算缴纳增值税的总机构,其可以从本期增值应纳税额中抵减的分支机构已缴纳的税款,按当期实际可抵减数填入本栏,不足抵减部分结转下期继续抵减。

2. 销售建筑服务并按规定预缴增值税的纳税人,其可以从本期增值税应纳税额中抵减的已缴纳的税款,按当期实际可抵减数填入本栏,不足抵减部分结转下期继续抵减。

3. 销售不动产并按规定预缴增值税的纳税人,其可以从本期增值税应纳税额中抵减的已缴纳的税款,按当期实际可抵减数填入本栏,不足抵减部分结转下期继续抵减。

4. 出租不动产并按规定预缴增值税的纳税人,其可以从本期增值税应纳税额中抵减的已缴纳的税款,按当期实际可抵减数填入本栏,不足抵减部分结转下期继续抵减。

(四十三)第29栏"②出口开具专用缴款书预缴税额":本栏不填写。

(四十四)第30栏"③本期缴纳上期应纳税额":填写纳税人本期缴纳上一税款所属期应缴未缴的增值税额。

(四十五)第31栏"④本期缴纳欠缴税额":反映纳税人本期实际缴纳和留抵税额抵减的增值税欠税额,但不包括缴纳入库的查补增值税额。

(四十六)第32栏"期末未缴税额(多缴为负数)":"本月数"反映纳税人本期期末应缴未缴的增值税额,但不包括纳税检查应缴未缴的税额。按表中所列公式计算填写。"本年累计"与"本月数"相同。

(四十七)第33栏"其中:欠缴税额(≥0)":反映纳税人按照税法规定已形成欠税的增值税额。按表中所列公式计算填写。

(四十八)第34栏"本期应补(退)税额":反映纳税人本期应纳税额中应补缴或应退回的数额。按表中所列公式计算填写。

(四十九)第35栏"即征即退实际退税额":反映纳税人本期因符合增值税即征即退政策规定,而实际收到的税务机关退回的增值税额。

(五十)第36栏"期初未缴查补税额":"本月数"按上一税款所属期申报表第38栏"期末未缴查补税额""本月数"填写。"本年累计"按上年度最后一个税款所属期申报表第38栏"期末未缴查补税额""本年累计"填写。

(五十一)第37栏"本期入库查补税额":反映纳税人本期因税务、财政、审计部门检查而实际入库的增值税额,包括按一般计税方法计算并实际缴纳的查补增值税额和按简易计税方法计算并实际缴纳的查补增值税额。

(五十二)第38栏"期末未缴查补税额":"本月数"反映纳税人接受纳税检查后应在本期期末缴纳而未缴纳的查补增值税额。按表中所列公式计算填写,"本年累计"与"本月数"相同。

三、《增值税纳税申报表附列资料(一)》(本期销售情况明细)填写说明

(一)"税款所属时间""纳税人名称"的填写同主表。

(二)各列说明

1. 第1至2列"开具增值税专用发票":反映本期开具增值税专用发票(含税控机动车销售统一发票,下同)的情况。

2. 第3至4列"开具其他发票":反映除增值税专用发票以外本期开具的其他发票的情况。

3. 第5至6列"未开具发票":反映本期未开具发票的销售情况。

4. 第7至8列"纳税检查调整":反映经税务、财政、审计部门检查并在本期调整的销售情况。

5. 第9至11列"合计"：按照表中所列公式填写。

营业税改征增值税的纳税人，服务、不动产和无形资产有扣除项目的，第1至11列应填写扣除之前的征（免）税销售额、销项（应纳）税额和价税合计额。

6. 第12列"服务、不动产和无形资产扣除项目本期实际扣除金额"：营业税改征增值税的纳税人，服务、不动产和无形资产有扣除项目的，按《附列资料（三）》第5列对应各行次数据填写，其中本列第5栏等于《附列资料（三）》第5列第3行与第4行之和；服务、不动产和无形资产无扣除项目的，本列填写"0"。其他纳税人不填写。

营业税改征增值税的纳税人，服务、不动产和无形资产按规定汇总计算缴纳增值税的分支机构，当期服务、不动产和无形资产有扣除项目的，填入本列第13行。

7. 第13列"扣除后""含税（免税）销售额"：营业税改征增值税的纳税人，服务、不动产和无形资产有扣除项目的，本列各行次＝第11列对应各行次－第12列对应各行次。其他纳税人不填写。

8. 第14列"扣除后""销项（应纳）税额"：营业税改征增值税的纳税人，服务、不动产和无形资产有扣除项目的，按以下要求填写本列，其他纳税人不填写。

（1）服务、不动产和无形资产按照一般计税方法计税

本列各行次＝第13列÷（100％＋对应行次税率）×对应行次税率

本列第7行"按一般计税方法计税的即征即退服务、不动产和无形资产"不按本列的说明填写。具体填写要求见"各行说明"第2条第（2）项第③点的说明。

（2）服务、不动产和无形资产按照简易计税方法计税

本列各行次＝第13列÷（100％＋对应行次征收率）×对应行次征收率

本列第13行"预征率 ％"不按本列的说明填写。具体填写要求见"各行说明"第4条第（2）项。

（3）服务、不动产和无形资产实行免抵退税或免税的，本列不填写。

（三）各行说明

1. 第1至5行"一、一般计税方法计税""全部征税项目"各行：按不同税率和项目分别填写按一般计税方法计算增值税的全部征税项目。有即征即退征税项目的纳税人，本部分数据中既包括即征即退征税项目，又包括不享受即征即退政策的一般征税项目。

2. 第6至7行"一、一般计税方法计税""其中：即征即退项目"各行：只反映按一般计税方法计算增值税的即征即退项目。按照税法规定不享受即征即退政策的纳税人，不填写本行。即征即退项目是全部征税项目的其中数。

（1）第6行"即征即退货物及加工修理修配劳务"：反映按一般计税方法计算增值税且享受即征即退政策的货物和加工修理修配劳务。本行不包括服务、不动产和无形资产的内容。

① 本行第9列"合计""销售额"栏：反映按一般计税方法计算增值税且享受即征即退政策的货物及加工修理修配劳务的不含税销售额。该栏不按第9列所列公式计算，应按照税法规定据实填写。

② 本行第10列"合计""销项（应纳）税额"栏：反映按一般计税方法计算增值税且享受即征即退政策的货物及加工修理修配劳务的销项税额。该栏不按第10列所列公式计算，应按照税法规定据实填写。

（2）第7行"即征即退服务、不动产和无形资产"：反映按一般计税方法计算增值税且享

受即征即退政策的服务、不动产和无形资产。本行不包括货物及加工修理修配劳务的内容。

①本行第9列"合计""销售额"栏：反映按一般计税方法计算增值税且享受即征即退政策的服务、不动产和无形资产的不含税销售额。服务、不动产和无形资产有扣除项目的，按扣除之前的不含税销售额填写。该栏不按第9列所列公式计算，应按照税法规定据实填写。

②本行第10列"合计""销项（应纳）税额"栏：反映按一般计税方法计算增值税且享受即征即退政策的服务、不动产和无形资产的销项税额。服务、不动产和无形资产有扣除项目的，按扣除之前的销项税额填写。该栏不按第10列所列公式计算，应按照税法规定据实填写。

③本行第14列"扣除后""销项（应纳）税额"栏：反映按一般计税方法征收增值税且享受即征即退政策的服务、不动产和无形资产实际应计提的销项税额。服务、不动产和无形资产有扣除项目的，按扣除之后的销项税额填写；服务、不动产和无形资产无扣除项目的，按本行第10列填写。该栏不按第14列所列公式计算，应按照税法规定据实填写。

3. 第8至12行"二、简易计税方法计税""全部征税项目"各行：按不同征收率和项目分别填写按简易计税方法计算增值税的全部征税项目。有即征即退征税项目的纳税人，本部分数据中既包括即征即退项目，也包括不享受即征即退政策的一般征税项目。

4. 第13a至13c行"二、简易计税方法计税""预征率 ‰"：反映营业税改征增值税的纳税人，服务、不动产和无形资产按规定汇总计算缴纳增值税的分支机构，预征增值税销售额、预征增值税应纳税额。其中，第13a行"预征率 ‰"适用于所有实行汇总计算缴纳增值税的分支机构试点纳税人；第13b、13c行"预征率 ‰"适用于部分实行汇总计算缴纳增值税的铁路运输试点纳税人。

（1）第13a至13c行第1至6列按照销售额和销项税额的实际发生数填写。

（2）第13a至13c行第14列，纳税人按"应预征缴纳的增值税＝应预征增值税销售额×预征率"公式计算后据实填写。

5. 第14至15行"二、简易计税方法计税""其中：即征即退项目"各行：只反映按简易计税方法计算增值税的即征即退项目。按照税法规定不享受即征即退政策的纳税人，不填写本行。即征即退项目是全部征税项目的其中数。

（1）第14行"即征即退货物及加工修理修配劳务"：反映按简易计税方法计算增值税且享受即征即退政策的货物及加工修理修配劳务。本行不包括服务、不动产和无形资产的内容。

①本行第9列"合计""销售额"栏：反映按简易计税方法计算增值税且享受即征即退政策的货物及加工修理修配劳务的不含税销售额。该栏不按第9列所列公式计算，应按照税法规定据实填写。

②本行第10列"合计""销项（应纳）税额"栏：反映按简易计税方法计算增值税且享受即征即退政策的货物及加工修理修配劳务的应纳税额。该栏不按第10列所列公式计算，应按照税法规定据实填写。

（2）第15行"即征即退服务、不动产和无形资产"：反映按简易计税方法计算增值税且享受即征即退政策的服务、不动产和无形资产。本行不包括货物及加工修理修配劳务的内容。

①本行第9列"合计""销售额"栏：反映按简易计税方法计算增值税且享受即征即退政策的服务、不动产和无形资产的不含税销售额。服务、不动产和无形资产有扣除项目的，按扣除之前的不含税销售额填写。该栏不按第9列所列公式计算，应按照税法规定据实填写。

②本行第10列"合计""销项（应纳）税额"栏：反映按简易计税方法计算增值税且享受即征即退政策的服务、不动产和无形资产的应纳税额。服务、不动产和无形资产有扣除项目的，

按扣除之前的应纳税额填写。该栏不按第 10 列所列公式计算,应按照税法规定据实填写。

③ 本行第 14 列"扣除后""销项(应纳)税额"栏:反映按简易计税方法计算增值税且享受即征即退政策的服务、不动产和无形资产实际应计提的应纳税额。服务、不动产和无形资产有扣除项目的,按扣除之后的应纳税额填写;服务、不动产和无形资产无扣除项目的,按本行第 10 列填写。

6. 第 16 行"三、免抵退税""货物及加工修理修配劳务":反映适用免、抵、退税政策的出口货物、加工修理修配劳务。

7. 第 17 行"三、免抵退税""服务、不动产和无形资产":反映适用免、抵、退税政策的服务、不动产和无形资产。

8. 第 18 行"四、免税""货物及加工修理修配劳务":反映按照税法规定免征增值税的货物及劳务和适用零税率的出口货物及劳务,但零税率的销售额中不包括适用免、抵、退税办法的出口货物及劳务。

9. 第 19 行"四、免税""服务、不动产和无形资产":反映按照税法规定免征增值税的服务、不动产、无形资产和适用零税率的服务、不动产、无形资产,但零税率的销售额中不包括适用免、抵、退税办法的服务、不动产和无形资产。

四、《增值税纳税申报表附列资料(二)》(本期进项税额明细)填写说明

(一)"税款所属时间""纳税人名称"的填写同主表。

(二)第 1 至 12 栏"一、申报抵扣的进项税额":分别反映纳税人按税法规定符合抵扣条件,在本期申报抵扣的进项税额。

1. 第 1 栏"(一)认证相符的增值税专用发票":反映纳税人取得的认证相符本期申报抵扣的增值税专用发票情况。该栏应等于第 2 栏"本期认证相符且本期申报抵扣"与第 3 栏"前期认证相符且本期申报抵扣"数据之和。

2. 第 2 栏"其中:本期认证相符且本期申报抵扣":反映本期认证相符且本期申报抵扣的增值税专用发票的情况。本栏是第 1 栏的其中数,本栏只填写本期认证相符且本期申报抵扣的部分。

适用取消增值税发票认证规定的纳税人,当期申报抵扣的增值税发票数据,也填报在本栏中。

3. 第 3 栏"前期认证相符且本期申报抵扣":反映前期认证相符且本期申报抵扣的增值税专用发票的情况。

辅导期纳税人依据税务机关告知的稽核比对结果通知书及明细清单注明的稽核相符的增值税专用发票填写本栏。本栏是第 1 栏的其中数,只填写前期认证相符且本期申报抵扣的部分。

4. 第 4 栏"(二)其他扣税凭证":反映本期申报抵扣的除增值税专用发票之外的其他扣税凭证的情况。具体包括:海关进口增值税专用缴款书、农产品收购发票或者销售发票(含农产品核定扣除的进项税额)、代扣代缴税收完税凭证和其他符合政策规定的抵扣凭证。该栏应等于第 5 至 8 栏之和。

5. 第 5 栏"海关进口增值税专用缴款书":反映本期申报抵扣的海关进口增值税专用缴款书的情况。按规定执行海关进口增值税专用缴款书先比对后抵扣的,纳税人需依据税务机关告知的稽核比对结果通知书及明细清单注明的稽核相符的海关进口增值税专用缴款书填写本栏。

6. 第6栏"农产品收购发票或者销售发票"：反映本期申报抵扣的农产品收购发票和农产品销售普通发票的情况。执行农产品增值税进项税额核定扣除办法的，填写当期允许抵扣的农产品增值税进项税额，不填写"份数""金额"。

7. 第7栏"代扣代缴税收缴款凭证"：填写本期按规定准予抵扣的完税凭证上注明的增值税额。

8. 第8栏"其他"：反映按规定本期可以申报抵扣的其他扣税凭证情况。

纳税人按照规定不得抵扣且未抵扣进项税额的固定资产、无形资产、不动产，发生用途改变，用于允许抵扣进项税额的应税项目，可在用途改变的次月将按公式计算出的可以抵扣的进项税额，填入"税额"栏。

9. 第9栏"(三)本期用于购建不动产的扣税凭证"：反映按规定本期用于购建不动产并适用分2年抵扣规定的扣税凭证上注明的金额和税额。购建不动产是指纳税人2016年5月1日后取得并在会计制度上按固定资产核算的不动产或者2016年5月1日后取得的不动产在建工程。

取得不动产，包括以直接购买、接受捐赠、接受投资入股、自建以及抵债等各种形式取得不动产，不包括房地产开发企业自行开发的房地产项目。

本栏次包括第1栏中本期用于购建不动产的增值税专用发票和第4栏中本期用于购建不动产的其他扣税凭证。

本栏"金额""税额"＜第1栏＋第4栏且本栏"金额""税额"≥0。

纳税人按照规定不得抵扣且未抵扣进项税额的不动产，发生用途改变，用于允许抵扣进项税额的应税项目，可在用途改变的次月将按公式计算出的可以抵扣的进项税额，填入"税额"栏。

本栏"税额"列＝《附列资料(五)》第2列"本期不动产进项税额增加额"。

10. 第10栏"(四)本期不动产允许抵扣进项税额"：反映按规定本期实际申报抵扣的不动产进项税额。本栏"税额"

列＝《附列资料(五)》第3列"本期可抵扣不动产进项税额"

11. 第11栏"(五)外贸企业进项税额抵扣证明"：填写本期申报抵扣的税务机关出口退税部门开具的《出口货物转内销证明》列明允许抵扣的进项税额。

12. 第12栏"当期申报抵扣进项税额合计"：反映本期申报抵扣进项税额的合计数。按表中所列公式计算填写。

(三) 第13至23栏"二、进项税额转出额"各栏：分别反映纳税人已经抵扣但按规定应在本期转出的进项税额明细情况。

1. 第13栏"本期进项税额转出额"：反映已经抵扣但按规定应在本期转出的进项税额合计数。按表中所列公式计算填写。

2. 第14栏"免税项目用"：反映用于免征增值税项目，按规定应在本期转出的进项税额。

3. 第15栏"集体福利、个人消费"：反映用于集体福利或者个人消费，按规定应在本期转出的进项税额。

4. 第16栏"非正常损失"：反映纳税人发生非正常损失，按规定应在本期转出的进项税额。

5. 第17栏"简易计税方法征税项目用"：反映用于按简易计税方法征税项目，按规定应在本期转出的进项税额。

营业税改征增值税的纳税人，服务、不动产和无形资产按规定汇总计算缴纳增值税的分支机构，当期应由总机构汇总的进项税额也填入本栏。

6. 第18栏"免抵退税办法不得抵扣的进项税额"：反映按照免、抵、退税办法的规定，由于征税税率与退税税率存在税率差，在本期应转出的进项税额。

7. 第19栏"纳税检查调减进项税额"：反映税务、财政、审计部门检查后而调减的进项税额。

8. 第20栏"红字专用发票信息表注明的进项税额"：填写主管税务机关开具的《开具红字增值税专用发票信息表》注明的在本期应转出的进项税额。

9. 第21栏"上期留抵税额抵减欠税"：填写本期经税务机关同意，使用上期留抵税额抵减欠税的数额。

10. 第22栏"上期留抵税额退税"：填写本期经税务机关批准的上期留抵税额退税额。

11. 第23栏"其他应作进项税额转出的情形"：反映除上述进项税额转出情形外，其他应在本期转出的进项税额。

（四）第24至34栏"三、待抵扣进项税额"各栏：分别反映纳税人已经取得，但按税法规定不符合抵扣条件，暂不予在本期申报抵扣的进项税额情况及按税法规定不允许抵扣的进项税额情况。

1. 第24至28栏均为增值税专用发票的情况。

2. 第25栏"期初已认证相符但未申报抵扣"：反映前期认证相符，但按照税法规定暂不予抵扣及不允许抵扣，结存至本期的增值税专用发票情况。辅导期纳税人填写认证相符但未收到稽核比对结果的增值税专用发票期初情况。

3. 第26栏"本期认证相符且本期未申报抵扣"：反映本期认证相符，但按税法规定暂不予抵扣及不允许抵扣，而未申报抵扣的增值税专用发票情况。辅导期纳税人填写本期认证相符但未收到稽核比对结果的增值税专用发票情况。

4. 第27栏"期末已认证相符但未申报抵扣"：反映截至本期期末，按照税法规定仍暂不予抵扣及不允许抵扣且已认证相符的增值税专用发票情况。辅导期纳税人填写截至本期期末已认证相符但未收到稽核比对结果的增值税专用发票期末情况。

5. 第28栏"其中：按照税法规定不允许抵扣"：反映截至本期期末已认证相符但未申报抵扣的增值税专用发票中，按照税法规定不允许抵扣的增值税专用发票情况。

6. 第29栏"（二）其他扣税凭证"：反映截至本期期末仍未申报抵扣的除增值税专用发票之外的其他扣税凭证情况。具体包括：海关进口增值税专用缴款书、农产品收购发票或者销售发票、代扣代缴税收完税凭证和其他符合政策规定的抵扣凭证。该栏应等于第30至33栏之和。

7. 第30栏"海关进口增值税专用缴款书"：反映已取得但截至本期期末仍未申报抵扣的海关进口增值税专用缴款书情况，包括纳税人未收到稽核比对结果的海关进口增值税专用缴款书情况。

8. 第31栏"农产品收购发票或者销售发票"：反映已取得但截至本期期末仍未申报抵扣的农产品收购发票和农产品销售普通发票情况。

9. 第32栏"代扣代缴税收缴款凭证"：反映已取得但截至本期期末仍未申报抵扣的代扣代缴税收完税凭证情况。

10. 第33栏"其他"：反映已取得但截至本期期末仍未申报抵扣的其他扣税凭证的情况。

（五）第35至36栏"四、其他"各栏。

1. 第35栏"本期认证相符的增值税专用发票"：反映本期认证相符的增值税专用发票的情况。

2. 第36栏"代扣代缴税额"：填写纳税人根据《中华人民共和国增值税暂行条例》第十八条扣缴的应税劳务增值税额与根据营业税改征增值税有关政策规定扣缴的服务、不动产和无形资产增值税额之和。

五、《增值税纳税申报表附列资料（三）》（服务、不动产和无形资产扣除项目明细）填写说明

（一）本表由服务、不动产和无形资产有扣除项目的营业税改征增值税纳税人填写。其他纳税人不填写。

（二）"税款所属时间""纳税人名称"的填写同主表。

（三）第1列"本期服务、不动产和无形资产价税合计额（免税销售额）"：营业税改征增值税的服务、不动产和无形资产属于征税项目的，填写扣除之前的本期服务、不动产和无形资产价税合计额；营业税改征增值税的服务、不动产和无形资产属于免抵退税或免税项目的，填写扣除之前的本期服务、不动产和无形资产免税销售额。本列各行次等于《附列资料（一）》第11列对应行次，其中本列第3行和第4行之和等于《附列资料（一）》第11列第5栏。

营业税改征增值税的纳税人，服务、不动产和无形资产按规定汇总计算缴纳增值税的分支机构，本列各行次之和等于《附列资料（一）》第11列第13a、13b行之和。

（四）第2列"服务、不动产和无形资产扣除项目""期初余额"：填写服务、不动产和无形资产扣除项目上期期末结存的金额，试点实施之日的税款所属期填写"0"。本列各行次等于上期《附列资料（三）》第6列对应行次。

本列第4行"6％税率的金融商品转让项目""期初余额"年初首期填报时应填"0"。

（五）第3列"服务、不动产和无形资产扣除项目""本期发生额"：填写本期取得的按税法规定准予扣除的服务、不动产和无形资产扣除项目金额。

（六）第4列"服务、不动产和无形资产扣除项目""本期应扣除金额"：填写服务、不动产和无形资产扣除项目本期应扣除的金额。

本列各行次 ＝ 第2列对应各行次 ＋ 第3列对应各行次

（七）第5列"服务、不动产和无形资产扣除项目""本期实际扣除金额"：填写服务、不动产和无形资产扣除项目本期实际扣除的金额。

本列各行次 ≤ 第4列对应各行次且本列各行次 ≤ 第1列对应各行次。

（八）第6列"服务、不动产和无形资产扣除项目""期末余额"：填写服务、不动产和无形资产扣除项目本期期末结存的金额。

本列各行次 ＝ 第4列对应各行次 － 第5列对应各行次

六、《增值税纳税申报表附列资料（四）》（税额抵减情况表）填写说明

本表第1行由发生增值税税控系统专用设备费用和技术维护费的纳税人填写，反映纳税人增值税税控系统专用设备费用和技术维护费按规定抵减增值税应纳税额的情况。

本表第2行由营业税改征增值税纳税人，服务、不动产和无形资产按规定汇总计算缴纳

增值税的总机构填写,反映其分支机构预征缴纳税款抵减总机构应纳增值税税额的情况。

本表第3行由销售建筑服务并按规定预缴增值税的纳税人填写,反映其销售建筑服务预征缴纳税款抵减应纳增值税税额的情况。

本表第4行由销售不动产并按规定预缴增值税的纳税人填写,反映其销售不动产预征缴纳税款抵减应纳增值税税额的情况。

本表第5行由出租不动产并按规定预缴增值税的纳税人填写,反映其出租不动产预征缴纳税款抵减应纳增值税税额的情况。

未发生上述业务的纳税人不填写本表。

七、《增值税纳税申报表附列资料(五)》(不动产分期抵扣计算表)填表说明

(一) 本表由分期抵扣不动产进项税额的纳税人填写。

(二) "税款所属时间""纳税人名称"的填写同主表。

(三) 第1列"期初待抵扣不动产进项税额":填写纳税人上期期末待抵扣不动产进项税额。

(四) 第2列"本期不动产进项税额增加额":填写本期取得的符合税法规定的不动产进项税额。

(五) 第3列"本期可抵扣不动产进项税额":填写符合税法规定可以在本期抵扣的不动产进项税额。

(六) 第4列"本期转入的待抵扣不动产进项税额":填写按照税法规定本期应转入的待抵扣不动产进项税额。

本列数≤《附列资料(二)》第23栏"税额"。

(七) 第5列"本期转出的待抵扣不动产进项税额":填写按照税法规定本期应转出的待抵扣不动产进项税额。

(八) 第6列"期末待抵扣不动产进项税额":填写本期期末尚未抵扣的不动产进项税额,按表中公式填写。

八、《固定资产(不含不动产)进项税额抵扣情况表》填写说明

本表反映纳税人在《附列资料(二)》"一、申报抵扣的进项税额"中固定资产的进项税额。本表按增值税专用发票、海关进口增值税专用缴款书分别填写。

九、《本期抵扣进项税额结构明细表》填写说明

(一) "税款所属时间""纳税人名称"的填写同主表。

(二) 第1栏反映本期申报抵扣进项税额的合计数。按表中所列公式计算填写。

本栏"税额"列=《附列资料(二)》第12栏"税额"列。

(三) 第2至17栏分别反映纳税人按税法规定符合抵扣条件,在本期申报抵扣的不同税率(或征收率)的进项税额。其中,用于购建不动产的进项税额按照本期实际抵扣的进项税额填写。

(四) 第18栏反映纳税人按照农产品增值税进项税额核定扣除办法计算抵扣的进项税额。

(五) 第19栏反映纳税人按照外贸企业进项税额抵扣证明注明的进项税额。

(六) 本表内各栏间逻辑关系如下:

第1栏表内公式为1=2+4+5+10+13+15+17+18+19;

第2栏≥第3栏;

第 5 栏≥第 6 栏＋第 7 栏＋第 8 栏＋第 9 栏；

第 10 栏≥第 11 栏＋第 12 栏；

第 13 栏≥第 14 栏；

第 15 栏≥第 16 栏。

十、《增值税减免税申报明细表》填写说明

（一）本表由享受增值税减免税优惠政策的增值税一般纳税人和小规模纳税人填写。仅享受月销售额不超过 3 万元（按季纳税 9 万元）免征增值税政策或未达起征点的增值税小规模纳税人不需填报本表，即小规模纳税人当期增值税纳税申报表主表第 12 栏"其他免税销售额""本期数"和第 16 栏"本期应纳税额减征额""本期数"均无数据时，不需填报本表。

（二）"税款所属时间""纳税人名称"的填写同增值税纳税申报表主表（以下简称主表）。

（三）"一、减税项目"由本期按照税收法律、法规及国家有关税收规定享受减征（包含税额式减征、税率式减征）增值税优惠的纳税人填写。

1. "减税性质代码及名称"：根据国家税务总局最新发布的《减免性质及分类表》所列减免性质代码、项目名称填写。同时有多个减征项目的，应分别填写。

2. 第 1 列"期初余额"：填写应纳税额减征项目上期"期末余额"，为对应项目上期应抵减而不足抵减的余额。

3. 第 2 列"本期发生额"：填写本期发生的按照规定准予抵减增值税应纳税额的金额。

4. 第 3 列"本期应抵减税额"：填写本期应抵减增值税应纳税额的金额。本列按表中所列公式填写。

5. 第 4 列"本期实际抵减税额"：填写本期实际抵减增值税应纳税额的金额。本列各行≤第 3 列对应各行。

一般纳税人填写时，第 1 行"合计"本列数＝主表第 23 行"一般项目"列"本月数"。

小规模纳税人填写时，第 1 行"合计"本列数＝主表第 16 行"本期应纳税额减征额""本期数"。

6. 第 5 列"期末余额"：按表中所列公式填写。

（四）"二、免税项目"由本期按照税收法律、法规及国家有关税收规定免征增值税的纳税人填写。仅享受小微企业免征增值税政策或未达起征点的小规模纳税人不需填写，即小规模纳税人申报表主表第 12 栏"其他免税销售额""本期数"无数据时，不需填写本栏。

1. "免税性质代码及名称"：根据国家税务总局最新发布的《减免性质及分类表》所列减免性质代码、项目名称填写。同时有多个免税项目的，应分别填写。

2. "出口免税"填写纳税人本期按照税法规定出口免征增值税的销售额，但不包括适用免、抵、退税办法出口的销售额。小规模纳税人不填写本栏。

3. 第 1 列"免征增值税项目销售额"：填写纳税人免税项目的销售额。免税销售额按照有关规定允许从取得的全部价款和价外费用中扣除价款的，应填写扣除之前的销售额。

一般纳税人填写时，本列"合计"等于主表第 8 行"一般项目"列"本月数"。

小规模纳税人填写时，本列"合计"等于主表第 12 行"其他免税销售额""本期数"。

4. 第 2 列"免税销售额扣除项目本期实际扣除金额"：免税销售额按照有关规定允许从取得的全部价款和价外费用中扣除价款的，据实填写扣除金额；无扣除项目的，本列填写"0"。

5. 第 3 列"扣除后免税销售额"：按表中所列公式填写。

6. 第 4 列"免税销售额对应的进项税额"：本期用于增值税免税项目的进项税额。小规

模纳税人不填写本列,一般纳税人按下列情况填写:

(1) 纳税人兼营应税和免税项目的,按当期免税销售额对应的进项税额填写;

(2) 纳税人本期销售收入全部为免税项目,且当期取得合法扣税凭证的,按当期取得的合法扣税凭证注明或计算的进项税额填写;

(3) 当期未取得合法扣税凭证的,纳税人可根据实际情况自行计算免税项目对应的进项税额;无法计算的,本栏次填"0"。

7. 第5列"免税额":一般纳税人和小规模纳税人分别按下列公式计算填写,且本列各行数应大于或等于0。

一般纳税人公式:第5列"免税额"≤第3列"扣除后免税销售额"×适用税率-第4列"免税销售额对应的进项税额"。

小规模纳税人公式:第5列"免税额"=第3列"扣除后免税销售额"×征收率。

附件3

增值税纳税申报表

(小规模纳税人适用)

纳税人识别号:□□□□□□□□□□□□□□□□□□□□

纳税人名称:(公章)　　　　　　　　　　　　　　　　金额单位:元至角分

税款所属期:　年　月　日至　年　月　日　　　　填表日期:　年　月　日

项　目	栏次	本期数		本年累计	
		货物及劳务	服务、不动产和无形资产	货物及劳务	服务、不动产和无形资产
一、计税依据 — (一)应征增值税不含税销售额	1				
税务机关代开的增值税专用发票不含税销售额	2				
税控器具开具的普通发票不含税销售额	3				
(二)销售、出租不动产不含税销售额	4	—		—	
税务机关代开的增值税专用发票不含税销售额	5	—		—	
税控器具开具的普通发票不含税销售额	6	—		—	
(三)销售使用过的固定资产不含税销售额	7(7≥8)		—		—
其中:税控器具开具的普通发票不含税销售额	8		—		—
(四)免税销售额	9=10+11+12				
其中:小微企业免税销售额	10				
未达起征点销售额	11				
其他免税销售额	12				
(五)出口免税销售额	13(13≥14)				
其中:税控器具开具的普通发票销售额	14				

（续表）

项 目	栏次	本期数		本年累计	
		货物及劳务	服务、不动产和无形资产	货物及劳务	服务、不动产和无形资产
二、税款计算 本期应纳税额	15				
本期应纳税额减征额	16				
本期免税额	17				
其中:小微企业免税额	18				
未达起征点免税额	19				
应纳税额合计	20＝15－16				
本期预缴税额	21			—	—
本期应补(退)税额	22＝20－21			—	—

纳税人或代理人声明:	如纳税人填报,由纳税人填写以下各栏:	
本纳税申报表是根据国家税收法律法规及相关规定填报的,我确定它是真实的、可靠的、完整的。	办税人员:	财务负责人:
	法定代表人:	联系电话:
	如委托代理人填报,由代理人填写以下各栏:	
	代理人名称(公章): 经办人:	
	联系电话:	

主管税务机关: 接收人: 接收日期:

增值税纳税申报表(小规模纳税人适用)附列资料

税款所属期: 年 月 日至 年 月 日　　　　填表日期: 年 月 日

纳税人名称:(公章)　　　　　　　　　　　　　　　金额单位:元至角分

服务扣除计算			
期初余额	本期发生额	本期扣除额	期末余额
1	2	3(3≤1＋2之和,且3≤5)	4＝1＋2－3
计税销售额计算			
全部含税收入	本期扣除额	含税销售额	不含税销售额
5	6＝3	7＝5－6	8＝7÷1.03

附件4

《增值税纳税申报表(小规模纳税人适用)》及其附列资料填写说明

本纳税申报表及其附列资料填写说明(以下简称本表及填写说明)适用于增值税小规模纳税人(以下简称纳税人)。

一、名词解释

(一)本表及填写说明所称"货物",是指增值税的应税货物。

(二)本表及填写说明所称"劳务",是指增值税的应税加工、修理、修配劳务。

(三)本表及填写说明所称"服务、不动产和无形资产",是指销售服务、不动产和无形资产。

（四）本表及填写说明所称"扣除项目"，是指纳税人销售服务、不动产，在确定销售额时，按照有关规定允许其从取得的全部价款和价外费用中扣除价款的项目。

二、《增值税纳税申报表(小规模纳税人适用)》填写说明

本表"货物及劳务"与"服务、不动产和无形资产"各项目应分别填写。

（一）"税款所属期"是指纳税人申报的增值税应纳税额的所属时间，应填写具体的起止年、月、日。

（二）"纳税人识别号"栏，填写纳税人的税务登记证件号码。

（三）"纳税人名称"栏，填写纳税人名称全称。

（四）第1栏"应征增值税不含税销售额"：填写本期销售货物及劳务、服务和无形资产的不含税销售额，不包括销售、出租不动产、销售使用过的固定资产和销售旧货的不含税销售额、免税销售额、出口免税销售额、查补销售额。

服务有扣除项目的纳税人，本栏填写扣除后的不含税销售额，与当期《增值税纳税申报表(小规模纳税人适用)附列资料》第8栏数据一致。

（五）第2栏"税务机关代开的增值税专用发票不含税销售额"：填写税务机关代开的增值税专用发票销售额合计。

（六）第3栏"税控器具开具的普通发票不含税销售额"：填写税控器具开具的货物及劳务、服务和无形资产的普通发票金额换算的不含税销售额。

（七）第4栏"销售、出租不动产不含税销售额"：填写销售、出租不动产的不含税销售额，销售额＝含税销售额/(1＋5％)。销售不动产有扣除项目的纳税人，本栏填写扣除后的不含税销售额。

（八）第5栏"税务机关代开的增值税专用发票不含税销售额"：填写税务机关代开的增值税专用发票销售额合计。

（九）第6栏"税控器具开具的普通发票不含税销售额"：填写税控器具开具的销售、出租不动产的普通发票金额换算的不含税销售额。

（十）第7栏"销售使用过的固定资产不含税销售额"：填写销售自己使用过的固定资产(不含不动产，下同)和销售旧货的不含税销售额，销售额＝含税销售额/(1＋3％)。

（十一）第8栏"税控器具开具的普通发票不含税销售额"：填写税控器具开具的销售自己使用过的固定资产和销售旧货的普通发票金额换算的不含税销售额。

（十二）第9栏"免税销售额"：填写销售免征增值税的货物及劳务、服务、不动产和无形资产的销售额，不包括出口免税销售。

服务、不动产有扣除项目的纳税人，填写扣除之前的销售额。

（十三）第10栏"小微企业免税销售额"：填写符合小微企业免征增值税政策的免税销售额，不包括符合其他增值税免税政策的销售额。个体工商户和其他个人不填写本栏次。

（十四）第11栏"未达起征点销售额"：填写个体工商户和其他个人未达起征点(含支持小微企业免征增值税政策)的免税销售额，不包括符合其他增值税免税政策的销售额。本栏次由个体工商户和其他个人填写。

（十五）第12栏"其他免税销售额"：填写销售免征增值税的货物及劳务、服务、不动产和无形资产的销售额，不包括符合小微企业免征增值税和未达起征点政策的免税销售额。

（十六）第13栏"出口免税销售额"：填写出口免征增值税货物及劳务、出口免征增值税

服务、无形资产的销售额。

服务有扣除项目的纳税人,填写扣除之前的销售额。

(十七)第14栏"税控器具开具的普通发票销售额":填写税控器具开具的出口免征增值税货物及劳务、出口免征增值税服务、无形资产的普通发票销售额。

(十八)第15栏"本期应纳税额":填写本期按征收率计算缴纳的应纳税额。

(十九)第16栏"本期应纳税额减征额":填写纳税人本期按照税法规定减征的增值税应纳税额。包含可在增值税应纳税额中全额抵减的增值税税控系统专用设备费用以及技术维护费,可在增值税应纳税额中抵免的购置税控收款机的增值税税额。

当本期减征额小于或等于第15栏"本期应纳税额"时,按本期减征额实际填写;当本期减征额大于第15栏"本期应纳税额"时,按本期第15栏填写,本期减征额不足抵减部分结转下期继续抵减。

(二十)第17栏"本期免税额":填写纳税人本期增值税免税额,免税额根据第9栏"免税销售额"和征收率计算。

(二十一)第18栏"小微企业免税额":填写符合小微企业免征增值税政策的增值税免税额,免税额根据第10栏"小微企业免税销售额"和征收率计算。

(二十二)第19栏"未达起征点免税额":填写个体工商户和其他个人未达起征点(含支持小微企业免征增值税政策)的增值税免税额,免税额根据第11栏"未达起征点销售额"和征收率计算。

(二十三)第21栏"本期预缴税额":填写纳税人本期预缴的增值税额,但不包括查补缴纳的增值税额。

三、《增值税纳税申报表(小规模纳税人适用)附列资料》填写说明

本附列资料由销售服务有扣除项目的纳税人填写,各栏次均不包含免征增值税项目的金额。

(一)"税款所属期"是指纳税人申报的增值税应纳税额的所属时间,应填写具体的起止年、月、日。

(二)"纳税人名称"栏,填写纳税人名称全称。

(三)第1栏"期初余额":填写服务扣除项目上期期末结存的金额,试点实施之日的税款所属期填写"0"。

(四)第2栏"本期发生额":填写本期取得的按税法规定准予扣除的服务扣除项目金额。

(五)第3栏"本期扣除额":填写服务扣除项目本期实际扣除的金额。

第3栏"本期扣除额"≤第1栏"期初余额"+第2栏"本期发生额"之和,且第3栏"本期扣除额"≤5栏"全部含税收入"

(六)第4栏"期末余额":填写服务扣除项目本期期末结存的金额。

(七)第5栏"全部含税收入":填写纳税人销售服务、无形资产取得的全部价款和价外费用数额。

(八)第6栏"本期扣除额":填写本附列资料第3项"本期扣除额"栏数据。

第6栏"本期扣除额"=第3栏"本期扣除额"

(九)第7栏"含税销售额":填写服务、无形资产的含税销售额。

第7栏"含税销售额"=第5栏"全部含税收入"-第6栏"本期扣除额"

(十)第8栏"不含税销售额":填写服务、无形资产的不含税销售额。

第8栏"不含税销售额"=第7栏"含税销售额"÷1.03,与《增值税纳税申报表(小规模纳税人适用)》第1栏"应征增值税不含税销售额""本期数""服务、不动产和无形资产"栏数据一致。

附件5

增值税预缴税款表

税款所属时间： 年 月 日至 年 月 日

纳税人识别号：□□□□□□□□□□□□□□□□□□□□ 是否适用一般计税方法 是□ 否□

纳税人名称：(公章)				金额单位：元(列至角分)		
项目编号			项目名称			
项目地址						
预征项目和栏次		销售额	扣除金额	预征率	预征税额	
		1	2	3	4	
建筑服务	1					
销售不动产	2					
出租不动产	3					
	4					
	5					
合计	6					
授权声明	如果你已委托代理人填报,请填写下列资料： 　为代理一切税务事宜,现授权 (地址)　　　　为本次纳税人的代理填报人,任何与本表有关的往来文件,都可寄予此人。 　授权人签字：		填表人申明		发上内容是真实的、可靠的、完整的。 纳税人签字：	

附件6

《增值税预缴税款表》填写说明

一、本表适用于纳税人发生以下情形按规定在国税机关预缴增值税时填写。

(一)纳税人(不含其他个人)跨县(市)提供建筑服务。

(二)房地产开发企业预售自行开发的房地产项目。

(三)纳税人(不含其他个人)出租与机构所在地不在同一县(市)的不动产。

二、基础信息填写说明：

(一)"税款所属时间"：指纳税人申报的增值税预缴税额的所属时间,应填写具体的起止年、月、日。

(二)"纳税人识别号"：填写纳税人的税务登记证件号码；纳税人为未办理过税务登记证的非企业性单位的,填写其组织机构代码证号码。

(三)"纳税人名称"：填写纳税人名称全称。

(四)"是否适用一般计税方法"：该项目适用一般计税方法的纳税人在该项目后的"□"

中打"√",适用简易计税方法的纳税人在该项目后的"□"中打"×"。

(五)"项目编号":由异地提供建筑服务的纳税人和房地产开发企业填写《建筑工程施工许可证》上的编号,根据相关规定不需要申请《建筑工程施工许可证》的建筑服务项目或不动产开发项目,不需要填写。出租不动产业务无需填写。

(六)"项目名称":填写建筑服务或者房地产项目的名称。出租不动产业务不需要填写。

(七)"项目地址":填写建筑服务项目、房地产项目或出租不动产的具体地址。

三、具体栏次填表说明:

(一)纳税人异地提供建筑服务

纳税人在"预征项目和栏次"部分的第1栏"建筑服务"行次填写相关信息:

1. 第1列"销售额":填写纳税人跨县(市)提供建筑服务取得的全部价款和价外费用(含税)。

2. 第2列"扣除金额":填写跨县(市)提供建筑服务项目按照规定准予从全部价款和价外费用中扣除的金额(含税)。

3. 第3列"预征率":填写跨县(市)提供建筑服务项目对应的预征率或者征收率。

4. 第4列"预征税额":填写按照规定计算的应预缴税额。

(二)房地产开发企业预售自行开发的房地产项目

纳税人在"预征项目和栏次"部分的第2栏"销售不动产"行次填写相关信息:

1. 第1列"销售额":填写本期收取的预收款(含税),包括在取得预收款当月或主管国税机关确定的预缴期取得的全部预收价款和价外费用。

2. 第2列"扣除金额":房地产开发企业不需填写。

3. 第3列"预征率":房地产开发企业预征率为3%。

4. 第4列"预征税额":填写按照规定计算的应预缴税额。

(三)纳税人出租不动产

纳税人在"预征项目和栏次"部分的第3栏"出租不动产"行次填写相关信息:

1. 第1列"销售额":填写纳税人出租不动产取得全部价款和价外费用(含税);

2. 第2列"扣除金额"无需填写;

3. 第3列"预征率":填写纳税人预缴增值税适用的预征率或者征收率;

4. 第4列"预征税额":填写按照规定计算的应预缴税额。

国家税务总局办公厅关于《国家税务总局关于全面推开营业税改征增值税试点后增值税纳税申报有关事项的公告》的解读

为保障全面推开营业税改征增值税(以下称营改增)改革试点工作顺利实施,结合前期试点经验,国家税务总局对增值税纳税申报有关事项进行了调整,发布《国家税务总局关于全面推开营业税改征增值税试点后增值税纳税申报有关事项的公告》(以下简称公告),现将公告解读如下:

一、背景和目的

经国务院批准,自2016年5月1日起,在全国范围内全面推开营改增试点,建筑业、房地产业、金融业、生活服务业等全部营业税纳税人,纳入试点范围,由缴纳营业税改为缴纳增值税。由于目前所使用的增值税纳税申报表及附列资料不能够满足全面推开营改增后增值税管理的需要。因此,国家税务总局根据全面推开营改增试点相关政策规定,结合先期试点经验,对增值税纳税申报有关事项进行了调整,以满足全面推开营改增试点后增值税纳税申报和征收管理的需要。

二、适用范围

自 2016 年 6 月申报期起,中华人民共和国境内增值税纳税人均应按照本公告的规定进行增值税纳税申报。

三、主要内容

(一) 明确了增值税一般纳税人(以下简称一般纳税人)纳税申报表及其附列资料。具体包括:《增值税纳税申报表(一般纳税人适用)》;《增值税纳税申报表附列资料(一)》(本期销售情况明细);《增值税纳税申报表附列资料(二)》(本期进项税额明细);《增值税纳税申报表附列资料(三)》(服务、不动产和无形资产扣除项目明细);《增值税纳税申报表附列资料(四)》(税额抵减情况表);《增值税纳税申报表附列资料(五)》(不动产分期抵扣计算表);《固定资产(不含不动产)进项税额抵扣情况表》;《本期抵扣进项税额结构明细表》;《增值税减免税申报明细表》。

(二) 明确了增值税小规模纳税人(以下简称小规模纳税人)纳税申报表及其附列资料。具体包括:《增值税纳税申报表(小规模纳税人适用)》;《增值税纳税申报表(小规模纳税人适用)附列资料》;《增值税减免税申报明细表》。

小规模纳税人不再填报《增值税纳税申报表附列资料(四)》(税额抵减情况表)。

(三) 明确了增值税纳税申报其他资料。具体包括:已开具的税控机动车销售统一发票和普通发票的存根联;符合抵扣条件且在本期申报抵扣的增值税专用发票(含税控机动车销售统一发票)的抵扣联;符合抵扣条件且在本期申报抵扣的海关进口增值税专用缴款书、购进农产品取得的普通发票的复印件;符合抵扣条件且在本期申报抵扣的代扣代缴增值税税收完税凭证及其清单,书面合同、付款证明和境外单位的对账单或者发票;已开具的农产品收购凭证的存根联或报查联;服务、不动产和无形资产扣除项目的合法凭证及其清单;主管税务机关规定的其他资料。

(四) 纳税人跨县(市)提供建筑服务、房地产开发企业预售自行开发的房地产项目、纳税人出租与机构所在地不在同一县(市)的不动产,按规定需要在项目所在地或不动产所在地主管国税机关预缴税款的,需填写《增值税预缴税款表》。

(五) 公告附件分别为增值税一般纳税人和小规模纳税人纳税申报表及其附列资料的格式、《增值税预缴税款表》表样,以及相应的填写说明。

 国家税务总局关于调整增值税纳税申报有关事项的公告

2016 年 5 月 5 日　国家税务总局公告 2016 年第 27 号

为配合全面推开营业税改征增值税试点工作顺利实施,国家税务总局对增值税纳税申报有关事项进行了调整,现公告如下:

一、对《国家税务总局关于全面推开营业税改征增值税试点后增值税纳税申报有关事项的公告》(国家税务总局公告 2016 年第 13 号)附件 1 中《本期抵扣进项税额结构明细表》进行调整,调整后的表式见附件 1,填写说明见附件 2。

二、对国家税务总局公告 2016 年第 13 号附件 3《增值税纳税申报表（小规模纳税人适用）》及其附列资料进行调整,调整后的表式见附件 3,填写说明见附件 4。

三、增值税一般纳税人支付道路、桥、闸通行费,按照政策规定,以取得的通行费发票（不含财政票据）上注明的收费金额计算的可抵扣进项税额,填入国家税务总局公告 2016 年第 13 号附件 1 中《增值税纳税申报表附列资料（二）》《本期进项税额明细》第 8 栏"其他"。

四、本公告自 2016 年 6 月 1 日起施行。国家税务总局公告 2016 年第 13 号附件 1 中《本期抵扣进项税额结构明细表》、附件 2 中《本期抵扣进项税额结构明细表》填写说明、附件 3、附件 4 内容同时废止。

特此公告。

附件:1. 本期抵扣进项税额结构明细表（略）
　　　2.《本期抵扣进项税额结构明细表》填写说明（略）
　　　3.《增值税纳税申报表（小规模纳税人适用）》及其附列资料
　　　4.《增值税纳税申报表（小规模纳税人适用）》及其附列资料填写说明

注释:根据《国家税务总局关于调整增值税纳税申报有关事项的公告》（2017 年 12 月 29 日,国家税务总局公告 2017 年第 53 号）第二条规定,本文附件 1《本期抵扣进项税额结构明细表》,自 2018 年 2 月 1 日起废止。

附件 3

增值税纳税申报表(小规模纳税人适用)附列资料

税款所属期:　　年　月　日至　　年　月　日　　　　　　　　填表日期:　　年　月　日

纳税人名称（公章）:　　　　　　　　　　　　　　　　　　　　金额单位:元至角分

应税行为(3%征收率)扣除额计算			
期初余额	本期发生额	本期扣除额	期末余额
1	2	3(3≤1+2 之和,且 3≤5)	4=1+2-3

应税行为(3%征收率)计税销售额计算			
全部含税收入 (适用 3%征收率)	本期扣除额	含税销售额	不含税销售额
5	6=3	7=5-6	8=7÷1.03

应税行为(5%征收率)扣除额计算			
期初余额	本期发生额	本期扣除额	期末余额
9	10	11(11≤9+10 之和,且 11≤13)	12=9+10-11

应税行为(5%征收率)计税销售额计算			
全部含税收入 (适用 5%征收率)	本期扣除额	含税销售额	不含税销售额
13	14=11	15=13-14	16=15÷1.05

附件 4

《增值税纳税申报表(小规模纳税人适用)》及其附列资料填写说明

本纳税申报表及其附列资料填写说明(以下简称本表及填写说明)适用于增值税小规模纳税人(以下简称纳税人)。

一、名词解释

(一) 本表及填写说明所称"货物",是指增值税的应税货物。

(二) 本表及填写说明所称"劳务",是指增值税的应税加工、修理、修配劳务。

(三) 本表及填写说明所称"服务、不动产和无形资产",是指销售服务、不动产和无形资产(以下简称应税行为)。

(四) 本表及填写说明所称"扣除项目",是指纳税人发生应税行为,在确定销售额时,按照有关规定允许其从取得的全部价款和价外费用中扣除价款的项目。

二、《增值税纳税申报表(小规模纳税人适用)》填写说明

本表"货物及劳务"与"服务、不动产和无形资产"各项目应分别填写

(一) "税款所属期"是指纳税人申报的增值税应纳税额的所属时间,应填写具体的起止年、月、日。

(二) "纳税人识别号"栏,填写纳税人的税务登记证件号码。

(三) "纳税人名称"栏,填写纳税人名称全称。

(四) 第 1 栏"应征增值税不含税销售额(3%征收率)":填写本期销售货物及劳务、发生应税行为适用 3%征收率的不含税销售额,不包括应税行为适用 5%征收率的不含税销售额、销售使用过的固定资产和销售旧货的不含税销售额、免税销售额、出口免税销售额、查补销售额。

纳税人发生适用 3%征收率的应税行为且有扣除项目的,本栏填写扣除后的不含税销售额,与当期《增值税纳税申报表(小规模纳税人适用)附列资料》第 8 栏数据一致。

(五) 第 2 栏"税务机关代开的增值税专用发票不含税销售额":填写税务机关代开的增值税专用发票销售额合计。

(六) 第 3 栏"税控器具开具的普通发票不含税销售额":填写税控器具开具的货物及劳务、应税行为的普通发票金额换算的不含税销售额。

(七) 第 4 栏"应征增值税不含税销售额(5%征收率)":填写本期发生应税行为适用 5%征收率的不含税销售额。

纳税人发生适用 5%征收率应税行为且有扣除项目的,本栏填写扣除后的不含税销售额,与当期《增值税纳税申报表(小规模纳税人适用)附列资料》第 16 栏数据一致。

(八) 第 5 栏"税务机关代开的增值税专用发票不含税销售额":填写税务机关代开的增值税专用发票销售额合计。

(九) 第 6 栏"税控器具开具的普通发票不含税销售额":填写税控器具开具的发生应税行为的普通发票金额换算的不含税销售额。

(十) 第 7 栏"销售使用过的固定资产不含税销售额":填写销售自己使用过的固定资产(不含不动产,下同)和销售旧货的不含税销售额,销售额=含税销售额/(1+3%)。

(十一) 第 8 栏"税控器具开具的普通发票不含税销售额":填写税控器具开具的销售自

已使用过的固定资产和销售旧货的普通发票金额换算的不含税销售额。

（十二）第9栏"免税销售额"：填写销售免征增值税的货物及劳务、应税行为的销售额，不包括出口免税销售额。

应税行为有扣除项目的纳税人，填写扣除之前的销售额。

（十三）第10栏"小微企业免税销售额"：填写符合小微企业免征增值税政策的免税销售额，不包括符合其他增值税免税政策的销售额。个体工商户和其他个人不填写本栏次。

（十四）第11栏"未达起征点销售额"：填写个体工商户和其他个人未达起征点（含支持小微企业免征增值税政策）的免税销售额，不包括符合其他增值税免税政策的销售额。本栏次由个体工商户和其他个人填写。

（十五）第12栏"其他免税销售额"：填写销售免征增值税的货物及劳务、应税行为的销售额，不包括符合小微企业免征增值税和未达起征点政策的免税销售额。

（十六）第13栏"出口免税销售额"：填写出口免征增值税货物及劳务、出口免征增值税应税行为的销售额。

应税行为有扣除项目的纳税人，填写扣除之前的销售额。

（十七）第14栏"税控器具开具的普通发票销售额"：填写税控器具开具的出口免征增值税货物及劳务、出口免征增值税应税行为的普通发票销售额。

（十八）第15栏"本期应纳税额"：填写本期按征收率计算缴纳的应纳税额。

（十九）第16栏"本期应纳税额减征额"：填写纳税人本期按照税法规定减征的增值税应纳税额。包含可在增值税应纳税额中全额抵减的增值税税控系统专用设备费用以及技术维护费，可在增值税应纳税额中抵免的购置税控收款机的增值税税额。

当本期减征额小于或等于第15栏"本期应纳税额"时，按本期减征额实际填写；当本期减征额大于第15栏"本期应纳税额"时，按本期第15栏填写，本期减征额不足抵减部分结转下期继续抵减。

（二十）第17栏"本期免税额"：填写纳税人本期增值税免税额，免税额根据第9栏"免税销售额"和征收率计算。

（二十一）第18栏"小微企业免税额"：填写符合小微企业免征增值税政策的增值税免税额，免税额根据第10栏"小微企业免税销售额"和征收率计算。

（二十二）第19栏"未达起征点免税额"：填写个体工商户和其他个人未达起征点（含支持小微企业免征增值税政策）的增值税免税额，免税额根据第11栏"未达起征点销售额"和征收率计算。

（二十三）第21栏"本期预缴税额"：填写纳税人本期预缴的增值税额，但不包括查补缴纳的增值税额。

三、《增值税纳税申报表（小规模纳税人适用）附列资料》填写说明

本附列资料由发生应税行为且有扣除项目的纳税人填写，各栏次均不包含免征增值税项目的金额。

（一）"税款所属期"是指纳税人申报的增值税应纳税额的所属时间，应填写具体的起止年、月、日。

（二）"纳税人名称"栏，填写纳税人名称全称。

（三）第1栏"期初余额"：填写适用3%征收率的应税行为扣除项目上期期末结存的金

额,试点实施之日的税款所属期填写"0"。

(四) 第2栏"本期发生额":填写本期取得的按税法规定准予扣除的适用3%征收率的应税行为扣除项目金额。

(五) 第3栏"本期扣除额":填写适用3%征收率的应税行为扣除项目本期实际扣除的金额。

第3栏"本期扣除额"≤第1栏"期初余额"+第2栏"本期发生额"之和,且第3栏"本期扣除额"≤第5栏"全部含税收入(适用3%征收率)"。

(六) 第4栏"期末余额":填写适用3%征收率的应税行为扣除项目本期期末结存的金额。

(七) 第5栏"全部含税收入(适用3%征收率)":填写纳税人适用3%征收率的应税行为取得的全部价款和价外费用数额。

(八) 第6栏"本期扣除额":填写本附列资料第3栏"本期扣除额"的数据。

第6栏"本期扣除额"=第3栏"本期扣除额"。

(九) 第7栏"含税销售额":填写适用3%征收率的应税行为的含税销售额。

第7栏"含税销售额"=第5栏"全部含税收入(适用3%征收率)"-第6栏"本期扣除额"。

(十) 第8栏"不含税销售额":填写适用3%征收率的应税行为的不含税销售额。

第8栏"不含税销售额"=第7栏"含税销售额"÷1.03,与《增值税纳税申报表(小规模纳税人适用)》第1栏"应征增值税不含税销售额(3%征收率)""本期数""服务、不动产和无形资产"栏数据一致。

(十一) 第9栏"期初余额":填写适用5%征收率的应税行为扣除项目上期期末结存的金额,试点实施之日的税款所属期填写"0"。

(十二) 第10栏"本期发生额":填写本期取得的按税法规定准予扣除的适用5%征收率的应税行为扣除项目金额。

(十三) 第11栏"本期扣除额":填写适用5%征收率的应税行为扣除项目本期实际扣除的金额。

第11栏"本期扣除额"≤第9栏"期初余额"+第10栏"本期发生额"之和,且第11栏"本期扣除额"≤第13栏"全部含税收入(适用5%征收率)"。

(十四) 第12栏"期末余额":填写适用5%征收率的应税行为扣除项目本期期末结存的金额。

(十五) 第13栏"全部含税收入(适用5%征收率)":填写纳税人适用5%征收率的应税行为取得的全部价款和价外费用数额。

(十六) 第14栏"本期扣除额":填写本附列资料第11栏"本期扣除额"的数据。

第14栏"本期扣除额"=第11栏"本期扣除额"。

(十七) 第15栏"含税销售额":填写适用5%征收率的应税行为的含税销售额。

第15栏"含税销售额"=第13栏"全部含税收入(适用5%征收率)"-第14栏"本期扣除额"。

(十八) 第16栏"不含税销售额":填写适用5%征收率的应税行为的不含税销售额。

第16栏"不含税销售额"=第15栏"含税销售额"÷1.05,与《增值税纳税申报表(小规模纳税人适用)》第4栏"应征增值税不含税销售额(5%征收率)""本期数""服务、不动产和无形资产"栏数据一致。

国家税务总局办公厅关于《国家税务总局关于调整增值税纳税申报有关事项的公告》的解读

为配合全面推开营业税改征增值税试点工作顺利实施,国家税务总局对增值税纳税申报有关事项进行了调整,发布了《国家税务总局关于调整增值税纳税申报有关事项的公告》(以下简称公告),现将公告解读如下:

一、背景

近日,财政部、税务总局制发了《财政部 国家税务总局关于进一步明确全面推开营改增试点金融业有关政策的通知》(财税〔2016〕46号)、《财政部 国家税务总局关于进一步明确全面推开营改增试点有关劳务派遣服务、收费公路通行费抵扣等政策的通知》(财税〔2016〕47号),新明确了增值税相关政策,需对增值税纳税申报有关事项进行调整,以满足全面推开营改增试点后增值税纳税申报和征收管理的需要。

二、主要内容

(一)对《国家税务总局关于全面推开营业税改征增值税试点后增值税纳税申报有关事项的公告》(国家税务总局公告2016年第13号)附件1中《本期抵扣进项税额结构明细表》、附件3《增值税纳税申报表(小规模纳税人适用)》及其附列资料进行调整。在调整表式同时,公告对表的填写说明也进行了修改。

(二)明确了增值税一般纳税人支付道路、桥、闸通行费,按照政策规定,以取得的通行费发票(不含财政票据)上注明的收费金额计算的可抵扣进项税额,填入国家税务总局公告2016年第13号附件1中《增值税纳税申报表附列资料(二)》(本期进项税额明细)第8栏"其他"。

国家税务总局关于调整增值税一般纳税人留抵税额申报口径的公告

2016年12月1日 国家税务总局公告2016年第75号

现将增值税一般纳税人留抵税额有关申报口径公告如下:

一、《国家税务总局关于全面推开营业税改征增值税试点后增值税纳税申报有关事项的公告》(国家税务总局公告2016年第13号)附件1《增值税纳税申报表(一般纳税人适用)》(以下称"申报表主表")第13栏"上期留抵税额""一般项目"列"本年累计"和第20栏"期末留抵税额""一般项目"列"本年累计"栏次停止使用,不再填报数据。

二、本公告发布前,申报表主表第20栏"期末留抵税额""一般项目"列"本年累计"中有余额的增值税一般纳税人,在本公告发布之日起的第一个纳税申报期,将余额一次性转入第13栏"上期留抵税额""一般项目"列"本月数"中。

三、本公告自2016年12月1日起施行。

特此公告。

国家税务总局办公厅关于《国家税务总局关于调整增值税一般纳税人留抵税额申报口径的公告》的解读

为统一规范增值税一般纳税人留抵税额的申报口径,国家税务总局发布《关于调整增值税一般纳税人留抵税额申报口径的公告》(以下简称"公告"),公告明确:

自2016年12月1日起,《国家税务总局关于全面推开营业税改征增值税试点后增值税纳税申报有关事项的公告》(国家税务总局公告2016年第13号)附件1《增值税纳税申报表(一般纳税人适用)》(以下称"申报表主表")第13栏"上期留抵税额""一般项目"列"本年累计"和第20栏"期末留抵税额""一般项目"列"本年累计"栏次停止使用,不再填报数据。若公告发布前,申报表主表第20栏"期末留抵税额""一般项目"列"本年累计"中有余额,纳税人在公告发布后的第一个纳税申报期将余额一次性转入第13栏"上期留抵税额""一般项目"列"本月数"中。

国家税务总局关于印发《增值税纳税申报比对管理操作规程(试行)》的通知

2017年10月30日 税总发〔2017〕124号

各省、自治区、直辖市和计划单列市国家税务局:

为进一步加强和规范增值税纳税申报比对管理,提高申报质量,优化纳税服务,税务总局制定了《增值税纳税申报比对管理操作规程(试行)》,现印发给你们,请遵照执行。

本通知自2018年3月1日起执行,《国家税务总局办公厅关于增值税一般纳税人纳税申报一窗式管理流程的通知》(国税办发〔2003〕34号)、《增值税一般纳税人纳税申报"一窗式"管理操作规程》(国税发〔2005〕61号)、《国家税务总局关于做好增值税普通发票一窗式票表比对准备工作的通知》(国税发〔2005〕141号)、《国家税务总局关于执行增值税一般纳税人纳税申报一窗式管理操作规程的通知》(国税函〔2006〕824号)、《国家税务总局关于实施增值税普通发票一窗式比对的通知》(国税函〔2006〕971号)、《国家税务总局关于调整增值税一般纳税人纳税申报"一窗式"管理操作规程有关事项的通知》(国税函〔2008〕1074号)同时废止。

增值税纳税申报比对管理操作规程(试行)

一、为进一步加强和规范增值税纳税申报比对(以下简称"申报比对")管理,提高申报质量,优化纳税服务,根据《中华人民共和国税收征收管理法》和《中华人民共和国增值税暂行条例》等有关税收法律、法规规定,制定本规程。

二、申报比对管理是指税务机关以信息化为依托,通过优化整合现有征管信息资源,对增值税纳税申报信息进行票表税比对,并对比对结果进行相应处理。

三、主管税务机关应设置申报异常处理岗,主要负责异常比对结果的核实及相关处理工作。异常处理岗原则上不设置在办税服务厅前台。

四、申报比对范围及内容

(一)比对信息范围

1. 增值税纳税申报表及其附列资料(以下简称"申报表")信息。

2. 增值税一般纳税人和小规模纳税人开具的增值税发票信息。

3. 增值税一般纳税人取得的进项抵扣凭证信息。

4. 纳税人税款入库信息。

5. 增值税优惠备案信息。

6. 申报比对所需的其他信息。

(二) 比对内容

比对内容包括表表比对、票表比对和表税比对。表表比对是指申报表表内、表间逻辑关系比对。票表比对是指各类发票、凭证、备案资格等信息与申报表进行比对。表税比对是指纳税人当期申报的应纳税款与当期的实际入库税款进行比对。

五、申报比对规则

(一) 申报表表内、表间逻辑关系比对,按照税务总局制定的申报表填写规则执行。

(二) 增值税一般纳税人票表比对规则

1. 销项比对。

当期开具发票(不包含不征税发票)的金额、税额合计数应小于或者等于当期申报的销售额、税额合计数。

纳税人当期申报免税销售额、即征即退销售额的,应当比对其增值税优惠备案信息,按规定不需要办理备案手续的除外。

2. 进项比对。

(1) 当期已认证或确认的进项增值税专用发票(以下简称"专用发票")上注明的金额、税额合计数应大于或者等于申报表中本期申报抵扣的专用发票进项金额、税额合计数。

(2) 经稽核比对相符的海关进口增值税专用缴款书上注明的税额合计数应大于或者等于申报表中本期申报抵扣的海关进口增值税专用缴款书的税额。

(3) 取得的代扣代缴税收缴款凭证上注明的增值税税额合计数应大于或者等于申报表中本期申报抵扣的代扣代缴税收缴款凭证的税额。

(4) 取得的《出口货物转内销证明》上注明的进项税额合计数应大于或者等于申报表中本期申报抵扣的外贸企业进项税额抵扣证明的税额。

(5) 按照政策规定,依据相关凭证注明的金额计算抵扣进项税额的,计算得出的进项税额应大于或者等于申报表中本期申报抵扣的相应凭证税额。

(6) 红字增值税专用发票信息表中注明的应作转出的进项税额应等于申报表中进项税额转出中的红字专用发票信息表注明的进项税额。

(7) 申报表中进项税额转出金额不应小于零。

3. 应纳税额减征额比对。当期申报的应纳税额减征额应小于或者等于当期符合政策规定的减征税额。

4. 预缴税款比对。申报表中的预缴税额本期发生额应小于或者等于实际已预缴的税款。

5. 特殊规则。

(1) 实行汇总缴纳增值税的总机构和分支机构可以不进行票表比对。

(2) 按季申报的纳税人应当对其季度数据进行汇总比对。

(三) 增值税小规模纳税人票表比对规则

1. 当期开具的增值税专用发票金额应小于或者等于申报表填报的增值税专用发票销售额。

2. 当期开具的增值税普通发票金额应小于或者等于申报表填报的增值税普通发票销售额。

3. 申报表中的预缴税额应小于或者等于实际已预缴的税款。

4. 纳税人当期申报免税销售额的,应当比对其增值税优惠备案信息,按规定不需要办理备案手续的除外。

(四)表税比对规则

纳税人当期申报的应纳税款应小于或者等于当期实际入库税款。

(五)申报比对其他规则

1. 税务总局可以根据增值税风险管理的需要,对申报表特定项目设置申报比对规则。

2. 各省国税机关可以根据申报比对管理实际,合理设置相关比对项目金额尾差的正负范围。

3. 主管税务机关可以结合申报比对管理实际,将征收方式、发票开具等业务存在特殊情形的纳税人列入白名单管理,并根据实际情况确定所适用的申报比对规则。白名单实行动态管理。

(六)本条第(一)至(三)项比对规则为基本规则,第(四)至(五)项比对规则为可选规则。各省税务机关可以在上述比对规则的基础上,根据申报管理的需要自主增加比对规则。

六、申报比对操作流程

申报比对环节可以设置在事中或者事后,由省税务机关根据申报管理需要进行确定。主管税务机关通过征管信息系统或网上申报系统进行申报比对,并根据比对结果分别采取以下处理流程:

(一)申报比对相符

申报比对相符后,主管税务机关对纳税人税控设备进行解锁。

(二)申报比对不相符

申报比对不相符的,向纳税人反馈比对不相符的内容,并按照下列流程进行处理:

1. 申报比对不符的,除符合本项第2点情形外,暂不对其税控设备进行解锁,并将异常比对结果转交申报异常处理岗。

2. 纳税人仅因为相关资格尚未备案,造成比对不符的,应当对税控设备进行解锁。

3. 异常比对结果经申报异常处理岗核实可以解除异常的,对纳税人税控设备进行解锁;核实后仍不能解除异常的,不得对税控设备解锁,由税源管理部门继续核实处理。

4. 异常比对结果经税源管理部门核实可以解除异常的,对纳税人税控设备进行解锁。核实后发现涉嫌虚开发票等严重涉税违法行为,经稽查部门分析判断认为需要稽查立案的,转交稽查部门处理,经处理可以解除异常的,对纳税人税控设备进行解锁。

5. 异常比对结果的处理期限,由主管税务机关根据实际情况确定。

七、由于出现信息系统异常等突发情形,影响正常纳税申报秩序时,省税务机关可以采取应急措施,暂停申报比对。在突发情形消除后,可以根据实际情况重新启动申报比对流程。

国家税务总局关于《增值税纳税申报比对管理操作规程(试行)》执行有关事项的通知

2018 年 2 月 27 日　税总函〔2018〕94 号

各省、自治区、直辖市和计划单列市国家税务局,国家税务总局驻各地特派员办事处:

为进一步做好《国家税务总局关于印发〈增值税纳税申报比对管理操作规程(试行)〉的通知》(税总发〔2017〕124 号,以下简称《通知》)的执行工作,现将有关事项通知如下:

一、《通知》的执行时间由 2018 年 3 月 1 日调整为 2018 年 5 月 1 日。

二、各省国家税务局要加强统筹协调,认真做好相关软件系统调试、基层业务人员培训、纳税人宣传辅导等各项准备工作,确保《通知》的顺利执行。

 国家税务总局关于调整增值税纳税申报有关事项的公告

2017 年 12 月 29 日　国家税务总局公告 2017 年第 53 号

为贯彻落实《国家税务总局关于进一步深化税务系统"放管服"改革 优化税收环境的若干意见》(税总发〔2017〕101 号)精神,进一步优化纳税服务,减轻纳税人负担,国家税务总局对增值税纳税申报有关事项进行了调整,现公告如下:

一、废止《国家税务总局关于全面推开营业税改征增值税试点后增值税纳税申报有关事项的公告》(国家税务总局公告 2016 年第 13 号)附件 1《固定资产(不含不动产)进项税额抵扣情况表》。

二、废止《国家税务总局关于调整增值税纳税申报有关事项的公告》(国家税务总局公告 2016 年第 27 号)附件 1《本期抵扣进项税额结构明细表》。

三、本公告自 2018 年 2 月 1 日起施行。

特此公告。

国家税务总局办公厅关于《国家税务总局关于调整增值税纳税申报有关事项的公告》的解读

为进一步优化纳税服务,减轻纳税人负担,国家税务总局对增值税纳税申报有关事项进行了调整,并发布《国家税务总局关于调整增值税纳税申报有关事项的公告》(以下简称公告),现解读如下:

公告明确了自 2018 年 2 月 1 日起,废止增值税纳税申报附列资料中的《固定资产(不含不动产)进项税额抵扣情况表》和《本期抵扣进项税额结构明细表》。

 国家税务总局关于调整增值税纳税申报有关事项的公告

2019 年 3 月 21 日　国家税务总局公告 2019 年第 15 号

为贯彻落实党中央、国务院关于减税降费的决策部署,进一步优化纳税服务,减轻纳税人负担,现将调整增值税纳税申报有关事项公告如下:

一、根据国务院关于深化增值税改革的决定,修订并重新发布《增值税纳税申报表(一般纳税人适用)》《增值税纳税申报表附列资料(一)》《增值税纳税申报表附列资料(二)》《增值税纳税申报表附列资料(三)》《增值税纳税申报表附列资料(四)》。

二、截至2019年3月税款所属期,《国家税务总局关于全面推开营业税改征增值税试点后增值税纳税申报有关事项的公告》(国家税务总局公告2016年第13号)附件1中《增值税纳税申报表附列资料(五)》第6栏"期末待抵扣不动产进项税额"的期末余额,可以自本公告施行后结转填入《增值税纳税申报表附列资料(二)》第8b栏"其他"。

三、本公告施行后,纳税人申报适用16%、10%等原增值税税率应税项目时,按照申报表调整前后的对应关系,分别填写相关栏次。

四、修订后的《增值税纳税申报表(一般纳税人适用)》及其附列资料见附件1,相关填写说明见附件2。

五、本公告自2019年5月1日起施行,国家税务总局公告2016年第13号附件1中《增值税纳税申报表附列资料(五)》《国家税务总局关于营业税改征增值税部分试点纳税人增值税纳税申报有关事项调整的公告》(国家税务总局公告2016年第30号)、《国家税务总局关于调整增值税纳税申报有关事项的公告》(国家税务总局公告2017年第19号)、《国家税务总局关于调整增值税纳税申报有关事项的公告》(国家税务总局公告2018年第17号)同时废止。

特此公告。

附件:1.《增值税纳税申报表(一般纳税人适用)》及其附列资料
　　　2.《增值税纳税申报表(一般纳税人适用)》及其附列资料填写说明

附件1

增值税纳税申报表
(一般纳税人适用)

根据国家税收法律法规及增值税相关规定制定本表。纳税人不论有无销售额,均应按税务机关核定的纳税期限填写本表,并向当地税务机关申报。

税款所属时间:自　年　月　日至　年　月　日　　填表日期:年　月　日　　　金额单位:元至角分

纳税人识别号				所属行业:	

纳税人名称	(公章)	法定代表人姓名	注册地址	生产经营地址
开户银行及账号		登记注册类型		电话号码

销售额	项目	栏次	一般项目		即征即退项目	
			本月数	本年累计	本月数	本年累计
	(一)按适用税率计税销售额	1				
	其中:应税货物销售额	2				
	应税劳务销售额	3				
	纳税检查调整的销售额	4				
	(二)按简易办法计税销售额	5				
	其中:纳税检查调整的销售额	6				
	(三)免、抵、退办法出口销售额	7			—	—
	(四)免税销售额	8			—	—
	其中:免税货物销售额	9			—	—
	免税劳务销售额	10			—	—

（续表）

项目		栏次	一般项目		即征即退项目	
			本月数	本年累计	本月数	本年累计
税款计算	销项税额	11				
	进项税额	12				
	上期留抵税额	13				
	进项税额转出	14				
	免、抵、退应退税额	15		—		—
	按适用税率计算的纳税检查应补缴税额	16				
	应抵扣税额合计	17＝12＋13－14－15＋16		—		—
	实际抵扣税额	18（如17＜11，则为17，否则为11）				
	应纳税额	19＝11－18				
	期末留抵税额	20＝17－18		—		
	简易计税办法计算的应纳税额	21				
	按简易计税办法计算的纳税检查应补缴税额	22		—		—
	应纳税额减征额	23				
	应纳税额合计	24＝19＋21－23				
税款缴纳	期初未缴税额（多缴为负数）	25				
	实收出口开具专用缴款书退税额	26		—		—
	本期已缴税额	27＝28＋29＋30＋31				
	① 分次预缴税额	28		—		—
	② 出口开具专用缴款书预缴税额	29		—		—
	③ 本期缴纳上期应纳税额	30				
	④ 本期缴纳欠缴税额	31				
	期末未缴税额（多缴为负数）	32＝24＋25＋26－27				
	其中：欠缴税额（≥0）	33＝25＋26－27				
	本期应补（退）税额	34＝24－28－29		—		
	即征即退实际退税额	35	—			
	期初未缴查补税额	36		—		—
	本期入库查补税额	37				
	期末未缴查补税额	38＝16＋22＋36－37			—	—

授权声明	如果你已委托代理人申报，请填写下列资料： 为代理一切税务事宜，现授权 （地址） 为本纳税人的代理申报人，任何 与本 申报表有关的往来文件，都可寄予此人。 授权人签字：	申报人声明	本纳税申报表是根据国家税收法律法规及相关规定填报的，我确定它是真实的、可靠的、完整的。 声明人签字：

主管税务机关	接收人：	接收日期：

增值税纳税申报表附列资料(一)
(本期销售情况明细)

税款所属时间:　年　月　日至　年　月　日

纳税人名称:(公章)

金额单位:元至角分

项目及栏次		开具增值税专用发票		开具其他发票		未开具发票		纳税检查调整		合计			服务、不动产和无形资产扣除项目本期实际扣除金额	扣除后	
		销售额	销项(应纳)税额	销售额	销项(应纳)税额	销售额	销项(应纳)税额	销售额	销项(应纳)税额	销售额	销项(应纳)税额	价税合计		含税(免税)销售额	销项(应纳)税额
		1	2	3	4	5	6	7	8	9=1+3+5+7	10=2+4+6+8	11=9+10	12	13=11-12	14=13÷(100%+税率或征收率)×税率或征收率
一般计税方法计税 全部征税项目	13%税率的货物及加工修理修配劳务	1													
	13%税率的服务、不动产和无形资产	2													
	9%税率的货物及加工修理修配劳务	3													
	9%税率的服务、不动产和无形资产	4													
	6%税率	5													
其中:即征即退项目	即征即退货物及加工修理修配劳务	6	—	—					—	—		—	—		—
	即征即退服务、不动产和无形资产	7	—	—					—	—		—	—		—

（续表）

项目及栏次	开具增值税专用发票 销售额	开具增值税专用发票 销项(应纳)税额	开具其他发票 销售额	开具其他发票 销项(应纳)税额	未开具发票 销售额	未开具发票 销项(应纳)税额	纳税检查调整 销售额	纳税检查调整 销项(应纳)税额	合计 销售额	合计 销项(应纳)税额	合计 价税合计	服务、不动产和无形资产扣除项目本期实际扣除金额	扣除后 含税(免税)销售额	扣除后 销项(应纳)税额
（栏次）	1	2	3	4	5	6	7	8	$9=1+3+5+7$	$10=2+4+6+8$	$11=9+10$	12	$13=11-12$	$14=31\div(100\%+税率或征收率)\times税率$
二、简易计税方法计税　全部征税项目　6%征收率　8														
5%征收率的货物及加工理修配劳务　9a													—	—
5%征收率的服务、不动产和无形资产　9b													—	—
4%征收率　10													—	—
3%征收率的货物及加工理修配劳务　11													—	—
3%征收率的服务、不动产和无形资产　12													—	—
其中即征即退项目　预征率　%　13a	—	—	—	—	—	—	—	—	—	—	—	—	—	—
预征率　%　13b	—	—	—	—	—	—	—	—	—	—	—	—	—	—
预征率　%　13c	—	—	—	—	—	—	—	—	—	—	—	—	—	—
即征即退货物及加工修理修配劳务　14													—	—
即征即退服务、不动产和无形资产　15													—	—
三、免抵退税　货物及加工修理修配劳务　16													—	—
服务、不动产和无形资产　17													—	—
四、免税　货物及加工修理修配劳务　18	—	—	—	—	—	—	—	—	—	—	—	—	—	—
服务、不动产和无形资产　19	—	—	—	—	—	—	—	—	—	—	—	—	—	—

增值税纳税申报表附列资料(二)

(本期进项税额明细)

税款所属时间: 年 月 日至 年 月 日

纳税人名称:(公章) 金额单位:元至角分

一、申报抵扣的进项税额				
项目	栏次	份数	金额	税额
(一)认证相符的增值税专用发票	1=2+3			
其中:本期认证相符且本期申报抵扣	2			
前期认证相符且本期申报抵扣	3			
(二)其他扣税凭证	4=5+6+7+8a+8b			
其中:海关进口增值税专用缴款书	5			
农产品收购发票或者销售发票	6			
代扣代缴税收缴款凭证	7			
加计扣除农产品进项税额	8a	—		
其他	8b			
(三)本期用于购建不动产的扣税凭证	9			
(四)本期用于抵扣的旅客运输服务扣税凭证	10			
(五)外贸企业进项税额抵扣证明	11	—	—	
当期申报抵扣进项税额合计	12=1+4+11			
二、进项税额转出额				
项目	栏次			税额
本期进项税额转出额	13=14至23之和			
其中:免税项目用	14			
集体福利、个人消费	15			
非正常损失	16			
简易计税方法征税项目用	17			
免抵退税办法不得抵扣的进项税额	18			
纳税检查调减进项税额	19			
红字专用发票信息表注明的进项税额	20			
上期留抵税额抵减欠税	21			
上期留抵税额退税	22			
其他应作进项税额转出的情形	23			
三、待抵扣进项税额				
项目	栏次	份数	金额	税额
(一)认证相符的增值税专用发票	24	—	—	—
期初已认证相符但未申报抵扣	25			
本期认证相符且本期未申报抵扣	26			
期末已认证相符但未申报抵扣	27			
其中:按照税法规定不允许抵扣	28			
(二)其他扣税凭证	29=30至33之和			
其中:海关进口增值税专用缴款书	30			
农产品收购发票或者销售发票	31			
代扣代缴税收缴款凭证	32		—	
其他	33			
	34			
四、其他				
项目	栏次	份数	金额	税额
本期认证相符的增值税专用发票	35			
代扣代缴税额	36		—	—

增值税纳税申报表附列资料(三)
(服务、不动产和无形资产扣除项目明细)

税款所属时间: 年 月 日至 年 月 日

纳税人名称:(公章) 金额单位:元至角分

项目及栏次		本期服务、不动产和无形资产价税合计额(免税销售额)	服务、不动产和无形资产扣除项目				
			期初余额	本期发生额	本期应扣除金额	本期实际扣除金额	期末余额
		1	2	3	4＝2－3	5(5≤1且5≤4)	6＝4－5
13%税率的项目	1						
9%税率的项目	2						
6%税率的项目(不含金融商品转让)	3						
6%税率的金融商品转让项目	4						
5%征收率的项目	5						
3%征收率的项目	6						
免抵退税的项目	7						
免税的项目	8						

增值税纳税申报表附列资料(四)
(税额抵减情况表)

税款所属时间: 年 月 日至 年 月 日

纳税人名称:(公章) 金额单位:元至角分

	一、税额抵减情况					
序号	抵减项目	期初余额	本期发生额	本期应抵减税额	本期实际抵减税额	期末余额
		1	2	3＝1＋2	4≤3	5＝3－4
1	增值税税控系统专用设备费及技术维护费					
2	分支机构预征缴纳税款					
3	建筑服务预征缴纳税款					
4	销售不动产预征缴纳税款					
5	出租不动产预征缴纳税款					
	二、加计抵减情况						
序号	加计抵减项目	期初余额	本期发生额	本期调减额	本期可抵减额	本期实际抵减额	期末余额
		1	2	3	4＝1＋2－3	5	6＝4－5
6	一般项目加计抵减额计算						
7	即征即退项目加计抵减额计算						
8	合计						

增值税减免税申报明细表

税款所属时间:自 年 月 日至 年 月 日

纳税人名称(公章): 金额单位:元至角分

减税性质代码及名称	栏次	一、减税项目				
		期初余额	本期发生额	本期应抵减税额	本期实际抵减税额	期末余额
		1	2	3＝1＋2	4≤3	5＝3－4
合计	1					
	2					
	3					
	4					
	5					
	6					
免税性质代码及名称	栏次	二、免税项目				
		免征增值税项目销售额	免税销售额扣除项目本期实际扣除金额	扣除后免税销售额	免税销售额对应的进项税额	免税额
		1	2	3－1－2	4	5
合计	7					
出口免税	8		—			—
其中:跨境服务	9		—			—
	10					
	11					
	12					
	13					
	14					
	15					
	16					

附件2

《增值税纳税申报表(一般纳税人适用)》及其附列资料填写说明

本纳税申报表及其附列资料填写说明(以下简称本表及填写说明)适用于增值税一般纳税人(以下简称纳税人)。

一、名词解释

(一)本表及填写说明所称"货物",是指增值税的应税货物。

(二)本表及填写说明所称"劳务",是指增值税的应税加工、修理、修配劳务。

(三)本表及填写说明所称"服务、不动产和无形资产",是指销售服务、不动产和无形资产。

(四)本表及填写说明所称"按适用税率计税""按适用税率计算"和"一般计税方法",均指按"应纳税额＝当期销项税额－当期进项税额"公式计算增值税应纳税额的计税方法。

（五）本表及填写说明所称"按简易办法计税""按简易征收办法计算"和"简易计税方法"，均指按"应纳税额＝销售额×征收率"公式计算增值税应纳税额的计税方法。

（六）本表及填写说明所称"扣除项目"，是指纳税人销售服务、不动产和无形资产，在确定销售额时，按照有关规定允许其从取得的全部价款和价外费用中扣除价款的项目。

二、《增值税纳税申报表（一般纳税人适用）》填写说明

（一）"税款所属时间"：指纳税人申报的增值税应纳税额的所属时间，应填写具体的起止年、月、日。

（二）"填表日期"：指纳税人填写本表的具体日期。

（三）"纳税人识别号"：填写纳税人的税务登记证件号码（统一社会信用代码）。

（四）"所属行业"：按照国民经济行业分类与代码中的小类行业填写。

（五）"纳税人名称"：填写纳税人单位名称全称。

（六）"法定代表人姓名"：填写纳税人法定代表人的姓名。

（七）"注册地址"：填写纳税人税务登记证件所注明的详细地址。

（八）"生产经营地址"：填写纳税人实际生产经营地的详细地址。

（九）"开户银行及账号"：填写纳税人开户银行的名称和纳税人在该银行的结算账户号码。

（十）"登记注册类型"：按纳税人税务登记证件的栏目内容填写。

（十一）"电话号码"：填写可联系到纳税人的常用电话号码。

（十二）"即征即退项目"列：填写纳税人按规定享受增值税即征即退政策的货物、劳务和服务、不动产、无形资产的征（退）税数据。

（十三）"一般项目"列：填写除享受增值税即征即退政策以外的货物、劳务和服务、不动产、无形资产的征（免）税数据。

（十四）"本年累计"列：一般填写本年度内各月"本月数"之和。其中，第13、20、25、32、36、38栏及第18栏"实际抵扣税额""一般项目"列的"本年累计"分别按本填写说明第（二十七）（三十四）（三十九）（四十六）（五十）（五十二）（三十二）条要求填写。

（十五）第1栏"（一）按适用税率计税销售额"：填写纳税人本期按一般计税方法计算缴纳增值税的销售额，包含：在财务上不作销售但按税法规定应缴纳增值税的视同销售和价外费用的销售额；外贸企业作价销售进料加工复出口货物的销售额；税务、财政、审计部门检查后按一般计税方法计算调整的销售额。

营业税改征增值税的纳税人，服务、不动产和无形资产有扣除项目的，本栏应填写扣除之前的不含税销售额。

本栏"一般项目"列"本月数"＝《附列资料（一）》第9列第1至5行之和－第9列第6、7行之和；

本栏"即征即退项目"列"本月数"＝《附列资料（一）》第9列第6、7行之和。

（十六）第2栏"其中：应税货物销售额"：填写纳税人本期按适用税率计算增值税的应税货物的销售额。包含在财务上不作销售但按税法规定应缴纳增值税的视同销售货物和价外费用销售额，以及外贸企业作价销售进料加工复出口货物的销售额。

（十七）第3栏"应税劳务销售额"：填写纳税人本期按适用税率计算增值税的应税劳务的销售额。

（十八）第4栏"纳税检查调整的销售额"：填写纳税人因税务、财政、审计部门检查，并按一般计税方法在本期计算调整的销售额。但享受增值税即征即退政策的货物、劳务和服务、不动产、无形资产，经纳税检查属于偷税的，不填入"即征即退项目"列，而应填入"一般项目"列。

营业税改征增值税的纳税人，服务、不动产和无形资产有扣除项目的，本栏应填写扣除之前的不含税销售额。

本栏"一般项目"列"本月数"＝《附列资料（一）》第7列第1至5行之和。

（十九）第5栏"按简易办法计税销售额"：填写纳税人本期按简易计税方法计算增值税的销售额。包含纳税检查调整按简易计税方法计算增值税的销售额。

营业税改征增值税的纳税人，服务、不动产和无形资产有扣除项目的，本栏应填写扣除之前的不含税销售额；服务、不动产和无形资产按规定汇总计算缴纳增值税的分支机构，其当期按预征率计算缴纳增值税的销售额也填入本栏。

本栏"一般项目"列"本月数"≥《附列资料（一）》第9列第8至13b行之和－第9列第14、15行之和；

本栏"即征即退项目"列"本月数"≥《附列资料（一）》第9列第14、15行之和。

（二十）第6栏"其中：纳税检查调整的销售额"：填写纳税人因税务、财政、审计部门检查，并按简易计税方法在本期计算调整的销售额。但享受增值税即征即退政策的货物、劳务和服务、不动产、无形资产，经纳税检查属于偷税的，不填入"即征即退项目"列，而应填入"一般项目"列。

营业税改征增值税的纳税人，服务、不动产和无形资产有扣除项目的，本栏应填写扣除之前的不含税销售额。

（二十一）第7栏"免、抵、退办法出口销售额"：填写纳税人本期适用免、抵、退税办法的出口货物、劳务和服务、无形资产的销售额。

营业税改征增值税的纳税人，服务、无形资产有扣除项目的，本栏应填写扣除之前的销售额。

本栏"一般项目"列"本月数"＝《附列资料（一）》第9列第16、17行之和。

（二十二）第8栏"免税销售额"：填写纳税人本期按照税法规定免征增值税的销售额和适用零税率的销售额，但零税率的销售额中不包括适用免、抵、退税办法的销售额。

营业税改征增值税的纳税人，服务、不动产和无形资产有扣除项目的，本栏应填写扣除之前的免税销售额。

本栏"一般项目"列"本月数"＝《附列资料（一）》第9列第18、19行之和。

（二十三）第9栏"其中：免税货物销售额"：填写纳税人本期按照税法规定免征增值税的货物销售额及适用零税率的货物销售额，但零税率的销售额中不包括适用免、抵、退税办法出口货物的销售额。

（二十四）第10栏"免税劳务销售额"：填写纳税人本期按照税法规定免征增值税的劳务销售额及适用零税率的劳务销售额，但零税率的销售额中不包括适用免、抵、退税办法的劳务的销售额。

（二十五）第11栏"销项税额"：填写纳税人本期按一般计税方法计税的货物、劳务和服务、不动产、无形资产的销项税额。

营业税改征增值税的纳税人，服务、不动产和无形资产有扣除项目的，本栏应填写扣除之后的销项税额。

本栏"一般项目"列"本月数"=《附列资料(一)》(第 10 列第 1、3 行之和－第 10 列第 6 行)＋(第 14 列第 2、4、5 行之和－第 14 列第 7 行);

本栏"即征即退项目"列"本月数"=《附列资料(一)》第 10 列第 6 行＋第 14 列第 7 行。

(二十六) 第 12 栏"进项税额":填写纳税人本期申报抵扣的进项税额。

本栏"一般项目"列"本月数"＋"即征即退项目"列"本月数"=《附列资料(二)》第 12 栏"税额"。

(二十七) 第 13 栏"上期留抵税额":"本月数"按上一税款所属期申报表第 20 栏"期末留抵税额""本月数"填写。本栏"一般项目"列"本年累计"不填写。

(二十八) 第 14 栏"进项税额转出":填写纳税人已经抵扣,但按税法规定本期应转出的进项税额。

本栏"一般项目"列"本月数"＋"即征即退项目"列"本月数"=《附列资料(二)》第 13 栏"税额"。

(二十九) 第 15 栏"免、抵、退应退税额":反映税务机关退税部门按照出口货物、劳务和服务、无形资产免、抵、退办法审批的增值税应退税额。

(三十) 第 16 栏"按适用税率计算的纳税检查应补缴税额":填写税务、财政、审计部门检查,按一般计税方法计算的纳税检查应补缴的增值税税额。

本栏"一般项目"列"本月数"≤《附列资料(一)》第 8 列第 1 至 5 行之和＋《附列资料(二)》第 19 栏。

(三十一) 第 17 栏"应抵扣税额合计":填写纳税人本期应抵扣进项税额的合计数。按表中所列公式计算填写。

(三十二) 第 18 栏"实际抵扣税额":"本月数"按表中所列公式计算填写。本栏"一般项目"列"本年累计"不填写。

(三十三) 第 19 栏"应纳税额":反映纳税人本期按一般计税方法计算并应缴纳的增值税额。

1. 适用加计抵减政策的纳税人,按以下公式填写。

本栏"一般项目"列"本月数"=第 11 栏"销项税额""一般项目"列"本月数"－第 18 栏"实际抵扣税额""一般项目"列"本月数"－"实际抵减额";

本栏"即征即退项目"列"本月数"=第 11 栏"销项税额""即征即退项目"列"本月数"－第 18 栏"实际抵扣税额""即征即退项目"列"本月数"－"实际抵减额"。

适用加计抵减政策的纳税人是指,按照规定计提加计抵减额,并可从本期适用一般计税方法计算的应纳税额中抵减的纳税人(下同)。"实际抵减额"是指按照规定可从本期适用一般计税方法计算的应纳税额中抵减的加计抵减额,分别对应《附列资料(四)》第 6 行"一般项目加计抵减额计算"、第 7 行"即征即退项目加计抵减额计算"的"本期实际抵减额"列。

2. 其他纳税人按表中所列公式填写。

(三十四) 第 20 栏"期末留抵税额":"本月数"按表中所列公式填写。本栏"一般项目"列"本年累计"不填写。

(三十五) 第 21 栏"简易计税办法计算的应纳税额":反映纳税人本期按简易计税方法计算并应缴纳的增值税额,但不包括按简易计税方法计算的纳税检查应补缴税额。按以下公式计算填写:

本栏"一般项目"列"本月数"＝《附列资料（一）》（第 10 列第 8、9a、10、11 行之和－第 10 列第 14 行）＋（第 14 列第 9b、12、13a、13b 行之和－第 14 列第 15 行）；

本栏"即征即退项目"列"本月数"＝《附列资料（一）》第 10 列第 14 行＋第 14 列第 15 行。

营业税改征增值税的纳税人，服务、不动产和无形资产按规定汇总计算缴纳增值税的分支机构，应将预征增值税额填入本栏。预征增值税额＝应预征增值税的销售额×预征率。

（三十六）第 22 栏"按简易计税办法计算的纳税检查应补缴税额"：填写纳税人本期因税务、财政、审计部门检查并按简易计税方法计算的纳税检查应补缴税额。

（三十七）第 23 栏"应纳税额减征额"：填写纳税人本期按照税法规定减征的增值税应纳税额。包含按照规定可在增值税应纳税额中全额抵减的增值税税控系统专用设备费用以及技术维护费。

当本期减征额小于或等于第 19 栏"应纳税额"与第 21 栏"简易计税办法计算的应纳税额"之和时，按本期减征额实际填写；当本期减征额大于第 19 栏"应纳税额"与第 21 栏"简易计税办法计算的应纳税额"之和时，按本期第 19 栏与第 21 栏之和填写。本期减征额不足抵减部分结转下期继续抵减。

（三十八）第 24 栏"应纳税额合计"：反映纳税人本期应缴增值税的合计数。按表中所列公式计算填写。

（三十九）第 25 栏"期初未缴税额（多缴为负数）"："本月数"按上一税款所属期申报表第 32 栏"期末未缴税额（多缴为负数）""本月数"填写。"本年累计"按上年度最后一个税款所属期申报表第 32 栏"期末未缴税额（多缴为负数）""本年累计"填写。

（四十）第 26 栏"实收出口开具专用缴款书退税额"：本栏不填写。

（四十一）第 27 栏"本期已缴税额"：反映纳税人本期实际缴纳的增值税额，但不包括本期入库的查补税款。按表中所列公式计算填写。

（四十二）第 28 栏"①分次预缴税额"：填写纳税人本期已缴纳的准予在本期增值税应纳税额中抵减的税额。

营业税改征增值税的纳税人，分以下几种情况填写：

1. 服务、不动产和无形资产按规定汇总计算缴纳增值税的总机构，其可以从本期增值税应纳税额中抵减的分支机构已缴纳的税款，按当期实际可抵减数填入本栏，不足抵减部分结转下期继续抵减。

2. 销售建筑服务并按规定预缴增值税的纳税人，其可以从本期增值税应纳税额中抵减的已缴纳的税款，按当期实际可抵减数填入本栏，不足抵减部分结转下期继续抵减。

3. 销售不动产并按规定预缴增值税的纳税人，其可以从本期增值税应纳税额中抵减的已缴纳的税款，按当期实际可抵减数填入本栏，不足抵减部分结转下期继续抵减。

4. 出租不动产并按规定预缴增值税的纳税人，其可以从本期增值税应纳税额中抵减的已缴纳的税款，按当期实际可抵减数填入本栏，不足抵减部分结转下期继续抵减。

（四十三）第 29 栏"②出口开具专用缴款书预缴税额"：本栏不填写。

（四十四）第 30 栏"③本期缴纳上期应纳税额"：填写纳税人本期缴纳上一税款所属期应缴未缴的增值税额。

（四十五）第 31 栏"④本期缴纳欠缴税额"：反映纳税人本期实际缴纳和留抵税额抵减的增值税欠税额，但不包括缴纳入库的查补增值税额。

（四十六）第 32 栏"期末未缴税额（多缴为负数）"："本月数"反映纳税人本期期末应缴未

缴的增值税额,但不包括纳税检查应缴未缴的税额。按表中所列公式计算填写。"本年累计"与"本月数"相同。

(四十七)第33栏"其中:欠缴税额(≥0)":反映纳税人按照税法规定已形成欠税的增值税额。按表中所列公式计算填写。

(四十八)第34栏"本期应补(退)税额":反映纳税人本期应纳税额中应补缴或应退回的数额。按表中所列公式计算填写。

(四十九)第35栏"即征即退实际退税额":反映纳税人本期因符合增值税即征即退政策规定,而实际收到的税务机关退回的增值税额。

(五十)第36栏"期初未缴查补税额":"本月数"按上一税款所属期申报表第38栏"期末未缴查补税额""本月数"填写。"本年累计"按上年度最后一个税款所属期申报表第38栏"期末未缴查补税额""本年累计"填写。

(五十一)第37栏"本期入库查补税额":反映纳税人本期因税务、财政、审计部门检查而实际入库的增值税额,包括按一般计税方法计算并实际缴纳的查补增值税额和按简易计税方法计算并实际缴纳的查补增值税额。

(五十二)第38栏"期末未缴查补税额":"本月数"反映纳税人接受纳税检查后应在本期期末缴纳而未缴纳的查补增值税额。按表中所列公式计算填写,"本年累计"与"本月数"相同。

三、《增值税纳税申报表附列资料(一)》(本期销售情况明细)填写说明

(一)"税款所属时间""纳税人名称"的填写同《增值税纳税申报表(一般纳税人适用)》(以下简称主表)。

(二)各列说明

1. 第1至2列"开具增值税专用发票":反映本期开具增值税专用发票(含税控机动车销售统一发票,下同)的情况。

2. 第3至4列"开具其他发票":反映除增值税专用发票以外本期开具的其他发票的情况。

3. 第5至6列"未开具发票":反映本期未开具发票的销售情况。

4. 第7至8列"纳税检查调整":反映经税务、财政、审计部门检查并在本期调整的销售情况。

5. 第9至11列"合计":按照表中所列公式填写。

营业税改征增值税的纳税人,服务、不动产和无形资产有扣除项目的,第1至11列应填写扣除之前的征(免)税销售额、销项(应纳)税额和价税合计额。

6. 第12列"服务、不动产和无形资产扣除项目本期实际扣除金额":营业税改征增值税的纳税人,服务、不动产和无形资产有扣除项目的,按《附列资料(三)》第5列对应各行次数据填写,其中本列第5栏等于《附列资料(三)》第5列第3行与第4行之和;服务、不动产和无形资产无扣除项目的,本列填写"0"。其他纳税人不填写。

营业税改征增值税的纳税人,服务、不动产和无形资产按规定汇总计算缴纳增值税的分支机构,当期服务、不动产和无形资产有扣除项目的,填入本列第13行。

7. 第13列"扣除后""含税(免税)销售额":营业税改征增值税的纳税人,服务、不动产和无形资产有扣除项目的,本列各行次=第11列对应各行次—第12列对应各行次。其他纳税人不填写。

8. 第14列"扣除后""销项(应纳)税额":营业税改征增值税的纳税人,按以下要求填写本列,其他纳税人不填写。

（1）服务、不动产和无形资产按照一般计税方法计税

本列第 2 行、第 4 行：若本行第 12 列为 0，则该行次第 14 列等于第 10 列。若本行第 12 列不为 0，则仍按照第 14 列所列公式计算。计算后的结果与纳税人实际计提销项税额有差异的，按实际填写。

本列第 5 行＝第 13 列÷（100％＋对应行次税率）×对应行次税率。

本列第 7 行"按一般计税方法计税的即征即退服务、不动产和无形资产"具体填写要求见"各行说明"第 2 条第（2）项第③点的说明。

（2）服务、不动产和无形资产按照简易计税方法计税

本列各行次＝第 13 列÷（100％＋对应行次征收率）×对应行次征收率。

本列第 13 行"预征率 ‰"不按本列的说明填写。具体填写要求见"各行说明"第 4 条第（2）项。

（3）服务、不动产和无形资产实行免抵退税或免税的，本列不填写。

（三）各行说明

1. 第 1 至 5 行"一、一般计税方法计税""全部征税项目"各行：按不同税率和项目分别填写按一般计税方法计算增值税的全部征税项目。有即征即退征税项目的纳税人，本部分数据中既包括即征即退征税项目，又包括不享受即征即退政策的一般征税项目。

2. 第 6 至 7 行"一、一般计税方法计税""其中：即征即退项目"各行：只反映按一般计税方法计算增值税的即征即退项目。按照税法规定不享受即征即退政策的纳税人，不填写本行。即征即退项目是全部征税项目的其中数。

（1）第 6 行"即征即退货物及加工修理修配劳务"：反映按一般计税方法计算增值税且享受即征即退政策的货物和加工修理修配劳务。本行不包括服务、不动产和无形资产的内容。

① 本行第 9 列"合计""销售额"栏：反映按一般计税方法计算增值税且享受即征即退政策的货物及加工修理修配劳务的不含税销售额。该栏不按第 9 列所列公式计算，应按照税法规定据实填写。

② 本行第 10 列"合计""销项（应纳）税额"栏：反映按一般计税方法计算增值税且享受即征即退政策的货物及加工修理修配劳务的销项税额。该栏不按第 10 列所列公式计算，应按照税法规定据实填写。

（2）第 7 行"即征即退服务、不动产和无形资产"：反映按一般计税方法计算增值税且享受即征即退政策的服务、不动产和无形资产。本行不包括货物及加工修理修配劳务的内容。

① 本行第 9 列"合计""销售额"栏：反映按一般计税方法计算增值税且享受即征即退政策的服务、不动产和无形资产的不含税销售额。服务、不动产和无形资产有扣除项目的，按扣除之前的不含税销售额填写。该栏不按第 9 列所列公式计算，应按照税法规定据实填写。

② 本行第 10 列"合计""销项（应纳）税额"栏：反映按一般计税方法计算增值税且享受即征即退政策的服务、不动产和无形资产的销项税额。服务、不动产和无形资产有扣除项目的，按扣除之前的销项税额填写。该栏不按第 10 列所列公式计算，应按照税法规定据实填写。

③ 本行第 14 列"扣除后""销项（应纳）税额"栏：反映按一般计税方法征收增值税且享受即征即退政策的服务、不动产和无形资产实际应计提的销项税额。服务、不动产和无形资产有扣除项目的，按扣除之后的销项税额填写；服务、不动产和无形资产无扣除项目的，按本行第 10 列填写。该栏不按第 14 列所列公式计算，应按照税法规定据实填写。

3. 第 8 至 12 行"二、简易计税方法计税""全部征税项目"各行：按不同征收率和项目分别

填写按简易计税方法计算增值税的全部征税项目。有即征即退征税项目的纳税人,本部分数据中既包括即征即退项目,也包括不享受即征即退政策的一般征税项目。

4. 第13a至13c行"二、简易计税方法计税""预征率 ⅖":反映营业税改征增值税的纳税人,服务、不动产和无形资产按规定汇总计算缴纳增值税的分支机构,预征增值税销售额、预征增值税应纳税额。其中,第13a行"预征率 ⅖"适用于所有实行汇总计算缴纳增值税的分支机构纳税人;第13b、13c行"预征率 ⅖"适用于部分实行汇总计算缴纳增值税的铁路运输纳税人。

(1) 第13a至13c行第1至6列按照销售额和销项税额的实际发生数填写。

(2) 第13a至13c行第14列,纳税人按"应预征缴纳的增值税=应预征增值税销售额×预征率"公式计算后据实填写。

5. 第14至15行"二、简易计税方法计税""其中:即征即退项目"各行:只反映按简易计税方法计算增值税的即征即退项目。按照税法规定不享受即征即退政策的纳税人,不填写本行。即征即退项目是全部征税项目的其中数。

(1) 第14行"即征即退货物及加工修理修配劳务":反映按简易计税方法计算增值税且享受即征即退政策的货物及加工修理修配劳务。本行不包括服务、不动产和无形资产的内容。

① 本行第9列"合计""销售额"栏:反映按简易计税方法计算增值税且享受即征即退政策的货物及加工修理修配劳务的不含税销售额。该栏不按第9列所列公式计算,应按照税法规定据实填写。

② 本行第10列"合计""销项(应纳)税额"栏:反映按简易计税方法计算增值税且享受即征即退政策的货物及加工修理修配劳务的应纳税额。该栏不按第10列所列公式计算,应按照税法规定据实填写。

(2) 第15行"即征即退服务、不动产和无形资产":反映按简易计税方法计算增值税且享受即征即退政策的服务、不动产和无形资产。本行不包括货物及加工修理修配劳务的内容。

① 本行第9列"合计""销售额"栏:反映按简易计税方法计算增值税且享受即征即退政策的服务、不动产和无形资产的不含税销售额。服务、不动产和无形资产有扣除项目的,按扣除之前的不含税销售额填写。该栏不按第9列所列公式计算,应按照税法规定据实填写。

② 本行第10列"合计""销项(应纳)税额"栏:反映按简易计税方法计算增值税且享受即征即退政策的服务、不动产和无形资产的应纳税额。服务、不动产和无形资产有扣除项目的,按扣除之前的应纳税额填写。该栏不按第10列所列公式计算,应按照税法规定据实填写。

③ 本行第14列"扣除后""销项(应纳)税额"栏:反映按简易计税方法计算增值税且享受即征即退政策的服务、不动产和无形资产实际应计提的应纳税额。服务、不动产和无形资产有扣除项目的,按扣除之后的应纳税额填写;服务、不动产和无形资产无扣除项目的,按本行第10列填写。

6. 第16行"三、免抵退税""货物及加工修理修配劳务":反映适用免、抵、退税政策的出口货物、加工修理修配劳务。

7. 第17行"三、免抵退税""服务、不动产和无形资产":反映适用免、抵、退税政策的服务、不动产和无形资产。

8. 第18行"四、免税""货物及加工修理修配劳务":反映按照税法规定免征增值税的货物及劳务和适用零税率的出口货物及劳务,但零税率的销售额中不包括适用免、抵、退税办法的出口货物及劳务。

9. 第19行"四、免税""服务、不动产和无形资产":反映按照税法规定免征增值税的服务、不动产、无形资产和适用零税率的服务、不动产、无形资产,但零税率的销售额中不包括适用免、抵、退税办法的服务、不动产和无形资产。

四、《增值税纳税申报表附列资料(二)》(本期进项税额明细)填写说明

(一)"税款所属时间""纳税人名称"的填写同主表。

(二)第1至12栏"一、申报抵扣的进项税额":分别反映纳税人按税法规定符合抵扣条件,在本期申报抵扣的进项税额。

1. 第1栏"(一)认证相符的增值税专用发票":反映纳税人取得的认证相符本期申报抵扣的增值税专用发票情况。该栏应等于第2栏"本期认证相符且本期申报抵扣"与第3栏"前期认证相符且本期申报抵扣"数据之和。适用取消增值税发票认证规定的纳税人,通过增值税发票选择确认平台选择用于抵扣的增值税专用发票,视为"认证相符"(下同)。

2. 第2栏"其中:本期认证相符且本期申报抵扣":反映本期认证相符且本期申报抵扣的增值税专用发票的情况。本栏是第1栏的其中数,本栏只填写本期认证相符且本期申报抵扣的部分。

3. 第3栏"前期认证相符且本期申报抵扣":反映前期认证相符且本期申报抵扣的增值税专用发票的情况。

辅导期纳税人依据税务机关告知的稽核比对结果通知书及明细清单注明的稽核相符的增值税专用发票填写本栏。本栏是第1栏的其中数。

纳税人本期申报抵扣的收费公路通行费增值税电子普通发票(以下简称通行费电子发票)应当填写在第1至3栏对应栏次中。

第1至3栏中涉及的增值税专用发票均不包含从小规模纳税人处购进农产品时取得的专用发票,但购进农产品未分别核算用于生产销售13%税率货物和其他货物服务的农产品进项税额情况除外。

4. 第4栏"(二)其他扣税凭证":反映本期申报抵扣的除增值税专用发票之外的其他扣税凭证的情况。具体包括:海关进口增值税专用缴款书、农产品收购发票或者销售发票(含农产品核定扣除的进项税额)、代扣代缴税收完税凭证、加计扣除农产品进项税额和其他符合政策规定的扣税凭证。该栏应等于第5至8b栏之和。

5. 第5栏"海关进口增值税专用缴款书":反映本期申报抵扣的海关进口增值税专用缴款书的情况。按规定执行海关进口增值税专用缴款书先比对后抵扣的,纳税人需依据税务机关告知的稽核比对结果通知书及明细清单注明的稽核相符的海关进口增值税专用缴款书填写本栏。

6. 第6栏"农产品收购发票或者销售发票":反映纳税人本期购进农业生产者自产农产品取得(开具)的农产品收购发票或者销售发票情况。从小规模纳税人处购进农产品时取得增值税专用发票情况填写在本栏,但购进农产品未分别核算用于生产销售13%税率货物和其他货物服务的农产品进项税额情况除外。

"税额"栏=农产品销售发票或者收购发票上注明的农产品买价×9%+增值税专用发票上注明的金额×9%。

上述公式中的"增值税专用发票"是指纳税人从小规模纳税人处购进农产品时取得的专用发票。

执行农产品增值税进项税额核定扣除办法的,填写当期允许抵扣的农产品增值税进项税额,不填写"份数""金额"。

7. 第7栏"代扣代缴税收缴款凭证":填写本期按规定准予抵扣的完税凭证上注明的增值

税额。

8. 第8a栏"加计扣除农产品进项税额"：填写纳税人将购进的农产品用于生产销售或委托受托加工13%税率货物时加计扣除的农产品进项税额。该栏不填写"份数""金额"。

9. 第8b栏"其他"：反映按规定本期可以申报抵扣的其他扣税凭证情况。

纳税人按照规定不得抵扣且未抵扣进项税额的固定资产、无形资产、不动产，发生用途改变，用于允许抵扣进项税额的应税项目，可在用途改变的次月将按公式计算出的可以抵扣的进项税额，填入本栏"税额"中。

10. 第9栏"（三）本期用于购建不动产的扣税凭证"：反映按规定本期用于购建不动产的扣税凭证上注明的金额和税额。

购建不动产是指纳税人2016年5月1日后取得并在会计制度上按固定资产核算的不动产或者2016年5月1日后取得的不动产在建工程。取得不动产，包括以直接购买、接受捐赠、接受投资入股、自建以及抵债等各种形式取得不动产，不包括房地产开发企业自行开发的房地产项目。

本栏次包括第1栏中本期用于购建不动产的增值税专用发票和第4栏中本期用于购建不动产的其他扣税凭证。

本栏"金额""税额"≥0。

11. 第10栏"（四）本期用于抵扣的旅客运输服务扣税凭证"：反映按规定本期购进旅客运输服务，所取得的扣税凭证上注明或按规定计算的金额和税额。

本栏次包括第1栏中按规定本期允许抵扣的购进旅客运输服务取得的增值税专用发票和第4栏中按规定本期允许抵扣的购进旅客运输服务取得的其他扣税凭证。

本栏"金额""税额"≥0。

第9栏"（三）本期用于购建不动产的扣税凭证"＋第10栏"（四）本期用于抵扣的旅客运输服务扣税凭证"税额≤第1栏"认证相符的增值税专用发票"＋第4栏"其他扣税凭证"税额。

12. 第11栏"（五）外贸企业进项税额抵扣证明"：填写本期申报抵扣的税务机关出口退税部门开具的《出口货物转内销证明》列明允许抵扣的进项税额。

13. 第12栏"当期申报抵扣进项税额合计"：反映本期申报抵扣进项税额的合计数。按表中所列公式计算填写。

（三）第13至23栏"二、进项税额转出额"各栏：分别反映纳税人已经抵扣但按规定应在本期转出的进项税额明细情况。

1. 第13栏"本期进项税额转出额"：反映已经抵扣但按规定应在本期转出的进项税额合计数。按表中所列公式计算填写。

2. 第14栏"免税项目用"：反映用于免征增值税项目，按规定应在本期转出的进项税额。

3. 第15栏"集体福利、个人消费"：反映用于集体福利或者个人消费，按规定应在本期转出的进项税额。

4. 第16栏"非正常损失"：反映纳税人发生非正常损失，按规定应在本期转出的进项税额。

5. 第17栏"简易计税方法征税项目用"：反映用于按简易计税方法征税项目，按规定应在本期转出的进项税额。

营业税改征增值税的纳税人，服务、不动产和无形资产按规定汇总计算缴纳增值税的分支机构，当期应由总机构汇总的进项税额也填入本栏。

6. 第 18 栏"免抵退税办法不得抵扣的进项税额"：反映按照免、抵、退税办法的规定，由于征税税率与退税税率存在税率差，在本期应转出的进项税额。

7. 第 19 栏"纳税检查调减进项税额"：反映税务、财政、审计部门检查后而调减的进项税额。

8. 第 20 栏"红字专用发票信息表注明的进项税额"：填写增值税发票管理系统校验通过的《开具红字增值税专用发票信息表》注明的在本期应转出的进项税额。

9. 第 21 栏"上期留抵税额抵减欠税"：填写本期经税务机关同意，使用上期留抵税额抵减欠税的数额。

10. 第 22 栏"上期留抵税额退税"：填写本期经税务机关批准的上期留抵税额退税额。

11. 第 23 栏"其他应作进项税额转出的情形"：反映除上述进项税额转出情形外，其他应在本期转出的进项税额。

（四）第 24 至 34 栏"三、待抵扣进项税额"各栏：分别反映纳税人已经取得，但按税法规定不符合抵扣条件，暂不予在本期申报抵扣的进项税额情况及按税法规定不允许抵扣的进项税额情况。

1. 第 24 至 28 栏涉及的增值税专用发票均不包括从小规模纳税人处购进农产品时取得的专用发票，但购进农产品未分别核算用于生产销售 13％税率货物和其他货物服务的农产品进项税额情况除外。

2. 第 25 栏"期初已认证相符但未申报抵扣"：反映前期认证相符，但按照税法规定暂不予抵扣及不允许抵扣，结存至本期的增值税专用发票情况。辅导期纳税人填写认证相符但未收到稽核比对结果的增值税专用发票期初情况。

3. 第 26 栏"本期认证相符且本期未申报抵扣"：反映本期认证相符，但按税法规定暂不予抵扣及不允许抵扣，而未申报抵扣的增值税专用发票情况。辅导期纳税人填写本期认证相符但未收到稽核比对结果的增值税专用发票情况。

4. 第 27 栏"期末已认证相符但未申报抵扣"：反映截至本期期末，按照税法规定仍暂不予抵扣及不允许抵扣且已认证相符的增值税专用发票情况。辅导期纳税人填写截至本期期末已认证相符但未收到稽核比对结果的增值税专用发票期末情况。

5. 第 28 栏"其中：按照税法规定不允许抵扣"：反映截至本期期末已认证相符但未申报抵扣的增值税专用发票中，按照税法规定不允许抵扣的增值税专用发票情况。

纳税人本期期末已认证相符待抵扣的通行费电子发票应当填写在第 24 至 28 栏对应栏次中。

6. 第 29 栏"（二）其他扣税凭证"：反映截至本期期末仍未申报抵扣的除增值税专用发票之外的其他扣税凭证情况。具体包括：海关进口增值税专用缴款书、农产品收购发票或者销售发票、代扣代缴税收完税凭证和其他符合政策规定的扣税凭证。该栏应等于第 30 至 33 栏之和。

7. 第 30 栏"海关进口增值税专用缴款书"：反映已取得但截至本期期末仍未申报抵扣的海关进口增值税专用缴款书情况，包括纳税人未收到稽核比对结果的海关进口增值税专用缴款书情况。

8. 第 31 栏"农产品收购发票或者销售发票"：反映已取得但截至本期期末仍未申报抵扣的农产品收购发票或者农产品销售发票情况。从小规模纳税人处购进农产品时取得增值税专用发票情况填写在本栏，但购进农产品未分别核算用于生产销售 13％税率货物和其他货物服务的农产品进项税额情况除外。

9. 第 32 栏"代扣代缴税收缴款凭证"：反映已取得但截至本期期末仍未申报抵扣的代扣

代缴税收完税凭证情况。

10. 第 33 栏"其他"：反映已取得但截至本期期末仍未申报抵扣的其他扣税凭证的情况。

（五）第 35 至 36 栏"四、其他"各栏。

1. 第 35 栏"本期认证相符的增值税专用发票"：反映本期认证相符的增值税专用发票的情况。纳税人本期认证相符的通行费电子发票应当填写在本栏次中。

2. 第 36 栏"代扣代缴税额"：填写纳税人根据《中华人民共和国增值税暂行条例》第十八条扣缴的应税劳务增值税额与根据营业税改征增值税有关政策规定扣缴的服务、不动产和无形资产增值税额之和。

五、《增值税纳税申报表附列资料（三）》（服务、不动产和无形资产扣除项目明细）填写说明

（一）本表由服务、不动产和无形资产有扣除项目的营业税改征增值税纳税人填写。其他纳税人不填写。

（二）"税款所属时间""纳税人名称"的填写同主表。

（三）第 1 列"本期服务、不动产和无形资产价税合计额（免税销售额）"：营业税改征增值税的服务、不动产和无形资产属于征税项目的，填写扣除之前的本期服务、不动产和无形资产价税合计额；营业税改征增值税的服务、不动产和无形资产属于免抵退或免税项目的，填写扣除之前的本期服务、不动产和无形资产免税销售额。本列各行次等于《附列资料（一）》第 11 列对应行次，其中本列第 3 行和第 4 行之和等于《附列资料（一）》第 11 列第 5 栏。

营业税改征增值税的纳税人，服务、不动产和无形资产按规定汇总计算缴纳增值税的分支机构，本列各行次之和等于《附列资料（一）》第 11 列第 13a、13b 行之和。

（四）第 2 列"服务、不动产和无形资产扣除项目""期初余额"：填写服务、不动产和无形资产扣除项目上期期末结存的金额，试点实施之日的税款所属期填写"0"。本列各行次等于上期《附列资料（三）》第 6 列对应行次。

本列第 4 行"6％税率的金融商品转让项目""期初余额"年初首期填报时应填"0"。

（五）第 3 列"服务、不动产和无形资产扣除项目""本期发生额"：填写本期取得的按税法规定准予扣除的服务、不动产和无形资产扣除项目金额。

（六）第 4 列"服务、不动产和无形资产扣除项目""本期应扣除金额"：填写服务、不动产和无形资产扣除项目本期应扣除的金额。

本列各行次＝第 2 列对应各行次＋第 3 列对应各行次。

（七）第 5 列"服务、不动产和无形资产扣除项目""本期实际扣除金额"：填写服务、不动产和无形资产扣除项目本期实际扣除的金额。

本列各行次≤第 4 列对应各行次，且本列各行次≤第 1 列对应各行次。

（八）第 6 列"服务、不动产和无形资产扣除项目""期末余额"：填写服务、不动产和无形资产扣除项目本期期末结存的金额。

本列各行次＝第 4 列对应各行次－第 5 列对应各行次。

六、《增值税纳税申报表附列资料（四）》（税额抵减情况表）填写说明

（一）税额抵减情况

1. 本表第 1 行由发生增值税税控系统专用设备费用和技术维护费的纳税人填写，反映纳税人增值税税控系统专用设备费用和技术维护费按规定抵减增值税应纳税额的情况。

2. 本表第 2 行由营业税改征增值税纳税人，服务、不动产和无形资产按规定汇总计算缴纳增值税的总机构填写,反映其分支机构预征缴纳税款抵减总机构应纳增值税税额的情况。

3. 本表第 3 行由销售建筑服务并按规定预缴增值税的纳税人填写,反映其销售建筑服务预征缴纳税款抵减应纳增值税税额的情况。

4. 本表第 4 行由销售不动产并按规定预缴增值税的纳税人填写,反映其销售不动产预征缴纳税款抵减应纳增值税税额的情况。

5. 本表第 5 行由出租不动产并按规定预缴增值税的纳税人填写,反映其出租不动产预征缴纳税款抵减应纳增值税税额的情况。

(二)加计抵减情况

本表第 6 至 8 行仅限适用加计抵减政策的纳税人填写,反映其加计抵减情况。其他纳税人不需填写。第 8 行"合计"等于第 6 行、第 7 行之和。各列说明如下:

1. 第 1 列"期初余额":填写上期期末结余的加计抵减额。

2. 第 2 列"本期发生额":填写按照规定本期计提的加计抵减额。

3. 第 3 列"本期调减额":填写按照规定本期应调减的加计抵减额。

4. 第 4 列"本期可抵减额":按表中所列公式填写。

5. 第 5 列"本期实际抵减额":反映按照规定本期实际加计抵减额,按以下要求填写。

若第 4 列≥0,且第 4 列<主表第 11 栏-主表第 18 栏,则第 5 列=第 4 列;

若第 4 列≥主表第 11 栏-主表第 18 栏,则第 5 列=主表第 11 栏-主表第 18 栏;

若第 4 列<0,则第 5 列等于 0。

计算本列"一般项目加计抵减额计算"行和"即征即退项目加计抵减额计算"行时,公式中主表各栏次数据分别取主表"一般项目""本月数"列、"即征即退项目""本月数"列对应数据。

6. 第 6 列"期末余额":填写本期结余的加计抵减额,按表中所列公式填写。

七、《增值税减免税申报明细表》填写说明

(一)本表由享受增值税减免税优惠政策的增值税一般纳税人和小规模纳税人(以下简称增值税纳税人)填写。仅享受月销售额不超过 10 万元(按季纳税 30 万元)免征增值税政策或未达起征点的增值税小规模纳税人不需填报本表,即小规模纳税人当期《增值税纳税申报表(小规模纳税人适用)》第 12 栏"其他免税销售额""本期数"和第 16 栏"本期应纳税额减征额""本期数"均无数据时,不需填报本表。

(二)"税款所属时间""纳税人名称"的填写同申报表主表,申报表主表是指《增值税纳税申报表(一般纳税人适用)》或者《增值税纳税申报表(小规模纳税人适用)》(下同)。

(三)"一、减税项目"由本期按照税收法律、法规及国家有关税收规定享受减征(包含税额式减征、税率式减征)增值税优惠的增值税纳税人填写。

1. "减税性质代码及名称":根据国家税务总局最新发布的《减免性质及分类表》所列减免性质代码、项目名称填写。同时有多个减征项目的,应分别填写。

2. 第 1 列"期初余额":填写应纳税额减征项目上期"期末余额",为对应项目上期应抵减而不足抵减的余额。

3. 第 2 列"本期发生额":填写本期发生的按照规定准予抵减增值税应纳税额的金额。

4. 第 3 列"本期应抵减税额":填写本期应抵减增值税应纳税额的金额。本列按表中所列公式填写。

5. 第 4 列"本期实际抵减税额":填写本期实际抵减增值税应纳税额的金额。本列各行≤第 3 列对应各行。

一般纳税人填写时,第1行"合计"本列数=申报表主表第23行"一般项目"列"本月数"。

小规模纳税人填写时,第1行"合计"本列数=申报表主表第16行"本期应纳税额减征额""本期数"。

6.第5列"期末余额":按表中所列公式填写。

(四)"二、免税项目"由本期按照税收法律、法规及国家有关税收规定免征增值税的增值税纳税人填写。仅享受小微企业免征增值税政策或未达起征点的小规模纳税人不需填写,即小规模纳税人申报表主表第12栏"其他免税销售额""本期数"无数据时,不需填写本栏。

1."免税性质代码及名称":根据国家税务总局最新发布的《减免性质及分类表》所列减免性质代码、项目名称填写。同时有多个免税项目的,应分别填写。

2."出口免税"填写增值税纳税人本期按照税法规定出口免征增值税的销售额,但不包括适用免、抵、退税办法出口的销售额。小规模纳税人不填写本栏。

3.第1列"免征增值税项目销售额":填写增值税纳税人免税项目的销售额。免税销售额按照有关规定允许从取得的全部价款和价外费用中扣除价款的,应填写扣除之前的销售额。

一般纳税人填写时,本列"合计"等于申报表主表第8行"一般项目"列"本月数"。

4.第2列"免税销售额扣除项目本期实际扣除金额":免税销售额按照有关规定允许从取得的全部价款和价外费用中扣除价款的,据实填写扣除金额;无扣除项目的,本列填写"0"。

5.第3列"扣除后免税销售额":按表中所列公式填写。

6.第4列"免税销售额对应的进项税额":本期用于增值税免税项目的进项税额。小规模纳税人不填写本列,一般纳税人按下列情况填写:

(1)一般纳税人兼营应税和免税项目的,按当期免税销售额对应的进项税额填写;

(2)一般纳税人本期销售收入全部为免税项目,且当期取得合法扣税凭证的,按当期取得的合法扣税凭证注明或计算的进项税额填写;

(3)当期未取得合法扣税凭证的,一般纳税人可根据实际情况自行计算免税项目对应的进项税额;无法计算的,本栏次填写"0"。

7.第5列"免税额":一般纳税人和小规模纳税人分别按下列公式计算填写,且本列各行数应大于或等于0。

一般纳税人公式:第5列"免税额"≤第3列"扣除后免税销售额"×适用税率-第4列"免税销售额对应的进项税额"。

小规模纳税人公式:第5列"免税额"=第3列"扣除后免税销售额"×征收率。

国家税务总局办公厅关于《国家税务总局关于调整增值税纳税申报有关事项的公告》的解读

为贯彻落实党中央、国务院关于减税降费的决策部署,进一步优化纳税服务,减轻纳税人负担,国家税务总局制发《国家税务总局关于调整增值税纳税申报有关事项的公告》(以下简称公告),现将公告解读如下:

一、增值税纳税申报表调整情况

(一)调整部分申报表附列资料表式内容

一是将原《增值税纳税申报表附列资料(一)》中的第1栏、第2栏项目名称分别调整为

"13％税率的货物及加工修理修配劳务"和"13％税率的服务、不动产和无形资产";删除第3栏"13％税率";第4a栏、第4b栏序号分别调整为第3栏、第4栏,项目名称分别调整为"9％税率的货物及加工修理修配劳务"和"9％税率的服务、不动产和无形资产"。

二是将原《增值税纳税申报表附列资料(二)》(以下简称《附列资料(二)》)中的第10栏项目名称调整为"(四)本期用于抵扣的旅客运输服务扣税凭证";第12栏"当期申报抵扣进项税额合计"计算公式调整为"12＝1＋4＋11"。

三是将原《增值税纳税申报表附列资料(三)》中的第1栏、第2栏项目名称分别调整为"13％税率的项目"和"9％税率的项目"。

四是在原《增值税纳税申报表附列资料(四)》表式内容中,增加"二、加计抵减情况"相关栏次。

(二)废止部分申报表附列资料

一是废止原《增值税纳税申报表附列资料(五)》(以下简称《附列资料(五)》)。

二是废止原《营改增税负分析测算明细表》。

纳税人自2019年5月1日起无需填报上述两张附表。

二、本公告施行后需注意的事项

(一)纳税人申报适用16％、10％等原增值税税率应税项目时,按照申报表调整前后的对应关系,分别填写相关栏次。

(二)截至2019年3月税款所属期,《附列资料(五)》第6栏"期末待抵扣不动产进项税额"的期末余额,可以自本公告施行后结转填入《附列资料(二)》第8b栏"其他"。

四、纳税地点

国家税务总局关于国家物资储备局系统销售储备物资统一缴纳增值税问题的通知

1994年4月13日　国税发〔1994〕90号

根据国务院国阅〔1994〕42号《关于研究财税体制改革方案出台后有关问题的会议纪要》对国家物资储备局系统销售的储备物资,采取先征税后返还的办法的决定,现就国家储备局系统缴纳增值税的具体问题,通知如下:

一、国家物资储备局的物资收储、销售业务,由于实行统一管理、统一结算的体制,为了便于税款征收及财政返还处理,对国家物资储备局所取得的储备物资销售收入,由国家物资储备局在北京向国家税务总局直属征收局集中缴纳增值税。

二、国家物资储备局可向税务征收单位申请办理税务登记、一般纳税人认定手续和购买增值税专用发票,并正确地履行纳税义务。

三、国家物资储备局购买的增值税专用发票只限于在京办理结算时开具,不得提供给所属基层单位使用。

四、国家物资储备局系统(包括省级局及下属仓库)从事的多种经营业务仍应在经营行为所在地按规定缴纳各种应纳的税收。

543 财政部 国家税务总局关于连锁经营企业增值税纳税地点问题的通知

1997 年 11 月 11 日 财税〔1997〕97 号

为支持连锁经营的发展,根据《增值税暂行条例》第二十二条的有关规定,现对连锁经营企业实行统一缴纳增值税的有关问题通知如下:

一、对跨地区经营的直营连锁企业,即连锁店的门店均由总部全资或控股开设,在总部领导下统一经营的连锁企业,凡按照国内贸易部《连锁店经营管理规范意见》(内贸政体法字〔1997〕第 24 号)的要求,采取微机联网,实行统一采购配送商品,统一核算,统一规范化管理和经营,并符合以下条件的,可对总店和分店实行由总店向其所在地主管税务机关统一申报缴纳增值税:

1. 在直辖市范围内连锁经营的企业,报经直辖市国家税务局会同市财政局审批同意;

2. 在计划单列市范围内连锁经营的企业,报经计划单列市国家税务局会同市财政局审批同意;

3. 在省(自治区)范围内连锁经营的企业,报经省(自治区)国家税务局会同省财政厅审批同意;

4. 在同一县(市)范围内连锁经营的企业,报经县(市)国家税务局会同县(市)财政局审批同意。

二、连锁企业实行由总店向总店所在地主管税务机关统一缴纳增值税后,财政部门应研究采取妥善办法,保证分店所在地的财政利益在纳税地点变化后不受影响。涉及省内地、市间利益转移的,由省级财政部门确定;涉及地、市内县(市)间利益转移的,由地、市财政部门确定;县(市)范围内的利益转移,由县(市)财政部门确定。

三、对自愿连锁企业、即连锁店的门店均为独立法人,各自的资产所有权不变的连锁企业和特许连锁企业,即连锁店的门店同总部签订合同,取得使用总部商标、商号、经营技术及销售总部开发商品的特许权的连锁企业,其纳税地点不变,仍由各独立核算门店分别向所在地主管税务机关申报缴纳增值税。

国家税务总局关于纳税人以资金结算网络方式
收取货款增值税纳税地点问题的通知

2002 年 9 月 3 日 国税函〔2002〕802 号

各省、自治区、直辖市和计划单列市国家税务局:

近接部分地区反映,实行统一核算的纳税人为加强对分支机构资金的管理,提高资金运转效率,与总机构所在地金融机构签订协议建立资金结算网络,以总机构的名义在全国各地开立存款账户(开立的账户为分支机构所在地账号,只能存款、转账,不能取款),各地实现的销售,由总机构直接开具发票给购货方,货款由购货方直接存入总机构的网上银行存款账户。对这种新的结算方式纳税地点如何确定，各地理解不一。经研究，现明确如下：

纳税人以总机构的名义在各地开立账户，通过资金结算网络在各地向购货方收取销货款，由总机构直接向购货方开具发票的行为，不具备《国家税务总局关于企业所属机构间移送货物征收增值税问题的通知》(国税发〔1998〕137号)规定的受货机构向购货方开具发票、向购货方收取货款两种情形之一，其取得的应税收入应当在总机构所在地缴纳增值税。

 财政部　国家税务总局关于固定业户总分支机构
增值税汇总纳税有关政策的通知

2012年1月16日　财税〔2012〕9号

各省、自治区、直辖市、计划单列市财政厅(局)、国家税务局，新疆生产建设兵团财务局：

根据《中华人民共和国增值税暂行条例》第二十二条有关规定，现将固定业户总分支机构增值税汇总纳税政策通知如下：

固定业户的总分支机构不在同一县(市)，但在同一省(区、市)范围内的，经省(区、市)财政厅(局)、国家税务局审批同意，可以由总机构汇总向总机构所在地的主管税务机关申报缴纳增值税。

省(区、市)财政厅(局)、国家税务局应将审批同意的结果，上报财政部、国家税务总局备案。

 财政部　国家税务总局关于重新印发《总分机构试点纳税人增值税
计算缴纳暂行办法》的通知

2013年10月24日　财税〔2013〕74号

各省、自治区、直辖市、计划单列市财政厅(局)、国家税务局、地方税务局，新疆生产建设兵团财务局：

根据营业税改征增值税试点政策和现行增值税有关规定，现将修订后的《总分机构试点纳税人增值税计算缴纳暂行办法》(见附件)印发你们，请遵照执行。

附件：总分机构试点纳税人增值税计算缴纳暂行办法

附件

总分机构试点纳税人增值税计算缴纳暂行办法

一、经财政部和国家税务总局批准的总机构试点纳税人及其分支机构，按照本办法的规定计算缴纳增值税。

二、总机构应当汇总计算总机构及其分支机构发生《应税服务范围注释》所列业务的应交增值税，抵减分支机构发生《应税服务范围注释》所列业务已缴纳的增值税税款(包括预缴和补缴的增值税税款)后，在总机构所在地解缴入库。总机构销售货物、提供加工修理修配劳务，按照增值税暂行条例及相关规定就地申报缴纳增值税。

三、总机构汇总的应征增值税销售额，为总机构及其分支机构发生《应税服务范围注释》

所列业务的应征增值税销售额。

四、总机构汇总的销项税额,按照本办法第三条规定的应征增值税销售额和增值税适用税率计算。

五、总机构汇总的进项税额,是指总机构及其分支机构因发生《应税服务范围注释》所列业务而购进货物或者接受加工修理修配劳务和应税服务,支付或者负担的增值税税额。总机构及其分支机构用于发生《应税服务范围注释》所列业务之外的进项税额不得汇总。

六、分支机构发生《应税服务范围注释》所列业务,按照应征增值税销售额和预征率计算缴纳增值税。计算公式如下:

$$应预缴的增值税 = 应征增值税销售额 \times 预征率$$

预征率由财政部和国家税务总局规定,并适时予以调整。

分支机构销售货物、提供加工修理修配劳务,按照增值税暂行条例及相关规定就地申报缴纳增值税。

七、分支机构发生《应税服务范围注释》所列业务当期已预缴的增值税税款,在总机构当期增值税应纳税额中抵减不完的,可以结转下期继续抵减。

八、每年的第一个纳税申报期结束后,对上一年度总分机构汇总纳税情况进行清算。总机构和分支机构年度清算应交增值税,按照各自销售收入占比和总机构汇总的上一年度应交增值税税额计算。分支机构预缴的增值税超过其年度清算应交增值税的,通过暂停以后纳税申报期预缴增值税的方式予以解决。分支机构预缴的增值税小于其年度清算应交增值税的,差额部分在以后纳税申报期由分支机构在预缴增值税时一并就地补缴入库。

九、总机构及其分支机构的其他增值税涉税事项,按照营业税改征增值税试点政策及其他增值税有关政策执行。

十、总分机构试点纳税人增值税具体管理办法由国家税务总局另行制定。

五、纳税评估及日常检查

国家税务总局关于印发《增值税日常稽查办法》的通知

1998 年 3 月 26 日   国税发〔1998〕044 号

第一条 为了规范增值税日常稽查的内容和程序,加强增值税日常稽查管理,防范和查处偷骗增值税行为,提高纳税人依法纳税自觉性,根据《中华人民共和国税收征收管理法》《中华人民共和国增值税暂行条例》制定本办法。

第二条 本办法适用于税务机关对增值税一般纳税人(以下简称纳税人)实施的增值税日常稽查。小规模纳税人增值税日常稽查办法另行制定。

第三条 增值税日常稽查是税务机关依照税收法律、法规和规章,对纳税人履行纳税义务情况实施常规稽核和检查的总称,包括稽核、检查及一般性违法问题的处理。

第四条 增值税稽核是税务机关监审纳税人增值税纳税申报情况及相关资料,筛选检查对象的过程,分为一级稽核和二级稽核。

一级稽核的工作内容和步骤:

(一)监控纳税人的申报情况。对超过纳税申报期限未办理纳税申报者,在本纳税申报期结束后5日内,向其发出催报通知。对连续两个月逾期未申报的,列印《未申报纳税人清单》送交检查。

(二)审核纳税人的申报数据。依据纳税申报表内各指标之间的逻辑关系,对所申报的应纳税额进行逻辑审核。对申报有误的,应及时向纳税人发出《申报错误更正通知》。

(三)按季计算分析纳税人销售额变动率和税负率,计算公式如下:

1. 销售额变动率=(本年累计应税销售额-上年同期应税销售额)/上年同期应税销售额×100%

2. 税负率=本年累计应纳税额/本年累计应税销售额×100%

将销售额变动率和税负率与相应的正常峰值进行比较,对存在下列问题的纳税人,列印《纳税申报异常纳税人清单》送交二级稽核。

1. 销售额变动率高于正常峰值,税负率低于正常峰值的;

2. 销售额变动率低于正常峰值,税负率低于正常峰值的;

3. 销售额变动率及税负率均高于正常峰值的。

前款所称正常峰值,是指纳税人在一定时期内实现的销售额和税负正常变化的上限或下限。即:销售额变动率正常峰值,为纳税人在正常经营的前提下,销售额与上年同期比较,销售额变动率(±)所能达到的最大值;税负率正常峰值,为纳税人在正常履行纳税义务的前提下,由于受市场、季节等因素的影响而使税负率变化所能达到的最小值或最大值。正常峰值由地市级以上税务机关根据本地区不同行业的具体情况分别确定。

二级稽核的工作内容和步骤:

(一)审核增值税纳税申报表、发票领用存月报表、相关发票存根联、抵扣联、发票领用存原始记录等资料之间的数据是否相符。

(二)对防伪税控系统开具的增值税专用发票抵扣联按规定进行认证。

(三)运用全国丢失、被盗增值税专用发票查询系统对其抵扣联进行抽查验证。

(四)根据纳税人报送的增值税纳税申报表、资产负债表、损益表和其他有关纳税资料,做好案头分析工作,对纳税人形成异常申报的原因作出初步判断。

1. 毛益率分析。根据损益表计算销售毛益率,计算公式为:

$$销售毛益率=(销售收入-销售成本)÷销售收入×100\%$$

若本期销售毛益率较以前各期或上年同期有较大幅度下降,可能存在购进货物(包括应税劳务,下同)入账,销售货物结转销售成本而不计或少计销售额的问题。

2. 存货、负债、进项税额综合分析。适用于商品流通企业。分析时,先计算本期进项税额控制数,计算公式为:

$$\begin{aligned}本期进项税额控制数=&\left[\begin{array}{l}期末存货较期初增加额\\(减少额用负数表示)\end{array}+\begin{array}{l}本期销售成本\end{array}+\begin{array}{l}期末应付账款较期初减少数\\(增加额用负数表示)\end{array}\right]\\&×\begin{array}{l}主要外购货物的增值税税率\end{array}+\begin{array}{l}本期运费支出数\end{array}×10\%\end{aligned}$$

以进项税额控制数与增值税申报表中的本期进项税额核对,若前者明显小于后者,则可能存在虚抵进项税额和未付款的购进货物提前申报抵扣进项税额的问题。

3. 销售额分析。将损益表中的当期销售成本加上按成本毛利率计算出的毛益额后,与损益表、增值税申报表中的本期销售额进行对比,若表中数额小,且差距较大,则可能存在销售额不入账、挂账或瞒报等问题。成本毛利率计算公式如下:

$$成本毛利率 = (本年累计毛利额 / 本年累计销售成本) \times 100\%$$

第五条 将稽核发现的问题和疑点,分别不同情况作如下处理:

(一)对纳税人申报异常提出质询,并逐一记录质询情况,质询记录内容包括:纳税人名称、纳税人识别号、申报异常所属时期、销售额变动率及税负率、答复人姓名以及答复情况等。

(二)对申报异常且无正当理由的纳税人应填写《增值税待查对象通知》,送交检查;申报异常现象特别严重或有较大偷骗税嫌疑的,填写《增值税待查对象特急通知》送交专案检查。

(三)质询记录、待查对象通知和检查情况所报资料要随时复核,定期统计并报主管领导审阅。

第六条 对稽核阶段未被列入检查对象的纳税人,应定期随机抽取一定数量的待查对象送交检查。对该类纳税人的检查间隔(即实施两次检查之间的时间)最长不得超过3年。

第七条 增值税检查是税务机关对纳税人会计核算资料及有关生产经营情况进行实地检查的过程。

第八条 增值税检查的对象为稽核环节送达的未申报清单和待查对象通知所列的纳税人以及根据本办法第六条确定的纳税人。

第九条 增值税检查应按计划组织实施,对未申报待查对象的检查应自通知送达之日起1个月内实施,对申报异常的待查对象的检查应自通知送达之日起2个月内实施。

第十条 增值税检查方法根据待查对象的具体情况确定:

(一)无申报异常现象的,可采取抽查的方法,如有问题再全面检查。

(二)有申报异常现象的,应以销项或进项的某一方面问题核实为主,实施销项税额与进项税额的全面检查。

1. 销售额变动率高于正常峰值及税负率低于正常峰值或销售额变动率正常,而税负率低于正常峰值的,以进项税额为检查重点,查证有无扩大进项抵扣范围、骗抵进项税额、不按规定申报抵扣等问题,对应核实销项税额计算的正确性;

2. 销售额变动率低于正常峰值及税负率变动低于正常峰值的,销项税额和进项税额均应作为检查重点。

对销项税额的检查,应侧重查证有无账外经营、瞒报、迟报计税销售额、混淆增值税与营业税征税范围、错用税率等问题。

检查基本方法见附件1。

第十一条 经稽核、检查核实的一般性偷骗税问题应按《中华人民共和国税收征收管理法》有关条款及现行有关管理规定进行处理;同时责成纳税人进行相关的账务调整(具体调账方法见附件2)。对偷骗税数额较大、情节较严重、涉及地域范围较广的偷骗税案件应及时移送专案稽查。

第十二条 经增值税检查查实的问题及处理情况应按国家税务总局统一规定的文书形式反馈给二级稽核。

第十三条 《未申报纳税人清单》《申报错误更正通知》《纳税申报异常纳税人清单》《增值

税待查对象通知》《增值税待查对象特急通知》的样式及内容由各省级税务机关确定。

第十四条　本办法自 1998 年 1 月 1 日起执行。

附件 1

增值税检查基本方法

一、瞒报计税销售额的检查。应对下列问题运用账证核对法逐项查证：

（一）发票上填开的销售额与有关收入账户中的记录是否一致；

（二）有无计税销售额记入往来账户问题；

（三）有无将计税销售额或差价记入"应付福利费""投资收益""资本公积""盈余公积"等账户，逃避纳税的现象；

（四）以物易物有无不反映销售而只办理存货之间转账的问题；

（五）有无发生销售不反映销售额，而是以"生产成本""产成品""库存商品"等存货账户以及资金账户或往来账户对转的问题；

（六）有关收入账户的红字冲销记录有无足以证明业务确实发生的证据；

（七）视同销售业务不申报纳税。检查"应付福利费""在建工程""长期投资""营业外支出"等账户的借方记录，核对会计凭证，查明视同销售是否按规定申报了计税销售额和销项税额。

二、迟报计税销售额的检查。

（一）将已填开的发票存根联与有关收入账户记录进行核对，看当月实现的收入是否全部入账，有无压票现象；

（二）对不以销货发票为记账依据的商业零售企业，应查明有无将本月的"销售日报"作为下月原始凭证入账的现象。

三、适用税率的检查。看已填开的增值税专用发票和含税销售额换算为不含税销售额所使用的税率是否正确。

四、虚开发票的检查。将已填开的发票存根联与其所列货物的明细账记录进行核对，看账证记录是否一致。

五、扩大进项税额抵扣范围的检查。以"进项税额"账户为中心，逐一分析每笔记录记账凭证的会计处理和原始凭证所载明的经济业务，看有无将不属于抵扣范围的进项税额申报抵扣。

六、骗抵进项税额的检查。将进项凭证与相关的付款凭证、资金账户，相关的存货账户进行核实，凡发现异常的进项凭证或涉嫌虚开、伪造的进项凭证，应委托销货方所在地税务机关配合查实。

对依据运费发票等其他扣税凭证计算进项税额的，应检查进项税额计算的正确性和扣税凭证的真实性。

七、擅自抵扣期初存货进项税额的检查。对纳税人申报抵扣的期初存货进项税额，应查明是否经主管税务机关批准，验证其计算的正确性。

八、进项税额转出的检查。分析"应付福利费""在建工程""其他业务支出""待处理财产损溢""营业外支出"以及销售收入类等账户，并核对其会计凭证，看是否发生了进项税额转出事项，该办理进项税额转出的是否已经转出，转出额确定得是否正确。对兼营免税项目的纳税人，应通过分析有关销售收入和成本账户，看是否按规定办理进项税额转出。

九、账外经营检查。涉嫌有账外经营的,可采用突击检查方式,运用盘存法对存货和库存现金进行账实核对,凡相差悬殊的,要进一步查证有无未入账的进项凭证(包括代销、寄存等其他有效凭证)和现金收入凭证,如有未入账凭证,将其所载金额从实存数中扣除后,其结果仍大于账存的,即存在账外经营。

附件 2

增值税检查调账方法

增值税检查后的账务调整,应设立"应交税金——增值税检查调整"专门账户。凡检查后应调减账面进项税额或调增销项税额和进项税额转出的数额,借记有关科目,贷记本科目;凡检查后应调增账面进项税额或调减销项税额和进项税额转出的数额,借记本科目,贷记有关科目;全部调账事项入账后,应结出本账户的余额,并对该余额进行处理:

1. 若余额在借方,全部视同留抵进项税额,按借方余额数,借记"应交税金——应交增值税(进项税额)"科目,贷记本科目。

2. 若余额在贷方,且"应交税金——应交增值税"账户无余额,按贷方余额数,借记本科目,贷记"应交税金——未交增值税"科目。

3. 若本账户余额在贷方,"应交税金——应交增值税"账户有借方余额且等于或大于这个贷方余额,按贷方余额数,借记本科目,贷记"应交税金——应交增值税"科目。

4. 若本账户余额在贷方,"应交税金——应交增值税"账户有借方余额但小于这个贷方余额,应将这两个账户的余额冲出,其差额贷记"应交税金——未交增值税"科目。

上述账务调整应按纳税期逐期进行。

国家税务总局关于印发增值税纳税评估部分方法
及行业纳税评估指标的通知

2005 年 12 月 20 日　国税函〔2005〕1205 号

各省、自治区、直辖市和计划单列市国家税务局,扬州税务进修学院:

现将《增值税纳税评估部分方法及行业纳税评估指标(试行)》(以下简称《评估方法》)印发给你们,请结合本地实际贯彻实施,并提出如下具体要求:

一、《评估方法》是为了适应增值税管理的科学化、精细化要求,在深入调查研究、总结部分基层工作经验的基础上制定的。各地在具体实施时,要根据本地的情况、评估对象的具体情况灵活运用;要根据本地的实际,制定本省、市的指标;要对评估工作好的作法及时总结,不断扩充完善评估指标体系和指标参数,使指标体系和指标参数比较全面地反映本地的实际情况,提高增值税纳税评估的科学性和针对性。

二、各地在开展增值税纳税评估时,必须首先对纳税人进行筛选,确定疑点对象,实施检查。有条件的地区可利用《评估方法》中的一些方法和指标,对纳税人申报的原辅材料、包装物、能源动力、生产工时、设备使用等投入产出情况进行深入的分析,以印证企业纳税申报的真实性,找出或者澄清评估疑点。

三、各地对增值税的纳税评估工作要高度重视,积极探索,并将此项工作纳入工作业绩考核之中。对于申报明显异常而没有按要求进行纳税评估的案件,应当追究相关人员的责任。

四、《评估方法》仅仅是在总结部分省市纳税评估实际的基础上提炼出来的,试行中遇到的问题或者产生的好经验,要及时总结,并报告总局(流转税管理司)。

附件:《增值税纳税评估部分方法及行业纳税评估指标(试行)》

附件

增值税纳税评估部分方法及行业纳税评估指标(试行)

第一部分 增值税纳税评估部分方法

一、税负对比分析法

税负即税收负担率,是应纳税额与课税对象的比率,它比较直观地体现了一个企业实现税收的能力和负担水平。行业内全部企业的应纳税总额与课税对象总额之比,即行业税负。

行业税负反映了行业内企业的总体负担水平。行业中单个企业的税负在一定时期内对行业税负的背离,造成企业税负与行业税负的差异。而税负对比分析法是税务部门对企业税负背离行业税负进行有效监控的方法之一。它是通过企业税负与行业税负的对比,对税负异常的企业围绕关联指标展开分析,以发现企业税收问题的一种方法。

税负对比分析法的适用范围很广,基本上对所有行业均可适用。

模型:

$$税负差异率 = (企业税收负担率 - 行业税收负担率) \div 行业税收负担率 \times 100\%$$

税负对比分析法属于综合分析法,影响因素较多,涉及税基的多个方面。因此,用该法发现企业税负异常时,应结合其他分析方法进行多角度分析。

需要注意的几个问题:(1)季节性因素。企业生产经营受季节的影响变化,本期进入销售淡季,造成应税销售收入降低,同时,为销售旺季准备生产,购进货物大幅增加,造成购销失衡等。(2)政策性因素。出口企业本期出口销售额占销售总额的比例突然增加,直接免抵税额增加,应纳税额减少,税负降低。(3)价格因素。受市场竞争影响,企业经营的货物价格本期大幅度下降,增值额减少,税负降低。(4)经营范围发生较大变化等特殊情况。

二、工业增加值评估

(一)应纳税额与工业增加值弹性评估模型与评估方法

1. 应纳税额与工业增加值弹性评估模型

$$应纳税额与工业增加值弹性系数 = \frac{应纳税额增长率}{工业增加值增长率}$$

其中:

$$应纳税额增长率 = \frac{当期应纳税额 - 基期应纳税额}{基期应纳税额} \times 100\%$$

$$工业增加值增长率 = \frac{当期工业增加值 - 基期工业增加值}{基期工业增加值} \times 100\%$$

2. 评估方法

工业增加值是指工资、利润、折旧、税金的合计。一般情况下,应纳税额与工业增加值弹性系数为1,对弹性系数<1的,可根据造纸行业一定时期的发展状况,确定一定区间作为预警值。弹性系数小于预警值,则企业可能有少缴税金的问题。应通过其他相关纳税评估指标与评估方法,并结合纳税人生产经营的实际情况进一步分析,对其申报真实性进行评估。

（二）工业增加值税负评估模型与评估方法

1. 工业增加值税负评估模型

工业增加值税负差异率＝〔本企业工业增加值税负÷同行业工业增加值税负〕×100%。其中：

$$本企业工业增加值税负 = 本企业应纳税额 ÷ 本企业工业增加值$$

$$同行业工业增加值税负 = 同行业应纳税额总额 ÷ 同行业工业增加值$$

2. 评估方法

应用该指标分析本企业工业增加值税负与同行业工业增加值税负的差异，如低于同行业工业增加值平均税负，则企业可能存在隐瞒收入、少缴税款等问题，结合其他相关评估指标和方法进一步分析，对其申报真实性进行评估。

三、投入产出法

投入产出法，就是根据企业评估期实际投入原材料、辅助材料、包装物等的数量，按照确定的投入产出比（定额）测算出企业评估期的产品产量，结合库存产品数量及产品销售量、销售单价测算分析纳税人实际产销量、销售收入，并与纳税人申报信息进行对比分析的方法。

投入产出法主要适用于产品相对较为单一的工业企业。由于测算、分析侧重的内容和角度不同，不同的行业适用的投入产出测算指标和模型不同，以及投入产出表现形式的不同，分析的方法也不尽相同，如按其表现形式可分为投入产出比、单位产品定耗的分析；按其侧重面的不同可分为原材料投入产出比、废料的产出及再利用率、单位产品辅助材料（包装物）耗用定额的分析等。

（一）投入产出比模型

$$测算应税销售收入 = \left(期初库存产品数量 + 评估期产品数量 - 期末库存产品数量\right) × 评估期产品销售单价$$

$$评估期产品数量 = 当期投入原材料数量 × 投入产出比$$

$$问题值 = （测算应税销售收入 - 企业实际申报应税销售收入）× 适用税率（征收率）$$

应用中该模型的分析重点是：根据已确定的行业或产品的投入产出比及企业评估期原材料的耗用数量，测算出产品生产数量，与企业账面记载产品产量相比对，同时结合产品库存数量及销售单价等信息进行关联测算，并与企业实际申报的应税销售收入对比，查找企业可能存在的问题。

（二）单位产品定耗模型的应用

$$测算应税销售收入 = \left(期初库存产品数量 + 评估期产品数量 - 期末库存产品数量\right) × 评估期产品销售单价$$

$$评估期产品数量 = 评估期原材料或包装物耗用量 ÷ 单位产品耗用原材料或包装物定额$$

$$问题值 = （测算应税销售收入 - 企业实际申报应税销售收入）× 适用税率（征收率）$$

该方法是通过单位产品耗用原材料定额指标，评估产品实际产量和销售额，进而评估出纳税人是否存在有隐瞒销售收入的问题。单位产品耗用原材料定额可以根据产品配方中的定额直接确定。单位产品定耗既可以是单位产品耗用原材料定额，也可以是单位产品耗用辅助材料和包装物定额等。分析应用时要灵活运用，关联分析，及时查找企业可能存在的线索和问题。

需要注意的几个问题：（1）注意测算分析和实地调查相结合。对测算分析结果，必须深入调查，从企业仓库保管、库存明细账目、辅助材料、包装物耗用等多方面印证、分析，查找线索；（2）注意模型中指标的计量单位，特殊情况下必须进行单位换算，以免出现错误；（3）对农副产品收购、废旧物资收购等企业可利用该法关联分析收购发票开具的真实性。

四、能耗测算法

能耗测算法主要是根据纳税人评估期内水、电、煤、气、油等能源、动力的生产耗用情况，利用单位产品能耗定额测算纳税人实际生产、销售数量，并与纳税人申报信息对比、分析的一种方法。其中耗电、耗水等数据可从电力部门、自来水公司等取得核实，相对较为客观。

该分析方法广泛应用于工业企业。对账务核算不健全、材料耗用情况难以估算，但可从第三方取得客观能耗信息的小规模企业或个体工商户同样适用。

评估模型：

评估期产品产量 ＝ 评估期生产能耗量 ÷ 评估期单位产品能耗定额

评估期产品销售数量 ＝ 评估期期初库存产品数量 ＋ 评估期产品产量 － 评估期期末库存数量

评估期销售收入测算数 ＝ 评估期产量 × 评估期产品销售单价 × 适用税率(征收率)

问题值 ＝ (测算应税销售收入 － 企业实际申报应税销售收入) × 适用税率(征收率)

此法就是根据生产耗用的电力、水、煤、气等能量耗用定额指标，测算产品产量，进而测算其销售额和应纳税额，与申报信息进行对比分析，查找企业纳税疑点和线索的方法。

需要注意的几个问题：(1)正常的企业非生产性(办公照明、空调使用等)用电占比例很小，可以忽略不计。但对差异额较大的，应分析是否存在隐瞒产量，少计销售收入的可能，是否存在将电转售其他企业或用于非应税项目等情况，少计其他业务收入或多抵进项情况；对需要由电费推算用电量的，应考虑扣除企业缴纳的基本电费。(2)应加强同当地电业管理部门、自来水公司等单位的联系，核实企业用电、水量等数据的真实性。同时，要求纳税人申报时向主管税务机关提供电力、自来水发票复印件；或利用金税工程中供电系统的抄税信息核实。(3)在实际分析中，应选取企业生产经营中最具客观实在性、企业不易人为改变、不易隐瞒、便于收集、纳税评估可操作性强的指标。对能耗指标的分析应用，应充分考虑企业生产设备、生产工艺、工人熟练程度等因素的影响。指标的运用不可生搬硬套，应因地制宜，根据当地实际选用或增设辅助指标，确定科学、合理的参考系数，多个指标并用，便于发现问题和疑点。

五、工时(工资)耗用法

工时耗用法是指在单位产品耗用生产时间基本确定的前提下，按照纳税人在一定时期耗用工时总量，分析、测算该时期内的产品产量及销售数量或销售额，并与申报信息对比分析的方法，工资耗用是生产耗用工时反映在货币上的金额表现。该方法主要适用于单位产品耗用工时或者工资基本稳定，工资或工时记录完整、核算规范的工业企业。

由于工时在纳税人的账面不反映，不易于收集。工时往往反映在工资上。这部分工资仅仅指生产一线工人的工资，即生产成本中的直接人工成本部分，可以在会计核算健全的纳税人账簿、凭证中直接反映。

评估模型：

$$\text{评估期产品产量} = \frac{\text{评估期生产人员工时总量(工资总额) 或}}{\text{某一主要生产环节工时总量(工资总额)}} \div \frac{\text{单位产品耗用}}{\text{工时(或者工资)}}$$

$$\text{测算应税销售收入} = \left(\text{期初库存产品数量} + \text{评估期产品产量} - \text{期末库存产品数量} \right) \times \frac{\text{评估期产品}}{\text{销售单价}}$$

$$\text{问题值} = (\text{测算应税销售收入} - \text{企业实际申报应税销售收入}) \times \text{适用税率(征收率)}$$

该方法主要是通过生产耗用的工时或者工资测算产品产量，进而测算其销售额和应纳税额,并与申报信息进行对比分析,查找纳税疑点和线索。

需要注意的几个问题:(1)企业的生产工时(工资)标准或者关键生产环节工时(工资)标准应相对稳定,相关数据应易于收集和计算;(2)参考当地同行业或规模、效益相近企业的生产工时(工资)标准,便于税企双方工时(工资)标准的共同认可;(3)生产工时总量(工资总额)的所属期要与生产产品的所属期配比。

六、设备生产能力法

设备生产能力法是指主要生产设备在原料、动力和人员等正常运转下产出的能力。可分为设计生产能力和实际生产能力。设计生产能力指按照国家标准生产或引进的设备,经过国家有关部门审验、认可的标准性生产能力。实际生产能力是指设备在实际运转时的生产能力。在一般情况下,设备的实际生产能力与设计生产能力有一定出入。随着各个行业国标、强制性国标及行业管理标准的出台和完善,设备的实际生产能力越来越接近设计生产能力。

设备生产能力法就是按照纳税人投入生产的单位设备生产能力,测算、分析纳税人的实际生产量,进而核实应税销售收入,并与纳税人申报信息对比、分析是否存在涉税问题的方法。该方法主要适用于一些特定的行业,如造纸业、水泥制造业、微粉、发电等行业。该方法与其他分析方法结合使用,效果会更好。

评估模型:

$$评估期产品产量=评估期若干设备的日产量或时产量×评估期正常工作日或工作时$$

$$测算应税\atop销售收入=\left({期初库存\atop产品数量}+{评估期\atop产品产量}-{期末库存\atop产品数量}\right)×{评估期产品\atop销售单价}$$

$$问题值=(测算应税销售收入-企业实际申报应税销售收入)×适用税率(征收率)$$

该方法通过设备生产能力、生产耗用的时间测算产品的生产量,进而测算其销售额和应纳税额,并与申报信息进行对比分析,查找涉税疑点和线索。

需要注意的几个问题:(1)设备生产能力可从随机文件中得到。随机文件包括产品说明书、合格证、装箱单等。产品说明书对了解和掌握纳税人的设备生产能力较为重要;(2)实地查看时要注意正确区分设备的规格、型号、数量和生产能力;(3)设备生产能力一般有幅度,要结合企业实际情况进行掌握。

第二部分 部分行业纳税评估指标参数

木材加工行业

一、行业征管难点

主要是解决隐瞒销售收入问题。

由于木材加工行业的原材料主要是原木,由林业部门开具原木发票,虽然有多列金额现象,但总的看来问题不大;尤其是林业部门有年度砍伐计划,严格执行《森林法》的规定,开具的原木发票销售总量,不可能超过砍伐计划的规定,可信程度较高。而利用收购凭证和普通发票购入原木的数量很少,可以忽略不计,所以进项税的管理难度不大。

木材加工行业中小企业居多,装修材料等产品的销售对象有很多是个人,销售时现金交易、不开发票、资金体外循环,隐瞒销售收入是该行业的主要偷税手段。

二、评估指标参数表

	增值税税负参考值			销售收入变动范围	
木材加工业	3%～5%			−70%～70%	
产品类别	原材料类别	出材率(罗/立方米)	加工单位产品的耗电量(度/立方米)		毛利率
铅笔板	椴木	150～160	9～10		25%～35%
产品类别	原材料类别	出材率	耗电量(度/立方米)		毛利率
板方材	椴木	60%～67%	20～22		8%～10%
	曲柳	61%～65%	21～25		8%～12%
	桦木	60%～63%	20～23		7%～10%
	榆木	60%～65%	20～22		8%～10%
	白松	60%～67%	20～22		8%～9%
	柞木	60%～64%	20～23		7.5%～10%
	落叶松	60%～63%	21～22		8%～10%
	红松	60%～62%	20～22		8%～10%

三、评估方法

(一)投入产出法、实耗法

为了评估企业申报销售收入的真实性,选取了出材率、耗电量两个评估指标,测算评估期的产品产量,结合期初库存产品数量,通过实地调查、盘点等方法核实企业的期末库存,保证账、实一致,最后,倒挤评估期销售数量,换算为评估期的销售收入,与企业申报的销售收入对比,查找问题。

公式如下:

$$评估期产品产量 = 评估期投入原材料数量 × 出材率$$

$$评估期产品产量 = 评估期生产耗电总量 ÷ 单位产品耗电定额$$

$$评估期产品销售收入 = \left(\begin{array}{c}评估期期初库\\存产品数量\end{array} + \begin{array}{c}评估期\\产品产量\end{array} - \begin{array}{c}评估期期末\\库存量\end{array}\right) × \begin{array}{c}产品\\单价\end{array}$$

(二)毛利率差异率

$$毛利率差异率 = (本企业产品类型毛利率 − 行业该产品毛利率) ÷ 行业该产品毛利率 × 100\%$$

1. 前提条件

需要按照本地区企业的产品类型、原材料种类细化毛利率标准值,确定差异率的峰值,对异常的企业进行约谈、调查。

2. 数据来源

企业的产品毛利率可以从企业申报的损益表中获得,也可以从企业的其他财务资料中取得,与地区标准产品毛利率相比较可以找到差异,确定嫌疑;对产品单一的企业尤其适用。

煤炭采选业

一、煤炭采选业征管难点

目前煤炭企业存在的税收问题主要是:迟记销售,价外收入漏记销项税额,自用产品未同销售计提销项税、进项税额抵扣范围扩大,非正常损失未作进项税额转出。乡镇、个体等小煤矿存在现金交易,销售不开发票,设两套账,账外账的现象。税收征收管理难点在于大量现金交易,销售不开发票,设两本账,无法确认真实产量、销量和应纳税额,执法的依据不足。账务核算不实,税务机关根据账务稽查很难查补偷逃税款。

二、评估指标参数

参数值 行业	税负率	销售收入变动率	进项税额变动率	吨煤生产耗用电量
煤炭洗选业	8%～11%	正负50%	正负10%	8～20千瓦/小时

三、评估方法

(一)第一步:根据增值税税收负担率、销售额变动率、进项税额变动率、吨煤生产耗用电量四项主要指标及参数,计算拟定异常企业名单。

$$公式一:企业税负率 = \frac{本期应纳税额}{本期应税销售额} \times 100\%$$

$$公式二:销售额变动率 = \frac{本期应税销售额 - 上年同期应税销售额}{上年同期应税销售额} \times 100\%$$

销售额受销售数量、煤炭价格及价外费用等因素的影响,应与产销率配合使用,同时增加价格差异率等辅助指标。通过对销售额变动情况的分析,掌握其销售数量、销售价格的真实性。

$$价格差异率(按煤炭分类采集) = \frac{本期平均销售价格 - 同类产品平均销售价格}{同类产品平均销售价格} \times 100\%$$

$$公式三:进项税额变动率 = \frac{本期进项税额 - 上年同期进项税额}{上年同期进项税额} \times 100\%$$

煤炭企业的进项税额主要由木材、防护用品、火工用品、电缆配件、电力、运费等项目构成,各项目在进项税额中的构成比例相对稳定。应与吨煤原材料消耗量配合使用,同时增加抵扣项目变动率和待处理流动资产损失变动率等辅助指标。通过对进项税额及各项目构成比例变动分析,掌握其进项税额抵扣的合理及合法性,有无虚抵进项税问题。

$$某项目抵扣变动率 = 本期进项税额抵扣比率 - 上年同期进项税额抵扣比率$$

本项指标主要通过抵扣项目的增减变化,分析是否存在虚假抵扣现象。

$$流动资产损失变动率 = \frac{本期流动资产损失金额 - 上年同期流动资产损失金额}{上年同期流动资产损失金额} \times 100\%$$

本项指标主要分析非正常损失是否作进项税额转出。

$$公式四:吨煤生产耗用电量 = \frac{本期生产耗用电量}{本期煤炭生产量}$$

由于煤炭企业地质、开采条件和经营状况千差万别,各地进行评估时应以地市为单位制定指标参考值,根据本地实际情况对以下指标进行取舍或作为参考。

这些指标主要是吨煤生产耗用电量、火工品、工资、木材、支护用品、上缴或提取的矿管费、瓦斯治理费、井巷工程基金、育林费等

第二步:对各项指标异常原因开展评估分析、约谈举证、实地核查。

第三步:作出评估结论,按照规定进行处理。

（二）上述数据来源

1. 纳税人申报纳税资料、财务会计报表以及税务机关要求纳税人提供的其他相关资料。

2. 矿管、煤管部门提供的设计生产能力、年度生产计划、火工品用量等

3. 外部采集的价格信息及本地区煤炭行业的相关指标信息。

4. 上级税务机关发布的行业税负等信息。

造纸及纸制品业

一、行业税收管理现状及税收管理难点

造纸行业是与国民经济密切相关的基础产业,近几年来,随着需求的日益扩大,造纸行业特别是规模以上企业发展迅猛,税收贡献越来越大。目前对大型造纸企业由于其财务会计制度健全,核算正规,涉税违规问题相对较少。而随着中小型造纸企业的不断增多,税收管理的难度却不断加大,缺乏深层次切实有效的监控手段,突出表现为以下几方面:

（一）对企业"四小票"的税款抵扣缺乏有效的控管措施

以收购的农产品、废旧物资或进口废纸作为主要原材料的造纸企业,存在大量利用"四小票"进行税款抵扣的情况。由于农产品和废旧物资收购对象零星分散,流动性强,受人力物力及征管手段等客观条件的影响,对收购业务的真实性难以逐一核实。通过提高农产品收购价格、增加收购数量等虚开、虚抵税款;索取虚开的废旧物资发票、运费发票等虚抵税款。

（二）税源控管难度较大

造纸行业企业规模、生产流程差异较大,产品品种多,原材料耗用相差悬殊,即使是同一种产品,不同规模企业,其设备状况、工艺流程、原材料的种类和耗用情况等也存在较大差异,没有统一的行业技术指标标准,税务机关难以准确掌握共性的规律和指标。

（三）关联企业间存在较突出的避税问题

造纸企业集团一般存在多个分支机构,这些分支机构正常纳税与税收优惠并存,相互间存在较为频繁的关联交易。关联企业间通过价格调节、收入转移等方式避税。由于分支机构受控于集团,关联交易的交易价格、地点、时间受人为因素影响,给税收征管工作带来很大的难度

二、评估指标参数

（一）造纸行业增值税税负率:2.38%～6.26%

（二）造纸行业投入产出评估指标参数

造纸行业投入产出评估指标参数明细表（一）

产品名称	吨纸浆耗用原材料						吨纸耗浆	吨纸耗能			吨纸工资含量（元）
	麦草	芦苇	棉秆	美废	国废	木材		煤（吨）	电（度）	汽（吨）	
新闻纸				0.70	0.80		1.07	0.59	1013	2.30	114.50
铜版纸	2.80						0.86	1.20	654	2.88	217.50
书刊印刷纸	2.68			0.80			0.87	0.74	751	2.66	165.20
书写纸	2.53	2.26				2.11	0.88	1.54	1022	2.14	190.20
白纸板							0.85		392	1.93	62.00

(续表)

产品名称	吨纸浆耗用原材料						吨纸耗浆	吨纸耗能			吨纸工资含量(元)
	麦草	芦苇	棉秆	美废	国废	木材		煤(吨)	电(度)	汽(吨)	
涂布纸	2.80					2.06	0.68	1.45	881	3.35	480.00
生活用纸							1.16	1.54	1318	3.30	605.67
瓦楞纸、瓦楞纸板	2.40		2.00	0.70	0.77	2.50	0.94	0.31	421	1.97	51.13
包装用纸及纸板				0.70			0.93	0.56	610	1.92	50.31
其他特殊用纸和纸							0.77	0.95	798	2.78	232.67

板纸与瓦纸产品投入产出参数表(二)

项目 \ 产品	4400A板纸	4400A2板纸	3200板纸	板纸平均值	285瓦纸	1760瓦纸	瓦纸平均值
吨纸浆量(T)	1.04	0.93	0.93	0.97	0.93	0.90	0.91
吨纸汽量(T)	2.24	2.04	2.21	2.16	1.98	1.96	1.97
吨纸电量(度)	462.3	412.22	396.23	423.6	242.3	312.01	277.16
吨纸水量(方)	25.76	21.79	15.49	21.01	13.66	14.03	13.85

〔该企业的主要原料为美废和国废。国废出浆率为70%左右(68%~72%);美废出浆率为77%左右。〕

三、评估方法

（一）税负率评估

1. 企业与行业税负率评估模型与评估方法

（1）企业与行业税负率评估模型

① 税负率 $= \dfrac{\sum 当期应纳税额}{\sum 当期按适用税率征税货物与劳务销售额} \times 100\%$

② 分别计算各类别税负率标准差、上限、下限。计算公式为：

$$\sigma = \sqrt{\sum (X - \bar{X})^2 \times f \div \sum f} \times 100\%$$

标准差为：σ 上限为：$\bar{X} + \sigma$ 下限为：$\bar{X} - \sigma$

X 为单个纳税人实际税负，$\bar{X}$ 为该类别的平均税负，f 为销售收入。

③ 确定"税负预警值"：

$$税负预警值 = \bar{X} - \sigma$$

（2）评估方法

① 评估指标：

主体指标，主要包括应税销售收入、应纳税额、国民行业小类等指标。

辅助指标，主要包括免、抵、退办法出口货物销售额、免抵退货物应免抵额、免抵退货物应退税额、销项税额、进项税额、进项税额转出、期初留抵税额、期末留抵税额、各类进项抵扣税额结构情况等指标。

财务指标，主要包括期初、期末存货等指标。

主体指标是用来评估企业税负率与造纸及纸制品行业大类、小类税负率及其差异情况，辅助指标是用来评估税收政策和构成税负的各项要素变动对企业税负的影响程度，财务指标用来评估企业税负变动的内在财务因素。

② 按照提取的应税销售收入、应纳税额、行业代码信息分别按照国民行业大类、同行业应税销售收入规模档次、国民行业小类等分组计算加权平均税负率，并计算出单个企业税负率。

③ 正常情况下，直接以某类别的税负下限作为该类别的"税负预警值"。但是，通过标准差计算的税负下限既有正数，又有负数，这种现象在统计学中是合理的，然而在税负分析中，作为负数的下限是没有实际意义的。因此，必须对某一类别中出现负数的税负下限，进行具体的分析与合理的调整之后，最终确定"税负预警值"。调整时，一般是参照行业大类之中，企业户数较多（掌握在30户以上）的国民行业小类的税负下限，或参照国民行业内其他销售收入规模档次的税负下限，确定该类别的"税负预警线"。

④ 筛选确定税负疑点企业。按照确定的"税负预警值"，作为筛选标准，将所在类别中的纳税人税负率低于"税负预警值"的，初步确定为税负疑点企业。之后，对税负疑点企业进行政策性分析，主要是考虑出口免、抵、退税款对税负的影响，消除这些影响后，如果企业税负仍然低于"税负预警值"，即最终确定为税负疑点企业。

⑤ 对税负疑点企业进行深入评估。通过辅助指标和财务指标进一步分析税负疑点的具体特征，确定疑点方向。对涉及进项税额的疑点问题，针对造纸行业"农产品收购凭证与普通发票、废旧物资发票、运费发票、海关完税凭证"等"四小票"用量较大的实际情况，依托票表比对系统、增值税其他抵扣凭证审核检查系统，深入查证有无虚开、虚抵"四小票"问题；对涉及销项税额的疑点问题，应侧重查证有无账外经营、瞒报、迟报计税销售额、混淆征免界限等问题。

2. 税负率与增值率评估模型与评估方法

(1) 税负率与增值率评估模型

$$税负率 = \frac{当期销售额 \times 销项平均税率 - 当期进项抵扣项目金额 \times 进项平均税率}{当期销售额} \times 100\%$$

$$= 销项平均税率 - 进项平均税率 \times \frac{当期进项抵扣项目金额}{当期销售额} \times 100\%$$

$$= 销项平均税率 - 进项平均税率 \times (1 - 销售增值率)$$

$$= (销项平均税率 - 进项平均税率) + 进项平均税率 \times 销售增值率$$

A. $$销项平均税率 = \frac{\sum 当期销售额 \times 销项税率}{\sum 当期销售额} \times 100\%$$

B. $$进项平均税率 = \frac{\sum 当期进项抵扣项目金额 \times 进项税率}{\sum 当期进项抵扣项目金额} \times 100\%$$

C. $$销售增值率 = \frac{当期销售增值额}{当期销售额} \times 100\%$$

$$销售增值额 = 当期销售额 - 当期进项抵扣项目金额 \pm$$
$$\sum 存货增减额 \times 存货成本抵扣项目比率销售增值额$$

$$= 当期销售额 - 当期进项抵扣项目金额（理论值，适用于当期进销完全平衡状态）$$

或：

$$销售增值额 = 增加值(工资＋折旧＋税金＋营业利润)＋其他非进项抵扣项目费用金额$$

$$存货成本抵扣项目比率 = \frac{某类存货成本包含的抵扣项目金额}{该类存货成本总额} \times 100\%$$

$$存货增减额影响税负率 = \frac{\sum 存货增减额 \times 存货成本抵扣项目比率 \times 进项税率}{当期销售额}$$

(2) 评估方法

① 分析指标。税负率、销项税率、进项税率、销售增值率。

② 分析税负率与其相关指标的内在关系。

③ 分析造纸行业税负率的规律特征。通过对税负率计算公式进行相对数换算,可以直观地看到影响税负率的因素,主要有销项税率、进项税率、销售增值率等因素。一般纳税人增值税税负率与销售增值率成正比例关系;销项税率与进项税率的差异情况也直接制约着税负率水平。造纸行业税负率的规律性特征,在于进项平均税率低于销项税率,形成政策性较高税负。造纸及纸制品业在未兼营其他产品的情况下,其销项税率为17％的单一税率;但进项税率比较复杂,主要有增值税专用发票与海关完税凭证的17％、13％税率,农产品14.94％税率(由含税税率13％换算),废旧物资发票11.11％税率,(由含税税率10％换算),运费发票7.53％税率(由含税税率7％换算),以及少量的代开专用发票6％、4％税率等。

以农产品为主要原材料的造纸企业进项平均税率低于销项税率1个百分点左右,以废纸为主要原材料的造纸企业进项平均税率低于销项税率3个百分点左右。加之造纸行业属于资金密集型与技术密集型行业,生产工艺比较复杂,销售增值水平较高。因此,造纸行业的税负率水平应当较高。

3. 税负变动率评估模型与评估方法

(1) 税负变动率评估模型

$$税负变动率 = \frac{当期税负率－基期税负率}{基期税负率} \times 100\%$$

(2) 评估方法

① 分析指标:当期与基期应纳税额、当期与基期应税销售额等,提取增值税纳税申报表相关数据。

② 根据造纸行业不同时期的经济发展状况,按照行业平均税负变动情况,确定税负变动率预警值。一般情况下,税负变动率预警值可掌握在－20％左右。税负变动率＜预警值,可初步确定为疑点企业。

③ 对税负变动率疑点企业进行政策性分析,消除影响后,如果企业税负变动率仍然低于预警值,即可最终确定为疑点企业,进行深入评估。

4. 税负率与毛利率变动率配比评估模型与评估方法

(1) 税负率与毛利率变动率配比评估模型

$$\frac{税负变动率}{毛利率变动率} = \frac{当期税负率－基期税负率}{基期税负率} \Big/ \frac{当期毛利率－基期毛利率}{基期毛利率} \times 100\%$$

（2）评估方法

① 评估指标。当期与基期应纳税额、当期与基期产品销售利润、当期与基期应税销售额等，提取增值税纳税申报表、利润表（损益表）相关数据。

② 一般来讲，毛利率和税负率是同步变化的，随着销售毛利（益）率的增长，增值税的税负会提高；反之，当销售毛利率下降时，税收负率也会随之降低。

5. 税负率与应税销售额变动率配比评估模型与评估方法

（1）税负率与应税销售额变动率配比评估模型

$$应税销售额变动率 = \frac{当期销售额 - 基期销售额}{基期销售额} \times 100\%$$

$$税负率 = \frac{当期应纳税额}{当期应税销售额} \times 100\%$$

（2）评估方法

① 分析指标。当期与基期应纳税额、当期与基期应税销售额等，提取增值税纳税申报表的相关数据。

② 企业销售额变动率、税负率配比与造纸行业正常峰值不一致的，主要有两类情况：

一是销售额变动率高于正常峰值，税负率低于正常峰值；

二是销售额变动率与税负率均低于正常峰值。

③ 对销售额变动率与税负率进行配比分析，主要分析其是否经营正常，有无销售不入账、挂账、隐瞒或违反规定多抵扣进项税额等问题。

（二）工业增加值评估

1. 应纳税额与工业增加值弹性评估模型与评估方法

（1）应纳税额与工业增加值弹性评估模型

$$应纳税额与工业增加值弹性系数 = \frac{应纳税额增长率}{工业增加值增长率}$$

其中：

$$应纳税额增长率 = \frac{当期应纳税额 - 基期应纳税额}{基期应纳税额} \times 100\%$$

$$工业增加值增长率 = \frac{当期工业增加值 - 基期工业增加值}{基期工业增加值} \times 100\%$$

（2）评估方法

工业增加值是指工资、利润、折旧、税金的合计。一般情况下，应纳税额与工业增加值弹性系数为 1，对弹性系数＜1 的，可根据造纸行业一定时期的发展状况，确定一定区间作为预警值。弹性系数小于预警值，则企业可能有少缴税金的问题。应通过其他相关纳税评估指标与评估方法，并结合纳税人生产经营的实际情况进一步分析，对其申报真实性进行评估。

2. 工业增加值税负评估模型与评估方法

（1）工业增加值税负评估模型

$$工业增加值税负差异率 = 〔本企业工业增加值税负 \div 同行业工业增加值税负〕\times 100\%$$

其中：

$$本企业工业增加值税负 = 本企业应纳税额 \div 本企业工业增加值$$
$$同行业工业增加值税负 = 同行业应纳税额总额 \div 同行业工业增加值$$

（2）评估方法

应用该指标分析本企业工业增加值税负与同行业工业增加值税负的差异，如低于同行业工业增加值平均税负，则企业可能存在隐瞒收入、少缴税款等问题，结合其他相关评估指标和方法进一步分析，对其申报真实性进行评估。

（三）投入产出评估

1. 原材料投入产出率评估模型与评估方法

（1）原材料投入产出率评估模型

$$当期产品生产数量 = 当期原材料投入量 \div 单位产品原材料耗用量$$

（2）评估方法

单位产品原材料使用量是指同地区、同行业、同规模企业单位产品原材料使用量的平均值。对投入产出指标进行分析，测算出企业实际产量。根据测算的实际产量与实际库存进行对比，确定实际销量，从而进一步推算出企业销售收入。如测算的销售收入大于其申报的销售收入，则企业可能有隐瞒销售收入的问题。通过其他相关纳税评估指标与评估方法，并与税收管理员的日常监控情况进行比较，对其申报真实性进行评估。

2. 燃料投入产出率评估模型

$$当期产品生产数量 = 当期燃料投入量 \div 单位产品燃料耗用量$$

3. 电（汽）投入产出率评估模型

$$当期产品生产数量 = 当期电（汽）投入量 \div 单位产品电（汽）耗用量$$

4. 计件工资评估模型

按生产单位产品发放的计件工资计算。

$$当期产品生产数量 = 当期工资总额 \div 单位产品计件工资定额$$

5. 生产设备能力评估模型

根据不同规格的造纸设备的设计生产能力，作为计算生产数量的依据，计算公式如下：

$$当期产品生产数量 = 单位设备生产能力 \times 生产天数 \times 设备台数$$
$$或，单台设备每小时生产能力 \times 生产时间 \times 设备台数$$

食品加工业

一、行业征管难点

食品加工业企业生产方式与工艺流程一般都较简单，大都直接以农、林、牧、渔业产品为原料采用碾磨、脱壳、提炼、分割、粉碎、晾晒、冷藏、冷冻、脱水、干制、腌制、炒制等方式进行初加工；精加工则是在初加工基础上采用真空包装、高温杀毒、成品包装等形式形成精制农产品。人工费用大、产品附加值低是该行业的基本特点。由于食品加工企业一般自己直接收购农产品等主要原材料，加工成产品后又大多销往各地农副市场，收购与销售环节存在大量现金交易，导致购、销两头业务的真实性、完整性很难监控。申报不实、虚抵进项、免税销售与应税销售相互混淆或人为调节税负是目前该行业的主要偷税手段。

二、评估指标参数

	增值税税负参考值	销售收入变动范围
食品加工业	0.7~6.2	−50%~50%

部分产品指标和参数					
<div>指标</div><div>参数</div><div>农副食品</div>		原料成品率（%）	单位包装物产值（元）	每元工人工资产值（元）	每度电耗产值（元）
蔬菜腌制品	简制品	70%		10	
	精制品	50%		10	
	咸烤笋	30%		20	
	干制品	25%		10	15
	雪菜 以咸头加工	60%		25~30	
	雪菜 以鲜头加工	30%			
	榨菜 以咸头加工	70%~80%			小包装75~90元，微型包装45元
	榨菜 以鲜头加工	50%			
蔬菜速冻品	豆类	67%		21	13
	菜类	52%		16	7
	水果类	43%		13	12
	笋类	31%		13	12
蔬菜碾磨品	辣椒酱	90%		13	
	辣椒粉	90%		15	25
谷物磨制	稻谷	68%		40	29
水产品冷冻	带鱼		62/箱		
	马胶鱼	60%	96/箱		
	鱼糜	42%	150/箱		
	鱿鱼	30%	66/箱		
	虾仁	45%	110/箱		
	出口章鱼	46%	140/箱		

2004年生猪屠宰各项参数调查表（四川省）

产品类别	原材料类别	出肉率	动物检疫费（元/头）
猪肉类	生猪	50%	5

三、评估方法

为了评估企业申报销售收入的真实性，选取了原料成品率、电耗、工耗、包装物耗用四个评估指标，测算评估期的产品产量，结合期初库存产品产量，换算出评估期产品销售收入，与其申报的销售收入对比，从而发现疑点问题。

由于农产品加工行业大多存在现金交易、消耗率差异大、违规使用和开具农产品收购凭证等问题,评估中还需要用存货查验、农产品收购凭证审核等方式来进一步查证疑点。

(一)投入产出法:根据原料与产品的产出比例测算产量和产值。公式如下:

$$评估期产品产量 = 评估期投入原材料数量 × 原料成品率$$

$$评估期产品销售收入 = \left(评估期库存产品数量 + 评估期产品产量 - 评估期期末库存量\right) × 平均产品单价$$

分析方法:应用该模型能核对企业申报的销售额是否真实。如测算产值大于其申报的销售收入,则要查证有无账外经营、瞒报、漏报、迟报计税销售额问题。

(二)实耗测量法

1. 电耗测算法:根据企业所耗用的电度数来测算企业的产值。公式如下:

$$评估期产品产值 = 耗电总量 × 每度电耗产值$$

2. 工耗测算法:以耗用的工人工资确定产值。公式如下:

$$评估期产品产值 = 工人总工资额 × 每元工人工资产值$$

3. 包装物耗用测算法:以耗用的纸箱、胶袋等包装物数量确定产值。公式如下:

$$评估期产品产值 = 耗用包装物总量 × 单位包装物产值$$

分析方法:对不同产品,分别应用上述1个或多个模型核对企业申报的销售额是否真实。如测算产值大于其申报的销售收入,则要查证有无账外经营、瞒报、漏报、迟报计税销售额问题。

橡 胶 行 业

一、行业征管难点

(一)税务机关对自产农产品产量、农产品的收购数量、农产品的收购价格及收购发票的真实性难以有效核实。一是农产品收购中存在大量的虚增收购数量和收购价格的情况,但税务机关难以核实。二是税务机关对农产品经营者所销售的橡胶初级产品是自产,还是向其他生产者收购后再销售,难以准确掌握和划分。不少农场不仅直接种植橡胶,生产橡胶初级产品标胶,同时也外购胶乳加工标胶,即存在同一人既属种植者又属收购者的情形。

(二)由于政策规定购进免税农产品销售按收购价以13%抵扣率计算进项税额,销售购进的免税农产品应换算成不含税价依13%计算销项税,导致"毛利"低于13%的农产品出现大量进项税留抵税额,征扣倒挂。

(三)橡胶制品的生产主要是化学合成反应,工艺比较复杂,产品规格也很多,个别企业的生产工序多达30多道,税务人员由于缺少化学方面的专业知识,一直以来对这类企业的单位产品原材料耗用量、动力消耗量等投入产出指标是否准确难以确定。

(四)橡胶属于重要的工业原料,其国际市场价格波动频繁,且幅度大,天然乳胶价格低的时候4 000多元一吨,高的时候可达10 000多元一吨。在现行农业产品税收管理政策中,农业生产者直接销售天然乳胶是免税的,如果对市场价格不掌握,天然乳胶生产者很可能利用时间差虚增销售价格,使制品生产企业多抵扣进项税额,少缴税款。

(五)同类企业之间、同一企业不同时期税负不均衡。经调查,乳胶制品企业的税负大多在4%左右,而某某企业(福利企业)的税负却高达10%,经调查分析是该企业涉嫌利用福利企业享受增值税即征即退优惠政策钻空子,购进原材料时不索取进项发票抵扣进项税额,造成其税负畸高,但却可以令上一销售环节不缴税。又例,某乳胶制品生产企业 2002—2004 年的税负分别为 10.18%、1.84%、8.01%。

(六)国产天然乳胶和进口天然乳胶同属 60% 的高氨型浓缩乳胶,但国产乳胶目前普遍是适用 13% 的税率,而进口乳胶海关却按 17% 的税率代征,这造成生产同一产品的不同企业可能因原料来源地不同而导致税负不同。

二、评估指标参数

(一)橡胶农产品:

橡胶林每亩种植 28～33 棵橡胶树,每颗橡胶树每月产胶乳 6 公斤,每公斤胶乳平均产 0.28～0.33 公斤干胶。

(二)橡胶制品:

产品类别			销售利润率		成本利润率		
胶手套			3%		4%		
警用消防服			27%		41%		
汽车配件			6%		7%		
轮胎			负数		负数		
评估指标	建议设定参数	波动幅度	评估指标		建议设定参数		波动幅度
单位产成品原材料耗用率	85%	10%	主营业务成本率		88%		10%
成本费用率	10%	20%	成本费用总额利润率		4%		10%
净资产收益率	4%	20%	总资产周转率		3.5%		20%
应收账款变动率	6%	30%	存货周转率		70		30%
应付账款变动率	6%	30%	应纳增值税增长率		3%		30%
应纳增值税税负率	4.5%	30%	工业增加值增长率		20%		30%
应纳增值税与工业增加值弹性系数	1.5	30%	工业增加值增值税税负率		50%		30%

三、评估方法

分析单位产品当期耗用原材料与当期产出的产成品成本比率,判断纳税人是否存在账外销售问题、是否错误使用存货计价方法,成本变动率超出预警值范围,可能存在销售未计收入。

1. 原材料。橡胶制品业生产的产品,其主要原材料就是天然橡胶或者废旧轮胎,品种单一,且占总原材料成本的 90% 以上,因此在增值税管理中原材料的耗用及价格分析非常重要。

(1)耗用:橡胶制品一般情况下都是批量生产,因此,用这一规格单个产品的橡胶部分重量乘产品数量得出的产品橡胶部分总重量与橡胶(或轮胎)耗用量对比,就可以验证产出与橡胶(或轮胎)耗用的匹配性,从而可以根据库存推测企业购进、销售的真实性。根据测算,1 份乳胶的橡胶净含量是 60%,也就是说,在没有损耗的情况下,1 吨乳胶生产出来的乳胶制品中橡胶部分的重量应该是 600 公斤,通常乳胶制品的正常损耗率在 5% 以内。在再生胶生产过程中,一般情况下 1 吨轮胎经挑选粉碎后的胶粉是 750 公斤,在炼再生胶的过程中,损耗在 10% 以内。对干胶制品行业,由于该类企业很少,且规模也不大,生产经营不稳定,暂时无法取得该类企业的橡胶投入产出比数据。

(2)价格:天然橡胶价格是重要工业原料,利用网络等媒体很容易就可以查询到市场交割价格,税源管理人员可以定期对企业购进价进行对比分析。废旧轮胎的价格波动较小,鉴于废旧回收行业税收政策的特殊性,税务人员也要定期采集市场价格数据。

2. 动力:橡胶制品行业动力的耗用也相对比较稳定,尤其是干胶制品和再生胶行业,用电量可以作为衡量生产量的重要依据。一般来说,乳胶制品的动力成本约占生产总成本的10%;一吨干胶投入生产需耗电100度左右;一吨再生胶产出需用电约1100度,如要制成胶板还要增加约800度的用电量。

3. 化学添加剂:橡胶制品生产过程中使用的化学剂品种很多,量也很少,监控相对困难。但在乳胶和干胶制品的工艺流程中都必须经过一个硫化工序,这道工序必用的化学剂就是硫磺或氧化锌,而且用量在同种产品生产中也比较稳定,因此也可以将硫磺或氧化锌的耗用作为一个辅助的监控手段。

评估指标	计算公式	参数	波动幅度
乳胶投入产出(同一规格产品)比	(单件产品橡胶部分重量×产品数量)÷(乳胶耗用量×60%)	1	5%
废旧轮胎投入产出(再生胶)比	再生胶产出量÷废旧轮胎耗用量	0.75	10%
(乳胶行业)动力成本率	动力成本额÷生产成本总额	10%	30%
(再生胶)吨耗电量	总耗电量(度)÷再生胶产量(吨)	1100	20%

食品制造业

一、淀粉及淀粉制品制造业

(一)行业征管难点

由于该行业的原材料大部分是收购的农副产品,而农副产品收购发票是企业自开自抵的,所以,相当多的企业都存在着进项税额抵扣不实的问题。同时,由于这个行业原材料收购有一定的季节性,在日常管理工作中不易监控。

(二)评估指标参数表

成本项目＼主要产品		淀粉/吨		粉条/吨		粉皮/吨		液糖/吨	
		数量	单位	数量	单位	数量	单位	数量	单位
主要原材料	红薯	8.1	吨						
	红薯淀粉			1.06	吨	1.06	吨	1.41	吨
	玉米								
能耗	电	360	度	320	度	100	度	231	度
	煤	270	公斤	300	公斤	1 500	公斤		
	气							1.5	吨

(三)评估方法

根据行业的生产经营规律,根据所耗原材料、动力定额来推算产品的产量,以产品产量和库存变动情况推算的销量,核实产品销售收入,最终评估纳税人申报的应纳税额是否准确。

1. 投入产出率模型

原材料耗用数量＝期初库存原材料数量＋本期入库数量－期末库存原材料数量

评估产量＝本期生产耗用原材料的数量÷单位耗用定额

评估期销售数量＝期初库存数量＋评估期产量－期末库存数量

评估销售收入＝销售数量×销售单价

2. 耗电量模型

评估期产量＝本期生产总耗电量÷单位产品耗电量

销售数量＝期初库存数量＋评估期产量－期末库存数量

评估销售收入＝销售数量×销售单价

3. 耗气模型

评估期产量＝生产耗用气量÷单位耗气定额

销售数量＝期初库存数量＋评估期产量－期末库存数量

评估销售收入＝销售数量×销售单价

二、方便面食品制造业

（一）行业征管难点

1. 不开发票。方便面生产行业属于轻工业，其产品很多直接对批发部和消费者，所以销售一般不开具增值税专用发票，甚至连普通发票也不开具，造成销售难以掌握。

2. 销售区域广阔。方便面是一种特殊的产品，在一个地区的消费量有限，所以方便面生产行业要想增加生产量，必须在附近的几个省拓展业务，形成了广大的销售网络，在掌握起来有较大难度。

3. 方便面单位价值较低。一般库存很少，从生产厂家一生产出来，就要装车向外地运送，所以其在实物形态上，难以很直观的掌握其生产的数量。

4. 行业竞争激烈。每一个方便面生产厂家都要占领一定的销售区域，目前我省生产规模较大的就有四五家，而且还有像白象方便面厂这样福利企业，造成方便面生产行业存在着比较残酷的竞争。方便面生产厂家不可避免地存在有偷税的主观愿望。

（二）评估指标参数

<table>
<tr><td rowspan="2">成本项目</td><td rowspan="2">主要产品</td><td colspan="2">方便面/吨</td></tr>
<tr><td>数量</td><td>单位</td></tr>
<tr><td rowspan="2">主要原材料</td><td>面粉</td><td>0.08</td><td>吨</td></tr>
<tr><td>棕榈油</td><td>0.21</td><td>吨</td></tr>
<tr><td rowspan="2">辅助材料</td><td>纸箱</td><td>根据不同纸箱规格，每吨产品耗用纸箱定额为118～1 157个。</td><td>个</td></tr>
<tr><td>膜卷</td><td>膜卷每卷长度定额1 000米，根据产品规格不同，每吨产品耗用膜卷定额为1.85～3.59卷。</td><td>卷</td></tr>
</table>

（三）评估方法

根据该行业原材料、用电、包装物耗用比较稳定的特点，建立以下模型。

1. 投入产出率模型

评估期生产领用原料数量 ＝ 期初库存数量＋本期购进数量－期末库存数量

评估应税销售收入 ＝（期初库存产品数量＋本期生产领用原料数量÷吨产品原料耗用定额－期末库存产成品数量）×评估期平均销售单价

评估期平均销售单价 ＝ $\sum$ 评估期所有品种单价（元／吨）÷品种数

评估期问题值 ＝（评估应税销售收入－企业实际申报应税销售收入）×适用税率

2. 用电定额模型

评估应税销售收入 ＝ $\sum$ 评估期所有品种〔（期初库存产品数量＋本期生产用电量÷吨产品用电定额－期末库存产成品数量）×评估期平均销售单价〕

评估期问题值 ＝（评估应税销售收入－企业实际申报应税销售收入）×适用税率

3. 耗用包装物模型

（1）纸箱

评估期纸箱耗用量 $= \sum$ 评估期所有品种（期初库存纸箱＋本期购进纸箱－期末库存纸箱）

评估期产量 $= \sum$ 评估期所有品种（评估期纸箱耗用量÷吨产品纸箱耗用定额）

评估应税销售收入 $= \sum$ 评估期所有品种〔（期初库存产品数量＋评估期产量 －期末库存产成品数量）×评估期销售单价〕

评估期问题值 $=$（评估应税销售收入－企业实际申报应税销售收入）×适用税率

（2）膜卷

评估期膜卷耗用量 $= \sum$ 评估期所有品种（期初库存膜卷＋本期购进膜卷－期末库存膜卷）

评估期产量 $= \sum$ 评估期所有品种（评估期膜卷耗用量÷吨产品膜卷耗用定额）

评估应税销售收入 $= \sum$ 评估期所有品种〔（期初库存产品数量＋ 评估期产量－期末库存产成品数量）×评估期销售单价〕

评估期问题值 $=$（评估应税销售收入－企业实际申报应税销售收入）×适用税率

4. 残次品（碎面）产量模型

评估期碎面产量 $=$ 评估期产量×残次品率

评估应税其他业务收入 $=$（期初库存碎面数量＋评估期残次品产量 －期末库存残次品数量）×评估期残次品销售单价

评估期问题值 $=$（评估应税其他业务收入－企业实际申报应税其他业务收入）×适用税率

三、乳制品制造业

（一）行业征管难点

由于生产乳制品所用的主要原材料为农副产品，所以企业的进项税票主要是非防伪税控的农副产品收购发票，而收购发票由其自行开具，且供货方大都是农民个人，同时，购货方为了方便自己（或有其他原因），在开具收购发票时，并不是收购一笔开具一笔，而是集中开具收购发票，这就使得收购企业开具收购发票存在着很大的随意性，因为供货方的无法确定，使得收购企业就有机会"虚购"原料，在收购价格、数量上税务机关也难以控制，有人为扩大进项税额之嫌，税务机关又查无实据。与此同时，由于原料收购和产品销售点较多，从材料购进到产品出库，税务机关对其难以进行监督，给企业留下了虚开进项和产成品账外销售的可能，从而形成偷税。

（二）评估指标参数

主要产品 成本项目		液态乳制品/吨		全脂淡奶粉/吨		全脂甜奶粉/吨	
		数量	单位	数量	单位	数量	单位
主要原材料	鲜奶	1.04	吨	8	吨	7.6	吨
辅助材料	包装物	250ml 液态奶需包装 4440 个	个	40	套	40	套
	糖					0.19	吨
能耗	电	60	度	290	度	270	度

（三）评估方法

1. 投入产出率评估指标

   评估销售额 ＝ 评估销售量×单位产品售价(加权平均售价)

   评估销售量 ＝ 期初产成品库存量＋评估期产成品产量－期末产成品库存量

   评估期产成品产量 ＝ 评估期投入生产的原材料数量×投入产出率

   评估问题值 ＝(评估产成品产量－企业账面产成品产量)×单位售价×适用税率

2. 能耗评估指标

   评估期原材料耗用量 ＝ 评估期耗电量÷加工吨原材料耗电量

   评估期原材料耗用金额 ＝ 评估期原材料耗用量×评估期原材料平均单价

3. 包装物耗用评估指标

   评估期领用包装物数量 ＝ 期初库存包装物数量＋本期购进包装物数量－期末库存包装物数量

   评估期生产数量 ＝ 评估期领用包装物数量×包装物标重

   评估期销售量 ＝ 起初库存数量＋评估期生产数量－期末库存数量

   评估期销售额 ＝ 销售单价×当期销售量

四、味精制造业

(一)行业征管难点

能够按照增值税一般纳税人的核算方法进行增值税的计算,重点应对免税的副产品进项税是否按规定分配进项税进行评估。

(二)评估指标参数

成本项目	主要产品	味精/吨	
		数量	单位
主要原材料	淀粉	1.7	吨
辅助材料	消泡剂	9	公斤
	液氨	450	公斤
	硫酸	800	公斤
	纯碱	320	公斤
	液化酶	0.6	公斤
能耗	电	1 500	度
	煤	2.6	吨

(三)评估方法

1. 纳税评估主要指标

   评估期淀粉耗用量 ＝ 当期耗用液化酶÷单位原材料耗用液化酶量

   评估期味精产量 ＝ 当期淀粉耗用量÷单位产品耗用量

   评估期味精销量 ＝ 期初味精库存量＋当期味精产量－期末味精库存量

   评估期味精销售额 ＝ 当期味精产量×单价

2. 能耗指标

   评估期原材料耗用量＋评估期耗电(煤)量÷加工单位原材料耗电量

   评估期原材料耗用金额 ＝ 评估期原材料耗用量×评估期原材料单价

3. 包装物耗用指标

评估期耗用包装物量 ＝ 期初库存包装物数量＋本期购进包装物数量－期末库存包装物数量

评估期味精产量 ＝ 评估期领用包装物数量×单位产品需用包装物量

评估期味精销售量 ＝ 期初库存味精量＋评估期味精产量－期末库存味精量

4. 以耗定购指标

评估期购进原材料金额 ＝ 评估期原材料耗用金额＋期末库存原材料金额－期初库存原材料金额

五、糕点制造业

（一）行业征管难点

此类企业大多属于民办私营企业,纳税意识较淡薄。多数企业存在隐瞒现金销售收入,成本费用列支不真实的问题。

（二）评估指标参数

成本项目	主要产品	面包/公斤		蛋糕/公斤		干点/公斤	
		数量	单位	数量	单位	数量	单位
主要原材料	面粉	0.61～0.69	公斤	0.13～0.15	公斤	0.63～0.71	公斤
辅助材料	酵母、改良剂	8.77～10.45	克				
	黄油	25.98～44.23	克				
	泡打粉、蛋糕油			28.27～33.08	克		
	色拉油、其他油脂					0.22～0.57	公斤
能耗	电	0.9	度	0.9	度	0.9	度

（三）评估方法

因该行业必用色拉油、酵母、改良剂、黄油、泡打粉、蛋糕油,用量不大并且相对稳定,对此便于掌握,所以采用以下方法较为实用。

1. 辅助材料耗用数学模型

评估期面包产量 ＝ 当期耗用酵母(或改良剂、黄油)量×单位酵母(或改良剂、黄油)投入产出系数

评估期蛋糕产量 ＝ 当期耗用泡打粉、蛋糕油量×单位泡打粉、蛋糕油投入产出系数

评估期干点产量 ＝ 当期耗用色拉油量×单位色拉油投入产出系数

评估期面包销量 ＝ 期初面包存量＋当期面包产量×(1－当期面包退货率)－期末面包库存量

评估期蛋糕销量 ＝ 期初蛋糕存量＋当期蛋糕产量×(1－当期蛋糕退货率)－期末蛋糕库存量

评估期干点销量 ＝ 期初干点存量＋当期干点产量×(1－当期干点退货率)－期末干点库存量

评估期面包销售额 ＝ 评估期面包产量×当期面包的加权销售单价

评估期蛋糕销售额 ＝ 评估期蛋糕产量×当期蛋糕的加权销售单价

评估期干点销售额 ＝ 评估期干点产量×当期干点的加权销售单价

评估问题值 ＝ (评估期销售额－企业账面销售额)×适用税率

2. 投入产出率数学模型

评估期主要原材料(高精粉、低精粉、特一粉和鸡蛋)的耗用量 ＝ 当期耗用辅料(酵母、改良剂、黄油、泡打粉、蛋糕油、苏打)量 ÷原辅材料配合比

评估期各类糕点产量 ＝ 评估期主要原材料(高精粉、低精粉、特一粉和鸡蛋)的耗用量 × 主要原料投入产出比

成本项目 \ 主要产品		钙奶饼干/吨	
		数量	单位
主要原材料	面粉	755.65	公斤
	白砂糖	231.14	公斤
	花生油	71.12	公斤
	鸡蛋	17.78	公斤
辅助材料	包装物	4445	包
	电	520	度

评估期各类糕点销量＝期初库存数量＋评估期生产数量×（1－当期各类糕点退货率）－期末库存数量

评估期销售额＝评估期各类糕点销量×当期各类糕点销售单价

评估问题值＝（评估期销售额－企业账面销售额）×适用税率

3. 耗电量模型

$$评估期各类糕点产量＝评估期耗电量÷加工单位产品耗电量$$

$$评估问题值＝（评估期产量－企业账面产量）×单位售价×适用税率$$

六、饼干加工行业

（一）税收征管难点

饼干加工行业生产的饼干种类比较繁多，花样翻新快，饼干原料以次充好，优质产品被劣质产品挤压，被迫压价出售；2.饼干辅助食品添加剂的投入产出率因涉及商业秘密未能采集；3.为了适应市场多样化的需求，目前生产单一饼干产品的企业较少，大部分企业生产的饼干多品种多花样，原材料成本按产品的品种进行归集分摊，容易存在比例分摊不合理性问题，因此应重点监控此类企业。

（二）评估指标参数

（三）评估方法

1. 主控数学模型

主要原材料－面粉的耗用数学模型

由于在生产钙奶饼干的过程中，面粉在主要原材料中占有重要份额，不仅价值较大而且用量相对稳定，所以此方法较为实用。

评估期面粉耗用量＝期初面粉库存量＋当期面粉购进量－期末面粉库存量

评估期产成品饼干产量＝当期面粉耗用量×面粉投入产出率

评估期产成品饼干销量＝期初产成品饼干库存量＋当期产成品饼干产量－期末产成品饼干库存量

评估期产成品饼干销售额＝当期产成品饼干销售单价×评估期产成品饼干销量

样本企业生产的钙奶饼干，按包装大小划分为225g/包、240g/包，由于产品工艺相通，投入原材料的比例也相同，因此主要原材料的投入产出率是一样的。

2. 采用投入产出率及扣杂率数学模型

评估销售额＝评估销售量×单位产品售价

评估销售量＝期初产成品饼干库存量＋评估期产成品饼干产量－期末产成品饼干库存量

评估期产成品饼干产量＝评估期投入生产的面粉数量×面粉投入产出率

评估问题值＝（评估产成品产量－企业账面产成品产量）×单位售价×适用税率

3. 耗电量模型

评估期产成品产量 ＝ 评估期耗电量 ÷ 加工 1 吨饼干耗电量

评估问题值 ＝（评估产成品产量 － 企业账面产成品产量）× 单位售价 × 适用税率

4. 以耗定购模型

评估期购进原材料金额 ＝ 评估期原材料耗用金额 ＋ 期末库存原材料金额 － 期初库存原材料金额

用测算的购进原材料金额和纳税人申报购进金额对比，若前者明显小于后者，则纳税人可能存在虚开收购发票、虚增进项的行为，若前者明显大于后者，则可能存在隐瞒应税销售收入或账外经营的情况。

七、酵母制造行业

（一）行业征管难点

1. 产品损失。酵母产品运输、储藏要求恒温，因此，企业产品损失较多，但税务人员对企业是否多申报损失无法确认。

2. 运费发票不符合规定。和购进的固定资产、福利产品一同的运输发票以及装卸费发票多抵税款。

3. 视同销售的产品未提税金。

4. 应转出的进项税未转出。

（二）评估指标参数

成本项目	主要产品	鲜酵母/吨			
		数量	单位	数量	单位
主要原材料	糖蜜	1.7	吨	5.95	吨
	尿素	30	公斤	30	公斤
能耗	电	480	度	1 680	度

（三）评估方法

1. 辅助材料尿素耗用数学模型。因该行业必用尿素，用量不大并且相对稳定，又能测出含量，便于掌握，所以此方法较为实用。

2. 评估期原材料糖蜜耗用量＝当期耗用尿素量÷单位原材料糖蜜耗用量

3. 评估期产成品量＝当期原材料糖蜜耗用量×投入产出率

4. 评估期销售额＝当期产成品产量×单价

八、酱油、食醋制造行业

（一）行业征管难点

1. 该行业一般使用收购发票购进原材料，用现金支付，难于监控。

2. 对于同种产品生产工业比较多，对于醋而言分为固态发酵工艺和液态发酵工艺，典型的产品分别是山西老陈醋、镇江米醋和珍极的醋；对于酱油分为低盐固态和高盐稀态，不同的工艺生产周期和生产成本都不同，评估时应分别进行调研并建立模型；

3. 该行业的生产规模、技术水平和工人的熟练程度，对于投入产出有很大的影响，对单位产品的耗用影响也很大。

（二）评估指标参数

成本项目	主要产品	低盐固态酱油/吨		高盐稀态酱油/吨		食醋/吨	
		数量	单位	数量	单位	数量	单位
主要原材料	豆粕	0.16	吨	0.16	吨		
	大米					0.11	吨
辅助材料	水	3.19	吨	4.94	吨	2.7	吨
	食盐	154	公斤	165	公斤	12	公斤
能耗	电	17	度	5.3	度	33.7	度

（三）评估方法

1. 辅助材料食盐耗用数据模型（酱油）

　　评估期原料耗用量 = 当期耗用食盐量 ÷ 单位原料耗食盐量

　　评估期产成品酱油产量 = 当期原材料耗用量 × 投入产出率

　　评估期产成品酱油销量 = 期初产成品酱油库存量 + 当期产成品酱油产量 − 期末产成品酱油库存量

　　评估期产成品酱油销售额 = 当期产成品酱油产量 × 单价

2. 辅助材料食盐耗用数据模型（醋）

　　评估期产成品食醋产量 = 当期原材料耗用量 × 投入产出率

　　评估期产成品食醋销量 = 期初产成品食醋库存量 + 当期产成品食醋产量 − 期末产成品食醋库存量

　　评估期产成品食醋销售额 = 当期产成品食醋产量 × 单价

3. 全部产品（酱油和醋）

　　　　　评估期总销售额 = 当期产成品酱油销售额 + 当期产成品食醋销售额

4. 包装物纸箱耗用数学模型

　　　　　评估期领用纸箱数量 = 期初库存纸箱数量 + 本期购进纸箱数量 − 期末库存纸箱数量

5. 投入产出率数学模型

　　　　评估销售额 = 评估销售量 × 单位产品售价（可采用企业的甲权平均售价）

　　　　评估销售量 = 期初产成品库存量 + 评估期产成品产量 − 期末产成品库存量

　　　　评估期产成品产量 = 评估期投入生产的原材料数量 × 投入产出率

　　　　评估问题值 =（评估产成品产量 − 企业账面产成品数量）× 单位售价 × 适用税率

6. 耗电量模型

　　　　评估期原材料耗用量 = 评估期耗电量 ÷ 加工吨原材料耗电量

　　　　评估期原材料耗用金额 = 评估期原材料耗用量 × 评估期原材料平均单价

7. 耗煤量模型

　　　　评估期原材料耗用量 = 评估期耗煤量 ÷ 加工吨原材料耗煤量

　　　　评估期原材料耗用金额 = 评估期原材料耗用量 × 评估期原材料平均单价

8. 以耗定购模型

　　评估期购进原材料金额 = 评估期原材料耗用金额 + 期末库存原材料金额 − 期初库存原材料金额

九、罐头食品制造业

（一）行业征管难点

罐头生产行业所用原料均为收购的农业产品，由企业自行开具收购发票入账，由于目前对收购发票的管理尚不够严格，对企业进项税额的核实难度较大，企业有可能以虚购收购业务、虚抬收购价格等手段虚增进项税额，逃避缴纳增值税。

（二）评估指标参数

指标项目 ＼ 主要产品	水果罐头（以黄桃罐头为例）	水产罐头（以茄汁鱼为例）	肉类罐头	蔬菜类罐头（以蘑菇为例）
主要原料出成率（原料量：产品量）	1.2～1.5：1	1.2：1	0.9～1：1	0.9～1.3：1
吨原料耗能（煤）率	0.25 吨			
包装物耗用率	单位产品产量（吨）÷单一包装规格如 425 g 铁罐耗用率＝1 000÷0.425＝2 352.94 个			
生产周期	4～5 小时，水产类和肉类罐头产出后需再静置 7～14 天			
平均税负率（大连地区）	3.4%			

（三）评估方法

1. 评估期原材料耗用量＝原材料期初库存＋原材料当期购进数量－原材料期末库存
2. 评估期包装物耗用量＝包装物期初库存＋包装物当期购进数量－包装物期末库存
3. 评估期销售数量＝产品期初库存＋当期产量－产品期末库存
4. 以耗煤量计算原材料耗用量＝当期煤耗用量÷单位原料耗煤量
5. 以出成率计算产品产量＝当期原材料耗用量÷出成率
6. 以包装消耗计算产品产量＝产品单一包装规格×包装物耗用数量
7. 评估期税负率＝增值税应纳税额÷销售额

国家税务总局关于机动车辆生产企业和经销企业增值税纳税评估有关问题的通知

2006 年 6 月 6 日　国税函〔2006〕546 号

各省、自治区、直辖市和计划单列市国家税务局，扬州税务进修学院：

《国家税务总局关于加强机动车辆税收管理有关问题的通知》（国税发〔2005〕79 号，以下简称《通知》）下发后，各地对机动车辆生产、经销企业的税收管理取得了初步成效。但是部分地区在利用车购税信息开展机动车辆增值税纳税评估方面还不够深入，仅停留在简单的数据比对层面。为进一步提高机动车辆税收管理水平，现就机动车辆生产和经销企业增值税纳税评估有关问题补充通知如下：

隐瞒销售数量是目前机动车辆生产和经销企业偷逃增值税的主要手段，因此，增值税纳税评估的重点应是评估销售数量。

评估销售数量的基本方法，是将车购税登记信息作为第三方信息，来验证企业申报销售数量的真实性。即：利用车辆识别代号（即 VIN 码）的编码规则，从车购税登记信息中查找生产企业相应类别车辆的车辆识别代号中的最大序列号，视此号之前的车辆为已销售的车辆，以此推算出相应类别车辆的最大销售数量。当其大于或者等于企业申报的销售数量时，表明企业存在少申报销售数量的可能。少申报的销售数量乘相应的车购税最低计税价格，即可计算出其可能隐瞒的销售收入和增值税销项税额。

生产地主管税务机关采取上述评估方法并经核实,确认车辆生产企业存在隐瞒销售数量的问题后,即可将这些隐瞒的机动车辆按销售对象(即经销企业)列出清单,转经销企业所在地税务机关,作为对经销企业纳税评估的依据之一。

鉴于《通知》中涉及的相关软件正在开发之中,在软件下发之前,对机动车辆的增值税纳税评估,由生产地主管税务机关按照上述方法,从下发的《车辆购置税车辆代码清单》中清分最大 VIN 码,推算最大销售数量,核实最大销售数量大于申报销售数量的差异,并将涉及经销企业的疑点,转经销企业所在地主管税务机关,由经销企业的主管税务机关对经销企业进行增值税纳税评估。

下一步总局将对机动车辆增值税纳税评估模式进行调整,其中推算最大销售数量、计算最大销售数量与申报数量的差异等工作将改由总局直接计算,并下发清单由主管税务机关进行核实;总局按《机动车销售统一发票》所列经销企业的纳税人识别号,从车购税信息中清分经销企业的车辆销售数量,并与经销企业的申报数量进行比对,下发清单由主管税务机关进行核实。评估模式改变后,总局对工作流程和相应的申报资料做出调整:

一、修改纳税申报资料

(一)机动车辆生产企业在办理增值税纳税申报时,应向主管税务机关报送:

1. 按月报送《机动车辆生产企业销售明细表》(附件 1)及其电子信息。

2. 每年第一个增值税纳税申报期,报送上一年度《机动车辆生产企业销售情况统计表》(附件 2)及其电子信息。

3. 按月报送《机动车辆销售统一发票清单》(《通知》的附件 3,下同)及其电子信息。

(二)机动车辆经销企业在办理增值税纳税申报时,应向主管税务机关报送:

1. 按月报送《机动车辆经销企业销售明细表》(附件 3)及其电子信息。

2. 按月报送《机动车辆销售统一发票清单》及其电子信息。

(三)《通知》中的附件 1 停止报送。

二、纳税申报资料的处理

(一)《机动车辆生产企业销售明细表》和《机动车辆经销企业销售明细表》由主管税务机关留存备查。

(二)《机动车辆销售统一发票清单》和《机动车辆生产企业销售情况统计表》的电子信息在纳税申报期结束后 20 日内由主管税务机关逐级上传至总局。

三、车购税信息

主管税务机关按月将《车辆购置税纳税申报表》信息和对应的《机动车销售统一发票》信息上传至总局。

四、总局对上传的数据进行分类处理

(一)按照制造厂代码对车辆识别代码进行归类;按厂牌型号清分出每户生产企业每一厂牌型号的车辆识别代号,排序后找出该型号的最大序列号,作为该型号车辆的最大销售数量;将推算出的最大销售数量与生产企业报送的《机动车辆生产企业销售情况统计表》对应厂牌型号的销售数量进行比较,找出推算销售数量大于申报销售数量的企业,生成《机动车辆生产企业比对异常清单》(附件 4)。

(二)按经销企业纳税人识别号对车辆识别代号进行归类;将清分的车辆识别代号与经销企业报送的《机动车辆销售统一发票清单》中的车辆识别代号进行逐一比对,找出存在差异的企业,生成《机动车辆经销企业比对异常清单》(附件5)。

(三)将《机动车辆生产企业比对异常清单》和《机动车辆经销企业比对异常清单》逐级下传至比对异常企业所在地主管税务机关。

五、主管税务机关核实异常情况

主管税务机关应在60日内,核实《机动车辆生产企业比对异常清单》《机动车辆经销企业比对异常清单》中列明的企业异常信息,结合采集的《机动车辆生产企业销售明细表》及《机动车辆经销企业销售明细表》数据和其他申报资料,调查销售数量产生差异的原因,对存在的问题按照现行纳税评估办法的有关规定进行处理,并填制《机动车辆生产企业评估结果情况表》(附件6)和《机动车辆经销企业评估结果情况表》(附件7),逐级上报总局。

六、总局根据机动车辆生产企业的评估结果,将《机动车辆生产企业评估结果情况表》中涉嫌取得生产企业隐瞒销售机动车的经销企业信息,逐级下传至经销企业所在地主管税务机关,以此为线索开展评估并反馈结果。

各地按照以上方法对车辆生产、经销企业进行评估时,还应结合其他评估方法一并运用,应随时总结工作经验,对评估过程中存在的问题及时上报总局。新流程的正式执行时间总局另行通知。

附件:1. 机动车辆生产企业销售明细表(略)

    2. 机动车辆生产企业销售情况统计表(略)

    3. 机动车辆经销企业销售明细表(略)

    4. 机动车辆生产企业比对异常清单(略)

    5. 机动车辆经销企业比对异常清单(略)

    6. 机动车辆生产企业评估结果情况表(略)

    7. 机动车辆经销企业评估结果情况表(略)

 国家税务总局关于印发部分行业增值税纳税评估指标参数的通知

2008年6月30日   国税函〔2008〕647号

各省、自治区、直辖市和计划单列市国家税务局:

为了落实增值税科学化、精细化管理的要求,指导基层深入开展增值税纳税评估,进一步提高全国增值税纳税评估工作水平,税务总局成立了5个课题组,在深入开展调查研究,认真总结基层工作经验的基础上,制定了卷烟生产和销售等部分行业增值税纳税评估指标参数,现印发给你们,请结合本地实际贯彻执行。

附件

部分行业增值税纳税评估指标参数

卷 烟 行 业

一、行业征管难点

(一)集团公司统一在总部核算地申报缴纳增值税,下属卷烟生产企业和卷烟经销企业的主管税务机关无法掌握充分的资料,难以有效开展增值税纳税评估,而集团公司所在地主管税务机关则缺乏实物监控的手段。

（二）卷烟生产企业联合重组后，受财政体制制约，存在增值税核算与申报缴纳相分离的实际情况，增大了增值税纳税评估的难度。

（三）主管税务机关对跨省、市重组的卷烟工业企业总厂、分厂之间原辅材料与卷烟的内部调拨价格难以控管。

逃避国家专卖管理、非法生产经营或者隐瞒销售、人为调控关联交易价格等是该行业存在的主要问题。

二、评估指标参数

（一）滤嘴棒标准消耗量的参考指标

消耗定额种类	参考标准	参考浮动比例
滤嘴棒以重量为单位定额	7公斤/万支	±5％～6％
滤嘴棒以支数为单位定额	1 650支/万支	±5％～3％

（二）主要原料标准消耗量的参考指标

评估指标	标准消耗（参数）	浮动区间
烟叶	8 kg/万支	±5％～6％
卷烟纸	750米/万支	自定
盒皮	520张/万支	自定

（三）增值税弹性

增值税弹性	参考数最低值	参考数最高值
	0.849	0.998

（四）本行业平均增值税税负率

2006年：10.54％

2007年1月至11月：11.51％

三、评估方法

根据卷烟行业生产经营和增值税管理的特点，以按照规定独立核算并缴纳增值税的集团性公司或企业作为评估单位，采用以下评估方法进行评估分析。

（一）投入产出法

1. 滤嘴棒购进数据比对

全国滤嘴棒（滤棒醋纤丝束或烟用丙纤）生产企业包括南通醋酸纤维有限公司、珠海醋酸纤维有限公司、昆明醋酸纤维有限公司和西安惠安化工厂等4家，卷烟生产企业主管税务机关可通过上述企业的主管税务机关采集本地卷烟生产企业购进滤嘴棒的数量、金额，进行购进对比以及产量测算。

2. 产量测算

$$\frac{\text{评估期产品产量}}{\text{（分产品类型）}} = \frac{\text{评估期原料及辅料的总}}{\text{投入量（分产品类型）}} ÷ \frac{\text{单位产品的}}{\text{标准消耗量}}$$

$$\frac{\text{评估期原料及辅料的总}}{\text{投入量（分产品类型）}} = \frac{\text{原料及辅料期}}{\text{初库存数量}} + \frac{\text{本期入}}{\text{库数量}} - \frac{\text{期末库}}{\text{存数量}}$$

3. 销售收入测算

$$评估期应税销售收入（分产品类型）＝评估期产品销量×单箱平均售价$$

$$销售收入差异额＝评估期应税销售收入－企业同期实际申报应税销售收入$$

除上述方法外，还可用购入烟叶、卷烟纸及盒皮等来印证和修正测算的销售收入。具体方法与上述一致，原材料的购入数可以直接要求企业填报，并与国家计划数印证。

（二）计划分析法

按照现行体制，卷烟生产企业隶属于各级烟草公司，年度卷烟总产量计划由国务院计划部门下达，卷烟的销售价格由国家烟草专卖局核定，各卷烟生产企业只能以国家烟草专卖局核定的价格与各卷烟商业公司在卷烟销售交易网上进行网上交易。对生产企业可采用本办法评估。

$$评估期应税销售收入（分产品类型）＝评估期计划产品销量×单箱平均计划售价$$

$$销售收入差异额＝评估期应税销售收入－企业同期实际申报应税销售收入$$

（三）弹性分析法

增值税弹性是增值税进销项增长速度的比值，反映进销项变动的同步性和相关性，样本量越大，精度越高。

$$企业销项税额增长速度＝（当年一定时期销项税额－上年同期销项税额）÷上年同期销项税额$$

$$企业进项税额增长速度＝（当年一定时期进项税额－上年同期进项税额）÷上年同期进项税额$$

$$增值税弹性＝企业销项税额增长速度÷企业进项税额增长速度$$

增值税弹性接近1，说明企业产销正常。当弹性小于最低值时，需要评估存货期末余额增量，如果增量小于等于0，则可能存在偷税问题。

$$存货期末余额增量＝存货评估期期末余额－存货评估期期初余额$$

（四）相关性分析法

利用增值税与企业增值率相关性进行分析。

$$增值税相关率＝\left(\frac{评估期增值税}{评估期销售收入}\right)÷\left(\frac{评估期增加值}{评估期销售收入}\right)×100\%$$

$$评估期增加值＝利润总额＋累计折旧贷方余额＋利息支出＋主营业务税金及附加$$

烟叶采购季节性比较强，在采用购进扣税法情况下，该办法适于对企业按年评估，企业增值率越高，税收产出率也应该越高。

汽 车 行 业

一、行业征管难点

从管理情况看，大型的汽车生产企业由于财务会计制度健全，核算正规，涉税违规问题相对较少；小型的汽车改装企业和经销企业经营灵活，情况复杂，税收管理的难度较大。行业征管难点主要表现在以下几个方面：

（一）企业与企业之间差别大。在汽车生产行业中，企业的生产规模，产品品种，生产工艺等存在较大差异，不同的规模、不同的产品，其工艺流程与原材料耗用等相差悬殊，税务机关难以准确掌握其经营规律和共性指标，税源控管的难度大。

（二）关联企业之间调节税收难以控制。汽车生产企业大多存在多个关联企业，这些关联企业内资、外资并存,适用不同税收政策,企业间容易采用转让定价调节税收。

(三)企业的生产经营方式灵活多样。大部分经销企业在销售整车的同时,又销售零配件,并提供维修服务,不同经销企业各项业务所占比重不同,毛利率和税负率也不同,增加了利用参数比较的难度;正常的商品车与试验车划分缺乏统一标准;销售返利复杂多样。这给税务机关的日常管理带来一定的难度。

二、评估指标参数

$$底盘定额耗用量 = 1台/辆$$
$$发动机定额耗用量 = 1台/辆$$
$$方向盘定额耗用量 = 1台/辆$$

三、评估方法

(一)汽车生产企业

对汽车生产企业进行纳税评估,应主要以核实产销量、税负差异分析、零配件耗用与产出配比分析为主,通过采用以下评估方法和指标,并结合其他辅助方法,进行综合评估分析。

1. 申报数量对比分析法

将生产企业申报的销售数量与车辆税收"一条龙"有关信息进行比对,以判断企业申报数量是否准确、真实。

(1)税务机关通过车辆税收"一条龙"清分比对系统下载的《车辆购置税机动车识别代码清单》信息,按厂牌型号清分出每一厂牌的车辆识别代码,排序后找出该型号的最大序列号,视此号之前的车辆为已销售的车辆,以此推算出该型号车辆的最低销售数量。

(2)将推算出的最低销售数量与纳税人报送备案的《车辆识别代码清单》中对应厂牌型号的销售数量进行比对,如推算出的销售数量大于申报备案的销售数量,则可能存在企业隐瞒销售数量的问题。

$$销售数量误差率 = [(本期车辆税收"一条龙"系统中的最大VIN码号$$
$$- 上期车辆税收"一条龙"系统中的最大VIN码号)$$
$$- 企业申报的本期销售数量]/企业申报的本期销售数量 \times 100\%$$

如果销售误差率大于预警值,说明申报异常。此指标主要说明企业是否及时申报当期销售收入。各地可根据本地区的实际情况,确定销售误差率预警值。

数据来源:企业申报时报送的当期销售所有机动车的《车辆识别代码清单》。

如果组装厂不便采集车辆识别代码,可以用合格证的数据分析计算。

2. 投入产出评估法

根据主要配件购进投入数量,测算出企业整车的实际产量,结合库存产品数量,推算出实际销售数量,与企业申报信息进行对比,从而判断企业是否存在隐瞒销售数量、销售收入等问题。运用此方法的前提是假设企业进项抵扣凭证全部入账。

汽车主要配件包括:发动机、方向盘、油箱、轮胎、变速箱、车桥、车身等。

$$测算的本期产量 = (主要配件期初库存数量 + 主要配件本期购进数量$$
$$- 主要配件期末库存数量 - 主要配件当期报废数量)$$
$$\div 主要配件单台车定额耗用量$$

测算的销售收入＝(期初库存产品数量＋测算的本期产量－期末库存产品数量)

×本期同类产品平均销售价格

投入产出差异率＝(测算的销售收入－企业实际申报的销售收入)÷企业实际申报的销售收入×100%

如果投入产出差异率大于预警值,说明申报异常。该指标主要用于说明企业是否及时申报当期销售收入。各地可根据本地区的实际情况,确定投入产出差异率预警值。

数据来源:评估期配件数量来源于评估期企业原材料明细账中的相关数据。

3. 税收负担率、税负差异率分析法

(1) 税收负担率＝本期累计应纳税额/本期累计应税销售额×100%

(2) 税负差异率＝[税收负担率－行业平均税负率(或上年同期税负率)]÷行业平均税负率(或上年同期税负率)×100%

如果税负差异率小于预警值,说明申报异常。该指标主要用于评估企业是否及时申报当期应纳税额。各地根据本地区的实际情况,确定税负差异率预警值。

数据来源:增值税纳税申报表第1栏、第24栏的数据。

4. 应税销售额变动率与应纳税额变动率的配比关系分析法

应税销售额变动率＝(本期累计应税销售额－上年同期累计应税销售额)

÷上年同期累计应税销售额×100%

应纳税额变动率＝(本期累计应纳税额－上年同期累计应纳税额)÷上年同期累计应纳税额×100%

应税销售额变动率与应纳税额变动率的差异额＝应税销售额变动率－应纳税额变动率

如果企业应税销售额变动率与应纳税额变动率的差异幅度超过各地设定的正常峰值,说明申报异常。通过审核二者之间的配比关系,进一步核实企业有无少计收入、少提销项、多列进项等问题。

数据来源:增值税纳税申报表第1栏、第24栏的数据。

5. 销售毛利率测算分析法

$$\text{本期销售毛利率} = \left(\text{本期累计主营业务收入} - \text{本期累计主营业务成本}\right) \div \text{本期累计主营业务收入} \times 100\%$$

$$\text{销售毛利率差异率} = \left(\text{本期销售毛利率} - \text{上年同期销售毛利率或行业平均销售毛利率}\right) \div \left(\text{上年同期销售毛利率或行业平均销售毛利率}\right) \times 100\%$$

如果销售毛利率差异率低于各地设定的正常峰值,说明申报异常。进一步审核销售价格是否合理,是否明显偏低又无正当理由,是否存在关联企业关系,是否存在不计少计收入问题。

数据来源:企业损益表"主营业务收入"(1栏)数据,"主营业务成本"(4栏)数据。

(二)汽车经销企业

1. 税收负担率、税负差异率分析法

$$\text{税收负担率} = \text{本期累计应纳税额} \div \text{本期累计应税销售额} \times 100\%$$

$$\text{税负差异率} = [\text{税收负担率} - \text{行业平均税负率(或上年同期税负率)}] \div \text{行业平均税负率(或上年同期税负率)} \times 100\%$$

数据来源:本期《增值税纳税申报表》中的应纳税额本年累计数、应税销售额本年累计数、上年《增值税纳税申报表》中的上年应纳税额累计数、上年应税销售额累计数。

将企业实际税负率与同期或同行业税负率进行比较,税负差异率超过一定幅度(含正负），可以初步判断企业申报异常。

需要说明的是，税负率属综合类分析指标，影响该指标的因素较多，如季节性因素、价格因素、经销汽车品种结构因素、企业业务构成因素，等等。因此，该指标异常时，应结合其他指标进行多角度分析。

2. 销售毛利率、销售毛利率差异率分析法

$$本期销售毛利率 ＝（本期累计主营业务收入－本期累计主营业务成本）$$
$$÷本期累计主营业务收入×100\%$$
$$销售毛利率差异率 ＝［本期销售毛利率－上年同期销售毛利率（或行业平均销售毛利率）］$$
$$÷上年同期销售毛利率（或行业平均销售毛利率）×100\%$$

数据来源：本期《损益表》中主营业务收入本年累计数、主营业务成本本年累计数、上年同期《损益表》中主营业务收入本年累计数、主营业务成本本年累计数。

本期销售毛利率与上年同期销售毛利率、行业平均销售毛利率比较，差异应保持在合理的范围内，超出的则为异常。

对异常指标，应结合进项税额、现金、银行存款、收入、费用、利润等指标进行综合分析。重点审查分析企业现金、银行存款、进项税额、主营业务成本及往来款的有关科目，确定企业是否存在隐瞒销售收入或者销售返利不入账等问题。

指标参数由各地每年测算确定，销售毛利率差异幅度由各地根据具体情况确定。

3. 正常经营费用测算法

对于销售多品牌、规模较小的企业，可以按照"销售额×行业毛利率－正常费用开支≥0"的思路确定企业的最低利润水平和销售收入，核定纳税人的经营规模、从业人数、管理费、财务费用等正常费用开支，通过费用和毛利之间的变动关系，评估出一个经营期内的应纳税额。以企业经营费用为条件，测算核定企业的最低税额。

$$企业最低销售毛利 ＝ \sum 正常经营费用$$
$$企业最低应纳税额 ＝ 企业最低销售毛利×适用税率$$
$$应纳税差异 ＝ 企业最低应纳税额－申报的应纳税额$$

说明：应纳税差异＞0 为异常。

4. 库存商品余额与留抵税额配比法

$$库存商品含税额 ＝ 期末库存商品余额×17\%$$
$$销售毛利率 ＝（主营业务收入－主营业务成本）÷主营业务收入×100\%$$

当销售毛利率大于 0 时，库存商品含税额＞留抵税额；否则申报异常。

运用上述各模型时，应注意以下几点：

（1）查看购销协议，了解返利政策等具体内容。

（2）与生产企业所在地主管税务机关配合，获取生产企业已经返利和销售（包括零配件）的具体情况，核实经销企业的返利收入和销售收入是否全额入账，账务处理是否正确。

（3）结合企业的财务资料，重点分析企业的往来账及资金流向。对往来款项大、挂账时间长的，应重点核查，结合盘点库存数量（库存量太大、品种太多时，可采用抽取部分品种盘点核查的方式），分析是否存在销售已发生，但未申报或隐匿返利等情况。

（4）注意利用维修明细单、车间派工单、仓库入库单、出库单等原始凭证进行查验。

（5）对整车销售、零配件销售、维修服务等各项业务分别分析其收入、成本，测算分析各项业务的毛利率和税负率，从中发现问题。

摩托车行业

一、行业征管难点

摩托车生产销售企业主要采取隐匿销售收入、整车化整为零、受托加工生产摩托车加工收入按租赁收入入账、原材料报废未作进项转出、自产自用摩托车未视同销售、以产品或物资抵款未申报纳税等手段偷逃增值税。

二、评估指标参数

发动机	车架	轮圈	轮胎	油箱	电瓶
1	1	2	2	1	1

三、评估方法

对摩托车生产企业进行纳税评估，应以核实产销量为主，并结合实际采用其他辅助方法和指标，对纳税人进行综合评估分析。

（一）VIN码数量对比分析法

对生产企业申报的销售数量与车辆购置税有关信息进行比对，查找出每种厂牌型号的具体销售数量，判断申报是否准确、真实。

1. 各摩托车生产企业必须向主管税务机关报送本企业摩托车 VIN 码编码规则备查。

2. 各摩托车生产企业按月向主管税务机关报送"纳税申报附列资料"的《产品销售明细表》，由主管税务机关留存备案。

3. 主管税务机关通过税务总局车辆购置税"一条龙"软件汇总下发的《车辆购置税机动车识别代码清单》信息，按厂牌型号清分出每一厂牌的车辆识别代码，排序后找出该型号的最大序列号，以此作为该型号车辆的最大销售数量。

4. 将查找出的最大销售数量与生产企业申报的销售数量进行比对，如测算出的销售数量大于申报的销售数量，即可能存在企业隐瞒销售数量的问题。

5. 生产地主管税务机关采取上述评估方法并经核实，确认车辆生产企业存在隐瞒销售数量的问题后，将被隐瞒的机动车辆信息按销售对象（即经销企业）列出清单，转经销企业所在地税务机关，作为对经销企业纳税评估的依据之一。

经销企业主管税务机关对经销企业购进和销售摩托车的账务处理、出入库情况、资金流向和是否开具发票等与企业申报情况进行核对，重点核实企业是否存在账外经营、返利不入账、隐瞒销售数量等问题。同时主管税务机关可对同行业同类摩托车销售价格进行比较，若价格异常，且差异较大，企业可能采取按照车购税最低计税价格开具《机动车销售统一发票》，将超出部分以运费等价外费用开具白条收据的手段，少计销售收入，偷逃增值税。

（二）投入产出评估法

根据生产摩托车所需主要配件的唯一配套性，按照确定的投入产出比（定额）测算出企业评估期的产品产量，根据测算出的产品产量与实际库存进行对比，计算出实际销售数量，分析企业是否存在隐瞒销售数量、销售收入等问题。

1. 评估期内整车产成品数量＝［某配件评估期内外购（自产）数量＋期初库存数量－期

末库存数量－报废数量－在产品数量〕÷投入数量系数

将测算出的产品生产数量与企业账面记载产品产量相比对,同时结合产品库存数量及销售单价等信息进行关联测算,并与企业实际申报的应税销售收入对比,查找企业可能存在的问题。

2. 配件充足率＝原材料及生产成本中某配件期末结存数量÷(当月完工摩托车耗用该配件数量＋当月其他业务支出该配件数量)

此指标考核各企业存货数量与生产数量的逻辑关系,说明其备料与产量是否协调,该差异率预警值设定为100％。摩托车生产企业购进原材料库存均较小,一般实行零库存制度,以减少流动资金占用。如果配件充足率超过100％,则说明该企业备料在正常产量一倍以上,应该作为疑点,进一步核实存货,以确定是否真实。

(三) 设备生产能力法

按照摩托车生产企业生产设备的单位生产能力,测算分析纳税人的实际产量,核实其应税销售收入,并与申报信息比对,分析是否存在涉税问题。

评估期产品产量 ＝ 评估期生产设备的日产量(或时产量)×评估期正常工作日(或工作时)
测算应税销售收入 ＝ (期初库存产品数量＋评估期产品产量－期末库存产品数量)
×评估期产品销售单价

(四)能耗测算法

摩托车生产企业主要耗用的能源为电力,可分为生产用电和其他非生产用电,其耗用电量的数据可从电力部门取得。根据纳税人评估期内电力的生产耗用情况,利用单位产品能耗定额测算纳税人实际生产数量,并与纳税人申报信息进行对比。

(五)增值税税负分析法

1. 税负率＝评估期应纳税额/评估期应税销售收入×100％

2. 税负差异率＝〔企业税负率－本地区同行业平均税负率(或上年同期税负率)〕÷本地区同行业平均税负率(或上年同期税负率)×100％

石油炼化、成品油销售行业

一、行业征管难点

成品油行业包括石油炼化企业、成品油批发企业、成品油批零兼营企业和成品油零售企业4类。目前税收管理的主要难点是:

(一) 加油站以现金交易为主,不易控管。加油站的客户群以消费者为主,除少量消费者使用加油卡外,大多数消费者使用现金加油,且不索取发票。增值税"以票控税"的管理思路在成品油销售末端这一环节无法发挥关键性作用,加油站极易出现隐瞒收入、账外经营等问题。

(二) 中石油和中石化两大集团在各省、市主要采取其控股和租赁的加油站与其省级批发企业统一核算缴纳增值税的方式。在该方式下,批发企业将成品油调拨到加油站时,不属于销售行为,不开具专用发票。由此带来两个问题:一是通过现有的成品油增值税纳税评估系统无法取得加油站购进成品油时的批发企业信息,也就无法对加油站进行准确的评估;二是评估对象由单一的加油站转变为批零一体的省级公司,由于批发和零售的毛利率差别较大,评估的难度增大。

(三) 税务机关未采集成品油销售过程中的数量和规格信息。成品油的评估信息取自专用发票,但目前专用发票的七要素不包括货物数量和品名信息。

(四)中石油和中石化两大集团均推行预付款加油 IC 卡,由于收款时属于预收款项,待加油后方才确认收入,使得收款与确认收入存在时间差异。同时,收款和加油还可能发生在不同地域,同一集团内不同公司间还涉及收入和款项的调整,这给评估工作带来较大难度。

二、评估指标参数

1. 成品油平均密度参数:90# 汽油(密度 0.722),93# 汽油(密度 0.725),97#(密度 0.727),0# 柴油(密度 0.835)。

2. 国家 CB11085—89 标准规定了正常损耗,如:柴油储存损耗 0.01%、输转损耗 0.01%、装车损耗 0.01%、卸车损耗 0.05% 等。

三、评估方法

(一)石油炼化企业

1. 最大库容量法

利用最大库容量评估某一时点库存数量的合理性。

评价公式:最大库容量(立方米)×成品油密度(吨/立方米)≥企业账面显示的时点库存数量(吨)

其中:最大库容量=成品油成品库容+成品油半成品库容。最大库容量可同时参考企业提供的信息和技术监督部门出具的有关计量证明。

评价公式成立为基本正常,评价公式不成立为异常,应查明原因。

2. 计划衡量法

通过计划产量评价企业申报产量的真实性

评价公式:计划产量×(1-浮动比例)≤实际产量≤计划产量×(1+浮动比例)

其中:"计划产量"可通过企业制定生产计划的部门取得,同时可参考企业上级部门下发的计划;"浮动比例"可参考企业以前年度的资料计算取得,同时参考企业提供的一些本年资料。

评价公式成立为基本正常,评价公式不成立为异常,应查明原因。

3. 产量推算销量法

利用前两种方法取得的结果计算企业评估期销售数量,以此评价企业申报的销售数量的真实性。

计算公式:评估期销售数量 = 期初库存数量+评估期产量-期末库存数量

评估期销售数量与企业申报的销售数量如差异较大,则为异常,应查明原因。查明原因后,如属于石油炼化企业隐瞒销售数量的情况,应将有关情况传递给批发企业主管税务机关,用于对批发企业的评估。

由于一些地炼厂购、销行为有可能均不入账,只有货物和资金的流动,评估难度较大。最简便易行的方式可采用"成本费用与利润倒挤法",利用企业日常产生的成本费用和经营利润直接推算企业合理的应税销售收入,以评价企业申报的应税销售收入是否合理。

4. 案源逆查法

在评估或检查过程中,如发现批发企业存在偷税问题,应将批发企业的有关信息传递给石油炼化企业主管税务机关,查找石油炼化企业是否存在问题。

5. 简易轻油收率法

对于地炼厂,可通过防伪税控系统提取购货方纳税人识别号为该地炼厂的原油销售专用发票信息,按一般情况下75％的轻油收率计算该企业的当期产量,按照产销基本平衡的原理,将其当期产量视同为当期销售数量,与该企业账面的销售数量对比,以判断该企业申报数据的真实性。

（二）成品油批发企业

成品油批发企业主要包括两大石油集团的大区公司。中石化油品销售事业部下辖华北、华东、中南和华南4个大区公司;中石油中国石油炼油与销售分公司下辖西北、东北、西南、华东、华北、华南、华中7个大区公司。大区公司在成品油销售过程中,仅承担票据和资金结算的功能,在成品油的货物流中,货物并不向大区公司流动,而是直接由石油炼化企业流向大区公司下属的企业（一般为省级销售分公司）。

1. 滞留票核查法

通过防伪税控系统筛选出石油炼化企业开具给成品油批发企业的专用发票存根联滞留信息。此评估指标的目的是查找成品油批发企业是否存在账外经营的问题。

2. 以进控销法 计算公式:

$$\begin{matrix} 成品油批发 \\ 企业销售数量 \end{matrix} = \begin{matrix} 成品油批发企业 \\ 期初库存数量 \end{matrix} + \begin{matrix} 炼油企业开具给成品油 \\ 批发企业的成品油数量 \end{matrix} - \begin{matrix} 成品油批发企业 \\ 期末库存数量 \end{matrix}$$

以计算出的销售数量推算企业申报的增值税应税销售额的合理性。

3. 案源逆查法

当评估或检查过程中,如发现批零、零售企业存在偷税问题,将批零、零售企业的有关信息传递给批发企业主管税务机关,查找批发企业是否存在问题。

4. 增值税税收负担率分析法

通过企业毛利率计算企业增值税负担率理论值,以此评价通过企业申报数据计算的增值税负担率的合理性。

计算公式:企业增值税负担率理论值 $=$ 企业综合毛利率 $\times 17\% \times 100\%$

其中:企业综合毛利率 $= \sum[$（某规格油品单位进销差价 / 该规格油品单价）$\times$该规格油品的应税销售收入$] \div$ 总应税销售收入

企业增值税负担率理论值与通过企业申报数据计算的增值税负担率基本一致为合理,差异较大为不合理,需进行核实。

（三）成品油批零兼营企业

成品油批零兼营企业主要以两大集团公司下属的省级分公司为主,其中:中石油有14家省级石油分公司,中石化有19个省级石油分公司,还包括实际从事成品油批零业务的其他企业。这类企业在从事成品油批发业务的同时,又与隶属于该企业的部分加油站统一核算增值税,除同时具有成品油批发企业和零售企业的特征外,还具有以下特点:一是受资金承受能力和地区经济发展需求等综合因素影响,企业成品油库存具有一定的常态性,波动不大;二是企业综合毛利率的计算较批发企业和零售企业复杂,需要通过批发和零售的业务量加权计算来取得。

1. 滞留票核查法

通过防伪税控系统筛选出成品油批发企业开具给成品油批零兼营企业的专用发票存根

联滞留信息。此评估指标的目的是查找成品油批零兼营企业是否存在账外经营的问题。

2. 以进控销法计算公式：

$$\begin{array}{c}\text{成品油批零兼营}\\\text{企业销售数量}\end{array} = \begin{array}{c}\text{成品油批零兼营企业}\\\text{期初库存数量}\end{array} + \begin{array}{c}\text{成品油批发企业开具给成品油批零}\\\text{兼营企业的成品油数量}\end{array} - \begin{array}{c}\text{成品油批零兼营}\\\text{企业期末库存数量}\end{array}$$

以计算出的销售数量推算企业申报的增值税应税销售额的合理性。

3. 案源逆查法

当评估或检查过程中，如发现零售企业存在偷税问题，将零售企业的有关信息传递给批零企业主管税务机关，查找批发企业是否存在问题。

4. 最大库容量法

基本同石油炼化企业，最大库容量＝加油站的最大库容量＋批发业务的常态库存，其中批发业务的常态库存可按企业以前年度的有关资料确定。

5. 增值税税收负担率分析法

基本同成品油批发企业，其中：企业综合毛利率＝零售环节综合毛利率×（零售应税销售收入/总应税销售收入）＋批发环节综合毛利率×（批发应税销售收入÷总应税销售收入）

（四）成品油零售企业

成品油零售企业主要是指加油站。据不完全统计，全国加油站有 8 万多座，其中：中石化拥有加油站 29 000 余座（其中特许加盟加油站 2 000 余座），中石油所属的加油站与中石化基本持平。这些企业的主要特点是：

第一，单位销售毛利相对稳定。由于国家有关部门对成品油的零售价格具有较严格的限定，两大集团公司对其下属的具有成品油批发资质企业的批发价格同样做了较严格的限定，因此成品油零售企业在一定时间内的单位销售毛利较稳定，变化较小。

第二，购进成品油具有最大库容性，且库容器具基本上均可计量。成品油作为一种特定货物，其存放需要特定容器。从调查的实际情况看，使用国家标准器具的企业占绝大多数，使用非标准器具的企业较少。但不论使用何种器具，按照国家有关规定，成品油库容器具均应由有关部门出具计量结果证明。

1. 滞留票核查法

通过防伪税控系统筛选出成品油批零兼营企业和批发企业开具给成品油零售企业的专用发票存根联滞留信息。此评估指标的目的是查找成品油零售企业是否存在账外经营的问题。

2. 以进控销法计算公式：

$$\begin{array}{c}\text{成品油零售}\\\text{企业销售数量}\end{array} = \begin{array}{c}\text{成品油零售企业}\\\text{期初库存数量}\end{array} + \begin{array}{c}\text{成品油批零兼营企业和批发企业开具给}\\\text{成品油零售企业的成品油数量}\end{array} - \begin{array}{c}\text{成品油零售企业}\\\text{期末库存数量}\end{array}$$

以计算出的销售数量推算企业申报的增值税应税销售额的合理性。

3. 最大库容量法

基本同石油炼化企业，但企业的最大库容量应更多地参考技术监督部门的信息。

4. 增值税税收负担率分析法

同成品油批发企业。

上述两种方法属于案头分析阶段设置的初步筛选指标，当某一项指标异常时，还需进入进一步的核实阶段。在核实阶段，可采用"销售数量倒挤法"。该方法的基本原理是：

评估期销售数量＝期初库存数量＋评估期购进数量－期末库存数量－合理损耗数量－自用油数量

其中："期初库存数量"可参考使用成品油零售企业在评估期之前某段时期的各时点账面库存数量的平均值；

"评估期购进数量"可根据纳税人增值税申报附列资料所列的评估期认证相符增值税专用发票抵扣购进数量；

"期末库存数量"可按期末进行实地测量储油罐储油高度或质量技术监督部门提供给加油站的有关容量表,测算出成品油实际库存量；

"自然损耗数量"可根据国家 CB11085—89 标准以内计提正常损耗；

"自用油数量"可根据企业实际情况或每月购进成品油数量不超过一定的比例内掌握。

白酒行业

一、行业征管难点

(一)白酒生产企业属于农产品加工行业,带有该行业增值税管理的共性问题,原材料购进和耗用数量难以核实。同时,白酒生产企业在回收包装物时还涉及废旧物资销售发票,同样难以监管。

(二)白酒生产工艺复杂,即使生产同一种产品,受设备状况、工艺流程、原材料种类和耗用量等因素的影响,出酒率也存在较大差异。

(三)白酒行业关联交易、现金交易等现象比较普遍,且白酒产品种类繁多,销售网点分散,销售形式灵活,客观上便于不法分子通过账外经营、迟计销售、不开发票等手段偷逃税款。

二、评估指标参数

(一)白酒生产企业增值税税负参数(供参考)

分香型测算：

香型	2004 年平均值	2005 年平均值	2006 年平均值	三年平均
浓香型	6.31%	7.74%	7.99%	7.37%
酱香型	11.81%	13.13%	12.10%	12.29%
兼香型	4.78%	8.80%	5.90%	6.63%
米香型	9.89%	10.42%	10.55%	10.29%
清香型	11.60%	11.58%	12.28%	11.88%
老白干	9.31%	10.74%	8.74%	9.56%
合计	8%	9.26%	9.35%	8.9%

分企业规模测算：

企业类型	2004 年度	2005 年	2006 年	三年平均
名优酒厂	8.66%	10.48%	10.70%	10.01%
规模以上酒厂	5.86%	6.57%	6.52%	6.27%
小酒厂	6.01%	5.41%	4.33%	4.89%

按部分地区所有调查企业测算：

省份	2004 年	2005 年	2006 年	三年平均
四川	6.29%	8.39%	8.58%	7.83%
安徽	3.19%	5.31%	5.27%	4.75%
广西	9.86%	10.37%	10.93%	10.49%
贵州	11.71%	13.18%	12.08%	12.26%
河北	8.88%	9.33%	8.40%	8.84%
宁夏	5.25%	6.70%	8.49%	6.69%
山西	11.64%	11.73%	12.60%	12.06%
内蒙	7.32%	7.11%	7.88%	7.44%
全国平均	8.00%	9.26%	9.35%	8.90%

（二）白酒关联销售公司增值税税负参数（供参考）

分香型测算：

香型	2004 年平均值	2005 年平均值	2006 年平均值	三年平均
浓香型	7.37%	6.61%	6.81%	6.93%
酱香型	8.45%	8.81%	9.54%	9.03%
兼香型	6.04%	4.03%	6.47%	5.57%
米香型	9.47%	9.51%	9.66%	9.55%
清香型	4.57%	4.67%	4.76%	4.69%
合计	7.38%	6.84%	7.21%	7.15%

分企业规模测算：

企业类型	2004 年度	2005 年	2006 年	三年平均
名优酒厂的关联销售公司	7.54%	7.35%	7.63%	7.51%
其他酒厂的关联销售公司	6.74%	4.96%	5.44%	5.70%

（三）设有销售公司的酒厂生产与关联销售环节整体税负（供参考）

所属环节	2004 年	2005 年	2006 年	三年平均税负
生产与关联销售整体	10.41%	10.77%	10.73%	10.66%

（四）白酒行业投入产出及能耗指标和参数（供参考）

投入产出相关指标参数

产品香型	出酒率（原酒度数为 65 度）		曲药耗用定额	
	参考值	变动幅度	参考值	变动幅度
浓香型	37%	±2%	0.55～0.65	±0.05
酱香型	40%	±2%	自定	自定
清香型	42%	±2%	0.43	±0.02
兼香型	42%	±5%	0.75～0.85	±0.05
米香型	46%	±2%	0.01	±0.01
老白干	50%	±2%	0.45	±0.01

能耗指标参数

指标	煤耗定额参考值		电耗定额参考值		气耗定额参考值	
	参考值	变动幅度	参考值	变动幅度	参考值	变动幅度
参数	1.5～2.5 吨煤/吨酒	自定	150～250 度电/吨酒	自定	7.5～9 立方/吨酒	自定

（五）65 度原酒酒度折算系数

酒度折算系数表一(重量)(原酒度数为 65 度)

目标度数	折算系数	目标度数	折算系数	目标度数	折算系数
28 度	2.494 7	41 度	1.671 6	54 度	1.236 5
29 度	2.405 7	42 度	1.628 9	55 度	1.211 3
30 度	2.322 6	43 度	1.588 2	56 度	1.186 9
31 度	2.244 8	44 度	1.549 2	57 度	1.163 4
32 度	2.171 7	45 度	1.511 9	58 度	1.140 6
33 度	2.103	46 度	1.4762	59 度	1.118 6
34 度	2.038 3	47 度	1.442	60 度	1.097 2
35 度	1.977 1	48 度	1.409 1	61 度	1.076 6
36 度	1.919 3	49 度	1.377 5	62 度	1.056 6
37 度	1.864 5	50 度	1.347 1	63 度	1.037 1
38 度	1.812 6	51 度	1.317 9	64 度	1.018 3
39 度	1.763 2	52 度	1.289 8		
40 度	1.716 3	53 度	1.262 7		

酒度折算系数表二(重量)(目标酒度数 65 度)

原酒(酒精)度数	折算系数	原酒(酒精)度数	折算系数	原酒(酒精)度数	折算系数
100 度	1.749 7	88 度	1.454 1	76 度	1.206 1
99 度	1.721 2	87 度	1.434 2	75 度	1.186 7
98 度	1.693 9	86 度	1.410 6	74 度	1.167 4
97 度	1.667 5	85 度	1.389 2	73 度	1.148 2
96 度	1.641 8	84 度	1.368 1	72 度	1.129 2
95 度	1.616 8	83 度	1.347 2	71 度	1.110 4
94 度	1.592 3	82 度	1.326 5	70 度	1.091 7
93 度	1.568 3	81 度	1.306	69 度	1.073
92 度	1.544 7	80 度	1.285 7	68 度	1.054 6
91 度	1.521 6	79 度	1.265 5	67 度	1.036 2
90 度	1.498 8	78 度	1.245 6	66 度	1.018 1
89 度	1.476 3	77 度	1.225 7		

注明:单位原酒重量×折算系数＝目标酒重量。

参数说明:除《65 度原酒酒度折算系数表》为白酒行业标准以外,其余数据来源于部分地区典型调查的统计资料。从统计数据来看,部分指标参数的地区差异较大,这可能是受到白酒行业工艺技术差异的影响,也可能是生产经营原因,但也不排除是个别企业财务核算失真,数据采集和统计口径差异等原因造成。为此,各地在评估时应充分考虑本地实际,对以上参数自行选择使用。

三、评估方法

（一）税负对比分析法

1. 企业与行业税负率评估模型与方法

$$本企业税收负担率 = 本企业应纳税额 \div 本企业应税销售额$$

$$同行业税收负担率 = 同行业应纳税额 \div 同行业应税销售额$$

$$问题值 = 本企业税收负担率 - 同行业税收负担率 < 0$$

该指标分析企业税负与同行业税负差异，若企业税负低于同行业平均税负，则企业可能存在隐瞒收入、少缴税款等问题。

2. 当期与历史同期企业税负率评估模型与方法

$$问题值 = 当期企业税负率 - 历史同期企业税负率 < 0$$

该指标分析当期企业税负与历史同期企业税负的差异，若低于历史同期企业税负，则企业可能存在隐瞒收入，少缴税款等问题。

利用税负对比分析法，建立企业税负与行业税负、当期与历史同期企业税负之间的配比关系，只能初步筛选出异常企业。在实际评估过程中，税负偏低往往存在许多客观原因，比如：销售不景气，原料购进量过大，产品结构以中低档酒为主，等等。此外，有的企业税负看似正常，但依然存在涉税问题，对这种情形就不能简单地以税负作为衡量标准。

（二）投入产出法

1. 出酒率评估

$$评估期企业出酒率 = 评估期原酒生产量 \div 评估期酿酒用粮领用量$$

$$评估期酿酒用粮领用量 = \frac{期初库存}{原料粮} + \frac{本期购进}{原料粮} - \frac{期末库存}{原料粮} - \frac{本期制曲用粮}{}$$

如果评估期企业出酒率低于行业出酒率参考值，应着重分析审核粮食购进、酿酒用粮及库存变动情况，是否存在利用收购发票虚抵进项税额的情形；如果粮食购进抵扣情况正常，应当着重分析审核原酒产量，是否存在少计产量从而少申报销售量的情形。

2. 制曲率评估

$$评估期企业制曲率 = 评估期曲药生产量 / 评估期制曲用粮领用量$$

$$评估期制曲用粮领用量 = 期初库存原料粮 + 本期购进原料粮 -$$
$$期末库存原料粮 - 本期酿酒用粮领用量$$

此方法与出酒率模型结合使用，应着重分析制曲用粮、酿酒用粮、粮食购进量以及粮食库存量之间的逻辑关系，检查是否存在虚抵进项税额等情况。此外，还应分析是否存在酿酒用粮与制曲用粮混淆，隐匿原酒生产销售数量的情况。

3. 曲药耗用评估

$$评估期原酒产量 = 评估期曲药耗用量 \div 单位原酒耗用曲药定额$$

$$问题值 = 评估期原酒产量 - 账列原酒产量$$

此方法与出酒率模型结合应用，分析评估期曲药投入产出与原材料投入产出是否吻合，测算原酒产量与账列原酒产量差异，从而查找企业可能隐匿的原酒产量和虚抵的进项税额等问题。

4. 原酒（或酒精）勾兑成品酒的评估

评估期某成品酒产量 ＝ 评估期原酒（或酒精）领用量×折算系数

评估期原酒（或酒精）领用量 ＝ ［期初原酒（或酒精）库存量＋本期原酒（或酒精）产量（或购进量）
－ 期末原酒（或酒精）库存量］×［1－原酒（或酒精）合理损耗率］

问题值 ＝ 评估期某成品酒产量－账列某成品酒产量

根据评估期原酒（或酒精）产量和领用量，按度数进行归集测算出成品酒产量，测算出账列数与评估数的差异，分析企业是否存在账外经营或隐匿成品酒产销量，少申报收入等问题。此模型在实际使用中，也可以根据成品酒数量反推原酒数量，从而判断其纳税申报是否真实。

5. 包装物与成品酒的配比评估

评估期酒瓶（或瓶盖、其他包装物）耗用量 ＝ 期初库存量＋本期购进量－期末库存量

评估期成品酒产量（瓶数） ＝ 评估期包装物耗用量×（1－合理损耗率）

问题值 ＝ 评估期某成品酒产量（瓶数）－账列某成品酒产量（瓶数）

此方法适用于评估成品酒的产销数量，如果企业有销售散装酒的情形，则比对时应剔除该因素的影响。

6. 酒糟产出评估模型与方法

评估期酒糟产量 ＝ 当期原材料耗用量×酒糟产出比率

当期原材料耗用量 ＝ 期初库存数量＋当期购进数量－期末库存数量

问题值 ＝ 评估期酒糟产量－账面酒糟产生数量

按照既定的酒糟产出比率，计算当期应产出的酒糟数量，并与当期纳税人账面数量进行核对，以此确定是否存在人为提高产品成本，多抵进项税额的问题。同时，可以据此确定销售酒糟（免税产品）的进项税额转出比率，查找纳税人是否存在少转进项税额的问题。

（三）其他方法

1. 能耗测算法

评估期白酒产量 ＝ 评估期生产能耗量÷单位白酒能耗定额

评估期白酒销量 ＝ 评估期白酒产量×产销率

评估期应税销售收入 ＝ 评估期白酒销量×评估期白酒销售加权平均单价

问题值 ＝ 评估期应税销售收入－企业同期申报的应税销售收入

此方法适用于规模较小、产品类型和生产工艺单一的企业。主要根据纳税人评估期电、煤、气等能源、动力的生产耗用情况，利用单位白酒能耗定额测算纳税人实际生产、销售数量，并与纳税人申报信息比对分析。其中耗电、耗气等数据可以从电力部门、天然气公司等单位进行核实，相对较为客观。此外，由于煤炭的发热量不同，因而评估时需要把煤换算成标准煤后再进行计算。

2. 计件工资分析法

评估期白酒产量 ＝ 评估期计件工资总额÷计件工资标准

问题值 ＝ 评估期白酒产量－账列白酒产量

此方法适用于实行计件工资制的白酒生产企业，根据计件工资与白酒产量之间的钩稽关系，大致推算出评估期白酒产量，并与投入产出等方法估算的产量进行比对分析。

3. 酒池计算法

$$评估期原酒产量 = 酒池个数 \times 单位酒池装粮吨数 \times 生产周转次数 \times 出酒率$$
$$问题值 = 评估期原酒产量 - 账列原酒产量$$

根据酒池数量、每一酒池投粮数量和出酒周期,大致估算企业原酒生产能力,从而评估企业是否存在少申报产销量的情况。

4. 灌装耗电定额测算法

$$单位电耗灌装定额 = 灌装设备设计生产能力 \div 灌装设备设计耗电量$$
$$评估期灌装成瓶数量 = 评估期灌装生产线耗电量 \times 单位电耗灌装定额$$
$$评估期销售量 = 期初成瓶酒库存量 + 评估期灌装成瓶数量 - 期末成瓶酒库存量$$

运用灌装耗电定额指标,评估成瓶酒生产量和销售额,并与纳税人申报的应税销售收入相对比,从而判定纳税人是否存在隐瞒收入的问题。

5. 销售数量交叉核实法

$$企业申报销售数量 \neq 异地核查销售数量汇总数$$

此方法主要适用于对地产地销的小酒厂的评估。白酒销售地税务机关实地查验核实销售数量和进价,并将查验信息及时反馈到生产地,以加强对小酒厂纳税评估。

6. 关联销售公司的评估模型和方法

(1) 以进控销法

$$评估期销售公司某类型白酒购进量 = 白酒生产企业期初库存量 + 本期生产量 - 期末库存量 - 其他耗用量$$
$$评估期销售公司某类型白酒销售量 = 销售公司期初库存量 + 评估期购进量 - 期末库存量$$
$$问题值 = 评估期销售公司某类型白酒销售量 - 账列销售量$$

这种方法的基本思路是依托白酒生产企业产销数量,从源泉上控制关联销售公司白酒销售数量,从而判断关联销售公司是否存在隐匿销售收入的情况。在实际应用过程中应结合以票控税等方法。此外,这种方法还可以延伸至一级代理商的纳税评估。

(2) 以销控进法

关联销售公司购进白酒数量=期初库存+《随附单》所列销售数量-期末库存模型中的《随附单》是指:根据商务部有关规定,酒类经营者在批发酒类商品时应填制的《酒类流通随附单》,它详细记录着酒类商品流通信息。

国家税务总局关于调整增值税即征即退优惠
政策管理措施有关问题的公告

2011 年 11 月 14 日　国家税务总局公告 2011 年第 60 号

为加快退税进度,提高纳税人资金使用效率,扶持企业发展,税务总局决定调整增值税即征即退企业实施先评估后退税的管理措施。现将有关问题公告如下:

一、将增值税即征即退优惠政策的管理措施由先评估后退税改为先退税后评估。

二、主管税务机关应进一步加强对即征即退企业增值税退税的事后管理,根据以下指标定期开展纳税评估。

(一) 销售额变动率的计算公式:

1. 本期销售额环比变动率=(本期即征即退货物和劳务销售额-上期即征即退货物和

劳务销售额)÷上期即征即退货物和劳务销售额×100％。

2．本期累计销售额环比变动率＝(本期即征即退货物和劳务累计销售额－上期即征即退货物和劳务累计销售额)÷上期即征即退货物和劳务累计销售额×100％。

3．本期销售额同比变动率＝(本期即征即退货物和劳务销售额－去年同期即征即退货物和劳务销售额)÷去年同期即征即退货物和劳务销售额×100％。

4．本期累计销售额同比变动率＝(本期即征即退货物和劳务累计销售额－去年同期即征即退货物和劳务累计销售额)÷去年同期即征即退货物和劳务累计销售额×100％。

（二）增值税税负率的计算公式

增值税税负率＝本期即征即退货物和劳务应纳税额÷本期即征即退货物和劳务销售额×100％

三、各地可根据不同的即征即退项目设计、完善评估指标。主管税务机关通过纳税评估发现企业异常情况的,应及时核实原因并按相关规定处理。

四、本公告自 2011 年 12 月 1 日起施行。《国家税务总局关于增值税即征即退实施先评估后退税有关问题的通知》(国税函〔2009〕432 号)同时废止。

六、进项留抵税额抵减增值税欠税

国家税务总局关于增值税一般纳税人用进项留抵税额抵减增值税欠税问题的通知

2004 年 8 月 30 日　国税发〔2004〕112 号

各省、自治区、直辖市和计划单列市国家税务局:

为了加强增值税管理,及时追缴欠税,解决增值税一般纳税人(以下简称"纳税人")既欠缴增值税,又有增值税留抵税额的问题,现将纳税人用进项留抵税额抵减增值税欠税的有关问题通知如下:

一、对纳税人因销项税额小于进项税额而产生期末留抵税额的,应以期末留抵税额抵减增值税欠税。

二、纳税人发生用进项留抵税额抵减增值税欠税时,按以下方法进行会计处理:

（一）增值税欠税税额大于期末留抵税额,按期末留抵税额红字借记"应交税金——应交增值税(进项税额)"科目,贷记"应交税金——未交增值税"科目。

（二）若增值税欠税税额小于期末留抵税额,按增值税欠税税额红字借记"应交税金——应交增值税(进项税额)"科目,贷记"应交税金——未交增值税"科目。

三、为了满足纳税人用留抵税额抵减增值税欠税的需要,将《增值税一般纳税人纳税申报办法》(国税发〔2003〕53 号)《增值税纳税申报表》(主表)相关栏次的填报口径作如下调整:

（一）第 13 项"上期留抵税额"栏数据,为纳税人前一申报期的"期末留抵税额"减去抵减欠税额后的余额数,该数据应与"应交税金——应交增值税"明细科目借方月初余额一致。

（二）第 25 项"期初未缴税额(多缴为负数)"栏数据,为纳税人前一申报期的"期末未缴税额(多缴为负数)"减去抵减欠税额后的余额数。

 国家税务总局关于增值税进项留抵税额抵减增值税欠税有关处理事项的通知

2004 年 10 月 29 日 国税函〔2004〕1197 号

各省、自治区、直辖市和计划单列市国家税务局:

根据国家税务总局《关于增值税一般纳税人用进项留抵税额抵减增值税欠税问题的通知》(国税发〔2004〕112 号)规定,现将增值税进项留抵税额抵减欠税的有关处理事项明确如下:

一、关于税务文书的填开

当纳税人既有增值税留抵税额,又欠缴增值税而需要抵减的,应由县(含)以上税务机关填开《增值税进项留抵税额抵减增值税欠税通知书》(以下简称《通知书》,式样见附件)一式两份,纳税人、主管税务机关各一份。

二、关于抵减金额的确定

抵减欠缴税款时,应按欠税发生时间逐笔抵扣,先发生的先抵。抵缴的欠税包含呆账税金及欠税滞纳金。确定实际抵减金额时,按填开《通知书》的日期作为截止期,计算欠缴税款的应缴未缴滞纳金金额,应缴未缴滞纳金余额加欠税余额为欠缴总额。若欠缴总额大于期末留抵税额,实际抵减金额应等于期末留抵税额,并按配比方法计算抵减的欠税和滞纳金;若欠缴总额小于期末留抵税额,实际抵减金额应等于欠缴总额。

三、关于税收会计账务处理

税收会计根据《通知书》载明的实际抵减金额作抵减业务的账务处理。即先根据实际抵减的 2001 年 5 月 1 日之前发生的欠税以及抵减的应缴未缴滞纳金,借记"待征"类科目,贷记"应征"类科目;再根据实际抵减的增值税欠税和滞纳金,借记"应征税收——增值税"科目,贷记"待征税收——××户——增值税"科目。

附件:《增值税进项留抵税额抵减增值税欠税通知书》

附件

增值税进项留抵税额抵减增值税欠税通知书

_____税   字(   )第   号

_____:

你单位至_____年_____月_____日止,增值税欠缴税额为_____元,应缴滞纳金为_____元,增值税进项留抵税额为_____元。根据《国家税务总局关于增值税一般纳税人用进项留抵税额抵减增值税欠税问题的通知》(国税发〔2004〕112 号)规定,现将你单位增值税留抵税额_____元抵减欠缴税额_____元,抵减滞纳金_____元。尚余增值税留抵税额/欠缴税额_____元。

请你单位据此通知对相关会计账务进行调整。

××国家税务局

×年×月×日

国家税务总局关于增值税一般纳税人将增值税进项留抵税额抵减查补税款欠税问题的批复

2005 年 2 月 24 日　国税函〔2005〕169 号

广西壮族自治区国家税务局：

你局《关于增值税一般纳税人进项留抵税额能否抵减查补税款有关问题的请示》（桂国税发〔2004〕269 号）收悉。经研究，现批复如下：

一、增值税一般纳税人拖欠纳税检查应补缴的增值税税款，如果纳税人有进项留抵税额，可按照《国家税务总局关于增值税一般纳税人用进项留抵税额抵减增值税欠税问题的通知》（国税发〔2004〕112 号）的规定，用增值税留抵税额抵减查补税款欠税。

二、为确保税务机关和国库入库数字对账一致，抵减的查补税款不能作为稽查已入库税款统计。考核查补税款入库率时，可将计算公式调整为：

$$\frac{\text{查补税款}}{\text{入库率}} = \left(\frac{\text{实际缴纳入库}}{\text{的查补税款}} + \frac{\text{增值税进项留抵税额实际}}{\text{抵减的查补税款欠税}} \right) \div \frac{\text{应缴纳入库}}{\text{的查补税款}} \times 100\%$$

其中，"增值税进项留抵税额实际抵减的查补税款欠税"反映考核期内实际抵减的查补税款欠税。

特此批复。

国家税务总局关于纳税人固定资产进项税额抵减欠税后滞纳金处理问题的批复

2008 年 7 月 25 日　国税函〔2008〕703 号

山西省国家税务局：

你局《关于对纳税人固定资产进项税额抵减欠税后滞纳金处理问题的请示》（晋国税发〔2008〕74 号）收悉。经研究，批复如下：

根据《国家税务总局关于增值税进项留抵税额抵减增值税欠税有关处理事项的通知》（国税函〔2004〕1197 号）和《国家税务总局关于进一步加强欠税管理工作的通知》（国税发〔2004〕66 号）的有关规定，纳税人在以固定资产进项税额抵减欠税时，应以配比的方法同时抵减欠税和滞纳金。

七、增值税偷税认定

国家税务总局关于增值税一般纳税人发生偷税行为如何确定偷税数额和补税罚款的通知

1998 年 5 月 12 日　国税发〔1998〕66 号

各省、自治区、直辖市和计划单列市国家税务局：

目前，各地对增值税一般纳税人发生偷税行为，如何计算确定其增值税偷税额以及如何补税、罚款的认识和做法不一，现统一明确如下：

一、关于偷税数额的确定

（一）由于现行增值税制采取购进扣税法计税，一般纳税人有偷税行为，其不报、少报的销项税额或者多报的进项税额，即是其不缴或少缴的应纳增值税额。因此，偷税数额应当按销项税额的不报、少报部分或者进项税额的多报部分确定。如果销项、进项均查有偷税问题，其偷税数额应当为两项偷税数额之和。

（二）纳税人的偷税手段如属账外经营，即购销活动均不入账，其不缴或少缴的应纳增值税额即偷税额为账外经营部分的销项税额抵扣账外经营部分中已销货物进项税额后的余额。已销货物的进项税额按下列公式计算：

$$已销货物进项税额 ＝ 账外经营部分购货的进项税额 － 账外经营部分存货的进项税额$$

（三）如账外经营部分的销项税额或已销货物进项税额难以核实，应当根据《中华人民共和国增值税暂行条例实施细则》第十六条第（三）项规定，按照组成计税价格公式核定销售额，再行确定偷税数额。凡销项税额难以核实的，以账外经营部分已销货物的成本为基础核定销售额；已销货物进项税额难以核实的，以账外经营部分的购货成本为基础核定销售额。

注释： 根据《国家税务总局关于修改〈国家税务总局关于增值税一般纳税人发生偷税行为如何确定偷税数额和补税罚款的通知〉的通知》（1999 年 11 月 12 日，国税函〔1999〕739 号）规定，本通知第一条第（三）项自 1999 年 11 月 12 日起废止，相应内容修改为："纳税人账外经营部分的销售额（计税价格）难以核实的，应根据《中华人民共和国增值税暂行条例实施细则》第十六条第（三）项规定按组成计税价格核定其销售额。"

二、关于税款的补征

偷税款的补征入库，应当视纳税人不同的情况处理，即：根据检查核实后一般纳税人当期全部的销项税额与进项税额（包括当期留抵税额），重新计算当期全部应纳税额，若应纳税额为正数，应当作补税处理，若应纳税额为负数，应当核减期末留抵税额（企业账务调整的具体方法，见《增值税日常稽查办法》）。

三、关于罚款

对一般纳税人偷税行为的罚款，应当按照本通知第一条的规定计算确定偷税数额，以偷税数额为依据处理。

 国家税务总局关于修改《国家税务总局关于增值税一般纳税人发生偷税行为如何确定偷税数额和补税罚款的通知》的通知

1999 年 11 月 12 日　国税函〔1999〕739 号

各省、自治区、直辖市和计划单列市国家税务局：

《国家税务总局关于增值税一般纳税人发生偷税行为如何确定偷税数额和补税罚款的通知》（国税发〔1998〕66 号）下发后，部分地区反映通知第一条第（三）项的表述不够确切，现修改如下：

纳税人账外经营部分的销售额（计税价格）难以核实的，应根据《中华人民共和国增值税暂行条例实施细则》第十六条第（三）项规定按组成计税价格核定其销售额。

原《国家税务总局关于增值税一般纳税人发生偷税行为如何确定偷税数额和补税罚款的通知》(国税发〔1998〕66 号)第一条第(三)项废止。

 国家税务总局关于西宁国美电器有限公司涉税案件处理问题的批复

2013 年 4 月 9 日　税总函〔2013〕159 号

青海省国家税务局、地方税务局:

你局《关于西宁国美电器有限公司涉税案件有关处理问题的请示》(青国税发〔2012〕126 号)收悉。经研究,现批复如下:

一、根据《国家税务总局关于商业企业向货物供应方收取的部分费用征收流转税问题的通知》(国税发〔2004〕136 号)的有关规定,西宁国美电器有限公司(以下简称西宁国美)2009 年度按进货额比例向供货方收取的销售支持费,应按照平销返利行为的有关规定冲减当期增值税进项税金,不征收营业税。

二、对西宁国美 2007 年度至 2009 年度自开自抵增值税专用发票行为的处理,可适用 1993 年发布的《中华人民共和国发票管理办法》(中华人民共和国财政部令第 6 号)的处罚规定,鉴于其开具和使用是一个行为过程中不可分割的两个环节,应按照《中华人民共和国行政处罚法》的有关规定处罚款一次。

 国家税务总局关于增值税规范性文件有效性问题的批复

2015 年 3 月 20 日　税总函〔2015〕161 号

贵州省国家税务局:

你局《关于增值税有关政策问题的请示》(黔国税发〔2015〕32 号)收悉。经研究,现批复如下:

《国家税务总局关于增值税一般纳税人取得的账外经营部分防伪税控增值税专用发票进项税额抵扣问题的批复》(国税函〔2005〕763 号)为部分有效文件,其中,第三段"鉴于纳税人采用账外经营手段进行偷税,其取得的账外经营部分防伪税控专用发票,未按上述规定的时限进行认证,或者未在认证通过的当月按照增值税有关规定核算当期进项税额并申报抵扣,因此,不得抵扣其账外经营部分的销项税额"的规定现行有效。

以上所称"规定的时限"应按照《国家税务总局关于调整增值税扣税凭证抵扣期限有关问题的通知》(国税函〔2009〕617 号)的有关规定执行。

 国家税务总局关于界定超标准小规模纳税人偷税数额的批复

2015 年 6 月 11 日　税总函〔2015〕311 号

黑龙江省国家税务局:

你局《关于界定超标准小规模纳税人偷税数额的请示》(黑国税发〔2014〕85 号)收悉。根据《增值税一般纳税人资格认定管理办法》(国家税务总局令第 22 号)、《国家税务总局关于明确〈增值税一般纳税人资格认定管理办法〉若干条款处理意见的通知》(国税函〔2010〕139 号)

有关规定,批复如下:

稽查查补销售额和纳税评估调整销售额计入查补税款申报当月的销售额,以界定增值税小规模纳税人年应税销售额。

纳税人年应税销售额超过小规模纳税人标准且未在规定时限内申请一般纳税人资格认定的,主管税务机关应制作《税务事项通知书》予以告知。纳税人在《税务事项通知书》规定时限内仍未向主管税务机关报送一般纳税人认定有关资料的,其《税务事项通知书》规定时限届满之后的销售额依照增值税税率计算应纳税额,不得抵扣进项税额。税务机关送达的《税务事项通知书》规定时限届满之前的销售额,应按小规模纳税人简易计税方法,依3%征收率计算应纳税额。

你局对所属企业实施税务检查,发生的具体涉税事项,应按上述原则处理。其中,涉及滞纳金和罚款的计算等问题,仍按照相关规定执行。

八、增值税会计处理

财政部关于印发《增值税会计处理规定》的通知

2016 年 12 月 3 日　财会〔2016〕22 号

国务院有关部委,有关中央管理企业,各省、自治区、直辖市、计划单列市财政厅(局),新疆生产建设兵团财务局,财政部驻各省、自治区、直辖市、计划单列市财政监察专员办事处:

为进一步规范增值税会计处理,促进《关于全面推开营业税改征增值税试点的通知》(财税〔2016〕36 号)的贯彻落实,我们制定了《增值税会计处理规定》,现印发给你们,请遵照执行。

增值税会计处理规定

根据《中华人民共和国增值税暂行条例》和《关于全面推开营业税改征增值税试点的通知》(财税〔2016〕36 号)等有关规定,现对增值税有关会计处理规定如下:

一、会计科目及专栏设置

增值税一般纳税人应当在"应交税费"科目下设置"应交增值税""未交增值税""预交增值税""待抵扣进项税额""待认证进项税额""待转销项税额""增值税留抵税额""简易计税""转让金融商品应交增值税""代扣代交增值税"等明细科目。

(一)增值税一般纳税人应在"应交增值税"明细账内设置"进项税额""销项税额抵减""已交税金""转出未交增值税""减免税款""出口抵减内销产品应纳税额""销项税额""出口退税""进项税额转出""转出多交增值税"等专栏。其中:

1."进项税额"专栏,记录一般纳税人购进货物、加工修理修配劳务、服务、无形资产或不动产而支付或负担的、准予从当期销项税额中抵扣的增值税额;

2."销项税额抵减"专栏,记录一般纳税人按照现行增值税制度规定因扣减销售额而减少的销项税额;

3."已交税金"专栏,记录一般纳税人当月已交纳的应交增值税额;

4．"转出未交增值税"和"转出多交增值税"专栏，分别记录一般纳税人月度终了转出当月应交未交或多交的增值税额；

5．"减免税款"专栏，记录一般纳税人按现行增值税制度规定准予减免的增值税额；

6．"出口抵减内销产品应纳税额"专栏，记录实行"免、抵、退"办法的一般纳税人按规定计算的出口货物的进项税抵减内销产品的应纳税额；

7．"销项税额"专栏，记录一般纳税人销售货物、加工修理修配劳务、服务、无形资产或不动产应收取的增值税额；

8．"出口退税"专栏，记录一般纳税人出口货物、加工修理修配劳务、服务、无形资产按规定退回的增值税额；

9．"进项税额转出"专栏，记录一般纳税人购进货物、加工修理修配劳务、服务、无形资产或不动产等发生非正常损失以及其他原因而不应从销项税额中抵扣、按规定转出的进项税额。

（二）"未交增值税"明细科目，核算一般纳税人月度终了从"应交增值税"或"预交增值税"明细科目转入当月应交未交、多交或预缴的增值税额，以及当月交纳以前期间未交的增值税额。

（三）"预交增值税"明细科目，核算一般纳税人转让不动产、提供不动产经营租赁服务、提供建筑服务、采用预收款方式销售自行开发的房地产项目等，以及其他按现行增值税制度规定应预缴的增值税额。

（四）"待抵扣进项税额"明细科目，核算一般纳税人已取得增值税扣税凭证并经税务机关认证，按照现行增值税制度规定准予以后期间从销项税额中抵扣的进项税额。包括：一般纳税人自2016年5月1日后取得并按固定资产核算的不动产或者2016年5月1日后取得的不动产在建工程，按现行增值税制度规定准予以后期间从销项税额中抵扣的进项税额；实行纳税辅导期管理的一般纳税人取得的尚未交叉稽核比对的增值税扣税凭证上注明或计算的进项税额。

（五）"待认证进项税额"明细科目，核算一般纳税人由于未经税务机关认证而不得从当期销项税额中抵扣的进项税额。包括：一般纳税人已取得增值税扣税凭证、按照现行增值税制度规定准予从销项税额中抵扣，但尚未经税务机关认证的进项税额；一般纳税人已申请稽核但尚未取得稽核相符结果的海关缴款书进项税额。

（六）"待转销项税额"明细科目，核算一般纳税人销售货物、加工修理修配劳务、服务、无形资产或不动产，已确认相关收入（或利得）但尚未发生增值税纳税义务而需于以后期间确认为销项税额的增值税额。

（七）"增值税留抵税额"明细科目，核算兼有销售服务、无形资产或者不动产的原增值税一般纳税人，截止到纳入营改增试点之日前的增值税期末留抵税额按照现行增值税制度规定不得从销售服务、无形资产或不动产的销项税额中抵扣的增值税留抵税额。

（八）"简易计税"明细科目，核算一般纳税人采用简易计税方法发生的增值税计提、扣减、预缴、缴纳等业务。

（九）"转让金融商品应交增值税"明细科目，核算增值税纳税人转让金融商品发生的增值税额。

（十）"代扣代交增值税"明细科目，核算纳税人购进在境内未设经营机构的境外单位或个人在境内的应税行为代扣代缴的增值税。

小规模纳税人只需在"应交税费"科目下设置"应交增值税"明细科目,不需要设置上述专栏及除"转让金融商品应交增值税""代扣代交增值税"外的明细科目。

二、账务处理

(一)取得资产或接受劳务等业务的账务处理。

1. 采购等业务进项税额允许抵扣的账务处理。一般纳税人购进货物、加工修理修配劳务、服务、无形资产或不动产,按应计入相关成本费用或资产的金额,借记"在途物资"或"原材料""库存商品""生产成本""无形资产""固定资产""管理费用"等科目,按当月已认证的可抵扣增值税额,借记"应交税费——应交增值税(进项税额)"科目,按当月未认证的可抵扣增值税额,借记"应交税费——待认证进项税额"科目,按应付或实际支付的金额,贷记"应付账款""应付票据""银行存款"等科目。发生退货的,如原增值税专用发票已做认证,应根据税务机关开具的红字增值税专用发票做相反的会计分录;如原增值税专用发票未做认证,应将发票退回并做相反的会计分录。

2. 采购等业务进项税额不得抵扣的账务处理。一般纳税人购进货物、加工修理修配劳务、服务、无形资产或不动产,用于简易计税方法计税项目、免征增值税项目、集体福利或个人消费等,其进项税额按照现行增值税制度规定不得从销项税额中抵扣的,取得增值税专用发票时,应借记相关成本费用或资产科目,借记"应交税费——待认证进项税额"科目,贷记"银行存款""应付账款"等科目,经税务机关认证后,应借记相关成本费用或资产科目,贷记"应交税费——应交增值税(进项税额转出)"科目。

3. 购进不动产或不动产在建工程按规定进项税额分年抵扣的账务处理。一般纳税人自2016年5月1日后取得并按固定资产核算的不动产或者2016年5月1日后取得的不动产在建工程,其进项税额按现行增值税制度规定自取得之日起分2年从销项税额中抵扣的,应当按取得成本,借记"固定资产""在建工程"等科目,按当期可抵扣的增值税额,借记"应交税费——应交增值税(进项税额)"科目,按以后期间可抵扣的增值税额,借记"应交税费——待抵扣进项税额"科目,按应付或实际支付的金额,贷记"应付账款""应付票据""银行存款"等科目。尚未抵扣的进项税额待以后期间允许抵扣时,按允许抵扣的金额,借记"应交税费——应交增值税(进项税额)"科目,贷记"应交税费——待抵扣进项税额"科目。

4. 货物等已验收入库但尚未取得增值税扣税凭证的账务处理。一般纳税人购进的货物等已到达并验收入库,但尚未收到增值税扣税凭证并未付款的,应在月末按货物清单或相关合同协议上的价格暂估入账,不需要将增值税的进项税额暂估入账。下月初,用红字冲销原暂估入账金额,待取得相关增值税扣税凭证并经认证后,按应计入相关成本费用或资产的金额,借记"原材料""库存商品""固定资产""无形资产"等科目,按可抵扣的增值税额,借记"应交税费——应交增值税(进项税额)"科目,按应付金额,贷记"应付账款"等科目。

5. 小规模纳税人采购等业务的账务处理。小规模纳税人购买物资、服务、无形资产或不动产,取得增值税专用发票上注明的增值税应计入相关成本费用或资产,不通过"应交税费——应交增值税"科目核算。

6. 购买方作为扣缴义务人的账务处理。按照现行增值税制度规定,境外单位或个人在境内发生应税行为,在境内未设有经营机构的,以购买方为增值税扣缴义务人。境内一般纳税人购进服务、无形资产或不动产,按应计入相关成本费用或资产的金额,借记"生产成本""无形资产""固定资产""管理费用"等科目,按可抵扣的增值税额,借记"应交税费——进项税额"科目(小规模纳税人应借记相关成本费用或资产科目),按应付或实际支付的金额,贷记

"应付账款"等科目,按应代扣代缴的增值税额,贷记"应交税费——代扣代交增值税"科目。实际缴纳代扣代缴增值税时,按代扣代缴的增值税额,借记"应交税费——代扣代交增值税"科目,贷记"银行存款"科目。

(二)销售等业务的账务处理。

1. 销售业务的账务处理。企业销售货物、加工修理修配劳务、服务、无形资产或不动产,应当按应收或已收的金额,借记"应收账款""应收票据""银行存款"等科目,按取得的收入金额,贷记"主营业务收入""其他业务收入""固定资产清理""工程结算"等科目,按现行增值税制度规定计算的销项税额(或采用简易计税方法计算的应纳增值税额),贷记"应交税费——应交增值税(销项税额)"或"应交税费——简易计税"科目(小规模纳税人应贷记"应交税费——应交增值税"科目)。发生销售退回的,应根据按规定开具的红字增值税专用发票做相反的会计分录。

按照国家统一的会计制度确认收入或利得的时点早于按照增值税制度确认增值税纳税义务发生时点的,应将相关销项税额计入"应交税费——待转销项税额"科目,待实际发生纳税义务时再转入"应交税费——应交增值税(销项税额)"或"应交税费——简易计税"科目。

按照增值税制度确认增值税纳税义务发生时点早于按照国家统一的会计制度确认收入或利得的时点的,应将应纳增值税额,借记"应收账款"科目,贷记"应交税费——应交增值税(销项税额)"或"应交税费——简易计税"科目,按照国家统一的会计制度确认收入或利得时,应按扣除增值税销项税额后的金额确认收入。

2. 视同销售的账务处理。企业发生税法上视同销售的行为,应当按照企业会计准则制度相关规定进行相应的会计处理,并按照现行增值税制度规定计算的销项税额(或采用简易计税方法计算的应纳增值税额),借记"应付职工薪酬""利润分配"等科目,贷记"应交税费——应交增值税(销项税额)"或"应交税费——简易计税"科目(小规模纳税人应记入"应交税费——应交增值税"科目)。

3. 全面试行营业税改征增值税前已确认收入,此后产生增值税纳税义务的账务处理。企业营业税改征增值税前已确认收入,但因未产生营业税纳税义务而未计提营业税的,在达到增值税纳税义务时点时,企业应在确认应交增值税销项税额的同时冲减当期收入;已经计提营业税且未缴纳的,在达到增值税纳税义务时点时,应借记"应交税费——应交营业税""应交税费——应交城市维护建设税""应交税费——应交教育费附加"等科目,贷记"主营业务收入"科目,并根据调整后的收入计算确定计入"应交税费——待转销项税额"科目的金额,同时冲减收入。

全面试行营业税改征增值税后,"营业税金及附加"科目名称调整为"税金及附加"科目,该科目核算企业经营活动发生的消费税、城市维护建设税、资源税、教育费附加及房产税、土地使用税、车船使用税、印花税等相关税费;利润表中的"营业税金及附加"项目调整为"税金及附加"项目。

(三)差额征税的账务处理。

1. 企业发生相关成本费用允许扣减销售额的账务处理。按现行增值税制度规定企业发生相关成本费用允许扣减销售额的,发生成本费用时,按应付或实际支付的金额,借记"主营业务成本""存货""工程施工"等科目,贷记"应付账款""应付票据""银行存款"等科目。待取得合规增值税扣税凭证且纳税义务发生时,按照允许抵扣的税额,借记"应交税费——应交增值税(销项税额抵减)"或"应交税费——简易计税"科目(小规模纳税人应借记"应交税费——应交增值税"科目），贷记"主营业务成本""存货""工程施工"等科目。

2. 金融商品转让按规定以盈亏相抵后的余额作为销售额的账务处理。金融商品实际转让月末，如产生转让收益，则按应纳税额借记"投资收益"等科目，贷记"应交税费——转让金融商品应交增值税"科目；如产生转让损失，则按可结转下月抵扣税额，借记"应交税费——转让金融商品应交增值税"科目，贷记"投资收益"等科目。交纳增值税时，应借记"应交税费——转让金融商品应交增值税"科目，贷记"银行存款"科目。年末，本科目如有借方余额，则借记"投资收益"等科目，贷记"应交税费——转让金融商品应交增值税"科目。

（四）出口退税的账务处理。

为核算纳税人出口货物应收取的出口退税款，设置"应收出口退税款"科目，该科目借方反映销售出口货物按规定向税务机关申报应退回的增值税、消费税等，贷方反映实际收到的出口货物应退回的增值税、消费税等。期末借方余额，反映尚未收到的应退税额。

1. 未实行"免、抵、退"办法的一般纳税人出口货物按规定退税的，按规定计算的应收出口退税额，借记"应收出口退税款"科目，贷记"应交税费——应交增值税（出口退税）"科目，收到出口退税时，借记"银行存款"科目，贷记"应收出口退税款"科目；退税额低于购进时取得的增值税专用发票上的增值税额的差额，借记"主营业务成本"科目，贷记"应交税费——应交增值税（进项税额转出）"科目。

2. 实行"免、抵、退"办法的一般纳税人出口货物，在货物出口销售后结转产品销售成本时，按规定计算的退税额低于购进时取得的增值税专用发票上的增值税额的差额，借记"主营业务成本"科目，贷记"应交税费——应交增值税（进项税额转出）"科目；按规定计算的当期出口货物的进项税抵减内销产品的应纳税额，借记"应交税费——应交增值税（出口抵减内销产品应纳税额）"科目，贷记"应交税费——应交增值税（出口退税）"科目。在规定期限内，内销产品的应纳税额不足以抵减出口货物的进项税额，不足部分按有关税法规定给予退税的，应在实际收到退税款时，借记"银行存款"科目，贷记"应交税费——应交增值税（出口退税）"科目。

（五）进项税额抵扣情况发生改变的账务处理。

因发生非正常损失或改变用途等，原已计入进项税额、待抵扣进项税额或待认证进项税额，但按现行增值税制度规定不得从销项税额中抵扣的，借记"待处理财产损溢""应付职工薪酬""固定资产""无形资产"等科目，贷记"应交税费——应交增值税（进项税额转出）""应交税费——待抵扣进项税额"或"应交税费——待认证进项税额"科目；原不得抵扣且未抵扣进项税额的固定资产、无形资产等，因改变用途等用于允许抵扣进项税额的应税项目的，应按允许抵扣的进项税额，借记"应交税费——应交增值税（进项税额）"科目，贷记"固定资产""无形资产"等科目。固定资产、无形资产等经上述调整后，应按调整后的账面价值在剩余尚可使用寿命内计提折旧或摊销。

一般纳税人购进时已全额计提进项税额的货物或服务等转用于不动产在建工程的，对于结转以后期间的进项税，应借记"应交税费——待抵扣进项税额"科目，贷记"应交税费——应交增值税（进项税额转出）"科目。

（六）月末转出多交增值税和未交增值税的账务处理。

月度终了，企业应当将当月应交未交或多交的增值税自"应交增值税"明细科目转入"未交增值税"明细科目。对于当月应交未交的增值税，借记"应交税费——应交增值税（转出未交增值税）"科目，贷记"应交税费——未交增值税"科目；对于当月多交的增值税，借记"应交税费——未交增值税"科目,贷记"应交税费——应交增值税(转出多交增值税)"科目。

(七)交纳增值税的账务处理。

1. 交纳当月应交增值税的账务处理。企业交纳当月应交的增值税,借记"应交税费——应交增值税(已交税金)"科目(小规模纳税人应借记"应交税费——应交增值税"科目),贷记"银行存款"科目。

2. 交纳以前期间未交增值税的账务处理。企业交纳以前期间未交的增值税,借记"应交税费——未交增值税"科目,贷记"银行存款"科目。

3. 预缴增值税的账务处理。企业预缴增值税时,借记"应交税费——预交增值税"科目,贷记"银行存款"科目。月末,企业应将"预交增值税"明细科目余额转入"未交增值税"明细科目,借记"应交税费——未交增值税"科目,贷记"应交税费——预交增值税"科目。房地产开发企业等在预缴增值税后,应直至纳税义务发生时方可从"应交税费——预交增值税"科目结转至"应交税费——未交增值税"科目。

4. 减免增值税的账务处理。对于当期直接减免的增值税,借记"应交税金——应交增值税(减免税款)"科目,贷记损益类相关科目。

(八)增值税期末留抵税额的账务处理。

纳入营改增试点当月月初,原增值税一般纳税人应按不得从销售服务、无形资产或不动产的销项税额中抵扣的增值税留抵税额,借记"应交税费——增值税留抵税额"科目,贷记"应交税费——应交增值税(进项税额转出)"科目。待以后期间允许抵扣时,按允许抵扣的金额,借记"应交税费——应交增值税(进项税额)"科目,贷记"应交税费——增值税留抵税额"科目。

(九)增值税税控系统专用设备和技术维护费用抵减增值税额的账务处理。

按现行增值税制度规定,企业初次购买增值税税控系统专用设备支付的费用以及缴纳的技术维护费允许在增值税应纳税额中全额抵减的,按规定抵减的增值税应纳税额,借记"应交税费——应交增值税(减免税款)"科目(小规模纳税人应借记"应交税费——应交增值税"科目),贷记"管理费用"等科目。

(十)关于小微企业免征增值税的会计处理规定。

小微企业在取得销售收入时,应当按照税法的规定计算应交增值税,并确认为应交税费,在达到增值税制度规定的免征增值税条件时,将有关应交增值税转入当期损益。

三、财务报表相关项目列示

"应交税费"科目下的"应交增值税""未交增值税""待抵扣进项税额""待认证进项税额""增值税留抵税额"等明细科目期末借方余额应根据情况,在资产负债表中的"其他流动资产"或"其他非流动资产"项目列示;"应交税费——待转销项税额"等科目期末贷方余额应根据情况,在资产负债表中的"其他流动负债"或"其他非流动负债"项目列示;"应交税费"科目下的"未交增值税""简易计税""转让金融商品应交增值税""代扣代交增值税"等科目期末贷方余额应在资产负债表中的"应交税费"项目列示。

四、附则

本规定自发布之日(2016年12月3日)起施行,国家统一的会计制度中相关规定与本规定不一致的,应按本规定执行。2016年5月1日至本规定施行之间发生的交易由于本规定而影响资产、负债等金额的,应按本规定调整。《营业税改征增值税试点有关企业会计处理规定》(财会〔2012〕13号)及《关于小微企业免征增值税和营业税的会计处理规定》(财会〔2013

24 号)等原有关增值税会计处理的规定同时废止。

财政部会计司制度二处关于《增值税会计处理规定》有关问题的解读

我部在 2016 年 12 月发布了《财政部关于印发〈增值税会计处理规定〉的通知》(财会〔2016〕22 号,以下简称《规定》),该《规定》自发布以来,受到广泛关注,为便于理解,现就有关问题解读如下:

一、关于待认证进项税额的结转

根据《规定》第二(一)2 项,一般纳税人购进货物、加工修理修配劳务、服务、无形资产或不动产,用于简易计税方法计税项目、免征增值税项目、集体福利或个人消费等,其进项税额按照现行增值税制度规定不得从销项税额中抵扣的,取得增值税专用发票时,应借记相关成本费用或资产科目,借记"应交税费——待认证进项税额"科目,贷记"银行存款""应付账款"等科目,经税务机关认证后,根据有关"进项税额""进项税额转出"专栏及"待认证进项税额"明细科目的核算内容,先转入"进项税额"专栏,借记"应交税费——应交增值税(进项税额)"科目,贷记"应交税费——待认证进项税额"科目;按现行增值税制度规定转出时,记入"进项税额转出"专栏,借记相关成本费用或资产科目,贷记"应交税费——应交增值税(进项税额转出)"科目。

二、关于已验收入库但尚未取得增值税扣税凭证的货物等的暂估入账金额

在对《规定》第二(一)4 项已验收入库但尚未取得增值税扣税凭证的货物等暂估入账时,暂估入账的金额不包含增值税进项税额。一般纳税人购进劳务、服务等但尚未取得增值税扣税凭证的,比照处理。

三、关于企业提供建筑服务确认销项税额的时点

根据《规定》第二(二)1 项,企业销售货物、加工修理修配劳务、服务、无形资产或不动产,应当按应收或已收的金额,借记"应收账款""应收票据""银行存款"等科目,按取得的收入金额,贷记"主营业务收入""其他业务收入""固定资产清理""工程结算"等科目,按现行增值税制度规定计算的销项税额(或采用简易计税方法计算的应纳增值税额),贷记"应交税费——应交增值税(销项税额)"或"应交税费——简易计税"科目(小规模纳税人应贷记"应交税费——应交增值税"科目)。

企业提供建筑服务,在向业主办理工程价款结算时,借记"应收账款"等科目,贷记"工程结算"科目,贷记"应交税费——应交增值税(销项税额)"等科目,企业向业主办理工程价款结算的时点早于增值税纳税义务发生的时点的,应贷记"应交税费——待转销项税额"等科目,待增值税纳税义务发生时再转入"应交税费——应交增值税(销项税额)"等科目;增值税纳税义务发生的时点早于企业向业主办理工程价款结算的,应借记"银行存款"等科目,贷记"预收账款"和"应交税费——应交增值税(销项税额)"等科目。

四、关于调整后的收入

《规定》第二(二)3 项中,企业在全面推开营业税改征增值税前已确认收入且已经计提营业税但未缴纳的,根据调整后的收入计算确定销项税额时,该调整后的收入是指按照现行增值税制度调整后的收入,即不含税销售额。

五、关于企业发生相关成本费用允许扣减销售额的账务处理中涉及的存货类科目

《规定》第二(三)1 项中,企业发生相关成本费用按现行增值税制度规定允许扣减销售额的,在发生成本费用时,按应付或实际支付的金额,借记"主营业务成本""存货""工程施工"等科目,贷记"应付账款""应付票据""银行存款"等科目。其中,"存货"类的科目具体包括"材料采购""原材料""库存商品""开发成本"等科目,企业应根据本单位业务的实际情况予以确定。

六、关于衔接规定

根据《规定》附则,本规定自发布之日起施行,国家统一的会计制度中相关规定与本规定不一致的,应按本规定执行。2016年5月1日至本规定施行之间发生的交易由于本规定而影响资产、负债等金额的,应按本规定调整。

上述规定明确,企业应当自《规定》发布之日起,按《规定》要求对增值税有关业务进行会计核算,国家统一的会计制度中相关规定与本规定不一致的,应按本规定执行。对于2016年5月1日至本规定施行之间发生的交易由于本规定而影响资产、负债和损益等财务报表列报项目金额的,应按本规定调整;对于2016年1月1日至4月30日期间发生的交易,不予追溯调整;对于2016年财务报表中可比期间的财务报表也不予追溯调整;财务报表各列报项目因《规定》发生重大调整的,应在2016年财务报表附注中予以披露。

财政部会计司关于《关于深化增值税改革有关政策的公告》适用 《增值税会计处理规定》有关问题的解读

近期,我部、税务总局和海关总署印发了《关于深化增值税改革有关政策的公告》(财政部 国家税务总局 海关总署公告2019年第39号,以下简称第39号公告),规定"自2019年4月1日至2021年12月31日,允许生产、生活性服务业纳税人按照当期可抵扣进项税额加计10%,抵减应纳税额"。现就该规定适用《增值税会计处理规定》(财会〔2016〕22号)的有关问题解读如下:

生产、生活性服务业纳税人取得资产或接受劳务时,应当按照《增值税会计处理规定》的相关规定对增值税相关业务进行会计处理;实际缴纳增值税时,按应纳税额借记"应交税费——未交增值税"等科目,按实际纳税金额贷记"银行存款"科目,按加计抵减的金额贷记"其他收益"科目。

九、增值税预算管理

财政部 中国人民银行 国家税务总局关于营业税改征增值税试点 有关预算管理问题的通知

2013年6月28日 财预〔2013〕275号

各省、自治区、直辖市、计划单列市财政厅(局)、国家税务局、地方税务局,新疆生产建设兵团财务局,中国人民银行上海总部、各分行、营业管理部、省会(首府)城市中心支行、大连、青岛、宁波、厦门、深圳市中心支行,财政部驻各省、直辖市、计划单列市财政监察专员办事处:

经国务院批准,自2013年8月1日起,在全国范围内开展交通运输业和部分现代服务业营业税改征增值税试点,为做好试点期间营业税改征增值税(以下简称改征增值税)的预算管理工作,现就有关事宜通知如下:

一、关于改征增值税的收入划分

试点期间收入归属保持不变,原归属地方的营业税收入,改征增值税后仍全部归属地方,改征增值税税款滞纳金、罚款收入也全部归属地方。按照即征即退政策审批退库的改征增值税,全部由地方财政负担。改征增值税收入不计入中央对地方增值税和消费税税收返还基数。试点期间因营业税改征增值税试点发生的财政收入变化,由中央和地方按照现行财政体制相关规定分享或分担。

改征增值税试点前服务贸易出口原免征营业税部分仍由地方负担,新增加的改征增值税出口退税按照现行财政体制由中央与地方按92.5∶7.5的比例负担,地方应负担的部分通过年终结算据实上解中央。

二、关于改征增值税适用的科目

改征增值税的收缴、退库和调库,按照下表所列的科目执行:

类	款	项	目	科目名称	科目说明
101	01	04		改征增值税	反映实施营业税改征增值税试点期间由营业税改征的增值税。
			01	改征增值税	地方收入科目。反映实施营业税改征增值税试点期间由营业税改征的增值税。
			20	改征增值税税款滞纳金、罚款收入	地方收入科目。反映改征增值税税款滞纳金、罚款收入。
			29	改征增值税国内退税	地方收入退库科目。反映国家税务局按照即征即退政策审批退库的改征增值税。
			61	免抵调增改征增值税	地方收入科目。反映实行"免、抵、退"税办法按免抵数额调增的由营业税改征的增值税。
101	01	05		改征增值税出口退税	反映从中央国库办理的改征增值税出口退税和按"免、抵、退"税办法调减的改征增值税。
			01	改征增值税出口退税	中央收入退库科目。反映从中央国库办理的改征增值税出口退税。
			02	免抵调减改征增值税	中央收入科目。反映实行"免、抵、退"税办法按免抵数额调减的改征增值税。

三、关于改征增值税的收入缴库

试点期间改征增值税收入上缴时,各级国税部门应根据纳税人申报情况在税收缴款书上单独填列,预算级次填列"地方级"。具体缴库流程按照《中华人民共和国国家金库条例实施细则》有关规定执行,采用电子缴库方式的,按照财税库银税收收入电子缴库有关规定执行。补缴或退还试点前实现的相关营业税,仍通过试点前的有关科目办理。

四、关于改征增值税的收入退库

按照即征即退政策审批退库的改征增值税比照现行增值税即征即退流程办理。

根据国家税务总局公告2012年第13号《营业税改征增值税试点地区适用增值税零税率应税服务免抵退税管理办法(暂行)》,营业税改征增值税试点期间,服务贸易出口适用增值税零税率的,采用"免抵退税"办法,即零税率应税服务提供者提供零税率应税服务,免征增值税,相应的进项税额抵减应纳增值税额,未抵减完的部分予以退还,退税资金由中央国库统一支付。税务部门将审核通过的上述免抵税数额，以正式文件通知同级国库办理调库。调库的具体方法是：按零税率应税服务的免抵税数额，调增由营业税改征的增值税，同时相应增加中央出口退税。各级国库依据税务部门开具的更正（调库）通知书、收入退还书等凭证和文件办理相关业务。

五、其他事宜

纳税人兼有适用一般计税方法计税的应税服务、销售货物或应税劳务的，按照销项税额的比例划分应纳税额，分别作为改征增值税和现行增值税收入入库。

各级财税部门、人民银行国库部门应当认真做好改征增值税的收入收缴工作，明确区分改征增值税与现行增值税收入，防止收入混库，确保试点顺利实施。

财政部驻各省、自治区、直辖市、计划单列市财政监察专员办事处应加强监督检查。对于检查中发现的违法行为，依照《财政违法行为处罚处分条例》（国务院令第 427 号）等有关规定追究责任。

本通知自 2013 年 8 月 1 日起执行。《财政部　中国人民银行　国家税务总局关于上海市开展营业税改征增值税试点有关预算管理问题的通知》（财预〔2011〕538 号）、《财政部　中国人民银行 国家税务总局关于营业税改征增值税试点有关预算管理问题的通知》（财预〔2012〕367 号）、《财政部关于营业税改征增值税试点期间服务贸易出口退税有关问题的通知》（财预〔2012〕372 号）同时废止。

 财政部　国家税务总局　中国人民银行关于铁路运输和邮政业纳入营业税改征增值税试点有关预算管理问题的通知

2013 年 12 月 25 日　　财预〔2013〕442 号

各省、自治区、直辖市、计划单列市财政厅（局）、国家税务局、地方税务局，新疆生产建设兵团财务局，中国人民银行上海总部、各分行、营业管理部、省会（首府）城市中心支行、大连、青岛、宁波、厦门、深圳市中心支行，财政部驻各省、自治区、直辖市、计划单列市财政监察专员办事处：

根据《财政部　国家税务总局关于将铁路运输和邮政业纳入营业税改征增值税试点的通知》（财税〔2013〕106 号），自 2014 年 1 月 1 日起，在全国范围内开展铁路运输和邮政业营业税改征增值税试点。为做好试点期间营业税改征增值（以下简称改征增值税）预算管理工作，现就有关事宜通知如下：

一、关于收入划分

铁路运输和邮政业改征增值税试点期间，收入归属保持不变，原归属中央的铁路建设基金营业税收入，改征增值税后仍归属中央；原归属地方的营业税收入，改征增值税后继续归属地方。改征增值税税款滞纳金、罚款收入按照上述原则确定归属。改征增值税收入不计入中央对试点地区增值税和消费税税收返还基数。因营业税改征增值税试点发生的财政收入变化，由中央和试点地区按照现行财政体制相关规定分享或分担。

二、关于改征增值税适用科目

邮政业、铁路运输企业和铁路建设基金改征增值税收入列 101010401 目"改征增值税"，改征增值税税款滞纳金、罚款收入列 101010420 目"改征增值税税款滞纳金、罚款收入"。补

缴或退还试点前实现的营业税收入,仍通过试点前的科目办理。同时对《2014 年政府收支分类科目》中的有关科目作如下调整:

将 101010401 目"改征增值税"的科目说明由"地方收入科目"调整为"中央与地方共用收入科目。反映实施营业税改征增值税试点期间由营业税改征的增值税。铁路建设基金营业税改征增值税为中央收入,其他均为地方收入。"

将 101010420 目"改征增值税税款滞纳金、罚款收入"的科目说明由"地方收入科目"调整为"中央与地方共用收入科目。反映改征增值税税款滞纳金、罚款收入。铁路建设基金营业税改征增值税税款滞纳金、罚款收入为中央收入,其他均为地方收入"。

增设 101010402 目"中国铁路总公司改征增值税待分配收入",科目说明为"中央收入科目。反映待分配的中国铁路总公司集中缴纳的铁路运输企业营业税改征增值税。在中央和地方财政统计改征增值税收入时对本科目不作统计,以免重复计算"。

具体调整情况见附表。

三、关于其他预算管理问题

关于铁路运输和邮政业改征增值税的出口退税、收入缴库、收入退库等其他预算管理问题,仍按照《财政部 中国人民银行 国家税务总局关于营业税改征增值税试点有关预算管理问题的通知》(财预〔2013〕275 号)规定执行。

营业税改征增值税后,铁路运输企业税收收入分配办法、缴库程序、退库程序等事宜仍按照《财政部 国家税务总局 中国人民银行关于调整铁路运输企业税收收入划分办法的通知》(财预〔2012〕383 号)、《国家税务总局 中国人民银行 财政部关于跨省合资铁路企业跨地区税收分享入库有关问题的通知》(国税发〔2012〕116 号)有关规定执行。

本通知自 2014 年 1 月 1 日起执行。

附件:政府收支分类科目修订前后对照表

附件

政府收支分类科目修订前后对照表

现行科目					修订情况	修订后科目					
类	款	项	目	科目名称		类	款	项	目	科目名称	科目说明
101	01	04	01	改征增值税	修改科目说明	101	01	04	01	改征增值税	中央与地方共用收入科目。反映实施营业税改征增值税试点期间由营业税改征的增值税。铁路建设基金营业税改征增值税为中央收入,其他均为地方收入。
					新增	101	01	04	02	中国铁路总公司改征增值税待分配收入	中央收入科目。反映待分配的中国铁路总公司集中缴纳的铁路运输企业营业税改征增值税。在中央和地方财政统计改征增值税收入时对本科目不作统计,以免重复计算。
101	01	04	20	改征增值税税款滞纳金、罚款收入	修改科目说明	101	01	04	20	改征增值税税款滞纳金、罚款收入	中央与地方共用收入科目。反映改征增值税税款滞纳金、罚款收入。铁路建设基金营业税改征增值税税款滞纳金、罚款收入为中央收入,其他均为地方收入。

国务院关于印发全面推开营改增试点后调整中央与地方增值税收入划分过渡方案的通知

2016 年 4 月 29 日 国发〔2016〕26 号

各省、自治区、直辖市人民政府,国务院各部委、各直属机构:

现将《全面推开营改增试点后调整中央与地方增值税收入划分过渡方案》印发给你们,请认真遵照执行。

全面推开营改增试点后调整中央与地方增值税收入划分过渡方案

全面推开营改增试点将于 2016 年 5 月 1 日实施。按照党的十八届三中全会关于"保持现有中央和地方财力格局总体稳定,结合税制改革,考虑税种属性,进一步理顺中央和地方收入划分"的要求,同时考虑到税制改革未完全到位,推进中央与地方事权和支出责任划分改革还有一个过程,国务院决定,制定全面推开营改增试点后调整中央与地方增值税收入划分的过渡方案。

一、基本原则

(一)保持现有财力格局不变。既要保障地方既有财力,不影响地方财政平稳运行,又要保持目前中央和地方财力大体"五五"格局。

(二)注重调动地方积极性。适当提高地方按税收缴纳地分享增值税的比例,有利于调动地方发展经济和培植财源的积极性,缓解当前经济下行压力。

(三)兼顾好东中西部利益关系。以 2014 年为基数,将中央从地方上划收入通过税收返还方式给地方,确保既有财力不变。调整后,收入增量分配向中西部地区倾斜,重点加大对欠发达地区的支持力度,推进基本公共服务均等化。

同时,在加快地方税体系建设、推进中央与地方事权和支出责任划分改革过程中,做好过渡方案与下一步财税体制改革的衔接。

二、主要内容

(一)以 2014 年为基数核定中央返还和地方上缴基数。

(二)所有行业企业缴纳的增值税均纳入中央和地方共享范围。

(三)中央分享增值税的 50%。

(四)地方按税收缴纳地分享增值税的 50%。

(五)中央上划收入通过税收返还方式给地方,确保地方既有财力不变。

(六)中央集中的收入增量通过均衡性转移支付分配给地方,主要用于加大对中西部地区的支持力度。

三、实施时间和过渡期限

本方案与全面推开营改增试点同步实施,即自 2016 年 5 月 1 日起执行。过渡期暂定 2~3 年,届时根据中央与地方事权和支出责任划分、地方税体系建设等改革进展情况,研究是否适当调整。

565 国务院关于实行中央对地方增值税定额返还的通知

2016 年 12 月 11 日　国发〔2016〕71 号

各省、自治区、直辖市人民政府，国务院各部委、各直属机构：

为进一步完善分税制财政体制，落实全面推开营改增试点后调整中央与地方增值税收入划分过渡方案，国务院决定，从 2016 年起，调整中央对地方原体制增值税返还办法，由 1994 年实行分税制财政体制改革时确定的增值税返还，改为以 2015 年为基数实行定额返还，对增值税增长或下降地区不再实行增量返还或扣减。返还基数的具体数额，由财政部核定。